PRÉFACE

par Éric Anceau

Sans la publication de ses Mémoires, le comte Horace de Viel Castel n'aurait pas accédé à la notoriété et son nom n'aurait sans doute eu droit, tout au plus, qu'à une courte notice dans les dictionnaires de la noblesse, de la littérature du XIXe siècle et des beaux-arts. En ouvrant la correspondance de Prosper Mérimée, le lecteur l'aurait certes trouvé mentionné en quelques pages, mais il aurait eu peu de chance de percer le mystère des allusions de l'auteur de *Colomba*. L'amateur d'art et l'observateur perspicace auraient eu également bien du mal à savoir quel est cet homme chauve et moustachu que François Auguste Biard représente en plein centre de son tableau, *Le Salon de M. le comte de Nieuwerkerke,* derrière une statue de *Jupiter terrassant les Titans*. Sur cette toile décriée mais célèbre qui fut présentée à l'Exposition universelle de 1855 et qui est aujourd'hui au musée national du château de Compiègne, Viel Castel se trouve au milieu de physionomies plus aisément identifiables : la fine moustache et le crâne dégarni du comte de Morny, la pose désinvolte d'Achille Fould ou encore la haute stature du comte de Nieuwerkerke.

L'homme a pourtant une haute ascendance tant du côté paternel que du côté maternel[1]. Sa mère Caroline Annette de Lasteyrie, l'« une des plus belles personnes de son temps[2] », est la fille du marquis de Lasteyrie du Saillant et la nièce du grand Mirabeau. Son père, le comte Charles

1. Pour cet essai de reconstitution biographique, nous nous appuyons, sauf mention particulière, sur le fonds Viel Castel des Archives nationales en 309 AP 1 à 12 qui est partiellement micro-filmé en 300 Mi 1 à 4 et sur Louis de Viel Castel, *Mes souvenirs,* publiés par le duc de Broglie dans le *Correspondant*, 1892, t. 167, p. 417-457 et 865-886 et t. 168, p. 116-141.

2. Louis de Viel Castel, *op. cit.*, p. 421. Selon Georgette Ducrest, elle est « belle, jeune et douce comme un ange » (*Mémoires sur l'impératrice Joséphine, ses contemporains, la cour de Navarre et de La Malmaison*, Paris, Ladvocat, 1828, 2 vol., t. I, p. 262).

Salviac de Viel Castel [1], est le « chef d'une très ancienne famille du Quercy, sans illustration, mais qui a la prétention de remonter aux croisades et qui, depuis cette époque, [a] toujours habité le même manoir [2] » jusqu'à ce que la Révolution l'oblige à émigrer. Ancien page de Louis XVI, puis officier de dragons, Charles sert dans l'armée des princes en 1792. A son retour en France, il n'a plus que des ressources réduites. Ses biens qui ont été tous confisqués ne lui sont que partiellement restitués et s'amenuisent encore du fait d'une faillite. Il s'installe avec son épouse [3] à Paris où Horace naît le 17 août 1802 [4] puis, très vite, à Versailles où la vie et les loyers sont meilleur marché que dans la capitale. Lorsque son fils aîné issu d'un premier mariage [5], Charles dit Théodore, atteint sa majorité [6] et entre en possession de sa fortune dont la gestion constituait le principal revenu de la famille, le comte de Viel Castel reprend contact avec Joséphine qui vient de divorcer de Napoléon et dont il aurait été l'amant avant son mariage [7]. En janvier 1810, il entre à son service comme premier chambellan pendant que sa femme devient dame honoraire de la Maison de l'ancienne impératrice [8]. Dès lors, le couple se partage entre la Malmaison et les divers châteaux de Joséphine, en particulier, celui de Navarre situé près d'Évreux. Charles de Viel Castel rudoie souvent son épouse et redevient peut-être alors l'amant de l'ex-impératrice qui manifeste parfois de l'irritation devant son zèle excessif [9].

---

1. Jusqu'à la Révolution le nom s'orthographiait Vielcastel. Au XIXe siècle, l'habitude se prend de l'écrire en deux mots et parfois sans trait d'union. Dans ses Mémoires, le comte Horace, qui se souciait peu de ce type de problèmes, écrit certaines fois Viel Castel et d'autres fois Viel-Castel. Voir à ce sujet l'*Intermédiaire des chercheurs et curieux* de 1922, t. 85, col. 30.

2. Louis de Viel Castel, *Mes souvenirs*, *op. cit.*, p. 421. Les Salviac de Viel Castel sont une famille du Périgord et du Quercy suivie depuis Bertrand de Vielcastel au XIIIe siècle. Leur nom leur vient sans doute du château de Vielcastel situé à Cazals, non loin de Gourdon, dans l'actuel département du Lot. Voir Chevalier de Courcelles, *Nobiliaire universel de France*, t. XVII, Paris, réimprimé en 1873-1874, p. 421 et suiv. ; A. Révérend, *Armorial du Premier Empire*, t. IV, Paris, 1897, p. 210-211 et Michel Authier et Alain Galbrun, *État de la noblesse française subsistante (1940-1998)*, vol. 26.

3. Leur union a été célébrée le 17 mai 1797.

4. L'enfant, qui reçoit les prénoms de Marc, Roch et Horace, voit le jour à cette date (29 thermidor an X du calendrier révolutionnaire), dans le Xe arrondissement de la capitale, comme son acte de naissance en fait foi. La plupart de ses biographes le font naître en 1797 ou en 1798.

5. Avec Marguerite Sophie de Griffolet de Lentilhac épousée en septembre 1789 et décédée à Paris le 20 février 1794. A.N. 309 AP 2 dossier 4.

6. Après avoir été admis comme élève pensionnaire à l'École spéciale militaire par décret impérial du 12 juillet 1808 (A.N., Archives de la Secrétairerie d'État impériale, AF IV 316), il est nommé auditeur au Conseil d'État par un décret de janvier 1810 (A.N. AF IV 430).

7. Comte Horace de Viel Castel, *Mémoires du comte Horace de Viel Castel sur le règne de Napoléon III*, 11 janvier 1852.

8. A.N. AF IV 431.

9. Georgette Ducrest, *Mémoires sur l'impératrice Joséphine...*, *op. cit.*, p. 261-262 et comte Horace de Viel Castel, *Mémoires...*, 11 janvier 1852.

Les enfants du couple[1], Horace, Louis, son frère aîné, né en 1800 et Victor, son cadet, né en 1804, qui sont scolarisés à Versailles viennent rejoindre leurs parents pendant les vacances et sont admis certains dimanches à la Malmaison. Ils y font la connaissance du fils de Louis Bonaparte, roi de Hollande, et d'Hortense de Beauharnais, Charles Louis Napoléon — le futur Napoléon III — et malmènent quelque peu, dans leurs jeux d'enfants, ce garçon plus jeune et plus frêle qu'eux[2]. Ces temps heureux s'achèvent à la chute de l'Empire, en 1814. Lors de l'investissement de Paris, la comtesse, ses trois garçons et sa petite Caroline, née en 1812, se réfugient à Dreux, mais ils ne tardent pas à rentrer à Versailles. Les deux Restaurations se montrent en effet clémentes pour le comte et son fils aîné qui ont pourtant bénéficié des faveurs de Napoléon[3] et l'ont fidèlement servi. Le comte obtient le commandement de la première légion de la garde nationale de l'arrondissement de Versailles, reçoit la croix de Saint-Louis, puis occupe de décembre 1818 à sa mort, en juin 1821, la sous-préfecture de Sceaux, cédée par Théodore qui, pour sa part, poursuit toute sa carrière dans le corps préfectoral[4].

Pendant ce temps, Horace suit une scolarité sans histoire. Au collège, il devient l'ami d'Alfred de Musset et de Tanneguy Duchâtel, le futur ministre de Louis-Philippe. Durant ces années romantiques, il s'adonne, comme ses camarades, à la poésie et s'éprend d'une jolie jeune fille, Suzanne de Carondelet, qui devient quelque temps sa muse. Après avoir accompli plusieurs voyages d'étude à travers la France, l'Italie, l'Égypte et la Grèce[5] et des recherches dans les principales bibliothèques françaises, anglaises et allemandes qui lui auraient coûté, selon ses dires, 100 000 francs[6], il fait paraître en 1826 la *Collection des costumes, armes et meubles pour servir à l'histoire de France depuis le commencement du ve siècle jusqu'à nos jours*. Le 9 mars de cette même année, il épouse sa cousine germaine, Bonne de Lasteyrie du Saillant, qui lui donnera quatre enfants : Cécile, née en 1827, un garçon mort-né en 1829, Georges, né en 1832 et décédé en 1835, et Édouard, né en 1838. Sans que le couple connaisse de gros orages, le comte Horace n'est ni très

1. Une fille prénommée Caroline est morte en bas âge.

2. L'anecdote que donne Louis dans ses *Souvenirs* n'est pas rapportée par Horace dans ses *Mémoires*. Si elle est peu flatteuse et si les deux ouvrages sont de nature différente, il est cependant surprenant que le comte ne se vante pas, au moins au détour d'une phrase, d'avoir eu l'empereur qu'il admire tant pour camarade de jeu.

3. Napoléon avait fait de Charles un baron d'Empire par décret du 15 août 1810 (A.N. AF IV 473) et l'avait nommé chevalier dans l'ordre impérial de la Réunion, par décret du 26 mars 1813 (A.N. AF IV 751).

4. On trouve les dossiers du père et du fils aux Archives nationales, sous la cote F1b I/176/11.

5. D'après Léouzon Le Duc, préface à la première édition des *Mémoires*, Paris, Chez tous les libraires, 1883-1884, 6 vol., p. XI et p. VI de la présente édition.

6. Comte Horace de Viel Castel, *Mémoires*..., Introduction. Cette somme, comme celles qui suivent, est à multiplier par trois pour avoir une équivalence approximative en euros.

aimant, ni très fidèle. En compagnie de Mérimée, de l'avocat anglais Sutton Sharpe, d'Alfred de Musset, de Delacroix, du docteur Koreff, de Stendhal, de Malitourne et du baron de Mareste, il participe à un dîner mensuel au *Café anglais* qui se termine parfois en orgie quand y sont conviés des rats de l'Opéra ou des filles de mœurs faciles. Dans une lettre datée du 14 septembre 1831, Mérimée rapporte ainsi à Stendhal : « Nous avons fait exécuter des exercices de gymnastique par six filles *in naturalibus* et le but c'était la contenance de chacun [...]. Horace superbe d'éloquence arsouille. Mais notre ami de la... était frénétique. Il haletait, pantelait et voulait les embrocher toutes à la fois [1]. » Il a également plusieurs liaisons suivies et finit par se séparer de son épouse. De la fin de la Restauration à celle de la monarchie de Juillet, il mène une vie mondaine intense, fréquente assidûment les milieux littéraires et artistiques et écrit abondamment. Il collabore au *Salmigondis*, au *Livre des Cent et un*, aux *Français peints par eux-mêmes* et à l'*Encyclopédie des gens du monde*. Il publie entre 1836 et 1838 un cycle de trois romans mondains intitulé *Le Faubourg Saint-Germain* où il peint les travers de certains de ses contemporains aisément identifiables par les initiés, ce qui lui vaut le surnom de « Fiel Castel » et ce qui lui fait dire, par la suite : « J'ai été bien attaqué pour mes romans, hélas ! Ils étaient, ils sont vrais et ils m'ont fait souffrir avant de les écrire [2]. » Il donne en 1839 *Le Faubourg Saint-Honoré. Cécile de Vareil*, de la même veine que les précédents, puis s'attaque à un nouveau cycle romanesque consacré cette fois à *La Noblesse de province.* Il se lance ensuite dans le roman historique avec *Archambaud de Comborn,* avant de s'essayer à la presse en devenant, en 1846, propriétaire et rédacteur en chef de la *Revue algérienne*. S'il a dédicacé son ouvrage sur les costumes au roi Charles X [3] et, s'il a accepté en 1829 de faire un rapport au ministre de l'Intérieur pour la nomination d'un inspecteur des Monuments historiques, il ne manifeste de sympathie particulière ni pour la branche aînée des Bourbons, ni pour les Orléans, contrairement à ses frères Louis et Victor. Il est, en revanche, un homme d'ordre que les témoignages sur la Révolution qu'il a pu recueillir de ses parents et des amis de sa famille ont horrifié. 1848 est pour lui l'*annus horribilis* qui l'oblige à combattre les émeutiers de juin les armes à la main, mais qui se termine de façon rassurante par l'élection à la présidence de la République de Louis Napoléon Bonaparte, érigé en sauveur de la société.

---

1. *Correspondance générale* de Prosper Mérimée, Paris, Le Divan, 1941, t. I, p. 122 et Marietta Martin, *Un aventurier intellectuel sous la Restauration et la monarchie de Juillet, le docteur Koreff*, Paris, Champion, 1925, p. 82 et suiv.
2. Comte Horace de Viel Castel, *Mémoires...*, 18 août 1851.
3. En septembre 1826, après que le roi a accepté sa dédicace, il demande au préfet de la Seine Chabrol de lui prendre quelques exemplaires de son ouvrage pour les bibliothèques de la Ville de Paris. B.N.F. Ms N.a.f. 23008.

Il ne pouvait concevoir de servir la République des Lamartine, Ledru-Rollin et Cavaignac, mais celle du prince-président lui paraît beaucoup plus respectable. Cet amateur d'art, habitué de l'hôtel des ventes et des boutiques des quais qui consacre beaucoup de temps et d'argent à ses collections, projette désormais d'entrer dans l'administration des Musées à un poste de responsabilité [1]. En 1850, le comte de Nieuwerkerke, directeur général des Musées nationaux depuis la fin de l'année précédente, lui promet la secrétairerie générale des Musées. Comme les mois passent sans que rien n'arrive, Viel Castel s'impatiente : « Nieuwerkerke m'a promis encore une fois... » (12 avril 1851), « Nieuwerkeke m'a encore promis... » (4 mai 1851), « Nieuwerkerke m'a encore dit... Mais depuis plus d'un an cette promesse est toujours placée au futur ! » (15 juillet 1851) [2]. Enfin, le 16 novembre 1851, paraît au *Moniteur* son arrêté de nomination daté de l'avant-veille [3]. Si ses compétences sont indéniables, il doit sans nul doute cette élévation à sa parenté avec Nieuwerkerke dont il est le cousin par les de Vassan et, plus encore, à l'appui de la princesse Mathilde, la maîtresse de celui-ci, qui l'apprécie beaucoup. Au cours des mois suivants, les faveurs s'accumulent. Le 13 mars 1852, il est ainsi appelé à siéger dans la commission chargée de mettre en place un musée pour la conservation des objets des souverains ayant régné sur la France. Sous la présidence de Nieuwerkerke, il y retrouve son ami de jeunesse Mérimée devenu inspecteur général des Monuments historiques, Naudet, l'administrateur général de la Bibliothèque nationale, et Sauvageot, conservateur honoraire du musée du Louvre. Tous ces hommes ayant d'autres préoccupations, il occupe vite le rôle principal, ce qui ne manque pas de provoquer l'incompréhension de certains et la jalousie d'autres [4]. Le conservateur Léon de Laborde écrit ainsi à Nieuwerkerke : « Il n'entre nullement dans ma pensée d'affaiblir votre autorité ; mais des droits sont des droits et dans toute hiérarchie il est permis de les revendiquer quand on n'a d'autre prétention que de s'y renfermer [5]. » Le 1er mai suivant, Viel Castel devient pourtant conservateur au musée du Louvre et, le 1er décembre, conservateur du nouveau musée des Souverains. Le plus grand jour de sa vie est sans doute le 10 février 1853, lorsque le couple impérial se rend au Louvre pour y

1. Il a rédigé la notice consacrée aux collectionneurs dans *Les Français peints par eux-mêmes. Encyclopédie morale du XIXe siècle* de Léon Curmer. S'il éreinte alors ce type social auquel il se défend d'appartenir, il nous propose dans ses *Mémoires*, en date du 26 octobre 1854, un portrait de collectionneur beaucoup plus flatteur, le sien. L'un de ses autres loisirs favoris qu'il évoque dans sa correspondance est la pêche, à laquelle il s'adonne souvent dans le parc du château de Meudon (A.N. 309 AP 4 et 6).
2. Comte Horace de Viel Castel, *Mémoires*...
3. Il percevra pour cette fonction un traitement de 6 000 francs.
4. Comte Horace de Viel Castel, *Mémoires*... 27 mars 1852.
5. Lettre publiée par Philippe de Chennevières, *Souvenirs d'un directeur des Beaux-Arts*, Paris, aux bureaux de *L'Artiste*, 1888, 4e partie, p. 51-52

inaugurer le musée, installé dans la Grande Colonnade, et le complimente sur la façon dont il l'a agencé [1]. Il est alors au sommet de sa carrière. Familier de la princesse Mathilde, il dispose d'une place attitrée dans le salon de la rue de Courcelles et aura bientôt sa chambre dans les campagnes de la princesse, en particulier à Saint-Gratien. Comme l'empereur lui a parlé de la Légion d'honneur et que l'impératrice a dit que les Viel Castel étaient ses amis, il s'impatiente de ne pas recevoir immédiatement sa décoration puis, peu après sa promotion, le 5 août 1854, note avec une modestie feinte : « Cette croix fait plaisir à ma famille et à mes enfants, alors tant mieux pour eux... On ne me tourmentera plus pour m'obliger à la solliciter, c'est quelque chose [2]. » Il a généralement moins à attendre quand il fait visiter le Louvre à des princes étrangers. Dès leur retour chez eux, ces derniers lui font envoyer la croix de leur ordre (couronne de Wurtemberg, Saint-Michel de Bavière, Saint-Stanislas de Russie, etc.) ou un cadeau précieux comme cette tabatière ornée de brillants offerte par l'archiduc Maximilien, en juin 1856. Le 16 février de l'année précédente, Viel Castel a vu ses attributions s'accroître puisque lui ont été confiées, en plus du musée des Souverains, les collections des objets d'art du Moyen Age et de la Renaissance.

Durant toutes ces années et celles qui suivent, il ne renonce pourtant pas à ses travaux d'écriture. Outre les multiples articles sur les beaux-arts qu'il donne à diverses revues dont *L'Artiste* et *L'Athenaeum français*, il publie en 1853 les *Statuts de l'ordre du Saint-Esprit*, achève l'année suivante un volume de poésie qu'il ne commercialise pas, donne deux livres historiques consacrés à Marie-Antoinette et un autre aux septembriseurs, ainsi que deux ouvrages d'actualité. Dans le premier, *Des sentiments de justice et d'humanité de l'Angleterre dans la question indienne*, paru en 1857, il évoque la guerre des Cipayes et donne libre cours à son anglophobie. Quant au second qu'il publie en 1861, il l'intitule *Le Pape et Jérusalem* et y propose à la fois la résolution de la question romaine et celle de la question orientale, en transférant la papauté à Jérusalem. On y lit : « Il n'y a qu'une seule ville au monde qui, par sa position, par son passé, par son avenir, par ses conditions, par ses souvenirs, par son influence universelle, puisse remplacer pour le christianisme Rome envahie par la révolution, c'est Jérusalem [3]. » Il se montre d'ailleurs très à l'écoute des problèmes de son temps. A partir de décembre 1853, il dispose d'une chronique de quinzaine sur la société

1. Comte Horace de Viel Castel, *Mémoires...*, 11 février 1853.

2. *Ibid.*, 11, 14, 16 août 1853 et 15 août 1854. Autre signe de la faveur impériale, l'impératrice lui fera don pour ses étrennes, en janvier 1855, d'une montre avec chaîne et médaillon. *Mémoires...*, 3 janvier 1855.

3. Le manuscrit original daté du 20 janvier 1861 se trouve aux Archives nationales en 309 AP 5 dossier 1.

française au *Constitutionnel*. L'organisation de la deuxième Exposition universelle de l'histoire, à Paris, en 1855, lui donne matière à l'édition d'une revue hebdomadaire intitulée *Le Palais de l'Exposition*. Au lendemain de la guerre d'Italie, il commence une correspondance avec les journaux transalpins, sur l'instance du ministère de l'Intérieur, pour expliquer la politique impériale. Sa famille en pâtit. Alors qu'il avait suivi de près la scolarité de son fils Édouard et qu'il avait paru soucieux de l'avenir de ses enfants [1], il se montre moins attentionné à leur égard. Il ne prend plus que de loin en loin des nouvelles de son épouse dont l'état de santé décline à partir de 1856, même quand elle est atteinte d'une paralysie totale puis lorsqu'elle est gagnée par la gangrène. Un véritable complot de famille impliquant ses frères, sa sœur et ses deux enfants l'empêche de lui fermer les yeux, le 3 février 1862. Lorsqu'il arrive au domicile de Bonne, rue d'Astorg, des papiers et des effets ont été cachés en vue d'une succession qui s'annonce difficile, comme nous le verrons. Cette affaire achève de l'éloigner de ses enfants : « J'étais veuf, Édouard et Cécile doivent être satisfaits, ils sont orphelins. [2] »

Ses dernières années sont particulièrement sombres. En août 1862, il participe à la fondation de *La France* avec Arthur de La Guéronnière puis s'investit beaucoup pour en assurer le succès. C'est un article qu'il publie, le 11 mars 1863, dans ce journal à la fois impérialiste et libéral, qui entraîne sa perte. Dans ce texte intitulé « L'Exposition de 1863 », Viel Castel s'en prend violemment à la politique de Nieuwerkerke. Selon lui, les deux pétitions que les artistes viennent de signer contre le règlement de l'intendant des Beaux-Arts prouvent que le système du Salon doit être entièrement réformé. Il est révoqué dès le lendemain [3]. Mais il ne s'agit peut-être là que d'un prétexte. Des bruits circulent. Le 25, Viel Castel dénonce au maréchal Vaillant, ministre de la Maison de l'empereur les calomnies alléguées pour motiver sa révocation — des marchands d'art en affaire avec le musée lui auraient versé des pots de vin. Il demande l'ouverture d'une enquête [4]. Dès le 28, il lui est répondu que son honnêteté n'est pas en cause. Il n'est peut-être pas coupable. Il se peut aussi que l'affaire soit encore plus grave, mais qu'on l'ait tue pour ne pas l'accabler. Dans une lettre écrite bien plus tard, Nieuwerkerke affirme en effet que son ancien protégé a commis des vols dans

---

1. Même s'il ne trouve jamais le temps de lui rendre visite, il écrit régulièrement à Édouard, interne au collège Saint-Michel de Bruxelles. Dans une lettre du 31 décembre 1849, il l'encourage par exemple à ménager des pauses dans son travail et à ne pas négliger les loisirs. Le 28 janvier 1857, il le fait admettre au nombre des élèves attachés aux archives des Affaires étrangères. A.N. 309 AP 6.

2. Comte Horace de Viel Castel, *Mémoires*..., 4 février 1862.

3. On trouve toutes les pièces du dossier aux Archives nationales en O[5] 130 Maison de l'empereur, dossier Horace de Viel Castel.

4. Philippe de Chennevières évoquera « des acquisitions plus que véreuses », *Souvenirs d'un directeur des Beaux-Arts*, *op. cit.*, 2e partie, p. 83-84.

sa collection de pièces de monnaie [1]. Il est en revanche reproché ouvertement à Viel Castel d'avoir attaqué dans les journaux les actes et les règlements de son directeur, mais aussi d'avoir laissé en souffrance toutes les affaires qui lui incombaient. Ses multiples activités lui ont fait sans doute négliger ses fonctions. Il a cependant beau jeu de répliquer qu'il suffit, pour se rendre compte du contraire, de consulter les procès-verbaux du conservatoire des Musées qu'il a dressés comme secrétaire, de lire le Catalogue du musée des Souverains qu'il a rédigé et de se souvenir de toutes les visites qu'il a organisées pour les étrangers et les artistes qui les lui demandaient. Pendant treize ans, il n'a pas pris un mois de congé. « Personne n'a aimé le Louvre plus que moi », ajoute-t-il en énumérant tous les dons qu'il a faits au musée sur ses collections personnelles [2]. Malgré ses protestations, rien n'y fait. Ses ressources sont désormais très réduites [3]. Ses rares amis, comme Arthur de La Guéronnière, s'écartent de lui. La princesse Mathilde, dont un mot aurait sans doute suffi pour qu'il recouvre sa place ou en obtienne une autre, ne fait rien ; le couple impérial non plus. Devant cette disgrâce complète et définitive, Viel Castel tombe malade. Catholique, il trouve cependant encore l'énergie de se rendre au congrès de Malines, à l'été 1863. Cependant, sa santé se dégrade rapidement et il meurt esseulé, le 1er octobre 1864.

C'est au retour d'une soirée passée chez la princesse Mathilde, le 29 janvier 1851, que Viel Castel prend sa plume et commence à écrire ce qui deviendra ses *Mémoires*. Dans l'introduction rédigée dix mois plus tard, il définit clairement le but qu'il s'assigne, alors que sa vie vient de connaître un tournant décisif avec son entrée dans l'intimité des puissants puis sa nomination au Louvre : « En voyant les choses et les hommes de mon temps, j'ai pris enfin le parti d'écrire jour par jour ces souvenirs. » Convaincu de sa supériorité sur la plupart de ses contemporains, il reconnaît en toute franchise que l'« amour-propre est peut-être pour beaucoup dans [sa] résolution ». Il affirme énormément souffrir de n'être rien alors que tant d'importants sont si médiocres et si méprisants

1. Lettre à Frédéric Reiset depuis son exil italien, citée par Marguerite Castillon du Perron, *La Princesse Mathilde, un règne féminin sous le Second Empire*, Paris, Amiot-Dumont, 1953, p. 151.

2. Il a donné au musée Sauvageot un petit monument du XVIe siècle en fer ciselé et damasquiné, au musée des Souverains le jeu de la chouette aux armes de Louis XIV provenant de son cabinet de jeu, à la Céramique des faïences françaises, au musée ethnographique des Objets curieux, au musée des Dessins vingt-six miniatures peintes du XVe siècle et du XVIe siècle.

3. Il perd *de facto* son traitement qui avait été porté à 7 000 francs le 1er janvier 1861. Le 24 mai 1863, il écrit à l'impératrice et le 16 juillet 1863 au ministre de la Maison de l'Empereur pour réclamer la compensation qui lui avait été promise à son départ, car il est « sans fortune, sans ressource d'aucun genre » et dans une « position embarrassée ». Le 4 août, il se voit finalement accorder une allocation de réforme de 3 000 francs. Le 27 mars 1864, il en demande la continuation.

à son égard. Il entend alerter ses enfants, qui le liront plus tard, sur les vanités du monde, tout en leur montrant que son travail et son talent méritaient une plus juste récompense. Invité régulièrement chez la princesse Mathilde, Viel Castel y rencontre les principaux décideurs, les diplomates et les célébrités des arts et des lettres. Il fait visiter le musée aux hommes d'État et aux princes étrangers. Les vendredis des cinq premiers mois de l'année, il est convié aux soirées que donne Nieuwerkerke dans ses salons du Louvre, pour plusieurs centaines d'hôtes de marque. Il réunit ensuite quelques amis dans son appartement situé à l'étage supérieur pour une « arrière-soirée » qui se prolonge souvent jusqu'à une heure du matin. On y boit du thé, on y fume des cigares et on y potine. Puis, après le départ de ses invités, tantôt au milieu de la nuit, tantôt le lendemain matin, il ouvre enfin ses petits cahiers noirs pour y consigner ses observations. Sa position privilégiée au cœur de la société aristocratique et de la nouvelle société du Second Empire ainsi que sa fonction, somme toute subalterne, lui permettent d'entendre des secrets et de recevoir des confidences que d'autres n'auraient pas recueillis. Un mémorialiste ne peut tout dire sous peine d'être lapidé ou voué aux gémonies. Viel Castel n'a pas cette retenue car il est un solitaire qui se confie à lui-même et n'a d'autre ambition que de laisser une trace à ses enfants[1].

« Nous ne sommes qu'un enregistreur, nous enregistrons ; nous ne haïssons personne, sinon les sots qui nous fatiguent, mais nous n'avons à ménager personne, parce que personne ne nous a ménagé », note-t-il dans l'introduction de ses *Mémoires*. De fait, l'homme est sévère pour ses contemporains et prend plaisir à révéler tous leurs travers, grands et petits par le menu, dans de longs portraits. Celui de Véron, « un des monuments les plus extraordinaires qui puissent être élevés avec de la boue », date du 12 août 1851 et mérite d'être lu. Quant à celui du chef de l'État qu'il nous propose dès le 19 janvier 1852, il est d'une grande justesse : « Bien ou mal, tout vient de lui ; il connaît les hommes et les méprise généralement. Assez dissimulé, il ne s'ouvre à personne de ses projets et pense que le grand art de la politique, comme celui de la guerre, est de dissimuler ses marches à l'ennemi. Lorsqu'il a entrevu le but qu'il se propose, rien ne l'arrête, il brisera sans émotion tous les obstacles. Son sourire doux et profond, son regard vague et voilé, la lenteur de sa parole et celle de sa marche, indiquent un homme qui cause plus avec lui-même qu'avec ceux qui l'entourent et qui entend plus les voix intérieures de sa pensée que les voix de ceux qui voudraient le conseiller. » Viel Castel se livre aussi au jeu des petites phrases assas-

1. A ce propos, on lira les observations pertinentes de Ferdinand Bac dans *Intimités du Second Empire*, *La Cour et la ville* (Paris, Hachette, 1931). L'auteur consacre un chapitre entier à Viel Castel et à ses « cahiers noirs ».

sines. Alors que sa famille doit tant aux Bonaparte, il note qu'« à l'exception du président et de sa cousine, la princesse Mathilde, toute cette famille est tombée et misérable » (12 juin 1851)[1]. Le roi Jérôme n'est qu'« un vieux débauché qui perdrait aujourd'hui toute considération s'il n'en avait jamais eu » (11 avril 1852) et son fils, le prince Napoléon, une « canaille » (29 juin 1852) doublée d'un déserteur qui mérite son surnom de Craint-Plomb (31 janvier 1855). Quant au prince de Canino, « il est un gros et sale révolutionnaire » (13 mars 1851). Il écrit aussi : « Il inspire je ne sais quelle répulsion instinctive pareille à celle que fait éprouver un crapaud » (3 mars 1852). Le monde politique est un ramassis d'incompétents, d'arrivistes et de dangereux individus. Ainsi Viel Castel note, à propos d'Amédée Thayer qui vient d'être nommé sénateur : « Caligula faisait jadis de son cheval un consul, Napoléon peut bien faire d'un âne un sénateur » (28 janvier 1852). Selon lui, « Lamartine est un vieux fou » (6 novembre 1851). Persigny « le Polignac de l'Empire [...] est de ces ours qui prennent un pavé pour tuer une mouche sur le front de leur maître » (10 mars 1862). Six mois plus tard, il constate qu'il « est un de ces fous qui vous étranglent en croyant vous embrasser » (16 octobre 1862). Quant à Fould, il est « ce renard juif » qui « cherche à mettre le pied sur toutes les têtes » (10 janvier 1853). Viel Castel n'est pas plus tendre pour ses collègues. Parmi beaucoup d'exemples, relevons que Léon de Laborde est « un voleur et un faussaire », « un faux savant, un chiffonnier qui cherche sans discernement dans tous les fouillis » (19 juillet 1852), Soulié « une fouine » (7 juin 1858) et « une filandreuse canaille « (13 juin 1858), Chennevières et Reiset « des nullités » (28 juin 1859). Les écrivains et les artistes en prennent aussi pour leur grade. Courbet est « chef de l'école de l'ignoble » (22 juillet 1853), « Dumas se croit un grand historien, ce n'est qu'un grand histrion ! » (13 août 1853), et Mérimée, l'ami de longue date, une « ambitieuse taupe qui creuse son chemin sans bruit » (25 juin 1853). Viel Castel n'épargne pas même sa famille. Son frère Louis qui a démissionné de la direction des affaires politiques du ministère des Affaires étrangères pour ne pas avoir à servir l'homme du coup d'État est, selon lui, « de ces hommes qui s'enferment dans un égoïsme de coterie et qui ne peuvent consentir à voir le pays arraché aux horreurs des guerres civiles et aux fureurs des dernières classes de la société par d'autres hommes que par ceux avec lesquels ils ont l'habitude de régir les destinées des empires dans leurs causeries » (28 janvier 1853). Au total, peu nombreux sont ceux qui trouvent grâce aux yeux du terrible mémorialiste. Le chef de l'État et sa cousine sont, comme nous l'avons dit, les deux personnalités de premier plan qui échappent à ses foudres. De celle-ci, il écrit : « J'aime son caractère et sa personne, elle ne peut rien

1. On trouvera un jugement similaire à la date du 5 février 1852.

dissimuler ; la franchise chez elle est une vertu poussée dans ses dernières limites. Il ne faut pas la connaître pour être son ennemi » (3 mars 1851), même s'il lui reproche par la suite de mal savoir s'entourer et de se laisser abuser par son amant Nieuwerkerke. Quant à celui-là, il est son héros. Même si, au fil des mois, on sent poindre chez lui une certaine déception, Viel Castel lui pardonne ses frasques amoureuses, ses erreurs de jugement et son incapacité à éliminer les parasites qui l'environnent. Il demeure « au milieu de sa cour, de ses ministres, de ses conseils, de son Sénat [...] comme un diamant tombé sur un étron » (22 février 1856). La compassion apparaît en quelques passages des *Mémoires*[1], mais elle est si rare et formulée de telle sorte qu'elle peut parfois être mise en doute. Ainsi, lorsque Mlle de Sudre meurt, le mémorialiste note : « Pauvre enfant, si admirée, si adorée par tous ceux qui l'approchaient, couchée ce soir, bien loin de sa famille, de ses amis, sous l'herbe d'un cimetière, abandonnée à la destruction. Et ces lèvres, ces mains qu'on osait à peine effleurer de ses lèvres par la pensée, tout cela livré aux vers. Dans six mois elle sera oubliée ! Pauvre enfant ! Pauvres nous !... » (3 février 1851). A la décharge de Viel Castel, il faut noter qu'il fait souvent la part entre les faits avérés et les simples rumeurs. Il rectifie fréquemment ses erreurs quand il les découvre : « En lisant tout ce qui se publie, je me suis aperçu qu'un entraînement irréfléchi m'éloignait de la modération et par conséquent de l'appréciation raisonnable des choses ; que j'allais sans m'en douter en dérive vers les oppositions passionnées. Je me suis arrêté ; j'ai dit au lyrisme politique : tais-toi, et j'ai écouté la voix plus froide de la raison » (13 janvier 1860), ou encore : « En écrivant ces Mémoires, je me suis promis d'être toujours vrai avec moi-même et de n'avoir point ce faux amour-propre d'écrivain jugeur qui ne veut jamais avouer ni les erreurs de son jugement, ni les entraînements où peut le conduire le poétisme de son imagination » (18 janvier 1860). En outre, Viel Castel se montre cruel parce qu'il n'est destiné à être lu que dans le cercle familial. De toute façon, il n'est pas de ceux qui adoptent un double langage. Sa grande franchise qui amuse la princesse Mathilde, même si elle le chapitre quelquefois, lui vaut d'ailleurs quelques déconvenues.

S'il est dur pour ses contemporains et n'hésite pas à déplorer la dépravation générale qui l'entoure, en notant, par exemple, que le « siècle présent est un véritable lupanar, dont les maquereaux seuls font fortune » (14 août 1851) ou encore que la « vieille aristocratie achève de mourir dans les bordels, la nouvelle suit son exemple » (2 janvier 1856), et en multipliant les anecdotes sur les mœurs déréglées des uns et des autres,

1. La mort d'Henry Seymour lui donne l'occasion de rendre un vibrant hommage à son ami (17 août 1859). Il est aussi sensible à la déchéance de son ancien camarade, Alfred de Musset.

Viel Castel a la mémoire courte quand il s'agit d'aborder son propre passé. Il ne fait qu'une brève allusion, le 17 mai 1851, aux dîners du *Café anglais* de la fin des années 1820 et du début des années 1830. Il déçoit en se livrant peu, contrairement à d'autres mémorialistes. Concédons qu'il lui est difficile de révéler certains faits alors qu'il entend édifier moralement ses enfants. Par ailleurs, il néglige l'économie et les grands problèmes de société, en se contentant le plus souvent de considérations intéressantes, mais très générales. « La vie actuelle est un omnibus où, pour 6 sous, l'homme doit avoir une place, tant que la voiture roule. Il ne connaît pas ses voisins et il leur est inconnu ; le hasard les a rassemblés ; ils sont sans lien, sans affection, sans passé et sans avenir. Il y a en France 35 millions d'individus, il n'y a pas de société » (11 mars 1851). C'est à peine s'il note que la bourse baisse quand la guerre menace ou que le choléra risque de faire des ravages. Le traité de commerce franco-anglais de janvier 1860 et ses possibles effets retiennent peu son attention. Il passe sous silence la loi sur les coalitions de mai 1864. Par ailleurs, la littérature l'intéresse peu. Il rapporte de multiples anecdotes sur Dumas et Hugo, mais ne commente pas leurs œuvres et se contente de transcrire un fragment de « La Rose de l'infante » au moment de la parution de *La Légende des siècles*. Il ne nomme ni Baudelaire, ni Flaubert, alors que les procès des *Fleurs du Mal* et de *Madame Bovary* ont un grand retentissement.

Cependant, réduire cette œuvre monumentale aux commérages dont son auteur se fait l'écho ou n'y voir que ses lacunes serait une lourde erreur. Elle montre les multiples pôles d'intérêt du mémorialiste. Viel Castel est très attentif à tout ce qui a trait aux beaux-arts. La construction du nouveau Louvre ainsi que la restauration des tableaux ont par exemple droit à de longs et fréquents développements. La politique intérieure est l'objet de son attention constante. Quant à la politique extérieure, elle occupe une place primordiale dans les *Mémoires*. En cela, Viel Castel ne déroge ni à son milieu, ni à son époque. La guerre d'Orient et le siège de Sébastopol, les relations franco-britanniques, la guerre d'Italie et la question romaine sont alors dans toutes les têtes. On ne peut qu'être frappé par l'acuité de la plupart de ses jugements en ses trois domaines de prédilection. Nombre d'événements confirment ses espoirs (le coup d'État du 2 décembre) ou, plus souvent, ses craintes : les hésitations de la politique impériale, la gravité de la question d'Orient ou encore l'unification italienne. Les *Mémoires* nous donnent à voir la vision du monde d'un conservateur épris d'ordre beaucoup plus que de liberté (« Nous sommes un pauvre malade auquel les médecins ne peuvent permettre la nourriture des gens en bonne santé. La liberté nous serait mortelle, elle produirait l'effet que produit le soleil sur les terrains marécageux, elle ferait éclore tous les œufs de reptiles et de crapauds » [11 janvier 1852]), qui reproche à son pays son instabilité politique

(« Pauvre nation française ! vaniteuse putain qui roule d'amours en amours, toujours désireuse de se farder pour le dernier venu » [31 décembre 1851]), hait les révolutions (« Nos lois révolutionnaires depuis soixante ans ont détruit l'esprit de famille, anéanti l'autorité du chef » [2 janvier 1852]) et abhorre le peuple (« Les Huns et les Vandales valaient mieux que toute cette canaille » [5 février 1851]) ainsi que le socialisme (« Le socialisme est un crime qui doit être poursuivi comme le serait le parricide » [14 décembre 1851]) qui les font, au point de faire un héros du roi des Deux-Siciles, Ferdinand II, qui n'hésita pas à bombarder Messine pour y rétablir son autorité, et de qualifier le coup d'État du 2 décembre de « plus grand acte politique des Temps modernes » (14 décembre 1851). Il goûte peu le régime parlementaire (« Plus j'y réfléchis, plus je trouve misérable ce que nous nommons le gouvernement parlementaire, et qui pourrait tout aussi bien être nommé gouvernement de dissolution, de démoralisation. Ce soir, je suis pris par une grippe abominable, je vais relire l'histoire du Bas-Empire, de la décadence et de la chute de Rome. J'ai lu pendant trois heures et j'ai cru lire l'histoire de mon temps » [5 février 1851]), méprise sa classe politique sans élégance (« Nous avons aujourd'hui les vices de la Régence exercés sous le patronage du gouvernement par des laquais. Les Richelieu d'à présent sont dépravés, sans être élégants, sans bonnes façons, sans esprit ; on a fait monter l'antichambre dans le salon » [18 février 1851]) et prête à toutes les palinodies (« Le pouvoir lui-même est composé d'hommes qui cherchent à se rendre possibles sous tous les régimes. Diplomatie, administration, tout est aux mains d'hommes qui n'ont que la conviction de leur propre importance » [24, 25 et 26 mars 1851]). Puisque les Bourbons de la branche aînée ont rendu leur retour impossible (« Il y a des dynasties usées dont les enfants naissent vieux !... » [8 décembre 1852]) et que les Orléans ne valent pas mieux, Louis Napoléon Bonaparte est l'homme qu'il faut à la France. Il « doit traverser son siècle comme un homme de bronze, inflexible et juste, sans pitié dangereuse, le glaive de la répression à la main » (14 décembre 1851), mais il lui faut aussi prendre garde, car « on ne méprise pas un pays tout entier ; c'est une faute, car le jour où il s'en aperçoit, il vous retire son appui » (7 mai 1859). Aristocrate partiellement déchu, il a des paroles très dures pour la bourgeoisie (« Les stupides bourgeois, race égoïste sans réflexion et jalouse sans esprit » [28 janvier 1853]. « Les bourgeois ont guillotiné Louis XVI, fait tomber Charles X et chassé Louis-Philippe ; s'ils le pouvaient, ils détrôneraient Louis-Napoléon. » Ils « sont des *pets* qui font un bruit désagréable et sentent fort mauvais » [8 avril 1854]) et la rend responsable des malheurs du temps (« Depuis soixante ans, la bourgeoisie est aux affaires et le pays est déchu de la moitié de son importance. Bourgeois !... bourgeois, grondez vos cuisinières, vous n'êtes que des omelettes soufflées de vanité et d'ignorance »

[26 novembre 1851]), mais il n'en épargne pas pour autant la noblesse (« La pauvre vieille aristocratie, comme un corps épuisé, a produit une génération de petits idiots ou de petits monstres » [17 novembre 1853]). Si certaines de ses envolées irritent ou choquent, en particulier sur les femmes (« L'empire des femmes est immense par la coquetterie, et depuis le ministre jusqu'au dernier échelon de l'échelle hiérarchique, tous sont sous la pression de la femme qui, comme Brennus plaçait son épée dans la balance romaine, met ses charmes dans la balance des affaires » [9 mars 1851]. « Quant à la vertu des femmes, je n'ai qu'une réponse à faire à ceux qui m'en demanderaient des nouvelles : c'est qu'elle ressemble fort aux rideaux des théâtres, car leurs jupons se lèvent chaque soir plutôt trois fois qu'une » [12 juin 1853]), sur les Juifs (« Depuis que je suis à même de voir les Juifs de près, je comprends les édits de nos rois qui les bannissaient. Plus que jamais nous sommes aujourd'hui leur proie, l'argent de la France passe en leurs mains. » « Les Juifs sont odieux aux Français et ils le seront toujours, parce qu'ils sont toujours usuriers et voleurs à quelque haute position qu'ils soient parvenus » [19 août 1853]) et sur les étrangers (« Cette nation [les Anglais] me représente parfaitement un gros pirate embusqué dans un archipel, et détroussant tous les navires qui passent à sa portée » [9 février 1853]. La Belgique est un « roquet qui nous doit son existence » [1er juin 1859]. « Quant aux Italiens, ce n'est pas un peuple, c'est un hôpital de fous ou d'enragés dont le sens moral est perdu » [3 janvier 1859]), il est loin d'être le seul écrivain misogyne, hostile aux Juifs et xénophobe de son temps. Qu'il suffise de lire Flaubert ou les Goncourt ! Il faut concéder à l'auteur des *Mémoires... sur le règne de Napoléon III* un sens aigu de la formule : « La république est une pauvre fille près d'accoucher ; chacun veut être le parrain de son enfant ; nous payerons les dragées du baptême » (2 février 1851) ; les jeunes filles de l'aristocratie « sont des effets de commerce qu'on émettra un jour » (9 février 1851) ; les « vieillards sont des corbeaux de malheur qui croassent parce qu'ils ne savent plus chanter » (25 juin 1853) ; ou encore les « artistes se détestent en général et ils s'exècrent en particulier » (25 avril 1855). Enfin, il confirme ou infirme une multitude d'anecdotes historiques, grâce aux nombreux témoignages qu'il recueille. Il détruit ainsi, par exemple, la fameuse légende du mot de Cambronne (29 mai 1862).

En quittant le Louvre et le salon de la princesse Mathilde où les Goncourt viennent d'être admis à leur tour le 16 août 1862[1], Viel Castel perd ses principales sources d'informations potinières. Absorbé par la rédaction de ses articles de journaux et par ses soucis de santé, Viel

1. Ils assurent dès cette date, pour l'historien, le précieux relais de Viel Castel. Voir dans cette même collection, Edmond et Jules de Goncourt, *Journal. Mémoires de la vie littéraire*, 1989, 3 vol.

Castel consacre moins de temps à ses carnets noirs. Désormais, il se contente le plus souvent d'y reproduire les réflexions que lui inspire la politique internationale, souvent simples minutes de ses correspondances italiennes. Son œuvre s'achève brutalement, le 27 août 1864, de façon doublement prémonitoire. Après avoir dénoncé les manœuvres de Bismarck, Viel Castel conclut sur une affirmation d'une noirceur absolue : « Nous sommes déchus, et ce qui était jeune autour de l'Empereur se fait vieux, et ce qui n'était pas encore corrompu, il y a quatre ans, l'est tout à fait actuellement. » Il lui reste cinq semaines à vivre et à peine plus de six ans au régime.

Dans la préface qu'il consacre à la première édition française des *Mémoires* [1], Louis Léouzon Le Duc signale que l'auteur n'a pas fixé de date pour leur publication. En fait, à l'origine, celui-ci ne l'a pas même envisagée, comme il l'indique dans son introduction. Ses dernières volontés qu'il a rédigées le 29 août 1861 le réaffirment. Il lègue ses *Mémoires* à son fils et confie à celui-ci le soin d'en décider l'usage : « A toi, mon cher Édouard, je laisse le manuscrit de mes mémoires, c'est la vie de ton père, ses peines, ses espérances, ses déceptions, tout ce qu'il a vu, tout ce qu'il a espéré, tout ce qu'il a craint. Un jour ces mémoires auront leur valeur, c'est l'âme de ton père, prends en soin [2]... » Surviennent ensuite, la mort de son épouse et la brouille avec ses enfants. Horace de Viel Castel renonce alors à communiquer ce texte et son manuscrit à Édouard. A son décès, ces documents se trouvent à son domicile, rue Basse-du-Rempart. C'est là qu'entre en scène un personnage que nous n'avons pas encore mentionné.

Le comte Horace de Viel Castel a refait sa vie, ce qu'il n'évoque à aucun moment de son œuvre [3]. Séparé de son épouse, il vit avec une créole de la Réunion qui a elle-même rompu avec son époux, le peintre Évremond de Bérard, spécialiste des paysages et des scènes animalières. Ils n'ont pu légaliser leur relation, puisque la loi interdit alors le divorce, mais ils ont eu deux enfants, Horace, né le 7 septembre 1858, et Roch-Marc, né le 4 août 1864. Sur son lit de mort, Horace de Viel Castel, qui n'a plus guère de ressources, recommande ses deux jeunes enfants à son fils Édouard. Exauçant ce vœu, Édouard et sa sœur Cécile renoncent à la succession paternelle. Les jeunes garçons reçoivent même pour par-

1. *Mémoires du comte Horace de Viel Castel sur le règne de Napoléon III, 1851-1864, publiés d'après le manuscrit original et ornés d'un portrait de l'auteur*, Paris, Chez tous les libraires, 1883-1884, 6 vol.

2. Nous devons la communication de cette pièce à l'obligeance du comte Pierre de Viel Castel et à son fils Gilles, descendants du comte Horace et actuels détenteurs des archives familiales.

3. Pour relater ces péripéties, nous suivons les numéros du journal *Le Temps* des 25 et 29 décembre 1882, 14 juillet, 4, 11 et 18 août 1883 et 28 juillet 1884, ainsi que *L'Intermédiaire des chercheurs et curieux* de 1922, t. 85, col. 223-225, 370, 507-508.

rains deux amis d'Horace : le marquis de La Rochejacquelein, sénateur et Gautier de La Ponterie. Il n'est alors nullement question du manuscrit des Mémoires, soit que la famille ait renoncé à le réclamer, soit que Mme de Bérard en ait caché l'existence. N'ayant plus de ressources, cette dernière décide néanmoins, en 1870, de le publier en Angleterre et alerte alors les Viel Castel. La famille, qui pressent un scandale en cas de sortie de l'ouvrage, parvient à l'éviter au prix d'un arrangement. En 1874, puis en 1878-1879, Mme de Bérard, qui est entrée en contact avec le libraire et éditeur Jeanmaire, envisage de nouveau une publication, mais en est dissuadée par les Viel Castel. L'œuvre reste à l'état de manuscrit. Cependant, à l'automne 1882, le premier volume est publié en Suisse chez l'éditeur Hallet, à Berne, et commence à être acheminé en France pour être diffusé. Le Tout-Paris bruit déjà et Louis, le frère d'Horace, qui siège désormais à l'Académie française, souffre de la publicité faite autour de cette affaire. Des affiches et des prospectus promettant de grandes révélations à la lecture de l'ouvrage circulent en effet dans la capitale. Si les mœurs de plusieurs célébrités évoquées par Viel Castel, comme le marquis de Custine, sont déjà connues, tel n'est pas le cas, en revanche, pour nombre de personnalités encore vivantes à ce moment-là. Peu avant sa mort, survenue le 6 décembre, Édouard fait pratiquer des saisies-arrêts chez tous les libraires de Paris et confisquer à la douane les exemplaires qui s'y trouvent encore. Les Viel Castel et Mme de Bérard se retrouvent devant les tribunaux, en juillet-août 1883. Pour sa défense, celle-ci produit une pièce prouvant que son ancien compagnon lui a légué le manuscrit. Elle réclame la nullité de la saisie, la poursuite de la publication des *Mémoires* et 10 000 francs de dommages et intérêts. Le tribunal ne suit ni la famille, ni le ministère public, ému de l'atteinte que l'œuvre porte à la moralité. Les quatre premiers volumes paraissent à Paris, sous la marque « Chez tous les libraires », avant la fin de l'année, le cinquième au début de l'année suivante et le sixième et dernier en août 1884.

La tempête annoncée a bien lieu. Pendant qu'une partie des lecteurs fait des gorges chaudes, une autre se déchaîne contre le mémorialiste redevenu le « Fiel Castel » de ses jeunes années et surnommé maintenant aussi le « concierge du Second Empire ». Philippe de Chennevières, lui-même attaqué, parle de la « haine baveuse de cet odieux Viel Castel », de « ses yeux vilainement bridés et peu francs » et écrit encore pour défendre la mémoire de son ami Léon de Laborde : « Tout cet immonde venin ne semble vomi que pour salir le malheureux Laborde, mais quand on a lu ce que l'affreux personnage a écrit là sur sa propre famille et sur ses plus hauts et ses plus confiants bienfaiteurs, le souvenir de M. de Laborde ne s'en trouve pas plus mal[1]. » Devant le succès, la première

1. Philippe de Chennevières, *Souvenirs d'un directeur des Beaux-Arts*, *op. cit.*, 2e partie, p. 83 et 114, 4e partie, p. 42 et 62.

édition[1] est bientôt suivie de deux autres[2]. Au XXe siècle paraissent trois nouvelles éditions, partielles et partiales. La première ne s'intéresse qu'aux saillies de l'auteur[3]. La deuxième, publiée en pleine Occupation, met l'accent sur son anglophobie[4]. La dernière fait preuve d'une grande malveillance à son égard[5].

Le texte que nous proposons aujourd'hui est celui de la 1re édition, reproduisant fidèlement les cahiers manuscrits, tous authentifiés par la signature de l'auteur sur leur premier et leur dernier feuillet[6]. Nous gardons les particularités graphiques de l'auteur concernant les noms propres et les titres des personnalités – donnés tantôt avec une majuscule et tantôt sans. En revanche, nous avons parfois rectifié la graphie des noms communs. Nous avons enrichi le texte de trois cents notes, pour apporter les compléments qui nous ont semblé nécessaires à sa compréhension. Ces notes sont appelées par des chiffres arabes pour les distinguer de celles de l'auteur, appelées par des lettres. Nous adjoignons au texte un index, indispensable pour se repérer dans une galerie de plus de mille huit cents personnalités. Parmi celles-ci, les trente dont le nom revient le plus souvent sous la plume d'Horace de Viel Castel font l'objet de courtes biographies. Un tableau synoptique resitue l'auteur et son œuvre en leur temps. Enfin, nous proposons une sélection d'ouvrages au lecteur soucieux d'approfondissement.

Alors que l'épaississement temporel ne fait plus du XIXe siècle le « siècle dernier » mais un siècle parmi d'autres, les passions se sont éteintes. Il est possible de porter un jugement plus serein sur Viel Castel et sur ses *Mémoires*. Indiscutablement, l'homme est malheureux et aigri. Redonnons-lui encore la parole : « Je suis venu au monde dans un siècle triste, avec une âme portée à la tristesse, mais je n'ai laissé à personne

---

1. Un tirage grand in-8° avec le portrait au tome I, couvertures grises avec encadrement et beau papier.

2. Un tirage petit in-8° sans portrait, couvertures grises sans encadrement, sur un papier de qualité médiocre et un tirage belge de contrefaçon in-12 et sans portrait.

3. *Commérages en marge du Second Empire, ornés de 8 gravures hors-texte*, Paris, Visions du temps passé, Les Œuvres représentatives, 1930, in-16 jésus, XXXIII et 171 p., présentation thématique de quelques passages par Pierre Dufay.

4. *Mémoires... sur le règne de Napoléon III, 1851-1864*. Avec un avant-propos et des notes de Pierre Josserand, Paris, Guy Le Prat, 1942, 2 vol., in-16, 256 p. et 258 p. Réimpression en 1979-1980.

5. *Les Coulisses du Second Empire, 1851-1864*. Textes choisis et présentés par Hubert Juin, Paris, Le Livre Club du Libraire, 1964, in-8°, 336 p. On y lit p. I : « Viel-Castel est une cuisinière pour le cancan et une concierge pour la fausseté. Son plaisir est de barbouiller des carnets qu'il fait tout exprès relier, pour lui, en noir », et p. IV : « On se dit qu'il y a, autour de soi, des Viel-Castel, avec leur langue perfide et leurs terribles petits carnets noirs. »

6. Le manuscrit ne présente qu'une lacune. En 1861, en effet, le récit ne commence qu'au 28 janvier. Les pages correspondant au début de l'année ont été enlevées, comme le montre l'état de la reliure. Par qui ? L'auteur lui-même ? Mme de Bérard ? Quelqu'un d'autre ? On ne sait.

le droit de la soupçonner. Je passe au contraire pour un homme gai, seulement on s'étonne quelquefois d'entendre comme un sanglot dans ce concert de ma légère indifférence et les plus habiles cherchent un moment ; puis, après un instant de doute, ces habiles se disent : “ C'est un cœur léger qui porte légèrement la vie ! ” Allez, allez, mes bonnes gens, j'ai vécu dix fois votre vie ; par le cœur j'ai pleuré plus que vous et, parce que personne ne l'a jamais vu, vous me croyez heureux » (11 janvier 1852). « Le monde est usé, et le temps d'aujourd'hui est affreux, c'est pourquoi je médis de mon époque » (25 juin 1853). Tout le déçoit ou finit par le décevoir : sa famille, ses amis, son milieu, son souverain, son pays, son siècle ! Il est mécontent de ne pas avoir la place et les honneurs qu'il estime devoir mériter et en rend responsables, à des degrés divers, la plupart de ceux qui l'entourent. C'est pourquoi il médit. La relation détaillée des aventures galantes, des tripotages financiers et des intrigues des uns et des autres n'a pas été pour rien dans le discrédit du régime impérial, alors même que ces travers ont existé de tout temps. Cependant, Viel Castel ne se contente pas de médire. Il nous restitue son époque non toujours telle qu'elle était, mais telle qu'il la ressentait, en alliant souvent la justesse de l'analyse, la précision de la notation et la sincérité du ton. A ce double titre, il mérite d'entrer dans le panthéon d'un type particulier de mémorialistes. Il y retrouverait Juvénal, Brantôme, Bussy-Rabutin, Tallemant des Réaux ou encore Saint-Simon.

É. A.

CHRONOLOGIE

par Éric Anceau

Dates	Vie et œuvres de Viel Castel	Jalons de la vie politique, diplomatique, économique et sociale
1802	**17 août :** naissance à Paris X^e arrondissement (ancien) de Marc Roch *Horace* Salviac de Viel Castel, fils du comte Charles Salviac de Viel Castel et de sa seconde épouse née Caroline Annette de Lasteyrie du Saillant.	**25 mars :** paix d'Amiens avec l'Angleterre. **2 août :** proclamation du Consulat à vie au profit de Bonaparte.
1803	Passe son enfance à Versailles.	
1804	**6 août :** naissance de son frère Victor qui fait suite à celles de son demi-frère Charles dit Théodore le 30 août 1790, de sa sœur Caroline morte en bas âge et de son frère Louis le 13 octobre 1800.	**18 mai :** établissement de l'Empire. **2 décembre :** couronnement impérial de Napoléon Ier.
1805		**21 octobre :** défaite navale à Trafalgar. **2 décembre :** victoire de Napoléon à Austerlitz.
1806		**1er août :** dissolution du Saint Empire romain germanique. **21 novembre :** décret de Berlin instituant le Blocus continental.
1807		**8 février :** victoire d'Eylau.
1808	**Juillet :** admission de son frère Théodore à l'École spéciale militaire.	**1er mars :** création de la noblesse d'Empire. **17 septembre :** création de l'Université impériale.
1809		

Œuvres littéraires et artistiques, grandes découvertes scientifiques. En France	Œuvres littéraires et artistiques, grandes découvertes scientifiques. Dans le monde	Dates
Chateaubriand, *Le Génie du christianisme.* Cabanis, *Traité du physique et du moral de l'homme.* Lamarck, *Recherches sur l'organisation des corps vivants.* Découverte de la loi de dilatation des gaz par Gay-Lussac.	Foscolo, *Dernières Lettres de Jacopo Ortis.*	**1802**
Jean-Baptiste Say, *Traité d'économie politique.*		**1803**
Senancour, *Oberman.* Gros, *Les Pestiférés de Jaffa.*	Beethoven, *Symphonie héroïque.* Schelling, *Philosophie et religion.* Schiller, *Guillaume Tell.*	**1804**
	Beethoven, *Fidelio.* Mort de Schiller. Création par Beaufort de l'échelle pour mesurer la force des vents.	**1805**
		1806
David, *Le Sacre.* Mme de Staël, *Corinne ou l'Italie.*	Hegel, *Phénoménologie de l'esprit.* Fichte, début des *Discours à la nation allemande.* Construction par Fulton du premier navire à vapeur à aubes. Beethoven, *Quatrième Symphonie.*	**1807**
	Goethe, *Faust* (Ire partie). Beethoven, *Symphonie pastorale.* Canova, *Pauline Borghèse.*	**1808**
Chateaubriand, *Les Martyrs.* Lamarck, *Philosophie zoologique.* Lemercier, *Christophe Colomb.*	Goethe, *Les Affinités électives.* Mort de Haydn. Gauss, *Théorie des corps célestes.*	**1809**

Dates	Vie et œuvres de Viel Castel	Jalons de la vie politique, diplomatique, économique et sociale
1810	**Janvier :** nomination de son père au poste de premier chambellan de l'impératrice Joséphine, de sa mère à celui de dame honoraire et de son frère Théodore à celui d'auditeur au Conseil d'État. **15 août :** entrée de son père dans la noblesse d'Empire comme baron.	Fondation de l'Université de Berlin. **2 avril :** mariage de Napoléon avec Marie-Louise.
1811		
1812	Naissance de sa sœur Caroline.	**Juin-novembre :** campagne de Russie.
1813	**26 mars :** nomination de son père comme chevalier de l'ordre impérial de la Réunion.	**16-19 octobre :** défaite de Napoléon à Leipzig.
1814		**6 avril :** première abdication de Napoléon. **4 juin :** promulgation de la Charte octroyée par Louis XVIII.
1815	**Mars :** nomination de son père comme inspecteur des gardes nationaux de l'arrondissement de Versailles. Il n'a pas encore treize ans au départ de Napoléon pour Sainte-Hélène. **2 août :** nomination de son frère Théodore comme sous-préfet de Sceaux.	**Mars-juillet :** Cent-Jours. **9 juin :** acte final du congrès de Vienne. **18 juin :** défaite de Napoléon à Waterloo.

Œuvres littéraires et artistiques, grandes découvertes scientifiques. En France	**Œuvres littéraires et artistiques, grandes découvertes scientifiques. Dans le monde**	**Dates**
Joseph de Maistre, *Essai sur le principe générateur des constitutions politiques.* Mme de Staël, *De l'Allemagne* (Ire partie).	Kleist, *Le Prince de Hombourg.*	**1810**
Chateaubriand, *Itinéraire de Paris à Jérusalem.* Maine de Biran, *Considérations sur le physique et sur le moral de l'homme.*	Définition par Avogadro de sa loi sur les gaz. *Dichtung und Wahrheit* de Goethe. Suicide de Kleist.	**1811**
	Byron, *Childe Harold.* Début du rassemblement par les frères Grimm des trésors de la littérature populaire germanique. Manzoni commence à composer ses *Hymnes sacrés.*	**1812**
		1813
David, *Léonidas aux Thermopyles.* Ingres, *La Grande Odalisque*.	Goya, *Dos de Mayo.*	**1814**
Premier recueil de chansons de Béranger.	Schlegel, *Histoire de la littérature ancienne et moderne.*	**1815**

Dates	Vie et œuvres de Viel Castel	Jalons de la vie politique, diplomatique, économique et sociale
1815 *(suite)*		**20 novembre :** signature du traité de Paris et conclusion de la Quadruple Alliance.
1816	**Mai :** nomination de son père comme commandant de la première légion de la garde nationale de l'arrondissement de Versailles.	Insurrections en Amérique latine et indépendance de l'Argentine.
1817		**Octobre :** fête de la Wartburg.
1818	**Vers 1818**, il est en pension chez Bintot, rue de Clichy, à Paris. **Juillet :** nomination de son père comme chef d'état-major de la garde nationale du département de Seine-et-Oise. **26 août :** nomination de son frère Théodore comme sous-préfet de Nogent-sur-Seine. **26 décembre :** nomination de son père comme sous-préfet de Sceaux.	
1819		Première traversée de l'Atlantique par un navire à vapeur. Acquisition de la Floride par les États-Unis.
1820		Insurrections dans les royaumes d'Espagne et de Naples.
1821	**Juin :** mort de son père. **13 juin :** nouvelle nomination de son frère Théodore à la sous-préfecture de Sceaux. Nomination de son frère Louis comme secrétaire d'ambassade à Madrid.	**Mars :** soulèvement de la Grèce. **5 mai :** mort de Napoléon à Sainte-Hélène.

Œuvres littéraires et artistiques, grandes découvertes scientifiques. En France	**Œuvres littéraires et artistiques, grandes découvertes scientifiques. Dans le monde**	**Dates**
		1815 *(suite)*
Benjamin Constant, *Adolphe.* Invention du principe de la photographie par Niepce.	Rossini, *Le Barbier de Séville.*	**1816**
La Mennais, *Essai sur l'indifférence en matière de religion.*	Ricardo, *Principes de l'économie politique et de l'impôt.*	**1817**
Ballanche, *Essai sur les institutions sociales.* Découverte par Thénard de l'eau oxygénée.	Berzelius, *Traité de chimie.*	**1818**
Géricault, *Le Radeau de la Méduse.* Laennec, *De l'auscultation médiate ou Traité du diagnostic des maladies des poumons.*	Walter Scott, *Ivanhoé.* Schopenhauer, *Le Monde comme volonté et comme représentation.*	**1819**
Lamartine, *Méditations poétiques.* Découverte de la quinine par Pelletier et Caventou.	Shelley, *Prométhée délivré.* Découverte de l'électromagnétisme par Œrsted.	**1820**
Fondation de l'École des chartes.	Schleiermacher, *Exposition de la foi chrétienne.* Weber, *Der Freischütz.* Byron, *Caïn.* Goethe, *Années de voyage de Wilhelm Meister.*	**1821**

Dates	Vie et œuvres de Viel Castel	Jalons de la vie politique, diplomatique, économique et sociale
1822		**21 septembre :** exécution des sergents de La Rochelle.
1823		**Avril-septembre :** intervention française en Espagne. **2 décembre :** présentation par le président américain Monroe de sa doctrine.
1824	**Vers 1824 :** Il entretient pendant cinq ans une liaison avec Suzanne de Carondelet. Voyage à travers l'Europe pour préparer un ouvrage sur les costumes, les armes et les meubles depuis le haut Moyen Age. **7 avril :** nomination de son frère Théodore comme sous-préfet de Neufchâtel.	**Septembre :** mort de Louis XVIII et avènement de Charles X.
1825	**11 décembre :** nomination de son frère Théodore comme sous-préfet de Dieppe.	Début d'une récession économique. **20 avril :** loi sur le sacrilège. **27 avril :** loi sur l'indemnisation des émigrés. **29 mai :** sacre de Charles X. **Décembre :** mort du tsar Alexandre Ier et mouvement décabriste.
1826	**9 mars :** mariage avec sa cousine germaine Bonne de Lasteyrie du Saillant. Début de la publication de *Collection des costumes, armes et meubles pour servir à l'histoire de France depuis le commencement du* V[e] *siècle jusqu'à nos jours.*	**7 avril :** rejet de la loi sur le droit d'aînesse. **Juin-juillet :** congrès de Panama.
1827	**6 janvier :** naissance de sa fille Caroline Victoire *Cécile*.	**20 octobre :** bataille de Navarin.
1828	Nomination de son frère Louis comme secrétaire d'ambassade à Vienne. **26 octobre :** démission de son frère Théodore du corps préfectoral.	**Septembre :** expédition française de Morée.

Œuvres littéraires et artistiques, grandes découvertes scientifiques. En France	**Œuvres littéraires et artistiques, grandes découvertes scientifiques. Dans le monde**	**Dates**
Hugo, *Odes et Ballades.* Vigny, *Poèmes.* Déchiffrement des hiéroglyphes par Champollion.	Mort de Canova, de Shelley et d'Hoffmann. Pouchkine, *Le Prisonnier du Caucase.* Mickiewicz, *Ballades et Romances.*	**1822**
Travaux sur la thermoélectrique de Becquerel. Hugo, *Han d'Islande.* Fondation de *La Muse française.* Las Cases, *Mémorial de Sainte-Hélène.*	Début de la construction du British Museum. Scott, *Quentin Durward.*	**1823**
Delacroix, *Les Massacres de Scio.* Saint-Simon, *Catéchisme des industriels.* Mort de Géricault.	Beethoven, *Neuvième Symphonie.* Schubert, *La Jeune Fille et la Mort.* Leopardi, *Canti.* Mort de Byron à Missolonghi.	**1824**
Mort de Saint-Simon.	Hazlitt, *L'Esprit du siècle.*	**1825**
Vigny, *Poèmes antiques et modernes* et *Cinq-Mars.* Guizot, publication des deux premiers volumes de l'*Histoire de la révolution d'Angleterre.* Voyages de Dumont d'Urville.	Fenimore Cooper, *Le Dernier des Mohicans.* Disraeli, *Vivian Grey.* Mort de Weber. Leopardi, *Versi.*	**1826**
Hugo, *Cromwell* et sa *Préface.* Fondation de la maison Hachette. Invention de la chaudière tubulaire par Seguin. Invention de la turbine hydraulique par Fourneyron.	Manzoni termine *Les Fiancés.* Mort de Beethoven et de Blake.	**1827**
Jean-Baptiste Say, *Cours d'économie politique.*	Mort de Schubert et de Goya. Mickiewicz, *Konrad Wallenrod.*	**1828**

Dates	Vie et œuvres de Viel Castel	Jalons de la vie politique, diplomatique, économique et sociale
1829	Nomination de son frère Louis comme sous-directeur au ministère des Affaires étrangères. Rapport au ministre de l'Intérieur pour la nomination d'un inspecteur des Monuments historiques. Publication d'*Une nuit d'automne.* **28 septembre :** naissance d'un garçon mort-né.	Ouverture des magasins des *Trois Quartiers* à Paris. **8 août :** constitution du ministère Polignac. **14 septembre :** traité d'Andrinople.
1830	**25 janvier :** il rencontre Stendhal, Hugo et Sainte-Beuve chez Mérimée. **25 avril :** mort de son frère aîné Théodore. Il a vingt-sept ans à l'avènement de la monarchie de Juillet.	**3 février :** indépendance de la Grèce. **18 mars :** adresse des 221. **5 juillet :** prise d'Alger. **27-29 juillet :** Trois Glorieuses et fin de la Restauration. **9 août :** Louis-Philippe roi des Français. Ouverture de la ligne de chemin de fer Manchester-Liverpool.
1831		Écrasement de la révolte polonaise et création du royaume de Belgique. **Novembre :** révolte des canuts lyonnais.
1832	**1832-1833 :** liaison avec Marie de Menou. **31 décembre :** naissance de son fils Georges à Paris.	**Mai :** épidémie de choléra qui emporte le président du Conseil Casimir Périer. **4 juin :** *Great Reform Act* en Angleterre. **Août :** condamnation par le pape du catholicisme libéral de *L'Avenir* de La Mennais.
1833	**30 mai :** mort de son beau-père le comte du Saillant. Collabore au *Livre des Cent et un,* à l'*Encyclopédie des gens du monde.*	**28 juin :** loi Guizot sur l'instruction primaire.

Œuvres littéraires et artistiques, grandes découvertes scientifiques. En France	**Œuvres littéraires et artistiques, grandes découvertes scientifiques. Dans le monde**	**Dates**
Rossini, *Guillaume Tell.* Fondation de la *Revue des Deux Mondes.*	Construction de la locomotive *La Fusée* par Stephenson. Voyage de Humboldt en Asie centrale.	**1829**
Berlioz, *La Symphonie fantastique.* Hugo, *Hernani.* Stendhal, *Le Rouge et le Noir.* Mort de Benjamin Constant.	Tennyson, *Poems, chiefly Lyrical.* Pouchkine, *Le Convive de pierre.*	**1830**
Delacroix, *La Liberté guidant le peuple.* Meyerbeer, *Robert le Diable.* Balzac, *La Peau de chagrin.* Hugo, *Notre-Dame de Paris*, *Les Feuilles d'automne* et *Marion Delorme.* Suppression du journal *L'Avenir* de La Mennais.	Mort de Hegel. Pouchkine, *Boris Godounov.* Leopardi, *Chant nocturne d'un pâtre errant dans les déserts d'Asie.* Gogol, *Les Soirées au hameau près de Dikan'ka.* Bellini, *Norma.*	**1831**
Débuts du *Charivari.* Mort de Champollion, de Cuvier et de Chaptal.	Mort de Scott et de Goethe. Pellico, *Mes prisons.*	**1832**
Début de l'*Histoire de France* de Michelet. Ingres, *Portrait de Bertin l'Aîné.* Balzac, *Eugénie Grandet.*	Publication posthume du *Second Faust* de Goethe. Découverte des lois de l'électrolyse par Faraday.	**1833**

Dates	Vie et œuvres de Viel Castel	Jalons de la vie politique, diplomatique, économique et sociale
1833 *(suite)*	Reprise d'*Une nuit d'automne* dans le tome V du *Salmigondis. Contes de toutes les couleurs.* *Histoire d'un Champenois* dans le tome VIII du *Salmigondis.*	
1834	**Avril :** début de la publication de *Collection des costumes pour servir à l'histoire de la Révolution française et de l'Empire* et publication d'*Oméga.*	Entrée en vigueur du *Zollverein* général en Allemagne. **Avril :** émeutes et massacre de la rue Transnonain à Paris. Création du mouvement Jeune Europe.
1835	**29 juillet :** mort de son fils Georges.	
1836	**1836-1838 :** publication du *Faubourg Saint-Germain*, série formée de trois romans : *Gérard de Stolberg* (ouvrage inspiré de sa liaison avec Marie de Menou), *Madame la Duchesse* et *Mademoiselle de Verdun.*	**Octobre :** tentative de coup d'État de Louis-Napoléon Bonaparte à Strasbourg.
1837		**20 juin :** début du règne de Victoria au Royaume-Uni.
1838	**16 juillet :** naissance de son fils Charles *Édouard* Honoré.	
1839	Publication du *Faubourg Saint-Honoré. Cécile de Vareil*, des *Femmes politiques* et des *Collectionneurs* dans *Les Français peints par eux-mêmes* et d'*Arthur* d'*Aizac,* premier volume de *La Noblesse de province.*	Début de la guerre de l'opium en Chine.
1840		**Juillet-octobre :** crise internationale à propos de l'Égypte. **Août :** tentative de coup d' État de Louis-Napoléon à Boulogne. **15 décembre :** transfert des cendres de Napoléon aux Invalides.

Œuvres littéraires et artistiques, grandes découvertes scientifiques. En France	**Œuvres littéraires et artistiques, grandes découvertes scientifiques. Dans le monde**	**Dates**
	Télégraphe électrique de Gauss.	**1833** *(suite)*
La Mennais, *Paroles d'un croyant.* Daumier, *La Rue Transnonain* et *Le Ventre législatif.* Musset, *Lorenzaccio.*	Mort de Coleridge. Pouchkine, *La Dame de pique.* Mickiewicz, *Pan Tadeusz.*	**1834**
Balzac, *Le Père Goriot.*	David Friedrich Strauss, *Vie de Jésus.* Andersen, *Contes.* Gogol, *Journal d'un fou.* Première expérience du télégraphe électrique par Morse.	**1835**
Inauguration de l'arc de triomphe de l'Étoile. Musset, *Confession d'un enfant du siècle.* Début des *Portraits littéraires* de Sainte-Beuve.	Gogol, *Le Revizor.* Emerson, *La Nature.*	**1836**
	Mort de Pouchkine, de Büchner et de Leopardi. Dickens, *Les Aventures d'Oliver Twist.*	**1837**
Hugo, *Ruy Blas.*		**1838**
Stendhal, *La Chartreuse de Parme.* Louis Blanc, *De l'Organisation du travail.*	Chopin, Vingt-quatre *Préludes* pour piano. Ranke, *L'Allemagne au temps de la Réforme.*	**1839**
Proudhon, *Qu'est-ce que la propriété ?* Fin de la publication de *De la démocratie en Amérique* de Tocqueville. Augustin Thierry, *Récits des temps mérovingiens.* Sand, *Le Compagnon du tour de France.*	Poe, *Histoires extraordinaires.* Création du timbre-poste en Angleterre.	**1840**

Dates	Vie et œuvres de Viel Castel	Jalons de la vie politique, diplomatique, économique et sociale
1841	Publication de *Bertrand de Kergoët*, deuxième roman de *La Noblesse de province.*	
1842	Publication d'*Albert de Saint-Pouance*, troisième roman de *La Noblesse de province.*	Fin de la guerre de l'opium. **11 juin :** loi sur les chemins de fer.
1843	Début de la publication : *Les Rois de France.*	
1844		
1845	Publication de *Marguerite* dans *Les Sensitives, album des salons* et d'*Archambaud de Comborn,* roman des *Familles historiques de la France.*	
1846	Rédacteur en chef et propriétaire de la *Revue algérienne.*	Début de la plus grande crise économique du siècle en Europe et de la Grande Famine en Irlande. **Juin :** avènement du pape Pie IX. **Août-octobre :** affaire des mariages espagnols.
1847		
1848	Nomination de son frère Louis comme directeur au ministère des Affaires étrangères.	**Janvier :** découverte de l'or en Californie. **22-24 février :** révolution de Février et remplacement de la monarchie de Juillet par la IIe République. **2 mars :** adoption du suffrage universel. **4 mars :** abolition de l'esclavage dans les colonies françaises. **Printemps :** insurrections à travers toute l'Europe.

Œuvres littéraires et artistiques, grandes découvertes scientifiques. En France	**Œuvres littéraires et artistiques, grandes découvertes scientifiques. Dans le monde**	**Dates**
Balzac, *Le Curé de village.*	Feuerbach, *L'Essence du christianisme.* List, *Système national d'économie politique.*	**1841**
Fin de la publication des *Cours de philosophie positive* de Comte commencée en 1830. Sue, *Les Mystères de Paris.* Mort de Stendhal.	Rossini, *Stabat mater.* Verdi, *Nabucco.* Gogol, *Les Ames mortes.* Fouilles de Ninive.	**1842**
Succès de *Lucrèce* de Ponsard et échec des *Burgraves* d'Hugo.	Wagner, *Le Vaisseau fantôme.* Dickens, *Un chant de Noël.*	**1843**
Dumas, *Le Comte de Monte-Cristo* et *Les Trois Mousquetaires.*	Turner, *Pluie, vapeur, vitesse.* Kierkegaard, *Le Concept de l'angoisse.*	**1844**
Début de la publication de l'*Histoire du Consulat et de l'Empire* de Thiers. Mérimée, *Carmen.*	Wagner, *Tannhäuser.* Schumann, *Deuxième Symphonie.* Engels, *La Situation de la classe laborieuse en Angleterre.* Feuerbach, *L'Essence de la religion.*	**1845**
Berlioz, *La Damnation de Faust.* Michelet, *Le Peuple.* George Sand, *La Mare au diable.* Balzac, *La Cousine Bette.* Cousin, *Du vrai, du beau, du bien* (2e éd.). Fondation de l'École française d'Athènes.		**1846**
Lamartine, *Histoire des Girondins.* Michelet, *Histoire de la Révolution française.* Murger, *Scènes de la vie de bohème.*	Marx et Engels, *Manifeste du parti communiste.* Mort de Mendelssohn. Thackeray, *La Foire aux vanités.* Charlotte Brontë, *Jane Eyre.* Emily Brontë, *Les Hauts de Hurlevent.* Anne Brontë, *Agnes Grey.*	**1847**
Mort de Chateaubriand et publication des *Mémoires d'outre-tombe.*	Dostoïevski, *Les Nuits blanches de Saint-Pétersbourg.* Stuart Mill, *Principes d'économie politique.*	**1848**

Dates	Vie et œuvres de Viel Castel	Jalons de la vie politique, diplomatique, économique et sociale
1848 *(suite)*	**Juin :** combat l'insurrection dans les rangs de la garde nationale. Il a quarante-cinq ans à l'avènement de la IIe République.	**Printemps :** insurrections à travers toute l'Europe. **23 avril :** élection d'une Assemblée constituante. **Juin :** écrasement du soulèvement du peuple de Paris. **2 décembre :** avènement de François-Joseph sur le trône autrichien. **10 décembre :** élection de Louis-Napoléon Bonaparte à la présidence de la République.
1849		Écrasement des révolutions et retour à l'ordre en Europe. **13 mai :** élection d'une Assemblée législative et victoire des conservateurs.
1850	Publication de *Modes et costumes* dans l'ouvrage de Paul Lacroix, *Le Moyen Age et la Renaissance. Histoire et description des mœurs et usages.*	**15 mars :** loi Falloux sur l'enseignement secondaire. **31 mai :** loi restreignant le droit de suffrage.
1851	**29 janvier :** il commence à écrire ce qui deviendra ses *Mémoires*. **Avril :** publication dans *La Patrie* d'une lettre pour dénoncer l'insuffisance du budget des musées. **14 novembre :** il est nommé secrétaire général de l'administration des Musées nationaux. Démission de son frère Louis de son poste de directeur au ministère des Affaires étrangères au lendemain du coup d'État.	Installation d'un câble sous-marin entre les deux rives de la Manche. **Mars-juin :** mouvement pour la révision de la Constitution. **Mai-octobre :** première Exposition universelle à Londres. **19 juillet :** refus de l'Assemblée de réviser la Constitution pour permettre à Louis-Napoléon Bonaparte de se représenter. **Septembre :** début de la révolte des Taiping en Chine. **2 décembre :** coup d'État de Louis-Napoléon Bonaparte. **21-22 décembre :** plébiscite qui approuve le coup d'État.

Œuvres littéraires et artistiques, grandes découvertes scientifiques. En France	**Œuvres littéraires et artistiques, grandes découvertes scientifiques. Dans le monde**	**Dates**
		1848 *(suite)*
Courbet, *Un enterrement à Ornans.* Berlioz, *Te Deum.* Mort de Chopin et de Juliette Récamier.	Première exposition des toiles préraphaélites à Londres. Mort de Poe et de Petöfi.	**1849**
Corot, *Une matinée, danse des nymphes.* Achèvement de la construction de la bibliothèque Sainte-Geneviève par Labrouste. Mort de Balzac.	Hawthorne, *La Lettre écarlate.* Dickens, *David Copperfield.* Schumann, *Manfred.*	**1850**
Nerval, *Le Voyage en Orient.* Labiche, *Un chapeau de paille d'Italie.* Démonstration de la rotation de la Terre grâce au pendule de Foucault. Début de la construction des halles de Paris par Baltard. Début du *Journal* des Goncourt. Début des *Causeries du lundi* de Sainte-Beuve. Début du *Système de politique positive* de Comte. Mort de Daguerre. **11 décembre :** exil de Victor Hugo.	Verdi, *Rigoletto.* Schumann, *Quatrième Symphonie.* Liszt, *Mazeppa.* Melville, *Moby Dick.* Harriet Beecher-Stowe, *La Case de l'oncle Tom.* Longfellow, *The Golden Legend.* Mort de Mary Shelley, de Turner et de Fenimore Cooper. Découverte des sources du Zambèze par Livingstone. Premières machines à coudre de Singer et Wilson.	**1851**

Dates	Vie et œuvres de Viel Castel	Jalons de la vie politique, diplomatique, économique et sociale
1852	**13 mars :** nomination au sein de la commission chargée de préparer l'installation d'un musée des Souverains. **Du 1er mai au 30 novembre :** conservateur au musée du Louvre. **A partir du 1er décembre :** conservateur au musée des Souverains installé dans la Grande Colonnade du Louvre. Il a cinquante ans à la proclamation du Second Empire.	**14 janvier :** promulgation de la Constitution. **23 janvier :** nationalisation des biens des Orléans. **17 février :** décret établissant la censure de la presse. **29 février :** élections législatives. **9 octobre :** discours du président à Bordeaux. **4 novembre :** nomination de Cavour à la présidence du Conseil piémontais. **7 novembre :** sénatus-consulte rétablissant l'Empire. **21 novembre :** plébiscite ratifiant le sénatus-consulte. **2 décembre :** proclamation du Second Empire au profit de Napoléon III. Fondation du Crédit foncier et du Crédit mobilier. Création du *Bon Marché*.
1853	**10 février :** inauguration par le couple impérial du musée des Souverains. Début de la publication de *Statuts de l'ordre du Saint-Esprit au droit désir, ou du nœud, institué à Naples en 1352 par Louis d'Anjou, premier du nom, roi de Jérusalem, de Naples et de Sicile. Manuscrit du* XIV*e siècle, conservé au Louvre dans le musée des Souverains français avec une notice sur la peinture des miniatures et la description du manuscrit.* **Décembre :** commence à faire paraître dans le *Constitutionnel* des articles de quinzaine sur la société française.	**30 janvier :** mariage de Napoléon III avec Eugénie de Montijo. **Mars :** affaire des Lieux saints. **Juin :** flotte française dans les Dardanelles. **23 juin :** nomination d'Haussmann à la préfecture de la Seine. Début de l'occupation de la Nouvelle-Calédonie par la France.

Œuvres littéraires et artistiques, grandes découvertes scientifiques. En France	**Œuvres littéraires et artistiques, grandes découvertes scientifiques. Dans le monde**	**Dates**
Gautier, *Émaux et Camées.* Leconte de Lisle, *Poèmes antiques.* Hugo, *Napoléon le Petit.* Dumas fils, *La Dame aux camélias* au théâtre. Nerval, *Les Illusions.* Comte, *Catéchisme positiviste.* Montalembert, *Des intérêts catholiques au* XIX*e siècle.* Gavarni, *Masques et Visages.* Invention du gyroscope par Foucault. Mort de Louis Braille.	Schumann, *Requiem.* Premières sonates de Brahms. Tourgueniev, *Récits d'un chasseur.* Tolstoï, *Enfance.* Marx, *Le 18-Brumaire de Louis Bonaparte.* Mort de Gogol.	**1852**
Hugo, *Les Châtiments.* Gobineau, *Essai sur l'inégalité des races humaines.* Courbet, *Les Baigneuses.* George Sand, *Les Maîtres sonneurs.* Achèvement par Michelet de son *Histoire de la Révolution.*	Verdi, *Le Trouvère* et *La Travatia.* Knies, *Die Politische Ökonomie vom geschichtlichen Standpunkte* [*L'Économie politique du point de vue de l'histoire*].	**1853**

Dates	Vie et œuvres de Viel Castel	Jalons de la vie politique, diplomatique, économique et sociale
1854	Impression de *Poésies*. **5 août :** chevalier de la Légion d'honneur.	Mise au point par Sainte-Claire Deville de la préparation industrielle de l'aluminium. **27 mars :** déclaration de guerre de la France et de l'Angleterre à la Russie. **Juin :** début du pouvoir personnel de la reine Isabelle II en Espagne. **Octobre :** début du siège de Sébastopol. **8 décembre :** proclamation du dogme de l'Immaculée Conception.
1855	**16 février :** il est nommé conservateur du musée des Souverains et des objets d'art du Moyen Age et de la Renais-sance. **8 mai :** il est reçu membre du Cercle impérial. Publication de : *Le Palais de l'Exposition, revue hebdomadaire illustrée* qui connaît 11 numéros du 16 mai au 14 octobre.	**26 janvier :** alliance du Piémont avec la France et l'Angleterre. **Février :** création de la Compagnie générale maritime. **3 mars :** mort de Nicolas Ier et avènement d'Alexandre II. **Avril :** attentat de Pianori contre Napoléon III. **Mai-novembre :** Exposition universelle de Paris. **8 septembre :** prise de Sébastopol. Création des *Grands Magasins du Louvre.*
1856	**16 mai :** chevalier de la couronne de Wurtemberg. **5 juin :** il reçoit une tabatière en or de l'archiduc Maximilien. **12 juillet :** chevalier de l'ordre autrichien du Lion de Zahringen. **20 décembre :** chevalier de l'ordre toscan du Mérite de Saint-Joseph. Son épouse commence à connaître de gros soucis de santé.	**Janvier :** autorisation donnée à Ferdinand de Lesseps de percer le canal de Suez. **25 février-30 mars :** congrès de Paris mettant fin à la guerre de Crimée. **16 mars :** naissance du prince impérial. **Juillet :** législation sur les sociétés commerciales. Ouverture du boulevard Saint-Michel et du boulevard du Temple. Inauguration du pont de l'Alma.

Œuvres littéraires et artistiques, grandes découvertes scientifiques. En France	**Œuvres littéraires et artistiques, grandes découvertes scientifiques. Dans le monde**	**Dates**
Courbet, *Les Cribleuses de blé.* Augier, *Le Gendre de Monsieur Poirier.* Barbey d'Aurevilly, *L'Ensorcelée.* Début des *Mohicans de Paris* de Dumas. Berlioz, *L'Enfance du Christ.* Mise en forme des principes de la thermochimie par Berthelot. Mort de Lamennais.	Brahms, *Premier concerto pour piano.* Dickens, *Les Temps difficiles.* Keller, *Henri le Vert.* Début de la publication de l'*Histoire romaine* de Mommsen. Liszt, *Préludes.* Bases de la géométrie non-euclidienne par Riemann. Boole, *Les Lois de la pensée.* Mort de Pellico et de Schelling.	**1854**
Janvier : mort de Nerval et parution d'*Aurélia.* Gounod, *Ave Maria.* Dumas fils, *Le Demi-Monde.* Courbet, *L'Atelier du peintre.* Renan, *Histoire générale des langues sémitiques.* Création de la Bibliothèque des chemins de fer par Hachette. Travaux de Berthold sur la synthèse de l'alcool.	Verdi, *Les Vêpres siciliennes.* Spencer, *Principes de psychologie.* Browning, *Hommes et Femmes.* Whitman, *Feuilles d'herbes.* Mise au point du convertisseur Bessemer. Mort de Charlotte Brontë, de Mickiewicz, de Kierkegaard et de Gauss.	**1855**
Auber, *Manon Lescaut.* Hugo, *Les Contemplations.* Flaubert termine *Madame Bovary.* Fromentin, *Un été dans le Sahara.* Tocqueville, *L'Ancien Régime et la Révolution.* Ponsard, *La Bourse.* Mort d'Augustin Thierry et de Chassériau.	Böcklin, *Le Grand Pan.* Tourgueniev, *Roudine.* Rossetti, *Le Songe de Dante.* Découverte de l'homme de Neandertal. Mort de Schumann, de Heine.	**1856**

Dates	Vie et œuvres de Viel Castel	Jalons de la vie politique, diplomatique, économique et sociale
1857	**21 mai :** chevalier de deuxième classe de Saint-Stanislas de Russie. **14 juin :** chevalier de première classe de Saint-Michel de Bavière. **20 juin :** élu membre correspondant de l'Académie des beaux-arts de Rio de Janeiro. Publication *Des sentiments de justice et d'humanité de l'Angleterre dans la question indienne.*	**24 avril :** début de la révolte des cipayes en Inde. **29 avril :** dissolution du Corps législatif. **21 juin :** élections législatives. Éclairage au gaz des grands boulevards parisiens. Fondation de Dakar. Début de la percée du Mont-Cenis.
1858	Publication *Des sentiments de justice et d'humanité de l'Angleterre dans la question indienne* dans une nouvelle édition augmentée d'une réponse au *Times* et de *Souvenirs historiques sur la reine Marie-Antoinette*, tiré à part d'un article du *Bulletin du Bibliophile* de l'année précédente. **23 août :** chevalier des Saints-Maurice-et-Lazare de Savoie. **7 septembre :** naissance de son fils Horace que lui donne Mme de Bérard.	**14 janvier :** attentat d'Orsini contre Napoléon III. **11 février :** première apparition de la Vierge à Bernadette Soubirous à Lourdes. **27 février :** loi de sûreté générale. **Juillet :** fin de la révolte des cipayes. **21 juillet :** entrevue de Plombières entre Napoléon III et Cavour. **Novembre :** fondation de la Compagnie universelle du canal de Suez. **10 décembre :** conclusion d'un traité défensif entre le Piémont et la France. Inauguration du boulevard Sébastopol.
1859	Publication *de Marie-Antoinette et la Révolution française, recherches historiques…, suivies des Instructions morales remises par l'impératrice Marie-Thérèse à la reine Marie-Antoinette, lors de son départ pour la France en 1770, et publiées d'après le manuscrit inédit de l'empereur François, son père.*	**18 février :** occupation de Saigon par les Français. **29 avril :** attaque du Piémont par les Autrichiens. **10 mai :** départ de Napoléon III pour l'armée d'Italie. **Mai :** fondation du Crédit industriel et commercial. **4 juin :** bataille de Magenta. **24 juin :** bataille de Solferino. **12 juillet :** armistice de Villafranca. **16 août :** amnistie des condamnés politiques. **10 novembre :** paix de Zurich. Premier forage d'un puits de pétrole en Pennsylvanie.

Œuvres littéraires et artistiques, grandes découvertes scientifiques. En France	**Œuvres littéraires et artistiques, grandes découvertes scientifiques. Dans le monde**	**Dates**
Millet, *Les Glaneuses.* Baudelaire, *Les Fleurs du mal.* Procès des *Fleurs du mal* et de *Madame Bovary.* Champfleury, *Le Réalisme.* Dumas fils, *La Question d'argent.* Début de l'œuvre romanesque de la comtesse de Ségur. Millet, *L'Angélus.* Mort de Sue, de Musset, de Béranger, de Comte.	Moussorgski, *La Petite Étoile.* Fondation du groupe des Cinq en Russie.	**1857**
Daumier, *Le Wagon de troisième classe.* Offenbach, *Orphée aux enfers.* Feuillet, *Le Roman d'un jeune homme pauvre.* Paul Féval, *Le Bossu.* Taine, *Essais de critique et d'histoire.* Proudhon, *La Justice dans la Révolution et dans l'Église.* Michelet, *L'Amour.*	Frith, *Le Derby.* *Westminster Palace Hotel* de Londres par les frères Moseley.	**1858**
Gounod, *Faust.* Première série de *La Légende des siècles* de Hugo. Ingres, *Le Bain turc.* Mistral, *Mirèio* (*Mireille*). Jules Simon, *La Liberté.* Ponson du Terrail, *Rocambole.* Baudelaire, *Salon de 1859.* Manet, *Le Buveur d'absinthe.* Mort de Desbordes-Valmore.	Verdi, *Le Bal masqué.* Wagner, *Tristan et Isolde.* Gontcharov, *Oblomov.* Darwin, *De l'origine des espèces.* Waitz, *Recherches sur les races humaines.* Stuart Mill, *Essai sur la liberté.*	**1859**

Dates	Vie et œuvres de Viel Castel	Jalons de la vie politique, diplomatique, économique et sociale
1860	Commence sur l'instance du ministère de l'Intérieur une correspondance avec les journaux italiens pour expliquer la politique impériale.	**1er janvier :** extension des limites de Paris. **23 janvier :** traité de commerce franco-britannique. **24 mars :** annexion par le Piémont de l'Italie centrale et par la France de la Savoie et de Nice. **7 septembre :** entrée de Garibaldi dans Naples. **18 septembre :** combat de Castelfidardo. **6 novembre :** élection de Lincoln à la présidence des États-Unis. **24 novembre :** décret libéralisant le Second Empire. Intervention franco-anglaise en Chine et sac de Pékin.
1861	**Janvier :** il publie *Le Pape et Jérusalem. Solution de la question italienne et de la question orientale.* Chargé au printemps de faire un bulletin de quinzaine par un grand journal belge. **19 octobre :** chevalier de la Couronne du Chêne des Pays-Bas.	**18 février :** proclamation du royaume d'Italie. **3 mars :** abolition du servage en Russie. **13 mars :** discours de Keller pour défendre le pouvoir temporel du pape. **Avril :** début de la guerre de Sécession. **6 juin :** mort de Cavour. **Novembre :** nomination de Fould au poste de ministre des Finances. **31 décembre :** sénatus-consulte augmentant les pouvoirs du Corps législatif en matière financière. Expédition franco-anglo-espagnole au Mexique.
1862	**3 février :** mort de son épouse à Paris. Publication de : *Les Travailleurs de septembre 1792. Documents sur la Terreur.* **Août :** fait partie de l'équipe fondatrice du journal *La France.*	Exposition universelle de Londres. **5 mai :** échec devant Puebla. **Juin :** annexion par la France de la Cochinchine orientale. **2 août :** traité de commerce avec la Prusse et le Zollverein. **28 août :** combat d'Aspromonte. **23 septembre :** nomination de Bismarck au poste de chancelier de Prusse.

Œuvres littéraires et artistiques, grandes découvertes scientifiques. En France	**Œuvres littéraires et artistiques, grandes découvertes scientifiques. Dans le monde**	**Dates**
Baudelaire, *Les Paradis artificiels.* Labiche et Martin, *Le Voyage de Monsieur Perrichon.* Suspension du quotidien catholique *L'Univers* de Louis Veuillot. Découverte et fouilles d'Alésia. Berthollet, *Chimie organique.* Théâtre du Châtelet par Davioud. Mémoire de Pasteur sur l'origine microbienne des maladies.	De Groux, *Mort de Charles Quint.* Whistler, *La Chambre de musique.* George Eliot, *Le Moulin sur la Floss.* Burckhardt, *La Civilisation de la Renaissance en Italie.* Fechner, *Éléments de psycho-physique.* Brahms, *Sextuor à cordes.* Mort de Schopenhauer.	**1860**
Inauguration des fresques de Delacroix à Saint-Sulpice. Sand, *Le Marquis de Villemer.* Gare du Nord par Hittorff. Réfutation par Pasteur du concept de génération spontanée. **Mars :** échec du *Tannhäuser* de Wagner à Paris. **Avril :** fondation du journal *Le Temps.* **Juillet :** début de la construction de l'Opéra de Paris par Garnier. Mort de Murger, de Scribe et de Geoffroy Saint-Hilaire.	Jongkind, *Ruines du château de Rosemond.* Carducci, *Poésies.* Dostoïevski, *Souvenirs de la maison des morts.* Fontane, *Pérégrinations à travers la Marche de Brandebourg.* Eliot, *Silas Marner.* Dickens, *Les Grandes Espérances.* Andersen, *Contes de fées.*	**1861**
Carpeaux, *Ugolin et ses fils.* Manet, *Le Déjeuner sur l'herbe.* Flaubert, *Salammbô.* Fromentin, *Dominique.* Hugo, *Les Misérables.* Leconte de Lisle, *Poèmes barbares.* Débuts de Sarah Bernhardt à la Comédie-Française. Manifeste des peintres français contre la photographie.	Whistler, *La Vague bleue.* Verdi, *La Force du destin.* Tourgueniev, *Pères et fils.* Hebbel, *Les Nibelungen.*	**1862**

Dates	Vie et œuvres de Viel Castel	Jalons de la vie politique, diplomatique, économique et sociale
1863	**11 mars :** publication dans *La France* de son article intitulé : « L'Exposition de 1863 ». **12-14 mars :** révocation de son poste de conservateur. **25 mars :** dénonce au ministre de la Maison de l'empereur les calomnies dont il se dit la victime, mais sa plainte n'est pas entendue. Tombe malade suite à cette révocation. **Été :** se rend au congrès catholique de Malines.	**Janvier :** soulèvement de la Pologne. **17 mai :** prise de Puebla. **23 mai :** loi sur les sociétés à responsabilité limitée. **30 mai :** élections législatives marquées par la victoire de l'opposition à Paris. **Juin :** nomination de Victor Duruy au ministère de l'Instruction publique. **3 juillet :** défaite des sudistes à Gettysburg. **6 juillet :** fondation du Crédit lyonnais. **11 août :** protectorat sur le Cambodge. **Octobre :** nomination de Rouher au ministère d'État. Fondation du *Petit Journal,* quotidien à un sou.
1864	Sa santé se dégrade. **4 août :** naissance de son fils Roch-Marc que lui donne Mme de Bérard. **1er octobre :** il meurt à soixante-deux ans dans son appartement parisien de la rue Basse-du-Rempart.	**10 avril :** proclamation de Maximilien de Habsbourg comme empereur du Mexique. **4 mai :** décret autorisant la fondation de la Société générale. **25 mai :** loi sur le droit de coalition. **15 septembre :** convention franco-italienne sur l'évacuation de Rome. **28 septembre :** fondation de l'Association internationale des travailleurs à Londres. **8 décembre :** publication de l'encyclique *Quanta Cura* et du *Syllabus.* Fin de la révolte des Taiping en Chine.

Œuvres littéraires et artistiques, grandes découvertes scientifiques. En France	**Œuvres littéraires et artistiques, grandes découvertes scientifiques. Dans le monde**	**Dates**
Manet, *Olympia.* Illustration de *Don Quichotte* par Doré. Renan, *La Vie de Jésus.* Viollet-le-Duc, *Entretiens sur l'architecture.* Gautier, *Le Capitaine Fracasse.* Jules Verne, *Cinq semaines en ballon.* Première livraison du *Dictionnaire de la langue française* de Littré et du *Grand Dictionnaire universel* de Larousse. Berlioz, *Les Troyens.* Bizet, *Les Pêcheurs de perles.* Invention du moteur à explosion par Lenoir. Mort de Delacroix, de Vernet et de Vigny.	Ibsen, *Les Prétendants.* Tolstoï, *Les Cosaques.* Carducci, *L'Hymne à Satan.* Whistler, *Symphonie en blanc.* Mort de Grimm et de Hebbel.	**1863**
Goncourt, *Renée Mauperin.* Taine, *Histoire de la littérature anglaise.* Jules Verne, *Voyage au centre de la Terre.* Erckmann-Chatrian, *L'Ami Fritz.* Fustel de Coulanges, *La Cité antique.* Pissarro, *Chennevières au bord de la Marne.* Rodin, *L'Homme au nez cassé.* Offenbach, *La Belle Hélène.*	Brahms, *Deutsche Volkslieder.* Bruckner, *Messe en ré mineur.* Eötvös, *Pensées.* Tennyson, *Enoch Arden.* Lyell, *L'Ancienneté de l'homme prouvé par la géologie.* Maxwell, *Théorie dynamique du champ électromagnétique.* Mort de Meyerbeer et de Hawthorne.	**1864**

MÉMOIRES
(1851-1864)

PRÉFACE
de la première édition (1882)

La mode est aux Mémoires ; on en publie beaucoup ; mais pour curieux qu'ils soient, la plupart ayant pour objet le XVIIe et le XVIIIe siècles, n'offrent qu'un intérêt rétrospectif. Les Mémoires du comte Horace de Viel Castel nous touchent de plus près ; ils embrassent l'importante période de 1851 à 1864, au développement de laquelle nous avons assisté et dont nous gardons toujours le vivant souvenir.

Jusqu'à présent, cette période a fourni matière à bien des récits ; nous la connaissons dans son ensemble ; mais quant à ses détails, même les plus propres à expliquer les faits, on ne saurait nier qu'elle ne reste encore enveloppée de nuages. Les Mémoires du comte Horace de Viel Castel serviront à les dissiper. Ils nous introduisent dans les coulisses les plus secrètes de ce théâtre où s'est joué, pendant tant d'années, le destin de la France ; ils nous révèlent les mobiles intimes qui en ont inspiré les scènes et dirigé les acteurs. Dans un drame où, au milieu d'émouvantes péripéties, de résultats grandioses, s'agitent tant de petites passions, de mesquines convoitises, de basses intrigues, l'élément comique a nécessairement une large part ; les Mémoires du comte Horace le font ressortir. Les personnages y sont pris sur le vif, et tous, jusqu'aux comparses les plus infimes, y défilent, chacun avec son rôle nettement défini, sa note caractéristique. C'est l'histoire par la chronique, la chronique dans sa plus saisissante actualité, car elle suit les événements jour par jour, souvent heure par heure. Ainsi, grâce aux Mémoires du comte Horace de Viel Castel, il nous sera donné enfin de lever tous les voiles et d'apprécier les hommes et les choses dans leur valeur vraie.

On trouvera peut-être cette publication prématurée ; d'ordinaire, et par suite de prohibitions testamentaires, les Mémoires ne sont guère livrés à l'impression que longtemps après la mort des auteurs, et lorsque ceux de leurs contemporains qu'ils craindraient de compromettre les ont suivis dans la tombe. Scrupule respectable, mais qui, à beaucoup d'égards, est loin d'être inoffensif. Que d'erreurs, que de faux jugements encombrant l'histoire, eussent été prévenus, si certains témoignages autorisés se fussent produits plus tôt ! Actuellement que l'on est si avide de documents authentiques, que l'antique et timide axiome : « Toute vérité n'est pas bonne à dire » est absolument proscrit, un tel scrupule ne se comprendrait pas ; on fait, au contraire, un devoir à celui qui a en mains des vérités quelles qu'elles soient, de les mettre sans tarder en pleine lumière.

Devançant ce mouvement d'opinion, M. de Viel Castel n'a fixé, pour la publication de ses Mémoires, aucune date déterminée ; il a laissé sur ce point toute liberté à ceux qui les auraient en dépôt. A la vérité, on doit supposer qu'il n'en eût point provoqué l'impression du vivant de l'Empire ; mais depuis longtemps l'Empire n'est plus ; et, bien qu'il ait creusé dans le pays des traces profondes, bien que ses partisans continuent de s'agiter, pleins de confiance et d'espoir, il n'en faut pas moins reconnaître que sa période est close, et qu'il est permis de le juger aujourd'hui avec la même franchise, la même indépendance que le jugera la postérité.

D'ailleurs, par sa position personnelle, M. de Viel Castel n'avait point à se demander si ses révélations seraient ou non intempestives. Jamais il n'a tenu de ces hauts emplois qui font d'un homme le dépositaire officiel responsable de secrets d'États, et par suite l'obligent, même après sa mort, à une réserve sévère. M. de Viel Castel était un savant, un littérateur, un artiste, et dans toute sa carrière administrative, il s'est concentré exclusivement sur les sciences, les lettres et les arts.

La politique, toutefois, avait pour lui un vif attrait, et il était mieux placé que personne pour en surprendre et en pénétrer les secrets. Son esprit fin et délicat, son caractère indépendant et libre d'ambition, sa loyauté ferme et même ombrageuse en faisaient d'ailleurs un juge éclairé et honnête.

Le comte Horace de Viel Castel appartenait à une famille qu'une étroite intimité liait avec celle des Bonaparte. Né en 1797 et élevé à la Malmaison, il assista aux débuts du Premier Empire dont il fêta avec enthousiasme la glorieuse épopée. De là son admiration pour l'empereur et son système de gouvernement, son profond et inaltérable dévouement à la dynastie napoléonienne ; aussi, lorsqu'en 1851, il la vit renaître de ses cendres, salua-t-il son second avènement comme une manifestation de la Providence, comme une revanche nationale, et s'attachant à la personne de Napoléon III, il lui prodigua, sans se démentir jamais, un culte ardent, sincère et désintéressé.

Le désintéressement était chez le comte Horace une vertu dominante. Plein d'obligeance pour les autres, qu'il faisait profiter de son crédit, il ne demandait rien pour lui : non certes qu'il n'eût pas conscience de sa valeur ; il s'estimait, au contraire, très supérieur à beaucoup de personnages comblés des faveurs du pouvoir ; mais il n'admettait pas qu'un serviteur convaincu dût mettre sa fidélité à prix. Souvent délaissé, oublié, supplanté par d'audacieux intrigants, s'il en concevait du dépit, il ne le manifestait pas ; il aimait mieux se laisser barrer la route que de se la frayer par des habiletés qu'il regardait comme des bassesses ; le métier de courtisan et de flatteur lui répugnait. Nobles sentiments dont il ne se prévalait pas ; il nous dit simplement dans l'introduction à ses Mémoires que, s'il négligeait ses intérêts propres, c'est qu'il était *paresseux*.

Le comte Horace de Viel Castel, que sa naissance, son éducation, ses mérites personnels semblaient appeler aux postes les plus élevés de la politique ou de la diplomatie, dut se contenter d'une place de conservateur, puis de secrétaire général au musée du Louvre. Le prince Napoléon l'y nomma aussitôt son avènement à la présidence. Il est vrai que cette place répondait le mieux aux aptitudes qu'il avait montrées jusqu'alors et aux études spéciales auxquelles il s'était livré.

Le comte Horace, nous l'avons dit, était un savant, un littérateur et un artiste. Adolescent, il chante ses amours dans des vers pleins de sentiment. Vivant dans l'intimité des poètes, ses contemporains, il en est fort goûté. Alfred de Musset, entre autres, son ancien camarade de collège, lui porte une affection fraternelle, et il la lui rend bien. Comme il souffre de la décadence intellectuelle qui a frappé son pauvre ami et précipité sa fin ! Avec quelle délicatesse il s'efforce de faire vibrer dans ce cerveau affaibli, presque atrophié, les joyeux souvenirs de la jeunesse ! et quand, grâce à son insistance, un rayon de gaieté vient à percer ces ténèbres, comme il s'en montre heureux et attendri [1] !

---

1. Nous trouvons dans les *Poésies du comte de Viel Castel*, imprimées chez Claye, en 1854, une pièce de vers relative à Alfred de Musset, que nous croyons devoir citer :

Tu n'es plus ce chanteur intrépide et superbe
Qui foulait en passant comme on foule un brin d'herbe
De ses rivaux vaincus le troupeau frémissant.
Tes yeux ne brillent plus du feu de ton génie ;
L'écho ne redit plus ta puissante harmonie ;
Ton front découronné s'incline en pâlissant.

Pourquoi donc aujourd'hui ce silence farouche,
Ce rire amer et froid qui contracte ta bouche ?
Quel regret a fixé son vautour dans ton sein ?
As-tu vu loin de toi ta volage maîtresse
A de nouveaux amants prodiguant sa tendresse,
Rester sourde à ta voix qui l'appelait en vain ?

Relève donc ton front, parle, dis ta misère,
Fais entendre ta voix, poète à l'âme austère !
Reprends, reprends ton luth si longtemps négligé ;
Chante les yeux en pleurs, prêtre de l'harmonie !
Chante, tu m'appartiens même à ton agonie,
Je suis ta muse, ami faible et découragé !

Après les vers, la prose : M. de Viel Castel publie des romans[1], romans aristocratiques dont ses Mémoires donnent la clef et où la peinture des mœurs et des passions s'empreint de la haute distinction du gentilhomme. Pour le fond et la forme, ces œuvres d'imagination sont aujourd'hui démodées, mais à l'époque où elles parurent, elles eurent leur succès.

Enfin, à la suite de longs et studieux voyages à travers la France, l'Italie, l'Égypte et la Grèce, viennent les ouvrages sérieux : *Marie-Antoinette et la Révolution française* et quelques autres du même genre, tenant à la fois de l'histoire et du roman. Puis, une *Collection de costumes, armes et meubles pour servir à l'histoire de France*, œuvre capitale, qui a coûté à l'auteur dix-sept années de recherches et plus de cent mille francs d'argent. Citons encore le catalogue du musée du Louvre et une foule d'études et de rapports rédigés et publiés par le comte Horace à raison de ses fonctions officielles.

De son salon ou plutôt de son atelier du Louvre et des autres salons qu'il fréquentait, M. de Viel Castel s'était fait un observatoire, du haut duquel il assistait, sans s'y mêler, aux évolutions du règne. Dévoué à Napoléon III jusqu'au fanatisme, considérant la nouvelle ère impériale avec son exaltation d'artiste et l'associant à ses souvenirs du Premier Empire, il en avait conçu une idée gigantesque. A ses yeux, c'était le relèvement triomphal de la France, et il rêvait les gloires de Louis XIV, les grands généraux, les habiles diplomates, l'éblouissement de l'Europe devant le nouveau *Soleil*.

Il ne tarda pas à se heurter aux déceptions ; elles l'affectèrent profondément. Napoléon III ne cessait point pour cela d'être son idole ; mais le piédestal qui le portait, sapé ouvertement ou sournoisement par ceux-là même qui avaient contribué à l'élever, lui semblait chanceler de plus en plus. Bien des mesures avaient été prises qui devaient rassurer sa foi religieuse et ses sentiments conservateurs ; néanmoins il les suspectait, car en approfondissant les motifs qui les avaient inspirées, il ne pouvait s'empêcher de constater qu'elles avaient beaucoup plus pour but de favoriser les visées égoïstes d'un entourage insatiable que les intérêts généraux de la France. Or, plus encore que l'Empire et que l'empereur, M. de Viel Castel aimait la France. C'est pourquoi il s'alarmait, convaincu que tout gouvernement quel qu'il soit, dont l'action ne tend pas directement et loyalement au bien du pays, marche fatalement à sa perte. D'un autre côté, même dans la situation relativement modeste qu'il occupait, M. de Viel Castel subissait le contrecoup des intrigues qui assiègeaient l'empereur. De combien d'injustices, de mécomptes, de

1. Voici les titres des principaux romans du comte Horace de Viel Castel : *Le Faubourg St-Germain* ; *Le Faubourg St-Honoré* ; *La Noblesse de province* ; *Cécile de Vareil* ; *Gérard de Stolberg*, etc.

déboires n'a-t-il pas eu à souffrir ! Courtisans et flatteurs, tous ceux qui avaient ou qui voulaient avoir part à la curée conspiraient contre lui ; redoutant sa supériorité, offusqués de son attitude loyale et indépendante, ils travaillaient à ruiner son influence et à le reléguer dans l'ombre. M. de Viel Castel sentait vivement la blessure, mais il n'en conservait pas moins sa sérénité fière.

Impuissant à réagir contre ceux qui le dénigrent, contre ceux qui avilissent et déshonorent la grande cause à laquelle il s'est sacrifié, le comte Horace s'abandonne à des accès de misanthropie ; il recherche la solitude de son cabinet, et là, chaque soir, évoquant ce qu'il a vu, entendu et éprouvé durant la journée, il écrit ses Mémoires. Connaissant particulièrement tous les personnages qu'il passe en revue, il les saisit dans leur réalité intime et les peint dans le détail. Pour beaucoup d'entre eux le portrait est loin d'être flatté ; il ne saurait l'être qu'en cessant d'être vrai ; or, tout en écrivant d'une plume familière et sans songer à se faire l'oracle de la postérité, le comte Horace de Viel Castel tient absolument à rester vrai, et l'on sent qu'il l'est même lorsque, dans ses expressions, il donne le plus carrière à son humeur aigrie, à son esprit mordant et incisif.

Dira-t-on que ces Mémoires sont une œuvre de rancune ? L'auteur avait le cœur trop haut placé pour mériter un pareil reproche ; il les représente lui-même comme un hommage à la justice et à la vérité.

Pourquoi donc ménagerait-il ceux qui l'ont si peu ménagé ? Pourquoi passerait-il sous silence ou atténuerait-il le rôle odieux ou ridicule de ces gens qui, par leurs perfides roueries, leurs convoitises malsaines, ont si impudemment abusé de ce souverain qu'il aimait ?

En *enregistrant* (c'est son expression) les événements qui se déroulent sous ses yeux, le comte Horace prétend en tracer un tableau aussi complet que fidèle ; il lui importe par conséquent de n'y rien retrancher, pas plus les ombres que les côtés lumineux. Qu'au moment où ils paraîtront, ses Mémoires risquent d'éveiller certaines susceptibilités et même de provoquer quelques colères, ce n'est pas à lui à s'en inquiéter ; son devoir est de raconter simplement et loyalement ; son droit, de critiquer consciencieusement, et c'est ce qu'il fait.

Telle est, du reste, l'impression que produisent les récits et les jugements du comte Horace lorsqu'on les rapproche de ce que l'on connaît du règne de Napoléon III. C'est bien là le tableau approprié à un pareil cadre, et l'on peut affirmer que les couleurs n'en sont point chargées. Réellement, l'auteur ne décrit que ce qu'il a vu, ne répète que ce qu'il a entendu, n'exprime que ce qu'il éprouve ; pas de thèse préconçue, pas de parti pris : si quelque erreur lui échappe, dès qu'il s'en aperçoit, il la redresse. Accident fort rare, car avec sa clairvoyance naturelle, sa parfaite connaissance des hommes et des choses, il ne risque guère d'être dupe ; puis, dans le milieu où il vit, le renseignement juste lui arrive de primesaut ; il n'a qu'à ouvrir les yeux et à prêter l'oreille.

L'anecdote abonde, toujours alerte et pimpante ; un grain de sentiment s'y mêle parfois [1] ; mais le plus souvent il s'agit d'histoires plaisantes et même burlesques, qui, à la façon dont elles sont racontées, dérideraient les plus moroses. Quant aux aventures galantes, elles ne se comptent pas ; la cour et la société du Second Empire offrent dans ce genre, on le sait, une mine inépuisable. Sans hésiter, M. de Viel Castel met en scène héros et héroïnes dans leurs attitudes les plus hardies ; et, comme pour démontrer que le français peut rivaliser de désinvolture avec le latin, il ne recule pas devant les peintures les plus vives, les expressions les plus crues. Certaines pages de ses Mémoires rappellent les boutades les plus scabreuses des conteurs du XVIIIe siècle.

Devant les grands événements politiques, le style des *Mémoires* se relève. M. de Viel Castel s'attache surtout à ceux qui lui paraissent gros de danger, et il les suit avec une attention fébrile. Voyant à quel point l'empereur est mal conseillé, mal servi, et comme la machine gouvernementale peu à peu se détraque, il use de tout ce qu'il peut avoir d'influence pour faire entendre de salutaires avertissements. Par malheur, il prêche dans le désert ; d'autres l'emportent, et il en est réduit à consigner tristement, dans ses tablettes, ses tentatives avortées, ses appréhensions sinistres. Avec quelle verve à la fois indignée et sarcastique ne flagelle-t-il pas cette camarilla affolée, ces hauts et bas fonctionnaires incapables ou malhonnêtes, toutes ces avidités rapaces qui ne savent que flatter, exploiter et compromettre ! Vient un temps, cependant, où sa voix trouve de l'écho : sortant de ses rêves, déchirant les voiles dont on l'enveloppe, l'empereur comprend enfin que son gouvernement va à la dérive, et en se confessant le mal, il cherche le remède. Depuis quinze ans, il a muselé la presse ; maintenant, il lui ôte le baillon, il recourt à elle ; il crée et soudoie des journaux, il les dirige, il les inspire, il leur envoie des articles ou des brouillons d'articles. Voici un de ces brouillons, écrit de sa main et recueilli parmi les papiers des Tuileries ; M. de Viel Castel n'aurait jamais pu souhaiter une justification plus entière, une confirmation plus autorisée de ses doléances et de ses critiques.

Il est un fait réel, c'est que l'Empereur est resté aussi populaire qu'il y a quinze ans, tandis que son gouvernement ne l'est pas.

D'où vient cette anomalie ?

C'est que les agents du pouvoir, au lieu d'imiter la bienveillance extrême du

1. Par exemple cette émouvante conclusion du récit de la mort de Mlle de Sudre : « Je ne sais pourquoi cette mort si prompte et dans de telles circonstances, m'impressionne plus que toute autre mort. Pauvre enfant, si admirée, si adorée par tous ceux qui l'approchaient, couchée ce soir bien loin de sa famille, de ses amis, sous l'herbe d'un cimetière, abandonnée à la destruction. Et ces lèvres, ces mains qu'on osait à peine effleurer de ses lèvres par la pensée, tout cela livré aux vers. Dans six mois, elle sera oubliée ! Pauvre enfant ! Pauvre nous ! »

chef de l'État, sa modestie et sa simplicité, ont été infatués des pouvoirs qui leur étaient délégués, et qu'ils ne se sont pas assez occupés de suivre les inspirations des populations et ne se sont pas assez occupés de leurs intérêts.

Les administrations sont restées hautaines et routinières.

Les préfets ont voulu faire les pachas et imposer leurs volontés aux populations.

Le gouvernement de l'Empereur est le plus honnête qui ait jamais existé, mais il s'est laissé contaminer par des hommes qui, sans être au pouvoir, étaient en relation avec le gouvernement et qui le compromettaient par leurs spéculations.

La presse, au lieu de contrôler les actes de tous les agents du pouvoir, ou a été servile ou rebelle.

Un témoignage parti de si haut suffira, nous l'espérons, pour mettre le comte de Viel Castel à l'abri de tout reproche de partialité, d'exagération ou d'injustice. On ne prendra ses Mémoires que pour ce qu'ils sont réellement, c'est-à-dire pour un effort consciencieux destiné à jeter une lumière décisive sur les faits, les gestes, les personnalités, en un mot sur tout ce détail du Second Empire que l'ignorance ou l'intérêt ont jusqu'ici laissé dans l'ombre. Et c'est ainsi que les *Mémoires du comte Horace de Viel Castel* nous apparaissent non seulement comme une œuvre intéressante et utile, mais encore comme une œuvre patriotique, puisqu'ils permettront au pays de porter désormais un jugement complet et dégagé de tout ce qui tendait à l'obscurcir sur une période qui a tenu une si grande place dans son histoire, et de fixer définitivement les responsabilités.

L. Léouzon Le Duc

NOTE DE L'ÉDITEUR
de la première édition (1882)

Les Mémoires du comte Horace de Viel Castel, commencés en l'année 1851, sont brusquement interrompus au mois d'août 1864 par les dernières atteintes de la cruelle maladie sous laquelle trois mois plus tard (novembre 1864) succombait l'auteur.

L'apparition de ces Mémoires causa grand scandale, cela se conçoit, car le public ignorant encore de la juste valeur de cette œuvre non seulement intéressante, utile, mais *essentiellement patriotique*, ainsi que le proclame dans sa préface l'éminent écrivain qui n'a pas hésité à placer notre publication sous l'égide de son nom autorisé, le public, disons-nous, s'émut outre mesure du déshabillage infligé par le comte Horace de Viel Castel à nombre de personnalités sinon historiques, du moins notoirement connues.

Devant les réclamations de toutes sortes, les blâmes, les colères, les menaces mêmes suscitées par ce fait secondaire des amour-propres blessés, notre devoir a été l'inflexibilité absolue.

En effet, supprimer l'œuvre que le hasard avait fait tomber entre nos mains eût été un acte de vandalisme, et ceux qui prétendent que ces mémoires n'étaient pas destinés à la publication, n'ont qu'à se reporter à l'*Introduction* dans laquelle l'intention du comte Horace de Viel Castel se manifeste assez clairement pour ne laisser subsister aucun doute à cet égard.

Nous reconnaîtrons cependant que certaines anecdotes *brantomesques* eussent peut-être gagnées à être sinon élaguées, du moins présentées au public moins court vêtues. Les intéressés ne l'ont point voulu ou plutôt l'ont voulu si maladroitement qu'ils nous ont pour ainsi dire *imposé* l'interdiction de toute suppression ou atténuation ; car à peine notre publication était-elle annoncée, que le nom de l'auteur suffisant pour éveiller parmi les survivants de l'ère napoléonienne les plus légitimes appréhensions, ce fut un débordement de calomnies, un tollé général non seulement contre l'auteur, mais encore contre l'éditeur de cette exhumation posthume.

Néanmoins le livre se vendit, et ceux-là mêmes qui s'étaient si vivement employés à sa suppression violente, furent les principaux agents promoteurs de la circulation quasi clandestine de l'ouvrage en France.

Alors il se passa ce fait singulier, mais si véritablement *humain* que nous ne pouvons résister à la tentation de le signaler ; c'est que pour le plus grand nombre des *blessés*, le dépit de ne pas voir figurer son voisin dans le terrible annuaire, excéda de beaucoup celui de s'y reconnaître soi-même, et que devant l'injure qui les atteignait, une poignée de gens effarés ne trouvèrent d'autre palliatif que de dénoncer à haute voix les membres de leur caste que le comte Horace de Viel Castel avait dédaignés, méconnus ou volontairement épargnés ; ceux-ci furent accusés d'avoir à prix d'or conquis l'éditeur à leur radiation de la honteuse nomenclature. Cette attitude eut logiquement le résultat qu'elle devait avoir, celui de nous interdire non seulement toute suppression, mais la moindre des atténuations fût-ce en face de certains écarts de plume dûs à l'impétuosité de l'auteur, mais contraires à notre sentiment personnel.

Les Mémoires du comte Horace de Viel Castel ont donc été publiés *textuellement* d'après les *petits livres noirs* dont chacun porte la signature de l'auteur sur son premier et sur son dernier feuillet.

Le manuscrit original ne présente qu'une lacune, celle de l'année 1861 qui ne commence qu'au 28 janvier, les premières pages en ont été enlevées, ce dont témoigne à n'en pas douter, l'état de la reliure ; mais enlevées par qui ? peut-être par l'auteur lui-même, peut-être dans le cours des nombreuses et infructueuses pérégrinations de l'œuvre sur le chemin de l'impression.

Chi lo sa ?

Quant à nous, arrivés au terme de cette publication, nous avons suffisamment la conscience de son intérêt réel, indéniable, pour nous applaudir de ne nous être laissé entraver dans cette entreprise, ni par les perfidies de la calomnie, ni par les manœuvres occultes de certains *stigmatisés*, manœuvres qu'il nous répugne de qualifier ici, mais qui nous le regrettons pour ceux-là qui les ont employées, donnent désormais à l'auteur des Mémoires du règne de Napoléon III la plus importante des sanctions : celle de son absolue véracité.

INTRODUCTION

En voyant les choses et les hommes de mon temps, j'ai pris enfin le parti d'écrire jour par jour ces souvenirs. L'amour-propre est peut-être pour beaucoup dans ma résolution et je le dis en toute franchise. Plus que les trois quarts des hommes d'aujourd'hui, j'ai étudié, j'ai travaillé et je crois avoir produit, sinon des choses tout à fait bonnes, du moins des choses utiles.

Je me suis occupé des arts et de la politique ; en dernier lieu encore, lors de l'affaire des mariages espagnols, j'ai soutenu plus que personne, et avec le complet assentiment des hommes politiques, le droit de la France [1].

J'ai voyagé, étudié à mes frais ; j'ai parcouru les plus belles bibliothèques de la France, de l'Angleterre et d'une partie de l'Allemagne. En 1829, j'ai fait un long rapport au ministre de l'Intérieur pour proposer la nomination d'un inspecteur des monuments historiques. Mon rapport a été fort approuvé et, en 1830, Vitet fut nommé inspecteur !

J'ai publié à mes frais l'*Histoire du costume en France* ; j'ai employé dix-sept ans de ma vie à cette publication, j'y ai employé 100 000 francs.

Aujourd'hui, on a bien voulu trouver que tant de travaux méritaient un emploi ; je suis *secrétaire* de l'administration des musées, enregistrant les délibérations auxquelles je ne prends pas part.

Mais de Laborde est de l'Institut pour avoir toute sa vie copié des catalogues, et comme il est assez ignorant en histoire des arts, comme en histoire politique, on l'a nommé conservateur des musées du Moyen

---

1. Cette affaire des mariages espagnols a occupé l'Europe entre 1843 et 1846. Il s'agissait de trouver un époux à la jeune reine d'Espagne, Isabelle. Lors de l'entrevue d'Eu, en septembre 1843, Louis-Philippe et Victoria sont convenus d'écarter les candidats trop favorables à l'un ou l'autre pays (les Orléans dans un cas, les Saxe-Cobourg dans l'autre). Cependant, aucun des deux partis ne semblait décidé à appliquer l'accord. En octobre 1846, la reine finit par épouser son cousin François d'Assise, duc de Cadix, et sa sœur, Marie-Louise, le duc de Montpensier, cinquième fils de Louis-Philippe.

Age et de la Renaissance du Louvre, dans l'espoir, sans doute qu'il y apprendrait quelque chose.

Tout cela me laisse sans haine et sans colère ; par le temps qui court, ce qu'il y a de mieux à faire, c'est de voir et de retenir ; je vois donc et je me souviens. Je ris, à moi tout seul, de certaines importances qui me regardent à peine et ne discutent pas avec moi, parce qu'elles se jugent d'une sphère très supérieure, et je laisse passer les ignorants en leur disant : *Beati pauperes spiritu*[1], etc. Cependant, si plus tard, quand je ne serai plus, mes enfants venaient à se demander : pourquoi notre père est-il resté dans les emplois ignorés, lorsque tant de sots *brillaient* au premier rang ?... était-il donc plus sot encore ?...

Je veux les détromper et leur faire connaître mon époque. Ne vous inquiétez pas de moi, mes chers amis, j'ai souffert à moi seul ce que j'avais à souffrir, j'ai passé dans le monde, voyant tout et avec si peu d'ambition que je n'ai jamais trouvé qu'il valût la peine de se faire flatteur et courtisan pour être couvert de décorations, comme Véron ou Feuillet de Conche, ou pour être membre de l'Institut comme Léon de Laborde.

User sa vie, pour n'arriver qu'à valoir ces hommes-là !...

Dans mon petit livre, je vous juge, mes prétendus grands hommes ; dans le monde, je me moque de vous et c'est moi qui vous regarde du haut de *ma grandeur*. Je ne veux cependant pas être classé parmi les hommes incompris, non, Dieu m'en garde ! Si je ne suis rien, c'est ma faute, j'éprouve de l'embarras à demander pour moi, puis vient la paresse, quand il s'agit de recommencer vingt fois les mêmes démarches, et l'ennui de solliciter. Je ne suis donc pas *incompris*, je suis paresseux.

Voyez cependant, à quoi mène cette paresse : des gens importants s'habituent à vous regarder comme des êtres inférieurs, à trouver que vous êtes bon tout au plus pour enregistrer leurs paroles et ils vous disent de la meilleure foi du monde : vous ne pouvez pas être élevé jusqu'à nous, avoir votre voix dans nos assemblées, vous êtes un peu trop ambitieux, mais vous devez vous trouver très satisfait du lot qui vous est échu.

Très bien, mes beaux messieurs, nous ne sommes qu'un enregistreur, nous enregistrons ; nous ne haïssons personne, sinon les sots qui nous fatiguent, mais nous n'avons à ménager personne, parce que personne ne nous a ménagé ; à la besogne...

Et vous, mes chers enfants, lorsque vous lirez ceci, pensez à votre père qui, dans sa vie, a beaucoup souffert sans se plaindre jamais à qui que ce soit et qui a beaucoup travaillé sans grande récompense de son

1. « Bienheureux les pauvres d'esprit. »

labeur. J'ai beaucoup vu ; aussi j'ai connu le monde comme peu de gens le connaissent.

Adieu, je vous ai toujours aimés, mes chers enfants, et, si je regrette de ne rien être et de n'avoir pas de fortune, c'est pour vous.

Au Louvre, 1851

COMTE HORACE DE VIEL CASTEL

29 janvier 1851

J'ai dîné, aujourd'hui, rue de Courcelles n° 10, faubourg St-Honoré, chez S. A. la Princesse Mathilde (Démidoff), fille de Jérôme Bonaparte, avec Mme Bresson, femme de notre ancien ambassadeur, M. de Guitaud son frère, second secrétaire à Madrid, Mme la marquise de Contades (fille du général de Castellane, qui commande à Lyon) ; M. Chaix d'Estange (l'avocat) et M. le comte de Nieuwerkerke, directeur général des musées. La conversation a été très animée et spirituelle ; il a été fort question de Mme Piscatory (fille du général Foy), *bas-bleu* très prononcé et qui se prononce avec une merveilleuse audace sur les dieux égyptiens ; cette *femme savante* connaît la déesse *Potiche* et tous les *Ibis* des pharaons, elle parle beaucoup des Assyriens, enfin, elle adore l'Antiquité et les antiques. Sa main, qu'elle agite sans cesse à la hauteur de sa tête, a pour mission de montrer l'anneau royal de je ne sais plus quel roi égyptien, trouvé momifié dans j'ignore laquelle des pyramides.

Mme Piscatory fait admirer à ses *fanatiques* la beauté des muscles égyptiens de sa fille.

Après Mme Piscatory, Mme la marquise de Caraman (Césarine de Béarn) a eu l'honneur de passer devant notre aréopage. C'est encore un *bas-bleu* de première qualité, qui étudie les langues modernes et les guitares ; jadis coquette très maniérée ; je l'ai connue fumant la cigarette chez la princesse Metschersky. Le pauvre Elim Metschersky en était très épris, il eut d'elle un rendez-vous qui n'eut aucun résultat, parce qu'elle portait pour la circonstance des pantalons sans coutures, que mon timide ami n'osa pas déchirer, ce qu'elle ne lui a point pardonné.

A cette époque (1834), Elim lui envoyait des bouquets de camélias, et Tanneguy Duchâtel (ministre de l'Intérieur plus tard) des camélias en caisse.

Chaix d'Estange s'est beaucoup plaint d'être assiégé par le prince de Canino (ancien président de la république romaine) pour le faire convertir à plaider sa cause contre d'Arlincourt (le vicomte). Nous l'avons tous dissuadé de prêter son ministère à ce méchant, gros et malpropre républicain. La Princesse Mathilde seule, en le lui conseillant, n'a pu s'empêcher de convenir de trois faits, à savoir que Canino avait été *mauvais fils et qu'il est toujours mauvais père et mauvais époux.*

Jeudi 30 janvier

Soirée en petit comité, chez ma femme, rue des Saussayes 8. Mme la baronne de Tussac, ses deux filles, ma mère et ma sœur Caroline.

Ma fille a fort bien joué du piano, elle est très bonne musicienne.

Mlle de Tussac, la plus jeune, a chanté non sans prétention ; sa sœur aînée, *Dame de St-Denis*, est une idolâtre de Lamartine ; elle le voit souvent, ainsi que sa femme.

Toute cette famille de Tussac est amie de M. de Pastoret ; c'est un petit troupeau, *très des Houillères*, sous la garde de ce vieux *Pâris* qui, en 1834, était l'amant de la charmante duchesse de Vallembroie (sœur de Césarine de Béarn), morte des suites de couches et de l'ennui causé par son vieux mari, qui portait perruque, faux râtelier, œil de verre ; en lui tout ce qui se voyait était faux ; le reste ne valait, dit-on, guère mieux. Le duc de Vallembroie est mort en 1850.

Vendredi 21 janvier

Soirée au Louvre.

Bonne musique (Seligmann, violoncelle ; Dancla, violon ; Ponchard et Géraldy, chanteurs).

J'ai causé avec le général Perrot, qui est chargé du commandement des gardes nationales de la Seine. Il se montra très obligeant et très amical envers moi ; je l'aime beaucoup, c'est un brave militaire, très ferme, charmé d'être débarrassé de Changarnier [1].

Une nouvelle cause d'irritation contre le président de la République vient de surgir. L'Assemblée nationale a nommé une commission pour étudier la question du Haras de St-Cloud ; comme la dite commission traversait le parc de cette résidence, loué au président, un gardien s'opposa à ce que cette fraction de la souveraineté nationale déléguée pour visiter un haras, passât dans une allée réservée. Insistance de la commis-

---

1. Le 9 janvier précédent, Louis Napoléon Bonaparte a révoqué Changarnier du commandement des gardes nationales de la Seine et de la première division militaire de Paris. En septembre et en octobre 1850, le général avait en effet interdit à la troupe de crier « Vive Napoléon ! » et se vantait même de faire « coffrer » le Président s'il devenait trop dangereux pour l'Assemblée législative.

sion, qui tonne enfin par dix voix plus ou moins harmonieuses : « *Nous sommes des représentants.* »

A cette foudroyante accusation de qualités, le gardien répond sans se déconcerter : « *Raison de plus.* »

Colère de quelques Jupiters que veut en vain modérer M. de Beaumont, Jupiter raisonnable.

Je ne sais comment se terminera cette affaire, nous sommes à l'époque des petites choses dont on tire de grands effets. *Pauvre pays* [1] *!*

Samedi 1er février

Dîner rue de Courcelles 10, chez la Princesse Mathilde.

Au dîner, une princesse sicilienne dont j'ai oublié le nom et le vicomte de Saint-Mars, colonel du régiment de dragons, actuellement à Paris.

Ce vicomte de Saint-Mars est le mari de la vicomtesse de Saint-Mars, faiseuse de romans et de feuilletons de journaux, connue sous le nom de comtesse Dash, tour à tour ou tout ensemble maîtresse de Roger de Beauvoir, d'Elim Metschersky, d'Alex. Dumas, etc., etc., etc... et qui enfin partit de France, il y a six ans, pour épouser le fils de l'hospodar de Valachie, et qui y est revenue, il y a quatre ans, abandonnée par ses deux maris et par ses amants, pauvre, tirant mille diables par leurs queues, pour recommencer sa vie de feuilletonniste et de romancière. Elle touche 1 500 fr. de pension du colonel et 2 000 fr. de l'hospodar.

La comtesse Dash est une vraie *Bohême*, qui écrit pour manger, pour boire et pour courir les bals, dépensant en toilettes ridicules plus d'argent qu'il n'en faudrait pour faire vivre dix honnêtes femmes. Elle aime le plaisir pour la débauche et souvent elle s'est donnée au premier venu qui la conduisait souper après le bal de l'Opéra. Elle a de l'esprit, mais elle n'est plus jeune et elle regrette sa jeunesse et de ne pouvoir plus choisir dans le sérail des hommes qui marchaient sur ses pas. Elle a 45 ou 46 ans. Le comte de Rochefort qui vient d'être nommé colonel de cuirassiers a été un de ses premiers amants.

Après le dîner, il est venu quelques personnes ; le comte de Flamarens, jeune premier, depuis 30 ans, du faubourg St-Germain ; toujours élégant, toujours blond, toujours frisé, fort occupé en ce moment à compromettre une jeune femme qui n'est pas difficile à compromettre. J'aurai l'occasion de revenir sur le compte de ce couple amoureux. Je dois dire, d'ailleurs, que Flamarens est un bon et brave garçon.

---

1. L'une des origines principales du conflit incessant entre la majorité de l'Assemblée et le Président réside dans l'impossibilité constitutionnelle qu'aura le Président de se présenter immédiatement à un nouveau mandat au terme du premier qui doit s'achever en 1852. Lui et ses partisans souhaiteraient une révision de la Constitution, ce que les parlementaires ne sont pas disposés à accepter. Il s'ensuit une hostilité croissante entre les uns et les autres que traduisent l'affaire Changarnier et celle du haras de Saint-Cloud.

Il a été, pendant plus de quinze ans, l'amant déclaré de Mme la marquise de la Chataigneraie (celle dont le mari se fait actuellement nommer le prince de Pons). Cette marquise était sotte comme une grenouille, mais ces caillettes-là gardent longtemps leurs amants.

Le général Exelmans, brave homme, très vieux aujourd'hui, sourd, toujours amoureux des princesses impériales de la famille Bonaparte.

Son fils, officier de marine, aide de camp du ministre de la Marine, excellent, d'un commerce aimable.

Monsieur et madame Berger, préfets, mâle et femelle, de la ville de Paris.

Le mâle a fait son entrée comme les seigneurs du Moyen Age, seulement au lieu de faucon, il portait sa femme sur son *poingt*. Ce Berger est le type physique et moral du mauvais bourgeois, haineux, fat, important, faisant des révolutions pour paraître.

Enfin, la Princesse Mathilde, Guitaud et moi, nous sommes restés les derniers ; causerie intime d'une demi-heure, sur toutes choses et sur tous hommes. Nieuwerkerke était parti de bonne heure pour faire des visites.

Dans notre conversation intime, il a été question des diplomates français, et soit dit en passant, c'est peu de chose ; il y a parmi eux un tiers de fats, un tiers de sots et le troisième tiers a quelques capacités et de faibles utilités.

Voici deux anecdotes sur deux de ces diplomates.

M. de Lagrenée (baron de). Les Arménois prétendent qu'il a nom *Torchon* ; les politiques, avouent que c'est bien un Torchon, mais un Torchon de Lagrenée, comme on dirait Torchon de toile ou Torchon de papier.

Torchon de Lagrenée, élevé à St-Acheul, soutenu par la congrégation, était attaché à l'ambassade française en Russie en 1830. Les Évangiles s'étalaient sur sa table ; le rosaire était suspendu à sa cheminée et le scapulaire sur sa poitrine ; en 1831 il se disait esprit fort, maintenant représentant du peuple, c'est un important du parti orléaniste. Je l'ai entendu lors du complot Ivan soutenir à M. Baroche dans le salon de la Princesse Mathilde que le prétendu assassin était soudoyé par le caissier du prince Louis-Napoléon.

Je n'oublierai jamais l'indignation de la Princesse, sa superbe et subite rougeur, les deux larmes qui sillonnèrent ses joues, ni ses paroles de mépris et de courroux à cet insolent, elle fut magnifique et vraiment royale.

Mais revenons à Torchon de Lagrenée, nommé ambassadeur extraordinaire (très extraordinaire, en effet) en Chine ; il partit à la tête de toute une expédition pour faire un traité de commerce avec le Céleste Empire. Je n'ai point à m'occuper de ses travaux diplomatiques, nous savons ce qu'ils ne rapportent pas.

Le Torchon est grand amateur de décorations, cela n'est pas un crime, c'est la maladie régnante, tout le monde est décoré aujourd'hui. Lors donc qu'il eut terminé ses travaux, qu'il n'avait plus qu'à tourner ses vaisseaux vers la France, Torchon se dit qu'il serait glorieux pour sa patrie qu'il y rentrât un peu plus magot qu'il n'en était parti et cette idée fermentant dans sa tête, il alla trouver le commissaire impérial Lin, et lui fit la demande du *bouton de cristal*, qu'il serait heureux, ajoutait-il, de porter comme un souvenir de ses amis les Chinois.

Lin, un homme de bon sens, lui répondit que la chose était impossible, d'abord parce qu'elle blesserait les susceptibilités chinoises ; que l'Empire du Milieu n'avait aucune institution qui répondît aux décorations européennes, que le *bouton de cristal* était le signe distinctif des mandarins et qu'il fallait pour l'obtenir passer un examen de lettré chinois, ce que ne pourrait pas faire l'ambassadeur.

Le Torchon s'obstina, déclara qu'il ne partirait pas sans le *bouton de cristal*, fallût-il le porter à la chinoise sur le nombril, et, en effet, la mission fut prolongée de six mois.

C'est-à-dire que 1 500 000 francs durent être inscrits en plus au budget de l'État pour cette obstination.

Lin, en chinois bien avisé, cherchait le moyen de débarrasser son pays d'un hôte aussi exigeant et voici comment il y parvint.

Les juges de paix de la race jaune portent, pour insigne de leur dignité, un collier de verroterie ; ce collier fut accordé à Torchon de Lagrenée qui, satisfait alors, consentit à quitter *Canton* et démontra, six mois après, aux Parisiens ébahis comment la France devait se trouver fière de ne payer que 1 500 000 fr. l'honneur de posséder un juge de paix chinois parmi ses diplomates.

La femme de Torchon est une ex-demoiselle d'honneur de l'impératrice de Russie ; on s'accorde à la regarder comme la pimbêche la plus désagréable et la plus méchante qu'il soit possible de rencontrer. Aussi insolente que son mari, et jouant la vertu.

J'aurai l'occasion de revenir sur son compte.

M. le baron de Bourgoing, notre ministre plénipotentiaire en Espagne, est un des plus mirifiques niais que je puisse offrir comme spécimen de l'espèce. Avec des manières et un langage d'abbé musqué, un faux air bonhomme, une affectation de franchise, on peut le ranger parmi les intrigants ; il est marié à une grande Bavaroise plus sotte que lui et qu'il a demandée en mariage par erreur. Comme ledit Bourgoing a la vue basse, il s'est trompé de beau-père, dans un escalier obscur, et il a fait sa demande à un Bavarois pour un autre ; puis, il a accepté les conséquences de son erreur.

Bourgoing était alors ministre en Bavière.

Mais arrivons à l'histoire que je veux raconter sur lui.

« Monsieur, dit-il un jour à Guitaud dans le palais de l'ambassade à Madrid, il serait convenable de faire donner par l'Espagne une preuve d'estime à la République française et d'amener ainsi à la fraternisation deux peuples faits pour s'entendre. Allez donc demander au directeur du musée espagnol l'autorisation de faire mouler le *mastodonte* que possède cet établissement ; allez et pour récompenser ce directeur nous le décorerons de l'ordre de la Légion d'honneur. C'est ainsi que j'entends continuer la politique de Louis XIV ou je ne m'y connais pas. » Guitaud, qui ne savait ni ce qu'était un *mastodonte*, ni quoi que ce soit des histoires antédiluviennes, s'acquitte de la commission ; mais le directeur du musée espagnol lui répond avec une sorte de colère : « Nous n'avons pas de *mastodonte*, Monsieur, mais bien un *anoploterium*, un squelette d'*anoploterium* », et il le conduit devant la carcasse fossile d'une énorme bête vermoulue, rattachée par des fils de fer ; puis il continue : « Dites à M. l'ambassadeur de France que les squelettes d'*anoploterium* ne se moulent pas, que ce serait une barbarie de l'essayer et que la monarchie de Charles V ne saurait y consentir. »

Guitaud se retira confus et ce fut ainsi que Bourgoing ne put continuer en Espagne la politique de Louis XIV. Il faut avouer que la diplomatie française brille en ce moment d'un grand éclat.

Après 1848, nous aurons eu à Naples un joueur de violon ; à Lisbonne un faiseur de mélodrames, à Francfort un maître de langues ; à Berlin le fils d'un savant astronome, avocat assez mal famé, coureur d'actrices et grand joueur de dominos [1].

Risum teneatis [2].

Dimanche 2 février

Je n'ai rien appris, ce soir, chez M. Baroche (place Vendôme) ; j'y ai vu beaucoup de gens prévoyants qui me semblaient venus pour se tenir en mesure, dans le cas d'une résurrection. Persigny et Flavigny y faisaient les aimables.

Chez le baron Gustave de Romans (rue Tronchet 11), d'Anjou, directeur d'un journal semi-légitimiste de Montpellier, prétendait que M. Guizot avait vu les princes de la maison d'Orléans la semaine dernière à *Claremont* et que ces princes l'avaient chargé de négocier la *fusion* des intérêts bourboniens avec le comte de Chambord ; sur ce, M. Guizot leur aurait répondu que tarder plus longtemps serait donner

1. Il pourrait s'agir respectivement d'Alphonse Gérard de Rayneval, envoyé extraordinaire à Naples en juillet 1848, de Félicien Mallefille (1813-1868), nommé chargé d'affaires à Lisbonne le 8 juin 1848, d'Henri-Charles-Joseph Savoye (1802-1869), chargé d'affaires auprès de la Confédération germanique le 8 avril 1848 et d'Emmanuel Arago (1812-1896), envoyé extraordinaire à Berlin le 10 mai 1848.

2. « Retiendrez-vous votre rire. » Notre auteur a lu Horace (*Art poétique*, vers 5) et nous ressert la même citation le 12 octobre 1856 et le 27 juillet 1859.

la France *à l'Empire*[1]. Les fusions, les alliances et toutes les menées politiques sont jeux de salons ; notre *Bas-Empire* est mené par la fatalité ; le plus sage est de ne rien prévoir au milieu de gens sans croyances, sans vigueur et sans droiture. Les intérêts personnels sont rois. La république est une pauvre fille près d'accoucher ; chacun veut être le parrain de son enfant ; nous payerons les dragées du baptême.

Lundi 3 février

Je viens d'apprendre la mort de Mlle de Sudre, charmante jeune fille, spirituelle, pleine de talent, musicienne distinguée, qui, il y a six semaines, dans ce même cabinet du Louvre où j'écris, me demandait des dessins pour orner un album de romances de sa composition. Quinze jours après, elle me chantait ses romances chez son père et aujourd'hui la voilà morte, au moment d'épouser, après deux ans d'attente, Champagnac, un de mes amis, nommé récemment sous-préfet.

Elle avait l'air heureux, mais d'un bonheur fébrile et comme si elle eût eu un pressentiment de sa mort prochaine ; tout en elle décelait une impatience d'user toutes les facultés de son intelligence. Pauvre fille, enterrée avec sa robe de fiancée !... Peut-être vaut-il mieux pour elle qu'elle s'ensevelisse avec l'illusion de ses premiers jours, car Champagnac n'était pas le mari qu'il lui fallait ; son amour pour elle était déjà passé ; l'été dernier il flottait entre elle et Théodorine du Vallon, jeune coquette qui ouvre non son cœur, mais sa ruse féminine à toutes les comédies amoureuses. Mlle de Sudre est morte à la préface de ses premiers succès d'artiste, à la préface de son bonheur de femme.

Je ne sais pourquoi cette mort, si prompte et dans de telles circonstances, m'impressionne plus que toute autre mort. Pauvre enfant, si admirée, si adorée par tous ceux qui l'approchaient, couchée ce soir, bien loin de sa famille, de ses amis, sous l'herbe d'un cimetière, abandonnée à la destruction. Et ces lèvres, ces mains qu'on osait à peine effleurer de ses lèvres par la pensée, tout cela livré aux vers. Dans six mois elle sera oubliée ! Pauvre enfant ! Pauvres nous !...

1. Partisan de la fusion des deux branches des Bourbons sous la Deuxième République, Guizot s'était rendu à plusieurs reprises à Claremont, résidence d'exil des princes d'Orléans, pour essayer d'obtenir leur accord. La mort de Louis-Philippe, en août 1850, lui parut l'occasion d'obtenir la réconciliation et il s'entendit même dire par la reine Marie-Amélie : « Je veux l'union... Amenez-moi Henri V, il sera le plus cher de mes enfants ! » En novembre suivant, il adressa une note sur la fusion au comte de Chambord (Henri V) qui y souscrivit. Mi-janvier 1851, le légitimiste Berryer prononça un discours concerté avec lui sur ce que devait être une monarchie moderne, et le comte de Chambord l'approuva également. Cependant, au moment où Viel Castel fait état de ces tractations, le prince de Joinville, le duc d'Aumale et plus encore la duchesse d'Orléans, qui souhaite préserver les droits de ses enfants, ne veulent pas entendre parler de fusion. On trouve une bonne présentation dans Pierre de La Gorce, *Histoire de la Seconde République*, Paris, Plon, Nourrit et Cie, 1904, 3e éd.

Mardi 4 février

Le supplément à la dotation présidentielle proposé hier, qu'en adviendra-t-il[1] ? Si la population était consultée, ce supplément serait voté par acclamation. Un républicain pur, le sculpteur Huguenin, sort de mon cabinet et me l'a dit comme l'expression d'un vœu populaire. Il a même ajouté : « Au 10 décembre j'ai voté pour Cavaignac ; mais, maintenant, moi et beaucoup de gens qui pensent comme moi, nous voterons pour Louis-Napoléon. » Jusqu'à présent je n'ai pu me former une opinion précise sur ce prince, est-ce un temporiseur calme et résolu, est-ce un homme qui ne sait prendre un parti. Il a refusé de prendre l'empire lorsque, après l'élection du 10 décembre, le général Changarnier le lui offrait, il veut la prorogation... ce ne peut être qu'un marche-pied. Je lui reconnais une grande qualité : il est courageux ; une grande vertu politique : il est peu communicatif. Nul de ses amis élyséens n'a sa confiance, il ne s'ouvre avec aucun. Il n'ignore rien de ce qui se fait contre lui ; il a des preuves des complots de son cousin, fils de Jérôme ; il a des preuves des engagements du général Changarnier avec tous les partis, et des preuves de l'ordre donné par ce général aux troupes de la garnison de Paris de tirer sur lui, s'il tentait de sortir de l'Élysée pour se transporter aux Tuileries. Le comte Saint-Mars a fait connaître cet ordre qui lui avait été donné.

Morne et presque terne au milieu de son salon officiel, le président s'anime et prend un air ouvert dans l'intimité. Je l'ai vu l'été passé à St-Cloud et cet hiver chez sa cousine, la Princesse Mathilde ; ce n'était pas le président, c'était un homme de bonne compagnie, aimable et agréable. Il y a de la finesse en lui et une droite ruse, quant à son désintéressement, je crois peu qu'il fasse si bon marché qu'il le dit, dans ses messages, de la continuation de son pouvoir ; il est ambitieux, il croit à sa destinée et depuis son enfance il répète qu'un jour il gouvernera la France.

Malheureusement, s'il connaît les premiers rôles de la troupe politique qui s'agite autour de lui, il ignore les comparses.

L'administration et surtout la diplomatie sont entre les mains de gens tout prêts à se transfigurer au premier échec qu'il subirait. L'armée est meilleure. La diplomatie est orléaniste et elle ne sort de l'orléanisme que pour tomber sous la direction d'autres incapacités que les orléanistes y supportent, quoique bonapartistes, mais qui ne sont pas dangereuses. Le président a trop d'instruments qui ont été créés par d'autres et pour d'autres choses. Dans les temps où nous vivons, il faut à chaque situation

1. La demande de crédits supplémentaires de 1 800 000 francs sera finalement repoussée par l'Assemblée par 396 voix contre 294, malgré un discours de soutien de Montalembert. Le 10 février, le Président rejettera l'idée d'une souscription nationale émise par ses partisans et décidera de réduire son train de vie, ce qui lui permettra de faire bonne figure devant l'opinion. Voir les *Mémoires*, 5, 10 et 11 février 1851.

nouvelle des hommes. Qu'est-ce que toute cette fripaille de valets de pied diplomatiques du règne qui a fini en 1848, transformés en ministres, en chargés d'affaires du régime actuel. Tous ces gens-là assiègent les gouvernements près desquels ils sont envoyés, de supplications pour obtenir un grand cordon ; puis, lorsqu'ils ont obtenu ce grand cordon, ils sollicitent leur changement pour aller pêcher ailleurs d'autres décorations. Ces diplomates me font parfaitement l'effet de *reposoirs* élevés dans les villages pour la *Fête-Dieu*. C'est-à-dire un drap de toile sur lequel sont accrochés tous les oripeaux de la bourgade et de tous les temps.

J'ai dîné chez la marquise de *Guadalcazar* (Mlle d'Entraigues) grande d'Espagne de 1re classe, ancienne maîtresse de Ferdinand VII de *Bulgarie*, ministre de Russie en Espagne, de M. De La Garde, ambassadeur de France en Espagne, de M. Edouard de Lagrange, alors secrétaire d'ambassade, aujourd'hui député, et de je ne sais combien d'autres.

C'est une vieille coquette de soixante ans qui joue le rôle d'enfant, se croit encore vraiment belle, ce qu'elle n'a jamais été, danse le menuet, la *cachucha* et les boléros, et qui aurait de l'esprit si elle voulait consentir à avouer plus de vingt ans et à faire taire ses prétentions de femme à bonnes fortunes. C'est elle qui vint en France de la part de Ferdinand VII pour réclamer auprès de Louis XVIII l'intervention de l'armée française en 1823 [1].

Donc, je dînais chez cette marquise, avec mon frère Louis, directeur de la division politique aux Affaires étrangères, M. de Bois-le-Comte, ancien ministre en Suisse pendant les affaires du Sonderbund [2], et M. de Bretonne, conservateur à la bibliothèque Ste-Geneviève. Mon frère et Bois-le-Comte sont deux des anciens amants de la marquise. Tous deux niais invétérés en affaires d'amour ; hommes tout juste ce qu'il faut pour n'être pas mollusques. Fort instruits tous deux, tellement instruits même que les badauds les trouvent gens d'esprit.

Bretonne, savant rêveur, moitié voltairien, moitié *béotien*, parlant passablement de ce qu'il ne comprend guère, auteur d'un livre sur les origines historiques et traducteur du Don Quichotte pour plaire à S. Ex. la marquise de Guadalcazar, dont il est encore l'amant en cette *bonne* année de disgrâce.

---

1. Prisonnier des libéraux, le roi d'Espagne Ferdinand VII avait fait appel aux grandes puissances, en particulier à son cousin Bourbon de France, pour rétablir son autorité. Après avoir hésité, Louis XVIII y vit un moyen de redonner à la France sa place dans le concert international, place qu'elle avait perdue depuis le congrès de Vienne de 1815. En avril 1823, il envoya, sous les ordres de son neveu le duc d'Angoulême, une armée de 80 000 hommes, victorieuse en septembre grâce à la prise du fort du Trocadéro.

2. Le *Sonderbund*, littéralement « ligue séparée », est cette union séparatiste qui fut formée en décembre 1845 par les cantons catholiques suisses mécontents des mesures anticléricales prises par les radicaux, majoritaires à la Diète helvétique.

J'étais ainsi seul désintéressé dans ce congrès des amants de la grande d'Espagne qui présidait à un dîner de miroton ayant pour vis-à-vis une autre marquise, vieille antiquité, sans âge supputable et sans forme humaine, très utile à la Guadalcazar dont elle entretient les illusions, en la traitant de petite fille. Cette autre marquise, a nom marquise de Fontanar, etc., etc., etc., mais nous ne l'appelons que *la Fontanar*.

Pendant cet agréable dîner, il a été fort question de politique et les deux diplomates, peu partisans du régime actuel, ont fort approuvé la brochure de Thuriot de la Rozière (ex-diplomate de la même boutique, aujourd'hui député) qui met en présence la politique suivie par l'Assemblée nationale et celle du président, pour donner tort à cette dernière [1]. Je crains fort que mon frère ne compromette sa position ; il est orléaniste trop ouvertement, et tous les dimanches il va causer des affaires du moment en déjeunant chez le vicomte de Flavigny, ex-diplomate, aujourd'hui député, frère de la comtesse d'Agoult (Daniel Stern) tour à tour légitimiste et orléaniste pour arriver aujourd'hui à être je ne sais quoi. Les membres déjeuneurs de ce petit Sénat sont, outre mon frère et Flavigny : Gabriac, ancien diplomate congréganiste, Bois-le-Comte et quelques autres membres passagers de la même église. Ils se tiennent tous comme larrons en foire et ont toujours soin d'avoir un des leurs aux affaires, pour demeurer bien informés et pour avoir une porte entrouverte en cas de besoin. Tout cela a de l'influence et tout cela se loue à qui mieux mieux ; c'est une assemblée de Pères de l'Église, qui communique rarement par la parole avec les simples mortels.

Les ambassades sont pourvues d'aspirants à ce conseil suprême, aussi dès qu'un pauvre jeune homme est atteint par la maladie diplomatique, il devient à l'instant gourmé, empesé, rogue, important, et lorsqu'on le trouve digne d'être bardé de décorations, il n'est plus abordable.

Les déjeuneurs de chez Flavigny tiennent la boule du monde entre leurs mains ; ce sont de petits *Charlemagne*. Ce qui me les fait admirer, c'est la façon tout habile dont ils se sont partagé les rôles. Mon frère occupe le poste diplomatique et répond des puissances étrangères. Flavigny conduit les affaires intérieures par l'Assemblée nationale ; Bois-le-Comte est une plaque d'assurance (compagnie du *Phénix*) en cas de succès du parti légitimiste, et Gabriac, à la tête des saints, apporte l'appui des congréganistes. Ces quatre personnages presque ignorés forment un conseil comme l'était celui des Dix à Venise. Ils sont fort répandus dans

1. Dans sa brochure intitulée *Le Vote de défiance. Lettre à mes commettans* (Paris, Impr. de E. Brière, 1851, 27 p.), Thuriot de la Rozière, représentant de la Marne, fustige la « politique personnelle, aventureuse, pleine de périls » du Président qui a conduit à la destitution du général Changarnier. Il en profite pour dénoncer le passé de conspirateur de Louis Napoléon Bonaparte avant de conclure sans appel : « Le chef actuel du Pouvoir exécutif est donc, par son nom, dangereux pour la République ; par sa situation, insuffisant pour la Monarchie ; par les opinions d'une partie considérable de sa famille, alarmant pour le parti modéré tout entier. »

le monde et butinent partout ; comme des abeilles, ils composent leur miel du dimanche avec des sucs récoltés pendant la semaine.

Tous quatre forment un égoïsme complet qui pourrait avoir pour devise :

Si fractus illabatur orbis[1]...

Ils sont les fourmis blanches de l'Inde, auxquelles rien ne résiste.

Mon frère n'a jamais été jeune dans son enfance et n'a jamais connu le monde pratique ; il aime, je crois, les femmes par ouï-dire, quoique de méchantes langues prétendent qu'il y a telle femme qui a été sa maîtresse.

Mercredi 5 février

La dotation du président sera refusée, la coalition l'a ainsi décidé ; M. Molé voulait faire renvoyer la discussion jusqu'à l'avènement d'un ministère définitif, les autres chefs, plus impatients, ont préféré discuter sans ajournement et refuser sur-le-champ, quoiqu'ils sachent bien que l'opinion générale ne les approuve pas. Les Thiers, les Odilon Barrot, les Émile de Girardin, les Victor Hugo, les Larochejaquelein sont comme les grenouilles qui croassent dans les marais à l'approche du mauvais temps.

Le journal m'arrive, je ne m'étais pas trompé, la dotation sera refusée ; quelle belle occasion de dire des choses peu agréables au pouvoir, les coalisés n'y manqueront pas. Légitimistes, orléanistes, comme ils vont s'en donner !

Plus j'y réfléchis, plus je trouve misérable ce que nous nommons le gouvernement parlementaire, et qui pourrait tout aussi bien être nommé gouvernement de *dissolution*, de *démoralisation*.

Ce soir, je suis pris par une grippe abominable, je vais relire l'histoire du Bas-Empire, de la décadence et de la chute de Rome.

J'ai lu pendant trois heures et j'ai cru lire l'histoire de mon temps. Hélas ! nous possédons tous les vices de Rome, et nous ne serons pas éclairés par l'expérience de sa chute ; nous avons deux prétendants et les Barbares, non pas vers nos frontières, mais au milieu de nous ; comme à Rome, chaque parti les appelle contre son adversaire.

Quels hommes que tous ces chefs ! quels misérables, qui s'amusent à jouer le jeu des révolutions pour la satisfaction de leur amour-propre ! Ils n'ont pas de conviction, ils ne croient qu'en eux.

M. de Chateaubriand et les royalistes ont fait 1830, Thiers et la bourgeoisie orléaniste ont fait 1848.

Ce qui est triste, c'est de voir comment tout ce monde de députés s'en

1. « Si le monde croulait en morceaux... », Viel Castel a donc lu les *Odes* d'Horace (livre 3, III).

va gaiement vers l'abîme. Les Barbares sont là, ils n'attendent qu'une occasion et il y aura plus de ruines que lorsque les Huns et les Vandales ravageaient l'empire.

Lamartine a pu écrire cependant que cette *populace française était remarquable par son respect pour les monuments des arts.*

Lamartine, flatteur de populace ! Lamartine, courtisan du ruisseau, pour paraître indépendant ! Jadis, les rois avaient leurs flatteurs, aujourd'hui, c'est la boue qui a ses gentilshommes de la chambre.

Quel respect pour les monuments des arts !... Quand je suis arrivé au Louvre, j'ai vu les tableaux des galeries de Neuilly et du Palais-Royal coupés, hachés, déchiquetés ; les statues mutilées, trouées, tordues ; et les beaux vases de porcelaine et les coupes d'onyx et de cristal de roche, et les dessins, les livres, les manuscrits ! M. de Lamartine, vous avez sciemment menti ; ce peuple est voleur et toutes les révoltes heureuses que vous glorifiez, après coup, ont été accomplies par des gens qui cherchent le désordre pour piller.

On ne pourra jamais assez répéter que tous les écrivains ont menti en louant les révolutionnaires de 1848, comme aussi ceux de 1830.

En 1830, ces honnêtes citoyens volaient pour 1 500 000 fr. de bijoux et de matières précieuses dans les galeries du Louvre, sans compter le pillage des Tuileries.

En 1848, nouveau sac des Tuileries, pillage du Palais-Royal, auquel le feu est mis, pillage de Neuilly, pillage de la maison de M. de Rothschild, contributions forcées dans plusieurs maisons, entre autres chez Lord Henri Seymour, où je me trouvais, les armes de luxe et 1 000 fr. d'argent[1].

Aux Tuileries, tout est pillé, volé ; les diamants, les pierres précieuses sont disputés à la pointe du couteau, et maintenant, dans les bas-fonds de cette populace, on demande les filles habillées de soie !

Les Huns et les Vandales valaient mieux que toute cette canaille.

Jeudi 6 février

On parle beaucoup ce matin d'un dîner donné par le grand Lamoricière à MM. Molé, Thiers, Baze et enfin aux membres de la coalition, centre gauche. La question de la révision de la Constitution y a été traitée

1. Dans l'après-midi du 29 juillet 1830, alors que Charles X était à Saint-Cloud, le Louvre et les Tuileries furent pris d'assaut puis dévastés. Le ministre Polignac, qui avait quitté les lieux quelques heures plus tôt, y avait malencontreusement laissé le trésor royal. Après l'abdication de Louis-Philippe et son départ des Tuileries, le 24 février 1848, la foule envahit de nouveau le palais, en sortit le trône royal pour aller le brûler symboliquement au pied de la colonne de Juillet, sur la place de la Bastille. Les autres résidences des Orléans (le Palais-Royal et le château de Neuilly) furent également pillées. A Boulogne, la maison des Rothschild, banquiers de Louis-Philippe, fut mise à sac et brûlée de même que le château de Suresnes de Salomon de Rothschild, chef de la branche viennoise de la famille.

et discutée ; on s'est arrêté à cette idée qu'il est opportun de supprimer la présidence de la République et de la remplacer par un Directoire de cinq membres[1].

Nous marcherions ainsi à une Convention.

Rien ne peut donc instruire, rien n'a donc le pouvoir d'éclairer les hommes, ni le passé, ni le présent !

Nous n'avons que des ambitieux aux appétits grossiers. Quel progrès !... Un Directoire !... c'est-à-dire le renouvellement de ce qu'il y a eu de plus sale et de plus honteux après la révolution de 1789.

Cinq petits et mesquins Barras, qui se feraient la guerre, se disputeraient le pouvoir !... Bas-Empire, Bas-Empire, te voilà donc revenu. Nous verrons arriver le pouvoir mis à l'encan par les légions.

J'apprends que le général Changarnier était du dîner Lamoricière.

J'ai dîné chez la Princesse Mathilde, tout à fait en petit comité, elle allait le soir chez le président, où l'on danse ; mais moi, je n'irai pas, je suis trop enrhumé. La Princesse était charmante, elle avait une robe blanche brodée d'or ; elle était coiffée d'épis d'or et de bleuets et ses beaux diamants en collier paraient ses épaules.

Vendredi 7 février

Soirée au Louvre ; celle du président hier a été la plus animée et la plus nombreuse de la saison ; chacun tenait à honneur de protester, par sa présence, contre l'hostilité de l'Assemblée. Pour la première fois, je crois, depuis l'avènement en France du régime représentatif, l'*opposition* n'a aucune popularité ; de tous les côtés, les populations s'inscrivent pour offrir une dotation que veut refuser l'Assemblée. Lyon offre, dit-on, 300 000 fr. ; Limoges 120 000 ; le département de l'Eure 180 000 ; les différents corps de métiers s'inscrivent pour des sommes considérables à Paris.

Le président devra honorablement refuser ; sa popularité y gagnerait beaucoup.

A la soirée d'aujourd'hui, chez Nieuwerkerke, la *bonne* compagnie bien représentée, les artistes aussi, très excellente musique. L'*Aria di Chiesa de Stradella* (1667) a été chantée par Roger de l'Opéra avec

---

1. Une telle solution vise à réduire les prérogatives de l'exécutif en le morcelant et en le plaçant sous contrôle parlementaire. Les deux précédents auquel Viel Castel, très hostile, ne manque pas de penser sont, d'une part, le Directoire de cinq membres mis en place par la Constitution de l'an III et, d'autre part, la Commission exécutive du 10 mai 1848 composée, elle aussi, de cinq membres surnommés péjorativement les « pentarques ». Le coup d'État des 18 et 19 brumaire an VIII (9 et 10 novembre 1799) de Bonaparte condamna la première expérience. La nécessité de lutter efficacement contre l'insurrection de juin 1848 mit rapidement un terme à la seconde.

succès ; puis, une charmante ballade de Membrée : *Page, Écuyer, Capitaine* ; puis enfin *La Marquise d'Amaëgui* d'Alf. de Musset. Membrée accompagnait lui-même sa ballade de *Page, Écuyer, Capitaine*. Kruger a joué plusieurs airs sur le piano, il a été fort applaudi (*La Harpe éolienne*, rêverie ; *Gazelle*, impromptu). Après cette soirée officielle, il y a eu, comme à l'ordinaire, *arrière*-soirée dans mon atelier ; nous étions très nombreux. Giraud, cet excellent artiste et très excellent camarade et ami, a continué la galerie de caricatures qu'il augmente chaque vendredi pour Nieuwerkerke ; Soulié, le conservateur de la galerie de Versailles, a posé.

Mes convives étaient : Méry le poète, Gudin le peintre de marines, Gigoux, Muller, Giraud, peintres ; le comte de Baillon ; Guitaud, le secrétaire d'ambassade ; le marquis de Coislin ; Roger, le chanteur ; Membrée, le compositeur ; de Montaiglon, attaché à la conservation des dessins du Louvre ; Soulié, etc.

Jusqu'à une heure après minuit, bonne causerie en prenant du thé et fumant des cigares. Les soirées de mon atelier sont très appréciées et c'est comme une faveur d'y être admis.

Samedi 8 février

Rien de nouveau ; le rapport concluant au rejet de dotation du président a été présenté aujourd'hui par M. Piscatory, orléaniste, autrefois ministre en Grèce.

Lundi prochain la discussion. J'ai dîné avec Nieuwerkerke au café. Le soir, n'ayant rien à faire, je me suis rendu chez Susse, place de la Bourse, pour faire causer sur la politique Victor Susse, qui est fort enclin à parler des choses qu'il ne comprend guère. Il est curieux de saisir l'esprit de la bourgeoisie parisienne, de cette fraction de la société française d'où nous vient tout le mal dont nous souffrons.

Cet esprit reste toujours le même, rien ne peut corriger ces éternels enfants qui se veulent faire passer pour des hommes. Victor Susse est le type du bourgeois commerçant. Les révolutions détruisent son commerce, il les maudit, mais il les laissera toutes passer, s'il n'aide pas à leur avènement ; il souhaite le repos, mais il est frondeur dans l'âme quand il n'a pas peur.

Victor Susse se croit très fort en politique, il prend volontiers la parole et ne la quitte plus, quoique parlant avec difficulté. Il tranche les questions les plus épineuses, règle le destin des États, blâme les ministres et développe son plan administratif et politique, tout comme les plus gros seigneurs de l'Assemblée.

La bourgeoisie se révolterait si on voulait la contraindre à croire à l'infaillibilité du Pape, mais elle se pose de bonne foi infaillible.

Pauvres *Jourdains* !... pour être notaire, médecin, avocat, il faut des années d'études, mais pour devenir homme d'État, il faut tout simplement naître bourgeois de Paris.

Il va sans qu'il soit presque besoin de le dire, que Victor Susse rêve, comme apogée de sa gloire, la croix de la Légion d'honneur.

Dimanche 9 février

J'ai dîné chez Mme la marquise du Vallon, qui tient rue de Provence, n° 58, une espèce de table d'hôte.

Cette marquise, dont le mari était avant la révolution de février 1848, receveur particulier à Paris, est une sorte d'intrigante ruinée, faiseuse d'affaires et capable de tout entreprendre pour gagner de l'argent ; son mari est parti un beau jour laissant un déficit dans sa caisse, il est maintenant retiré en province, vivant de coquilles de noix et de ce que sa femme peut ajouter à ces coquilles de noix. La marquise du Vallon a un frère, colonel en Afrique, brave militaire, nommé de Lourmel, qui s'empara du Conservatoire des arts et métiers lorsque Ledru-Rollin et ses amis s'y réfugièrent [1] ; son autre frère est retraité du service hollandais ; il a longtemps et parfaitement servi à Java.

L'intrigante marquise a été fort jolie ; maintenant c'est une grosse femme qui a encore des prétentions qu'elle fait valoir, Dieu sait comment. Je lui ai connu comme amant, Berthier de Sauvigny, celui qui fut accusé, non sans raison, d'avoir voulu écraser Louis-Philippe avec un cabriolet, le vaudevilliste de Saint-Georges et Victor Hugo ; je ne compte pas le fretin.

Sa fille aînée gère l'établissement de la rue de Provence, qui est mis sous son nom. Théodorine du Vallon est au moins aussi coquette que sa mère ; elle a toujours deux ou trois adorateurs, auxquels elle accorde quelques menues faveurs. Les méchantes langues prétendent qu'elle réserve les *dernières* et les plus grandes pour les occasions *fructueuses*. Je n'en sais rien, mais c'est possible. Je ne crois pas qu'elle se laisse arrêter par des scrupules le jour où sa fantaisie et son intérêt lui conseilleront de *faiblir*. J'ai même comme une sorte d'illumination qui me dit ce jour-là arrivé depuis longtemps ; mais, encore un coup, je n'en sais positivement rien.

La fille et la mère peuvent donc faire ménage ensemble, l'une ne gâtera pas l'autre. Il y a aussi deux plus jeunes filles de Mme du Vallon, jolies toutes deux, ignorées jusqu'ici et qui ont été retirées du Mans, où

1. Le 13 juin 1849, l'extrême gauche manifesta dans la rue contre le détournement de l'expédition de Rome de son but initial. Après dispersion de la foule par la troupe, Ledru-Rollin, environ vingt-cinq de ses collègues de la Montagne et plusieurs de ses fidèles armés se rendirent au Conservatoire des arts et métiers pour réfléchir au moyen de poursuivre la lutte. Quatre compagnies du 62e régiment de ligne prirent d'assaut le bâtiment, sans difficulté aucune, alors que la plupart des insurgés parvenaient à s'enfuir.

elles vivaient chez un oncle, pour venir orner le salon de leur mère. La plus âgée des deux a dix-sept ans et l'autre seize ans. Je les plains de toute mon âme ; elles sont des effets de commerce qu'on émettra un jour.

La plus jeune surtout mériterait une autre destinée ; grande, d'une taille élancée et bien prise, d'une figure charmante, elle a le charme de la jeunesse qui ignore et qui s'ignore. Elle est très bonne musicienne et compose même avec goût.

Encore une fois, c'est dommage et j'éprouve un véritable sentiment de tristesse en songeant à cette pauvre fille qui se flétrira tôt ou tard dans l'atmosphère de table d'hôte à laquelle on expose sa jeunesse.

L'organe de cette jeune fille est très agréable, il possède un charme de mélodie très grand.

Mais revenons au dîner et disons quels personnages s'y trouvaient réunis. M. le marquis de Jouffroy, qui s'est mêlé à vingt affaires d'industrie, bavard, sans capacités, important et vieux libertin.

M. de Moissac, légitimiste périgourdin, appartenant à une très bonne famille, mais arriéré dans ses opinions, et exagéré comme tous ceux de sa province. M. Ardant, bourgeois de Limoges, opinion du bourgeois parisien. M. Cayé, jeune légiste légèrement rouge.

M. le baron de Papon, officier au service d'Autriche dans le corps des Croates qu'il regarde comme le premier corps de troupes du monde. Il vante beaucoup la pendaison dont il dit avoir usé très souvent et il la conseille comme moyen de répression à tous les peuples qui ne veulent pas périr. M. Granier de Cassagnac, le journaliste que tout le monde connaît ; six à sept autres comparses sans valeur, et moi.

La conversation ne s'est animée qu'au second service, lorsque la politique est arrivée comme supplément de nourriture pour dissimuler la pauvreté du dîner. Alors, il a été question de tout, et du passé et du présent, et des révolutions de 1789, 1830, 1848 et des révolutions à venir. Le baron de Papon voulait ses Croates et le maréchal Haynau ; le vicomte de Moissac, le comte de Chambord et l'écrasement de la bourgeoisie. Ardant croyait à l'efficacité du régime représentatif et à l'influence de la parole des *bavards*. Cayé écoutait d'un air effaré et, au milieu de tout ce *tohu-bohu*, on riait, on se livrait à des plaisanteries comme si la conversation avait roulé sur l'histoire égyptienne ou assyrienne.

Enfin, il a été fort parlé de l'Italie, de l'esprit des populations, des dernières campagnes de Charles-Albert. Le baron de Papon a mis derechef ses Croates en ligne et Granier de Cassagnac est intervenu.

« J'ai eu l'honneur de causer avec le Pape, a-t-il dit, lorsqu'il commençait à se lancer dans ce système de réformes qui a tourné contre lui[1]. C'est un bon prêtre qui alors était fort ignorant en politique et

1. Dès son avènement en 1846, Pie IX prit un ensemble de mesures qui séduisirent les libéraux : amnistie des exilés, décision de faire désormais payer les impôts également aux

qui a pensé qu'il parviendrait à museler les révolutions par quelques concessions. Il m'a même demandé si je ne pensais pas que la liberté de la presse fût un bon moyen de civilisation pour le peuple et il a paru surpris de ma réponse qui était qu'à notre époque la liberté de la presse couvait la licence et que la licence démoralisait. Le Pape a été entraîné, parce qu'en lui il n'y avait pas l'étoffe de l'homme qu'il aurait fallu pour les circonstances. »

Dix conversations particulières se sont établies, personne ne s'entendait, chacun avait son système à lui et le dîner a parfaitement présenté l'image de la société actuelle. Faites donc une nation avec de tels éléments.

Lundi 10 février

Une majorité de cent et quelques voix, comme je m'y attendais, a rejeté la dotation du président.

Que fera-t-il et que fera-t-on ?

M. Piscatory, rapporteur de la commission, s'est montré aigre et presque insolent ; ce Piscatory est un orléaniste de première classe, ancien amant de la duchesse de Dino (aujourd'hui duchesse de Talleyrand) dont il a eu une fille ; il est actuellement l'époux de cette Madame Piscatory bas-bleu, dont mon frère est épris. Comment des gens d'esprit peuvent-ils pousser l'absurde jusqu'au point de dire, comme Piscatory l'a fait : « *Le président de la République n'est pas le chef de l'État.* » Cette phrase, destinée à l'absurde populace, peut servir de pendant à celle éditée contre Louis-Philippe : « *Le roi règne et ne gouverne pas.* »

Hélas ! mes ignobles petits Jourdains, que veut dire *régner*, d'où vient ce mot ? vous l'ignorez ; vous voulez régner, gouverner, tailler à votre guise dans ce beau royaume de France, mes chers petits bourgeois, vous avez le talent de laisser faire des révolutions, vous savez tout brouiller, tout ruiner, mais vous ne savez que cela. Votre émancipation a été le plus grand malheur du pays. Le plus mauvais de tous les rois c'est *Jourdain* de Paris.

Mardi 11 février

Le président, par une note insérée ce matin au *Moniteur*, remercie ceux qui voulaient souscrire en sa faveur à une dotation votée par le pays, mais il ne l'accepte pas. Cette note est courte et digne ; elle aura

---

prêtres, abaissement de l'impôt sur le sel et sur la farine, institution d'une commission spéciale de réformes. L'année suivante, il créa un Conseil d'État laïque destiné à conseiller le gouvernement et, en mars 1848, accorda même une Constitution à ses États. Cependant, sa popularité s'effondra lorsque, peu après, il refusa de se placer à la tête des patriotes italiens qui réclamaient le départ des Autrichiens de la péninsule italienne.

un bon effet. On connaît ce matin la liste des votants contre la proposition de dotation. Légitimistes, orléanistes, montagnards sont réunis sur cette liste. C'est une coalition des plus étranges et des plus sales.

Jules et Ferdinand de Lasteyrie, mes deux cousins, sont sur cette liste. Jules, petit-fils de Lafayette par sa mère, montagnard jusqu'au jour où il prit pour femme Mlle de Jarnac, c'est-à-dire de Rohan-Chabot, sœur de Jarnac, notre envoyé à Londres avant 1848. Orléaniste depuis cette époque ; sa femme est, dit-on, dotée par la *branche cadette*.

Ferdinand, bon garçon d'esprit, mais d'esprit faux. C'est un de ces bons garçons qui font bonassement le mal ! sa mère était sœur de la mienne ; son père, le plus enragé jacobin de la jacobinerie moderne, avait été prêtre, et pour le marier, il avait fallu un bref de sécularisation. Il n'avait aucune croyance et il est mort il y a dix-huit mois à quatre-vingt et quelques années, comme un voltairien de bas étage. C'était aussi un *bon homme*.

Ferdinand a été élevé par Labat, archiviste de la préfecture de police (actuellement), jacobin niais, qui se croit du caractère parce qu'il est perpétuellement opposant, admirateur des jacobins de 1793, sans portée d'esprit, voire même sans esprit, mais assez instruit.

Il y a deux natures dans Ferdinand ; une nature aristocratique qu'il dissimule devant la Chambre et ses électeurs, mais qu'il laisse galoper dans le secret du cabinet. Là, il fait sa généalogie, il colorie son blason, il chérit le souvenir de ses aïeux. Dans la rue, il n'est plus que le citoyen Lasteyrie, et à l'Assemblée, il débite assez bien des discours spirituels, mais manquant de fond, qui ont d'abord été applaudis par le petit cénacle de femmes de sa parenté, rassemblé chez lui pour une première audition.

Ferdinand est arrivé d'Amérique il y a deux jours, dégouté des républicains d'Amérique qu'il déclare être les plus grossiers de tous les habitants du globe, les coquins les plus effrontés et les plus sots qu'il soit possible de trouver.

Il a dû renoncer avec eux à la fraternité républicaine. Mme F. de Lasteyrie est une jeune et très gentille petite Américaine, enfant gâtée et mal élevée, mais dont le cœur est excellent.

J'ai vu Ferdinand faire fabriquer deux sortes de cartes de visite. Pour les libéraux et pour ses électeurs :

Ferdinand Lasteyrie,

pour le faubourg St-Germain, pour les gens du monde :

Le comte F. de Lasteyrie.

C'est la fable de la chauve-souris. Sous la monarchie de Juillet, Ferdinand publiait l'*Histoire des vitraux en France*, grand et bel ouvrage, que son cousin Rémusat a soutenu par un grand nombre de souscriptions pendant son ministère.

La marquise de Dolomieu et les d'Orléans ont choyé l'enfance et la jeunesse de Ferdinand, mais *Labat Chauvin* en a décidément fait un républicain, ou plutôt un opposant un de ces hommes qui se disent : notre rôle est de tout désapprouver, de tout blâmer, un de ces *Samsons mirmidons* qui ébranlent journellement les colonnes de tout temple et pour lesquels tout pouvoir est ce traditionnel Philistin, pour la destruction duquel la nature les a pourvus d'une *mâchoire d'âne*. Les deux Lasteyrie s'aiment peu. Jules traite Ferdinand de nigaud. Ferdinand traite Jules de roué et de faiseur d'embarras. Chacun d'eux voudrait être le seul Lasteyrie à l'Assemblée.

Je voterais avec plaisir pour qu'on les renvoyât planter leurs choux. Les choux me diraient peut-être : « Que vous avons-nous fait ?... »

Le soir, il y a eu concert chez la Princesse Mathilde. J'y ai entendu Seligman, Mlle Masson et Dupont.

Comme à l'ordinaire, il est venu beaucoup de monde. La diplomatie encombrait les salons ; j'ai causé avec Kisseleff, le ministre de Russie, et nous avons passé en revue le personnel féminin. Les volumineux appas de l'ambassadrice de Turquie ont fait notre admiration. Il paraît que dernièrement ils se sont échappés de leur prison au moment où un attentif empressé lui offrait la main pour descendre de voiture, et la malheureuse princesse a eu beaucoup de peine à leur faire réintégrer le domicile voulu.

Lorsque presque tout le monde a été parti, nous nous sommes réunis près de la table au thé et nous avons commencé à médire du prochain. Il ne restait que le marquis et la marquise de Chabrillant-Moreton, Exelmans fils, aide de camp du ministre de la Marine, le colonel Saint-Mars, la Princesse Mathilde, Mme de Salvages (l'Égérie napoléonienne) et moi. Le ménage *Rocca Giovine* nous a occupés.

La jeune femme (fille du prince de Canino) est gentille, très vive et très coquette, c'est un jeune écuyer qui brûle de revêtir ses premières armes. Tous nos jeunes soupireurs l'entourent et la pressent. Son mari a l'air d'un écolier qui n'est pas bien certain d'être en vacances. Il est jaloux et niais, bon garçon, que sa femme commence à conduire et qu'elle conduira tout à fait avant peu. Je crois ce ménage destiné à faire parler de lui. La jeune femme a déjà toute la rouerie d'une bonne petite adresse féminine.

Mme la marquise de Contades et le marquis de Coislin sont entrés en scène à leur tour. La Princesse Mathilde a voulu faire de la marquise une pauvre victime de Coislin *Barbe-bleue*. Je n'ai pas laissé passer une attaque pareille, et j'ai pris la parole, comme on dit à l'Assemblée.

« Pardonnez, Princesse, mais votre bon cœur vous égare, la marquise de Contades, fort coquette et fort légère au beau temps de son beau temps, a, dans la solitude des forêts bretonnes, été saisie par l'imposant, qu'elle a fait romanesque, de cette grande figure à barbe de Coislin. Au milieu de ses paysans, sur le théâtre même où il a *chouanné* en 1832 et

1833, c'était comme un volume retrouvé de Walter Scott. La marquise aime les chevaux, les chasses, les courses effrénées à travers les forêts ; elle a voulu que son Nemrod la lançât dans tous ces tourbillons.

« Le Nemrod s'y est ruiné. Puis, le Nemrod avait pris sa passion au sérieux, la marquise a cherché à rompre sa chaîne et y a réussi ; mais jamais, Princesse, elle ne vous dira comment. Je suis peut-être, avec les intéressés, la seule personne qui le sache et, sur mon honneur, la marquise a joué un rôle bien laid. Mais à tous péchés miséricorde, seulement qu'elle n'accuse pas Coislin. Elle n'est pas Clovis, le fier Sicambre, et elle n'a nul besoin de brûler ce qu'elle a adoré, même pour adorer ce qu'elle a brûlé. »

Après ce magnifique discours, la Princesse Mathilde, comme je m'y attendais, m'a répondu : « Vous êtes une méchante langue. »

Les Chabrillant partis, Mme de Salvage partie, le cercle s'est reformé plus réuni, et le discours de Montalembert sur la dotation a été fort loué et admiré par les assistants à l'exception de la Princesse Mathilde.

J'avoue que cette injustice m'a blessé ; plus j'aime la Princesse, plus je la voudrais juste, plus je la voudrais impartiale, plus je voudrais ses idées grandes et nobles.

Tout ce qu'elle peut faire, c'est de supporter Montalembert. Elle le traite de jésuite et de cafard devant le comte Saint-Mars, qui est un bonhomme, c'est vrai, mais qui, sans mauvaise intention, pourrait répéter le propos. La Princesse Mathilde n'admet pas qu'il y ait à l'Assemblée un orateur des intérêts catholiques ; parler de ses croyances, c'est être jésuite. Hélas ! ainsi tout aide à la destruction de tout. Le public démonétise les princes en s'attaquant à leur *camarilla*, à leur *cour*, à leur *Élysée*. Et voilà que les princes devenus voltairiens, s'attaquent aux idées religieuses en les proscrivant comme *jésuitiques*.

Les peuples ont besoin d'idées religieuses, de prêtres qui les enseignent, de respect autour de ces prêtres, et vous n'en obtiendrez autour de vous, princes, que s'ils en ont autour d'eux. Partout où le prêtre a été en butte aux attaques de la foule ignorante, partout où les partis politiques ont cru faire merveille en tonnant contre les prétentions de la cour de Rome, en traitant de *jésuites* ceux qui soutiennent l'Église, le respect des princes et de l'autorité a bien vite disparu. Jésuite est un vieux mot du bagage voltairien, qui n'a plus de signification. Les *jésuites* ne remuent pas de pavés, ne font pas chasser les dynasties.

Les Bonaparte ne connaissent qu'une croyance et qu'un pouvoir : celui qui leur a été légué par l'empereur Napoléon. Pour eux, il n'y a eu qu'un grand homme : Napoléon ; Charlemagne et Louis XIV ne lui vont pas à la cheville. Il est permis de discuter les idées religieuses, la religion elle-même, mais il n'est pas permis de discuter Napoléon. Ils ne prétendent pas qu'il a été conçu sans *péché*, mais certainement il est demeuré sans péchés. Nulle tache à ce soleil ; doutez de Dieu, mais ne doutez pas de lui.

Cette *Napoléonâtrie* est mauvaise, elle pourra faire faire des fautes.

Montalembert a parlé de ses idées religieuses, jésuite ! Et ce jésuite, derrière lequel sont tous ces nombreux catholiques fervents de la plupart de nos provinces de France, a parlé de l'autorité du président avec courage, avec franchise, avec loyauté ; n'importe, c'est un jésuite.

Les *jésuites*, savez-vous où ils sont, Princesse, puisqu'il faut bien prendre notre dictionnaire, les jésuites sont ces gens que vous appuyez journellement de votre crédit, que vous mettez aux premières places de la diplomatie et de l'administration. Gens qui ménagent la chèvre et le chou pour se nourrir de tous deux.

Ce gouvernement du président est servi par tous ses ennemis ou par des nullités. Cela me cause une peine profonde, parce que je voudrais du repos pour la France. Je ne saurais trop dire combien ces accusations contre Montalembert me semblent ingrates.

Je crois que sous ce régime-ci, comme sous le prochain, la haine du prêtre sera encouragée.

M. de Nieuwerkerke, le père, est venu au Louvre voir son fils qui a la fièvre ; nous avons causé de toutes sortes de choses et de gens ; voici ce qu'il m'a raconté sur le marquis de Custine, l'auteur du *Voyage en Russie*, ce *Ganimède* que la société n'a pas chassé, parce qu'il a 150 000 fr. de rentes.

Avant son mariage avec Mlle de Courtomer, qui, par parenthèse, est morte toute jeune, fort chagrine et sans se plaindre, le marquis de Custine *faisait la cour* à Mlle de Duras (dont la mère est l'auteur d'*Ourika*, etc.). Cette Mlle de Duras, que les aimables du faubourg St-Germain nommaient *Bourika*, comme ils baptisaient sa sœur, Mme la marquise de la Rochejaquelein (en premières noces princesse de Talmont), du nom de *Bourgeonika*, à cause de son teint couperosé ; cette Mlle de Duras écoutait le marquis de Custine et le mariage devait bientôt être déclaré. Un matin, la duchesse de Duras avait dans son salon, outre le jeune couple amoureux, le comte de Nieuwerkerke, le baron de Humboldt et quelques habitués. Le baron de Humboldt prétendait connaître les caractères rien qu'à voir l'écriture des gens, et cette prétention assez bien établie par de nombreuses expériences, faisait ce matin-là le sujet de la conversation. « Voyons, dit tout à coup Mme de Duras, en prenant une lettre passée dans sa ceinture, voyons, M. de Humboldt, si vous allez pouvoir juger, sur l'écriture que je vous livre, le caractère de la personne qui a écrit cette lettre. » Le baron de Humboldt, comme un grand savant allemand qu'il est, se recueille, examine et commence une dissertation sur la forme des lettres, leur physionomie, leur étrangeté ; puis, il arrive à démontrer que l'écrivain dont elles sont le produit est un être extraordinaire, aux goûts bizarres, à l'imagination corrompue, sans moralité... Enfin, il trace un abominable portrait, malgré les efforts de la duchesse de Duras pour l'interrompre (mais on n'interrompt pas un savant allemand), car l'écrivain ainsi jugé n'était autre que le marquis de Custine.

Le mariage fut rompu. Custine épousa Mlle de Courtomer, puis, il devint l'être sans nom avouable que nous connaissons. M. de Humboldt ne s'était pas trompé. Quant à Mlle *Bourika* de Duras, c'est aujourd'hui Mme la duchesse de Rauzan, femme de ce sacristain mal peigné, parfaitement nul et dont on n'a pas même, quoiqu'on l'ait essayé, pu faire un diplomate. La duchesse de Rauzan brillait de 1830 à 1835. Elle avait un salon semi-littéraire dont E. Sue, fort choyé alors, était le héros. Pendant un moment elle et Mme d'Agoult (Daniel Stern) ont été rivales comme mécènes littéraires. L'une et l'autre se disputaient E. Sue, qui, je crois, a touché un peu à la Rauzan, et a beaucoup couché avec la d'Agoult. En ces bienheureuses années fleurissaient comme poètes de salon : Émile Deschamps, le poète des ruelles ; Saint-Félix, neveu de Mme d'Agoult, dont il était amoureux, poète ambitieux visant au Chénier ; Labouillerie, fils de l'intendant général de la maison du roi Charles X, aujourd'hui grand vicaire de l'archevêque de Paris, alors blond et fadasse viveur, accouchant de vers comme ceux-ci :

> Je suis né pour l'amour, les femmes me le prouvent...

Ce malheureux Apollon, élevé au séminaire, en sortit pendant quelques années pour goûter les plaisirs du monde ; il commit une foule de méchants vers et séduisit une affreuse Anglaise, Mlle Kocburn, rousse comme une carotte de Flandre, louche et mal bâtie, enfin si laide que nous la désignions sous le sobriquet de *Coq borgne*. Le poète séminariste avait été si entreprenant, et la jeune fille, malgré sa laideur, si entreprise, qu'il fallait songer à réparer son honneur. A ce moment, les yeux de Labouillerie s'ouvrirent, il préféra le séminaire au mariage, et à cet heureux choix nous devons le grand vicaire actuel.

Parmi les poètes des salons de cette époque, je trouve encore, en fouillant dans mes souvenirs, le jeune Rességuier, le plus bouffi et peut-être le plus ridicule de tous ; mais, chez lui, le ridicule venait de famille ; le père, le marquis de Rességuier, poète aussi, musqué comme un rat, prétentieux comme une vieille femme, élevait ses enfants dans l'horreur du naturel et le petit Rességuier a retenu merveilleusement les leçons paternelles : c'est à l'heure présente un député légitimiste.

Jeudi 13 février

La Presse consacre aujourd'hui un long article à raconter le *banquet* offert à M. de Lamartine par ses éditeurs. Ce banquet est une annonce pour l'*Histoire de la Restauration* (sans calembour) que le célèbre historien (style de banquet) va faire paraître chez l'un d'eux. C'est une bien ignoble comédie que la plupart des actions de nos hommes du jour, lorsque, comme moi, on connaît les ficelles qui font mouvoir les pantins. Gosselin, que j'ai eu pour éditeur et qui volait au moins deux cents exemplaires par édition, est venu recevoir un brevet d'honnêteté de la bouche de Lamartine, auquel il donnait un brevet de grand historien. Auteur et éditeur se valent : tous deux, il y a quelques années, se plaignaient l'un de l'autre, le libraire, de l'âpreté à l'argent de l'auteur ; l'auteur, des rapines du libraire. Depuis la révolution de 1848, je n'ai pu me décider à revoir Lamartine. Cet homme m'inspire un profond dégoût ; ce n'est qu'un composé, non pas même d'ambitions, mais de vanités puériles, pour la satisfaction desquelles il sacrifiera tout.

Il faut qu'il parle de lui toujours, qu'il se donne des louanges à lui-même, qu'il ait une cour. Combien de fois, dans son salon, l'ai-je entendu se glorifier sans pudeur et sans retenue. La louange la plus grossière lui plaît et il ne rougit pas de descendre aux plus basses flatteries, envers les plus méchants écrivains, pour qu'en retour ils l'encensent et le fassent un peu Dieu.

Lamartine a été misérable dans son banquet d'éditeurs, lorsqu'il a pris la parole ; il s'est efforcé de montrer combien l'écrivain actuel est plus grand, plus noble, plus digne que ses devanciers. « Jadis, les Corneille, les Racine, les Boileau, etc., se faisaient les courtisans de la royauté ou des grands seigneurs pour obtenir quelque renommée. La dignité morale de l'homme et la dignité des lettres en souffraient. Aujourd'hui, l'écrivain est libre, il n'a plus ni rois, ni grands seigneurs à flatter. »

Puis il a dit, *l'homme qui a été poète, historien* et qui n'est plus que journaliste, que cette réhabilitation morale de l'écrivain, on la devait aux éditeurs, et alors magnifique glorification de l'éditeur. Il répondait aux *toasts* Gosselin, Didot et Paulin, il avait le droit d'être un peu bavard, il était de son devoir d'être harangueur et il n'a manqué ni à son droit, ni à son devoir.

Je conçois qu'un écrivain comme M. de Lamartine se trouverait humilié d'adresser quelques louanges au cardinal de Richelieu ou à Louis XIV ; mais sa dignité d'homme n'a point à souffrir de cajoler les écus de MM. Gosselin, Didot et Paulin, de faire des coquetteries à ces messieurs, de leur délivrer des brevets de mécènes. Grand, libre et fier, M. de Lamartine ne courtise pas les rois et les grands ; qu'est-ce que cela rapporte par le temps qui court.

Les éditeurs, à la bonne heure !... ; la populace, très bien.

Ce peuple remarquable par son respect pour les monuments des arts, voilà qui relève l'espèce humaine ; adorer la boue, louer le gamin de Paris, l'émeutier, mentir à la vérité, voilà qui est beau et noble.

Racine adulait Louis XIV, ce n'était qu'un plat courtisan. Lamartine se traîne aux pieds des éditeurs et des voyous, c'est un grand homme !

Et ce grand homme a vendu pour de l'argent ses impressions, ses amours de jeunesse, et ce grand homme dévore son héritage paternel, insulte aux croyances politiques de sa famille, de ses premières années, pour quelques écus ; il a fait les *Girondins*, mauvais livre contre Louis XVI et Marie-Antoinette, dans lequel il garde toute sa pitié pour les bourreaux. Maintenant, il mendie encore de l'argent pour remplir le gouffre qu'il creuse sans dignité.

Vendredi 14 février

M. de la Riboissière, représentant du peuple (gendre de M. Roy, le financier), raconte à qui veut l'entendre que le dernier mot de Louis-Philippe mourant a été : « *A tout prix, point de prorogation de la présidence, ou nous sommes perdus.* »

Ceci explique les efforts de la coalition et le parti pris par elle de permettre la rentrée des princes. Les socialistes arriveront peut-être par la division du parti de l'ordre ; n'importe, voilà où nous en sommes.

Morel-Fatio, le peintre de marines, est venu causer avec moi, pendant mon déjeuner ; nous avons parlé de Victor Hugo, avec le beau-frère duquel il est très lié.

Ce beau-frère, Victor Foucher, conseiller à la Cour de cassation, homme fort honorable, lui disait dernièrement : « Si mon beau-frère s'est fait montagnard, c'est par peur. Je n'ai jamais connu personne de plus poltron que lui ; tout jeune, au collège, il avait déjà cette nature peureuse, qui le rendait la risée de ses camarades. Victor Hugo est de la race de tous ces anciens jacobins qui s'étaient faits scélérats, pour être épargnés par les rouges de l'époque. Ses fils sont des petits matamores, poussés par la poltronnerie de leur père dans une mauvaise voie. »

Le frère de Victor Foucher, Paul Foucher, dramaturge assez ridicule, s'est fait une position par sa persévérance ; de commis au conseil de guerre, il est devenu auteur de mélodrames, d'opéras, de ballets, et gagne très largement de quoi soutenir une existence agréable. C'est lui qui est le correspondant parisien du journal l'*Indépendance* de Belgique.

Il a été longtemps notre victime aux deux *Musset* et à moi ; nous lui faisions manger de la colophane pour du sucre de pomme et nous affichions partout sa caricature. Un jour, dans le journal l'*Artiste*, en rendant compte d'une de ses productions, j'ai imprimé qu'il était au moins l'égal de *Molière*, et il l'a cru.

Je lui ai persuadé une autre fois qu'il était invité à un bal costumé chez les Ancelot, qui ne songeaient pas à lui et qui se chauffaient tranquillement au coin de leur feu ; il est arrivé habillé en archer du XVIe siècle, costume collant, rayé jaune et noir, toque rouge, plumes blanches, le poignard au côté, la hallebarde à la main. L'entrée a été superbe, la surprise des Ancelot magnifique. Paul Foucher est resté jusqu'à minuit, attendant toujours le bal masqué.

Le soir, réception au Louvre, chez Nieuwerkerke, jusqu'à onze heures ; beaucoup de monde et bonne musique. Le vice-président de la République, le prince de Canino et M. Baroche y sont venus.

J'y ai causé de la nouvelle conspiration des Burgraves contre le président ; toujours l'affaire du Directoire ; les trois généraux d'Afrique : Changarnier, Lamoricière, Cavaignac, et deux hommes politiques : Thiers et Berryer. Pour en arriver là, il s'agit de mettre le président en accusation ; puis, *le Directoire est fait*.

Les mauvaises ambitions s'agitent. Les trois généraux sont peu scrupuleux sur le choix des moyens. Thiers et Berryer fort peu aussi ; mais Berryer me fait l'effet du niais de la troupe.

A onze heures, quatre ou cinq personnes montent dans mon atelier et nous devisons de peinture en prenant du thé et en fumant. Clément de Ris, Muller le peintre de l'*Appel des condamnés* Montaiglon, Tarral l'écrivailleur sur les tableaux, Saint-Didier. On a beaucoup parlé du tableau de Courbet *(Un enterrement)* et on l'a traité comme il mérite de l'être. Ce tableau est une mauvaise plaisanterie, faite en mauvaise peinture[1].

Samedi 15 février

Rien appris, rien vu aujourd'hui. Nous fermons le Louvre pour trois mois, jusqu'à la réouverture complète de toutes les salles du musée.

Dimanche 16 février

J'ai déjeuné chez mon frère Victor, rue Caumartin 31. Marzocchi a commencé un grand portrait à l'huile de mon frère Louis. Villot, conservateur des tableaux du musée, est venu pendant la séance ; nous avons causé des pillages de la révolution de 1848. Villot a vu à cette époque la table sur laquelle a été posé Robespierre mourant et le sabre au bout duquel on portait la tête de la princesse de Lamballe ; ils ont été déposés aux archives générales. Villot estime à plus de deux cents les tableaux déchirés à Neuilly et au Palais-Royal.

Le soir, je suis allé chez M. Baroche, où il y avait beaucoup de monde.

1. Le tableau de Gustave Courbet évoqué ici est *Un enterrement à Ornans*. Après *L'Après-dînée à Ornans*, peinte en 1849, où l'artiste se représentait attablé avec des amis dans une attitude banale, cette nouvelle toile montre avec plus de force encore ce qu'entend être le réalisme pictural. L'enterrement se déroule sans aucun protocole, au point que la présence d'un chien ne semble pas choquer les participants, dont certains bavardent pendant que d'autres ne cachent pas leur ennui. Accusé de profanation, le tableau est mal accueilli par la critique et par le public. Muller, qui figure au nombre des invités de Viel Castel et dont l'œuvre est de facture classique, connaît en revanche un grand succès. Son *Appel des dernières victimes de la Terreur* mentionné par Viel Castel a été exposé au Salon de 1850 et a contribué à la promotion de son auteur au rang d'officier de la Légion d'honneur.

Dupin, le président de l'Assemblée, s'y trouvait et se montrait fort aimable, toujours l'homme à trente-six faces. Deux jours auparavant, au bal du Jardin d'hiver, il n'avait pas quitté le président de la République, qu'il accablait de témoignages d'amitié. Il faut tout prévoir. J'ai vu aussi chez M. Baroche le brave général Perrot, avec lequel j'ai beaucoup causé de la révolution de 1848, qu'il attribuait, comme moi, à l'incertitude et à la faiblesse des gouvernants. Derrière les barricades de la rue St-Honoré, il n'y avait, en effet, que quelques malotrus mal armés.

En sortant de chez Baroche, je suis allé chez la marquise de Las-Marismas (la mère), petite soirée : on jouait à l'écarté et on chantait (Mlles Masson et Panel), on s'est beaucoup occupé du bal de la Princesse Mathilde (pour le 3 mars). Bal costumé, obligatoire, chacun cherche l'extraordinaire ; nous verrons. Olympe Aguado rêve le fantastique le plus ébouriffant, il m'a demandé des dessins. Une de ses idées est de se vêtir en bain Vigier : coiffure, une énorme éponge ; habit, fond de baignoire ; les deux robinets s'élançant des pectoraux, etc., etc., etc.

Lundi 17 février

J'ai dîné chez la Princesse Mathilde, en petit comité, avec Edm. de Nieuwerkerke et son oncle William, Mme Desprès, sa fille, etc., enfin l'entourage ordinaire de la Princesse.

Elle est fort occupée de son bal costumé et fort contrariée de voir désapprouvé son projet de s'habiller en Cracovienne.

Une seule chose pourrait empêcher ce bal d'avoir lieu, ce serait la mort du roi de Wurtemberg, oncle de la Princesse Mathilde ; il est fort malade.

Ce monarque est un gros homme apoplectique, qui sera peu regretté des siens. Avare et poltron, sans générosité dans le caractère et sans élévation dans les idées.

Mardi 18 février

Mlle Gabrielle Delahaye, qui débute au Théâtre-Français dans le rôle de *Célimène*, sort de chez moi ; c'est une grande et jolie personne qui a fort envie d'être engagée ; elle m'a prié de m'intéresser à elle et j'ai promis.

Le soir, j'ai dîné chez la Princesse Mathilde, avec M. le comte et Mme la comtesse Wieloglowski ; puis, il est venu beaucoup de gens de toute sorte, la plupart tellement ennuyeux que Nieuwerkerke, Ratomsky et moi avons fait un whist.

Löwenjelm, le ministre de Suède, très bon homme, qui n'a que le tort d'être trop vieux, puisqu'il était officier de service auprès du roi de

Suède lors de l'assassinat d'Ankarström, m'a raconté un très joli mot de Mme É. de Girardin.

On parlait devant elle de l'impuissance de M. le duc de Bordeaux. « Dieu nous préserve, s'écria-t-elle, du triomphe de la légitimité, car dans un pays de courtisans comme le nôtre, tout le monde voudra être impuissant ; au lieu de dire au roi myope : mon Dieu, Sire, qui est-ce qui y voit ? On dira : mon Dieu, Sire, qui est-ce... ? Et ce sera très à la mode. »

Lavalette est venu, il vise la mission de Constantinople ; il finira par l'avoir ; c'est un homme adroit, rusé, un vrai Figaro diplomatique. Il a été imposé jadis par les *Bertin* à M. Guizot et nommé, malgré le roi et Mme Adélaïde. Lavalette, pour arriver à un poste diplomatique important, a mené la vie de joueur, a vécu avec toutes les danseuses les plus célèbres, entre autres Fanny Elsler ; puis, un beau jour, à bout de ressources, il se fait nommer consul à Alexandrie ; puis encore, il épouse la vieille veuve d'un banquier américain, et le voilà grand seigneur. En 1830, il était commis chez Laffitte, ses sœurs tenaient un petit bureau de poste à Triel. Il est marquis comme mon portier, et *Lavalette* du coin de la rue. Ce diplomate est aujourd'hui le protégé de Véron (directeur du *Constitutionnel*). Véron, c'est le bourgeois gentilhomme du XIXe siècle, ancien petit médecin, directeur d'opéra ; journaliste, il a détrôné, comme influence, la famille Bertin (des *Débats*) ; l'aristocratie journaliste qui se forme est la plus hideuse de toutes.

Les *créatures* de Véron appartiennent à la faction des *viveurs* les moins distingués. *Lautour Mézeray*, ancien propriétaire du *Journal des enfants*, puis sous-préfet en Limousin, où il faillit être tué par un père à la fille duquel il avait donné la v... et qui en était morte ; puis enfin, préfet à Alger, où il continua ses orgies ; homme de peu d'esprit et d'habileté, que la presse fait mousser ; Didier, petit-fils du conspirateur de Grenoble, jeune, blond, sans esprit, sans talents, prodigue interdit, muni d'un conseil judiciaire, arguant de son interdiction devant les tribunaux pour ne pas payer ses dettes, et croyant inutile de payer à ses amis ses dettes de jeu. Sous-préfet de St-Denis près de Paris, par la grâce de Véron.

Il est impossible de se représenter Véron, quand on ne l'a pas vu ; c'est un homme gros, sans cou, la tête bouffie, les joues tombantes, le nez de carlin, le ventre protubérant ; affectant les manières des roués de la *Régence*, apprises au théâtre des Variétés. Cynique spirituel de mauvais goût, impertinent ou maniéré, malheureux d'être couturé d'humeurs froides. Luxueux et luxurieux, vaniteux comme ce nègre de Dumas, comme lui maintenant bardé de croix et de plaques, il ne lui manque que l'habit rouge pour ressembler à Fontanarose. Véron a été un des amants de Rachel, mais un des payants. C'est lui qui me disait qu'une nuit, après avoir témoigné, comme il l'avait pu, à la grande tragédienne son amour le moins pur, cette Hermione *nec lassata, nec satiata*, le voyant près de se livrer au sommeil, avait hurlé dans sa fureur *messaline* : « VA CHERCHER TON FRÈRE ! »

Le frère de Véron ! ! il faut le connaître ; c'est tout bonnement le *grand* Véron, enlaidi, sali, plus commun encore ; il tient du laquais et du garçon papetier ; ce qu'il était jadis dans la boutique de son père, en face le passage Ste-Marie, rue du Bac, et jamais il n'a pu s'élever qu'au talent de rogneur de papier.

Véron a la plaque de Charles III et il est commandeur d'Isabelle la Catholique ; monarchie de Charles Quint, fais cet homme grand d'Espagne et il aura la bonté de déclarer ta reine la plus vertueuse princesse de la terre. Véron a l'ordre d'Isabelle la Catholique, le juif Rothschild a celui du Christ ! ! Les souverains se complaisent à traîner les ornements de leur couronne dans la boue. Véron protège encore Roqueplan (frère du peintre de ce nom), directeur de l'Opéra, parvenu par les filles, un des plus immoraux parmi les impurs.

Nous avons aujourd'hui les vices de la Régence exercés sous le patronage du gouvernement par des laquais. Les Richelieu d'à présent sont dépravés, sans être élégants, sans bonnes façons, sans esprit ; on a fait monter l'antichambre dans le salon.

Mercredi 19 février

Duel entre Bacciochi et un M. Lecomte, à propos d'un article injurieux pour Bacciochi, inséré dans l'*Indépendance* de Bruxelles. Hier, l'épée de Lecomte s'est cassée ; l'affaire devait reprendre aujourd'hui. Mocquard, secrétaire du président, attend, en causant avec moi, l'issue d'une conférence à ce sujet, qui a lieu dans le cabinet de Nieuwerkerke, qui est témoin de Bacciochi.

Le vicomte de l'Épine est venu me voir ; il m'a raconté qu'avant 1848 et sous le ministère du maréchal Soult, un voyageur français, de ses amis, avait lié, après des années de séjour en Afrique, dans la régence de Tripoli, des relations avec des tribus du désert, qui se seraient chargées, moyennant une petite redevance, d'assurer la sécurité des caravanes de Tombouctou jusqu'à Constantine. Avantage énorme pour la France, qui entrerait ainsi en communication directe avec le centre de l'Afrique.

Le maréchal Soult avait pris cette affaire fort à cœur et avait déjà envoyé des présents aux chefs des tribus et au bey de Tripoli, mais M. Guizot veut rompre toute l'affaire en alléguant qu'elle déplairait à l'Angleterre ! ! !

Le gouvernement britannique sut les négociations, la bonne volonté du bey de Tripoli, il lui trouva un compétiteur à Constantinople qui partit, muni d'un firman d'investiture de la Porte, débarqua en Afrique et commença la guerre contre le bey. Ce dernier se défendit si vigoureusement et avec tant d'énergie que, désespérant de le vaincre, on le convia à une entrevue ; il s'y rendit sans défiance et fut assassiné.

Voilà comment était conduite la politique de la France, voilà comment agissaient les agents de celle de l'Angleterre.

Nous rendons le cabinet britannique hautain et confiant par notre peur continuelle.

O ! Louis XVI et Napoléon où êtes-vous ?

L'affaire Bacciochi est arrangée, on s'est battu. Bacciochi a été très légèrement atteint à la poitrine, le combat a continué, mais au moment où Lecomte allait être perforé, l'arme de Bacciochi a été brisée par une vive parade, et les témoins, en présence de ce manque d'armes, ont déclaré l'honneur satisfait ; il paraîtra une sorte de rétractation de l'article de Lecomte dans l'*Indépendance belge*.

Cet article tournait en dérision l'amour de Bacciochi pour les décorations ; il est vrai que, depuis 1848, Bacciochi en a acquis quatorze, tant croix de commandeur que grandes croix ; il est en quelque sorte l'introducteur des ambassadeurs à l'Élysée, mais quatorze croix, c'est une *nombreuse* récompense.

Les gens du régime actuel aiment les décorations, comme les nègres aiment les couleurs voyantes et les bijoux ; le moindre secrétaire d'ambassade s'il n'a pas une plaque à son habit, crie à l'injustice ; une jeune fille à marier veut un mari *plaqué* ; enfin les malheureux qui sont assez abandonnés de toute intrigue pour ne pouvoir accrocher une décoration européenne, tournent leurs regards vers le bey de Tunis, qui se fait un plaisir de leur donner son *Nicham*, plus ou moins en diamants. M. Latour Dumoulin, journaliste inconnu, a, comme Véron, la plaque de Charles III. Saint-Georges, vaudevilliste, a aussi cette bienheureuse plaque, mais lorsqu'il donne une soirée, pour dissimuler sa grandeur, il ne l'accroche pas à son habit, il la pose au milieu de sa cheminée, dans son salon ; c'est tout à la fois *gracieux* et de *bon goût*.

Un sage impôt serait celui qui exigerait 3 000 fr. de droit de chancellerie pour obtenir toute permission de porter une croix étrangère.

Le soir, j'ai dîné chez Tarral, médecin anglais, qui n'exerce plus, parce qu'il a épousé une Italienne fort riche. Tarral s'occupe de tableaux et il écrit sur la peinture ; nous étions nombreux à ce dîner ; d'abord, des Anglais et des Anglaises que je ne connais pas ; puis, le prince de Canino, son gendre, le marquis Rocca Giovine, petit jeune Romain, assez gentil de visage, avec une voix de châtré. Sa femme, qui est jolie, le mènera bien. J'ai même la conviction qu'elle a passé les premières aventures ; Ricardo, le frère du banquier anglais, charmant garçon que j'aime beaucoup ; Rizza Bey, secrétaire de l'ambassade ottomane, Nieuwerkerke, un Russe, un nombre limité de comparses.

Le dîner a été bon et bien servi ; après dîner, quelques hommes sont restés à fumer dans un salon à part ; j'étais du nombre, et ce qu'il y avait de bizarre, c'est que nous étions :

un Italien,
un Turc,
un Russe,
un Français,
un Anglais,

cinq fumeurs de cinq nations différentes. Rizza Bey a beaucoup causé avec moi de la Turquie ; ce qui m'a surpris, c'est la confiance avec laquelle il m'a dit, en me montrant le Russe : « Comment ne nous entendons-nous pas mieux avec un tel ennemi à côté ? » ; les pauvres Turcs voudraient bien nous persuader que le Russe est un ennemi et que Constantinople occupée par lui serait un malheur européen. Je crois que l'Anglais seul redoute cette prise de possession. Ce que nous devons empêcher, c'est la mainmise de l'Angleterre sur l'Égypte ; exclure l'Angleterre de toute possession, de tout littoral dans la Méditerranée, tel doit être notre but. Tarral m'a entretenu de la révolution de Rome et de toutes les infamies commises pendant la présidence de ce gros prince de Canino, qui écrit maintenant sur les serins et les moineaux, dans l'espoir d'être nommé directeur du Jardin des Plantes ou membre de l'Institut.

On fusillait très bien nocturnement des prêtres au monastère de St-Calixte et on les enterrait dans les cloîtres. Toute la canaille de l'Europe était à Rome ; le Romain seul se remuait le moins possible, se battait très peu, mais criait assez bien :

« *Comme nous avons noblement combattu l'armée française, il lui a fallu un long siège pour nous vaincre.* »

Ayez donc des ménagements pour de pareils *pleutres*, respectez donc leurs monuments qu'eux ne respectaient pas. Les Romains de la ville éternelle ont su assassiner Rossi, mais ils ne savent plus ni la liberté, ni la gloire[1].

Jeudi 20 février

La coalition n'a plus l'espoir de faire passer la proposition Creton (sur la rentrée des princes), elle n'a pu réunir que deux cents voix. L'amnistie

1. Italien de naissance, naturalisé français et nommé dans la diplomatie à l'initiative de son ami Guizot, Pellegrino Rossi retourna en Italie à la chute de la monarchie de Juillet. Devenu le principal ministre laïque de Pie IX, mais également l'un des plus libéraux, il comptait prononcer un discours le jour de la réunion de la Chambre des députés romaine, le 15 novembre 1848, lorsqu'un complot se forma pour l'en empêcher. Prévenu que sa vie était menacée, Rossi décida malgré tout de se rendre au palais de la Chancellerie et fut poignardé sur les marches.

générale tombe en même temps. Nous ne verrons donc pas rentrer les rouges, les Louis Blanc, Ledru-Rollin et compagnie [1].

La nouvelle tactique est de provoquer des explications sur un mouvement de préfets qui se prépare, de prétendre que ce mouvement n'a lieu qu'en vue de la prorogation et de chercher par tous les moyens à faire mettre le président en accusation.

Ce n'est plus la grande colère du père Duchesne, c'est la grande colère de la coalition.

Quo ? Quo scalestis ruitis [2] ?

Le marquis d'Hartford et Richard Wallace sont venus au Louvre ; nous avons visité toutes les salles de la sculpture moderne ; le marquis veut faire mouler et fondre un petit groupe en marbre d'un Prométhée. J'ai éprouvé un vif plaisir à revoir Richard, j'ai pour lui une véritable affection. C'est un excellent garçon, spirituel amateur d'art, et nous avons fait ensemble bien des campagnes dans les ventes de curiosités.

Le soir, j'ai dîné chez Gudin, le peintre de marines dans sa jolie maison de Beaujon ; le dîner était bon, bien servi, mais les hôtes ont toujours un accueil apprêté, un empressement intéressé, une bonhomie de convention qui me mettent mal à mon aise. Ces gens-là, au lieu de vous marcher sur le ventre, vous marcheraient volontiers sur la figure, si vous vous laissiez aller à leur servir de marchepied.

Mme Gudin est une grosse Écossaise, nièce de Lord Wellington, ce dont son mari n'est pas peu fier ; elle n'a pas d'esprit et mari et femme font une dépense *enragée.*

Vendredi 21 février

Soirée au Louvre et dans mon atelier ; bonne musique. On s'entretenait d'une manifestation qui doit avoir lieu demain. Cette manifestation organisée contre l'Élysée se présenterait, dit-on, réclamant de la Chambre la prolongation des pouvoirs du président, et donnerait lieu à une grave accusation contre le pouvoir exécutif. L'Élysée connaît d'où vient cette manœuvre, entreprise par ceux-mêmes qui avaient inventé la prétendue conspiration d'un épicier de la rue du faubourg St-Honoré : la manifestation sera vertement réprimée, si elle se présente.

Chaque jour, le président parcourt les rues de Paris, visite les ateliers et partout il est bien reçu ; aujourd'hui, il était dans la cour du Louvre.

Caulaincourt et le comte de la Villetreux comptaient parmi les preneurs de thé dans mon atelier.

---

1. Condamnés respectivement pour l'envahissement de l'Assemblée le 15 mai 1848 et pour l'insurrection du 13 juin 1849, Louis Blanc et Ledru-Rollin s'étaient réfugiés en Angleterre pour échapper à la prison.
2. « Où ? Où vous précipitez-vous ? »

Samedi 22 février

La journée a été calme ; quelques groupes, mais les mesures étaient bien prises et les *prétendus élyséens* n'ont pas fait mine de proclamer quoi que ce soit. Ainsi finit le deuxième acte dont l'affaire Yon est le premier.

Dimanche 23 février

Dîner chez la Princesse Mathilde, avec Nieuwerkerke et Ratomsky. Après dîner, il est venu quelques personnes ; His de Butenval, ministre à Berlin ; de Laborde, conservateur du musée du Moyen Age ; Mérimée, inspecteur général des monuments historiques. Il a été fort question du mouvement diplomatique qui sera inséré demain dans le *Moniteur*. Butenval a parlé avec une aigreur remarquable de plusieurs des élus, entre autres de Lavalette, nommé à Constantinople ; j'ai voulu savoir ce qu'il avait à lui reprocher, il m'a répondu : « *Ce n'est pas un homme sérieux ! ! c'est un Figaro.* »

Butenval se posant en Talleyrand m'a paru sublime ; il se croit un génie, une nécessité, et c'est tout bonnement un ambitieux au langage apprêté, aux prétentions aristocratiques qui, pour avoir ajouté Butenval à son nom de *His*, se croit un Montmorency. Il est de la coterie Bois le Comte, Flavigny, et soutient qu'en dehors de ce cénacle, il n'y a rien de possible.

Ces *décemvirs* voudraient tout gouverner en famille, l'intérêt de leur dynastie passe avant tout autre intérêt, ils ne sont rien positivement que *décemvirs*. Butenval aurait voulu être envoyé à Constantinople.

Cet homme, reconnaissant il y a quatre mois de sa nomination au poste de Turin, est aigri aujourd'hui et blâme d'un ton aigre-doux, parce que Lavalette a été nommé pour Constantinople.

Fiez-vous donc aux *décemvirs*. Saligny perd son poste de la Haye malgré l'appui de la reine des Pays-Bas (qui, après l'avoir détesté, l'adorait presque) pour avoir été l'agent du général Changarnier.

Il est allé pour lui à Wiesbaden et à Claremont.

C'est ainsi que le gouvernement est servi par la diplomatie ; c'est ainsi qu'il le sera encore. Je l'ai dit ce soir à la Princesse Mathilde à propos de Butenval, qui est le plus cajoleur des courtisans et qu'elle soutient avec vigueur, parce qu'elle se paye de sa courtisanerie, comme d'une monnaie de bon aloi. La Princesse m'a fort mal reçu et elle a bien accepté qu'il lui fût loisible de défendre ses amis, mais elle n'a pas voulu me faire la même concession et elle n'a pas même voulu me permettre de dire : « *J'ai des amis.* »

Je laisse passer l'injustice de la Princesse, comme jadis en voyant un sac flotter sur la rivière, on disait : « *Laissons passer la justice du roi.* »

La Princesse Mathilde est vive, mais je la crois bonne ; elle a des boutades dans lesquelles elle vous lance à la face : « *Ce que vous dites n'est pas vrai.* »

Mais sa colère ne dure pas ; puis, c'est un caractère franc et loyal. Malheureusement, elle n'a pas assez l'habitude du monde, tel qu'il est. Elle croit voir des moutons dans tous ceux qui viennent bêler, et des tigres dans tous ceux qui ne bêlent pas.

Pauvre femme, vous serez un jour trompée par ces prétendus moutons, quelquefois je veux vous avertir, mais toutes les cours, toutes les royautés sont aveugles, même celles d'un jour. Marchez donc, les Judas qui baisèrent Charles X et Louis-Philippe sont à votre porte.

Mérimée a été causeur et spirituel. Laborde, important comme à son habitude ; mais il baisse dans l'esprit de la Princesse ; elle commence à voir en lui un intrigant. Il s'en préoccupe peu ; on lui a fait faire par Nieuwerkerke une position au musée, et maintenant *Auguiot* et lui cherchent le moment où ils pourront renverser Nieuwerkerke. L'accord est fait entre eux.

Auguiot, failli non réhabilité, est entré au Louvre, commis, il y a vingt-cinq ans. C'est une plate canaille qui sert de *maquereau* à Lord Normanby près de Mlle Denain, de la Comédie-Française, après avoir léché les bottes de Jeanron. Il a travaillé comme la mouche du coche à le renverser et il a persuadé à Nieuwerkerke qu'il lui devait le poste du directeur des musées.

Nieuwerkerke a fait Auguiot sous-chef des bureaux du musée, agent comptable, et Auguiot a su faire de sa position la première ; il a mis de côté le chef de bureau et il le maintient, cependant, pour n'avoir pas un homme capable qui le mettrait en seconde ligne. Cette année, tout le monde se plaignait d'Auguiot ; il avait fait une dénonciation calomnieuse contre le peintre Gudin. Les conservateurs ne veulent pas avoir de rapports avec lui. Nieuwerkerke a augmenté ses appointements de 500 francs.

Nieuwerkerke, j'en suis désolé, croit faire de la haute politique en maintenant une canaille comme Auguiot. *Diviser* pour *régner*. Maintenir la mésintelligence entre les conservateurs et le bureau, il se trompe.

Il désintéresse seulement les gens qui, comme moi voulaient se vouer au musée ; je ne veux être ni chef, ni sous-chef de bureau ; mais je ne veux pas avoir à lutter contre un Auguiot comme un antagoniste avec lequel on se mesure d'égal à égal. Je ne veux être ni commis, ni chef de commis. Nieuwerkerke se méprend sur nous tous et il est mené, sans le croire, par Auguiot.

Nous verrons cela plus tard.

Lundi 24 février

Cet anniversaire a été froid et triste malgré un temps magnifique, et l'on sait l'influence du temps sur les joies et les rumeurs de Paris. Un *Te Deum* à Notre-Dame, quelques chants de la *Marseillaise*, des immortelles à la boutonnière de quelques badauds. Lagrange, l'homme de la fusillade du boulevard des Capucines, a harangué le peuple sur la place Notre-Dame sans succès [1].

Enfin, *fiasco* complet pour cette glorification de la *république* proclamée depuis trois ans.

Le soir de la fusillade du boulevard, j'étais au café de Paris ; je vis passer une manifestation, conduite par *Lagrange* et je la suivis, comme un niais, pour savoir ce qui adviendrait. Cette manifestation, cette troupe d'insurgés était composée de quelques centaines de faiseurs d'émeute, portant des torches et un drapeau rouge ; il pouvait se trouver parmi eux, trente ou quarante hommes, porteurs d'armes apparentes, deux ou trois étaient revêtus du costume d'officier de la garde nationale.

A la hauteur du jardin du ministre des Affaires étrangères, boulevard des Capucines, un bataillon de la ligne les arrêta. Un coup de feu partit des rangs des insurgés, le bataillon de la ligne répondit par un feu de peloton ; tout cela se passa dans l'espace d'une seconde ; un moment, la vie fut comme suspendue en moi, et quand je repris mes facultés, le boulevard si bruyant était devenu désert, le bataillon, en ordre de bataille, demeurait immobile sous les armes, les torches étaient éteintes, les blessés se traînaient, pour mourir, dans la rue basse, quelques hommes étaient étendus sans vie sur le pavé et les chefs allaient chercher des charettes pour promener les corps des victimes dans Paris.

La veille, Em. Arago, en apprenant la reculade de Barrot, à propos des banquets, avait dit devant moi :

« Pourquoi alors m'a-t-il demandé de me servir de mon influence sur le peuple des faubourgs, pour le faire descendre dans la rue ! ! »

Le peuple était descendu, le lendemain ; j'étais aux Tuileries avec mon bataillon de garde nationale, nous avions des cartouches, la ligne paraissait bien disposée, l'artillerie était nombreuse ; le roi nous passa en revue et partit, les troupes furent renvoyées, et, au milieu de la stupéfaction de la ville, la république fut proclamée ! J'ai vu brûler Neuilly et le piller, j'ai vu piller la maison de Rothschild à Boulogne, j'ai vu le

1. Le 24 février 1851 est le troisième anniversaire de la chute de la monarchie de Juillet et de la nomination d'un gouvernement provisoire qui se prononce pour la république. Sur le 24 février 1848, nous nous permettons de renvoyer au premier tome de l'ouvrage de Pierre de La Gorce, déjà mentionné, et, pour des récits plus synthétiques, à Maurice Agulhon, *1848 ou l'Apprentissage de la République (1848-1852)*, Paris, Le Seuil, coll. « Nouvelle histoire de la France contemporaine », 1973, t. VIII, rééd. 1992 et à Éric Anceau, *La France de 1848 à 1870. Entre ordre et mouvement*, Paris, LGF, Le Livre de poche, coll. « La France contemporaine », 2002.

sac des Tuileries et du Palais-Royal par la plus ignoble populace des plus mauvais quartiers ; la Chambre des députés dispersée, la Chambre des pairs mise à la porte de son palais, la Constitution supprimée, l'hôtel de ville envahi par l'écume de la ville, un gouvernement provisoire, nommé par deux cents inconnus, et la nation courbant la tête devant tant de honte.

La France gouvernée par Arago, un astronome orgueilleux, Lamartine, un poète ambitieux, sans convictions ; Ledru-Rollin, neveu de Comus, le joueur de gobelets de Louis XV ; Louis Blanc, écrivailleur, révolutionnaire, plein de sa propre importance ; Crémieux, mauvais avocat juif, ambitieux de quatrième ordre, se faisant une aristocratie du titre d'ouvrier ; etc., etc.

La république incomprise par tous, la misère partout, le commerce anéanti, la confiance détruite, la guerre civile en perspective, et quelques mois après, la journée de mai et les journées de juin ! ! ! !

Tels sont les bienfaits dont on a rendu, aujourd'hui, grâce à la Providence.

Pauvre nation française, où vas-tu ?

Mardi 25 février

J'ai dîné chez la Princesse Mathilde, avec Lebrun (membre de l'Académie), l'auteur de Marie Stuart. Le soir, il est venu beaucoup de monde. Il a été fort question d'un incident relatif aux travaux du Louvre.

Le président, excité par le général Baraguay d'Hilliers, après avoir visité les travaux commencés dans la grande cour, les a déclarés exécrables et a ajouté qu'il ne voulait pas que son gouvernement fût accusé d'avoir toléré cet affront à la magnificence du palais. Le général, un vrai gascon, avait affirmé que les jardins inventés par Duban, lui rappelaient le jardin d'un de ses oncles, curé je ne sais plus où.

Enfin, le président veut voir, demain à 10 heures Duban et ses plans. Nieuwerkerke doit assister à l'entrevue.

Duban a reçu, par Nieuwerkerke, communication de ce désir du président ; j'étais présent. Il a compris sur-le-champ de quoi il s'agissait, et, sans sortir des convenances, en homme de bonne compagnie qu'il est, sans abandonner le respect qu'on doit au chef de l'État, dont il a parlé en fort bons termes, il a déclaré que le président se mêlait d'une chose qui lui est parfaitement étrangère. D'abord le travail a été soumis à la commission des travaux, qui l'a approuvé, puis au ministre compétent, qui l'a aussi approuvé, à l'Assemblée, qui a voté les fonds nécessaires à son exécution. Ainsi, toutes les règles tracées hiérarchiquement ont été suivies ; les travaux, aujourd'hui à moitié faits, ne pourront être interrompus sans porter un grave préjudice à sa réputation, sans le blesser profondément dans son amour-propre, et il ne saurait accepter un tel soufflet moral ; il ne lui resterait donc qu'une chose à faire, ce serait de donner sa démission.

Nieuwerkerke est très affligé, il comprend la susceptibilité de Duban, et tout en désirant adoucir sa juste fierté, il l'approuve ; du reste, il a foi en lui et demande qu'on ne le juge pas avant d'avoir vu la cour du Louvre achevée. Le soir, nous avons écrit au président une lettre que Nieuwerkerke a dû lui remettre, pour préparer l'entrevue de demain ; mais le président tient à ses idées. Dieu veuille qu'au moment où l'achèvement des travaux entrepris est si important, Duban en conserve la direction.

Duban gagnera ou perdra demain sa grande bataille. Pour le président, pour le Louvre, pour Duban, je souhaite qu'il la gagne. Je souffre en voyant un artiste émiment remis en question d'une façon je dirais presque aussi brutale. Enfin, à demain. J'ai parlé dans ce sens à la Princesse, avec quelque vivacité ; elle me dit bien que je suis taquin, méchant et contrariant, mais elle est si bonne qu'elle ne m'en conserve aucune rancune.

Mercredi 26 février

Le président a reçu Duban, ce matin, il a été parfait pour lui, et la lettre d'hier lui ayant fait comprendre la gravité de la mesure qu'il voulait prendre, l'injure qui en résulterait pour un homme de talent, il a dit : « *M. Duban, je crois qu'avant de juger votre travail, il faut le voir achevé, continuez donc et complétez l'ensemble de vos beaux travaux.* »

Cela a été très bien dit et a produit un bon effet.

Jeudi 27 février

Nieuwerkerke avait écrit à Jules Lecomte, celui qui s'est battu contre Bacciochi, une lettre terriblement rude, dans laquelle il disait que, vu ses antécédents et comme ne pouvant plus compter parmi les gens d'honneur, il se voyait forcé de lui fermer désormais sa porte.

Jules Lecomte a, en effet, signé du nom d'un de ses amis un billet à ordre, et il a été condamné, par contumace, comme faussaire ; quelques années après, il a purgé sa contumace et il est rentré dans un certain monde littéraire.

Lecomte a envoyé, aujourd'hui, un de ses amis à Nieuwerkerke, M. Delille, lequel a dit que Lecomte ne pouvait nier la malheureuse affaire dont il était question ; seulement, il voulait expliquer qu'il n'avait pas contrefait de signature, qu'il avait écrit avec son écriture, sans la déguiser, le nom de son ami, et qu'il aurait payé, mais qu'un ennemi, M. Grehan, aujourd'hui officier d'état-major de la garde nationale, avait vu le billet, avait reconnu le faux et l'avait porté au receveur du roi.

D'ailleurs, Lecomte sentait l'impossibilité de se présenter chez Nieuwerkerke, mais il lui demandait de ne pas frapper un homme qui ne pouvait plus rien, et de retirer la lettre si dure qu'il a écrite. Nieuwerkerke, qui est bon, a été touché de la malheureuse situation de cet homme ; il retire sa lettre et en écrit une autre à la fois digne et ferme, mais triste et témoignant le regret de savoir Lecomte dans cette position ; enfin, une lettre qui ne ferme pas une plaie, mais qui ne l'envenime pas.

Vendredi 28 février

La soirée au Louvre, peu nombreuse, mais très bonne musique. J'ai entendu un nouvel instrument, le *Saxophone.* Il a tous les sons agréables de la clarinette, sans avoir ses tons nasillards ; l'artiste, qui en jouait, le nommait le ténor des instruments [1].

A la soirée de mon atelier, peu de monde également, le comte de la Villetreux, le comte de la Laurencie, Soulié et deux ou trois autres personnes. Nous avons causé et pris du thé, jusqu'à 1 heure.

Samedi 1er mars

Aujourd'hui est morte Mme la baronne de Reding, d'une bonne et ancienne famille de la Suisse allemande. Elle était très vieille, mais je ne croyais pas sa mort si prochaine. Elle avait élevé la Princesse Mathilde et lui servait de dame de compagnie. C'était une bonne femme, décorée du grand cordon de je ne sais quel chapitre allemand ; elle aimait la princesse comme une fille. Sa mort empêche le bal costumé qui devait avoir lieu après-demain. Cette pauvre baronne sera difficilement remplacée auprès de la princesse, c'est une perte véritable et embarrassante.

La discussion de la Chambre a été violente sur la proposition Creton, qui est renvoyée à six mois [2].

La Montagne est toujours la même, elle a fait l'apologie des *assassins* de Louis XVI ; alors, il y a eu un tumulte effroyable. Tout le parti des *Miot* et des *Nadaud* voterait encore la mort de Louis XVI ; si le crime était à refaire, il voterait toutes les lois de sang de 1793.

---

1. C'est en 1838 que le facteur d'instruments de musique d'origine belge Adolphe Sax a inventé l'instrument auquel il a donné son nom, le saxophone. Celui-ci s'impose rapidement comme le roi des instruments à vent solistes. Sax, qui a été décoré de la Légion d'honneur en 1845, recevra une grande médaille d'honneur à l'Exposition universelle de Paris en 1855 et sera nommé professeur de saxophone au Conservatoire en 1857.

2. L'examen de cette proposition Creton abolissant la proscription des princes de la famille de Bourbon, déjà ajourné à deux reprises, est une nouvelle fois renvoyé à plus tard, en ce 1er mars. Alors que les orléanistes étaient favorables à l'examen, les légitimistes, qui estiment que le comte de Chambord ne peut rentrer en France qu'en souverain et donc sans avoir besoin d'autorisation, ont voté contre. En conséquence, la perspective d'une fusion entre les deux branches des Bourbons est repoussée *sine die.*

Dimanche 2 mars

Le dimanche gras a été froid et triste, la promenade sur les boulevards comme un enterrement.

Lundi 3 mars

Aujourd'hui a eu lieu l'enterrement de la baronne de Reding ; le service a été célébré dans l'église St-Philippe-du-Roule, et l'enterrement s'est fait dans le cimetière Montmartre. Il y avait beaucoup de monde à la cérémonie religieuse. Le vice-président de la République, le prince Murat, le général Exelmans, l'abbé Coquereau, plusieurs députés, etc., etc. Le froid était intense, le jour triste. Le soir, j'ai dîné chez la Princesse Mathilde, avec Nieuwerkerke, Mme Desprès, ses enfants et Ratomsky ; le dîner et la soirée ont été tristes, nous n'avons parlé que de cette pauvre baronne et des regrets qu'elle laisse après elle. La princesse est profondément affectée ; lorsqu'elle est arrivée vers moi, tout en noir, je ne saurais dire quelle désolation profonde se faisait lire dans toute sa personne. Elle m'a tendu la main, que j'ai baissée en la serrant, pour lui faire comprendre la part réelle que je prenais à sa douleur. L'émotion s'est emparée d'elle : elle s'est retirée quelques instants dans le premier salon pour pleurer en liberté ; puis elle est revenue.

J'aime son caractère et sa personne, elle ne peut rien dissimuler ; la franchise chez elle est une vertu poussée dans ses dernières limites. Il ne faut pas la connaître pour être son ennemi. La mort de la baronne de Reding la laisse bien seule, je ne vois personne auprès d'elle pour remplacer cette vieille amie.

Avec quelle affection elle aimait son élève, combien de fois m'en a-t-elle parlé, pour me la faire connaître ! Par elle, j'ai su toute l'histoire de son mariage avec Démidoff, toutes les platitudes de cet homme, ses mauvais procédés, ses infâmes traitements ; comment, à Florence, il entretenait, sous les yeux de sa femme, la duchesse de Dino ; comment il maltraîtait la princesse. Et ses supplications à genoux, lorsque l'empereur vint à Florence, de ne pas lui révéler les turpitudes qui salissaient le domicile conjugal.

Le premier mot de l'empereur Nicolas fut : « *Vous ne savez pas à quelle canaille vous vous êtes mariée ?* » Quoique la princesse le sût depuis quelques mois, elle répondit :

« *Votre Majesté n'est pas généreuse en me parlant de l'homme qui est mon époux.* »

L'empereur reprit plus doucement :

« *Pauvre enfant, vous le saurez un jour et alors vous viendrez vers moi, comme vers votre appui ; comptez toujours sur mon intérêt bien vrai.* »

L'empereur connaissait l'homme, comme je le connais moi-même.

Rien de plus vil et de plus bas ne peut être imaginé. Insolent avec les valets, rampant avec ceux qui lui résistent, faux, lâche, enfin tous les vices sans une seule qualité.

Il bat les femmes et il a été battu par un domestique qu'il menaçait, mais il ne se bat pas avec les hommes d'honneur. L'Empereur le fait surveiller, parce qu'il le sait capable de toutes les méchancetés cachées. Ici, à Paris, il soudoie un libelliste pour attaquer l'Empereur ; si la preuve matérielle pouvait en être acquise aussi bien que la preuve morale l'est déjà, il irait pour longtemps habiter la Sibérie.

Démidoff est encore un faux savant qui s'est fait nommer membre correspondant de l'Institut de France, au moyen d'un grand et bel ouvrage dont il a été le bailleur de fonds ; cet ouvrage est le voyage en Russie exécuté par une société d'artistes et de savants *sous sa direction.*

Sous la direction de Démidoff ! ! !

C'est vraiment admirable ! Il est ignorant comme une carpe ; il fallait imprimer sous le *patronage de ses écus*. J'ai connu son père, aussi lâche, aussi plat, aussi immoral que lui. Il avait loué à Sceaux-Penthièvre la maison de campagne de Mme la comtesse Duchâtel ; c'était, autant qu'il m'en souvient, en 1819, et il avait près de lui une jeune personne, caucasienne ou tartare, nommée *Nédirdgka Letacheff*, qui était, je crois, son esclave *cubiculaire* ; cette Nédirdgka fut la première passion de Tanneguy Duchâtel (ministre de l'Intérieur au moment de la révolution de 1848).

Tanneguy et moi étions fort liés et, vers 1818, j'étais en pension à Paris, rue de Clichy, chez Bintot, il venait m'y voir dans la semaine ; le dimanche, je le voyais à la campagne, chez sa mère, à Sceaux, où mon frère aîné Théodore était sous-préfet.

Un jeudi, comme il pleuvait et que nous ne savions comment occuper nos loisirs, nous nous mîmes à parler des femmes qui nous paraissaient jolies. Nous avions seize ans ; puis enfin, nous nous avouâmes que nous voudrions fort être aimés d'une de ces jolies femmes. Mais pour être aimé, il faut d'abord dire à une femme : « *Je vous aime !* » Cela nous semblait difficile ; nous ne l'avions jamais dit à aucune. Tout à coup une idée sublime vint illuminer nos jeunes imaginations et nous la mîmes à exécution. Faire une déclaration de vive voix !... impossible... nous étions trop novices ; en faire une par écrit, était plus simple ; nous écrivîmes chacun une ligne de cette fameuse lettre ; nous tirâmes ensuite à la plus belle lettre, pour savoir qui la signerait. De par le sort, je fus élevé au rang de séducteur ; je signai, non sans une sorte de terreur secrète, et nous cherchâmes, d'un commun accord, à quelle femme serait envoyée la déclaration faite en société.

Il nous parut convenable de placer, dans un chapeau, vingt bulletins, portant chacun le nom d'une jeune femme ou d'une jeune fille de notre connaissance. Duchâtel plongea sa main dans le chapeau, il en retira un bulletin que j'ouvris et je lus :

« Suzanne de Carondelet. »

Suzanne ou Suzette était une jeune personne, alors non mariée (depuis elle a épousé le général de Tarlet), qui vivait à Sceaux avec son père, dans la maison qu'avait occupée Florian.

Suzanne était de trois ou quatre ans plus âgée que moi, on la trouvait jolie, elle était fort recherchée et très entourée d'amis dévoués. Sa mère n'existait plus et son père, d'une très noble et très ancienne famille de l'Artois, avait été prêtre avant la révolution de 1789. Il voyait quelques connaissances intimes et n'allait à Paris que très rarement.

Suzette !... lorsque ce nom fut proclamé, Tanneguy se mit à rire en me disant : « *Prends la lune avec les dents !* »

J'aurais voulu, je crois, ne pas envoyer notre déclaration, mais Tanneguy l'avait saisie et il la mit à la poste. Je commençais alors une vie d'angoisses dont je ne saurais donner l'idée ; je ne dormais plus, je ne mangeais plus, j'avais peur de rencontrer Suzette, je la fuyais. Enfin, il fallut bien me trouver en sa présence ; un jour, nous restâmes seuls, il me semble que je m'excusai d'avoir osé lui dire que je l'aimais. Néanmoins, cet amour fut accepté et notre liaison dura cinq ans.

Tout le monde avait fini par la connaître, et comme Suzette était aimée et recherchée, je fus aimé et recherché aussi : on ne croyait pas pouvoir la prier à un dîner ou à un bal, sans me prier. Nous nous voyions plusieurs fois par semaine, surtout le dimanche, que je passais entièrement dans la maison, nous nous écrivions tous les jours et quelles lettres ! Des romans qui ne nous paraissaient jamais assez longs, pour nous dire tout notre amour. Depuis notre rupture, je n'ai pas revu Suzette, elle est restée dans mon souvenir comme au temps de nos jeunes amours.

Mardi 4 mars

Des voitures de masques, une foule de badauds pour les regarder ; le soir, des bals costumés, véritables lieux de débauche, où l'on parle une langue étrange, où chacun se croit le droit d'être grossier, tel est actuellement le mardi gras.

J'ai dîné au café ; j'ai passé ma soirée jusqu'à minuit à causer et à entendre jouer du piano chez Mme Susse ; puis, je suis allé chez la marquise de Guadalcazar, où l'on dansait ; il y avait quelques costumes. Mirabeau (Édouard) portait celui d'officier de la légion de son grand père ; il était fort bien.

Je suis rentré au Louvre à une heure, et il y avait encore par la ville des masques avinés qui hurlaient, en se rendant aux bals des cabarets ou des casinos. Les costumes les plus ignobles sont les plus applaudis dans les bals publics. Le masque qui sait rendre toute sa personne difforme et hideuse, qui ne fait pas un pas sans commettre dix indécences, et ne dit pas une parole sans soulever le dégout, celui-là est le roi de la jeunesse, un héros, un grand homme ; les femmes lui adressent leurs agaceries les plus piquantes. Et Dieu sait pourtant de quels noms il divinise, il poétise les femmes :

volaille,
chameau.

Pour lui, un homme est un *mufle* ; une figure, une *binette.* Enfin, tout l'argot des voleurs et des malandrins s'introduit peu à peu dans le langage. Les femmes de la meilleure compagnie savent le *cancan*, cette danse des filles et des débardeurs, elles connaissent les femmes entretenues, par leur nom ; elles leur disputent leurs amants ; enfin, la boue monte ; où s'arrêtera-t-elle ?

Je donnerai peut-être de curieuses relations sur ces choses-là.

Mercredi 5 mars

Rien d'important, les journaux ne savent comment remplir leurs colonnes ; la grande question du jour, l'Assemblée n'ayant pas de séance publique, est de savoir : si Cavaignac a répudié, oui ou non, les doctrines émises par la Montagne dans l'avant-dernière séance, et s'il a eu une altercation à ce sujet avec *Charras*. Toujours des questions de personnes.

Cavaignac, Lamoricière, Bedeau, Changarnier, ce qu'on nomme enfin les quatre Africains, sont quatre ambitieux qui, quelque forme qu'ils revêtent, ne songent qu'à eux.

Lamoricière est perpétuellement incertain ; Changarnier flottant ; Cavaignac en haine particulière au côté gauche à cause des journées de juin, que les émeutiers ne lui pardonneront jamais ; d'ailleurs, il appartient à la petite église du *National*, qui de longtemps ne regagnera pas sa popularité perdue.

Quant à Bedeau, il a livré, le 24 février, le pont Louis XV qu'il devait défendre, et il a laissé massacrer les gardes municipaux à l'entrée des Champs-Élysées, tandis qu'il était présent avec des forces suffisantes pour empêcher ce massacre. Pastoret l'a vu comme moi, et il m'en parlait, il y a huit mois, à un dîner chez la Princesse Mathilde[1].

Bedeau sera toujours suspect aux honnêtes gens.

---

1. On qualifie alors d'« africains » les officiers supérieurs qui, tels Cavaignac, Lamoricière, Bedeau et Changarnier, se sont illustrés dans les campagnes de conquête de l'Algérie. Nommé ministre de la Guerre en mai 1848, le général Eugène Cavaignac reçut le 24 juin suivant les pleins pouvoirs pour réprimer l'insurrection qui avait éclaté la veille dans les quartiers populaires de la capitale. Malgré les paroles d'apaisement qu'il prononça par la suite, le général, qui reprit brutalement le contrôle de Paris, devint très impopulaire au sein de l'extrême gauche, qui avait soutenu ou comprenait le soulèvement. *Le National*, journal des républicains modérés, qui avait œuvré à la promotion de Cavaignac et dont les principaux rédacteurs accédèrent à des fonctions importantes en juillet 1848, perdit une grande partie de son crédit et fut même accusé, en particulier par les partisans de la défunte commission exécutive, d'avoir laissé se développer l'insurrection pour mieux tirer profit de son écrasement. Quant au général Bedeau, chargé le 23 juin par Cavaignac de comman-

Jeudi 6 mars

Mlle Delaharpe est venue ce matin pour me prier de solliciter, avec plus d'activité, son engagement au Théâtre-Français. Elle m'a conté le roman de sa vie et a joué une petite comédie très bien conduite. Elle a de l'esprit et de l'intrigue, c'est tout autant qu'il en faut pour réussir.

Vendredi 7 mars

La soirée du Louvre a été très nombreuse, Salvandy y est venu ; la soirée à mon atelier très animée. Le consul général de Russie a beaucoup causé avec moi ; il m'a promis une lettre de la *Grande Catherine*.

Samedi 8 mars

Aujourd'hui a paru le changement de préfets, une partie du grand mouvement annoncé depuis quelque temps. J'ignore qui conseille le président, mais les choix sont singuliers ; sous tous les régimes se reproduisent les mêmes fautes, les mêmes intrigues, et les nullités sont toujours mises en avant.

Parmi les préfets, M. de Calvimont, sous-préfet de Nontron, est nommé préfet de la Dordogne, département important, où les classes élevées sont légitimistes et les basses classes fort *rouges*.

Calvimont ne convient ni à ce département difficile à conduire, ni à un autre. C'est un esprit étroit, sans vigueur, sans fixité ; autrefois, c'est-à-dire jusqu'en 1835 très légitimiste, rédacteur infime du journal *Le Bridoison*, des plus exagérés parmi les exagérés, il vint se retirer dans le Périgord, son pays, à bout de ressources et ne sachant où trouver le couvert et le repos. Il épousa, à Périgueux, la fille de M. de Taillefer, jeune personne qui avait quelque fortune, mais difficile à marier, parce que sa mère, épousée *in extremis*, par M. de Taillefer, était tout simplement cuisinière, et ainsi, réargenté par ce mariage, le petit Calvimont, oncle du jeune de Trémisot, maire de Périgueux, obtint, par l'entremise de Romieu, préfet de la Dordogne, la sous-préfecture de Nontron. Il est sans influence et sans grande considération dans le département.

Romieu me racontait en 1840, pendant un voyage qu'il fit à Paris, qu'il avait fortement insisté pour faire arriver à l'évêché de Périgueux un certain chanoine de cette ville, homme spirituel du reste, instruit et très occupé d'archéologie, et que pendant vingt-quatre heures sa nomination avait été signée. Cependant des réclamations vinrent du département

---

der les troupes rassemblées à l'Hôtel de Ville, il avait été l'un des premiers à engager le combat sur l'île de la Cité avant de devoir se replier difficilement et d'être blessé à la cuisse. Il fut remplacé par le général Duvivier et ne put donc avoir le comportement évoqué ici par Viel Castel le 24.

de la Dordogne, des *puristes* fournirent la preuve que le dit chanoine était l'amant de la comtesse de Lostanges ; le ministère ne jugea pas cette conduite fort régulière et la nomination fut annulée. C'est après cette annulation que Romieu vint à Paris.

A sa première audience auprès du roi Louis-Philippe, ce prince lui dit : « *Eh bien ! M. Romieu, croyez-vous toujours l'abbé *** digne de la mitre épiscopale ?*

— *Toujours, Sire*, répondit Romieu.

— *Moi aussi*, reprit le roi ; *mais malheureusement, nous sommes les seuls qui pensions ainsi.* »

Le second des préfets qui me donne l'occasion d'écrire quelques lignes, est Gustave de Romans, gentil garçon, qui a écrit et fait imprimer beaucoup de plus que médiocres brochures politiques ; sans opinions arrêtées, sans grandes convictions, écrivant assez mal, et parlant longuement, mais encore moins bien qu'il n'écrit. Gustave de Romans a mené, avec point de fortune, la vie de jeune homme ; puis enfin, il a épousé la nièce du prince Elim Metschersky, jeune personne spirituelle, estropiée des jambes par les humeurs froides et qui ne peut marcher qu'avec des béquilles. Ce mariage a été tout un drame ; après l'avoir favorisé, les parents ne voulaient plus le laisser conclure ; il y a eu un enlèvement, et enfin mariage consenti par les parents et un tableau final très touchant, comme dans les mélodrames. Gustave de Romans vit en commun avec sa belle-mère, qui a 100 000 fr. de rentes, et il en a déjà 50 000 par sa femme ; c'est donc un gros monsieur auquel il faut une situation convenable.

Romans écrivait, dans les journaux et les brochures, des conseils au président sur la situation ; il était bonapartiste comme il avait été orléaniste ou légitimiste, et jusqu'à cet hiver, il recevait dans son salon les Léon de Laborde, La Rochejaquelein et *tutti-quanti*, avec lesquels il dissertait sur la fusion des branches de la maison de Bourbon et autres mièvreries du parti. Cependant, on voyait à son attitude, on jugeait d'après sa conversation qu'il ne voulait se compromettre avec personne pour se rendre possible pour tous.

Le ministre de l'Intérieur actuel a jugé que, pour passer l'année si difficile dans laquelle nous entrons, nul homme mieux que Romans ne pouvait, dans le département du Var, préparer les élections de l'année prochaine.

Le président et la France seront bien servis ! ! !

Romans est arrivé à cette préfecture par Mme de Danrémont, blonde, filandreuse et sentimentale personne, déjà sur le retour, mais conservant les minauderies, les airs penchés et les rêveries du jeune âge. Mme de Danrémont est veuve du général tué devant Constantine, elle est de plus sœur du général Baraguay d'Hilliers, commandant l'armée de Paris, et enfin, brochant sur le tout, elle a convolé en secondes noces, avec

M. Vaisse, ministre actuel de l'Intérieur ; mais elle ne porte pas son nom, parce que, si son mariage était connu, elle perdrait sa pension, votée par la Chambre et qui lui a été accordée pour la mort glorieuse de son premier époux.

Ainsi, un ministre actuel laisse sa femme ne pas prendre son nom, pour lui conserver 6 000 fr. de rentes. Toujours les mêmes saletés sous tous les régimes ! ! !

Mme de Danrémont est liée avec Mme de Romans, de là, Romans préfet du Var, département très important ! ! ! cela est naturel.

Quelquefois, il me semble que je rêve en voyant quels administrateurs on choisit ; c'est un carnaval sans gaieté, tout ce que j'ai connu de niais est en place et passe pour habile !

Je commence à croire que nous assistons aux funérailles de l'empire. Chacun se taille un habit dans le *manteau de la France. Allez ferme, poussez, mes bons amis de cour ! ! !*

Dimanche 9 mars

J'ai dîné chez la Princesse Mathilde en petit comité, avec Ratomsky et sa femme, Nieuwerkerke, Mme Desprès et sa fille, et le médecin de la princesse.

La conversation du soir a été exclusivement consacrée à des observations et à des narrations sur la société. Pauvre société, on lui demande de la moralité et elle se trouve constituée de manière à ne pouvoir être morale.

Qu'est-ce que le *monde* ? une grande arène de coquetteries et d'intrigues, où chacun, hommes et femmes, joue son rôle.

Un homme est estimé pour ses *succès* ou pour son *savoir-faire*. Couronnes de *femmes* ou couronnes d'intrigues savamment ourdies, diplomatiquement résolues. L'empire des femmes est immense par la coquetterie, et depuis le ministre jusqu'au dernier échelon de l'échelle hiérarchique, tous sont sous la pression de la femme qui, comme Brennus plaçait son épée dans la balance romaine, met ses charmes dans la balance des affaires.

Fould, l'ex-ministre des Finances, était très accessible aux femmes et il ne s'en cachait pas trop.

Chaque homme a dans son histoire privée, s'il a vécu dans la société, cinq ou six séductions, autrement dit, cinq ou six maîtresses ; mais le jour où il se marie, il oublie, avec les lettres d'amour qu'il brûle, et les bouquets fanés, dont il jette la cendre au vent, toute son histoire amoureuse ; puis, il se persuade de bonne foi que sa femme sera pour lui seul ! !

Cependant, le *monde* est là qui attend cette femme, qui la presse, qui l'entraîne ; le mariage lui a ôté sa robe virginale, la première fleur de son innocence ; elle *sait* maintenant, et le mot d'amour qui bruit à son oreille l'accoutume peu à peu à entendre l'étrange langage de prétendues passions toutes matérielles.

Dire à une femme : « Je vous aime », quatre-vingt-dix fois sur cent, signifie en langage vrai : « Vous me plaisez, vous parlez à mes sens, venez partager mon lit, ou me faites partager le vôtre jusqu'à ce que ma fantaisie soit éteinte ! »

Pauvres femmes ! pauvres hommes ! pauvre société ! pauvres nous !

Lundi 10 mars

Depuis quatre heures jusqu'à six heures, j'ai fait voir notre Louvre à Sa Grâce la duchesse de Sutherland, et à sa fille. Ces deux dames étaient venues à mon cabinet me réclamer comme *cicerone* en l'absence de Nieuwerkerke. La duchesse est fort gracieuse, très aimable, avec le désir de le paraître ; sa fille non encore mariée est belle, a l'air fort noble, en un mot, un beau type de l'aristocratie anglaise.

Notre Louvre est toujours un objet d'admiration pour les étrangers. Les magnifiques restaurations qui s'y exécutent les étonnent et les émerveillent. La galerie d'Apollon leur semble ce qu'elle est en effet, le plus bel appartement royal du monde. La salle des sept cheminées et le grand salon carré, décoré par Duban, lui feront le plus grand honneur.

Les sculptures de la salle des sept cheminées sont de Duret, celles du salon carré de Simart.

La duchesse de Sutherland a beaucoup admiré les salles de la sculpture de la Renaissance, les Michel-Ange, les Germain Pilon, les Benvenuto Cellini ; elle parle des arts en femme qui les aime et qui s'y connaît.

Sa fille, avec laquelle j'ai causé pendant quelques moments de notre grande promenade, m'a dit qu'elle venait pour la première fois en France ; elle a regardé très attentivement nos tableaux de Raphaël ; mais la sculpture égyptienne lui déplaît positivement. Elle se gendarme, ainsi que sa mère, contre l'immobilité et la raideur de toutes ces figures contemporaines de Pharaon.

En fait d'art, ces deux dames ne sont pas *archéologues* ; elles aiment l'art arrivé, l'art qui séduit par son exécution complète. Je dois cependant signaler une exception.

Deux tombeaux de la fin du XVe siècle les ont vraiment impressionnées par la naïveté et la finesse accentuée de leur exécution. La duchesse m'a dit que, pour elle, le Moyen Age avait mieux senti que toute autre époque l'art tumulaire. Ces grandes figures couchées, immobiles et si bien revêtues de la majesté calme de la mort, sont tout à la fois pieuses et souriantes.

Je lui ai fait remarquer cette admirable combinaison de la vie et de la mort dans ces figures couchées. Tout le personnage dort du sommeil éternel, son enveloppe mortelle est pour toujours étendue sur la pierre du tombeau, mais l'âme vit et prie, l'âme immortelle s'élance hors de l'humanité et les deux mains du mort conservent leur action, leur vitalité, pour exprimer, par l'attitude de la prière, l'immortalité même de l'âme.

La sérénité et la quiétude sont empreintes sur toutes ces figures. La duchesse a repris : « *La quiétude !* » elle a répété ce mot, étonnée de le trouver dans la langue française, et elle m'a dit : « J'aime ce mot, que je croyais seulement italien, sa prononciation seule est comme une douce musique qui exprime et répand ce qu'elle veut dire. »

Mardi 11 mars

J'ai dîné chez la Princesse Mathilde ; il est venu quelques personnes le soir. Nieuwerkerke avait été à Vincennes avec le général Perrot, qui lui a raconté qu'en 1848, il commandait cette forteresse sous le gouvernement provisoire. La populace de Paris avait résolu de s'emparer des armes, de la poudre, ainsi que du château, et pour y parvenir, elle avait imaginé un de ces banquets *monstres* au veau froid et au vin *bleu* qui, suivant le programme, devait être donné autour des fortifications ; puis, à un signal convenu, les femmes et les enfants placés en tête de la manifestation, on s'emparerait, sans coup férir, de la citadelle.

Les troupes se seraient trouvées paralysées par cette masse de femmes et d'enfants, sur laquelle la populace comptait qu'on n'oserait pas tirer.

Le général Perrot sut le projet ; il fit armer toutes les batteries du fort, laissa les portes ouvertes, mais munies d'artillerie et fit savoir au *bon peuple* que la première personne qui franchirait les glacis donnerait par cela même aux troupes et aux canons l'occasion de commencer le feu. Le général Perrot ajouta ce qui suit : « *Comme le peuple connaissait ma résolution, Vincennes fut parfaitement respecté.* »

En 1850, le général Courtigis commandait à Vincennes, les ordres portaient qu'en cas d'insurrection du faubourg St-Antoine, il mît à l'instant sa grosse artillerie en batterie et qu'il ouvrît le feu sur le faubourg, tandis que trois régiments de cavalerie disposés dans la plaine auraient été chargés de sabrer toute troupe insurgée qui eût tenté ce moyen de sortir de son repaire.

S'il eût fallu brûler le faubourg, on l'aurait brûlé jusqu'à la dernière maison.

Dieu veuille qu'aucune guerre civile ne vienne épouvanter notre triste siècle ; elle serait affreuse. Nos monuments, nos bibliothèques, nos musées seraient livrés au pillage et à l'incendie, comme jadis, dans les Gaules, lorsque les *barbares* s'emparaient de Trèves ou de Cologne.

Au mois de février 1848, le feu a été mis deux fois au Palais-Royal et il fut sérieusement question, pendant quelques instants, d'incendier les Tuileries.

D'ailleurs, le respect des monuments n'est pas dans l'esprit de la génération actuelle ; je me souviens des gardes nationaux qui mutilaient avec leurs bayonnettes, les sculptures du palais de la Bourse, pendant leur faction de nuit, et des enfants qui, en plein jour, à St-Denis, au milieu d'une population indifférente, brisaient avec des pierres les vitraux de la basilique.

Nous vivons au milieu de nouveaux iconoclastes, qui comme leurs pères de 93, abattent volontiers et avec des cris de joie, les statues, les monuments, les églises ; la populace n'a ni la religion du cœur, ni celle des souvenirs. L'hérédité abolie dans sa forte constitution du Moyen Age a entraîné la famille, l'amour des souvenirs du passé. La vie actuelle est un *omnibus* où, pour 6 sous, l'homme doit avoir une place, tant que la voiture roule. Il ne connaît pas ses voisins et il leur est inconnu ; le hasard les a rassemblés ; ils sont sans lien, sans affection, sans passé et sans avenir. Il y a en France 35 000 000 d'individus, il n'y a pas de société.

Mercredi 12 mars

Le gouvernement a enfin fermé la porte du cours de Michelet. Ce cours, où le plus pur communisme était ouvertement enseigné, était un vrai scandale. Le professeur y tonnait contre l'Évangile, dont il déchirait les feuillets. Le *Collège de France* a besoin d'être reconstitué. Barthélemy Saint-Hilaire, Edgard Quinet, enseignent la jeunesse ; comment veut-on alors qu'elle soit amie de l'ordre et des lois ? Ces trois hommes sont montagnards dans le fond du cœur et dans leurs discours [1].

Jeudi 13 mars

Le prince de Canino et le marquis de Rocca Giovine, son gendre, ont ouvert leur maison. Ils ont acheté un joli petit hôtel, rue de Lille 107 et ils l'ont fait très joliment meubler. Ils en sont les propriétaires et les tapissiers, mais rien de plus, car ce ne sera pas pour eux qu'on ira aux jeudis de cet hôtel. Le prince de Canino est un gros et sale révolutionnaire, instruit, ennuyeux, adonné aux oiseaux, qui a tenu à Rome la plus révoltante conduite contre le Pape, que tout lui commandait de respecter.

1. Michelet vient de perdre son cours au Collège de France dans la deuxième semaine de mars 1851. Edgar Quinet conserve le sien, car il mène alors son combat politique à l'Assemblée législative et non dans son enseignement. Quant à Barthélemy Saint-Hilaire, il est incriminé à tort par Viel Castel. Après avoir été le secrétaire du gouvernement républicain en 1848, il se montre très modéré à la Législative. Il se refuse à faire de sa chaire de philosophie grecque et latine une tribune politique et demande même la suspension du cours de son collègue Michelet en tant qu'administrateur du Collège de France. Voir Éric Fauquet, *Michelet ou la Gloire du professeur d'histoire*, Paris, Cerf, 1990, p. 348 et suiv.

Il était un des premiers à faire le coup de feu contre le palais où ce chef des chrétiens, entouré de la diplomatie européenne, était défendu par quelques Suisses fidèles. A la mort de Rossi, il présidait l'Assemblée et il ne s'est pas ému de cet assassinat et n'en a pas fait poursuivre les auteurs ; il a consenti à accepter un pouvoir que déshonoraient les ovations faites aux assassins ; plus tard, il a laissé faire les massacres des prêtres au couvent St-Calixte ; puis enfin, ce neveu de l'Empereur est demeuré jusqu'à la fin chef d'un gouvernement en guerre avec la France ! C'est un mauvais ambitieux, capable de toutes les lâchetés et de tous les crimes.

Quoi qu'en ait dit, dans son procès contre d'Arlincourt, le citoyen romain, il se pare très bien du titre de prince.

Le marquis de Rocca Giovine n'est pas méchant, n'est pas sale, n'a pactisé je crois avec aucun massacreur, mais ce n'est rien. Le fils du maréchal Exelmans me disait ce soir :

« C'est un *merlan*, car ce n'est pas même un coiffeur. »

Quant à la marquise de Rocca Giovine, elle ressemble à un enfant ; elle en a la gentillesse et la grâce, et elle plaît généralement. Le fils du maréchal Exelmans est un de ses adorateurs.

J'ai fait mon compliment au maréchal sur sa nomination et il m'a répondu qu'il le recevait de moi avec plaisir, qu'il aurait seulement voulu le recevoir plus tôt, mais qu'il avait le chagrin de ne pas me voir aussi souvent qu'il le désirait[1].

Cette première soirée était peu nombreuse ; le prince de Canino aura de la peine à se faire adopter par la société. Il n'y avait même, chez lui, aucun savant.

Édouard Thayer, directeur des postes ; son beau-père le duc de Padoue ; le vice-président de la République, qui est venu me dire :

« Vous m'avez soufflé, il y a deux mois, le rôle du Misanthrope, à dire avec Brohan ; mais avant-hier, j'ai pris ma revanche, j'ai rempli le rôle de Britannicus avec Mlle***. »

J'avoue que Boulay de la Meurthe en Britannicus devait être bon à voir et je regrette de n'avoir pas joui du coup d'œil que devait offrir le président du conseil d'État dans toute la majesté de sa rondeur, donnant la réplique à une jeune comédienne. Boulay de la Meurthe est une caille engraissée et plumée ; on le croirait mis au monde pour servir d'enseigne au Passage de la *Boule-Rouge*.

La Princesse Mathilde est restée jusqu'à onze heures et demie ; toujours bonne et gracieuse, il est impossible de ne pas éprouver d'amitié pour elle.

---

1. Le 10, le général Exelmans, héros des guerres du Consulat et de l'Empire, défenseur de la mémoire de Napoléon Ier à la Chambre des pairs de la monarchie de Juillet et désormais familier de l'Élysée, reçoit son bâton de maréchal.

Vendredi 14 mars

Auguiot est venu ce matin dans mon cabinet, où il m'a entretenu longuement des affaires du musée et de celles des princes de la famille d'Orléans. Suivant lui, on aurait dû payer au roi Louis-Philippe le million qui devait être versé à la liste civile à la fin de février 1848, et alors le roi aurait fait l'abandon à la galerie espagnole de deux tableaux de Géricault, etc. Auguiot est au musée l'homme de Montalivet et fouille les cartons pour établir le chiffre des réclamations de la famille d'Orléans. Cet été dernier, il a brûlé, sans ordre et sans contrôle, des papiers provenant des cartons de l'administration. Il cherche, il fouille partout ; il se refait philippiste et ne parviendra jamais qu'à se maintenir plate canaille.

Mais, par ces temps d'intrigues, il peut aller loin dans les *honneurs* administratifs.

Il m'a dit que les exécuteurs testamentaires du feu roi devaient présenter une réclamation, demandant 5 millions d'indemnité pour les dégâts, pillages et incendies de 1848 ; c'est une *petite* affaire, arrangée avec les philippistes de l'Assemblée... Le moment est bien choisi ! !

Lavalette a été nommé au poste diplomatique de Constantinople comme il avait été nommé consul à Alexandrie : par l'influence des *Débats* appuyée du crédit de Véron.

Lavalette a pour 200 000 fr. d'actions du *Journal des débats* ; il en exigeait le remboursement et il sollicitait le poste de Constantinople ; des officieux se sont entremis, il n'a pas retiré ses fonds, le *Journal des débats* a admis sa politique contre le président et il a obtenu la mission de Constantinople.

Un grand dîner chez Véron a scellé l'arrangement. Toujours mêmes turpitudes, toujours mêmes contrats immoraux, même trafic de places, de dignités et de ce qu'on nomme des honneurs. Travaillez, usez-vous, suivez les chemins ouverts, marchez loyalement sur les routes indiquées, ou jouez le jeu de votre existence honnêtement, vous trouverez à un moment quelconque un *brelandier* muni de cartes biseautées qui vous trichera votre avenir. Figaro l'a dit : « *Le savoir-faire vaut mieux que le savoir.* »

Les 200 000 fr. que Lavalette a sur le *Journal des débats*, ont été gagnés par lui au piquet.

Eh bien, parce que cet homme, qui ne sortait des coulisses de l'Opéra que pour aller au jeu, a gagné 200 000 fr. au piquet, lui qui ne possédait pas un sou vaillant en 1830 ; parce qu'il a épousé la veuve d'un banquier américain, vieille coquette, maîtresse du vieux M. Roy (ancien ministre des Finances), qui avait sauvé M. Wells, son mari, par un prêt considérable, cet homme a été tour à tour consul général à Alexandrie, chargé d'affaires en Allemagne, député, puis enfin le voici, à l'heure présente, ministre plénipotentiaire près la Sublime Porte. Il est décoré, plaqué de croix et de *Nichams* de toute espèce. Enfin, c'est un *grand seigneur* actuel.

Faites toute la morale que vous voudrez, enseignez l'honnêteté, la probité, la vertu ; les apprentis du monde vous répondront : les jupons d'une danseuse et le lit encore chaud d'un banquier américain valent mieux comme protecteur que tous les prix Monthyon. Mme la princesse de Barry, Mme Tallien, Fany Elsler et Mme Wells, cotillon, cotillon, toujours cotillon. Il en sera toujours ainsi.

La soirée du Louvre a été très brillante, la musique fort bonne. Hermann a été fort applaudi en jouant du violon, Lefort en chantant un très bel air de Noël, et enfin Levassor s'est montré très excellent comique avec une chansonnette d'ivrogne. La soirée à mon atelier peut passer pour la plus agréable de celles qui y ont eu lieu ; nous nous y sommes trouvés vingt, entre autres M. le comte de Béthune, M. de Bonnechose, le vicomte de la Villetreux et son fils, etc. Giraud a dessiné la caricature de Morel Fatio, Levassor a raconté une très jolie histoire d'un homme qui trouve ce qu'il va dire si drôle qu'il ne peut terminer sa narration, et après deux heures passées à causer et à rire de toutes sortes de choses, la soirée s'est terminée à une heure du matin.

Samedi 15 mars

Rien de saillant aujourd'hui. Le président a visité la bibliothèque du Louvre.

Dimanche 16 mars

J'ai dîné chez la Princesse Mathilde ; après le dîner, nous sommes allés au théâtre de l'Opéra-Comique, dans la loge du président ; il y avait, avec la Princesse, le prince de Canino, le marquis et la marquise Rocca Giovine, la comtesse Ledochonska (Mlle de Menneval), le fils du général Exelmans, Nieuwerkerke et moi.

J'oubliais Ratomsky. Le spectacle se composait de *Fra Diavolo*, de *Bonsoir M. Pantalon* et de la *Dame voilée*. Joli spectacle, fort bien chanté.

Exelmans fait une cour déclarée à la marquise Rocca Giovine et cela est très amusant. Le mari est un bon petit lycéen, qui a l'air de ne pas oser être en vacances.

La marquise est coquette comme dix diables ensemble, et Dieu sait comme elle joue de la prunelle.

Exelmans croit parfaitement être sur le chemin de la meilleure de toutes les fortunes. Son grade d'officier de marine ne lui a pas appris à voir de loin ; il n'est qu'un *paratonnerre* destiné à détourner l'attention ;

je vois jouer tout ce jeu et je m'en amuserais si je ne craignais une vilaine fin de comédie.

Je note ceci pour plus tard ; la petite marquise a grande confiance dans sa finesse, mais je sais toute sa petite intrigue.

Le soir, en sortant du spectacle, Ratomsky et moi, nous nous sommes fait conduire chez la marquise de Las-Marismas. La musique du 9e de dragons faisait les frais de la soirée ; on jouait à l'écarté dans un autre salon.

Autour de la table à jeu, la princesse Murat et Bacciochi étaient les plus acharnés.

Mlle Masson aime assez le jeu, voire même, je crois, celui de la coquetterie ; cette vertu nouvellement rentrée à l'Opéra ne dédaignerait pas un petit amant, et je pense qu'il y a beaucoup d'exagération dans les rigidités prétendues de la demoiselle, à laquelle, ce soir, le prince Poniatowski paraissait faire une cour assidue, et les mœurs austères de la mère, qui me semble vouloir remplir l'emploi de mère noble de comédie.

Lundi 17 mars

J'ai vu Schoelcher, le farouche républicain, qui est venu à mon cabinet. Je connais ce tribun depuis vingt ans. Il a, sur tous ses collègues de la Montagne, l'avantage d'être un *honnête homme privé*, niais, car le parti tire à boulets rouges sur sa bourse. Schoelcher a été amené peu à peu, par *ma diplomatie* pendant notre conversation d'aujourd'hui, à donner au musée pour huit ou dix mille francs de costumes, statuettes ou antiquités mexicaines ou américaines. Il m'a demandé, d'un air chagrin, s'il était vrai que Charles Blanc et Jeanron se fussent fait donner, pendant qu'ils étaient, l'un directeur des beaux-arts, l'autre directeur du musée, les grands ouvrages en quatre-vingt-dix-neuf volumes, des planches de la calchographie du Louvre.

J'ai répondu affirmativement, et l'honnêteté de Schoelcher s'en est révoltée. Il souffrait d'avoir à s'avouer que deux coreligionnaires eussent commis un acte indélicat, mais cependant il a exprimé tout haut sa pensée et très énergiquement.

Hélas ! le pauvre Schoelcher doit souvent avoir à rougir depuis 1848. Ses amis ont été mêlés à de bien sales tripotages.

Le luxe du citoyen Marrast ! le luxe du citoyen Ledru-Rollin ! Je sais bien qu'on répond aux niais que ces deux grands hommes ont épousé de riches Anglaises ; mais comme je sais beaucoup de choses, je sais entre autres que Mme Marrast, morte aujourd'hui, était avant son mariage une de ces gouvernantes anglaises qui font des éducations de famille, et je sais même qu'elle avait fait des *éducations de jeunes gens*. Quant à Mme Ledru-Rollin, fille naturelle d'un Irlandais, belle-sœur d'un déporté irlandais Mitchielg, elle a eu 48 000 fr. de dot, et aujourd'hui sa reprise sur les biens de son époux se monte à 700 000 fr., hypothéqués sur des maisons dans Paris ; tout cela n'est pas mal.

Mme de Lamartine est anglaise aussi, elle tient fort à passer pour une *très grande dame* ; elle est fille d'un pâtissier du Strand à Londres.

Mardi 18 mars

Dîner chez la marquise de Guadalcazar, mais sans diplomates. Le général d'Audenarde en faisait partie ; il a beaucoup vieilli et il porte lunettes ; ce n'est plus le brillant officier de cavalerie de l'empire que je voyais à la Malmaison, voire même le sévère lieutenant des gardes du corps qui, en 1816, réprimait, par sa fermeté, une émeute de sa compagnie ; mais c'est encore un beau vieux militaire, grand, à la figure très martiale, à la moustache grise ; il est aimable et de fort bonne compagnie.

A l'Élysée, on se préoccupe de la composition des administrations départementales ; cependant les dernières nominations ne sembleraient pas l'indiquer. La plus grande partie des choix est plus que médiocre et surtout ceux faits pour des départements importants, comme le Var et la Dordogne. Nous nous acheminons à pas de géant vers 1852 [1]. Le socialisme relève la tête, il s'agite dans les départements, et le parti de l'ordre s'amuse à des discussions oiseuses et se subdivise en coteries ambitieuses qui veulent faire triompher avant tout certains amours-propres. Le pouvoir est mal servi, les gens qu'il emploie sont tous prêts à capituler avec les pouvoirs à venir, avec l'opinion, quelle qu'elle soit, qui dominera demain. Louis-Napoléon dîne chez chaque ministre tour à tour ; on a l'air de vouloir s'étourdir sur l'issue de la crise que l'année prochaine nous réserve. La venue du danger ne met pas d'obstacle au *favoritisme*, qui donne des places importantes à des nullités bien recommandées.

Hier encore, pour une place non politique cependant, la faveur du prince a fait du *stupide Vieillard*, membre de l'Assemblée, un administrateur de la bibliothèque de l'Arsenal [2]. *Vieillard* est l'ancien précepteur du président.

---

1. Au printemps 1852, le pouvoir législatif et le pouvoir exécutif devront être renouvelés. En effet, la Législative a été élue pour trois ans en mai 1849 et le Président, élu pour quatre ans en décembre 1848, a vu son mandat ramené peu après à trois ans et demi, pour l'empêcher d'influer sur les élections législatives. Les partisans de l'ordre attendent cette double échéance avec anxiété. En effet, il n'est pas exclu que l'extrême gauche remporte un succès, malgré la loi du 31 mai 1850 qui ampute le corps électoral de son tiers le plus populaire, car elle a mené une propagande active dans les campagnes. En cas d'échec, elle pourrait aussi recourir aux sociétés secrètes qu'elle a créées à travers la France. L'impossibilité faite au Président de se représenter accroît encore cette peur, habilement grossie par les bonapartistes. Viel Castel note encore le 23 juin 1851 : « D'un bout de la France à l'autre, les populations attendent 1852, comme à l'approche du XIe siècle les peuples attendaient l'an 1000, qui devait amener la fin du monde. »

2. L'auteur confond ici Narcisse Vieillard avec Pierre Ange Vieillard, poète et auteur dramatique, nommé par décret du 16 mars 1851 conservateur administrateur de l'Arsenal.

La révolution de 1848 avait fait d'Haureau un conservateur de la Bibliothèque nationale, en remplacement de Champollion, destitué. Haureau était connu pour avoir publié, en 1832 ou 1833, une histoire des Montagnards de 1793, où Robespierre, Danton, Marat et consorts étaient portés aux nues. Cet ouvrage est illustré de portraits dessinés par Jeanron, ex-directeur des musées.

Haureau est encore conservateur, et il est un de ceux qui, depuis 1848, ont le plus efficacement contribué à rendre l'accès de la bibliothèque difficile aux travailleurs [1]. La Bibliothèque nationale aurait besoin d'une réorganisation complète ; les livres, gravures, dessins, antiquités et manuscrits qu'elle possède semblent n'avoir été amassés que pour servir à messieurs les bibliothécaires.

Les travailleurs sont des voleurs qui leur dérobent leur bien.

Je sais des manuscrits qu'on ne montre guère et d'autres qu'on ne montre pas du tout. Et on appelle la Bibliothèque nationale une bibliothèque *publique*.

Mercredi 19 mars

Dîner chez Villot, conservateur des tableaux du musée, avec la comtesse de Spare (autrefois Mlle Naldi des Italiens) et Mme la baronne Barbier, belle-sœur de M. Villot, et femme d'un intendant militaire. Après dîner, petite soirée chez la Princesse Mathilde, où je n'avais pas accepté à dîner. La duchesse de Crès, grosse femme, au parler quelque peu prétentieux ; puis, deux préfets, dont un est son protégé. Les deux préfets assez bouffis de leur importance départementale, deux bonnes médiocrités. Un des deux se nomme Lapeyrouse et a épousé Mlle de Montholon. Giraud dessinait une scène de bal masqué, avec toute la verve et l'esprit qu'il a et qu'il dépense sans épuiser le fond. A dix heures est arrivé l'éternel Canino avec sa *fille* et son gendre. Canino se fait remarquer par sa fille, mais il ne parviendra qu'à la démonétiser, sans se faire accepter. Cet homme est faux, méchant et par-dessus le marché sale à faire horreur. C'est une de ces mauvaises natures qui n'attendent qu'un jour d'orage pour se montrer dans toute leur hideur. Ainsi, les pluies chaudes font éclore les crapauds.

---

1. Barthélemy Hauréau avait effectivement publié dans sa jeunesse un ouvrage faisant l'apologie de l'œuvre de Robespierre et de ses amis (*La Montagne. Notices historiques et philosophiques sur les principaux membres de la Montagne,* Paris, 1834, 256 p.). Il le regretta par la suite et en refusa la réimpression. Nommé par ses amis républicains conservateur du département des manuscrits français et en langue moderne de la Bibliothèque nationale, le 1er mars 1848, en remplacement de Champollion-Figeac, il fut élu en juin suivant à l'Assemblée nationale constituante. Contrairement à ce qu'affirme Viel Castel, il y défendit le service du soir des bibliothèques qui permettait aux jeunes travailleurs de venir se cultiver après leur labeur quotidien. Voir Éric Anceau, « Hauréau et les débats politiques de son temps », *Journal des Savants*, juillet-décembre 2003, p. 271-293.

Je suis retourné vers onze heures chez Villot ; il était venu beaucoup de monde pendant mon absence.

Mme de Spare chantait, et elle chante merveilleusement. Mme de Nieuwerkerke s'y trouvait aussi ; elle est belle encore et charmante, pleine de douceur et d'amabilité.

Mme Villot et Mme Barbier veulent que je leur fasse un proverbe qu'elles joueraient après Pâques !... Si je le fais, je vous mettrai en scène avec votre pruderie et votre coquetterie, Mme Barbier ! ! !

C'est une de ces femmes qui élèvent des crétins à la brochette pour les dominer en reine de carnaval. C'est la bourgeoisie portée à sa quatrième puissance, diraient les mathématiciens.

Jeudi 20 mars

Dîner chez la Princesse Mathilde, avec Ledochonsky, sa femme, Mme Desprès et Nieuwerkerke.

Le soir, nous sommes allés voir *Manon Lescaut*, au Gymnase. A table, il a été longuement parlé de Canino, qui devient de plus en plus insupportable. Le lâche coquin, qui abdique et reprend tour à tour son titre, flagorne le président, qui le méprise, et tient un silence sévère en présence de tant de platitude.

Voici un échantillon des propos de Canino : « J'aime mieux vivre avec des animaux qu'avec les légitimistes. »

« Je voudrais voir la mort du dernier prêtre ! » Ce propos est bien digne de l'homme qui a pactisé avec les assassins de Rossi et qui a tiré sur la demeure du Pape !

Sa fille cherche un amant ; Exelmans est là, il peut arriver. C'est une petite personne qui en sait long, très ardente je crois, et très disposée à passer de la théorie à la pratique. Peut-être Exelmans n'est-il qu'un paratonnerre, qu'une raison sociale ? Enfin, nous verrons, mais je crois que cela tournera mal ; la fille et le père ne prennent pas le chemin qui doit leur ouvrir la porte de la société.

Vendredi 21 mars

Soirée au Louvre et dans mon atelier.

Giraud a fait la caricature de l'économe du musée, M. Jousselin. Il y avait à prendre du thé, Ferdinand de Lasteyrie, de Brèves, Nieuwerkerke le père, Dauzats, les deux Giraud, la Villetreux, Riccardo, Briffaut le député, Anastasi le peintre de paysage, Marzocki, etc. Briffaut m'a dit qu'il avait conduit Mme la vicomtesse de Luppé à l'exposition et qu'elle n'avait pas reconnu mon portrait. Elle me trouve changé. Depuis 1832, cela n'est pas étonnant.

Mme la vicomtesse de Luppé (Marie de Menou) est l'héroïne de mon roman de *Gérard de Stolberg*. C'est une des femmes qui m'ont le mieux appris le monde. Dans le roman tout est vrai ; complètement vrais les moindres épisodes ; j'ai eu longtemps une vive et profonde affection pour cette femme, qui était tout simplement une coquette bas-bleu. Un moment, j'ai cru que notre rupture allait se rejoindre ; c'était en 1833, au moment où elle quittait Paris, je lui écrivis en lui remettant une de ses lettres, dans un petit coffret.

Si vous voulez me revoir, près de vous, Marie, rendez-moi ce coffret et toutes vos lettres, alors je vais dans six semaines vous rejoindre.

Elle ne me répondit pas, mais elle me fit dire de lui apporter un roman de Mme Sand qui devait paraître. Alors tout fut définitivement rompu, et cependant le souvenir me trouble encore.

Samedi 22 mars

L'acquisition des tableaux achetés à la vente du feu roi des Pays-Bas, par la direction générale des musées, a été après un court débat approuvée aujourd'hui par l'Assemblée nationale.

J'avais écrit, il y a quelques jours, une lettre qui fut insérée dans le journal *La Patrie* et qui traitait de l'insuffisance de la dotation des musées ; j'avais aussi vu Schoelcher et je l'avais endoctriné en faveur de la proposition ; il a parlé et bien parlé ; l'Assemblée s'est prononcée à une majorité considérable.

Schoelcher était flatté d'être pris comme appui en cette circonstance ; c'est du reste un honnête homme *privé* que l'amour-propre et la flagornerie des rouges ont égaré et que leur rapacité ruine.

Maintenant, nous avons à emporter une augmentation de crédit de 50 000 fr. pour les fonds d'acquisition des musées, qui seraient ainsi portés annuellement à 100 000 fr. Je dois écrire ces jours-ci une nouvelle lettre aux journaux pour en démontrer la nécessité.

Ferdinand de Lasteyrie, bien endoctriné par nous, a été l'un des soutiens de la mesure adoptée.

Lasteyrie est un de ces démocrates tout parfumé d'aristocratie, qui sont presque honteux, dans la société, de leurs alliances politiques.

Lasteyrie est jeune, bien de sa personne, bon garçon, par naturel spirituel, sans légèreté et parfois sans finesse, instruit, et il a été homme à bonnes fortunes, avant son mariage.

Sa généalogie et son blason l'occupent assidûment ; il réunit, avec un grand soin, toutes les pièces historiques qui concernent sa famille. Il ne lui est pas indifférent d'avoir eu des aïeux aux croisades, ni de pouvoir se rattacher à un certain Guy de Lasteyrie du Saillant, qui sous Charles V de France, fut tué, dans une sédition, à Montpellier, où il avait été dépêché par le duc d'Anjou pour remettre le bon ordre et rétablir l'autorité du roi.

A cette occasion, la ville fut condamnée à perdre ses privilèges, à voir ses portes enlevées, six cents de ses bourgeois furent pendus et elle eut à payer 6 000 livres à la famille Lasteyrie du Saillant. Lasteyrie n'est pas de la branche aînée, qui seule a le droit de porter le nom de du *Saillant*. Mon neveu seul a titre pour prendre les armes, le nom et la couronne de marquis de cette illustre famille limousine héritière des *Comborn* et allié à toutes les grandes races de la Province, aux anciens vicomtes de Limoges comme aux Noailles actuels. Les marquis du Saillant étaient héréditairement avant 1789 grands sénéchaux du haut et bas-Limousin. Ils avaient succédé dans cette charge aux Ventadour. Mon neveu est, par sa grand-mère la princesse de *Berghes* St-Vinois, grand d'Espagne de 1re classe.

Jules et Ferdinand de Lasteyrie, tous deux représentants, tous deux très affectés dans leur libéralisme, ont pris dans leur contrat de mariage le nom de du *Saillant*, qui est le nom du fief de la branche aînée des Lasteyrie, et ils n'y ont aucun droit.

Ma femme n'a pas voulu réclamer ; il paraît que cette petite usurpation plaisait à leur nouvelle famille et puis les libéraux sont très usurpateurs.

Jules a épousé une demoiselle de Chabot ; Ferdinand, une bonne et gentille Américaine, un peu sauvage et qui a du sang mêlé dans les ongles.

Ferdinand enregistra, au nombre de ses conquêtes passées, Mme de Rémusat, sœur de Jules, qui a eu plus tard une longue liaison avec Tanneguy Duchâtel et qui, en ce moment, en termine une avec M. de Molènes, écrivain de la *Revue des Deux Mondes*.

Après Mme de Rémusat, Mme Yermoloff, fille du général Lassalles. Après Mme Yermoloff, Mme de Magnoncourt, fille de M. de Tracy, etc. etc.

Le père de Ferdinand avait été prêtre et il espérait le cacher sous une haine profonde pour tous ceux qui portaient soutane. Il fut marié au sortir de la Révolution avec une sœur de ma mère, tandis qu'une autre sœur épousait un autre prêtre, M. Sirey, qui nous a tous ruinés. Le même nonce du Pape, en vertu d'un bref du Pape, a sécularisé ces deux messieurs et les a mariés. M. Sirey est mort à quatre-vingts et quelques années, poursuivi en interdiction par sa fille, Mme Jeanron, de l'émotion que lui faisait éprouver ce procédé ; il était parfaitement en plein usage de sa raison et de son esprit. Il est mort dans le cabinet du juge qui l'interrogeait.

M. le comte Jules de Lasteyrie ou le citoyen Lasteyrie est mort aussi à plus de quatre-vingts ans, il y a quinze mois, après une très courte maladie ; il a joui de toutes ses facultés jusqu'à l'heure de sa mort, qu'il annonçait devoir arriver à quatre heures après midi ; ce qui eut lieu en effet.

Il est mort debout, sans une prière, sans un mot de religion sur les lèvres. Il avait apporté en France la lithographie.

Il me disait, pendant la révolution de 1830 et en se frottant les mains : « *Cela marche, cela va bien, la ligne ne veut pas tirer sur le peuple, un peu de guillotine et cela ne fera pas mal.* »

C'était un bon homme dans son intérieur, un philanthrope qui n'aurait pas voulu écraser un hanneton. M. de Robespierre était ainsi.

Dimanche 23 mars

J'ai consacré ma journée à visiter l'établissement du docteur Belhomme, où sont soignés les fous dont les familles peuvent payer assez largement le traitement particulier.

Cet établissement fort beau est situé rue de Charonne, faubourg St-Antoine n° 161. Les jardins et bâtiments occupent à peu près six arpents de terrain, et le service, comme les soins donnés aux malades, m'ont paru bien compris et bien ordonnés.

J'ai vu des fous de toute espèce, depuis des monomanes jusqu'à des gâteux. Et tout ce troupeau est effroyablement triste à contempler. Ces intelligences détruites ou égarées, ces êtres pensants ravalés au-dessous de la bête, ces machines où l'âme sommeille sont pénibles à voir.

L'ambition fait beaucoup de fous. J'ai été reçu dans l'appartement d'un marquis italien qui se dit cousin du président et se fait appeler *Bourbon Bonaparte*. Il est fort irrité contre son cousin qui ne répond pas à ses nombreuses lettres. L'orgueil et la vanité se montrent à découvert dans les moindres paroles de cet homme ; il ne pardonne pas un manque d'égards ; ses manières sont distinguées, son langage choisi, entremêlé de français et d'italien. Sa figure est très mobile, mais la partie occupée par le cerveau, dans la circonférence de son crâne, est très restreinte ; cet homme a succombé sous les atteintes d'une vanité excessive.

Un autre fou m'a longuement entretenu de la découverte qu'il prétend avoir faite de la quadrature du cercle, dont il a bien voulu me donner l'explication, entremêlée de demandes de renseignements sur une Mme *Casier*, être imaginaire auquel il porte une vive affection et qui doit toujours venir le tirer de la maison dans laquelle il se trouve. « Enfin, Monsieur, m'a-t-il dit, je ne fais aucun secret à personne de ma découverte et je vais vous l'expliquer en deux mots : le carré est au cercle comme 40 est à 49. »

Ce fou, âgé d'une cinquantaine d'années, a l'air d'un bon bourgeois, tout semblable à ceux qui vont aux Champs-Élysées voir jouer aux boules. Il se croit en prison, mais il espère toujours en être tiré par Mme Casier.

Un autre, sombre, triste et mélancolique, enclin au mysticisme, m'a parlé sans ordre, d'une voix si basse que j'avais d'abord peine à l'entendre ; puis, il m'a supplié de lui venir en aide contre la tyrannie de son beau-père (le marquis de Bonneval) qui, par l'intermédiaire d'un cornet à piston, le tyrannise et le retient en charte privée. Ce fou, enveloppé dans un manteau, s'est irrité par degrés et il me serrait le bras avec force en faisant d'affreuses grimaces. Le gardien m'a dit : « Monsieur, hâtez-vous de sortir, car il va entrer dans une de ses crises de fureur. » Je me suis alors dégagé, non sans peine, de son étreinte ; il m'a poursuivi jusqu'à la porte qui sépare le jardin où il se promenait de celui des *gâteux*, et la porte nous a séparés.

Les gâteux ne sont plus des hommes et ils n'ont pas l'honneur d'être des animaux ; les uns ne parlent plus, les autres marchent à peine. Quelques-uns parlent encore par monosyllabes ; enfin, on peut suivre en eux la destruction par étapes de l'intelligence et de la condition humaine. Ce sont des organisations déformées, les unes par la débauche, les autres par une paralysie du cerveau causée par quelque émotion dont leur faible nature n'a pu supporter le choc ; mais tous arrivent à la mort assez promptement, par le même chemin, la paralysie du cerveau réagissant sur l'organisme.

Un de ces malheureux tournait sans cesse autour d'un arbre en riant, sans bruit ; il a vingt ans à peine et une débauche contractée dès l'enfance l'a amené à l'idiotisme le plus dégradant. Un autre, par la fenêtre de sa chambre, répondait à nos questions sur sa santé, par les mots les plus sales.

Ceux qui ne parlent pas vous regardent d'un gros regard hébété et restent immobiles ; ils obéissent à leurs gardiens comme des pourceaux aux porchers. Cette partie de l'établissement est la plus navrante à voir ; il y règne, même en plein air, une senteur de bête fauve, qui ajoute au dégoût. Il n'y a plus, chez ces *gâteux*, aucun vestige d'intelligence, ni même de l'instinct de l'animal. C'est l'homme en décomposition. Le quartier des femmes folles est assez peuplé ; les unes rient, les autres travaillent, une criait, et une vieille, d'un ton tant soit peu égrillard, dit au docteur, en lui montrant sa femme, qui nous accompagnait dans ce quartier :

« Docteur, vous êtes un *mâle heureux* (malheureux) : que pensez-vous de mon calembour, il n'est pas mal, mon petit docteur ? »

Dans une chambre, où elle travaillait à quelque ouvrage de femme, avec sa gardienne, j'ai visité une jeune femme blonde, à l'air défiant et tout à la fois doux et triste, qui a répondu à peine à nos questions. La folie de cette jeune femme s'est manifestée pour la première fois par une tentative d'assassinat sur son mari. Le soir, sa folie n'existe pas ; aussi la mène-t-on par la ville et quelquefois au spectacle. Mais dans la matinée, ou elle est sombre, ou elle est folle, on dirait que la présence du soleil sur notre horizon exerce de l'influence sur sa maladie. Une vieille comtesse, Mme de Quelen (belle-sœur de l'ancien archevêque de Paris), occupe un appartement séparé ; elle est archifolle, et elle a perdu dernièrement un fils idiot enfermé avec elle ; elle ne s'aperçoit pas qu'il n'est plus dans son appartement.

Cette comtesse très fière et pleine de vanité, tricotait fort bien une couverture d'un dessin compliqué. Elle m'a reçu comme un homme qui voudrait louer son logement, et elle m'a dit : « Je ne crois pas qu'il vous convienne, je le quitte parce que je le trouve incommode, et lorsque j'aurai retiré mes meubles, cet appartement ne vous semblera pas beau. » Elle me montrait ses meubles et ses portraits de famille qui garnissent les murailles. Il y a là des grands-pères et des grands-mères bien poudrés et enfin son défunt mari en uniforme de colonel de la garde nationale.

La visite s'est écoulée en politesses de langage excessives et j'ai visité un idiot de naissance, âgé de vingt ans, qui ne parle pas et qui toute la journée, sous la surveillance de sa bonne, joue à ployer des cartes.

Ces visites achevées, je suis revenu au salon de l'établissement. Un fou nous y a rejoint, apportant sa musique, et pendant une heure, il a joué du piano et il a chanté d'une manière merveilleuse. J'ai causé avec lui, il a parlé de musique en très bons termes et en véritable connaisseur, mais quand je lui ai demandé qui était la femme du docteur, il m'a répondu : « C'est Mme Pradher, qui vient m'entendre chanter. »

Après une heure de musique, il s'est retiré en nous disant qu'il serait toujours à nos ordres, lorsque son jeu ou son chant pourrait nous faire plaisir. Puis, j'ai terminé ma visite par la lecture de quelques-unes des lettres de ces malheureux fous ; les unes sont des tissus de divagations, les autres sont des aberrations raisonnées et suivies ; les dernières enfin sont bien écrites, parfaitement raisonnables, et proviennent de fous qui reçoivent de la directrice, qui possède sur eux un certain empire, l'ordre d'écrire sagement à leurs parents.

En sortant de cette triste maison, je ne sais quelle disposition d'esprit m'a conduit chez la marquise du Vallon pour dîner à sa table d'hôte. Je voulais savoir ce que la gangrène de cette maison avait déjà rongé de la virginale pensée de ses deux dernières filles ; j'ai demandé à la plus jeune, qui est très bonne musicienne, spirituelle, intéressante, agréable, et qui a le langage et l'accent le plus doux du monde : « *Que devenez-vous, depuis que je ne vous ai vue ?* » Elle m'a répondu avec sa voix musicale et son accent de jeune fille timide.

« *Je deviens coquette.* »

Cela m'a profondément affecté ; la gangrène la gagne, l'entourage plus ou moins vicié agit sur elle ; elle boit le poison ; elle s'enivrera bientôt ! Pauvre et chère enfant, elle aurait pu être si bien ; c'est une nature fine, délicate, impressionnable, livrée aux habitués d'une table d'hôte, comme jadis, à Rome, on livrait les chrétiens aux bêtes du cirque.

Alors, pour finir dignement ma journée, ainsi que je l'avais commencée, je me suis rendu, à 8 heures, chez le dompteur d'animaux féroces, boulevard Beaumarchais.

L'homme est courageux et merveilleux à voir, jouant avec les tigres, les lions et les hyènes, se roulant avec eux, prenant part à leurs ébats, leur disputant les lambeaux de chair saignante qu'il leur distribue ; mais les animaux, malgré leur vigueur, leur beauté, font peine à voir par la dégradation dans laquelle ils sont vis-à-vis de l'homme qui les traite, comme des malheureux chiens, à coups de cravache. Ma journée était complète : dégradation partout !

Pauvres fous ! Pauvre fille ! Pauvres animaux !

Lundi 24, mardi 25 et mercredi 26 mars

Je n'ai rien eu d'intéressant à enregistrer pendant ces trois jours. La politique est stagnante, tous les partis sont dans l'attente de ce que leur égoïsme individuel prépare à la France. Personne ne fait et ne veut faire de concession à la paix publique. Je connais même des légitimistes qui disent : « *Laissons venir les barbares, la ruine et les échafauds, la réaction n'en sera que plus forte ! !* » Cet hiver, la société s'étourdissait avec des violons ; jadis, on montait ainsi à l'assaut des places de guerre ; il semblerait aujourd'hui que ce soient les assiégés qui veuillent se laisser forcer au milieu de leurs violons.

En France, on trouvera toujours des hommes pour marcher sur une batterie de canons tirant à mitraille, et il n'y a personne qui risque sa responsabilité pour sauver la société.

La société a peur de condamner ses ennemis, elle les ménage pour le jour où elle sera vaincue, pour pouvoir alors venir implorer le souvenir de la clémence. Lâches et fous, ils vous donneront la potence par atténuation de la guillotine.

Le pouvoir lui-même est composé d'hommes qui cherchent à se rendre possibles sous tous les régimes. Diplomatie, administration, tout est aux mains d'hommes qui n'ont que la conviction de leur propre importance. Le président est ou aveugle ou aveuglé ; tous les turcs qui forment son cortège sont des turcs de mardi gras.

Jeudi 27 mars

Les bals costumés ont été plus nombreux cette année qu'à aucune autre époque. Le carnaval en a vu un bon nombre et toute la folle joie parisienne n'étant pas épuisée pendant le carnaval, la *mi-carême* a eu sa part de saturnales. Le commerce va mal, les esprits sont inquiets et divisés ; n'importe, il faut s'amuser. La démagogie triomphera peut-être demain, par votre faute ; la populace aura peut-être un hideux triomphe ; en attendant, réjouissons-nous. Le prince de Wagram et Roger, le ténor de l'Opéra, donnaient chacun un bal costumé.

Je connais les bals costumés de la bonne compagnie, où personne n'ose ou ne sait avoir de l'esprit, de peur de passer pour un artiste ; aussi suis-je allé chez Roger.

La fête était turque, espagnole et italienne ; ces trois sortes de costumes étaient seuls admis. Les appartements, outre un grand nombre de bougies, recevaient leur lumière d'une infinité de petites lampes de couleur, qui faisaient assez bon effet. Il y avait, loin du bal, une fumerie turque, tapissée de nattes orientales et meublée de divans très bas et très chargés de coussins ; une salle de spectacle joignait la salle du bal et une troupe de singes savants y a déployé ses grâces sur un petit théâtre très joli. Roger et Levassor (du théâtre du Palais-National) ont débité une charade fort spirituelle avant le lever du rideau. C'était un déluge, une averse, une grêle de calembours, de jeux de mots, frappant les choses et quelquefois les gens très gaîment et très justement. Un mot contre Thiers a été applaudi.

Les costumes étaient beaux, presque tous exacts et de toutes les parties de l'empire ottoman, voire même de toutes les contrées de l'Orient. Il y avait des femmes de Smyrne, d'Alger, de Bénarès et de Bagdad, enfin de quoi reconstituer les *Mille et Une Nuits*. Quelques-unes avaient porté le scrupule de l'exactitude tellement loin que leurs vêtements étaient plus nus que la nudité absolue. Les femmes sentaient le sérail, non qu'elles eussent l'air de vouloir y entrer, mais certainement elles en sortaient.

Parmi les hommes, Roger en costume d'Orosmane du temps de Lekain ; Levassor en Turc de carnaval de 1812, Sainte-Marie, officier d'état-major, en véritable costume de *Touarek* ; un splendide Chinois, des *majo* de Séville, attiraient surtout l'attention. Les rafraîchissements, les glaces, les fruits confits étaient servis sur de grands plateaux d'argent, par des négrillons vêtus à la turque, conduits par un Turc à longue robe, portant comme signe de commandement une baguette d'argent à la main.

Le souper a été bon et abondant, et vers 3 heures du matin, il a été tiré un charmant feu d'artifice dans le jardin de l'hôtel (situé rue Rochechouart). On s'est amusé, on a été gai, entrain, léger parfois, mais sans licence ; c'était une coquetterie des sens, mais non une orgie.

Chez le prince de Wagram, le bal a été des plus tristes, les gens guindés dans leurs costumes. Somme toute, on s'est ennuyé.

La bonne compagnie n'a plus pour elle que la solennité de ses ennuis, l'esprit y est rare, très peu de bon aloi ; enfin, ils sont réduits, les pauvres gens, à recueillir les plus lourds d'entre les savants pour transformer leur science en esprit.

Vendredi 28 mars

Soirée au Louvre. Bonne musique. Lefort a très bien chanté, Goya a joué ses études sur le piano.

Exelmans, le fils, a été très bon pour un protégé de ma façon : Rousseau, ancien officier de la garde impériale ; il va le faire placer dans une administration de chemins de fer.

Les termes dont s'est servi Exelmans en me donnant cette nouvelle sont très aimables et très amicaux pour moi ; le maréchal, son père, et lui sont remplis de bienveillance à mon égard et je leur en sais bon gré.

A la soirée dans mon atelier, il y avait beaucoup de monde. Giraud a fait la caricature d'Emmanuel de Rougé. Villot, Reiset, Longperrier, mon frère Victor, Laurent Jan, Bonnechose, Jules André, Muller, Montaiglon, etc. etc. ont pris le thé avec nous.

Samedi 29 mars

J'ai su aujourd'hui un très grand scandale qu'on se raconte sous le manteau ; c'est de la plus mauvaise Régence. Cela nous reporte en pleine Parabère, moins l'élégance et le parfum rocaille.

Mme de Nesselrode était venue de Russie à Paris vers le commencement de l'hiver ; elle y fut bientôt rejointe par un jeune Russe qui, dit-on, a été son amant avant qu'elle eût épousé Nesselrode, à qui elle a apporté trois ou quatre cent mille livres de rentes. Jusque-là, rien d'extraordinaire, c'est le train habituel de ce monde. Une catin riche est une quasi honnête femme, et trois cent mille roubles de rentes valent mieux à trouver qu'un pucelage souvent problématique. Donc, la Nesselrode et son amant recommençaient je ne sais laquelle de leurs lunes de miel, lorsqu'une liaison s'établit entre la susdite grande dame et deux autres femmes de l'aristocratie russe, Mme Zéba et la princesse Kalerdjy.

Ces trois bonnes commères, joyeuses, peu chargées de scrupules, mais très désireuses de festoyer largement leurs dernières années de jeunesse, conçurent le projet d'une société de débauche en participation. Elles divisèrent chaque semaine en deux parts : l'une sacrifiée aux exigences de la société, l'autre employée en représentations à leur bénéfice, et pour le bénéfice de ces représentations, elles choisirent une troupes de jeunes premiers pris parmi les littérateurs décolletés. La Nesselrode se mit sous la tutelle de Dumas fils, la Kalerdjy sous le patronage d'Alfred de Musset, la Zéba me semble taillée d'une étoffe à avoir besoin de tout un conseil de famille. Entre ces trois femelles et leurs conseillers, la débauche prit de grandes proportions, ce fut à qui de ces roués rendrait sa pupille plus savante en l'art *lupanarique*. On interrogea les auteurs, on approfondit leurs différents systèmes et enfin le très ignoble marquis de Sade dut tressaillir d'aise dans sa fange au bruit des turpitudes dont il était l'inspirateur. Alex. Dumas fils, ce nègre mal blanchi par trois générations de descendance adultérine, cet arrière-petit-fils d'un marquis de la Pailleterie et d'une négresse de St-Domingue, trouva dans la Nesselrode l'écolière la plus complètement docile ; de Sade à la main, il lui prouva tout le charme de la prostitution, les grandeurs de Messaline quittant la couche de Claude, pour aller raccrocher au forum ou satisfaire les appétits sensuels des habitués des cabarets. La leçon porta ses fruits ;

la Nesselrode vint sur les boulevards s'offrir aux passants. Heeckeren (le député) l'y rencontra deux fois et la ramena en lui faisant honte de ses débordements ; mais rien ne put la corriger, et la fin de tout cela, c'est qu'un ordre de Pétersbourg fit rentrer la comtesse en Russie ; à l'heure actuelle, le mari est en route pour Pétersbourg et la femme pour Moscou ? ! !

On ne sait pas assez tout le mal produit par les œuvres monstrueuses du marquis de Sade (*Justine et Juliette*). Je ne parle pas seulement des tristes résultats produits par la lecture de ces ignobles romans, mais de l'influence qu'ils ont eue sur toute la littérature du XIXe siècle. Hugo dans *Notre-Dame de Paris*, Jules Janin dans l'*Ane mort*, Théophile Gauthier dans *Mlle de Maupin*, Mme Sand, E. Sue, de Musset, etc., etc., Dumas dans son *Théâtre*, tous sont parents de Sade, tous jettent un morceau de sa débauche dans leurs productions.

Ils n'invoquent pas l'amour gracieux, jeune, entraînant, voluptueux comme une brise du printemps ; mais l'amour ivre et débauché, l'amour blasé, et se retrempant, comme Tibère sur son rocher de Caprée, dans des caprices désordonnés. Tous ces auteurs veulent faire violer la pudeur de leurs héroïnes par le lecteur lui-même, qu'ils grisent, qu'ils étourdissent, qu'ils enflamment et qu'ils font pour ainsi dire entrer dans son lit, gorgé de luxure et prêt à toutes les turpitudes des anciens mystères des fêtes de Bacchus ; que dis-je, prêt !... désireux de se vautrer dans les profanations de l'amour ! ! !

Évohé !...

Dimanche 30 mars

J'ai dîné chez la Princesse Mathilde ; j'y avais déjà dîné vendredi dernier. La porte était close pour tout le monde. Les convives étaient Nieuwerkerke, Ratomsky et sa femme, Mme Després, sa fille et son fils, les deux Giraud et moi.

Après dîner, la petite Marguerite Després a été habillée en costume de femme algérienne ; elle était charmante ainsi et offrait un spectacle assez voluptueux ; on a dessiné, causé, pris du thé et fumé ; enfin, la soirée s'est écoulée gaiement et doucement. J'ai lu deux ou trois des poésies de ce pauvre Labatut, le Limousin aveugle ; elles ont fait grand plaisir.

L'histoire de Mme de Nesselrode a une suite : Alex. Dumas suit en poste les époux voyageurs ; ils ne sont encore qu'en Allemagne, et le Nesselrode tremble que le romancier n'enlève sa femme, ainsi que les trois cent mille roubles de rentes dont elle est pourvue. S'il parvient à gagner la Russie sans encombre, la Nesselrode et son amant n'ont plus de chances ; c'est une course désespérée à la *dot*. Qui sera vainqueur ? Les paris sont ouverts.

Autre scandale ! !

Le consul général de la Nouvelle-Grenade a été surpris trichant au lansquenet chez M. Rouzet, qui reçoit beaucoup et laisse jouer chez lui un jeu d'enfer. Ledit consul a avoué sa turpitude et a restitué quelques milliers de francs gagnés illicitement, et il s'est embarqué le lendemain pour l'Angleterre.

Les journaux d'hier racontaient cette sale affaire, mais seulement avec des initiales.

Il y avait également hier, dans les journaux, une lettre adressée par Félix Piat au duc de Bordeaux ; cette épître est un tissu de sales injures, de grossièretés et d'insolences dont rien ne saurait donner l'idée :

> Fils posthume et postiche du duc de Berry, souviens-toi de Louvet.

Allons, ferme, poussez, messieurs les rouges, éclairez de plus en plus l'opinion sur votre compte, montrez-vous nus, laissez-nous lire dans vos plus secrètes pensées ! ! !

Malgré tout cela, des aveugles ou des sourds nombreux ne verront rien, n'entendront rien, et un jour, nous nous trouverons sous la coupe de tous ces tigres qui rugissent aujourd'hui en attendant la chair fraîche. Félix Piat, mauvais écrivain, qui n'a jamais su qu'insulter aux noms glorieux de la France ; c'est lui qui, il y a quelques années, publiait des feuilletons dans lesquels il osait dire que : « Bûcheron laborieux, il tenait à accomplir sa tâche en abattant quelques baliveaux restés seuls debout dans la forêt des préjugés. » Les baliveaux avaient pour noms :

Saint-Louis
François Ier
Henri IV
Louis XIV ! ! !

L'un, Saint-Louis, était un jésuite ! ! !

L'autre, François Ier, ainsi que Henri IV, des poltrons et Henri IV un voleur.

Louis XIV, lâche et couard ! ! ! ! !

Et les Félix Piat prétendent honorer la France ; c'est de la boue faite homme : fidèle à sa mission première, elle ne sait que salir ! !

Lundi 31 mars

J'ai su aujourd'hui par *Didier* (le frère du sous-préfet de St-Denis), avec lequel je m'entretenais de l'affaire de Mme de Nesselrode, une autre histoire de cette dernière, fort édifiante pour elle et pour Alex. Dumas, le fils, son amant.

Voici le fait. Cet hiver, Didier assistait au bal de l'Opéra, comme c'est assez son habitude ; il y rencontra Alex. Dumas, donnant le bras à un *domino* féminin.

« Toi, qui aimes les *duchesses*, dit ce jeune littérateur, en s'adressant à Didier, prends celle-ci pour une demi-heure et uses-en à ta fantaisie. »

Puis, il lui abandonna le bras de ce domino et lui souhaita bonne chance ; ce domino n'était autre que Mme de Nesselrode.

Didier n'a jamais eu affaire qu'à des filles et est très versé dans les rendez-vous de théâtre et de femmes entretenues, fort libertin, très blasé, quoique jeune, et professe cette croyance que les femmes sont une espèce d'animaux intermédiaires entre l'homme et la bête, et destinée seulement aux plaisirs de l'humanité.

Il conduisit Mme de Nesselrode dans une loge d'avant-scène, et là, comme la maîtresse de Dumas s'y prêtait de bonne grâce, il la traîta comme une fille à laquelle on n'oserait se fier. La Nesselrode, sans plaisir pour elle-même, fut employée à procurer à son amant d'une demi-heure les excitations les plus lubriques.

La demi-heure écoulée, Alex. Dumas fils reparaît, réclame la *chose* prêtée, tout le monde se salue et les deux amants regagnent leur logis.

Aujourd'hui, Alex. Dumas poursuit la Nesselrode, *objet de son amour* ! ! ! Je crois plutôt qu'il poursuit la cassette ! !

Les journaux prétendent ce matin que le tricheur surpris chez M. Rouzet, prenait faussement le titre de consul général de la Nouvelle-Grenade, et qu'il n'a jamais appartenu à la diplomatie d'aucun pays.

Je le veux bien... pour l'honneur de la diplomatie... elle ne compte donc pas un *Bourbelle* de plus.

Mardi 1er avril

Edmond Adam, qui a été secrétaire général de la préfecture de la Seine sous le gouvernement provisoire, cause volontiers, entre amis, des faits qui sont venus à sa connaissance pendant son temps de pouvoir. Je suis bien aise de rapporter ici une anecdote qui m'a été redite aujourd'hui, par de Vaine, qui la tient directement de cet ancien *fonctionnaire rouge*.

Lorsque déjà le parti bonapartiste s'agitait pour amener la présidence du prince Louis-Napoléon, des rapports journaliers de la police particulière de l'Hôtel de Ville annonçaient que, dans un club cramoisi du faubourg St-Antoine, un jeune orateur entretenait tous les soirs les frères et amis des projets de la famille impériale, et les agents, par les propos qu'ils rapportaient, prouvaient suffisamment que ce jeune orateur était bien informé.

L'Hôtel de Ville voulut savoir quel était cet homme ; il fut suivi, espionné et voici ce qui fut découvert :

L'orateur occupait l'emploi de commis dans la maison *Gallois Gignoux*, marchand de nouveautés, rue Duphot, au coin du boulevard ;

de plus, il était un des amants de Mme Kalerdji, qui d'autre part ouvrait ses bras aux tendresses d'un des princes Bonaparte.

Le prince, moins apprécié sans doute que le commis, livrait, dans ses causeries, les secrets politiques de son parti et la Kalerdji les recueillait pour les abandonner au commis, dont ils relevaient singulièrement l'éloquence. La Kalerdji, comme on le voit, a poussé très loin ses études sur les différentes classes de la société.

Autre anecdote.

Edmond Adam et les rouges sont convaincus qu'au 13 juin Ledru-Rollin a été entraîné, malgré lui, au Conservatoire, d'où il est sorti par une fenêtre, pour aller vivre en exil.

Ils expliquent ainsi cet entraînement.

Ledru-Rollin était alors l'amant de Judith (l'actrice) et se prononçait encore le 12 juin contre toute manifestation ; le soir de ce jour, il voit sa maîtresse ; elle l'enflamme, elle le pousse et enfin le précipite vers la rue St-Martin. Il va sans dire que cette Judith, à la solde de la police, s'était engagée à holophemiser ainsi le grand révolutionnaire.

Tout cela est assez joli.

Mercredi 2 avril

Véron racontait à un de ses amis son voyage en Allemagne et sa visite à M. le duc de Bordeaux ; il se louait beaucoup du prince, qui l'avait parfaitement accueilli et il terminait son discours en disant :

« *J'ai été touché.* »

« *Alors, tu es guéri* », répondit son interlocuteur.

Tout le monde sait que Véron est couturé d'écrouelles et que le privilège des rois de France est de guérir les écrouelles en les touchant.

M.***, nommé, il y a quelques jours, consul général à Cagliari, s'était introduit dans le Louvre en 1830, pendant les journées de juillet, pour sauver, à son profit, quelques-uns des bijoux qui y sont conservés ; il était accompagné d'un serrurier, sans doute pour ouvrir les armoires ; mais le futur consul général rencontra des gardiens qui le jetèrent par la fenêtre. Cet homme, très souple, très adroit, se *pelotonna* comme Figaro et ne se fit aucun mal. Cette histoire occupe en ce moment les salons.

Quelques-uns prétendent que cette histoire est une invention légitimiste ; je n'en ai pas trouvé de souvenir au Louvre.

Jeudi 3 avril

Soirée chez le prince de Canino. Toujours même étrange société. Le prince se montre de mieux en mieux révolutionnaire. C'est un hideux personnage.

Sa fille est très coquette ; Exelmans paraît en bonnes relations avec elle.

J'ai fait deux robbers de whist avec la marquise de Contades, le maréchal Exelmans et le prince Achille Murat ; puis, nous sommes restés à causer jusqu'à une heure, la Princesse Mathilde, Canino, sa fille, son gendre, M. et Mme Tarral, Exelmans le fils et moi.

Vendredi 4 avril

Dîner chez la Princesse Mathilde avec le vieux général Armandi, qui est âgé aujourd'hui de soixante-douze ans ; ce brave militaire servait en 1799 et 1800 sous les ordres de Masséna, au siège de Gênes ; à cinquante ans de distance, il a tiré son dernier coup de canon, contre les Autrichiens, au siège de Venise. Il commandait l'artillerie de cette ville insurgée pour recouvrer la liberté. Ce n'est point un démagogue, car la révolution de Venise n'était point démagogique et ne ressemblait en rien à celle du reste de l'Italie. Venise ne s'est rendu qu'après dix-sept mois de lutte et après avoir épuisé ses vivres et ses munitions. Le général Armandi, avec la loyauté d'un brave militaire, a rendu justice aux Autrichiens, il a loué leur humanité et les égards qu'ils ont montrés aux vaincus, et il a déploré la funeste influence exercée sur les affaires de Venise par les révolutions du reste de l'Italie, conduites par Mazzini, Garibaldi et autres. La tentative de révolte de Naples a fait rappeler, par le roi de Naples, sa flotte qui, avec celle de Charles-Albert, nous rendait maîtres, a-t-il dit, des arrivages par mer. La bataille de Novare a forcé le roi à retirer également la sienne, et Venise alors a été bloquée. D'ailleurs, l'aristocratie vénitienne a sacrifié la moitié de sa fortune pour soutenir la cause nationale.

Le soir, musique au Louvre ; puis, soirée dans mon atelier. Giraud a fait la caricature de Chennevières, employé au musée des dessins. Le marquis d'Hertford, le comte de la Villetreux, le comte de Baillon, Baudin, premier secrétaire à Naples, Tarral, Sandeau le romancier, M. de Nieuwerkerke le père, et plusieurs artistes ont pris le thé avec nous. Ces soirées seront closes au moi de mai ; elles sont charmantes et très recherchées ; on y cause intimement et jamais de politique.

Vendredi 11 avril

Voilà toute une semaine que je n'ai écrit et cependant j'ai vu et j'ai su bien des choses différentes. Mais nous avons été si agités, si préoccupés des affaires socialistes, de la formation d'un ministère, enfin éclos depuis hier soir, et du travail que nous avons eu au Louvre, que je n'ai pas ouvert mon livre noir [1].

1. Viel Castel fait ici allusion au changement gouvernemental survenu la veille. La nouvelle équipe, comme les précédentes, se compose essentiellement de proches du Prési-

J'ai, pendant cette absence de mon répertoire, vu entre autres M. Martinet, inspecteur des beaux-arts, qui, en 1848, officier de la garde nationale, sauva la duchesse d'Orléans, en la conduisant de la Chambre aux Invalides, où, m'a-t-il dit, « le maréchal Molitor hésitait à la recevoir ; ce fut le général Petit qui lui ouvrit les portes de l'hôtel ! ! » Martinet m'a dit encore qu'au moment où la duchesse avait quitté le Palais-Bourbon, Crémieux s'était approché d'elle et lui avait énergiquement protesté de son dévouement. « Je vais travailler pour la Régence, avait-il ajouté, *soyez sans inquiétudes, Madame, et comptez sur moi.* »

Judas ! Judas ! ! Il y a toujours des juifs, pour ne pas laisser perdre la race des Judas.

Le matin même, sur le boulevard, Longperrier voyait Odilon Barrot à cheval, Fiorentino tenait le cheval par la bride et conduisait son triste cavalier qui, haranguant la foule, lui criait : « *La Régence est chose convenue, nous avons la Régence !* » ; puis, comme un homme en blouse fait entendre le cri de : « *Vive la république* », Odilon Barrot, se retournant vers lui avec une légère variante dans la phrase : « *Oui ! mon ami. Vive la république ! Nous aurons la république !* »

Villot, le conservateur des tableaux du Louvre, était à la même heure dans les bureaux du *National*, où tous les chefs se réjouissaient de la Régence ! !

L'intrigue Orléans-Montpensier, qui arrachait au roi son abdication, allait à merveille à tous les *Marrast*, ils n'osaient pas concevoir une plus grande perturbation.

Dans cette affreuse journée du 24 février, Martinet a été confondu de la lâcheté de beaucoup de gens et de l'inertie de presque tous. Il a vu, sur la place Louis XV, le général Bedeau, que rien ne pourra laver dans son esprit d'avoir laissé massacrer les gardes municipaux.

Le colonel de la garde républicaine, avec lequel j'ai dîné mercredi, et qui se trouvait également sur la place Louis XV, accuse aussi Bedeau.

Mardi dernier, j'ai dîné chez la Princesse Mathilde avec le général Rébillot, le colonel Saint-Mars et cet intrigant de Ladvocat, ancien directeur des Gobelins, que Ferdinand de Lasteyrie accuse d'être un voleur. Il prétend que, chargé par le pouvoir législatif d'une enquête sur la gestion de Ladvocat, il a eu la preuve des filouteries commises par cet homme sur les prix des laines.

La princesse et Nieuwerkerke n'en veulent rien croire, car le Ladvocat joue son rôle de dévouement au président avec une grande ardeur.

Les intrigants ont toujours beau jeu : leur comédie fait son effet.

---

dent (Baroche, Rouher, Magne...) et de Léon Faucher qui reçoit le portefeuille de l'Intérieur. A défaut d'avoir pu convaincre Odilon Barrot, celui-ci doit rassurer l'Assemblée et obtenir d'elle la révision constitutionnelle nécessaire à une nouvelle candidature présidentielle de Louis Napoléon Bonaparte.

James, de Lyon, auteur de la souscription pour la statue de Lyon, Ladvocat et quelques autres trouvent le moyen de persuader qu'il n'y a emploi si bien rétribué et si honorable qui soit trop bon pour eux.

Comme je hais le métier de solliciteur, on trouve tout simple de me laisser, même sans titre officiel, secrétaire des musées, avec des appointements très minimes ; une seule fois, j'ai voulu être membre d'une commission artiste à instituer auprès du ministère de l'Intérieur. Nieuwerkerke voulait bien m'y faire admettre, mais comme scribe, *secrétaire-rédacteur*, sans voix délibérative ; enfin, comme un commis.

Quand je suis seul, je ris de ces prétentions et de ces supériorités dont on veut m'accabler.

Laborde entre autres, membre de l'Institut, qui s'occupe des inscriptions grecques, sans savoir le grec, et qui fait des fautes grossières dans un mot qu'il imprime en grec ; Laborde, qui tente de voler le ministère de l'Intérieur, en divisant en six, trois livraisons d'un ouvrage publié par lui ; Laborde, que M. de Montalivet nommait *par ordre* conservateur-adjoint, mais qu'il ne voulait pas admettre au Louvre ; Laborde, ignorant en toutes choses, mais très charlatan, frère de Mme Odier, maîtresse de Thiers, frère de Mme Delessert, maîtresse de Mérimée, se faufile partout, est de toutes les commissions et boit dans tous les verres :

membre de l'Institut ;
conservateur du Louvre ;
membre de la Commission des monuments historiques ;
membre du Jury pour l'exposition du Louvre ;
délégué à cette même exposition ;
etc., etc., etc.

Ces gens-là accaparent tout ! !

Et sous tous les régimes, c'est la même chose.

Laborde veut arriver à la direction des musées et il y arrivera, non seulement par ses amis qui le soutiennent, mais par ses ennemis et les gens qui devraient le briser et qui le ménagent.

Laborde me demandait un jour de quel siècle pouvait être un manuscrit grec écrit par ordre d'Alexis Comnène, pour l'abbaye de St-Denis ! ! ! !

Je ne me regarderai jamais comme inférieur à cet homme. Depuis quinze mois, je puis bien être employé à écrire de stupides lettres et de stupides rapports administratifs ; depuis quinze mois, je ne puis m'occuper ni de mes travaux historiques, ni de mes travaux sur l'histoire des arts, mais je méprise la *science* et la personne de tous les *Laborde*.

Ces gens-là se partagent toutes les places, tous les emplois ; il n'y a qu'eux, aussi les affaires marchent. Travaillez toute votre vie et sachez bien ce dont vous vous êtes occupé, si vous n'êtes pas un Laborde, on vous fera cirer des souliers.

Nieuwerkerke a fini par trouver cela tout simple, à force de le voir trouver simple aux autres.

Chez le prince de Canino, hier, il y avait un peu plus de monde qu'à l'ordinaire. Morny y est venu pour la première fois ; les napoléoniens de bon aloi et de faux aloi commencent à s'y montrer, le vice-président s'y trouvait. J'aime la bonne foi avec laquelle ils veulent bien discuter vos hommes et vos actes ; mais ils se gendarment si vous avez la prétention d'user de représailles. Leur opinion est élevée à l'état de *fétichisme*. M. de Crouseilhes est nommé ministre de l'Instruction ; il y a encore, comme appendice moral de son intérieur, à en détailler la composition et à parler un peu de cet homme qui appartient à la classe des intrigants. Je l'ai connu chef du cabinet de M. de Peyronnet ; il avait épousé Mme de Belmont (Mlle de Choiseul), plus âgée que lui, mais merveilleusement apparentée ; aussi le duc de Fitz James, son beau-frère, le poussait-il fort. Adopté par la société légitimiste, et cependant bien avec tous les pouvoirs, il est devenu conseiller à la cour de cassation, puis député, puis ministre ! Après son ministère, il aura quelque présidence dans la cour.

E sempre bene [1].

Sa maison est tenue, sa femme étant morte, par son beau-fils et sa belle-fille, le marquis et la marquise de Belmont (le père de ce Belmont, jeune et joli garçon, s'est fait tuer, à Reims, en 1814, à la tête d'un régiment de gardes d'honneur que l'empereur lui avait donné après une maladie de désespoir, causée par un pet qu'il avait lâché à la Malmaison, devant toutes les jeunes femmes qui s'y trouvaient).

Alfred de Belmont, le marquis actuel, a été fort bien de sa personne ; il est très gros aujourd'hui ; il a perdu son frère aîné Florestan en 1832.

Florestan était une copie de Lauzun, Richelieu, etc., etc. Quant à Alfred, joueur effréné, coureur de filles, il a passé sa jeunesse dans le tripot de Frascati, ou chez lui à guérir sa v..., et il se guérissait bien souvent.

Ignorant comme une carpe, le monde n'avait pour lui aucun attrait ; une seule fois, je l'ai vu à un bal chez sa tante, la comtesse Moreton de Chabrillant, et comme je lui disais : « Les femmes que vous voyez ici ne vous plaisent-elles pas mieux que les filles du b... », il me montra une femme de trente-cinq ans, assez rebondie, et me répondit : « Ma foi, je coucherais bien avec celle-là, qui ressemble à une putain de ma connaissance. » Quand Alfred s'est un peu réformé, il s'est fait entretenir par la grosse marquise de Lauriston ; on prétendait dans le monde que cela lui faisait tort.

Cependant, il a voulu se marier ; il a demandé Mlle de Vernaut. J'étais à la campagne, chez Mme la baronne d'Ivry, sœur de Mlle de Vernaut ; elle me demanda si je conseillerais à une jeune personne d'épouser Belmont, et elle ne me nommait pas la jeune personne.

1. « C'est toujours bien. »

Je répondis que « si j'avais quelque pouvoir, je m'y opposerais de toutes mes forces ».

Le mariage était arrêté ; je suis, dès lors, brouillé avec Mme d'Ivry. Mlle de Vernaut (Mlle Bignon) est fille de cette jolie baronne de Vernaut que Hope entretenait depuis de longues années. Les Vernaut ont vingt mille livres de rentes et ils dotent chacune de leurs filles de quatre cent mille francs. Tout cela passe, Hope a donné de belles fêtes et peut en donner encore. Vernaut est bien reçu et bien accueilli partout.

M. de Crouseilhes, ministre de l'Instruction publique et des Cultes, a son intérieur ainsi composé :

un beau-fils, ancien débauché honteux, une belle-fille, aimable, dit-on, mais dont la famille ne peut être donnée en exemple par un *ministre de l'Instruction et des Cultes*. Lui-même est un heureux intrigant.

Plaudites cives[1] !

Samedi 12 avril

J'ai dîné chez la Princesse Mathilde ; puis, il y a eu soirée au Louvre ; deux cents personnes y assistaient. Bonne musique. Lecieux a fait grand plaisir avec son violon ; Lefort, baryton, en chantant la romance de *La Favorite*. La soirée dans mon atelier a été très gaie ; Levassor a chanté deux chansonnettes un peu légères, mais charmantes. Giraud n'est pas venu. Beaucoup de gens du *monde* et une bonne conversation.

Nieuwerkerke m'a promis encore une fois la secrétairerie générale des musées.

Il s'agit, cette année, si Guizard est nommé conseiller d'État, d'adjoindre à la direction des musées la commande des objets d'art et les monuments historiques. Si Nieuwerkerke peut tenir sa parole, ma position deviendra plus convenable ; mais cet intrigant d'Auguiot la rendra difficile : il sait que je le connais, et puis il voudra toujours s'affranchir de la secrétairerie générale. C'est un mauvais homme ; il est ennuyeux de lutter contre cette canaille.

Aujourd'hui, je suis allé à l'Opéra-Comique entendre *Le Caïd* ; c'est pour moi de la petite musique, enfin, un pauvre spectacle.

Dimanche 13 avril

J'ai dîné à la table d'hôte de Mme la marquise du Vallon. Il y avait là M. de Tourdonnet, l'écrivain de la race bovine ; le marquis de Papon, l'officier croate ; puis une foule de Limousins. J'ai causé avec la marquise du Vallon de l'avenir de sa fille Théodorine, coquette sans cœur

1. « Applaudissez citoyens ! »

et très manégée, qui n'en est pas, je crois, à ses débuts dans la carrière amoureuse. Fould, ministre des Finances, a passé par là.

La marquise m'a dit qu'elle laissait sa fille libre de faire un choix, qui lui fallait un homme bien placé, sérieux et alors, s'il lui convient, elle pourra le prendre pour amant ; à elle ensuite de faire durer la liaison et d'en tirer le meilleur parti.

Le favori de la demoiselle Théodorine est en ce moment A. de La Guéronnière, rédacteur en chef du journal *Le Pays*. Cet homme a de l'esprit beaucoup, de bonnes manières, il est aimable et très épris. A quel point en est-il arrivé avec Théodorine ? Je ne le sais pas trop, mais je pense les affaires très avancées. Il vient tous les soirs et pendant le lansquenet à dix sous, il se tient derrière sa chaise et lui parle bas en faisant le moins de bruit possible. Tourdonnet, petit, maigre et laid, est jaloux, il épie La Guéronnière et rapporte à madame de La Guéronnière les faits et gestes de son mari. La marquise du Vallon prétend que cette dame se soucie fort peu des infidélités du publiciste et qu'elle se dédommage dans l'amour du frère, des mécomptes matrimoniaux. Toute cette maison du Vallon est un imbroglio unique. Les deux plus jeunes filles ne sont encore que des amorces. Le jour où leur sœur aînée aura placé son *cœur*, elles commenceront leur rôle sérieux.

La dernière m'inspire toujours une profonde pitié ; je suis avec intérêt les progrès que le mal peut faire en son cœur ; hélas ! elle arrivera, comme sa sœur aînée, malgré les talents et les qualités dont elle est douée, à n'être qu'une femme *légère*. On a trop la volonté de tirer parti d'elle pour qu'elle puisse échapper. Ces pauvres filles perdent leur virginité morale avant d'avoir perdu l'autre, et lorsqu'elles se livrent, elles n'ont plus rien qu'elles puissent apprendre, plus rien dont elles puissent rougir.

Mieux vaudrait faire franchement un harem des trois sœurs et les vendre au plus offrant !

Lundi 14 avril

Rien de bien particulier ; on ne parle que de 1852 et chacun cherche à se faire peur. Les *rouges* sont les ogres dont les grands niais du jour se font de magnifiques terreurs. A l'Élysée, on affecte un grand calme... Enfin, qui vivra verra.

Mardi 15 avril

J'étais ce soir au Théâtre-Français, où Rachel jouait Valéria ; il est inconcevable qu'un théâtre soit subventionné par l'État pour représenter de pareilles ordures : la réhabilitation de Messaline. Les conservateurs se plaignent de la démoralisation de la société et ils instituent des théâtres à la tête desquels ils placent des A. Houssaye ou des Roqueplan, des théâtres où l'on joue des Valéria. A. Houssaye est, comme Roqueplan, un produit de Véron : cet homme implante partout ses pustules.

Mercredi 16 avril

Dîner chez la Princesse Mathilde, avec Lord Hertford, Mérimée, Nieuwerkerke, son oncle William, Ratomsky et sa femme, et Giraud, qui a fait après dîner la caricature du marquis, de Mme et de Mlle Després.

Le dîner a été gai, animé, plein de causeries.

Lord Hertford a été très apprécié. La Princesse a raconté qu'Augustine Brohant avait écrit au président pour se plaindre du frère de la comtesse Jules de Castellane, qui a juré de l'empêcher d'avoir un amant et qui la force à fuir en Belgique pour éviter ses emportements. La susdite Augustine Brohant, dont le jeune Villoutray interrompt ainsi le service au Théâtre-Français, demande à ce que sa fuite soit considérée comme nécessitée par force majeure et ne lui porte aucun préjudice pécuniaire. Le plus joli de l'affaire, c'est que la comtesse Jules de Castellane, plus oie qu'il n'est permis de l'être, se mêle à toute cette intrigue, et demande une audience au président pour la régler. Villoutray est le fils de ce déserteur de Waterloo qu'on rebaptisait *Vil ou traître*.

Le mot est joli et sanglant !

Mérimée est comme Nieuwerkerke, il faut qu'il soit de tout. Il me disait : « Je suis membre de neuf commissions ! ! » Il y a des accapareurs de places non rétribuées qui ne laissent rien à quelques travailleurs, qui ont moins de savoir-faire. Être d'un grand nombre de commissions, c'est une perpétuelle réclame. Les *Laborde* arrivent ainsi et ils sont de l'Institut ! et pas une commission dont ils ne doivent être membres.

Dans ce siècle, il manque un *satirique* avec un fouet... Allons, à la besogne, fouettez, fouettez ! ! !

Jeudi 17 avril

Mirabeau m'a écrit ce matin que, *malgré mes prédictions*, Mme de Persan avait gagné son procès contre son mari ; je lui ai répondu que mes prédictions étaient des craintes, justifiées par la perte d'un premier procès.

Mirabeau oubliait les confidences qu'il m'a faites, il y a quelques années ; j'ai su par lui la liaison de Mme de Persan avec Dudon, qui passe pour son père, avec le prince de Bauffremont, le dernier amant de sa mère, etc. Mme de Persan est une petite catin fieffée, dont le plus grand plaisir est de débaucher les amants de sa mère. La duchesse d'Esclignac racontait comme quoi Mirabeau couchait avec cette petite commère ; enfin c'est une femme sans cœur, rompue à la débauche et qui ne recule pas devant un ou deux amants de plus. La correspondance de la duchesse avec sa fille, publiée par la *Gazette des tribunaux*, est une chose honteuse. Cependant, Mme de Persan gagne son procès ; mais son mari est une canaille et toute la famille Talleyrand a fait des visites aux juges.

Mirabeau et elle vont désormais vivre ensemble ; tout cela est joli.

Vendredi 18 avril

Dîner chez la Princesse Mathilde avec Nieuwerkerke, M. et Mme Ratomsky, Mme et Mlle Desprès.

Mme Desprès devient de plus en plus aigre et prend la parole en toute occasion avec une assurance imperturbable. Elle fronde la société et se loue elle-même sans mesure. Suivant elle, il faut moins se défier des pauvres que des gens du monde, qui sont des voleurs, etc. etc. Paris est peuplé de niais ou d'aigrefins, mais Château-Thierry, où elle a été élevée, est un *Eldorado*, un paradis terrestre, qu'habite la meilleure et la plus spirituelle compagnie de France. Elle soutenait, il y a trois jours, que c'était Limoges et que, dans cette capitale du Limousin, les femmes étaient charmantes, spirituelles et savaient tenir des salons de causerie. Mme Desprès fait sans doute son tour de France. Je ne désespère pas de voir arriver la réhabilitation de Carpentras.

Je crains beaucoup pour la Princesse l'installation chez elle de cette dame de compagnie, si différente sous tous les rapports de la pauvre baronne de Reding. Personne ne connaît la vie de Mme Desprès, veuve d'un vieillard, mort depuis dix-sept ans, et qui élève près d'elle deux enfants qu'elle dit orphelins et légués à sa charité par une amie inconnue ; l'un a treize ans et l'autre quatorze, je crois, et c'est une fille. Mme Desprès a été fort liée avec le duc de Praslin (l'assassin [1]). Ce soir, elle a trouvé le moyen de dire du mal de la famille de Mme de Praslin. Mme de Coigny, sa grand-mère, était une méchante pécore ; sa mère (la jeune fille d'André Chenier) était laide et un de leurs cousins était aux galères.

Ou je me trompe fort, ou Mme Desprès et sa fille Margot sont deux mauvaises créatures. La fille est aussi apprêtée et aussi maniérée que la mère. Je remarque, depuis son introduction dans la maison de la Princesse, combien elle a su refroidir pour Mme Ratomsky.

Je n'aime pas cette nature de femme fausse comme un jeton ; Margot a toute la fausseté de sa mère, et elle est encore plus dissimulée ; elle

1. En août 1847, le duc Charles de Choiseul-Praslin, pair de France et intime de Louis-Philippe, assassina sa femme née Altarice Sébastiani de plus de trente coups de couteau. Il se donna ensuite la mort pour éviter le déshonneur du jugement. Ce grand scandale de la monarchie de Juillet finissante donna alors lieu à une très abondante littérature.

affecte des indifférences ou des dédains, des accès de vertu ou des naïvetés, qui sont de la plus haute comédie.

Mme Desprès se soulève d'indignation lorsqu'il est question d'une femme légère. Elle exècre le faubourg St-Germain, n'aime pas les prêtres, mais elle est très croyante, dit-elle. Enfin, cette femme s'impatronise chez la Princesse et c'est un malheur, l'avenir le montrera. Ce n'est pas une amie, c'est une Californienne qui cherche à laver des sables aurifères.

Le maréchal Narvaëz est venu le soir, nous avons causé du mouvement insurrectionnel qui s'est déclaré en Portugal, sous la direction de Saldanha[1]. Narvaëz croit le ministre des Affaires étrangères espagnol complice de ce mouvement. Lorsqu'il était envoyé d'Espagne en Portugal, Narvaëz, alors premier ministre à Madrid, lui écrivit d'appuyer Thomas, le ministre portugais, cause actuelle de l'insurrection ; mais l'envoyé espagnol répondit que cela lui était impossible, car il avait des engagements avec ses ennemis ; l'envoyé fut rappelé et exilé ; aujourd'hui, il est ministre des Affaires étrangères du ministère qui a succédé à Narvaëz ! !

La reine du Portugal, a dit le maréchal Narvaëz, est une femme d'énergie et d'intelligence ; elle soutient, *au moins*, le ministre qui a sa confiance et c'est elle qui a ordonné au roi, son époux, de se mettre à la tête des troupes.

Dans la manière dont Narvaëz a prononcé cet « *au moins* », il y avait tout un long reproche pour la reine d'Espagne, et il était mérité. Ce tripotage de reines avec leur mari de la main gauche ou leurs amants de toutes mains, est la cause de la chute de Narvaëz ; il tenait l'Espagne et cette cour honteuse d'une main ferme.

Qu'arrivera-t-il de son absence ? Déjà la révolte en Portugal, le parti anglais peut en profiter pour ressaisir son influence ; l'Espagne et la France s'en mordront les doigts.

Samedi 19 avril

L'Assemblée est en vacances, les esprits sont un peu moins agités dans la ville, et cependant le commerce souffre de l'incertitude où chacun est de l'avenir. Avec notre belle constitution, il faudrait tous les quatre ans retomber dans la même situation, souffrir les mêmes maux, risquer les mêmes révolutions.

J'ai publié dans le journal *La Patrie* une longue lettre sur l'insuffisance du budget des musées. Cette lettre est destinée surtout aux représentants, qui généralement connaissent peu les beaux-arts et les traitent fort mal.

1. Grâce à l'appui britannique et au soulèvement militaire de Porto, dont il est l'instigateur, le duc de Saldanha obtient de la reine Marie de succéder au pouvoir à Costa-Cabral. Il s'entoure d'une équipe de conservateurs qui se qualifient de « régénérateurs ».

Dimanche 20 avril

Les églises sont pleines, Pâques attire à ses cérémonies un grand nombre de chrétiens ; il y a un retour marqué vers l'Église ; à Notre-Dame, les communiants de toutes les classes de la société ont reçu l'hostie consacrée des mains de l'archevêque.

L'incertitude des jours à venir remplit les esprits d'un trouble profond. Chacun scrute sa conscience, chacun cherche une force contre les maux à venir dans la croyance qu'il avait négligée. On veut bien *recroire* un peu en Dieu, parce qu'on ne sait plus croire à rien des choses d'ici-bas.

Lundi 21 avril

Le National et *La République* sont les deux seuls journaux qui aient paru. Ils rendent compte des troubles de St-Gaudens d'une manière *charmante*. Le préfet, le sous-préfet, la gendarmerie en un mot, a fait tout le mal au milieu d'une population paisible ; elle a jeté le trouble parmi de placides émeutiers qui chantaient d'innocentes chansons [1].

Voilà comment il est permis de nos jours et de par notre belle forme de gouvernement de vilipender le pouvoir, de mentir, de *colérer* les patriotes comme au bon temps de 1793 en dénaturant les faits. Pour les journaux de la nuance du *National*, tout fonctionnaire est un ennemi, tout émeutier est un ami qui ne peut avoir tort.

Mardi 22 avril

Dîner insignifiant chez la marquise de Guadalcazar. Soirée chez la Princesse Mathilde, où il y avait beaucoup de monde. Le président devait y venir, mais il a eu un accès de goutte et il est resté à l'Élysée.

Le nombre des femmes russes était considérable, il s'en trouvait beaucoup de très laides, difformes, rachitiques ; j'ai causé avec un bas-bleu de Pétersbourg, dont j'oublie le nom et qui m'engage régulièrement tous les huit jours à venir la voir ; je n'y ai pas mis le pied encore. Elle demeure actuellement aux Champs-Élysées, avenue Lord Byron 14.

Mme Zéba était plus *buffle* que jamais ; j'ai causé avec la jolie

---

1. A la suite d'un charivari organisé le 10 avril devant la maison du juge de paix d'Aspet, trois gendarmes qui tentaient de rétablir le calme furent violemment pris à partie. Le préfet, le sous-préfet de Saint-Gaudens, le procureur général et 120 soldats d'infanterie se rendirent alors sur place, procédèrent à 26 arrestations et suspendirent le maire qui avait soutenu les manifestants. Lorsque la troupe rentra à Saint-Gaudens avec ses prisonniers, elle fut attaquée par une foule de 800 personnes. Il fallut plusieurs charges de cavalerie pour rétablir l'ordre. Outre *Le National* et *La République*, on peut consulter sur cette affaire, *Le Moniteur Universel* du 20 avril 1851, mais aussi la *Gazette du Languedoc*, le *Journal de Toulouse* et *L'Indépendant*.

Mme Manara et la princesse Samoïloff, qui depuis un an est séparée de son troisième mari, le comte de Mornay, le diplomate. J'ai causé aussi avec Denpey, le député, et je l'ai fort engagé à s'opposer à l'achat des vingt-sept tableaux Gudin, qui doit être proposé à l'Assemblée. C'est tout simplement une preuve de savoir-faire de Gudin, qui ne désire pas que ces tableaux, faits par ses élèves et retouchés par lui, soient exposés à la chance des enchères. J'ai remué ciel et terre pour empêcher cet achat et pour engager au contraire à l'acquisition des deux tableaux de Géricault et du portrait de Cinq-Mars, par Lenaire, provenant de la galerie du Palais-Royal ; mais l'Assemblée ne comprendra pas.

Mercredi 23 avril

Dîner chez la Princesse Mathilde, avec le maréchal Exelmans. Après dîner aux Italiens avec la Princesse, le maréchal et son fils, Mme Desprès et sa fille, et E. de Nieuwerkerke. On donnait *Hernani*, opéra de Verdi ; nous avions la loge du président.

Persigny est venu faire l'aimable et affecter ce qu'il croit être des façons de grand seigneur ; je trouve qu'il ressemble à un homme de bonne compagnie, comme la chicorée ressemble au café.

Dans une loge du milieu, il y avait le maréchal Jérôme, en compagnie de ses deux *du Cayla*, Mme de Plancy et Mme de Monyon ; cette vieille débauchée, qui s'affiche, est hideuse. Le maréchal Jérôme passait pour un polisson sous l'empire ; maintenant c'est un vieux drôle. Toute cette famille du président, à peu d'exceptions près, est ignoble et lui fait le plus grand tort.

Gilbert de Voisins était dans une loge d'avant-scène, avec une affreuse grosse femme qui sans doute est sa maîtresse.

De Voisins est encore une créature de Véron et il en est digne. Il a été successivement entretenu par Mme de Nicolaï, Mme Manuel, femme de l'agent de change tué en duel par Beaumont, prédécesseur de de Voisins, Mme la duchesse de Raguse, puis époux de Taglioni, la danseuse, qu'il ruinait et qui s'est séparée de lui. Conspué, honni, ruiné, il a eu recours à Véron, qui l'a trouvé digne de sa protection.

De Voisins est commissaire du gouvernement auprès du Théâtre Italien. Il est remplumé, il a sa loge et habite un très joli appartement, rue Caumartin. Dans ce monde, la vertu a toujours sa récompense.

Lundi 28 avril

Depuis plusieurs jours, j'ai eu tant de choses à écrire pour le musée, soit dans les journaux, soit administrativement, qu'il m'a été impossible de songer à mon livre et pourtant j'avais bien des choses à enregistrer ; je les écrirai sans ordre et comme elles se présentent à mon souvenir.

Gudin (Théod.), peintre de marine, l'homme le plus vaniteux et le plus personnel du monde, a épousé la nièce de Lord Wellington. Gudin est bardé de croix, comme tous les *croisés* de notre époque ; il dépense en luxe et en fêtes tout l'argent qu'il gagne, il joue au grand seigneur et reçoit les deux nobles faubourgs de Paris. C'est un ladre lorsqu'il ose l'être et l'histoire de ses ladreries est vivante dans la mémoire de ses élèves. Il était parvenu, sous le règne de Louis-Philippe, à se faire adopter par la cour ; c'était le peintre bien-aimé, chéri, choyé, enfin on en fit un peintre de la marine française, avec uniforme ; on lui donna 200 000 fr. de commandes et un atelier au Louvre.

Après la révolution de février, le gaillard qui se plaçait au niveau des Van Dick, des Rubens, crut qu'il arriverait sans peine à être nommé ambassadeur de France à Londres ; on s'est moqué de lui, et la velléité lui en a passé.

Ce n'est plus qu'un grand peintre *grand seigneur*. Il est fils d'un M. Béraud et d'une petite ouvrière ; mais comme M. Béraud n'a jamais épousé l'ouvrière, Gudin est tout simplement un *bâtard*. Sa mère, bonne femme, très commune, vit encore et, pour se distraire, elle aide la cuisinière !...

Ce sont là des chagrins domestiques qui font pousser des cheveux blancs au peintre grand seigneur.

Gudin a eu beaucoup de femmes ; les deux dernières, Mme la baronne de Montaran, peintre, poète et musicienne, qui a été fort jolie, il a rompu avec elle, pour se marier ; l'autre est l'affreuse Mme Koreff, femme du médecin, vraie fille qui s'est donnée à tout le monde et même aux gardes mobiles, qui n'en voulaient plus.

Mme Koreff arrangeait, en cachette de la famille Hay, le mariage de Gudin, et Gudin la payait en *monnaie de singe*.

Gudin avait vingt-sept tableaux parmi ceux que la succession du feu roi fait vendre aujourd'hui ; il avait peur que ces tableaux *bâclés* par ses élèves ne fussent mal vendus et il a cherché à monter toute une affaire pour les faire acheter par l'État ; mais comme il a échoué dans cette entreprise, j'apprends qu'il les rachète lui-même. Hier, en dînant chez la Princesse Mathilde, nous avons causé de cette vente et de Gudin ; puis, on a parlé des affaires politiques, de la prorogation des fonctionnaires, etc., etc. D'après ce qui m'a été dit, on commence à être moins sûr de Carlier, on le sait trop attaché à Changarnier [1].

---

1. Nommé préfet de police par le Président en novembre 1849, Carlier se montre effectivement aussi ambigu qu'efficace dans l'exercice de ses fonctions. Approché à l'automne 1850 par Changarnier, qui envisageait de faire arrêter le Président, il resta prudemment en retrait, mais ne dénonça pas le général à ses supérieurs et proposa même sa démission lorsque celui-ci fut destitué. Resté finalement à son poste sur les instances de Louis Napoléon Bonaparte, il entrera par la suite dans le projet de coup d'État du Président, tout en faisant des demi-confidences à Changarnier.

Quant au président, toujours le même sang-froid et la même impassibilité ; il a dit à la Princesse, qui change de logement :

« Vous faites bien, ma chère, de prendre un hôtel plus grand, car, en 1852, celui que vous occupez aujourd'hui serait trop petit ; la prorogation accomplie, il faut que vous soyez établie convenablement. »

Cet homme ne doute pas de sa fortune et c'est déjà une raison de succès. L'année dernière, il disait à la Princesse : « Soyez sans crainte, ma chère cousine, je ne sortirai pas vivant de la France. »

Il paraît certain du succès ; l'avenir seul peut prouver s'il se trompe, car personne ne peut en ce moment prédire ce qui adviendra.

Jeudi 1er mai

Je suis malade depuis quelques jours, et je sors peu ; par conséquent, je sais peu de chose. Les affaires vont en intrigues, chacun veut jouer au plus fin et presque tous sont bêtes comme des oies.

On me remet à l'instant une chanson, saisie à Belleville, dans un cabaret, sur des démocrates socialistes qui la chantaient avec effusion ; je la transcris : elle donnera une idée des sales instincts, des abominables passions qu'on est parvenu à surexciter.

Mangeons, mes chers amis, les nez de ces *Réacs*.
Qui, depuis très longtemps, nous traitent en *Fellahs*.
Mettons le *riffle* [a] ! ! amis, dans toutes leurs maisons,
Et faisons-les griller comme un cent de marrons.
Sur l'air du tra la la, etc. etc.

Robespierre et St-Just étaient de bons enfants,
Ils ont coupé le cou aux riches, aux *faignants*,
Il faut en faire autant à tous les *Aristos*
Et nous leur *grincherons*[b] après leurs *monaco*[c]
Sur l'air du tra la la, etc.

On n'aura plus besoin d'acheter des chevaux,
Les *Réacs* traîneront fiacres et chariots,
Et lorsque l'un d'eux tombera de douleur,
Avec un gros gourdin on relèvera le farceur.
Sur l'air du tra la la, etc.

Tous les *Démocs* et *Socs* auront à l'avenir
Des poulets, des chapons, du mouton à plaisir,
Le *Picton*[d] le meilleur sera pour nos boyaux,
La *Lance*[e] restera pour les vils *Aristos*.
Sur l'air du tra la la, etc. etc.

Voilà quels sont aujourd'hui les chants de nos cabarets du faubourg.

---

a. *Riffle* (en argot) : feu. b. *Grincher* : prendre. c. *Monacos* : dans la principauté de Monaco, argent. d. *Picton* : vin. e. *Lance* : mauvais vin.

Les faiseurs s'adressent aux plus mauvaises passions ; ils promettent à la populace la satisfaction de ses appétits sensuels ; dans d'autres chansons, la canaille se réjouit en se félicitant de l'espoir de violer les femmes et les filles des *Aristos !!*

C'est hideux !

Dimanche 4 mai

Aujourd'hui, grand anniversaire de la proclamation de la république ; il fait un temps affreux, les fêtes s'en ressentiront ; d'ailleurs, personne n'est disposé à la joie. Le commerce va mal, les esprits sont inquiets et, en présence de la gravité des circonstances, les amis de l'ordre et de la paix sont plus divisés que jamais. Nous vivons dans une époque et dans un pays de fous !

On a saisi avant-hier l'imprimerie du fameux 10e bulletin du *comité de résistance*. Deux montagnards députés, MM. Miot et Greppo, se sont, dit-on, sauvés à l'arrivée de la police.

Hier, Joly et Schoelcher ont interpellé le ministère à l'occasion de cette nouvelle, donnée par le *Moniteur*. Ils l'ont traitée de calomnie. Ils ont fait à froid de l'indignation, qui n'a convaincu personne. La justice informe.

Des gens qui acceptent l'héritage de Robespierre et de Marat et qui louent et déifient les Montagnards de 93 ne peuvent être calomniés.

Hier, distribution des récompenses aux artistes. J'y assistais, à une place réservée, parmi les membres de l'Institut, sur l'estrade où se trouvait le ministre.

On a été un peu prodigue de croix. M. Decamps a été nommé officier de la Légion d'honneur ; cet artiste n'a pas jugé convenable de se rendre à la séance. Ceci est un manque de respect et une sorte de grossièreté dont je voudrais que l'inconvenance fût vivement et sévèrement relevée.

MM. les artistes désirent et sollicitent ardemment la décoration ; puis, ils se donnent des airs de mépris pour cette distinction, qui ne sauraient être tolérés.

M. Diaz a été nommé chevalier, c'est une faute. M. Diaz, peintre à la mode, posticheur assez habile du coloris du Corrège et de Prud'hon, n'a jamais produit que des ébauches ; il ne sait pas dessiner et aucune de ses toiles ne peut être considérée comme un tableau. L'encouragement donné à ce genre facile égarera beaucoup de jeunes gens et créera une école qui érigera l'imperfection en génie.

Notre mission n'est pas de rendre l'art accessible à tous, il n'y a que trop d'artistes défrayés par le budget ; supprimez la science du dessin, l'étude de la forme, vous aurez l'école des *barbouilleurs*.

Autre faute : le président de la République recevait, il y a quelques jours, à sa table, M. et Mme Cavé. M. Cavé, ancien directeur des Beaux-Arts sous Louis-Philippe, est un intrigant assez véreux, qui n'a emporté, dans sa retraite, l'estime de personne. Sa femme, mariée d'abord au peintre Clément Boulanger, a fabriqué pendant longtemps d'assez piètres aquarelles, sous les auspices de Camille Roqueplan, qui était son amant ; puis, elle s'est liée avec Cavé, qui a donné à Boulanger je ne sais plus quelle mission artistique en Grèce ; Boulanger est mort en voyage ; Cavé a épousé la veuve.

Mme Cavé est le type de la femme entretenue ; intrigante, bavarde sans retenue, elle a passé par bien des mains avant d'enrichir la couche de Cavé ; Léopold le voleur, marchand de tableaux, condamné pour escroqueries a été un de ses amants, et puis bien d'autres qu'il serait trop long d'énumérer ici.

Mme Cavé a publié cette année une nouvelle méthode de dessin et d'aquarelle, *sans maître*, dont le calque est le principe : c'est l'art réduit à la matière ; c'est le charlatanisme le plus évident.

Le dîner à l'Élysée est une prime accordée à ce charlatanisme en jupons, et voilà pourquoi je suis honteux pour le président de la faute qu'on lui a fait commettre.

Le prince de Canino est venu pour me voir ; je n'y étais pas, et ce révolutionnaire qui déclare devant un tribunal que depuis longtemps il a renoncé au titre de prince, me laisse une carte ainsi conçue :

Le prince Charles Bonaparte.

Toujours mêmes comédies ! !

Nieuwerkerke m'a encore promis le poste de secrétaire des musées. Quand cette promesse se réalisera-t-elle ?

Le conservatoire des musées est bien composé ; l'administration est stupide et demande une large réforme. Le chef des bureaux, M. Dumont, est un crétin sans instruction ; le sous-chef est un failli non réhabilité, M. Auguiot, de plus agent comptable, sans instruction, mais rusé, intrigant, prêt à tout, capable des plus mauvaises actions, souple, plat, conspirant toujours contre son chef, du moment où il en a obtenu ce qu'il en pouvait attendre.

Nieuwerkerke le garde, croyant faire un habile jeu de bascule, en l'opposant au reste du musée, qui le méprise. Nieuwerkerke a tort, on n'oppose pas une canaille à des honnêtes gens. On ne laisse pas un ver dans la racine d'un arbre pour engager l'arbre à fleurir plus abondamment.

Auguiot joue le directeur et marche à son but ; il est l'allié de *de Laborde*, avec lequel il a fait une alliance étroite.

Intrigue et ignorance des deux côtés ! ! !

Vendredi 9 mai

Les jours se traînent avec une monotonie affreuse. Chacun attend ; le premier qui voudra faire a de grandes chances de réussir. On n'est occupé qu'à récriminer sur le passé ; le 24 février revient sans cesse sur le tapis. Les légitimistes et les orléanistes jouent avec une fatuité superbe les destinées de la France. Quelques-uns des leurs pactisent avec les rouges, pour créer de nouveaux embarras et se rendre nécessaires.

Si par malheur la société vient à être bouleversée, il n'y aura pas assez d'un *Dante* pour stigmatiser aux yeux de la postérité tous ces traîtres, qui seront engloutis dans une fange sanglante.

Mardi, j'ai dîné chez la Princesse Mathilde avec Kisseleff, le ministre de Russie, la princesse Troubetskoï, Mme Manara et deux Russes visant à la légèreté et à l'esprit français. Le dîner a été gai avec une conversation sur des pointes d'aiguilles.

Romieu (le spectre rouge [1]) était l'amant de Mme Liadière ; il a été supplanté par Molènes (l'écrivain de la *Revue des Deux-Mondes)* ; mais — comme ces dames du faubourg St-Honoré et du faubourg St-Germain —, en congédiant le Romieu, la Liadière lui a écrit : « En quittant vos bras, je me réfugie dans ceux de Dieu » et le pauvre Romieu, par naïveté ou par amour-propre, dit à qui veut l'entendre : « *Mme Liadière s'est jetée dans la haute dévotion.* »

Laborde a fait imprimer in-quarto les articles de journaux favorables à ses publications ; cet homme rivalise avec la pâte Regnault et Boyveau. L'affecteur.

Lundi 12 mai

Encore Auguiot, encore toutes ces saletés d'intérieur qui froissent profondément ceux qui aiment l'honnêteté, ceux qui ont quelque affection pour Nieuwerkerke et pour le musée. Nieuwerkerke n'est pas fait à ces roueries de bas étage ; il est trahi par Auguiot, l'agent, l'ami, l'associé de Laborde ; qui se ressemble s'assemble, a dit avec raison le vieux proverbe.

Depuis qu'Auguiot a obtenu ce qu'il voulait de Nieuwerkerke, c'est-à-dire le titre de sous-chef et 3 500 fr. d'appointements, sachant ou craignant de ne pouvoir franchir cette limite, il est devenu son ennemi et l'allié de Laborde.

Il s'est faufilé chez Montalivet, pour se poser dans le cas d'une restauration de la branche cadette.

1. Viel Castel fait ici allusion au petit livre qu'Auguste Romieu vient de faire paraître sous le titre *Le Spectre rouge de 1852* (Paris, Ledoyen). Cet ouvrage, qui dénonce les menées de l'extrême gauche et le péril qu'elle fait peser sur la double consultation électorale du printemps 1852, connaît immédiatement un immense succès.

Montalivet l'a accepté, trompé sur son compte, et voici comment les rôles sont distribués, le cas échéant :

De Laborde, directeur général des musées.

Auguiot, secrétaire général.

Pour arriver où il est parvenu, cet homme a déployé l'astuce d'un Mazarin d'antichambre. Il a fait renvoyer l'ancien chef de bureau, a fait nommer une bête, M. Dumont, à sa place, et lui sous-chef. Puis, pour se débarrasser de Dumont, il l'occupe depuis un an, comme simple employé, à faire un inventaire qui sera un modèle de stupidité, tandis que lui, Auguiot, l'ancien marchand de vin failli non réhabilité, remplit les fonctions de chef, et d'un autre côté, comme agent comptable, fait adopter de prétendues mesures économiques, nuisibles au musée.

Pour se mettre bien avec Montalivet, il a fouillé pour lui les archives de la direction ; il lui a communiqué, sans ordres, toutes les pièces dont il avait besoin pour sa brochure sur l'emploi de l'ancienne liste civile. Il a fait plus encore : pendant trois jours, sans autorisation, à lui seul, il a brûlé des papiers de l'administration ; il a fait plus, il est venu en chercher dans les armoires qui sont dans l'antichambre de Nieuwerkerke et il les a brûlés !

Il a fait vendre des miniatures inscrites sur les inventaires, et il a conseillé et il protège la mesure adoptée par les héritiers de Louis-Philippe de réclamer tout ce qui a été acquis par l'ancienne liste civile, le musée de Versailles entre autres choses. Nieuwerkerke croit que les d'Orléans lui sauront gré de tout ce qu'il fait de bonne grâce pour eux ; il ignore que tout cela profite à Auguiot.

Je suis bien aise d'enregistrer cela aujourd'hui pour le retrouver en temps et lieu.

Vendredi 16 mai

J'ai dîné mardi dernier chez la Princesse Mathilde, avec le maréchal Exelmans, le comte de Flahaut, Morny, Guitaud, Mme Bresson, Nieuwerkerke, Mme et Mlle Desprès.

Le maréchal commence à radoter, et Flahaut se momifie.

J'ai voulu savoir de Guitaud des détails sur les amours de la reine d'Espagne, et voici ceux que j'ai recueillis.

A peine au sortir des mains et de la tutelle de sa mère la reine Christine, l'*innocente* Isabelle a eu le désir de s'instruire des choses amoureuses ; un libraire français, établi à Madrid, lui a procuré les ouvrages de M. de Sade, *Le Portier des Chartreux, L'Éducation de Laure* et autres livres de même farine.

Isabelle avait quatorze ans et demi.

Comme elle avait acquis toute l'instruction théorique désirable, un matin, le gendre de Miraflores, officier du palais, a l'occasion de passer par ses appartements, il la rencontre seule, en déshabillé, lui trouve le regard provocant et, malgré le respect dû à sa souveraine, il la pousse, la culbute sur un lit de repos et prend ainsi le rang de son premier amant.

L'instruction d'Isabelle fut alors mise en pratique ; elle voulut éprouver toutes les jouissances dont elle avait lu les descriptions.

Le secret de cette aventure fut gardé jusqu'à son mariage ; six mois se passèrent et la reine, trouvant son époux ennuyeux, se sentit quelque fantaisie pour le beau et jeune général Serrano. Il fallait le prévenir ; elle écrivit au prince-infant, François de Paul, son beau-père, et lorsqu'il fut arrivé, elle lui avoua que, lasse de son royal époux, elle voulait coucher avec Serrano. Don François ne fut point étourdi, ni abasourdi que sa belle-fille lui fît une telle confidence et il comprit que nul autre que lui ne devait amener dans la couche royale le remplaçant de son fils, mais il demanda de l'argent.

Isabelle lui donna 60 000 francs et Serrano coucha le soir au palais ; le roi fut exilé huit jours plus tard et les nouveaux amants furent heureux.

Cependant, la France inquiète de la façon dont les affaires étaient conduites en Espagne, se servit de Serrano pour faire rappeler le général Narvaëz, qui à peine de retour exila Serrano et fit rentrer le roi dans Madrid.

Depuis cette époque, la reine a eu bon nombre d'amants, dont quelques-uns, enlevés nuitamment, au sortir du palais, par ordre de Narvaëz, se sont réveillés aux Philippines de l'ivresse des faveurs royales. Isabelle est très lubrique avec raffinement ; elle n'ignore aucune des voluptés et les met toutes en pratique. De Sade et Mirabeau ont été ses maîtres.

Narvaëz est maintenant en France avec 300 000 fr. de rentes gagnés en demandant une fortune à la reine qui, n'ayant rien dans sa bourse, lui a donné une créance sur l'Espagne, que les divers ministères refusaient toujours de payer. Narvaëz s'est payé la créance, est il est devenu très riche. C'est un homme sans instruction, mais très spirituel, orateur facile et improvisateur, d'un caractère rude et maussade, d'une bravoure éprouvée. Tout le monde le redoute et lui obéit en Espagne. Lorsque les affaires de ce pays deviendront mauvaises, la reine le suppliera de reprendre le pouvoir.

Le roi d'Espagne a des maîtresses, quoi qu'en disent les faiseurs de cancans. La marquise de Campo Alanqué a eu l'honneur de partager son lit.

J'ai connu cette marquise, j'assistais à son mariage, c'est la plus franche et la plus hardie p... que l'on puisse rencontrer.

Ferrière, le diplomate, a été son amant, lorsqu'il était secrétaire d'ambassade à Madrid, et elle recevait une de ses amies, avec le beau Théophile couché à ses côtés.

J'ai appris le sujet de la brouille de Véron avec Léon Faucher ; voici ce dont il s'agit :

Véron arrive chez Faucher ; nos deux cuistres en présence, le gros cuistre, le cuistre journaliste, dit au cuistre ministre :

« Rachel ne peut exécuter à la lettre l'engagement qu'elle a avec le Théâtre-Français ; elle se fatigue à jouer trois fois par semaine, je viens vous dire qu'il faut qu'elle ne joue plus que deux fois. »

Le cuistre ministre blêmit de fureur dans son enveloppe de chafouin, il se retourne et répond : « Je sais ce que j'ai à faire, je maintiendrai les droits du Théâtre ; d'ailleurs, je n'ai pas besoin de conseils. »

Véron, le grand Véron, ainsi congédié, partit en lançant comme un Parthe, cette dernière flèche : « Monsieur le ministre, vous entendrez parler de moi. » Il a tenu parole, le drôle ; son journal s'évertue à tout brouiller depuis quinze jours ; il demande le retour au suffrage universel ; il se fait louer par les rouges !

C'est ainsi que se jouent les destinées de la France ; parce que le ministre n'a pas voulu laisser à une actrice plus de loisirs que n'en accorde son engagement, Véron se fâche, le *Constitutionnel* fait opposition et, si quelque *matassin* de Véron a envie d'une préfecture et qu'on la lui refuse, peut-être aurons-nous une révolution.

La France est pleine de badauds qui croient aux journaux. On fait sonner bien haut la liberté de la presse, qu'est-ce après tout ? L'État abandonné à des marchands d'orviétan, des faiseurs de parades, qui colèrent ou réjouissent la foule suivant leurs caprices.

Samedi 17 mai

Le médecin Koreff est mort. C'était un homme très spirituel, très causeur, un peu espion, sans foi, ni loi, débauché prêt à tout, qui faisait des avortements lorsqu'il s'en présentait. Toujours à court d'argent et qui a tenu la plus infâme des conduites envers Lady Lincoln qu'il soignait en compagnie du médecin Wolonsky. Ces deux gredins se sont livrés sur elle à toutes sortes d'ordures.

Enfin, Koreff est mort, Dieu fasse paix à son âme.

Pendant un temps, il était membre d'une réunion qui dînait tous les mois, pour se trouver en causerie, dans quelque cabaret de Paris. La réunion était ainsi composée :

Mérimée
Musset, Alfred
Lacroix, Eug.
Koreff
Stendhal
Mareste
Viel Castel (Horace).

On s'amusait fort, on causait bien et beaucoup, et l'on ne se grisait pas [1].

Mardi 20 mai

La Princesse Mathilde me racontait aujourd'hui qu'elle assistait dimanche dernier avec Lady Douglas, sa cousine (fille de la grande-duchesse Stéphanie de Bade), aux courses de Chantilly.

Le président avait mis à la disposition de ces dames la tribune qu'il devait occuper. Cette tribune est celle de M. le duc d'Aumale.

La Princesse y fut donc introduite ; mais, au bout d'un quart d'heure, les agents du duc d'Aumale vinrent signifier aux deux cousines qu'elles eussent à déguerpir, parce que M. le duc avait offert sa loge au chef *quelconque* de l'État et non au prince Louis Bonaparte.

Il est impossible d'être plus grossier.

Dimanche 1er juin

Les travaux nécessités pour la réouverture du Louvre, qui aura lieu jeudi prochain 5 juin, m'ont fait négliger mon livre noir ; j'y reviens aujourd'hui avec plaisir ; il est ma causerie intime, mon compagnon de solitude.

Dimanche dernier, chez la Princesse Mathilde, les danseuses espagnoles et toutes leurs charmantes sauteries si gracieuses et si voluptueuses à la fois ; nous n'étions que cinquante invités ; aussi tout le monde a pu jouir du spectacle fort à son aise.

Le jardin était illuminé en lanternes de couleur, l'effet en était délicieux ; la musique des dragons, cachée dans un bosquet, jouait de quart d'heure en quart d'heure.

Le président de la République assistait à cette fête ; il a été gai et fort causeur. Baroche et ce criquet de Léon Faucher s'y trouvaient également.

---

1. Médecin en vogue sous la Restauration et la monarchie de Juillet, Koreff vit sa popularité s'effondrer en 1837 lorsqu'il intenta un procès, avec son collègue Wolowski, à deux pairs d'Angleterre, le duc de Hamilton et le comte de Lincoln, pour obtenir 400 000 francs d'honoraires non versés. Ils prétendaient avoir passé leurs jours et leurs nuits au chevet de leur patiente, la comtesse de Lincoln. Cependant, les pairs bénéficiaient de puissants soutiens. L'opinion et les salons s'emparèrent également de l'affaire. Les deux praticiens furent rapidement accusés au mieux de charlatanisme et au pire d'avoir abusé sexuellement de la comtesse au cours de séances d'hypnose, rumeur probablement infondée. Non seulement la justice les débouta le 9 décembre, mais elle les condamna aussi à restituer toutes leurs notes à la famille Lincoln et à acquitter les sept huitièmes des dépens. Voir Marietta Martin, *Un aventurier intellectuel sous la Restauration et la monarchie de Juillet, le docteur Koreff*, Paris, Champion, 1925, p. 119 et suiv. et *L'Intermédiaire*, 1883, col. 324 et 378. Sur les dîners évoqués ici, voir l'introduction du présent ouvrage et la lettre de Mérimée à Stendhal du 14 septembre 1831, *Correspondance générale* de Prosper Mérimée, Paris, Le Divan, 1941, t. I, p. 122.

Le marquis d'Hertfort prenait un vrai plaisir à contempler la souplesse de la *Petra Camara*, la première danseuse, et la gentillesse des deux autres danseuses, âgées de dix ans. Le marquis adore les femmes de cet âge. Kisseleff, le ministre de Russie, n'était ni moins adorateur, ni moins admirateur.

La Princesse Mathilde, avec laquelle Nieuwerkerke, Mme Desprès, sa fille et moi, avions dîné au café de la Madeleine, a fait avec beaucoup de grâce les honneurs de son salon. Flamarens, que je nommerai le *Dauphin* de feu le vieux marquis de Laigle (Espérance), était étourdissant de jeunesse surannée et de douce fatuité ; il parlait beaucoup de femmes et à des femmes.

Honoré de Sussy représentait le bourgeois gentilhomme au XIXe siècle, qui attend encore son Molière.

Parmi les femmes, la jolie Mme Manara, l'ex-pupille de Mme Samoïloff (ex-Mme Péry, comtesse de Mornay), avait toute l'allure délicieuse d'une odalisque imparfaitement réveillée de ses songes voluptueux. C'est quelque Léda qui tient toujours son divin cygne pressé sur son cœur.

Jeudi dernier, j'ai dîné chez la Princesse Mathilde avec le prince Paul de Wurtemberg, le maréchal Exelmans, le marquis et la marquise Rocca Giovini, Nieuwerkerke, etc. ; la soirée a été fort intime et très gaie.

La veille, j'avais dîné chez la comtesse d'Audigné, dont le mari âgé de quatre-vingt-sept ans, beau vieillard à longue chevelure argentée, fut un des derniers généraux de la Vendée. Il est fort et honorablement question de lui dans les mémoires de Crétineau Joly sur la Vendée militaire. Il a eu l'honneur d'être député à Paris pour traiter au nom des Vendéens avec le premier consul Bonaparte, lors de la pacification de la Vendée et il est demeuré un bon et franc royaliste, loyal depuis la pointe des cheveux jusqu'à la pointe des pieds. En 1830, il abandonna la pairie pour ne pas prêter serment.

Mardi dernier, Genraldine Pacha, général de division, membre du conseil de l'amirauté turque, beau-frère du Sultan, est venu me demander de lui faire visiter le Louvre ; il était accompagné de Riza Bey, premier secrétaire de la légation de la Sublime Porte et du docteur Jancovriez Bey ; ces trois Turcs ont fort bonne façon et ces deux derniers, qui seuls parlent français, le parlent très bien. Ils ont fort admiré le Louvre et tout ce qu'il contient. Le lendemain, ils sont venus me mettre des cartes.

Nous sommes en pleine agitation révisionniste ; les pétitions arrivent de tous côtés et les partis se préparent, invoquant tous la Constitution, dont aucun ne veut cependant.

Le président est plus calme que jamais, personne ne sait au juste ce qu'il pense et il paraît très résolu... mais à quoi ?

Nous saurons seulement quelle est son étoffe en 1852. La Guéronnière, directeur du journal *Le Pays*, m'a fait mardi dernier beaucoup d'avances et de politesses ; enfin il m'a demandé si je consentirais à me charger dans son journal de la partie des beaux-arts. J'ai accueilli ses avances et nous devons reparler de cette affaire ces jours-ci. La Guéronnière est un garçon d'esprit et de bonnes manières. Gentilhomme Limousin, fort épris en ce moment de Théodorine du Vallon, qui le mène à la baguette.

J'ai une assez grande envie de reprendre mon rang parmi les combattants de la presse ; il y a beaucoup et d'utiles vérités à imprimer, par le temps qui court, sur l'art, les artistes et la manière de servir tout cela et de s'en servir. Je me déciderai.

Samedi 7 juin

L'ouverture du Louvre restauré a eu lieu au milieu d'une assistance nombreuse ; M. le président a été reçu par tous les corps de l'État. Léon Faucher a prononcé un discours, auquel le Prince a répondu en très bons termes. Nieuwerkerke et Duban ont été nommés officiers de la Légion d'honneur ; le peintre Guichart, chevalier.

Léon Faucher déteste Nieuwerkerke, et en ce moment il veut lui enlever le titre de directeur *général* pour en faire un simple directeur. C'est un jaloux de tout ; puis je vois cheminer l'intrigue montée contre Nieuwerkerke. Auguiot commence à blâmer tout haut, il se moque même du titre de princesses donné aux parentes de Louis-Napoléon, lui qui était à genoux devant elles, il y a six mois. Le drôle marche.

Hier, vendredi, le prince de Canino dînait avec le vice-président au café d'Orsay ; un jeune homme, qui refuse de dire son nom, demande à lui parler ; le prince répond alors qu'il ne se dérange pas pour les gens qui refusent de se nommer.

Le dîner fini, le prince sort avec Boulay de la Meurthe, le même jeune homme les aborde et, s'adressant à Canino, il lui dit : « Vous êtes le prince de Canino » ; sur la réponse affirmative de ce dernier, le jeune homme ajoute : « Vous êtes un assassin et une canaille (puis il lui crache au nez) ; moi, je suis le fils du comte Rossi. » Ce matin ils doivent se battre. Nieuwerkerke est, je crois, témoin du prince, avec Excelmans le fils. Je suis fâché pour Nieuwerkerke de cette mission. Canino présidait la constituante romaine lors de l'assassinat du comte Rossi ; c'est un lâche drôle, mais Nieuwerkerke peut difficilement refuser.

Le président vient d'envoyer Lepic, son officier d'ordonnance, pour lui demander d'accepter. Nieuwerkerke était parti à 9 heures pour Versailles avec Excelmans, sans doute pour ce duel.

Je dîne ce soir chez la Princesse Mathilde, je saurai quelque chose.

Jeudi 12 juin

Nieuwerkerke a eu un duel, lundi dernier, avec Pierre Bonaparte et il a reçu un léger coup d'épée à la cuisse. Pierre avait cherché ce duel, parce que Nieuwerkerke avait refusé de servir de témoin au prince de Canino, dans son duel avec le comte Rossi, fils de celui qui fut assassiné à Rome en 1848.

Tous ces fils de Lucien sont de vrais brigands, sur le compte desquels on peut tout croire. Pierre et Antoine, son frère, ont assassiné, en Italie, un garde qui dressait contre eux un procès-verbal pour délit de chasse, et ils furent contraints de fuir l'Italie.

Canino passe, en Italie, pour le promoteur de l'assassinat du comte Rossi. Leur mère, qui était la plus mauvaise femme du monde, leur disait, lorsqu'ils avaient besoin d'argent : « *Vous êtes déterminés et vigoureux, les grandes routes vous sont ouvertes, procurez-vous de l'argent.* »

A l'exception du président et de sa cousine, la Princesse Mathilde, toute cette famille est tombée et misérable. Le prince de Canino est un mauvais et sale personnage qui, reçu en France par la grâce du président, s'occupe maintenant de conspirer. Il parle de se mettre à la tête de manifestations contre son cousin ; enfin, c'est la plus plate canaille qu'il soit possible de rencontrer.

Un de ces jours, il se fera chasser. Son gendre, le marquis Rocca Giovini et sa fille, ont été forcés, après toutes ces belles affaires de duels, de quitter la maison qu'ils habitaient avec lui, car il voulait les brouiller avec tous les gens honnêtes. Canino va à l'Élysée, quoiqu'il conspire contre le Prince Louis ; mais il ne salue plus la Princesse Mathilde.

Lundi soir, il avait prié la duchesse de Crès de l'y conduire ; en chemin, il se mit à déblatérer contre le gouvernement présidentiel et il se dévoila à ce point qu'il annonça des manifestations contre la prorogation et finit par dire qu'il se placerait à la tête de ces manifestations qui descendront dans la rue. La duchesse de Crès fit arrêter sa voiture et lui répondit qu'elle ne pouvait entendre un pareil langage et qu'elle aimait mieux se priver de l'*honneur* de le voir que d'être la confidente de pareils projets. Canino descendit, serra la main de la duchesse avec colère et, d'une voix enragée, le gros et dégoutant gredin annonça que c'était pour la dernière fois qu'il lui adressait la parole.

La duchesse a demandé une audience au président pour lui faire part des projets de l'ex-constituant romain.

Dernièrement, dans le salon de la Princesse Mathilde, Canino causait des affaires de l'Italie, toujours injuriant le Pape, les Français, toujours avec la même aménité de langage mazzinien.

Le général Baraguay d'Hilliers, impatienté, l'interrompit et lui dit : « *Si je vous avais trouvé à Rome, Prince, je vous aurais fait fusiller comme un chien.* »

Je crois Canino parfaitement capable d'avoir prêté la main au meurtre du comte Rossi ; cet homme me fait beaucoup l'effet de Marat ; il a toutes les sales et lâches passions, celle de l'envie par-dessus toutes.

Ses frères sont des sauvages, des brigands des Marais-Pontins. Qui nous délivrera de ces chiens enragés.

Depuis lundi, plus de cinq cents personnes se sont fait inscrire chez Nieuwerkerke, qui n'est point alité et qui est sorti à pied, à cheval, en voiture, tous les jours, et ceux qui causent du duel disent : « Quel malheur qu'il n'ait point tué cette bête puante, féroce, de Pierre Bonaparte. »

Tout le monde est persuadé que la prorogation aura lieu malgré les menées des partis ; aussi les niais continuent de marcher, chacun de son côté ; le parti de l'*ordre* devient celui du désordre, et puisque la prorogation arrivera malgré tout, on veut se donner le plaisir de faire de l'agitation.

Nos prétendus hommes politiques jouent la tranquillité de la France sur le tapis de leur ambition.

Thiers, Guizot, etc., etc. se croient nécessaires.

Plût à Dieu qu'une bonne maladie les enlève, et alors on pourra crier : « *Dieu protège la France !* »

Ces messieurs voudraient recommencer ce beau jeu avec lequel ils ont mis vingt ans à perdre la royauté de juillet ; ce sont des aveugles qui ne cesseront de crier aux passants, jusqu'à leur dernière heure : « Confiez-nous la France, s'il vous plaît !... une petite France à perdre, mes bonnes âmes charitables !... »

Le siècle des cuistres, le règne des professeurs aura été fatal à l'humanité... Qu'ils retournent fesser leurs collégiens.

Lundi 23 juin

La Princesse Mathilde a loué, près d'Enghien, à St-Gratien, le château du marquis de Custine et elle a bien voulu m'y donner une chambre ; aussi y vais-je deux fois par semaine. La propriété est charmante : la proximité du lac, les jolies maisons qui le bordent, les promeneurs qui l'entourent, en font un séjour très agréable.

Cette année, on jouit du plaisir de la campagne avec acharnement ; chacun se dit : « Qui sait où nous serons l'année prochaine. » D'un bout de la France à l'autre, les populations attendent 1852, comme à l'approche du XIe siècle les peuples attendaient l'an 1000, qui devait amener la fin du monde. Alors, on se confessait, on se réconciliait avec ses ennemis, on produiguait son bien aux pauvres et aux établissements pieux ; aujourd'hui, on ne se réconcilie avec personne et on attend le moment fatal, sans rien faire pour détourner les maux que l'on craint.

On ne sait plus à qui se fier, et dans le gouvernement je connais peu de gens qui m'inspirent de la confiance. Tous les hommes parvenus sont plus ou moins des Figaro, sans foi, sans retenue, adorateurs de tout soleil levant, qui n'élèvent d'autel qu'au succès. Cela fait mal au cœur.

Tous les ministres ont dîné, il y a trois jours, chez Véron ! ! Ce cuistre dit à ses *matassins* (on nomme ainsi ses familiers) : « C'est une obligation pour moi de les recevoir, mais ils sont ennuyeux. » Véron, c'est le siècle présent : cynique scrofuleux et sans vergogne, bouffi et important. Véron communique ses écrouelles à tout le monde.

On m'a montré une lettre de la mère de Canino ; elle est écrite après le meurtre du comte Rossi. « *Il ne me manquait plus que d'avoir un fils assassin ! !* »

Cela ne manquait pas à la bonne dame, qui a des fils comme Pierre et Antoine, mais l'aveu est bon à enregistrer.

Canino n'a pas tenu le couteau, non ; mais il savait le complot ! !

La lettre de la mère de Canino est écrite d'Italie à Mme de Drisen, son amie.

Mercredi 25 juin

Il existe ici, à Paris, entre des mains sûres, une lettre adressée par Mazzini à M. de Lesseps, qui était chargé des intérêts de la France à Rome pendant la guerre, et dont voici la teneur :

> Mon cher Monsieur,
>
> Les Français ont occupé les positions de..., ils ont ainsi intercepté toutes nos communications et nous sommes bloqués ; c'est à vous maintenant de remédier à cet état de choses en arrêtant les opérations du général en chef, etc., etc.

Lesseps trahissait son pays au profit de Mazzini[1] ! !

Lundi 30 juin

Le président doit refaire, pour l'inauguration du chemin de fer de Poitiers, son discours de Dijon et dire :

« *Je suis bien aise de cette occasion qui me permet de répéter les*

1. Viel Castel calomnie Ferdinand de Lesseps en surinterprétant la lettre dont il nous propose un extrait, même si l'attitude du diplomate est critiquable. Envoyé à Rome par le gouvernement français pour négocier avec la République romaine en mai 1849, Lesseps chercha d'abord à obtenir de Mazzini un traité en vertu duquel le peuple romain déciderait de son sort par un vote populaire réalisé sous la protection des troupes du général Oudinot. Se heurtant au refus des Romains, il accepta finalement un contre-projet qui revenait pour la France à reconnaître la République romaine et à s'en faire la protectrice. Désavoué le 1er juin, Lesseps fut aussitôt rappelé à Paris. Voir Pierre de La Gorce, *Histoire de la Seconde République*, *op. cit.*, t. II, p. 105 et suiv.

paroles prononcées à Dijon et qui ne seront plus, cette fois, je l'espère, supprimées au Moniteur. »

Quel effet cela produira-t-il, je l'ignore, mais la position de la Chambre et celle du président se dessineront un peu plus. Le ministère devra tomber.

La Princesse Mathilde habite le château de St-Gratien. J'y vais très souvent, car on m'y a donné un petit appartement ; c'est un charmant séjour, dont la Princesse fait les honneurs avec une grâce parfaite et beaucoup de bienveillance.

Véron ! !, le grand Véron, occupe à Auteuil le château de la Tuilerie ; il y tient table ouverte, il y joue au grand seigneur comme les enfants jouent à la petite chapelle le jour de la *Fête-Dieu*. C'est une morgue, une bouffissure, une exagération d'importance qui font soulever le cœur. Les ministres ne croient pas pouvoir se dispenser d'aller dîner chez le *Constitutionnel* incarné. Guisard mange aussi à sa table ; c'est le bourgeois gentilhomme devenu homme politique. Véron a quatre gentilshommes chargés de faire les honneurs de sa résidence, car le grand homme ne va point au-devant de ses hôtes et ne les reconduit point à leur départ.

Ces quatre gentilshommes sont : Romieu l'ancien préfet, Malitourne le journaliste, Gilbert des Voisins le mari de Taglioni, et Millot le chef de bureau aux Finances. Véron daigne de temps en temps promener ses hôtes, deux à la fois, dans un *Poney-chaise*, conduit à la Daumont ; on fait le tour du parc et alors on s'enorgueillit, car c'est un signe de faveur.

Après dîner, on joue au creps, la société s'augmente, Roqueplan de l'Opéra arrive avec sa maîtresse, Mlle Marquet du Français, Valdès avec le souvenir de ses anciennes bonnes fortunes, et tous prennent part ou assistent au jeu de ce *Véron Louis XIV*, qui règne de par le *Constitutionnel*.

Véron s'impose aux ministres ! Il pousse ses créatures, il les place très bien, aussi a-t-il une cour.

Rachel écrit souvent, car elle est en voyage, et la lecture de ses lettres est une des distractions de la soirée.

Jeudi 10 juillet

Hier, une indemnité a été accordée aux employés des musées pour les travaux extraordinaires faits à l'occasion de la réouverture des galeries. Dumont, chef de bureau ; Auguiot, sous-chef ; Morand, commis d'ordre et son fils, expéditionnaire, ont été portés sur la liste pour avoir, dit l'ordonnance, « consacré leur temps, en dehors de celui qu'ils doivent à l'administration, aux travaux urgents de réorganisation ».

J'avoue que, malgré ma connaissance assez profonde des choses de ce monde, cette ordonnance m'a surpris ; ces quatre employés n'ont rien fait, jamais ils n'ont donné une heure de leur temps au-delà des heures voulues par le service ; ils travaillent à peine, tandis que toute la besogne administrative est faite par moi et par Moissenet, mon secrétaire. Nieuwerkerke les récompense de mon travail, mais il est vrai de dire que je suis oublié. Auguiot a l'impudence de faire ordonnancer à son profit et à celui de ses créatures, une indemnité acquise par le travail de Moissenet et moi. Ce qui m'étonne, c'est que Nieuwerkerke trouve cela simple et laisse ainsi commettre un faux !

D'un autre côté, Tubœuf, le chef des gardiens, qui a fait exécuter le travail matériel, ne touche pas plus que Ottin, autre chef des gardiens, qui n'a rien fait. Ottin est l'homme d'Auguiot ! ! !

Tout ceci fait mauvais effet dans l'administration, montre l'influence d'Auguiot, sous-chef et agent comptable, malgré mille raisons qui devraient le faire renvoyer.

C'est d'abord un failli non réhabilité, c'est encore un ennemi déclaré, un homme grapillant sur tout, exploitant artistes, fournisseurs, etc. et qui, dix fois dénoncé, voit disparaître pour lui les pénalités qui frapperaient tout autre coupable.

C'est le train ordinaire des choses d'ici-bas ; le royaume du monde est aux intrigants.

Auguiot a fait prendre à Nieuwerkerke une mesure détestable pour la calchographie du musée, qui est déjà en dettes, depuis six mois, de 6 000 fr., envers Chardon, l'imprimeur.

Nieuwerkerke n'a voulu écouter personne qu'Auguiot. La propriété de l'État s'engage et, avant peu d'années, on devra 60 000 fr. à Chardon. Alors commenceront les difficultés : ou il faudra le payer en épreuves, ce qui amoindrira la calchographie, ou le payer sur le produit des ventes, ce qui, pour un grand nombre d'années, annulera la propriété des 4 000 planches de la calchographie entre les mains du gouvernement ; ceci est grave ; malheureusement, Nieuwerkerke n'en juge point ainsi.

J'avoue que tout cela m'attriste et m'ôte le goût qui me prenait de travailler pour le musée, et puis, je me lasse de voir que, de plus en plus, on s'habitue à me vouloir considérer comme impropre à prendre part aux affaires ; tant de gens tiennent le haut du pavé, que je regarde comme mes inférieurs. Un jour, je serai tout à fait las et je leur demanderai : « Pourquoi donc êtes-vous quelque chose, mes braves nullités ? »

Après tout, cela en vaut-il la peine ?

Mardi 15 juillet

Nieuwerkerke m'a encore dit samedi dernier : « Je compte supprimer le chef de bureau et vous nommer secrétaire général des musées. » Mais, depuis plus d'un an, cette promesse est toujours placée au futur ! !

Je vais toujours, le mercredi et le samedi, chez la Princesse Mathilde à St-Gratien. J'y vois des personnes de toutes sortes ; j'y entends des conversations souvent non pas étranges — car quelles choses sont étranges aujourd'hui ? — mais curieuses.

La Princesse nie l'aristocratie, nie l'influence de la naissance, l'importance des souvenirs de famille, excepté pour les Bonaparte ; tout doit être oublié, excepté ce grand homme, cette grande gloire, dont il n'est pas permis de discuter les actes, chez lequel nul n'a le droit de découvrir une tache. C'est le fétichisme le plus complet qui se puisse imaginer. La France est peu de chose sans les Bonaparte ; la royauté passée mérite à peine un souvenir et c'est presque un crime de comparer Bonaparte à Charlemagne !

Cependant Napoléon, qui se connaissait un peu mieux en grands hommes que ses successeurs, recherchait l'assimilation, il imitait le grand homme du VIIIe siècle, il aimait à être nommé le second Charlemagne de notre histoire. C'est décoré de ses insignes royaux et son épée à la main qu'il voulut être sacré ! !

Mais aujourd'hui, Charlemagne monte à peine au genou de Napoléon. Dans vingt ans, Jésus-Christ devra s'effacer devant le vainqueur d'Austerlitz.

Hélas ! chaque parti s'incarne en un homme ou en une famille, à la condition cependant que cet homme ou cette famille sacrifiera tout au parti qui le porte au pouvoir.

La *révision* se discute depuis hier et M. de Mornay est venu plaider pour les d'Orléans, le général Cavaignac pour ses amis du *National* ; demain un autre député plaidera pour Louis-Napoléon, après-demain ce sera le tour d'Henri V ; des intérêts réels de la France, personne ne s'en occupera.

Le président était vendredi dernier à St-Gratien ; il y a été gai et s'y est beaucoup amusé, il a joué comme un enfant ; il ne paraissait pas préoccupé. Que veut-il ? Que rêve-t-il ? Nul ne le sait précisément.

La position actuelle est plus critique qu'elle ne l'a encore été depuis 1848, tout est remis en question par des gens qui ne peuvent ni s'entendre sur ce qu'ils veulent, ni s'allier entre eux contre des ennemis. Partout hypocrisie, faux respect pour une Constitution que nul ne veut, et pas un homme d'action.

Le président n'aime ni son ministère, ni la Chambre ; il dirait volontiers comme Louis XIV : « L'État, c'est moi ! » et il ne connaît pas le pays. Les hommes qui sont près de lui sont sans valeur personnelle. Persigny est un ancien *criquet* qui ne manque pas d'esprit, mais qui n'a rien de ce qui constitue un homme politique. Mocquard, ancien avocat, ancien beau de 1822, est instruit, mais voilà tout. Morny, le plus influent de ses *amis* et son demi-frère, est un très bon garçon, mais ce n'est pas une valeur politique. Le président est un de ces *Numa Pompilius* qui ont une *Égérie* ; seulement, son Égérie, c'est son étoile ; il a toujours été fataliste. *Che sara, sara.*

Ce que le président ignore le plus et ce qu'on lui laisse le plus ignorer, c'est le personnel des hommes qu'il emploie. La moitié au moins lui est hostile, et sur l'autre moitié, un quart laisse faire et cherche à sauvegarder sa position contre toutes les éventualités possibles. Beaucoup d'*espèces* sont employées, elles font du dévouement et on y croit. Les grands d'un jour, comme les grands de dix siècles, aiment à être trompés et aveuglés, c'est pour cela que la couronne est nommée *bandeau royal*.

Je reçois à l'instant une lettre de Léon de Laborde, conservateur du musée de la Renaissance, datée de Londres. Il veut faire de l'esprit léger et se poser en Lovelace ; cela lui va bien !

Mercredi 16 juillet

Hier, il y avait un grand dîner chez Baroche, ministre des Affaires étrangères. Baraguay d'Hilliers, Oudinot, Mouchy, le Prince de Hohenzollern, etc., etc., s'y trouvaient, puis *Véron* ! ! Oudinot ne pouvait s'empêcher de laisser percer son regret de n'avoir pas été nommé au commandement de l'armée de Paris, qui est donné au général Magnan.

J'ignore pourquoi on a choisi un général gascon, qui jouit de peu de considération ; c'est un faiseur de dettes ; mais il est vrai que c'est un homme énergique.

Véron ne sera plus caricaturé par le *Charivari*. Il donne à ce journal une direction de théâtre et on le laisse dormir en paix.

Les journaux peuvent attaquer le président, l'Assemblée nationale, les ministres, le clergé ; mais toucher à cette arche sainte de Véron, quel crime ! Aussi l'État paye son repos.

Un homme de ma connaissance, le baron de Chamerolle, gendre de la duchesse d'Esclignac, possède une terre près de Montargis ; il y faisait creuser un puits ; il y a huit jours, deux ouvriers ne prennent pas les précautions convenables pour assurer la sécurité de leur travail, un éboulement a lieu, ils sont engloutis. Après de longues recherches, un de ces ouvriers est retrouvé mort, l'autre grièvement blessé. Aussitôt Chamerolle fait transporter chez lui l'ouvrier blessé, lui donne un logement, ainsi qu'à sa famille, et des secours de toutes sortes ; il donne également un logement et des secours à la famille du mort, et veut conduire lui-même son corps au cimetière. Mais entre la mort et l'enterrement, une feuille *rouge* (la feuille du village) avait imprimé que l'*Aristo* faisait tuer à plaisirs de malheureux ouvriers en les forçant à des travaux dangereux ; puis, qu'il leur refusait tout secours quand un malheur était arrivé. La populace, bête et féroce comme toutes les populaces, se précipite sur Chamerolle avant d'arriver au cimetière, décide qu'il faut le noyer, et en conséquence, elle le traîne vers la rivière ; heureusement, un gendarme se trouve sur le chemin et parvient à retarder cette condamnation, dictée par des brutes ; l'enterrement a lieu, Chamerolle s'échappe. Mais, le lendemain, il est assiégé dans son château, sous le prétexte qu'il doit prendre soin des familles des deux ouvriers. Ces deux familles elles-mêmes s'interposent et disent à cette foule stupide : « Mais il prend soin de nous, il nous loge, il nous nourrit. »

Le danger est de nouveau détourné. Combien de temps durera cet état de paix ?

Chamerolle est allé prévenir le sous-préfet ; mais cet administrateur est mou et craint de se compromettre. Il s'est contenté de répondre : « Prenez garde, votre pays est mauvais ! ! »

Alors, Chamerolle est venu à Paris. Il poursuit la feuille du village. Léon Duval portera la parole pour lui.

Toutes ces choses arrangées, Chamerolle est parti hier soir pour chez lui, en disant : « *J'ignore maintenant quel va être mon sort ! !* »

Voilà le temps dans lequel nous vivons ; tels sont ces hommes de populace qu'on voudrait seuls qualifier du titre de peuple. Lâchez les tigres et les lions du Jardin des Plantes ! j'aime mieux cela que de voir la populace en joie ou en fureur ! L'une et l'autre sont ignobles.

Ce qu'il faudrait pouvoir refaire, c'est le respect de l'autorité, que chacun de nous a contribué à détruire. Je prévois toujours le moment où, comme les Arabes, nous irons vivre sous la tente. Le rêve des citoyens communistes est de raser tout le passé : histoire, monuments, arts, etc.

La belle chose que la philosophie, et comme le XVIIIe siècle a bien travaillé ! Si tous les Voltaire, Diderot et d'Holbach, etc., qui sont les pères des gredins d'aujourd'hui, revenaient à la vie, comme ils devraient se réjouir.

Les rouges sont des scélérats.

Les blancs, à quelque parti qu'ils appartiennent, sont des imbéciles. Il y a aussi des niais profonds.

Faites donc une grande nation avec tout cela.

Vendredi 18 juillet

Mercredi dernier, le président est venu visiter le Louvre ; il est arrivé à pied, avec Menneval, un de ses officiers d'ordonnance. Je l'ai reçu en l'absence de Nieuwerkerke et promené dans toutes nos galeries.

Il a été très affable et fort gai, calme comme à son habitude ; on ne se serait pas douté, en l'entendant parler des travaux à entreprendre pour l'achèvement du Louvre et de ses projets d'avenir, que l'Assemblée discutait au moment même la révision de la Constitution et la prolongation de ses pouvoirs ; il croit fermement à sa fortune et ne doute pas de sa réélection.

L'arrangement de la grande cour du Louvre, tel que Duban l'exécute, ne lui plaît pas.

« Je n'aime pas, m'a-t-il dit, ces sinuosités, ces tortillements et ces découpures ; une cour est faite pour contenir le plus de monde possible ; celle-ci, au contraire, semble être organisée pour exclure la foule.

« Les gazons me crèvent les yeux, papillotent à mes regards et m'empêchent de bien voir la magnifique architecture, dont ils ne devraient être cependant que l'accessoire. »

Il m'a entretenu du projet discuté par le conseil des ministres pour achever l'aile du Louvre qui doit rejoindre les Tuileries.

« Je suis impatient d'y voir enfin loger convenablement les expositions annuelles, abritées jusqu'à présent comme par hasard, et pour lesquelles on gâche trop de plâtre, sans rien édifier de raisonnable ; je désire surtout qu'on ne soit plus dans l'obligation de masquer et de salir des palais par des baraques provisoires. » (Faisant ainsi allusion aux constructions élevées dans la cour du Palais-National[1].)

Le président est resté une heure et demie ; il a regardé quelques-uns de nos beaux dessins, l'armure de Henri II, et il a voulu que je lui montre l'emplacement de l'ancienne chambre dans laquelle Henri IV a été rapporté mourant.

A quatre heures et demie, il est reparti à pied, la canne sous le bras, avec Menneval.

L'Assemblée commence à se colérer dans la discussion de la révision. Victor Hugo a prononcé hier le plus lâche et le plus abominable discours qu'il fût possible d'entendre. Les interpellations les plus vives lui ont été adressées. Cet homme est le plus misérable des drôles, l'orgueil de Satan et le cœur d'un chiffonnier. Poltron et colère, il en veut surtout à la magistrature, qu'il foulera un jour sous ses pieds, a-t-il dit à son beau-frère, V. Foucher. Victor Hugo a longtemps mendié la pairie et il l'a obtenue par l'entremise de la duchesse d'Orléans, à laquelle il avait eu le talent de persuader que c'était la pensée de son mari qu'elle accomplissait en lui couvrant les épaules du manteau d'hermine. Victor Hugo était alors, non l'insulteur des princes, mais leur courtisan. Il est actuellement le chef d'une troupe de jeunes démagogues, rédacteurs de *L'Événement*, parmi lesquels nous citerons ses fils et Vacquerie, l'auteur d'un drame informe, qui a nom *Tragaldabas*. Ces jeunes séides traitent Victor Hugo en dieu, et le malheureux hume l'encens à plein nez.

1. Comme la salle des séances du Palais-Bourbon, devenu Palais-National, était trop petite pour accueillir les 900 représentants élus en avril 1848 à l'Assemblée constituante, un édifice provisoire en mauvais torchis fut construit en six semaines dans la cour d'honneur. La « salle de carton », comme la surnommèrent rapidement ses nombreux détracteurs, sera utilisée jusqu'au coup d'État du 2 décembre 1851. Voir Michel Mopin, *L'Assemblée nationale et le Palais-Bourbon d'hier à aujourd'hui*, Paris, Assemblée nationale, « Connaissance de l'Assemblée », n° 10, 1998.

Ces gens-là prêchent l'égalité ! ! mais leur égalité n'est que l'abaissement des supériorités qui dominent leur fétiche, car ils ne voudraient pas l'élévation de ce qui est au-dessous d'eux.

V. Hugo a été surpris en flagrant délit avec Mme Biard et s'il n'y a pas eu de procès, c'est grâce aux prières de Mme V. Hugo et à l'influence de Mme la duchesse d'Orléans. Mme Biard seule a été condamnée à un an de prison en expiation de l'amour du poète. Lorsque Mme Biard est sortie de prison, elle a été recueillie dans l'hôtel même de M. V. Hugo ! !

Voilà pour la partie morale du poète réformateur. V. Hugo, si quatre-vingt-treize revenait, serait quelque Joseph Lebon, féroce par la lâcheté et qui, entraîné sur la pente du crime, joignit par tempérament la luxure à la férocité.

Joseph Lebon était, avant la Révolution, un très bon prêtre dans une des terres appartenant, en Artois, à la princesse de Berghes, la grand-mère de ma femme ; il partit même pour l'émigration, mais il tomba malade avant d'avoir franchi la frontière, et son compagnon d'exil, un prêtre comme lui, écrivit alors à la princesse de Berghes :

« Notre pauvre Lebon n'a pu franchir la frontière, je suis effrayé pour lui de ce qui peut arriver de ce retard, vous savez comme il est d'un caractère faible ? Si les révolutionnaires s'en emparent, Lebon, par peur, deviendra un scélérat. »

Lebon est devenu un monstre.

J'ai répondu à Laborde sous ce titre : « Le vicomte de Valmont au chevalier de Faublas » ; il se souviendra d'avoir voulu faire le jeune étourdi de la Régence, en m'écrivant. Je garde sa lettre et ma réponse.

Le général Magnan, nommé commandant de l'armée de Paris, a eu ses meubles saisis et vendus, mardi dernier, à Paris et à Strasbourg. Il demeurait à Paris, 6 rue de Matignon, il a beaucoup de dettes et il est coutumier du fait.

On me raconte à l'instant même une terrible histoire. Mme la marquise de Caraman, jeune et jolie femme, habite avec son mari le château d'Anet ; elle s'y trouvait seule ces jours derniers avec sa femme de chambre, qui loge loin d'elle. La marquise a l'habitude de laisser sa clé sur la serrure de sa porte ; dans la nuit, son cocher s'est introduit chez elle, et elle a été bien dûment violée de plus d'une manière ; le matin elle a été trouvée sans connaissance. Il faudra étouffer cette affaire ; donc l'impunité est acquise au cocher, mais il n'y a pas moyen de faire autrement. Mme de Caraman est en son nom Mlle de Panize ; son père était pair de France.

Mme de Ganay, jeune, mariée depuis peu de mois, se sépare de son mari, qui est impuissant ; on dit qu'il l'ignorait...

Voyez où l'ignorance va se nicher ! !

Dans les environs d'Amiens et dans un village pourtant fort calme et dont les habitants ne sont pas *rouges*, la princesse Aldobrandini possède un château qu'elle a laissé, pour aller veiller à ses affaires en Italie, sous la garde de son frère, M. de La Rochefoucauld. Ledit frère est bête comme une oie ; il a voulu interdire aux paysans la jouissance d'une place où la princesse leur permet de danser, ou du moins il voulait que chaque dimanche le maire vînt lui demander cette permission. Les paysans le tiennent bloqué dans le château et ils ont écrit à la princesse :

Princesse,

Nous vous aimons et nous vous vénérons beaucoup, nous vous défendrions contre vos ennemis, mais si vous ne retirez pas les pouvoirs donnés à M. votre frère, nous raserons votre château sans que ni troupes, ni magistrats puissent l'empêcher, car nous sommes plus de vingt communes coalisées.

L'affaire en est là, comment se terminera-t-elle ? La Rochefoucauld a bien choisi son moment pour faire son important. Que de maladroits ! !

Samedi 19 juillet

Je vais partir pour la campagne, où je dois passer deux jours chez la Princesse Mathilde. La discussion continue sur la révision. Baroche a, hier, écrasé pendant une heure, aux applaudissements de la majorité, V. Hugo. Ce renégat de poète, après avoir longtemps mendié la pairie sous Louis-Philippe, fut enfin nommé, en s'engageant vis-à-vis de la reine à ne plus laisser jouer ses drames immoraux, à ne plus laisser faire de nouvelles éditions de *Notre-Dame de Paris* et à ne plus écrire de romans ! ! Trois mois après, il était pris, avec Mme Biard, en flagrant délit d'adultère, passait deux jours à la préfecture de police, et n'en sortait que sur les instances et les démarches de la cour, qui commandait à Biard de nouveaux tableaux.

V. Hugo est au plus bas, au plus sale du ruisseau, à l'heure présente, et c'est justice. Il a vécu avec les femmes de théâtre, escorté par un cortège de poètes crottés qui l'encensaient comme un dieu ; la tête lui a tourné.

Mardi 29 juillet

Boulay (de la Meurthe), autrement dit le vice-président de la République, se marie avec une jeune personne. Boulay ressemble parfaitement à un boulet de chair humaine ; c'est un gros et court important. Laid comme une bouche de fontaine, bourgeonné comme une mûre, prétentieux, amoureux de toutes les femmes et se mettant volontiers en évidence.

Ce gros homme fait depuis quelque temps l'ultralibéral et, ces jours derniers, il est venu trouver le président pour lui démontrer qu'il y allait de son honneur de gracier le jeune Ch. Hugo, condamné récemment à six mois de prison pour délit de presse. Il faut savoir que le jeune Ch. Hugo est à la tête de *L'Événement*, journal infâme, qui s'attaque à tout ce qui est respectable pour louer tout ce qui est misérable.

« V. Hugo, disait le vice-président, est un des premiers qui, à la Chambre des pairs, ait demandé le rappel des Bonaparte. » « Mais, répondit le président, je ne puis pas faire exception pour un monsieur qui, tout Hugo qu'il soit, a insulté la justice en cherchant à lui faire un crime d'avoir condamné et fait exécuter un infâme assassin comme Montcharmon !

« Tout ce qu'il m'est possible de faire, je le tenterai ; je proposerai au conseil une amnistie pour tous les délits de la presse. »

L'amnistie a en effet été proposée, mais Léon Faucher a déclaré qu'il donnerait sa démission si elle était acceptée, et l'affaire, Dieu merci, en est restée là.

Toute cette couvée des Hugo est une famille de serpents boueux qui ne cherchent qu'à mordre ; pourvu qu'on parle des Hugo, il leur est indifférent de jouer leur rôle de scélérats de la première révolution : ces malandrins-là crèvent d'orgueil dans leur peau ; la peau de leur père est depuis longtemps crevée et son orgueil sort et déborde par toutes les fissures. Ce poète ampoulé, dont l'avenir fera justice, croit l'univers attentif à sa seule personnalité. C'est un homme qui commettrait une méchante action, comme il commet de méchants vers, pour attirer l'attention publique. Le désir de paraître est le plus mauvais de tous les désirs, disait *d'Aubigné*.

Les fêtes dont j'avais donné le programme au président s'exécutent et mon programme est suivi à la lettre ; mais le préfet de Paris, le gros Berger, en aura les honneurs, ainsi que le pouvoir exécutif.

J'ignore si l'on songera même à m'inviter. Ainsi va le train de ce monde.

Chez Véron, à Auteuil, toujours même joie, mêmes fêtes, même affluence de visiteurs, Véron règne et gouverne. Dimanche dernier, il y a eu comédie jouée par les intimes, Romieu, Gilbert des Voisins, Roqueplan, Achille Boucher. Là se trouvaient réunies les principales *Laïs* du moment. Après la comédie, jeu de trente-et-quarante !

Carlier, le préfet de police, était du nombre des joueurs ! Si un jeu pareil s'établissait dans un coin quelconque de la capitale, Carlier le ferait saisir par ses agents, les journaux flétriraient les banquiers et les pontes, et les tribunaux condamneraient sévèrement les misérables spéculateurs qui auraient ouvert la maison de jeu.

Ainsi va la justice de ce monde !

J'ai dîné dimanche dernier à St-Gratien chez la Princesse Mathilde avec M. et Mme Drouin de l'Huys ; la femme est aimable et le mari spirituel ; la causerie a été bonne et intime. La veille, l'abbé Coquereau était venu dîner ; il est furieux contre le président, qui n'a pas voulu faire de lui un évêque.

Lundi 11 août

J'arrive de St-Gratien, où j'ai passé, comme chaque semaine je le fais, deux jours chez la Princesse Mathilde.

Il y est venu quelques personnes, entre autres Drouin de l'Huys et sa femme, le maréchal Excelmans, etc. etc.

J'ai appris que dimanche, 27 juillet dernier, M. Giraud de Langlade se trouvant chez M. de la Riboissière, avait raconté qu'il sortait de chez Odilon Barrot, où se trouvait également l'archevêque de Paris.

Mme O. Barrot (Agathe) s'est approchée du prélat et lui a demandé d'adresser des prières à Dieu pour obtenir l'éloignement du pouvoir de ce *crétin* de président ! Elle ajouta : « *Il est d'ailleurs gardé à vue par une escouade de généraux.* » (Les généraux d'Afrique sans doute.)

La candidature de Carnot à la présidence sera présentée par une partie des gens de la gauche.

C'est le gâchis le plus complet qui se puisse imaginer. La bourgeoisie, toujours envieuse et frondeuse, n'est pas guérie par trois révolutions.

J'ai encore appris une autre histoire qui se rattache à la chute de l'empire en 1814. La voici, telle que la raconte M. de Sémalé, lui-même.

M. de Sémalé était alors commissaire des Bourbons et il se trouvait à Fontainebleau, où l'empereur venait de signer son abdication. Deux officiers des mameluks de la garde impériale, véritables Turcs, proposèrent au commissaire royaliste de lui apporter la tête de Napoléon ; M. de Sémalé refusa et, après les Cent-Jours, un de ces deux officiers lui dit : « *Vous auriez bien fait d'accepter notre proposition ; en êtes-vous convaincu ?* »

Le prince Napoléon, fils du maréchal Jérôme, a été expulsé de l'hôtel des Invalides, par ordre du ministre de la Guerre. Sa conduite y causait beaucoup de scandale ; il attirait chez lui toutes les filles de Paris, et lorsqu'il ne songeait pas à la débauche, il ouvrait les portes de l'hôtel à un club de *Montagnards*.

Ce prince est une affreuse canaille, qui joue auprès du président le rôle que Philippe-Égalité jouait près de Louis XVI. Il est vantard et poltron, ambitieux, important, brouillon, libertin ; enfin, il a toutes les mauvaises qualités ; son père n'est qu'un polisson ; lui, est un drôle.

Mardi 12 août

Vraiment, les légitimistes *purs* entrent dans la période de la folie stupide. Voici ce qui s'est passé dans un des bureaux de l'Assemblée, où s'étaient réunis les sept députés qui sont les organes du parti : MM. de La Rochejaquelein, Léon de Laborde, Chauvin, etc. etc.

Ces profonds politiques prièrent un de leurs confrères qu'ils supposaient aussi fou qu'eux-mêmes, de les présider. Ce député, nommé de Bernardi, accepta pour se donner la joie d'une bonne bouffonnerie et se désopiler la rate ; l'histoire que je raconte, a été racontée par lui, comme étant le procès-verbal de la séance, et il riait en la racontant à s'en tenir les côtes.

Réunis au nombre de sept, les purs légitimistes ont établi qu'il était urgent pour eux et pour la France de procéder au sauvetage du pays, et qu'eux seuls en étaient capables.

En conséquence, il fallut choisir pour les fonctions de président en 1852, une illustration populaire à opposer à Louis-Napoléon. Alors il a été question du général Changarnier, mais La Rochejaquelein a objecté que personne ne pouvait compter sur lui ; enfin, le St-Esprit a daigné descendre sur les sept apôtres du sauvetage et la candidature de Henri de La Rochejaquelein ! ! a été proclamée. La chose ainsi convenue, les sept sont rentrés dans la salle des séances, bouffis d'importance, mystérieux, radieux et convaincus, chacun, de s'être élevé sur un piedestal, répétant comme le poète latin :

Exegi monumentum, oere perennius [1].

Satisfaction qui durerait même encore, si *Bernardi*, leur président, n'eût tout révélé pour gaudir ses collègues. Depuis lors, nul ne peut regarder un des sept sans rire.

Pauvre France, comment es-tu à ce point déchue qu'on ose proposer de te livrer aux baisers de La Rochejaquelein, de cet homme qui, sous les fausses apparences de la loyauté, cache l'ambition la plus effrénée, qui s'est offert à tous, et dont personne n'a voulu, qui le premier s'est vautré dans les antichambres de l'Hôtel de Ville, qui lui, fils de Vendéen, s'est fait courtisan de Lamartine, Ledru-Rollin, Crémieux et consorts !... Ces parades-là sont tristes, profondément tristes et le dégoût vient au cœur en voyant comment se passent certaines choses dans un certain monde.

Véron.

Cet homme mérite plus d'une page, cette physionomie restera comme une des plus caractérisées de notre époque, comme un des monuments

1. « J'ai achevé un monument plus durable que l'airain. »

les plus extraordinaires qui puissent être élevés avec de la boue (j'entends cette boue fétide de l'intrigue et du journalisme).

Véron joue un rôle et il le joue bien ; c'est l'insolence élevée à la plus haute puissance et qui a su tirer parti des éléments impurs qui composent le fond de notre marais social. Il a le génie et l'audace de sa position ; beaucoup de nos tripotailleurs envient son influence, sa fortune ; beaucoup le blâment qui voudraient l'imiter ; mais ils demeurent impuissants. Ne profite pas qui veut du fumier des écuries d'Augias.

On compte avec Véron, on l'adule, on lui passe ses insolences, ou le laisse s'épanouir au soleil, se vautrer dans sa fange dorée, et on prend au sérieux la comédie qu'il joue. Il a l'audace de ces vieux libertins qui, devant un groupe de jeunes débauchés, troussent sans vergogne une jeune et pudique femme. Les débauchés le jalousent, sans se trouver munis de ce génie de l'impudeur qui leur serait nécessaire pour l'imiter.

Véron ne croit à rien, pas même à lui, et c'est peut-être le secret de sa force ; il affecte la vulgarité de l'homme supérieur qui érige en lois ses fantaisies.

Dans son palais d'Auteuil, il règne en satrape sous le nom de *docteur* ou sous celui de *capitaine*, que lui donnent ses intimes. Molière avait sa servante qui se nommait Laforet, Véron a inventé la sienne qui se nomme *Sophie*. Vieille femme de charge, cuisinière ou factotum, coiffée d'un bonnet de linon, semblable au bonnet des gardes-malades du *Marais*, tyran domestique, grognon et important, sorte d'avant-propos de Véron.

Sophie se tient au salon, parle de tout, elle est la sonde de l'impertinence de son maître, dont elle annonce les boutades politiques, les mécontentements et souvent elle le venge de la bassesse de ses matassins, en la leur faisant sentir. Les prévenances de Sophie indiquent le degré d'importance que Véron attache à telles ou telles liaisons, la considération dans laquelle il tient certaines personnes ; on étudie Sophie comme un thermomètre.

Sophie dit : « *Nous ne sommes pas contents du gouvernement, et dans quelques jours, nous le lui prouverons bel et bien dans un fameux article.* »

Enfin, Sophie est la bonhomie bourgeoise de Véron, sans enseigne de *sans façon*, son originalité à domicile.

Véron connaît à merveille le personnel de sa *cour*, de ses instruments ; il les méprise par Sophie qu'il leur accouple, par Sophie, sa domestique, qui est sa délégation intime auprès d'eux.

Un empereur romain avait élevé son cheval à la dignité de consul, par mépris des Romains ; Véron a fait de Sophie une Maintenon moins le mariage secret, par mépris pour ses *matassins*. Cet homme est habile, cet homme connaît son époque, il l'a pesée et il la traite comme il faut la traiter pour la conduire. Son métier est sale, mais à qui la faute ?

Vous avez voulu, gens d'aujourd'hui, bourgeois de nos bonnes villes, qu'il fût puissant, sachant qu'il ne pouvait être honoré ; il est puissant et vous méprise. Vraiment, vous ne méritez pas mieux.

Vous avez détruit toutes les royautés, renversé toutes les divinités, pour édifier enfin celle de Véron ; subissez-la sans vous plaindre, vous pourriez tomber plus mal.

Une nation qui compte parmi ses souverains Charlemagne, François Ier, Louis XIV et Napoléon, porte aujourd'hui sur le pavois... qui ?... Véron !...

J'ai vu ce *grand homme* dans sa villa d'Auteuil, il y remplace les Montmorency qui la lui louent. J'ai vu Sophie, maigre, commune, hardie et finaude. J'ai vu les matassins et les intimes attablés autour d'un *trente-et-quarante*, passer la soirée à s'y disputer quelques louis.

Carlier, le préfet de police, les regardait faire.

Le gros Véron présidait avec un sans-façon ravissant, cet habile politique daignait se mêler aux jeux de sa cour. Romieu, Saint-Ange, Gilbert des Voisins, Millot étaient de service. Véron a certainement de l'esprit et de l'intelligence, il est vaniteux et connaît les hommes, il sait comment les employer et trouve qu'il y a plus à faire d'un gredin qui peut tout oser que d'un honnête homme qui a des scrupules ; cela n'est pas moral, mais il y a du vrai. Enfin, si Véron est parvenu ; c'est, il faut le dire, qu'il est doué d'une certaine dose de capacité. C'est un doge de bourgeoisie, mais un doge *turcaret*. Il est tour à tour brouillé ou en coquetteries avec Rachel, et il la loue ou la déchire suivant l'occasion. Un jour de brouille, la tragédienne se présenta à sa porte au moment où il se mettait à table. Sophie courut prévenir Véron de la venue de Phèdre. Véron revêt sa superbe et, accompagnant ses paroles d'un geste à la Louis XIV, il répond : « *Congédiez-la ! je ne reçois que les honnêtes gens !* »

Roqueplan, l'un des convives, se penche vers son voisin et murmure à son oreille : « *C'est donc un dîner d'adieu qu'il nous donne.* »

Voilà l'homme et voilà les hommes qui l'entourent. D'ailleurs, ministres, ambassadeurs, amis du président, généraux, tous lui font la cour, et quoiqu'il soit bien fat, il faut lui savoir gré de ne pas l'être davantage.

Après la séance dans laquelle Léon Faucher, répétant le mot de M. Guizot, avait dit aux Montagnards qui l'injuriaient : « *Vos insultes n'arrivent pas à la hauteur de mon mépris* », le ministre, gonflé de sa belle phrase, vint voir Véron et se plaignit du rendu-compte de cette séance dans le *Constitutionnel.*

« Je croyais, Monsieur le ministre, répondit Véron, avoir été narrateur très bienveillant.

— C'est possible... c'est possible, reprit Léon Faucher, mais votre rédacteur n'a pas compris le héros de la séance. »

Alphonse Karr prétend qu'il est fort heureux qu'on ait interrompu le ministre, car il allait se livrer à la reproduction de tous les mots illustres. Déjà il se drapait dans les basques de son habit pour s'écrier :

« *La garde meurt et ne se rend pas.* »

« *La cour rend des arrêts et ne rend pas de services.* »

« *Plus de hallebardes !* »

« *Il n'y a rien de changé en France, il n'y a qu'un homme de plus.* »

etc., etc., etc.

Si Véron était né grand seigneur, ce serait un homme remarquable, mais la comédie qu'il joue pour être un grand seigneur en fait une caricature impertinente. Dans ses dîners, il s'adresse à Gilbert des Voisins, et avec le ton qu'aurait pu prendre le *Régent* parlant à *Nocé* ou à quelqu'autre de ses *roués*, c'est-à-dire en parlant du haut de sa tête et de sa cravate : « *Monsieur le comte*, faites-moi le plaisir de me dire quel est le menu ! »

Ce « *Monsieur le comte* » sonne bien, dit par Véron !... Véron dit toujours « *Monsieur le comte* » en s'adressant à des Voisins. C'est beau pour le fils d'un papetier de compter un comte parmi ses officiers !...

Véron donnerait des Voisins, Romieu, Valdès, Millot, Saint-Ange et même Sophie pour être un vrai duc de la vieille noblesse, pour avoir les alérions des Montmorency sur sa voiture, pour compter parmi les notabilités légitimistes, et c'est dommage pour ce parti-là que M. de Montmorency ne soit pas Véron et que Véron ne soit pas M. de Montmorency.

Le *Constitutionnel* qu'il dirige, est bien fait, les articles qu'il signe sont remarquables ; mais je les crois faits par Malitourne ou Granier de Cassagnac ; ce qui est bien à lui, c'est la direction imprimée au *Constitutionne* et qui est habile.

En dernière analyse, Véron est un homme utile, malgré ses ridicules ; c'est un homme d'esprit, malgré ses amis ; un rusé compère, malgré Sophie, et un radeau que les révolutions auront de la peine à submerger, malgré son apparente audace.

Jeudi 14 août

La presse a ses bas-fonds, dans lesquels s'agitent des troupes de bohémiens littéraires, à l'existence honteuse, et peut-être doutera-t-on plus tard de la bassesse de ces misérables. Il faut donc en parler quand leurs turpitudes sont encore chaudes, quand les témoins et les victimes de leurs méfaits sont encore vivants.

Les détails suivants m'ont été donnés par Privat Danglemont, *bohème* journaliste, spirituel, et qui les connaît à servir de témoin contre eux au jugement dernier.

Villemessant,
Ch. Maurice,
Fiorentino,

ont été ou sont au moment présent les types les plus complets de ces diffamateurs qui spéculent sur le scandale ou sur la terreur qu'inspire la publicité de leurs critiques.

Ch. Maurice exploitait, il y a quelques années, les acteurs et les actrices de nos théâtres ; pour n'être pas déchiré par lui, il fallait le payer en espèces sonnantes, et même un malheureux acteur qui n'avait pas d'argent fut dépouillé par lui d'une épingle assez belle, qui eut le *bonheur* de fixer l'attention du journaliste *indépendant*.

Roqueplan, en prenant la direction de l'Opéra, ne voulut pas lui donner de l'argent de la main à la main ; il lui tendit un billet de 1 000 fr. au bout d'une pincette.

Duprez, lors de ses débuts à l'Opéra, lui apporta 500 fr. Ch. Maurice voulait plusieurs billets de 1 000 fr. ; ils ne purent s'entendre et Duprez fut conspué par le *Courrier des théâtres*, propriété de Ch. Maurice.

Villemessant, bâtard d'un commis de boutique d'Orléans et d'une jeune personne appartenant à une bonne famille des environs de Blois, ne prit le nom de sa mère qu'en se faisant journaliste. La *Chronique de Paris*, journal légitimiste, est sa propriété ; il y insulte régulièrement tous ceux qu'il veut faire chanter, tous ceux qu'il n'aime pas. Le comte de Chambord traite ce drôle avec distinction, les légitimistes le choyent, il les amuse ! !

Un parti honnête peut descendre jusque-là !

Villemessant a eu l'audace de reprocher à Girardin (Émile) sa bâtardise ! !

Fiorentino, le plus mauvais et le plus spirituel de ces brigands, est également soldé par les peureux qui redoutent ses diatribes. La Société des gens de lettres a retenti du bruit de ses exploits en ce genre.

Lirieux, autre journaliste, peut être ajouté à cette liste des principaux brigands qui vivent de calomnies et de scandales.

Ces journalistes sont la honte de la presse et malheureusement ils ont beaucoup d'imitateurs en sous-ordre.

Roqueplan, comme directeur des Variétés, exerçait le même métier ; la plupart de ses actrices étaient engagées pour une modique somme et pour un an ; elles reconnaissaient avoir reçu la première année de leurs appointements en signant leur engagement, et en réalité, elles ne touchaient rien.

Puis, comme ces pauvres filles étaient sans garde-robe et sans mobilier, on les habillait, on les logeait, moyennant la reconnaissance d'une somme triple de celle qui avait été déboursée, ou plutôt qui était due pour frais de mobilier et d'équipement, et lorsque, par une habile diplomatie, ces demoiselles se trouvaient pourvues d'un entreteneur riche (bien entendu), directeur et fournisseurs se partageaient le *produit du lit de l'élève placée*.

Ces saletés-là soulèvent le cœur ; mais les hommes qui les commettent parviennent et vont par nos rues tête levée.

Le siècle présent est un véritable lupanar, dont les maquereaux seuls font fortune.

Passons à une autre infamie. Léon Faucher a demandé et l'Assemblée nationale a accordé une somme pour une exploration scientifique et archéologique dans l'ancienne *Médie*, sur le rapport de M. Mohl, de l'académie des inscriptions.

Léon Faucher a mandé au ministère Saulcy, également de l'Académie des inscriptions et conservateur du musée d'artillerie.

Après une heure et demie d'attente dans l'antichambre, et comme Saulcy, impatienté, se retirait, le ministre a donné ordre qu'on l'introduisit.

Le ministre était seul ; la longue attente qu'il avait fait subir à Saulcy, n'avait d'autre but que celui de faire de l'importance ! !

« Monsieur, dit L. Faucher, un crédit m'est accordé pour une mission dans l'ancienne *Médie* et j'ai pensé à vous pour vous en charger. »

Saulcy, honnête et loyal garçon, très savant et très brave officier, répondit aussitôt en ces termes :

« Je refuse, Monsieur le ministre ; l'année dernière, j'ai été chargé d'une mission en Syrie, elle m'a coûté 22 000 fr. de mon argent, plus la privation de mon traitement qu'on a jugé à propos de me supprimer pendant mon absence. Je ne suis pas assez riche pour passer au gouvernement et à moi de telles fantaisies.

« Je refuse encore, parce que le bienveillant académicien qui vous a conseillé de songer à moi pour une mission en *Médie*, ne vous a probablement pas dit le nom moderne de cette contrée. Eh bien ! Monsieur le ministre cette *Médie* se nomme aujourd'hui le *Turkestan*, pays de voleurs et d'*assassins*, où les Turcs eux-mêmes ne se hasardent jamais, car s'ils y entraient, ils n'en sortiraient pas. Je ne pense pas d'ailleurs que les traces laissées par l'Antiquité y soient abondantes. Je vous remercie donc, Monsieur le ministre, de votre bonne volonté, et je remercie le collègue académicien qui vous a fait songer à moi pour cette mission. »

M. Mohl est un savant *frélon*, qui vit des découvertes faites par les autres ; il s'en empare, butine leurs rapports, les signe dans les journaux, les rassemble en corps d'ouvrage, qu'il signe encore, et se substitue ainsi au véritable travailleur.

Saulcy le gênait, parce qu'il n'est pas homme à se laisser butiner, *inde iroe* et *inde* le besoin de l'envoyer dans la *Médie*.

J'aime mieux *Bocanné* et sa nicotine. L'affaire Mohl est l'assassinat avec préméditation, mais sans répression légale. *Mohl* restera un savant honoré, influent ; à sa mort, les académiciens couvriront sa mémoire de fleurs de rhétorique.

Le monde, chère Agnès, est une étrange chose !

Lundi 18 août

Nieuwerkerke est parti ce matin pour visiter l'exposition ; son voyage sera de trois semaines ; Giraud l'accompagne [1].

Avant-hier, je dînais chez Véron à Auteuil ; les convives étaient les deux Didier, mon frère Victor, Gilbert des Voisins, Saint-Ange, Romieu et deux ou trois personnes, Millot entre autres.

Le dîner a été gai et fort animé de causerie ; au dessert, on a traité de la littérature ancienne et nouvelle, mais surtout de l'ancienne et des poètes du XVIe et XVIIe siècles. Chacun a débité quelques vers de son poète favori ; Didier, de Marot ; Romieu, de Corneille ; je ne sais plus qui, de Mathurin Regnier, et enfin Véron, près de qui je me trouvais placé, est convenu avec moi que, de tous nos poètes actuels, le plus poète par les idées, par la façon dont il les exprime, et par la fantaisie, est Alfred de Musset.

Ce dîner était curieux, il a été fort peu question de politique en conversation générale ; seulement, on s'amusait beaucoup de l'outrecuidant Fould, ministre des Finances, qu'on avait fort blagué, lorsqu'il était venu prendre congé de Véron, il y a quelques jours. Les ministres ne dédaignent pas, après avoir visité Véron, de porter leurs hommages à Sophie, tout à la fois intendante et seul valet de chambre de l'hospodar du *Constitutionnel*. Ils descendent à sa cuisine pour lui dire quelques mots. Véron est toujours un peu irrité contre le président, qui n'a pas assez d'égards et de politesse dans ses relations avec lui. Il m'a raconté sa visite au comte de Chambord, en 1849. Il se loue beaucoup de ce prétendant, qui l'a accueilli avec une grande distinction et a tenu à parler de la politique de l'avenir.

« J'apporte cependant, a dit le prince, de grandes garanties avec moi, car mon avènement serait la paix générale, le rétablissement des bonnes relations européennes et la liberté d'action rendue à la France dans les questions générales et particulières. »

Véron n'a pas nié ces avantages, mais il a ajouté à ce que disait le prince :

« Croyez-moi, Monseigneur ; mettez dans votre programme le gouvernement à bon marché, la diminution des impôts indirects, si ce n'est leur effacement complet, la réduction des emplois, et vous n'en serez que mieux goûté. »

Le comte de Chambord, dit Véron, est sympathique, il a la figure

1. L'exposition évoquée ici est la *Great Exhibition of the Works of Industry of All Nations* de Londres. Cette première Exposition universelle de l'histoire a été inaugurée le 1er mai précédent au Crystal Palace de Hyde Park, bâtiment de fer et de verre construit pour la circonstance. Jusqu'à la clôture, le 15 octobre 1851, elle accueillera six millions de visiteurs. Voir Linda Aimone et Carlo Olmo, *Les Expositions universelles, 1851-1900*, Paris, Belin, 1993 et Jean-Pierre Navailles, *Londres victorien. Un monde cloisonné*, Paris, Champ Vallon, 1996.

ouverte, et il s'exprime bien ; peut-être cependant se sert-il trop souvent, dans la conversation, de thèmes tout faits.

Gilbert des Voisins et Lautour Mézeray accompagnaient Véron dans ce voyage, comme aides de camp. Lautour, qui n'était pas encore alors préfet d'Alger, a cru convenable d'encenser Henri V de quelques grosses phrases bien légitimistes sur les regrets qu'éprouvait la France de ne pas jouir de sa présence. Et le descendant de Louis XIV choyait ces hommes, cherchait à capter leurs suffrages ! Il faisait de la coquetterie pour Véron, de l'amabilité pour Gilbert et pour Lautour ; il croyait sans doute que tout cela représentait la France.

Au retour de ce voyage, le président fit de doux reproches à Véron à propos de sa visite au prétendant, et l'accusa d'inconstance, etc., etc. Véron répliqua en parlant de ses services passés qui ne pouvaient laisser aucun doute sur son dévouement, et finit en déclarant qu'il croyait mériter un peu de reconnaissance.

« Sans doute, répondit le président, ma reconnaissance vous est acquise, et vous me verrez toujours charmé de pouvoir vous en donner des preuves. »

Véron saisit la balle au bond ; il se souvint du désir manifesté par son ami Lautour de trôner comme préfet à Alger ; la place était vacante, il la demanda comme témoignage de la reconnaissance dont le Prince Napoléon venait de l'assurer, et il l'obtint.

C'est ainsi que Lautour Mézeray, au retour de son voyage à Ems, et la bouche non refroidie de ses grosses phrases légitimistes, fut nommé préfet d'Alger.

Le dîner de samedi avait cela de curieux que presque tous les convives pouvaient passer pour des sacripans ou des mauvais sujets, sauf trois ou quatre exceptions. Ainsi personne ne se gêne pour vous confier que Saint-Ange a aidé sa mère à sortir de ce monde, et que maintenant il triche au jeu.

Gilbert des Voisins a passé toute sa vie à être entretenu par des femmes ; il a mené, comme on dit, une *vie de bâton de chaise*, etc., etc. Véron sait tout cela, et il s'entoure de ces hommes qui, sans scrupules d'aucun genre, sont plus aptes à mille choses que les honnêtes gens.

Clot-Bey, qui meurt d'envie d'être nommé commandeur de la Légion d'honneur, est venu faire sa cour le soir.

Hier, dimanche, la Princesse Mathilde m'a conduit chez Mme de Courbonne, qui occupe, à St-Gratien, une habitation très rapprochée du pavillon. Mme de Courbonne lit mes romans et elle a demandé que je lui fusse présenté.

En arrivant, elle m'a tendu la main de fort bonne grâce et elle m'a dit : « Monsieur, je ne vous ai jamais vu jusqu'à ce jour, mais j'ai lu deux de vos romans, et je vous aime. »

Enfin, cette vieille dame a été charmante d'attention aimable, et son salon de Paris m'est ouvert.

L'hiver prochain, je visiterai souvent ce salon, et mon petit livre y gagnera quelques bonnes pages. Ce salon est le dernier refuge des causeurs, des hommes et des femmes d'esprit ou de ceux et de celles qui prétendent en avoir ou qui passent pour en avoir. Nous verrons. Mme de Courbonne avait lu *Gérard de Stolberg* et *Cécile de Vareil* ; ces deux romans lui ont beaucoup plu. Elle ne les connaissait pas, parce que la vieille Mme de Nansouty lui avait dit : « Ne lisez pas cela, ma chère, c'est mauvais. »

Je suis réhabilité aujourd'hui.

J'ai été bien attaqué pour mes romans, hélas ! Ils étaient, ils sont vrais, et ils m'ont fait souffrir avant de les écrire.

Allez, mes *bonnes gens* du monde, je vous ai ménagés et je n'ai jamais eu de fiel contre vous ; si j'en avais eu !...

Mercredi 20 août

Trois des chefs montagnards à l'Assemblée nationale sont payés par la police ; je sais que Colfavru est un des trois. Ses entrevues avec Carlier n'ont lieu que le soir par les temps les plus obscurs ou les plus mauvais. Carlier a un petit coupé à lanternes bleues qui, dans ces occasions, se promène sur le quai des Orfèvres et de la Vallée. Colfavru se trouve sur le chemin, la voiture s'arrête et il y monte. Alors, Carlier reçoit son rapport.

Jeudi 21 août

Le président est venu hier, j'étais seul au Louvre ; il m'a demandé à voir le rez-de-chaussée qui s'étend sous la grande galerie ; il cherche à loger les soldats dont la grande caserne (anciennes écuries de la cour) va être démolie. Il a hâte, m'a-t-il dit, de voir marcher avec plus de promptitude les travaux de déblaiement du Carrousel et la construction de l'aile du Louvre qui doit rejoindre les Tuileries. Mais pour ce qui regarde Berger, rien ne marche, le préfet de la Seine est un lambin.

Toujours même calme, même certitude de son avenir, le Prince Napoléon ne doute pas de sa fortune. Il m'a encore parlé de choses qui ne pourront être faites que dans deux ans, comme devant y présider.

Tout ce qui peut faire connaître la presse est bon à enregistrer. Il est curieux de savoir de quels éléments impurs se compose ce pouvoir impur qui nous régit pour notre malheur.

Lorsque Perrelet, ayant perdu une partie de sa fortune, rentra au théâtre pour subvenir aux besoins de sa famille, J. Janin fit, dans les *Débats*, un article très vif contre lui. Un ami commun, Henriquel Dupont, s'entremit et représenta à Janin quel tort il causait à un honnête garçon, bon acteur et qui avait besoin de gagner sa vie.

J. Janin répondit : « Je sais tout cela, mais qu'est-ce que cela me fait ; je le *démolis* parce que j'y trouve mon compte, c'est-à-dire un thème à feuilletons. Cela m'amuse d'ailleurs de démolir cette vieille réputation et je me moque de ce qui peut en advenir pour Perrelet. »

H. Dupont insistait ; alors J. Janin reprit : « Perrelet a un neveu, artiste de beaucoup de talent, qui a fait un tableau qui me plaît... dis à Perrelet de l'acheter !... »

Henriquel Dupont démontra que Perrelet n'était pas assez riche pour entrer dans cette voie. J. Janin tint bon ; le tableau ne vint pas chez Janin ; mais Perrelet, *démoli*, dut renoncer au théâtre.

Stupide peuple qui croit aux journalistes !...

J. Janin avait un secrétaire qui traitait pour lui et recevait les redevances de ceux qui craignaient les articles du journaliste.

Lorsque Dupaty entra à l'Académie, Janin fit contre lui un article plus violent que ne le permet le droit du critique. Le lendemain matin, le nouvel académicien introduit dans le cabinet du journaliste, le trouva déjeunant avec la marquise de Lacarte (fille de Bosio), sa maîtresse.

« M. Janin, lui dit-il, hier, vous avez abusé contre moi de vos fonctions de critique et vous l'avez fait non seulement sans ménagements, mais sans justice. Ainsi, non content de flageller les mauvais vers dont volontiers j'accepte la paternité, vous me prêtez des vers qui ne sont pas de moi et vous me tournez en ridicule. Vous employez votre esprit, et vous en avez beaucoup, à vouloir faire douter du peu que l'on veut bien m'en accorder ; libre à vous et, pour moi, je n'aurais jamais songé à me préoccuper la cervelle de cette fantaisie.

« Malheureusement, dans cette circonstance, je dois vous dire, puisque je viens pour vous rendre un service, que je ne suis pas seul ; j'ai un fils, capitaine de cuirassiers, très bon et très brave garçon, mais aussi très peu endurant, surtout pour tout ce qui touche à son père, qu'il a le bon esprit d'aimer.

« Donc, M. Janin, mon capitaine, qui est à Chartres, lira votre article, car tout le monde vous lit, il se fâchera et viendra à Paris vous en demander raison, ce que je voudrais empêcher, je vous le jure ; tenez-vous donc sur vos gardes, je vous ai prévenu et c'est un bon service que je vous rends. »

Janin, fort mal à son aise, cherchait mille excuses et finit par dire : « *Mais, enfin, cet article n'est pas de moi, quoiqu'il porte ma signature.* »

« J'en suis désolé, reprit Dupaty, mais mon capitaine ne voudra avoir affaire qu'au signataire de l'article. »

Alors, Mme la marquise de Lacarte, désolée de voir la tournure que prenaient les choses et craignant pour les jours de son amant, s'écria :

« Je te le disais bien, que tu ne devais pas signer cet article qu'avait fait Victor Hugo ! »

J. Janin, pour parer le capitaine, fit insérer le lendemain dans les *Débats* un article rectificatif du premier.

Il avait été trompé par de fausses indications sur le mérite du nouvel académicien, auquel, mieux informé, il rendait pleine et éclatante justice.

Le capitaine était en effet venu à Paris. Il ne parlait que de couper les oreilles au feuilletonniste ; il lut l'article rectificatif et ne coupa point les susdites oreilles ; tout au contraire, il alla le remercier d'avoir rendu justice à son père.

Voilà le prince du feuilleton qui lève des impôts sur les auteurs et les acteurs. Telle première représentation lui rapporte 6 000 à 8 000 fr., arrachés par la peur à des auteurs craintifs, à de pauvres diables d'acteurs, qui subissent la loi du forban.

De jeunes et jolies actrices, pour éviter les critiques trop amères, sont obligées de venir prodiguer leurs charmes et leurs baisers à ce drôle.

Voilà le journalisme qui nous mène... hélas ! !

Mercredi 27 août

Léon de Laborde est nommé chevalier de 2e classe de l'ordre du mérite civil en Prusse ! !

On se demande pourquoi et à quel propos. Est-ce pour avoir publié des ouvrages sans texte ou pour n'avoir jamais imprimé que des pièces justificatives de son histoire des ducs de Bourgogne, etc., etc. ? Léon de Laborde est un intrigant, et c'est pour cela qu'il parvient, voilà tout.

Un autre intrigant qu'il faut nommer et stigmatiser, c'est Raoul Rochette, fort véreux à l'endroit de la probité.

Lorsque le gaillard eut terminé son ouvrage sur les peintures des vases grecs, il le porta au roi de Prusse, qui accueillit assez froidement l'académicien, ainsi que son présent, qu'il accepta toutefois.

Raoul Rochette n'entendant parler ni de tabatière avec chiffre en diamants, ni de décoration, court chez M. de Humboldt et lui explique sa déconvenue.

L'illustre Prussien rendait compte le soir même au roi de la visite du savant français.

Le roi réfléchit un moment ; puis, il dit à M. de Humboldt : « Je prends quatre exemplaires de son ouvrage. On donne de l'argent à cet homme ; mais on ne lui donne pas de décoration. »

Jeudi 28 août

Pour terminer mon premier carnet par une de ces folles joyeusetés qui font naître un rire homérique chez tous ceux qui les entendent, je vais transcrire la lettre de faire-part de la mort de M. le comte du Cayla. Cette lettre est envoyée par le prince de Craon (Beauvau), son gendre.

Mme du Cayla (qu'on ne l'oublie pas) amusa Louis XVIII jusqu'à sa mort et Louis XVIII était le plus libertin des hommes.

La lettre dont il s'agit porte en tête les armes de Beauvau, frappées au moyen d'un timbre sec.

Madame la Princesse de Craon,
Monsieur le Prince de Craon,
Monsieur le Prince Louis de Beauvau,
Mademoiselle la Princesse Isabeau de Beauvau,

ont l'honneur de vous faire part de la perte bien douloureuse qu'ils viennent de faire en la personne de

ACHILLE-PIERRE-ANTOINE DE BASCHI

Comte du Cayla, officier-supérieur, chevalier de l'ordre royal et militaire de Saint-Louis, pair de France, leur père, beau-père et grand-père.

Il était né à Paris, au Palais-Bourbon, le 17 février 1775. Il est mort le jeudi 14 août 1851, veille de l'Assomption, après avoir reçu les sacrements de la sainte Église. Issu de l'antique maison des comtes de Baschi-Farnèse, qui habitaient l'Italie au XIe siècle, il en était resté le seul et dernier descendant.

Vous êtes instamment prié de ne pas l'oublier dans vos prières.

Paris, le 19 août 1851

Il est impossible de composer une lettre plus niaise et plus vaniteuse ; elle est sotte comme Craon et orgueilleuse comme tous les Beauvau. La teinte religieuse lui a été donnée par Mme de Craon, bas-bleu sale et prétentieux, qui a la manie de vouloir convertir les protestants au catholicisme.

Craon a épousé Mlle du Cayla, non parce qu'elle est née des comtes de Baschi-Farnèse, qui habitaient l'Italie au XIe siècle, mais parce que sa mère, après avoir été quelque peu la maîtresse de Fouché, sous l'empire, trouva le moyen d'exciter les dernières lubricités de Louis XVIII, et qu'elle joua, pendant quelques années, un rôle de Maintenon.

Sosthènes de La Rochefoucauld la dédommageait des faiblesses du roi.

Jeudi 9 octobre

Je recommence aujourd'hui le travail de mes notes interrompu par la nonchalance du relieur, qui ne me livrait pas ce nouveau petit carnet.

Nous approchons de ce que tout le monde nomme la crise de 1852 ; aussi n'ai-je jamais tant entendu parler de conspirations. Chaque jour, les journaux enregistrent des complots découverts, inscrivent dans leurs colonnes des manifestes révolutionnaires publiés clandestinement.

La lie de la population cherche à rassembler les éléments d'une autre Jacquerie, et malheureusement les hommes qu'elle menacerait ne peuvent s'entendre et se réunir contre l'ennemi commun. Chacun marche individuellement dans le sentier où le conduisent ses petites passions, chacun cherche à faire triompher son opinion politique, qui n'est en réalité que l'intérêt de son égoïsme très étroit et très mal compris. De gens qui aiment leur pays d'un amour sincère, j'en connais peu ; l'amour-propre est aussi un grand moteur, et dans le siècle où nous vivons, il n'y a que trop de *génies* disposés à dire comme Louis XIV : « *L'État, c'est moi.* »

Je crains, en avançant dans ma rude besogne, d'avoir de bien tristes pages à transcrire sur ce livre. Hommes et choses, tout peut manquer à la fois et les cendres et les laves de notre volcan ne préserveront pas nos débris pour les siècles futurs, comme jadis les cendres et les laves du Vésuve ont préservé Pompéi et Herculanum.

Les hommes d'à présent qui servent l'État sont chancelants et incertains ; s'ils ne participent pas aux conspirations des partis, ils les connaissent et ils gardent le silence. Ainsi, au mois de juin 1850, M. de Billaudel, légitimiste dauphinois, fit le voyage de Bruxelles pour offrir à Serurrier, notre premier secrétaire de légation, la candidature aux élections de 1852. Serurrier refusa ; mais il aboucha son frère, préfet destitué, avec les comités légitimistes. M. de Billaudel est le chef d'une vaste association qui embrasse dix-huit départements du Midi. MM. Mollé, Berryer et Changarnier lui avaient recommandé les frères Serurrier.

Le diplomate est aujourd'hui premier secrétaire à Londres ; le second sollicite toujours une préfecture et se fait patronner par la Princesse Mathilde et par Mme de Salvage, vieille égérie de l'Élysée.

Les conspirations et les coups d'État n'ont pu aboutir jusqu'à ce jour par les mêmes raisons : lorsqu'il s'agit d'attacher le grelot, beaucoup reculent.

Le 21 septembre dernier, le coup d'État était prêt ; le 23, il était incertain ; mais à l'instant suprême, on n'osait plus compter sur quelques généraux, entre autres sur le général Carrelet, et le coup d'État a été remis [1].

Nous ne devons compter que sur l'imprévu.

1. Viel Castel est ici remarquablement informé. Rallié à l'idée d'un coup d'État depuis l'été, le Président décida d'ajourner le projet prévu pour le 17 ou le 22 septembre pour diverses raisons. Outre les hésitations de plusieurs généraux — dont Carrelet, successeur de Changarnier comme commandant de la place militaire de Paris —, deux éléments furent déterminants. Morny et Saint-Arnaud firent valoir le danger d'agir pendant des vacances parlementaires qui auraient laissé tout loisir aux représentants du peuple d'organiser la résistance dans leurs départements. En outre, le bruit de l'imminence de l'opération s'était répandu, à l'instigation en particulier de Carlier.

Vendredi 10 octobre

Rue des Petits-Champs, n° 33, en face de la rue Chabannais, il y a un rôtisseur-traiteur nommé Durand ; là se réunissent les chapeliers communistes. Dernièrement, un de leurs chefs mourut ; plus de 3 000 frères ont suivi son enterrement. Les propos les plus ordinaires de ce lieu de réunion roulent sur la guillotine qui attend les *aristos* en 1852. Les marchands de la rue des Petits-Champs qui ne sont pas allés à l'enterrement du chapelier communiste sont notés ; ceux qui y sont allés sont également notés ; les frères leur répètent chaque jour : « Vous êtes des poltrons si vous n'osez pas faire autrement ; prenez garde à vous en 1852. »

Léon Faucher, le ministre de l'Intérieur, nommé officier de la Légion d'honneur en huit jours, chevalier d'abord, puis officier, voudrait être commandeur avant le jour de l'an ; je tiens du maréchal Excelmans qu'il vient le solliciter pour obtenir cette faveur, avec un enfantillage ridicule. Cet homme, vaniteux à l'excès, s'est fait dernièrement recevoir à Reims au bruit et à la fumée de treize coups de canon.

Il est fort question de le remplacer ; il y a peu de jours, Romieu, l'auteur du *Spectre rouge*, avait des chances pour recueillir sa succession.

Samedi 11 octobre

Hier, il y a eu *grave* conseil des ministres chez le président ; il s'agissait de se prononcer sur la loi du 31 mai. Le ministère sautera sur cette question. Les amis du président croient qu'il serait bon de revenir à l'ancienne loi du suffrage universel, Dieu veuille qu'ils ne se trompent pas [1] !

4 heures. Tous les ministres s'en vont, à l'exception de Fould. Le président proposera le retrait de la loi du 31 mai.

Lundi 13 octobre

Continuation de la crise ministérielle. On nomme Baroche à l'Intérieur, Flahaut aux Affaires étrangères Saint-Arnaud à la Guerre.

---

1. La loi du 31 mai 1850 restreint le « suffrage universel » et rétablit sous une forme déguisée le suffrage censitaire. Elle impose, en effet, pour pouvoir voter, d'être inscrit au rôle de la taxe personnelle, de ne jamais avoir été condamné pénalement et de pouvoir justifier d'au moins trois ans de domicile continu. Visant directement le petit peuple qualifié par Thiers de « vile multitude », elle ampute le corps électoral de près de 3 millions de personnes (30 % de l'ensemble). Hostile à cette loi, contraire aux idées napoléoniennes, le Président l'a laissé voter pour mieux discréditer l'Assemblée avant de la critiquer puis d'en demander l'abrogation.

Mardi 14 octobre

Il paraît décidé que le cabinet tout entier se retirera devant le retrait de la loi du 31 mai. Émile de Girardin fait depuis quelques jours des coquetteries au président, dans l'espoir d'un *petit* ministère. Aujourd'hui, dit-on, tout doit être décidé. La presse dit ce matin : « *C'est aujourd'hui l'anniversaire de la bataille de Iéna.* »

Hier soir, j'ai dîné chez la Princesse Mathilde, rue de Courcelles. Elle semblait approuver le rapprochement des rouges et de l'Élysée, si les rouges veulent appuyer la révision, et elle louait le retrait de la loi du 31 mai par respect pour la Constitution, qui proclame le suffrage universel.

Je me suis alors permis de lui dire devant le vieux général Armandi : « Tous ces respects sont de l'hypocrisie ; le Prince ne peut continuer à gouverner la France qu'en violant la Constitution ; qu'il le fasse donc hardiment, noblement, le pays sera avec l'homme qui aura de l'audace, mais il sera contre l'homme qui prendra pour alliés les ennemis de la société et de la civilisation. »

Jeudi 16 octobre

Les ministres ne sont pas encore nommés. La commission de permanence s'est assemblée hier et doit avoir aujourd'hui une nouvelle réunion. Quelques personnes pensent que la Chambre sera convoquée. La Guéronnière m'a envoyé ce matin son article du *Pays* sur la question à l'ordre du jour. Je lui ai répondu sur-le-champ.

Les troubles du *Cher* continuent ; mais cette levée de boucliers de messieurs les rouges ne semble pas bien redoutable jusqu'à présent[1].

Les débats seront vifs à l'Assemblée sur les deux questions de *révision* et d'*abrogation*. Je crains fort, connaissant le patriotisme de nos hommes politiques, qu'aucun d'eux ne veuille sacrifier à la chose publique ses rancunes ou son amour-propre. Les plus remuants sont, en ce moment, Thiers et les orléanistes qui le suivent, et les légitimistes sans portée, tels que : Poujoulat, le phraseur lourd ; Nettement, l'ancien harangueur de la *Quotidienne* ; Dufougerais, qui a été longtemps directeur de la *Mode* ; puis La Rochejaquelein, gros important sans importance, qui s'agite par nature.

On ne s'aborde plus qu'en se demandant : « Avons-nous un

1. A l'instigation des sociétés secrètes, des troubles ont éclaté dans plusieurs cantons du Cher qui ont nécessité trois arrestations. Un groupe de paysans et d'ouvriers s'est alors dirigé sur Sancerre, où les trois hommes sont détenus, avec la volonté de les libérer. Par ailleurs, de nouveaux incidents se sont produits à Précy. Il faudra finalement faire venir des renforts de Bourges et de Nevers et procéder à de nouvelles arrestations pour ramener le calme. Voir *Le Moniteur Universel* du 17 octobre.

ministère ? » Et quand nous en aurons un, nous ne serons pas plus près d'une solution.

Nous commençons à nous habituer aux révolutions et on les regarde venir. Ma sœur Anne ne voit encore que la poussière qui poudroie et l'herbe qui verdoie.

La femme de Barbe-Bleue est bien malade.

Jeudi 23 octobre

Nous sommes toujours dans l'enfantement d'un ministère, les combinaisons se font et se défont avec une grande facilité. Hier soir chez la Princesse Mathilde on donnait comme certain la nomination de M. de Turgot au Commerce et du général Saint-Arnaud à la Guerre.

Turgot était, en 1830, officier dans la garde royale. Au moment de marcher contre l'émeute il donna sa démission ! Trois jours plus tard, il portait et il porte encore la croix de juillet, donnée à ceux qui tirèrent sur la garde[1].

Jadis, on aurait nommé un tel homme un *jean-foutre*, aujourd'hui on le nomme ministre.

Mercredi 29 octobre

Depuis hier, le ministère est formé. Les noms des élus sont au *Moniteur*. La rente a fait 12 centimes de hausse. Aussitôt le ministère a été nommé : le ministère de *deux sous et demi*.

Turgot fait lever les épaules, il est ministre des Affaires étrangères.

Le général Saint-Arnaud, ministre de la Guerre, est un mangeur criblé de dettes comme le général Magnan, commandant en chef de l'armée de Paris et dont les meubles sont souvent saisis et vendus. Fleury, lieutenant-colonel, officier d'ordonnance du président, lui est, dit-on, donné comme secrétaire général ; c'est aussi un mangeur, dont le président paye assez souvent les dettes. Fleury est l'amant de la marquise de Contades (Mlle de Castellane), qui a ruiné mon ami Coislin et qui a roulé un peu dans le duvet de tous les lits.

Mais, pour en revenir au ministère, je n'en augure rien de bien merveilleux. C'est un plâtrage pour masquer une situation. Nous approchons des actions décisives. Le président a voulu tenter une sorte de coup d'État, mais ses adhérents n'ont pu s'entendre et le préfet de police, Carlier, allait trop vite.

Le préfet de police, nommé hier, est un M. de Maupas, préfet de la

---

1. En fait, la croix de Juillet visant à récompenser les combattants des Trois Glorieuses fut instituée par la loi du 13 décembre 1830 et vit sa forme, sa couleur et son port réglés par une ordonnance du 30 avril 1831. Il y a donc exagération manifeste de la part de Viel Castel.

Haute-Garonne, que je connais comme chanteur de romances dans les salons.

Vendredi 31 octobre

Encore du Véron ! Depuis trois jours la polémique du *Constitutionnel* est perfidement hostile et frappe sans ménagements sur les amis du président.

Persigny est le plus abîmé par les boutades du docteur. En voici la raison :

Didier, sous-préfet de St-Denis, protégé de Véron, a été déplacé et nommé à la préfecture d'Oran (Algérie). Didier ne veut pas quitter la France, de là toute la colère du *Constitutionnel*. Didier déplacé, qu'importe la France ! Didier déplacé, qu'importe le président et le parti de l'ordre ? Véron abuse de sa position semi-officielle pour annoncer chaque matin des nouvelles alarmantes, pour prêter au président des intentions qu'il n'a pas, pour donner le texte ou du moins le sens d'un faux message. On parlemente avec Véron, on lui dépêche Mocquard, le chef du cabinet de la présidence ; il le met à la porte ; enfin, on capitule et Didier sera préfet en France ! Tout cela est honteux !

Le marquis de Belmont, Briançon, beau-fils de M. de Crouseilhes, ministre démissionnaire de la Justice, est nommé par une ordonnance *in extremis* chevalier de la Légion d'honneur. L'ordonnance établit par deux mensonges les motifs de cette nomination : « Ancien officier de cavalerie ayant rempli des missions à l'étranger. »

Belmont n'a jamais eu que le grade honorifique d'officier au service de Bavière pour pouvoir porter un uniforme quelconque, et jamais il n'a été chargé de missions.

Pauvre croix de la Légion d'honneur, où vas-tu t'égarer ?

Belmont n'est connu que comme un joueur de tripots, un ex-coureur de filles, entretenu par Mme de Lauriston, jusqu'à son mariage. C'était un homme taré, c'est un homme décoré aujourd'hui. On peut l'accoupler à Guy de la Tour du Pin, sali par l'histoire fangeuse qui fit que Mme Ch. de Fitz James s'est exilée du monde.

Hier, à la première représentation de Bettine, charmante petite pièce de Musset, jouée au théâtre du Gymnase, Théophile Gautier et les autres feuilletonnistes trônaient au balcon, décorés de rubans rouges ; les airs de fatuité, l'importance de ces écrivailleurs ne sauraient se décrire. Ces laquais de la littérature décorés de la Légion d'honneur, cela soulève le cœur !

Théophile Gautier, auteur d'un mauvais roman, aussi immoral, aussi indécent que *Thérèse philosophe* ; Théophile Gautier, tout nourri des œuvres du marquis de Sade... décoré !

Janin décoré !

On donnera sous peu des croix aux héros des tapis francs et de la *haute pègre*.

Dans la diplomatie, on est surpris par une pluie de croix, on en est trempé et cela ne sèche jamais, je le conçois. Les diplomates sont à l'heure présente des commis voyageurs, chargés de faire connaître au monde les rubans, les croix et les plaques des nations civilisées ou non ; mais un feuilletonniste, le rat rongeur et puant de l'égout social, pourquoi le décorer ? Marquez-le plutôt.

Le président inaugure aujourd'hui une église qu'il a fait élever à St-Leu Taverny pour servir de St-Denis à sa race. L'église d'un style roman est d'un goût parfait, simple, bien construite, et fait honneur au Prince qui l'a ordonnée et à l'architecte, M. Delacroix, qui l'a édifiée.

On vient de me raconter, sur l'ignorance des feuilletonnistes, une bonne anecdote ; je la tiens d'Eudoxe Soulié, fils de Soulié, ancien rédacteur de la *Quotidienne*.

Lorsque J. Janin travaillait à son roman de Barnave, il rencontra Soulié au café et il lui dit : « Répondez-moi *un peu*, Soulié, vous qui savez tant de choses : Mirabeau vivait-il encore le 21 janvier 1793 [1] ?... »

J. Janin est un des *princes* de la presse : *ab uno disce omnes* [2] !

J'ai dîné avec La Guéronnière, rédacteur en chef du journal *Le Pays*, c'était, je crois, avant-hier. Il m'a pressenti sur son ralliement à la politique du président. J'ai fait savoir la chose au Prince et j'ai conseillé *de voir* La Guéronnière, qui est homme d'esprit, d'intelligence et qui pourra être utile ; il serait bien d'inquiéter Véron par la crainte de l'influence de ce nouveau venu.

Samedi 1er novembre

La Princesse Mathilde, chez laquelle j'ai dîné hier, m'a dit que la croix pour Belmont avait été demandée directement au président par Mme de Belmont.

Cette croix ne pourrait être gagnée que par le motif qu'il n'y a jamais eu d'homme plus souvent blessé par la v... que Belmont, et c'est sa femme légitime qui la demande.

1. Si le fait est vrai, il montre l'inculture de Jules Janin tant la mort de Mirabeau, survenue le 2 avril 1791, a frappé les contemporains et représenté un moment clé de la Révolution. Des cérémonies funèbres se déroulèrent à travers tout le pays et des bustes du grand orateur se vendirent par milliers. Mirabeau eut surtout droit à des funérailles grandioses et sa dépouille fut la première à recevoir les honneurs du Panthéon, le 4 avril, avant d'être dépanthéonisée en 1793, après la découverte de l'armoire de fer et des conseils généreusement rémunérés qu'il prodiguait à la Cour.

2. « A partir d'un connais-les tous. »

Pourquoi ne pas la donner à son beau-frère Léopold d'Ivry, l'homme qui a tué le plus de lapins en France, je le concevrais !

Laurent Jan, le plus spirituel des *bohèmes* de la presse, a fait en quelques mots les portraits de Lamartine et de Musset ; les voici :

> Lamartine : c'est *La Marseillaise* dans une église ; Musset : c'est une pêche sur des orties.

Je ne puis, pendant que je suis en train de citer les spiritualités de notre époque, résister au désir de transcrire l'épigramme contre Fiévée, faite par Michaud, le bonhomme auteur de l'histoire des Croisades.

Fiévée vivait maritalement avec Théod. Leclerc, l'auteur des proverbes, et cette liaison était fort connue :

> Des soins divers, mais assidus
> De Fiévée occupent la vie ;
> Comme B... il salit les cus,
> Comme écrivain il les essuie [1].

Mardi 4 novembre

Aujourd'hui, après un repos de plus de deux mois, nos représentants se remettent à la besogne. Dieu veuille faire descendre sur eux et en eux l'esprit de sagesse. Jamais la France n'a eu besoin de médecins plus habiles. Malheureusement aucun parti n'abandonnera ni ses prétentions ni ses intrigues. La France est à l'agonie, n'importe, elle ne doit guérir que d'une certaine façon. Il y avait, ces jours derniers, une belle petite intrigue pour profiter de la première occasion de conflit ou de dissidence entre la Chambre et le président, et mettre ce dernier en accusation. Changarnier devait être nommé dictateur par la Chambre.

Lorsque les premières nouvelles du changement de ministère furent officielles, le général Changarnier, croyant voir approcher le moment de sa dictature, accourut de sa campagne à Paris. *Les gobe-mouches racontent* que le préfet de police, Carlier, se transporta aussitôt à l'Élysée et dit au président : « Prince, je crois devoir vous prévenir de l'arrivée subite à Paris de M. le général Changarnier. »

Louis-Napoléon répondit avec le plus grand calme : « Cela ne doit pas vous étonner, monsieur Carlier, car c'est vous qui l'y avez appelé par une lettre écrite il y a quatre jours. »

Le préfet de police atterré ne savait que dire, toute l'intrigue se trou-

---

1. Joseph Fiévée, écrivain, journaliste, conseiller secret de Napoléon puis maître des requêtes au Conseil d'État, afficha sa liaison avec le poète Théodore Leclerc lorsqu'il devint préfet de la Nièvre en mars 1813, à l'indignation des notables nivernais. C'est dans les bras de son ami qu'il mourut en mai 1839. Sur ce personnage original, on lira avec intérêt la biographie de Jean Tulard, *Joseph Fiévée, conseiller de Napoléon*, Paris, Fayard, 1985.

vait éventée, il se retira, puis écrivit, demanda une autre audience et voyant enfin qu'il ne pouvait rendre de la confiance au prince, il donna sa démission[a].

Hier soir, Louis-Napoléon ouvrit ses salons. Léon Faucher et Carlier s'y trouvaient. L'accueil fait à Carlier a été plus que froid ; cet homme se présente comme candidat au poste de colonel de la 2e légion de la garde nationale de Paris. Le président voit cette candidature si peu favorablement qu'il favorisera celle du général Bougenel, qui accepte de se porter contre l'ancien préfet de police.

A qui se fier par le temps où nous vivons ? Les bons serviteurs d'hier sont nommés traîtres par quelques intrigants à qui l'ambition de jouer un rôle bien ou mal tourne la tête. Changarnier veut être le Monk de son époque, en prévision d'un titre de connétable ; Carlier rêvait, disent les sots, un duché et les honneurs de la cour ?

Véron, quoique Didier ait été nommé préfet de l'Ariège, boude toujours ; cet Achille s'enferme sous sa tente et laisse sa fureur s'exhaler en propos plus que vifs contre Persigny : « De quoi se plaint cet homme, s'écrie l'Achille du *Constitutionnel* ; je l'ai traité de mauvais petit officier, j'aurais dû dire mauvais petit sous-officier. » *Le Constitutionnel* a failli tourner à l'opposition, parce que Didier était envoyé à Oran !

Depuis l'invasion de l'élément bourgeois dans les affaires de l'État, la France en est arrivée à ce point que quelques mauvais journalistes mènent le pays. La pairie de Louis XIV est remplacée par la pairie de la presse, dont les trois grands ducs sont à l'heure présente : Bertin des *Débats*, Véron du *Constitutionnel* et Girardin de la *Presse*.

Juvénal, où es-tu ?

Mercredi 5 novembre

J'ai dit hier comment Carlier avait perdu la préfecture de police ; je dois dire aujourd'hui comment Maupas y est arrivé. C'est lui qui, ayant découvert toute l'intrigue Changarnier, est venu dire au président : « Monseigneur, on vous trahit et la preuve de ce que j'avance, la voici. » En même temps, il présentait au prince la copie de la lettre écrite pour presser le général de se rendre à Paris[b].

Le message a été lu hier ; ce document fort étendu, est net, sage, bien raisonné et fort calme. Il a été mal accueilli par la droite, Berryer en tête. Le vent des orages a déjà fait entendre sa voix dans l'enceinte législative.

---

a. Toute cette histoire sur Carlier, répandue à dessein, était fausse ; Carlier voulait, au contraire, hâter le 2 décembre. b. Nouvelle histoire répandue par les amis de Maupas. Carlier marchait d'un pas ferme ; on a cru quelques jours à cette bourde.

J'attends aujourd'hui La Guéronnière, rédacteur en chef du *Pays*, pour ménager son avancement dans la politique gouvernementale. Le président a dit hier qu'il le recevrait et causerait avec lui. Dieu veuille que je persuade tout à fait cet homme distingué de s'unir à la politique du pouvoir ; nous allons avoir besoin de toutes les forces honnêtes, de tous les gens de cœur et d'intelligence ; nous sommes à la veille de 1852.

Jeudi 6 novembre

La Guéronnière est venu hier me raconter son entrevue avec le président ; il en est enchanté et me sait bon gré de ce rapprochement. Lamartine perdra son influence sur le *Pays* et 50 000 fr. qu'il y touche par an ; ce qui lui sera au moins aussi sensible, c'est de perdre un organe dans la presse au moment où l'on se prépare à une compétition aussi grave que celle du poste de président contre Louis-Napoléon. Lamartine est un vieux fou. La Guéronnière peut rendre et rendra de grands services à la cause de l'ordre ; c'est un homme qu'il a fallu dégager de ses patrons, Girardin et Lamartine ; il les estime à leur juste valeur.

« Lamartine, me disait-il hier, est un homme qu'aveugle sa personnalité et qui ne croit qu'à lui. Girardin est impossible à suivre dans ses évolutions si brusques, il n'a ni consistance, ni valeur politique ; l'arme de son journal est usée.

« Quant à nous, gens du *Pays*, ajoutait La Guéronnière, nous ne voulons pas jouer le rôle de Girondins ; certes nous n'avons pas leur talent, mais nous espérons n'avoir pas besoin de l'échafaud pour retrouver notre courage. Nous soutiendrons le gouvernement dans la nouvelle voie où il s'est engagé, et je maintiendrai la ligne de notre politique, malgré Lamartine ; rapportez-vous-en à moi.

« Le président m'a plu beaucoup, il est calme, réfléchi, et comprend sa situation et la situation. »

J'ai répondu à La Guéronnière que cette entrevue me charmait, parce qu'il la fallait, pour faire se connaître et s'unir dans l'intérêt de tous, des hommes d'ordre sincèrement animés de l'amour du bien. « Le président, ai-je ajouté, n'a eu affaire jusqu'à présent qu'aux larrons de la presse ; il était temps, pour la dignité de la presse elle-même et dans l'intérêt public, qu'il connût les hommes honorables qu'elle compte parmi ses directeurs. Vous êtes un homme de bonne compagnie, cela a dû le surprendre, il n'a pas été gâté.

— Nous ne nous imposons pas et nous ne demandons rien surtout », a répliqué La Guéronnière.

Je dois le revoir ces jours-ci.

Le soir, j'ai dîné chez la Princesse Mathilde avec Fould, l'ex-ministre des Finances, le chargé d'affaires de Russie, Kisseleff, et le Comte A. de Caumont. J'ai causé avec la Princesse de l'entrevue de La Guéronnière et du président, elle en a été très satisfaite ; puis nous avons causé de la situation des affaires :

« Les *intrépides* de l'Assemblée cherchent toujours le moyen d'envoyer Louis à Vincennes », m'a-t-elle dit. Et comme je témoignais quelque étonnement : « Ce renseignement est positif », a-t-elle affirmé d'un ton sérieux.

J'ai fait part à la Princesse de mon projet de faire signer par le commerce de Paris une adresse d'adhésion à la politique du président. Ce projet, qui aurait s'il se réalisait pour effet immense d'enlever la bourgeoisie à l'opposition, a beaucoup souri à la Princesse, elle l'a jugé digne de toute attention.

Je pense activement à sa réalisation.

Le soir, un peu tard, je suis allé à l'Opéra, la salle était pleine d'inconnus. Cependant, aux premières loges, j'ai remarqué Thiers et *ses femmes* en deuil de la duchesse d'Angoulême ! Puis, aux avant-scènes des baignoires, Mme Lehon et Morny [1]. Dans les loges des premières, beaucoup de femmes entretenues, couvertes de diamants.

Vendredi 7 novembre

Les événements se pressent, la situation se dessine, l'Assemblée nationale déclare ouvertement son hostilité contre le président. Les questeurs ont déposé une proposition pour revêtir leur président, Dupin, du droit de requérir l'armée qu'il croira utile à la sûreté de nos représentants, et de la faculté de nommer un général en chef à cette armée. L'urgence est demandée.

Si cette proposition est accueillie, nous entrons en pleine guerre civile. Si cette proposition est accueillie, le Prince Napoléon sera placé en face de résolutions extrêmes. C'est une lutte à mort entre l'Assemblée et lui.

Nos députés sont des fous que l'expérience n'éclaire pas et n'éclairera jamais. Périsse la France, mais que leur amour-propre, leur vanité soient sauvés. Changarnier, furieux de n'être plus rien, cherche à mettre le feu aux quatre coins du pays, pour ressaisir un peu de pouvoir ; il est aujourd'hui le héros de cette croisade, contre le prési-

---

1. Les « femmes » de Thiers sont, outre sa femme Élise Dosne, sa belle-mère Sophie et sa belle-sœur Félicie. Selon Charles de Rémusat, l'homme d'État aurait eu une liaison avec Sophie avant de devenir son gendre (*Mémoires de ma vie*, Paris, 1951, t. III, p. 54 et suiv.). Les mauvaises langues prétendent même que Thiers entretient aussi une relation extraconjugale avec Félicie. Quant à Morny, il n'hésite pas à s'afficher en compagnie de sa maîtresse, Fanny Le Hon, épouse de l'ancien et premier ambassadeur de Belgique en France.

dent, des prétendus amis de l'ordre. Il espère reprendre un commandement en chef par la grâce de Dupin, qui deviendrait toujours de par *notre bienheureuse constitution*, tout à la fois pouvoir législatif et pouvoir exécutif. Quel gâchis !

L'Assemblée, avec une armée à ses ordres et un général en chef pour la commander, c'est la Convention, et quelle Convention !

Toute l'intrigue arrive peu à peu à ma connaissance. Changarnier est l'homme de la fusion. Le comte de Chambord a écrit à Berryer de faire porter les voix légitimistes sur lui. Les princes de la maison d'Orléans ont écrit la même chose à l'amiral Baudin pour les orléanistes. Thiers souffle toute la machination ; Changarnier, dictateur militaire ; Thiers président ; un directoire civil ; Louis-Napoléon à Vincennes, après l'avoir dépouillé une à une de ses prérogatives. Voilà le but que se proposent *ces messieurs*.

G. de Lasteyrie, Mornay, Montebello, Dupin, Molé, les légitimistes sont tous au complet, on en cause ouvertement. Thiers ne dissimule plus ses espérances ; on croit être sûr du succès. Aura-t-on vendu la peau de l'ours avant de l'avoir mis par terre ? Quelques jours encore et nous le saurons.

Je viens d'écrire à La Guéronnière pour qu'il fasse un grand article sur tout cela.

D'Albuféra, avec sa bêtise, va pleurnicher chez ses amis en disant : l'Élysée est perdu !

La faction Thiers prétend que le président ne peut compter que sur trois régiments. Enfin, comme toujours, il court mille bruits, il se répand mille rumeurs qu'inventent les malveillants et que répètent ou propagent les niais ou les sots.

Lorsque le président a été informé de la proposition de MM. les questeurs, il n'a dit que :

« Tant mieux ; ces messieurs se dessinent enfin ! »

Lamoricière doit parler contre la proposition comme subversive de toute discipline dans l'armée.

Le président me demande communication de mon projet d'adresse du commerce parisien. La Guéronnière me répond à l'instant même qu'il partage mes idées sur la façon d'envisager les menées des partis dans l'Assemblée, et qu'il va les frapper aux yeux de la France par la publicité.

Samedi 8 novembre

J'ai dîné hier chez la Princesse Mathilde ; Clary, le représentant, s'y trouvait. Il m'a dit que l'Assemblée reculait devant la belliqueuse incartade de ses questeurs. Dupin l'a fait appeler et l'a chargé d'assurer le président qu'il repousserait de toutes ses forces le pouvoir dont on voulait l'investir. Baze en sera encore pour ses frais de vaillance. Qu'inventera la coalition ?

Dimanche 9 novembre

J'ai dîné hier avec La Guéronnière, qui avait témoigné le désir de me parler. Il m'a dit d'abord combien ma lettre d'avant-hier lui a paru intéressante et qu'il l'a mise en article (premier Paris) dans le *Pays*. Il m'a révélé ensuite une nouvelle trahison commise par un des dépositaires du pouvoir. M. Leroy, ancien préfet, secrétaire général actuel du ministère de l'Intérieur, avant tout créature de M. Thiers, a des entrevues avec ce personnage et lui fait porter le travail du ministère. On le voit le matin de bonne heure sortir avec un portefeuille de l'hôtel de la rue St-Georges.

La trahison est encore puissante, elle a encore bien des positions dont il serait plus que nécessaire de l'expulser.

Je fais savoir ce que m'a appris La Guéronnière au président, il avisera.

Si l'abrogation de la loi du 31 mai est consentie par l'Assemblée, aussitôt après le vote, le ministre de la Guerre doit monter à la tribune et déclarer à MM. les représentants qu'ils sont tous prisonniers. Le triage se fera après, pour séparer l'*ivraie* du *bon grain*, et l'*ivraie* sera mise dans l'impossibilité de nuire. Pour appuyer la déclaration du ministre, cinq régiments cerneront l'Assemblée.

Ce projet hardi ne doit pas être regardé comme chimérique, j'en tiens le secret de *bonne source*, et si je l'inscris sur mon livre, c'est que je ne doute pas et que je ne peux pas douter de la réalité de sa conception. Le ministre de la Guerre est tout prêt à jouer son rôle ; l'armée est bien disposée et ne demande que l'ordre d'agir. Depuis qu'il est question de la proposition des questeurs, les protestations militaires pleuvent à l'Élysée et au ministère contre cette monstruosité.

Les temps qui approchent sont gros d'événements ; je préfère la crise la plus vive au laisser-aller, à l'atonie qui nous ronge.

Marrast a eu une attaque de paralysie, il est mourant. Le prince Paul de Wurtemberg est mourant aussi.

Lundi 10 novembre

Voici l'allocution adressée hier, dimanche, par M. le président de la République aux officiers des régiments nouvellement arrivés à Paris et qui lui ont été présentés par M. Magnan, général en chef de l'armée de Paris.

Comme ce discours dessine vivement la situation, je le rapporte ici :

MESSIEURS,

En recevant les officiers des divers régiments de l'armée qui se succèdent dans la garnison de Paris, je me félicite de les voir animés de cet esprit militaire qui fit notre gloire et qui fait aujourd'hui notre sécurité. Je ne vous parlerai donc ni de vos devoirs, ni de la discipline. Vos devoirs, vous les avez toujours remplis avec honneur, soit sur la terre d'Afrique, soit sur le sol de la France, et la discipline, vous l'avez toujours maintenue intacte à travers les épreuves les plus difficiles. J'espère que les épreuves ne reviendront pas, mais si la gravité des circonstances les ramenait et m'obligeait de faire appel à votre dévouement, il ne me faillirait pas, j'en suis sûr, parce que, vous le savez, je ne vous demanderai rien qui ne soit d'accord avec mon droit reconnu par la Constitution, avec l'honneur militaire, avec les intérêts de la patrie ; parce que j'ai mis à votre tête des hommes qui ont toute ma confiance et qui méritent la vôtre ; parce que, si jamais le jour du danger arrivait, je ne ferais pas comme les gouvernements qui m'ont précédé, et je ne vous dirais pas : « Marchez ! je vous suis » ; mais je vous dirais : « Je marche ; suivez-moi ! »

Mardi 11 novembre

La proposition des questeurs revient sur l'eau. L'Assemblée se donne le plaisir de conspirer contre Louis-Napoléon. Les impatients, les ardents parlent maintenant de l'envoyer à Vincennes. C'est, disent-ils, l'affaire d'un coup de main et personne ne s'en apercevra.

Le général Thierry remue ciel et terre pour les princes d'Orléans.

Changarnier et Lamoricière espèrent s'installer au pouvoir en se liant avec tous les partis.

M. Molé se rajeunit dans les conciliabules des conspirateurs. Thiers envenime la situation. Rémusat et Jules de Lasteyrie l'aident dans cette patriotique besogne. Les orléanistes se croient sûrs du succès ; les légimistes aussi, et les socialistes se réjouissent.

Le président paraît décidé à la plus grande énergie.

4 heures du soir. Le bruit se répand que la Chambre doit demain mettre le président en accusation et le faire conduire immédiatement à Vincennes. D'un autre côté, on annonce un coup d'État du président pour répondre à celui de l'Assemblée, qui a déjà, dit-on toujours, son dictateur nommé dans la personne de Changarnier et son directoire tout prêt.

Les fous l'emporteront-ils ?

Jeudi 13 novembre

Aujourd'hui, grande discussion à l'Assemblée sur le retrait de la loi du 31 mai.

La situation est grave et je crois le président décidé à soutenir hardiment sa haute lutte contre l'Assemblée.

Hier, le ministre de la Guerre a fait déchirer, dans les casernes, l'ordre affiché sous la Constituante, d'obéir aux réquisitions du président de l'Assemblée. Cette mesure présage la façon dont le pouvoir exécutif entend s'opposer à la proposition des questeurs déclarée inconstitutionnelle, car le pouvoir qu'elle voudrait remettre au président de l'Assemblée, n'est pas inscrit dans la Constitution et n'a appartenu, avant la promulgation de la constitution, qu'au président d'une *Constituante*. Telle est l'opinion du gouvernement et il paraît décidé à la soutenir très vertement.

Dimanche 16 novembre

L'abrogation de la loi du 31 mai a été repoussée par l'Assemblée à six voix de majorité. Clary est honteux d'avoir voté contre le président ; Lamartine, malade, n'a pu prendre part au vote. Enfin, cette victoire de l'Assemblée est, s'il est permis de se servir de cette expression, tirée par les cheveux.

Baze, ses adhérents et le général Changarnier ont été pris de peur après ce vote ; ils ont passé une nuit très agitée à la questure avec des pistolets devant eux.

Thiers, dans son hôtel de la rue ou place St-Georges, n'était pas sans inquiétude. Tous ces messieurs et bien d'autres croyaient d'être arrêtés.

Leurs craintes avaient quelque fondement ; à la réouverture de l'Assemblée et en présence de son hostilité déclarée, Carlier avait proposé de faire arrêter tous les chefs et les plus remuants, de les diriger par un convoi spécial sur le Havre, et de les faire embarquer immédiatement pour l'Amérique du Sud. Il demandait la mise en état de siège de Paris, et répondait de tout. L'affaire se serait exécutée en une nuit, sans le concours des troupes, et le lendemain, lorsque Paris se serait occupé de ce coup d'État, les gens arrêtés auraient déjà été embarqués.

Le président a refusé, soit qu'il n'ait pas trouvé de vigueur dans son ministère, soit qu'il ait encore voulu attendre.

Demain, la discussion commencera sur la proposition des questeurs ; si l'Assemblée l'adopte, comme tout le fait présager, je crois le président décidé à un coup d'État. Magnan, le général en chef de l'armée de Paris, n'est pas très vigoureux ; mais Saint-Arnaud, le ministre de la Guerre, l'est, dit-on, beaucoup.

Nous sommes à la veille de graves événements, chacun a voulu sauver la France à soi seul et nul n'a voulu la sauver avec son voisin. Nous sommes tous des fous.

Avant-hier, le ministre de l'Intérieur m'a nommé secrétaire des musées, c'est-à-dire secrétaire général.

Aujourd'hui a lieu le tirage de la loterie des lingots d'or. J'ai pris, hier soir, trois billets ; mais la fortune n'a jamais frappé à ma porte.

Mardi 18 novembre

La proposition des questeurs a été repoussée par 408 voix contre 300.

Ce vote éloigne la solution. Le président était énergiquement décidé à ne pas être vaincu, les moyens extrêmes étaient prêts, et l'armée aurait marché à la voix de son chef.

Hier soir, à la réception de l'Élysée, les officiers s'y trouvaient en masse et ne dissimulaient pas leur antipathie contre l'Assemblée.

La bombe éclatera un de ces jours. Les chefs des vieux partis sont furieux parce qu'ils se sentent usés. Je crois le dénouement prochain.

Jeudi 20 novembre

Hier, j'ai dîné chez la Princesse Mathilde, et le soir, j'ai fait la tournée des ministères de l'Intérieur, des Travaux publics et de l'Instruction. J'ai été bien reçu partout. Le secrétaire général, M. Leroy, à l'Intérieur, m'a témoigné sa satisfaction de ma nomination au poste de secrétaire de la direction générale des musées. M. Giraut, ministre de l'Instruction, m'a accueilli d'une façon très amicale.

Je suis revenu, ma tournée faite, chez la Princesse, où j'ai trouvé le général Baraguay d'Hilliers et le maréchal Excelmans. On a beaucoup causé de la dernière crise à propos de la proposition des questeurs.

Après la déclaration du ministre de la Guerre sur l'enlèvement de l'arrêté relatif à la réquisition directe dans les casernes, Baze, le général Changarnier aidant, avait eu la velléité de faire arrêter le ministre par le commissaire de police de l'Assemblée ; mais la réunion des Pyramides a fait défection aux questeurs et les ordres déjà donnés ont été retirés.

Le ministre, informé du projet, sortit de l'Assemblée ; des instructions envoyées aux troupes les avaient consignées. Aujourd'hui, la majorité ancienne est *abasourdie*, elle pleure son impuissance, qu'elle craint cependant de s'avouer à elle-même.

Auguiot, chassé du musée, menace et croit effrayer ; son cousin Chanay, le député rouge, de Lyon, a voulu hier intimider le ministre de l'Intérieur en dénonçant la possibilité d'interpellations à la tribune au sujet du renvoi du drôle. Le ministre a refusé d'entendre Chanay.

En rentrant le soir au Louvre, Nieuwerkerke m'a dit : « Je suis d'autant plus aise de vous voir dans votre nouvelle position, jadis occupée par le vicomte de Sennone, puis par M. de Cayeux, qu'elle vous porterait tout naturellement à me succéder comme directeur général des musées, si, par une cause quelconque, je me retirais. »

Le président et le ministre répondent du dévouement de Leroy ; ils ne peuvent croire à ses visites chez Thiers. Je reparlerai de cette affaire à La Guéronnière.

Mercredi 26 novembre

La situation politique est toujours la même ; jusqu'à présent, tout se passe, du côté de l'Assemblée, comme du côté du président, en discours menaçants, mais sans résolutions. Les deux pouvoirs sont ennemis irréconciliables. Chacun d'eux attend une occasion pour frapper son adversaire, il faut seulement trouver le défaut de la cuirasse.

Le discours du président pour la distribution des récompenses aux exposants de Londres est incisif, il a été à plusieurs reprises vivement applaudi, la phrase contre M. Thiers surtout.

Que dira l'Assemblée aujourd'hui ?

Dans les couloirs de l'Assemblée et chez les secrétaires de la présidence, on se vante de pouvoir, avant peu, mettre le président de la République à Vincennes ; ces gens qui se révoltent lorsqu'on les traite de conspirateurs tiennent cependant ce langage.

Paris va nommer un député. La bourgeoisie de Paris est toujours la même race vaniteuse et incapable, qui laisse passer toutes les révolutions ; ils jouent comme les enfants avec les allumettes chimiques et sont très étonnés d'incendier leurs maisons.

Le candidat qui réunit les suffrages est un ancien chocolatier nommé Devinck, vaniteux bourgeois, un de ces hommes enfin qui aiment à donner, comme en 1848, des leçons au pouvoir.

Depuis soixante ans, la bourgeoisie est aux affaires et le pays est déchu de la moitié de son importance. Bourgeois !... bourgeois, grondez vos cuisinières, vous n'êtes que des omelettes soufflées de vanité et d'ignorance.

Mardi 2 décembre

Le coup d'État est accompli !... L'Assemblée est dissoute, le Conseil d'État est dissout ; un grand nombre d'arrestations ont eu lieu cette nuit.

Lamoricière, Changarnier, Bedeau sont arrêtés avec beaucoup d'autres. Le président Dupin[a] et quelques membres de l'Assemblée, réunis au Palais législatif, ont voulu protester ; mais ils ont été forcés

a. Faux bruit (pour Dupin) comme on le verra dans la suite de mes récits.

d'évacuer la salle. On dit que quelques députés et des hommes du peuple ont été blessés en cherchant à forcer les consignes[1].

Il est midi et demi. Je prépare la dernière travée de la grande galerie du Louvre, pour placer des troupes. Les bruits les plus contradictoires circulent : suivant les uns, les *rouges* veulent tenter quelque algarade ; suivant les autres, tout va bien. Il faut attendre à ce soir.

La troupe criait : « Vive l'empereur. »

Le suffrage universel est rétabli. Louis-Napoléon demande le pouvoir décennal ; les élections sont annoncées pour le 14.

Enfin, la crise est commencée, il s'agit de bien jouer la partie.

Morny est ministre de l'Intérieur.

Le général Lovoëstine commande la garde nationale.

Toute cette affaire a été conduite dans le plus grand secret ; aucune des personnes arrêtées n'avait de soupçons.

C'est aujourd'hui plus que jamais qu'il faut dire : Dieu sauve la France !

1 heure trois quarts. La Rochejaquelein, qui pérorait au milieu d'un groupe devant un poste, vient de se faire maltraiter par la populace.

Mon cabinet ne désemplit pas de gens qui s'offrent à soutenir le mouvement.

2 heures et quart. Cavaignac est arrêté, dit-on.

Sur le boulevard, à la hauteur de la rue Taitbout, les groupes sont nombreux ; quelques agitateurs pérorent, mais il n'y a pas de mot d'ordre, les rues sont militairement gardées. Le faubourg St-Denis est calme, le faubourg Poissonnière aussi.

Les gens du journal *Le National* cherchent à causer de l'émotion, je doute qu'ils y parviennent[2].

3 heures et quart. La Patrie vient de paraître ; elle contient les noms de quelques-uns des représentants arrêtés. Cette nuit, le préfet de police avait rassemblé les commissaires et leur délivrait des mandats d'arrestation en leur disant : « *Si vous hésitez, j'ai d'autres commissaires tout prêts*. »

Thorigny n'a su sa destitution que par l'arrivée au ministère de Morny, suivi de quatre mille soldats.

---

1. Les conjurés ont prévu d'arrêter 78 personnes dont 16 représentants orléanistes ou républicains. Ces derniers sont appréhendés à l'aube sans aucune difficulté. La soixantaine de leurs collègues qui ont réussi à pénétrer au Palais-National pour tenter d'y organiser la résistance sont expulsés par le 42e de ligne commandé par le colonel Espinasse. Devant le bâtiment, quelques heurts se produisent : Moulin, l'un des secrétaires de l'Assemblée, reçoit un coup à la tête et Larcy est éraflé à la cuisse par une baïonnette. Voir Éric Anceau, « Les représentants du peuple et le coup d'État du 2 décembre 1851 », *Parliaments, Estates and Representation,* Aldershot, Ashgate, 2003, vol. 23, p. 69-87.

2. Ce journal, fondé en janvier 1830, devenu républicain quelques années plus tard à l'instigation d'Armand Carrel et opposant de la première heure à la politique du Président, tente d'appeler la population à résister au coup d'État, mais ses bureaux sont rapidement occupés. *Le National* ne survivra pas au 2-Décembre.

L'Assemblée, au nombre de deux cents, a voulu se réunir à la mairie du Xe arrondissement. Elle signait la déchéance du président ; il y a eu des arrestations[1].

Encore rien de grave dans Paris.

Mercredi 3 décembre

La nuit a été calme, toutes les troupes étaient rentrées.

Fleury, l'officier d'ordonnance du président, a été blessé à la tête d'un coup de fusil ; sa blessure ne l'empêche pas de continuer son service.

Carlier, l'ancien préfet de police, a présidé à la destruction de la salle des séances de l'Assemblée. Les bruits qui avaient couru sur sa liaison avec Changarnier et que j'ai rapportés plus haut étaient dénués de fondement. C'est lui, au contraire, qui avait proposé au président le coup d'État d'hier. On ne crut pas devoir accepter sa proposition et il donna sa démission.

Thiers est à Ham, il y occupe la chambre occupée jadis par le Prince Napoléon (bruit faux).

Il est question d'envoyer, dans un fort d'Afrique, les principaux députés arrêtés.

Piscatory, mené après son arrestation à la caserne où commande le général Forey, a voulu le malmener de paroles ; poussé à bout, le général lui a dit : « *Si vous ajoutez un mot, je vous fous mon sabre dans le ventre.* »

Aujourd'hui, les généraux sont compromis. Il faut pour eux que le président triomphe ; je ne pense pas non plus qu'ils soient mécontents d'être débarrassés du *maréchalat in partibus des grands* généraux d'Afrique.

Le général Lauriston a voulu réunir sa légion de gardes nationales. Vingt-cinq hommes se sont présentés, et c'est à la suite de cette tentative que le général a été arrêté.

Je dîne ce soir chez la Princesse Mathilde, j'y apprendrai sans doute bien des choses.

11 heures. Morel Fatio arrive ; il a traversé le faubourg St-Antoine ; on s'y armait. Un groupe de deux cents insurgés, commandés par un jeune homme à cheval et ceint d'une écharpe rouge, parcourait les rues. Ce groupe avait pour armes des fusils et des piques.

---

1. En fait, les représentants rassemblés dans la salle de réunion de la mairie de l'ancien X^e arrondissement, située au 7 de la rue de Grenelle-Saint-Germain, non loin du Palais-National, sont près de 300. Les débats animés par Berryer sont rapidement interrompus par l'arrivée d'un détachement de chasseurs à pied et de la police. Ne sont arrêtés que les représentants qui ne veulent pas rentrer chez eux. L'appel effectué à la caserne d'Orsay révèle que ces derniers sont 220. Voir Éric Anceau, « Les représentants du peuple... », art. cité.

Les troupes garnissaient avec l'artillerie la frontière du faubourg.

3 heures et demie. L'affaire du faubourg St-Antoine est finie. Une barricade a été formée et emportée ; il y a eu seulement trois soldats blessés. Un nombre assez considérable d'insurgés a été arrêté.

Delpech, le député, qui voulait, revêtu de ses insignes, haranguer le peuple, a été fait prisonnier par six sergents de ville au coin de la rue de Richelieu et du boulevard[1].

Les faubourgs du Temple et St-Marceaux sont calmes, les ouvriers travaillent.

Les députés non arrêtés de la faction Cavaignac se réunissent en cachette ; ils cherchent un moyen de raviver le peuple, cela paraît difficile.

L'armée de Paris a déjà voté pour la présidence décennale, les votes sont bons. Je crois les agitateurs bien abandonnés.

Jeudi 4 décembre

Hier ont été tués, derrière les barricades, M. Baudin et M. Madier de Monjau, représentants[a] ; M. Schoelcher est grièvement blessé[2].

Les bourgeois de Paris tremblent à la pensée de signer leur vote sur la présidence décennale. Toujours poltrons, ils voudraient pouvoir faire un semblant d'opposition pour en réclamer le bénéfice si le président échouait.

Le premier Conseil consultatif a refusé, mû par les mêmes idées.

La Haute Cour de justice, qui essayait une réunion, a été dissoute par la force armée.

Des gamins ont voulu piller la boutique de Lepage, armurier, rue de Richelieu ; quelques soldats les ont mis en déroute. Il n'a fallu que vingt sergents de ville pour arrêter une autre troupe, promenant à 9 heures et demie, hier soir, un drapeau rouge sur la place de la Bourse.

La Guéronnière se trompant, comme toute sa rédaction du *Pays*, sur l'importance de leur individualité, donne dans le numéro de ce matin, sa démission d'écrivain, et signifie au ministre la démission de son frère, nommé sous-préfet.

---

a. Ce dernier n'a été que blessé et fait prisonnier. Schoelcher, blessé légèrement, a pu quitter la France.

1. Il s'agit plutôt du représentant républicain de la Dordogne, Delbetz.

2. Le représentant de l'Ain, Baudin, est tué sur la grande barricade du faubourg Saint-Antoine. En revanche, Schoelcher et Madier de Montjau, tous deux membres du comité de résistance créé par les républicains dans la soirée du 2, sortent indemnes des affrontements du 3, même si le premier a été bousculé par la troupe alors qu'il tentait de parlementer avec elle. Voir Éric Anceau, « Les représentants du peuple... », art. cité.

Midi. Des barricades se reforment, dit-on, rue Au-maire, et quelques personnes disent que de grands efforts seront tentés dans la soirée par le parti de la démagogie. Le faubourg St-Antoine et le faubourg St-Denis étaient calmes, il y a une heure.

Minuit. Je viens de parcourir le Louvre et d'inspecter tous les postes. Je me suis promené sur les toits du Louvre avec les conservateurs et les employés. La ville était morne ; on entendait quelques fusillades isolées. Nieuwerkerke est venu vers 10 heures et demie nous donner des nouvelles. La journée a été assez rude, surtout pour le 72e régiment, qui a eu son colonel blessé et son lieutenant-colonel tué. Un capitaine a la jambe cassée ; il y a à peu près douze morts dans l'armée et quarante blessés. Les barricades ont été enlevées avec un élan remarquable. La gendarmerie mobile a montré un très grand zèle.

L'argent a été répandu à profusion ; cependant les hommes se font payer très cher ce soir, ils demandent dix-huit francs pour aller aux barricades. Les orléanistes chauffent l'affaire. Nadaillac a été un moment arrêté. Il vociférait que le président ne périrait que de sa main ; qu'il fallait convoquer la garde nationale. On l'a relâché. Dix-huit *messieurs* bien mis, arrêtés au coin de la rue de Richelieu, dans un groupe qui tirait sur les troupes, sont aux Tuileries. Nieuwerkerke s'y rend pour savoir leurs noms.

Les généraux Cavaignac, Changarnier, Lamoricière, passeront devant un conseil de guerre s'il y a contre eux des preuves de complot. Falloux a été relâché ; il est venu mettre une carte chez le président.

Berryer est sur parole à sa campagne.

Tous les représentants auxquels on rend la liberté s'engagent sur l'honneur à ne pas se mêler aux événements.

Quelques-uns avouent avec bonne foi qu'il faut se rallier à Louis-Napoléon, entre autres Casimir Perrier, qui sort du fort du mont Valérien ; il l'a dit à Reiset, notre conservateur des dessins.

Demain, la journée sera rude, le canon partira et les ordres les plus sévères sont donnés ; tout ce qui sera pris les armes à la main sera fusillé. Les soldats fouilleront les maisons des quartiers insurgés ; tout individu qui ne prouvera pas qu'il est habitant de la maison où il sera trouvé sera fusillé. Tous ceux qui porteront sur eux quelque marque attestant qu'ils ont tiré un fusil seront également passés par les armes.

Les provinces sont calmes ; le général Castellane, par une dépêche de Lyon, datée de midi, répond de sa division.

Amiens a voulu l'union de l'armée et de la garde nationale pour soutenir le *pronunciamento* du président. Le préfet et le maire, qui protestaient, sont destitués. Bernard, ex-député très énergique et très dévoué, y a été envoyé comme commissaire extraordinaire.

En somme, la journée n'est pas mauvaise.

Les bourgeois de Paris rechignent à la pensée de voter tout haut ;

leur lâcheté s'accommodait d'un vote secret. Ils ne voudraient pas se compromettre ; c'est toujours la même race : incapable, poltronne et vaniteuse, se cachant les jours de danger et voulant le pouvoir quand tout est calme, pour le perdre par impéritie.

On entend en ce moment deux décharges qui ne paraissent pas très éloignées du Louvre.

Pendant que nous étions sur le toit, vers cinq heures, des balles sont venues tomber à nos pieds. Tous les conservateurs et les employés sont couchés sur des matelas, de Laborde seul est rentré chez lui.

Cet homme a bien de la peine à cacher ses sentiments orléanistes ; toute la soirée, il s'était fait porteur de mauvaises nouvelles ; il pressentait pour l'avenir des dangers qu'il aurait voulu qu'on lui affirmât. C'est toujours le même mauvais homme.

Du haut du Louvre et sous le clair de lune, la ville silencieuse était bien belle ce soir, et les réflexions qui assaillaient l'esprit étaient bien tristes ; mais je ne veux pas les remâcher ici. Qui sait ce qui adviendra ; ne lançons pas l'anathème sur mes concitoyens au moment des dangers suprêmes. Je veille et je vais de nouveau visiter les portes ; le Louvre et ses trésors me sont confiés, ne négligeons rien.

Samedi 6 décembre

Tout est fini ; le président triomphe et l'insurrection est étouffée. Berryer et Odilon Barrot cherchent à ramener les députés qui les écoutent habituellement.

Les adhésions arrivent de tous les côtés et elles arriveront encore, d'ici à quelques jours, en plus grand nombre.

La répression a été vive, les troupes ont dû être retenues. Dans la nuit de jeudi à vendredi, le général Canrobert a fouillé les maisons du quartier des insurgés ; un grand nombre de ces malheureux ont été fusillés.

Sur le boulevard Montmartre et sur le boulevard des Italiens, de nombreux coups de fusil adressés à la troupe ont nécessité des représailles ; plusieurs maisons ont été criblées de balles et de boulets ; dans la rue Vivienne, le sang a également coulé [1].

Les décharges que j'entendais la nuit dernière ont été faites sur une barricade élevée au coin de la rue de l'Oratoire et qui a été immédiatement abandonnée.

---

1. C'est dans l'après-midi du 4 décembre que se sont déroulés les faits tragiques que Viel Castel rapporte ici. Irrités par les cris hostiles et les projectiles que leur adresse la foule des badauds, les lanciers chargent les rassemblements hostiles sur le boulevard des Italiens. Sur les boulevards Montmartre et Poissonnière, la troupe qui reçoit, semble-t-il, des coups de feu partis de plusieurs maisons, dont l'hôtel Sallandrouze, perd son sang-froid. Pendant dix minutes, elle tire au hasard sur les promeneurs, les portes, les fenêtres, faisant plusieurs dizaines de victimes.

Les orléanistes et les légitimistes sont furieux, ils se laissent entraîner par la passion à d'atroces propos. Ils excusent presque d'avance l'assassinat du président. Dans les clubs de l'Union du Jockey et de la rue Royale, on se croirait en pleins clubs jacobins.

Nadaillac voulait réunir la garde nationale.

Quelques cerveaux brûlés disent : « *Nous aurons pendant quelque temps le triomphe des rouges ; mais qu'importe !* »

J'ai dîné chez la Princesse Mathilde. Chaix d'Estange y est venu. Son appartement, dans la maison de Sallandrouze, a été atteint par les balles du 72e de ligne ; mais il y a eu peu de dégâts. Chaix d'Estange s'est fort étonné que Dupin n'ait pas encore envoyé sa démission de procureur général ; enfin, il a parlé en homme qui ambitionne sa succession.

Le soir, la nouvelle nous est parvenue de la mise en liberté de Thiers et de Roger (du Nord) ; personne ne voulait y croire. Nieuwerkerke s'est rendu à la présidence et en a rapporté la confirmation de cette incroyable nouvelle. Tout le monde en est resté abasourdi et découragé.

Dimanche 7 décembre

Les députés relâchés relèvent la tête ; ils se réunissent, ils se réconfortent, ils redeviennent insolents dans leurs propos. Les familles de ceux qui sont encore en prison font chorus. Il faut entendre les Rémusat, les Lasteyrie, dont le président a eu l'indignité de troubler les conspirations ; puis la famille de Flavigny, relâché le premier jour ; elle ne tarit pas en propos violents, et mon frère Louis est la dupe de tous ces intrigants ; il a donné sa démission pour avoir leur approbation, et les Flavigny feront leur paix, tandis que mon pauvre frère aura perdu son présent et son avenir.

Dans les départements du centre, il y a quelque émotion, des pillages, des séditions. L'Ardèche est surtout parcouru par des bandes de socialistes. Ces départements sont mis en état de siège et des troupes sont dirigées vers les localités insurgées pour y ramener la paix.

Les puissances étrangères sont très satisfaites des résolutions du président. Lord Palmerston a écrit une lettre de félicitations. Quelques journaux anglais et l'*Indépendance belge*, ainsi que le *Courrier de Gand*, viennent d'être interdits, pour s'être faits les moniteurs de l'insurrection. Toutes les nouvelles qu'ils donnaient comme vraies étaient celles répandues par les gens des barricades.

Le *Times*, ce grand journal anglais, très philippiste, se montre hostile ; il n'y a rien d'étonnant, le mouvement a été conduit par les agents orléanistes.

Des légitimistes de la force de Ch. de Fitz James ne peuvent dissimuler leur colère. Les plus bêtes disent que la police seule a fait les barricades !

Les arrestations continuent ; les journalistes et les députés montagnards peuplent les prisons. Des armes et de la poudre ont été trouvées chez la plupart d'entre eux.

Paris a été très calme aujourd'hui, le calme continue ce soir ; mais cependant de fortes patrouilles sillonnent la ville.

Il va falloir épurer les administrations, encombrées d'amis des conjurateurs. Déjà quelques préfets et sous-préfets ont été changés. Le général d'Arbouville, engagé avec Molé, a donné sa démission.

Gigoux, le peintre, arrêté dans la nuit de vendredi à samedi par des agents qui prétendent lui avoir entendu préconiser l'assassinat du président, a réclamé la protection de la direction générale des musées au moment où les gendarmes allaient le conduire à la préfecture de police. Il a été relâché et il nie comme un beau diable le propos qu'on lui attribue.

Léon de Laborde s'est montré hier chez la Princesse Mathilde ; il est en plein bonapartisme, n'ayant pu, par *ses vœux* et ses intrigues, faire réussir les émeutiers, et cependant, il votera contre la présidence décennale.

Il y avait hier, au cimetière Montmartre, trente-huit cadavres de messieurs bien mis, dont les mains et la figure portaient des traces de poudre. Deux associés d'agents de change ont été fusillés, après avoir été pris au moment où ils tiraient sur les soldats.

La petite banque et le petit bourgeois sont très mauvais.

Le nombre des morts parmi les insurgés, tant tués pendant le combat que fusillés après, dépasse deux mille [1]. La répression a donc été rude. Dieu veuille que ce soit la dernière dont ait besoin la ville de Paris. Je n'ose malheureusement pas l'espérer, il faut à cette grande folle un spectacle de sang tous les deux ou trois ans. Ce spectacle remplace pour elle les courses de taureaux qui font les délices des Espagnols.

Mardi 9 décembre

Les socialistes sont parvenus à ensanglanter quelques départements. A Clamecy, dans la Nièvre, la ville a été par eux mise à sac ; assassinats, femmes violées, pillage général, rien n'y a manqué ; à Poligny, dans le Jura, les troubles que l'on croyait apaisés, ont repris d'une manière plus grave ; on attend des nouvelles. A Cabestang (Hérault) et à Béziers, les

1. Le bilan réel des pertes est difficile à dresser. L'ambassadeur d'Autriche, Hübner, avance 1 700 tués et son homologue britannique, Normanby, propose même le chiffre de 2 000 victimes. Un rapport de police du 15 décembre évalue de son côté les pertes à 26 militaires et 175 insurgés, et un second du 25 décembre ajoute 215 civils, tombés pour la plupart lors de la fusillade des Boulevards. Le 30 août 1852, *Le Moniteur Universel*, en réponse au *Times* qui prétend que le coup d'État a fait 1 200 morts parmi les civils, en concédera 380.

légitimistes et les principaux propriétaires ont été assassinés. A Nuits (Côte-d'Or), M. Arth. Marey-Monge a été également assassiné. Sans le coup de vigueur du Prince Louis-Napoléon, ce qui se passe dans quelques localités aurait été, en 1852, l'état normal de toute la France.

Les partis ont été surpris avant le moment fixé par eux pour agir. Nous aurions revu la Jacquerie et toutes ses horreurs.

Les légitimistes fous n'ouvrent pas encore les yeux. La société de Paris, gangrenée jusqu'à la moelle, ne trouve de pitié que pour les assassins, les barricadeurs ; elle ne sait blâmer que la répression et l'action de l'armée, qui cependant sauve non seulement la France, mais l'Europe.

La princesse Bagration traite le président de bourreau. Les clubs de l'Union du Jockey, des Moutards, où se réunit l'élite des inutiles et des niais, les fils dégénérés des grandes familles, ne décolèrent pas de voir l'ordre maintenu.

On les sauve malgré eux et ils ne savent qu'injurier le pouvoir sauveur.

Les orléanistes et les légitimistes, réunis un moment par la haine, regrettent de ne pouvoir s'entredéchirer au profit des socialistes, qui comptaient sur leurs divisions. Plus on a d'indulgence pour eux, plus ils sont arrogants et insolents.

M. Thiers est abattu, la prison de quelques jours qu'il a subie l'a rendu misérable ; il est démonétisé. Ce petit grand homme est parti pour l'Italie.

M. Léon Faucher, ce cuistre impertinent, après avoir écrit une lettre insolente au président, a reçu l'ordre de quitter la France ; il est parti.

Victor Hugo, maintenant que la bataille est finie, veut transformer sa couardise en héroïsme. On le méprise et on lui dit : « Allez trembler plus loin ! »

Mon frère Louis persiste dans sa démission ; il fait une sottise ; c'est un garçon impressionnable comme une femme ; il a vu les députés repoussés de la Chambre : il demeure sur la place du Palais-Bourbon ; il a eu une fièvre épidermique ; puis, il est lié avec tous les orléanistes et il s'est dévoué en victime. Aujourd'hui, les gens qui brisent son avenir le portent au ciel par leurs louanges ; dans un mois, ils le blâmeront et ils le recevront avec moins de plaisir, parce que ce ne sera plus un homme important : le directeur de la politique extérieure.

Mon frère Louis ne connaît ni les hommes, ni le monde, il est encore étourdi de sa crânerie ; je ne lui donne pas six semaines pour sentir bien lourdement sa légèreté.

Dimanche 14 décembre

L'insurrection est partout comprimée. Dans le département des Basses-Alpes, les bandes armées se retirent devant les troupes, et d'ici à deux ou trois jours, nous apprendrons le rétablissement des autorités et de l'ordre[1]. La mission de la justice, mais d'une justice sévère, va commencer. Le corps social est malade et doit être traité par des remèdes énergiques. Il ne faut pas se laisser entraîner à cette dangereuse clémence qui perpétue les révolutions et les émeutes, en ménageant les fauteurs. Le socialisme est un crime qui doit être poursuivi comme le serait le parricide. En huit jours, il a étalé au soleil, dans trois ou quatre départements où il a pu se croire un moment triomphant, les forfaits les plus monstrueux.

Des femmes et des jeunes filles ont été violées publiquement, avec tous les raffinements de la plus sale luxure ; quelques-unes ont été égorgées après avoir servi à la débauche des insurgés transformés en autant de *de Sade*. A Clamecy, une femme a été violée devant son mari ; puis ses deux filles ont subi le même sort et tous ont fini par être égorgés : père, mère et enfants. A Poligny, mêmes scènes, à Digne et autres localités !... Des commissaires, envoyés par la propagande de Londres, étaient à Paris dès le premier jour des barricades. Louis Blanc lui-même, habillé en femme, s'était hasardé au milieu de l'émeute. Les maisons des *aristos* devaient être pillées, les musées, les bibliothèques livrés aux flammes, car suivant la doctrine des barbares du XIXe siècle, les arts corrompent le peuple.

Le socialisme est une plaie qu'il faut cautériser à tout prix. En France, la liberté n'est que le droit acquis aux pervers de détruire l'état social. Nous avons besoin de désapprendre la fausse liberté.

Louis-Napoléon a accompli courageusement et habilement le plus grand acte politique des Temps modernes, il est important qu'il conserve le calme et la fermeté nécessaires au rôle de sauveur de l'Europe que l'histoire lui décernera.

La clémence et la pitié sont deux vertus des époques de calme et de paix, qu'il faut voiler. La société tout entière est en état de siège, elle a besoin de *réapprendre* le respect de la famille, des lois, de l'autorité ; la justice elle-même doit se raffermir. En un mot, Louis-Napoléon doit traverser son siècle comme un homme de bronze, inflexible et juste, sans pitié dangereuse, le glaive de la répression à la main.

---

1. Si les grandes villes de province, bien tenues en main par les préfets et par l'armée, n'ont pas bougé, un grand nombre de bourgs et de villages se sont insurgés et les autorités ont dû mettre trente-deux départements en état de siège. Comme le souligne Viel Castel, les soulèvements sont rapidement vaincus, à l'exception de ceux des Basses-Alpes, seul département entièrement tenu par les insurgés pendant quelques jours. Si Digne a été repris le 12 et si Barcelonnette le sera le 15, il faudra encore plusieurs jours pour déloger les insurgés qui se sont réfugiés sur la montagne de Lure.

Le salut de la société est à ce prix.

Tous les agents du pouvoir faibles ou douteux, seront, j'en ai l'espérance, mis de côté ; les traîtres et les mauvais, chassés ; l'instruction publique sera purgée pour sauver la jeune génération qui s'élève, du poison qui a gangrené la génération actuelle.

Une nouvelle impulsion va être donnée aux arts. Un ministère des Beaux-Arts sera créé. Morny sera ministre, il réunira l'Instruction, la partie artistique des Travaux publics, les bibliothèques, etc., etc.

Notre direction générale sera augmentée des commandes de travaux d'art, des expositions annuelles, des musées de province, etc., et notre musée du Louvre recevra les bronzes et vases antiques, ainsi que les dessins de la Bibliothèque nationale.

Il y a beaucoup à faire dans la direction des Beaux-Arts ; cela sera-t-il bien fait ? C'est le point important.

Mardi 16 décembre

Des papiers saisis chez M. Baze, questeur de l'Assemblée nationale, il résulte la preuve d'un complot contre le président de la République. Les arrêtés de réquisition directe ont été trouvés préparés en double expédition. Toute la force armée de la première division militaire, c'est-à-dire de onze départements, passait sous le commandement du général nommé par l'Assemblée.

Cela en dit assez pour justifier la mesure défensive prise par Louis-Napoléon.

La Guéronnière me disait hier qu'à un dîner auquel il assistait chez M. l'abbé Duguerry, curé de la Madeleine, le supérieur du séminaire d'Issy affirmait avoir reconnu le prince de Joinville sous un déguisement, dans la commune même d'Issy, il y a peu de temps. Cette reconnaissance concorderait avec le propos tenu par M. de Thorigny, ministre de l'Intérieur, à M. de La Rochejaquelein, le jour du vote sur la proposition des questeurs :

« Prenez garde ! Vous allez tomber en plein complot orléaniste ; le prince de Joinville est en France, nous avons suivi ses pas jusqu'à Issy ; mais là nous perdons sa trace. »

Dimanche, j'ai dîné chez la Princesse Mathilde ; le soir, le ministre de la Guerre et le général d'Hautpoul sont arrivés, ainsi que M. Turgot, le ministre des Affaires étrangères.

Il a été fort question de l'insurrection du département des Basses-Alpes, ainsi que des horreurs commises à Clamecy.

Les insurgés des Basses-Alpes sont au nombre de quatre à cinq mille hommes armés ; ils ont les canons de la garde nationale et sont retranchés sur les contreforts des montagnes. Aujourd'hui encore, il n'y a pas de nouvelles de rencontre décisive entre eux et la troupe.

A Clamecy, les bandes socialistes, maîtresses de la ville, se sont fait servir à dîner et elles ont contraint trente-huit des plus jolies et des plus jeunes femmes ou filles de la localité à les servir dans un complet état de nudité. Ces malheureuses ont été violées *coram populo* sur la place publique. Les prêtres, liés à des poteaux, assistaient à ces saturnales ; les insurgés se relayaient pour violer et chaque femme a été la proie de plusieurs bandits ; à la fin, on cherchait ceux qui pouvaient justifier d'une maladie vénérienne pour qu'ils la communiquassent aux victimes de leur brutalité.

Il faut que la lâcheté soit bien grande chez nos bourgeois qui ont vu s'accomplir de tels forfaits sans se faire massacrer jusqu'au dernier pour chercher à les empêcher. Ainsi, voilà toute une ville flétrie, de nombreuses familles dont l'honneur est sali, moins par le viol, que par la lâcheté des hommes qui n'ont pas su mourir sur le seuil de leur foyer domestique pour défendre leurs femmes et leurs filles [1] !

Ces lâches n'oseront plus désormais lever les yeux sur leur famille, il leur sera interdit de porter des armes dont ils n'ont pas su se servir, de parler de leur honneur et de leur courage. Lâche race de bourgeois, impuissante pour le bien, Caïns qui n'ont su jamais tuer que des Abels, cachez-vous avec la marque réprobatrice sur le front ! Quand les temps calmes reviendront, on les entendra les premiers réclamer l'extension des libertés, l'armement des gardes nationales, etc., etc.

Jeudi 18 décembre

Cavaignac est relâché ; il va se marier et partir pour la Belgique [2].

Le gouvernement avait répandu, dans les jours qui ont suivi le 2 décembre, des bruits d'intentions rigoureuses, plutôt pour effrayer, qu'avec la résolution de les mettre à exécution. Ainsi, en dehors du champ de bataille, je ne crois pas qu'il y ait eu d'exécutions.

Ceci ressemble à la destitution de Carlier, que j'ai relatée plus haut. A cette époque, on parlait beaucoup de la connivence de ce fonctionnaire

1. Viel Castel rapporte ici un certain nombre d'affabulations délirantes, comme le retour en France de Louis Blanc et du prince de Joinville sous des déguisements, ou le viol collectif de Clamecy, qui ne font que souligner l'ampleur de la peur des élites. Ainsi que le rappelle Philippe Vigier, le soulèvement de Clamecy a fait plusieurs morts, dont un gendarme assassiné le 6 décembre dans des conditions particulièrement horribles, mais de viol collectif il n'y eut point. Voir *La Vie quotidienne en province et à Paris pendant les journées de 1848*, Paris, Hachette, 1982, p. 319 et suiv.

2. Transféré à la forteresse de Ham après son arrestation, Cavaignac est rapidement libéré à la suite de l'intervention des banquiers Odier, dont il doit épouser l'héritière. Charles de Rémusat note dans ses *Mémoires de ma vie* que « Morny avait trouvé piquant de le rendre à sa fiancée : il le diminuait par là et se délivrait d'un prisonnier incommode » (*op. cit.*, t. IV, p. 498). Le Président n'entend pas non plus se montrer trop dur à l'égard de son prédécesseur au pouvoir.

avec Changarnier, pour expliquer son renvoi ; nous avons su depuis le pourquoi de ces bruits.

L'élection du président se prépare, on ne discute plus que sur la majorité qui le nommera ; quel en sera le chiffre ?

Parmi ses ennemis, des gens ordinairement calmes parlent avec acharnement des chances qu'il a d'être assassiné. Le sens moral est profondément perverti en France. Le pays a besoin d'une régénération morale, de paix, d'absence de ces prétendues libertés qui n'étaient que la licence. La presse a fait un mal énorme aux populations, elle était entre les mains de l'écume de la littérature, d'écoliers aux études avortées, d'esprits déréglés et ambitieux, qui sacrifiaient tout à leur vanité. Il faut d'abord porter remède à ce mal profond. Les écrivains de la presse périodique étaient organisés comme un État dans l'État.

Samedi 20 décembre

Hier, il y avait, comme tous les vendredis, soirée au Louvre ; le colonel L'Espinasse y est venu et voilà ce qu'il m'a raconté :

« Le 30 novembre dernier, le ministre de la Guerre m'a fait appeler et il m'a dit : “Colonel, la situation politique dans laquelle nous nous trouvons est des plus critiques ; l'Assemblée se déclare de plus en plus hostile au président ; avant peu, si on la laisse faire, la conspiration tramée par elle et dont la proposition des questeurs n'était que le premier acte, aura son explosion. Les projets des conspirateurs ne sont plus un secret pour personne. Mettre le président à Vincennes, s'emparer du gouvernement, tel est leur but. Nous sommes donc menacés de la guerre civile, nous avons donc à craindre la dislocation de l'armée, tiraillée par les partis qui, le lendemain de leur victoire, ne marcheraient plus d'accord et, définitivement, nous subirons la république sociale, une Terreur pire que celle de 1793, la ruine et la honte de notre pays.

« “Le président veut prévenir un tel état de choses et, pour y parvenir, il a résolu de dissoudre l'Assemblée, d'en faire arrêter les principaux meneurs et d'en appeler, pour approuver ses actes, à la nation tout entière. J'ai compté sur vous, sur votre énergie, qui m'est connue, pour exécuter les mesures nécessitées par le coup d'État salutaire, me suis-je trompé ?”

« Je répondis que le président pouvait compter sur moi.

« A l'instant même, il me fut remis une carte dont la présentation devait me donner accès dans tout le palais de l'Assemblée nationale, et, sans perdre de temps, profitant de mon droit, j'examinai la position que je devais emporter ; puis, ayant reconnu le faible de la place et pris mes dispositions, je revins chez le ministre et je lui répondis du succès de l'entreprise quand il me donnerait l'ordre d'agir. Cet ordre ne se fit pas attendre longtemps. Dans la nuit du 1er au 2 décembre, je fus réveillé par trois commissaires de police, chargés chacun d'une lettre que j'ouvris et qui contenait des mandats pour procéder à l'arrestation des questeurs ; d'autres ordres m'enjoignaient de m'emparer du Palais législatif, dont le commandement m'était remis, et enfin, je devais remettre au président Dupin une lettre du Prince.

« Les trois commissaires parurent d'abord émus de la gravité de l'acte qu'ils allaient avoir à accomplir ; mais quelques paroles fermes que je leur adressai leur rendirent assez d'assurance, et d'ailleurs, ils virent à l'expression de ma figure combien j'étais parfaitement résolu. Leur concours me fut dès lors assuré.

« Vers 2 heures et demie, mon régiment quittait sans bruit l'École militaire, deux cents hommes investissaient l'ensemble du Palais législatif avec ordre de n'en laisser sortir personne, et de ma personne, je me présentai, suivi de forts pelotons, à la petite porte du guichet de la présidence, où je demandai successivement à parler à l'officier commandant le poste et au chef de bataillon commandant le palais. En un moment, les deux officiers, étonnés de ma présence à une pareille heure, furent mis aux arrêts forcés dans une chambre que je fis garder militairement, et, maître du palais, je pus procéder à l'arrestation des trois questeurs, MM. Baze, le général Leflô et de Panat.

« M. Baze tenta, sans succès, l'empire de son éloquence sur mes soldats, qui se moquèrent de lui.

« Le général Leflô, en grand uniforme, voulut haranguer la troupe, protester au nom des droits de l'Assemblée ; je ne lui permis pas de continuer ses tentatives, et avec tout le respect possible, je lui fis comprendre que, militaire chargé d'une mission, je ne pouvais permettre qu'il fît appel, contre les ordres dont j'étais porteur, aux soldats qui m'accompagnaient.

« Mes hommes l'emmenèrent sur un signe que je leur adressai.

« Débarrassé des questeurs, je me fis introduire chez M. Dupin, auquel je remis la lettre du Prince qui, après lui avoir expliqué la nécessité du coup d'État qui s'accomplissait, l'assurait de la conservation de sa liberté, mais lui conseillait néanmoins de laisser passer les premiers moments en demeurant fort calme au Palais législatif.

« Le président Dupin répondit : "J'aime mieux cela", et il resta.

« Tout allait à merveille ; le jour se levait. Je réunis à mes troupes les soldats préposés à la garde de l'Assemblée et qui tous jusqu'alors avaient ignoré quelle mission ils accomplissaient, et je leur dis : "Soldats ! Une conspiration tramée par plusieurs membres de l'Assemblée nationale avait pour but de s'emparer du pouvoir et de mettre à Vincennes le neveu de l'empereur Napoléon. Elle était sur le point d'éclater ; nous avons prévenu son explosion ; voulez-vous être commandés par des *pékins* ou par le neveu de l'empereur ?"

« Un cri unanime de : "Vive Louis-Napoléon !" fut la réponse des soldats à mon allocution.

« La partie devenait de plus en plus belle ; cependant, comme il pouvait y avoir un soulèvement à Paris, une tentative d'attaque sur l'Assemblée, je ne négligeai aucune précaution. Un nombre considérable de familles d'employés étaient logées dans les bâtiments de service du Palais législatif. Je dus laisser circuler les bonnes, les domestiques. Une soixantaine de députés profitèrent de ces facilités pour se réunir dans la salle des séances ; ils y délibéraient la déchéance du président, lorsque je fus informé de ce qui se passait.

« Aussitôt je chargeai un chef de bataillon de la gendarmerie mobile d'expulser du palais cette tentative de réunion. Cet officier fut accueilli par des huées, des cris ; je crus un moment qu'il serait assommé ; définitivement, il dut battre en retraite. J'entrai dans la salle à la tête de mes grenadiers et je fus également reçu par des vociférations. Les députés présents engageaient des luttes avec mes soldats. Voulant éviter tout scandale, j'obtins un moment de silence et je dis : "Messieurs, au nom de votre propre dignité, cessez de vous opposer à l'accomplissement des ordres que je suis chargé d'exécuter, et ne me placez pas dans la nécessité d'avoir recours à la force dont je dispose."

« Les cris, les vociférations, les injures couvrirent mes paroles, je ne pouvais laisser se prolonger une telle scène ; quelques énergumènes saisissaient mes gendarmes par leurs buffleteries ; je prononçai d'une voix qui dominait le tapage, l'ordre suivant :

« "Gendarmes, emportez ces messieurs !"

« Le commandement fut exécuté, non sans peine ; les gendarmes emportèrent les députés comme on emporte des paquets. Les plus enragés parmi ces ex-représentants s'accrochaient à leurs bancs, ce qui faisait dire aux gendarmes : "Tiennent-ils à leurs 25 francs, ces gaillards-là !" Un plus énergumène encore voulait être frappé, il le demandait avec instance, tellement qu'à bout de patience, le gendarme lui dit : "*C'est votre dernier mot ?*" et sur une réponse affirmative, il lui donna une bourrade à l'aide de laquelle il put tomber, et enfin, au comble de ses vœux, il fut emporté.

« Le palais débarrassé, j'organisai le service militaire, et je pensais n'avoir plus qu'à m'occuper de ce soin, mais on vint me prévenir que mes députés chassés de la salle des séances avaient ameuté quelque populace et forçaient le poste qui gardait la porte d'entrée de la rue de Bourgogne. J'y courus avec une compagnie, je coupai en deux la colonne envahissante, et après en avoir refoulé dans la rue la partie qui encombrait le poste, je m'adressai en ces termes aux députés qui marchaient en tête et que je tenais prisonniers :

« "Vous n'êtes plus pour moi des députés ; vous êtes des insurgés qui ameutez la populace et forcez une consigne ; à votre première violence, je vous ferai fusiller."

« Mon attitude résolue leur en imposa, je n'entendis pas un mot ; tous furent gardés à vue dans une chambre ; mais peu à peu, et d'un ton très radouci, ils me demandèrent leur liberté et je la leur rendis. »

« Colonel, demandai-je, les auriez-vous fait fusiller, s'ils avaient méprisé vos menaces ?

— Sans doute, je jouais ma tête, et je ne voulais pas la mal jouer. »

Le colonel L'Espinasse est de taille moyenne, il paraît avoir tout au plus quarante ans ; ses cheveux et sa moustache sont noirs, ses traits sont énergiques, son regard est ferme, et sa parole brève est faite pour le commandement.

Fleury, l'officier d'ordonnance du président, avait depuis longtemps désigné les officiers et les troupes qui, le cas échéant, pouvaient être chargés de soutenir un coup d'État. Saint-Arnaud et L'Espinasse étaient du nombre. Saint-Arnaud, dans cette prévision, avait été chargé de l'expédition de la Kabylie ; il en avait rapporté le grade de lieutenant-général et il était revenu en France pour prendre possession du ministère de la Guerre.

Les hommes étaient choisis avec discernement. Quant à l'Assemblée nationale, si redoutable, si forte, qui agitait tellement le pays, qui se croyait invincible sous le bouclier d'une constitution stupide ; quant à tous ces conspirateurs à 25 fr., les Baze, Leflô, de Panat, etc., qu'a-t-il fallu pour les dissiper ?...

Un colonel a dit à quelques gendarmes : « Emportez-moi ces hommes-là ! » et ils ont ridiculement été emportés au milieu des quolibets.

Puisse une telle fin être celle du règne des bavards !

Dimanche 21 décembre

Je viens de voter, à la Halle aux draps, pour le président.

Hier, j'ai dîné chez la Princesse Mathilde ; les complimenteurs commencent à affluer, ce sera un débordement dans quelques jours.

De Belleyme et Chaix d'Estange s'y trouvaient, le maréchal Excelmans, etc., etc.

Il y a de grandes promotions dans l'armée, dix-huit généraux, etc.

Jeudi 25 décembre

Lord Palmerston vient de tomber du haut de sa politique machiavélique, aux applaudissements de l'Europe [1].

1. Homme d'ordre, Palmerston a approuvé le coup d'État de Louis Napoléon Bonaparte, mais il n'a pas pris la peine de consulter au préalable la reine et ses collègues du gouvernement britannique. Victoria, qui ne l'apprécie guère, a alors demandé au Premier Ministre, John Russell, de le démettre de ses fonctions. Voir David Brown, *Palmerston and the Politics of Foreign Policy, 1846-1855*, Manchester University Press, 2002 et Paul R. Ziegler, *Palmerston*, Palgrave, Mac Millan, 2003.

Lord Granville entre aux affaires. Décidément, la démagogie est vaincue sur tous les points. Les réfugiés seront mieux surveillés, s'ils ne sont pas expulsés. L'Italie va respirer. Lord Palmerston a fait bien du mal à l'Europe et même à son pays. Cet homme avait le génie du mal, il aurait volontiers mis le feu au monde pour se chauffer les pieds[a].

Les votants pour Louis-Napoléon connus jusqu'à ce jour sont au nombre de 5 552 000 contre 510 000 qui ont dit non.

De grandes réformes vont avoir lieu en France, dans l'organisation des ministères : ceux du Commerce et des Travaux publics seront réunis à l'Intérieur, celui des Cultes à la Justice ; un ministère des Beaux-Arts sera formé pour Morny.

Baroche aura l'Intérieur.

Persigny, dit-on, les Affaires étrangères.

La Direction générale des musées gagnera en importance et en attributions.

Il est question d'y réunir le musée de Cluny, celui de l'artillerie, les bronzes et les dessins de la bibliothèque Ste-Geneviève et la surveillance de tous les musées de province.

Je suis toujours proposé pour être secrétaire de cette direction.

Mon neveu, Charles de Vieil Castel, sollicite une préfecture ; sa mère m'a écrit pour me prier de l'appuyer ; je l'ai fait avec plaisir, et Morny a déjà une note pressante à ce sujet.

Ce soir, j'ai dîné chez la Princesse Mathilde. Le président assistait hier à la représentation de l'Opéra. Il a été reçu par trois salves d'acclamations ; il était fort ému.

Vendredi 26 décembre

La nouvelle Chambre à nommer n'aura pas, pour les ambitieux, le même attrait que les Chambres loquaces de la Restauration et du régime de 1830. Les séances n'en seront pas publiques ; les journaux n'en publieront pas le rendu-compte. On veut des hommes d'affaires, on est las des bavards ; depuis près de quarante ans, nous avons servi de théâtre aux bateleurs de la parole.

Le prince Jérôme est mécontent de n'avoir pas été nommé président du Comité consultatif et il a exprimé son mécontentement en termes inconvenants dans une lettre que publient les journaux italiens. Le président lui a donné un congé de six mois et *son fils a reçu le conseil* de

a. Il y a de l'injustice dans ce jugement ; Lord Palmerston est un véritable homme d'affaires.

partir pour Londres, où il est maintenant[1]. Le chiffre du vote est aujourd'hui de 6 100 000. On ne connaît encore que les opérations de quatre-vingt-un départements, dont vingt-deux seulement définitives.

Mercredi 31 décembre

Le président est proclamé par 7 400 000 voix. Sa force est immense ; nous verrons comment il en usera[2] ?

L'année 1851 qui finit aujourd'hui est curieuse et laisse à l'histoire son contingent d'événements importants.

Est-ce l'empire qu'elle fonde ?

Louis-Napoléon a paru pour la première fois avec l'uniforme de l'armée ; il n'est plus question de celui de la garde nationale. Dieu veuille que cette institution bourgeoise, qui n'a jamais empêché une révolution et qui a favorisé toutes les perturbations, disparaisse. La bourgeoisie a fait son temps ; c'est elle qui, avec son outrecuidante vanité, nous a conduits depuis soixante ans dans tous les précipices.

Il y a déjà de la monnaie à l'effigie du président. L'aigle remplace le coq, et Ségur d'Aguesseau proposait ce matin à la Commission consultative de décréter l'appropriation des Tuileries à la demeure du chef de l'État. Baroche a fait décider qu'il fallait laisser résoudre cette question par le président lui-même. Les familiers poussent à l'empire, tout s'agite, les ambitions se remuent. Celui-ci veut être sénateur, celui-là membre du Corps législatif ; quelques-uns rêvent les habits brodés des chambellans. Il y a impatience de jouer au grand seigneur, d'une quantité de gens qui ne sont pas faits pour l'être.

Pauvre nation française ! vaniteuse putain qui roule d'amours en amours, toujours désireuse de se farder pour le dernier venu. Des brode-

1. Ce que Viel Castel appelle le Comité consultatif est en fait la Commission consultative créée par un décret du 2 décembre pour conseiller le Président, assurer la transition entre l'Assemblée législative qui venait d'être dissoute et le nouveau pouvoir législatif à élire par la suite, remplir les fonctions attribuées à l'ancien Conseil d'État et recenser les votes émis lors du plébiscite. Il fut finalement décidé que Louis Napoléon la présiderait lui-même, secondé par Baroche. Viel Castel se trompe lorsqu'il évoque les exigences du roi Jérôme et la sanction que lui inflige le Président. Jérôme se rendit dès les premières heures du coup d'État auprès de son neveu et l'accompagna même dans les rues de la capitale pour y mesurer les réactions de la population. Chapitré par son fils, il se crut simplement obligé de donner par la suite des conseils de modération. Le cas du prince Napoléon est plus délicat. Montagnard lui-même, il participa aux réunions organisées par les républicains pour organiser la résistance. Lors de l'entrevue houleuse du 12 décembre, le Président exigea de Jérôme l'envoi de son fils à l'étranger, avant le lendemain soir. Cependant, le prince Napoléon fit aussitôt amende honorable, ce qui apaisa le courroux de son cousin et lui évita l'exil.

2. Le dépouillement général du plébiscite des 20 et 21 décembre donne finalement 7 439 216 « oui » et 640 737 « non ». Lorsque les résultats lui sont remis, en ce 31 décembre, le Président reconnaît être « sorti de la légalité », mais pour « rentrer dans le droit » tout en se considérant absous par l'ampleur du résultat.

ries, des décorations, des titres, voilà ce qui remplace le *panem et circenses* des anciens Romains.

Demain, le *Te Deum* à Notre-Dame, l'inauguration solennelle ; on s'arrache les billets pour cette cérémonie et le ministre les donne difficilement.

Va, pauvre et misérable année, va t'engloutir dans la fosse des siècles, avec ton cortège de hontes et de misères ! Tu as vu mourir le règne des parlementaires ; les excès des socialistes ont mis du sang sur ton manteau ; tu nous a amenés à désirer une dictature, à renoncer à nos libertés, dont tu avais fait des excès. Misérable année, folle nation, qu'adviendra-t-il de ce que tu avais préparé ?

Les gens qui, il y a un mois, déclaraient Louis-Napoléon un crétin, le proclament un grand homme.

Les légitimistes de la petite église conservent leur attitude et leur langage de mauvaise et funeste opposition.

Les orléanistes sont furieux.

Les républicains atterrés ne renoncent point à prendre une revanche...

La France n'est pas guérie de sa maladie.

Année 1852

1er janvier 1852

Le Président, les ministres, les fonctionnaires, l'armée, la garde nationale reviennent du *Te Deum*, où le prince a été reçu aux acclamations de la foule.

En ce moment les galeries du Louvre s'encombrent d'officiers qui doivent défiler devant le chef de l'État. Une troupe d'anciens soldats de l'Empire a repris ses uniformes pour cette journée.

Il fait un temps très froid, brouillard et givre, les *vieux* disent que le sacre de l'Empereur a eu lieu par un temps exactement semblable [1].

Un homme du peuple nommait ce matin la cérémonie d'aujourd'hui la *circoncision* du président.

Le maréchal Jérôme Bonaparte était à la cérémonie de Notre-Dame le seul des maréchaux en grand habit resplendissant de broderies d'or ; il était impossible de distinguer la couleur de son uniforme.

Le favoritisme commence à s'installer comme sous tous les régimes. Morny qui par la volonté du président reste décidément ministre de l'Intérieur cherche à caser son ami Montguyon. Il y a un an, ce dernier a failli devenir directeur des Beaux-Arts, aujourd'hui on s'occupe de lui accommoder une direction à sa taille dans le ministère des Beaux-Arts ; les théâtres peut-être ?

Qu'a fait Montguyon ?

Ancien beau d'opéra, coutumier des coulisses, mauvais sujet en disponibilité, il a passé sa vie à se glisser et à sortir du lit d'une danseuse

1. Le sacre de Napoléon s'était déroulé le 2 décembre 1804 sous un ciel lumineux, mais par un froid exceptionnel (Frédéric Masson, *Le Sacre et le Couronnement de Napoléon*, Paris, P. Ollendorff, 1908 et José Cabanis, *2 décembre 1804. Le Sacre de Napoléon*, Paris, Gallimard, 1970). Ce *Te Deum* de Notre-Dame est célébré pour remercier la Providence et appeler la bénédiction de Dieu sur le nouveau pouvoir. Il donnera matière à l'un des plus célèbres poèmes des *Châtiments*, véritable réquisitoire contre l'archevêque de Paris. Pour Hugo, Mgr Sibour cautionne le coup d'État en acceptant d'officier : « Satan tient la burette, et ce n'est pas de vin que ton ciboire est rouge. »

dans le lit d'une chanteuse, à paraître au Jockey-club, à disputer le cœur d'un *rat* à quelqu'autre mauvais sujet émérite ; il a mangé son argent à ce métier, il lui faut une indemnité et l'État est chargé de la lui donner ; avant deux ans il sera officier de la Légion d'honneur !

Persuadez-vous donc après cela qu'il faut quelque mérite pour parvenir !

A l'avènement de chaque nouveau règne, deux sortes d'animaux sont à craindre, les carlins domestiques et les loups dévorants qui sortent de leurs bois pour trouver une curée.

Que de dévouements aujourd'hui, quelle foule !... C'est la même qui se pressait sous le balcon de Louis XVIII en criant : « *Vive le roi et les Bourbons toujours !...* » qui nommait le roi Charles X *le roi chevalier*, Louis-Philippe *le roi citoyen* et qui en 1848 acclamait la République. Allez, mes seigneurs du nouveau régime, allez réclamer un os à ronger.

Les deux Thayer se prélassaient ce matin à Notre-Dame, l'un comme directeur des Postes, l'autre comme colonel d'une légion de la banlieue !... Hélas !...

Il y a eu des promotions nombreuses dans l'armée, les capitaines d'état-major, officiers d'ordonnance du président, sont devenus chefs d'escadrons, mais mon ami le capitaine Saint-Martin, dans son grade depuis quatorze ans dont il a passé sept occupé à dresser, à travers mille dangers, la carte de la Régence de Tunis, n'a pas été promu !...

Vendredi 2 janvier

Les réceptions ont été terminées hier à 5 heures et demie, les journaux les racontent ce matin, il n'y a pas eu de discours.

Le *Journal des débats* continue à ne pas faire d'articles politiques ; c'est ainsi qu'il proteste contre la censure imposée au journalisme.

On raconte qu'il y a quelques jours, le Président ayant mandé M. Bertin, propriétaire des *Débats*, lui a dit :

« Il est fâcheux, Monsieur, qu'un journal, ami de l'ordre comme le vôtre, se taise dans un moment où tous les hommes qui veulent sauver leur pays unissent leurs efforts.

« Recommencez donc la publication de vos *premiers Paris* dont l'influence peut être grandement utile aux gens de bien qui ont entrepris de purger la France des sociétés secrètes. »

M. Bertin aurait demandé, dit-on toujours, la liberté pour la presse de recommencer sa carrière en toute liberté d'opposition ou d'examen, et la suppression de la censure préventive.

A quoi le président aurait répondu :

« Aussi longtemps que je serai là, ne comptez pas, M. Bertin, sur une liberté de la presse dont on avait su faire une licence effrénée. »

Le prince a raison, l'apaisement des mauvaises passions, l'excitation des faibles ou des intelligents ne peuvent être obtenus qu'au moyen d'une censure sévère. Il ne faut pas que chaque matin la presse colporte d'un bout de la France à l'autre des articles calomniateurs du pouvoir, des défiances, des injures, qui rabaissent les hommes et les choses.

Ce qui est le plus malade dans notre pays, c'est le pouvoir, il faut lui rendre de la force en lui apportant la considération, le respect.

La presse calomniait, sachant qu'il reste toujours quelque chose d'une calomnie, aussi faut-il la prévenir, car la punition n'est pas une réparation suffisante.

L'autorité doit-être entourée de respect, et le gouvernement aura beaucoup à faire pour lui redonner quelque éclat. C'est à partir du père de famille, principe de toute autorité, qu'il est urgent d'examiner cette grande question. Nos lois révolutionnaires depuis soixante ans ont détruit l'esprit de famille, anéanti l'autorité du chef.

Il n'y a plus eu qu'un héritage détenu par un usufruitier et des héritiers impatients.

Les centres de la famille devraient être rétablis, l'héritage divisible à l'infini détruit même la qualité de citoyen, l'attachement au pays.

On ne tient plus au berceau de ses pères, on ne connaît plus l'émotion causée par la vue du pays natal. Nous logeons, nous naissons, nous mourons en hôtel garni, nos familles sont éparpillées dans vingt cimetières ; aussi ne pleurons-nous plus nos morts, parce qu'il faudrait les chercher du Nord au Midi. Comme des voyageurs dans le désert nous creusons le sable pour ensevelir où ils sont tombés, notre père, notre mère, nos enfants ; mais nous ne revenons jamais sur nos pas pour renouveler les fleurs de leurs tombes.

Si nous voulons avoir la religion du citoyen il faut d'abord restaurer celle de la famille.

Notre siècle a cru accomplir un progrès en détrônant le chef de la famille, ce clocher des liens moraux, comme Voltaire croyait faire progresser l'humanité en déclouant le Christ du bois de sa croix, en labourant de ses sarcasmes le sol sacré du Golgatha.

La loi et les hommes ont été stupidement impies !

Samedi 3 janvier

Ce matin j'ai assisté comme témoin au mariage de Moissenet, mon secrétaire, avec la fille de Jousselin, l'économie du musée. C'était le mariage civil. A lundi la cérémonie religieuse.

Moissenet est un brave et très beau garçon qui m'est parfaitement dévoué, et dont Nieuwerkerke et moi assurons l'avenir en lui faisant contracter cette alliance. Jousselin n'a que cette fille et il possède de 2 à 3 000 francs de rente.

A 10 heures et demie toute l'administration des Musées a fait sa visite de jour de l'an à Morny, ministre de l'Intérieur. Morny a été très bien, et particulièrement pour moi, je n'ai qu'à me louer de son accueil.

Hier j'ai dîné chez la Princesse Mathilde, avec le général Saint-Mars et M. et Mme Chassiron. Le général nous a raconté un trait de flibusterie du gouvernement provisoire de 1848 qui du reste ne m'a nullement étonné.

Saint-Mars était encore dernièrement colonel du 9e régiment de dragons, et il reçut l'ordre, il y a six mois, de montrer comme modèle son drapeau à un colonel de régiment revenant d'Afrique qui n'en n'avait pas reçu en 1848. Le passementier qui l'examinait découvrit que tous les galons et les broderies étaient *en faux*. Grande surprise des deux colonels qui communiquent leur découverte aux autres colonels de l'armée. Examen général des drapeaux fournis à l'armée française par le gouvernement provisoire, il est reconnu que broderies, galons, tout est faux !

C'est la première fois qu'une pareille vilenie était faite à nos régiments et cependant l'Assemblée avait voté un crédit de cinq millions de francs pour cette dépense et celle occasionnée par les écharpes des maires !

Qui a mis l'or vrai dans sa poche ? Un gouvernement issu d'une barricade, né derrière quelques tas de pavés en février 1848, devait nécessairement se traîner un peu dans la boue. *Comment en un plomb vil l'or pur s'est-il changé ?* Les Marrast, Flocon et autres Crémieux de la même fournée le savent probablement.

Dimanche 4 janvier

L'Angleterre commence à porter la peine de son inconcevable protection accordée à tous les fauteurs d'anarchie, et de la liberté qu'elle leur avait concédée de prêcher leurs doctrines insensées.

Une association d'ouvriers sous le nom d'*Union des métiers* lève le drapeau du socialisme et prétend imposer des conditions aux manufacturiers. Cette association a son journal, *The Cooperative*, elle tend à l'égalité des salaires et elle dispose pour soutenir les grèves, au moyen desquelles elle veut procéder, d'une caisse fournie de 625 000 francs. Elle a fait sommation ces jours derniers à la maison Hibbert Plak & Cie qui emploie 200 ouvriers pour la construction des machines, d'avoir à adopter ses règlements sous peine d'interdiction.

Les représentants de la maison Hibbert ont écrit à tous les autres manufacturiers, une réunion a eu lieu et des résolutions ont été adoptées à l'unanimité.

Le comité d'exécution nommé a signifié au conseil de l'*Union des métiers* que les ouvriers étaient libres d'abandonner les métiers le 31 décembre, mais que si le 10 janvier ils n'avaient pas repris leur travail, toutes les fabriques de machines se mettraient simultanément en grève ce jour-là et qu'il ne serait plus donné d'occupation à personne jusqu'à ce que les ouvriers eussent renoncé à leurs prétentions.

La guerre sociale est donc allumée en Angleterre, qu'en adviendra-t-il ? Ce pays recueille enfin le fruit de la politique de Lord Palmerston !

Ce n'est pas impunément qu'un État donne asile aux ennemis de toute société, de toute civilisation, dans l'espoir de nuire à ses voisins.

Les Kossuth, les Mazzini, les Louis Blanc, les Ledru-Rollin, choyés et abrités par la nation anglaise, ont profité de la folie de leurs hôtes, pour corrompre la mauvaise partie de la population.

Le clergé anglican, et surtout le clergé écossais, souscripteur de l'emprunt mazzinien, ouvert sous le prétexte de détruire la papauté, ont fourni aux socialistes les moyens d'essayer dans le Royaume-Uni même la propagation de leurs doctrines.

Le mal s'est étendu et s'est réglementé, il s'est organisé ; il a maintenant ses chefs, ses soldats, ses journaux, il est prêt à l'émeute et il commence à parler avec arrogance.

J'ai vu à Londres en 1848 les commencements de cette œuvre. La vanité anglaise affectait de dédaigner ces agitateurs du continent, auxquels elle ouvrait les portes de la Grande-Bretagne. Elle vantait l'excellence de sa constitution et se proclamait invulnérable ; c'était en riant qu'elle parlait des clubs socialistes de *Wardour street* et de *Princes street* ; elle semblait nous dire à nous autres étrangers : « *Vos animaux féroces seront chez nous des animaux domestiques dont on pourra se divertir sans danger.* »

De 1848 à 1852, les animaux féroces ont fait du chemin et cela devait être, car l'Angleterre est peut-être de tous les pays du monde celui dans lequel l'excentricité, même la folie d'une opinion, doivent recruter le plus de partisans.

Le magnétisme, le phrénologisme, les médecines les plus empiriques, les sectes religieuses les plus extravagantes y ont de nombreux et crédules adeptes. J'ai entendu professer à Brighton dans l'hiver de 1848 à 1849 cette doctrine, que pour obvier à toutes les maladies dont notre organisation pouvait être menacée, il fallait arracher aux enfants les trois dents de devant nommées *palettes* et *j'ai vu* la femme d'un colonel de mes amis, mener chez le dentiste son fils aîné, âgé de douze ans.

L'Angleterre va donc avoir à se débattre contre le socialisme, elle connaîtra le danger de ces hospitalités faites aux criminels politiques, de cet encouragement donné à des conspirateurs qui ne désarment pas. Vraiment depuis trente ans le bon sens semble s'être perverti en Europe. Chaque nation prélevait sur son budget des sommes considérables qu'elle consacrait à l'entretien des insurgés des pays voisins ; on les nourrissait, on les soignait, on les mettait en état de recommencer, puis le jour venu on les lâchait sur ses alliés.

Les crimes nommés politiques devraient être poursuivis sans considération de frontière ; la fausse philanthropie a faussé le jugement de notre époque.

Les rois soldaient les troupes des insurgés repoussés des pays voisins, ils se glorifiaient de leur titre de protecteurs des proscrits. Funeste aveuglement qui a déjà coûté bien cher.

L'Amérique, son gouvernement en tête, fait des ovations à Kossuth ; le peuple américain voudrait à son tour peser sur la vieille Europe par le moyen des proscrits dont elle épouserait les intérêts. Elle voudrait enlever à l'Angleterre l'entretien de ces dogues politiques, pour être prête, à jour donné, à les lâcher sur l'Europe.

Les rois et les nations sont bien avertis, il est temps qu'ils avisent et qu'ils agissent. La coalition mazzinienne, Rollin, etc. les a convaincus de toute la folie qu'il y aurait à ne pas considérer une insurrection, qu'elle soit hongroise, polonaise, italienne ou française, comme intéressant à un égal degré la sûreté de tous les États. Le proscrit de Milan, de Pesth, de Varsovie ou de Paris devra être partout poursuivi, c'est le seul moyen d'en finir avec le socialisme.

Hier, j'ai dîné à l'Hôtel Bristol, Place Vendôme, chez Lord Douglas. Le dîner a été fort bon et fort beau, nous n'étions pas nombreux : Lord Douglas, Lady Douglas (princesse de Bade), Princesse Mathilde Bonaparte, M. et Mme Drouyn de l'Huys, comte de Nieuwerkerke, Bacciochi, officier d'ordonnance du président, Giraud Charles, le peintre de pastels, plus deux Anglais, amis de Lord Douglas, dont le nom m'échappe.

Lord et Lady Douglas font très bien les honneurs de leur table et de leur salon, avec une urbanité exquise et sans raideur.

Bacciochi avait placé ses seize croix sur sa poitrine, il ressemblait de loin à une vignette de missel du XVe siècle.

Je me trouvais à table à côté de la Princesse Mathilde et nous avons beaucoup causé de Mme Desprès, sa dame de compagnie. En parlant en son lieu de la mort de la pauvre baronne de Reding à laquelle elle a succédé, j'ai dit ce que je pensais de cette dame ; aujourd'hui la princesse est de mon avis.

Mme Desprès, qui a avec elle deux bâtards, et dont la vie a été plus qu'équivoque, qui enfin n'est ni une Montmorency ni une maréchale de l'Empire, se croit indispensable ; elle prend des airs de hauteur, elle tient tête à la princesse, parle comme si elle était maîtresse de maison et se permet les propos les plus inconsidérés sur les personnes du gouvernement et sur celles que reçoit la princesse. Elle a un caractère âcre, aigri de n'être pas grande dame et ne saurait pardonner à la justice de Paris d'avoir contraint le duc de Praslin, qui a été son amant, au suicide.

Mme Desprès cache, je crois en être certain, le goût des femmes qu'elle a. Plusieurs histoires de tentations faites près d'elle et sur elle, par la maréchale Sebastiani, me le donnent à penser. Puis elle affecte des pruderies merveilleuses, elle a horreur des statues de femmes parce qu'elles sont nues ! !

La princesse renverra Mme Desprès et elle fera bien. C'est une femme sans cœur, avec un esprit provincial ; la rage d'une bourgeoise offusquée par les grandes dames et le regret de ne pouvoir plus meubler son lit des élus de son libertinage. Le sang la tourmente, elle se couperose et perd ses cheveux, elle a, je crois, fait de nombreuses campagnes sous les bannières masculines ou féminines.

Sa fille Margot, qui m'a tout l'air de provenir du Praslin, est âgée de quatorze ans passés. Ce sera une petite louve aux appétits libidineux ; sa bouche pincée, ses yeux noirs et enfoncés, sa narine qui se dilate, sa peau d'un brun mat, tout l'annonce, ainsi que le développement de ses hanches. Elle n'a pas plus de cœur que sa mère, mais elle est plus dissimulée.

Dimanche 11 janvier

La constitution et les lois organiques sont toujours attendues avec impatience ; on les annonce pour le 20 ; en attendant, tout le monde se prépare aux élections. Un grand comité, à la tête duquel est placé le maréchal Exelmans, correspond avec les départements. Hier, les ouvriers sont venus, par délégués, s'entendre avec le comité ; ils apportaient un programme qui a été adopté comme meilleur et mieux rédigé que celui du comité, œuvre de pièces et de morceaux où chacun avait voulu colloquer sa phrase.

La garde nationale de Paris va être réorganisée ; elle ne se composera plus que de 15 000 gardes nationaux.

Hier a paru un décret présidentiel daté des Tuilleries et signé Louis-Napoléon, qui expulse du territoire français 66 ex-représentants de la Montagne, avec cette clause qu'ils pourront être déportés s'ils rentraient sur le sol français. Parmi ces 66, les plus remarquables sont : Victor Hugo, Ch. Lagrange et le colonel Charras. Un second décret expulse momentanément les *parlementaires dangereux*. Ils sont au nombre de 18.

Duvergier de Hauranne, Creton, général Lamoricière, général Changarnier, Baze, général Leflô, général Bedeau, Thiers, Chambolle, de Rémusat, Jules de Lasteyrie, Émile de Girardin, général Laidet, Pascal Duprat, Edgard Quinet, Antony Thouret, Victor Chauffour, Versigny.

Enfin le *Moniteur* annonce la déportation à la Guyane de MM. Marc Dufraisse, Greppo, Miot, Mathé et Richardet.

Cavaignac n'est compris sur aucune liste [1].

---

1. Ces fameux décrets, datés du 9 janvier et publiés au *Moniteur* du lendemain, répartissent effectivement les représentants proscrits en trois catégories. Dix-huit « hommes politiques qui se sont fait remarquer par leur violente hostilité au gouvernement » et dont « la présence serait une cause d'agitation » sont « momentanément éloignés du territoire français et de celui de l'Algérie ». Il s'agit de généraux et/ou questeurs, de Thiers et de

Le gouvernement a, dit-on, sa parole : il promet de ne pas se mêler de politique.

Ces décrets, criés le soir dans Paris par tous les vendeurs de journaux, ont été reçus tranquillement. Chacun comprenait ce qu'il y a de juste et de nécessaire dans une telle mesure. Après avoir éteint la mauvaise presse, il fallait éteindre les mauvais parleurs. Nous sommes un pauvre malade auquel les médecins ne peuvent permettre la nourriture des gens en bonne santé. La liberté nous serait mortelle, elle produirait l'effet que produit le soleil sur les terrains marécageux, elle ferait éclore tous les œufs de reptiles et de crapauds. L'apaisement commence à se faire ; le peuple, qui n'a plus de journaux qui le colèrent, s'étonne de l'irritation maladive qui avait été produite en lui ; il entrevoit les temps de calme avec bonheur, il comprend que la vie politique surexcitait, tuait peu à peu la nation. Avant trois mois, il maudira les agitateurs.

Les journalistes sont atterrés, la profession devient moins bonne. Il ne restera bientôt plus que les sommités ; quant à tous ces écrivailleurs qui, chaque matin ou chaque soir, agitaient le monde avec leur plume, ils vont disparaître. Cette nuée de sauterelles, plaie des temps modernes, ira s'éteindre dans des bouges d'où elle n'aurait jamais dû sortir.

On va pouvoir être gouverné en paix.

On va pouvoir vivre en paix.

Dieu m'entende !

Aussi loin qu'il est possible à mes souvenirs de se reporter, je n'ai que des troubles, des révolutions, des calamités en la mémoire.

D'abord, à Versailles où mon père demeurait, ma jeunesse s'est écoulée au milieu de cette société échappée aux égorgeurs de 93 et qui nourrissait la conversation de ses dernières années du récit des monstruosités auxquelles elle avait assisté.

Je vois encore cette société qui gardait fidèlement les traditions du XVIIIe siècle, triste de regrets, royaliste par religion du cœur, ayant à pleurer sur des parents, des amis, des institutions morts et détruits. Tous ces gens-là meublaient leurs appartements des insignes de la dernière royauté, des portraits de la famille de Louis XVI profilés dans les contours d'un saule pleureur au-dessous duquel était dessiné un tombeau.

---

ses amis orléanistes, de républicains de diverses nuances et de Girardin, qui n'a pu éviter l'éloignement malgré la protection du prince Napoléon. La deuxième liste de 66 noms concerne « les chefs reconnus du socialisme » dont le « séjour en France serait de nature à fomenter la guerre civile » et qui sont « expulsés du territoire de la République et des colonies par mesure de sûreté générale ». La liste comprend une grande majorité de Montagnards, mais on y trouve aussi 14 républicains modérés. La troisième liste réunit 5 représentants « convaincus d'avoir pris part aux insurrections récentes ». Condamnés à la déportation à Cayenne, perspective redoutable parce que généralement meurtrière, 4 verront finalement leur peine commuée en un exil, tandis que le dernier, Miot, sera déporté en Algérie.

Tous ces gens-là portaient encore le costume du XVIIIe siècle ; ils en avaient aussi le langage, les admirations et les antipathies.

Mon père logeait rue de l'Orangerie n° 7, à quelques pas de la grille de l'Orangerie, et c'était devant cette maison qu'avait eu lieu le massacre des prisonniers d'Orléans [1]. Un de nos colocataires, le marquis de Valfons, avait tout vu de sa fenêtre. Il redisait sans cesse le récit de ces scènes atroces à la suite desquelles Mme de Valfons était morte de frayeur.

M. de Valfons était un très bon gentilhomme des environs de Nîmes, je crois ; mes frères et moi nous allions le voir presque tous les jours, et avec une inépuisable bonté il nous accueillait comme de jeunes amis malgré notre turbulence. Il avait souvent des moments d'une grande tristesse pendant lesquels il songeait à tout ce qu'il avait aimé et qui avait disparu. Alors il nous attirait près de lui, et nous conduisant près de sa fenêtre, il nous racontait le massacre des prisonniers d'Orléans, parmi lesquels s'étaient trouvé plusieurs de ses amis.

M. de Valfons a donc été le *Dinarjade* de ma jeunesse et je savais par cœur, à cette époque, les noms des massacrés et ceux des massacreurs.

Dans ses jours de calme gaieté, M. de Valfons descendait à sa cuisine et muni d'un timbre fleurdelysé il l'imprimait dans la pâte d'un pâté que le four allait recevoir. Heureux de cette muette protestation contre l'empire, il remontait dans son appartement et il nous parlait longuement de Louis XVI, de la reine, pour laquelle il conservait une adorable passion, et du jeune Dauphin livré aux tortures inventées par l'infâme Simon. L'histoire du pauvre Dauphin me troublait profondément et me faisait pleurer.

J'ai vu encore, à cette époque, 1807 ou 1808, une vieille Mme d'Angevilliers qui demeurait aussi à Versailles, rue de la Surintendance. Cette femme tenait le salon ou plutôt la chambre littéraire (car elle ne recevait jamais qu'au lit) de son époque. Mme d'Angevilliers était habillée d'une robe à panniers dont les bouillonnements s'étalaient sur ses couvertures et toujours coiffée comme en 1780 ; une montagne de cheveux crêpés et poudrés s'étageait sur sa tête.

Chez Mme d'Angevilliers se réunissaient à beaucoup d'autres personnes distinguées par leur esprit ou par leur naissance, M. de Feletz du journal des *Débats* et deux abbés très peu abbés alors, mais hommes de très bonne compagnie, MM. d'Andrezel et de Saint-Gérac. Qui nommerai-je de toute cette société versaillaise descendue du château dans la

1. Le 9 septembre 1792, 53 prisonniers venant d'Orléans furent effectivement massacrés par la foule de Versailles alors qu'ils étaient conduits dans la capitale pour y être jugés. Cet épisode tragique est à replacer dans le climat électrique qui suit la chute de la monarchie et la capitulation de Verdun devant les armées d'invasion, et qui a déjà donné lieu à des massacres dans les prisons parisiennes du 2 au 7 septembre.

ville après la destruction de la royauté et le pillage de la demeure des rois ?

Mme des Ecotais, sorte de marquise d'*Escarbagnac*, la duchesses de Villeroy, vieille grande dame fort respectée.

Mlles de Chateaugirou, qui habitaient rue Satory le pavillon Le Tellier et où l'on jouait souvent la comédie, car les vieilles larmes, les vieux regrets, les chagrins des vieillards n'empêchaient pas la joie des jeunes gens.

J'ai su la grande révolution par les tristesses des parents des victimes, et j'ai su l'Empire par une autre tristesse bien profonde quoique habilement dissimulée.

Mon père était chambellan de l'impératrice Joséphine, il avait été son amant avant son mariage avec Napoléon, il l'était redevenu depuis le divorce.

L'impératrice conservait une affection réelle à l'empereur ; la chute de l'Empire fut pour elle un coup mortel. Depuis la campagne de Russie, je m'assombrissais, tout enfant que j'étais, des chagrins qui minaient devant moi toute cette cour de la Malmaison où j'étais presque toujours.

L'Empire tombé, je l'ai vu renaître, puis retomber dans le sang de Waterloo.

J'ai vu renaître la révolution avec les chartes de la Restauration et de 1830.

J'ai combattu les émeutes dans les rangs de la garde nationale et je suis arrivé à quarante-neuf ans sans m'être senti vivre, avec un grand fond de tristesse dans le cœur et un besoin d'affection qui n'a jamais été satisfait suivant mes vœux.

Je mourrai cherchant encore les affections qui font vivre. Je ne veux pas parler de mes peines particulières, je les ensevelis avec moi, elles doivent s'éteindre avec les battements du cœur qui les a contenues.

Je suis né avec la faculté de sentir, plus vivement que qui que ce soit au monde, les douleurs ou les joies. J'ai eu ma part plus grande des premières que des dernières, mais je ne voudrais abandonner ni les unes ni les autres, elles me composent une tristesse que j'aime presque. J'ai eu des affections bien profondes, elles m'ont fait souffrir en se brisant. Je suis venu au monde dans un siècle triste, avec une âme portée à la tristesse, mais je n'ai laissé à personne le droit de la soupçonner. Je passe au contraire pour un homme gai, seulement on s'étonne quelquefois d'entendre comme un sanglot dans ce concert de ma légère indifférence et les plus habiles cherchent un moment ; puis, après un instant de doute, ces habiles se disent : « C'est un cœur léger qui porte légèrement la vie ! » Allez, allez, mes bonnes gens, j'ai vécu dix fois votre vie ; par le cœur j'ai pleuré plus que vous et parce que personne ne l'a jamais vu vous me croyez heureux.

Assez de souvenirs personnels pour aujourd'hui, mon esprit est inquiet et troublé, tuons le passé et marchons dans le présent, arrière les échos douloureux du cœur, je ne veux plus rien entendre ; passons à quelque refrain comique, le drame intime ne m'est pas bon en ce moment.

Rovigo, René de Rovigo, le duc de Rovigo, propriétaire du journal *Le Corsaire*, ce Rovigo fils du Rovigo de l'empire et qui depuis 1848 assiègeait le Président Louis-Napoléon d'articles injurieux qu'il signait de son nom de Rovigo qui ne lui appartenait cependant qu'en vertu d'un décret impérial, Rovigo cet aristocrate de l'Empire rallié aux légitimistes dont il avait accepté la charge d'insulteur quotidien, Rovigo qui n'a épargné à Louis-Napoléon jusqu'au 2 décembre 1852 aucune amertume !... Eh bien, ce même Rovigo sollicite une place dans la maison du même Louis-Napoléon !... Les lâchetés sont de notre temps... Sonnez clairons, battez tambours, allez aboyeurs, le Rubicon des saletés est franchi !...

Hier, les délégués des ouvriers sont venus à la commission électorale s'entendre avec le maréchal Exelmans sur les candidats à présenter. Je l'ai déjà raconté, mais j'ai oublié de mentionner que leur secrétaire a remis à Nieuwerkerke une *traduction* en vers de l'*Avare* de Molière et cette traduction est fort bonne, très bien versifiée, enfin dans le caractère de l'original.

Samedi 17 janvier

La constitution a été proclamée le 15, tout le monde s'en occupe, tout le monde la commente[1] ; on fait un peu d'opposition *in petto*, car en France il faut toujours faire de l'opposition. Puis chacun se met en campagne, qui pour être sénateur, qui pour être au Corps législatif, qui enfin pour être conseiller d'État.

Les quémandeurs abondent ; il sort des Bonapartistes de la veille de tous les coins, comme il y a deux ans il y avait des républicains de la veille !

Nous sommes un peuple de quémandeurs, les gens les plus riches ne seraient pas fâchés d'ajouter 30 sous, même 25 000 fr. à leur revenu actuel.

Aujourd'hui Nieuwerkerke a porté à l'approbation du ministre une nouvelle organisation de la Direction générale avec adjonction du musée de Cluny, du musée d'Artillerie (partie des armes anciennes), des bronzes, médailles, vases, objets d'art, gravures, dessins, des bibliothèques, musée de Trianon, enfin de tous les musées y compris ceux de la province. Je suis porté comme Secrétaire général sur cet état.

1. Cette constitution courte (un préambule et 58 articles) a été promulguée le 14 janvier. Elle s'inspire fortement de celle du Consulat (décembre 1799) et confie le pouvoir exécutif pour dix ans au prince Louis Napoléon Bonaparte dont les prérogatives sont accrues. On parle désormais de « République décennale ».

Cette organisation désirée généralement sera-t-elle acceptée ?

Dimanche 18 janvier

Voici des vers trouvés sur la table de la chambre du Président et faits dans la nuit du 1er au 2 décembre. Le prince fait allusion à sa position personnelle vis-à-vis de la dernière Assemblée législative.

S'il dit un mot
C'est qu'il parle d'Empire,
S'il ne dit mot
C'est alors qu'il conspire.
Ainsi traître s'il parle, et traître s'il se tait
Il trahit de toute manière.
Et Baze crie alors qu'il fait un p...
Ah pour le coup voilà le canon de Brumaire !

La personne de qui je tiens ces vers et qui mérite quelque confiance affirme que ces vers sont du Président.

Alfred de Musset est venu vendredi au Louvre passer la soirée avec nous. Nous nous sommes mis tout deux à l'écart et nous avons causé du temps de notre jeunesse. Musset, malgré sa vie un peu désordonnée, est demeuré jeune par le cœur et par l'esprit. Il était tout joyeux de se retrouver avec un ancien compagnon de ses belles années, de remonter les jours écoulés et de rire de franc aloi des vieux souvenirs.

« Les jeunes gens d'aujourd'hui, me disait-il, ne sont plus jeunes, ils ne sont plus gais, ils n'ont même plus cette politesse du monde qui prouvait autrefois les hommes bien élevés ; on ne rit plus, on ne s'amuse plus, on est joueur sans passion, amoureux sans passion, débauché sans entraînement. Et puis on est profondément ignorant, ignorant à envier la science d'un âne. »

Nous avons parlé de Paul Foucher, notre ancien Triboulet ; de Victor Hugo, dont Musset déplorait amèrement l'aberration.

« Le sens moral est perverti en lui, me disait-il encore ; à ma dernière visite chez lui, il m'a effrayé par son entourage et par ses théories ; l'amour-propre a tué l'entendement, il parlait comme ne doutant pas de sa prochaine promotion à la présidence de la République, et expliquait ce qu'il ferait alors. Cet esprit poétique touchait à la folie par l'ambition. »

Musset m'a fait passer une bonne, bien bonne heure ; c'était la statue du Commandeur, mais revenant seulement pour fêter de joyeux souvenirs, j'ai pu lui tendre mon verre sans éprouver aucun effroi et elle ne m'a pas entraîné dans le gouffre aux flammes infernales. Musset a écrit sur mon livre et, comme carte de visite un peu triste mais amicale, il y a de cela tantôt quinze ans :

Quand on perd par triste occurrence
Son espérance
Et sa gaieté,
Le remède au mélancolique
C'est la musique
Et la beauté,
Plus oblige et peut davantage
Un beau visage
Qu'un homme armé,
Et rien n'est meilleur que d'entendre
Air doux et tendre
Jadis aimé.

Ce soir je dîne chez la Princesse Mathilde, où j'ai dîné jeudi avec Arago, le frère d'Emmanuel, et Barthélemy, le poète, qui nous a dit son poème sur le 2 décembre. Barthélemy n'est pas un homme distingué, c'est un faiseur de vers comme un castor est un faiseur de *cahutes*, un constructeur.

Lundi 19 janvier

Hier on nommait chez la Princesse Mathilde beaucoup des nouveaux sénateurs : les Beauveau, le duc de Padoue, etc., enfin toute la vieille défroque de tous les régimes, beaucoup de nullités. Le véritable corps utile sera le Conseil d'État[1].

A onze heures, je me suis rendu rue d'Anjou 22 chez Mme de Courbonne ; il y avait quelques personnes, entre autres la duchesse de Caulaincourt, Bois-le-Comte l'ancien diplomate, etc., etc.

Mme de Courbonne m'a raconté l'anecdote suivante qu'elle tenait de Salvandy :

Lorsque cet ancien ministre eut appris l'ordre d'exil envoyé au tribun Duvergier de Hauranne, il ne voulut pas se souvenir qu'en 1848 ledit tribun avait demandé sa mise en accusation et, pour lui donner une preuve d'intérêt, il chargea Mme de Salvandy d'écrire à Mme Duvergier de Hauranne pour lui exprimer la part qu'il prenait au malheur qui leur arrivait.

1. Parmi les trois Assemblées du nouveau régime, le Sénat reçoit la garde de la Constitution, qu'il peut modifier par sénatus-consulte avec l'accord du Président. Il comprend les « illustrations » du pays, membres de droit (cardinaux, maréchaux, amiraux) ou personnalités choisies par le chef de l'État, essentiellement au sein de la noblesse impériale. Le Corps législatif, élu au suffrage universel, « discute et vote les projets de loi et l'impôt », mais son pouvoir d'amendement des textes est restreint. Cependant Vieil Castel a raison. Le Conseil d'État est à l'origine et dans l'esprit du Consulat et du Premier Empire l'assemblée la plus importante. Il rédige les projets de lois voulus par Louis Napoléon Bonaparte, soutient les discussions devant les Chambres, examine les amendements du Corps législatif, rédige les décrets réglementaires et contrôle l'application des lois. Il se compose d'« hommes distingués » choisis par le Président pour leurs compétences.

Monsieur Duvergier de Hauranne répondit lui-même et termina sa lettre en disant que dans toute sa carrière politique il ne se reprochait rien, et que le cas échéant, il était prêt à recommencer.

Aveugle obstiné, qui a fait la révolution de 1848 et que le prince Louis-Napoléon a empêché de participer à celle qui devait venir en 1852. Ce sont des gens comme ceux-là qu'il faudrait étouffer entre deux matelas ; ils travailleront à la ruine de toutes les sociétés ; ce sont des esprits sans grandeur, qui ne peuvent être qu'opposition. Salvandy ajoutait : « Il peut se faire déporter maintenant, je me tiens coi puisqu'il est encore prêt, lui, le cas échéant à demander ma mise en accusation. »

Mercredi 21 janvier

Aujourd'hui anniversaire de la mort de Louis XVI, la *Patrie* annonce que les réceptions officielles n'auront pas lieu chez les ministres. Il commence à y avoir désarroi dans le ministère, l'influence fatale de Persigny semble l'emporter. Morny veut se retirer du ministère et rentrer dans la vie privée, parce qu'il repousse la séquestration des biens de la famille d'Orléans que Persigny voudrait faire opérer. Persigny est la mauvaise étoile du Président, qui a une faiblesse inconcevable pour lui, et cependant cet homme n'est qu'un intrigant de bas étage, sans valeur, tortueux, n'osant affronter franchement ni les hommes ni les choses. Il déteste Nieuwerkerke et la Princesse Mathilde, qui ne veulent pas reconnaître sa suprématie, et il s'oppose à toute réorganisation des beaux-arts pour faire pièce au directeur des Musées.

Les intrigues commencent, les grandes affaires subiront l'influence des petites. Le Président, s'il écoute Persigny, perdra 50 % de sa popularité. Déjà hier, sur le bruit de la retraite de Morny, la Bourse a baissé. Le séquestre sur les biens de la famille d'Orléans produirait une détestable impression.

Morny est fort découragé, son dévouement au Président n'est pas douteux et il s'afflige de se sentir inutile et miné par les intrigues de Persigny.

Au commencement d'un pouvoir nouveau, il serait plus qu'imprudent de disloquer les ministères dans lesquels on avait confiance. La fortune aveugle ; le Président, qui a si bien su mener sa barque jusqu'à présent, entrerait, je le crains, dans une voie funeste en suivant Persigny.

Il suffit de voir ce monsieur, petit cadet sorti de je ne sais où, pour avoir peu de confiance en lui. Une vraie mine de chafouin, sans franchise dans le regard, sans assurance dans le langage ; conseiller de moyens violents, vaniteux comme un laquais, haineux comme un bedeau, croyant les lignes courbes les plus promptes pour arriver à un but. D'ailleurs sachant ne pas rougir sous un soufflet qu'il ne pardonne cependant pas. En un mot, un mauvais comédien de mélodrame. Tel est Persigny.

Le Président l'écoute parce qu'il le pousse en haut pour monter lui-même.

C'est une position bien difficile que celle qui a été faite à Louis-Napoléon *pouvoir absolu*, hélas les plus fortes têtes ne résistent pas toujours à son enivrement.

C'est une grande faute d'ébranler la confiance de ceux qui nous suivent !

Vendredi 23 janvier

Aujourd'hui confiscation des biens du roi Louis-Philippe que, par un décret du 7 août 1830, il avait soustrait en montant sur le trône au domaine de l'État. Application de ces biens à des services publics.

Obligation aux princes d'Orléans de vendre leurs biens dans le délai d'un an.

Le Président renonce aux répétitions de biens confisqués sur sa famille en 1814 et 1815.

Morny sort du ministère, où il est remplacé par Persigny.

Fould est remplacé par Bineau, etc., etc.

Casa-Bianca est ministre d'État, nouvelle création qui embrasse les rapports du prince avec les différents ministères et pouvoirs, l'administration des palais et manufactures nationales, nominations de sénateurs, conseillers d'État, etc., etc.

Le préfet de police est nommé ministre de la Police (M. de Maupas)[1].

La Bourse a baissé hier et baissera encore aujourd'hui. Toutes ces mesures inquiètent et agitent. Ce matin, on a arraché le décret de confiscation affiché au coin de la rue de Rivoli. On trouve la confiscation rude et intempestive, on a peur de tomber dans l'arbitraire ; enfin les spoliations que la république n'avait pas osé faire semblent mal venues sous le gouvernement du Président.

Persigny inquiète aussi beaucoup.

Morny voulait trop gouverner, être le maître de son ministère ; le Président a rompu pour se débarrasser de son ascendant naissant ; le public regrette Morny, qui s'était révélé véritable homme d'État, la sagesse et la fermeté, jointes à la lucidité dans ses circulaires plaisaient.

Persigny n'est connu que par les équipées de Boulogne et par un

1. La confiscation des biens de la famille d'Orléans, qualifiée de façon spirituelle par Dupin de « premier vol de l'aigle », a un effet déplorable sur l'opinion, même si le produit de l'opération doit être versé aux sociétés de secours mutuels et permettre la construction de logements ouvriers. La décision du Président est critiquée par certains membres de sa famille, dont la princesse Mathilde, une partie du Conseil d'État, de la haute administration et de l'Institut, et nécessite un remaniement ministériel, puisque Morny Rouher, Fould et Magne se sentent contraints de démissionner du gouvernement, en raison de leurs anciens liens avec les princes d'Orléans ou avec le monde orléaniste.

ouvrage sur les pyramides d'Egypte dans lequel il prétend qu'elles ont été bâties pour servir de paravent aux peuples des Pharaons !

Persigny est peut-être une gêne pour le Président, il s'agit de l'user à son tour et cela ne sera pas long, si j'en crois mes pressentiments.

La liste des sénateurs sera promulguée ces jours-ci ; voici les noms cités parmi les élus :

le prince de Beauveau ;
le prince de Craon ;
le duc de Montmorency ;
le comte de Montalembert ;
le marquis de Gallifet ;
le duc de Guiche ;
le duc de Crillon ;
Henri de Mortemart, etc., etc., etc.

Enfin l'aristocratie y est représentée largement.

Les habits se brodent, les chapeaux se galonnent, nous allons être resplendissants d'or !

Ayons du repos, du repos et du repos, cela vaut mieux par le temps qui court, que de l'audace, de l'audace et toujours de l'audace.

Le ministre d'État sera logé au château des Tuileries ; le commandant de la garde nationale et son état-major occuperont le Palais national, si l'exposition annuelle et l'état-major peuvent s'y caserner ensemble.

Casa-Bianca sort du Louvre où il est venu demander à Nieuwerkerke un rapport sur la possibilité de cet arrangement.

Le Président ne veut pas conserver la garde nationale dans l'intérieur du château. Il a raison et je suis de son avis.

Voilà bien des choses pour aujourd'hui.

Je dîne chez la Princesse Mathilde, peut-être en saurai-je plus ce soir.

Samedi 24 janvier

La Princesse Mathilde est triste et furieuse de la promulgation des décrets du Président ; elle lui avait écrit pour lui demander de ne pas les signer. Elle a été jusqu'à me dire : « Si Louis-Philippe a pu quelquefois être jaloux du Président, aujourd'hui s'il vivait, il serait bien vengé. »

Turgot, le gendre de Lobeau, a pu s'associer à cette mesure ! Pourquoi s'en étonner, sa conduite en 1830 le rend capable de toutes les lâchetés. D'ailleurs, ces décrets sont comme une justice de Dieu. Cette famille d'Orléans a cherché par tous les moyens à dépouiller la branche aînée. Encore en 1848, Louis-Philippe soutenait un procès contre le comte de Chambord pour lui enlever les biens qu'il possède en France.

L'affaire de la duchesse de Berry, enfin toutes les saletés de ce règne ont leur punition.

Mercredi 28 janvier

Le Sénat est nommé, c'est un singulier assemblage de généraux, d'hommes politiques sans grand renom, de parents du Président, proches ou éloignés, de nullités, semé de quelques grands noms de l'ancienne aristocratie et de quelques valeurs positives.

Amédée Thayer, celui qui a épousé Mlle Bertrand, le frère du directeur des Postes, est sénateur ; c'est un grand et important niais, qui jeune dansait sur la corde avec un balancier pour se donner la grâce qui lui manquait et qui lui manque encore. Depuis son mariage, de protestant il est devenu catholique outré, plus bête que par le passé.

Son père était un Américain, un peu *bande noire* et un peu usurier. Sa mère avait élevé comme gouvernante Mlle de Coigny (Madame Sebastiani).

Le fils est sénateur ! Lorsque le *Moniteur* m'a appris cette belle nouvelle, j'ai dit à ceux qui se trouvaient près de moi :

« Caligula faisait jadis de son cheval un consul,

« Napoléon peut bien faire d'un âne un sénateur. »

La fièvre me prend lorsque je vois l'abus de la faveur s'étaler scandaleusement au soleil.

Les sénateurs choisis n'ont pas tous accepté leur grandeur ; de là, l'absence sur la véritable liste des noms que je désignais le 23.

Morny est en brouille avec le Président.

Mme Lehon, sa maîtresse, en est la cause. Cette femme travaillait pour les d'Orléans et, par son influence, entraînait Morny vers des mesures qui leur étaient favorables. Il avait sollicité du Président une lettre au roi des Belges pour demander M. Lehon comme ambassadeur à Paris !

Nous sommes dans le règne des adultères récompensés.

Le jeune Lehon encore mineur et belge de nation, après avoir pendant six semaines été chef du cabinet de Morny, l'amant de sa mère, a reçu la croix de la Légion d'honneur, puis il est en ce moment auditeur.

Walewski, ancien mauvais sujet assez nul, fils adultérin de l'empereur, est ambassadeur à Londres.

Cottrau, ex-amant de la reine Hortense sur ses fins, est inspecteur général des Beaux-Arts.

Morny lui-même, fils de cette reine et du comte de Flahaut, était, il y a peu de temps, ministre de l'Intérieur.

Persigny a auprès de lui un M. Clavel qui s'intitule la femme de ménage du ministère. Ce M. Clavel, amant de la reine Murat pendant les deux dernières années de sa vie, tentait de lui faire signer un testament qui le déclarait légataire, lorsque les enfants arrivèrent et dégagèrent la moribonde, qui put mourir en paix. Il fallut racheter à Clavel moyennant 60 000 francs les lettres de la reine.

On est fort occupé à plaindre les d'Orléans, et les meilleures raisons échouent auprès de certaines gens qui pleurent sur leur *misère*. On a beau leur dire : « Les biens du roi se composaient d'apanages et ne peuvent sortir des mains de l'État » ; ils ne veulent rien entendre. Les *pauvres gens* n'auront plus que *cent millions* à partager entre eux, et les attendris pleurent ce vieux roi et sa famille qui n'ont pas eu le courage de défendre leur trône et la France contre la hideuse révolution qui nous coûte si cher.

Ils ont tous fui, chacun de son côté, pour sauver sa peau, abandonnant femmes et enfants, honneur et avenir. Dieu frappe l'assassin de Louis XVI dans ses petits-enfants et dans son fils. Il frappe aussi le roi mauvais parent, usurpateur, sans conscience. Il y a justice !

Le faubourg St-Germain fait des mots. Il recommence sa politique des 18 ans du règne de Louis-Philippe. Voici un échantillon de ses traits d'esprit ; c'est une lettre de faire part qui court sous le manteau.

« L'anarchie est heureusement accouchée du despotisme ; la mère et l'enfant se portent bien. »

Voilà qui est joli et bien tourné.

Romieu, l'ami de Véron, remplace Guizard aux Beaux-Arts ; c'est une oie relevée de garde par un renard.

Vendredi 30 et samedi 31 janvier

Le frère de Véron dont j'ai parlé plus haut, est nommé à un emploi de contrôleur des tabacs, rétribué de neuf mille francs.

Thayers (Amédée), le nouveau sénateur, est venu hier à la petite *arrière-soirée* du Louvre. Le gaillard est aussi bête qu'il l'était jadis, mais il est plus important.

Le plébiscite du 2 décembre a été proclamé pour deux dynasties, les Thayer et les Padoue.

Ed. Thayer, époux de Mlle de Padoue, directeur des Postes, conseiller d'État.

Am. Thayer, son frère, sénateur.

Le vieux Padoue, sénateur.

Le jeune Padoue, préfet de Seine-et-Oise, conseiller d'État.

Lumières de la société nouvelle, je vous salue !

Chassiron est maître des requêtes, pour avoir épousé Mlle Murat.

Murat (le prince) est sénateur, parce qu'il est le fils légitime de son père.

Walewski et Morny ont été appelés aux grands emplois, parce qu'ils ne sont pas fils légitimes des leurs.

Clavel est auprès de Persigny, parce qu'il a été entretenu par feu la reine de Naples, Mme Murat. Il me semble que nous ne marchons pas vers une ère nouvelle, nous faisons au contraire du mauvais Louis XIV et du détestable Louis XV. Dans les bas-fonds de notre monde nous entendrons encore des voix s'écrier : « *Monsieur, je suis bâtard de votre apothicaire !* »

J'ai causé hier soir avec le général Saint-Arnaud qui m'a dit avoir été très lié en Afrique avec mon cousin Charles de Viel-Castel, aujourd'hui sous-intendant militaire.

Mercredi 4 février

La loi électorale est enfin publiée, les fonctions salariées sont incompatibles avec le mandat de député. Le Corps législatif se composera de 261 membres.

Jouvenel, fils d'un conducteur des Travaux publics, géomètre de la Corrèze, garçon intrigant et intelligent, qui a fait fortune par un bon mariage et qui déjà a été député, me disait avant-hier avec ce ton de suffisance qui lui est propre : « Je ne suis pas simplement le candidat patronné par le gouvernement ; il me subit. »

Ainsi, toujours même esprit d'opposition, les hommes qui se présenteront aux électeurs arrivent encore avec la pensée de faire *chanter* le gouvernement, de se faire importants à nos dépens.

Jouvenel se fait qualifier baron et prétend descendre des Jouvenel des Ursins !

J'ai dîné chez la Princesse Mathilde hier et avant-hier. Chacun se prépare à la curée des places et des pensions. Tout le monde voulait être sénateur ou au moins conseiller d'État, grand désappointement. Il y a aujourd'hui les *ultra* de l'empire comme il y avait en 1814 et 1815 les *ultra* de la royauté. Ces gens-là sont surpris de voir que le coup d'État du 2 décembre n'ait pas été accompli exclusivement en leur faveur.

Les membres de la famille Bonaparte, presque tous besogneux, tirent sur le Président des lettres de crédit ; ils auront chacun, dit-on, 25 000 francs de pension. La Princesse Mathilde se tient à l'écart des mendiants. Dans cette famille, il y a un homme, le Président, et une femme, la Princesse Mathilde ; le reste est peu de chose.

Jeudi 5 février

Hier, la nouvelle est arrivée qu'une tentative d'assassinat a été essayée sur la reine d'Espagne ; elle est blessée et l'assassin est arrêté, on est sans autres détails.

J'ai omis de mentionner, il y a trois jours, que le Président est venu visiter le Louvre. Il nous a dit qu'il voulait qu'un musée soit formé dans les salles d'Henri II, Henri IV et autres adjacentes, où seraient réunis tous les objets ayant appartenu aux rois et reines de France, ainsi qu'à l'empereur Napoléon.

Un décret préparé dans ce sens est aujourd'hui sous ses yeux pour être signé. Nous prendrions dans les bibliothèques, musées, établissements publics, tout ce qui aurait été la propriété personnelle d'un roi ou d'une reine : manuscrits, bijoux, meubles, armes, etc., etc.

Ce musée porterait le nom de Musée royal, et Nieuwerkerke m'a dit que, à mon titre de secrétaire général, j'ajouterai celui de conservateur de ce musée.

Je serai chargé de cette conservation et par conséquent de faire le catalogue du Musée royal, qui serait le véritable musée historique de la France.

Hier soir, j'ai visité les ministres de l'Intérieur, de la Police, de l'Instruction et des Travaux publics, et j'ai terminé ma soirée chez la Princesse Mathilde, où je dîne encore ce soir. J'y ai vu Romieu, qui devient important. Encore un directeur des Beaux-Arts qui n'entend pas son affaire. *La Princesse* m'a dit que la reine Marie-Amélie et les princes, ses fils, avaient écrit au Président pour protester contre le décret de confiscation. Mme Sand a été reçue en audience par le Président, elle venait demander l'autorisation de faire jouer une pièce nouvelle.

Vendredi 6 février

Dîner hier chez la Princesse Mathilde, avec Bacciochi, Piétri le préfet de police, le général Armandi et la comtesse Samoyloff qui plaidaille toujours contre son troisième mari, le comte de Mornay, roué sans vergogne qui l'a épousée pour son argent ; c'était la débauche et la paillardise épousant la honteuse convoitise de l'argent.

Dimanche 8 février

Hier soir, je suis allé visiter Lord et Lady Douglas (Marie princesse de Baden). Cette femme est agréable, et l'air le plus voluptueusement allemand qu'il soit possible de rencontrer. La Princesse Mathilde prétend que Lady Douglas couche avec le Président ; il faut avouer que tout le donne à penser.

Douglas m'invite toujours à venir cet été à Hamilton, cela sera-t-il possible ?

Le duc de Fimarcon, fils aîné du duc d'Esclignac, ne reçoit que 1 400 fr. de pension de son père qui jouit de 60 000 livres de rentes. C'est du reste un piètre sujet, fort près d'être escroc ; cependant il a voulu gagner sa vie, et il a sollicité de son cousin le duc de Mouchy un emploi dans le chemin de fer que ce Noailles dirige. Mouchy a fait subir par un homme de confiance un examen au Fimarcon pour être édifié sur ses capacités. Examen subi, il n'a été jugé capable de remplir qu'un emploi de graisseur de roues !

Misérable famille d'Esclignac qui tombe peu à peu dans le ruisseau. Pauvre aristocratie !

Mercredi 11 février

J'ai assisté hier à la représentation d'un drame d'Alex. Dumas fils joué au Vaudeville. Les théâtres sont soumis à la censure établie pour les forcer à respecter la morale, la pudeur publique, les bonnes mœurs. *La Dame aux camélias*, le drame d'Alex. Dumas fils, est une insulte à tout ce que la censure devrait faire respecter [1]. Cette pièce est une honte pour l'époque qui la supporte, pour le gouvernement qui la tolère, pour le public qui l'applaudit. Chaque soir, le Vaudeville fait chambrée complète, les équipages se pressent sur la place de la Bourse. Les femmes de la meilleure compagnie ne craignent pas de se montrer en loge. *La Dame aux camélias* a enfin toutes les proportions d'un scandale public.

Pendant cinq grands actes, *La Dame aux camélias*, autrement dit la fille entretenue, étale devant un public civilisé les honteux détails de sa vie de prostituée. Rien ne manque au tableau, ni l'entremetteuse, ni les chevaliers du baccarat, ni les mots cyniques, ni les scènes qui sont empruntées aux lieux les plus abjects. Toute cette pièce sue le vice et la débauche ; tous les acteurs en sont monstrueux, ceux-mêmes sur lesquels l'auteur a voulu répandre de l'intérêt sont ignobles. *La Dame aux camélias* représente l'amour vrai, et quel amour ! Tour à tour se tordant dans le *lit payé* sous les caresses de l'amant payant, et quelques heures après sous les baisers de l'*amant de cœur* ; prenant l'argent du riche pour *entretenir* la joie du pauvre. Puis une scène avec un père qui vient redemander son fils, et qui pour le dégouter de sa maîtresse arrange avec cette fille qu'elle reprendra son ancien métier !...

Puis la fille de joie mourant réhabilitée entre les bras de son amant et de ses amis, après avoir bien voulu faire l'éloge de la religion !... Puis cette oraison funèbre prononcée sur sa tombe : « *Il lui sera beaucoup pardonné parce qu'elle a beaucoup aimé*. »

Il n'y a pas à analyser une telle turpitude, c'est ignoble, mais le spectacle que présente la salle l'est encore plus.

Un des niais, des *plumés* de la pièce, est une caricature d'un homme connu, M. le comte de Gervilliers, langage, attitude, tout est ressemblant ; eh bien, le vrai comte de Gervilliers ruiné par Mme Doche qui remplit le rôle de *La Dame aux camélias*, assiste chaque soir à ce specta-

1. En 1851, Alexandre Dumas fils n'avait pu donner *La Dame aux camélias*, transposition théâtrale de son roman de 1848, en raison de l'interdiction du ministre de l'Intérieur, Léon Faucher, qui craignait le scandale. Autorisée par Morny, la pièce est finalement montée au Vaudeville. Entourée d'un parfum de scandale, elle connaît un immense succès.

cle de fange ; il voit de sang-froid le cabotin qui le raille aux applaudissements de la salle.

La comtesse de Gervilliers séparée de son mari se laisse remarquer en loge.

La police, le gouvernement tolèrent tous ces scandales, ils semblent ignorer que c'est ainsi qu'on achève la démoralisation d'un peuple. Alex. Dumas fils est un jeune vaurien, auquel, il faut le dire à sa justification, tout a manqué, éducation de la famille, instruction morale, entourage honnête. Il n'a jamais vu chez son père que des filles. Son père et lui avaient souvent les mêmes maîtresses et se vautraient dans les mêmes orgies.

Je veux rapporter, tout ignoble qu'elle est, une conversation entre le père et le fils en plein boulevard et devant un cercle d'auditeurs ; elle est vraie, je demande seulement pardon à mon papier pour certains mots que je n'indiquerai cependant que par leurs initiales.

A. Dumas fils : Savez-vous, père, que c'est embêtant le rôle que vous me faites jouer, b... vos vieilles maîtresses et porter vos bottes neuves !

A. Dumas père : De quoi te plains-tu ? Je te fais honneur en te donnant mes vieilles maîtresses à b..., mes bottes neuves à élargir. Cela prouve que tu as le v... gros et le pied petit !

Toute cette littérature de feuilleton et de théâtre est à peu près taillée sur ce modèle. Ils sont chargés de parler au peuple, et c'est dans le bouge d'un bordel qu'ils écrivent leur triste et immonde littérature !

Le comte de Bastard, celui qui publie le grand ouvrage sur les manuscrits, sort de chez moi, et il m'a raconté qu'un de ses amis qui arrive de Poligny a su par le procureur de la République les détails suivants sur la malheureuse femme du sous-préfet de cette ville, tombée ainsi que sa sœur aux mains des insurgés pendant la révolte du mois de décembre dernier.

Les insurgés la violaient à tour de rôle et cela a duré une heure et demie, puis ils lui faisaient boire de l'eau-de-vie et l'infortunée devint tout à fait ivre. Les excès de la plus hideuse débauche ont été exercés sur elle et, restée comme morte, elle n'a pas repris sa raison. Aujourd'hui elle est dans une maison de fous.

Sa sœur, violée également, a été fort malade, mais elle n'est pas folle.

Quelle est la moins malheureuse ?

Romieu élargit les flancs de sa direction, qui va prendre le titre de direction générale et conquérir sur les Travaux publics, les bâtiments civils et sur l'instruction publique, toute la partie littéraire. Le renard marche, il marchera encore, le spectre rouge, l'ère de César et Véron aidant.

Chassiron, ce niais débauché qui a épousé la fille du gros Murat, n'est pas satisfait de n'être que maître des requêtes. On cherche à le pousser...

Un cousin du Président !... Allez donc, sonnez clairons, chapeau bas à ce nouveau marquis de Carabas !

Thayer est sénateur, du titre de sa femme Mlle Bertrand.

Son frère est directeur des Postes, du titre de sa femme Mlle de Padoue.

Chassiron, comme cousin, est colloqué dans le jury de l'exposition[a], le cousinage est comme le St-Esprit, il donne toutes les facultés.

Je soupçonne que Chassiron ne s'arrêtera pas en si beau chemin, on en fera peut-être un jour un académicien après lui avoir fait une position dans *le domaine* des arts.

C'est, il est vrai, une prairie où l'on peut faire paître bien des bestiaux que ce domaine des arts.

Figaro a toujours raison.

« Il fallait un calculateur, ce fut un danseur qui l'obtint ! »

Dimanche gras 22 février

Nous sommes vraiment en carnaval, les élections qui sont prochaines me semblent le comble du bouffon. Les candidats patronnés par le gouvernement ont été choisis par je ne sais qui, mais à coup sûr il a fallu beaucoup d'art pour rassembler de telles nullités[1]. J'en excepterai cependant un de mes amis fort bon garçon, Didier le frère du préfet, ami de Véron, jeune, intelligent, dévoué aux idées napoléoniennes ; mais Alf. de Gouy niais, qui est né propriétaire, la risée du monde dans lequel il vit !

Les exemples suivants sont les têtes de colonnes d'une foule d'ambitieuses impudences.

Le gros Véron dont j'ai longuement parlé. Granier de Cassagnac, journaliste un peu flétri par tous les bouts ; beau-père de Beauvallon, le tueur de Dujarrier, homme dévoué à qui le paie. Voilà des choix du gouvernement.

Cavé (le voleur), ancien directeur des Beaux-Arts, est mis à la tête des manufactures nationales, et hier Persigny proposait Champollion (le conservateur chassé de la bibliothèque en 1848) pour la place de conservateur du nouveau musée. Le ministère n'a pas de bonheur dans ses

a. Il n'en fit cependant pas partie, la nomination n'eut pas lieu, on en comprit le ridicule.

1. Si le Président a choisi lui-même 3 des 261 candidats officiels, ce sont les préfets qui, à l'invitation des ministres de l'Intérieur — Morny d'abord, Persigny ensuite —, leur ont proposé tous les autres noms, soumis en cas d'avis favorable au Conseil des ministres pour obtenir l'investiture gouvernementale. Il a fallu récompenser des fidélités et composer avec les situations locales. Il n'a pas été possible de trouver partout ces « hommes entourés de l'estime publique, plus soucieux des intérêts du pays que des luttes et des passions des partis » que Morny appelait de ses vœux dans une circulaire du 8 janvier 1852.

choix, peut-être cela tient-il à ce que Persigny devrait apprendre à connaître son monde.

Les Orléanistes se remuent, ils voudraient persuader au pays qu'il les regrette, et que s'ils sont tombés en 1848, un faux pas sur la glace en est seule la cause. Ils inondent le pays de brochures et de protestations, ils cherchent à provoquer un mouvement, une révolution, ils voudraient un orage pour essayer leur restauration, qui apparaîtrait en manière d'arc-en-ciel.

Le pays veut le repos et se soucie peu de vos combinaisons, les bourgeois seuls, qui sont les puces du corps social, recommencent leur amour d'opposition, ils s'attendrissent sur le sort de *ces pauvres* d'Orléans auxquels l'État a l'infamie de reprendre les biens apanagers.

Ces d'Orléans sont une race maudite ; c'est cette race qui a toujours préparé depuis plus de soixante ans toutes nos révolutions. Le châtiment tombe à la fin sur elle, c'est justice.

Bocher, administrateur de leurs biens, ancien préfet, ancien député, est arrêté sous l'accusation de s'être fait le distributeur de leurs pamphlets. Mme d'Haussonville, chez laquelle a eu lieu une perquisition, tenait le dépôt de ces pamphlets, il y en avait de gros ballots dans ses appartements et jusque dans sa voiture.

M. d'Haussonville le fils, qui a épousé Mlle de Broglie, s'est fait expulser de la Belgique où il publiait un journal rempli de mensonges sur les affaires de France. Ce journal se nommait : *Les Bulletins français*.

Les Orléanistes si lâches en 1848, les d'Orléans qui fuyaient de leur palais oubliant leurs femmes, et sans avoir tiré un coup d'épée pour la défense du trône de leur père ; les deux princes qui étaient à Alger si prompts à acclamer la république voudraient reprendre le pouvoir, fallut-il, pour y parvenir, lâcher encore l'écluse des révolutions ; j'ignore s'ils y parviendront, mais je les regarde comme un honteux danger pour la France.

3 mars

Les élections sont favorables au gouvernement, jusqu'à présent ; à peine trois ou quatre nominations opposantes[1]. Cavaignac à Paris nommé par cette petite bourgeoisie qui aime à donner des leçons au pouvoir et par les ouvriers tailleurs et chapeliers, les plus mauvais,

1. Seuls 12 candidats sont parvenus à se faire élire sans le soutien du gouvernement. Encore faut-il préciser que trois élus républicains démissionneront avant même de siéger, que quatre légitimistes le feront à l'hiver 1852-1853 pour ne pas cautionner le rétablissement de l'Empire et que quatre autres élus ne manifesteront qu'une opposition modérée au gouvernement. Durant la première législature, l'opposition véritable se réduira donc au seul Montalembert. Voir Éric Anceau, *Les Députés du Second Empire. Prosopographie d'une élite du XIXe siècle*, Paris, Champion, 2000.

comme opinion, de tous les ouvriers. Il y a bien des paillasses dans le nombre des candidats du gouvernement qui ont été acceptés par les électeurs. Jubinal, encore très opposant le 3 décembre dernier ; Granier de Cassagnac, homme un peu taré ; Jouvenel, qui me disait au commencement de février : « *Le gouvernement me subit !* » Didier, frère du préfet, bon garçon, mais joueur et sans valeur morale.

Enfin nous verrons à l'œuvre ce Corps législatif.

Les journalistes y seront représentés par Véron, La Guéronnière et Delamarre.

Bocher n'a été condamné qu'à 500 fr. d'amende pour ses brochures orléanistes sans nom d'imprimeur.

Le prince de Canino, ex-président de la Constituante romaine, sale et mauvais gredin, vient d'être rétabli dans ses droits de Français par un décret du 21 février dernier. C'est une mauvaise acquisition pour la France et ce décret est impolitique appliqué à un homme qui gouvernait Rome à l'époque où nos soldats l'assiègeaient, où un de nos bataillons tombait dans un lâche guet-apens.

Sous l'administration de Canino on peut compter les massacres nocturnes des prêtres égorgés à Ste Cécile ; les exactions commises par les bandes de Garibaldi. Canino, qui devait sa position de prince romain aux papes, conduisait les forcenés qui assiégèrent le pape dans son palais. Il présidait la Constituante lorsque le comte Rossi fut assassiné et son indifférence à la nouvelle de cet attentat, la glorification du meurtrier qui put se promener librement dans Rome et y recevoir les ovations, doivent au moins faire considérer le prince comme un complice moral.

Voilà l'homme dont un décret refait un Français ! D'ailleurs, sale et cynique personnage, dégoutant à voir, professant des opinions très avancées, hostile même au Président, car il recevait chez lui tous les ennemis du prince Louis-Napoléon.

Enfin, ce gros Canino est une sorte de savant en oiseaux, il voudrait fort prendre place dans nos académies, entrer dans un corps savant. Il inspire je ne sais quelle répulsion instinctive pareille à celle que fait éprouver un crapaud.

Malgré tout ce qui précède, cet homme arrive à son but ; il a fait le premier pas, et après avoir déclaré devant les tribunaux (procès d'Arlincourt) qu'il s'honorait du titre de citoyen et que depuis longtemps il avait abdiqué celui de prince, qu'il était, en un mot, M. Charles Bonaparte *tout court*, nous le verrons un jour sénateur, brodé sur toutes les coutures et réclamant la qualification de Monseigneur. A propos de d'Arlincourt, j'oubliais de consigner ici que ce héros de *l'inversion* a épousé, pour rétablir sa fortune, la vieille veuve d'un vieux notaire et maintenant aidé par le baron de Mortemart-Boisse, qui n'est ni Mortemart ni Boisse, mais qui écrit dans les journaux sous le nom de Lord Wigmore, il fait sonner les fanfares de la presse pour annoncer qu'il est définitivement le Mécène du XIXe siècle, que sa femme est, avec Mme Gudin, la muse de l'époque, qu'il n'y a d'esprit et de savoir-vivre que chez ces deux dames, etc., etc. Lord Wigmore est un pauvre Apollon entre deux oies transformées en muses. Vive la réclame !

4 mars

Les journaux du gouvernement disent depuis deux jours que le Président ne songe plus à Morny pour en faire un président du Corps législatif.

La Princesse Mathilde me disait hier qu'on assurait en bon lieu que ce changement dans les idées du Président s'était opéré à la suite d'une entrevue avec Morny. Cet ancien ministre aurait dit au prince : « Ne confiez pas les Affaires étrangères à Persigny, il a des velléités belliqueuses, il vous brouillera avec l'Europe. »

Le prince tient à Persigny ; *inde* Morny mis sous la remise.

Fleury est premier écuyer.

De Pierre est écuyer-commandant.

La maison impériale se monte, il ne manque presque plus qu'un empereur.

Les princes de la famille sont nombreux et presque tous gueux comme des rats d'égout ; de plus, fort mal apparentés, impatients de grignoter le budget et fiers comme des paons.

Chassiron, gendre de Murat, petit-fils d'un laquais, s'enferme quelquefois, se pose devant sa glace et se traite de *Monseigneur*. Sa femme ressemble à une dinde qui avale des noix.

Il y a aussi l'aristocratie ministérielle, les dynasties Maupas, Baroche, etc., etc.

Les Maupas se marient beaucoup.

Le fils de Baroche, qui est à son père ce que le chat teint est à la martre, fait énormément d'embarras. Il a quelques plaques ou croix, et se cambre fort la poitrine pour les mieux faire ressortir. C'est un véritable hanneton.

Les journaux prétendent qu'une statue en marbre du prince Jérôme a été commandée pour Versailles au comte d'Orsay ; tant pis pour Versailles.

Le comte d'Orsay est un vieux *lion* que personne ne voit ni ne veut voir, qui a vécu avec tout le monde, depuis son beau-père, Lord Blessington, jusqu'à sa belle-mère Lady Blessington, bas-bleu fashionable des *Keepsake*, mais qui n'a jamais vécu avec sa femme Lady Henriettes d'Orsay, tour à tour maîtresse du duc d'Orléans et d'Antonin de Noailles, sans compter le menu frétin.

Le comte d'Orsay a vécu vingt ans aux crochets de l'aristocratie et des fournisseurs de Londres ; il est couvert de dettes, et maintenant il s'est fait artiste avec un cortège de médiocrités qui le proclament un Michel-Ange, et de journalistes dans le genre de Lord *Wigmore* qui lui prodiguent l'encens. Il défigure régulièrement chaque année, soit en marbre, soit en plâtre, soit en bronze, une célébrité contemporaine ; l'année dernière c'était Lamartine !

D'Orsay a encore de grandes prétentions à l'élégance ; il s'habille comme personne, avec étalage de linge brodé, de satin, de chaînes d'or, et porte sa frisure ébouriffée. A tout prendre, c'est une vieille pomme cuite qui aspire à sortir de son compotier ébréché. Dieu nous en garde !

Morny sort d'ici et nous savons par lui la cause du changement d'intention du Président, relativement à sa nomination aux fonctions de président du Corps législatif.

Le prince, roi, maréchal, Jérôme a déclaré qu'il résignerait sa présidence du Sénat, si Morny présidait le Corps législatif.

Le Président a cédé devant cette menace d'une vieille canaille discréditée qu'il a le malheur d'avoir pour oncle.

On parle de Drouin de Lhuys pour président à la place de Morny. Morny est bien récompensé de son courageux ministère et de sa fermeté. Si le Président n'avait eu que des *Jérôme* autour de lui, où en serions-nous ?

Jérôme a toujours été, et il est encore un bourreau d'argent, entouré d'ignobles cotillons.

11 mars

Voici trois lettres qui donneront une idée des relations féminines actuelles et aussi du tohu-bohu de notre société.

La première est d'une comtesse de Solms, née Wyse, dont la mère est fille de l'ancien prince de Canino. Cette comtesse de Solms est jolie, jeune, et elle a enlevé Pommereux à la comtesse de Schulimburg née d'Hinnisdaël, vieille folle qui n'a jamais été jolie, mais qui a toujours beaucoup fait parler d'elle et qui se montrait d'une jalousie féroce à l'égard du dit Pommereux.

A Mme la comtesse de Schulimburg qui avait bien voulu dans un accès de folie attendre par une pluie affreuse 5 heures à ma porte la sortie de je ne sais qui, envoyant de cinq en cinq minutes chez moi et m'honorant elle-même d'une visite inattendue :

LUNDI SOIR

Vous vous êtes permis aujourd'hui, Madame, une démarche telle qu'il m'est impossible de la passer sous silence ; une pareille conduite est tellement en dehors des usages et des coutumes de la bonne compagnie, si étrangère même aux femmes les moins élevées, qu'il m'appartient de la relever vigoureusement, dès que ma maison et ma personne ont pu servir de but et de prétexte à vos ridicules extravagances. Je viens donc vous prier, Madame, de vouloir bien m'écarter désormais du spectacle qu'il vous plaira de donner en plein vent pour le plus grand amusement du public parisien. Je ne puis vraiment, quelle que soit ma bonne volonté et la façon dont je l'envisage, m'expliquer un peu clairement la préoccupation étrange que je vous cause depuis quelque temps, et la façon bizarre à l'aide de laquelle vous essayez de fixer mon attention, car à moins que ma mémoire ne me fasse défaut, il ne me semble pas, Madame, que j'ai l'honneur de vous connaître autrement que pour vous avoir reçue deux ou trois fois chez moi, alors que mes salons étaient ouverts à tout le monde ; mais si je ne me trompe, je crois bien avoir aussi laissé se dénouer de mon plein gré des relations que nos âges ne comportaient pas du reste bien avant que ma position de veuve plus modeste ne m'ait mis dans l'obligation de restreindre mon cercle à un petit comité choisi d'amis et de serviteurs de ma famille. L'occupation que je vous donne est donc pour le moins singulière et superflue vis-à-vis d'une femme qui ne vous connaît qu'aussi vaguement et qui aurait déjà oublié votre existence sans le soin très exprès que vous prenez de la lui rappeler. J'ignore quelles sont les relations de M. le comte de Pommereux, un de mes bons amis, avec vous, Madame, quelles qu'elles soient, elles ne m'occupent en aucune façon et je dois y rester complètement étrangère, dès que vous forcez mon attention sur ce chapitre, je répéterai comme tous, sans m'en occuper autrement, que sa famille, les personnes qui l'affectionnent, ont dû souvent déplorer le tort et le ridicule que cette espèce d'extravagante éducation lui a fait depuis vingt ans. Mais, chacun est libre en ce monde et s'il lui a plu, par faiblesse, bon cœur ou habitude, d'accepter pendant un certain temps le rôle d'un héros plus ou moins intéressant de M. de Balzac, ses amis doivent le plaindre et non le blâmer, il est des ridicules larmoyants à force d'être... risibles. Mais assez, Madame, je n'ai pas entrepris cette lettre autrement que pour vous dire que ne m'occupant de vous en aucune façon, je vous serai mille fois obligée de ne pas envoyer chez moi vos domestiques ; je me verrais dans la nécessité de les faire jeter à la porte, et franchement, mes gens sont peu soucieux de sortir de leur calme pour s'occuper des caprices extravagants ou des nerfs excités d'une femme quinteuse et malade ; car vous l'avouerez, Madame, si toutes les amies passées, présentes ou futures de mes amis (et j'en ai quelques-uns) en agissaient ainsi avec moi, ma maison deviendrait un enfer, et à moins de prendre le marché aux poissons pour théâtre, on ne trouverait pas d'encadrement pour de semblables comédies. Tous ces charmants enfantillages, vous le comprendrez vous-même, Madame, délicieux à 18 ans, lorsque l'on porte un diadème de fraîcheur ou de jeunesse, sont bien ridicules, vous l'avouerez, lorsque l'on n'a plus pour toute couronne qu'un demi-siècle... en ruines. Il est une époque dans la vie où il faut savoir renoncer de bonne grâce aux mantelets roses, aux attaques de nerfs, aux scènes de jalousie, aux romances plaintives, on fait jouer un sot rôle à l'homme assez faible ou assez bête pour supporter tout cela, l'on fatigue ses meilleurs amis et l'on n'en est ni plus jeune, ni plus gracieux, ni plus amusant soi-même.

Grossir, c'est vieillir, disait notre ami, le spirituel Becquet ; vieillir pour quelques-uns, n'est-ce pas mourir ? Le bon goût dans ce cas est de rendre cette mort du corps la moins laide possible et de s'orner de toutes les qualités, de toutes les grâces du bon sens, de la bienveillance et de l'esprit. Croyez-en, Madame, un conseil *d'ami*, entre une foule de choses que j'ai assez consciencieusement étudiées, j'ai quelque peu approfondi la médecine, et je sais fort bien qu'il est un instant critique dans la vie des femmes où elles sont dévorées d'une façon ravissante dans une charmante fable ; ce moment rend quelques femmes furieuses (*fureur amoris*) et alors les derniers excès leur sont commodes, familiers ; d'autres plus raisonnables ou plus prévoyantes se résignent, deviennent prudes, dévotes quelquefois, oublient le rose et savent renoncer au monde avant qu'il ne s'écarte d'elles. J'ai tort, je le sais, et j'ai vraiment trop bon cœur de vous dicter votre conduite ; d'ailleurs, il est un peu tard déjà. La *fureur* est en plein, et vous auriez dû prendre votre parti depuis longtemps, mais réellement je vous plains beaucoup et j'ai assez d'amitié pour M. D***, de compassion pour M. de P***, pour vouloir essayer, puisque j'ai tant fait que de vous écrire, de vous empêcher d'aller à Charenton, lieu fort incommode, je vous assure, et bien malsain, car on y porte de vilaines robes, noires et bien fermées, et où les rides et les pattes d'oie sont bien plus visibles, encadrées dans un affreux béguin blanc ; outre cela on y mange fort mal, la course est bien longue, les chemins mauvais et j'aurais beaucoup de mal à envoyer chercher de vos nouvelles par un de nos amis complaisants, M. de Pommereux, par exemple ; car je vous promets, Madame, je m'intéresse fort à votre santé et je voudrais, d'honneur, pouvoir retrouver, pour vous consoler, cette fameuse eau de Jouvence dont la perte vous afflige tant, mais ici je suis arrêtée par un point fort obscur, de grâce et par obligeance veuillez faire cesser mes doutes. Cette merveilleuse fontaine devait rendre la beauté aux belles ! Avez-vous jamais été jolie, Madame ?

Mais assez de bavardages, j'ai déguisé cette leçon que vous avez méritée sous une forme plaisante dont vous ferez bien de faire votre profit ; je souhaite vivement que ce soit la dernière que vous vous attiriez de moi.

Dans cette attente, recevez l'expression de mes sentiments distingués.

COMTESSE DE SOLMS
née Bonaparte-Wyse

Les deux autres lettres forment une petite correspondance entre Mlle Rachel et Mlle Nathalie, actrices, toutes deux de la Comédie-Française. Mlle Nathalie avait enlevé Émile Augier, l'auteur, à Mlle Rachel, et elle lui envoyait un tableau de Diaz *un peu léger*.

Ma chère camarade,

Ce Diaz est vraiment trop peu gazé pour l'ornement de ma petite maison ; j'aime souvent le déshabillé d'un esprit charmant, je ne puis admettre cette nudité que l'*Arsinoë* de Molière aime tant. Ne me croyez pas trop prude, mais pourquoi vous priveriez-vous d'un tableau que je serais obligée de cacher, moi.

Mille remerciements quand même et croyez-moi votre camarade dévouée.

RACHEL

Chère et grande camarade,

Je suis folle et presque impie d'avoir cru mon petit tableau digne de votre *autel* ; mais ma sottise m'a du moins valu un précieux renseignement sur les limites de votre pudeur. Permettez-moi seulement de défendre contre vous notre répertoire comique que vous invoquez ici un peu à contre-sens, car c'est justement dans les tableaux qu'*Arsinoë* n'aime pas les nudités.

Elle fait des tableaux couvrir les nudités.
Mais elle a de l'amour pour les réalités.

Je reprends donc mon petit Diaz un peu confus de son excursion téméraire, et je cache sa confusion dans mon alcove, où M. Augier *seul* peut le voir.

Votre servante très dévouée

NATHALIE

Ces trois lettres de femmes en disent long sur notre époque.

La lettre de Nathalie est de M. Émile Augier.

Mme de Solms est une femme entretenue qui joue la grande dame, la princesse impériale. Les grands hommes ne devraient pas avoir de parents ! Il ne devrait pas être permis à cette c... de prendre le nom de Bonaparte qui ne lui appartient pas.

27 mars

J'ai dîné, il y a quelques jours, chez Rachel dans son charmant petit hôtel de la rue Trudon n° 4. Morny, Rouher l'ancien ministre de la Justice, Fould l'ancien ministre des Finances, Caumont le sénateur, Manuel l'agent de change, Roqueplan le directeur de l'Opéra, Arsène Houssaye le directeur des Français et deux sœurs de Rachel étaient les autres convives.

L'hôtel est meublé avec un luxe de bon goût, le dîner a été parfait ; le soir, il est venu du monde, on a fait de la musique, et il y a eu un petit bal suivi d'un excellent souper. Il est impossible d'avoir de meilleures façons et d'être plus femme de bonne compagnie que la maîtresse de la maison. Son amant, le jeune Lehon, assistait au dîner et à la soirée, mais aucune attention particulière ne révélait son crédit.

La maison est dorée comme un habit de cour du XVIIIe siècle. Partout, il y a des tableaux, des sculptures, des bronzes. L'argenterie est magnifique, les laquais sont nombreux et bien tenus. Rachel a deviné les bonnes manières et le beau langage qu'elle sait abdiquer très bien, dit-on, dans l'intimité des petites orgies.

Peu de nouvelles politiques, nous sommes à la veille de l'ouverture du Corps législatif. Les décrets se succèdent sans interruption au *Moniteur*. Décret sur la réduction du 5 %, décret sur la décentralisation administrative, etc., etc. Il ne restera plus au Corps législatif qu'à voter le budget.

Les membres de ce corps sont très amusants ; beaucoup d'entre eux, gonflés d'amour-propre, rêvent encore les succès de la parole, vantent leur importance, se plaignent de la simplicité de leur costume et s'étonnent de ne pas être le premier corps de l'État. La vanité bourgeoise est toujours la même, *pas d'aristocratie excepté nous*.

Il y a vraiment parmi ces élus de la nation une masse de nullités effrayante ; ils s'agitent, ils se parlent bas lorsqu'ils se rencontrent, ils se persuadent que sans eux la terre cesserait son mouvement rotatoire.

Malgré tout, l'Empire se prépare. Le Sénat et le Corps législatif le proposeront, l'armée l'acclamera dans une grande revue, et le Président qui ne veut rien prendre, mais qui veut bien recevoir, consultera la nation.

La famille et l'entourage du Président sont plus impatients de l'Empire que lui-même. Les uns veulent le titre d'Altesses impériales. Les autres, comme Edgard Ney et Fleury, les charges de grand-veneur et de grand-écuyer.

La nation française est toujours la même, un habit de marquis et un tambour de basque ; celui qui revêt l'habit et qui agite les grelots du tambourin proclame le peuple le plus heureux de la terre.

Je suis chargé de l'organisation du nouveau musée impérial et royal des Souverains français. Un arrêté ministériel du 2 mars me nomme à ces fonctions et me livre le soin de faire le catalogue historique de cette collection.

Cet arrêté me crée beaucoup d'ennemis en tête desquels je dois mentionner Léon de Laborde, furieux de n'avoir pas ce nouveau musée dans ses attributions. Les autres conservateurs du Louvre sont aussi hostiles, ils ont fait une tentative auprès de Nieuwerkerke pour obtenir que le secrétaire général ne fût pas leur supérieur. Nieuwerkerke a faibli, il ne m'a pas soutenu, il n'a pas compris qu'en détruisant la hiérarchie dans un échelon, il les affaiblissait tous. Aujourd'hui, il y a Conservatoire, et cette question doit être décidée. MM. Villot et Reiset, ambitieux de vanité et gonflés de leur importance, sont des plus montés. Ces messieurs supportent mal un directeur général des musées, le secrétaire général les blesse.

28 mars

L'*Observateur romain* contenait ces jours-ci la note suivante :

Une cérémonie touchante a eu lieu hier, la jeune comtesse de Solms, fille de M. Wyse, chargé d'affaires de l'Angleterre en Grèce et petite-fille du prince de Canino, est accouchée de son premier enfant. La princesse de Canino sa grand-mère a tenu le nouveau-né sur les fonds de baptême et elle a bien voulu accepter pour parrain M. le comte de Pommereux, représentant d'une des grandes familles de France.

L'enfant a reçu le nom d'Alexis, qui est celui de M. de Pommereux !

Que voilà qui est bien raconté et merveilleusement trouvé !

Mme de Solms est une catin comme l'était sa mère, Pommereux l'entretient. Il y a dans cette histoire de quoi relever le nom des Canino !

Hier j'ai dîné chez la Princesse Mathilde et j'y ai appris la destruction totale de la flotte autrichienne dans une tempête, vingt-cinq bâtiments ont péri corps et biens ; c'est horrible, mais l'Empereur malgré l'avis des marins a voulu sortir, et lui-même n'a dû son salut qu'à la décision d'un matelot qui a pris le commandement du navire et l'a fait échouer. Ce matin j'ai assisté à la revue qui se fait les dimanches dans la cour des Tuileries. Tout se prépare pour l'Empire. Les spectateurs croyaient à chaque instant entendre le cri de *vive l'Empereur*, mais les soldats ne crient encore que *vive Napoléon*.

A bientôt le cri impérial.

Bacciochi est grand maître des cérémonies, ces fonctions lui vont à merveille et il s'en contente.

Dimanche 11 avril

Hier le Président est venu à 5 heures au Louvre, j'étais seul et je l'ai promené dans les galeries. Il a fait appeler Duban pour lui reparler du nouveau plan de la cour et du projet d'abaissement du terrain des jardins. Il va faire raser les lilas du jardin de l'Infante, de manière à laisser voir le bas du palais aux passants du quai.

Le Président était de bonne humeur, il est venu à pied et il est reparti de même, donnant le bras à Edgard Ney.

Sa famille a eu part aux douze millions qui lui sont alloués comme liste civile, en renonçant pour eux aux répétitions qu'ils voulaient faire contre l'État, il a cru leur devoir une indemnité.

Jérôme recevra un capital de deux millions,

Murat de un million,

La princesse Camerata de un million.

J'ignore si cela les contente tout à fait, ces gens sont insatiables. Jérôme surtout, son fils aidant, sont les canailles les plus ingrates de la terre. Jérôme est un vieux débauché qui perdrait aujourd'hui toute considération s'il en avait jamais eu.

J'ai dîné le soir chez la Princesse Mathilde avec le maréchal Exelmans et le général Rébillot. Il a été fort question du maréchal Marmont, et je suis heureux de constater que ces deux anciens militaires lui ont rendu pleine justice. Dans l'opinion d'Exelmans, Marmont n'a nullement trahi l'Empereur ; il est la victime d'un propos inconsidéré de l'Empereur en 1815 et d'un mensonge historique. Marmont, quoi que blessé, s'est battu jusqu'à la fin avec des forces très inférieures, son corps d'armée a été débauché en son absence par le général Souesme qui — ainsi que le duc d'Albuféra et le duc de Reggio — traitaient depuis longtemps avec l'ennemi. Marmont a été traîné au pilori de l'histoire et ces deux maréchaux n'ont à supporter aucune lourde responsabilité. Reggio a voulu même entraîner en 1815 le général Exelmans à abandonner tout projet de défense. Il fut vivement rembarré par Mme Exelmans à laquelle il s'était adressé. Enfin, justice a été rendue à Marmont devant la nièce de l'Empereur par le maréchal Exelmans dont l'opinion a bien quelque poids [1].

---

1. S'il est vrai que les maréchaux Suchet (duc d'Albuféra) et Oudinot (duc de Reggio) étaient déjà entrés en pourparlers avec les alliés et que le général Souham fit passer ses troupes dans le camp ennemi à Essonne, il est impossible de disculper le maréchal Marmont (duc de Raguse), en dépit des justifications qu'il essaya de fournir dans ses *Mémoires* (il accabla son subordonné Souham) et de la défense du maréchal Exelmans. Marmont négocia lui-même sa reddition avec Schwarzenberg et se rendit aux alliés avec tout son corps d'armée. Dans le *Mémorial*, Napoléon dénonça sa trahison que l'opinion qualifia rapidement de « ragusade ». Voir Robert Christophe, *Le Maréchal Marmont, duc de Raguse*, Paris, Hachette, 1968.

La Princesse a voulu pour la forme insister sur la reddition de Paris en 1814.

J'ai allégué l'ordre du roi Joseph. La Princesse m'a dit : « Monsieur de Viel Castel, vous savez que je n'aime pas qu'on accuse mes parents. »

Avec tout le respect possible, je me suis permis de répliquer : « Je le sais, mais il ne faut pas alors pour excuser leur *faiblesse* accuser un général innocent. »

La Princesse a répété deux fois : « Je n'ai jamais eu de préventions contre le maréchal et je n'ai pas cru à cette grande culpabilité dont on l'accablait. »

Il y avait en 1814, comme en 1815, lassitude chez la plupart des généraux, épuisement de ressources dans le pays, et ce qui est vrai, quoiqu'on veuille le nier à cette heure, c'est que les Bourbons ont été reçus à bras ouverts. Ils pouvaient tout pour le bien de la nation, ils ont été maladroits.

Demain je dînerai encore chez la Princesse avec Morny et Mme Lehon, ce sera un petit dîner d'intimité.

Il paraît que la nouvelle relative à la destruction de la flotte autrichienne, était un *canard* bravement accepté par les plus hauts badauds diplomatiques, entre autres par Montessuy qui depuis son mariage avec la fille naturelle du prince Paul de Wurtemberg se croit un grand seigneur et un Talleyrand de première force. Il est seulement important et bardé de croix comme pourrait l'être et comme le sera probablement un jour Chassiron !

Jeudi 15 avril

Il y avait ce soir grand dîner chez la Princesse Mathilde ; les convives étaient Persigny, ministre de l'Intérieur, Maupas, ministre de la Police, le ministre de Prusse et sa femme (Mlle de Castellane), la princesse Marie de Baden (Lady Douglas), Mme de Maupas, Nieuwerkerke et Romieu, directeur des Beaux-Arts, le duc et la duchesse de Valentinois.

Je me vois forcé de constater dans mon petit livre les honteux discours tenus par M. de Persigny, ministre de l'Intérieur, devant ce ministre de Prusse qui, à l'heure qu'il est, en fait des gorges chaudes avec ses collègues les diplomates, et qui par le prochain courrier se réserve de divertir Berlin aux dépens d'un de nos *hommes d'État*.

Le dîner commençait, le premier service se présentait aux convives, lorsque Persigny prit la parole, et je vais rapporter avec la plus sincère de toutes les afflictions la substance de son discours adressé à Nieuwerkerke, directeur général des musées.

« J'emploierai toute mon influence et toute ma ténacité à ce que la grande galerie du Louvre soit consacrée au logement des bureaux d'un des ministères. Il est nécessaire de concentrer le pouvoir, de réunir les diverses administrations dans un centre commun qui devienne comme la grande caserne où le gouvernement siègera avec tous ses moyens d'action. »

Nieuwerkerke, un moment abasourdi, se remit presque aussitôt et répondit : « Vraiment, j'ai failli prendre au sérieux cette plaisanterie et m'en émouvoir. »

Le ministre reprit : « Ce n'est point une plaisanterie, que m'importent les arts et les tableaux en présence de la nécessité politique qui m'inspire cette résolution. »

Nieuwerkerke : « Mais songez donc, Monsieur le ministre, à ce que produirait dans le monde un tel acte, à ce que les nations civilisées penseraient d'un gouvernement qui donnerait ainsi congé à l'art comme on donnerait congé à un locataire désagréable. »

Le ministre : « Qu'importe ce qu'on dira et ce qu'on pensera ; j'enverrai des tableaux et des sculptures à Versailles, au Luxembourg, partout où il sera possible d'en placer. »

Nieuwerkerke : « Ainsi vous détruiriez ce grand et merveilleux ensemble des musées créés par Napoléon lui-même, enrichis du fruit de ses victoires. Vous changeriez la destination de ce vieux Louvre où les souverains n'ont voulu être remplacés que par cette autre souveraineté qu'on nomme les beaux-arts. Eh bien, Monsieur le ministre, jamais je ne laisserai mon nom parmi ceux des fonctionnaires qui se prêteront à cette dégradation d'une des gloires de la France. Le jour où un tel projet sera définitivement arrêté, je donnerai ma démission. Songez-vous bien à la renommée dont jouit dans le monde entier la grande galerie du Louvre. Tous les peuples y viennent en pèlerinage, elle contient pour vingt millions de chefs-d'œuvre, que ne la vend-on alors ? »

Le ministre : « Pourquoi pas, si cette vente devait rapporter vingt millions ? »

A ces mots, dits sérieusement, les convives se regardèrent ; le ministre de Prusse eut un haineux et méchant sourire intérieur ; la France se rabaissait, humiliait son intelligence, la souffletait par l'organe de son ministre, par celui auquel est confié spécialement la tutelle des arts.

O Colbert, ta vieille face de cadavre a dû reprendre des chairs et du sang pour en rougir !

Nieuwerkerke est devenu livide de cette grande émotion que donne une noble colère, mais il est aussi devenu froid et calme comme la statue du commandeur devant les impiétés de Don Juan.

« Si une vente de la galerie du musée pouvait jamais être annoncée, si la France tombait à ce degré de dégradation... je vous tuerais, Monsieur le ministre !... »

Le dîner finissait, on s'est levé de table et je suis arrivé.

Quelques convives encore émus de l'outrecuidante sortie du jeune ministre m'ont aussitôt rapporté toute cette conversation, ils m'ont instruit avec épouvante des théories émises par cet Omar de contrebande. En voici quelques-unes :

« La femme la plus vulgaire est pour moi préférable au plus beau portrait de Raphaël, à la plus admirée de ses Vierges. »

« Le cordonnier qui fait des bottes est autant artiste à mes yeux que le peintre qui couvre une toile de ses œuvres », etc., etc., etc.

Le ministre de Prusse avec son infernal sourire encourageait Persigny dans sa barbarie, et Romieu, le lâche Romieu, indigne du poste de directeur des Beaux-Arts, Romieu, l'ancien *matassin* de Véron, l'approuvait et le soutenait avec sa souple platitude de courtisan de la fortune. Il aurait volontiers proposé à la signature du ministre un arrêté pour proscrire les arts et les artistes comme les plus grands ennemis de l'ordre social. Romieu, dans cette ignoble parade, représentait le gamin de Paris, les tricoteuses de la guillotine qui suivaient les condamnés du tribunal révolutionnaire en leur lançant des injures et de la boue. Abominable spectacle offert à un ambassadeur étranger.

Le salon de la Princesse Mathilde était le cirque où Persigny et Romieu, représentant les bêtes, s'efforçaient de changer en martyrs l'art et les artistes.

J'étais venu pour demander au ministre la place de conservateur du nouveau Musée royal et impérial, décrété le 17 février ; j'oubliai tout, et je vins à mon tour dans l'arène. J'ignore quel enchaînement de conversation nous avait conduit à parler d'Alexandre et d'Homère, à comparer leur gloire.

Le ministre : « C'est une plaisanterie de vouloir égaler la gloire d'Homère à celle d'Alexandre ; le premier n'est qu'une grande intelligence, douée du talent de faire des vers, c'est un rimeur. Le second est un génie immortel qui a laissé une empreinte profonde, un sillon lumineux dans l'histoire du monde ; c'est comme s'il vous prenait fantaisie d'égaler Chateaubriand ou Lamartine à l'empereur Napoléon. »

Moi : « La comparaison ne me semble pas juste, Monsieur le ministre. La gloire d'Homère, et je n'examine pas ici s'il a ou non existé, la gloire du recueil qui porte son nom, est immense et immortelle. Cinquante villes se sont disputé l'honneur de lui avoir servi de berceau, à ce poète qui n'a peut-être jamais vécu. De tels génies, car c'est un génie et non un rimeur, sont bien rares à rencontrer ; ils font l'histoire et les héros que la postérité adopte sur leur assertion, et les siècles vivent de leur poésie. Qui est le père d'Agamemnon, d'Achille et d'Hector ? Qui mieux qu'Homère a traversé les âges sans pouvoir être rapetissé, amoindri ? Est-ce le vieil aveugle qui n'avait que sa lyre ? et qui a laissé après lui des chants toujours étudiés, toujours admirés depuis des milliers d'années. Est-ce le vieux *rimeur* aveugle dont nous plaçons les images dans nos palais, qui inspire nos poètes, nos sculpteurs et nos peintres ? Est-ce Alexandre, merveilleux conquérant, j'en conviens, mais dont les œuvres sont depuis longtemps mortes et qui ne resta pas toujours à la hauteur de sa fortune, car il mourut de la fatigue de ses débauches, car il apportait avec lui et sans y avoir pensé le génie des Grecs chez des peuples déjà civilisés, dont il ne s'intitulait ni le réformateur ni le civilisateur, mais dont il acceptait la vie de débauche et d'orgie.

« Il y a eu depuis le commencement du monde trois grands poèmes : la Bible, les chants d'Homère, la *Divine Comédie* du Dante, le génie humain n'a pas été au-delà.

« Il y a eu des conquérants plus grands qu'Alexandre et parmi eux je place Napoléon qui fut, et c'est là un de ses plus beaux titres de gloire, un grand législateur. »

LE MINISTRE *(prenant une physionomie menaçante et furibonde et fronçant le sourcil par une réminiscence homérique pour me faire trembler, moi simple mortel) :* « C'est une honteuse opinion que celle qui tend à placer sur la même ligne la gloire d'Alexandre et celle d'Homère, et c'est ainsi qu'on dégrade l'intelligence de son pays en la professant. »

Le ministre répéta deux fois cette belle phrase et je fus étonné de ne me sentir ni colère ni indignation en l'entendant me l'adresser. La forme était grossière, mais qu'attendre d'un ancien sous-officier mal élevé que les honneurs saisissent au collet et assassinent de leur enivrement.

Hors du salon de la Princesse, je lui aurais dit : *Mon petit Monsieur, vous êtes un faquin de mauvais ton.*

Chez la Princesse j'ai souri, et l'ambassadeur de Prusse a prolongé son sourire intérieur.

La Princesse Mathilde qui aime et comprend les arts mieux que personne avait des larmes dans les yeux, et lorsque le ministre se fut retiré pour aller plaire en d'autres lieux, elle s'est écriée :

« J'aimerais mieux quitter la France que d'assister à de pareils déraisonnements, que d'entendre de telles monstruosités. »

Chaix d'Est-Ange refusait d'en croire ses oreilles.

Brenier, l'ancien ministre des Affaires étrangères, croyait avoir mal entendu.

De tout ce qui précède, il résulte que j'ai un ennemi de plus qui me fera tout le mal qu'il pourra me faire ; qu'importe, dussé-je manger le pain de la misère, je ne me repens pas, je n'ai jamais appris le métier des Romieu et je ne veux pas l'apprendre à cinquante ans. Je ne serai pas le complice des abjectes conspirations contre l'intelligence que médite ce petit monsieur, né comme les champignons dans un jour d'orage sur je ne sais quel fumier.

Nieuwerkerke lui aussi a un bon ennemi, il l'a acquis noblement, et il peut inscrire cette acquisition parmi ses titres d'honneur. Il était ce soir la voix de tous les artistes, il n'a point failli à sa mission.

Adieu, M. de Persigny, je vous marque au front pour vous reconnaître toujours et ne jamais oublier ! Allez, aventurier inintelligent, je vous connais, la gloire des conquérants vous empêche de dormir, vous poussez aux guerres, aux batailles, à troubler le monde et vous qui parlez de l'empereur Napoléon, vous ignorez qu'il honorait le génie des poètes et des artistes, et que bien loin de les chasser des musées du Louvre, il leur en ouvrait les portes à deux battants.

Vous ignorez que pour indemniser la France du sang versé par elle sur les champs de bataille, il lui rapportait en triomphe la Vénus ou l'Apollon, un tableau de Raphaël ou les manuscrits du Vatican.

Vous ignorez qu'il regrettait de n'avoir pas Corneille pour le nommer prince, et Corneille n'égalait ni Homère ni le Dante.

Allez, M. de Persigny, vous êtes une erreur de la destinée, vous êtes une fausse couche de la fortune, suivez Romieu, votre Narcisse, le drôle vous conduira loin.

Vendredi 16 avril

Le prince Paul de Wurtemberg se meurt d'une apoplexie séreuse, il n'a peut-être pas quelques heures à vivre.

Lundi 19 avril

Le prince Paul de Wurtemberg est mort samedi à 9 heures et quart. Il s'était fait catholique depuis le mois de janvier dernier.

Samedi, à l'issue du Conservatoire des musées, M. de Persigny est venu visiter le Louvre qu'il ne connaissait pas et il a paru surpris de la richesse de ses collections.

Il était doux et aimable, autant et peut-être plus qu'il ne lui est accordé de l'être, il avait à réparer et il s'y est efforcé.

Tous les conservateurs étaient assemblés dans le cabinet du directeur général et ils ont été présentés au ministre, qui leur a dit :

« J'ai beaucoup scandalisé ces messieurs (en nous désignant, Nieuwerkerke et moi) jeudi dernier, ils se sont mépris sur le sens de mes paroles en pensant que je voulais mettre le musée à la porte du palais qu'il occupe. Telle n'est pas et ne peut pas être mon intention. Si, pour donner plus de force à l'action gouvernementale, je souhaite la concentration des ministères dans les bâtiments du Louvre, véritable forteresse inexpugnable, contre laquelle aucune émeute, si puissante qu'elle pût être, ne pourrait espérer la victoire, je ne sollicite l'accomplissement de ce souhait que moyennant la construction préalable d'un magnifique palais, digne des chefs-d'œuvre dont la France tire tant de gloire et qui serait exclusivement consacré à nos musées. »

Nieuwerkerke a répondu :

« Dans ces conditions nous ne pouvons qu'approuver votre idée, mais il faudrait consacrer trente millions à l'érection de ce palais des arts. »

Le ministre :

« Cette somme est bien celle que je calculais devoir être nécessaire, elle n'a rien d'exorbitant et pourrait être répartie sur plusieurs exercices. »

Le ministre s'est ensuite tourné vers moi d'un air tout gracieux et m'a tendu la main, je lui ai donné la mienne et, comme nous *sommes tous Français*, l'affaire s'est arrangée, mais les *canards* n'ont pas été plumés.

Cette ravissante *mansuétude* du pacha de l'Intérieur ne m'éblouit pas. Il n'a pas oublié et je n'oublie pas non plus ; l'avenir est grand, quoi que nul ne soit son prophète, enfin nous verrons.

J'ai voulu savoir cependant comment était venu cet adoucissement subit, et voilà ce que j'ai appris.

La soirée de Son Altesse la Princesse Mathilde a eu du retentissement ; chacun dès vendredi se racontait ce qu'il en savait. Ces bruits sont venus aux oreilles du Président, il a demandé à Maurice Exelmans, qui est un de ses officiers d'ordonnance, ce qui s'était passé. Maurice le lui a dit en ajoutant : *Je crains que l'exercice du pouvoir ne tourne la tête au ministre de l'Intérieur*.

Le Président a paru mécontent, et probablement il aura lavé la tête au Persigny.

Il lui aura dit aussi qu'il n'était pas poli de traiter l'ambassadrice de Prusse de *Mère-Gigogne*, parce qu'elle parlait de ses nombreux enfants.

Il n'aura pas approuvé sa théorie de l'éducation des princes qui, suivant M. de Persigny, doivent être élevés dans un souverain mépris du peuple et tenus loin de son contact, etc., etc., etc.

Ce qu'il y a de mieux à penser, comme Maurice Exelmans, c'est que le ministre de l'Intérieur était fou jeudi dernier ; seulement puisqu'il pense qu'il faut élever les princes et les tenir dans une sainte horreur de la popularité, pourquoi envoyer M. Quentin-Bauchard en manière de colombe pour relâcher tous les chenapans qui composaient au mois de décembre dernier l'armée du socialisme[1] ? Les propriétaires du Midi sont stupéfiés de cette clémence intempestive que les graciés attribuent à de la faiblesse et qui rend timides et craintifs les témoins qui avaient déposé devant les commissions et les conseils de guerre.

Les sociétés secrètes relèvent la tête et se persuadent qu'elles peuvent encore faire peur.

1. Ce n'est pas Persigny mais le Président qui s'est ému de la sévérité des commissions mixtes chargées de juger les personnes accusées de s'être soulevées en décembre 1851. Fin mars, il a envoyé trois commissaires spéciaux à travers la France afin de réviser les jugements les plus durs et les moins équitables. Si le général Canrobert et le colonel Espinasse se sont acquittés de leur mission sans y mettre un grand zèle, Quentin-Bauchart a prononcé 3 441 grâces ou commutations de peines, à la grande satisfaction de Louis Napoléon Bonaparte : « Vous seul avez compris ma pensée. »

Un propriétaire de Béziers m'a rapporté un propos tenu sous sa fenêtre en décembre dernier et qui prouve à quels gens on fait grâce.

Des paysannes disaient à des insurgés : « Laissez-nous passer en avant, vous n'auriez pas le courage de tuer les enfants. »

En parlant ainsi, elles brandissaient de longs couteaux !

Il se passe, et il se fait d'étranges choses, dont il serait impossible de deviner *le pourquoi*.

En effet, pourquoi le marquis de Saint-Simon est-il sénateur avec 30 000 francs de dotation ?

Ce noble marquis était en 1830 ministre plénipotentiaire en Suède ; dès que les ordonnances de M. de Polignac lui furent parvenues, il s'empressa de complimenter ce dernier ministre de la Restauration. Les ordonnances lui semblaient merveilleuses... Mais la révolte triomphe, Charles X est fugitif, le prince de Polignac est mis en jugement devant la Chambre des pairs dont le marquis Saint-Simon fait partie... Le spectacle change, les ordonnances ne sont plus que monstrueuses et leur auteur mérite la mort !

Le marquis de Saint-Simon fut l'un des trois pairs qui votèrent la mort, Lanjuinais fut le second, la Roche-Aymon le troisième.

Le soir du jour où le jugement des ex-ministres parvint à la connaissance du public, le marquis de Saint-Simon se trouvait avec ses trois filles dans le salon de sa femme au milieu de beaucoup de légitimistes. On savait les trois votes pour la mort, mais on ignorait leurs auteurs, et alors ce marquis Judas entendit sa condamnation sortir énergiquement de la bouche de ses enfants. S'il avait pu rougir, il aurait dû rougir devant eux !

Aujourd'hui il est sénateur !

Qui sait de combien de turpitudes se composent *les états de service* de ceux qui parviennent aux honneurs en ce monde.

Fouché avait barboté dans le sang des échafauds.

Talleyrand dans l'intrigue des trahisons.

Les lâches et les traîtres sont toujours les acteurs qui jouent le mieux le dévouement ; ils trompent toujours la puissance, ils sont toujours près d'elle pour la précipiter dans l'abîme au moindre revers.

La comédie humaine est une partie de cartes, les parieurs ne sont constants qu'à la fortune. J'entends les parieurs habiles, ceux qui *risquent* volontiers leur argent du côté où les cartes sont tenues par un adroit filou qui sait faire sauter la coupe.

Le dévouement et la constance sont abandonnés aux niais.

Il y a tous les ans quelque prix Monthyon de la valeur de deux à trois mille francs pour ces niais-là ; l'académie les embrasse, puis on les enterre sous l'oubli le plus profond, et ils peuvent traîner leurs haillons au soleil dans quelque coin d'où ils verront passer *honorés*, brodés, chamarrés de croix, les habiles intrigants et tous ces maquereaux de la fortune qui souriront de pitié en les découvrant dans la poussière.

Aujourd'hui la culotte du bon roi Dagobert est oubliée, chacun porte sur son cœur un morceau de la culotte de l'empereur Napoléon et se fait un titre de cette relique dont on n'avait jamais entendu parler.

On épouse les filles du marmiton de l'empereur pour arriver à tourner la broche de son neveu. On épouse la fille ou la nièce d'un ancien serviteur impérial pour réclamer le solde des services d'un beau-père ou d'un bel-oncle.

Les héritières sans dot de l'Empire sont très recherchées.

Puis une grande partie de ceux qui se prétendaient jadis béarnais cherchent maintenant en Corse leur acte de naissance.

Dimanche 23 mai

Depuis près d'un mois je n'ai rien écrit sur mon livre, et cependant que de fêtes, de revues, de bals ; mais les journaux contiennent les récits de tout cela, et sous tous les régimes c'est toujours la même chose.

Je suis nommé conservateur du musée des Souverains français, Laborde ne me parle plus !

Les lettres des généraux Changarnier et Lamorçière pour refuser le serment sont dans tous les journaux ; celle du comte de Chambord qui conseille aux légitimistes de ne pas prêter ce serment, n'a pas été publiée. Celle du comte de Chambord m'étonne, il disait le contraire tout dernièrement à Arundel de Mirabeau ; il trouvait extraordinaire qu'on pût le croire dirigé par Pastoret et par tous les autres nuls du parti. Il s'est plaint seulement du duc de Guiche, qui riche par son mariage, et ayant été élevé avec lui n'aurait pas dû servir. Le comte de Chambord a dit à Arundel que sa fortune personnelle se composait de neuf cent mille francs de rentes provenant de Mme la duchesse d'Angoulême et de cent-cinquante mille francs légués par le marquis de Talaru. Changarnier entasse mensonges sur mensonges dans sa lettre. Il est positif qu'il a fait vingt tentatives auprès du Président pour le décider à prendre l'Empire, la première date de la première revue de Satory, la dernière eut pour intermédiaire le prince Paul de Wurtemberg. La Princesse Mathilde était dans la pièce voisine et comme sa voiture était attelée, elle conduisit le prince à l'Élysée pour faire la proposition. C'est de la Princesse que je tiens ces détails.

Louis-Napoléon refusa et Changarnier devint furieux. Jamais le Président ne s'est fié à Changarnier. La Princesse Mathilde m'a toujours dit : « C'est un traître. »

Il n'est pas vrai qu'on lui ait offert l'épée de connétable et une grande fortune.

Au mois de janvier 1850, Carey, son aide de camp, me disait : *Conseillez donc à Nieuwerkerke de ne pas trop s'engager avec l'Élysée.*

Quant à M. Molé, qui nie avoir prévenu le Président de la réunion de la conspiration Changarnier aux Tuileries, de la demande de dictature de ce général, ainsi que des pouvoirs pour emprisonner le Président et mettre l'assemblée nationale à la porte, M. Molé a menti, Granier de Cassagnac tient le fait de la bouche du Président.

La facilité avec laquelle on ment par le temps qui court est merveilleuse, le mensonge politique est bien porté, on tient toujours en réserve, comme sauvegarde, un petit mensonge.

Les Orléanistes comptent, pour se débarrasser du Président, sur une maladie de la moëlle épinière, et dernièrement un de leurs agents ne craignait pas de faire entendre le propos suivant : « *Si la maladie ne va pas assez vite, nous avons des hommes dévoués qui lui donneront la maladie du pistolet.* »

Les Canino, les Jérôme et autres gredins pareils tiennent en réserve un petit moyen dont j'ai été averti, et ils trament la saleté que je vais raconter avec le marquis Achille de Jouffroy, intrigant qui a fait sa fortune quatre fois et l'a mangée quatre fois.

Le marquis de Jouffroy, pour sa part d'intrigues dans l'emprunt espagnol *Guebhard*, a eu 1 200 000 fr. Plus tard, dans une autre affaire, il a été directeur de la Banque romaine, etc. etc.

Voici le moyen des Jérôme et des Canino : Une plainte en désaveu de paternité a été déposée par Louis, roi de Hollande, contre sa femme, lorsque elle est devenue enceinte de Louis-Napoléon. Cette plainte est déposée aux archives du ministère de la Justice à La Haye, elle a été montrée à M. le marquis de Jouffroy par M. Box, conservateur des archives à cette époque, ou employé supérieur du ministère de la Justice[1].

Napoléon, le fils de Jérôme, prétend être possesseur de trente-trois lettres importantes, relatives à ce désaveu.

C'est un complot de gredins que celui où se trouvent Canino, les Jérôme et A. de Jouffroy. Voilà comment vont les choses.

Le Président continue à faire de la clémence, il est mal conseillé, car il indispose les gens d'ordre en graciant un tas de coquins, et il rend des soldats aux émeutes futures. Les *rouges* travaillent toujours les popula-

1. Comme il n'avait plus guère de rapports avec son épouse Hortense et qu'il ne doutait pas que celle-ci eût des amants, le roi de Hollande soupçonna effectivement dès l'origine que son troisième fils Charles Louis Napoléon, né dans la nuit du 20 au 21 avril 1808, n'était pas de ses œuvres. Après avoir ignoré l'enfant pendant plusieurs années, contrairement aux deux autres, il se rapprocha de lui aux heures douloureuses de l'exil et fit de lui son héritier universel. N'en déplaise à Victor Hugo pour lequel Louis Napoléon est « l'enfant du hasard dont le nom est un vol et la naissance un faux », les biographes les plus récents et les plus sérieux de ce dernier (Louis Girard, William Smith et Pierre Milza) considèrent que l'hypothèse la plus vraisemblable est celle de la paternité du roi Louis.

tions, et même en Vendée, ils agissent sur le paysan. Les autorités sont molles et à moitié traîtres.

Un vieux Breton, fermier d'un de mes amis, disait en lui payant le dernier terme de ses fermages :

« Voilà la dernière fois que je vous porte autant d'argent.

— Pourquoi donc ? demanda mon ami.

— Y vont bientôt faire une loi pour le partage, et j'aurai ma ferme.

— Mais ce serait une loi de voleurs que cette loi, objecta mon ami, et tu n'y obéirais pas.

— Pourquoi donc, vous avez bien obéi à la loi qui a supprimé le droit d'aînesse et vous jouissez des biens qui devraient être à votre frère aîné ! Si les *rouges* voulaient vous faire du mal, j'prendrions tous nos fusils pour vous défendre, mais si on fait une loi de partage, faudra bien y obéir. »

La Vendée est encore bonne cependant ; si les *rouges* osaient y lever la tête, ils seraient massacrés jusqu'au dernier, mais il ne faut pas laisser corrompre cette noble province.

Lundi 24 mai

Le baron du Teil, un de mes amis, m'a remis la note suivante :

Souvenirs sur la jeunesse de Napoléon, conservés dans la famille du Teil.

Lorsque le prince de Condé qui aimait le baron du Teil et l'estimait comme l'un des meilleurs généraux de l'armée française, venait le voir à Auxonne où il commandait l'école d'artillerie et la ville, celui-ci s'empressait de donner au prince des fêtes militaires, simulacres de guerres, et presque toujours Napoléon, alors lieutenant à l'école d'Auxonne, était désigné par le général du Teil pour les diriger.

Un jour, vers la fin de l'année 1788, le prince de Condé s'était rendu à Auxonne pour visiter l'école. A cette occasion, de grandes manœuvres furent ordonnées par le général du Teil, qui fit recevoir le prince à la tête de ses officiers, et se tournant vers un jeune lieutenant de l'artillerie qui était près de lui : « Monsieur de Buonaparte, lui dit-il, commandez le feu », le choisissant parmi ses égaux et le préférant à ses supérieurs !

Mais ce n'est pas seulement à l'école d'Auxonne que des rapports d'intimité ont existé entre Napoléon et le général du Teil ; jusqu'à sa mort il ne cessa de lui donner des marques de son estime et de son attachement. Lorsqu'il était en garnison à Valence, il vint à plusieurs reprises visiter son vieux général à son château de Pommier-lès-Saint-André, et l'on se rappelle encore dans la famille du Teil la chambre qu'il habita ; cette chambre s'est appelée depuis la chambre de Napoléon.

Pendant son séjour au château de Pommier, Napoléon, négligeant les plaisirs de la chasse et de la campagne, auxquels se livraient les fils du baron du Teil, ses compagnons d'armes, s'entretenait avec son général des grands événements qui se préparaient ; il l'étonnait par la profondeur de ses raisonnements et la hauteur de ses pensées et on entendait ce dernier s'écrier en parlant du jeune lieutenant d'artillerie : *Si on le laissait faire, il gouvernerait le monde !*

L'Empereur à son lit de mort s'est souvenu de son vieux général, fusillé à Lyon comme royaliste au mois de février 1794. Voici les termes du testament fait à Sainte-Hélène le 24 février 1821.

Nous léguons aux fils ou petits-fils du baron du Teil, lieutenant-général de l'artillerie, ancien seigneur de Saint-André, qui a commandé l'école d'Auxonne avant la révolution, la somme de cent mille francs comme souvenir de reconnaissance pour les soins que ce brave général a pris de nous lorsque nous servions comme lieutenant d'artillerie et capitaine sous ses ordres.

Le château de Pommier-lès-Saint-André est situé dans une des parties les plus reculées du Dauphiné, à douze lieues de Lyon, seize de Grenoble, quinze environ de Valence.

31 mai

M. de Walsh, grand légitimiste, ancien propriétaire du journal *La Mode* et propriétaire actuel du château de Chaumont, par suite de son mariage avec Mme la comtesse d'Aramon, son ancienne maîtresse, qui l'avait été de Champeaux (mort il y a deux ans dans le voyage de M. de Lamartine, qu'il accompagnait) et qui l'a été de bien d'autres, Walsh enfin a sollicité du gouvernement l'inscription de son château de Chaumont parmi les monuments historiques. Persigny a gracieusement classé Chaumont au nombre des monuments historiques, puis il a accordé vingt-deux mille francs et un architecte pour faire des réparations indispensables.

Walsh est aussitôt parti pour aller à Frohsdorf remercier monseigneur le duc de Bordeaux.

Ce Walsh est un ancien filou que la fortune rendra honnête ; il trichait au jeu, et Dujarrier, par son testament, recommandait de ne point payer 18 000 francs qu'il devait à Walsh parce qu'ils lui avaient été volés au jeu.

Mais Walsh est riche aujourd'hui, il fait beaucoup le légitimiste, il va très souvent à Frohsdorf, il compte parmi les purs. Le parti légitimiste est malheureux, il confie volontiers ses affaires et ses journaux à de la canaille.

Avant de venir à Paris, Walsh habitait Rouen, où il rédigeait un journal. Dix gentilshommes normands m'ont dit : *Walsh vole au jeu*. Le vicomte Adouard, l'homme le plus franc et le plus loyal, m'a dit : *On ne voulait plus jouer avec lui, car il trichait.*

8 juin

Grande brouille du Président avec Véron à propos d'un article de Granier de Cassagnac sur la Belgique. Granier voulait faire passer dans le public cet article pour une émanation de l'Élysée. L'article était menaçant pour la Belgique. La Bourse et le public s'en sont émus. Le *Moniteur* a démenti la provenance ; résistance de Véron qui, malgré le démenti, affirme de nouveau. Maupas intervient comme ministre de la Police et signifie un premier avertissement à Véron[1].

Fureur du Pacha, qui raconte ce matin l'achat par le secrétaire du Président de cent numéros de l'article malencontreux, de trois cents par Granier et leur envoi en Belgique. Enfin, le *Constitutionnel* passera autant que cela lui sera possible à l'opposition. Il annonce ce matin qu'il se privera désormais des articles de Cassagnac.

Tous ces journalistes sont fins, mais ils le sont moins que le Président, qui les méprise (peut-être trop) et qui les détruira l'un par l'autre. Il joue maintenant à la démonétisation de la presse ; c'est une lutte grave, mais dans laquelle il peut avoir l'avantage, si parmi ces journalistes il ne s'en rencontre pas un qui sache être aussi dissimulé que lui, et qui consente à laisser dormir son amour-propre personnel.

Il faut côtoyer la politique sans se laisser entamer, il faut surtout éviter les pièges qui seront tendus, car c'est au jeu des pièges que jouera le pouvoir. Il faut surtout qu'un journaliste évite de se laisser persuader qu'il est utile, et qu'il ne témoigne jamais d'empressement.

Peut-être serait-ce un grand bienfait de supprimer les journaux comme tribune politique ; ce serait pour la France un grand apaisement, et le gouvernement ôterait surtout par là un moyen de parvenir aux intrigants.

Le *Journal du Périgord*, il y a trois jours, s'extasiait devant les vertus et les talents de deux grands hommes, réunis par un heureux hasard dans la ville de Bergerac.

M. de Calvimont, préfet de la Dordogne ;

Marquis de la Valette, ambassadeur à Constantinople :

Le premier gérait jadis le *Bridoison*, petit journal sottisier archi-légitimiste ;

Le second est parvenu, comme je l'ai déjà dit, par le *Journal des débats*, et par les *filles* et les femmes !

M. le marquis de Belmont, dont j'ai déjà parlé également, s'est faufilé dans l'intimité du Président ; il est des parties de Saint-Cloud.

On le barde chaque jour de croix étrangères, de plaques, etc., enfin,

1. En vertu du décret du 17 février 1852, la presse est soumise à un régime très strict dont l'une des armes essentielles est le système innovant des avertissements. Il incite les journaux à s'autocensurer pour ne pas disparaître. Le premier avertissement vaut en effet rappel à l'ordre, le deuxième peut provoquer une suspension et le troisième la disparition du titre.

c'est l'âne chargé de reliques. Ces reliques auront peut-être la puissance de faire disparaître son passé !

Qui enlèvera le fumier des écuries d'Augias ?... Qui ?...

Ce fumier s'amasse et donne naissance à une foule de champignons vénéneux.

9 juin

Second avertissement à Véron, pour avoir raconté, ce qui est vrai, que l'Élysée avait fait acheter et répandu en Belgique cinq cents exemplaires du fameux article.

Véron n'a pas voulu supporter le premier démenti. Le premier article était dicté par le Président, Véron hésitait à l'insérer, il supprima même quelques phrases trop vives. Le second article lui parvient par la même voie, Granier de Cassagnac, il l'insère. Démenti du *Moniteur*, réponse de Véron, suspension.

Cette petite rouerie pourra avoir des conséquences. Lorsqu'on ne paie pas un journaliste, il ne faut pas le bafouer, ou il faut être certain d'avance qu'il acceptera la position.

Je n'admets pas que le Président se fasse journaliste et se bâtonne sur les épaules de son gérant.

Je sais bien qu'il s'agit de tuer la presse, mais il faut s'y prendre honnêtement. Les amis du Prince disent aujourd'hui : « Qu'est-ce que M. Véron ? »

Nous sommes les premiers à dire, ce n'est pas grand-chose, cependant personne n'accepte pour soi le titre ou cette qualification de pas grand-chose ; et puis je voudrais bien savoir ce que sont MM. de Persigny, de Maupas, Thayer, Belmont et tant d'autres dont on fait des grands seigneurs ; qu'est-ce-que Heeckeren ? qui sont les trois quarts des sénateurs, etc., etc., etc. ?

On ne brise pas ainsi les instruments dont on a été heureux de se servir ; je n'aime pas non plus cette façon d'attaques contre la Belgique, désavouée le lendemain. Granier de Cassagnac, qui est un mauvais drôle, ne devait pas avoir le droit de parler au nom du Président, et il l'a, puisqu'il est un intermédiaire envers la presse.

C'est encore de l'Élysée que venaient les articles contre Changarnier. C'est le Président qui a attesté le fait de M. Molé, rendant compte de la réunion chez Changarnier.

Il est bien avéré que le *Constitutionnel* recevait les articles délibérés à la Présidence, il a eu le tort de ne pas accepter les démentis.

Je n'aime pas tout cela, c'est de la petite politique, c'est du tripot. Il y a à l'Élysée trop de tripotailleurs : Mocquard, Vieillard, Lefèbvre Deumier, tous gens sans considération.

Mocquard servait d'eunuque, il promenait la maîtresse du Président.

Samedi 12 juin

M. Freslon, ancien ministre un peu rouge, chargé des affaires de M. Trouvé-Chauvel, expulsé de décembre, faisait dernièrement le voyage de Bruxelles pour visiter l'exilé. Il rencontre dans le chemin de fer Alexandre Dumas qui se mit à parler de Victor Hugo, également exilé.

« Je l'aime beaucoup, ce pauvre Victor, c'est un grand cœur, un beau caractère, mais il s'est trompé dans ses calculs ; ainsi lorsqu'il a fait les articles de journaux qui ont valu quelque mois de prison à ses fils, il s'était dit : Je touche 9 000 francs comme député, appelons l'attention du peuple sur mes deux enfants ; ils seront aussi députés, et alors trois fois neuf faisant vingt-sept, nous jouirons en famille de 27 000 francs de rente de plus. »

Quel grand cœur !

De là vient la condamnation des deux fils Hugo, si méchamment rendue inutile par le coup d'État de décembre dernier.

A Bruxelles, Freslon se rendit chez Victor Hugo qu'il trouva dans une maison borgne affectant la pauvreté.

La chambre où se promenait le grand homme servait de salle à manger, de chambre à coucher ; un reste de déjeuner encombrait une table déjà surchargée de papiers et de livres.

Victor Hugo lut à M. Freslon quelques passages très violents d'un pamphlet sur le 2 décembre, et c'est dans la prévision de la publication de ce pamphlet, qui pourra donner lieu à des poursuites, que Victor Hugo vient de faire vendre à Paris tout son mobilier [1]. Freslon engageait Victor Hugo à plus de modération ; il lui représentait l'inutilité de ses récriminations et de ses attaques, lorsque Charles Hugo, après avoir discrètement frappé à la porte, entra dans le sanctuaire du martyr.

Victor Hugo prit alors son intonation la plus théâtrale :

« Regarde, mon fils, c'est M. Freslon, rappelle-toi cette figure comme celle d'un très honnête homme, et qu'elle ne s'efface jamais de ton souvenir ! »

Tous ces détails ont été racontés hier par M. Freslon lui-même à Morel Fatio, de qui je les tiens.

Victor Fouché, beau-frère de Victor Hugo, a dit à Morel Fatio : « Mon beau-frère m'a fait vendre pour son compte le 6 décembre dernier 306 000 fr. de 5 %. »

Fais donc le misérable et le pauvre exilé, poète ambitieux, fou furieux

---

1. L'ouvrage auquel il est fait ici allusion est l'*Histoire du 2-Décembre*, sur lequel Hugo travaillait activement depuis mars. Cependant, il en suspendit l'écriture en avril car il estimait que trop de documents lui manquaient. Il rédigea alors *Napoléon le Petit*. La vente de son mobilier à Paris les 8 et 9 juin lui permettra de publier ce pamphlet puis de quitter Bruxelles pour s'installer à Jersey en août.

déchaîné contre la société, amour-propre insatiable ! Fais le pauvre, et surtout, fais des dupes. Ta famille et toi, vous devez être notés comme des égoïstes enragés, bons à traquer et à séquestrer, ô race de roquets qui veut jouer au lion, aboyeurs de théâtre, secouez votre fausse crinière, vous ne faites peur à personne, on ne vous trouvera jamais sur les champs de bataille, vous n'êtes bons qu'à lécher le sang des morts, qu'à insulter de loin. Victor Hugo et ses enfants, tous apôtres des vertus républicaines, vivaient avec des filles, et déploraient dans des orgies *les misères* du peuple !

17 juin

La commission du budget se donne le plaisir de faire de l'opposition [1]. Montalembert, le duc d'Uzes, de Mouchy ont réuni une majorité, qui sous prétexte d'économie veut désorganiser les services publics ; elle doit, cette fameuse-commission, proposer à la Chambre la suppression des commissaires généraux de Police, une suppression de 50 000 fr. sur le crédit des Beaux-Arts et une de 300 000 fr. sur le mobilier de la Présidence.

Il y a quelques jours, à la réception du Prince, il ne restait plus à l'Élysée que quatre ou cinq personnes ; Casa-Bianca causait avec le secrétaire de la commission du budget et il lui reprochait assez vivement les taquineries et mesquines mesures adoptées par ses collègues.

Le Prince prit la parole et dit à son tour :

« Je comprendrais une opposition franchement dessinée, des économies sagement appliquées et largement indiquées, mais je ne comprends pas qu'on refuse au gouvernement des souliers pour marcher. »

Le lendemain, le secrétaire de la commission du budget, qui n'avait trouvé que des excuses balbutiées, se vantait à la Chambre d'avoir rembarré le Casa-Bianca et le Président !

Le régime représentatif aura toujours en France cet inconvénient qu'il donnera lieu aux amours-propres égoïstes de se produire ; que les députés songeront à leur importance plus qu'aux intérêts du pays, et qu'en accordant une tribune aux bavardages des importances locales, on prépare dans l'avenir des révolutions comme il y en a déjà eu deux ou trois depuis soixante ans.

La France n'est pas le peuple du parlementarisme, nous sommes trop bavards et trop pleins d'amour-propre.

---

1. Cette commission, présidée par Gouïn, entend contrôler strictement les dépenses publiques. Dès le 16 mai, elle demande des documents aux ministres, qui refusent de les lui communiquer. Pour limiter les critiques qu'elle ne va pas manquer d'émettre — en particulier Chasseloup-Laubat, rapporteur des dépenses —, le pouvoir décide de limiter dans le temps la discussion du projet de budget. Celle-ci ne commencera que le 22 juin pour s'achever le 28 avec la clôture de la session.

29 juin

Le Corps législatif a clos sa session, il a eu quelques velléités d'opposition, mais tout s'est bien terminé. Cependant il faut surveiller tous ces hommes qui aspirent à devenir bavards, à se poser en *providences* du pays, et il faut leur donner un Président plus ferme que Billault.

Nous allons pendant neuf mois être au calme plat, sans tribune, les sots n'auront plus d'aliment pour leurs bavardages.

Le prince Louis-Napoléon a fait pour sa famille tout ce qu'il pouvait faire ; Murat a eu un million, Jérôme deux millions, etc. Aussi tous ces messieurs achètent des terres, commencent à faire les grands seigneurs et se traitent de princes gros comme le bras. Ceci est comédie ; mais ce qui est malheureux, c'est l'influence de Jérôme et de sa canaille de fils sur le Président ; ils donnent des emplois à tous les *rouges*. Laurent (de l'Ardèche) a été nommé bibliothécaire au Sénat. En ce moment, on cherche une position pour d'Orsay. Cet homme taré a persuadé à Jérôme qu'il est son père, et il a trouvé ainsi le moyen, après s'être déshonoré vingt fois, de déshonorer sa mère. Tout ce qui approche Jérôme est de la boue ; lui-même est un gredin sans foi ni loi. Il y a quelque temps, il faisait proposer à Demidoff son gendre de lui donner moyennant une somme de... la preuve écrite de l'intimité de Nieuwerkerke avec la Princesse Mathilde !

Il y a cinq à six jours, le petit Murat, celui qui est attaché à Florence, et qui est petit-fils d'un frère du roi Murat, a insulté grossièrement son oncle le gros Murat qui lui renvoyait, après l'avoir décachetée, une lettre adressée au *Prince Murat*, et en écrivant à son neveu : « Je croyais être à Paris le seul Murat. »

Ce polisson d'attaché répondit à l'instant sur l'enveloppe même : « *On donne probablement ce titre à celui qui est le plus digne de le porter, et c'est pourquoi on me le donne.* »

Je ne raconterai pas toutes les péripéties de cette affaire qui s'est terminée sans duel par un ordre de départ adressé au petit Murat. Mais ce que je veux insérer ici, c'est qu'une nuit vers trois heures, le gros Murat envoya son témoin chez son neveu, pour convenir de la rencontre qui devait avoir lieu le lendemain.

Le petit Murat demeure chez sa mère, rue Royale-Saint-Honoré ; sa mère est la maîtresse du prince de la Moskowa, et le témoin fut reçu à trois heures du matin dans le salon de Mme Murat par le prince de la Moskowa en robe de chambre.

« *Vous êtes étonné de me voir ici à cette heure ?* dit-il au témoin.

Non, prince, répondit celui-ci, *cela ne me surprend nullement.* »

Si ceci n'est pas de la mauvaise Régence, cherchez quelque chose de mieux.

J'oubliais un petit mot assez Régence aussi.

Augustine Brohan porte deux bracelets, un fort beau, un joli simplement.

Un homme qui vise à l'esprit, lui disait en montrant le plus beau des deux bracelets : « *C'est le prix de votre déshonneur sans doute !* »

Augustine inclina la tête en signe d'assentiment et montrant celui qui n'était que joli : « *Voilà l'accessit.* »

16 juillet

Je vais toujours deux fois par semaine à la campagne (Pavillon de Breteuil), chez la Princesse Mathilde. Nous causions encore hier du général Changarnier, et elle m'a dit : « *C'est M. Daru qui m'a prévenue des complots et des propositions d'enlèvement du Président faits par le général, M. Daru et M. Molé ont prévenu le Président.* »

Croyez donc à la parole d'honneur d'un homme politique, M. Molé a écrit pour *jurer* qu'il n'en était rien.

La Princesse m'a répété ce qu'elle m'avait dit, il y a deux ans, le lendemain du jour où le fait avait eu lieu :

« *Changarnier devant moi a baisé la main du Président.* »

Jérôme et son fils trônent au Havre, ils passent des revues. Le Président a tort de permettre à ces deux gredins de jouer ainsi à la royauté.

La maison du Président se monte, les appétits financiers des dignitaires sont grands.

Fleury grand-écuyer a 50 000 fr.

Vaudrey administrateur général des résidences a 50 000 fr.

D'Orsay intendant des Beaux-Arts de la liste civile, place sans fonctions, 25 000 fr.

La curée est bonne, et la meute a soif.

Lepic aide-de-camp a aussi des fonctions de cour, ainsi que Toulongeon.

Edgard Ney est premier veneur.

Vendredi 23 juillet

Le voyage du Président à Strasbourg s'est accompli au milieu des ovations des populations, c'est un véritable triomphe.

Le Prince se marie avec une de ses nièces, une fille de la princesse Wasa[1].

Le prince Wasa est de la famille royale suédoise, évincée par Bernadotte.

La princesse Wasa, fille de la grande-duchesse douairière de Baden,

1. Ce projet matrimonial avec Caroline Wasa, petite-fille par son père du roi détrôné Gustave IV et par sa mère de Stéphanie de Beauharnais, grande-duchesse de Bade, n'aboutira finalement pas. Fleury, envoyé à Darmstadt pour rencontrer le père de Caroline, ne parviendra pas à s'entendre avec lui.

Stéphanie Beauharnais, est une franche c... que chacun a eu à son tour. Lady Douglas, que le Président cajolait beaucoup, est tante de la future, que l'on dit très jolie.

Le maréchal Jérôme et son fils jouent à la royauté au Havre ; je sais que le Présidents est très mécontent d'eux et qu'il les fait surveiller.

Casa-Bianca va perdre le ministère d'État qui sera donné à Turgot. Pauvre ministère d'État ! Drouin de l'Huys prendra les Affaires étrangères.

Avant-hier soir, le maréchal Exelmans se rendait chez la Princesse Mathilde au Pavillon de Breteuil, parc de St-Cloud. Il était dix heures du soir. La folie du pauvre maréchal était de paraître jeune (il avait 77 ans), et son habitude, de faire ses visites à cheval.

Son cheval a eu peur auprès d'un endroit nommé le Point-du-Jour devant un cabaret tenu par un homme nommé Malfilâtre, et le maréchal désarçonné est tombé sur le trottoir. Sa tête a porté sur les pierres, il a été tué comme le duc d'Orléans.

Le Président perd un ami sincère et indépendant, qui ne lui fardait pas les vérités utiles. Le maréchal Exelmans avait un cœur droit et loyal et une grande honnêteté. Cette mort afflige tout le monde, excepté le roi maréchal Jérôme qui craignait les boutades du vieux soldat.

Samedi dernier, le maréchal Exelmans était venu me voir, et il causa plus d'une heure du maréchal Jérôme et de son fils.

« Ce sont deux ennemis du Président, me disait-il, le fils est une mauvaise canaille, le père est un vieux libertin. Tous deux accueillent les ennemis les plus rouges du Prince, et je me suis plaint au Sénat de la nomination comme bibliothécaire de M. Laurent de l'Ardèche, qui est un mauvais drôle. Le prince Jérôme a objecté que la nomination des employés était à sa discrétion, ce à quoi j'ai répondu qu'il eût été utile de consulter les convenances. »

Le maréchal Exelmans déplorait, comme moi, le mauvais entourage du Président :

> Les Bouffey de Montauban, chevalier d'industrie ;
> Roguet, vieille culotte de peau, bête et sot ;
> Mocquard, important prêt à toutes les platitudes ;
> Lefèbvre Deumier, intrigant de bas étage ;
> Vaudrey, officier mésestimé ; etc. etc. etc.

Le jour de sa mort, le maréchal Exelmans est encore venu, il semblait vouloir me faire ses adieux. Je le regrette sincèrement, il m'aimait et je le lui rendais avec sincérité ; je n'ai jamais connu un homme plus droit et meilleur.

Le prince de la Moskowa est nommé colonel en Afrique ; on le fait partir, en voici la cause :

La Moskowa, amant de Mme Murat, a voulu contraindre Mme de Persigny, sa fille, à faire une visite à cette dame. Mme de Persigny s'y est refusée, la fille et le père se sont brouillés, le gendre a fait intervenir sa qualité de ministre, et le beau-père est exilé sous prétexte de rejoindre son régiment.

30 juillet

M. Magne remplace Lefèbvre Duruflé aux Travaux publics.

Drouin de l'Huys remplace Turgot aux Affaires étrangères.

Casa-Bianca a donné sa démission de ministre d'État et n'est pas encore remplacé.

Lefèbvre Duruflé et Turgot sont nommés sénateurs.

Le Sénat continue à recevoir les invalides du gouvernement.

On se plaint généralement du ministre de l'Intérieur, les affaires ne marchent pas ou marchent mal.

Romieu, directeur des Beaux-Arts, est le conseiller politique de Persigny, et Romieu n'est préoccupé que de l'idée de remplacer les Lauzun et les Richelieu.

Le Théâtre-Français et l'Opéra sont devenus son harem, la *Régence* renaît.

J'ai dîné il y a quelques jours à Auteuil chez Véron, avec Musset, Eug. Delacroix, Sainte-Beuve, Romieu, etc. etc.

Au dessert, le directeur des Beaux-Arts a récité un ou deux contes en vers dans le genre de ceux de Grécourt !

Il y avait quelque chose de triste à l'entendre de sa voix chevrotante débiter des saletés ; puis il a chanté une chanson en l'honneur de Mogador, l'ancienne danseuse de Mabile.

Musset a dit quelques-uns de ses beaux vers.

Hier, j'ai dîné à Passy chez Édouard Delessert, avec Nieuwerkerke, Mérimée, Saulcy, Maxime Ducamp, etc. etc. Il a été fort question des journées de juin 1848. Chacun de ces messieurs se complaisait dans la narration de ses exploits particuliers. L'esprit n'empêche pas la petite vanité, la vanité de la bravoure est surtout la plus ordinaire chez les hommes d'intelligence.

4 août

On m'a montré ces jours-ci une lettre du peintre F. Gérard, sollicitant de David les fonctions de juré dans le procès de la reine !

Une ignominie attachée à un grand nom d'artiste.

Persigny a envoyé comme cadeau de noces la croix de la Légion d'honneur à un M. de Nerville, cousin de sa femme, attaché à la légation française à Bruxelles, sot personnage, fat du boulevard de Gand ; dans la carrière diplomatique depuis trois ans seulement, et connu à Bruxelles comme un sauteur et un coureur de filles.

Va, pauvre croix, sur combien de sales habits seras-tu encore attachée ?

7 août

Le journal le *Pays* est tout à fait dans les mains du Président, qui a voulu y faire entrer Granier de Cassagnac.

Ainsi après avoir tué le *Constitutionnel*, le voilà attelé au *Pays* ; j'ai dit à La Guéronnière de prendre garde, il m'a répondu qu'il veillerait. La rouerie faite à Véron se dessine, l'outrecuidance de ce directeur du *Constitutionnel*, ses prétentions ont indisposé l'entourage du Prince, alors on lui a détaché le piège Cassagnac, il ne l'a pas vu et il s'est grièvement blessé.

Son étoile pâlit, et cet homme dont tout le monde enviait le bonheur qui ne se démentait pas, l'adresse presque acrobatique et la prudence, voit en un jour toutes ses réputations entamées.

D'un autre côté, le *Charivari*, comme la mouche, lui fait une rude guerre, l'aiguillonne et l'irrite. Véron est, à l'heure présente, une grandeur déchue.

D'Orsay, le comte d'Orsay est mort, les journaux font grand bruit de cette *perte*. Il laisse, dit-on, des chefs-d'œuvre, il a chargé à son lit de mort Clésinger de terminer son buste du prince Jérôme.

D'Orsay n'avait aucun talent, ses statuettes sont détestables et ses bustes très mauvais. Mais une certaine coterie de Gudin, Gigoux et Clésinger, tous intrigants, le prônaient et le poussaient pour régner par lui sur les beaux-arts, aujourd'hui c'est un grand homme.

Un journal ne craint pas d'affirmer que le Président, en apprenant sa mort, a dit :

« *J'ai perdu le meilleur de mes amis !* »

Je crois pouvoir affirmer que ce propos est faux.

D'Orsay faisait sa société des ennemis du Président, les Jérôme Bonaparte, Émile de Girardin, Lamartine, etc., etc.

Il ne pouvait pardonner au Prince de ne l'avoir point fait ambassadeur, et il ne voulait pas se rendre cette justice qu'il était *impossible*, aucun État ne l'aurait reçu.

D'Orsay avait vécu à Londres aux crochets de sa belle-mère, Lady Blessington, femme tarée, que ne recevait pas la société anglaise et chez laquelle se réunissait une société d'hommes appartenant à l'aristocratie anglaise.

Lady Blessington était la maîtresse de d'Orsay, dont la femme vivait, soit avec le duc d'Orléans, soit avec Antonin de Noailles ou Spencer Cooper.

Lady Hariette d'Orsay a été, et est encore une charmante femme très séduisante. Son mari, dit-on, n'a jamais couché avec elle, mais il couchait, prétend-on, avec son beau-père et avec sa belle-mère.

D'Orsay doit des sommes folles, il a été longtemps le type de la mode, soit à Paris, soit à Londres, et les tailleurs, carrossiers, parfumeurs, etc., etc., se faisaient un devoir de le fournir sans être payés.

D'Orsay était mort moralement depuis trois ans, il devenait vieux, son rôle était fini, sa vie embarrassait tout le monde, excepté lui ; ses hontes ne lui causaient pas la moindre gêne.

Les journaux nous apprennent qu'il a été enterré à Chambourcy (terre de sa sœur la duchesse de Grammont), dans le caveau où se trouvait déjà Lady Blessington !

Ce trait-là est sublime ; peut-être gravera-t-on sur sa pierre : *Sa veuve inconsolable*, etc., etc., alors ce sera complet.

D'Orsay est mort dix ans trop tard, ce n'était plus qu'une vieille poupée ridicule. Le Président ne perd pas le meilleur de ses amis, il est au contraire débarrassé d'un intrigant compromettant.

Si la main de Dieu pouvait encore saisir une vingtaine de *ces amis*-là qui s'imposent, Louis-Napoléon devrait faire chanter un *Te Deum*.

12 août

Les Bonaparte et leurs amis se remplument. Jérôme a reçu deux millions, Murat un million, Mme Camerata un million, et cette dernière, qui a des créances sur Jérôme, attaque la Princesse Mathilde, qui n'a rien reçu, pour avoir à payer une dette de son père.

Pendant ce temps Jérôme trône, il se fait donner du *Monseigneur* dans nos ports de mer qu'il visite. Persigny est convalescent d'une petite maladie gagnée, dit-on, avec Mme la princesse de B***, qui, si elle n'est pas la reine des jardins, est, à ce qu'il paraît, la plus fleurie de toutes les femmes.

Véron me disait hier que le 2 décembre il fit, en parcourant Paris, la rencontre de Girardin qu'accompagnaient deux escogriffes. Girardin lui reprocha son adhésion au coup d'État.

« Vous compromettez la presse, et vous vous compromettez vous-même.

— Je ne crains pas, répliqua Véron, de me compromettre vis-à-vis des rouges, d'ailleurs s'ils triomphaient, vous et moi nous y passerions. »

Girardin l'interrompit en s'écriant qu'il n'avait, lui Véron, rien à craindre pour sa personne.

Un des escogriffes ouvrit la bouche, et prononça ces paroles :

« M. Girardin se trompe, si nous étions les plus forts, M. Véron serait pendu, et s'il le fallait, je serais le bourreau ! »

Cet escogriffe a nom Lachâtre, il est aujourd'hui bien avec le pouvoir.

Véron a raconté cette histoire le 2 décembre même à Henri Didier, aujourd'hui député.

16 août

La fête d'hier a été fort belle malgré un vent épouvantable. Le feu d'artifice de Ruggieri ne laissait rien à désirer pour les amateurs de ce genre de spectacle [1].

La foule était immense sur les quais et aux Champs-Élysées. La gendarmerie mobile, qui se transforme en grenadiers de la garde, avait pour la première fois ses bonnets à poils.

La statue de l'Empereur faite par Nieuwerkerke pour la ville de Lyon était placée au rond-point des Champs-Élysées, elle a reçu l'approbation générale.

Je retrouve la lettre que j'avais le mois de septembre dernier écrite à La Guéronnière et que Lefèbvre-Deumier dénonça au Président comme très compromettante pour sa politique. Le Président voulut l'avoir, mais La Guéronnière, la considérant comme une confidence, me la renvoya.

8 septembre 1851

Je suis très reconnaissant, mon cher ami, de l'envoi que vous avez bien voulu me faire du portrait si remarquable de M. le Président. Ce portrait sera tout un événement dans la presse, car il inaugurera dans la discussion politique les formes de l'urbanité la plus parfaite, jointes à l'indépendance la plus noble du jugement. Votre nouvelle œuvre est une belle page historique dont vous sauront gré tous ceux qui depuis longtemps souffrent de la vulgarité de la polémique actuelle.

Le premier vous aurez compris la dignité de la mission des écrivains en relevant leur langage ; ami ou adversaire du Président, vous avez agi noblement et vous avez parlé en homme de cœur. Peut-être auriez-vous pu concéder une part plus large aux nécessités qui ont été imposées au Prince Louis par les événements, par les menées des partis depuis le 2 décembre 1848. La France n'est

1. La fête du 15 août devient à partir de 1852 celle du régime. C'est en effet le 15 août 1769 que Napoléon Bonaparte a vu le jour. Avec ses multiples divertissements gratuits (défilés militaires, concerts, représentations théâtrales, jeux, joutes sportives, bals populaires, feux d'artifice organisés par la célèbre famille Ruggieri), cette fête dépasse dès l'origine les Saint-Louis et Saint-Charles de la Restauration et la Saint-Philippe de la monarchie de Juillet. Outre le fait que les pouvoirs publics ne négligent rien pour en assurer la réussite, les autorités religieuses prêtent leur concours. La date est aussi celle de la commémoration de l'assomption de la Vierge. Or, les relations du régime avec le Saint-Siège sont excellentes et le culte marial est en plein essor. Voir Bernard Ménager, *Les Napoléon du peuple*, Paris, Aubier, 1988, et l'article de Rosemonde Sanson dans Alain Corbin et *alii*, *Les Usages politiques des fêtes au* XIX*e et au* XX*e siècle*, Paris, Publications de la Sorbonne, 1994.

plus aujourd'hui ce qu'elle était alors et les illusions permises au début d'un pouvoir nouveau seraient peut-être coupables actuellement.

Je ne crois pas non plus à cette absence de volonté active que vous supposez chez le Président, ni que la *puissance d'initiative* lui manque au plus haut degré. Le Prince peut paraître lent dans l'accomplissement de certaines de ses volontés, parce qu'il a, dans son honnêteté naturelle, la résolution arrêtée de tenter tous les moyens, même ceux à l'efficacité desquels il ne croit pas, avant de recourir à ceux qu'il juge puissants contre les dangers de la situation.

Comme son oncle, il me paraît fataliste, mais non fataliste inerte, et si l'avenir ne m'apporte pas une déception qui me surprendrait beaucoup, je l'avoue, nous le verrons fataliste agissant pour venir en aide au *fait prédestiné*. La lettre de Lady Blessington est curieuse, elle est très intéressante, cependant permettez-moi de vous engager à beaucoup de prudence dans la confiance que vous accordez à M. le comte d'Orsay. Depuis longtemps *cet ancien ami qui n'a pas voulu devenir courtisan de la fortune*, s'agite beaucoup pour faire parler de lui, je le sais assez fin et assez spirituel pour préférer s'imposer à la fortune, et il a eu l'habilité en vous donnant, j'en conviens, de précieux documents, de conquérir une large réclame dans un *document* qui restera et qui certainement n'est destiné à servir de marche-pied à personne.

Pardonnez-moi toutes mes réflexions dictées par un intérêt bien vrai et par une affection sincère.

Encore une fois merci, votre portrait m'a fait le plus grand plaisir à lire, après m'avoir charmé une première fois, lorsque vous avez bien voulu m'en donner connaissance avant de le livrer à l'impression.

Je ne vous adresse aucun compliment, je vous traduis mes impressions.

Tout à vous très affectueusement.

Comte H. de Viel Castel

Voilà ce qu'un Lefèbre-Deumier a voulu faire passer pour un écrit compromettant. Tous les Deumier sont les mêmes, sous Néron on les nommait Narcisse, et sous Louis XIV Bontems. Ce sont gens à faire pendre leur père pour vendre sa peau.

Lefèbvre ou Jules Lefèbvre était, il y a vingt ans le parasite bout de table des riches *bas-bleu*, qui le faisaient payer en méchants vers de bons repas.

18 août

Voici deux lettres inédites et curieuses de l'Empereur. Je crois plus intéressant de les insérer ici, que de raconter les fêtes du 15 août et le bal de St-Cloud chez le Président et le bal de la Halle. Je raconterai seulement qu'au bal de St-Cloud le Président était préoccupé. Miss Howart, sa maîtresse, était depuis le matin au château, et comme elle s'était éloignée à cause des négociations de mariage, son retour était presque un raccommodement. Le Prince a été se *reposer* près d'elle une demi-heure vers 10 heures et demie et il s'est retiré à 1 heure.

Au souper, son amour pour Miss Howart ne l'a pas empêché de

prendre les cuisses de la jolie marquise de Belbœuf, qui ne paraissait ni surprise ni émue.

Mais assez de ces cancans, passons aux lettres de l'oncle.

Paris, le 30 thermidor

Je vous fais mon compliment de vous être rendu à l'armée, vous y serez utile et vous aurez la douce satisfaction de concourir de vos moyens au bien de la patrie. La fortune, la faveur et l'estime des hommes varient et sont en perpétuelle oscillation. L'orgueil bien placé d'avoir été utile et d'avoir mérité l'estime du petit nombre fait pour apprécier le génie et le cœur, est aussi invariable, aussi constant avec vous que le sentiment de l'harmonie et le tact de ce sentiment naturel.

L'on m'a porté pour servir à l'armée de la Vendée comme général de la ligne, je n'accepte pas ; beaucoup de militaires dirigeront mieux que moi une brigade, ayant commandé avec plus de succès l'artillerie... Je me jette en arrière satisfait de ce que l'injustice que l'on fait aux services en a été sentie par ceux qui savent les apprécier.

Tu occupes, mon ami, une place délicate, si le génie actif, l'expérience consommée étaient... au chef de l'armée où tes tyrans avec des représentants incapables et environné de tous les empiriques un gouvernement versatile... de fripons pervertis dire de plus il ne pourrait pas gérer et mériter une réputation... mais mon ami, dans ce meilleur des mondes faire le mieux qu'il est possible et se tenir récompensé de son témoignage, voilà le grand secret avec lequel, on n'est jamais ni imposteur ni flatteur, ni acre, ni importun, ni vindicatif, ni criminel.

Rien de nouveau ici, l'espérance n'est pas encore perdue pour l'homme de bien, c'est te dire l'état très maladif où se trouve cet empire.

Amitié, constance, gaieté et jamais de découragement ; si tu trouves les hommes méchants et ingrats, souviens-toi de la grande quoique bouffonne maxime de Flavius : *Sachons-leur gré de tous les crimes que l'on ne commet pas*.

B.

Au citoyen Sucy, commissaire-ordonnateur à Nice,
Armée d'Italie.

2e lettre

Dans les circonstances difficiles, le poste d'honneur d'un bon Corse est de se trouver dans son pays, c'est dans cette idée que les miens ont exigé que je me trouvasse parmi eux. Cependant, comme je ne sais pas transiger avec mon devoir, je me proposais de donner ma démission. Depuis, l'officier-général du Département m'a offert un *mezzo termine* qui a tout concilié, il m'a offert une place d'adjudant-major dans les bataillons volontaires.

Cette commission retardera le moment de renouveler connaissance, mais j'espère sous peu de temps si les affaires vont bien.

Vous m'avez, Monsieur, absolument négligé, car il y a bien du temps que je n'ai pas eu de vos nouvelles.

Les affaires ici vont bien, et j'espère qu'à l'heure que vous lirez cette lettre les incertitudes politiques auront cessé, du moins pour cette campagne.

Nos ennemis seraient bien dupes de hâter le moment des hostilités, ils savent bien que l'état de défensive nous ruine autant qu'une guerre. Si vous vous donnez la peine de penser à un vieux ami, vous me donnerez des nouvelles de votre position dans ce moment-ci. Si votre nation perd courage, elle a vécu pour toujours. Si vous avez toujours conservé vos relations à St-Étienne, je vous prierai de me faire faire une paire de pistolets à deux coups ; je voudrais qu'elle eût à peu près sept à huit pouces de long et que le calibre fût de 22 ou 24 à peu près ; quant au prix, j'y mettrai sept à huit louis en assignats [a].

Si vous pouvez vous charger de cette commission, vous pouvez m'adresser ces pistolets par Marseille à M. Henri Gastard négociant, rue de Paradis.

Je suis, Monsieur et cher Sucy, votre serviteur

Buonaparte

Corte, le 27 février

L'adresse est à Monsieur Sucy, commissaire des guerres, Valence, département de la Drôme.

Elle est cachetée avec de la cire rouge ayant pour empreinte les lettres B et P entrelacées.

Ces deux lettres sont de l'année 1792, car en 1791 il n'était pas question de volontaires et en février 1793 Bonaparte était déjà chef d'un de ces bataillons.

19 août

Aujourd'hui je prends pour quinze jours l'intérim de la direction générale des Musées, je travaillerai avec le ministre.

Nieuwerkerke part pour le conseil général de l'Aisne à Laon.

21 août

Hier je dînais chez Véron à Auteuil, j'étais placé à table entre Sainte-Beuve et Musset ; nous avons eu une bonne conversation littéraire sur l'esprit français aux XVIe et XVIIe siècles.

Au milieu du dîner, Véron a raconté l'anecdote suivante :

Le prince Jérôme, au retour de sa tournée dans les ports de France, est venu rendre compte au Président des ovations reçues et lui *présenter la carte* des dépenses faites.

Le Président a refusé de la solder en répondant à son oncle qu'il lui avait donné plus de deux millions de francs et un traitement de trois cent mille francs, qu'il était d'ailleurs dans l'impossibilité de faire plus. Jérôme s'est emporté et il a fini par dire au Président :

---

a. Qui valaient alors de 227 à 259 francs ; 74 francs en argent = 100 francs en assignats.

« *Vous n'avez rien de l'Empereur !*

— *Vous vous trompez*, a répondu le Président avec le plus grand calme, *j'ai sa famille !* »...

24 août

Je me promenais dimanche dernier au Petit-Trianon avec la Princesse Mathilde, et nous causions des allures plus que libres de quelques-unes de nos jeunes personnes de la société.

Voici ce qu'elle m'a raconté :

Mlle de Stakelberg qui a épousé M. Decazes était recherchée, il y a un peu plus d'un an, par Fleury l'aide de camp du prince-président. La Princesse Mathilde devait faire la demande à la famille Stakelberg et en attendant, pour donner lieu aux deux parties intéressées de se trouver ensemble, un dîner avait été arrangé rue de Courcelles.

Fleury et Mlle de Stakelberg se trouvaient à table près l'un de l'autre.

Au dessert, la demoiselle se pencha vers l'aide de camp et lui dit assez bas :

« *Si nous nous trouvions seuls dans une chambre que feriez-vous ?* »

Fleury abasourdi balbutia je ne sais quoi, et le dîner terminé il vint trouver la Princesse Mathilde et lui racontant le propos, la pria de ne plus songer à ce mariage.

Dimanche soir, j'ai dîné à Breteuil avec le général Daumas qui a beaucoup vu et beaucoup parlementé avec Abd-el-Kader.

Il regarde cet Arabe comme un homme supérieur et auquel l'histoire assignera une grande place. Son opinion est que la politique peut trouver utile de le retenir prisonnier, mais que la foi jurée a été violée à son égard.

Lorsque Abd-el-Kader arriva en France, Daumas fut chargé par le gouvernement d'aller le trouver au fort Lamalgue et de lui proposer s'il voulait faire une soumission complète et s'il consentait à vivre en France, un château royal pour résidence, une mosquée et trois cent mille francs de pension.

Abd-el-Kader écouta cette proposition avec un sourire amer et répondit :

« Je suis prisonnier contre la foi jurée et je n'accepte pas la proposition, je n'abandonnerai pas mon peuple. »

Puis il prit son burnous et le développant sur le rempart au vent de la mer, il ajouta : « Mets là-dedans toutes les richesses de la France et je répondrai à ton offre comme ceci. »

Il lança son burnous dans les flots.

30 août

J'ai dîné hier à Breteuil, après dîner il est venu quelques personnes, le ministre de la Guerre, Véron, l'abbé Coquereau.

L'abbé est un intrigant, plus orléaniste qu'autre chose, se fourrant partout, blâmant tout bas, laissant percer ses sympathies pour peu qu'on le mette en causerie ; flagorneur, abbé de cour s'il en fut, affectant une certaine franchise qui n'est rien moins que franche.

Galant (en propos du moins) auprès des femmes, aimant le monde et à préchailler à droite et à gauche.

L'abbé est en un mot un homme à double face, l'avenir dira si je me suis trompé. Il est aumônier général de la flotte, après avoir bien crié contre Louis-Napoléon.

La Princesse Mathilde est la dupe de ce rusé prêtre.

10 septembre

Hier matin j'ai trouvé M. de Cavour chez Morny et nous sommes restés deux heures à parler du 2 décembre, ou plutôt à écouter Morny.

Il nous a révélé certains faits que je crois bons à consigner.

Déjà sous la Constituante il avait été question d'un coup d'État, et Morny, Thiers et Changarnier avaient eu plusieurs conférences à ce sujet. Thiers et Changarnier tombaient d'accord qu'il fallait renvoyer la *Constituante*, mais Thiers au milieu des arrestations indispensables ne voulait comprendre ni celle de Cavaignac ni celle de Lamoricière, dont il regardait l'exécution comme dangereuse à cause de leur popularité.

Changarnier au contraire déclarait ces arrestations nécessaires et disait : « *Je me fiche pas mal de ces deux hommes, je me sens assez fort pour les arrêter.* »

Chaque partie voulait le coup d'État à son profit, Changarnier le voulait au sien.

Quelques heures avant l'exécution du coup d'État, Morny se trouvait à l'Opéra-Comique à côté de Cavaignac, et dans la soirée, Mme Liadières lui fit signe de venir la trouver dans sa loge où quelques députés orléanistes qui s'y trouvaient également lui dirent :

« Eh bien, nous vous mettrons à Vincennes d'ici à peu de jours !...

Maupas, préfet de police, manquait de fermeté et d'assurance, pendant les troubles, sa préfecture que gardait un bataillon de mille hommes fut attaquée par quelques centaines d'insurgés et alors il demandait des renforts. Morny lui répondit en le plaisantant et en l'engageant à se défendre. Il envoyait aussi les nouvelles les plus incroyables, comme celle-ci : « *Le Duc de Bordeaux arrive avec le 6e de dragons.* »

Bref, Maupas est peut-être un fort bon chanteur de romances, mais c'est un piètre ministre.

Toutes les correspondances des chefs rouges arrêtées à la poste, contenaient le même ordre aux démocrates des départements :

« *Avancez le mouvement décrété pour 1852, emparez-vous partout du pouvoir et mettez la main sur les royalistes et les bonapartistes.* »

Aucun général n'était dans la confidence, et Morny fut inquiet un moment de voir à la Chambre le 1er décembre le général Canrobert ainsi que Leflô causer plus d'une heure à voix basse avec le questeur.

Canrobert, malgré ses amitiés, marcha bien.

Lorsque Morny vint au ministère à cinq heures du matin, il recommanda de laisser dormir le ministre, qui ne s'éveilla qu'à huit heures pour apprendre en même temps son remplacement et le coup d'État.

Changarnier, Thiers et Cavaignac ne voulaient pas croire à la décision du Président qui est souvent hésitant dans les petites choses, mais jamais dans les grandes.

Il y a eu jeudi dernier chez la Princesse Mathilde une soirée pour le Président, nous n'étions qu'une quarantaine d'invités.

Les ministres s'y trouvaient avec leurs femmes. Mme Ducos, la femme du ministre de la Marine, a toutes les allures d'une ancienne femme entretenue ; le ministre ne l'a épousée que récemment, il vivait depuis des années avec elle.

24 septembre

La danseuse Cerito avait fait vœu, si elle était réengagée à l'Opéra de Paris d'offrir un calice d'argent à la chapelle de la Vierge de l'église de N. D. de Lorette. Véron et Romieu lui ont facilité ce réengagement qui vient d'être signé pour deux ans.

Cerito alors a voulu donner son calice, et Romieu s'est chargé de le faire agréer par le curé.

L'affaire est conclue, la direction des Beaux-Arts s'est faite l'ambassadrice d'une danseuse.

Nos messieurs du jour tripotent beaucoup sur les chemins de fer ; les directeurs sèment les actions pour récolter *les lignes* ; en plein Café de Paris, on sollicite cinquante, cent ou cent cinquante actions, quelquefois plus, et des gens bien placés ne rougissent pas de recevoir une aumône de trois à quatre mille francs.

12 octobre

Le voyage du Président à travers les provinces méridionales de la France touche à son terme. Toujours et partout le même enthousiasme, les mêmes acclamations.

Le peuple veut l'Empire, les populations naguère les plus hostiles proclament Napoléon III [1].

Les journaux ne donnent qu'une faible idée de l'entraînement général, à Marseille comme à Toulon, à Toulon comme à Bordeaux, les mêmes cris, les mêmes vœux se font entendre.

A Bordeaux, le Prince a prononcé un admirable discours, ferme, clair et concis, qui est en ce moment applaudi par tous les gens de cœur, par tous les esprits impartiaux.

« *Tant que la France est en paix, l'Europe est tranquille.* »

« *L'Empire c'est la paix !* »... etc., etc. [2]

Samedi, le Prince rentre à Paris, qui lui prépare une magnifique réception ; il ira aux Tuileries où les membres de sa famille l'attendront.

Le Conseil d'État prépare un sénatus-consulte pour déclarer l'Empire. Ce sénatus sera adopté par le Sénat, puis présenté à Louis-Napoléon, qui déclarera vouloir recourir au suffrage universel.

L'Empire est fait.

Les orléanistes et les légitimistes les plus avancés sont furieux et se répandent en invectives.

Le Sénat voudrait se rendre important en différant la proclamation.

Ce malheureux Sénat si mal composé voudrait être quelque chose, un corps influent, une noblesse, une aristocratie.

Le Prince aura bien des choses et un assez grand nombre d'hommes à réformer et il devra commencer par son entourage.

Les officiers d'ordonnance font de la *Régence* ; ils conduisent des filles à Fontainebleau lorsqu'ils y vont chasser, puis des petites orgies connues de toute la ville.

Les chasses impériales sont organisées ; trente personnes ont été désignées pour *recevoir le bouton*, c'est-à-dire le droit de porter l'habit de chasse aux couleurs du Prince. Ils seront les invités-nés et composeront la cour intime.

MM. de Toulongeon et Edgard Ney, officiers d'ordonnance chargés d'organiser les chasses et de présenter la liste des personnes à qui le *bouton* devait être envoyé, y ont fait admettre M. Justeau, sous-préfet de

1. Ce voyage dans le Centre et le Midi, de la mi-septembre à la mi-octobre, a été organisé dans ses moindres détails par Persigny, désireux de convaincre son maître que le pays souhaite le rétablissement de l'Empire. Le ministre a convoqué les préfets des départements à visiter pour que partout l'accueil soit enthousiaste et que retentisse unanimement le cri de « Vive l'empereur ! ». Après s'être rendu compte de la manœuvre, le Président a sermonné son ministre. Cependant, la ferveur populaire lui a paru si grande, y compris dans des villes réputées hostiles comme Nevers, Lyon, Marseille ou Toulon, qu'il s'est laissé convaincre. Le meilleur récit du voyage se trouve dans les *Mémoires* de Persigny (Paris, Plon, Nourrit et Cie, 1896).

2. Ce discours prononcé le 9 octobre à la chambre de commerce de Bordeaux, en présence du préfet de la Gironde, Haussmann, annonça donc le prochain rétablissement de l'Empire tout en affirmant, pour rassurer les intérêts économiques et les puissances étrangères, que ce régime serait pacifique.

Fontainebleau, ancien coulissier de la Bourse, petit et ridicule mauvais sujet de mauvais ton, de mauvaises façons, appartenant à une famille de boursiers ; M. Vidil de *Carabas*, ridicule de l'époque qui est arrivé au poste de secrétaire d'ambassade par une boutique de marchand de gants.

Voilà comment les officiers du Prince l'entourent. Ils ont horreur des gens de bonne compagnie, ou bien, lorsqu'ils les laissent approcher, ce sont des Belmont, qui a sali son existence dans tous les tripots et dans tous les bordels et qui était entretenu par Mme de Lauriston, De Gouy, bon garçon, mais bête comme une oie, dont on voudrait faire les Montmorency de l'époque.

Il est malheureux de voir le Prince ainsi entouré.

16 octobre

Temps magnifique, la garde nationale et l'armée sont sous les armes, la population entière encombre les boulevards par lesquels doit passer le cortège du Prince.

Les corporations ouvrières, les associations avec leurs bannières sont mêlés aux troupes. Des arcs de triomphe sont dressés.

A deux heures le Prince arrivera, le canon tonnera, les cloches sonneront à toute volée, jamais plus belle réception n'aura été faite à un souverain. Je vais revêtir mon uniforme pour aller à la gare du chemin de fer d'Orléans représenter le Musée à la réception du Président.

Nieuwerkerke comme colonel d'état-major est à la tête de la garde nationale.

Je voudrais être à demain et que cette journée soit terminée ! J'ai toujours une sorte de crainte des grands rassemblements populaires à Paris.

A demain les détails.

Les arcs portent : « *A Louis-Napoléon Empereur.* » Et hier soir les colporteurs vendaient sur toute la ligne des boulevards des médailles de Napoléon III, Empereur.

Le nombre des étrangers présents à Paris est immense.

Ave César.

3 heures

Je reviens de la gare, où le Prince a été reçu par les sénateurs, les députés, les conseillers d'État, les diplomates et toutes les Cours de justice au cri de *Vive l'Empereur*.

Il parcourt en ce moment la ligne des boulevards et il entrera aux Tuileries vers quatre heures, le canon tonne de minute en minute.

23 octobre

Hier je suis allé au Théâtre-Français, le prince Louis-Napoléon assistait en grande loge à la représentation de *Cinna*.

Son arrivée a été saluée dans la rue Saint-Honoré et dans la rue de Richelieu par des cris de *Vive l'Empereur*, que poussait une foule des plus compacte.

A son entrée dans la salle, le Prince a été salué des mêmes cris par toute l'assistance debout et la tête découverte.

Les idées clémentes d'Auguste étaient applaudies par le Prince, la représentation était superbe, les femmes étaient en grandes toilettes. Je me trouvais à côté de Mme Drouin de l'Huys avec laquelle j'ai beaucoup causé de tout l'extraordinaire de la soirée.

Cinna a été bien joué par Beauvalet, *Émilie* l'a été merveilleusement par Rachel.

Après la tragédie, Rachel a récité une pièce en vers à l'adresse du Prince, de Arsène Houssaye, directeur des Français.

Ce même Houssaye affichait sur les murs de Paris, en 1848, qu'il avait le premier forcé les portes du Palais législatif et proclamé la République démocratique. Aujourd'hui il acclame l'Empire, il blasonne son théâtre à l'écusson impérial et fait réciter ses vers par Rachel qui chantait, il y a trois ans, sur le même théâtre, le chant de la *Marseillaise* avec accompagnement des vociférations sociales.

Tout cela a son côté plaisant, mais tout cela aussi a son côté bien triste. Les hommes prêts à tout surnagent toujours ; les platitudes sont comme des bouées de sauvetage ; on vantera le dévouement de Houssaye, etc., etc.

Si, ce qu'à Dieu ne plaise, Hugo devenait roi, on les entendrait se vanter de leurs sentiments *hugotistes*.

30 octobre

Avant-hier à l'Opéra grande représentation, à laquelle assistait le Président ; grande ovation, cantate, acclamations comme aux Français.

Abd-el-Kader était dans une loge des premières l'objet de la curiosité générale, ce que voyant, Gudin, le peintre de la marine, désireux comme toujours de se donner en spectacle, est venu embrasser l'ex-émir.

Le public le plus bienveillant a été affligé de voir en grande loge et couverte de diamants Mme Howard, la maîtresse du Président, cela fait mauvais effet.

Le prince Jérôme avait sa maîtresse dans sa loge.

Nous sommes un peu trop au fait de tout ce bagage de maîtresses, ceci n'est plus de notre temps.

Edgard Ney a une maîtresse danseuse à l'Opéra, sœur de Marquette, maîtresse de Roqueplan. Cette sauteuse s'est mis en tête de peindre ;

Dieu sait quelle peinture elle fait ! Aussitôt Romieu lui fait une commande d'un tableau ; comme ladite Marquette est incapable de l'entreprendre, elle donne quelques cents francs à un rapin qui l'exécute.

Muller, le peintre, exprime à Marquette son étonnement de la faveur imméritée qui lui échoit lorsque de véritables artistes meurent de faim.

La cabotine se fâche, jure de se venger, et Muller sera forcé de composer avec elle, de faire acte de soumission !

L'entourage du Président est détestable.

Le colonel marquis Bouffey de Montauban est mort, disent les journaux.

Ce colonel de la suite du Prince, compagnon de ses expéditions et imposé à sa fortune présente par son infortune passée, était tout simplement le fils d'un perruquier de Montauban, nommé Bouffey. Il avait servi dans les Amériques méridionales, et il était marquis comme Lavalette, qui ainsi que je l'ai déjà dit, l'est autant que mon portier.

Dimanche 31 octobre

Le public s'entretient beaucoup de complots dans l'armée ; les badauds disent que les régiments qui tiennent garnison à Fontainebleau devaient enlever le Président et proclamer les d'Orléans, etc., etc.

Voici je crois ce qu'il y a de vrai. On aurait découvert un complot communiste, ourdi entre quelques sous-officiers et soldats du 43e de ligne. Au moment de la rentrée du Prince à Paris, ces énergumènes devaient tirer sur lui. L'affaire a été éventée et déjouée, les comploteurs sont, je crois, en route pour Cayenne.

Jeudi 5 novembre

Le Sénat s'est assemblé hier, le message du Prince a été très bien accueilli, mais neuf bureaux sur dix ne veulent pas que la lignée de Jérôme soit acceptée comme lignée impériale dans les éventualités de l'avenir.

L'opinion publique est d'accord avec les neuf bureaux du Sénat. Jérôme est méprisé par tout le monde, ainsi que son fils, tous deux ont perdu, ont gâché par leur conduite et leurs intrigues une magnifique position. On les supporte aujourd'hui, mais on ne les admet pas.

Hier je causais avec un homme politique du règne de Louis-Philippe, et voici l'anecdote que je tiens de lui :

Pendant les journées de juillet 1830, Louis-Philippe qui avait Dupin dans son cabinet, reçut une lettre de Charles X, par laquelle ce malheureux monarque lui demandait d'accepter la lieutenance générale du royaume et la tutelle du duc de Bordeaux.

Louis-Philippe montra la lettre à Dupin, il plaignit le monarque fugitif, il parla de la reconnaissance qu'il lui devait, et parut disposé à accepter le rôle qui lui était proposé.

Dupin avec son cœur, sa conscience de procureur et sa fronde bourgeoise se récria :

« Il est trop tard, permettez-moi de vous le dire, Prince, pour accepter l'abdication du roi en faveur de Monseigneur le duc de Bordeaux, le *peuple* ne veut plus de la branche aînée. »

Louis-Philippe répliqua :

« Mais enfin, je ne peux pas trahir les intérêts de mon parent, je ne peux pas profiter de ses dépouilles. »

Dupin commença un plaidoyer en trois points pour démontrer les nécessités de la situation. La bourgeoisie tout entière, étroite et vaniteuse, parlait par sa bouche.

Louis-Philippe se rendit, mais son cœur était tellement déchiré qu'il pria Dupin d'écrire la réponse qu'attendait l'aide de camp de Charles X.

Dupin écrivit, puis Louis-Philippe reprit :

« Mon cher Dupin, je suis un bon père de famille et j'ai l'habitude de ne rien faire sans consulter ma femme, je vais lui montrer votre lettre. »

La lettre fut donc emportée. Au bout de vingt minutes, Louis-Philippe revint et prenant une enveloppe et de la cire :

« Ma femme désolée a longtemps combattu avant de se décider à l'envoi de cette lettre, mon cher Dupin, mais les raisons que vous m'avez fait valoir l'ont amenée à la résignation, je fais donc partir mon refus. »

Une larme mouillait les yeux du duc d'Orléans, il remit la lettre à l'aide de camp du roi, et resta plongé dans un silence de tristesse que Dupin respecta.

Cependant le lendemain, Charles X annonçait la lieutenance générale du duc d'Orléans !

Berryer donnait un an plus tard à Dupin le mot de l'énigme.

Louis-Philippe avait joué la comédie, la lettre de Dupin n'était pas partie, mais à sa place une acceptation respectueuse de la lieutenance générale.

Il trompait ainsi tout le monde, et rampait jusqu'au trône où il arrivait par la fourberie[1].

Louis-Philippe a reçu sa punition, il a été chassé comme un laquais, il a vu ses fils inutiles et plats autour de lui.

Le duc de Montpensier le contraignant d'accord avec la duchesse d'Orléans à une abdication.

Le duc d'Aumale et le prince de Joinville écrivant d'Alger pour reconnaître la République qui chassa leur père.

1. Dans la biographie qu'il consacre à Louis-Philippe (Paris, Fayard, 1994), Guy Antonetti ne rapporte pas cet épisode qui, s'il est vrai, est certes peu glorieux pour le duc d'Orléans.

Le duc de Nemours fuyant laisse sa jeune femme abandonnée dans les Tuileries.

Les dix-huit ans du règne de Louis-Philippe ont corrompu la France jusqu'à la moelle.

Pour ce roi, la Chambre des députés était toute la France. Il fallait gagner la majorité, le reste n'était rien.

Romieu, préfet de la Dordogne, venait vainement à Paris en 1847 pour parler à Duchâtel du progrès des associations communistes.

Duchâtel lui riait au nez en lui disant : « Occupez-vous des élections, les communistes sont un épouvantail pour les enfants. »

Jayr, ministre et tout récemment préfet du Rhône, voulait aussi donner l'éveil sur les communistes, on le plaisantait et on ne le laissait pas parler.

La question était entre Thiers et Guizot.

Samedi 6 novembre

Des Altesses impériales vont être nommées :

La Princesse Mathilde avec dotation ;

Les Princes et la Princesse Murat, moins leur fille Mme de Chassiron, mariée avant le 2 décembre ;

Jérôme et son fils.

Le Sénat écoute aujourd'hui le rapport de sa commission.

Je dîne ce soir chez la Princesse Mathilde, Abd-el-Kader y viendra vers neuf heures.

Dimanche 7 novembre

J'ai vu hier Abd-el-Kader, et l'impression qu'il m'a fait éprouver lui a été entièrement favorable.

Il a les manières et les façons d'agir et de parler d'un homme habitué à l'autorité et d'un grand seigneur ; malgré la prononciation gutturale arabe, son organe est assez doux. Ses yeux sont également doux et mélancoliques, mais parfois leur regard a quelque chose de sévère, de dur et de profond que je ne saurais définir.

Il affecte, je crois, de ne pas entendre la langue française, et les phrases qui lui sont adressées le laissent impassible jusqu'à ce que l'interprète les ait traduites. Cet homme est maître de ses impressions à un point inimaginable.

Il est fort instruit des choses de sa race, de son histoire, de sa littérature, et pendant sa prison il a été vu étudiant l'algèbre.

Je ne sais pourquoi je me figure qu'il agrandit en ce moment les horizons de son ambition.

L'Afrique n'est plus un théâtre pour lui ; le contact de l'Europe, ce qu'il a appris de la politique du monde et de l'Empire turc pendant sa longue captivité, le peu d'estime qu'il doit accorder à un commandeur des croyants qui ne prend part à aucune des guerres saintes soutenues par les Arabes contre les chrétiens, lui font rêver, j'en ai le pressentiment, le rôle de régénérateur des enfants du Prophète. Il prétend descendre du Prophète, il garde avec grand soin sa généalogie et pour son peuple il est un saint personnage.

Les deux Arabes qui l'accompagnent, dont l'un est un de ses anciens colonels, le traitent avec un profond respect ; ils ne s'asseyent jamais devant lui, et leurs regards sont constamment attachés sur sa personne.

La figure d'Abd-el-Kader est belle, d'un brun clair et mat ; ses yeux olive foncé sont magnifiques, sa barbe, ses cils et ses sourcils d'un noir d'ébène sont très épais.

Il ne porte point le costume habituel des Arabes, sa tête et son large front ne sont recouverts que par la fine étoffe de ses burnous blancs, disposés d'ailleurs de façon à lui donner l'apparence d'un personnage revêtu de longues robes.

Hier il était tout en blanc, ses pantoufles seules étaient vertes.

Il a causé avec beaucoup de monde, entre autres personnes avec l'abbé Coquereau et Isabey père. Lorsque l'abbé s'est approché, il s'est levé avec beaucoup de dignité, il lui a pris les mains et il lui a dit :

« J'ai toujours aimé les prêtres, quoi que nous ne professions pas la même religion, mais leur saint caractère m'a trouvé en tout temps plein de respect pour leur personne, car ce sont les hommes de Dieu. »

Abd-el-Kader est une des grandes figures de ce siècle, et l'histoire lui réserve une belle page.

Les présidents des commissions du Sénat ont été à St-Cloud, exprimer au Prince leur dévouement, mais aussi l'antipathie du pays pour la lignée de Jérôme.

Le cardinal Donnet, archevêque de Bordeaux, leur orateur, a dit la vérité tout entière sur ce prince de Montfort et son fils. Comme il s'arrêtait, craignant de blesser le Prince, Louis-Napoléon lui a dit : « Continuez, Monsieur le cardinal, j'aime à savoir la vérité. »

La vérité pouvait s'exprimer en peu de mots : les deux Altesses impériales sont deux canailles.

Lundi 8 novembre

Jérôme a donné sa démission de président du Sénat.

Le prince de Beauveau sort de chez moi, il m'a longuement parlé du vote du Sénat et de l'attitude des individus.

Jérôme tenait depuis longtemps les propos les plus vifs contre le Prince, disait que la politique de son neveu n'était pas la sienne, se récriant contre tout rapprochement des hautes classes et prédisant que Louis-Napoléon tomberait parce qu'il n'est pas l'homme qu'il faut.

Aujourd'hui, devant la répulsion du Sénat, il prétend qu'il va donner sa démission de toutes les places qu'il occupe, et qu'il ira s'asseoir sur le tombeau de l'Empereur.

Cela veut dire : « Donnez-moi de l'argent. »

Les ministres ont très fort soutenu la désignation de Jérôme dans le sénatus-consulte.

Fould seul s'est tu.

Vieillard a voté contre l'Empire.

L'archevêque de Paris regrette la radiation du mot république.

La Rochejaquelein, toujours intrigant, bonapartiste rue de Courcelles pour être sénateur, est légitimiste enragé au faubourg St-Germain chez la duchesse de Duras ; il y déclarait, il y a trois jours, que parmi les gens importants, il n'y avait plus que lui de légitimiste.

Falloux est un traître, Berryer aussi, Pastoret un niais, etc., etc. Sosthènes de La Rochefoucauld croit également être le seul légitimiste d'une haute capacité.

La Rochejaquelein prêtera à l'Empire tous les serments que l'on voudra, si on le nomme sénateur ou ambassadeur.

Vendredi 19 novembre

Le *Constitutionnel* est vendu à la société Mirès, qui exploite déjà le *Pays*. La lutte était devenue impossible à Véron devant la volonté bien arrêtée de lui faire la guerre, prise par le ministère.

On soutenait le *Pays* dans sa baisse de prix et l'on s'apprêtait à baisser encore. Chaque abonnement se résolvait par une perte.

Véron a pris le *Constitutionnel* avec 3 000 abonnés, il le laisse avec 45 000 abonnés et des annonces qui produisent annuellement 500 000 francs.

Véron était associé à Morny pour l'exploitation du *Constitutionnel*, chacun d'eux reçoit 500 000 francs, plus le prix des actions qu'il possède, le prix de chaque action est fixé à 4 000 francs ; Véron en a trente.

Le gouvernement veut absorber la presse, mais j'ignore jusqu'à quel point il a raison de se fier à Mirès, véritable intrigant qui a une très équivoque réputation.

Mirès a gagné six millions depuis un an à la Bourse.

La Guéronnière prend le *Constitutionnel*.

Granier de Cassagnac dirigera le *Pays*.

Dimanche prochain nous sommes convoqués pour voter sur l'Empire.

Les partis se remuent, les orléanistes ne sont pas les derniers, et presque tous les boursiers sont orléanistes.

On procède en ce moment à la Bourse par des baisses pour agir sur le crédit public.

La duchesse d'Orléans est toujours à la tête des intrigues orléanistes. Une de ses intermédiaires les plus acharnées est la duchesse d'Elchingen, qui se montre d'une violence inouïe et remue ciel et terre pour sa princesse.

J'ai su ces jours-ci par une personne plus qu'à même de la connaître, la conduite de la duchesse d'Orléans en février 1848.

Lorsqu'elle se rendit à la Chambre, elle ne faisait qu'exécuter le plan arrêté par elle à l'insu de sa famille, avec les Thiers et autres amateurs de la Régence, dont ils comptaient exploiter les difficultés.

Louis-Philippe avait donné rendez-vous à la princesse à St-Cloud. Le duc de Nemours ignorait la résolution de la duchesse, qui couronnait par ce tableau final sa conspiration de famille. Elle espérait ainsi rester seule en France avec le comte de Paris et faire revivre les temps d'Anne d'Autriche et de Catherine de Médicis.

C'était le *vol à la réforme*, organisé par tous les brouillons qui se plaignent aujourd'hui d'avoir été déçus dans leurs espérances.

Je suis très occupé de l'arrangement du musée des Souverains français, que j'espère livrer au public dans les premiers jours de décembre.

Le droit de porter l'habit de chasse du Prince soulève déjà des jalousies, excite des prétentions.

Le Prince est mal entouré et l'habit donné à un tas de faquins comme Vidil et le petit Juteau, voilà maintenant que Baroche le demande pour son fils, sorte de petit têtard qui ne deviendra même jamais crapaud.

Lebœuf, député, le demande aussi pour son fils ; tous les *moutards* des cuistres parvenus veulent être grands seigneurs.

Il y a à vendre, en ce moment, chez un armûrier, amateur de curiosités, demeurant quai Conti, une lettre de Bonaparte à Barras, datée de l'Italie. Le futur empereur se plaint de Joséphine, qui préfère rester à Paris avec ses amants, au devoir qui l'appellerait près de lui.

Le général se plaint beaucoup des femmes, dit qu'il a besoin de calme et de repos, et voudrait obtenir un congé de deux ans.

Le Président va être prévenu de l'existence de cette lettre qu'il doit faire disparaître.

Jeudi 25 novembre

La majorité déjà connue sur le vote de l'Empire est énorme. L'Empire est fait, les ambitions sont en campagne pour obtenir les places de cour.

Mardi il y avait grande soirée chez la Princesse Mathilde, qui inaugurait son nouvel hôtel (celui de la reine d'Espagne), rue de Courcelles 24.

Le prince Louis-Napoléon s'y trouvait, il s'y est montré gai et fort aimable et il m'a remercié du dessin que je lui ai fait pour ses *menus*.

Après le dîner, il a donné l'exemple de fumer dans une immense pièce de marbre, arrangée en jardin d'hiver.

La Princesse lui a présenté mon frère Victor, qui sollicite d'entrer dans sa maison.

La marquise de Lagrange (Mlle Caumont) a poursuivi le Prince de ses obsessions ; elle voudrait pour son mari qui est sénateur, la dotation. Il y a des gens insatiables !

Mlle de Montijo, jeune blonde espagnole de la plus grande naissance, est depuis le voyage de Fontainebleau le but des attentions du Prince [1].

Qu'en dira mon frère Louis qui a été l'amant de sa mère et qui est resté son ami ?

La jeune fille est très agréable, elle ne manque pas d'esprit, qu'elle a fort avenant, mais elle ne sera jamais entraînée ni par le cœur ni par les sens, car elle a une ferme raison..

Billaut a dit en confidence à la Princesse Mathilde qu'un sénatus-consulte allait lui reconnaître le titre d'Altesse impériale sous le nom de Mathilde Bonaparte, avec une dotation de 500 000 francs.

Elle aura une maison dont la baronne de Talleyrand sera, je le crois, grande maîtresse.

On dit que Napoléon, le fils de Jérôme, sera reconnu prince héritier.

Je considère cette reconnaissance comme un malheur. Ce prince, lié politiquement avec Girardin, ennemi de son cousin, mauvais débauché sans cœur et sans vergogne, ne ralliera personne.

Il ne faut pas faire de testament en faveur de pareilles gens !

Le mois prochain nous serons en plein Empire.

La Rochejaquelein était mardi au nombre des courtisans du nouvel empereur ; il veut être ou sénateur ou ambassadeur.

C'est un homme sans considération, ambitieux vulgaire, lourd bavard, qui a fait toujours du mal au parti qui avait le malheur de le compter parmi ses adhérents. Il se croit très important, et il n'est que très gros.

Lagrange voudrait obtenir l'ambassade de Rome. Cet homme qui sait nager dans toutes les eaux, sollicite toujours et marche ainsi en avant.

Il était autrefois, sous la Restauration, l'*humble* solliciteur de Courchamp, l'auteur des mémoires de Mme de Créquy (j'ai ses lettres de sollicitations).

---

1. Le Président a fait la rencontre de la comtesse de Teba, qui appartient à la grande noblesse espagnole et qui compte dans ses ancêtres un roi de Castille et un roi du Portugal, lors d'une réception à l'Élysée en 1849. Il a été d'emblée séduit, mais elle lui a fait savoir qu'elle n'était pas « née pour l'emploi des La Vallière ». Piqué au vif, Louis Napoléon Bonaparte ne se résigne pas et invite régulièrement la jeune femme en compagnie de sa mère. C'est au cours d'une promenade, lors de ce séjour à Fontainebleau évoqué par Viel Castel, que sa montre et celle d'Eugénie se sont arrêtées à la même heure, ce qu'il a pris pour un heureux présage.

Sous Louis-Philippe, il frappait à toutes les portes. Aujourd'hui, il rampe sous tous les pieds.

Ces gens-là sont nés valets.

Les orléanistes disent que la proclamation de l'Empire est le commencement de la fin. Les d'Orléans ont fait bien du mal à la France, ils en ont été les Juifs. Pour un denier ils ont vendu leur parent et ils ont volé son trône ; puis ils ont en dix-huit ans corrompu la nation.

Tout se vendait, chaque homme avait son tarif, depuis le ministre jusqu'au commis.

Jeudi 2 décembre

Le canon tonne, l'Empereur entre dans Paris, élu par *7 824 189 oui* contre *253 145 non*[1].

Il revient habiter aux Tuileries.

Hier à la Chambre, un *plat ventre*, M. Mercier, réclamait la parole que Billaut ne se pressait pas de lui accorder, alors il s'écrie :

« Je ne suis pas de l'opposition, vous devez m'écouter. »

On l'écoute.

« Je demande, ajoute-t-il, que le droit de dictature soit réservé à l'Empereur lorsqu'il le jugera convenable. »

On rit.

Pauvres gens, l'Empereur n'a pas besoin de vous pour prendre cette permission.

Ben-Ayet a transporté en France ses trente millions de fortune. Il a reçu des lettres de naturalisation, et je tiens de Lesseps qu'il a voté pour l'Empire.

Les altesses impériales, les princes, les grands dignitaires vont abonder.

La cour se forme, c'est à qui endossera l'habit brodé.

La France n'a jamais été républicaine, car elle est le royaume de la vanité.

Il faut voir nos nouveaux seigneurs, les Baroche, les Maupas, les Persigny, quel air aristocratique, quelle affectation de morgue, et leurs femmes ! et Mme Ducos, mariée seulement depuis deux ans, qui étale autour d'elle des enfants de cinq ans.

Maupas a l'encolure d'un bel avoué chantant.

Persigny cherche ses aïeux parmi les dauphins du Viennois !

Les petits seigneurs sont ceux qui ont ou qui sollicitent le bouton de chasse. Magnan le demande pour un sien fils né d'un commerce adulté-

1. Les résultats du plébiscite qui s'est déroulé les 20 et 21 novembre ont été proclamés le 1er décembre après recension du Corps législatif.

rin qui a nom baron Lambert, autrement dit le beau Lambert, sous-préfet de Sceaux !

Heureusement je crois l'Empereur plus fort et plus raisonnable que son entourage. Il doit rire de toutes ces puériles vanités lorsqu'il contemple cette bourgeoisie qui a si longtemps glosé sur la morgue de l'aristocratie.

Les *Jourdains* abondent, mais où trouverons-nous un Molière ?

La cour de la Princesse Mathilde va se former, les rivalités naissent déjà. Mme Desprès voudrait fort devenir grande dame...

Nous verrons.

Vendredi 3 décembre

Hier soir, grande réception au château, grand dîner, etc., etc.

L'Empereur a dit à la Princesse Mathilde :

« Ma chère Mathilde, jusqu'à ce qu'il y ait une impératrice, vous êtes la première ici et vous prendrez toujours ma droite. »

Y aura-t-il une impératrice ?...

Miss Hariette Howard se vante qu'elle saura empêcher l'Empereur de se marier.

Jérôme a dit à la baronne de Talleyrand, qui désire un prochain mariage pour assurer la lignée :

« Mais, chère baronne, ce mariage nuirait aux droits de mon fils. »

Je tiens le propos de la baronne de Talleyrand avec laquelle j'ai passé la soirée hier.

C'est une faute, je crois, d'avoir reçu en grâce Jérôme et son fils et de déclarer le fils héritier, de le faire, comme on dit qu'il le sera, lieutenant de l'Empereur en Algérie.

Ce Napoléon-là est un libertin sans cœur, qui a été expulsé de l'Hôtel des Invalides qu'il transformait en bordel.

Mercredi 7 décembre

En 1835, le roi Louis-Philippe étant à Neuilly, s'approcha d'une fenêtre pour examiner l'état du ciel. Il devait faire une promenade le lendemain. Il appela le prince de Joinville et lui dit :

« Joinville, toi qui en ta qualité de marin dois savoir calculer le beau et le mauvais temps, quelle journée nous présages-tu pour demain ? »

Deux ou trois familiers du château s'empressèrent de dire : « Il fera le temps que souhaitera Votre Majesté. »

« Il est vrai, reprit le roi, que tout me réussit, et je pourrais comme Mazarin qui n'aimait et n'accueillait que les gens *hurousse* (heureux) dire que tout ce qui m'arrive est *hurousse.* »

M. Beyssière, pair de France, était présent à cette conversation.

Quelque temps après eut lieu l'attentat Fieschi ; les pairs, les députés, les magistrats, les fonctionnaires se hâtèrent de venir au château témoigner de leur dévouement et de la profonde horreur que ce crime leur inspirait.

La reine pleurait, les princes et les princesses étaient plongés dans une morne tristesse, et le roi, la figure altérée, laissait librement couler quelques larmes de ses yeux.

La machine Fieschi avait tué un maréchal de France, un général et plusieurs citoyens ; le roi lui-même avait eu son chapeau atteint par une balle [1].

Cette réception était donc profondément triste et l'émotion avait gagné tous les visiteurs, parmi lesquels se trouvait M. Beyssière.

Louis-Philippe, lorsqu'il passa devant lui, se pencha vers son oreille et laissant un moment son masque de tristesse et ses larmes :

« Cela est encore *hurousse*, lui murmura-t-il. »

Puis M. Beyssière ayant continué sa marche, les larmes coulèrent de nouveau.

(Cette anecdote a été racontée par M. Beyssière.)

Puisque je suis en train de bavardages, je rapporterai encore ceci : Romieu, me parlant de Deutz, le dénonciateur de Mme la duchesse de Berry, me disait tenir de M. de Montalivet, que lorsque ce juif s'était présenté devant lui la première fois, il avait entamé la négociation par le discours suivant :

« Monsieur le ministre, vous cherchez Mme la duchesse de Berry, et seul je puis vous la livrer. Je dois vous paraître un vil espion ; vous devez me regarder avec mépris ; mais cependant je ne me suis décidé à cette trahison que par amour pour mon pays, pour lui éviter les déchirements d'une longue guerre civile, les horreurs qui en sont la suite. Mon nom, je le sais, sera en exécration, je serai mis au banc des criminels honteux, à ma mort même, on jettera de la boue sur mon tombeau ; à partir d'aujourd'hui, je suis un paria, un lépreux honni par tous. Je ne puis me faire supporter qu'à force d'argent, et je demande *cinq cent mille francs*, non comme prix d'une trahison, mais pour pouvoir fuir un pays que je sauve. »

Le marché fut conclu, et après la capture de la duchesse de Berry, Deutz reçut des mains de M. de Montalivet cinq cents billets de mille francs.

---

1. Plein de ressentiment à l'égard de Louis-Philippe après les poursuites qui furent engagées contre les émeutiers parisiens et lyonnais de 1834, Joseph Fieschi projeta de tuer le roi. Il prépara une machine infernale, constituée de 25 canons de fusil posés sur un châssis, qu'il utilisa le 28 juillet 1835 lors de la cérémonie commémorative des Trois Glorieuses. S'il n'atteignit pas son but, l'attentat perpétré boulevard du Temple tua 18 personnes, dont le maréchal Mortier. Arrêtés, Fieschi et ses deux complices furent exécutés le 19 février 1836.

Le maréchal Bugeaud confiait à Romieu que de tous ce qu'il avait pu saisir dans les propos de la duchesse de Berry, il résultait pour lui la conviction que Deutz était le père de l'enfant dont la duchesse était grosse.

Je le pensais moi, de M. de Mesnard.

La duchesse de Berry répétait sans cesse en apprenant la trahison de Deutz : « Lui !... trahie par lui !... par Deutz !... »

Enfin le maréchal Bugeaud ne doutait pas des relations tendres qui avaient produit la grossesse de la duchesse, et de la paternité de Deutz[1].

Hier, en dînant avec Romieu au Café de Paris, nous causions des progrès que faisait la t... parmi les femmes, et loin de nous en étonner, nous les comprenions et nous les attributions en grande partie à la grossièreté des hommes qui apportent en général peu de délicatesse dans leurs relations avec les femmes.

Parmi les actrices, la t... fait de grands progrès. L'actrice Cico a été séduite, il y a huit jours, par Mlle Delacour, sœur d'un ancien directeur de je ne sais plus quel théâtre.

Mlle Delacour fait un héritage de dix mille francs dont elle touche le montant vendredi dernier, elle court chez Cico, se jette dans ses bras et sème sur son lit les dix billets de mille francs, etc., etc., etc.

Jeudi 8 décembre

Il y a à Paris quelques légitimistes *quand même* qui recommencent leur manège de dix-huit ans. Ils se posent en *purs* et cherchent à se préserver de tout contact impur.

M. de La Ferté, gendre de M. Molé, et M. de La-Feronnais, tous deux liés avec Nieuwerkerke depuis nombre d'années, tous deux dans des relations intimes avec lui, lui ont écrit des lettres de rupture à propos de son adhésion au gouvernement actuel.

Ils veulent que chacun s'immobilise pour un prince qui, comme les

1. Après avoir échoué dans son équipée vendéenne du printemps 1832, la duchesse de Berry, qui se cachait à Nantes, fut effectivement livrée par le juif Simon Deutz, fils de rabbin, converti au catholicisme et entré dans la confiance de la duchesse. Il proposa de donner l'adresse où elle se trouvait au ministre de l'Intérieur, Montalivet, qui déclina l'offre car il trouvait la duchesse plus encombrante prisonnière que fugitive, mais Deutz fut plus heureux avec son successeur, Thiers, soucieux de se faire valoir par une arrestation spectaculaire. Pour prix de sa trahison, Deutz reçut une forte somme d'argent (500 000 francs, prétendit la rumeur que rapporte ici Viel Castel). S'il assura par la suite ne pas avoir sollicité de récompense et avoir agi par pur patriotisme, Deutz joua un rôle de premier ordre dans le développement d'un antisémitisme de droite. Quant à la duchesse, elle fut appréhendée début novembre 1832. Lorsque sa grossesse devint visible, elle prétendit que le père du futur enfant était son nouvel époux, le comte italien Hector Lucchesi-Palli. Les dates rendent cette assertion très peu probable. Rien ne prouve, en revanche, que le père de la petite fille née le 10 mai 1833 soit Deutz, même si beaucoup, notamment le maréchal Bugeaud, le pensaient.

vieux dieux égyptiens, veut être le symbole de l'immobilité, qui veut attendre et ne rien faire, qui abandonne le pays à sa destinée, jusqu'au jour où le pays tout entier viendra lui dire :

« Sire, les Tuileries vous attendent, votre lit est fait, on le bassine. »

Monseigneur le duc de Bordeaux a perdu sa partie au mois de juin 1848. Il devait alors venir en France, tous les partis se seraient ralliés à lui, il a préféré attendre !... les Stuart ont attendu aussi... Un seul, le prince Édouard, a tenté et il a failli réussir, il a laissé la réputation d'un prince...

Monseigneur le duc de Bordeaux est un très honnête homme, mais je crains qu'il ne soit pas un prince.

En 1848, il n'a pas écouté les conseils de Mme la duchesse de Berry qui lui disait :

« Mon fils, prenez votre épée, et partez pour la France. »

Les ducs de Lery, le comte de La Feronnais, etc., etc., n'étaient pas prêts à accompagner le prince, l'épée elle-même n'était pas prête !... Il y a des dynasties usées dont les enfants naissent vieux !...

Vendredi 23 décembre

Aujourd'hui le *Moniteur* contient le décret impérial qui fixe l'ordre de succession au trône. Jérôme et sa postérité mâle y sont désignés comme héritiers dans le cas où l'Empereur, n'ayant pas d'enfants mâles, n'aurait pas fait acte d'adoption.

Le Sénat a rendu un sénatus-consulte qui fixe le paiement des sénateurs et députés, concède à l'Empereur le droit de faire seul les traités, passer les marchés pour les grands travaux publics, etc., etc.

La Cour est toujours à Compiègne, on y chasse, on y danse, on s'y amuse.

L'Empereur est fort épris de Mlle de Montijo, belle et gracieuse espagnole, dont la sœur a épousé le duc d'Albe.

Mlle de Montijo est de toutes les parties, elle jouit d'une faveur marquée, mais je ne crois pas qu'elle ait subi la loi d'un vainqueur. Sa mère se nommait jadis la comtesse de Teba, elle était fort légère, et vers 1825 elle avait mon frère Louis pour amant.

Parmi les chasseresses de Compiègne que je ne nommerai pas les dianes chasseresses, je citerai Mme de Contades (Mlle de Castellane), maîtresse de Fleury, et Mme Drouin de l'Huys, femme du ministre des Affaires étrangères.

Samedi 24 décembre

La Cour prolonge son séjour à Compiègne, l'Empereur s'y plaît. Mlle de Montijo y est fort recherchée et adulée.

Nieuwerkerke n'est pas revenu et m'avait chargé de recevoir hier au Louvre à sa place. J'ai eu du monde et de fort bonne musique.

Dimanche 25 décembre

Arago, le second fils de l'astronome, est nommé par la protection de la Princesse Mathilde inspecteur des Beaux-Arts, en remplacement de Cottrau mort, il y a trois jours.

La dynastie des Arago se raccroche toujours à quelque branche. Cet Arago est un plaisant de société, d'assez mauvais ton. Je souhaite que la Princesse n'ait pas à se repentir de ce choix.

La famille Arago répandait depuis longtemps le bruit qu'il avait été l'amant de la Princesse (ce qui est faux), et lui ne disait rien pour détruire cette calomnie.

Mme Desprès et les Giraud n'ont pas nui à cette nomination de favoritisme.

Nieuwerkerke lui-même est aveuglé.

Je considère moi ce choix comme mauvais sous quelque point de vue qu'on veuille l'envisager. Le père a été dispensé du serment, le fils est nommé d'emblée. Cette famille est celle des Montmorency de la rue et de l'émeute.

Et nunc intelligite [1]

Un poste est-il vacant, on y nomme une *créature* et non une spécialité.

Je voudrais bien savoir qui on contente, quel besoin est satisfait par cette nomination d'Arago ?

Gricourt est chambellan, il était déjà consul général à Cadix. Il faisait partie de l'expédition de Strasbourg.

Nous aurons, je le pense, une cour singulière.

Le marquis de Belmont pourrait être créé chevalier d'honneur !

Mme Samoïloff a demandé une place de dame d'honneur.

Où diable l'honneur va-t-il se nicher !

De Martre, secrétaire de Persigny, m'avait écrit, il y a quelques jours, pour me demander de lui faire parvenir la note de mes titres littéraires.

Le ministre voulait me faire décorer pour le premier jour de l'an.

Nieuwerkerke, que j'ai prévenu, m'a dit :

« Je fais une présentation au mois de janvier, remerciez M. de Persigny, je tiens à ce que vous soyez décoré par mes soins. »

J'ai donc remercié.

1. « Et maintenant comprenez. »

3 janvier 1853

Les grandes charges de la Cour sont pourvues. Le maréchal Magnan, le maréchal Vaillant, le maréchal Saint-Arnaud, le duc de Cambacérès, le duc de Bassano en sont les titulaires. Une fournée de sénateurs ajoute, non pas de nouvelles illustrations, mais de nouveaux noms aux noms proclamés il y a quelques mois.

Parmi les nouveaux, les plus saillants sont : MM. de Pastoret, de Larochejaquelein, Barthe, le duc de Beauffremont.

J'étais samedi 1er janvier à la réception du soir aux Tuileries, et hier j'ai dîné chez son Altesse impériale la Princesse Mathilde, qui le matin, m'avait envoyé un très joli cabaret en porcelaine de Sèvres pour mes étrennes.

La maison de l'Empereur se forme, tout le monde voudrait en faire partie. Ce qui manque jusqu'à présent à cette cour, ce sont les gens probes ; l'Empereur est volé d'une manière indigne. Ses hommes de confiance lui font tout payer un tiers en sus de la valeur réelle. J'en ai la preuve, cette maison est au pillage, chacun fait main basse. Les fournisseurs, sous peine de perdre la fourniture de l'Empereur, sont forcés de donner des reçus enflés d'un tiers réservé au profit des officiers de la Maison. Il s'agissait, il y a huit jours, d'acheter une paire de chevaux de phaëton à un homme de la société ; le marché a été rompu parce que cet homme n'a pas voulu consentir à donner un reçu enflé.

Le jour où l'Empereur *saura*, bien des gens pourront être renvoyés.

Pastoret et Larochejaquelein sont mis au banc des légitimistes, qui font comme toujours mille cancans, ils ne savent faire que cela. Les Montmorency et toute la noblesse du faubourg St-Germain sont de vraies portières, leurs salons se réjouissent pendant huit jours d'une histoire fausse et bête inventée par quelque bel esprit du crû.

Ces gens-là me représentent les Juifs qui attendent le Messie, mais leur Messie, à son tour, attend la venue de ses Juifs !

Mercredi 5 janvier

Standish me racontait hier que pendant le dernier voyage de Compiègne, son beau-père, le duc de Mouchy, avait été pris à part par le comte de Persigny qui lui dit, en lui désignant Bacciochi et l'entourage ordinaire de l'Empereur :

« Vous causez souvent avec l'Empereur, conseillez-lui de f... à la porte tous ces maquereaux-là !... »

Il y a huit chambellans nommés, on cite MM. Alfred de Belmont, d'Arjuzon, de Lezay, Marnésia, Gricourt, etc., etc.

Alfred de Belmont me semble bien choisi, j'ai déjà parlé fort au long de ce monsieur, c'est un déplorable choix, les autres sont bons et honorables.

On dit encore le fils de Jérôme nommé général de division, il ira plus tard commander en Algérie. Cette nomination ne me plaît pas ; le prince Napoléon est ambitieux, rusé et sans scrupules, l'avenir me prouvera si j'ai tort d'être effrayé.

Les légitimistes sont de plus en plus furieux contre Pastoret, Larochejaquelein et Mouchy.

Jeudi 6 janvier

Walsh, le frère de l'ancien directeur *de la Mode*, celui que l'on nomme *Barbouillot*, à cause de sa manière de parler, est nommé chambellan. Il n'est connu que pour avoir été en quelque sorte entretenu par Mme de Coislin.

Il y a quatre mois qu'il disait à Nicolaï, qui vient de me le répéter :

« Qui donc f... un coup de fusil à ce gaillard pour nous en débarrasser ? »

Ce gaillard est aujourd'hui l'Empereur et *Barbouillot* est son chambellan.

Vendredi 7 janvier

J'ai dîné hier chez La Guéronnière ; il m'a dit : « Lisez l'article de demain dans le *Pays* ; il est écrit sous la dictée d'une haute influence. »

Il avait vu l'Empereur dans la matinée, et il le voit souvent pour son journal.

L'article en question est de l'eau bénite de cour habilement donnée *aux parlementaires*.

La reconnaissance des grandes puissances du Nord est arrivée, tous les sots contes des légitimistes et des démocrates sur le refus de reconnaissance vont tomber ; l'imagination de ces messieurs sera contrainte à de nouvelles inventions [1].

---

1. La reconnaissance du régime n'alla pas de soi car le congrès de Vienne de 1815 avait exclu à perpétuité les Bonaparte du trône de France. De plus, le nouvel empereur, en

Le faubourg St-Germain fait des mots (il n'a jamais su faire que cela). Fould est, dit-on, nommé duc de Viljuif, et le beau monde peut se pâmer d'aise à l'audition de ce trait décoché par quelque *spirituel* de la rue de Varennes ou de la rue de Grenelle.

Lundi 10 janvier

Il y avait hier bal chez son Altesse impériale la Princesse Mathilde. Vers trois heures du matin nous sommes restés trente personnes à souper et nous avons été fort gais. Morny était du nombre des convives, ainsi que la comtesse de Teba et Mlle de Montijo, sa fille.

L'Empereur s'occupe toujours beaucoup de cette belle jeune personne, très élégante, très aimable, fine et spirituelle. Pendant plus d'une heure, les deux parties contractantes sont demeurées engagées dans une conversation intime que personne n'a eu l'audace de troubler. L'Empereur paraissait s'amuser et n'a quitté le bal qu'à deux heures du matin.

Mlle de Montijo porte sa faveur avec bienséance et bonne grâce ; sa mère et elle espèrent un mariage et toute leur diplomatie est tournée vers cette espérance. On fait la cour à Mlle de Montijo, ou se recommande à elle, on la prie d'intervenir auprès de l'Empereur. Les ministres la choyent, elle est de toutes les fêtes, c'est le soleil levant actuel.

Fould faisait très fort l'important, ce renard juif cherche à mettre le pied sur toutes les têtes. Pour obtenir sous le nom de son frère la fondation de la banque du *Crédit foncier*, il a longtemps répété à l'Empereur : « *Il faut absolument que Votre Majesté s'affranchisse de la tutelle de Rothschild qui règne malgré vous.* »

L'Empereur que ce mot de tutelle blessait ne demandait pas mieux, mais il cherchait le moyen, et Fould le lui laissait chercher. Enfin un jour il a proposé le *Crédit foncier* qui a été accepté et voilà comment les Fould ont réalisé un bénéfice de dix millions.

Mme Manara, la princesse Troubetskoï et la marquise d'Adda ne se quittaient pas au bal de la Princesse Mathilde, elles avaient l'une pour l'autre des expressions d'une tendresse *incroyable*. La princesse Trou-

---

prenant le nom de Napoléon III, tenait pour valable la proclamation du roi de Rome, prétendait donc à une légitimité impériale et cachait peut-être, sous des dehors pacifiques, les mêmes ambitions que son oncle. Si des États secondaires d'Allemagne (Francfort, Darmstadt, Nassau), le royaume de Wurtemberg et celui de Belgique manifestèrent rapidement leur bonne volonté — ce que le *Moniteur* rapportait avec soin en espérant amplifier le mouvement —, les grandes puissances de l'Europe du Nord ne firent preuve d'aucun empressement. L'Angleterre se résolut la première à reconnaître Napoléon III, qui s'était habilement fait représenter aux obsèques de Wellington, le vainqueur de Waterloo. Le tsar Nicolas Ier le reconnut en dernier et de fort mauvaise grâce. Il refusa en effet de l'appeler « mon frère » comme il était de coutume entre souverains, mais le nomma « mon bon ami », et Napoléon III eut l'intelligence de se contenter de répliquer que l'on choisissait ses amis et non ses parents.

betskoï m'a dit dans la soirée, en me montrant une jolie jeune femme, qui passait devant nous :

« *Donnez-moi votre bras et suivons-la, vous ne sauriez croire quelle impression de plaisir me procure la vue d'une jolie femme.* »

Il y avait encore à ce bal, dans la suite de l'Empereur, un monsieur qui prend le titre de prince de la Tour d'Auvergne ! Excusez du peu !... S'il a des enfants, ils seront ducs de Bouillon, princes de Sedan, vicomtes de Turenne..., ceci est fort audacieux, mais personne n'en rit.

Mardi 11 janvier

Hier j'ai dîné chez S.A.I. la Princesse Mathilde avec Chaix d'Est-Ange et His de Butenval, nommé chargé d'affaires à Bruxelles en remplacement de Bassano, grand chambellan.

Ce dîner intime a été fort animé, il y a été question de mille scandales. Chaix nous a parlé du procès Chaponays qu'il doit plaider vendredi prochain. M. le marquis de Chaponays a épousé, il y a un peu plus d'un an, Mlle de Courval, petite-nièce par son père du fameux cardinal Dubois et petite-fille par sa mère du général Moreau.

Mlle de Courval est une jolie et agréable personne, instruite et spirituelle, mais élevée par une mère qui a fait parler d'elle et dont l'existence en un mot a été illustrée par plus d'un scandale. Mlle de Courval se mariait pour être libre, et je pense qu'en se mariant elle entrevoyait dans les roses de l'avenir le bénéfice d'une séparation.

Le jeune ménage fut uni un an à peine, Mme de Chaponays eut une couche très laborieuse, que suivit une sorte de séparation amiable, dont on s'est assez occupé au moment où elle eut lieu. Puis sur le motif de cette séparation mille bruits, répandus par les Courval, circulèrent. Ces bruits désavantageux à M. de Chaponays éveillèrent sa susceptibilité, il voulut faire réintégrer à sa femme le domicile conjugal, de là vint une demande motivée de séparation judiciaire.

Mme de Chaponays se plaint de la brutalité de son mari, qui exige trop fréquemment l'accomplissement du devoir conjugal, et sur ce motif les avocats vont plaider vendredi prochain. Les amateurs de scandale encombreront la salle d'audience pour jouir à leur aise de la honteuse violation des mystères de l'alcôve matrimoniale.

Autre scandale : Mme de Montesquieu, fille de la comtesse de Charette, a fait prononcer sa séparation pour des motifs plus graves. Son mari lui a communiqué une honteuse maladie dont elle souffre en ce moment, maladie grave qui imprime ses traces sur sa figure altérée. Le jugement a ordonné que la fille née de l'union de M. et Mme de Montesquieu serait confiée à la mère ; il y a eu appel, sur-appel, jugement confirmatif, mais M. de Montesquieu est parent du général de Goyon, aide de camp de l'Empereur ! Cet aide de camp a écrit au ministre de la

Police, de Maupas, il s'est servi de son influence pour arrêter l'action de la justice ; bref, Mme de Montesquieu ne trouve pas un officier ministériel, pas un gendarme, pas un agent de police qui veuille faire exécuter l'arrêt.

La Princesse Mathilde, en écoutant cette narration faite par Chaix d'Est-Ange, était magnifique d'indignation ; elle répétait :

« *L'Empereur ne sait pas cette atrocité, ce déni de justice... cela n'est pas possible !* »

Chaix a répondu :

« Non, Princesse, l'Empereur ne sait pas, malheureusement il est circonvenu par des gens qui abusent de leur position et de l'influence qu'elle leur donne, on craint de se commettre contre eux, et leurs iniquités retombent sur l'Empereur. Personne n'est là pour dire la vérité, comment Votre Altesse veut-elle qu'elle se fasse jour ? »

La Princesse, avec cette généreuse colère que suscite en elle toute mauvaise action, s'est alors écriée :

« Donnez-moi la demande de Mme de Montesquieu j'irai moi trouver l'Empereur, je lui dirai, moi, la vérité et je lui apprendrai comment on abuse de son nom ; nous verrons, M. Chaix, si la justice sera obéie. Nous verrons si M. de Goyon aura la puissance de comprimer la justice et la vérité ! »

Après le dîner, dans un coin du grand salon, la Princesse m'a raconté l'anecdote suivante :

La jeune duchesse de Valentinois vint la trouver, il y a quelques mois, pour réclamer dans le cas où l'Empereur formerait la maison d'une impératrice la charge de dame d'honneur. Cette demande parut convenable à la Princesse, qui promit d'en parler à l'Empereur et de l'appuyer de toute son influence. A quelques jours de là, le duc Proto, Napolitain réfugié, assez bavard, dit à la Princesse Mathilde : « Votre Altesse reçoit de singulières grandes dames. »

La Princesse se récria et demanda quelle était la grande dame dont il voulait parler ?

Proto reprit :

« Hier je me trouvais au coin de la rue de Richelieu dans le café Cardinal, au milieu de quelques Napolitains réfugiés comme moi ; l'un d'eux, connu comme un intrigant de fort mauvais renom, nous dit qu'il avait vu à Baden la duchesse de Valentinois, qu'il en avait fait sa maîtresse, qu'elle était fort dévergondée et qu'elle venait le voir à son hôtel. Je n'en voulus rien croire, ajouta Proto, mais mon compatriote me dit : trouvez-vous demain dans ma maison et vous la verrez arriver. J'y fus, et je vis la duchesse entrer chez le réfugié. »

Cette histoire fit du bruit, elle arriva aux oreilles de la duchesse de Valentinois, qui écrivit à Proto de passer chez elle. Il s'y rendit et elle lui demanda quelle opinion il avait du *réfugié napolitain.* Proto lui répondit : « Cet homme est, Madame la duchesse, un chevalier d'industrie de la pire espèce et de bas étage, il est bon de s'en méfier, car je le crois capable de tout. »

La duchesse de Valentinois écouta très attentivement, puis elle pria Proto de vouloir bien porter au ministre de la Police une lettre dans laquelle elle sollicitait l'éloignement de Paris de cet intrigant.

Proto, après avoir rempli sa mission, revint chez la duchesse de Valentinois dans l'intention de lui rendre compte de ce qu'il avait fait. En entrant dans la chambre de la duchesse, sa surprise fut extrême, l'intrigant s'y trouvait, un raccommodement avait eu lieu, et une nouvelle lettre avait été expédiée au ministre de la Police pour le prier de considérer la première comme non avenue.

Le réfugié et la duchesse continuent leurs relations, la duchesse est une petite dévergondée qui prétend avoir été plusieurs fois sollicitée par la jeune marquise de Bethisy de lui accorder les *dernières faveurs* !

« Tout cela est-il bien vrai ? ai-je demandé à la Princesse, Votre Altesse Impériale en est-elle certaine ?

— Très positif, j'ai fait prendre les renseignements les plus certains, l'affaire en valait la peine, tout est vrai et du dernier vrai », m'a répondu la Princesse !

Voilà bien des scandales pour une fois, je n'y puis rien, j'en tais beaucoup et des meilleurs. Toutes ces choses me font répéter à qui veut l'entendre :

Brantôme et Tallemant des Reaux n'ont calomnié personne, ils n'ont rien exagéré, ils n'ont rien inventé, leur monde était, ce qu'est le mien, dépravé parce qu'il est haute société, parce que la vie de famille y est inconnue et que dans ce monde on vit pour la coquetterie et le plaisir. Rome et Athènes avaient leur corruption sur une aussi grande échelle au moins que la nôtre, et nos enfants profitant de l'expérience de leurs pères mèneront la corruption à des limites plus reculées.

Lundi 17 janvier

L'ancien député l'Herbette sort de mon cabinet ; nous avons longtemps causé de mille choses et nous avons fini par parler de la grande révolution. Il m'a raconté qu'il avait vu entre les mains de M. de Saint-Albin les mémoires originaux de Barras[1]. Saint-Albin est un vieux *sans-culotte*, nommé Bousselin, qui éprouva sous la Restauration le désir de faire oublier l'ardent ami de Robespierre, Marat, etc. etc. et qui, pour

1. On sait combien ces *Mémoires* sont sujets à caution. Ils ont été mis en forme par Rousselin de Saint-Albin lui-même, qui avait été le secrétaire de Barras et aurait agi à sa demande.

atteindre à ce but, se fit moyennant quelque argent adopter par un vieux marquis sans sou ni maille nommé de Saint-Albin.

Il prit le nom de son père adoptif. Rousselin disparut et, pour le mieux faire disparaître encore, le nouveau Saint-Albin publia une brochure nécrologique dans laquelle il raconta ses derniers instants.

Voici pour le Saint-Albin, revenons aux mémoires de Barras. L'ancien directeur y raconte qu'il a assisté, après la mort de Robespierre, à l'ouverture de la fosse de Louis XVI et qu'il fit jeter une masse de chaux vive sur les ossements de ce malheureux roi ; puis comme expiation (singulière expiation !) il ensevelit dans la fosse béante le corps de Robespierre, afin, dit-il, de placer la victime sur le bourreau.

Barras parla de ce fait incroyable, lorsqu'on recueillit ce qu'on croyait être les ossements de Louis XVI pour les déposer dans le monument expiatoire de la rue d'Anjou, et il donna comme preuve de la vérité de son assertion qu'il avait dû être trouvé des boucles de soulier en argent et des boucles de culotte en or, Robespierre portant toujours les boucles de ses souliers d'un métal différent de celui des boucles de ses culottes.

Ce fait est vrai, mais on le pria de ne point parler de toute cette affaire, et Robespierre repose encore sous les marbres du monument de Louis XVI.

Dans la suite de ses mémoires, Barras, grandeur déchue, se plaint amèrement de la bassesse de tous les grands du passé et du moment, qui faisaient jadis antichambre dans son palais du Luxembourg, lorsqu'il prenait son bain, attendaient patiemment des heures entières qu'il lui fût loisible de les recevoir, et se précipitaient sur la main de Joséphine (l'impératrice Joséphine) lorsqu'elle passait, *pour essuyer de leurs lèvres cette main qui venait de le masturber ! !*

Il y a du reste, dans ces mémoires, beaucoup de détails qui concernent Bonaparte, et des lettres du futur empereur, remplies de doléances sur les infidélités de Joséphine.

Saint-Albin doit publier un jour tout ce fatras, dans lequel se trouvent de curieuses révélations sur les hommes et les choses de la révolution.

On parle des chances de Mlle de Montijo à devenir impératrice des Français !... Pourquoi pas ?... Nous sommes dans le siècle de l'extraordinaire ; rien ne m'étonne plus. Pour la France, l'important est de voir la succession du trône aussi bien établie que possible.

Ils vécurent longtemps heureux
Et eurent beaucoup d'enfants !

Terminez, Sire, votre histoire comme se terminent les vieux contes de fées !

Tel est mon vœu.

Mardi 18 janvier

J'apprends à l'instant par Crozatier, fondeur, chargé des bronzes des Tuileries, qu'il a reçu l'ordre de préparer pour le 6 février prochain les appartements de *l'Impératrice ?...* Cela est si pressé qu'on ne fait que les arrangements indispensables pour arriver en temps opportun.

Nous aurons donc une impératrice le 6 février.

Est-ce Mlle de Montijo ?...

Mercredi 19 janvier

C'est à ce qu'il paraît décidément Mlle de Montijo qui sera impératrice. Hier soir chez la Princesse Mathilde où il y avait beaucoup de monde, chacun se racontait la nouvelle à voix basse. J'ai fait une partie de whist avec le ministre de la Marine, mais les ministres étaient impénétrables.

Les uns blâmaient, les autres approuvaient l'Empereur ; je ne parle pas des ministres, ils ne disaient rien, mais des simples mortels.

Quant aux femmes, beaucoup me paraissaient de fort méchante humeur d'avoir à traiter désormais Mlle de Montijo de *Votre Majesté*.

Les prévoyants prévoient des difficultés. Comment ce mariage sera-t-il pris par la nation et par les cours étrangères. Les mauvaises langues vont rechercher les ancêtres maternels et disent :

« Mme de Montijo la mère est fille d'un négociant anglais, nommé Fitz Patrik, consul d'Angleterre en Espagne, et le dit consul est mort banqueroutier ! »

Enfin on prétend qu'au moment de la déclaration du dit mariage au conseil des ministres, l'Empereur a répondu aux objections qui lui étaient faites :

« Il n'y a pas d'observations à faire, de discussion à entamer, messieurs, ce mariage est chose arrêtée et j'y suis résolu. »

L'Empereur apporte dans tout ce qu'il fait et médite une volonté inébranlable, il ne consulte personne et marche son chemin sans tenir compte des obstacles. Son amour-propre s'est trouvé froissé des difficultés opposées à ses projets d'union première ; Mlle de Montijo lui a plu, il n'a pas voulu se laisser marchander par l'Europe.

Il faut bien se le dire avec l'Empereur, *l'État c'est lui*. Bien ou mal tout vient de lui ; il connaît les hommes et les méprise généralement. Assez dissimulé, il ne s'ouvre à personne de ses projets, et pense que le grand art de la politique, comme celui de la guerre, est de dissimuler ses marches à l'ennemi. Lorsqu'il a entrevu le but qu'il se propose, rien ne l'arrête, il brisera sans émotion tous les obstacles. Son sourire doux et profond, son regard vague et voilé, la lenteur de sa parole et celle de sa marche, indiquent un homme qui cause plus avec lui-même qu'avec ceux qui l'entourent, et qui entend plus les voix intérieures de sa pensée, que les voix de ceux qui voudraient le conseiller.

Personne n'a fait sa fortune et il ne veut laisser prendre à personne le droit de chercher à la diriger.

Il y avait pour lui double nécessité de se marier et de se marier vite :

1° Briser les espoirs des Jérôme et rassurer le pays contre l'éventualité de leur avènement.

2° Oter à l'Europe princière le plaisir de le mettre en interdit matrimonial. L'Europe ne voulait pas lui donner une impératrice de sang royal ; il prend une jeune fille par la main, il la revêt d'un manteau de pourpre et la fait impératrice.

Récriez-vous tant qu'il vous plaira, messieurs de la Russie, mais dites-nous d'abord d'où sortait votre grande Catherine [1].

Suédois, d'où sort Bernadotte ? Quant au pays, quant à la France, peu lui importe d'où sort son impératrice, ce qu'il demande avant tout c'est qu'il y en ait une, et qu'elle produise autant d'enfants que la reine de la Grande-Bretagne [2].

Beaucoup de femmes ambitieuses sont incertaines entre le désir d'être quelque chose à la nouvelle cour et le dépit de traiter de *Majesté* leur compagne d'hier.

Les légitimistes vont se livrer à des plaisanteries sans fin, tout ce parti est si spirituel !

J'ignore, par exemple, ce que l'Empereur pourra faire dans une cour, à la tête de laquelle il place une impératrice, de presque tous les officiers de sa maison, qui la plupart mènent une conduite peu édifiante.

Mlle de Montijo sera peut-être un jour allégoriquement représentée sous l'apparence d'un Hercule nettoyant les écuries d'Augias.

Dieu le veuille !

Jeudi 20 janvier

Le mariage fait un bruit du diable. Hier la Bourse a eu une baisse de deux francs. Les anciens partis se réveillent pour crier au scandale, pour parler de l'honneur national compromis, pour faire courir les bruits les plus calomnieux sur Mlle de Montijo. Le faubourg St-Germain fait le scandalisé, l'Empereur ne dit mot et poursuit son projet. Thiers répète à

1. Viel Castel confond l'épouse du tsar Pierre Ier le Grand, qui était servante d'auberge, et Catherine II la Grande, princesse d'Anhalt-Zerbst et femme de Pierre III. Voir Hélène Carrère d'Encausse, *Catherine II. Un âge d'or pour la Russie*, Paris, Fayard, 2002.

2. La reine Victoria et le prince Albert ont alors sept enfants : la princesse royale Victoria, née en 1840 ; le prince de Galles, Albert Édouard, né en 1841 ; Alice, née en 1843 ; le duc d'Édimbourg, Alfred, né en 1844 ; Hélène, née en 1846 ; Louise, née en 1848 et le duc de Connaught, Arthur, né en 1850. Le couple aura par la suite le duc d'Albanie, Léopold, né le 7 avril 1853 et Béatrice, née le 14 avril 1857. Voir Monica Charlot, *Victoria. Le Pouvoir partagé*, Paris, Flammarion, 1989.

qui veut l'entendre, dit-on, *qu'il n'y a rien à craindre des gens qui ne sont que gris, mais qu'il faut redouter le moment où ils sont tout à fait saouls*.

Il y aura bal samedi à la cour. Les journaux légitimistes se disputent sur la question de la succession politique de M. le comte de Chambord. Les *bons* légitimistes, les hommes à *principes* refusent de reconnaître le droit éventuel de M. le comte de Paris, ils transportent le titre de Prétendant au fils de M. le duc de Parme !

Voilà comme les légitimistes sont érudits, voilà comment ils entendent les principes !

Vendredi 21 janvier

Le mariage de l'Empereur sera célébré de lundi en huit. La maison de la nouvelle impératrice est déjà formée. Mme la duchesse de Vicence est grande maîtresse, Mme la duchesse de Lesparre et Mme la comtesse de Montebello sont dames du palais. La cérémonie religieuse aura lieu à Notre-Dame avec toute la pompe possible. Mlle de Montijo, dont l'Empereur est fort épris depuis deux ans, a mené sa barque avec esprit et la plus merveilleuse diplomatie qu'il soit possible d'imaginer. Elle a amené l'Empereur à parler le premier de mariage, et alors elle lui a répondu :

« Il faut en écrire vous-même à ma mère, qui, dans son affection pour vous et pour moi, et appréciant la distance qui nous sépare, serait tentée de refuser. »

L'Empereur a écrit, et la lettre restera dans les archives de la famille Montijo pour prouver que les instances ont été faites par l'Empereur, et qu'il a fallu vaincre la résistance de la mère.

Bien joué !...

Le monde parisien se déchaîne et invente tous les contes, forge toutes les calomnies imaginables, *on avilit la France*, s'écrie-t-il.

Va, pauvre monde en décomposition, ce qui avilissait la France, c'était cette ignoble peur des rouges qui paralysait tout le monde ; c'était d'accepter la dictature de Louis Blanc, de Crémieux, des Ledru-Rollin.

L'Empereur a sauvé la France. Il épouse aujourd'hui Mlle de Montijo et nous dirons comme Dupin : « Il fait bien. »

Voici le mot de Dupin auquel on apprenait le mariage.

« On se préoccupe peu de ce que je dis et de ce que je pense et on fait peut-être bien ; mais l'Empereur fait mieux encore d'épouser qui lui plaît et de ne pas se laisser marchander quelque scrofuleuse princesse d'Allemagne aux pieds larges comme les miens. Du moins, lorsque l'Empereur baisera sa femme, ce sera par plaisir et non par devoir. »

La nouvelle Impératrice va demain, en attendant le mariage, occuper le palais de l'Élysée ; elle vient aujourd'hui à 1 heure et demie le visiter avec l'Empereur.

Samedi 22 janvier

Depuis hier la future Impératrice est à l'Élysée.

On fait toujours des *mots* ; en voici un attribué à Thiers.

« L'Empereur m'a paru toujours un homme d'esprit, aujourd'hui je le reconnais prévoyant ; par son mariage il se réserve pour l'avenir la Grandesse espagnole. »

Pauvre nation que la nôtre, elle vit de bons mots et de révolutions.

Dimanche 23 janvier

Le discours prononcé hier, aux Tuileries, à propos du mariage, devant le Sénat et le Corps législatif par l'Empereur, est beau et bien fait. Je crains seulement qu'il n'ait un peu sacrifié à la popularité et qu'il ne froisse inutilement les cabinets étrangers [1].

Je n'aime pas ce titre de *parvenu* que se donne l'Empereur.

L'Empereur n'est point un parvenu, il est l'élu, sans doute, de 8 millions de Français, mais il est le neveu de Napoléon Ier, et s'il a réussi à sauver la France, c'est que, outre son courage personnel, sa haute intelligence et ses éminentes qualités, il est le neveu du vainqueur d'Austerlitz, c'est qu'il se nomme Napoléon, et ce nom a un prestige magique en France. Les journaux du pouvoir passent à la courtisanerie la plus musquée ; depuis deux jours, ils ne tarissent pas. Mlle de Montijo est proclamée une des plus grandes d'Europe, presque royale. Qu'est-ce que cela fait, bon Dieu, au mariage actuel pour un Empereur qui se targue du titre de parvenu !

Mlle de Montijo a toutes les vertus, mille anecdotes s'impriment, de blessés pansés par elle, d'ouvriers secourus, de misères soulagées, etc. etc. etc.

Sur sa famille on cite le dire de deux auteurs qui doivent à cette circonstance de sortir de l'oubli. M. V. du Hamel et un intrigant nommé le comte de Gévaudan qui prend le titre de directeur du Collège héraldique.

---

1. Ce discours propre à séduire les masses mais à froisser les chancelleries, ainsi que le souligne à juste titre Viel Castel, est si « beau et bien fait » qu'il mérite quelques extraits : « Quand en face de la vieille Europe, on est porté par la force d'un nouveau principe à la hauteur des anciennes dynasties, ce n'est pas en vieillissant son blason et en cherchant à s'introduire à tout prix dans la famille des rois qu'on se fait accepter. C'est bien plutôt en se souvenant de son origine, en conservant son caractère propre et en prenant franchement vis-à-vis de l'Europe la position de parvenu, titre glorieux lorsqu'on parvient par le suffrage d'un grand peuple [...]. J'ai préféré une femme que j'aime et que je respecte à une femme inconnue dont l'alliance eût eu des avantages mêlés de sacrifices. »

Une phrase du discours qui me paraît malheureuse est celle dans laquelle l'Empereur dit : *Que la nouvelle impératrice aura toutes les vertus de l'impératrice Joséphine.*

Joséphine était bonne, aimable, spirituelle, mais la chasteté ne comptait pas parmi ses vertus, et les orléanistes et légitimistes répètent en riant : « *Oui, elle aura toutes les vertus de Joséphine.* »

Mlle de Montijo, j'en ai la conviction, n'imitera Joséphine que par les bons côtés ; elle sera une chaste épouse, et les scandales reprochés à la femme du Premier Consul ne lui seront jamais imputés.

De plus que Joséphine, elle aura la fermeté et le haut sentiment de sa position. Cette jeune personne a un caractère fier et énergique, elle saura se maintenir à la hauteur où le hasard l'élève, et sa tête ne sera pas prise par le vertige des grandeurs. Ce qu'elle veut, elle le sait, et les hésitations ne sont pas connues d'elle. Personne ne la froissera impunément, elle fera comprendre qu'elle n'a à compter avec personne.

Jérôme et son fils sont allés hier lui faire une visite. Ils peuvent faire de la diplomatie avec elle, elle en saura faire plus qu'eux, elle les sait déjà par cœur, demain elle les devinera.

Le bal des Tuileries, auquel j'assistai hier, était fort brillant. L'Empereur paraissait gai et heureux. J'ai causé avec la Princesse Mathilde et plusieurs des généraux et officiers de la maison de l'Empereur.

Ce fou de duc de Brunswick, habillé en hussard, pommadé, peint, paré comme une marionnette, est venu me faire admirer ses diamants et ses décorations. Il est hideux !

Le prince de Capoue promenait sa Pénélope et servait de pendant au Brunswick. Ce prince est gros, vulgaire, habillé en général comme un charlatan de campagne. Il est orné d'une longue et sale barbe grisonnante, d'une longue et sale chevelure également grise.

Belmont comme chambellan s'occupait du souper.

Lundi 24 janvier

On m'affirme de bonne source que Mlle de Montijo a obtenu de l'Empereur un adoucissement au décret concernant les biens de la famille d'Orléans.

Ce soir, bal chez Fould, je verrai quelles sont les physionomies.

Vendredi 28 janvier

Le mariage civil a lieu demain, le mariage religieux sera célébré après-demain avec une grande pompe à Notre-Dame. Le cortège passera par la cour du Louvre et nous sommes en ce moment accablés de demandes de billets.

La maison de l'Impératrice est en partie formée. La grande maîtresse, les dames du palais, le chevalier d'honneur, etc. sont connus.

Tout cela est singulier et drôlement choisi. Mme de Las-Marismas est une Anglaise dont le mari n'est qu'à moitié Français. Mme de Pierre est fille de l'Américain Thorn qui ne jouit pas d'une bien bonne réputation. Enfin la faute de ces choix retombe à la charge des personnes qui ont refusé des emplois et parmi lesquelles on cite Mme la duchesse de Vicence, Mme la duchesse de Lesparre. Lorsque la nouvelle du mariage n'était pas encore publique, mon frère aîné, Louis, démissionnaire de son poste de directeur des Affaires politiques depuis le 2 décembre 1852, et grand ami de Mme de Montijo depuis vingt-cinq ans, fut invité à dîner par ces deux dames et se rendit à leur invitation.

Mme de Montijo lui annonça le mariage de sa fille, en ajoutant qu'elle espérait qu'il s'en réjouirait comme ancien ami de la famille.

Mon frère répondit qu'il n'avait rien à objecter contre un fait, mais que la comtesse de Teba devait comprendre qu'elle recevait sa dernière visite, car il ne mettrait jamais les pieds ni aux Tuileries ni à l'Élysée.

Mlle de Montijo supplia mon frère de revenir sur sa détermination et de reprendre un poste important sous le gouvernement impérial.

Louis refusa avec persistance, ses convictions politiques, sa conscience lui interdisaient tout retour. Alors, après une heure de discussion amicale de la part de ces deux dames, et comme Louis persistait avec cet entêtement qu'il prend pour du caractère, la future Impératrice lui dit : « *Vous voulez donc rompre et que l'inimitié succède à une vieille amitié, eh bien, vous aurez la guerre.* »

Louis alors répondit : « Je ne céderai ni aux empressements amicaux ni à la crainte de l'inimitié ! »

Mon pauvre frère subit les influences de ma sœur, âpre et aigre, qui lui fait faire mille sottises ; il subit aussi l'influence des de Broglie, des Saint-Aulaire et de toute la séquelle du dernier gouvernement, tous gens qui n'ont pas su défendre leur roi et qui sont furieux de voir la France sauvée de l'anarchie par d'autres mains que les leurs.

Quant aux convictions de mon frère, elles ne l'ont pas empêché de passer en 1830 de la royauté de 1815 à celle de 1830, du cabinet Polignac au cabinet des hommes de juillet et de la royauté de 1830. Quoiqu'il eût donné sa démission en février 1848, il consentait à venir travailler, sans titre officiel, aux Affaires étrangères avec les Bastide et les Lamartine.

Enfin, à la fin de 1848, il est rentré sous la présidence de Louis-Napoléon aux Affaires étrangères. Il a reçu de ce Prince le titre et les fonctions de directeur, il n'était jusqu'alors que sous-directeur. Il a reçu de plus la croix de commandeur de la Légion d'honneur. Malgré tout cela, malgré son passé, il n'a pu supporter le coup d'État du 2 décembre

1852[1]. Il est de ces hommes qui s'enferment dans un égoïsme de coterie et qui ne peuvent consentir à voir le pays arraché aux horreurs des guerres civiles et aux fureurs des dernières classes de la société par d'autres hommes que par ceux avec lesquels ils ont l'habitude de régir les destinées des empires dans leurs causeries.

La France ne passe qu'après Messieurs tels et tels, si Messieurs tels et tels sont mis de côté, la France peut devenir ce qu'elle voudra.

Ils sentent cependant leur impuissance, mais ils ne veulent pas que d'autres soient moins impuissants qu'eux. Le régime parlementaire nous conduisait à une effroyable catastrophe, n'importe, chacun tremblait à l'approche de 1852, n'importe encore, on ne savait que conspirer contre le seul homme qui savait courageusement prévoir. Cet homme a déjoué les conspirations, il a refoulé l'anarchie, il a relevé le pouvoir que tous les beaux partis parlementaires minaient depuis trente ans, il a rassuré la société et permis à la sécurité de faire revivre les arts, l'industrie, le commerce, n'importe, toujours n'importe ! Honni soit cet homme, car il a détrôné les Molé, les Broglie, les Guizot, les Thiers qui jouaient nos destinées entre eux, il a détruit l'influence pernicieuse de la mauvaise presse qui chaque jour colérait les stupides bourgeois, race égoïste sans réflexion et jalouse sans esprit.

Le parlementarisme avait démoralisé le pays, de concert avec la presse, à ce point que les simples notions du bien et du mal, du juste et de l'injuste devenaient ignorées. Le parlementarisme avait créé une aristocratie du bavardage sous la tyrannie de laquelle nous gémissions, et dont les professeurs et les avocats étaient les grands seigneurs. Le menu peuple assistait en badaud aux tournois de ces messieurs.

Mon pauvre frère est du nombre des aveugles qui n'ont jamais pu voir le mal où il siègeait.

Lundi 31 janvier

Les fêtes du mariage sont terminées ; la cour est depuis hier quatre heures à St-Cloud. Je ne dirai rien de la cérémonie, qui a été belle et que tous les journaux racontent fort en détail. Un temps magnifique a favorisé le cortège ; la population entière était sur pied, l'Empereur et l'Impératrice ont été reçus avec force *vivats*. Le soir il y avait de nombreuses illuminations.

Quelques jours avant la formation de la maison de l'Impératrice, Bassano disait : « Je me suis arrangé de façon à refuser pour Mme de Bassano la charge de grande maîtresse, je ne veux pas la voir paraître dans cette suite de l'Impératrice. »

---

1. Si l'auteur est probablement victime ici d'un lapsus et voulait en fait écrire 2 décembre 1851, il se peut aussi qu'il ait souhaité montrer que son frère, royaliste convaincu, considère le rétablissement de l'Empire comme un second coup d'État.

Le comte Tascher de la Pagerie murmurait que l'Empereur avait voulu déshonorer ses cheveux blancs et qu'il allait se retirer : « Après m'avoir fait entamer des négociations pour son mariage avec une princesse allemande, au moment où tout est accepté, manquer à sa parole, c'est une indignité !... »

Cependant Mme de Bassano est dans la maison de l'Impératrice, M. Tascher de la Pagerie est grand chambellan de l'Impératrice !

La police connaît enfin les auteurs et propagateurs des libelles contre le gouvernement, dont la France est inondée, et je crois que des changements auront lieu prochainement dans la haute administration du ministère de la Police. Des employés du cabinet de M. Latour-Dumoulin, directeur de l'imprimerie, sont les coupables. M. Latour-Dumoulin, ancien journaliste, est entouré de mauvais journalistes qui sous son couvert continuent leur sale métier. M. Jules Lecomte, faussaire, voleur, et correspondant de l'*Indépendance belge* est un des favoris. Ce drôle est bardé de croix, et c'est un repris de justice. On ne saurait croire à quels vils faquins les souverains étrangers adressent leurs faveurs, quelles lâches poitrines recouvrent les plaques des ordres espagnols, portugais, italiens, etc. etc., combien se trouvent d'escrocs sous les *Nichams* turc ou tunisien. J'espère encore un peu un nettoyement de la cour impériale, une jeune femme ne pourra souffrir auprès d'elle la collection de maquereaux dont elle est aujourd'hui composée.

Jeudi 3 février

La cour est toujours à St-Cloud, l'Empereur et l'Impératrice sont venus hier à Paris pour le Conseil. Les bons mots sur le mariage commencent à passer de mode. On se préoccupe de la lutte engagée entre Persigny et Fould. Persigny est honnête, mais Fould est habile ; des deux côtés on joue serré, on s'accuse, enfin on cherche à se détruire.

Morny prétend que dans aucun cas il ne veut prendre un ministère : « Je ne suis pas usé, dit-il, j'ai été appelé dans un moment grave, je veux me réserver pour les moments difficiles. Je n'ai nul besoin de la fortune que donne le pouvoir, l'Empereur m'a placé assez haut, j'attendrai donc le moment où il faudra le concours d'une volonté neuve et énergique. »

Vendredi 4 février

J'ai su hier soir une petite anecdote qui mérite de prendre une place dans mes souvenirs.

M. le comte de Ségur, grand-maître des cérémonies sous le règne de Napoléon Ier, était membre de l'Académie ; je ne sais à quel propos il prit un jour la parole au milieu de la docte assemblée, et, comme il s'agissait, je crois de Chénier, mort récemment, il profita de la circonstance pour flétrir en termes énergiques les excès révolutionnaires et leurs auteurs [1].

Le lendemain de cette séance académique, M. de Ségur assistait à la réception de St-Cloud où se trouvait l'Empereur. En voyant le grand maître des cérémonies, Napoléon vint droit à lui et il lui dit de son ton bref et saccadé :

« Ségur, je suis mal content de vous, hier dans votre discours à l'Académie vous avez remué une boue sanglante, et réveillé des souvenirs auxquels il n'est pas bon de toucher. Il existe encore trop de gens utiles qui ont leur part de responsabilité dans les crimes de la révolution.

« Tenez, ajouta-t-il, en se tournant vers Cambacérès, voici un homme de beaucoup de talent et qui m'est très utile. Eh bien, je suis certain que chaque jour il pleure amèrement les infamies auxquelles il a pris part et sa lâcheté dans le procès de Louis XVI ! »

Cambacérès, qui entendait parfaitement, aurait voulu être à mille lieues.

Dimanche 6 février

On parle beaucoup de quelques dislocations ministérielles, on fait voyager les ministres d'un hôtel à un autre hôtel ; ce qu'il y a de vrai, je crois, c'est la retraite de Saint-Arnaud. A l'issue d'un conseil, l'Empereur, il y a quelques semaines, lui fit signe, de rester et il lui dit :

« Saint-Arnaud, je ne suis pas content de vous, je n'aime pas que mes ministres jouent à la Bourse et qu'ils y fassent des pertes considérables, vous avez joué et vous avez perdu de fortes sommes. »

Saint-Arnaud s'excusa et répondit qu'on avait fort exagéré ses pertes, puis il ajouta : « Qui donc a raconté ces choses à Votre Majesté ? »

L'Empereur nomma Fould, le ministre d'État.

« Fould, s'écria Saint-Arnaud, mais Sire, Fould qui me dénonce jouait à la baisse et je jouais à la hausse. La seule différence entre nous, c'est que j'avais confiance en Votre gouvernement pour inspirer la sécurité et je perds, Votre ministre d'État, lui, a calculé une panique, et il gagne !... »

Voilà comment l'Empereur est servi.

---

1. En fait, l'incident concerne au premier chef Chateaubriand. Élu à l'Académie française (seconde classe de l'Institut) en février 1811, en remplacement de Marie-Joseph Chénier, il prévoyait, dans son discours de réception, d'encenser en son prédécesseur le poète pour mieux fustiger le régicide et à travers lui les excès de la Révolution. Dans la commission chargée d'examiner le texte avant qu'il ne fût lu publiquement par son auteur, le comte de Ségur, président de la seconde classe de l'Institut se prononça en sa faveur, en rappelant qu'il n'avait lui-même pas hésité en pleine Révolution à critiquer les révolutionnaires extrêmes dans son tableau politique de l'Europe. Cependant, Napoléon Ier reprocha son attitude au comte, qui était également son grand maître des cérémonies, et interdit la lecture du discours de Chateaubriand. Voir Philippe Paul comte de Ségur, *Histoire et Mémoires*, Paris, Firmin Didot, 1873, t. III, p. 456 et suiv.

Mme Howard, l'ancienne maîtresse de l'Empereur, ne quitte pas Paris, elle a même le soin de se placer sur sa route lorsqu'il vient à Paris avec l'Impératrice, et de le saluer. L'Empereur rend le salut, Mme Howard prétend qu'une fois sa lune de miel envolée, l'Empereur viendra la voir sur le pied de l'amitié.

J'espère que non, car on est l'amant de Mme Howard, mais on n'est pas son ami.

Il paraît certain (suivant, il est vrai, des personnes peu bien disposées) que l'Empereur lui fait une rente de 200 000 fr. Je crie encore au mensonge, on ne paie pas une maîtresse retraitée ce prix-là[1].

Les faiseurs de bons mots se lassent, leur facilité s'épuise, nous n'avons plus à apprendre chaque jour une saleté en calembour sur l'Empereur ou l'Impératrice. L'Impératrice avait demandé Mérimée pour secrétaire, l'Empereur a refusé. La moralité de Mérimée qui se vante de la mort profondément irréligieuse de sa mère et qui n'est pas baptisé a semblé trop peu édifiante.

Mérimée a été l'amant de Mme de Montijo.

L'Empereur désire qu'on ne danse pas pendant le carême, alors nous pouvons espérer de voir le vieux parti légitimiste polker pendant quarante jours. Le carnaval du parti royaliste et religieux va commencer, et si l'Empereur recommande le maigre et la tempérance, le faubourg St-Germain mangera tous les jours, depuis le mercredi des cendres jusqu'à Pâques, du pâté de foie gras, et il se grisera de vin de Champagne. Il faut savoir soutenir dignement ses principes *que diable !*

Si j'étais l'Empereur, je rendrais un décret pour défendre aux femmes impérialistes de cocufier leurs maris, aussitôt les femmes légitimistes et orléanistes doteraient leurs époux de cornes immenses.

Il est certain qu'on ne s'apercevrait de rien, tant la plupart de ces messieurs sont bien partagés de ce côté.

La Cour est divisée en ce moment en moralistes et en *immoralistes*. Qui l'emportera ?

Mercredi 9 février

Quelques arrestations ont eu lieu parmi les légitimistes, faiseurs de correspondances ou fabricants de pamphlets. Mon cousin, le vicomte Ed. de Mirabeau, a été par erreur appréhendé au corps dimanche matin à la

1. Il est pourtant vrai que Miss Howard, qui a généreusement financé les projets de son amant, est remboursée avec intérêts par ce dernier lorsqu'il la congédie pour épouser Eugénie de Montijo. Elle reçoit au total cinq millions de francs entre 1853 et 1855, à quoi s'ajoutent 500 000 francs pour aménager son château de Beauregard à La Celle-Saint-Cloud. Elle est par ailleurs titrée comtesse de Beauregard puis de Béchevet. Voir Simone André-Maurois, *Miss Howard, la femme qui fit un empereur*, Paris, Gallimard, 1956.

place de son frère le marquis de Mirabeau ; mais, je l'ai fait relâcher le soir, et il a pu venir au bal donné par la Princesse Mathilde.

J'ai rencontré à ce bal Mr de Maupas, ministre de la Police, et je l'ai complimenté sur la perspicacité de ses agents qui arrêtent un Mirabeau, dévoué au gouvernement, au lieu d'un Mirabeau hostile ; le ministre a paru fort embarrassé. Ces arrestations ont été motivées par une sorte de rivalité entre le ministre de l'Intérieur et celui de la Police.

Le ministre de la Police a voulu parer le coup que s'apprête à lui porter le ministre de l'Intérieur, qui doit être assuré de la participation de quelques agents ou employés du cabinet de Mr Latour-Dumoulin, directeur de l'imprimerie, à la fabrication des pamphlets, venus de l'étranger.

De part et d'autre, on se déteste et l'on cherche à se détruire, de là naît un zèle maladroit.

Une nouvelle assez grave est répandue ce matin ; il paraîtrait certain que la Lombardie est de nouveau en insurrection contre l'Autriche et que ce mouvement suscité par les sociétés secrètes aurait dû se rallier à un mouvement révolutionnaire en France. On manque encore de détails. On ignore l'importance et l'étendue de cette insurrection.

Aussi longtemps que les révolutionnaires trouveront appui dans un pays quelconque, l'Europe ne saura trouver de repos. La France, la Suisse, le Piémont et l'Angleterre surtout ont de graves reproches à se faire. Non seulement dans ces divers pays les révolutionnaires sont accueillis après avoir été vaincus dans leur patrie, mais encore ils sont soldés, soit par le budget de l'État, soit par des souscriptions publiques. En Angleterre, les choses ont plus de gravité, les révolutionnaires tiennent des assemblées et ouvrent des emprunts, dont le produit est destiné à insurger l'Europe entière contre la royauté. L'Angleterre voudrait voir l'Europe en feu pour profiter du malheur de tous. Cette nation me représente parfaitement un gros pirate embusqué dans un archipel, et détroussant tous les navires qui passent à sa portée.

La guerre faite par la Turquie aux Monténégrins, occupe l'attention publique à cause des complications, que la politique russe et autrichienne peuvent faire naître[1]. Dès que les grandes puissances commencent à ne plus autant redouter les révolutions, elles reprennent leurs étroites jalousies et les errements de leur vieille politique.

Dieu veuille que nous ne soyons pas forcés à la guerre, nous sommes encore trop malades.

---

1. Après la mort en octobre 1851 du prince-évêque Pierre II Niegoch, qui menait une politique très indépendante vis-à-vis de l'Empire ottoman, les Turcs tentèrent de profiter de l'accession au trône de son jeune neveu Danilo II Niegoch. Début février 1853, ils envahirent la principauté. Comme le pense Viel Castel, les Russes et les Autrichiens ne vont pas rester longtemps inactifs. Au nom de la solidarité slave et orthodoxe, les premiers vont protester et les seconds envoyer une armée qui repoussera les Turcs.

Vendredi 11 février

L'Empereur et l'Impératrice ont visité hier le musée des Souverains et ils m'ont complimenté ainsi que Nieuwerkerke sur son arrangement.

L'Impératrice a voulu qu'on lui lût la belle lettre testamentaire de Marie-Antoinette à Mme Élisabeth ; pendant cette lecture, l'Empereur s'est montré profondément recueilli et touché. Les souvenirs de Louis XVI et de Marie-Antoinette l'émeuvent toujours beaucoup. Il y avait quelque chose de triste et de saisissant l'âme, à assister à cette lecture faite devant une jeune et belle Impératrice au début de son règne, encore dans les premiers enivrements d'un bonheur presque inespéré. Les adieux de la reine empruntaient plus de solennité de l'auditoire qui les écoutait. Il y avait là un enseignement du malheur, un sanglot des temps passés, impossible à faire comprendre par un simple récit.

L'Impératrice écoutait en silence et avec des larmes dans les yeux, ces dernières paroles d'une reine prête à monter sur l'échafaud, d'une mère qui, à ce moment terrible, ne peut pas même embrasser les enfants qu'elle laisse aux mains de ses bourreaux.

L'effet produit par cette lettre sur l'Impératrice se renouvellera ; toutes les mères qui viendront visiter le musée répondront du fond du cœur à l'appel de Marie-Antoinette, lorsque devant ses juges et sous les plus monstrueuses accusations elle se leva fière et digne et légua à la postérité ces simples paroles :

« *J'en appelle à toutes les mères*[1] *!* »

Les nouvelles de Milan semblent indiquer que l'affaire des Mazzinistes est manquée.

Romieu n'est plus directeur des Beaux-Arts, ce poste est supprimé, un simple chef de division en remplira les fonctions. Les théâtres seront mis sous la direction du ministre d'État.

Jeudi 17 février

Je suis si fort grippé depuis quelques jours que je n'ai pas eu le courage d'écrire une ligne.

Mon musée des Souverains a été ouvert dimanche dernier, la foule y était immense. Il n'y a encore rien de décidé sur la direction des Beaux-Arts qui passe définitivement dans le ministère d'État. Nieuwerkerke

1. Lors de son court procès devant le Tribunal révolutionnaire, du 14 au 16 octobre 1793, Marie-Antoinette fut condamnée à mort pour haute trahison, mais la manœuvre d'Hermann et de Fouquier-Tinville pour la déshonorer en l'accusant d'avoir dévoyé son fils de huit ans échoua lamentablement. Malgré les prétendus aveux que l'on avait arrachés à celui-ci, la reine mit en effet le public de son côté et en particulier les tricoteuses par ces mots : « La nature se refuse à une pareille inculpation faite à une mère. J'en appelle à toutes celles qui peuvent se trouver ici. »

voudrait la joindre aux musées. Fould veut la garder pour lui et diriger les arts à lui seul, avec les conseils de trois ou quatre petits peintres qu'il connaît. Au milieu de ces conflits les arts on tout à perdre.

Fould n'y entend rien et peut-être Nieuwerkerke croit-il y entendre trop.

Ces deux messieurs sont également envahisseurs et persuadés de l'indispensabilité de leur nécessité personnelle ; l'un veut faire du bon plaisir, l'autre tout démolir pour tout reconstituer. Je pense qu'aucun des deux n'a assez étudié tous les côtés de la question pour pouvoir faire grand bien. Tous deux se ressemblent en un point, c'est qu'ils se croient des hommes nécessaires, et tout deux pèchent par un défaut, c'est qu'ils se perdent dans les détails, en voulant tout faire par eux-mêmes.

Vendredi 25 février

Je suis toujours souffrant et depuis deux jours je ne sors pas. Aujourd'hui j'éprouve beaucoup de faiblesse.

Le P. Lacordaire est renvoyé de France pour un sermon dans lequel il a gravement insulté l'Empereur Napoléon Ier et l'Empereur actuel. Ce Lacordaire est un ambitieux, qui a débuté avec Lamenais et Montalembert et a toujours été dévoré du désir de faire parler de lui [1].

Mme de Solms, fille de Mme Wyse, née Lucien Bonaparte, est aussi renvoyée de France. Elle cherche à faire du scandale [2]. Ce n'est qu'une putain entretenue par ce niais de Pomereux.

Il paraît, ainsi qu'on me l'a dit ce matin, que l'assassin de l'Empereur d'Autriche arrivait de Londres. Il avait d'abord été à Milan, où il reçut les instructions qui ont eu le résultat que l'on connaît. Londres est l'asile de tous les scélérats, auxquels le gouvernement anglais donne la facilité

1. Le père Lacordaire se fit effectivement connaître en octobre 1830 lorsqu'il fonda *L'Avenir*, avec La Mennais et Montalembert. Après la condamnation par le pape du catholicisme libéral et de son journal, il se soumit, restaura l'ordre des Dominicains et connut un immense succès avec ses sermons de Notre-Dame. Celui auquel Viel Castel fait allusion ici a été prononcé le 10 février 1853 à Saint-Roch, en présence de l'archevêque de Paris et du cardinal Donnet. Il avait pour objet l'œuvre des Écoles chrétiennes, mais Lacordaire en vint rapidement à critiquer à mots couverts le coup d'État et l'Empire, sans feindre d'ignorer ce qu'il y avait de périlleux pour lui à prononcer de tels mots : « Il ne faut pas une armée pour arrêter ici ma parole, il ne faut qu'un soldat. Mais Dieu m'a donné pour défendre ma parole et la vérité qui est en elle, quelque chose qui peut résister à tous les empires du monde. » A la suite de ce discours, il ne reçut pas l'ordre de quitter la France comme le dit Viel Castel, mais celui de s'éloigner de la capitale. Dès lors, il donnera quelques conférences en province puis prendra la direction de l'école de Sorèze dans le Tarn.

2. Marie-Laetitia Bonaparte-Wyse, petite-fille de Lucien Bonaparte, fille d'un baronet irlandais, Thomas Wyse, et épouse du comte de Solms, était l'amie des révolutionnaires du monde entier. Elle s'était lancée dans l'opposition au Second Empire et critiquait ouvertement le coup d'État. Elle fut expulsée de France, se réfugia en Savoie et épousa en secondes noces le président du Conseil italien, Rattazzi. Voir Magda Martini, *Une reine du Second Empire. Marie-Laetitia Bonaparte-Wyse*, Genève, E. Droz, 1957.

de brasser des conspirations contre le reste du monde ; puis lorsque les conspirations sont mûres, ceux qui doivent les exécuter reçoivent des passeports anglais sous des noms d'emprunt.

La politique anglaise est quelque chose d'infâme !

Lundi 28 février

Du côté de Constantinople cela va mal ; l'Autriche et la Russie sont en armes, sur ces frontières les trois puissances du nord sont d'ailleurs très courroucées contre l'Angleterre, qu'adviendra-t-il de là ?...

Ici toujours mêmes intrigues, toujours mêmes tripotages.

Le budget des Beaux-Arts discuté au Conseil d'État a fait connaître la mauvaise administration de Romieu. L'Empereur est furieux contre lui, il a perdu sa place et n'aura aucun dédommagement (il en a eu un beau). Le budget des Beaux-Arts est mangé pour deux ans d'avance.

Il a eu quelques réceptions à la cour, des présentations ; il y aura comédie cette semaine.

La maison joue au grand seigneur !... Tous ces petits messieurs prennent des airs superbes qui sont à pouffer de rire.

Samedi 5 mars

Le comte Camerata, fils de la princesse Bacciochi, s'est brûlé la cervelle hier matin. Les journaux qui annoncent ce triste évènement l'attribuent à un accès de fièvre chaude.

Voici la vérité :

Le comte Camerata avait perdu à la Bourse une somme de 200 000 fr. Pour se liquider il eut recours d'abord à sa mère qui refusa de lui venir en aide, puis au roi Jérôme qui refusa également. Alors en présence de son insolvabilité le comte Camerata s'est décidé au suicide. Il explique toute cette affaire dans une lettre qu'il a laissée ; il y dit le refus de Jérôme !... et Jérôme lui doit 400 000 fr. ! Ce dernier frère de l'Empereur est une infâme canaille, et il n'était pas besoin de l'affaire Camerata pour le noter d'infamie. Cependant on lui meuble le Palais-Royal et il jouit d'un million de rente !

Le comte Camerata allait être reconnu, prince Bacciochi. Il était du Conseil d'État où son intelligence le faisait remarquer, enfin il était un des meilleurs ou plutôt le meilleur des personnages de la famille impériale. Le comte Camerata aurait eu, à la mort de son père, quatre millions en biens-fonds, sans compter ce que lui aurait laissé sa mère, vieille folle, fort dépensière qui a encore des amants et qui dans sa vie a mangé des millions on ne sait à quoi faire.

Bacciochi, le premier chambellan, est, je crois, cousin très éloigné de la Princesse Bacciochi. Ce chambellan que l'on croyait presque en défaveur, est plus puissant que jamais, c'est lui qui mène toute la maison impériale.

Lundi 7 mars

Il a paru au *Moniteur* une nouvelle liste de sénateurs ; on ne sait véritablement où le pouvoir va pêcher ces pères conscrits.

Le marquis de Boissy, époux de la Guicioli, dernière maîtresse de Lord Byron, est l'ancien pair le plus taquin, le plus opposant, le plus désagréable de la pairie de Louis-Philippe. Le 24 février 1848, lorsque notre légion se rendait aux Tuileries, il accompagnait les derniers rangs de notre bataillon et il engageait les gardes nationaux, qui en faisaient partie, à crier : « *Vive la réforme !* »

Mr d'Espeuilles, légitimiste prononcé.

Mr le marquis de Gabriac, ancien diplomate, neveu par sa femme du Prince de Polignac, tour à tour légitimiste, orléaniste, enfin tout ce qu'on voudra, homme de la *congrégation*. Sa femme qui est la première p... de Paris, lui sert beaucoup. Cette *honnête* dame a vécu avec tout le monde, mais elle allait dans les églises chanter *le mois de Marie*, après avoir fréquenté les bals masqués de l'Opéra.

La mère de Mme de Gabriac est une demoiselle de Grammont, qui avait épousé en premières noces un général russe, et en secondes noces le maréchal Sebastiani.

J'ai vu Mme de Gabriac en société de Mme la marquise de Vaudreuil (Mme Collot) fréquenter le *Rocher de Cancale*, où avaient lieu de petites orgies, conduites par des jeunes gens du faubourg St-Germain. On ôtait son habit au dessert ! Jumilhac, frère du duc de Richelieu, était du nombre des convives.

Honoré de Sussy, qui vient de mourir, a été un des amants de Mme de Gabriac. Apponyi, le fils de l'ancien ambassadeur autrichien, a été également honoré de ses faveurs, etc., etc., etc.

Le marquis de Gabriac était membre du petit conciliabule diplomatique, qui se réunissait tous les dimanches matins chez Flavigny pour parler des affaires politiques de l'Europe. Les autres membres étaient : mon frère Louis, His de Butenval, et moins assiduement quelques anciens diplomates, tels que Lagrenée ou Ferrières.

MM. de Sulau et Didier perdent leurs préfectures à cause de leurs dettes qui les rendaient impossibles comme premiers magistrats d'un département. Mais Mr de Sulau est nommé conseiller d'État, tandis que Didier reste sur le pavé. MM. les favoris du gouvernement devraient avoir quelque compassion des endettés, car le coup d'État du 2 décembre a été exécuté par des ruinés que poursuivaient leurs créanciers :

le général Magnan ;

le général Saint-Arnaud ;

le colonel Fleury, etc., etc., etc.

Aujourd'hui, ces messieurs bien repus deviennent très moraux ; cela leur est facile.

M. Magnan a comme général en chef de l'armée

de Paris	80 000 francs,
comme maréchal de France	40 000 "
comme grand-veneur	40 000 "
comme sénateur	30 000 "
comme grand-croix de la Légion	6 000 "
	Total 196 000 francs

Les autres sont aussi favorablement traités.

Parmi les officiers inférieurs de la maison impériale, il y a une masse d'intrigants, tels que les Mocquard, Lefebvre Deumier, etc. Et il s'agit de faire de la moralité, autour d'une jeune Impératrice, avec de tels éléments !

Et on veut que le titre d'officier de la maison de l'Empereur soit un titre respecté !

Et on veut que le Sénat soit pris au sérieux !

Allons donc !

Lundi 14 mars

La princesse Camerata est révoltante de cynisme, en parlant de la mort de son fils ; elle montre une sécheresse de cœur, un égoïsme dont rien ne peut donner l'idée. C'est à soulever l'indignation des honnêtes gens.

Marthe, une petite actrice qui était liée avec Camerata, comme avec bien d'autres hommes, s'est suicidée. Les amateurs du romanesque prétendent qu'elle s'est tuée par amour ; les amateurs du vrai disent qu'il y a des dettes, des inquiétudes de toute sorte, et parlent d'une descente de police qui aurait eu lieu la veille. Enfin avec deux réchauds de charbon l'affaire a été faite.

Alors les amateurs du romanesque se sont extasiés, on a pleuré sur le sort de Marthe, et bref on lui a fait un enterrement magnifique. L'église a chanté une grande messe à orchestre pour la *suicidée*, et toutes les actrices de Paris ont suivi le corbillard jusqu'au cimetière. Les journaux *sérieux* enregistrent de tels faits qui indiquent la démoralisation de l'élément social.

Une fille entretenue se suicide, l'église lui ouvre ses portes et les journaux lui font une ovation !

Un autre enterrement plus sérieux dénote des symptômes peu rassurants. Mme Raspail, femme du prisonnier de Doullens, morte ces jours derniers à Doullens même, a voulu être enterrée à Paris. Le convoi a eu lieu hier. C'était un moyen de passer en revue les sectaires de la république rouge suivant la méthode de Raspail. Vingt mille personnes suivaient le cercueil[1]. Ceci vient encore à l'appui de la nécessité où se trouve le gouvernement de faire des grâces pour augmenter le nombre de ces messieurs.

Ils sont déjà partout ; le ministère de la Police en est plein, et tout dernièrement un de mes amis, ayant présenté à l'approbation du bureau de la librairie une bête de chanson qu'il comptait faire imprimer à propos du mariage de l'Empereur, reçut du chef le conseil de supprimer les vers suivants :

.... l'Empereur
Il nous a tirés et grand train
En décembre d'un fameux pétrin ;
Et sans consulter Pierre ou Paul
A balayé de notre sol
Un tas de chenapans (songeons-y bien)
Qui n' désiraient qu' notre bien.
Pourquoi frapper sur ces gens-là
Ils sont vaincus et malheureux.

Voilà où nous en sommes. D'un autre côté le *Moniteur* est à peu près entre leurs mains. M. Turgan, le directeur, est un des leurs, et il traîne d'accord avec M. de Cormenin, l'autre directeur, tous les petits plumitifs rouges à leur suite dans le feuilleton. C'est une position qui leur est faite en attendant des jours meilleurs.

Mardi 15 mars

M. Cousin était avant-hier en visite chez Mme la comtesse d'Haussonville, fille de M. le duc de Broglie. Il y avait quelques personnes et la conversation se porta sur Mme de Longueville dont M. Cousin est, comme chacun sait, très épris, à ce point qu'on peut nommer cette illustre morte la maîtresse platonique du philosophe éclectique.

M. Cousin racontait comment il avait reçu de la supérieure actuelle des Carmélites, la Révérende Mère Isabelle, de précieux documents contenus dans les archives de son couvent sur Mme de Longueville, et il

1. Alors que tout signe d'opposition et *a fortiori* toute manifestation peuvent entraîner des poursuites, les républicains décident de profiter des funérailles de grandes figures du parti pour montrer leur force, comme ils le faisaient déjà sous la Restauration et la monarchie de Juillet. Raspail, incarcéré à Doullens après avoir été condamné à six ans de prison pour la manifestation révolutionnaire du 15 mai 1848, vient, le 8 mars 1853, de perdre son épouse Henriette Adélaïde qui partageait sa captivité. Le 13, les obsèques de cette dernière au Père Lachaise sont suivies, selon Viel Castel, par 20 000 personnes. D'autres sources évoquent même une assistance cinq fois plus nombreuse. Le 23 avril, le gouvernement transformera en bannissement les deux années d'emprisonnement que Raspail doit encore effectuer.

s'extasiait sur l'esprit, le génie, l'intelligence supérieure des Carmélites actuelles, qui suivant lui pouvaient aussi bien être ministres que religieuses, conduire un empire qu'administrer un couvent.

Je savais, répondit Mme d'Haussonville, qu'il y avait eu jadis des personnes illustres et fort distinguées dans cet ordre, mais je croyais qu'aujourd'hui les Carmélites s'adonnaient à l'adoration des images, au culte des petits exercices de piété, enfin tranchons le mot, aux simplicités, aux petites bêtises extérieures d'un culte rétréci. M. Cousin reprit presque fâché : « Oui, Madame, vous avez raison, les Carmélites s'adonnent à l'adoration des images, aux petits exercices de piété, aux bêtises, comme vous le dites, mais sachez que sans ces bétises et sans ces pratiques superstitieuses, il n'y a point de foi ni de croyance. » Puis le professeur se répandit de nouveau en louanges sur les Carmélites pour lesquelles il avoua professer un culte de vénération !

Quantum mutatus ab illo[1]...

L'Empereur et l'Impératrice ont hier visité le Louvre. L'Empereur m'a promis la croix pour le 15 août prochain et l'Impératrice a ajouté : « *Je ne lui laisserai pas oublier sa promesse, car les Viel-Castel sont de mes amis.* »

Elle m'a demandé des nouvelles de mes frères ; enfin, elle avait la volonté d'être aimable et elle l'a été.

Samedi 19 mars

Une nouvelle a mis hier la Bourse en émoi :

La flotte anglaise est partie pour Malte, elle a franchi les Dardanelles.

Les journaux du soir contiennent à ce sujet un démenti embarrassé.

Voici la vérité :

A l'arrivée à Constantinople de l'envoyé russe, et en présence des exigences de la Russie, la Turquie, se voyant menacée dans son indépendance, a eu recours à l'Angleterre. Le colonel Rose a, dit-on, expédié son bateau à vapeur à Malte, avec ordre à la flotte anglaise d'arriver immédiatement. La flotte est donc partie pour Constantinople, mais on ne sait si elle franchira le détroit qu'elle ne peut encore avoir atteint.

Cet événement est grave, la Russie ne peut reculer, et il peut surgir de ce conflit une perturbation générale. Déjà les rapports de l'Angleterre avec les cours du Nord étaient très froids ; l'Orient peut amener une crise dont nul ne saurait prévoir les conséquences[2].

---

1. « Quels changements ! »

2. Tout à son projet de dépeçage de l'Empire ottoman, Nicolas Ier envoya à Constantinople le prince Mentchikoff, amiral et ministre de la Marine, avec pour mission d'obtenir le droit de protéger tous les sujets grecs de la Porte. Arrivé le 1er mars, le prince se comporta de façon méprisante à l'égard du ministre des Affaires étrangères, Fuad-Effendi, accusé d'avoir favorisé la France dans l'affaire des Lieux saints. En signe d'apaisement, le sultan renvoya son ministre, mais alerta les ambassades d'Angleterre et de France. En l'absence

Quant à la France, disent les prudents, la neutralité lui est commandée, mais une neutralité expectante. Si l'Empire ottoman disparaît de l'Europe, elle doit, en laissant la Russie s'établir à Constantinople, mettre la main sur l'Égypte, et pour cela il ne faut pas que l'Angleterre et la Russie s'arrangent par un partage ; qui aura l'Égypte sera le maître du commerce du monde, tiendra la grande voie des Indes. L'Égypte complète la possession de la Méditerannée et nous y donne toute influence. Nous possédons déjà nos grands ports de Toulon et de Marseille, l'île de Corse, les 250 lieues de côtes de l'Algérie, l'Égypte nous rendrait tout puissants.

Nos alliances sont au midi, et l'Espagne, le Portugal, l'Italie, la Sardaigne doivent finir par nous être cousus d'une manière indissoluble. La frontière du Rhin ne nous serait d'aucune utilité ; des possessions sur la Méditerannée doubleraient notre puissance et assureraient la sécurité de nos flottes et de notre commerce.

L'Angleterre puritaine s'alliera aux Turcs contre les Russes et nous la verrons lâcher ses Rünge, ses Mazzini, ses Kossuth sur l'Allemagne, l'Italie et la Hongrie pour les bouleverser et faire diversion. Voilà à quoi servent les réfugiés. Il serait d'une bonne politique de s'allier à l'Angleterre contre la Russie.

Ici je ne suis pas content de la composition de nos administrations. Deux sous-préfets, MM. de Leotaud et Ch. de la Guéronnière, viennent d'être replacés ; ils avaient tous deux donné leur démission lors du 2 décembre. Le *Moniteur* appartient aux rouges, par les Turgan et Cormenin qui le dirigent et qui recrutent pour rédacteurs des hommes tels que Vallet de Virille, que j'ai entendu vociférer des injures contre l'Empereur et professer les théories des Louis Blanc, Ledru-Rollin et autres gens de même farine. J'ai même au Louvre le conservateur-adjoint de Versailles, rouge fervent, qui en 1848 proclamait la nécessité d'un peu de guillotine. C'était en dînant avec Jeanron qui cherchait à le calmer, que, de sa voix enfantine, il invoquait cet argument triangulaire.

Il est plus dangereux qu'on ne le croit de laisser aux affaires des ennemis mal replâtrés. L'Empereur accepte beaucoup trop de gens sans sûreté.

L'Empereur a décidé avant-hier qu'il consacrerait vingt mille francs par mois à l'acquisition d'ouvrages d'art. Ces acquisitions n'empêche-

---

de l'ambassadeur anglais, lord Stratford de Redcliffe, le chargé d'affaires, le colonel Rose, demanda à l'amiral Dundas de diriger la flotte anglaise de la Méditerranée basée à Malte vers le Bosphore. Viel Castel perçoit bien le danger de ces affaires d'Orient et nous en propose à partir de ce jour le récit détaillé. Voir Pierre de La Gorce, *Histoire du Second Empire*, Paris, Plon, Nourrit et Cie, 1894, t. I et Alain Gouttman, *La Guerre de Crimée, 1853-1856, la première guerre moderne*, Paris, SPM et Kronos, 1995 et Perrin, 2003.

ront nullement celles qui ont lieu après les expositions, et elles seront faites sur la proposition du directeur général des Musées.

Dimanche 20 mars

La flotte française est partie de Toulon pour les mers de la Grèce. Trois puissances maritimes vont donc se trouver en présence : l'Angleterre, la France et la Russie ! On est inquiet des complications qui peuvent survenir. La Russie s'est montrée trop impatiente dans son désir de supprimer l'Empire turc et son envoyé trop insolent envers les ministres turcs.

L'Empereur Napoléon passe en ce moment une revue dans la cour du Carrousel, j'entends des cris assourdissants de « *Vive l'Empereur !* »

Ce soir je dîne chez la Princesse Mathilde avec E. Delessert, Maxime du Camp, l'abbé Coquereau, les Giraud, etc., etc.

Ce dîner est singulièrement composé. Du Camp est un important plus républicain qu'autre chose ! Mais tout est pour ces gens-là en ce moment. Ils se faufilent partout. Nous aurons aussi à ce dîner Arago, l'inspecteur des Beaux-Arts.

L'Empire, est-il aussi aveugle sur les hommes qu'il employe, que l'était la Restauration ou le gouvernement de Louis-Philippe ?

Les cris de « *Vive l'Empereur !* » redoublent dans la cour des Tuileries !

Hélas ! j'ai déjà entendu crier tant de choses. Louis XVIII était *notre père*, Charles X était *le Roi chevalier*, Louis-Philippe *le Roi citoyen*, Lamartine et Crémieux de *grands citoyens*, Cavaignac *le sauveur de la société !*

L'Empereur actuel connaît heureusement les hommes et il sait jusqu'à quel point il faut s'y fier !

Samedi 26 mars

L'affaire turque s'arrange, dit-on ; je crains qu'elle ne s'arrange à notre détriment ; avant peu nous le saurons ; que fera l'alliance anglaise ! !

Il y a eu une petite révolution de palais aux Tuileries ; le grand maréchal a voulu lutter avec Fould ; le grand maréchal a été vaincu, et le colonel Beville, qui était surintendant des palais, a perdu sa place ; il n'est plus que préfet du palais.

Fould est un rusé renard, qui a ses créatures et qui les colloque bien.

Mercredi 30 mars

Un arrêté pris au nom de l'Empereur par M. Fould, après avoir fixé la livrée impériale, décide que le grand maréchal du palais est seul autorisé à se servir de la livrée impériale.

Cet arrêté, inséré au *Moniteur*, est du 17 mars.

Le public a nommé cet arrêté : l'arrêté Rachel.

Voici pourquoi :

Le prince de Canino a trouvé charmant d'envoyer un équipage à quatre chevaux avec la livrée impériale pour promener à Longchamp la grande tragédienne, que le public a saluée comme s'il voyait l'Impératrice, et là Rachel a pu en faveur de l'erreur passer sous l'arc de triomphe de l'Étoile.

Le prince de Canino va être obligé de renoncer à la livrée impériale. Ce drôle-là ne sait faire que des sottises.

Rachel dit : « C'est fort désagréable d'être confondue avec l'Impératrice. »

Il faudrait le For-l'Évêque pour les actrices ! !

Samedi 2 avril

Avant-hier jeudi, il y a eu grand bal chez son Altesse la Princesse Mathilde. L'Empereur et l'Impératrice s'y trouvaient, et ils y sont restés jusqu'à 1 heure du matin. L'Empereur est venu à moi et il a causé pendant quelques minutes d'une façon toute bienveillante ; l'Impératrice un peu plus tard a bien voulu m'honorer d'une conversation assez longue. Elle m'a parlé de mon frère Louis dont elle a regretté l'éloignement ; elle m'a chargé de lui dire les choses les plus aimables.

Pastoret était à ce bal. Voici ce qu'il m'a raconté sur la réception de Monseigneur le duc de Chartres (fils aîné de Louis-Philippe) comme chevalier du Saint-Esprit.

Cette réception eut lieu à St-Cloud dans le cabinet de Charles X, en présence des officiers de l'ordre, de Louis-Philippe, de Marie-Amélie, de Mme Adélaïde, de MM. de Pastoret. Le duc de Chartres se mit à genoux devant Charles X qui, avant de lui passer le collier de l'ordre, lui dit :

« Mon cher neveu, cet ordre a été institué dans un temps de troubles et de grandes perturbations pour resserrer les liens qui unissaient la noblesse à la royauté et les princes entre eux ; ces malheureux temps peuvent revenir ; souvenez-vous toujours des nouvelles obligations que votre qualité de chevalier du St-Esprit vous impose ; souvenez-vous toujours du double titre qui vous attache à la royauté, soit comme prince, soit comme chevalier de l'ordre. »

Louis-Philippe alors laissait voir des larmes dans ses yeux ; il se mit à genoux derrière son fils, il glissa ses mains mêlées à celles du duc de

Chartres dans les mains du vieux roi, et d'une voix attendrie et pleine d'émotion, il prononça les paroles suivantes :

« Permettez-moi, Sire, de renouveler mon serment de chevalier du St-Esprit, de m'unir plus étroitement à la royauté dans cette cérémonie. Je ne suis rien que par vous. Je vous dois tout ; vous avez accueilli mon repentir avec bonté et vous m'avez beaucoup pardonné ; que votre Majesté veuille bien se fier à mon dévouement, que je suis heureux de lui exprimer devant ma femme et ma sœur et devant tous les officiers du premier ordre de la couronne de France. Oui. Sire, le père et le fils sont entièrement à vous et à votre royale dynastie. »

Charles X, surpris de cet accès de dévouement, remercia le duc d'Orléans avec effusion ; ceci se passait en 1828 ou 1829. En 1830, Louis-Philippe était roi des Français, l'ordre du St-Esprit était aboli ! !

Dimanche 24 avril

Depuis plusieurs jours je suis fort occupé du classement des tableaux envoyés par les artistes pour l'exposition annuelle.

Demain je vais au bal des Tuileries, j'y suis allé il y a quinze jours. L'Impératrice ne paraîtra pas, dit-on, à celui de demain, car son accoucheur lui a recommandé un mois de repos.

Les affaires d'Orient occupent tous les esprits. La Russie ajournera-t-elle ses prétentions ? Que fera notre flotte ? J'espère encore qu'il n'y aura pas conflit entre notre marine et celle de l'empereur de Russie.

Il y a du reste peu de nouvelles. La Princesse Mathilde, chez laquelle je dîne ce soir, me demande de faire une petite comédie pour être jouée cet été à Breteuil devant l'Empereur et l'Impératrice.

Fould désirait habiter Breteuil et voulait reléguer la Princesse à Trianon, mais l'Empereur ne veut pas de Fould dans le parc de St-Cloud ; il préfère y avoir sa cousine, nous y passerons donc l'été. Ce Fould, détesté de tout le monde, est un juif outrecuidant et qui serait même insolent, si on le lui permettait. Je ne sais pas s'il est bien salutaire pour l'Empereur de se fier à un tel homme, méprisé même par les hommes d'argent, et que l'on classait jadis parmi les fripons.

La famille Fould tripote dans toutes les affaires, elle est au pinacle comme la famille Pereire qui, elle, a déjà amassé 60 millions de francs ! Que les affaires aillent bien ou mal, ces gens-là, ou plutôt ces sangsues pompent toujours le plus productif de notre sang !

9 mai

L'Impératrice a fait une fausse couche le 29 avril, sa grossesse était fort peu avancée ; les grands maîtres des cérémonies et étiquettes ont cru devoir faire annoncer dans le *Moniteur* cette fausse couche, lorsque la grossesse n'avait pas été déclarée ! On ne sait où ces messieurs prennent leurs façons.

Chaque jour on savait par les officiers de l'Empereur les moindres détails relatifs à la santé de l'Impératrice ; on en causait d'une manière indécente !... Voilà ce qu'on peut attendre de tous les maquereaux dorés des Tuileries. Mocquard, le chef du cabinet de l'Empereur, se laisse voir en grande loge avec Mme Howard, l'ex-maîtresse de l'Empereur, à laquelle on a fait une grande fortune et donné un château près de Versailles. Cette femme a encore du crédit et je crains qu'elle n'en reprenne un jour.

Paris, la France, le monde songent peu aux affaires politiques. On lit les journaux, non pour savoir si Constantinople est décidément au pouvoir des Russes, mais pour connaître quelque nouveau fait sur la danse ou le tournoiement des tables, des chapeaux, des livres et des clefs.

Le soir, dans tous les salons, on fait tourner des tables, et ce matin on reçoit une invitation de Mme la marquise de Boissy (l'ancienne comtesse Guiccioli), pour venir demain soir faire tourner des tables dans son salon. Faire tourner les tables par l'imposition des mains est la seule préoccupation du moment.

27 mai

La Bourse est fort agitée depuis deux jours, je dois dire cependant que le monde politique est plus calme. Les affaires de Constantinople et l'ultimatum russe occupent tous les esprits. Je ne pense pas qu'un conflit soit à craindre ; je ne pense pas que l'empereur de Russie, par des prétentions qui ne sauraient être justifiées, veuille allumer une guerre générale. L'Europe ne peut assister froidement à la mise en vassalité de l'Empire turc, et la Russie n'est pas assez forte pour déclarer la guerre à l'Angleterre et à la France sans avoir un allié possible.

J'ai passé hier la soirée chez la Princesse Mathilde avec le ministre russe et beaucoup d'autres Russes de distinction. On ne paraissait pas croire à une rupture avec la Porte ni, par conséquent, avec l'Europe. Le duc de Gênes assistait à cette soirée, ou plutôt à ce bal ; le jardin était merveilleusement illuminé en verres de couleur.

Mardi, pour la naissance de la reine d'Angleterre, il y a eu une très belle fête à l'ambassade anglaise, et le lendemain j'ai dîné chez le duc d'Hamilton. Le dîner, composé de trente personnes, était bien curieux comme réunion : Fould, Thayer le sénateur, et sa femme, Montebello l'aide de camp et sa *femme*, Mme Norton la sœur de Sheridan, etc., etc.

La Princesse Mathilde était à ce dîner. J'y ai appris que la jolie Mme de Montebello est la maîtresse de Fould et on lui fait déjà la cour comme à une puissance. Fould, lui, est toujours l'outrecuidance même ;

il veut trancher du grand seigneur !... Il est très puissant, et l'Empereur le ménage comme un homme dont il a encore besoin.

6 juin

Hier j'ai dîné chez la Princesse Mathilde avec Alexandre Dumas. Après dîner on lui a demandé quelques vers nouveaux, alors il a eu l'impudence de dire les suivants :

Dites-moi donc, comment cet homme,
Qui fait de si tristes discours,
Et qui Monsieur *Troplong* se nomme,
A réussi dans un *concours ?*

Ce n'était qu'un ballon d'essai, il a continué par de lâches sottises sur l'Empereur et l'Impératrice, sur l'archevêque de Paris, etc., tellement qu'il s'est fait un silence glacial et qu'il a compris à la fin qu'il dépassait les bornes.

Voici des vers sur l'Empereur :

Dans leurs fastes impériales
L'oncle et le neveu sont égaux :
L'oncle prenait des capitales,
Le neveu prend nos capitaux.

Ce sont les jolies plaisanteries des Français réfugiés à Bruxelles. Dumas s'y pose en victime de la politique et ce n'est qu'un banqueroutier fuyant ses créanciers. Dans quelques jours il se vantera d'avoir osé débiter devant la cousine de l'Empereur toutes ces infamies.

C'est une faute de recevoir Dumas et de lui laisser prendre le haut ton. Il ne respecte même pas les gens qui l'ont protégé, et il parle des d'Orléans comme Gudin en parle.

Le soir La Rochejaquelein est venu ; Dumas et lui se sont mis à part et ont causé politique. La conversation devait être bonne entre ces deux paillasses, aussi vaniteux, aussi menteurs, aussi lâches l'un que l'autre.

La Rochejaquelein, fait sénateur après l'avoir mendié, dit aujourd'hui : « *Moi, je suis légitimiste !* »

L'Empereur est encombré de plats drôles.

12 juin

Je dîne ce soir chez la Princesse Mathilde.

Nous sommes toujours dans les incertitudes de la guerre avec la Russie. On attend avec anxiété des nouvelles. Je commence à n'y plus croire, Kisseleff a renouvelé hier le bail de son hôtel pour quinze ans.

Cela indiquerait de sa part quelque certitude que la paix ne sera pas troublée.

L'empereur Nicolas est très furieux contre la France et l'exaltation des Russes et des Turcs est extrême ! Mais les intérêts engagés dans les grandes entreprises militent en faveur de la paix.

D'un autre côté, nos généraux ne désirent pas la guerre, ils préfèrent jouir tranquillement des loisirs que Napoléon leur a fait.

Enfin tout est encore bien incertain, l'ambition russe devait en arriver là. Depuis Pierre-le-Grand elle convoite Constantinople, elle veut arriver, et Nicolas ne serait pas fâché de laisser comme monument de son règne la réalisation du rêve de Pierre Ier.

Ici pour le grand public la question se résout par de l'argent ; on suit les fluctuations de la Bourse, chacun veut gagner quelque chose ; les *baissiers* espèrent des mauvaises nouvelles ; les *haussiers* se donnent des apparences de patriotisme en demandant la paix. Tous au fond du cœur ne pensent qu'à eux et aux millions à gagner.

Les femmes deviennent même plus vénales que jamais. Le plus laid cuistre, le plus décrié, s'il a de l'or, est caressé par elles.

L'administration fait de temps à autre des explosions de moralité. Hier les tribunaux condamnaient une proxénète, nommée Mme Lejeune, à un an de prison parce qu'elle tenait magasin de jeunes filles ; mais on n'inquiète pas Mme Planès, autre proxénète qui fournit les gens *les plus considérables*.

Tous les deux mois la police saisit une maison de jeu clandestine dont elle confisque le mobilier, et la police se fait louer de sa vigilance par les journaux ; mais elle respecte un certain boiteux, nommé Hardouin, qui tient un tripot considérable, place Vendôme.

Elle laisse la marquise du Hallay installer un lansquenet effrayant dans ses salons, et fournir aux jeunes et vieux joueurs l'occasion de se ruiner[1].

Elle ne dit rien à Mme d'Hauteville, maîtresse du riche marchand de diamants Moyennat, et pourtant tous les jours il y a chez cette vieille dévergondée une partie où il se perd des sommes fabuleuses.

La fille de cette dame et de Moyennat, bâtarde adultérine courtisée et recherchée en mariage par tous les jeunes ruinés, est acharnée au jeu, et répond à sa mère qui lui demande ce qu'elle fait :

« Pas grand-chose, je perds quatre mille francs ! »

Quant à la vertu des femmes, je n'ai qu'une réponse à faire à ceux qui m'en demanderaient des nouvelles ; c'est qu'elle ressemble fort aux rideaux des théâtres, car leurs jupons se lèvent chaque soir plutôt trois fois qu'une.

---

1. Le lansquenet est un jeu de cartes alors très en vogue et dont le nom rappelle l'amour proverbial des mercenaires allemands pour le jeu.

Les femmes n'ont même plus assez des hommes, la t... fait parmi elles de grands progrès.

A notre époque on ne vit que par les sens et on ne leur refuse rien de ce qui peut satisfaire leurs caprices.

Les péd... ne sont plus honnis ; le marquis de Custine est reçu comme un homme très aimable.

Pourvu que vous n'attentiez pas aux vices de votre voisin, il respectera les vôtres.

La conversation du monde voile à peine le libertinage de la pensée ; les femmes raffolent des entretiens *gazés*, c'est-à-dire polissons, mais avec des mots honnêtes, c'est ce qui se décore du titre de *bonne compagnie*.

Qu'un homme demande crûment à une femme : « Voulez-vous coucher avec moi ? », ce sera un malappris, de mauvais ton ; mais qu'il lui dise en se portant à des attouchements définitifs : « Vous me rendez fou ! » et qu'il la traite sans façon, il n'est plus qu'un homme à bonnes fortunes, un *charmant*.

Il devrait y avoir des collèges pour former la jeunesse à ces manières-là.

16 juin

Les tables tournantes sont distancées, nous avons les tables qui parlent.

Hier, chez la Princesse Mathilde, Saulcy, membre de l'Institut, l'abbé Coquereau, aumônier de la flotte, la Princesse, Nieuwerkerke, etc., etc., interrogeaient une table.

Pietri, le préfet de police, arrive, et se moque fort des interrogateurs. On l'invite alors à faire lui-même des questions. Il demande à la table d'indiquer son âge, la table frappe 47 coups. Pietri avoue qu'elle a dit juste, mais il veut mettre à l'épreuve sa sagacité, et d'une façon plus délicate : « De combien d'hommes se composait la société secrète que j'ai fait arrêter hier ? »

La table frappe dix-huit coups.

« Combien dans ce nombre avaient résolu d'assassiner l'Empereur ? »

La table frappe trois coups.

Pietri avoue que la table a dit vrai. Explique cela qui pourra, je dis un fait.

Pietri racontait le soir à Nieuwerkerke, en sortant de la rue de Courcelles, qu'il fallait se défier des cochers de remise que l'on prend sans examen pour aller à des rendez-vous de femmes.

Une grande dame en prit un avant-hier et se fit conduire à Passy où l'attendait son amant. Le cocher se doute du motif de la course, il s'introduit dans la maison sous prétexte de parler à la personne qu'il a amenée, pénètre jusqu'à la chambre où elle est couchée avec son amant, la voit entre ses bras et se retire en faisant des excuses.

Deux heures après la dame revenait à Paris conduite chez elle par le même cocher, qui recevant vingt francs les refuse et demande dix mille francs pour prix, non de sa course, mais de son silence. La dame remonte en voiture, se fait mener chez le préfet de Police et lorsqu'elle est dans son cabinet, elle lui dit résolument :

« Je vous crois homme d'honneur, Monsieur, une sorte de confesseur de tout Paris ; je me nomme X***, j'ai un amant que je suis allé voir à Passy ; le cocher qui me conduisait demande dix mille francs pour prix du silence qu'il doit garder sur un secret qu'il a surpris. Ce cocher est dans votre cour. »

Le préfet de Police sonna aussitôt. Le cocher est en prison pour cinq jours, et il est prévenu que s'il dit un mot de toute cette affaire, il sera renvoyé de Paris.

On ignore aujourd'hui si on est à la paix ou à la guerre, cependant les gens bien informés prétendent que la montagne accouchera d'une souris.

17 juin

Avant-hier, en visitant l'exposition, l'Impératrice critiquait une statue de la Pudeur, elle reprochait à ce marbre l'*étroitesse* des épaules et de toute la figure. Nieuwerkerke lui faisait remarquer qu'une figure de jeune fille doit avoir les formes moins développées qu'une figure de femme et que ce peu de développement convenait même à l'expression du sentiment pudique.

L'Impératrice répondit sans réfléchir à la portée de ses paroles et avec cette vivacité d'élocution qu'elle possède : « On peut être très pudique, sans être aussi étroite, je n'en vois pas la nécessité. »

Personne n'a ri, quoi que tout le monde en eût bien envie.

25 juin

Par décret impérial, inséré au *Moniteur* d'avant-hier, quatre nouveaux sénateurs sont nommés : Padoue, Berger, Mérimée, La Valette.

Padoue est une nullité.

Berger un mauvais préfet, révolutionnaire, qui a puissamment contribué à la révolution du 24 février ; il est de plus fait grand-officier de la Légion d'honneur.

La Valette !... j'en ai déjà parlé !

Mérimée est un homme de mérite, ambitieuse taupe qui creuse son chemin sans bruit ; il était lié avec la famille de l'Impératrice.

On est toujours dans l'incertitude sur les intentions de la Russie ! On voudrait ne pas croire à la guerre, on joue à faire peur de tous les côtés. Ceci ressemble aux manières des Chinois, qui peignent sur les murailles de leurs forteresses des têtes de diables pour intimider les assaillants. Malgré tout, les ports arment des vaisseaux et les journaux enveniment la discussion en y prenant part.

En dépit de mes instances, mon frère a refusé de rentrer dans les affaires. M. de Broglie et Mme d'Haussonville lui font peur, il craint de se brouiller avec ces mécontents.

Il serait sénateur aujourd'hui. Au lieu de cela, il joue la comédie pour plaire à une coquette assez malpropre, et il écrit dans la *Revue des Deux Mondes*. Il n'a pas compris la grandeur du rôle qu'il avait à remplir. Il s'abstient le jour où la politique de la France devient européenne, pauvre garçon, il n'a jamais eu pour maîtresses que les femmes *négligées* ou sur le retour, et les femmes l'ont toujours conduit. Il fait du sentiment politique à cinquante trois ans pour des partis parlementaires déchus par leur incapacité, pour des *sommités* qui se considéraient avant de songer à la France, et qui nous laissaient tout doucement aller au précipice dans l'impossibilité où elles se trouvaient de s'entendre et de pouvoir nous sauver ; il ne veut pas être sauvé par l'Empire, il regrette le règne des bavards qui nous perdaient *constitutionnellement* avec une constitution construite comme le couteau de Jeannot.

Mon pauvre frère sait beaucoup de choses, excepté se conduire... ; de plus, il pense énormément à Mme d'Haussonville, mais fort peu à sa famille... : quant à ses frères, il y a toujours fort peu pensé ! Mais dans un certain monde on l'a nommé leur second père et jamais il n'a consenti à s'occuper d'eux, à demander quoi que ce soit pour eux.

« Je m'en suis fait une loi », disait-il.

C'est un bon et honnête égoïste, qui veut bien faire gracieuse mine aux gens quand on lui gratte la nuque et qu'on dit amen à ses moindres paroles. Il y a de ces gens-là autant que de pavés dans Paris. Du reste, il se communique peu à sa famille.

Plus je vais, plus je vois qu'il faudrait savoir vivre pour soi tout seul. Quand je dis ces choses-là, on me nomme paradoxal, et cependant je dis ce que presque tout le monde fait ; mais il ne faut pas présenter un miroir aux gens qui ne veulent pas s'y voir.

Si je le pouvais je deviendrais intrigant, mais c'est bien ennuyeux. J'ai passé par des fortunes très diverses ; j'ai trop vécu, je sais trop, toutes choses me deviennent peu à peu indifférentes.

Les amis sont des gens à qui on est utile.

Les maîtresses des femmes dont on contente les appétits sensuels ou les vanités.

La famille n'existe plus !...

Le monde est usé, et le temps d'aujourd'hui est affreux, c'est pourquoi je médis de mon époque.

Tous les gens qui vieillissent parlent comme je le fais, et prétendent que dans leur jeunesse les printemps et les étés avaient plus de soleil et de fleurs.

Nous sommes tous des radoteurs et la vie est éternellement belle et jeune, mais elle n'a de caresses que pour les jeunes. Les vieillards sont des corbeaux de malheur qui croassent parce qu'ils ne savent plus chanter. N'importe, marchons toujours, vieillard ou jeune homme, et poursuivons notre fantôme rêvé.

1er juillet

J'ai dîné hier chez la Princesse Mathilde, avec la marquise d'Adda, sa sœur, son beau-frère et le comte et la comtesse Bathiany, réfugiés hongrois.

On a beaucoup ri, on a dansé, valsé, sans se préoccuper de l'attitude menaçante de la Russie qui entre, paraîtrait-il, décidément dans les Principautés Danubiennes. Aurons-nous la guerre ?...

La Princesse part pour Breteuil demain. Elle m'a dit : « *Vous avez votre appartement dans mon pavillon, venez-y le plus souvent possible.* »

Elle a été très aimable pour moi.

Les Bathiany voudraient bien rentrer en grâce auprès de l'empereur d'Autriche pour ravoir leurs terres et leurs châteaux. Quant aux Italiens qui vivent de leurs souvenirs, ils détestent l'Autriche très cordialement et rêvent un royaume italien !... Ce royaume-là donnerait bien du tintouin à l'Europe. Qui de vous serait capitale ? Rome, Milan, Naples, Florence ou Venise. Il existe des Italiens, mais je doute qu'il existe des Italiens qui comprennent le véritable patriotisme. Réunis dans un sentiment commun de haine contre l'Autriche, ils se déchireraient demain entre eux s'ils devenaient libres.

Pauvre Italie, qui doit même craindre la réalisation de ses espérances.

2 juillet

Nous sommes plus que jamais à la guerre. La Russie veut absolument tenter le sort des batailles ; l'Angleterre et la France arment leurs flottes et se tiennent prêtes pour les événements les plus graves. L'empereur Nicolas est entraîné par le mouvement et le sentiment des Vieux-Russes, après l'avoir surexcité.

Le vice-amiral de La Susse, chef de notre escadre des Dardanelles, est remplacé et mis dans le cadre de réserve. Voici ce qui a donné lieu à cette destitution.

Depuis un mois son remplacement était décidé, mais on voulait attendre la fin de ses deux années de commandement pour y procéder.

La Susse est plus un marin de salon qu'un homme de mer ; il est, de plus, peu aimé des marins et de ses officiers que révoltent ses façons arrogantes et sa dureté. On l'accuse encore de pédérasterie, etc., etc.

M. de La Susse avait son escadre à Salamine, lorsqu'il reçut l'ordre de partir immédiatement pour Besika à l'entrée des Dardanelles ; il devait y être rendu trois jours avant les Anglais à l'ancre dans la rade de Malte.

M. de La Susse garda l'ordre dans sa poche, et il ne partit que quatre jours plus tard ; il trouva les Anglais installés depuis deux jours.

L'Empereur est entré dans une colère violente, et sans plus différer, il a cassé le vice-amiral. Voilà toute l'histoire de cette mise à la retraite.

La Susse est ce qu'on nomme un *homme coulé*, personne n'en est fâché.

Hier il y a eu grand dîner à St-Cloud, on s'est fort amusé le soir, on a été très joyeux. L'Empereur a ouvert une caisse de présents envoyés par les Iroquois, elle contenait entre autres choses des bonbons au sucre d'érable.

Le choléra est à Copenhague, la nouvelle en est arrivée hier ; il ne nous manquerait plus, après l'affreuse saison que nous traversons, que d'être assaillis par ce fléau, auquel se joindrait une disette que la pluie et les grêles font prévoir.

Cette année comptera parmi les plus mauvaises. Après les révolutions, les épidémies et la ruine.

Woronzoff est arrivé avant-hier de St-Pétersbourg en courrier, que vient-il faire ? Nous ne tarderons pas à le savoir, c'est probablement quelque nouvelle rouerie du cabinet russe ! Le Nord et le Midi vont encore se choquer dans un de ces grands conflits qui décident du sort du monde. L'Europe est malade, est-ce une crise favorable, est-ce une agonie ?

Quel que soit l'avenir, nous assisterons à de graves événements. Tous les partis ennemis du gouvernement se réjouissent. Tous sacrifieraient le pays entier au triomphe de leur opinion individuelle. Légitimistes, orléanistes, républicains, tous sont patriotes au même degré.

Les vieux parlementaires rêvent la résurrection de leurs bavardages. La France c'est eux, comme l'État était Louis XIV, seulement leur royauté à mille têtes et surtout à mille langues ne savait que parler, lorsqu'il aurait fallu agir. La France flottait de Thiers à Guizot, toute la politique consistait dans ce jeu de bascule.

Périssent les royautés plutôt que nos ministères ! telle était leur devise. Ils croyaient dominer les événements, les événements les ont chassés honteusement.

La royauté de 1830 se composait de quatre ou cinq bourgeois vaniteux, qu'après dix-huit ans de règne trois cents gamins de la populace ont mis à la porte, malgré une bonne armée laissée inactive. Ces quatre ou cinq bourgeois faisaient les rodomonts et marchaient le nez tellement au vent qu'ils ne voyaient rien au-dessous du nœud de leur cravate.

Corrompus et corrupteurs, ils démoralisaient la nation, maintenant ils sont atteints de la fièvre chaude de l'ambition déçue !...

En février 1848, le roi hésitait, les princes flottaient incertains ou conspiraient.

Les ministres arrogants jusqu'au jour suprême se faisaient humbles devant la révolution. Le commandant de la garde nationale, le *fendant* Jacqueminot *dormait*, car à toutes les révolutions il faut le sommeil d'un commandant de la garde nationale[1] !

Et tous ces gens osent encore élever la voix !

4 juillet

Je suis allé passer mon dimanche au pavillon de Breteuil chez la Princesse Mathilde. J'ai conservé mon logement de l'année dernière. A quatre heures, j'ai accompagné la Princesse Mathilde et Mme de Serlay chez le prince Murat qui a acheté près de St-Germain un beau château.

Murat était à dîner lorsque nous sommes arrivés, il s'est levé de table, est venu nous recevoir, puis nous a introduits dans la salle à manger où nous nous sommes assis parmi les nombreux convives. Il m'a fallu boire deux verres de vin de Chambertin, deux verres de vin de Bordeaux et deux de Champagne.

Il y avait vingt personnes à table ; le prince de Canino y dînait ; ni la Princesse ni moi n'avons eu l'air de le reconnaître. Ce drôle est bien la plus infecte canaille que je puisse citer.

Le matin, le maréchal de Saint-Arnaud et sa femme sont venus à Breteuil. Le maréchal se plaint vivement de la grossièreté et de la rudesse de son collègue le maréchal Magnan envers les officiers du camp de Satory. Il nous a dit qu'on avait transformé son nom en celui de maréchal *Manant*.

Vers une heure, la Princesse est allée à St-Cloud faire une visite à l'Impératrice.

Rien de plus monotone que la vie de Sa Majesté, elle sort à peine, ne

1. Lors des journées de février 1848, le général Jean François Jacqueminot, commandant supérieur des gardes nationales de la Seine, ne parvint pas à s'opposer aux manifestations populaires et ne put empêcher les gardes armés de se réunir malgré les ordres de leurs chefs. Son commandement lui fut retiré dans la nuit du 23 au 24 février au profit de Bugeaud. Viel Castel fustige son manque d'énergie et fait allusion à un précédent historique. Le premier commandant de la garde nationale, La Fayette, était allé prendre quelques heures de repos à l'hôtel de Noailles, au soir du 5 octobre 1789, pensant avoir suffisamment mis en défense le palais de Versailles. Les événements qui se produisirent à l'aube du 6 lui apportèrent un cruel démenti et il en reçut le surnom de « général Morphée ».

travaille à aucun ouvrage de femme et lit peu. Sa cour est composée d'une étrange façon !

Le *comique* n'est autre que le premier chambellan, M. le comte de Tascher. Au milieu de la conversation qu'avait la Princesse avec l'Impératrice, on a entendu le premier chambellan faire le bouffon dans le salon de service ; on l'a prié de venir divertir la Princesse Mathilde, et le Tascher est arrivé.

« Imitez le dindon », lui a dit l'Impératrice, et aussitôt le drôle a imité le dindon ; il a gloussé, il s'est pavané, enfin il s'est montré plus dindon qu'un vrai dindon.

« Imitez le soleil », a dit l'Impératrice. Le chambellan, par les plus sottes grimaces, est devenu soleil.

« Imitez la lune. »

Il a pris un air bête et il a dit, en donnant à ses traits déjà laids une laideur plus grande : « Voilà la lune. »

Puis il a fait la tempête et toutes les farces que comporte son état.

C'était misérable et ignoble ! Comprend-on qu'un gentilhomme de 48 ans se transforme en Triboulet pour faire rire à ses dépens ?

Je plains la Cour d'en être réduite à de tels divertissements.

Qui peut avoir inspiré à l'Empereur la pensée de réunir autour de lui la troupe d'hommes étranges qui s'y trouve ?

La guerre paraît certaine, les Russes sont dans les Principautés [1].

7 juillet

Avant-hier l'Empereur et l'Impératrice assistaient avec la duchesse d'Albe à la réouverture du théâtre de l'Opéra-Comique.

Je dînais au Café de Paris et je vis passer les voitures impériales à travers une foule compacte qui encombrait le boulevard et qui fit entendre de nombreux cris de : « Vive l'Empereur. » A dix heures à peu près, je me rendais rue de Richelieu et je longeais le théâtre de l'Opéra-Comique au moment où des sergents de ville arrêtaient dans le théâtre et conduisaient dans la galerie qui le longe quelques membres des sociétés secrètes surpris armés dans la salle. Ces hommes se défendaient vivement, et l'un deux, pour se débarrasser d'un pistolet, voulut le lancer par une fenêtre ; la fenêtre est garnie de grillages, le pistolet retomba au milieu des sergents et fut saisi ; il était parfaitement chargé à balle.

Le plan de ces conspirateurs était, dit-on, de se précipiter sur la voiture de l'Empereur au moment où il y serait remonté pour partir, et de faire feu de toutes leurs armes.

1. Après le refus par Constantinople des exigences russes, le tsar a publié le 29 juin un manifeste, dans lequel il s'est présenté comme le défenseur de la foi orthodoxe, puis a fait entrer son armée le 3 juillet dans les principautés danubiennes de l'Empire (Moldavie et Valachie), sans pour autant déclarer la guerre au sultan.

La justice est saisie de cette affaire.

J'ai vu de stupides légitimistes qui se réjouissaient de cela, ils comptent encore sur l'avenir de leur prétendant et font bon marché du reste.

La Russie a publié un manifeste en entrant dans les Principautés, et elle envoie M. d'Ozeroff pour reprendre les négociations à Constantinople ; mais comme elle ne me paraît pas avoir modifié ses exigences, il est clair qu'elle veut seulement gagner du temps, concentrer ses forces et épuiser les ressources de son adversaire. Elle prend pour de la faiblesse la temporisation de la France et de l'Angleterre. Les flottes sont bien à l'entrée des Dardanelles, mais elle ne croit pas qu'elles osent arriver à Constantinople.

Les Vieux-Russes poussent leur empereur à la croisade contre les Turcs ; ils veulent Ste-Sophie ; ils veulent l'Empire grec et Constantinople pour capitale. Les Russes rêvent l'empire universel, la résurrection du vieil Empire romain, et pour arriver à ruiner l'Angleterre, ils minaient à la fois son commerce de l'Orient par leurs prétentions sur la Perse et sur la Turquie.

Quant à nous autres Français, le Czar a dans notre pays plus d'alliés qu'il ne le pense. Les bourgeois répètent avec un air de béate capacité : « Qu'il prenne Constantinople, que l'Angleterre prenne l'Égypte et nous prendrons, nous, les frontières du Rhin. »

Ces stupides bourgeois en sont encore aux frontières du Rhin ; il est impossible de leur faire comprendre que nos intérêts ne sont plus au Nord et que le jour où la Méditerranée serait partagée entre la Russie et l'Angleterre, la France ne compterait plus parmi les grandes puissances. Un accroissement de puissance territoriale ne nous grandirait pas d'un pouce ; ce qu'il nous faut, c'est une position sur la Méditerranée, c'est la proue de nos vaisseaux tournée vers l'Orient, c'est un développement maritime.

11 juillet

Hier, dimanche, Nieuwerkerke, Saint-Marsaut préfet de Versailles, sa femme, Mme la baronne de Serlay (née Rovigo), quelques autres personnes et moi, nous avons dîné au Petit-Trianon, dans la maison du seigneur du hameau, située sur le bord du lac au milieu du parc ; puis le soir nous avons visité les châteaux et leurs parcs ; il faisait un temps magnifique.

C'est toujours une visite mélancolique, le souvenir de la reine Marie-Antoinette est partout, celui de sa cour et des fêtes qu'elle y donnait. Maintenant tout est silence et tristesse, abandon et regret ; ces demeures royales dépeuplées, ces parcs veufs de leurs hôtes, parlent à l'âme, lui communiquent je ne sais quelle tristesse.

Ces palais déserts attestent le passage des révolutions, on ne peut y être gai. J'ai couché le soir au pavillon de Breteuil.

Il n'y a pas encore aujourd'hui de nouvelles de Constantinople, ni de la Russie. L'empereur Nicolas marche et ne cédera qu'à la fortune des armes.

La France et l'Angleterre s'abusent en espérant quelque chose des efforts diplomatiques. De la faiblesse ou de l'indécision en ce moment seront funestes. L'Autriche n'est pas franche et la Prusse ne se prononce pas très clairement. La Russie est un empire qu'il ne faut pas menacer en vain et avec lequel il faut agir énergiquement. Nous pourrions payer cher nos lenteurs.

18 juillet

J'arrive de Breteuil où j'ai passé la journée d'hier, j'ai trouvé la Princesse Mathilde très fortement engagée dans les eaux russes sur la question turque.

« L'empereur Nicolas, m'a-t-elle dit, n'a aucune intention politique dans toute cette affaire et les intentions de la Russie ne sont nullement envahissantes. Cette puissance ne veut pas arriver à Constantinople, elle ne convoite en aucune façon cette capitale. »

J'ai répondu avec un peu de vivacité que je déplorais l'aveuglement qui l'empêchait de voir juste en cette circonstance : « La politique de la Russie, ai-je ajouté, ne varie pas, ne tergiverse pas, et c'est ce qui fait sa force ; depuis Pierre Ier elle est en marche pour arriver à Constantinople, les intérêts religieux son mis en avant pour masquer d'autres intérêts. En vérité, il sied bien au persécuteur des catholiques en Pologne et des musulmans dans la Russie méridionale, de revendiquer le droit qu'a une puissance de protéger les peuples qui lui sont unis par une foi commune. »

Au moment où la Hollande persécute ses catholiques, il est en effet curieux d'entendre la vieille Europe se récrier contre l'intolérance des Turcs.

Toutes les lenteurs diplomatiques mises en avant, les notes échangées, les ultimatums, etc. m'inquiètent. La Russie veut gagner du temps, ruiner la Porte, désunir la France et l'Angleterre et se fortifier dans les Principautés. Nous nous repentirons peut-être bien amèrement de ces pertes de temps.

La Princesse Mathilde trouve tout simple que la Russie revendique les plus grands avantages pour le culte grec dans la possession des Lieux-Saints, mais elle blâme la France d'avoir prétendu aux mêmes droits : « Pourquoi se mêler de ces choses-là ? »

La Princesse se préoccupe peu des questions religieuses, elle n'a pas de sympathie pour le clergé, et j'ai souvent déploré de l'entendre parler comme elle le fait devant ses domestiques, des prêtres en général, du Pape et du Sacré Collège. Elle a trop souvent près d'elle un prêtre intrigant, l'abbé Coquereau, qui parle tout aussi légèrement de la cour de Rome : cet homme n'a de prêtre que la soutane et il ne songe qu'à l'ambition. Orléaniste dans l'âme, il a crié contre l'Empereur, jusqu'au jour où cet Empereur trop confiant l'a nommé aumônier en chef de la flotte. Avant sa nomination, il ne craignait pas de se faire l'écho des bruits les plus infâmes, de colporter les rumeurs les plus hostiles. Il veut être évêque et va partout prêchaillant pour faire du bruit.

La Princesse est sa dupe, et elle est entretenue dans son erreur par sa lectrice Mme Desprès, autre intrigante très active et très mauvaise, que tout le monde regrette de voir dans sa maison. L'ancienne maîtresse de cet assassin de duc de Praslin, pourvue de deux enfants dont un appartient à leur concubinage, l'autre vient je ne sais d'où.

Margot Desprès, fille de Praslin, annonce par sa dissimulation et toute l'expression de sa physionomie ses mauvais penchants.

Pauvre Princesse Mathilde, vous êtes bien mal entourée, et personne ne vous donne de bons conseils. Peu à peu, vous vous laissez aller aux complaisants ; la flatterie vous mord, elle vous séduit, ceux qui vous baisent les mains, vous renieraient, si la fortune cessait de vous favoriser. Vous êtes trahie par les personnes même de votre intérieur, chacun de vos propos est rapporté envenimé, vos dépits sont racontés, vos imprudences enregistrées.

Princesse, vous êtes vendue, et vous ne vous en doutez pas.

Avant-hier, samedi, j'ai dîné au pavillon Henri IV à St-Germain avec le prince de Schauenbourg, Mérimée, Saulcy, la Saussaye et Édouard Delessert.

Mérimée passe un peu aux importants depuis qu'il est sénateur. Cette nomination est étrange.

Il y a un an, Mérimée était en prison, condamné pour avoir insulté la magistrature par sa défense de Libri. Mérimée n'est ni chrétien, ni juif, ni mahométan, il n'est pas baptisé, et sa mère est morte, il y a un an, en repoussant tout secours religieux. Mérimée a vanté cette mort, et il est tout simplement athée et égoïste.

Voilà de belles recommandations pour être sénateur !

Quel lazaret, bon Dieu, que le Sénat ! Peut-on restaurer une nation, purifier ses mœurs, en dorant de tels sénateurs ! Mérimée a de l'esprit, mais il a surtout celui de paraître en avoir plus qu'il n'en possède ; il aime à poser, parle lourdement et lentement, s'écoute parler et arrange ses phrases. Il a toujours peu publié et il est parvenu à tout, en faisant le moins de bruit possible, et en se remuant si peu qu'il paraissait immobile. Inspecteur général des monuments historiques, académicien, sénateur, il se fait 40 000 francs de rente. Je cherche ce qu'il peut encore ambitionner.

Jamais il ne se compromettra pour un gouvernement ; il aura même le soin de rester sur la frontière de l'opposition du silence, et d'être lié avec les oppositions plus hardies. Le *savoir-faire* est une bien belle chose !

Ce que j'ai peine à comprendre, c'est que toutes les royautés se laissent prendre à ces gens-là et les rapprochent de leur trône. Aussi est-il juste de demander combien de temps durent les royautés.

Je ressens un profond chagrin en pensant que Fould, un mauvais juif, *failli*, est premier ministre ; un homme que les honnêtes gens saluaient à peine ! Et ce Fould a trouvé un courtisan, le marquis de Caumont La Force, qui est devenu sénateur. L'Empereur doit quelquefois avoir des nausées en regardant autour de lui ; combien il doit mépriser les Français et comme il doit les trouver plats et rampants, s'il les juge d'après ceux de son palais !

19 juillet

Marco de Saint-Hilaire, dont la mère était femme de chambre de l'Impératrice Joséphine, me communique hier le mémoire suivant qui est celui de L.-H. Leroy, marchand de modes de Sa Majesté pour l'année 1806, je le transcris parce qu'on verra la dépense de l'Impératrice en *chiffons* et objets de toilette. On sait combien ces mémoires coléraient Napoléon.

État sommaire de ce que doit Sa Majesté Impératrice et Reine pour modes et robes fournies par L.-H. Leroy,

Savoir :

Pour sommes restées dues sur divers mémoires réglés antérieurement		fr.	48 000, —
Pour arriéré		"	15 000, —
Mois de Janvier fr. 12 264	ces trois mois ayant été soldés ne sont rappelés que pour mémoire.		
Février " 12 347			
Mars " 11 206			
En Février pour Mlle Tascher		"	1 425, —
Pour S.M. la reine de Bavière		"	575,—
Avril		"	34 590, —
Mai		"	10 209, 50
Juin		"	16 843, —
Juillet fr. 13 881,75	" 23 881,75		
Plus pour un héron noir " 10 000, —			
Août		"	7 370,75
Septembre		"	9 665,50
Octobre		"	10 275,10
		fr.	177 837,60
A déduire, reçu le 14 octobre		"	2 000,—
Somme due, époque du 30 octobre 1806 fr. 175 837,60			

Hier, après la séance du comité pour la délibération relative à la grande médaille de 4 000 francs, accordée aux exposants de 1853, Nieuwerkerke, Longpérier, de Lacroix, Chenevières et moi, nous avons dîné dans le jardin de la Taverne anglaise, rue de Richelieu ; le dîner a été fort gai et très intime.

Il a été nécessairement question des récompenses accordées aux artistes-exposants, et des divers incidents du vote qui venait d'avoir lieu, et par suite duquel la médaille de 4 000 francs a été décernée à Henriquel Dupont. Il n'a pas fallu moins de sept scrutins pour mettre les votants d'accord ; Dupont a toujours eu le plus grand nombre de voix, sans arriver à la majorité absolue ; ses deux concurrents venaient après lui. On a enfin, à l'avant-dernier scrutin, décidé qu'il y aurait scrutin de ballottage entre les trois concurrents qui avaient le plus de voix, Dupont, Troyon et Rosa Bonheur, et que les deux qui obtiendraient le plus de suffrages, seraient définitivement ballottés. A ce scrutin, Rosa Bonheur a été vaincue et le débat s'est établi entre Dupont et Troyon. Dupont l'a emporté de quatre voix. Aussitôt il a déclaré qu'il entendait disposer de deux mille francs pour augmenter la somme des acquisitions et de deux mille francs pour la caisse de secours de l'association des artistes. Il a été fort applaudi.

Dupont s'était longtemps refusé à laisser le jury maître de lui décerner le prix de 4 000 francs. Il prétendait que, comme juré lui-même, il lui était interdit de prendre part au concours ; nous n'en avons pas jugé ainsi, et malgré son insistance le prix lui a été adjugé.

Les décisions du jury pour les première, deuxième et troisième médailles sont pour la plupart singulières. Les coteries l'ont emporté sur la justice. Les moindres paysagistes, s'ils affectent le *fouillis*, sont soutenus par les coloristes. La petite peinture est en faveur. Les travaux sérieux n'ont pas grande chance. Devers, l'auteur d'une belle faïence, peinte en émail, à figures de plus de six pieds, avec bordure également émaillée à la manière de Luca della Robbia, n'a rien obtenu.

Soulanges-Theissier, lithographe, qui fait très bien de bonnes traductions des maîtres et dans de grandes dimensions, n'a rien obtenu non plus ; depuis 1841, il a une 3e médaille !

Reiset, conservateur des dessins du Louvre, et Villot, conservateur de la peinture, ne possèdent pas le véritable sentiment de l'art. Ce sont des collectionneurs et non des connaisseurs ; ils sont étroits dans leurs appréciations, importants, et se croient les seuls juges compétents. Ce sont deux papes infaillibles, deux grands lamas qu'il faudrait adorer. Ils ne discutent pas, ils prononcent des sentences, et tiennent peu de compte des observations qui leur sont adressées. Quand ils ont dit : « *Ceci est bon* », ils n'admettent point qu'un autre avis puisse prévaloir.

Reiset ne voit que Ingres et son école, Villot que Delacroix et ses imitateurs. Le premier ne voit que les tableaux que la couleur ne déshonore pas. Le second, au contraire, se prosterne devant la couleur assez empâtée pour déformer le dessin.

L'un rêve devant la *Vénus* ou l'*Odalisque* de Ingres. L'autre devant *Le Massacre de l'évêque de Liège*, par Delacroix.

Ils rient l'un de l'autre, et ils se vénèrent eux-mêmes sur l'autel où chacun d'eux se place.

Reiset n'y voit pas, et pour juger un tableau ou un dessin, il arme son œil d'un binocle et promène son nez sur le tableau ou le dessin.

Villot, après avoir fait d'assez mauvaise peinture, s'est subitement épris de la miniature, et il passe son temps à contrefaire des Fragonard ou à copier des Hall.

Il aurait voulu n'admettre au salon que les miniatures de Mme Herbelin, qui a fait cette année le portrait de Mme Villot.

L'importance de ces deux conservateurs se trahit par leurs discours. Reiset, quand il parle d'art, répète à tous propos, *croyez ce que je vous dis*, et, si l'on ne s'en tient pas à son jugement, comme cela arrive quelquefois, il hausse les épaules et part.

Villot s'attribue tout ce qu'on fait au Musée, toutes les mesures prises en faveur de l'art et des artistes ; il réclame l'initiative de toutes les décisions utiles, et, dans son intérieur, sa femme dit à qui veut l'entendre, que sans son mari le Musée *irait à la diable !*

Ces deux grands travailleurs ne viennent pas tous les jours à leur cabinet, et Reiset prend assez régulièrement un congé de deux ou trois mois par année.

Villot a fait longtemps du journalisme à propos des arts, et il attaquait vivement et acrement les administrateurs chargés des Beaux-Arts et des Musées ; mais il faut dire qu'aujourd'hui il n'admet pas qu'on discute les assertions de ses catalogues.

Longpérier, le conservateur des Antiques, est un tout autre homme, il en sait plus à lui seul que les deux autres ensemble (ce n'est pas beaucoup dire). Longpérier sait immensément, et il sait bien ; il a le sentiment artiste, le goût sûr et beaucoup de simplicité.

De Laborde est un faux savant qui a su se glisser à l'Institut. C'est un chiffonnier qui cherche sans discernement dans tous les fouillis.

Nieuwerkerke est aveuglé sur le compte de Villot et de Reiset. Quant à Laborde, il sait ce qu'il vaut.

22 juillet

Les dépêches arrivées hier confirment mes prévisions sur la question d'Orient. L'empereur Nicolas veut fatiguer et épuiser la Turquie ; il ne repousse ni n'accepte les nouvelles propositions qui lui avaient été faites. L'empereur Nicolas veut prendre ses positions d'une manière solide, pour cela il faut du temps, et il espère abuser l'Europe encore quelque temps. La France et l'Angleterre ont fait une faute en n'occupant pas les Dardanelles le jour où elles ont appris l'entrée des Russes dans les Principautés ; elles en feraient une plus grande encore en accordant à la Russie le bénéfice du prolongement de la situation.

J'ai beaucoup causé de tout cela hier avec La Guéronnière, avec qui j'ai dîné à Breteuil chez la Princesse Mathilde.

Hier nous avions une séance du jury pour le choix des tableaux de l'exposition d'honneur. Lorsque je suis arrivé, une discussion durait depuis une heure sur le droit que nous voulions prendre de juger les tableaux de tous les artistes décorés ou membres de l'Institut. La discussion était fort aigre ; le jury allait se dissoudre. Dauzats et Henriquel Dupont, appuyés par Lacroix et Picot, ne voulaient entendre à rien. D'un autre côté, le reste du jury ne voulait pas admettre tous les tableaux des membres de l'Institut et des décorés parmi les tableaux de choix, et Dauzats, l'homme de la société libre des Beaux-Arts, attisait le feu.

Tout cela m'a paru misérable et puéril, et pour trancher la difficulté, j'ai proposé de consacrer aux artistes décorés et aux membres de l'Institut une salle spéciale sur la porte de laquelle on écrirait : *Salle des exempts*. Ma proposition a été acceptée.

Aussitôt M. Villot a pris la parole pour dire : « *M. de Viel Castel n'a fait que devancer une proposition semblable, mais plus complète...* », on ne l'a pas écouté ; il était fort contrarié d'avoir pendant plus d'une heure retourné sa cervelle sans y trouver le moyen de trancher une difficulté, et il aurait aimé à s'emparer comme sienne de ma proposition.

Je suis parvenu à faire repousser de l'exposition d'honneur les tableaux de Courbet ; je n'ai pas voulu que la mauvaise plaisanterie du chef de l'école de l'ignoble pût se prolonger. Français et Mouilleron étaient furieux, car ils avaient eu l'idée de lui faire décerner une première médaille.

Rodakowski est venu me remercier du bien que j'avais dit de lui, et M. Lehon m'a amené un artiste belge, fort distingué, qui tenait aussi à me remercier.

Van Moer n'osait pas envoyer des tableaux à notre exposition, il est très modeste et il m'a dit : « *Je ne suis qu'un ouvrier tourneur en ivoire, je n'ai jamais appris à peindre. Je prenais mes pinceaux le dimanche pour me délasser, et je comptais peu sur le succès. Je suis bien heureux de ce qui m'arrive, je pourrai maintenant me livrer à mon goût pour la peinture, car mon existence est assurée.* »

Van Moer est un artiste très remarquable et il ira loin s'il continue.

L'Empereur a décoré, il y a quelques jours, un aide de camp du roi de Piémont, M. de Thannberg, l'ancien Perrot de Thannberg, frère d'un inspecteur des haras français. Cet aide de camp piémontais est tout simplement un voleur ; il a dérobé chez mon frère Victor, il y a quelques années, une assez belle épingle, et lorsque mon frère lui en a parlé, il a avoué, en prétendant qu'il ne l'avait prise que pour en faire faire une pareille par son bijoutier, cependant il ne l'a pas rendue.

Ce Thannberg, véritable aventurier, a escroqué tout le monde, puis lorsque Mme la comtesse Dash (veuve de Saint-Mars) est partie abandonnant son mari pour se faire princesse Moldave, en épousant je ne sais plus quel hospodar, Thannberg est parti avec elle, comme chevalier d'honneur et comme amant ; il a vécu à ses crochets, il a mené la plus sale existence et aujourd'hui le voilà aide de camp du roi de Piémont et décoré de la croix d'officier de la Légion d'honneur par l'Empereur des Français ! ! !

L'évêque de Nancy circonvient le général Saint-Mars pour lui faire reprendre sa femme ; elle est laide à présent et n'est plus jeune. L'évêque aura bien de la peine à la nettoyer, car elle s'est vautrée dans tous les égouts. Elle a eu des enfants de tout le monde. Ce n'est point le repentir qui la pousse à revenir vers son mari ; elle recommencerait ce qu'elle a fait si elle le pouvait, mais elle ne trouve plus d'amants, et comme son mari commande un département, elle ne serait pas fâchée de trôner un peu à Nancy et d'y être traitée de *Madame la générale.*

L'évêque fait là une belle besogne !

27 juillet

La Russie cherche toujours à gagner du temps ; elle ne veut d'ailleurs reconnaître à aucune puissance le droit d'intervention. Il faut bien cependant que toutes ces lenteurs aient une fin. Je persiste à croire que nous perdons un temps précieux. Dieu sait ce qu'il nous en coûtera.

Hier a eu lieu la distribution des récompenses aux exposants de 1853. Cette solennité était présidée par le prince Napoléon, assisté de Son Excellence le ministre d'État et de Nieuwerkerke. Sur les bancs à droite de l'estrade siègeait le jury, nous avions mis nos uniformes de conservateurs. L'Institut était à gauche, également en uniforme.

Je trouve trop considérable le nombre des croix distribuées. Neuf de chevaliers, deux d'officiers. On devrait, ce me semble, pour rendre à cette pauvre croix un peu de sa valeur, n'en donner qu'une par an.

Il n'y a qu'un grand prix de 4 000 francs. Pourquoi mettre l'argent au-dessus de l'honneur ?

Tous les artistes veulent être décorés, et l'administration tient à les satisfaire. M. Jules André décoré ! Paysagiste médiocre, 3e médaille en 1835... cette faveur ne s'explique pas.

Hébert a fait cette année un très médiocre tableau, *Le Baiser de Judas*, et on le décore ; que lui donnera-t-on, s'il fait une bonne peinture ?

Guérard, sculpteur maniéré, peu aimé des artistes, ayant une vanité incommensurable et peu estimé pour sa vie privée.

Dubuffe, peintre à la mode pour les portraits, a fait cette année un mauvais portrait de l'Impératrice, ce qui est cause du propos suivant, tenu par une Russe fort spirituelle : « *Cette croix donnée à M. Dubuffe est une nouvelle preuve de la bonté de l'Impératrice : M. Dubuffe la défigure, elle ne s'en venge qu'en le décorant !* »

D'autres disent :

« *M. Dubuffe crucifié en 1853 pour crime de lèse-majesté.* »

Véron m'a remis hier le titre imprimé de ses mémoires qui auront pour titre *Mémoires d'un bourgeois*. Il m'enverra le premier exemplaire.

Véron est la vanité même, il dit à qui veut l'entendre :

« *J'ai conduit Louis-Napoléon par la main jusqu'au trône, et il reconnaît mes services par la plus noire ingratitude !* »

Ses mémoires seront curieux ; il disait dernièrement devant moi : « *Si l'Empereur sait vivre, il m'enverra la croix de commandeur de la Légion d'honneur pour le 15 août.* »

Il n'est pas content d'être officier !

Quel singulier temps que le nôtre ; on a détruit, il y a 60 ans, l'aristocratie pour la remplacer par l'aristocratie de l'intrigue. On avait élevé le journalisme à la toute-puissance et Dieu sait qui sont les journalistes. Nous revenons un peu de cet engouement. Pour la plupart, les journalistes sont de mauvais bohémiens qui ne sortiraient pas sans condamnation du banc de la police correctionnelle. Impies, débauchés, filous, calomniateurs, et ils sont chargés d'instruire le peuple.

Les plus honnêtes ne sont qu'ambitieux, mais ils sacrifieraient la France à leur ambition. Quelques-uns sont encore ménagés comme des puissances, quoiqu'en rètraite. Houssaye a la direction du Théâtre-Français, Roqueplan celle de l'Opéra, Alph. Royer celle de l'Odéon.

1er août

J'ai appris hier à Breteuil qu'une des causes du renvoi de M. de Maupas, ministre de la Police, est qu'il avait inventé la fameuse machine infernale de Marseille pour se faire valoir. Les agents de Pietri, préfet de police, ont découvert cette belle imagination [1].

1. Les causes réelles du renvoi de Maupas sont ailleurs. Le ministre irrite la plupart de ses collègues par un zèle jugé excessif. En outre, il est devenu l'ennemi intime de Morny depuis le coup d'État et ne fait rien pour empêcher la parution d'articles qui éclairent d'un jour défavorable les affaires financières du demi-frère du Président. En retour, ce dernier fait parvenir aux Tuileries des rapports très hostiles au ministre de la Police. Sentant venir la disgrâce, Maupas présente sa démission le 6 mai 1853. Napoléon III lui demande de surseoir provisoirement à sa décision, puis finit par l'accepter et supprime même le ministère de la Police générale, le 22 juin. Voir Claude Vigoureux, *Maupas et le coup d'État de Louis-Napoléon*, Kronos, Éditions SPM, 2002, p. 254 et suiv.

Les décorés après l'exposition, plus Mme Herbelin et Mlle Rosa Bonheur, dînent demain à St-Cloud avec l'Empereur, Fould, le prince Napoléon et Nieuwerkerke.

Samedi 6 août

Au dîner des décorés de St-Cloud, les artistes ont été séduits par la grâce parfaite de la réception et par l'amabilité de l'Empereur et de l'Impératrice.

La question turque préoccupe toujours beaucoup les esprits ; parmi les hommes d'argent, il y a un parti assez nombreux qui accepterait la paix à tout prix pour qu'aucune de leurs combinaisons financières ne soit dérangée. Quelques-uns même disent : « Qu'importe que la Russie soit à Constantinople. »

Si cette question s'arrange, comme on dit, *à l'amiable*, l'amiable pourra nous coûter cher un jour. On ne songe qu'à la vie matérielle du moment ; le patriotisme raisonné et prévoyant est généralement inconnu.

10 août

Je dînais hier à Buzenval près de Rueil chez le prince Murat ; après dîner, nous avons causé de Fould, le ministre d'État, qu'il méprise souverainement. Il m'a dit qu'à la cérémonie du mariage de l'Empereur, Fould, entrant dans le salon de famille où les princes, les princesses, les grands dignitaires et les ministres attendaient l'Empereur et l'Impératrice, s'était donné les airs d'une seconde majesté. Il allait, serrant les mains des membres de la famille impériale, avec cette fatuité qu'il pousse au plus haut point. Arrivé devant le prince Murat, il lui tendit la main d'un petit air protecteur. Le prince fit un mouvement d'épaules et lui dit :

« *Passez, Monsieur, je ne donne pas la main à un homme comme vous.* »

Fould surpris, voulut insister et demander une explication.

Le prince reprit : « *Passez donc, et vite, fichtre, ne me le faites pas répéter.* »

Fould passa, mais il se plaignit à l'Empereur, qui écrivit au prince Murat *qu'il n'entendait point qu'aux Tuileries un prince de sa famille malmenât si vivement un de ses ministres*.

Le prince Murat lui répondit qu'il était le maître chez lui et que, pour pouvoir lui obéir, il s'abstiendrait de venir désormais au palais.

L'Empereur invita Murat, lui fit mille amitiés, mais il ne l'a point rapatrié avec Fould, et Murat a dit à l'Empereur : « *Je ne donnerai jamais la main à un homme que je méprise.* »

A l'occasion de cette scène, une foule de maréchaux et d'officiers généraux se sont fait inscrire chez le prince Murat.

Fould est exécré et méprisé par tout le monde, c'est justice.

Persigny et lui sont bien ensemble. Le prince Murat prétend que tous deux ont appris à se connaître et qu'ils respectent leurs petites infamies.

« Si je voulais parler sur ce que je sais de Persigny, m'a dit le prince, il y aurait de quoi l'envoyer aux galères. »

Quels tristes hommes l'Empereur a autour de lui !

En ce moment, la Princesse Mathilde croit aux cajoleries de Fould, comme à celles de de Laborde, comme aussi à la bonhomie de Mme Desprès sa lectrice. Mme Desprès est l'espion placé près d'elle, et dimanche dernier elle disait avec audace : « *Tout ce que dit la Princesse est répété à St-Cloud.* »

Il paraît qu'il suffit d'être prince pour devenir aveugle.

Jamais les cours de Louis XVIII et de Charles X n'ont présenté une collection d'êtres aussi misérables ou méprisables que la cour de Louis-Napoléon.

La reine Christine est venue y recevoir vingt camouflets, l'Impératrice ne l'a pas reconduite, etc., etc.

La duchesse d'Albe, au contraire, trône à St-Cloud, ni son mari ni elle ne rendent de visite, et il y a des gens comme il faut qui supportent ces impertinences !

La noblesse de France ne va pas à la cour, elle n'a pas à répondre de la platitude des courtisans actuels.

11 août

Le ministre Fould ne veut pas me porter sur la liste des personnes qui doivent être décorées à l'occasion du 15 août. Il a sa rancune contre moi, et il fait passer sa rancune avant la justice. L'Empereur se souviendra-t-il de la promesse spontanée qu'il a bien voulu me faire le 14 mars dernier ? L'Impératrice se rappellera-t-elle qu'elle m'a dit : « *Je ne lui laisserai point oublier sa promesse, les Viel Castel sont de mes amis !* »...

Je l'ignore, je me repose sur la promesse impériale ; si les promesses sont oubliées, tant pis, non pas pour moi, mais pour ceux qui les ont faites. J'ai la conscience d'avoir mérité une distinction qu'on me fait attendre plus que de raison. J'ai travaillé plus que la plupart de mes contemporains, on ne m'empêchera point de continuer en ne me décorant pas, et j'avoue que je ne serai pas bien malheureux de n'avoir point un bout de ruban rouge à la boutonnière. Il y a tant de goujats parmi les décorés ! Aujourd'hui, on la promet, cette croix, à Galimard, le type des intrigants et des mauvais peintres.

Le maréchal Saint-Arnaud la sollicite pour Lépaule, détestable *peintraillon*, qui s'embusque dans tous les coins, pour forcer les premiers venus qui ont de l'argent à se laisser peindre par lui ; Belmont dont j'ai déjà parlé, l'étale sur sa poitrine !

La Tour du Pin la salit ! etc., etc., etc.

Mais dans ma famille on tient à me voir décoré ! ! !

J'apprends une assez jolie particularité de la vie de Fould, la voici. En entrant au ministère d'État, il a nommé chef de la comptabilité du ministère un inconnu du nom de Sapia qui a une très jolie sœur ; Fould couchait avec cette jolie sœur ! Un autre frère de la donzelle est militaire, on a voulu lui donner de l'avancement, mais il a refusé, en répondant que le canal qui avait fait nommer son frère chef de division ne le conduirait pas au grade d'officier.

Fould ne se cache que très peu de sa vie débauchée, *il n'accorde*, dit-il, *qu'aux femmes qui lui accordent quelque chose.*

Il a tenu ce propos devant moi à Breteuil à la Princesse Mathilde, en parlant de la marquise de Contades à laquelle il venait d'accorder je ne sais quoi, et qu'il avait ramenée la veille à Paris dans sa voiture.

12 août

L'affaire légitimiste dite de la *ligue fédérale*, qui se juge à Paris devant la sixième Chambre de la police correctionnelle, est curieuse en renseignements sur ce malheureux parti.

M. le comte de Chambord est réduit à se servir d'intrigants de bas étage, tels que Jeanne, papetier du passage Choiseul, et Piégard, beau-père de Proudhon. Les demandes de secours adressées au comte de Chambord et trouvées chez Piégard sont de la main de Proudhon. Cet auteur de *La propriété, c'est le vol* énumère les titres royalistes de son beau-père, etc., etc.

Ce Piégard est du reste convaincu d'avoir volé la caisse d'une petite coterie royaliste. Une longue lettre de Dubuisson, chef de toutes les intrigues légitimistes, édifie sur la *fusion* tant prônée. Le comte de Chambord n'en veut pas ; enfin personne n'en veut, et tout le monde cherche à se tromper. Le comte et la comtesse de Chambord annoncent qu'incessamment ils monteront à cheval pour prendre Paris à l'aide des troupes que le papetier Jeanne est chargé d'enrôler ! Il est recommandé de se méfier des nobles et des gros bonnets, etc., etc., puis des grades sont promis, des pensions, des indemnités. Tout cela est risible au dernier point.

Le comte de Chambord est entouré de niais et d'intrigants qui l'aveuglent ; lui-même est un prince sans énergie qui joue au Prétendant, comme les enfants jouent à la petite chapelle le jour de la *Fête-Dieu*.

Il est douloureux de voir ainsi finir cette grande et noble race des Bourbons. Les descendants de Charles X, d'un côté, les d'Orléans de l'autre.

Les d'Orléans ont pour chef une protestante allemande, remuante et ambitieuse, qui s'appuie sur le vieux parti parlementaire, rêvant le retour de la puissance des Chambres et du journalisme, du jeu de bascule calculé sur l'immoralité des partis et la vénalité des hommes.

Les Molé, de Broglie, Guizot, Thiers marchent sous cette bannière et sont d'accord pour le moment ; s'ils réussissaient, ils deviendraient ennemis, et avec tout le parlementarisme le plus délicat ils nous conduiraient à de nouvelles révolutions. Pour ces messieurs, la France se compose d'un roi *qui règne et ne gouverne pas*, puis d'un Parlement divisé en deux fractions, dont celle qui n'est pas au pouvoir démolit journellement le pouvoir que cependant elle convoite. Il y a en France des niais qui regrettent l'heureux temps où nous vivions sous le bon plaisir de quelques bavards.

Aujourd'hui, nous avons, obstruant les avenues du pouvoir, tous les faquins tarés !... L'Empereur les connaît et les méprise, mais il croit malheureusement tous les hommes également méprisables, et il pense qu'il est plus facile de faire quelque chose avec des gens qui retomberaient dans la boue s'il ne les soutenait pas, qu'avec des gens qui se targueraient de leur propre position.

13 août

Arago, l'inspecteur des Beaux-Arts, sort de mon cabinet ; il m'a rapporté un propos d'Alexandre Dumas qui peint à merveille ce saltimbanque littéraire, le voici :

« Que restera-t-il de notre siècle ? presque rien ! Les hommes d'élite sont en exil. Tite Live (Alex. Dumas) est à Bruxelles, et Tacite (Victor Hugo) est à Jersey. »

Dumas se croit un grand historien, ce n'est qu'un grand histrion !

Si par un jeu fatal de la fortune ces gens-là arrivaient un instant au pouvoir, nous verrions le règne des tigres d'imitation. Les lauriers des Lebon, des Carrier, des Danton les empêcheraient de dormir.

14 août

Il y a trois jours, l'Impératrice après déjeuner a dit à l'Empereur : « Louis, nous avons promis la croix à M. de Viel Castel, tâchez de ne pas l'oublier. »

L'Empereur a répondu : « Nous verrons. »

L'Impératrice ne s'est pas contentée de cette réponse. « Ce n'est pas nous verrons, qu'il me faut, vous avez promis, il faut tenir. »

Enfin, à mon tour, moi je dis : Nous verrons demain.

Dans le *Moniteur* de ce matin il y a quatre nominations d'officiers et de chevaliers.

Officiers :

Mocquard, secrétaire de l'Empereur,
Conneau, premier médecin.

Chevaliers :

Ch. Thélin, trésorier de la cassette,
Acar, premier pharmacien.

Conneau est un ami dévoué ; Thélin est, je crois, frère de lait, je n'ai pas d'objections à faire ; mais Acar le pharmacien ! ; mais Mocquard, est-ce pour avoir servi d'eunuque blanc à l'Empereur auprès de Mme Howard ? est-ce pour avoir sali sa femme et sa fille en les conduisant à l'Opéra en grande loge avec Mme Howard ?

Pauvre ordre de la Légion d'honneur, Mocquard un sale maq...

J'ai dîné hier à Breteuil avec la famille Murat et la famille Casa-Bianca.

La Princesse assiste aujourd'hui à la grande revue en calèche découverte avec l'Impératrice. A trois heures elle part pour aller à Enghien dîner chez Reiset, je suis de ce dîner.

Tout ce qui a transpiré de la note acceptée par la Russie me donne lieu de craindre, qu'après avoir fait beaucoup de bruit, remué des flottes, on n'accède à tous les ordres du Czar. Il y a là un amoindrissement des puissances et un agrandissement de la Russie ; on lui céderait le protectorat et on aurait accepté la médiation de l'Autriche, parce que l'empereur Nicolas ne veut pas reconnaître à la France et à l'Angleterre le droit d'intervention dans les affaires turques.

La Russie pousse la condescendance au point de ne pas faire payer les frais de guerre à la Turquie.

Pour reconnaître ce bon procédé, on ne parle pas, dans la note collective, de l'évacuation des provinces, on s'en rapporte à la bonne foi et à la loyauté de l'empereur Nicolas ! ! !

La plaisanterie est bonne, cependant je ne crois pas qu'elle soit du goût de John Bull [1]. La Russie a voulu savoir ce qu'elle peut, elle le sait aujourd'hui ; il n'y a plus qu'elle qui soit une puissance de premier ordre. La France et l'Angleterre ne savent pas soutenir leurs faibles alliés.

La diplomatie de la France et de l'Angleterre a si bien conduit les affaires, que le Turc sort du conflit complètement assujetti. Il n'est plus qu'un sujet russe, et il sait désormais combien il doit compter sur ses grands amis de France et d'Angleterre. La Russie règne seule, cela est triste, mais cela est, nous avons perdu une seconde bataille de Waterloo.

M. Drouin de Lhuys a reçu le grand cordon de la Légion d'honneur ;

1. Ce personnage, créé par John Arbuthnot dans son pamphlet *Procès sans fin ou Histoire de John Bull*, en 1712, a été popularisé par le journal satirique *Punch*. Il s'est imposé comme la personnification du peuple anglais.

vraiment cela est prodigieux, si j'étais l'empereur de Russie, je le nommerais prince.

Sous Louis XV, on a laissé tomber la Pologne. En 1853, on met la Turquie sous le vasselage russe.

Napoléon Ier disait qu'avant cinquante ans l'Europe serait républicaine ou cosaque !

Nous chanterons des *Te Deum* pour toute la belle affaire turque[a].

16 août

J'ai 51 ans aujourd'hui. Hier l'Empereur devait me donner la croix, de lui-même il me l'avait promise, mais il n'a pas tenu, Fould s'y opposait.

Un certain Guérin, qui se fait appeler de Tencin, a été nommé chevalier, comme président de la société des *Sauveteurs*. Ce n'est qu'un filou, fils d'un serrurier-brocanteur, fréquentant les cabarets où se réunissent les brocanteurs, *revisant* avec eux et traité par eux comme *une espèce*.

Alex. Couderc, mauvais peintre de fleurs, a été nommé chevalier.

Abel de Pujol, pour avoir à l'Académie donné sa voix à Delacroix, a été nommé officier.

M. de Vernaut, beau-père de Belmont et de d'Ivry, légitimiste, membre du club des *pommes de terre*[1], mari de la maîtresse avouée de Hope, est nommé chevalier.

L'Empereur a dit hier à Nieuwerkerke : « Je n'ai pu nommer M. de Viel Castel, la liste de Fould était complète, mais ce n'est que différé. »

J'y tiens peu, et je crois peu aux paroles souveraines, je suis payé pour cela. Je crois à la haine de Fould et j'y compte, c'est plus certain.

On me fait des compliments de condoléance, comme si j'étais à plaindre de n'être pas assimilé à M. Guérin, dit de Tencin. Il n'y a que moi qui puisse me persuader que je ne sois pas infortuné.

Décorez, décorez ! messieurs les ministres, vous pouvez créer des chevaliers, mais des gens d'honneur, non !

17 août

J'ai dîné hier à Breteuil avec le ministre de la Marine. On a parlé des décorés du 15. J'ai dit mon opinion sur quelques-uns d'entre eux, notamment sur Guérin, dit de Tencin, qui a comparu en police correctionnelle pour port illégal de la Légion d'honneur.

---

a. Toutes ces prévisions se sont heureusement trouvées fausses, la Princesse qui les inspirait se trompait.

1. Fondé en 1835, le Cercle agricole, surnommé « le Cercle des pommes de terre », tente de promouvoir la recherche agronomique et les cultures en organisant des conférences quasi hebdomadaires. Il est sous le Second Empire l'un des foyers du légitimisme.

Le ministre m'a dit que l'amiral La Susse était arrivé chez lui, humble et misérable comme un homme qui se sent perdu. Toute son arrogance est tombée, personne ne le plaint.

Reiset, notre premier secrétaire d'ambassade à Pétersbourg, est arrivé. J'ai dîné dimanche avec lui chez son frère à Enghien. Il pense que l'empereur Nicolas d'ici à peu d'années reprendra ses prétentions sur la Turquie, et il regarde comme un faute grave l'indécision de l'Angleterre qui n'a pas permis d'entrer dans les Dardanelles lorsque les Russes entraient dans les Principautés.

L'empereur Nicolas a essayé sa force, et il sait positivement ce qu'il avait toujours prévu, que l'Angleterre se contenterait de faire bavarder ses diplomates. Il n'aime pas l'Empereur Napoléon, mais il l'estime, et il dit sentencieusement : « Il est mon ami, car les amis se choisissent, tandis que les frères sont imposés par la nature[1]. »

Je crois peu à cette amitié de choix, et d'après tout ce que je sais de Pétersbourg, je persiste à penser que l'affaire d'Orient nous coûtera cher.

Drouin de Lhuys est de plus en plus outrecuidant ; il se croit le Metternich actuel, il se pavane dans la fierté de sa réponse à Nesselrode qui finit en queue de poisson, car la Russie aura ce qu'elle voudra.

La soirée s'est terminée en petit comité et le ministre de la Marine nous a récité des élégies de sa façon, puis deux petites pièces, l'une sur Victor Hugo, l'autre sur Baze. Ces deux petites pièces sont pleines de verve, de bonne et vigoureuse colère.

Le ministre et moi nous avons terminé la soirée en jouant assis, la première scène de Dauville et Bonnard de *L'École des vieillards*. Le ministre faisait Bonnard.

Il me semble que le maréchal Magnan commence une disgrâce.

L'Impératrice est toujours d'une santé très délicate ; l'union règne dans le ménage impérial, et l'Empereur dit : « Aucune femme ne pouvait mieux me convenir ; elle est dévouée, elle est enjouée, elle est bonne, et elle est spirituelle. »

C'est l'Impératrice qui a obtenu la grâce du capitaine de vaisseau qui a échoué un de nos bâtiments sur l'île des Sapins à l'entrée des Dardanelles, l'Empereur et le ministre voulaient le casser.

18 août

L'Empereur et l'Impératrice vont partir pour Dieppe. La Princesse Mathilde ira, sur l'invitation qu'ils lui en ont faite, passer quelques jours avec eux.

1. Viel Castel rapporte ici les paroles que nous citions à la note 1, p. 242-243, en les attribuant au tsar.

Paris va devenir désert, l'époque des chasses enlèvera les quelques attardés qui l'habitent encore.

19 août

Le prince Napoléon a donné un grand dîner aux lauréats des concours des collèges. Léon de Laborde y avait été invité. Cet homme poursuit la réalisation de son idée fixe ; il cajole ce qu'il croit l'avenir, pour arriver à la direction générale des Musées.

Nieuwerkerke et la Princesse Mathilde sont aveuglés maintenant sur son compte, ils le trouvent charmant. Ils verront un jour combien ce faux savant sait manœuvrer avec habileté.

Fould aussi est bien vu par la Princesse Mathilde et par Nieuwerkerke ; quelques cajoleries les ont gagnés, et j'ai la conviction qu'ils ont là un mortel ennemi.

11 heures

Le comte de Tascher, premier chambellan, sort de mon cabinet ; nous avons longuement causé de Fould, qu'il déteste, comme tous les gens qui sont à la cour. L'outrecuidance du personnage dépasse toute croyance. Il voudrait établir sa suprématie sur tous les grands officiers, mais on lui résiste.

L'Empereur et l'Impératrice sont séduits par Fould, qui a grand crédit auprès d'eux ; néanmoins l'opinion du comte de Tascher est qu'il tombera par excès d'amour-propre.

Il voulut dernièrement astreindre les officiers de la maison impériale à faire légaliser leurs feuilles de route par les maires, lorsqu'ils seront en voyage pour leur service.

Les officiers se sont plaints et cela n'a pas eu de suite.

Hier soir à St-Cloud, me disait le comte Tascher, on ne s'est couché qu'à minuit chez l'Impératrice, parce qu'il y a eu discussion très animée entre elle et Tascher à propos de la mort du duc de Reichstadt.

L'Impératrice soutenait qu'il avait été empoisonné par les Autrichiens ; le comte Tascher lui répondait que l'honnêteté autrichienne repoussait cette accusation.

L'Empereur dans l'intimité joue comme un enfant ; il a organisé un jeu de ballon, et il se livre avec fureur à cet exercice. Le dressage des poneys de l'Impératrice l'occupe beaucoup, ainsi que le placement de nouveaux tableaux dans les appartements.

De tout ce que m'a dit le comte de Tascher il résulte que l'astre régnant aujourd'hui à la cour est Fould, et qu'il faut attendre la fin de l'engouement de l'Empereur pour avoir justice contre les injustices de cet homme.

Il est vraiment honteux qu'un mauvais Juif taré, banqueroutier et mal vu par tous, soit le bras droit de l'Empereur. Ce Juif fait l'homme à bonnes fortunes, il prend des airs importants, et il y a de telles lâchetés autour de lui que de jeunes et jolies femmes consentent à coucher avec cet échappé des synagogues.

Depuis que je suis à même de voir les Juifs de près, je comprends les édits de nos rois qui les bannissaient. Plus que jamais nous sommes aujourd'hui leur proie, l'argent de la France passe en leurs mains.

Les Rothschild, Pereire, Fould et le petit Avigdor se partagent les concessions de chemins de fer, de canaux ; il n'y en a que pour eux ; lorsqu'il sera trop tard, on verra le danger de les avoir faits, par leurs richesses, plus puissants que l'État. Veut-on un exemple de la façon dont se traitent les affaires, le voici. Pereire, pour inquiéter le chemin de fer de Strasbourg et lui soutirer quelques millions, rachetait depuis longtemps au taux de 200 francs les actions en baisse du chemin de Montereau. Il menaçait de continuer ce chemin et de faire ainsi concurrence à Strasbourg. L'administration de Strasbourg alors a racheté au pair, c'est-à-dire à 500 francs, ce que Pereire avait payé 200 francs (d'où Pereire a d'abord tiré un petit bénéfice de six à huit millions), puis elle lui a fait obtenir le petit chemin de Vincennes promis à La Guéronnière et pour lequel le ministère avait demandé trois jours auparavant un cautionnement d'un million, que la compagnie La Guéronnière avait réalisé.

Je tiens ces détails du secrétaire général des Travaux publics.

Ces tripotages, ce favoritisme, ces concessions toujours aux mêmes Juifs font dire dans le public que l'Empereur touche des sommes énormes à chaque nouvelle concession. On va même jusqu'à désigner celui qui sert d'intermédiaire et qui ne serait autre qu'Acart, le pharmacien impérial décoré il y a trois jours.

Il n'y a pas un mot de vrai dans ces cancans, mais la fortune rapide des Juifs, qu'on ne cesse de combler, leur donne naissance. Les Juifs sont odieux aux Français et ils le seront toujours, parce qu'ils sont toujours usuriers et voleurs à quelque haute position qu'ils soient parvenus [1].

Lundi 22 août

J'ai passé deux jours à Breteuil. Nieuwerkerke est parti dimanche matin pour le conseil général et je fais l'interim de ses fonctions de directeur général.

La Princesse Mathilde part aujourd'hui pour Dieppe, où elle passera

1. Sans les excuser, il convient de restituer ces propos en leur temps. Si les autorités de la Deuxième République et du Second Empire firent preuve de bienveillance à l'égard des juifs, l'antijudaïsme était très répandu dans la société. On peut lire à ce sujet P. Girard, *Les Juifs en France de 1789 à 1860*, Paris, Calmann-Lévy, 1976 et Natalie Isser, *Antisemitism during the French Second Empire*, New York, Peter Lang, 1991.

huit jours. Je crois être certain qu'elle et Nieuwerkerke s'aveuglent sur les sentiments de l'Empereur et de l'Impératrice à leur égard. Il est évident que l'Empereur voit leur liaison avec déplaisir. Un de ces jours, le mécontentement impérial se traduira en paroles et en actes que je redoute pour eux ; ils ont commis, je le crois, une imprudence en venant habiter le Pavillon de Breteuil dans le parc de St-Cloud. Les signes précurseurs d'une disgrâce apparaissent à l'horizon. Les soirées de la Princesse sont moins fréquentées. Les officiers de la maison impériale et les dames de l'Impératrice ont reçu *le conseil* de ne s'y pas présenter. L'Impératrice n'y est venue qu'une fois, la duchesse d'Albe n'a pas même envoyé une carte. Mais comme cela arrive toujours, les intéressés n'y voient rien et se conduisent avec une imprudence rare. Nieuwerkerke croit à l'étoile de son ambition. Il s'est habitué à la faveur, il ne veut pas se réveiller. Il habite Breteuil avec son valet de chambre ; ses chevaux et ses gens d'écurie occupent les communs avec les chevaux et les gens d'écurie de la Princesse. Il se promène avec elle dans le parc de St-Cloud et sous les yeux de l'Empereur, en veste de toile, enfin il brave tout et se croit certain de l'avenir. Dieu veuille ne pas le faire tomber de sa position, mais je crains des revers. Nieuwerkerke a beaucoup d'ennemis et il ne veut pas le croire. J'ai la presque certitude que dans la maison même de la Princesse il y a un espion qui rend compte de tout à l'Empereur. L'orage s'amasse, grossit et gronde. Nieuwerkerke ne voit rien, il ne songe qu'à sa fortune, se berce d'ambitieuses espérances et il transforme les mots les plus insignifiants en marques de faveur.

La cour a toujours été un terrain difficile et glissant. La cour de l'Empereur, ambitieuse et avide, offre plus d'écueils que toutes les autres. On attend avec impatience la disgrâce de Nieuwerkerke et on fera tout pour la hâter.

La Princesse est très imprudente, non seulement dans ses actions, mais aussi dans ses paroles ; hier à table, elle disait : « Je n'ai jamais désiré la chute de Louis-Philippe, j'étais plus heureuse sous son règne qu'à présent. »

Ce propos sera envenimé et rapporté à l'Empereur, Mme Desprès, la lectrice de la Princesse, ne m'inspire aucune confiance ; je la crois très capable de trahison. Nieuwerkerke et la Princesse la trouvent excellente cette année, ils sont pleins d'attentions et d'amabilité pour elle.

Nieuwerkerke a introduit Soulié, conservateur-adjoint de Versailles, et Chennevières, inspecteur de l'exposition, dans l'intimité de la Princesse. Soulié en abuse pour multiplier ses visites, on le trouve déjà trop empressé. Ces deux messieurs sont des courtisans maladroits.

Nieuwerkerke n'a pas su composer une société convenable à la Princesse ; il ne laisse guère venir près d'elle que des inférieurs, cela est maladroit. Lui-même, vis-à-vis des domestiques, se montre trop comme le maître de la maison. Cette attitude est sue à St-Cloud, elle blesse les susceptibilités de l'Empereur.

La Princesse ne dissimule en aucune circonstance sa liaison. Elle parle de Nieuwerkerke comme une femme parlerait de son mari. Tout le monde sait qu'ils logent dans le même corps de logis, et quand la Princesse reçoit, Nieuwerkerke paraît dans le salon sans son chapeau.

Ces deux imprudents se fient à Fould, qui les trompe. Ils ont contre eux les Jérôme, l'Empereur, la cour et beaucoup d'ennemis, ils l'ignorent. Comment finira tout cela !

Mardi 23 août

Le nom de Victor Hugo revient souvent sous ma plume, mais il est impossible qu'il en soit autrement. Cet homme représente la plus mauvaise fraction de la société française ; et je l'ai si bien connu, si bien suivi dans sa carrière qu'il doit m'être permis de le marquer du fer qu'il a mérité, même en faisant abstraction de sa politique.

Personne au monde n'est tout à la fois plus lâche et plus dénué que lui de sens moral. Il parle sans cesse de la famille, de la sainteté de l'intérieur, du respect dû à la mère, mais toutes ces belles prêcheries ne sont que locutions de bavardage imprimé, sa conduite privée dément son langage officiel. Il ne s'est jamais fait faute de maîtresses qu'il consacrait par sa poésie, et sa famille est composée, dans une égale proportion, d'enfants légitimes et de bâtards.

Lorsque ses deux fils étaient en prison avant le 2 décembre, il allait en compagnie de sa maîtresse dîner avec eux et leurs maîtresses. Alors poète, écrivailleurs et femmes se livraient à de telles orgies que Proudhon leur voisin de captivité a dû se plaindre plusieurs fois du bruit[1].

Enfin, après le 2 décembre, V. Hugo réfugié en pays étranger fait venir près de lui sa maîtresse Juliette (l'ancienne actrice de la Porte St-Martin) dont il a plusieurs enfants. A cette époque, Mme Hugo restait encore à Paris pour arranger les affaires de son mari.

Un de ses amis lui dit :

« Il est scandaleux, ma chère amie, que votre mari attire près de lui sa maîtresse, tandis que vous menez la vie la plus fatigante et la plus triste à vous occuper de ses affaires. »

---

1. Pour avoir narré dans *L'Événement* les circonstances terrifiantes de l'exécution d'un braconnier, Charles Hugo fut poursuivi en Cour d'assises et malgré (ou à cause de) la défense de son père, fut condamné à six mois de prison ferme. Le 9 septembre, François Victor fut inculpé à son tour pour avoir réclamé dans *L'Événement* le droit d'asile pour les proscrits étrangers. Il se vit infliger une peine de neuf mois d'emprisonnement. Le journal des Hugo fut supprimé. Les deux frères se retrouvèrent à Sainte-Pélagie, la prison des condamnés politiques où les prisonniers célèbres subissaient un régime carcéral moins sévère qu'ailleurs. Aucune des grandes biographies consacrées à Hugo (André Maurois, *Olympio ou la Vie de Victor Hugo*, Paris, Hachette, 1954 ; Alain Decaux, *Victor Hugo*, Paris, Perrin, 1984, etc.) n'évoque les orgies auxquelles Viel Castel fait ici allusion.

Mme Hugo, plus bête que les oies, et pervertie d'ailleurs par les sophismes de son mari, répondit :

« Cela est tout naturel, il est fort dans l'ordre des choses que la femme légitime se consacre aux difficultés sérieuses de l'existence de l'exilé, lorsque sa maîtresse lui adoucit les peines de l'exil ; à chacun son rôle. »

Et la pauvre oie se rengorgea dans ce qu'elle croyait être sa dignité.

Voilà quelle est la vie fangeuse de cet homme qui s'est réduit, au nom d'une morale qu'il outrage chaque jour, au rang des plus vils pamphlétaires. Il se meurt d'envie et d'impuissance. S'il arrivait jamais au pouvoir, il aurait l'ambition d'effacer de l'histoire les noms exécrés des Caligula et des Marat.

Mme Beecher-Stowe, l'auteur de l'*Oncle Tom*, sort à l'instant de chez moi[1]. C'est une autre face de la charlatanerie moderne. Elle est venue, conduite par Belloc et sa femme, pour voir la Diane de Gabie. Le reste du musée antique ne lui a pas semblé digne d'un regard. Elle a vu en plâtre la Vénus de Milo et elle n'a pas voulu la voir en marbre ! elle a détourné les yeux de l'Achille parce qu'il est nu.

Mme Stowe est une petite maigre femme, assez élégante, peu jolie, qui me paraît avoir trente ans. Elle ne sait pas un mot de français. Son succès, qu'elle exploite en ce moment en Europe, l'étourdit un peu, et je la crois peu flattée de la froideur des Parisiens à son égard. Pas la plus petite ovation, pas de cour, pas de réception publique. Elle passe dans la rue sans que personne fasse attention à elle, la société ne se précipite pas à ses genoux, nous n'avons pas de duchesse de Sutherland qui se fasse sa dame d'honneur, ni d'aristocratie qui vienne flagorner cet apôtre de la démocratie noire. Quel malheur que Schoelcher soit exilé ! Au théâtre, on ne l'applaudit point, enfin on ne décerne pas la plus petite couronne à cette muse, à ce *bas-bleu* républicain.

Nous serons bien traités, je crois, dans le livre qu'elle ne manquera pas de publier en Amérique sur son voyage en Europe.

Belloc s'est fait son introducteur auprès de Béranger, et ce vieux révolutionnaire chantant a fait des compliments à perte de vue à l'*amie des noirs*.

En 1848, après avoir émancipé les nègres, nous en avons fait sur le champ des électeurs qui ont nommé des domestiques noirs comme députés des colonies en compagnie du blanc et parfumé Schoelcher.

1. Fille d'un célèbre pasteur congréganiste et épouse d'un théologien, Harriet Elizabeth Beecher-Stowe fut très tôt sensibilisée au sort des esclaves noirs. La loi américaine de 1850 qui obligeait ses compatriotes à dénoncer les esclaves en fuite provoqua son indignation (elle en recueillait elle-même dans sa maison de l'Ohio) et lui inspira un feuilleton qui parut en 1851 dans *The National Era*. « La Case de l'Oncle Tom ou la vie des humbles » (*Uncle Tom's Cabin...*) devint bientôt un livre, suscita des controverses passionnées, connut immédiatement de multiples rééditions et traductions et valut à son auteur une célébrité mondiale.

Mais les Arabes plus intelligents et plus civilisés n'ont pas été jugés dignes des droits de citoyens, ils ne sont pas assez noirs pour les âmes *sensibles* !

Quel bonheur d'être noir et laid ! Combien sont misérables ces faquins de blancs qui abusent de leur couleur, de leur civilisation et de leur intelligence pour se croire supérieurs à la race nègre. Si M. Stowe pouvait mourir, le pauvre cher homme, sa femme épouserait en secondes noces un Tom bien noir, aux lèvres bien épaisses, toutefois vous ne lui persuaderiez pas qu'une *blanche* ne vaut pas *deux noirs*. Il n'y a que les blancs qui ne valent pas les noirs.

L'*Oncle Tom* est le livre de l'hypocrisie protestante ! C'est l'évangile des sociétés philanthropiques. On peut et l'on doit battre, dans l'intérêt de la discipline, les soldats et les matelots, torturer par la prison cellulaire les prisonniers blancs, mais toucher à un nègre, attenter à la dignité d'un nègre, cela révolte l'humanité protestante.

Allez, Mme Stowe, rejoignez vos enfants qui vous attendent à Philadelphie, tandis que vous faites la roue en Europe. Soyez moins la mère des noirs que la mère des enfants de M. Stowe ; ne traînez pas votre pauvre mari attaché en comparse à votre char, faites-vous traduire l'épitaphe de la matrone romaine :

Domum mansit,
Lanam fecit[1].

Mercredi 24 août

L'Empereur et l'Impératrice sont toujours à Dieppe, où ils sont accueillis à merveille.

Peu de gens connaissent l'Empereur, on se fait de lui en général une fausse idée, quelques-uns par ignorance, un plus grand nombre par esprit de parti.

L'Empereur est ferme et vigoureux ; il veut bien et puissamment ce qu'il veut, et il sait suivre une idée avec une persévérance patiente. Il est organisé comme les hommes destinés par la Providence à commander aux autres hommes. Sa volonté est de fer, et la puissance de l'autorité est en lui une religion.

Il sait parler, écrire et agir en souverain ; mais il est très dissimulé et très fin, comme un chef de parti longtemps relégué au rang de conspirateur. Son mépris des hommes et de l'opinion est parfois trop évident et lui fait commettre la faute de ne pas attacher assez d'importance aux agents qu'il choisit, aux individualités dont il s'entoure.

Ainsi, il a parmi ses ministres des hommes déplorables, et sa cour fait

1. « Elle est demeurée à la maison, / Elle a filé la laine. »

honte ou pitié. Les gens qu'il élève sont misérables : Baroche, président du Conseil d'État, ainsi que Billaud, président du Corps législatif, ont joué les plus mauvais rôles dans nos révolutions. Fould est un Juif taré, Magnan et Saint-Arnaud, couverts de dettes, sont moins que rien, etc., etc.

L'Empereur croit tenir ainsi des gens qui ne seraient rien sans lui ; il se trompe, au premier revers de fortune ces gens-là, pour conserver *leurs dignités*, s'accommoderaient avec les ennemis de l'Empereur.

La France est mal connue de l'Empereur, il compte sur le peuple, bien disposé en ce moment, parce qu'il est gorgé de travaux ; mais le jour où le Louvre et les embellissements de Paris seront terminés, la Fronde renaîtra.

Le discrédit de l'entourage rejaillit sur le chef de l'État ; on l'accuse des vices de ses instruments et c'est à tort, car sa seule faute est de mépriser tout le monde.

Dans la question d'Orient, malgré ses instincts qui le poussaient à la guerre, il s'est montré habilement et énergiquement prudent, et il a grandi dans l'esprit des hommes de quelque valeur du monde entier. L'Europe aujourd'hui compte avec lui.

Malheureusement il est seul, et en lui tout réside ; le reste est ou méprisé ou incapable ; s'il avait un moment d'oubli ou de lassitude, nous serions perdus.

Jeudi 25 août

Fould avait écrit à Rossini pour lui demander un opéra. Le ministre voulait inaugurer le régime impérial à l'Académie de musique par un grand succès.

Rossini répondit qu'il ne faisait plus d'opéra, qu'il avait rompu avec le théâtre ; alors Fould, avec ce bon goût qu'il possède à un si haut degré, lui écrivit de nouveau pour obtenir au moins une marche destinée à la musique du régiment des guides.

Rossini a répondu à cette belle demande par une lettre qui se termine ainsi :

> J'ai tout juste l'entrain nécessaire à la composition d'une marche sur l'air de *Malborough s'en va-t'en guerre !*

Notre Colbert juif a des à propos charmants !... Le gaillard préside actuellement le conseil général de son département. Fould a trouvé un homme comme il faut, qui s'est fait son Pylade ; cet homme se nomme de Caumont Laforce, Fould a fait ce Caumont sénateur !

Soyez donc d'une famille qu'un miracle arrache à la Saint-Barthélemy ; sortez donc vivant de dessous votre père, votre frère, puis procréez une honorable lignée pour la voir un jour aboutir au Pylade, sénateur de M. Fould.

Samedi 27 août

Véron avant-hier dînait, comme à son ordinaire, dans la petite rotonde particulière du Café de Paris. Au nombre des dîneurs se trouvait Daugny, chancelier du consulat de San Francisco, qui se plaignait fort de l'Empereur, était assez vif dans son opposition, et répondait à toutes les objections :

« Que me fait la tranquillité de chacun et ce bien-être, ce repos de la rue que vous me vantez ; je me trouve lésé ; que l'Empereur m'accorde sa faveur, et je serai son partisan. »

Véron prit la parole avec beaucoup de chaleur.

« Vous avez tort, Daugny, comme vous et plus que vous je pourrais me dire froissé, car je le suis très vivement dans mon amour-propre ; oui, j'ai été traité comme un laquais... après avoir rendu des services qu'on ne méconnaissait pas jadis ; après m'avoir employé dans toutes les occasions difficiles, et lorsque le premier j'ai provoqué l'abolition de la loi du 31 mai, lorsque j'ai malgré toutes les menaces, soutenu et propagé les candidatures de l'Empereur ; lorsque enfin je me suis constamment tenu sur la brèche, on m'a chassé comme un laquais ! Mon amour-propre est froissé, je l'avoue, mais quand je vois la paix dans nos villes et dans nos campagnes, l'apaisement des bas-fonds de la société, l'avenir plus assuré, et que je me reporte à ces jours néfastes où la populace nous insultait sur les boulevards, où nous étions menacés dans notre vie et notre fortune, et où 1852 nous apparaissait comme l'inauguration d'une affreuse barbarie ; alors je rends grâces à Napoléon, je suis dévoué à l'Empereur, je fais taire les mouvements de mon amour-propre et si je faisais le matin et le soir des prières, je demanderais à Dieu qu'il nous conserve notre Empereur actuel.

« Ce qu'il a fait, il l'a bien fait avec courage, énergie, et tout le monde alors tremblait. Il a tué le parlementarisme qui nous perdait, il a tué les bavards, tant mieux.

« Qu'il ait autour de lui des Mocquard et des Bentivoglio, que m'importe, ce n'est qu'un détail, il a sauvé la France, je ne vois que cela et je lui en aurai une éternelle reconnaissance. »

Bentivoglio est un Italien conspué et méprisé, escroc et filou, tricheur au jeu, enfin tout ce qu'il y a de pire, qui vient d'être nommé dans la vénerie impériale par l'influence de Poniatowski, ministre de Toscane.

Mardi 30 août

La Princesse est revenue de Dieppe samedi, et comme elle m'avait fait dire d'aller passer la journée de dimanche avec elle, je suis parti de bonne heure et j'ai pu causer seul avec elle de son voyage, de l'Empereur et de l'accueil que les Dieppois ont fait à Leurs Majestés. L'accueil a été chaleureux ; les Dieppois reçoivent toutes les dynasties avec le même amour. J'ai assisté il y a 25 ans à leurs épanchements pour Mme la duchesse de Berry. Allez prendre des bains à Dieppe, soyez Dieu ou le diable, les Dieppois vous recevront avec enthousiasme.

Mais à leurs preuves d'amour, ils joignent pour l'Empereur le vif désir de tirer à vue sur sa cassette.

L'Empereur est logé à l'Hôtel de Ville, qu'on a meublé en toile de Perse et tapissé en nattes ; les écuries sont des hangars de planches et tout le reste est à l'avenant. Pour cette belle installation on a présenté 800 000 fr. de mémoires. Les *messieurs* de la cour n'ont osé avouer à l'Empereur que 300 000 fr. et l'Empereur s'est récrié, car avec 40 ou 50 000 fr. on devait tout arranger fort bien. Un architecte vérificateur et honnête reverra, j'espère, tous ces comptes.

La Princesse est charmée de l'attitude de l'Empereur, de son calme, de sa raison supérieure, de l'attention soutenue qu'il prête aux affaires. Elle me contait une petite anecdote assez curieuse qui montrera, je le crois, l'Empereur sous un nouveau jour. L'Impératrice parlait des Américains, de leur prétention de mise républicaine, de leur insolence, des ambassadeurs qu'ils envoyent, de celui destiné à l'Espagne et qui est comme le protecteur des flibustiers qui veulent arracher Cuba à l'Espagne. L'Impératrice concluait en disant que tôt ou tard il faudrait déclarer la guerre aux Américains. L'Empereur écoutait avec calme et attention, un sourire faible passa sur ses lèvres, et ses yeux s'illuminèrent d'intelligence.

« La guerre, répondit-il, ma chère amie, la guerre n'est plus possible en France, nous sommes envahis par les intérêts matériels et par le commerce qui remplacent tout. Leurs progrès m'effrayent par leur rapidité, un jour ils seront maîtres de la France, la guerre n'est pas possible. »

Et il développa avec une parfaite lucidité l'empire des intérêts nouveaux, leur égoïsme, ce qu'ils pouvaient avoir de grand, mais aussi ce qu'ils ont de démoralisant par la substitution des intérêts purement matériels aux intérêts moraux.

Autour de l'Impératrice on fait beaucoup de moralité, on tonne sur les femmes qui ont des amants. Heureusement la comtesse de Montijo et la duchesse d'Albe ne sont pas du voyage.

Mme la duchesse d'Esling et Mme de Montebello sont fort collets montés. Les femmes qui font parler d'elles à Dieppe sont : la marquise Decaze, fille du comte de Stakelberg, dont j'ai raconté les projets de mariage avec Fleury, et Mme Mousinho de Silveyra (Mlle de Menneval), mariée depuis deux ans, véritable femme entretenue. Elle va criant partout qu'elle n'a de passion que pour l'or, qu'elle n'aime que l'or, et lorsqu'on lui dit : « Mais les affections humaines, mais l'amour, mais l'attachement à son pays ?

— Fadaises, répond-elle, je n'aime que l'or, il n'y a que lui. »

Cette horrible femme invite à lui offrir de l'or, elle est hideuse comme ces p... du coin de la rue qui murmurent à vos oreilles... Pour 50 fr. Mme de Silveyra serait......

Jeudi 1er septembre

Il y a eu baisse à la Bourse par suite de bruits inquiétants sur les affaires d'Orient. L'Empereur était, dit-on, venu à Paris présider un conseil.

Vendredi 2 septembre

Le conseil tenu avant-hier et auquel, dit-on, l'Empereur assistait, avait à s'occuper de la grave question des subsistances en présence de l'insuffisance de la récolte et du renchérissement des céréales sur les divers marchés. Il s'était produit quelque émotion il y a trois jours dans le faubourg St-Antoine à propos du prix du pain.

Un arrêté du préfet de police du 31 août dernier fixe le prix de la première qualité du pain à 40 centimes le kilogramme et de la deuxième à 32 centimes. Le pain n'est donc pas augmenté, ce qui est très important dans un moment où Paris regorge d'ouvriers.

Je reçois à l'instant une lettre du maire de Lille, qui au nom du conseil municipal m'invite aux fêtes qui seront données à l'Empereur et à l'Impératrice lors de leur très prochaine visite à cette importante cité.

J'avais oublié de consigner en son lieu, que dimanche dernier la duchesse d'Albe, profitant de l'absence connue de Nieuwerkerke et sachant le retour de la Princesse Mathilde, s'est présentée au pavillon de Breteuil pour faire *sa première visite*. La Princesse a fait dire qu'elle ne recevait pas.

Nieuwerkerke a rapporté de la chasse de Compiègne, où il était allé, un lombago qui le cloue sur son fauteuil. Les officiers de la vénerie et les chasseurs prétendent en riant qu'il ne faut point attribuer ce lombago aux fatigues de la chasse, mais à l'humidité des nuits, et qu'il n'est pas prudent d'aller en bonne fortune après minuit. Ces messieurs font mille plaisanteries sur ses assiduités auprès d'une jeune et jolie femme de Compiègne. Cette nouvelle imprudence de Nieuwerkerke peut, en ce moment, si elle s'ébruite, ce que je crains, avoir pour lui des conséquences graves.

Lundi 19 septembre

Pendant 17 jours je n'ai rien écrit sur mon petit livre ; j'ai fait un voyage de quatre jours à Baden, et depuis mon retour les affaires de l'administration des Musées ont pris tout mon temps. Je suis seul, mes collègues sont en congé, mes employés sont en congé, enfin l'administration presque entière est en congé.

Hier la Princesse Mathilde, Mme Ratomska et moi, nous sommes allés faire une visite aux Murat à leur campagne, puis à la reine Christine d'Espagne qui habite sa propriété de la Malmaison [1]. Depuis le temps de l'impératrice Joséphine je n'étais point entré dans cette résidence, elle est bien changée et bien diminuée. La reine qui y est installée l'a meublée avec une parcimonie voisine de l'avarice. Cette femme est ignoble. Elle a pillé l'Espagne autant et plus que possible, elle a vendu à son profit les plus beaux tableaux des collections ; elle a amassé millions sur millions, et elle entasse ses sacs d'écus en vivant comme une bourgeoise.

Christine est sans cœur, elle vient parader à la cour de l'Empereur, elle la belle-mère du duc de Montpensier, la sœur de la duchesse de Berry, la nièce de la reine Marie-Amélie. Elle a fait, il y a un mois, un voyage en Angleterre et elle n'a pas mis les pieds chez sa tante !...

Elle vit avec son marital étalon, le duc de Rianzarès et les six ou sept enfants qu'elle en a.

Tout cela soulève le cœur !

Les affaires d'Orient sont toujours fort embrouillées. L'empereur Nicolas ne veut que la note de Vienne, la Turquie n'en veut pas et devient très belliqueuse. Comment tout cela finira-t-il ?

J'étais invité aux fêtes de Lille par le conseil municipal, mais je n'irai pas, je ne veux point avoir l'air de poursuivre l'Empereur de ma présence, puisqu'il m'a oublié au 15 août, laissons-le m'oublier, je n'ai jamais fait partie du troupeau des mendiants.

Mardi 20 septembre

J'apprends que la reine Christine s'était présentée pour voir sa tante la reine Marie-Amélie pendant son voyage en Angleterre, mais elle n'a pas été reçue.

---

1. Après la mort de son époux Ferdinand VII en 1833, Marie-Christine de Bourbon-Sicile dut faire face à une guerre civile. Elle parvint d'abord à s'imposer comme régente pour sa fille Isabelle, mais en 1840 ses opposants profitèrent de sa liaison avec le garde du corps Muñoz pour la déconsidérer et la chasser. Nièce de Louis-Philippe, elle se réfugia alors en France. Si elle retrouva le pouvoir dès 1843, elle continua, au cours des années suivantes, de se partager entre l'Espagne, où son pouvoir demeurait contesté, et la France, où elle conservait des biens.

Mercredi 28 septembre

Les affaires turques tournent à la guerre ; le fanatisme musulman, les exigences de la Russie, les faiblesses de la diplomatie, tout y a concouru. On commence à comprendre qu'il aurait mieux valu entrer dans le Bosphore lorsque les Russes ont envahi les Principautés. Notre diplomatie actuelle n'est pas forte, le cabinet anglais a reculé autant qu'il a pu devant les éventualités de la guerre, et l'Autriche, poussée par un vertige qu'elle déplorera amèrement un jour, incline vers la Russie. Enfin deux frégates françaises et deux frégates anglaises sont entrées dans les Dardanelles. Les journaux prétendent que leur mission est de protéger le Sultan contre le fanatisme de ses sujets ameutés par les ulémas. Nouvelle maladresse de la presse européenne qui tend à discréditer le Sultan dans l'esprit de ses sujets et à faire mal voir les Français et les Anglais en Orient.

Toutes les petites finesses de la France et de l'Angleterre n'aboutiront à rien. Les notes qui établissaient l'injustice des demandes de la Russie, la prose si ferme en apparence de M. Drouyn de Lhuys, qu'a-t-elle produit : cette fameuse convention que la Turquie ne veut pas accepter parce qu'elle concède tout [1].

Ni la France ni l'Angleterre n'ont été dignes dans cette affaire. La Russie prenait un ton arrogant et nous marchions de concessions en concessions ; nous accordions au Czar le droit de protection pour la religion grecque et nous n'avons pas protégé les catholiques polonais, et les musulmans russes ne sont pas sous la protection des Turcs.

En un mot, nous conseillons au divan d'accepter une tutelle humiliante, nous hâtons la marche de la Russie vers Constantinople.

Il n'y a pas autre chose que la guerre ; les coups de canon, le blocus des ports russes et leur bombardement feront seuls entendre raison aux Russes. Nos diplomates nous ont fait bien du mal.

Il faut songer de quelles nullités est composée cette pauvre diplomatie, c'est à faire pitié.

A Breteuil, la Princesse Mathilde, bonne, franche, spirituelle, toute de premier mouvement, continue à s'aveugler sur sa position, elle est d'ailleurs aussi mal entourée que possible.

Mme Desprès son espion avoue qu'elle a écouté à la porte ce que la Princesse disait sur elle dans un jour de colère, elle sait donc tout ce qu'on pense, et malgré les cajoleries actuelles elle n'oublie pas.

Cette femme est tout à la fois une honte pour le salon de la Princesse et un espion, mais elle est complaisante et flatteuse !

---

1. Fin juillet, la France a proposé un arrangement s'efforçant de concilier les vœux de la Russie et les droits souverains de la Porte. Le texte récupéré par l'Autriche et devenu la « note de Vienne » est approuvé par les grandes puissances. Cependant, le sultan, encouragé par Stratford de Redcliffe, le très influent ambassadeur anglais, refuse de le signer.

Margot, sa fille, disait dimanche à la suite d'une conversation où la Princesse avait attribué de grands torts à la reine Marie-Antoinette :

« La Princesse ne sait pas qu'à plus juste raison on l'accablerait bien autrement, si la roue de la fortune venait à tourner. »

J'aime beaucoup la Princesse et je la plains de toute mon âme, car elle est jouée par les uns, elle est vendue par les autres.

Deux nouvelles figures sont introduites dans le cercle de la Princesse, deux intrigants, Soulié et Chennevières. Ils sont maintenant en faveur, Nieuwerkerke les protège, ce sont ses deux courtisans de service. Nieuwerkerke ne voit pas non plus qu'on le démolit, il faut avouer qu'il y aide passablement. Depuis six mois il ne fait quoi que ce soit et ne vient que rarement au musée. Il ne fait rien, il ne veut pas qu'on fasse, il a peur d'être amoindri si quelqu'un veillait à l'administration qu'il n'administre pas. Il a cependant l'activité et l'intelligence nécessaires à sa position, mais il se préoccupe trop des détails.

Vendredi 30 septembre

L'Angleterre commence à s'inquiéter sérieusement de la question d'Orient, les meetings se succèdent et le langage des orateurs devient énergique. Lord Palmerston a parlé deux fois avec vigueur de la protection des droits du Sultan. D'ici à quelques semaines, les amis de la paix à tout prix seront forcés de rengaîner leur phraséologie égoïste et de voir un peu dans l'avenir auquel le présent devra songer sous peine de plus graves conséquences. Le partage de la Pologne n'a été qu'une faute légère en comparaison de l'abandon de la Turquie aux appétits du Czar. Le canon est quelquefois le moyen le plus sage et le plus prudent de sortir d'une mauvaise passe.

Pour notre nouvel empire, la guerre en Orient contre le Russe serait un beau baptême et relèverait, je le crois, l'instinct moral des populations, en même temps qu'elle affermirait le pouvoir.

L'Angleterre aura à répondre un jour de n'avoir pas accédé au désir de Napoléon III de franchir les Dardanelles lorsque les Russes envahissaient les Principautés.

Samedi 1er octobre

On parle beaucoup d'un changement dans le ministère. Fould irait aux Finances (bon voyage), Persigny viendrait au ministère d'État et de Morny prendrait l'Intérieur.

Benoît Fould, le frère d'Achille, est fou depuis quelques jours ; la débauche l'a, dit-on, amené là. Le premier symptôme s'est révélé, chez lui à table, il y a quinze jours. Il avait quinze personnes à dîner, tout à coup il dit : « *Je suis très heureux, je viens de dépuceler une jeune fille sans la payer*. »

Actuellement, on surveille et on traite ledit Benoît, mais il y a fort à supposer qu'il ne reprendra point sa raison.

Nous sommes décidément à la guerre ; les congés sont suspendus dans l'armée et les officiers qui en ont sont rappelés. On va donc enfin montrer un peu de vigueur. La longanimité dans la question d'Orient a dû coûter à l'Empereur vis-à-vis des rodomontades du Czar, ce prétendu chef de la religion orthodoxe, qui emploie ses agents à l'étranger à lui former un cabinet d'objets d'art les moins gazés.

A propos de polissonneries, il y a à St-Germain un petit *Eldorado*, composé de la princesse Troubetskoï, de la comtesse d'Adda, de Mme Manara, de la marquise de Persan et de Mme Charles Laffite.

Mercredi 5 octobre

Les bruits de changements dans le ministère courent toujours. La Bourse baisse beaucoup. La Turquie ne veut décidément rien concéder, et je le conçois. Les flottes anglaises et françaises sont entrées dans les Dardanelles ; on est tout à fait à la guerre.

Je pense qu'elle est indispensable pour la sécurité à venir de l'Europe et pour la stabilité du gouvernement français actuel. En France, il faut avant tout que le gouvernement se fasse respecter et qu'il sache parler haut et ferme à l'occasion.

En Angleterre, les meetings se prononcent de plus en plus contre la Russie ; le vieux Léopard se réveille, il sent de quelle attaque il est menacé.

La *sous-littérature* fait grand bruit d'un projet de publication qui serait tenté comme représentation de la littérature française à l'Exposition de 1855.

Le projet est de Jules Lecomte, faussaire, condamné par la Cour de Rouen ; les Prémaray, Paul Foucher, Esquiros le secondent.

Un Jules Lecomte, c'est hideux, mais on a bien décoré le nommé Guérin, *dit de Tencin*, président des sauveteurs, qui aujourd'hui même dans les journaux prend le titre de comte.

Jeudi 6 octobre

Toujours à la guerre, le *Moniteur* dément les bruits de remaniement ministériel.

L'enterrement de François Arago a eu lieu hier, les républicains s'y étaient donné rendez-vous ; il y a eu quelques arrestations au cimetière, de gens qui voulaient haranguer.

François Arago était un homme d'une science très remarquable, d'une merveilleuse lucidité dans ses travaux, mais d'un caractère envieux et ambitieux, sans force, sans énergie pour les rôles politiques qu'il a joués. Arago souffrait des succès des autres, et souvent il cherchait à s'approprier leurs découvertes. Il était très personnel et il plaçait sa supériorité avant tout[1].

Quoiqu'il ne fût ni un méchant homme ni un homme sanguinaire, on aurait pu tout craindre de sa faiblesse. Dans une révolution, il se laissait dominer par Mme Mathieu, sa sœur, et par Mme Laugier, sa nièce, toutes deux républicaines à la façon de 1793. Cette famille représente la vanité et l'ambition bourgeoises dans ce qu'elles ont de plus détestable.

Arago, l'ancien directeur des Postes, est une nullité révolutionnaire, remuante et vaniteuse ; mauvais sujet, coureur de filles et mangeur. C'est lui qui fit évader de prison en 1834 Gumard, Cavaignac, etc., etc.

Jacques Arago *dit* l'aveugle, car je ne le crois point aveugle, est encore un mauvais sujet sans valeur, très méchant et insupportable même à sa famille.

Les fils de F. Arago :

Emmanuel, ancien avocat de dixième ordre, révolutionnaire sans idées et sans valeur, que 1848 fit diplomate pour recevoir du roi de Prusse *l'Aigle rouge*, puis député, aujourd'hui marié et en dehors des affaires, a cru longtemps à sa beauté, a vécu dans les chaînes de George Sand et de Rachel, c'est un niais.

L'autre fils, Alfred Arago, est un artiste médiocre, actuellement inspecteur des Beaux-Arts ; il s'est fait un peu bonapartiste. C'est un bon garçon et bouffon de société, faiseur de calembours, conteur de bons mots et d'anecdotes qui varient peu. La Princesse Mathilde le protège, c'est à elle qu'il doit sa position d'inspecteur. Mme Mathieu l'en récompense, prétendant qu'Alfred a été *l'amant de la Princesse*, ce qui est un mensonge.

Les Arago ont toujours été bien placés par tous les gouvernements. Pourquoi, diable, ne ferait-on pas Emmanuel sénateur ? Une nullité de plus au Luxembourg compléterait la collection.

1. Décédé le 2 octobre, l'astronome François Arago, secrétaire perpétuel de l'Académie des sciences, était mondialement connu (il avait été le premier Français à recevoir la médaille Copley de la Société royale de Londres et faisait partie des plus grandes académies savantes d'Europe), mais il était aussi une grande figure du parti républicain. Député d'extrême gauche sous la monarchie de Juillet, il devint en 1848 membre du Gouvernement provisoire, ministre de la Marine puis président de la Commission exécutive.

Samedi 8 octobre

Je dînais hier au café Riche avec le comte Gustave de Vergennes que je connais depuis vingt-cinq ans. Nous arrivâmes à parler des hommes du jour, et de ceux d'entre les légitimistes qui s'étaient ralliés au gouvernement actuel. Je vais dire ce qu'il m'a raconté sur le marquis de Pastoret et sur les motifs de sa brouille avec monseigneur le duc de Bordeaux.

Le marquis de Pastoret a toujours été un grand coureur de femmes et de filles, et malgré les apparences pieuses de son hôtel, son chapelain, etc... il ne se faisait faute de paillardises.

Le marquis de Pastoret, administrateur des biens de monseigneur le duc de Bordeaux, appliquait depuis longtemps à la satisfaction des caprices de ses maîtresses les revenus des dits biens. Quelques soupçons assaillirent l'esprit du duc de Bordeaux ; on demande des comptes, et un déficit de 600 000 fr. fut constaté. Le marquis de Pastoret se trouva gêné pour le remboursement ; Mme de Pastoret employa quelques-uns de ses fonds disponibles ; l'administration fut retirée au marquis, de là l'aigreur, la brouille, la séparation éclatante d'avec le parti légitimiste, et le ralliement à l'Empire, ainsi que la position de sénateur !

Salvandy est en tournée de châteaux légitimistes et orléanistes sur les bords de la Loire pour affermir la fusion des deux branches de la maison de Bourbon. Le duc de Nemours, dit-il, doit sous peu aller trouver le duc de Bordeaux.

Salvandy était, il y a trois semaines, chez le marquis de Flavigny, frère de la comtesse d'Agoult. Ce Flavigny, ancien diplomate prôné avant 1830 par les royalistes purs et congréganistes, après 1830 orléaniste ardent et pair de France, se trouve momentanément dans l'opposition jusqu'à ce qu'un décret le nomme sénateur !

Flavigny a épousé la fille du duc de Fézensac, il est beau-frère du général de Goyon, aide de camp de l'Empereur. Mme de Flavigny est plus violente que son mari dans son opposition, c'est une sorte de bas-bleu fort pédant et fort ennuyeux qui a publié des livres de morale religieuse et prétentieuse, et qui pour ce fait a été couronnée par l'Académie, lorsque l'Académie avait pris comme mode de couronner les bas-bleus du faubourg St-Germain ou du faubourg St-Honoré [1]. De 1840 à 1848, il y avait dans le salon de Lamartine un canapé réservé pour les *bas-bleus* couronnés.

La comtesse d'Agoult, sœur de Flavigny, est cette femme enlevée par

1. Les ouvrages de morale chrétienne de la comtesse de Flavigny, née Louise Mathilde de Montesquiou-Fezensac, connaissent un immense succès. Son *Livre de l'enfance chrétienne, instructions religieuses d'une mère à ses enfants* (Paris, Périsse frères, 1839) reçut un prix de 3 000 francs de l'Académie française et fut réimprimé à 22 reprises. En 1861, la comtesse publiera son *Recueil de prières, de méditations et de lectures* (Tours, Mame), qui aura droit pour sa part à 66 réimpressions.

Liszt dont elle a trois enfants, puis revenue à Paris, maîtresse d'Émile de Girardin, de Lehman, etc. etc. etc., puis enfin écrivain socialiste sous le nom de Daniel Stern[1] ! C'est elle, qui un soir où nous étions seuls à prendre le thé chez elle au coin du feu me dit :

« *J'ai voulu savoir quel bonheur il pouvait y avoir à être à deux hommes en même temps.*

— *Comment ?* répondis-je.

— *Comment ?* répliqua-t-elle, *vous avez mangé des sandwichs ?*

— *Oui.*

— *Savez-vous comment on les fait ?*

— *Parbleu, c'est un morceau de pain avec du beurre d'un côté et du jambon de l'autre.*

— *Très bien, j'ai fait une sandwich, et j'étais le pain !....* »

Brantôme, ce propos te justifie ! !

16 octobre

La semaine qui vient de finir n'a pas fait avancer la question d'Orient. La Russie comptant sur les interminables délais et les indécisions de nos cabinets anglais et français se fortifie dans les Principautés. Les amis de la paix en Angleterre veulent contrebalancer l'effet des meetings qui tous poussent à la guerre.

Les amis de la paix sont ces philanthropes à vues courtes qui ne s'apercevront de l'envahissement de l'Inde que le jour où ils seront à Calcutta. Il y a encore parmi eux des marchands de coton et de savon qui font bon marché de l'avenir de leur pays au profit du présent, représenté par quelques livres sterling. Les nations qui deviennent trop exclusivement marchandes sont bien près de la décadence. L'honneur national et la juste appréciation de l'avenir ne passent chez elles qu'en seconde ligne, puis un beau jour vous ne trouvez plus qu'un peuple très émeutier, très frondeur, très bavard, mais incapable d'énergie.

La Princesse Mathilde est plus russe que jamais, elle trouve bien tout ce que fait l'Empereur, dont elle est la cousine. Ce cousinage la flatte, et elle serait assez d'avis de laisser prendre à l'autocrate toute la Turquie.

Dernièrement la Princesse et moi nous causions avec quelque animation des affaires d'Orient, et comme je trouvais qu'elle se prononçait

1. Marie de Flavigny, épouse séparée du comte d'Agoult depuis 1835 et ancienne maîtresse du pianiste hongrois Franz Liszt, reçut dans son salon la plupart des célébrités du monde des lettres à partir de la monarchie de Juillet. Elle publia sous le nom de plume de Daniel Stern de nombreux articles, un *Essai sur la liberté considérée comme principe et comme fin de l'activité humaine* en 1847, des *Esquisses morales et politiques* en 1849 et une *Histoire de la Révolution de 1848* entre 1850 et 1853. Ce dernier ouvrage nourri de nombreux témoignages est d'une grande valeur, même si l'auteur y laisse souvent apparaître ses convictions politiques. Voir Jacques Vier, *La Comtesse d'Agoult et son temps*, Paris, Armand Colin, 1955-1963, 6 + 4 vol.

trop pour la Russie aux dépens de la France et de l'Empereur, je lui ai dit :

« Princesse, vous avez à remplir une grande mission, l'Empereur Napoléon vous aime et vous écoute volontiers, demandez-lui d'abdiquer en faveur de l'empereur Nicolas, alors nous pourrons tous professer la *Russolâtrie.* »

La leçon ne lui profite pas, elle est décidément plus russe que française, elle est furieuse de notre entente avec l'Angleterre.

Depuis trois ou quatre jours, la cour est à Compiègne. Nieuwerkerke n'a pas été invité, mais il a loué une maison dans la ville, et aux chasses il se fourre autant qu'il le peut sous les yeux de l'Empereur, qui en est excédé, je le sais. Il s'est porté candidat à la place d'académicien libre laissée vacante par la mort de M. Dumont, et il ne s'occupe ni de son élection, ni du musée, ni de quoi que ce soit excepté des chasses et du chapeau *lampion* qui a succédé aux casquettes de velours.

Le ministre de l'Instruction publique est venu me voir avant-hier ; il m'a dit qu'il s'occupait de reconquérir pour la Sorbonne la *vraie* tête du cardinal de Richelieu avec peau, barbe et moustaches, vendue 50 francs à un amateur en 1793 par les honnêtes patriotes qui violaient les tombeaux. Si le ministre ne réussit pas dans son entreprise, nous verrons un jour cette puissante tête adjugée aux enchères avec des porcelaines, par un commissaire-priseur. Soyez donc un ministre immortel, comme dit Voltaire :

Richelieu, Mazarin, ministres immortels...

Mercredi 19 octobre

Encore une note sur un intrigant qui est parvenu à se faire un nom et une position aux dépens des artistes.

Le baron Taylor vendait, vers l'année 1811, des mouchoirs de coton disposés sur un éventaire en plein vent devant le théâtre de la Porte St-Martin. Daguerre le découvrit en dessinaillant et le prit dans son atelier, et après des années d'intrigue, après avoir fait tous les métiers, il est aujourd'hui président de la Société libre des artistes.

Jeudi 20 octobre

Continuation du sujet précédent pour l'édification des amateurs des beaux-arts. Quand Nodier vivait, M. Taylor écrivait. Depuis la mort de Nodier, le baron n'écrit plus. S'il faut l'en croire, il protège les arts et à ce titre il est président perpétuel de toutes les sociétés d'artistes.

Comment est-il arrivé à ce titre de protecteur des arts ?

En éditant un *petit* livre sous le titre de *Voyage pittoresque dans l'an-*

cienne France. Ce voyage, commencé en 1820, devait avoir vingt livraisons à 12.50 fr., ce qui mettait l'ouvrage entier à 250 francs.

Le ministère souscrivit pour 75 exemplaires, le montant de cette subvention s'élevait donc à 18 750 francs.

En 1847, M. le baron Taylor, fort habile en intrigues et sentant (pour lui) la nécessité d'augmenter le nombre des livraisons de son ouvrage, obtint la continuation indéfinie de la souscription.

En 1847, quatre provinces seulement étaient terminées, chacune occupe cinq ou six fois plus de livraisons que l'ouvrage entier ne devait en contenir.

Le Languedoc 146 livraisons, la Haute-Normandie 59, l'Auvergne 55, la Franche-Comté 20, total 260.

Les provinces en voie d'exécution sont : la Picardie 120 livraisons, le Dauphiné 60, la Bretagne 70, la Champagne 70, total 320 livraisons, dont 267 sont exécutées.

Donc huit des trente-trois provinces (la Normandie est double) contiendront 580 livraisons, ce qui donnera une moyenne de 70 à 80 livraisons qui portera l'ouvrage à 2 640 livraisons. Les huit premières provinces 580 livraisons à 12.50 fr. coûteront 7 250 francs ce qui met l'ouvrage complet à 33 000 francs l'exemplaire.

L'État a déjà payé pour les 580 livraisons publiées soixante-quinze fois 7 250 francs ou la bagatelle de 543 750 francs ; pour le tout, il paiera 2 479 000 francs ! !

De 1820 à 1845, il a paru 580 livraisons, c'est une moyenne de 20 livraisons par an, donc les 2 133 livraisons qu'il reste à publier ne seront terminées que dans trois ou quatre générations. La publication devait durer trois ans, elle durera cent trente-deux ans.

Pendant plus d'un siècle, cet ouvrage coûtera 25 à 30 000 francs par an.

Voilà comment on fait un protecteur des beaux-arts.

Le Voyage pittoresque dans l'ancienne France est d'ailleurs un ouvrage sans aucune valeur, le texte est du roman le plus roman, les planches sont exécutées d'après des croquis informes et tout à fait de fantaisie. Les savants, les archéologues, les amateurs du pittoresque vrai se moquent de l'auteur et de son ouvrage, mais le gaillard empoche les écus de l'État, c'est tout ce qu'il lui faut.

Le baron Taylor comme président perpétuel de toutes les sociétés d'artistes reçoit l'hommage des gravures, livres, morceaux de musique publiés à Paris et en France et le baron Taylor les conserve soigneusement jusqu'au jour où il les fait vendre à Londres en vente publique.

J'ai reçu cette année les catalogues de deux de ces ventes.

La philanthropie est ingénieuse à procurer à ceux qui l'exercent de bons revenus.

Les grands journaux impriment sérieusement que le baron Taylor s'est uniquement consacré aux intérêts de l'art et des artistes.

Vendredi 21 octobre

Messieurs les républicains ont voulu tenter un nouveau complot. Delescluse, ancien commissaire de Ledru-Rollin, s'est fait arrêter à Paris avec des papiers révélateurs de toute la machination.

Delescluse, précédemment condamné à la transportation, est l'agent des Ledru-Rollin et autres réfugiés établis à Londres. Par suite de cette arrestation et des révélations fournies par les papiers saisis, quelques arrestations ont eu lieu à Paris. Goudchaux, ancien ministre des Finances de la république, est du nombre des personnes arrêtées.

A Tours, à Nantes, à Nevers, il y a eu aussi des arrestations [1].

L'Empereur a été mal conseillé dans sa clémence, après la déclaration de l'Empire il a fait mettre en liberté la plus grande partie des transportés. Sa clémence n'a conquis personne, et elle a rendu aux émeutiers des chefs et des soldats.

Dans le Midi, c'est l'espoir du pillage et du viol que l'on fait luire aux yeux des paysans.

Micart, un de mes amis, ancien officier et grand propriétaire dans l'Ardèche, me disait hier :

« On nous a renvoyé, dans mon seul département, 500 rouges tout prêts encore à recommencer les émeutes et ils ne s'en cachent pas. Leur retour a terrifié les gens qui avaient osé déposer contre eux, qu'il arrive quelque chose maintenant, et il n'y aura plus de témoins. »

L'insolence des rouges est extrême en ce moment, ils ont reçu de leurs frères et amis de la Drôme l'ordre de se tenir prêts il y a peu de jours. Cet ordre a été colporté par toutes les communes.

« J'ai prévenu le préfet, m'a dit Micart, en ajoutant : A la première occasion, nos rouges feront encore parler d'eux. »

---

1. La Marianne, société secrète qui avait été organisée en 1850 et avait tenté un mouvement dans le Cher, dans l'Indre et dans la Nièvre au début de l'année 1851, continua ses agissements sous l'Empire. Une vague d'arrestations eut lieu au début de l'automne 1853 à Paris, Angers, Nantes, Nevers et Tours. Grand admirateur de Robespierre, Charles Delescluze, qui avait été commissaire de la République pour les départements du Nord et du Pas-de-Calais en 1848 puis qui avait été contraint de s'exiler après la manifestation du 13 juin 1849, était rentré en France depuis peu lorsqu'il fut arrêté dans le cadre de l'affaire de La Marianne. Il sera condamné à quatre ans de prison qu'il effectuera à Belle-Ile puis à Corte. Quant au banquier Michel Goudchaux, deux fois ministre des Finances en 1848, élu député en 1852, qui avait refusé de siéger au Corps législatif pour ne pas devoir prêter serment au Président, il avait accepté de recueillir des souscriptions pour les républicains proscrits. Il fut arrêté le 4 octobre. La perquisition de son domicile permit de découvrir les reçus des secours, mais ne révéla son implication dans aucun complot. Voir Ionka Tchernoff, *Associations et sociétés secrètes sous la Deuxième République, 1848-1851*, Paris, F. Alcan, 1905 et Maurice Agulhon, *Marianne au combat. L'Imagerie et la symbolique républicaines de 1789 à 1880*, Paris, Flammarion, 1979.

La clémence est une belle chose, quand elle ne compromet pas un pays entier ; aujourd'hui elle est imputée à faiblesse. Les gens déportés puis rappelés reviennent plus haineux et décidés à faire payer cher, à ceux qui ont témoigné contre eux, leurs dépositions. Le rappel des déportés est donc une pénalité infligée aux honnêtes gens.

L'Empereur connaît mal tous ces esprits pleins de fiel et d'envie ; je ne les nomme pas républicains, ils ne le sont pas ; ils veulent simplement jouir de la vie, avoir de l'argent sans le gagner, des honneurs et des places sans les mériter. Ils se moquent de la liberté qu'ils invoquent à tout instant, et s'ils étaient les maîtres, la liberté disparaîtrait pour faire place au plus honteux et au plus abject despotisme.

Cependant on ménage les rouges, on les place, on les case, le *Moniteur* est dirigé par les Turgau, les Cormenin, Viriville, etc.

Houssaye, qui en 1848 imprimait qu'il avait l'âge du *sans-culotte* Jésus Christ, a le Théâtre-Français.

Perrin, autre rouge, a l'Opéra-Comique.

Marc Fournier, autre rouge, la porte St-Martin ; Saint-Albin, républicain foncé, est bibliothécaire des Tuileries.

Le bibliothécaire du Sénat est un ancien député rouge.

Les garçons chapeliers, les plus rouges des ouvriers de Paris, sont tolérés en association avec une caisse pour les grèves, ils font insolemment la loi à leurs patrons. Il y a quelques jours, quinze d'entre eux ont été arrêtés en flagrant délit de grève, ils ont été relâchés à la préfecture de police, un de leurs chefs y est très protégé.

Dimanche 23 octobre

Le *Moniteur* publie ce matin la liste des invités au palais de Compiègne. J'y remarque le comte Léon de Laborde, l'homme de tous les régimes, si orléaniste au deux décembre, conservateur au musée, membre de l'Institut sans être le moins du monde savant. C'est très encourageant pour les travailleurs honnêtes.

Le général Bougenel est nommé chevalier d'honneur et Mme la baronne de Serlay, née de Rovigo, dame d'honneur de S.A.I. la Princesse Mathilde.

Le général Bougenel, honnête militaire, est fils d'un gargotier.

Mme la baronne de Serlay, femme d'un colonel caduc d'artillerie, se croit la Montmorency du genre. Tout cela est à pouffer de rire.

Quelle drôle d'aristocratie de cour !

Des Romans, ancien viveur ruiné, qui après sa déconfiture fut bravement en Afrique gagner des épaulettes, et qui après le 2 décembre avait été nommé écuyer de l'Empereur, vient de faire un nouveau *trou à la lune*. Il a quitté Paris fort endetté ; afin d'éviter ses créanciers, il s'est retiré à Angers chez sa mère. On espère faire financer la pauvre dame, et peut-être l'Empereur. Des Romans dînait presque tous les jours au Café de Paris avec des filles d'opéra. Cette ruine est assez glorieuse.

Carayon Latour vient de perdre à la Bourse 150 000 fr. de rente plus 600 000 fr. Ruiné, il part, dit-on, pour s'engager dans l'armée turque.

A propos de l'armée turque, il est toujours fort question de la guerre. Lord Clarendon ne voudrait la faire qu'avec des notes, il en prépare une nouvelle. Notre diplomatie a joué jusqu'à présent un sot rôle, et j'ai bien peur que notre rôle futur ne devienne encore plus bête.

La Russie nous amuse, et quand elle sera prête, lorsque toutes ses forces seront définitivement concentrées, elle nous enverra promener. Nous aboyons depuis six mois, les Russes prétendent que nous n'avons pas de dents pour mordre. Nous avons dit sur tous les tons à la Russie : vos demandes sont injustes, votre prise de possession des Principautés viole les traités, votre conduite, en un mot, est inqualifiable et nous ne souffrirons pas l'oppression de la Turquie.

Je ne veux pas opprimer la Turquie, répond le Czar, je ne veux rien lui prendre, livrez-la moi seulement pieds et poings liés et plus tard je lui couperai la tête, mais à votre considération je veux bien lui accorder un sursis.

A la bonne heure, répliquent la France et l'Angleterre, l'affaire peut s'arranger ; Padisha, laissez-vous faire, le Czar ne vous étranglera que dans cinq ou six ans, c'est très aimable de sa part et vous auriez bien mauvaise grâce à vous refuser à nos instances, etc.

Mardi 25 octobre

On s'entretenait hier soir d'une grave affaire qui agite la ville de Mâcon, voici ce qui m'a été rapporté.

Le général Desperais de Neuilly est orné d'une femme fort coquette qui en 1839 à Oran, où se trouvait alors le général comme lieutenant-colonel, adoucissait aux officiers de la garnison les ennuis de la vie d'Afrique. Tout le monde connaissait les déportements de Mme de Neuilly, le général fermait les yeux, ou pour mieux dire, le lieutenant-colonel de Neuilly, soit par insouciance, soit par politique, affectait d'ignorer ce qui était notoire.

Mais le lieutenant-colonel est général, il a soixante ans et il devient jaloux de sa femme, moins coquette, peut-être parce qu'elle trouve plus difficilement les occasions de conversations criminelles.

Un jeune officier d'état-major, sorti de l'école il y a dix-huit mois, se laisse prendre aux charmes un peu surannés de Mme de Neuilly, en un mot, il devient son amant. Le général, Othello presque en retraite, est averti ; il attend le *séducteur* dans le jardin de l'hôtel, car c'est par le jardin qu'il fait chaque soir son entrée.

Il y a quatre ou cinq nuits, le général était à son poste, il croit entendre du bruit dans un massif et fait feu, mais il ne blesse personne. On accourt au bruit, le général et l'officier se reconnaissent et, en présence de témoins, après peu de mots échangés, chacun regagne son domicile.

Le lendemain, le général se transporte chez l'officier d'état-major, il lui propose un duel que refuse l'officier par cette raison qu'il est impossible qu'une rencontre ait lieu entre un officier supérieur et un simple lieutenant. Desperais de Neuilly, plus Othello que jamais, s'arme d'un gourdin qu'il avait apporté, et tombe à bras raccourcis sur l'officier d'état-major. L'étonnement, chez ce dernier, fait bientôt place au soin de sa défense.

« Prenez garde, crie-t-il au général, cessez à l'instant vos indignes traitements ou je vous tue », et il applique sur la poitrine du donneur de coups de bâton le canon d'un pistolet.

Le général redouble ses coups ; le pistolet rate, il est aussitôt réarmé ; le général frappe plus fort ; cette fois le pistolet ne rate pas et le général de Neuilly tombe mort.

L'officier d'état-major est arrêté, on saura bientôt de plus amples détails.

Clot Bey est venu me voir hier. Nous avons beaucoup causé de l'Orient, qu'il connaît à fond ; il ne pense pas que la Turquie abandonnée à elle-même puisse résister à la Russie. Il croit à une dislocation prochaine de l'Empire turc.

Ne soyons pas, m'a-t-il dit, traités comme des nigauds lorsque le partage s'effectuera. La Russie prendra Constantinople, c'est clair, l'Angleterre veut l'Égypte qu'elle possède déjà à peu près. Il lui faut l'Égypte pour son passage dans l'Inde.

Nous devrions avoir Candie, nous autres Français, mais l'Angleterre s'en emparera en nous disant : Arrangez-vous du Maroc.

Ce serait recommencer la guerre d'Algérie, épuiser nos trésors et nos armées pendant vingt ans, pour une possession qui nous offrirait peu de compensations pour tant de pertes.

La Restauration avait arrangé avec la Russie un partage plus avantageux.

Louis-Philippe se préoccupait de soustraire l'Égypte à l'Angleterre, et par ses soins un général français accepté par Mehemet Ali a fortifié Alexandrie d'une manière formidable.

Aujourd'hui que prévoyons-nous, et qu'aurions-nous ? Nous laisserons-nous berner par la cession des provinces rhénanes ? par la possession du Maroc ? Il nous faut Candie dans la Méditerranée, si malheureusement un partage a lieu.

Jeudi 27 octobre

Maupas, le comte de Maupas, le sénateur Maupas, l'ancien ministre de la Police, l'ancien chanteur de romances, vient, dit-on, d'être rappelé de Naples, où il était ambassadeur, pour n'avoir pas protesté près du roi de Naples contre la mesure inqualifiable, par suite de laquelle les officiers envoyés par l'Empereur pour assister aux manœuvres de l'armée napolitaine ont été soumis à une quarantaine de dix-sept jours, comme arrivant d'un pays infesté par le choléra.

Le roi de Naples s'est permis cette insolence, et le chanteur Maupas, si bien pommadé et frisé, n'a pas trouvé un mot à dire.

Cela ne m'étonne en aucune façon et ne doit pas vous étonner, messieurs du gouvernement. Il fallait un diplomate, vous envoyez un chanteur.

Un homme qui, ministre de la Police, inventait la machine infernale de Marseille, et qui, préfet de police au 2 décembre, tremblait dans sa peau au milieu d'un régiment qui le gardait à la préfecture de police [1].

Maupas reste sénateur !

Requiescat in pace !

J'ai vu hier le général Bougenel chez la Princesse Mathilde où j'ai dîné. Il est en exercice de ses fonctions de chevalier d'honneur.

Mme Desprès est en faveur plus que jamais, cette femme est l'intrigue en personne, mon opinion sur son compte ne varie pas. La Princesse est maintenant entourée de ses créatures, un jour, elle sera vendue par la Desprès à beaux deniers comptants. Margot, sa fille, a toujours l'air de ne rien voir et surtout de ne rien comprendre, mais elle fait son profit de tout.

Le comte William de Nieuwerkerke sort de chez moi. Nous avons causé de l'affaire du général de Neuilly, tué ces jours derniers par le capitaine de Laporte, attaché à la division du général Perrot.

Voici ce que m'a raconté le comte W. de Nieuwerkerke :

M. de Neuilly, alors âgé de 24 ans, était en 1816 lieutenant dans le régiment des chasseurs de la garde en garnison à Fontainebleau. Fort léger et ne doutant de rien, il eut l'audace de présenter comme sa femme à un bal donné à monseigneur le duc d'Angoulême et à monseigneur le duc de Berry, une certaine Mme de Campistre, de mœurs plus qu'équivoques, avec laquelle il vivait. Pour ce fait il fut renvoyé de la garde et

1. Lors du coup d'État, sa stratégie qui prévoyait de dissuader tout soulèvement en faisant occuper le terrain par d'imposantes forces de l'ordre ne fut pas retenue. Des barricades commencèrent à s'élever, des commissariats furent menacés et la préfecture de police fut encerclée. Maupas perdit alors une partie de ses moyens et envoya des télégrammes alarmés au ministre de l'Intérieur, Morny. Depuis lors, Maupas passe pour un couard. Il ne faut cependant pas oublier que ses principaux témoins à charge sont Morny, son ennemi intime, et les proches de celui-ci, comme Véron. Voir Claude Vigoureux, *Maupas et le coup d'État de Louis-Napoléon*, *op. cit.*, 2002.

quelques mois après il entra dans la ligne. En 1848, M. de Neuilly, devenu colonel, maintint son régiment sous la plus exacte discipline, et au mois de juin de cette malheureuse année, il se trouvait à Paris pendant l'insurrection. Appelé à prendre le commandement de la brigade du général Damesme qui venait d'être tué, il déploya une grande vigueur, d'autres disent une grande rigueur. Il faisait fusiller tous les prisonniers qui tombaient entre ses mains.

Le général Cavaignac lui écrivit : « Général, l'état de siège n'autorise pas le fusillement des prisonniers de guerre. »

A cette missive, M. de Neuilly répondit : « Les insurgés, pris les armes à la main, ne sont pas des prisonniers de guerre. »

La correspondance en resta là, et il continua ses exécutions.

Le général de Neuilly était d'une violence extrême.

M. de Laporte est gravement atteint à la figure d'un coup de canne. Le conseil de guerre de Metz jugera cette triste affaire.

Mme la comtesse de Neuilly est fille du comte de Villoutrey.

Vendredi 28 octobre

Le *Moniteur* a publié hier un article sur les affaires d'Orient, répété ce matin par tous les journaux. L'organe officiel du gouvernement affirme de nouveau la parfaite entente de l'Angleterre et de la France dans cette grave question et la volonté des deux puissances de ne pas laisser amoindrir le pouvoir du Sultan.

D'un autre côté, quelques journaux anglais commencent à comprendre la rouerie des Russes qui attestent toujours de leur ardent désir de la paix et qui mettent à profit le temps qui s'écoule pour renforcer leur occupation des Principautés.

Depuis le commencement de cette affaire, les États occidentaux ont montré beaucoup trop de faiblesse et d'indécision. Il faut malheureusement le dire, la politique russe trouve même en France des partisans qui arguent de l'intérêt religieux. Ces gens-là se taisaient lorsque la Pologne catholique tombait sous la rude persécution des Russes-Grecs schismatiques, et que les croyances de tout un peuple chrétien avaient à subir le joug d'un gouvernement qui leur était vivement hostile.

Il n'y a rien de religieux dans la guerre entreprise par le Czar. Il veut dominer le monde par la possession de la Turquie d'Europe qui lui livrerait la Méditerranée.

Les Franco-Russes, assez nombreux surtout à Paris, approuvent l'empereur Nicolas de sa susceptibilité dans la question des Lieux saints ; ils s'étonnent qu'on puisse trouver extraordinaire l'importance qu'il attache à prédominer sur les autres nations européennes à Jérusalem, et ils ne veulent pas admettre que la France, en possession depuis des siècles du droit de protéger les latins, ait voulu asseoir son droit par un règlement positif pour s'opposer aux envahissements du clergé grec.

La Princesse Mathilde est ici dans le monde l'avocat russe. Tout ce qui vient de Pétersbourg lui semble bon et raisonnable, et comme tous les gens assez indifférents en matière religieuse, elle parle plus que personne de la honte qu'il y a pour l'Europe de laisser le *barbare* Turc avec sa religion *anti-chrétienne* gouverner douze millions de Grecs chrétiens ! Mais aussi elle voudrait voir l'Italie délivrée du Pape et de la cour de Rome.

Les plus grands révolutionnaires ne sont pas ceux qu'on pense !

Nous voyons les mêmes gens qui professent tant de respect pour la foi des peuples, en faire bon marché en d'autres circonstances.

Le *Journal des débats*, si anglais pendant la durée du règne de Louis-Philippe, est russe aujourd'hui.

En France, nous avons un grand parti russe, c'est une manière de faire de l'opposition. Puis nous avons tous ces hommes qui voudraient qu'une nation vécût comme eux au jour le jour et qui crient : « Laissez donc faire les Russes, car si nous avons la guerre, je perdrai de l'argent sur mes cotons, sur mes sucres ou sur mes cuirs. »

Nous arrivons à n'être plus qu'une boutique dans laquelle nous sommes tous commis, et l'honneur s'y pèse au poids de la marchandise.

Les États-Unis, cette nation de forbans, commencent à vouloir intervenir dans les affaires d'Europe ; nous avons aidé à la faire trop puissante, elle se montre actuellement envahissante, méconnaissant les traités, le droit public européen, et ne considérant comme loi que sa volonté.

L'envoi de Soulé comme ambassadeur à Madrid est une insulte à l'Espagne, mais cette insulte est acceptée par le vieux continent. Les États-Unis ont la prétention de nous renvoyer, couverts par un brevet de citoyen américain, nos condamnés fugitifs et nos révolutionnaires proscrits. Il faut espérer que nous n'accepterons pas cette prétention américaine.

Il y a des moments dans la vie des peuples où les concessions sont des crimes politiques qui perdent l'avenir. Céder aux prétentions de la Russie et de l'Amérique ou leur faire des concessions, serait commettre un crime.

Samedi 29 octobre

Le bruit s'est répandu hier soir que le général Baraguay d'Hilliers allait à Constantinople remplacer notre ambassadeur. Il aurait avec lui une suite assez nombreuse d'officiers.

Les hostilités sont commencées entre les Turcs et les Russes [1].

---

1. Le 8 octobre, le général en chef turc Omer Pacha somma les Russes d'évacuer les principautés dans les quinze jours sous peine d'ouvrir les hostilités. Deux jours après l'expiration de l'ultimatum, le 25 octobre, il fit canonner une flottille russe qui remontait le Danube.

Dimanche 30 octobre

La Bourse était hier en hausse de un franc cinquante centimes sur les cours d'avant-hier par suite d'une nouvelle donnée par la télégraphie privée voie de Vienne.

Suivant cette nouvelle, un armistice serait conclu entre les Turcs et les Russes.

Cette nouvelle me semble hasardée ; il faut se défier de la télégraphie privée, ce ne serait pas la première fois qu'elle inventerait.

Les armements de vaisseaux continuent dans nos ports. L'Empereur a ordonné pour son service personnel la construction d'une grande frégate à vapeur du même tonnage que celle commandée par la reine d'Angleterre. Le bâtiment à vapeur, le *Napoléon*, commandé par Exelmans et affecté au service de l'Empereur, reçoit en ce moment de la grosse artillerie et ira hiverner à Cadix pour aider, dit-on, au remorquage des vaisseaux chargés de grains.

Un armistice ne serait pas favorable aux Turcs ; s'il est réel, c'est encore une rouerie russe qui donnera au Czar le temps de concentrer ses différents corps d'armée, et enlèvera aux Turcs l'avantage d'une entrée en campagne immédiate et avant la concentration de toutes les forces russes.

Notre diplomatie ne brille véritablement que dans l'almanach impérial par le nombre des croix étrangères dont elle est décorée. Les plus nuls sont les mieux bardés. Feuillet de Conches, chef du bureau du protocole, a 16 ou 18 croix. Montessuy, envoyé à Florence, ancien élégant, mari de la fille naturelle du prince Paul de Wurtemberg, a deux grandes croix. Roguet, chef de la maison militaire de l'Empereur, en a aussi un bon nombre, mais Bacciochi, premier chambellan, les distance tous !

Lundi 31 octobre

Le dernier des d'Esclignac, le duc de Fimarcon, fils du duc actuel d'Esclignac, est mort au mois de juillet en Australie. La nouvelle en est arrivée à sa famille ; on a célébré aujourd'hui pour lui un service à l'église de la Madeleine. Son père était lieutenant-colonel des lanciers de la garde en 1830 et à cette époque il se retira en Sardaigne auprès du roi de Piémont, qui est son cousin. La duchesse d'Esclignac est fille de Bozon de Talleyrand, frère du fameux prince de Talleyrand. Séparée depuis 23 ans amiablement de son mari, elle a été la femme la plus coquette du monde ; ce qu'elle a mangé d'argent ne peut être calculé. Aujourd'hui, après les histoires les plus scandaleuses, le grand monde ne la voit plus, et elle vit misérablement. Elle a perdu quatre enfants sur cinq qu'elle avait, il ne lui reste plus que Mme la marquise de Persan, séparée de son mari, mauvais garnement qui s'est fait connaître par ses procès avec son beau-père, le marquis de Mirabeau.

Mais pour en revenir au pauvre duc de Fimarcon, racontons-en quelques mots sa misérable vie.

Il fut emmené en 1830 en Piémont par son père comme il n'était encore âge que de dix ans. Là il végéta sans recevoir aucune éducation. Tandis que son père courtisait les femmes qui voulaient l'écouter, il savait à peine lire et n'avait aucune notion d'orthographe. Jeune homme, il fit quelques dettes que son père refusa de payer, et notez bien qu'il laissait ce pauvre garçon dans la misère.

Le duc d'Esclignac a de 60 à 70 000 livres de rente.

Fimarcon vint en France auprès de sa mère toujours besogneuse et qui ne lui donnait strictement qu'à manger. Il voulut deux fois se marier pour sortir de sa misère, une fois avec Mlle Shepeard, l'autre fois avec Mlle Bull Yungh ; son père refusa d'y consentir.

A bout de ressources, Fimarcon partit, il y a un an et demi, pour l'Australie, où il donna d'abord des leçons dans un manège. Le maître du manège ayant fait faillite, Fimarcon devint berger, toujours accompagné d'une femme de bas étage qui l'avait suivi.

Fimarcon a écrit plusieurs fois à son père et à sa famille pour demander quelques secours, personne ne lui a répondu. Enfin, au mois de juin dernier le chagrin et la fatigue l'ont tué, la dysenterie lui a accordé vingt jours de souffrances.

La pauvre fille qui était avec lui écrit cette affreuse mort à la duchesse d'Esclignac en lui envoyant une boucle des cheveux de son fils. Dans sa lettre, elle parle des chagrins, des douleurs et des souffrances du dernier des d'Esclignac et elle termine ainsi :

> A ses derniers moments il n'a manqué de rien, j'ai tant travaillé que j'ai pu suffire aux soins que réclamait son état. Votre fils, Madame la duchesse, est mort désespéré, mais il a eu la force de ne pas maudire sa famille !

Ainsi est mort le cousin du roi de Saxe et du roi de Piémont, le porteur d'un des plus grands noms de France, le parent des grands seigneurs les plus riches, des Talleyrand, des Périgord, des Noailles, etc., etc. Personne ne l'a empêché de mourir de misère.

Que voulez-vous en faire, disait-on, il n'a aucune éducation.

Monsieur le duc d'Esclignac, la mort de votre fils crie contre vous, elle s'élèvera contre vous devant Dieu.

Mercredi 2 novembre

La lettre de Ledru-Rollin, saisie chez Goudchaux et dont Delescluze était porteur, est ainsi conçue.

> Mon cher ami, dans quinze jours je serai aux Tuileries, mettez en sûreté tout ce que vous avez et vendez vos rentes.

Samedi 5 novembre

J'apprends à l'instant d'une manière certaine que le général Bousquet et le général Canrobert ont été chargés par l'Empereur d'étudier sur les cartes et d'après les documents que possède le ministère de la Guerre, la Finlande et la Courlande, et de rendre compte des ressources que peuvent offrir ces deux provinces, de leur situation et de leurs positions stratégiques.

En cas de guerre ouverte avec la Russie, il paraîtrait que l'Empereur comprendrait cette puissance plus facile à attaquer, en un mot plus vulnérable par ces deux côtés.

Les hostilités sont, dit-on, commencées en Asie et sur le Danube, entre les Turcs et les Russes, mais la diplomatie et les journaux répètent avec un sérieux ébouriffant que les négociations continuent.

Dimanche 6 novembre

Le général de Goyon, colonel en 1850 et commandant alors le régiment de dragons caserné à Paris, général de brigade, aide de camp de l'Empereur en 1850, n'a quitté les antichambres de l'Empereur que deux fois depuis cette époque. La première occasion fut une inspection des prisonniers après les journées de décembre ; sur son rapport presque tous les émeutiers et les plus mauvais furent rendus à la liberté au grand mécontentement des gens d'ordre. La seconde occasion pour le général s'est présentée cette année, il est allé assister aux manœuvres de l'armée autrichienne.

Le *Moniteur* reconnaît aujourd'hui, par un décret qui nomme le vicomte de Goyon lieutenant-général, *les grands services* de ce capitaine !

Il faut dire que Goyon, quoique incapable comme général, est le plus intrigant des hommes et il est allié aux Fezensac et aux Flavigny qui ne lui cèdent en rien. Toutefois, malgré les coquetteries du pouvoir envers Goyon, aussi longtemps que Flavigny ne sera point sénateur, la France ne sera pas bien gouvernée.

Flavigny se croit grand seigneur parce que sa mère est la fille du banquier allemand Betmann et que les écus de la banque ont redoré le blason d'un Flavigny. Le Flavigny actuel, protégé de la congrégation, fut ensuite très bien avec Louis-Philippe ; il faut espérer que l'Empereur lui fera des avances !

J'apprends à l'instant par Duret le statuaire qui sort de mon cabinet, une nouvelle prétention de Fould, le ministre de la maison de l'Empereur. Ce ministre, failli non réhabilité comme j'ai eu occasion de le dire, compte se présenter à l'Académie des beaux-arts pour une place d'académicien libre à la première vacance. Il a renoncé à se présenter pour succéder à Dumont, parce que Nieuwerkerke lui semble avoir trop de chances.

Dans quelques années, on dira : « *Aimez-vous les Juifs, on en a mis partout.* »

Lundi 7 novembre

Il paraît que l'affaire Maupas est arrangée, on ne parle plus de son rappel.

Goyon a été nommé général de division sans jamais avoir vu le feu, mais c'est un moyen d'en débarrasser la maison de l'Empereur. L'opinion publique en Espagne et la moralité si violemment froissée par la conduite des deux reines Marie Christine et Isabelle commencent à ébranler la vieille fidélité castillane.

La reine Isabelle a été récemment insultée en plein théâtre.

Samedi la reine Christine dînait chez la Princesse Mathilde, et elle dit au marquis de Villuma nommé président du Sénat :

« Va mon cher, agite ta petite sonnette, je serai bientôt à Madrid et tu me retrouveras à la tête de l'opposition. »

Cette femme a pillé l'Espagne de toutes les façons possibles, elle jouit maintenant du fruit de ses rapines évalué à 70 ou 80 millions.

La cour part samedi pour Fontainebleau. La série de *grands seigneurs* actuels qui feront les délices de ce séjour est curieuse.

Il est fort question d'un ordre que l'Impératrice Eugénie veut créer pour les femmes. Si cet ordre est créé nous verrons de plaisantes chevalières.

La cour s'occupe beaucoup d'étiquette, mais il est bon de dire que personne ne s'y connaît, c'est un tohubohu impayable. La nouvelle noblesse se place devant des glaces pour se saluer elle-même et se traiter de monseigneur.

Le ridicule est de mise et sied bien à tous ces petits messieurs, l'Empereur est seul un homme *comme il faut* au milieu de son entourage. Il est grand seigneur et impérial par la façon et la dignité.

Mardi 8 novembre

L'insulte commise envers la reine Isabelle m'a été racontée hier par Valdès, qui l'attribue aux modérés désireux à l'instar des modérés français de donner une leçon au pouvoir.

Pour la première fois depuis son retour à Madrid, la reine assistait au spectacle. A son arrivée, comme cela est d'étiquette, la représentation est interrompue et l'orchestre joue la marche royale. L'instant est venu pour les modérés de donner leur leçon, de manifester leur mécontentement. Alors des *chut* éclatent, des cris, des ordres de continuer le spectacle et de laisser la marche, enfin une petite insulte à la reine, qui en a pleuré de chagrin.

Les *modérés* insultent la reine, ces modérés-là sont des enragés, qui, si on les laissait faire, perdraient leur pays comme les modérés Louis-Philippistes ont perdu leur roi.

Pauvre Espagne, tu connaîtras donc aussi ces hommes sans conviction et sans raison, dont le 2 décembre nous a débarrassés pour quelque temps.

A Paris, l'affaire du complot contre la vie de l'Empereur est depuis hier devant la Cour d'assises. Quelques étudiants, des ouvriers, anciens insurgés grâciés sur le rapport du général de Goyon, sont en cause ; derrière ces fous sanguinaires il y a le comité de Londres et le général Charras exilé, dont le nom revient souvent dans les réponses des accusés.

Ce procès sera un utile avertissement aux prôneurs de clémence. Les mauvaises passions communistes ne sont pas éteintes. Dans les bas-fonds de la société tout ce qui a horreur du travail, toutes les ambitions intelligentes, tous les appétits sensuels ne peuvent renoncer à l'espoir de nouveaux bouleversements.

Suivant des nouvelles de Constantinople, un corps de 15 000 Russes aurait subi un grave échec sur la frontière d'Asie dans une rencontre avec les troupes turques.

Quelques *graves* journaux continuent cependant à donner des assurances de paix. La diplomatie, disent-ils, n'a pas abandonné ses devoirs de pacificatrice.

Depuis six mois, cette pauvre et rachitique diplomatie joue un triste rôle. Les diplomates évitent avec grand soin de se rencontrer ; comme les anciens augures, ils ne peuvent se regarder sans rire.

Drouin de Lhuys, ministre des Affaires étrangères, affecte des airs de fatuité et se pose en Talleyrand ; nouvel Atlas, il porte le monde, et pourtant lui et son cortège de diplomates ne sont que des bouffons. A chaque bataille qui sera livrée, nous entendrons ces messieurs s'écrier : les chances de pacification augmentent.

Le Czar a de nouveau protesté de son respect des traités et de son ardent amour de la paix.

Nous pourrions demander comme *Figaro* : « *De qui se moque-t-on ici ?* »

Mercredi 9 novembre

La Guéronnière sort de chez moi, il m'a appris le contenu d'un télégramme arrivé ce matin.

Les Turcs et les Russes, au nombre d'à peu près chacun 12 000 hommes, se sont rencontrés sur les bords du Danube ; l'affaire a été chaude et meurtrière, on a combattu à la baïonnette et enfin les Turcs sont restés maîtres du terrain[1].

La Guéronnière regarde cette affaire d'Orient comme fort grave et pouvant amener un conflit général. Il ne regrette pas, dit-il, les longueurs des négociations qui ont permis d'une part à la Turquie de réunir ses forces, et à l'Europe de se réunir dans un intérêt commun. Il semble compter sur l'Autriche et la Prusse.

J'ai encore peine à y croire.

La Russie amène peu à peu en ligne toutes les forces dont elle peut disposer, elle aura bientôt 400 000 hommes engagés dans les affaires d'Orient.

Ces premiers coups de canon rendent les négociations plus difficiles pour ne pas dire impossibles, l'empereur Nicolas tient à obtenir ce qu'il nomme une large influence *morale* dans les affaires de l'Empire turc, il ne se départira pas de ses prétentions.

Jeudi 17 novembre

La société se préoccupe beaucoup à Londres d'une invitation de la reine Victoria à l'Empereur et à l'Impératrice des Français et de la façon d'en rédiger la teneur.

L'Empereur a fait don à l'Impératrice pour la Sainte-Eugénie d'un très beau collier de diamants acheté, dit-on, un million au successeur de Stor & Mortimer, célèbres orfèvres anglais.

La princesse Bagration raconte que ce collier lui a été apporté avant d'être remis à l'Empereur et qu'elle l'a fort admiré.

Nos bijoutiers français sont peu contents de cette commande exécutée hors de France et du patronage impérial à l'ombre duquel le bijoutier anglais qui vient en France trois ou quatre fois par an accapare leurs pratiques.

Le prince de Craon a un fils fort mauvais sujet qui avait frété, il y a dix-huit mois, un navire avec lequel il devait aller dans l'Amérique méridionale, faire je ne sais plus quel commerce. Dernièrement le prince de Craon a reçu une lettre de ce fils, datée de Manille et du fond d'un cachot où il est détenu sous l'accusation de contrebande et de piraterie.

Toute la famille, les Beauveau, les Craon, etc., ont fait remettre à la reine d'Espagne une demande ou plutôt une supplique en recours en

1. Ces premiers engagements sur les bords du Danube tournent en effet à l'avantage de la Porte, à la surprise de l'Europe. S'ils ont peu d'officiers et si leur matériel est inférieur, les Turcs font preuve de plus d'allant que leurs adversaires, les surprennent en se servant du canon et de la baïonnette et disposent surtout d'effectifs plus importants : 80 000 hommes auxquels s'ajoutent 40 000 irréguliers contre quelques milliers seulement, en raison des lenteurs de la mobilisation russe.

grâce pour ce jeune homme, le dernier de leur nom, l'héritier d'une grande fortune et d'un titre historique.

La princesse de Craon, au lieu de s'occuper de conversions et d'écrire des romans historiques ennuyeux, aurait bien dû mieux élever ses enfants. Cette prude et prétentieuse princesse a une fille gardée comme recluse depuis dix ans dans une maison de campagne près de St-Germain. Personne ne la voit ; est-elle bossue, difforme, ou folle, on l'ignore. La pauvre vieille aristocratie, comme un corps épuisé, a produit une génération de petits idiots ou de petits monstres. Nous ne pourrions signaler que bien peu d'exceptions.

La cour est toujours à Fontainebleau, et nous sommes sans nouvelles bien positives du théâtre de la guerre dans les Principautés danubiennes.

Samedi 19 novembre

La reine Victoria a refusé à son ministre d'adresser une invitation intime à l'Empereur et à l'Impératrice des Français.

« *S'ils viennent en Angleterre*, a-t-elle dit, *je les recevrai officiellement avec toute la bonne façon possible, mais je veux être la maîtresse de mon intérieur et n'être point forcée d'y admettre intimement les personnes qui blessent mes affections personnelles.* »

On ignore encore comment ceci sera pris par la cour des Tuileries.

Il me semble que la reine Victoria fait une faute, elle devrait éviter avant tout de blesser les susceptibilités de son allié au moment où s'apprête une lutte aussi grave que celle dont nous menace la Russie.

Les Turcs ont été forcés de repasser le Danube, après avoir échoué dans leur entreprise sur Bucharest. En Asie, ils ont pris quelques forts. La guerre devient plus imminente, nos escadres entrent, dit-on, dans la mer Noire.

Lundi 21 novembre

Nieuwerkerke a été élu samedi dernier membre libre de l'Académie des beaux-arts en remplacement de M. Dumont, par 30 voix sur 39 votants.

Malgré tout ce que ses amis lui ont dit, il n'a pas voulu se présenter pour remplacer un véritable académicien. Il trouvait cela au-dessous de lui et disait : « *Les places d'académiciens libres sont faites pour être occupées par les grands seigneurs, amateurs et protecteurs des arts.* »

C'est malheureusement un travers chez Nieuwerkerke de se croire un grand seigneur et de s'adorer dans sa propre importance. Il sait cependant qu'en Hollande, d'où sa famille tire son origine, elle est comptée comme peu de chose. Les Nieuwerkerke sont bâtards de je ne sais plus quel petit *stathouder*. Son père, pauvre capitaine de cavalerie, fut bien heureux d'épouser une de mes cousines, Mlle de Vassan, riche héritière qui lui apporta 60 000 fr. de rente. La noblesse hollandaise ne fait aucun cas de la prétendue noblesse des Nieuwerkerke. Émilien, dont il est ici question, est plus ambitieux qu'artiste. L'art n'a été pour lui qu'un moyen. Il remuerait des montagnes pour arriver à son but, mais il manque de diplomatie et d'esprit de conduite. La vanité l'égare, il s'est constitué grand seigneur, maintenant il se croit une grande puissance. Depuis sa statue de l'Empereur, qui n'est pas bonne, il n'a rien fait ; son atelier qu'il a établi au Louvre est occupé par les ouvriers de Micheli qui moulent le buste de l'Impératrice. Nieuwerkerke aime la représentation, l'éclat, le *paraître*, en un mot, il a trop de petites vanités pour être jamais un homme sérieux. Il se préoccupe de ses boutons de gilet ou de chemise, des boutons de lapis qu'il met l'été à ses guêtres, de sa chaîne de montre, de son habit, etc. Les costumes lui plaisent et la première chose à laquelle il ait pensé après sa nomination a été son nouvel uniforme.

L'Académie des beaux-arts va l'absorber quelque temps, comme il en a été du musée, mais il usera ce joujou en se créant des ennemis par les airs de supériorité qu'il prendra et par les innovations qu'il tentera d'y introduire.

Il est fier d'occuper une place d'académicien qui est accordée à son titre de directeur des Musées et qui était occupée avant lui par un ancien chef de bureau du ministère de l'Intérieur.

D'ailleurs parmi les académiciens libres on compte Cailleux, l'ancien directeur des Musées ; Rambuteau, ancien préfet de la Seine ; Montalivet et Duchâtel, anciens ministres de l'Intérieur.

Je trouve plus glorieux d'être académicien comme artiste que comme fonctionnaire du gouvernement.

Nieuwerkerke m'a dit qu'avec cette nomination il espérait être conseiller d'État avant peu, et que dans quatre ou cinq ans l'Empereur le nommerait probablement sénateur. Si les choses marchent ainsi, la nation le nommera sans doute empereur dans dix ans.

23 novembre

Le choléra est décidément à Paris, hier il y eu 64 cholériques apportés aux hôpitaux, à cinq heures 31 étaient morts, un était hors d'affaire, 32 restaient en traitement[1].

1. La troisième grande pandémie cholérique du XIXe siècle a déjà fait des ravages en 1849. Après une relative accalmie, le choléra réapparaît à l'automne 1853. S'il n'y a ni effet de surprise, ni mouvement de panique comme le montre la réaction de Viel Castel, les autorités sont démunies face à une maladie que l'on pense encore transmise par l'air. Le pire est encore à venir. L'acmé cholérique sera atteint durant l'été et le début de l'automne. 1854 sera l'une des années de plus fortes mortalités du XIXe siècle, avec un taux record de 42,98 pour mille en Ariège. Voir Patrice Bourdelais et Jean-Yves Raulot, *Une peur bleue : histoire du choléra en France (1832-1854)*, Paris, Payot, 1987.

Il fait un temps maussade, gris et froid avec brouillard.

La faillite de la maison Goldsmith, dont le chef était beau-père du ministre d'État actuel Fould, remonte à 1825, elle laissa à cette époque un passif de quarante millions. Deux Goldsmith se brûlèrent la cervelle, le beau-père du ministre mourut de chagrin trois mois après. En 1825, Fould n'était marié que depuis six mois, associé à la maison Goldsmith, il avait la signature sociale ; bon nombre de traites impayées portent sa signature.

Vendredi 25 novembre

Les grandes affections dont on parlera peut-être un jour, celles qui produisent sous tant de rapports le plus d'effet, sont quelque fois bien misérables quand on les juge dans la coulisse de leur théâtre. J'ai toujours eu une extrême défiance de la vérité de certains amours chez certaines individualités. Pour que l'amour soit une passion il faut que le cœur qui la contient n'en renferme pas d'autres. L'amour ne s'allie ni à l'ambition ni à aucune autre passion humaine, et si en langage du monde, en langage profane, on le nomme une religion, c'est qu'il a ses martyrs et que hors de lui il ne conçoit rien et ne considère rien.

Ces réflexions me viennent à propos de la *liaison* de la Princesse Mathilde et de Nieuwerkerke. Chacun la croit des plus *vive* et s'étonne même de l'imprudence avec laquelle elle est conduite, de la publicité qu'elle affiche, et dont l'Empereur, depuis longtemps froissé, peut se fâcher à la fin d'une manière irrémédiable.

Eh bien, cet amour n'est point une passion, ce n'est qu'une liaison mal calculée, nuisible à ceux-là même qui en tirent vanité.

Nieuwerkerke, je le dis à regret, n'a ni passion ni rien qui y ressemble pour la Princesse. Je savais déjà que ses fréquents voyages à Compiègne avaient pour but une intrigue avec une jolie femme dont l'année dernière il a fait la médaille, Mme Agut. Je savais leur intrigue poussée aussi loin que possible, mais ce matin j'ai eu une nouvelle preuve de l'inconstance de ses amours.

Depuis quelque temps, sa sultane favorite est une très belle jeune personne, Mlle Mignerot, qui vient peindre dans les galeries du Louvre où chacun s'arrête pour admirer sa beauté. Déjà il lui a donné deux ou trois rendez-vous, et lorsque cette jeune et belle personne arrive, Nieuwerkerke s'enferme avec elle dans sa chambre et ils y passent deux heures.

Ce matin, Nieuwerkerke reçoit de Fontainebleau une lettre de la Princesse Mathilde ; il m'en lisait quelques passages très affectueux et exprimant avec vérité les regrets d'une longue séparation, l'ennui de cette solitude du cœur, dans laquelle elle se trouve au milieu de la cour, le désir de retrouver le plus tôt possible son cher intérieur, ses habitudes, ses affections, et même *mes méchancetés*...

Tout à coup, Nieuwerkerke interrompt sa lecture et, se tournant vers son domestique :

« Priez M. Moissenet, lui dit-il, d'écrire à Mlle Mignerot que je l'attends à midi. »

Le domestique se retire en souriant, Moissenet écrit en souriant, et le commissionnaire porte, en souriant, la lettre à Mlle Mignerot, car tout le monde sait qu'elle vient au Louvre pour coucher avec M. le directeur général des Musées, intendant des Beaux-Arts de la maison de l'Empereur, membre de l'Institut.

Il est midi moins quelques minutes, Nieuwerkerke est déjà dans sa chambre, où il attend la jeune beauté. Ordre est donné de ne recevoir personne, les rideaux sont fermés. Dans deux heures, Nieuwerkerke répondra à la Princesse ! Pauvre Princesse !

La Guéronnière sort de chez moi, il m'a annoncé comme officielle la réconciliation complète des deux branches de la maison de Bourbon.

Il a déploré avec moi l'entourage de l'Empereur qui lui fait un tort immense.

Les évêques auxquels, depuis quelque temps, on refuse des audiences lorsqu'ils viennent à Paris, sont mécontents. Un des plus importants, chez lequel se trouvait La Guéronnière, il y a quelques jours, reçut de M. de Bassano un refus ainsi conçu :

Monseigneur,

L'Empereur regrette que la multiplicité de ses affaires ne lui permette pas de vous recevoir en ce moment.

On me l'avait bien dit, s'écria l'évêque, je ne voulais pas le croire, voilà comme on nous traite !

C'est maladroit, car l'Empereur a le temps, on le sait, de recevoir un tas de faquins qui ne devraient pas être reçus. Il faudrait plus que jamais ménager le clergé.

Samedi 26 novembre

La fusion des deux branches de la famille des Bourbons est due à l'intervention de la mère de S.M. l'empereur d'Autriche et des princes étrangers. Ceci est une nouvelle complication dans la politique actuelle et peut donner quelque embarras en France. Nous verrons se dessiner de nouvelles physionomies, se diviser, se morceler le parti de l'ordre, qu'en arrivera-t-il ?

Les faiseurs de bons mots disent, à propos de la folie de Fould (Benoît), qu'au jeu il a perdu son *d* (Foul), qu'à voler il a perdu son *l* (Fou) et qu'il est resté fou.

Léon de Laborde semble retourner à l'orléanisme en prenant une nouvelle position. Il prétend depuis quelques jours que sa situation n'est plus supportable au Louvre, et sans prévenir personne il a déménagé son cabinet dont il a emporté tout ce qui lui appartenait et il a remis la clef à l'économe.

Est-ce une précaution diplomatique en vue des événements que la fusion lui fait prévoir ? Est-ce une démission ? Nous n'en savons encore rien.

En se promenant hier dans la forêt de Fontainebleau, l'Empereur a fait une chute de cheval, mais sans gravité, il est remonté immédiatement et a continué la promenade.

Mardi 29 novembre

La Guéronnière m'a demandé de faire deux fois par mois, dans le *Constitutionnel*, des articles sur notre société. J'ai accepté, mon premier article est fait, il paraîtra dimanche prochain.

Ces articles ne ressembleront pas à mes mémoires, en voici la raison : Pour le présent, il est nécessaire de relever la société aux yeux du public, d'atténuer ses vices, d'augmenter la somme de ses qualités. Les bas-fonds de notre monde social, les vases de nos marais ne sont que trop disposés, sous prétexte que l'eau est de mauvaise qualité, à l'empoisonner tout à fait en s'agitant. Je me suis donc résolu à mettre du rouge et du blanc à la grande courtisane, à dissimuler autant que possible sous le fard son teint plombé et les rides de sa peau.

J'ai aujourd'hui quelques anecdotes curieuses sur Alexandre Dumas, qui ne dépareront pas la partie *brantômesque* de mon livre.

On sait que Dumas a épousé Ida, l'actrice de la Porte Saint-Martin, tout le monde s'est occupé de ce mariage auquel Chateaubriand a servi de témoin et personne ne se l'expliquait. En voici la raison :

Ida, fille de je ne sais qui, avait pour tuteur M. Domange, l'entrepreneur des vidanges de Paris. Elle possédait un petit capital, environ quarante mille francs. Ida, après avoir longtemps partagé le logis de Roger de Beauvoir, où Dumas l'avait connue, échut un jour à l'auteur des *Mousquetaires*.

Domange en honnête tuteur désireux d'assurer l'avenir de sa pupille s'y prit de la façon suivante :

Il employa les 40 000 fr. d'Ida à acheter à vil prix 200 000 fr. de créances sur Alexandre Dumas. Puis, escorté de gardes du commerce il se présenta un matin pour inviter le grand homme à payer 200 000 fr. qui était la dot de Mlle Ida, ou de vouloir bien prendre Clichy pour résidence. Dumas pressé par la *contrainte* épousa Ida riche de 200 000 fr. et fut béni par Chateaubriand et l'entrepreneur des vidanges.

Quelque temps après son mariage il demeurait rue de Rivoli. Ida occupait un splendide premier étage. Dumas avait fait meubler un petit appartement au quatrième au fond de la cour et s'y retirait presque chaque nuit, c'était son cabinet de travail. En ce temps-là le duc d'Orléans donnait des fêtes. Un jour Dumas y est invité. Il se revêt de ses plus beaux habits, harnache sa cascade de décorations et part à pied vers onze heures pour les Tuileries.

Trois quarts d'heure après il revient, se fait ouvrir la porte de l'appartement d'Ida, pénètre jusqu'à sa chambre et trouvant encore du feu dans la cheminée, dit à la dame :

« Ma foi, chère, j'ai voulu aller à pied aux Tuileries, je me suis fait tremper comme un caniche et je ne suis plus présentable. Je reste ici, vous avez du feu, je travaillerai. »

Ida insista pour le renvoyer, prétextant qu'il l'empêcherait de dormir. Dumas résista, Ida se mit en colère, fit la moue, mais Dumas avait chaussé dans sa tête de travailler au coin de cette cheminée dont le foyer pétillant souriait à son humidité. Il n'écouta rien, mit au feu trois buches de plus, approcha une table, prit du papier, une plume, et fit courir sa prose suivant la fantaisie de son humeur.

Ida pestait mais se taisait, le feu grésillait, la plume courait, lorsque tout à coup la porte d'un cabinet de toilette céda sous une violente pression et Roger de Beauvoir, mal drapé dans une simple chemise, entra en scène. Dumas, d'abord étonné, prend un air digne et courroucé :

« Que faites-vous ici ? Vous apportez le trouble dans mon ménage, vous déshonorez le toit d'un ami !... »

Enfin il improvise une majestueuse tirade de mari offensé. Roger écoute avec calme, puis répond :

« Pardieu, vous arrivez ici comme une bombe, vous vous installez bien à votre aise au coin du feu, vous annoncez l'intention de passer la nuit contre cette cheminée, tandis que je gèle dans un cabinet qui est comme une glacière !... Ce n'est pas supportable, je n'ai pu y tenir et me voilà ! »

Dumas, mari toujours offensé et majestueux, reprend :

« Très bien, Monsieur, nous nous expliquerons demain matin, en attendant faites-moi le plaisir de déserter ma demeure.

— Je ne demande pas mieux, s'écrie Roger, qui s'était rapproché du feu et y présentait ses pieds grelottants. »

Dumas, tout en parcourant la chambre à grands pas, entrevoit à travers l'ouverture des rideaux de la fenêtre les torrents de pluie que le ciel versait sur la terre, c'était un déluge.

« Je ne puis cependant pas vous renvoyer par cette pluie-là, dit-il à Roger qui se chauffait toujours, on ne mettrait pas un chien à la porte ! »

Puis il recommence à arpenter la chambre de toute la dimension du compas de ses grandes jambes.

Roger, après avoir réchauffé le pied droit, réchauffait le pied gauche.

« Décidément, s'écria Dumas, je ne puis pas vous renvoyer par cet affreux temps... Asseyez-vous, Monsieur de Beauvoir, passez la nuit dans mon fauteuil, nous nous expliquerons demain matin. »

Roger s'installe dans le fauteuil, Dumas éteint les bougies et se couche aux côtés d'Ida qui ne soufflait mot ; mais une heure après le feu mourant n'envoyait plus de chaleur à Roger qui recommence à grelotter. Dumas l'entend frissonner, se retourner et tisonner quelques derniers charbons.

« L'animal va s'enrhumer, c'est certain, murmure-t-il entre ses dents. Monsieur de Beauvoir, je ne veux pas que vous vous enrhumiez, venez vous coucher, nous nous expliquerons demain matin. »

M. de Beauvoir ne se le fait pas dire deux fois, il s'introduit sous la chaude couverture près d'Ida et de Dumas, et mes trois bohémiens s'endorment du sommeil de l'*innocence*.

L'innocence ronfla en trio jusqu'à neuf heures du matin, Dumas le premier réveillé, regarde Ida et Beauvoir, une pensée traverse son esprit, il tire du sommeil le couple adultère et d'une physionomie plus douce il s'adresse ainsi à Roger :

« Des vieux amis se brouilleront-ils pour une femme même légitime, ce serait stupide », puis saisissant la main de Roger il la pose sur la partie peccante d'Ida et termine par ces mots sublimes :

« Roger, réconcilions-nous comme les anciens Romains sur la place publique ! »

Et la réconciliation est opérée.

Ce même Dumas répondait à un employé de l'état civil qui dressait l'acte de naissance d'un des nombreux produits destinés à propager le type des Dumas :

« Certes, je reconnais cet enfant, mais ma parole d'honneur, il me serait impossible de reconnaître la mère ! »

Mercredi 30 novembre

La fusion des deux branches de la maison de Bourbon s'est opérée par les soins de M. de la Ferté, gendre de M. Molé. MM. de Broglie, Molé, Guizot y ont pris part. Monsieur Thiers, prétend-on, est furieux et veut se rallier à l'Empire.

Mme la duchesse d'Orléans a fait dire qu'elle ne pouvait pas engager son fils mineur, mais qu'elle tâcherait de lui donner les sentiments conformes à cette union.

Monsieur le prince de Joinville ne veut pas entendre parler de fusion, il part pour le Brésil. M. le duc de Montpensier est furieux parce qu'il prétend que ce retour aux principes légitimistes fait revivre en Espagne les droits du duc de Montémolin et le duc de Montpensier a toujours eu de par sa femme des visées sur le trône d'Espagne.

A Fontainebleau, l'Empereur a établi une étiquette très sévère, qu'il soit assis ou debout dans un salon, personne n'a le droit de s'asseoir.

L'Impératrice croit beaucoup aux tables parlantes et avec ses dames elle s'en occupe chaque jour.

La cour revient aujourd'hui ou demain matin.

J'ai dîné hier chez la Princesse Mathilde qui était arrivée à deux heures de Fontainebleau.

La dépense à cette résidence était de 50 000 francs par jour.

Samedi 10 décembre

J'arrive de Tours où je suis allé avec Nieuwerkerke assister au mariage de mon attaché Clément de Ris. Je trouve en rentrant à Paris le choléra en progrès. Mon tailleur Roguenaut est mort en quelques heures et Mme Laporte, femme du consul général au Maroc, a été également enlevée par la mort en peu d'instants.

Hier, dans le *Constitutionnel* et dans le *Pays* il y avait un grand article sur la fusion signé du nom de La Guéronnière. La Guéronnière m'a dit que l'Empereur le lui avait en quelque sorte dicté.

L'inauguration de la statue du maréchal Ney a eu lieu en présence des ministres, des grands fonctionnaires et des troupes. Cette réhabilitation extra-judiciaire est maladroite. Le maréchal Saint-Arnaud a prononcé un discours très bien fait et très finement touché, dans lequel il cherche à atténuer la trahison de Ney en le comparant à Turenne et à Condé.

Les enfants de Ney, avec l'outrecuidance qui les caractérise, se sont transportés chez le maréchal Saint-Arnaud et lui ont remis une protestation que La Guéronnière m'a montrée et qu'il refuse d'insérer dans ses deux journaux. Le gouvernement impérial devait moins que tout autre songer à réhabiliter un homme qui avait bassement sollicité de Louis XVIII l'honneur de ramener Napoléon vaincu dans une cage de fer.

Lundi 19 décembre

Lord Palmerston se retire du ministère anglais ; on cherche à colorer sa retraite de motifs qui ne sont pas les réels. Il voulait que l'Angleterre se montrât énergique dans l'affaire d'Orient [1]. Lord Aberdeen est tiède et

---

1. Très attaché à l'ordre du congrès de Vienne, le Premier Ministre britannique, Aberdeen, souhaite éviter un conflit avec la Russie. Son ministre de l'Intérieur, Palmerston, n'a pas les mêmes scrupules et souhaite une politique de fermeté, mais il n'a pas les coudées franches. Par un habile calcul, il donne sa démission. Comme il le pense, elle va être refusée. En dépit de la présence de Clarendon au *Foreign Office*, il dirigera désormais la politique étrangère britannique, sans que l'opinion publique ne soit dupe : « Sous le gant de velours de lord Clarendon se cache la griffe de Palmerston. »

il l'emporte en ce moment, mais je crois qu'avant peu Lord Palmerston reprendra la direction des affaires dans un ministère dont il sera le chef par la force de l'opinion publique.

Le prince Albert est plus russe qu'autre chose et c'est lui qui pèse par la reine et par Lord Aberdeen sur la politique anglaise. Il joue un jeu dangereux.

Vendredi 23 décembre

Turgot va être remplacé dans son ambassade de Madrid à la suite de propos tenus dans les salons de l'ambassade de France.

Un duel avait eu lieu entre Soulé, le fils du ministre d'Amérique, et le duc d'Albe.

L'affaire terminée, s'est renouvelée entre Turgot et le ministre d'Amérique ; un duel au pistolet a eu lieu, et Turgot a reçu une balle dans la cuisse.

Les premiers propos qui ont motivé toute cette sotte affaire, venaient du duc d'Albe et tournaient en dérision une femme dont Soulé fils prit la défense ; puis Soulé père prétendit qu'il était inconvenant que de tels propos fussent proférés dans le salon de l'ambassade de France.

Enfin, c'est une affaire misérable [1].

Mercredi 27 décembre

Le duc d'Albe a tué en duel M. Soulé, envoyé des États-Unis. C'est une suite de l'affaire dont j'ai parlé le 23.

La commission pour l'Exposition universelle est nommée ; Nieuwerkerke, président du jury des Beaux-Arts, n'en est pas. Grande agitation et violente colère de la Princesse Mathilde.

Hier soir, Fould était chez elle, il ne restait plus que Nieuwerkerke et Mme Ratomska. La Princesse a dit à Fould qu'elle regardait comme une insulte personnelle l'éviction de Nieuwerkerke ; qu'on dirait par toute l'Europe qu'il n'avait pas été mis sur la liste, parce qu'il est son amant ; qu'elle n'entendait pas être traitée ainsi ; qu'elle n'avait pas besoin du gouvernement et qu'elle avait de quoi vivre sans la misérable aumône de 200 000 francs qu'on lui donnait ; que d'ailleurs, si à l'instigation de ses canailles de père et frère on ne la traitait pas convenablement, elle

1. Après l'incident de l'ambassade de France, le duc d'Albe fut attaqué par la presse britannique qu'il crut inspirée par Nelvil Soulé (Soulé fils). Le duel entre les deux hommes eut lieu au Prado le 14 décembre. Pierre Soulé (Soulé père) critiqua vivement le manque d'autorité de l'ambassadeur de France. Il s'ensuivit le second duel. Voir les lettres de Mérimée à la comtesse de Montijo des 15, 20 et 27 décembre 1853 et surtout du 1er janvier 1854. Prosper Mérimée, *Correspondance générale*, établie et annotée par M. Parturier, 2e série, t. Ier, 1853-1855, 1953.

irait vivre dans un pays (la Russie), où le souverain la considérait et la traitait comme un membre de sa famille.

« Redites tout cela à l'Empereur, a-t-elle ajouté, car sans cela j'irai le dire moi-même et plus durement. »

31 décembre

Encore une année terminée, année qui ne décide rien, n'établit rien, mais qui est grosse pour les conséquences de ce qu'elle a vu commencer. Ici, autour de l'Empereur, autour de la Princesse, autour de Nieuwerkerke, les intrigants ont fait du chemin, car en rampant comme un lézard on avance beaucoup plus qu'en se lançant comme un cheval de course.

Édouard Thayer, trop nul pour être directeur général des Postes, a été nommé sénateur. Baroche, ignorant comme une carpe en beaux-arts a été nommé président de la section des Beaux-Arts, pour l'Exposition universelle. On lui doit la décoration donnée, il y a deux ans, à Passot, assez mauvais peintre en miniature qui avait peint les Baroche.

Avant-hier à cinq heures du soir Visconti est mort d'une attaque d'apoplexie. C'est une grande perte, et les travaux du Louvre s'en ressentiront.

Pour moi, je le regrette fort, je le connaissais depuis vingt-cinq ans et je n'ai jamais rencontré un homme plus aimable, plus serviable et d'un commerce plus facile.

A Madrid, monseigneur le duc de Montpensier retrouve toute sa bravoure pour insulter une femme. Toute la cour d'Espagne s'était rendue à une réception de la duchesse de Montpensier ; la marquise de Montijo, dame du palais de la reine, s'y trouvait comme toutes les dames du palais. Le duc de Montpensier la voit, se dirige vers elle et lui dit :

« Bonjour, marquise, avez-vous de bonnes nouvelles de votre fille, la comtesse de Teba, j'ai gardé un charmant souvenir de la comtesse de Teba. »

La marquise de Montijo, à ces mots prononcés à haute voix au milieu de la cour ébahie, avec l'intention de l'insulte et l'expression de l'ironie, s'embarrasse, rougit, pâlit et se trouve mal[1].

La reine Isabelle a fait dire à son beau-frère qu'il eût à se souvenir qu'en Espagne il était chez elle et qu'elle n'entendait pas qu'on fît une insulte à l'Impératrice des Français qu'elle avait reconnue et avec laquelle elle était en bonnes relations.

---

1. Une autre version de cet incident figure dans la correspondance de Mérimée. Mérimée écrit le 1er janvier 1854 à Mme de Montijo : « Autre histoire de gobe-mouches : on dit que M. le duc de Montpensier vous a demandé des nouvelles de la comtesse de Teba et que vous auriez répondu : "Elle se porte très bien, elle a déménagé et elle loge actuellement dans l'ancien appartement de votre mère." » Prosper Mérimée, *Correspondance générale*, *op. cit.*

J'ai oublié de dire que Palmerston était rentré au ministère. Les affaires d'Orient vont-elles prendre une tournure décidée ? On en est encore à essayer de la pacification. Ceci ressemble beaucoup à la fable de la *Lice* qui emprunte la demeure de sa compagne pour y mettre bas ses petits et quand ils sont devenus grands elle refuse d'en sortir. La Russie veut la guerre et elle la veut d'autant plus que nous mettons du retard à l'accepter. Notre diplomatie devrait être envoyée tout entière à la Chambre des sénateurs, car je ne connais rien de plus misérable.

Adieu, année 1853, misérable et sotte année, adieu, demain je vais voir l'Empereur pour mon jour de l'an. Je le verrai ce soir au bal chez la Princesse Mathilde.

Année 1854

Mercredi 4 janvier

Fould, en recevant la commission des Monuments historiques, lui a dit qu'il ne partageait pas ses vues sur la nécessité de doter nos musées de nouveaux monuments antiques ou modernes, en un mot d'augmenter nos collections, qu'il importait peu que les œuvres d'art fussent à Londres ou à Berlin. Mérimée a objecté l'ancienne renommée de la France d'être le grand sanctuaire où toute l'Europe venait étudier et qu'alors, dans un avenir prochain, les Français iront étudier à l'étranger au lieu de voir les étrangers affluer chez eux.

Fould a repris sa phrase : « *Je ne partage pas vos vues !* »

Que voulez-vous, les Juifs ne produisent pas de Colbert.

Le Juif Strauss disait, ces jours derniers, au vicomte de Rougé : « *Fould y fera tant de bêtises qu'on nous chassera tous de France.* »

La guerre est décidée, un manifeste doit paraître demain ou après-demain dans le *Moniteur* et il est arrêté que 30 000 Français et 20 000 Anglais s'embarqueront pour Constantinople.

Dimanche 8 janvier

Les préparatifs de guerre continuent, la rente baisse et tout le monde est fort préoccupé des éventualités de cette crise. Hier, je dînais chez la Princesse Mathilde, j'y dîne encore aujourd'hui. Il a été fort question de Russes et de Turcs ; tout le monde a déraisonné, le gros La Rochejaquelein plus que personne. Il voulait être envoyé comme ambassadeur à Pétersbourg, et quoiqu'il ne l'articule pas précisément, il laisse entendre que *lui* aurait tout arrangé.

J'ai beaucoup causé de l'Empereur avec M. de Las Cases. Il m'a dit qu'à Sainte-Hélène Napoléon parlait quelquefois de *sa faiblesse* dans le déduit amoureux, c'était fort peu de chose. Il ne regardait pas le comte Léon comme son fils ; il attribuait à Murat la paternité de cet enfant[1].

Vendredi 13 janvier

Nous sommes toujours à la guerre, les flottes ont reçu l'ordre d'entrer dans la mer Noire, on arme de nouveaux vaisseaux. La Turquie accepte la note des quatre puissances, mais la Russie ne l'acceptera pas.

Armand Bertin, le directeur du *Journal des débats*, est mort hier d'une attaque d'apoplexie. Son remplacement est toute une affaire, car il faut que son successeur soit agréé par le gouvernement. Qui, parmi ses ennemis courtois, le gouvernement choisira-t-il ?

L'orléanisme perd dans Bertin un de ses hommes les plus habiles. Ce gros journaliste représentait bien son parti. Il était d'un tel athéisme qu'après un dîner chez Véron le vieux valet de chambre du gérant du *Constitutionnel* dit à son maître : « Si M. Bertin doit encore dîner ici et y tenir les propos qu'il a tenus ce soir, je demanderai à Monsieur la permission de ne pas servir à table ! »

Bertin était cynique d'irréligion, son éloge devrait être prononcé par le sénateur Mérimée, qui n'est d'aucune religion et n'a jamais été baptisé.

Samedi 21 janvier

Les flottes anglaise et française sont entrées dans la mer Noire. La flotte russe, à la notification qui lui a été faite par les deux amiraux de leur mission de s'opposer sur mer à toute hostilité de la Russie contre la Turquie, a répondu en sortant de Sébastopol pour croiser sur les côtes de la Turquie. Un grave conflit peut naître de cette situation.

De Laborde a dit ce matin à Longpérier qu'il a rencontré : « *Je ne rentrerai jamais au musée avec M. de Nieuwerkerke pour directeur et M. de Viel Castel pour collègue.* »

Éd. Delessert, son neveu, tourne décidément contre nous ; il est conduit par Maxime Ducamp. Je me suis laissé un moment entraîner par cette intrigue voilée sous les dehors d'un froissement que je comprenais. J'ai cru à de la franchise là où il n'y en avait pas, c'est bien jeune pour moi !

On en voulait à Nieuwerkerke pour installer de Laborde à sa place et

1. La mère du comte Léon, Éléonore Denuelle de La Plaigne, était lectrice de sa sœur Caroline, épouse de Murat, ce qui peut expliquer les doutes de Napoléon sur sa paternité. S'il ne reconnut pas le garçon né le 13 décembre 1806, l'empereur manifesta cependant beaucoup d'attachement pour ce premier enfant avec lequel il finit par se trouver une ressemblance et auquel il constitua une rente de 25 000 francs avant de l'inscrire dans son testament.

inaugurer toute la faction Ducamp. Certainement Nieuwerkerke m'a froissé quelquefois, mais j'ai été injuste pour lui et léger dans beaucoup de mes appréciations. Je m'étonne de m'être laissé entraîner et je le regrette. Il y a dans le fond de son cœur de la fidélité à ses amitiés et s'il se laisse séduire par certaines cajoleries des intrigants, par certains sourires de la faveur, il garde malgré tout sa bonne et amicale nature.

Je tiens à faire cet aveu dans mon livre noir, pour montrer combien, même avec l'expérience des hommes et du monde, on peut se laisser prendre aux pièges qui sont tendus.

Il m'est démontré aujourd'hui que Delessert voulait supplanter Nieuwerkerke, il y a eu lutte entre eux, Delessert a été vaincu et rendu furieux par Maxime Ducamp qui le poussait.

Nieuwerkerke est léger en beaucoup de circonstances, mais il a des qualités qui compensent ce travers, il est ambitieux, tout le monde l'est plus ou moins par le temps qui court.

Lundi 23 janvier

On commence à douter de la neutralité de l'Autriche, et les affaires d'Orient prennent une tournure de plus en plus sérieuse. Ces jours derniers, le général Bousquet a eu une entrevue avec l'Empereur et lui a demandé à servir dans un corps expéditionnaire en Turquie. L'Empereur a répondu que pour le moment il ne pouvait que l'autoriser à servir chez les Turcs. Le général a refusé.

Puis l'Empereur a exprimé des doutes sur la neutralité de l'Autriche. Le général a dit alors : « Vous avez, Sire, un corps expéditionnaire à Rome, prévenez l'Autriche en le renforçant et emparez-vous de Trieste et de Venise. »

La conférence en est restée là.

Les nouvelles parvenues hier par la voie de Vienne sont peu favorables aux Turcs. Les Russes auraient forcé le passage devant Silistrie et occupé cette ville.

Ces bruits ont encore besoin de confirmation.

J'ai dîné hier chez la Princesse Mathilde, à laquelle l'Empereur avait dit le matin qu'il n'était encore parvenu aucune nouvelle d'engagements entre les flottes combinées et la flotte russe.

On s'occupe toujours beaucoup du grand bal costumé qui doit avoir lieu à la cour le 18 février prochain. Dieu sait combien d'événements graves peuvent intervenir d'ici là !

Ce soir, je conduis ma fille au bal de la cour, je verrai les physionomies.

Mercredi 25 janvier

Rien de décidé sur la question orientale ; il y a des gens qui se bercent toujours de l'espoir de la paix.

Dans le Conseil des ministres, il y a trois opinions.

Persigny voudrait que la Prusse et l'Autriche fussent contraintes de se joindre à la France et à l'Angleterre. Si elles refusaient, on se servirait contre elles de l'élément révolutionnaire.

Drouyn de Lhuys voudrait que nos flottes dans la mer Noire soient un avertissement à la Prusse et à l'Autriche et que le soin de peser sur l'obstination de la Russie au moyen d'une armée leur soit abandonné, car elles auront les premières à souffrir de l'agrandissement de la Russie. Cette opinion conclut tout bonnement au *laissez faire*.

Enfin, la troisième opinion, qui est la seule juste, est de secourir la Turquie en envoyant 50 000 Français et 20 000 Anglais. Les Russes, dans la prévision de cette éventualité, se hâtent de franchir le Danube. La diplomatie russe amuse le tapis et les armées russes s'avancent. La Turquie, qui a depuis le commencement de la guerre dépensé six cents millions, est épuisée. Non secourue, elle passera sous les Fourches Caudines. Si cela arrivait, la France et l'Angleterre auraient joué un triste rôle et les deux cabinets auraient peine à se soutenir devant l'opinion publique. La réponse du Czar à la notification des quatre puissances est encore évasive, dit-on ; se laissera-t-on leurrer une fois de plus ? Les faiseurs d'affaires veulent la paix à tout prix !

La Bourse a monté hier.

Samedi 4 février

L'ambassadeur de Russie part ce matin. Brunow a également quitté Londres, nous marchons donc à la guerre.

Vely-Pacha, l'ambassadeur turc, était inquiet hier soir. Une bataille, dont on n'a pas encore de nouvelles, a eu lieu devant Kalafat et les Russes avaient reçu un renfort de 46 000 hommes.

Si nous voulons soutenir la Turquie, il faut plus d'énergie et de décision que nous n'en avons montré jusqu'ici.

Le prince Napoléon est allé faire une visite au roi des Belges. Quelle plaie que ce Napoléon, tous les rouges tarés trouvent protection et emploi près de lui.

Dimanche 12 février

Les ambassadeurs russes sont partis de Londres et de Paris. Le comte Orloff envoyé en mission à Vienne par le Czar n'a pu, dit-on, rien obtenir, et l'Autriche aurait déclaré qu'en cas de passage du Danube ou d'occupation prolongée des Principautés, elle regarderait la conduite de la Russie comme une déclaration de guerre.

Notre flotte de Brest est en route pour Toulon, où elle va embarquer des troupes.

Une lettre du comte de Reiset, notre premier secrétaire à Pétersbourg, mande que l'empereur Nicolas a pour la première fois gardé sa chambre pendant deux jours. Les médecins prétendent que c'est un premier accès de goutte, mais l'empereur ne veut pas en entendre parler. Il se répandait même dans le public que les médecins avaient reconnu les premiers symptômes de la maladie dont est mort Alexandre.

En allant à Bruxelles, le prince Napoléon avait écrit au réfugié rouge Marc Dufraisse pour lui dire qu'il le verrait avec plaisir, mais le farouche exilé n'a pas voulu voir le prince.

Mercredi 15 février

Il a paru hier au *Moniteur* une belle lettre de l'Empereur adressée au Czar. C'est un *ultimatum* du 29 janvier dont la réponse négative est connue d'avance.

L'Angleterre embarque ses soldats, et les nôtres vont l'être prochainement.

La Princesse Mathilde vient de me dire que Pietri, le préfet de police, l'avait suppliée de ne pas aller dîner chez Haussmann, le préfet de la Seine, qui est un voleur. Les preuves de ses vols sont déposées chez un avoué de Paris que Pietri connaît.

On commence même, dans le conseil municipal, à être instruit des infamies du préfet.

Dimanche 19 février

Le *Moniteur* de ce matin contient l'annonce du refus du Czar aux dernières propositions de l'Empereur. J'avais toujours pensé que ce refus serait promulgué après le bal costumé qui a eu lieu hier.

Ainsi voilà la guerre.

Au bal d'hier, l'Empereur portait le costume d'un nouveau corps militaire qu'il institue pour sa garde ; ce corps de grosse cavalerie portera l'uniforme blanc et or.

Vendredi 24 février

Hier, on a aperçu rue Neuve de Rivoli des soldats anglais de passage.

Ces derniers jours, on a arrêté un assez grand nombre de démagogues qui préparaient pour aujourd'hui, anniversaire de la révolution de février, une manifestation.

Le maréchal Saint-Arnaud commandera l'armée d'Orient ; parmi les généraux sous ses ordres, il aura :

les généraux Bosquet
Pélissier
Espinasse
Canrobert
Bonah etc.
et, dit-on, le prince Napoléon !

Dimanche 26 février

Avant-hier, anniversaire de la révolution de 1848, quelques rassemblements autour de la colonne de Juillet ; des arrestations y ont été faites ; les troupes ont été consignées jusqu'à 5 heures et demie du soir. Mais tout cela n'a causé aucune émotion dans la ville, les ouvriers travaillaient, personne ne se doutait de la ridicule tentative.

Notre troisième escadre est prête, elle a dix vaisseaux de ligne, quatorze frégates ; les noms des commandants sont ce matin au *Moniteur*.

On embarque les troupes. Le prince Napoléon a fait ce matin insérer au *Moniteur* une lettre à l'Empereur dans laquelle il réclame une part dans les dangers auxquels l'armée va s'exposer !... Il est, dit-on, nommé au commandement de la réserve !...

La Russie continue ses armements, le printemps arrive et les coups décisifs vont être portés.

Le jeune Murat, lieutenant aux guides, épouse la fille du prince de Wagram, l'Empereur dote richement le futur. L'*aristocratie* de la cour impériale se gonfle de plus en plus !... Il y a de quoi ! Vachon de Belmont a juré de devenir plus gros qu'un bœuf, et plus bardé de croix qu'un calvaire... Et puis dites après cela que la fréquentation des bordels ne mène à rien.

On a vu, ces jours-ci, dans les rues de Paris des militaires anglais qui vont à Marseille rejoindre l'escadre. Les Russes nous quittent tous les jours.

Du côté de l'Allemagne, l'attitude des gouvernements n'est pas encore très parfaitement dessinée, cependant on répète officiellement qu'ils agissent de concert avec nous. L'Espagne, dit hier la correspondance Havas, vient d'être mise en état de siège et de nombreuses arrestations ont été faites à Madrid.

Persigny se croit positivement le descendant des Dauphins d'Auvergne et il regarde comme un parent Guy de la Tour du Pin, qui a la même prétention. Ces deux gaillards-là sont bien capables de réclamer la Limagne comme apanage. Le fameux duc de Beaufort était jadis roi des Halles ; pourquoi ces deux messieurs ne seraient-ils pas rois des *porteurs d'eau* ?

Lundi 27 février

L'Empereur a dit hier à la Princesse Mathilde que le Czar, trompé par les faux rapports de Kisseleff, qui ne voyait et n'entendait que le club *l'Union*, club légitimiste, commençait à reconnaître son erreur depuis le retour à Pétersbourg du comte Orloff. Il sait maintenant quelle est la situation de l'Europe et l'opposition qu'elle manifeste à ses projets ambitieux. Il y a donc, de nouveau, espérance de paix.

Quelle sera cette paix ? Le Czar dit qu'il a été trompé, mais alors si l'Europe eût été divisée il eût profité de cette division ; par conséquent ses projets ne sont que différés. Il est urgent de ne traiter que moyennant de fortes garanties.

Le *Moniteur* contenait hier une lettre assez mal rédigée du prince Napoléon. Ce *valeureux guerrier* demandait à partager les dangers de nos soldats, le jour où son cousin déclarait qu'il y a des chances de paix. L'Empereur a dit à la Princesse : « Cette malheureuse guerre m'empêche de diminuer l'impôt cette année, ce que m'eût permis sans cela l'état de nos finances. »

Sommes-nous encore joués par la Russie ? Je le crains, et dans tous les cas le Czar ne cède que devant son impuissance, il est très important de le lier très fort pour le mettre hors d'état, d'ici à longtemps, de troubler la paix de l'Europe.

L'Empereur Napoléon est toujours le seul homme de son gouvernement, au-dessous de lui il y a bien des tripotailleries, j'en vais rapporter deux.

Le procès intenté à Véron pour la vente du *Constitutionnel* touche à sa fin. L'avocat de Véron a été interrompu par Belleyme qui lui a dit : « La cause est entendue » ; ce qui donnait lieu de penser que la cause était gagnée pour Véron. Hébert, avocat des actionnaires, s'est beaucoup résumé et on lui a dit : « Vous perdrez votre procès, car vous attaquez Monsieur de Morny, l'homme qui a fait le 2 Décembre, et nous ne pouvons pas le condamner. Morny se trouvait dans la même position que Véron : copropriétaire de la gérance, il avait comme Véron vendu sa part cinq cent mille francs. » Qu'a fait Hébert, il a représenté la position aux actionnaires et, pour gagner le procès, on a abandonné la poursuite contre de Morny en la concentrant contre Véron. Maintenant qu'ont fait les deux ministres ? Je vais le dire.

Mercredi dernier, Véron reçoit un des employés supérieurs de Fould qui vient de sa part lui apporter, dit-il, de bonnes nouvelles. « Le ministre me charge, ajoute-t-il, de vous assurer du gain de votre procès. Tout est arrangé, le jugement est libellé, ne vous inquiétez plus et ne vous dérangez pas pour visiter vos juges. »

Véron remercie, puis il va chez Abbatucci, le garde des Sceaux, qui lui donne les mêmes espérances.

Le vendredi, arrivent les conclusions du procureur impérial et ces conclusions sont contre Véron. Le pacte était conclu. Morny est exonéré, mais Véron, vendredi prochain, peut être condamné même à rembourser les cinq cent mille francs reçus par de Morny !

Fiat justitia aut pereat mundies[1].

Seconde histoire ministérielle.

Il a plu à Fould de retirer à Mlle Denain le rôle qu'elle joue dans le *Verre d'eau* pour le donner à Madeleine Brohan.

Mlle Denain obtient une audience de Fould et réclame contre cette décision.

Fould lui répondit :

« Mademoiselle, je suis l'interprète du public, qui vous trouve insuffisante et même mauvaise dans ce rôle.

MLLE DENAIN

J'avoue, monsieur le ministre, que j'étais loin de m'attendre à ce compliment ; d'ailleurs ce qui se fait est contraire à mon droit et aux usages.

LE MINISTRE

Votre droit... les usages... Sachez mademoiselle qu'il n'y a que ma volonté ; les sociétaires du Théâtre-Français sont des serviteurs soldés, ils n'ont qu'à obéir.

MLLE DENAIN

Alors vous me placez dans la nécessité de faire reconnaître mon droit par les tribunaux.

LE MINISTRE *(en riant)*

Faites reconnaître votre droit par les tribunaux, gagnez votre procès, ma volonté ne s'en exécutera pas moins !!! »

Qu'on est fier d'être Français quand on voit un Juif banqueroutier ministre des Beaux-Arts !

Mercredi 1er mars

J'ai dîné hier chez la Princesse Mathilde ; dans la soirée le consul général de Russie est arrivé, porteur d'une lettre du Czar en réponse à une lettre que lui avait écrite la Princesse.

Le Czar lui dit qu'il est très touché des témoignages d'affection qu'elle lui donne, d'autant plus que depuis quelque temps il a eu beaucoup de déceptions. Il l'assure que, quelle que soit la tournure des affaires, elle peut être certaine de son affection. Il lui parle aussi des fausses idées répandues en Occident sur son compte, mais rien dans cette lettre n'indique une tendance plus pacifique, ainsi que s'en flattait il y a peu de jours l'Empereur Napoléon.

Ainsi, tous les délais, toute la diplomatie n'auront servi qu'à rendre plus grave la lutte prochaine, qu'à donner le temps à la Russie de soule-

1. « Que la justice s'accomplisse ou que le monde périsse ! »

ver les Grecs sur les frontières de la Grèce et d'amener un plus grand nombre de Russes sur les bords du Danube.

En Espagne, une échauffourée militaire a eu lieu à Saragosse ; on la dit apaisée.

La Princesse Mathilde est toujours fort russe et ne s'en cache malheureusement pas assez.

Madame Desprès, sa lectrice, fort en faveur, cherche à me nuire dans son esprit, elle aurait voulu qu'on s'assurât de mon livre noir. C'est une honte que cette femme.

Vendredi 3 mars

Simon, le médecin du musée, est venu me voir. Il m'a raconté, il y a une heure, la petite histoire de tables tournantes que voici :

Simon soigne le marquis de Galvo, frère du duc d'Albe, qui s'est cassé le bras aux Tuileries, comme je l'ai dit en son lieu, et il voit assez fréquemment l'Empereur et l'Impératrice auprès du malade, qui habite au Palais.

Dernièrement, l'Impératrice s'occupait à faire parler une table dans la chambre de Galvo ; elle l'interrogeait sur la question d'Orient et lui demandait si le Czar serait longtemps à répondre à la lettre de l'Empereur. La table répondit que la réponse arriverait dans vingt heures.

Elle arriva en effet le lendemain.

Puis elle lui demanda encore si on brûlerait beaucoup de vaisseaux russes. L'Empereur entra en ce moment.

« Arrive donc, Louis, lui dit l'Impératrice, je cause politique avec ma table. »

La table affirma qu'on ne brûlerait point de vaisseaux russes, qu'il n'y aurait pas de combat, que ce ne serait qu'une guerre de plume.

« A la bonne heure, dit l'Empereur en souriant, s'il y a des flots d'encre versés, il n'y aura pas de flots de sang. »

La table, continuant, assigna une durée de sept mois à la guerre.

« Cela vaut mieux qu'une guerre *de Sept ans* », reprit l'Empereur.

Puis il prit à part l'Impératrice, lui parla bas, et l'Impératrice fit à la table une question secrète dont Simon ne connut point la solution.

L'Empereur se tourna du côté du docteur et lui dit :

« Que pensez-vous des tables tournantes, docteur ?

— Je ne sais qu'en penser, Sire, ce que je vois seulement me paraît très curieux.

— Cela est en effet fort curieux, fit l'Empereur, et ne savoir que penser est l'opinion la plus raisonnable. »

Le lendemain, l'Impératrice amena l'évêque de Nancy qui, après quelque résistance, posa à la table la question suivante : « *Que devient l'âme après la mort ?* »

Mais la table resta muette et rien ne put l'obliger à répondre en présence d'un évêque. J'oubliais que la table avait dit à l'Impératrice qu'elle n'aimait ni l'Empereur ni l'Impératrice. Pourquoi s'est-on moqué des sorciers du Moyen Age et de la crédulité de nos pères ?

Samedi 4 mars

Véron perd son procès, Morny est mis hors de cause et Véron devra rembourser les cinq cent mille francs que Morny a touchés.

Mlle Denain a plaidé pour son rôle dans le *Verre d'eau*. Le préfet de la Seine a élevé un conflit, le tribunal s'est déclaré incompétent !

Ces deux décisions font peu d'honneur à la justice.

Belleyme aujourd'hui rend des services et ne rend pas d'arrêts.

Mercredi 8 mars

Les nouvelles sont graves aujourd'hui, la Prusse se lie, dit-on, avec la Russie et reprend son ambassadeur. L'Autriche prend décidément parti pour nous. Ce n'est plus une guerre circonscrite, c'est une guerre européenne !

Nous sommes à la veille de très graves événements et d'une situation difficile.

Mardi 14 mars

La politique de l'Autriche et celle de la Prusse sont toujours incertaines. Notre armée s'embarque. Le maréchal Saint-Arnaud la commande. Le maréchal Vaillant le remplace au ministère de la Guerre.

Mardi 28 mars

Mon déménagement m'a fait négliger mon livre ; j'ai quitté la sombre petite cour du musée, mon entresol obscur et mon cabinet plus obscur encore, pour venir habiter le second étage du Louvre, côté du pavillon de l'Horloge. Ma chambre à coucher prend son jour par la quatrième fenêtre à partir de la partie des bâtiments qui longe la rue de Rivoli. Mon cabinet vient ensuite.

La guerre a été annoncée hier officiellement au Sénat et au Corps législatif. Nous avons perdu bien du temps qui a permis à la Russie d'ourdir toutes sortes d'intrigues.

La Grèce fait cause commune avec le Czar.

La Prusse et l'Autriche ne suivent pas une marche bien nette. Enfin, à la volonté de Dieu !

Les journaux annoncent qu'un assassin a donné un coup de poignard au duc de Parme. La blessure est grave ; elle est faite au bas-ventre. S'il mourait, la perte ne serait pas grande ; c'est un homme sans valeur d'aucune sorte, qui se grise comme un crocheteur et qui rend fort malheureuse la sœur de M. le duc de Bordeaux, qu'on lui a fait épouser. Je l'ai vu à Londres, où il révoltait par ses façons toute l'aristocratie. Le duc de Parme est un poltron comme son père ; on le soupçonne fort d'être un peu p... comme son père et comme l'était aussi le feu roi de Hollande, à qui ce goût a coûté des sommes folles ; une bande de brigands le faisaient *chanter* en le menaçant d'un scandale public.

La cavalerie anglaise va passer par Paris, les grands coups seront frappés avant peu.

Vendredi 30 mars

Les Russes ont passé le Danube, l'Empereur presse le départ des troupes françaises ; à la fin d'avril nos 50 000 hommes seront en Orient.

Un ultimatum va être envoyé à l'Autriche pour qu'elle ait à se prononcer sous huit jours.

Hier le consul d'Autriche est venu consulter Beaume, avocat, fils du peintre Beaume, sur la question suivante : « En cas de guerre de l'Autriche avec la France, mon bail est-il résilié par force majeure ? »

Je tiens le fait de Beaume le père.

Chevalier, l'ancien chef du secrétariat de la présidence, remercié par l'Empereur à cause de ses tripotages financiers, s'est retiré avec cent mille francs de rente ; il en est convenu devant Nieuwerkerke.

Béville, préfet du palais, marche sur ses traces.

Le duc de Parme est mort de sa blessure trois heures après l'avoir reçue. Sa femme est déclarée régente pendant la minorité du nouveau duc, né en 1848.

Singulière destinée que celle de la duchesse de Parme, son père et son mari sont morts assassinés.

Nieuwerkerke présente aujourd'hui à l'Empereur les premières livraisons de mon livre sur les statuts de l'ordre du Saint-Esprit au droit désir.

Comme exécution, ce livre est je crois le plus beau qui ait été publié depuis longtemps.

J'ai donné, mardi dernier, au musée, une collection de peintures provenant d'anciens manuscrits italiens, espagnols, flamands et français des XIIe, XIVe, XVe et XVIe siècles ; parmi ces peintures il y en a de fort belles. Je désirais depuis longtemps qu'une collection de ces peintures fût adjointe à notre collection de dessins. On s'y refusait ; alors je l'ai recueillie et je l'ai donnée. Elle va être exposée par les soins de Reiset. Ce sera là un commencement ; la collection s'augmentera peu à peu.

Le cadeau me coûte cher pour ma modeste fortune ; mais je tenais à fonder une collection que je considère comme très précieuse pour l'histoire de l'art.

J'ai déjà donné beaucoup d'objets au Musée ethnographique ; j'ai donné des fayences au musée des Émaux ; mais les peintures de manuscrits me préoccupaient, et après avoir imprimé mon opinion sur leur utilité dans l'*Histoire de l'art*, je devais les donner.

Samedi 8 avril

La guerre en est toujours à sa préface, du moins quant aux puissances occidentales.

Le stupide bourgeois parisien et français, cet éternel gobe-mouches, croit encore au désir du Czar d'arriver à une solution pacifique, et cette race couarde et inintelligente est prête à l'abdication de l'importante politique de la France, pourvu qu'on ne la trouble plus par des bruits de guerre.

« L'Empereur Nicolas, disent tous ces niais, ne demande rien que de très raisonnable : l'évacuation de la mer Noire, l'émancipation des chrétiens en Turquie, et alors il repassera le Pruth ! »

C'est cependant ce bourgeoisisme-là qui a longtemps conduit nos affaires. C'est lui qui est tout le parti parlementaire et qui sape éternellement tous les pouvoirs pour avoir le plaisir de donner des leçons.

Si la proposition du Czar était acceptée, nous en serions, ainsi que l'Angleterre, pour nos frais, pour l'énorme dépréciation subie pendant un an par toutes nos valeurs. La Turquie, déconsidérée aux yeux de ses populations, serait ruinée pour longtemps. L'influence seule de la Russie aurait grandi et demain elle pourrait recommencer.

La race bourgeoise est une race bâtarde qui est impuissante pour construire ou conserver, c'est une espèce d'insecte rongeur qui ruine la charpente de tout édifice social. Deux mots la résument.

Ignorance, envie.

Les bourgeois ont guillotiné Louis XVI, fait tomber Charles X et chassé Louis-Philippe ; s'ils le pouvaient ils détrôneraient Louis-Napoléon ; mais ils produisent des hommes comme Berger, l'ancien préfet de la Seine, aujourd'hui commandeur de la Légion d'honneur et sénateur, que j'ai connu très sale et méchant avoué, organisateur des banquets de 1848. Je ne veux pas reculer devant une expression peu *propre* qui rend toute ma pensée sur les bourgeois.

Ce sont des *pets* qui font un bruit désagréable et sentent fort mauvais.

Jeudi 13 avril

Le prince Napoléon est parti pour l'Orient ; ce serait un grand bonheur pour nous s'il y pouvait rester.

Le duc de Cambridge est de passage à Paris ; il y a eu hier en son honneur une grande revue au Champ-de-Mars. Le duc s'embarquera dans quelques jours.

On ignore encore l'attitude positive que prendront l'Autriche et la Russie. On se bat toujours dans les provinces danubiennes ; mais on ne sait que bien vaguement les résultats de ces combats.

Dimanche dernier, j'ai entendu à la Madeleine le père Ventura ; je ne comprends pas sa réputation comme prédicateur, ce n'est à mon sens qu'un polichinelle ridicule. Voici une phrase de son sermon sur l'Eucharistie :

> Lorsque nous aimons bien une chose de tout notre cœur, lorsque nous l'aimons avec amour, nous la convoitons du regard, nous l'appelons de nos vœux, nous la saisissons, nous l'embrassons, nous l'approchons de nos lèvres, nous la dévorons de nos baisers.
>
> De même pour l'Eucharistie, mes frères, nous l'aimons d'amour, nous la convoitons, nous l'approchons de nos lèvres, nous la saisissons, nous la dévorons de nos baisers et nous l'avalons !!

Toutes ces sottises sont débitées et bien d'autres encore avec le plus effroyable accent de pasquin et des gestes à l'avenant.

Jeudi 20 avril

Rien encore d'important depuis la déclaration de guerre. On a pris aux Russes quelques vaisseaux chargés de salpêtre et de soufre.

La Russie argue d'une prétendue légitimité à la succession de l'empire grec au moyen d'un acte signé au XVIe siècle par les évêques et papes grecs et même par le patriarche. Donc Constantinople lui appartiendrait par droit de succession.

Vendredi 21 avril

Pour bien peindre notre époque, il n'est pas inutile de rapporter l'anecdote suivante.

M. Lionel de Moreton Chabrillan, petit-fils par sa mère du comte de Choiseul, ancien ambassadeur à Constantinople et auteur du *Voyage en Grèce*, après avoir dissipé une belle fortune de la façon la plus déplorable, a épousé une fille qui était sa maîtresse. Cette fille, nommée Céleste Vainard, était connue sous le nom de *Mogador* dans les bals publics et au cirque, où elle a été écuyère.

Lionel de Chabrillant, mauvais sujet ruiné, s'est fait envoyer comme consul français en Autriche. A peine installé, la librairie parisienne nous remet son nom en mémoire ainsi que sa vie crapuleuse. Les deux premiers volumes des Mémoires de Mme de Chabrillant (Céleste Vainard) viennent de paraître !

Mogador raconte ses débuts au bordel, dépeint les hommes avec lesquels la m... l'envoyait pour vingt francs, etc. etc.

La police, sans doute pour faire honneur à notre corps consulaire, laisse paraître ces sales Mémoires.

Les réflexions sont inutiles.

Samedi 6 mai

Odessa a été bombardé, les batteries sont détruites, les poudrières ont sauté, treize bâtiments de guerre incendiés, un nombre à peu près égal de bâtiments de transport chargés de munitions sont pris ; les bâtiments français retenus dans le port sont délivrés.

Par décret impérial d'hier la garde impériale est rétablie, le général Regnault de St-Jean d'Angely la commande.

Le monde s'entretient beaucoup depuis dix jours de la disparition de la jeune princesse de Bauffremont (fille d'un ancien banquier nommé Leroux) ; dix versions circulent sur les causes de la fuite de cette jeune femme qui n'est pas encore retrouvée. On parle de scènes violentes, de coups donnés, etc. Bauffremont est bête comme une canne, sans éducation, vaniteux et insupportable ; voilà ce qu'il y a de mieux à en dire.

Le comte Lazareff, Russe fort riche, qui a épousé une Byren de Courlande, avait obtenu, malgré l'état de guerre, de continuer à habiter la France. Lazareff a fait tous les métiers, vendu des diamants et prêté à usure. Cet honorable monsieur est laid à ce point qu'aucune description ne peut le faire comprendre.

Le comte Lazareff en restant ici était un peu espion, il ne dérogeait pas ; puis il tenait des propos hostiles, des conciliabules avec les légitimistes, entre autres avec le duc de Dino ; ses correspondances avec l'extérieur étaient des plus probantes. On lui a envoyé un agent supérieur pour l'engager, s'il voulait rester en France, à plus de retenue. Lazareff a injurié l'agent, a vomi cent sottises contre l'Empereur, etc. Instruit de ces faits, Pietri, le préfet de police, l'a fait arrêter et amener devant lui.

Lazareff a injurié le magistrat, l'État, l'Empereur ; alors Pietri l'a fait mettre à Mazas.

On dit ce matin que l'Empereur s'est contenté de le faire conduire à la frontière, au lieu de le déférer aux tribunaux.

Jeudi 18 mai

Un certain Couet de Laury, dans deux mémoires envoyés au Sénat, accuse le général Randon, gouverneur de l'Algérie, de vol, d'abus d'autorité, etc. Il demande l'autorisation de le poursuivre.

Couet de Laury n'a pu jusqu'à présent obtenir de réponse.

Mon collègue Longpérier, conservateur des Antiques, un des hommes les plus savants que je connaisse et le plus modeste que je sache, se présente à l'Académie des inscriptions et belles-lettres. Depuis dix jours ses visites étaient faites, et il est inscrit sur la liste des candidats, d'où on ne peut retirer son nom qu'en renonçant à se présenter jamais, lorsqu'il a plu à M. Fortoul, ministre de l'Instruction, d'entrer aussi dans cette académie ; il est donc allé solliciter des voix, même celle de M. Guizot ! Mais comme il s'est aperçu de l'avantage que Longpérier gardait sur lui, et qu'en calculant il a su l'impossibilité de l'emporter sur mon ami par des moyens honnêtes, il a eu recours au mensonge : il a dit que Longpérier se retirait, puis que Longpérier se retirerait au moment du vote. Aux orléanistes il a présenté sa candidature comme appuyée par M. Guizot, etc.

Toutes ces manœuvres n'ébranlant point la candidature de Longpérier, le ministre a menacé ceux des académiciens qui, par des places de professeurs, dépendent de son ministère ; il leur a formellement fait dire qu'ils seraient destitués. Aux autres il a envoyé des présents, des livres édités sous les auspices du ministère, etc.

Cela n'a pas suffi. Fould s'en est mêlé ; il a dit à Nieuwerkerke qu'il fallait que Fortoul fût nommé et que Longpérier se retirât, que c'était la volonté de l'Empereur.

Nieuwerkerke a répondu qu'il doutait, d'après ce que l'Empereur lui-même lui avait dit, que telle fût sa volonté, que Longpérier ne pouvait pas se retirer et ne se retirerait pas, et que quand bien même il aurait pu se retirer, le ministre ne serait pas nommé.

Fould a prié Nieuwerkerke de voir Fortoul ce matin, l'affaire en est là.

L'Empereur a envoyé, il y a deux jours, son premier chambellan m'inviter à dîner pour aujourd'hui.

Lundi, l'Empereur est venu au Louvre, où j'étais seul ; j'ai eu l'honneur de l'accompagner pendant deux heures ; il n'avait avec lui qu'Edgar Ney.

En regardant la rue nouvelle de Rivoli, il nous a demandé si nous ne pensions pas que les arcades nuiraient à la beauté de la rue comme aspect. Nous avons répondu affirmativement, alors l'Empereur a dit : « *Ce n'est pas encore fait.* »

Demain j'écrirai les détails de mon dîner d'aujourd'hui, qui va me faire quelques ennemis de plus.

Vendredi 19 mai

L'Empereur et l'Impératrice m'ont reçu à merveille hier. L'Impératrice m'a fait dire de venir causer avec elle, et comme après vingt minutes de conversation je m'étais éloigné en voyant s'approcher le ministre du Brésil, elle m'a dépêché le comte Tascher de la Pagerie, son chambellan, pour m'engager à revenir à notre conversation, qui cette fois a duré près d'une heure.

L'Impératrice m'a remercié de la bague de Louis XVI que je lui avais donnée et j'ai profité de cette occasion pour joindre à la bague le canif saisi par les gardiens du Temple parmi les effets de Louis XVI. L'Impératrice attache un vif intérêt à tout ce qui vient de ce malheureux roi, et surtout à ce qui est un souvenir de la reine. Je lui ai promis de chercher les moindres reliques de Marie-Antoinette. « Ce que je voudrais retrouver, a-t-elle ajouté, *c'est le portrait d'elle qui a été fait à la Conciergerie*. »

J'adresse à Tascher, pour être remis à l'Impératrice, le dessin fait par Guervelot de la carte d'invitation au bal donné à Versailles pour le mariage de Louis XVI et de Marie-Antoinette.

Après mes deux conversations avec l'Impératrice, j'étais un homme bien posé ; les gens qui me connaissaient à peine venaient causer avec moi. Rothschild y est venu deux fois et il a fait l'aimable, enfin le *servum pecus* a été aussi *servum* que possible et qu'il le sera toujours.

L'Impératrice m'a dit qu'elle comptait beaucoup sur sa mère pour rapprocher mon frère.

Vendredi 26 mai

Rien d'important de la mer Noire ou de la mer Baltique ; du moins rien d'officiel.

J'ai toujours oublié d'inscrire sur mon livre la seule correspondance qu'il y ait jamais eu entre le comte de Laborde et moi, et qui est, dit-on, la cause de la haine qu'il me porte.

Le comte de Laborde était à Londres en qualité de commissaire français pour l'Exposition universelle et il m'écrivait pour me remercier d'un très beau costume que je lui avais prêté pour aller au bal costumé donné par la reine Victoria.

Au lieu de m'écrire des choses intéressantes à propos de l'exposition, ce monsieur s'avise de m'écrire une lettre de balivernes et de légèretés, comme il aurait pu en écrire une à un freluquet du boulevard. Voici sa lettre, qui porte imprimé en tête avec armes d'Angleterre.

Great Exhibition of the Works of Industry
of all Nations 1851.
President
His Royal Highness Prince Albert, etc.

Office of the Executive Committee
le 14 juillet Exhibition Building
19 Bury Street Kensington Road, London.

J'espère bien que vous n'avez pas besoin, mon cher Viel Castel, du costume que vous m'avez prêté avec tant d'obligeance, autrement je vous le renverrai immédiatement. Je serai de retour à Paris dans les premiers jours d'août et je vous remettrai le tout avec mes sincères remerciements.

La vie de Londres, que vous bien connaissez, n'a rien de plus jovial que les années précédentes.

C'est toujours ce courant d'invitations, de déjeuners, de dîners et de soirées, c'est toujours l'ennui poursuivant le plaisir au milieu des dépenses fabuleuses que s'imposent les grandes fortunes pour tenir leur rang. De gaieté peu, de galanterie point et de la morale à contrecœur. Et n'êtes-vous pas de l'avis de cet Anglais qui disait qu'à Londres la vertu des femmes tenait à l'architecture. On voit de la rue dans les appartements du rez-de-chaussée, et si vous baissez les stores, tout le quartier est révolté. Au premier les portes s'ouvrent sur vous, et les tapis de l'escalier conspirent avec les maris. Ceux-ci au reste ont raison de rendre impossible ce qui serait par trop facile. Je n'ai jamais rencontré, pas même en Allemagne, de femmes aussi faciles à brusquer que dans ce pays ; elles n'ont pas de défense ; ce n'est pas précisément le tempérament qui les domine, mais une sorte de pâmoison qui s'empare d'elles, et la personne la plus étonnée de tant de facilité, après le vainqueur, c'est la victime...

Le reste de la lettre, quelques lignes, contenait des regrets d'avoir abandonné ses travaux au Louvre.

Voici ma réponse :

Le Vicomte de Valmont au Chevalier de Faublas

Mon cher Faublas,

Je me dégage avec peine des bras de la petite présidente pour répondre quelques mots à votre charmante et aimable lettre. Ne me sachez pas gré de ce sacrifice, car je commence à avoir par-dessus les oreilles de la femme du Robin, qui, lui, ne conspire pas avec les tapis et donne à sa douce moitié liberté pleine et entière.

Laissez-moi vous gronder un peu, mon cher Faublas, ou du moins laissez-moi m'étonner de vous trouver si changé, si différent de ce que je vous ai connu. Comment, vous, le héros de vingt romans ; vous, le faiseur de charades, le vainqueur de la marquise de B***, vous pensez à un tapis, vous songez à un mari ?... Mais quel plaisir y aurait-il à vaincre une femme, si les maris étaient aveugles et si les tapis étaient sourds ?! Revenez à vous, secouez le brouillard anglais qui vous refroidit, en un mot, soyez Faublas.

Je conçois tous vos succès ; le *veni, vidi, vici* ne m'étonne pas dans votre bouche.

Que vous soyez las des Anglaises comme vous l'étiez déjà des Allemandes, rien de mieux !... Que vous pensiez que la vertu des femmes dans la perfide

Albion tient seulement à l'architecture, je me rends à cette idée archéologique, comme diraient nos messieurs des académies. Mais, mon cher Faublas, vous vous promenez dans les jardins publics, vous suivez les sentiers foulés par tous... pouah ! Cela sent le bourgeois en diable.

Laissez toutes les ladies et leurs jupes goudronnées, puisque vous séduisez à Londres, attaquez résolument, bravement une de ces bonnes quakeresses, une de ces douces et blondes créatures ensevelies dans des flots d'étoffe brune et de batiste, cachées sous un auvent qu'elles nomment un chapeau.

Faublas, mon cher Faublas, compromettez une quakeresse et j'abdique en votre faveur. Ce sera beau, prodigieux, inconcevable !

Palsambleu ! cette victoire vous manque pour vous égaler à moi ; j'ai sur vous l'avantage d'une présidente.

Songez-y et ne dormez plus.

Lauzun et Letorière vous disent mille choses.

4 heures du soir

Malgré les intrigues de Fortoul, aidé de De Laborde, Longpérier vient d'être nommé membre de l'Académie des inscriptions et belles-lettres. Fortoul a eu dix-sept voix, Longpérier dix-neuf.

Lagrenée, notre ancien ambassadeur en Chine, raconte à qui veut l'entendre, qu'en 1837, Fortoul, dans un dîner rouge, a porté le toast suivant :

« *A la dernière incarnation de Jésus-Christ à Alibaud !* »

Il offre de fournir des témoins oculaires, entre autres Yvan, actuellement député [1].

Fortoul est aujourd'hui ministre de l'Instruction et des Cultes !

Samedi 27 mai

La prophétie suivante se trouve dans le livre qui a pour titre :

Quarennii Elucid. terrae Sanctae,
Antuerp 1639. T. I, f. 265

« *Hoc regnum (Turcicum) et secta penitus destructa et abolita erunt anno Domini 1854 vel 1856* [2]. »

---

1. Le personnage auquel il est ici fait allusion est Honoré Yvan, qui a effectivement fréquenté les Fortoul quand il exerçait la médecine à Digne. Il devint par la suite représentant du peuple à l'Assemblée législative. C'est à son domicile que se réunirent les opposants républicains au coup d'État du 2 Décembre. Il fut proscrit. En mai 1854, il vient de rentrer de son exil bruxellois, mais il n'est pas député, contrairement à ce qu'avance Viel Castel.

2. « L'Empire des Turcs sera détruit et anéanti de fond en comble au cours de l'année du Seigneur 1854 ou 1856. » Cette prophétie se trouve effectivement dans l'ouvrage du père Franciscus Quaresmius, *Historia, theologica et moralis Terrae Sanctae elucidatio*, daté de 1639. Est-ce Viel Castel lui-même qui a souligné d'une encre aujourd'hui pâlie ce passage dans l'exemplaire conservé à la Bibliothèque nationale de France ?

Lundi 29 mai

M. Guizot a voté vendredi dernier à l'Académie des inscriptions et belles-lettres pour M. Fortoul, et voici la raison qu'il en donne :

« M. Fortoul m'a promis de prendre très prochainement des mesures favorables aux protestants. Je sais bien, a dit le ministre, quels ennemis je vais me faire dans le clergé catholique, mais n'importe, je suis décidé à favoriser le protestantisme ! »

M. Fortoul a tenu à Nieuwerkerke les mêmes propos en lui expliquant pourquoi il comptait sur le vote de M. Guizot.

Nieuwerkerke a été homme de cœur et très amical dans toute cette affaire, sa bonne nature reprenait le dessus, il s'est laissé aller à son premier mouvement. C'est le meilleur garçon du monde lorsqu'il met son amour-propre à la porte.

Je ne le comprends pas, par exemple, lorsqu'il écrit une longue lettre à notre ambassadeur à Rome, pour appuyer la demande que fait Galoppe d'Onquaire de la croix de Saint-Grégoire.

Galoppe est un sauteur sorti de la boutique du journal *Le Corsaire*, où il avait pour mission celle d'insulteur du prince Napoléon et du régime actuel. Il fait des vaudevilles et des livres religieux ou plutôt de mauvaises poésies prétendues religieuses.

Nieuwerkerke l'a nommé, il y a deux ans, secrétaire de la Direction des musées ; aujourd'hui, il en est mécontent, il veut s'en débarrasser, et il l'appuie avec chaleur pour lui faire avoir une croix !... J'avoue que je ne le comprends pas.

Dimanche 4 juin

L'Empereur a reçu, ces jours derniers, le chancelier de l'Académie française, qui est venu lui présenter les deux derniers immortels nommés : l'évêque d'Orléans et M. de Sacy.

Le chancelier était Salvandy.

L'Empereur les a reçus à merveille avec cérémonial et solennité. Il a exprimé à Salvandy le plaisir qu'il éprouvait à le voir aux Tuileries, à quoi Salvandy a répondu que les opinions politiques ne mettaient aucun obstacle aux devoirs littéraires. L'Empereur a aussi félicité l'Académie d'avoir fait un choix dans les rangs du clergé, qui méritait cette distinction par ses talents et ses lumières ; puis il a complimenté également M. de Sacy, dont la polémique dans le *Journal des débats* a toujours été si pleine d'atticisme. Il a appuyé également sur les travaux de M. de Sacy comme écrivain correct et dont la place était marquée à l'Académie.

« Je vous lis assidûment, a-t-il ajouté, et je suis charmé de trouver en vous le continuateur des bons prosateurs français. »

L'Empereur s'est montré parfaitement aimable pour les trois académiciens.

L'Empereur ira vers le commencement d'août prendre le commandement du camp de cent mille hommes que l'on forme dans les départements du Nord.

Lundi 5 juin

Il se prépare dans le plus grand secret et avec l'approbation du gouvernement une expédition dont le but est de détrôner la reine de Madagascar au profit de son fils Tamatave. Sarda Garriga, ancien gouverneur de Bourbon, est à la tête de cette expédition ; les voies ont été en grande partie aplanies par M. Rantonei, banquier fort riche, qui possède de vastes établissements à Bourbon et à Madagascar. Quelques anciens officiers, entre autres MM. de Montferrier et du Planty, et une douzaine de sous-officiers de spahis composeront le personnel de l'expédition. Le prince Tamatave a pour lui une grande partie de la population ; ses hommes ont des fusils, mais pas de canons ; on lui porte de l'artillerie et de la poudre.

Sarda Garriga part samedi pour terminer les derniers arrangements avec Tamatave et signer les conventions. L'imam de Mascate fournira des approvisionnements. Sarda apporte à Tamatave le portrait d'une jeune personne de bonne famille qu'on veut lui faire épouser. Le projet, d'ailleurs bien conçu et conduit par de hardis aventuriers, m'a été communiqué ce matin. Il s'agit de faire de Madagascar une sorte de colonie française administrée par des agents français sous le nom de Tamatave, fantôme de roi qu'on dorera sur toutes les coutures.

C'est un beau rêve ; se réalisera-t-il ?

Dimanche 18 juin

Nous sommes aujourd'hui au 39e anniversaire de la bataille de Waterloo ! Et nous sommes de nouveau en guerre, mais cette fois nous marchons avec l'Angleterre contre la Russie.

J'ai vu hier un Français qui arrive de Pétersbourg. L'empereur Nicolas a vieilli de plusieurs années en quelques mois. Les Russes sont mécontents et accablés d'impôts ; ils s'attendent à des revers. Le commerce est mort en Russie ; le Trésor est comme le tonneau des Danaïdes : la guerre l'a percé de tous côtés et la richesse de la Russie s'écoule à travers les fentes.

Mardi, je dînerai chez le comte de Morny ; peut-être y aura-t-il d'importantes nouvelles soit de la mer Noire soit de la Baltique.

Ici, nous sommes plus préoccupés du mauvais temps que de la guerre ; depuis plus d'un mois il pleut tous les jours, les récoltes souffrent et nous sommes menacés d'une année de disette.

M. Fortoul, ministre de l'Instruction publique, fait retomber sur moi tout le poids de sa colère, il cherche les occasions de me la prouver.

L'ancien rouge de 1837, l'admirateur d'Alibaud, l'insulteur de Louis XVI et de Marie-Antoinette dans son ouvrage sur Versailles, joue au *Jupiter* tonnant !... C'est risible !

Jules Lecomte a été reçu à l'unanimité membre de la Société des gens de lettres après un rapport louangeur de Léon Gozlan !...

Dimanche 2 juillet

Paris est envahi par l'influence cholérique dont j'ai subi une assez forte atteinte.

Hier, la nouvelle est arrivée d'une levée de boucliers d'O'Donnell qui se tenait caché à Madrid. Il est parti pour l'Aragon à la tête de deux régiments de cavalerie qu'il a insurgés[1].

Depuis longtemps la reine est tombée dans un discrédit complet à Madrid. Toute la population est soulevée contre elle ; quand elle se montre au théâtre on la siffle presque.

Si le *pronunciamento* d'O'Donnell réussit, il en peut survenir de graves complications pour la politique européenne et nous aurions à nous préoccuper de l'Espagne et du Portugal, que la Russie ne manquerait pas d'aider dans une voie de révolutions.

Quant à la guerre d'Orient, le siège de Silistrie est levé par les Russes, l'Autriche entre en ligne, le cabinet français paraît compter sur la fermeté de son alliance.

L'Empereur, suivant sa libérale habitude, vient de payer les dettes de M. de Noé, fils de l'ancien pair de France, assez mauvais officier et piètre sujet, qui a fait retentir les tribunaux de ses procès contre sa femme. De Noé est envoyé comme colonel en Turquie pour organiser les Badji Bouzouks. Tout ce que l'Empereur a payé des dettes de son entourage et de quelques officiers est inconcevable.

Avant de nommer Rochefort (gendre de M. Mauguin) général et commandant de l'école de cavalerie de Saumur, il a payé ses dettes. Rochefort, malgré cela, en fera toujours. Seymour (Lord Henri) l'a tiré une fois des mains des recors ; d'Oraison, dont il était le lieutenant-colonel, a payé les huissiers qui allaient vendre ses meubles ; c'est toujours à recommencer, car Rochefort n'a pas la moindre délicatesse.

Le lieutenant-général Grouchy constata dans une inspection le scandale de sa position financière personnelle. Rochefort, mis en demeure de s'expliquer, remit au général un état de sa fortune, état explicatif qui lui

1. Il s'agit des débuts du pronunciamiento qui va chasser définitivement Marie-Christine d'Espagne.

donnait une valeur de *cinq cent mille francs*. Il est inutile de dire que tout cela était de pure invention.

Je tiens le fait de Grouchy, avec lequel j'ai dîné hier et qui m'a dit avoir encore en sa possession cet état fabuleux.

Par décret inséré ce matin au *Moniteur*, l'Opéra, comme au temps de la Restauration et sous l'ancienne monarchie, redevient la propriété de la liste civile, qui paie ses dettes. Roqueplan passe à l'état de directeur subventionné, il aura 25 000 francs de traitement ! Le voilà encore une fois à flot, mais 25 000 francs ne lui suffiront pas ; Mlle Marquet doit lui coûter à peu de chose près cette somme.

Le conseil choisi pour éclairer le ministre sur les questions d'art qui touchent à l'Opéra est curieusement composé :

Le président du Sénat.
Le président du Conseil d'État.
Le futur président du Corps législatif, etc.

Pauvre Opéra, pauvre liste civile ! Tous ces présidents et ministres d'État sont des coureurs de danseuses, de vieux libertins qui vont régner entre les coulisses avec l'argent de l'Empereur.

Thibaudeau, du Vaudeville, est en faillite.

On commence à parler de la possibilité du remplacement du ministre des Affaires étrangères, le fameux Drouyn de Lhuis, qui a reçu, il y a huit mois, le grand cordon de la Légion d'honneur, pour avoir, dit le *Moniteur*, mené à bonne fin la question d'Orient !!!

Persigny a donné sa démission, il y a quelques jours, il est parti pour la Suisse [1].

Mardi 11 juillet

L'amiral Napier a écrit au ministre de la Marine que dans l'état actuel de nos armements maritimes, Cronstadt n'était pas prenable.

Le ministre en lisant cette dépêche a dit :

« La campagne prochaine je fournirai à l'amiral une telle flotte de chaloupes canonnières qu'il n'y aura plus rien d'imprenable. »

Le choléra a éclaté dans notre flotte ; un de nos vaisseaux a perdu onze marins en cinq heures, un autre a eu quarante morts de la petite vérole.

J'ai passé avant-hier la journée à Breteuil chez la Princesse Mathilde et j'y ai dîné avec son frère, fils du premier mariage de Jérôme.

---

1. Persigny n'avait plus la confiance de Napoléon III, qui lui reprochait d'avoir critiqué son mariage avec Eugénie et qui prêtait une oreille de plus en plus complaisante aux propos malveillants de ses nombreux ennemis, dont Morny. Il lui proposa un ministère moins important, que Persigny repoussa avec fierté, et accepta sa démission le 22 juin.

J'ai visité dans la journée la manufacture de Sèvres où j'ai acquis les meilleures preuves de l'ignorance du ministre Fould en fait d'art.

Samedi 15 juillet

Un complot contre la vie de l'Empereur vient d'être découvert. Quarante personnes sont arrêtées, leurs papiers relatifs au complot sont saisis, ainsi que leur correspondance [1].

Une bien singulière coïncidence que je dois signaler, c'est qu'il y a quelques jours, le prince Jérôme reçut de son fils, le prince Napoléon, une lettre par laquelle, au moment où les grandes hostilités vont commencer en Orient, ce futur héros priait son père d'obtenir qu'un bâtiment à vapeur fût mis à sa disposition.

« Si l'Empereur était assassiné, disait-il, il serait de la dernière importance que je revienne en toute hâte. »

L'Empereur a répondu : « S'il revient à Paris sans mon ordre, je l'abandonne et ne le revois jamais. »

Le prince Napoléon est au plus mal avec le maréchal Saint-Arnaud, qui s'en plaint amèrement. Ce prince est un mauvais homme, sournois, sans bravoure, sans reconnaissance et sans générosité. Il a de l'esprit, mais du mauvais esprit ; tripotailleur avec les partis extrêmes ; son grand conseiller est Girardin.

Usé par la débauche, il paraît plus vieux que son âge.

Si jamais il arrive à régner (ce dont Dieu nous préserve), la France connaîtra de bien mauvais jours. Il ressemble physiquement à Napoléon Ier moins l'expression. Tout ce qui était grandeur chez l'*Oncle* est astuce et bas instinct chez le neveu.

Ennemi acharné de Napoléon III, les bons procédés ne l'ont pas désarmé ; il les attribue à la crainte qu'il inspire. Les hommes qu'il a auprès de lui sont pris parmi les moins favorables au régime actuel ; les gens qu'il reçoit sont encore plus prononcés.

Ses maîtresses, quand elles ne sont pas actrices, sont prises dans des rangs plus bas. La première impression produite par le prince Napoléon ne lui est pas favorable et lorsqu'on le connaît mieux, on le méprise profondément.

S'il était brave, on prierait les boulets de nous l'enlever, mais on n'a pas cette ressource.

L'Impératrice devrait mettre au monde un fils âgé de trente ans !

1. Les complots comme celui-ci sont devenus fréquents depuis ceux de la Reine-Blanche, de l'Hippodrome et de l'Opéra-Comique en 1853.

Vendredi 21 juillet

L'Empereur et l'Impératrice sont partis pour Biarritz. Le dernier mot de l'Impératrice à Nieuwerkerke, lorsqu'elle était déjà en wagon, a été : « Remerciez bien Viel Castel, il m'a fait grand plaisir. »

Je lui ai fait envoyer, il y a huit jours, le portrait de Marie-Antoinette, dessiné d'après nature en 1791 par Dumon, son peintre en miniature. La reine est représentée en pied dans le petit temple du jardin de Trianon, tenant un vase sur lequel est le médaillon de Louis XVI.

L'Espagne est en révolution, elle s'est prononcée contre la reine mère et les ministres. Espartero est à la tête de tout. La reine Christine par sa rapacité, la reine Isabelle par son immoralité ont amené ce résultat qui peut avoir de bien sérieuses conséquences.

Si les progressistes prennent la direction des affaires, cela peut être fâcheux pour nous, car nos progressistes verront dans ce fait un appui à leurs rêveries. Une conspiration militaire est ce qu'il y a de plus mauvais.

L'Amérique espagnole ne peut, depuis trente ans, sortir des conspirations militaires.

Lundi 31 juillet

J'arrive de St-Gratien, la campagne achetée par la Princesse Mathilde. C'est joli et bien arrangé. Mon petit appartement y est très confortable.

Hier soir, le ministre d'État, le ministre des Affaires étrangères et le ministre de la Marine y sont arrivés pendant un violent orage qui les avait forcés de s'arrêter dans une auberge pour permettre à monsieur le ministre des Affaires étrangères de se remettre de son émotion en buvant un verre d'eau sucrée qu'il a fait payer au ministre de la Marine, car il est ladre comme un vieux bohème.

Mme Drouyn de Lhuis lui a dit en arrivant, avec un accent de dédain : « *C'est étonnant à quel point vous manquez de fermeté.* »

Tout le monde a tortillé sa figure pour réprimer un fou rire, car le ministre passe pour quasi impuissant.

Il est question du blocus des ports prussiens par la flotte anglaise !

La situation en Espagne prend une attitude très révolutionnaire.

J'ai dîné samedi à Madrid chez La Guéronnière, nous avons beaucoup causé du prince Napoléon.

Quelques jours avant son départ pour l'Orient, le prince a dîné chez un quart d'agent de change avec tous les journalistes les moins connus de l'opinion la plus avancée et l'un d'eux disait à La Guéronnière : « *Il nous a révoltés par le cynisme de son ingratitude envers son cousin.* »

Deux jours après, La Guéronnière dînait au Palais-Royal chez ce même prince, qui lui a dit devant Collet-Maigret, directeur de la Sûreté générale :

« Belle guerre que nous allons entreprendre, pas d'armée, pas de marine !... La France n'a qu'une manière de faire la guerre et l'on ne veut pas me croire... C'est de chanter la *Marseillaise* !... »

Ce prince Napoléon est de la pire espèce des hommes ! Lâche, cruel, sans scrupule, sans conscience, voluptueux... C'est un très mauvais homme ; ce serait, comme monarque, un effroyable tyran.

Dieu nous en préserve !

Je connais maintenant la généalogie du général de division, comte de Goyon, qui prend le titre de *prince de Mortagne*. Ce prince de Mortagne est le fils d'un bourgeois de Nantes qui se nommait Goujon ; il était donc dans son enfance un petit goujon, mais :

Petit poisson deviendra grand
Pourvu que Dieu lui prête vie !

Petit Goujon en grandissant a découvert qu'en Bretagne il y avait une famille d'honorables gentilshommes connus sous le nom de Gouïon ; petit Goujon a gratté la queue de son *j* et il est ainsi devenu Gouïon.

Cependant, ce nom de Gouïon ne suffisait pas à son ambition. Les Matignon possédaient, parmi les leurs, celui très illustre de Goyon. Qu'a fait mon ancien Goujon ? Il a abandonné les Gouïon, il a supprimé un jambage à son *u* de goujon, a réuni le second jambage à son *j* pour fabriquer un *y* ; il est ainsi devenu Goyon et il a épousé Orianne de Montesquiou Fezensac, puis enfin arrivé au grade de général de division sans avoir jamais vu le feu, aide de camp de l'Empereur, au moment où la guerre éclate, il a soin de se faire envoyer loin du bruit des canons pour commander sa division de Metz ! Mais il inscrit sur ses cartes le titre de *prince de Mortagne*.

Dites, après cela, que les *goujons* sont sots comme des carpes !

Mercredi 9 août

Les nouvelles d'Espagne sont toujours mauvaises. Les généraux se font nommer maréchaux et proscrivent leurs adversaires. Ils ne sont déjà même plus d'accord entre eux, mais les barricadeurs sont une puissance. Les barricadeurs comptent parmi eux sept à huit mille démagogues français, polonais et italiens, car c'est ainsi que se font les révolutions avec un personnel de chevaliers errants du pillage et du désordre.

Le peuple armé ne veut, dit-on, pas laisser sortir la reine Christine sans lui faire payer une forte rançon. Voilà le brave peuple auquel l'*invincible* duc de la Victoire prodigue les titres de héros et de libérateurs des Espagnes.

Mazzini aurait voulu révolutionner aussi l'Italie, mais le coup a manqué.

La reine Christine, après avoir lu la proclamation de sa fille aux Espagnols, l'a souffletée au palais en plein conseil en lui disant : « *Vous dégradez la royauté !* » Il y a malheureusement trop longtemps que la mère et la fille dégradent la royauté en Espagne. La branche des Bourbons de Naples n'a fourni que des p... aux trônes européens.

Ici, l'Empereur est toujours absent, il tient à prouver à l'Europe qu'après deux ans de règne et même pendant la guerre il peut être absent de sa capitale et gouverner la France du fond de la province la plus reculée.

J'aime sa confiance et sa fierté, mais je lui voudrais d'autres ministres et un autre entourage. Je lui voudrais surtout un autre héritier !

Le prince Napoléon revient, dit-on, de l'Orient ; est-il rappelé ou revient-il, je l'ignore, mais ce que je n'ignore pas, c'est la répulsion générale qu'il inspire. En Orient, il rassemblait autour de son quartier général tous les mauvais démagogues, tous les réfugiés, à ce point que le duc de Cambridge refusait de le voir.

Le grand conseiller, le futur ministre du prince Napoléon est Girardin. Le journal *La Presse* est le dépositaire de la pensée du prince et du ministre. Il est inconcevable qu'on laisse ce journal écrire ce qu'il écrit. Capo de Feuillade, ex-transporté, sans moralité, sans conscience, est le second personnage de *La Presse*.

Ce Capo est l'auteur de l'article pour lequel Armand Carrel s'est battu avec Girardin. Après la mort de Carrel, Capo dit adieu au *National* et signa des articles dans *La Presse*.

Ministres et dignitaires actuels ménagent l'avenir et tiennent à ne pas se mettre trop mal avec le prince Napoléon ; voilà pourquoi on tolère *La Presse* et sa polémique hostile.

Drouyn de Lhuis caresse les rédacteurs du *Siècle*. Drouyn trahira l'Empereur le jour où il pourra gagner treize deniers en le trahissant.

Billaut, ministre de l'Intérieur, retrouvera son éloquence démagogique des beaux jours de 1848.

Fortoul, l'admirateur d'Alibaud, est à qui veut l'acheter le plus cher. Le luxe lui est nécessaire, et il dit qu'à aucun prix il ne veut retomber dans une position au-dessous de celle qu'il occupe. Avant d'être ministre, il était comme une sorte d'espion des ministres à la Chambre.

Baroche, que je voulais estimer pour son passage au ministère de l'Intérieur, est une canaille. Cette *Excellence* touche 120 000 francs d'appointements comme président du Conseil et elle a 80 000 francs de rente, ces deux sommes additionnées donnent 200 000 francs par an au bourgeois vaniteux.

Ledit bourgeois *excellentifié* après de profondes réflexions et méditations sur l'inconstance des fortunes humaines et le peu de solidité des empires, surtout en France, a découvert que la position la plus solide depuis cinquante ans a été celle de sénateur ou de pair dont les pensions ont été et sont toujours payées.

Donc avec l'audace d'un portier qui sollicite des étrennes, le Baroche est venu trouver l'Empereur et lui a dit : « Sire, j'ai le plus violent désir d'entrer au Sénat. » L'Empereur lui a répondu : « Cela est impossible, mon cher Baroche, à moins que vous n'abandonniez la présidence du Conseil d'État. »

Baroche, pâle de terreur, s'est empressé de certifier que cet abandon était loin de sa pensée (lâcher 120 000 francs de traitement). « Alors vous ne pouvez être sénateur, a repris l'Empereur, les fonctions de conseiller d'État et de sénateur sont incompatibles. Le premier prépare les lois que le second discute et adopte. » Baroche tournait son chapeau entre ses doigts, il l'a bravement tendu sans vergogne, il a pris une voix d'aveugle et une attitude de donneur d'eau bénite.

« Si j'éprouvais le désir d'être sénateur, Sire, a-t-il chevroté, ce n'est certes pas pour l'honneur qui m'en reviendrait, et si Votre Majesté me connaissait mieux, elle saurait combien je suis détaché des vanités de ce monde ; mais j'ai des enfants qui ne sont pas beaux et qui sont trop grands seigneurs pour être très intelligents. Je suis orné d'une femme difficile à digérer. Donc, pour soutenir ma famille, mon nom et mon rang, je me trouve fort pauvre, les trente mille francs de sénateur m'auraient très bien accommodé !... Sire, un petit sou, s'il vous plaît. »

L'Empereur a regardé le Baroche de son regard terne et il a laissé tomber dans le chapeau du président du Conseil d'État trente mille francs de frais de représentation.

Persigny est, dit-on, appelé à Biarritz ; celui-ci est honnête à ce qu'on assure : peut-être demain apprendra-t-on le contraire.

Pietri, le préfet de police, est, je le pense jusqu'à preuves contraires, un homme sur lequel l'Empereur peut compter ; mais il n'est pas bien servi par tous ses agents : Ainsi, une chose à laquelle il ne donne pas l'attention qu'elle mérite, est l'envahissement de certains quartiers de Paris par les Allemands des bords du Rhin. Le Marais et le faubourg St-Antoine sont pleins de ces sauvages démagogues, soldats d'émeute prêts au pillage, le souhaitant, et qui ne reculeraient pas devant les massacres.

Ce sont des ouvriers allemands, que connaît Crozatier le fondeur, qui en 1830 et 1848 sont entrés les premiers dans les palais, ont brisé les beaux meubles et les beaux vases pour avoir les bronzes.

Depuis deux mois, il est arrivé dans le Marais et dans le faubourg St-Antoine un déluge de ces mauvais Allemands à moitié juifs. La fabrication de l'ébénisterie de luxe est entre leurs mains.

A ces Allemands, il faut joindre les ouvriers tailleurs et cordonniers, presque tous allemands et démagogues de la pire espèce.

Il serait grandement temps de faire attention à cette population.

J'ai oublié de citer, en parlant de Baroche, une phrase de *Son Excellence* après la révolution de février.

A la suite de nombreuses déclamations, de plus nombreuses flagorneries adressées au peuple des barricades et en rappelant comment il l'invoquait depuis des années contre Louis-Philippe, il a imprimé :

J'ai devancé la justice du peuple.

Mardi 15 août

Demain, jour de ma naissance, ma cinquante-deuxième année sera révolue, et hier Fould m'a écrit que par décret du 5 de ce mois, l'Empereur me nomme chevalier de la Légion d'honneur.

La Princesse Mathilde a mis le ruban à ma boutonnière en disant : « Embrassez-moi donc ! » Il paraît que j'ai été très gauche en l'embrassant, et que j'avais l'embarras d'un écolier.

Je reçois beaucoup de compliments sur cette faveur et tout le monde veut bien me dire que c'est une justice qui m'est enfin rendue.

Cette croix fait plaisir à ma famille et à mes enfants, alors tant mieux pour eux. Je suis reconnaissant à l'Empereur et à l'Impératrice de s'être souvenus de moi.

La Guéronnière m'a écrit une lettre très amicale et très flatteuse.

Ce qui m'a fait un grand plaisir, c'est la promotion de mon ami Droz, sculpteur distingué et le plus honnête homme du monde.

Nieuwerkerke s'est bien conduit, il m'avait placé en tête de sa liste et s'est très employé d'une façon tout amicale à faire réussir sa demande.

Enfin j'ai la croix, on ne me tourmentera plus pour m'obliger à la solliciter, c'est quelque chose.

Samedi 19 août

Théophile Gautier, écrivain de la bande d'Émile de Girardin, est un des écrivains du *Moniteur* avec Fiorentino et d'autres bohèmes. Didier l'éditeur a publié, il y quelques mois, un roman de T. Gautier ; lequel roman est aussi polisson que ceux de Crébillon, aussi abondant en scènes et en détails obscènes ; je viens d'y lire la phrase suivante :

« Depuis saint Joseph personne n'a été cocu de meilleure grâce. »

Celle-ci ou celle-là, ou la Jeunesse passionnée. Par Théophile Gautier.
Eug. Didier, éditeur
1853
Bibliothèque de l'Esprit français.

Cette lâche insulte aux croyances du culte chrétien se trouve à la page 54, lignes 6 et 7.

Voilà les littérateurs que paie l'État pour rédiger le journal officiel de l'Empire ; telle est leur moralité.

L'Empereur est bien mal servi par ses ministres qui ne sont pas heureux dans le choix des hommes qu'ils chargent de missions.

Le journal *La Presse* est favorisé d'une tolérance sans nom. Depuis quelques jours on laisse Girardin établir dans d'interminables feuilletons, que l'armée est une lourde charge qu'il faut supprimer et que l'impôt, pour être juste, doit être proportionnel et ne frapper que sur les *riches* !

Mardi 29 août

L'Empereur est revenu hier à 6 heures du soir de Biarritz où l'Impératrice est restée. L'Empereur ne fera à Paris qu'un très court séjour, il se rend au camp de Boulogne.

Depuis la prise de Bomarsund rien de neuf ; les nouvelles mises en circulation sont démenties le lendemain.

Ce qui est certain c'est que la Prusse ne marche pas avec les puissances occidentales.

Baraguay d'Hilliers est fait maréchal.

Si Saint-Arnaud prend Sébastopol qu'en fera-t-on ?

En attendant, sa femme et les Françaises qui ont suivi leurs maris en Orient s'agitent beaucoup trop à Constantinople.

Mme de Saint-Arnaud a reçu du Padischa un collier de cent mille francs, ce qui prouve qu'un militaire doit être marié, car sa femme a pour mission de ramasser les fruits qu'il ne pourrait honorablement cueillir.

Les pertes occasionnées par le choléra en Orient sont pour l'armée française d'un dixième de l'effectif à peu près. On disait ces jours derniers que le prince Napoléon était mort du choléra, mais il paraît qu'il a eu seulement une indisposition qui lui a permis d'abandonner momentanément sa division pour se faire soigner à Constantinople !

Ce mauvais Juif de Mirès a fait imprimer pendant trois jours en tête du *Constitutionnel* une lettre dans laquelle Lamartine le traite de : « *mon excellent ami !* »

Lamartine reçoit le coup de pied de l'âne.

Le duc de Mouchy, le plus *fiérot* de tous les Noailles, est intime avec Mirès.

Auri sacra fames[1] *!*

Il y a huit jours, l'abbé Coquereau déclamait beaucoup chez la Princesse contre l'extension donnée en France au culte de la Vierge. Il y a du vrai dans ce que disait l'abbé mais il n'aurait pas dû traiter ce sujet. Il aime à blâmer les évêques parce qu'il ne l'est pas ; l'abbé est un intrigant qui assiège plus les ministères que les asiles de la méditation. Le culte de la Vierge remplace peu à peu le culte des trois personnes de la Trinité, c'est un amollissement du christianisme, c'est un nouveau molinisme que l'esprit inquiet et rêveur du siècle adopte avec empressement. La tendresse du nouveau chrétien a des élans d'amour presque

1. « La sainte faim de l'or ! »

mondains. Comme femme on suppose la Vierge plus facile à l'indulgence, on lui confie ses espérances ou ses peines avec plus de liberté. Le christianisme a d'ailleurs toujours eu une tendance féminine. Le Christ lui-même a en quelque sorte reconnu la force de la faiblesse des femmes. Toutes les fois qu'il s'est trouvé en communication avec elles, il a manifesté pour les juger une charité, une indulgence plus empreintes des affections humaines.

Il accueillait les parfums de Madeleine, il souffrait que ses pieds fussent essuyés par sa chevelure. Mis en présence d'une femme adultère, il ne peut la condamner, il lui dit seulement : « *Allez et ne péchez plus.* » Ce furent les saintes femmes qui mirent le Christ au tombeau, ce fut à elles que l'Ange annonça la résurrection du Maître. Ce fut enfin la Vierge, confiée par le Christ à l'apôtre favori, qui depuis la mort du Rédempteur demeura le lien des disciples. Le Saint-Esprit descendit sur elle et sur les apôtres et le Christ a enseigné qu'il aimerait ceux qui s'adresseraient à lui par l'intercession de sa mère. Le culte de la Vierge ne m'étonne pas, nous ne sommes plus au temps où le chrétien avait d'austères vertus, ce qui reste aujourd'hui de religion dans les cœurs est une tendresse inquiète et rêveuse qui cherche le cœur d'une femme pour interpréter près de Dieu son inquiétude et sa rêverie [1].

Vendredi 1er septembre

L'Empereur est parti hier pour le camp de Boulogne.

J'ai passé deux jours à Saint-Gratien chez la Princesse Mathilde.

Excelmans le capitaine de frégate, qui était à la prise de Bomarsund, est venu le vendredi soir voir la Princesse. Je ne saurais dire avec quel dégoût je l'ai entendu parler de notre armée de terre et du général Baraguay d'Hilliers, aujourd'hui maréchal.

C'est une sotte et puérile vanité, un amour-propre insensé qui poussent cet officier d'ailleurs fort nul. Selon lui, la marine a tout fait, le général n'a eu la peine que d'accaparer la gloire des marins. Il m'a avoué qu'il n'avait d'autre but que de décrier le général. Après avoir allongé outre mesure sa narration dénigrante, il a glissé dans l'oreille de la Princesse qu'il avait le temps voulu par les règlements pour être promu au grade

1. Viel Castel nous propose une intéressante et juste analyse de l'évolution de la piété chrétienne. A l'instigation de Rome, le rigorisme du XVIIIe siècle, qui mettait l'accent sur les risques de la damnation, s'efface progressivement devant le liguorisme qui insiste sur le pardon. La religion devient plus sensible. Dans ce cadre, le culte de Marie prend une grande extension avec la bénédiction de l'Église : reconnaissance des apparitions mariales de la rue du Bac et de La Salette sous la monarchie de Juillet, consécration du mois de mai à Marie en 1840, création de confréries du rosaire, proclamation du dogme de l'Immaculée Conception le 8 décembre 1854. Sur un aspect particulier, voir Philippe Boutry et Joachim Bouflet, *Un signe dans le ciel. Les apparitions de la Vierge*, Paris, Grasset, 1997.

de capitaine de vaisseau ! La partie curieuse de sa narration a été la sortie de la garnison de Bomarsund après la reddition de la place[1].

Les troupes russes défilaient entre deux rangs de soldats français et anglais dont la musique jouait des airs nationaux. Lorsque les Russes ont entendu une gigue écossaise, ils se sont mis à danser comme des ours.

C'est une triste chose que cet esprit de jalousie dont Excelmans donnait la preuve. Officier sans illustration, soutenu seulement par le nom de son père, chargé de la mission de venir apporter une glorieuse nouvelle pour la France, il ne sait que dénigrer l'officier général élevé par l'Empereur au rang de maréchal.

Le général Espinasse a commis une lourde faute dans la Dobruschka ; il a épuisé sa brigade par des marches forcées et il a perdu 500 hommes en un jour par le choléra. Cette cruelle maladie a décimé notre armée.

Christine a pu sortir d'Espagne. Cette reine a fait bien du mal à son pays. Les Espagnols commencent à avoir assez des barricadeurs et des démocrates, ils ferment les clubs et suppriment les journaux rouges.

Mazzini veut encore une fois agiter l'Italie. En Suisse on a saisi des convois d'armes. Quand en aurons-nous fini avec messieurs les réfugiés de tous les pays et avec les ménagements dont on use envers eux ?

En France, après les succès les plus avantageux, le mauvais esprit qui nous anime, esprit d'étroite et stupide opposition, amène toujours une réaction. En ce moment cet esprit est occupé à rabaisser l'importance de la prise de Bomarsund !

Hier je dînais au Café de Paris à côté de Roqueplan, le directeur de l'Opéra, et nous causions de la réouverture de ce théâtre. Deux freluquets, deux gamins, MM. de Béhague et Vigier, locataires de loges, sont arrivés, inquiets pour la continuation de leurs entrées sur le théâtre. Roqueplan leur a dit : « Le ministre veut qu'on sache que ces entrées ne sont pas de droit, mais qu'elles constituent une faveur, il faut donc les demander. »

Béhague et Vigier se sont récriés, ils ne veulent pas des faveurs du gouvernement, et ces deux gamins sont partis pour le bal Mabille où ils délibéreront sur cette grave situation.

Béhague et Vigier fils de pères peu bien notés.

Vigier, fils du bâtard d'un baigneur et de Mlle Frère, fille d'un général de l'Empire. Vigier, coureur de filles, cela est vraiment joli.

Ces beaux petits messieurs veulent imiter les boudeurs de 1830 ; ils

1. Les Franco-Britanniques espéraient alors faire la décision au Nord, ce qui explique l'envoi d'un corps expéditionnaire considérable en Baltique. Débarqué dans les îles d'Aland, celui-ci entreprit le siège de la forteresse de Bomarsund le 12 août, siège qui se termina par la capitulation de la place le 16. Ce brillant succès restera sans suite. Comme la flotte russe refusera le combat, il semblera en effet périlleux de pousser jusqu'à Cronstadt à l'approche d'un hiver toujours rigoureux dans ces régions septentrionales.

espèrent par ce moyen constituer une opposition qui les fera admettre dans les rangs de la vieille aristocratie.

On nomme cette coalition *la fusion* !!

Embrassez-vous, MM. Vigier et de Montmorency, la France vous contemple.

Mercredi 6 septembre

Il n'est pas inutile de stigmatiser pour l'avenir tous les gredins qui se pavanent aujourd'hui au soleil. J'ai déjà parlé de M. Jules Lecomte, rédacteur de l'*Indépendance*, reçu dernièrement avec un grand éclat et à l'unanimité membre de la Société des gens de lettres. J'ai même dit comment le procès-verbal de sa réception a été imprimé et envoyé à tous ceux qui doutent de l'honorabilité dudit Jules Lecomte, condamné pour faux en 1847 par la cour d'assises de Rouen. Le procès-verbal est signé Léon Goslan, Louis Lurine, etc. etc.

Si Jules Lecomte se montrait modeste dans son infamie, je le passerais sous silence comme tant d'autres, mais il est couvert de croix, de plaques et d'*honneurs*, mais il va partout et je l'ai vu aux Tuileries, donc il est licite de le *redégrader*.

Je dînais hier au Café de Paris à côté de Fatio le banquier, frère de Morel Fatio, conservateur du musée de la Marine, et je vais rapporter succinctement ce qu'il m'a dit sur Lecomte.

« Le faux pour lequel il a été condamné en 1847 n'est pas le seul qu'il ait fabriqué. J'ai de lui entre les mains un faux billet de 300 francs, au bas duquel se trouvent des signatures de son invention. Il y a dix ou douze ans, il m'avait prié de le faire escompter par mon père, qui par complaisance pour moi lui en remit les fonds sans prendre ni escompte ni intérêts. A l'échéance la fausseté des signatures fut reconnue et le billet m'est resté avec le volumineux dossier qui le concerne, plus une longue correspondance de M. Lecomte qui jusqu'à ce jour n'a pas jugé utile de retirer ce faux de mon portefeuille. J'ai rencontré Lecomte à la Bourse et je l'en ai expulsé en le menaçant du commissaire de police. Lecomte un moment a voulu se poser vis-à-vis de moi en duelliste ; je lui ai ri au nez en lui disant : "*Allons donc, monsieur Lecomte, on ne peut pas se commettre avec vous.*" Pendant quelques mois Jules Lecomte signait des articles dans le journal *Le Siècle* ; vingt fois je l'ai reproché à des rédacteurs de ce journal qui évitaient de me répondre. Enfin, poussés à bout par les accusations dont je flétrissais leur collègue, ils m'ont dit : "*Lecomte nous est imposé par la police comme surveillant.*" »

La Société des gens de lettres l'a admis.

Toutes ces sociétés Taylor se ressemblent ; elles servent à quelques filous qui s'y faufilent et font marchepied des sots et des niais qui les composent.

La reine Christine doit à l'heure qu'il est être arrivée en Portugal.

L'Empereur reçoit au camp de Boulogne les rois de Belgique et de Portugal et le prince Albert.

Je regrette l'absence de l'Impératrice, car les malintentionnés prétendent qu'on doit à son éloignement la faveur de ces visites.

Il paraît décidé que Sébastopol sera attaqué ce mois-ci ; l'expédition est partie.

Lundi 11 septembre

J'arrive de Saint-Gratien où j'étais allé hier dîner chez la Princesse Mathilde.

L'Empereur se plaît au camp de Boulogne. Le roi des Belges avait dès l'année dernière désiré une entrevue avec l'Empereur, c'est la Princesse qui me l'a affirmé comme le tenant de l'Empereur.

Pendant la visite du roi des Belges et du duc de Brabant au camp de Boulogne, le duc de Brabant, profitant d'une sieste à laquelle se livrait son père, est venu trouver l'Empereur, avec qui il a eu une conférence d'une heure. L'Empereur et le prince se sont séparés avec des témoignages de satisfaction réciproques.

On parle d'une restitution aux princes belges de la fortune de leur mère qui se monte à quatorze millions.

En arrivant à Boulogne, l'Empereur a chargé Monsieur Ducos, ministre de la Marine, de s'informer s'il existait encore dans cette ville quelques-uns des gens qui l'avaient arrêté en 1840 lors de son expédition malheureuse [1].

Ducos découvrit un matelot qui s'était jeté à la mer pour atteindre le prince qui cherchait à regagner à la nage le bâtiment qui l'avait amené ; lequel susdit matelot avait *empoigné* le prétendant par les cheveux ; puis Ducos découvrit encore le gendarme, aujourd'hui douanier, qui sur le rivage avait pris du matelot livraison du prince vaincu et lui avait mis la main sur le collet. Ces deux hommes furent conduits chez Ducos qui leur demanda s'ils étaient bien les hommes qu'on lui avait désignés. Ces deux pauvres diables répondirent, non sans hésitation, qu'ils étaient les

1. Après avoir vainement essayé de renverser la monarchie de Juillet en tentant un coup de main à Strasbourg, en 1836, Louis Napoléon Bonaparte fit une nouvelle tentative dans la nuit du 5 au 6 août 1840 à Boulogne-sur-Mer. Les conjurés ne parvinrent ni à entraîner le régiment de la ville basse, ni à prendre la ville haute. La plupart d'entre eux furent arrêtés sur la plage alors qu'ils essayaient de rembarquer. Le prince lui-même, qui avait voulu résister jusqu'à la mort au pied de la colonne de la Grande Armée, fut entraîné par ses compagnons, prit place sur une chaloupe qui chavira et fut finalement arrêté par les gendarmes.

deux arrestateurs du prince et Ducos leur enjoignit de revenir le lendemain à neuf heures du matin. Après une nuit d'anxiétés, les deux gaillards, fort peu gaillards pour le moment, se présentèrent chez le ministre à l'heure précise, qui leur avait été indiquée. Ducos les conduisit chez l'Empereur et le matelot fut le premier admis en sa présence.

L'Empereur tortillait entre ses doigts sa longue moustache, il marcha vivement vers le matelot et lui dit : « C'est donc toi qui en 1840 es venu me prendre dans la mer en me saisissant par les cheveux ?

LE MATELOT

Majesté,... je... je...

L'EMPEREUR

Voyons, est-ce toi, oui ou non ?

LE MATELOT *(reprenant son assurance)*

Eh bien oui, Majesté ; les autres tiraient, vous pouviez être blessé et vous noyer, c'est moi qui me suis lancé à la mer pour vous sauver... C'est moi qui vous ai sauvé... »

L'Empereur et le ministre avaient peine à garder leur sérieux en écoutant cette version, singulièrement embellie par ce matelot, d'une arrestation changée en sauvetage.

« C'est bien, mon garçon, reprit l'Empereur, voilà la croix que tu as gagnée en faisant ton devoir, et voici 500 francs pour te souvenir de moi. »

Au matelot succéda le gendarme devenu douanier, mais son imagination moins inventive que celle du matelot ne lui suggéra point de merveilleuse transformation, il balbutia longtemps, puis prenant bravement son parti, répondit :

« Oui, Sire, c'est moi, vous étiez en contravention, j'étais de service et je vous ai arrêté.

L'EMPEREUR

Et cette croix que tu portes, d'où te vient-elle, qui te l'a donnée ?

LE GENDARME

Sire, c'est le roi Louis-Philippe.

L'EMPEREUR

A l'occasion de mon arrestation ?

LE GENDARME

Je suis un ancien militaire... J'avais de bons services... je... mais c'est vrai, Sire, c'est à l'occasion de votre arrestation que je l'ai enfin reçue.

L'EMPEREUR

J'en suis fâché parce que je ne peux pas te la donner puisque tu l'as, mais voici la médaille militaire (et l'Empereur, détachant celle qu'il portait, la mit sur la poitrine du gendarme) tu es un brave soldat. »

Le gendarme reçut comme le matelot une somme de cinq cents francs.

A propos des expéditions de l'Empereur comme prétendant, Barot, le frère d'Odillon, racontait qu'après l'insuccès de Strasbourg il avait vu à la Conciergerie le prince qui y avait été déposé et qui ignorait encore de quelle façon on disposerait de lui.

Le prince examinait les gendarmes et après quelques secondes de silence il dit avec le plus grand calme à Ferdinand Barot : « Quand je serai le maître ici, je changerai telle chose à l'uniforme de ces gendarmes, et je réviserai leur organisation. »

L'Empereur ne doutait point, il parlait toujours de l'avenir comme d'une chose certaine.

On se bat maintenant autour de Sébastopol, on attend des nouvelles avec anxiété, la prise de cette ville serait une grande chose !

On affirme d'une manière très positive que l'amiral Napier a reçu de l'amirauté anglaise l'ordre de ne rentrer en Angleterre qu'après avoir accompli quelque fait d'arme plus important que la prise de Bomarsund.

Les immenses préparatifs faits par la France et l'Angleterre, et la susceptibilité de l'opinion publique ne se contenteront pas d'aussi peu de chose.

Le prince Napoléon et le duc de Cambridge, à peu près rétablis, ont rejoint le corps expéditionnaire, lancé contre Sébastopol.

Mme la marquise de Belbœuf et la comtesse de Gouy scandalisent Dieppe par leurs façons. La Princesse prétend qu'elles se grisent, qu'elles cassent des carreaux, dansent le cancan et font enfin un tel tapage qu'elles font honte aux lorettes. La Princesse exagère peut-être, mais cependant il y a du vrai !

Lundi 18 septembre

L'Empereur est revenu avant-hier à cinq heures du camp de Boulogne. Il part dans deux jours pour aller chercher l'Impératrice à Biarritz.

J'arrive de Saint-Gratien où j'étais depuis vendredi. La Princesse Mathilde a été très aimable pour moi, elle m'a fait venir de Londres un très bel écritoire de voyage en cuir de Russie ; cet écritoire est garni de tous ses instruments en ivoire.

La Princesse prétend que l'Autriche a saisi les principautés comme un gage, et que la France avant deux mois entrera en Italie et s'en emparera. Elle a donné cette nouvelle au vieux général Armandi qui ne s'en tenait pas de joie.

Je ne me fie pas précisément aux nouvelles données par la Princesse ; elle prend facilement ses rêves pour des réalités et comme elle déteste l'Autriche, qu'elle a en horreur la domination papale, les cardinaux et les prêtres, une révolution accomplie par la France lui semble une merveille. Elle dit haut et volontiers qu'autant la guerre d'Orient lui inspire peu de sympathie, autant le révolutionnement de l'Italie et la chute de la papauté lui causeraient de joie.

La Princesse ne voit pas loin en politique ; elle ne peut pardonner à l'Empereur l'alliance anglaise, elle préférerait l'alliance russe ; elle trouve mauvais tout ce qui se fait en Angleterre ou vient des Anglais.

Walewski et moi nous nous sommes efforcés, il y a peu de jours, de lui démontrer qu'elle était dans l'erreur ; elle ne veut pas le reconnaître et la Desprez l'entretient dans ces idées.

L'intrigant Coquereau est à Saint-Gratien où il fait un peu le Pasquin et lit avec prétention des vers amoureux de Victor Hugo. Coquereau, chanoine de Saint-Denis, aumônier en chef de la flotte, abonde dans le sens de la Princesse sur le compte du pape, des prêtres romains et même de nos évêques français, parce qu'il ne peut accrocher un évêché. La Desprez prend maintenant chez la Princesse un ton de domination et d'importance impayable. Samedi nous jouions la poule au billard avec les deux Bonaparte américains, frères de la Princesse, et que l'on traite maintenant de princes. La Desprez vint au milieu de la partie s'appuyer sur le billard et y étaler une gravure qu'elle montrait à je ne sais qui. Coquereau l'avertit à plusieurs reprises qu'elle empêchait le jeu, elle ne parut pas d'abord entendre l'abbé, puis enfin elle lui dit d'un ton sec et en prenant ses grands airs :

« Vous êtes inconvenant, l'abbé, vos observations sont de la dernière inconvenance. »

La Desprez est à Saint-Gratien toute la maison de la Princesse : elle y taille, rogne et jabotte en maîtresse. Elle est parvenue à faire loger à Paris dans l'hôtel de la Princesse, Gontran, son fils bâtard, quant à sa bâtarde Margot, elle ne quitte pas la Princesse.

Cette société fait le plus grand tort à la Princesse et Nieuwerkerke n'a pas de plus grands ennemis que la famille Desprez ; je m'en suis convaincu en faisant bavarder Gontran. La Desprez aspire à faire renvoyer tout le monde. Sa fille et son fils sont toujours mis avec une recherche extrême de toilette, et quand elle parle de son père, on croirait qu'il est question du connétable de Montmorency.

Pauvre et aveugle Princesse !

Mercredi 20 septembre

Pas encore de nouvelles de la Crimée.

Le bourgeois de Paris s'impatiente ; il aurait fallu, dit-il, faire ceci, faire cela, et il dresse des plans de campagne, et il se met à la place de la diplomatie qu'il traite de vieille ganache.

Le marchand, dans son *patriotisme*, consentirait volontiers à abandonner Constantinople à la Russie, pourvu que la France pût encore jouir de la paix pendant quelques années jusqu'au moment où sa fortune serait faite.

Chacun ne songe qu'à ses intérêts personnels ; le bourgeois de Paris en est encore au 24 février, rien ne l'éclaire, rien ne l'instruit, c'est un enfant indocile qui a besoin d'être fouetté tous les matins.

L'Empereur et l'Impératrice sont à Bordeaux, leur retour est imminent, car le voyage de Compiègne est fixé au mois prochain.

La reine Christine est arrivée en France.

La Guéronnière est nommé conseiller d'État ; je l'avais entraîné vers l'Empereur trois mois avant le 2 décembre et j'avais discuté avec lui le manuscrit de son portrait du président. Au 2 décembre je n'avais pas peu contribué à le séparer des opposants. Depuis je l'avais toujours accompagné et je déplore que ce publiciste soit enlevé à la presse gouvernementale que l'on abandonne à Mirès pourvu de Cucheval Clarigny et de Granier de Cassagnac.

Ces deux journalistes sont à qui les paie, et quant à Mirès, mauvais juif enrichi, protégé par tous les tripotailleurs, c'est un petit scélérat qui a passé en cour d'assises pour avoir donné deux coups de couteau à son frère, et qui a été condamné plus tard pour insulte à des magistrats.

Je ne connais rien de plus vil en ce moment que le personnel de la *Presse* et de plus mal dirigé que la presse gouvernementale. On ne sévit pas contre Girardin, on ne réprime pas ses intempérances ; il ne fait que saper l'ordre de choses établi, cela n'en vaut pas la peine, mais on interdit de critiquer la nouvelle administration de l'Opéra et on fait insérer *par ordre* des louanges sur Mme Stolz.

Le journal *L'Artiste*, qui ne vit que de la subvention que lui accorde la direction des Beaux-Arts, le journal *L'Artiste*, propriété d'Arsène Houssaye, commissaire du gouvernement auprès du Théâtre-Français, imprimait dans son dernier numéro les phrases suivantes, signées Paul Boiteau, rédacteur du *Moniteur* sous le nom de Paul d'Ambly :

> On pourrait trouver bizarre que les quarante seigneurs suzerains de la haute éloquence et de la poésie noble, jugent également digne d'éloge des livres comme le *Devoir* de M. Jules Simon où les conquêtes de la révolution sont énergiquement glorifiées, et des rapsodies plus que médiocres comme le *Louis XVII* de M. de Beauchesne où de tristes souvenirs et d'inutiles regrets se trouvent gonflés jusqu'aux prétentions d'un réquisitoire [...]. M. de Salvandy, laissez les Veuillot, les Nicolardet, les Dulac et les Coquille décrotter des bottes ou crotter du papier blanc [...]. Quand on a l'honneur d'être, comme M. de Salvandy, le fils d'un prêtre et d'une religieuse, etc. etc.

Puis, dans un article nécrologique sur M. Ancelot, enterré seulement depuis deux ou trois jours, article nécrologique signé par le frère de Houssaye.

Vers ce temps-là, M. Ancelot prit un collaborateur qui s'appelait Mme Ancelot. Parmi les œuvres de Monsieur et de Madame, la seule qui soit restée au théâtre du monde, est une belle fille qui est devenue une belle femme sous le nom de Madame Lachaud [...] M. Ancelot se retira du monde littéraire, toujours préoccupé de bien dîner et d'avoir de l'esprit, il faisait bien la moitié de la chose [...]. De temps en temps on entendait encore parler de M. Ancelot dans les catacombes de l'académie [...]. D'autres laissent des volumes sous prétexte d'œuvres complètes, M. Ancelot laisse Mme Ancelot.

Ainsi soit-il !

Pour en finir avec Paul Boiteau ou Paul Dambly nous citerons dans le même numéro son appréciation de la cour de Louis XIV : « La cour de Louis XIV était un composé de filous. Quelle cour ! »

Et, pour donner une juste idée de la rédaction de *L'Artiste*, nous dirons que toujours dans le même numéro on trouve un pompeux éloge de l'abbé de Voisenon. Nous citerons la phrase qui le termine : « Pleuré par les Muses, il mourut avec toute la fermeté d'un philosophe chrétien ! »

L'avenir est bien gros d'événements et la plupart des hommes, qui prétendent nous conduire, sont bien misérables.

Nous vivons dans un siècle où personne n'est certain d'être enterré dans le cimetière de sa ville, où les souvenirs et les tombeaux disparaissent en peu de temps, où la famille n'est qu'un vain mot ; nous vivons dans un temps triste !

Vendredi 22 septembre

Hier, la nouvelle suivante a été affichée à la Bourse :

25 000 Français, 25 000 Anglais et 8 000 Turcs ont été débarqués le 14 à Eupatoria sans résistance, et ont marché immédiatement sur Sébastopol. Les transports sont repartis sur-le-champ pour Varna afin d'y prendre la réserve composée de 14 000 Français.

De Bourqueney

Voilà donc enfin les grandes opérations commencées ; nous sommes engagés dans une grave affaire, et le public a la fièvre de l'impatience. Il faut espérer que cette expédition sera mieux conduite et mieux commandée que celle qui a eu pour résultat la prise de Bomarsund. Le maréchal Baragay d'Hilliers et l'amiral Napier sont gravement accusés par tous les officiers de terre ou de marine, qui ont pris part à cette campagne.

Napier, on le reconnaît aujourd'hui, n'est qu'une réputation usurpée, une sorte de charlatan, qui a su imposer en captant l'opinion publique en Angleterre par des roueries de Figaro.

Quant au maréchal, c'est un officier brusque, rude, grossier même, tellement imprévoyant qu'à son débarquement il s'est égaré pendant une heure et demie dans un bois avec ses officiers d'état-major et six matelots ; une patrouille russe de cent hommes, placés en vedette, aurait pu prendre tout ce monde-là.

Le corps expéditionnaire, qu'il commandait, a été à la lettre décimé par le choléra.

Baraguay n'est pas allé une seule fois visiter les ambulances. Enfin il a mécontenté tout le monde. Morel Fatio, qui est arrivé avant-hier de Bomarsund, m'a dit toutes ces choses et bien d'autres que je ne rapporte pas. Baraguay n'a que des jurons à la bouche et il accueille tout le monde par des grossièretés. Il a été très mal pour notre marine ; aussi est-il plus qu'en froid avec l'amiral Parceval Deschennes.

Voilà ses titres au maréchalat !

Hier, à huit heures et demie, on a arrêté sur la place de la Bourse un monsieur qui portait écrit en gros caractères sur son chapeau :

SI L'EMPEREUR LE SAVAIT !

Samedi 23 septembre

Rien de nouveau de la mer Noire ; le public est très impatient ; il crierait volontiers comme au théâtre : « *La toile... la toile !* »

J'ai acquis ce matin la certitude que l'Empereur est très volé. Nous faisons rendre gorge de quatre à cinq mille francs au fournisseur de bois des musées, qui était parvenu à se faire payer 35 francs la mesure de bois que, par son marché, il s'est engagé à fournir à 31 francs ; toute l'administration du ministère d'État lui paie cette mesure 35 francs. Les tailleurs, qui se présentent pour habiller les hommes des musées, sont très étonnés qu'on ne leur réclame pas de pots-de-vin et ils disent à notre agent : « *Mais cela se fait partout !* »... et ils citent des noms.

Nos troupes, en quittant Bomarsund, ont embarqué des malades. Le maréchal Baraguay d'Hilliers a fait embarquer avec eux des boulets. Les mêmes chaloupes conduisaient aux vaisseaux boulets et malades. Le soldat bien portant, qui transbordait ses camarades cholériques et les susdits boulets, avait trouvé dans sa jovialité une charmante plaisanterie pour réconforter les malades.

> Vois-tu, mon vieux, quel soin le général prend de vous autres, tu n'as plus de craintes à avoir, le général vous munit de boulets pour que ceux qui passeront par-dessus le bord soient certains d'aller au fond de la mer ; ainsi, camarade, tu ne surnageras pas... C'est tout de même une fameuse consolation !...

Mardi 26 septembre

Le ministre de la Marine attend la confirmation d'une dépêche reçue hier, et d'après laquelle une affaire aurait eu lieu en avant de Sébastopol entre l'avant-garde anglo-française et l'avant-garde russe. Cette dernière a, dit-on, été mise dans une déroute complète[1].

Lundi 2 octobre

Après une brillante affaire, qui a eu pour résultat la prise d'un camp retranché, défendu par 50 000 Russes en avant de Sébastopol, la ville elle-même, la flotte qui était dans son port, et l'armée russe, chargée de garder cette importante position, se sont rendues.

La nouvelle nous est parvenue hier chez la Princesse Mathilde comme nous allions nous mettre à table.

La puissance russe dans la mer Noire est anéantie. L'armée russe a refusé la liberté de rejoindre les autres corps d'armée, elle a préféré venir en Occident comme prisonnière de guerre.

L'empereur de Russie est démonétisé, tout son prestige s'est évanoui. Cet homme a cru à l'impossibilité pour la France d'entreprendre une grande guerre ; il a cru à l'existence d'un puissant parti légitimiste.

Ses ambassadeurs lui avaient persuadé qu'une alliance entre la France et l'Angleterre n'aurait jamais lieu, et que Napoléon III serait renversé le jour où la guerre éclaterait. De là viennent les insolences de Mentchikoff, l'entêtement du Czar, qui a forcé Napoléon à la guerre. Un an s'est écoulé, la France est plus grande et plus respectée qu'elle ne l'a jamais été ; l'alliance anglaise est consolidée et la Russie perd cent ans d'intrigues, d'efforts, de machinations ; elle perd surtout son prestige. Il n'est plus permis de croire à sa puissance ; ses plus redoutables forteresses tombent sans être défendues, ses troupes ne se battent qu'à contrecœur, ses flottes sont ou bloquées ou capturées dans les ports ; la Russie était un colosse de carton !

Paris est dans la joie. Hier soir, les théâtres ont été illuminés.

Si l'insolent Mentchikoff est pris, il devrait être remis aux Turcs.

Mercredi 4 octobre

Nous sommes toujours sans nouvelles positivement officielles de la prise de Sébastopol, aussi l'impatience des Parisiens est-elle grande. Les bons bourgeois se livrent à mille conjectures plus absurdes les unes que

1. Les Russes, campés sur les hauteurs qui dominent la rivière de l'Alma, tentèrent le 20 septembre de barrer la route de Sébastopol aux Alliés. Alors que les Anglais étaient en difficulté, les zouaves du général Bosquet firent la décision et obligèrent les Russes à abandonner le terrain.

les autres. Ils ne veulent rien croire jusqu'à ce que le canon des Invalides ait tonné. Les lampions encombrent les boutiques des épiciers, l'enthousiasme a besoin pour éclater du canon des Invalides.

Avant d'arriver à Sébastopol, nos troupes ont une seconde fois battu les Russes, qui s'étaient ralliés. Cette seconde affaire a été aussi sanglante que la première.

Il se répand que le prince Napoléon avec sa division a donné dans une embuscade, d'où il ne s'est tiré qu'en perdant 1 400 hommes. Il n'avait pris, dit-on, aucune précaution pour éclairer la marche de sa division.

Londres et les provinces françaises font éclater de la manière la plus vive les transports de leur joie sans attendre, comme les Parisiens, la voix du canon des Invalides.

Vendredi 6 octobre

Sébastopol n'est pas prise, les nouvelles venues par Vienne étaient fausses ; le bourgeois parisien triomphe, il est heureux d'avoir une fois prévu juste. Les légitimistes laissent éclater leur joie, ils vont même plus loin, ils prétendent en se frottant les mains que l'armée anglo-française a été battue.

Voilà où, en 1854, en est le patriotisme !

Cependant les nouvelles véritables officielles sont bonnes ; l'armée alliée s'est emparée de Balaclava, très bon port près de Sébastopol. Nos vaisseaux y trouveront un abri, et l'artillerie de siège pourra y être débarquée facilement.

Le prince Mentchikoff tient la campagne avec 20 000 hommes.

On affirme que les flottes de la Baltique ont reçu l'ordre de rentrer en expédition ; personne ne sait quelle serait leur destination.

Barbès, dont une lettre écrite avec des sentiments très patriotiques avait été communiquée à l'Empereur, vient par son ordre d'être mis en liberté.

Barbès fait des vœux pour le succès de nos armes ; les légitimistes fondent leur espoir sur nos revers !!! Ils perdent le sens moral.

Chaix d'Est Ange vient de venir me trouver dans une grande perplexité.

Il a dîné, il y a trois jours, chez la Princesse Mathilde, avec les Bonaparte d'Amérique, fils et petit-fils issus du premier mariage du prince Jérôme, et hier, l'ex-roi de Westphalie l'a fait appeler pour lui demander une consultation sur le fait de savoir si ces enfants-là peuvent être reconnus, en un mot, si le premier mariage avec Mlle Paterson, cassé par un décret impérial, peut être reconnu bon par un décret de Napoléon III.

Chaix s'est prononcé avec la loi pour la négative, mais il a peur en donnant sa consultation, qui doit être remise demain, de déplaire à l'Empereur et peut-être à la Princesse.

Il paraît que l'Empereur veut faire examiner cette question. Il pencherait en faveur des Bonaparte Paterson.

Jérôme et son fils, cela se conçoit, défendront le terrain pied à pied.

Mercredi 11 octobre

Le maréchal Saint-Arnaud est mort des suites de la maladie qui le minait depuis longtemps[1]. Aux souffrances que son énergie seule le mettait en état de supporter, il s'était joint, il y a peu de temps, une attaque de choléra. A la bataille de l'Alma, pendant laquelle il est resté douze heures à cheval, deux cavaliers se tenaient à ses côtés et le soutenaient dans les crises douloureuses, qui revenaient presque à chaque moment.

Le maréchal a fait une belle fin ; il est mort en soldat chrétien sans forfanterie, il est mort jeune, à 53 ans, en vue de Sébastopol et en tête d'une armée victorieuse. Depuis plus d'un an, il ne se faisait aucune illusion sur le terme prochain de sa vie. Le maréchal avait eu une existence très agitée, un peu aventurière, mais c'était un homme d'action, de cœur et d'esprit. Ses dernières années font plus que racheter des égarements de jeunesse ; il est regretté de tout le monde.

Le général Canrobert lui succède dans le commandement de l'armée.

J'ai reçu quelques détails sur la machine infernale, disposée dans un tunnel du chemin de fer de Boulogne pour broyer le wagon de l'Empereur à son retour du camp.

Cette machine infernale avait été placée dans une cachette pratiquée dans l'épaisseur de la maçonnerie du tunnel et aboutissait au moyen d'un fil de fer à une batterie électrique fort éloignée, dont le choc devait la faire éclater au passage de l'Empereur.

Un employé de chemin de fer, dans une tournée d'inspection, remarqua une place nouvellement maçonnée dans la muraille ; il examina attentivement et découvrit la machine.

On dit que douze personnes sont arrêtées, mais on tient l'affaire secrète.

Avant-hier, jour d'orage, il y a eu un assez grand nombre de cas de choléra.

1. Atteint par le choléra, le maréchal Saint-Arnaud céda le commandement à Canrobert le 26 septembre et mourut le 29 à bord du *Berthollet*, en mer Noire.

Lundi 16 octobre

Le canon tonne, le corps du maréchal Saint-Arnaud arrive aux Invalides, accompagné par l'armée, les corps constitués, etc. Toute la population de Paris est sur pied. Les administrations publiques sont fermées, les théâtres font relâche.

On espère pour demain des nouvelles de Sébastopol. J'ai passé hier la journée à Saint-Gratien chez la Princesse Mathilde ; on n'y savait rien.

J'ai vu un diplomate saxon, qui arrive de Pétersbourg ; il m'a dit que depuis six mois l'empereur Nicolas avait vieilli de trente ans, ses cheveux sont devenus entièrement blancs, il a des accès de goutte et il est dans une perpétuelle colère contre toutes les personnes qui l'entourent, contre sa femme même et contre ses enfants.

Jeudi 19 octobre

Pas de nouvelles de la Crimée, le bombardement de Sébastopol est pourtant commencé.

Par une mesure récente, les filles et femmes entretenues sont exclues des premières loges de l'Opéra, où jusqu'à ce jour elles étalaient leurs charmes, leurs diamants et leur impudeur au grand scandale des femmes honnêtes ; il y a des gens qui réclament le droit du libre raccrochage !

Je reçois depuis quelques jours de nombreuses visites des amateurs d'art qui viennent admirer dans mon cabinet un fort beau médaillon que m'a donné mon ami le sculpteur Droz.

Ce médaillon, jadis placé dans le cimetière des Innocents sur la tombe de Marie Goujon, fille de Jean Goujon, est un des plus remarquables ouvrages de ce grand sculpteur français. Il est exécuté en une sorte de granit gris, très fin et très dur.

Le père de Droz, ancien graveur des monnaies du roi Louis XVI, l'avait acquis en 1793 des ouvriers qui démolissaient le cimetière des Innocents.

Ce médaillon d'une jeune fille de douze ans est modelé avec une grande finesse ; il peut rivaliser avec les plus beaux médaillons antiques, et les Italiens du XVIe siècle n'ont jamais rien exécuté de plus parfait. Reiset et Sauvageot en sont dans l'admiration.

Les amateurs, qui ne donnent jamais rien au musée, prétendent que je devrais le donner au Louvre. Je lui ai déjà donné bien des choses à ce Crésus :

des miniatures du Moyen Age à la collection des dessins ;

des fayences à la collection de fayences ;

des objets ethnographiques au Musée ethnographique, etc. etc.

J'aime à donner, mais j'avoue que je tiens à mon médaillon.

J'ai donné à l'Empereur une boîte de stratégie de son oncle et un dessin revêtu du sceau de Florence, représentant la pierre tombale d'un Bonaparte enterré à San Miniato et mort en 1421.

A l'Impératrice la bague donnée le 21 janvier 1793 par Louis XVI à l'abbé Edgeworth, la plaque d'un bracelet de la reine Marie-Antoinette, le canif enlevé au Temple par la commune de Paris au roi Louis XVI, le dessin original de Marillier pour la carte d'invitation au bal du mariage du roi Louis XVI.

A la princesse Mathilde j'ai offert tant de petits et précieux objets, qui garnissent ses étagères, que je ne saurais les nombrer.

Au duc d'Hamilton une boucle en argent, qui servait aux officiers de l'armée de Montrose à attacher leur *plaid*. Dans le milieu de cette boucle il y a un beau profil frappé en argent du roi Charles Ier ; on le croirait dessiné par Van Dyck. La boucle ovale est formée par une guirlande en argent que surmonte la couronne royale d'Angleterre en argent doré.

Je puis tenir à mon médaillon sans être taxé d'avarice.

Vendredi 20 octobre

Rien de nouveau de l'Orient. En Allemagne, l'Autriche se prononce de plus en plus pour la politique de la France et de l'Angleterre et elle doit s'applaudir de sa résolution, qui lui rallie tous les petits États allemands et isole la Prusse, dont les tergiversations affaiblissent l'importance.

La Prusse a perdu depuis un an toute l'influence qu'elle avait mis un demi-siècle à conquérir ; elle ne représente plus les intérêts allemands et le gouvernement prussien par son obstination et sa partialité pour la Russie se fait de jour en jour plus détester par les Prussiens.

En ce moment l'empereur d'Autriche est le véritable empereur d'Allemagne.

Le roi de Prusse se grise tous les soirs et il amasse contre lui bien des haines.

Jeudi 26 octobre

La séparation de l'Autriche et de la Prusse paraît chaque jour faire un pas de plus. Les derniers manifestes de ces deux puissances sont empreints d'un ton d'aigreur significatif.

Un rapport du général Canrobert inséré ce matin au *Moniteur* annonce le commencement du bombardement pour le 17 et les nouvelles postérieures de Saint-Pétersbourg avouent qu'il a en effet commencé ce jour-là. Les Russes accusent 500 tués dans cette première journée, entre autres l'amiral Korniloff, le héros de Sinope ! Cette mort est une sorte de justice divine.

L'affaire de la Cruvelli, enlevée à l'Opéra par le jeune Vigier, occupe encore Paris.

Fould a voulu triompher amoureusement de la chanteuse, elle l'a très vigoureusement souffleté et elle est partie emportant des lettres à elle adressées et fort compromettantes pour le ministre d'État.

Les journaux ont reçu l'injonction de ne point parler de toute cette affaire.

Il est curieux de voir en 1854 un mauvais juif banqueroutier tenter la résurrection des mœurs de la régence.

La Carlotta Grisi, la danseuse, est actuellement la maîtresse de l'empereur Nicolas.

Je dîne ce soir chez la Princesse Mathilde, de retour à Paris depuis trois ou quatre jours.

Peut-être y aura-t-il quelques nouvelles.

Comme distraction je m'occupe depuis quelques mois de collectionner les gravures, qui à partir du règne de Henri IV peuvent servir à l'histoire des mœurs, des costumes et des événements politiques. J'ai déjà réuni huit cents pièces à peu près, parmi lesquelles il y en a de curieuses.

Je possède aussi quelques dessins originaux, classés dans la même collection. Un des plus précieux est celui de l'arrestation de Louis XVI à Varennes. Ce dessin est contemporain ; l'artiste inconnu a écrit sur la marge une chanson révolutionnaire composée pour la circonstance. La vue de Varennes est exacte.

Mes enfants tiennent beaucoup à cette collection dont ils suivent avec plaisir le développement. J'ai fait ou commencé dans ma vie bien des collections que l'état de ma fortune ne m'a pas permis de garder ! Cette collection et moi serons-nous plus heureux ?

J'ai abandonné à mes enfants et à leur mère une masse de curiosités, laques de Chine et du Japon, porcelaines, tableaux miniatures, dessins, ivoires, bronzes, etc. Cette collection orne leur appartement et je vois avec joie qu'ils la conserveront religieusement. Chaque fois que je me suis trouvé en argent, j'ai acquis des choses curieuses ; j'ai fait beaucoup de cadeaux outre ce que j'ai conservé et ce que possèdent mes enfants. Souvent j'ai mal vécu, mal dîné et me suis mal vêtu pour subvenir à ma passion, je ne m'en repens pas et j'agirai toujours ainsi. Mes enfants ne sauront jamais ce que m'a coûté ce qui orne leur demeure et ce qui les charme. Ils devraient le conserver par respect seulement pour la mémoire de leur père.

Mes gravures m'occupent chaque jour une heure ; je sors après mon déjeuner et je vais fouiller tous les vieux portefeuilles des marchands du quai.

Lorsque ma moisson est bonne, je suis heureux pendant toute la journée.

Aujourd'hui j'ai pu me procurer des lambeaux de tentures en papier des chambres de Louis XVI, de Marie-Antoinette et de Mme Élisabeth à la tour du Temple.

Je vais faire encadrer ces pauvres reliques.

Vendredi 27 octobre

La Princesse Mathilde revenait hier du château de Saint-Cloud, où il était question comme partout de la guerre de Crimée.

Voici ce que la Princesse en a rapporté :

Après la victoire de l'Alma le général Canrobert voulait que sans s'arrêter on se précipitât à la suite de l'armée russe sur la ville de Sébastopol ; selon ce général, la démoralisation de l'armée vaincue aurait livré presque sans coup férir cette place importante. Lord Raglan s'opposa à l'avis du général français, et c'est à cette opposition que nous devons le siège actuel et les lenteurs qu'il entraîne.

Jeudi 2 novembre

Pas de nouvelles de Sébastopol, aussi fait-on courir les bruits les plus contradictoires. Les légitimistes ornent de lauriers le front de Mentschikoff ; voilà comme nous sommes bons Français en l'année 1854.

Le choléra a fait d'affreux ravages dans notre armée. J'ai vu une lettre d'un officier, datée de la Crimée, qui accuse un chiffre énorme.

« J'ai perdu, dit-il, quinze de mes amis parmi les officiers embarqués avec moi. »

Une nouvelle affaire, qui peut prendre des proportions graves, est celle de Soulé, le ministre des États-Unis près la cour d'Espagne.

Ce monsieur, ancien journaliste français, condamné sous le gouvernement de la Restauration pour ses articles révolutionnaires, se réfugia alors aux États-Unis, où il acquit la nationalité. Monsieur Soulé devint un ardent démagogue et se fit remarquer parmi les citoyens américains qui professent la maxime du vol politique. Il figura parmi les promoteurs les plus ardents de l'annexion de l'île de Cuba à la république américaine. Le gouvernement du président Pierce ne pouvait négliger un tel homme. Il fut donc choisi, avec autant de convenance que de raison, pour représenter l'Amérique auprès du royaume qu'il s'agissait de dépouiller de sa plus belle colonie.

J'ai déjà dit comment ledit Soulé s'est conduit à Madrid, son duel avec notre ambassadeur, etc. etc. ; mais ce dont je n'ai pas encore parlé, c'est de la suite de toute son affaire.

Soulé s'est mis en relation à Madrid avec les agitateurs de tous les pays ; il s'est fait leur appui, leur conseil, leur chef : avec eux il a trempé dans les complots révolutionnaires de ces derniers temps ; avec eux il a préparé les mouvements insurrectionnels dont l'Espagne est encore agitée.

Soulé est aussi venu en France pour visiter, disait-il, sa famille qui habite, à ce que l'on m'assure, le Midi. Là il s'est répandu en propos injurieux contre la personne de l'Empereur, et il s'est livré à une ardente propagande socialiste. Depuis lors il est retourné à Madrid, et de Madrid il est venu en Angleterre, toujours agent du socialisme.

Le gouvernement français surveillait M. Soulé ; il savait ses intrigues, ses propos, ses espérances à peine dissimulées. Ordre avait été donné de refuser l'entrée de la France à l'agitateur, et cet ordre a été exécuté, il y a peu de jours, à Boulogne, lorsque M. Soulé a voulu y débarquer. Soulé a crié, a réclamé, a fait sonner bien haut son titre de citoyen américain ; tout a été inutile ; avec les plus grands égards on l'a prié de se rembarquer, et il est revenu en Angleterre où il tempête et menace.

Les ambassadeurs américains à Londres et à Paris ont pris fait et cause pour l'expulsé ; ils en ont écrit à leur gouvernement. En un mot, l'Amérique profiterait avec joie des embarras de l'Europe et les augmenterait même dans l'espoir de s'adjuger plus facilement Cuba, les îles Sandwich et Saint-Domingue.

Qu'une rupture avec l'Amérique sorte de la sotte affaire de Soulé ou de toute autre, tôt ou tard l'Angleterre et la France seront dans l'obligation de refréner l'ambition sans borne de ce pays. L'insolence américaine dépasse toutes limites ; les citoyens des États-Unis sont des aventuriers hardis, entreprenants, dangereux, sans foi, ils font peu de compte des traités, se regardent comme les régénérateurs du monde, et voient dans un avenir peu éloigné la vieille Europe soumise aux ordres de leur Sénat.

Après l'affaire d'Orient, la plus grosse affaire de la seconde moitié du XIXe siècle sera, je n'en doute pas, une affaire américaine pour la conclusion de laquelle l'entente de l'Angleterre et de la France aura d'heureux résultats. Les États-Unis n'ont pas encore cent ans d'existence et ils sont déjà un danger sérieux. Louis XVI a fait une grande faute en favorisant leur émancipation. La Fayette, produit de la guerre américaine, la lui a fait payer, et la France a subi soixante ans cet homme, qui apparaissait à toutes les révolutions, vieux reste de la grande tourmente de 89, pour abriter sous son habit de garde national les émeutes, qui lui arrachaient des larmes d'attendrissement[1].

1. Les États-Unis virent officiellement le jour le 3 septembre 1783, lorsque les Britanniques reconnurent leur indépendance par le traité de Paris. La Fayette s'était placé à leur service quelques mois seulement après leur Déclaration d'indépendance du 4 juillet 1776 et Louis XVI avait conclu un traité d'alliance avec eux en février 1778. Ce dernier permit l'envoi décisif d'un corps expéditionnaire sous Rochambeau et de la flotte de l'amiral de Grasse.

Vendredi 3 novembre

On disait hier soir chez la Princesse Mathilde qu'il était arrivé une dépêche très bonne, en un mot, que l'Empereur avait reçu d'excellentes nouvelles, mais qu'il ne voulait les faire connaître qu'après leur confirmation *très officielle*.

A la suite de la réception de ces nouvelles l'Empereur a de nouveau donné l'ordre pour que tout soit prêt lorsqu'il dira de chanter un *Te Deum* d'action de grâces.

La Princesse Mathilde était venue à trois heures dans mon cabinet et elle avait fort admiré mon médaillon de Marie Goujon.

Lundi 13 novembre

Un bulletin du général Canrobert, daté du 6 devant Sébastopol et inséré ce matin au *Moniteur*, annonce une victoire importante des armées alliées sur l'armée russe venue au secours de Sébastopol [1].

Cette armée, formée des renforts venus du midi de la Russie et des bords du Danube, ainsi que du corps d'armée de Mentchikoff, était animée par la présence des grands-ducs Michel et Nicolas ; la lutte a duré toute la journée et les Russes ont enfin été obligés de battre en retraite avec une perte de 9 000 hommes. Pendant cette bataille la garnison tentait une sortie, qui lui a coûté mille hommes, et elle a été refoulée. Le siège marche régulièrement.

Hier, après dîner, chez la Princesse Mathilde la conversation nous a amenés à parler de Mme Sand. Il y avait là, outre le personnel ordinaire, Butenval et Reiset.

Depuis quelque temps la Princesse, qui est bien la personne la plus faible que je connaisse, est tout à fait subjuguée par Mme Desprez dont j'ai eu plus d'une fois l'occasion de déplorer la présence chez elle. Eugène et Charles Giraud, les deux peintres, sont ses séides. Tous, la Desprez froissée par la société, qui ne l'a traitée jadis que comme une femme galante, les Giraud, froissés comme tous bourgeois non pas d'avoir des gens au-dessous d'eux, mais d'avoir des supériorités, en veulent beaucoup à la société et soufflent à la Princesse les grands mots d'égalité, et tout le vocabulaire des prétendus réformateurs. Cette pauvre Princesse ne marche plus qu'accompagnée de la Desprez et de sa fille, la Desprez est seule de service auprès d'elle, les autres dames sont tenues à distance.

Donc hier soir on parlait de Mme Sand et de son admirable talent ;

---

1. Après avoir échoué le 25 octobre dans la prise du port de Balaklava, base de ravitaillement des Anglais, l'armée russe de Mentchikoff tenta, le 5 novembre, de briser l'encerclement de Sébastopol, mais fut vaincue sur le plateau d'Inkerman.

les Giraud et la Desprez ne tarissaient point, et la Princesse, encouragée par sa meute, dit même que les livres de Mme Sand étaient moraux.

Alors nous fîmes explosion, His de Butenval, Nieuwerkerke et moi. Une fois lancé, je mis résolument les deux pieds dans le plat, je dis tout ce que je pense de Mme Sand et que je répète ici.

Mme Sand est un écrivain très remarquable ; elle écrit mieux que personne, mais son talent est employé à faire prévaloir les plus mauvaises causes par les raisonnements les plus absurdes. Elle se consacre à la glorification des voleurs et des vicieux ; elle adore les maçons et les menuisiers, qui l'emportent dans le cœur des duchesses sur les gens bien élevés. Le menuisier, le maçon et le paysan sont les seuls êtres adorables. Il faut absolument sortir de la chaumière ou de la mansarde pour valoir quelque chose. C'est perpétuellement la même chanson : *guerre aux châteaux, paix aux chaumières*.

Il fallait voir, je veux dire il fallait entendre Giraud, encouragé par la Desprez, vantant les œuvres de Mme Sand, louant leur portée, constatant avec bonheur leur influence et disant pour grand argument : « *Mais ce qu'écrit Mme Sand se passe dans le monde ! Le monde fait tout ce que vous reprochez à Mme Sand d'imprimer, revêtu de son style magnifique !* »

Et, mon Dieu, le monde b... chaque jour ; chaque jour les bordels ont des visiteurs et même, prenant le monde dans sa vie commune, chaque jour il y a des mariages, des époux ensemble, faut-il raconter ce qu'ils font ?

La Princesse appuyait, son Giraud louait Mme Sand et faisait intervenir son grand argument, « *j'aime Mme Sand parce qu'elle m'amuse* ».

J'ai dit alors à Butenval : « Nous sommes ici dans les beaux salons de 1787, nous fêtons les philosophes qui cachent dans leurs poches les jolis bourreaux qui nous couperont la tête. » Hélas, cela est vrai, chez la Princesse, passée à l'état de dame de compagnie de Mme Desprez, les gens fêtés et accueillis sont tous des philosophes du genre Sand et des gens que, comme Altesse Impériale, la Princesse ne devrait pas avoir dans son intimité.

Giraud se démenait, alors j'ai lancé cette petite phrase.

« Vous lisez les Mémoires de Mme Sand, Giraud, que dites-vous des trois derniers feuilletons, qui apprennent au public une chose qu'il ignorait, à savoir, que la mère de Mme Sand était, lorsque M. Dupin son père l'a épousée, une femme entretenue par un général de l'armée d'Italie ?

Giraud : « Je n'ai pas vu cela. »

« Alors, vous lisez je ne sais comment. »

Lundi 20 novembre

Rien de nouveau de l'Orient, l'inquiétude est extrême et cette malheureuse ville de Sébastopol tient tout en suspens. Les Russes, il faut leur rendre cette justice, se défendent vaillamment.

Hier j'ai dîné chez la Princesse Mathilde, il n'y avait personne. Nieuwerkerke est parti pour le département de l'Aisne où il a conduit le corps de sa mère morte le 16 novembre dernier. Elle a été enterrée dans le parc de sa terre de Villiers, elle y avait depuis longtemps fait ériger un tombeau.

Mme de Nieuwerkerke était ma cousine pas bien éloignée, fille du marquis de Vassan ; nous avions par les du Saillant une arrière-grand-mère commune.

Après le dîner, Chaix d'Est-Ange est arrivé chez la Princesse ; nous avons causé à trois des affaires présentes et surtout des abus de pouvoir de M. Fould, à propos de Legouvé qui perd son procès contre la Comédie-Française au moyen d'un conflit élevé par ledit Fould pour complaire à Rachel. A propos encore de M. de Bellox, dont une comédie reçue par le théâtre, acceptée par le comité de censure, est interdite par M. Fould.

Puis nous sommes arrivés à parler des voleurs qui forment la maison de l'Empereur.

1° de Fleury, premier écuyer, qui vole avec cette audace Icarienne qu'il a voulu faire payer à la Princesse Mathilde quatre chevaux de poste que l'Empereur lui envoyait en échange d'un beau cheval arabe.

2° du général Rollin qui dans les voyages de Fontainebleau et de Compiègne reprend aux gens du château les pourboires que donnent les visiteurs et qui pousse l'audace jusqu'à se faire remettre les gratifications que la Princesse distribue aux huissiers et valets de pied attachés à son service. Rollin a une police qui l'informe de toutes les gratifications reçues ; ainsi au jour de l'an dernier, la Princesse avait fait venir chez elle un huissier du château et lui avait donné cinq cents francs. Le général Rollin l'a su et se les est fait remettre !

Je tiens ces détails de la Princesse, ce que je puis dire, moi, c'est que tous les fournisseurs parlent *hautement* des remises qu'ils font aux officiers de l'Empereur.

La Princesse m'a aussi raconté qu'à l'époque du mariage de l'Empereur, Madame Fould, chargée de faire la corbeille, s'était fait remettre des présents par tous les fournisseurs et que, non contente de bénéficier ainsi sur l'achat de cette corbeille, elle avait enflé les totaux des mémoires.

La Princesse citait à l'appui de cette assertion le fait suivant :

Une marchande de dentelles était venue prier la Princesse de faire agréer pour la corbeille de l'Impératrice une robe de dentelles qu'elle offrait au prix de 23 000 francs. La Princesse répondit à la solliciteuse qu'elle ne se mêlait point du choix ni de l'acquisition des objets destinés à la corbeille de l'Impératrice, et elle lui conseilla d'aller trouver Madame Fould. La robe fut achetée, mais en passant par les mains de Madame Fould, son prix s'est augmenté de onze mille francs ! !

Baroche fait l'intérim des Finances pendant l'absence de Bineau qui va en Italie soigner une grave maladie du larynx.

Baroche est entré dans le tripot des accapareurs d'affaires. Morny et Fould avaient besoin de lui aux Finances pour tripotailler, cela va bien aller.

L'Empereur ne veut pas savoir qu'on le vole, pour ne pas se trouver dans l'obligation de sévir, mais le public le sait, et toutes ces saletés font le plus mauvais effet.

Mercredi 22 novembre

On tirera aujourd'hui le canon des Invalides pour la victoire de nos armées le 5 à Inkerman. Une autre bataille a été dit-on livrée le 13. Le général de Lourmel, aide de camp de l'Empereur et officier d'une grande distinction, a été tué. Le duc de Cambridge et le général Canrobert légèrement blessés. Le prince Napoléon s'est déclaré souffrant, il est parti pour Constantinople !

Le neveu de la Princesse Mathilde lui mande du champ de bataille que cette retraite du prince Napoléon fait le plus déplorable effet dans l'armée. En France elle n'est pas mieux accueillie.

La guerre devient très rude, elle prend des proportions colossales. Chaque jour de nouveaux renforts partent pour la Crimée. Les Philippistes et les légitimistes font des vœux pour les Russes ; pas tous cependant, mais les partisans des Russes ne sont que trop nombreux.

Les deuils causés, tant en France qu'en Angleterre, par les chances de la guerre attristent beaucoup la société. Cela est triste, mais la grandeur même de cette lutte relève un peu le moral des deux nations.

Les zouaves se conduisent comme des héros, et toute notre armée en général est magnifique sur le champ de bataille. Les vieilles culottes de peau du Premier Empire sont désorientées, elles ne peuvent plus ressasser leur propos favori : que l'Algérie ne formait ni officiers ni soldats, et qu'une grande guerre survenant, tous ces héros d'Afrique seraient de piètres sires en présence d'un soldat russe ou allemand. L'Empire doit bien souffrir de ne voir aucun prince de sa famille à l'armée. Pierre Bonaparte s'était à peu près déshonoré en Afrique au siège de Zatcha. Le prince Napoléon quitte l'armée au moment de l'assaut. Le jeune Murat, officier, ne sollicite pas l'honneur de partir pour la Crimée, et les autres Bonaparte se contentent de toucher obscurément leurs traitements de sénateurs. Le petit-fils de Madame Patterson paie seul de sa personne.

Dimanche 26 novembre

Demain lundi, l'Empereur passera la revue de sa garde aux Champs-Élysées et aux Tuileries. Lord Palmerston y assistera.

Cet homme d'État est, dit-on, venu à Paris pour s'entendre avec l'Empereur sur un emprunt que les gouvernements anglais et français contracteraient conjointement.

Il doit traiter aussi la question des subsides que le gouvernement anglais devra fournir à la France pour entretenir en Orient une armée plus considérable.

La guerre sera acharnée de part et d'autre. Les Russes se conduisent comme de vrais sauvages ; les officiers font massacrer les blessés sur le champ de bataille. Un major russe convaincu d'avoir donné de pareils ordres va, dit-on, passer devant un conseil de guerre, car il a été fait prisonnier. Les généraux Canrobert et Raglan doivent demander des explications à Mentchikoff au sujet de ces atrocités.

Le prince Napoléon devait revenir en France par le bateau du 4 décembre, mais on lui a expédié l'ordre de retourner en Crimée.

La Princesse Mathilde a fait nommer conseiller de préfecture en province un monsieur qu'elle ne connaît pas, parce qu'il est frère de la femme qui a élevé deux des princesses russes. Elle voulait d'abord lui faire donner par Germiny un emploi de finances, mais Germiny s'en est excusé en répondant que ce monsieur, ancien comptable, avait été révoqué pour avoir été trouvé deux fois en déficit. La Princesse a crié à la calomnie, Germiny a fourni la preuve de ses allégations. La Princesse prétend que cela ne signifie rien, et elle est furieuse contre Germiny.

Un homme dont la sœur a élevé les princesses russes, oser s'attaquer à lui !

La Princesse s'engoue de gens qu'elle ne connaît pas ; les intrigants ont beau jeu avec elle, mais pour ses vrais amis elle est moins ardente.

Ce soir je dîne chez elle, je vais me retrouver vis-à-vis de la Desprez, qui me déteste et cherche à m'évincer. Cette femme est le mauvais génie de la Princesse ; elle trône rue de Courcelles, a le verbe haut, et se permet de donner des leçons à la pauvre Altesse Impériale, qui paie, en recevant des insolences, la faute qu'elle a commise de se livrer à cette femme.

Le salon de la rue de Courcelles est vraiment déplorable !

Lundi 27 novembre

Une de nos corvettes de guerre et notre beau vaisseau le *Henri IV* se sont perdus dans la mer Noire. Ils ont fait côte ; les équipages sont sauvés.

Rien de nouveau du reste.

Mardi 28 novembre

Il paraît avéré que le prince Napoléon, malgré l'ordre qu'il en avait reçu, n'a pas conduit sa division au secours de l'armée anglaise à la bataille d'Inkerman. Il a laissé écraser l'armée anglaise sans lui porter l'assistance qu'elle devait attendre de lui.

C'est à la suite de cette conduite inqualifiable que le général Canrobert lui a dit :

« Une seule chose peut expliquer votre conduite, prince, vous étiez malade, allez vous rétablir à Constantinople. »

Le jean-f... peut être prince, mais certes il n'est pas français.

Mardi 5 décembre

Le traité d'alliance offensive et défensive est signé par l'Autriche, mais il n'aura d'effet que dans trois mois.

Chez la Princesse Mathilde on disait hier soir qu'il était arrivé d'importantes dépêches qui assuraient du désir de l'empereur Nicolas de faire la paix, son honneur pouvant être sauvegardé. Ses troupes ont été battues, c'est vrai, mais nous n'avons pas pris Sébastopol.

Il me semble difficile de traiter avant d'avoir pris la Crimée ; cette province importante doit être soustraite au joug de la Russie, sans cela il n'y a rien de fait pour assurer le repos de l'Europe et l'indépendance de la Turquie.

J'ai eu hier entre les mains une lettre confidentielle du général Forey, commandant les troupes du siège. Il se plaint de la lenteur des Anglais et de ce qu'après avoir choisi l'attaque la moins rude, ils ne poussent pas vivement devant eux, mais se contentent de canonner à grande distance. Leur armée est d'ailleurs réduite, soit par les maladies, soit par le feu, à dix mille hommes.

Lorsque l'armée anglo-française aura reçu tous les renforts qu'elle attend avant de donner l'assaut, on marchera sur l'armée russe, forte de quatre-vingt mille hommes, qui tient la campagne, et on lui livrera bataille.

Jeudi 7 décembre

Les Anglais ont pris une redoute devant Sébastopol.

La promotion des sénateurs qui vient d'être faite peut être baptisée du titre de *promotion des bâtards*.

Poniatowski, ministre plénipotentiaire du grand-duc de Toscane, il y a quatre mois, est né de la femme d'un valet de chambre d'un vieux prince Poniatowski, du vivant du valet de chambre, ce qui ne l'a pas empêché d'être reconnu par le prince. C'est donc un bâtard adultérin.

Le comte Jules de Grossoles de Flamarens de Courtoisie ; voici l'histoire.

Mon beau-père, le marquis du Saillant, avait épousé en premières noces Mademoiselle de Flamarens, fille du dernier Flamarens qui eût des enfants.

Mon beau-père émigra avec son beau-frère, qui fut tué dans les premières affaires, alors les vieux Flamarens, pour ressuciter leur nom, songèrent à un bon gros et grand garçon, qui devait le jour aux amours d'un abbé de Flamarens et d'une Mlle de Surliger. Ce gros garçon avait été envoyé en Piémont, où il servait dans les gardes du roi.

L'évêque de Bergame lui donna une lettre pour mon beau-père, qui le vit entrer un matin chez lui en braillant de sa grosse voix : « *Bonjour, cousin !* »

Les vieux Flamarens reconnaissant donc comme leur héritier le fils naturel de l'abbé, l'évêque de Bergame le maria pendant l'émigration à Mlle de Caraman et mon beau-père trouva ce ménage établi à Munster lorsqu'il y fut envoyé comme préfet par l'Empereur. Le ménage avait trois enfants dont l'illustre sénateur actuel. Le marquis du Saillant accueillit avec amitié cette couvée de Flamarens presque dans la misère, il leur ouvrit les portes de sa maison et les traita en parents.

En 1815 les Flamarens rentrèrent et retrouvèrent l'héritage des vieux Flamarens qui leur fit une belle fortune. Alors le fils de l'abbé devint député ventru, on le considéra comme un vrai Flamarens, mais il resta bon homme et fort reconnaissant de la façon dont mon beau-père avait été pour lui. Je l'ai vu jusqu'à sa mort et je l'ai toujours trouvé rempli d'attentions pour moi.

Le comte Jules de Flamarens, sénateur, est un ex-beau frisé comme un caniche, bête comme deux oies, ancien amant de Madame de la Chataigneraie, et aujourd'hui souteneur entreteneur d'une petite et jolie Madame de Varieu.

Le comte Jules a 30 000 livres de rentes, c'était peu pour entretenir Madame de Varieu, on lui donna la sénatorerie qui vaut 30 000 francs pour aider au luxe de son intéressante concubine.

Mon collègue Rougé est nommé conseiller au Conseil d'État où il entre pour traiter les affaires contentieuses des Pharaons. Mme de Rougé s'applaudit de cette nomination, c'est à elle que tout l'honneur en revient !!!

Mardi 12 décembre

Nous sommes au 12 décembre et rien de nouveau sous les murs de Sébastopol ; la mauvaise saison a commencé, la pluie est arrivée, mais le moral de l'armée est bon, dit Canrobert dans son rapport publié ce matin, daté du 3.

Le traité signé avec l'Autriche n'est pas encore livré à la publicité, mais tout indique que l'Allemagne entière va se joindre à nous. L'état du duc de Cambridge ne s'améliore pas, sa raison est tout à fait troublée.

Vendredi 22 décembre

La guerre continue sans rien de décisif ; le traité avec l'Autriche a été signé, mais je ne sais encore quels résultats il aura, et quelle sera la participation de l'Autriche. Quant à la Prusse, elle flotte et paraît très difficile à décider.

On parle d'un nouvel emprunt.

Je dîne dimanche chez l'Empereur.

Mercredi 27 décembre

J'ai dîné dimanche chez l'Empereur, qui, ainsi que l'Impératrice, a été fort gracieux pour moi.

L'Impératrice tient à son idée de me donner des étrennes.

La Princesse Mathilde m'a donné un petit écrin en velours contenant trois boutons de chemise en corail rose ; chaque boule est surmontée d'une abeille en or émaillé, dont les ailes sont composées de petits diamants.

L'Empereur a prononcé hier un beau discours d'ouverture de la session législative. Il demande une levée de 140 000 hommes et l'autorisation d'un nouvel emprunt national ; d'ailleurs le budget est en équilibre ; l'emprunt fera seul face aux dépenses de la guerre. Le discours a été parfaitement accueilli par le Sénat et le Corps législatif. La Bourse a baissé de près d'un franc à la nouvelle de l'emprunt.

Pas de nouvelles de la Crimée.

J'ai signé ce matin comme rédacteur en chef la fondation d'un journal d'art et d'industrie à propos de l'Exposition universelle.

Mercredi 3 janvier

J'en ai fini avec les visites au château et les visites aux ministres. La corvée est faite.

L'Impératrice m'a envoyé pour mes étrennes une fort belle montre, dont la cuvette est en jaspe sanguin avec mon chiffre et ma couronne en relief d'or. A cette montre est jointe une belle chaîne, une clef or et jaspe et un médaillon composé de deux camées cerclés par des rubis et des diamants.

L'Empereur, qui a la goutte, n'a pu lundi présider le repas de famille, alors le prince Jérôme a reçu au Palais-Royal les invités de l'Empereur et à cette occasion il s'est réconcilié avec sa fille, à laquelle il a fait toutes les avances. Mardi il est venu chez la Princesse Mathilde, il lui a porté de belles étrennes, puis il lui a dit : « *Tu m'as fait passer la meilleure nuit dont j'aie joui depuis longtemps.* »

Il n'y a pas de nouvelles intéressantes de la Crimée ; il court des bruits de rapprochement avec la Prusse.

La maladie du duc de Cambridge était fort exagérée. Sa raison n'a jamais été perdue, mais on fait ici les nouvelles les plus étranges.

J'ai déjeuné ce matin avec la Princesse, j'y dîne demain. La Desprez racontait qu'elle avait fait pleurer Giraud en lui narrant les vicissitudes de sa vie. La comédie devait être bonne.

Mercredi 10 janvier

Hier, l'Empereur a passé la revue des bataillons de la garde, qui partent pour la Crimée. Après la revue l'Impératrice a pris son bras et tous deux ont passé dans tous les rangs. Les soldats ont accueilli par des cris chaleureux les deux augustes personnes ; l'Impératrice, vivement émue, impressionnée par la vue de tant de braves gens, qui vont prodiguer leur sang pour la France, n'a pu retenir ses larmes, alors l'enthousiasme des officiers et des soldats n'a plus connu de bornes.

Depuis deux jours les nouvelles de Vienne annoncent que la Russie consent à traiter sur la base des quatre propositions occidentales.

Je ne vois là qu'une rouerie de la diplomatie russe, qui veut à tout prix empêcher ou du moins retarder l'adhésion de l'Allemagne à la politique anglo-française.

Les dernières lettres de Sébastopol disent qu'on est prêt pour l'assaut.

Un milliard deux cent millions sont déjà souscrits pour l'emprunt de cinq cents millions. Tous les alarmistes ne savent que dire de ce succès du gouvernement français.

Samedi 13 janvier

Un aide de camp du général Canrobert est arrivé avant-hier aux Tuileries pendant le dîner, mais rien n'a transpiré des nouvelles qu'il apportait.

On parle bien bas dans le monde d'une petite affaire de Madame la comtesse de Nansouty née Perron, qui depuis quelque temps affectait les dehors d'une grande piété, renonçait presque au monde et ne portait plus de bijoux. Le mari voulut voir les bijoux, on lui refusa leur exhibition, il se fâcha, s'empara de la clef du secrétaire !... Pas de bijoux... Il cherche partout... Rien... Et Madame de Nansouty refuse de s'expliquer.

Le comte de Nansouty consulte le commissaire de police, qui conseille une visite générale dans l'hôtel. Mme de Nansouty, froide, hautaine, impassible, ne s'y oppose pas. Les bijoux sont retrouvés chez la femme de chambre, qui les réclame comme un don de sa maîtresse. Le comte de Nansouty lui répond : « *Votre maîtresse, si elle vous avait donné ces bijoux, nous l'aurait dit, puisqu'elle sait que le commissaire de police fait une fouille générale ; vous n'êtes qu'une voleuse.* »

La femme de chambre, exaspérée, voyant qu'il y allait de la prison et de la cour d'assises, s'écrie alors :

« Eh bien, si c'est comme ça et que Madame me laisse accuser, je vais tout vous dire : ces bijoux sont bien à moi, je suis l'a... de Madame, et pour me décider à t... avec elle, ce que je ne voulais pas faire, elle m'a donné peu à peu tous ses bijoux. »

A cette assertion on descend dans la chambre de la comtesse, qui, perdant tout son calme, tombe dans des spasmes nerveux et pleure à sanglots.

La femme de chambre devient arrogante, nomme toutes ses am..., parmi lesquelles la marquise d'Ada. Elle maintient son assertion sur la possession des bijoux et finit par exiger 80 000 francs pour prix de son silence.

On parlemente en ce moment et l'affaire en est là.

Mardi 23 janvier

Les affaires d'Orient sont toujours au même point, rien de positif ; il paraît décidé qu'au printemps l'Empereur entrera en Allemagne pour se joindre à l'Autriche, à la tête de cent mille hommes, et que, si la Prusse ne s'est pas prononcée, on la traitera en ennemie.

L'Empereur demandait, il y a quatre jours, au vieux comte de Loëwenhielm, ambassadeur de Suède, comment allaient les affaires de son pays. « Elles vont bien, Sire, répondit l'ambassadeur, nous avons eu une très bonne diète. — Tant mieux, reprit l'Empereur, cette diète vous donnera, je l'espère, meilleur appétit au printemps. »

Samedi 27 janvier

Nous avons perdu des hommes et des chevaux par le froid devant Sébastopol. Le prince Napoléon est arrivé en France, mais il ne se presse pas de se montrer à Paris.

Son état de maladie ne l'a pas empêché de visiter les monuments d'Athènes. Il était las de la Crimée et nos généraux étaient plus las de lui encore. Il murmurait contre tout et contre tout le monde. Il blâmait les plans des généraux, désapprouvait leurs ordres. Il était en un mot une impossibilité.

Le ministère anglais est en pleine dissolution. Lord John Russel a donné sa démission[1].

Ici à la cour nouvelles nominations de chambellans et de dames du palais.

Le gros Labédoyère et sa femme, jadis légitimistes fougueux, quoi que fils du Labédoyère fusillé en 1815.

Madame de Saulcy, qui ne mettra pas beaucoup de gaieté à la cour, timide, dévote et sans animation dans l'esprit.

Un décret d'hier me nomme membre du jury de sculpture pour l'Exposition universelle.

Les Thayer, qui ne sont pas encore assez comblés, vont déplorant en tous lieux la *misère des Padoue*, cela fait mal au cœur. Les deux Thayer sont des niais de première classe, qui ne sont quelque chose que par leurs femmes et qui, en 1824, voulaient se faire reconnaître anglais quoi que d'origine américaine. J'en suis encore à chercher quels services publics leur ont valu le titre et les 30 000 francs de sénateur. Riches par leur père, qui a eu l'idée de faire à lui seul une petite bande noire, ils connaissent maintenant les honneurs sans toutefois négliger l'argent.

1. La chute du cabinet Aberdeen, dont Russell fait partie, s'explique parce que les Alliés ne parviennent pas à prendre Sébastopol alors que le *Times* révèle l'ampleur des pertes subies par le corps expéditionnaire et les souffrances qu'il endure.

De Laborde voulait que sa femme fût dame du Palais, il ne l'a pas obtenu. Quand on pensera aux maniérées bossues on songera à elle.

Mercredi 31 janvier

L'arsenal de Woolvich est, dit-on, incendié ; on ne donne aucun détail.

Le prince Napoléon est à Paris ; il ne se montre nulle part ; mais comme il porte toute sa barbe depuis son séjour en Crimée, le peuple dit : qu'il porte la barbe de *sa peur*.

Le lendemain de son arrivée deux ovations devaient lui être faites : la première par les démocrates pour le féliciter d'avoir abandonné une guerre *injuste* ! La seconde par les honnêtes gens pour le siffler.

La police a empêché les deux manifestations.

Le ministère anglais est tombé à propos d'une question d'enquête sur l'état de l'armée. Lord Palmerston va, dit-on, être le chef d'un nouveau ministère.

Encore un scandale :

Madame d'Elchigoyen, fille de la duchesse de Valençay, mariée il y a deux ans, demande à être séparée. D'Elchigoyen est un démocrate forcené.

Mme la marquise de Beaumont née Dupuytren, la plus hommasse de nos Saphos modernes, a été surprise l'an dernier dans une maison de filles, s'exerçant à la *fricarelle*. Cette peccadille ne lui fait aucun tort, le monde la reçoit.

Puisque je suis en train de narrer de bonnes histoires destinées à l'édification de mes petits-enfants, mettons les deux pieds dans le plat, aussi bien il fait un temps affreux ; la neige couvre les toits, les voitures ne roulent pas, et le verglas épouvante les piétons.

Je suis devant mon feu, et j'éprouve le besoin de me réjouir.

L'abbé Coquereau qui se fourre partout était, il y a trois jours, chez la Princesse Mathilde, où Nadaud chantait. Comme les chansons devenaient un peu grasses, il se prudifia au point de se retirer dans un salon voisin, d'où il pouvait tout entendre. Le marquis de Custine, voulant le plaisanter sur sa pruderie, lui dit : « Je m'étonne qu'un Silène chrétien s'effarouche de si peu de chose. » L'abbé, pour faire de l'esprit, lui répondit : « *Ce n'est pas quand on pèche comme vous par le fondement, Monsieur, qu'il est permis de traiter les autres de Silène*. »

L'abbé fit cette réponse tout haut, au milieu de vingt personnes. Voilà où en est l'urbanité française, voilà où en est le respect que l'on doit à une Altesse Impériale.

Un méchant abbé ose dire en sa présence à un homme qu'elle reçoit : « *Vous êtes un p....* »

Mardi 6 février

La Prusse, sous prétexte de neutralité armée, dessine chaque jour davantage son hostilité.

Il y a des paris pour une guerre avec cet État au printemps prochain.

Dernièrement l'Empereur fit demander à M. de Hatzfeldt de poser à son gouvernement la question suivante :

« En cas de nécessité la Prusse permettra-t-elle le passage des troupes françaises sur son territoire ? »

La réponse ne se fit pas attendre. Hatzfeldt écrivit sur-le-champ au ministre que cette permission ne serait pas accordée.

La reprise des hostilités sera, je crois, vigoureuse.

Le *Globe*, journal anglais, avait ces jours derniers un grand article sur la légitimation de Morny, ou plutôt sur la reconnaissance de son droit comme fils de la reine Hortense et par conséquent du roi Louis. Je sais que cette question a occupé ici.

Dans le cas où l'Empereur partirait pour l'Allemagne au printemps, on prétend que Morny gouvernerait en son absence avec le titre d'archichancelier.

Quoi que fasse le *Moniteur* pour prouver l'état de souffrance du prince Napoléon, le public n'y croit pas. Le prince ne se montre nulle part, mais il continue chez la maîtresse de Girardin (Esther Guimont, dite le Lion) à déblatérer contre tout ce qui se fait et à déplorer de n'avoir pas été nommé général en chef !

Jeudi il y a bal à la cour, je compte y aller.

Vendredi 9 février

Je suis sorti à une heure cette nuit du bal de la cour ; j'y ai vu le prince Napoléon que je n'ai trouvé ni malade, ni changé ; il a toujours la même mauvaise figure de Vitellius et non, comme on se plaît à le répéter, la plus grande ressemblance avec Napoléon Ier. Il a trente-trois ou trente-quatre ans, on lui en donnerait cinquante. L'Empereur aurait voulu le démonétiser complètement qu'il n'aurait pas autrement arrangé le bal d'hier.

En effet, après tous les articles de journaux qui cherchaient à nous attendrir sur le prince Napoléon, qui nous le représentaient mourant, ne pouvant voyager qu'à petites journées, après tant de rapports de médecins inquiétants au suprême degré, hier soir le prince agonisant a ouvert le bal avec l'Impératrice, il lui a donné le bras à minuit et demi pour aller souper. Hier soir le prince agonisant était gros et gras comme à l'ordinaire ; il s'est tenu debout toute la soirée et il a eu l'audace, lui, le fuyard des champs de bataille de la Crimée, de revêtir l'habit de général de division ! de ceindre le grand cordon de la Légion d'honneur !

Le *Moniteur*, l'*Indépendance belge*, les journaux gouvernementaux font les efforts les plus maladroits pour le réhabiliter. On parle de son admirable bravoure à l'Alma et de sa position *stratégique* à Inkerman. On s'étonne que la France n'ait pas accueilli par des applaudissements le retour du prince, comme l'Angleterre a accueilli le retour du duc de Cambridge. Les journaux français s'emparent même d'une phrase du discours du duc de Cambridge pour expliquer le retour du prince Napoléon.

La guerre de Crimée est une guerre de soldats et pas une guerre de généraux.

On s'empressait peu hier auprès de S.A.I.

Le jeune Metternich, nouvellement décoré de la croix de chevalier de la Légion d'honneur et portant le costume de chevalier de Malte, a longtemps causé avec l'Empereur et avec l'Impératrice.

Le personnel de la cour était renforcé par les nouveaux chambellans et les nouvelles dames. Belmont brillait toujours au premier rang par son importance et par ses plaques, il en est littéralement bardé. Les méchants prétendent qu'il y en a une pour chaque V... qu'il a supportée, alors il n'en a pas assez.

Le jeune duc de Vallombroso, qui a à peine vingt ans, a laissé prendre par une fille entretenue des lettres de la marquise de Bethisy. Parmi ces lettres, une surtout est très compromettante. Cette lettre disait au jeune duc :

Je t'en prie, ne va pas à la campagne chez la duchesse de Valentinois, je sais comme elle est coquette et je suis jalouse, etc. etc.

Bref, la fille entretenue a fait autographier la lettre à cent exemplaires, elle l'a fait remettre à cent personnes, parmi lesquelles Bethisy. De là, querelles, toute la famille Bethisy et Valentinois s'en mêlent, on veut faire battre Vallombroso, il s'y refuse. L'affaire en est là, et la fille entretenue demande soixante mille francs pour restituer la lettre !

Voilà un jeune duc qui débute bien !

Je n'ai pas vu l'ambassadeur de Prusse hier soir.

Les Murat font de l'importance d'une manière risible. La jeune fille nouvellement née est couchée dans un berceau à couronne royale. Ils se considèrent comme rois légitimes de Naples ; Chassiron est presque une altesse royale.

Les Murat sont des gens sans éducation et sans beaucoup d'intelligence. Le fils aîné, qui a épousé Mlle de Wagram, sait à peine lire.

Mercredi 14 février

Avant-hier, chez le prince Jérôme au Palais-Royal, on causait en toute liberté et devant les ministres du départ de l'Empereur pour la Crimée. Ce départ était fort blâmé, on disait que l'Impératrice l'accompagnerait jusqu'à Constantinople.

D'un autre côté une personne ordinairement bien renseignée racontait hier soir, comme le tenant de Morny, que le général Niel avait envoyé de Sébastopol un rapport très satisfaisant sur l'ensemble des opérations et sur la situation de l'armée, rapport dont la conclusion était que le moment de l'assaut était venu et qu'il aurait lieu dans les conditions les plus favorables, car l'armée russe, par suite de l'état de la campagne, se trouverait dans l'impossibilité de secourir la place.

Le faubourg Saint-Germain, qui a la palme pour les cancans de mauvais goût et pour les calomnies de cuisinières, raconte que Madame de Malaret donne sa démission de dame de l'Impératrice pour éviter d'avoir une seconde fois à repousser *les propositions* de Sa Majesté. J'ignore si Mme de Malaret donne sa démission, mais ce que je sais, c'est que la dame n'est pas femme à s'effrayer de telles propositions, et que sa farouche vertu a été surprise, il n'y a pas longtemps, toute soumise aux entreprises amoureuses du colonel Fleury, auquel elle avait ouvert, je ne dirai pas seulement ses bras, mais la grande route du plaisir, si bien absorbée qu'elle s'est laissée surprendre.

Hier, chez le comte de Tascher aux Tuileries petit bal masqué où se trouvaient en domino l'Empereur et l'Impératrice.

Vendredi 16 février

L'Empereur n'ira pas en Crimée ; cette idée est heureusement abandonnée.

Le parti mazzinien s'agite beaucoup, on craint de sa part une tentative d'assassinat contre l'Empereur, qui seul s'oppose au bouleversement général. L'Empereur mort, la révolution envahirait encore l'Europe, les démocrates triompheraient, et l'anarchie régnerait de nouveau sur le monde. La police de Gênes a prévenu la police française.

Malheureusement notre agent de Gênes, où vivent des masses de réfugiés socialistes, est un sot déconsidéré nommé le baron de Maussion et beau-père du sculpteur Marochetti.

Cet homme plus que bête s'est ruiné par toutes sortes de folies ; il est, dit-on, beaucoup p... et ne fréquente à Gênes que des gens tarés. On le maintient au poste de consul de France, j'ignore par quelle considération.

J'ai appris hier quelques détails sur la mort de ce pauvre Ladvocat, mon ancien éditeur. Ladvocat avait toujours vécu dans le luxe, et en se retirant de la librairie, il s'était fait couturière avec sa maîtresse,

Mme Camille, mais il y a deux ans ils se sont séparés parce que Ladvocat menait une vie fastueuse qui les aurait conduits à l'hôpital.

Ladvocat, nommé pourvoyeur d'objets d'art de la reine d'Espagne, a cru pouvoir encore faire fortune, il s'est trompé ! La misère l'a visité, le chagrin s'est emparé de sa personne ; il a eu trois ou quatre jaunisses et vers les derniers temps il souffrait de douleurs intolérables sous la plante des pieds. L'argent vint à lui manquer tout à fait, sa portière le nourrit pendant un mois, mais il comprit l'inutilité de la lutte et dut se résigner à mourir. Il chargea son portier de dire à ceux de ses amis qui viendraient le demander qu'il était parti pour la campagne, puis il fit avancer pour la dernière fois une voiture, qui le conduisit à l'hôpital de l'Hôtel-Dieu.

Ladvocat languit quelques jours dans cet hôpital, il se sentait vaincu, et il s'endormit dans la mort, seul, sans un parent, sans un ami pour lui serrer la main. Il fut enterré dans la fosse commune. Mme Camille l'a fait retirer de cette fosse et transporter dans un cimetière, où un monument convenable a été érigé sur sa tombe.

Ladvocat avait rempli dans ce siècle un rôle brillant ; le premier parmi les éditeurs modernes il avait rétribué convenablement le travail des auteurs, et c'est à lui que les illustrations littéraires doivent les prix fabuleux auxquels ont été coté leurs œuvres.

Ladvocat comptait quatre cent mille francs à Chateaubriand pour ses œuvres complètes, et Chateaubriand mourait pourtant aussi pauvre que Ladvocat.

Mon premier éditeur était vaniteux et dissipateur, se souciant aussi peu de l'argent des autres que du sien propre ; marchant de faillite en faillite, toujours élégant, toujours brillant, assistant à tous les bals de souscription, à toutes les premières représentations théâtrales, empruntant et ne rendant jamais, comme il avait souvent prêté sans s'inquiéter d'être remboursé.

Ladvocat a été vaincu par la vieillesse, qui arrivait, et par la misère, qui était venue, ce n'était point un méchant homme, pauvre Ladvocat !

Ce soir je vais chez Madame Lehon, j'y verrai de plus méchants personnages que Ladvocat et qui sont aujourd'hui grands seigneurs.

Le secret de la fortune consiste dans l'absence de générosité : recevez de tout le monde, mais ne donnez à personne, volez qui vous pourrez, mais ne vous laissez point voler.

Samedi 17 février

Hier soir, chez Madame Lehon, je me suis longtemps entretenu avec la Princesse Mathilde de l'intention attribuée à l'Empereur d'aller en Crimée. La Princesse m'a répondu que tous les raisonnements contre cette volonté n'aboutiraient à rien, et qu'elle était convaincue que ce voyage aurait lieu. Elle en a parlé à l'Empereur dans la journée d'hier, il a répondu que la prise de Sébastopol annoncerait la paix, et qu'il fallait prendre Sébastopol.

L'Impératrice pousse l'Empereur à ce voyage.

La Princesse Mathilde croit au prochain départ, l'Empereur emmènerait avec lui le prince Napoléon.

Ce départ inquiète et sera mal vu par l'opinion publique.

Dimanche 18 février

L'Empereur, cela semble certain, part jeudi.

L'amiral Hamelin lui a promis de le conduire à Sébastopol en huit jours.

Le conseil de régence, qu'il laisse ici, est composé du prince Jérôme, président, de Troplong et de Morny. Morny est l'homme important de ce conseil ; il a des lettres closes, qui en cas de besoin lui donnent pleins pouvoirs.

Je commence à me rendre compte de la nécessité du départ de l'Empereur pour la Crimée. Il y a entre nos généraux une sorte de zizanie, les amours-propres sont en jeu, en un mot, ils ne marchent pas d'accord.

J'ai lu ce matin une lettre adressée par le général Canrobert au général Forey pour le prier de reprendre sa démission, car le général Forey a donné sa démission par irritation de ce qu'on l'a mis de côté dans la promotion au commandement des grandes divisions.

Le général Forey est accusé d'avoir causé l'échec et la mort du général de Lourmel, dont il n'a pas fait soutenir l'attaque par sa division ; sans les calculs égoïstes de sa jalousie, le fort était pris et le général de Lourmel serait encore à la tête des troupes[1].

D'un autre côté, le génie et l'artillerie se contrarient, enfin chacun tire un peu à soi sans s'inquiéter de la chose publique. Tous ces petits grands hommes ne voient que leur intérêt, leur personnalité. Ce sont toujours les mêmes misérables passions. Celui-ci est heureux de l'échec de celui-là, il n'y aidera pas, mais il ne fera rien pour l'empêcher. Les dénonciations se croisent, il n'est pas jusqu'au plus infime sous-lieutenant qui n'adresse à un journal son jugement sur les opérations du général en chef.

Puis les colonels de l'armée, jaloux de la garde, inspirant leur jalousie à leurs corps d'officiers et ceux-ci la communiquant aux soldats.

---

1. La mort de Lourmel intervint lors de la bataille d'Inkerman, le 5 novembre 1854. Il semble bien qu'elle fut essentiellement due à la témérité du général, monté à l'assaut en s'exposant à tous les tirs ennemis. En fait, Forey, qui est peu apprécié de ses collègues pour ses mauvaises manières et son manque de tact, a polarisé sur lui le mécontentement de l'armée. Il sera finalement rappelé en France le 21 mars après que Napoléon III aura pris connaissance d'une lettre du général à sa maîtresse parisienne dans laquelle il évoque le véritable état de l'armée.

Nos généraux eux-mêmes sont un peu trop enflés de leur importance. Ils rêvent tous le maréchalat et ce que je crains, c'est qu'ils ne le rêvent comme un nouveau point de départ. Dieu sait pourtant, si on retirait à la plupart de ces *capitaines* l'épée et les épaulettes, quel serait l'avorton moral qui resterait.

Le général Magnan, devenu maréchal, ferait un très beau charlatan.

Baraguay d'Hilliers ne ferait rien qu'un homme désagréable, etc. etc.

Le voyage de l'Empereur a sa raison dans les tiraillements dont je viens de parler. Il faut qu'il fasse sentir une main et une volonté de fer à tous ces messieurs les généraux, et qu'il montre à l'armée son véritable chef, parce qu'il est le chef de la nation.

Le prince Napoléon part avec l'Empereur. Dieu veuille que le sort des batailles en débarrasse la France !

Mercredi des Cendres 21 février

Je suis resté cette nuit jusqu'à deux heures au bal costumé de Madame Lehon ; il était charmant et fort animé, de très jolis costumes, quelques dominos, un mélange de gens à prétention et de gens sans prétention ; mais ces derniers étaient en petit nombre.

Le second fils de Madame Lehon et E. Delessert, en vrais pierrots, la figure couverte de farine, étaient merveilleux.

Giraud, le peintre de pastel, a été pris pour un vrai Turc, pour Vély Pacha.

Les pierrots faisaient majorité et c'était justice, ils se croyaient déguisés, les gaillards ! Allons donc, mes bons jeunes gens, vous seriez encore bien heureux d'être de vrais pierrots !

Mme E. Lehon, Mlle Lehon, Mlle de Reiset, Mme Manara ont eu les palmes de la beauté, etc. etc.

Le marquis de La Valette ne quittait pas la Princesse Mathilde ; ce diplomate retraité dans le Sénat, ancien beau viveur des coulisses de l'Opéra, gras aujourd'hui comme une petite caille, et traînant en guise de boulet sa jalouse vieille femme, essaye la puissance de ses dernières séductions sur le cœur d'une Altesse Impériale qui s'amuse de ce manège. Le diplomate se laisse piper.

Malgré tout l'entrain du bal, il était évident que le bruit du départ de l'Empereur préoccupait tous les esprits. Beaucoup de gens n'y veulent pas encore croire, de là tant de nouvelles différentes : il part... il ne part pas.

Les hommes d'État se renfermaient hier dans un silence magnifique. Les officiers de la maison attendent des ordres et n'osent engager leur journée du lendemain.

La Princesse Mathilde, très irritée de ce départ, n'en souffle mot au vulgaire, mais elle en a longuement causé avec Persigny et plus tard avec le colonel Fleury, qui en sa double qualité de commandant des guides et de premier écuyer doit en savoir quelque chose. J'ai entendu Fleury donner à la Princesse la date du 25 de ce mois comme assignée pour le départ.

Tous les gros bonnets, qui tiennent à la cour, ont vendu leurs rentes et leurs actions pour racheter en baisse, car on compte sur une baisse considérable le jour où le départ sera effectué.

Le parti mazzinien s'agite beaucoup, non seulement en Italie, mais dans toute l'Europe.

Le marquis Visconti m'a communiqué hier une lettre qu'il venait de recevoir de Londres et dans laquelle un réfugié italien le chargeait de prévenir le gouvernement français que des émissaires chargés par Mazzini d'assassiner l'Empereur partent pour la France et pour la Crimée.

Mazzini ne voit que l'Empereur qui soit un obstacle à ses projets de bouleversement ; aussi a-t-il décrété sa mort, c'est un nouveau *vieux de la montagne*.

L'année 1855 verra de grandes choses. Dieu veuille qu'elle n'en compte pas de déplorablement funestes. La vie de l'Empereur est notre vie, après lui nous retomberions dans une effroyable anarchie. Nos partis ne veulent pas le comprendre et tous les niais, soit parlementaires, soit légitimistes, pensent qu'ils pourraient dominer la situation.

Les légitimistes ne connaissent pas la France et s'ils arrivaient au pouvoir, ils seraient le lendemain dominés par les parlementaires, par des Guizot, des Thiers, des Berryer ou des Montalembert qui ne voient le gouvernement de la France, le salut du pays, que dans leurs discours. Ces bavards-là ont déjà démoralisé la France pendant trente-cinq ans, ils ont fait deux révolutions, ils n'ont rien appris et ils se gardent avec l'espoir d'en brasser une quatrième.

Ce qui embarrasse aujourd'hui les avenues du pouvoir, c'est le reste impur de toutes les saletés parlementaires, ce sont ces gens que je connais et qui trahiront demain, s'ils y trouvent quelque intérêt personnel, en passant avec armes et bagages au plus offrant !

Vendredi 23 février

L'Empereur partira au mois de mars, telle est du moins la conviction des gens bien informés.

Hier soir, je suis allé chez la Princesse Mathilde, j'y ai trouvé le ministre de l'Instruction publique, celui des Affaires étrangères, le maréchal Baraguay, le général La Marmora, l'ambassadeur turc, etc. etc. ; chacun gardait un silence plein d'importance sur le départ.

La Princesse a reçu une lettre charmante de l'empereur de Russie, qui lui dit : « *En vérité, j'ignore pourquoi la France me fait la guerre.* »

Le vieux Czar est toujours le même, il pense rendre tout le monde dupe de ses finesses.

La Princesse, charmée de la lettre du Czar, est un peu plus russe qu'à l'ordinaire. Nous vivons en vérité dans un singulier temps, la propre cousine de l'Empereur correspond avec le Czar, contre lequel nous sommes en guerre. Son frère Napoléon, surnommé *plon-plon* et depuis la campagne de Crimée *craint-plomb*, ne voit que les démocrates et conspire contre l'ordre de choses actuel.

Les futurs ministres de *craint-plomb* sont É. de Girardin et Bixio ! C'est dans le salon de ce dernier qu'on peut l'entendre décrier nos généraux, révéler les délibérations des conseils de guerre, etc. etc.

Craint-plomb est l'auteur d'une brochure antifrançaise publiée à Bruxelles sous la forme d'un rapport au gouvernement français sur la situation de l'armée de Crimée et signée : « un officier général ».

Le gouvernement français poursuit à Bruxelles l'imprimeur et l'auteur encore *inconnu* de cette brochure, et le prince Napoléon a failli être arrêté, mais il a juré *sa parole d'honneur* qu'il était étranger à la publication incriminée !

Berryer a été reçu hier à l'Académie, il y a prononcé un discours rempli de phrases et d'allusions hostiles et a été fort applaudi par toutes les vieilles femmes politiques du faubourg Saint-Germain réunies aux femmes doctrinaires [1]. Dites après cela que les partis ne se rapprochent pas.

La Princesse Mathilde était furieuse, elle traitait Berryer de jésuite, de lâche, etc. etc. puis à travers Berryer elle est arrivée à Falloux qu'elle a nommé jésuite, lâche et traître.

His de Butenval a pris très noblement la défense de Falloux, mais ce gros plat de La Rochejaquelein a fait chorus avec la Princesse, c'était à lever le cœur.

Lundi 26 février

Hier soir, chez la Princesse Mathilde j'ai eu une longue conversation sur les affaires du moment avec La Guéronnière.

Il est l'auteur de l'article qui a paru, il y a trois ou quatre jours, au *Moniteur*.

L'Empereur l'avait fait mander aux Tuileries et lui a dit : « *Faites un article dans tel sens, vous me rendrez service.* »

---

1. L'Académie française, dont de nombreux membres sont orléanistes, utilise la publicité autour de ses élections et des discours de réception qui les suivent pour faire de l'opposition au coup d'État puis à l'Empire. Dans son discours de réception prononcé le 22 février 1855, le légitimiste Berryer profita de l'éloge de son prédécesseur, le comte Alexis de Saint-Priest, issu d'une grande famille de serviteurs de l'Ancien Régime, pour louer la monarchie légitime et la liberté.

Fould voyait des inconvénients à la publication de cet article, mais l'Empereur a voulu qu'il parût.

Dans cette entrevue il a été fort question, comme on le pense bien, du départ pour la Crimée. L'Empereur est décidé à partir ; l'état de dissension dans lequel se trouvent les généraux, leur jalousie, l'absence d'une grande autorité, tout exige ce départ, l'armée elle-même, le soldat doit être convaincu par la présence de l'Empereur qu'elle est sa plus constante préoccupation.

« Je veux qu'on sache, si je pars, a ajouté l'Empereur, que je vais à Sébastopol chercher la paix et que ce n'est que là qu'elle peut être faite.

« Les incidents de la campagne y serviront plus que les conférences diplomatiques et puis l'empereur Nicolas viendra probablement en Crimée !... »

Enfin La Guéronnière estime que l'Empereur est décidé à partir. « Si Sébastopol peut être prise, il faut que j'assiste à sa chute », a dit l'Empereur.

Le marquis Visconti, qui dînait samedi avec l'Empereur et qui a eu avec lui un long entretien sur les menées des réfugiés italiens, m'a répété, mais avec moins de détails, les mêmes choses.

Le traité offensif avec l'Autriche ne sera une vérité que le jour où Sébastopol sera en notre pouvoir.

L'Empereur ne se fie pas encore à l'Autriche, il a dit à Visconti : « *Je croirai à la bonne foi des Autrichiens, le jour où j'entendrai leurs canons.* »

Lamartine, dans l'intimité de conversations particulières, approuve le départ ; il trouve l'idée noble et grande, mais, ajoute-t-il, il faut ou enmener le prince Napoléon ou le mettre à Vincennes avec une garde d'honneur.

Berryer loue aussi le départ, il trouve que c'est une pensée digne d'un prince français.

Samedi 3 mars

Hier soir à sept heures, la nouvelle est arrivée que l'empereur de Russie est mort d'une paralysie du poumon. Aussitôt sénateurs, dignitaires etc. se sont précipités vers la petite Bourse du passage de l'Opéra pour exploiter la nouvelle. La rente a haussé de 2,50 francs.

Cette mort va peut-être changer la face de l'Europe. L'héritier du trône russe a toujours été peu partisan de la guerre dans laquelle son pays est engagé ; le second fils de l'empereur au contraire est l'âme du vieux parti russe et fanatique.

L'empereur Nicolas aurait dû mourir deux ans plus tôt pour sa gloire et pour notre repos.

L'Empereur Napoléon aura appris la nouvelle au camp de Boulogne où il est depuis deux jours. Maintenant le départ pour la Crimée aura-t-il lieu ?

Mardi 6 mars

L'Empereur est revenu de sa visite à l'armée de Boulogne. Il est toujours question de son départ pour la Crimée ; Fleury affirme qu'il aura lieu.

Hier soir, on a affiché au club impérial une dépêche télégraphique, datée de Sébastopol, qui annonce la mort du grand-duc Michel, tué sous les murs de la ville. Il y aurait donc eu une affaire importante entre les armées anglo-françaises et l'armée russe.

Excelmans, qui arrive de Balaclava, affirme qu'on a reconnu l'impossibilité de prendre fructueusement Sébastopol si on ne s'empare pas des deux côtés de la ville à la fois. Il est donc question de l'investir complètement et de livrer une grande bataille aux Russes. Est-ce dans cette bataille qu'aurait été tué le grand-duc ?

Romans, l'ancien préfet, qui a épousé Mlle de Kaisaroff, se vante d'être l'auteur de la brochure de Bruxelles. Il est possible qu'il l'a écrite, mais le prince Napoléon et Girardin l'ont dictée.

Romans s'imagine qu'il imposera par cette brochure hostile sa réintégration au gouvernement, qui aura peur de lui.

Pauvre cervelle !

Le prince Napoléon est plus que jamais *engirardiné* ; il dîne avec Esther Guimont et Rachel ; il a été sifflé dernièrement en se rendant chez la grande tragédienne.

Un tassement s'est produit dans les constructions de la nouvelle galerie du Louvre consacrée aux expositions annuelles, mais on prétend que ce tassement, qui a produit tout son effet, ne nuira en rien à la solidité de l'édifice.

Ce soir je dîne chez le comte de Rougé, notre collègue, promu conseiller d'État, et qui traite le conservatoire des musées. Sa femme est la plus enragée c... qu'il y ait dans Paris, ce n'est pas peu dire. Elle possède la physionomie de ses vertus, sa mine n'est pas trompeuse.

Jeudi je dînerai chez le peintre Muller, garçon qui ne manque pas de talent et qui a beaucoup d'esprit. Nouvellement marié à une ancienne maîtresse, il produit pour la première fois sa femme au monde. Ce mariage ne lui convient guère ; l'amour n'existe plus ; l'intérêt ne s'y rencontre pas satisfait et son ambition est mal à l'aise dans cette union par trop bourgeoise.

Mme Muller est malingre, petite et peu jolie ; si elle est spirituelle tout est réparable, mais si elle est vulgaire je plains Muller !

Muller est comme esprit de l'étoffe des Gérard et des Delaroche avec plus de savoir-faire que Delaroche, qui s'avise de bouder le gouvernement actuel tout comme pourrait le faire et le font un Thiers ou un Guizot quelconque.

Le duc de Broglie a été nommé académicien à la place d'Ancelot ; Legouvé a été élu à la place de je ne sais plus quel immortel et en concurrence avec Ponsard.

Les parlementaires se réfugient dans les académies, qui deviennent une pépinière d'opposition.

L'Académie des sciences morales, si malencontreusement ressuscitée par le roi Louis-Philippe, est tout ce qu'il y a de plus hostile, les académies sont soutenues par un chœur de vieilles femmes des faubourgs Saint-Germain et Saint-Honoré, lesquelles vieilles femmes sont les tricoteuses de cette nouvelle convention.

Vendredi 16 mars

Je n'ai rien écrit depuis longtemps sur ce livre parce que la plus grande incertitude règne dans toutes les nouvelles qui sont mises en circulation. On fait tour à tour apparaître aux yeux du public, soit l'espérance de la paix, soit la crainte de la continuation de la guerre.

En fait il n'y a rien de probable ni dans l'un ni dans l'autre sens.

Tout est incertitude et les affaires devant Sébastopol en sont au même point.

Chez la Princesse Mathilde on prétendait hier que le roi de Prusse avait écrit à l'Empereur pour l'engager vivement à renoncer à son voyage en Crimée :

« J'ai le plus vif espoir, manderait le roi de Prusse, d'amener l'empereur Alexandre à accepter les conditions d'une paix satisfaisante pour les intérêts de l'Europe, mais si contre mon espoir j'échoue dans cette entreprise, alors je me rallie complètement à votre politique et mes armées marcheront avec les vôtres. »

J'ai peur, si cette nouvelle est vraie, qu'elle ne cache une déception et que la Prusse, au dernier moment mise en demeure de tenir sa parole, ne nous échappe par un faux-fuyant.

On parle toujours du départ de l'Empereur ; samedi et dimanche, aux dîners d'adieux qu'ils donnaient aux officiers de deux régiments qui s'embarquent ces jours-ci pour la Crimée, l'Empereur et l'Impératrice disaient : « *Au revoir, à bientôt en Orient.* »

Je tiens ce propos du comte Charles de Tascher, qui était de service auprès de l'Impératrice et qui me l'a répété en sortant de son salon comme je passais la soirée chez lui.

L'Empereur est l'auteur d'un projet d'attaque de Sébastopol auquel le maréchal Vaillant, consulté, a donné une entière approbation.

L'Empereur voudrait, dit-on, le faire exécuter sous son commandement.

La brochure de Bruxelles continue d'occuper l'attention, je l'ai lue, elle est l'œuvre d'un mauvais homme attaquant tout ce qui a été fait, tous les généraux dans leur honorabilité, même les morts comme le maréchal de Saint-Arnaud.

En la lisant, on demeure convaincu que le prince Napoléon seul a pu l'écrire ou la dicter. Ce prince la prête et la fait lire à celles de ses connaissances qui sont curieuses de la connaître.

Vendredi 23 mars

Il paraît qu'avant d'aller en Crimée, l'Empereur et l'Impératrice iront à Londres et à Vienne.

Les journaux retentissent depuis quelques jours des démentis, donnés par Thiers et Changarnier, aux mémoires de Véron à propos d'une conférence qu'il prétend avoir eu lieu avant le 2 décembre entre Thiers, Morny et Changarnier et où la question du coup d'État fut agitée. Thiers et Changarnier exigeaient, dit Véron, l'arrestation de Lamoricière. Ces deux messieurs peuvent maintenant démentir le fait, mais il n'en est pas moins vrai qu'il est parfaitement exact. Morny atteste dans les journaux que tout le récit de Véron est conforme à la vérité, et il y a deux ans qu'il me l'a raconté à moi-même un matin chez lui en me parlant de toutes les affaires de décembre.

Samedi 24 mars

Le Parisien se laisse prendre à de nouvelles espérances de paix, à de nouvelles circulaires fort ambiguës de M. de Nesselrode.

Le Parisien voit déjà la paix *toute désarmée* sortir du cerveau de la conférence de Vienne.

Le Parisien ferait bon marché de Sébastopol, de la mer Noire et même de la Turquie, pourvu que la paix fût rétablie.

Car la paix augmentera le prix des loyers, abaissera celui des denrées, mettra de l'or dans la poche des petits propriétaires, etc. etc. Et le petit propriétaire, le bourgeois parisien, auquel les révolutions ont donné une importance trop au-dessus de sa valeur réelle, a l'égoïsme pour seule vertu. Il était guerrier, il y a six mois, il attaquait la Russie, il prenait Cronstadt et Sébastopol en un tour de main, et ramenait à Paris pour le montrer à sa femme, à sa cuisinière, le Czar enchaîné derrière son fiacre. Mais aujourd'hui la guerre l'ennuie, il consent à ne pas prendre Sébastopol, à ne pas attaquer Cronstadt, il ne veut plus avaler la Prusse et donnerait presque, si on le pressait un peu, Constantinople à la Russie. L'été arrive, il veut être calme, jouir sans inquiétude des douceurs de la villégiature.

Le bourgeois de Paris ne changera jamais, il lui faut du nouveau tous les jours ; une guerre, qui dure un an, ne l'intéresse plus.

Excelmans est venu hier me demander s'il ne pourrait avoir un buste de l'Empereur pour décorer la cabine de l'Impératrice à son bord, car le voyage en Crimée est toujours décidé.

Mardi 27 mars

Toujours même indécision sur les résultats déjà obtenus par la conférence de Vienne. On flotte alternativement entre des espérances de paix et des craintes de guerre.

Il est toujours question du voyage en Crimée de l'Empereur.

Lundi 9 avril

Nous sommes fort à la guerre, les plus grands optimistes commencent à douter du résultat pacifique des conférences de Vienne. Drouyn de Lhuis y assiste maintenant et une décision ne peut tarder à trancher le nœud de la situation.

La Prusse dessine de mieux en mieux son hostilité.

Le siège de Sébastopol n'avance guère, et nous perdons chaque jour du monde dans des sorties russes que nous repoussons, il est vrai, mais qui déciment nos soldats. L'armée russe reçoit de nombreux renforts ; enfin l'affaire de Crimée devient de plus en plus grosse.

Le ministre de la Marine, Ducos, est très malade, les médecins conçoivent des craintes sur son état. Sa perte serait déplorable, car la France n'a pas eu depuis longtemps un ministre de la Marine aussi intelligent et aussi actif.

L'Empereur et l'Impératrice partent le 16 pour l'Angleterre ; ils seront absents peu de jours.

L'Empereur n'a pas eu de dîner de famille hier dimanche, jour de Pâques. Le prince Jérôme a donné un dîner. La Princesse Mathilde a seule dîné avec l'Empereur et l'Impératrice. Les Jérôme et les autres Bonaparte en sont profondément jaloux.

Hier matin, j'ai déjeuné chez la Princesse Mathilde, où l'abbé Coquereau déjeunait également. Cet aumônier de la marine, toujours orléaniste dans le cœur, présageait l'avenir le plus mauvais et donnait les nouvelles les plus inquiétantes de la Crimée.

Ni l'Empereur, ni les princes de sa famille ne connaissent les gens dont ils se servent ou qui les servent.

Ils choient leurs ennemis, ils les comblent, et ne soutiennent pas leurs amis.

La Princesse Mathilde a près d'elle des gens qui la vendent et des espions des Jérôme.

Arago et la Desprez sont, sans compter ceux que je ne nomme pas, les Judas de la troupe.

Mardi 17 avril

L'Empereur et l'Impératrice sont à Windsor.

L'Empereur a été reçu à Londres comme protecteur de la vieille Angleterre ; le peuple et l'aristocratie anglaise comptent sur lui, il sera fait chevalier de la Jarretière ; enfin la réception qui lui est faite est sans exemple. C'est une belle vengeance de la mort de son oncle. L'Angleterre fait quinze ans la guerre à Napoléon Ier, elle l'a enchaîné jusqu'à la mort sur un rocher perdu dans l'Océan, et c'est Napoléon III qui protège de ses armes et de son alliance cette même Angleterre.

La réception de l'Impératrice est surtout une grande affaire. La cour de Windsor a longtemps hésité, mais l'Empereur a tellement grandi depuis un an, que tout s'est abaissé devant lui.

L'Empereur et l'Impératrice reviennent à la fin de la semaine, et l'Empereur part seul pour la Crimée le 2 mai.

Je dînais hier chez la Princesse Mathilde, à qui l'Empereur l'a dit.

L'abbé Coquereau, toujours orléaniste et toujours porteur de mauvaises nouvelles, a pris sa figure la plus sinistre pour dire que le typhus est à Toulon et à Marseille.

Comme il faut aussi qu'il parle toujours contre le clergé, qui ne veut pas de lui comme évêque, il s'est fort gendarmé contre un prêtre de Saint-Thomas d'Aquin, qui a parlé en chaire de la mort de la jeune La Rochefoucauld (Mlle de Polignac) et qui a vanté ses vertus.

Cet abbé Coquereau est le roi des intrigants et des cafards.

Nous aurons au mois de juin un nouvel emprunt de cinq cents millions de francs.

Quant au résultat des conférences de Vienne, il sera la continuation de la guerre.

Le bombardement de Sébastopol a recommencé le 9 de ce mois.

Monsieur le comte de Nugent, légitimiste, ancien rédacteur de la *Mode*, s'est fait arrêter par le portier du Cercle impérial, au moment où il déposait dans la boîte du cercle une carte couverte d'injures contre l'Empereur.

Nugent, qui n'a jamais été un garçon bien spirituel, prenait les cartes de visite des gens de sa connaissance et les distribuait dans Paris couvertes d'injures contre le régime actuel.

Mercredi 18 avril

J'apprends trois morts de gens connus et toutes trois regrettables.

Isabey, mort de vieillesse, avait peint en miniature sous Louis XVI, Napoléon et Louis XVIII, il avait un talent fin et gracieux.

Ducos, ministre de la Marine, enlevé par une angine gangreneuse, fut un des meilleurs ministres de la Marine que la France ait eu depuis longtemps. Du reste fort bon homme et très obligeant.

Boullage, secrétaire général des Travaux publics, fort excellent homme et très estimé. Je l'ai connu en 1820, lorsqu'il entra comme employé à 2 000 francs aux Ponts et Chaussées.

L'amiral de Macoult est fort malade.

L'Empereur et l'Impératrice marchent en Angleterre au milieu des ovations ; leur réception est triomphale, c'est le mot.

Le bombardement de Sébastopol se poursuit avec vigueur ; on attend anxieusement des nouvelles. Personne ne doute en ce moment de la continuation de la guerre, et le *Journal des débats*, qui insérait ces jours-ci des articles pacifiques, favorables aux Russes, fait aujourd'hui amende honorable dans un premier Paris fort belliqueux.

Nous devrons connaître demain ou après-demain la solution des conférences de Vienne.

Mardi 24 avril

La conférence de Vienne est rompue, disent les journaux, et la Russie rejette nos conditions.

On dit cependant dans le monde officiel qu'une dépêche télégraphique, envoyée hier soir par Drouyn de Lhuis à l'Empereur, annonce qu'il diffère son retour.

Le bombardement de Sébastopol recommence avec vigueur ; la supériorité de notre tir est constatée et plusieurs batteries russes ont été démontées.

Les équipages de campement de l'Empereur sont partis pour la Crimée. Cinq escadrons de guides se mettent en route jeudi.

La Bourse a baissé hier de près de deux francs.

Les rouges se remuent ; des émissaires de Londres les entretiennent dans une sorte d'agitation.

Le prince Jérôme voudrait être muni des pleins pouvoirs en l'absence de l'Empereur.

Nous sommes au moment critique de la grande question orientale. Si définitivement on doit renoncer à la paix, le temps est venu pour l'Autriche de se déclarer franchement.

Là est le nœud de cette grave affaire.

Il y a chez les Orléanistes un redoublement de fureur ; Fortoul a miné leur sanctuaire en *réorganisant* l'Institut et en changeant la majorité de l'Académie des sciences morales par l'introduction dans son sein de dix nouveaux membres nommés par décret.

La nomination des employés de l'Institut est enlevée à ce corps ainsi que l'emploi de sa subvention.

L'Institut, il faut le dire, est rabaissé. M. Molé avait proposé à la classe des sciences morales de donner sa démission en masse pour conserver sa dignité ; mais la classe a préféré perdre un peu de sa dignité pour conserver sa position.

Le fils de Baroche, de Son Excellence M. Baroche, président du Conseil d'État, épouse Mlle Mirès, jeune juive, fille de ce Mirès, si décrié, mais si plein d'écus, que personne encore n'avait osé saluer en public ! Mirès, avant d'être riche, a fait tous les métiers. Il a fait du chantage en journalisme, il a occupé la cour d'assises de plusieurs coups de couteau portés par lui à son frère, etc. etc.

Je ne désespère pas, Baroche aidant, de voir un jour Mirès sénateur !

On me dérange au moment où j'allais raconter deux bonnes histoires sur Mocquart et d'Orsay ; ce sera pour demain.

Mercredi 25 avril

Maleville entrait au ministère de l'Intérieur presque au commencement de la présidence du Prince Louis Napoléon. Dans une conversation le Prince lui dit qu'il voulait désormais recevoir toutes les dépêches télégraphiques et qu'on eût à les adresser ou plutôt à les remettre à Mocquart.

« Monseigneur, répondit Maleville, il est de la dernière importance que la personne chargée de recevoir les dépêches télégraphiques soit d'une honorabilité éprouvée, car on pourrait trafiquer ; eh bien M. Mocquart n'est pas un honnête homme, je regrette d'avoir à l'accuser puisqu'il occupe un poste de confiance près de Votre Altesse, mais je n'accuse qu'avec les preuves en mains. Ainsi au moment de votre expédition à Boulogne M. Mocquart allait être poursuivi pour escroquerie de trois cent mille francs à votre détriment dans l'affaire du journal *Le Capitole*. J'en ai toutes les preuves que je peux offrir à Votre Altesse. »

Le Prince-président, un peu surpris, proposa d'autres noms que Maleville n'accepta pas, parce qu'ils n'appartenaient point à d'*honnêtes* gens, puis il finit par dire : « Votre Altesse a un honnête homme près d'elle, c'est Monsieur Bataille. »

Les dépêches furent remises à M. Bataille.

Cependant il n'est encore aujourd'hui que maître des Requêtes et Mocquart est chef du secrétariat de l'Empereur.

Passons à l'anecdote relative au fameux d'Orsay.

Vers 1846 Louis de Noailles, alors très légitimiste, se trouvait un soir à Londres à *Gore House* chez Lady Blessington ; il y avait avec lui dans le salon, outre la maîtresse de la maison, le comte Alfred d'Orsay et le Prince Louis Napoléon.

Louis de Noailles se laissa aller à parler d'une façon véritablement inconvenante du roi Louis-Philippe et de sa famille.

Quelques jours après il recevait de Pinet, secrétaire général de la préfecture de police et qui est son parent de la main gauche, une lettre amicale par laquelle on l'engageait à beaucoup de prudence ; toute sa conversation avait été transmise à la police française.

On ne peut certes prétendre que le prince Louis Napoléon soit l'auteur du rapport, alors il faut bien reconnaître qu'il émane de ce couple indigne de D'Orsay et Lady Blessington.

Rien de nouveau du siège, on est toujours dans l'anxiété de l'attente.

E. Isabey me disait ce matin que M. Ingres avait eu une attaque de paralysie.

On prétend que le mariage du petit Baroche n'est pas vrai.

Les peintres refusés et les sculpteurs, qui se trouvent dans le même cas comme Galimard et Paul Guérard, écrivent à l'Empereur les plaintes les plus bouffonnes et demandent un coup d'État en leur faveur pour forcer les portes de l'exposition.

Galimard est au lit, incertain s'il ne jouera pas au jury le tour de se laisser mourir, les membres de l'Institut vont, dit-il, protester à son chevet contre l'ostracisme dont il est la victime.

« J'ai voulu *honorer l'exposition* », ose-t-il écrire en toutes lettres !

L'amour-propre des artistes dépasse toute mesure, la moindre atteinte à cet amour-propre est une calamité publique. Quelquefois il revêt une magnifique naïveté. Ainsi Diaz, commençant un tableau, s'enthousiasme, s'enflamme et se livre au monologue suivant :

« Allez donc, Mossieu Ingres, allez donc voir si vous êtes fichu pour cirer mes bottes !... »

Il donne un coup de pinceau.

« Enfoncé le père du gris, jamais vous ne trouverez une figure comme celle-là ! »

Second coup de pinceau.

« Hein, quels contours ! Quelle suavité ! Quelle harmonie ! Allez donc, vieux cornichon au vert-de-gris, allez donc prendre des leçons chez Diaz ! »

Courbet consacre toutes ses toiles à la glorification de sa personnalité ! Celle-ci a pour titre : *Atelier de M. Courbet*. Et en effet, M. Courbet termine un paysage au milieu d'une foule composée de toutes les laideurs de la société humaine, de toutes les guenilles ramassées par les chiffonniers.

Bonjour, M. Courbet est un autre tableau, qui nous représente son auteur passant le front haut et le regard superbe devant un amateur nîmois qui a eu la bêtise de lui acheter sa *Baigneuse* ; l'amateur s'incline devant M. Courbet et le domestique de l'amateur, ébahi, stupéfié, se prosterne devant le maître.

Paul Delaroche n'ose pas exposer, craignant les journalistes.

Scheffer n'expose pas, un peu par crainte des journaux, un peu par orléanisme. Il joue le rôle d'Achille sous sa tente.

Ces messieurs pensent qu'ils produisent un grand effet, le public ne songe pas à eux.

Quand il y avait des Raphaël et des Michel-Ange, le public pouvait se passionner à leur endroit, mais par notre époque d'art mesquin et de peuple incrédule aux arts comme à l'idée religieuse, les Achille calfeutrés sont bien vite oubliés.

L'art d'aujourd'hui est une république de coteries fédératives ; chaque coterie est un canton, qui aime peu le canton voisin, mais se regarde à lui seul comme toute la république ; tout lui est *Sonderbund*, il se mire et s'admire dans les eaux de son lac, il se décerne des couronnes[1].

Il décréterait volontiers la guillotine pour faire justice des cantons rivaux.

Lorsque j'entends parler de la fraternité des artistes, je demeure stupéfié. Les artistes se détestent en général et ils s'exècrent en particulier.

Vendredi 27 avril

L'Empereur ne part pas pour la Crimée, contrordre est donné, il reste en France.

Le prince Jérôme demandait des pleins pouvoirs pendant l'absence de l'Empereur, et le ministère donnait sa démission si les pleins pouvoirs étaient accordés au prince !

Pour trancher la difficulté, l'Empereur a décidé qu'il ne partirait pas.

Je crois qu'il fait bien.

L'Autriche se prononce tout à fait ; au château on est très content de son attitude.

Lundi soir, l'Empereur tenait entre ses mains un rapport du directeur de la Sûreté générale, dans lequel on lui révélait le nom d'un jeune homme riche du faubourg Saint-Germain, qui demande du service à la Russie. L'Empereur a tu son nom, quoiqu'il eût toutes les preuves de cette infamie. Pendant le dîner il s'est présenté une circonstance insignifiante en apparence que je citerai cependant, parce qu'elle révèle chez l'Empereur une délicatesse de bonté remarquable.

L'Empereur avait demandé de l'eau de Seltz qu'un maître d'hôtel, empressé mais maladroit, s'était hâté de lui servir.

1. Voir *supra*, n. 2, p. 25.

L'eau de Seltz n'alla pas à sa destination, le jet mal dirigé atteignit l'Empereur en pleine figure, inondant son gilet et sa cravate.

Le malencontreux maître d'hôtel devint pâle, il vit sa position perdue et sa pensée le plongea en une seconde dans toute la profondeur de son malheur.

Mais la pensée de l'Empereur, aussi prompte que celle du maître d'hôtel, se représenta le désespoir de cet homme. L'Empereur s'essuya sans se retourner, sans dire un mot, et continua la conversation, sa physionomie ne trahit même pas un mouvement d'impatience.

C'est une niaiserie si l'on veut, quant à moi je ne puis m'empêcher de trouver cela beau de bonté.

Le gros La Rochejaquelein débitait hier soir chez la Princesse Mathilde les plus sottes nouvelles. Il avait reçu une lettre particulière datée du camp devant Sébastopol le 14.

Suivant cette lettre pas un canon russe n'aurait encore été démonté, pas une embrasure démolie, enfin, il proclamait toujours suivant sa lettre l'impuissance de notre armée.

Pour se donner de l'importance, La Rochejaquelein faisait un conte, je suis convaincu qu'il n'a pas reçu de lettre et pour m'en convaincre tout à fait, je lui ai répondu :

« Ce que vous me dites, mon cher La Rochejaquelein, m'étonne beaucoup, car mes lettres du 14 me disent tout le contraire. »

Alors il est devenu moins affirmatif, il a concédé quelques canons, quelques embrasures et m'a fort interrogé sur mes lettres du 14.

N'en ayant pas reçu, j'ai inventé les meilleures nouvelles, et il a tout accepté.

La Rochejaquelein est un de ces hommes dangereux, qui ne sont bons à rien dans les temps calmes et qui vous mettent des bâtons dans les jambes dès que les temps deviennent difficiles.

La Princesse a parlé beaux-arts pour abîmer Eug. Delacroix. La Princesse n'est pas connaisseuse ; elle admire l'art italien du XVIe siècle, parce qu'elle a été élevée en Italie en adoration devant Raphaël et sa sublime époque, mais elle ne comprend qu'un côté de l'art. Il y a même des arts, tels que la gravure, qu'elle ne comprend pas du tout.

Eug. Delacroix est pour elle un fou, un mauvais homme qu'il faudrait interdire, elle n'a pas de termes assez méprisants pour en parler et hier soir en causant avec Lehman, elle l'accablait de son dédain le plus poignant. Lehman a pris bravement le parti d'Eug. Delacroix et lui a rendu toute justice.

L'Exposition universelle ouvre dans quelques jours ses immenses salles. La reine d'Angleterre arrivera en France le 4 mai, disent les journaux anglais.

Dimanche 29 avril

Hier, vers cinq heures, un Italien, ancien cordonnier, romain, dit-on, a commis une tentative d'assassinat sur la personne de l'Empereur [1].

Je tiens les détails suivants de Flamarens, qui les a entendus de la bouche même de l'Empereur.

Flamarens les racontait hier soir aux Tuileries chez le comte de Tascher, puis chez Mme Lehon où je suis allé avec le marquis Visconti.

L'Empereur était à cheval dans les Champs-Élysées se rendant au bois de Boulogne. L'Impératrice en voiture le précédait d'un quart d'heure. Edgard Ney et Valabrègue accompagnaient l'Empereur.

Tout à coup, un homme assez bien mis se place sur la chaussée en face de l'Empereur qui crut voir en lui un solliciteur désireux de lui remettre un placet. Cet homme, au lieu d'une pétition, tendit vers l'Empereur un pistolet dont il fit feu presque à bout portant. La Providence voulut que l'assassin fût trompé dans son attente. Edgard Ney se précipita aussitôt entre l'Empereur et ce furieux, mais il ne put empêcher un second coup de pistolet fort heureusement encore sans résultat !

L'assassin est un Italien de Mazzini arrivé d'Angleterre le jour même ou la veille, il n'avait sur lui que de l'argent anglais et n'était couvert que de vêtements anglais.

L'Empereur a continué sa promenade vers le bois où il a rejoint l'Impératrice, et ils sont immédiatement rentrés dans Paris. Tous les promeneurs, hommes et femmes au nombre de plusieurs centaines, lui servaient d'escorte ; sur son passage les cris de « Vive l'Empereur » éclataient avec enthousiasme.

La foule comprenait qu'en ce moment les destinées du monde reposent sur cette tête.

On savait gré à la destinée de l'avoir épargné.

L'Impératrice, pâle et vivement émue, portait fréquemment son mouchoir sur ses yeux.

Aux Tuileries les princes, les princesses, les ministres et quelques autres personnes averties de cet événement attendaient LL. MM. L'Empereur a dit alors, en s'adressant à tout ce monde empressé : « *Vous voyez bien que cela n'est pas si facile.* »

J'ai vu le soir à neuf heures l'arrivée des voitures impériales au théâtre

1. Comme Viel Castel le notera lui-même le 1er mai 1855, l'auteur de l'attentat est Giovanni Pianori, un ancien cordonnier de Faenza qui s'était jadis enrôlé dans l'armée garibaldienne. Ayant sombré dans la délinquance, il fut emprisonné au bagne dont il s'évada. Réfugié en Angleterre, il fréquenta les milieux révolutionnaires et conçut le projet d'assassiner Napoléon III. C'est le 28 avril à 17 heures qu'il tenta de le faire, alors que l'empereur remontait les Champs-Élysées pour se rendre au bois de Boulogne où l'impératrice l'attendait. Aucun des deux coups de pistolet qu'il tira n'atteignit sa cible. Il sera exécuté le 14 mai suivant.

de l'Opéra-Comique et je dois dire que si je lisais ce que j'ai vu, je n'y croirais pas, j'accuserais les journaux d'adulation, de courtisannerie.

Les cris de « Vive l'Empereur » tonnaient comme des décharges d'artillerie se prolongeant au loin ; l'émotion était générale. J'ai vu des gens pleurer. J'ai vu pleurer non pas une personne, mais vingt, trente ; j'ai vu pleurer le vieux colonel Porcher, qui commandait avant 1848 un régiment de cuirassiers et qui est resté Orléaniste. Il était à côté de moi, et près de Victor Grouchy (nommé avant-hier au commandement de la division de Strasbourg) ; l'émotion l'a gagné, il s'est retourné vers moi, la figure mouillée, et il m'a dit : *ma foi tant pis !* en s'essuyant les yeux.

A l'Opéra-Comique l'Impératrice était pâle et préoccupée malgré ses efforts pour paraître calme. L'Empereur lui aussi était soucieux. Au retour LL. MM. ont été accueillies par les mêmes ovations et les maisons resplendissaient d'illuminations sur leur passage.

On dit qu'avant-hier la police a découvert une conspiration, qui a des ramifications assez étendues et à laquelle plusieurs personnes bien placées ont pris part.

Je commence à penser que l'Empereur fait sagement de ne pas aller en Crimée.

Hier, tout le monde se disait que s'il était arrivé un malheur, la révolution recommençait, nul ne voulait songer au prince Napoléon comme à un héritier.

Rien de nouveau d'ailleurs du théâtre de la guerre.

Quant aux conférences de Vienne, elles paraissent définitivement rompues et Drouyn de Lhuis est, je crois, attendu aujourd'hui ou demain.

L'ouverture de l'exposition est ajournée au 15 mai.

Lundi 30 avril

L'homme qui a tiré sur l'Empereur se nomme, dit la *Patrie*, Liberani, il est sujet romain et a fait partie des bandes de Garibaldi. On disait hier soir chez la Princesse Mathilde qu'il avait longtemps refusé de répondre aux questions de Pietri, mais qu'après de vives instances, Pietri ayant simulé la volonté de le faire fusiller à l'instant même, dans l'intérieur de la prison, Liberani avait enfin fait des révélations.

L'Empereur, dans sa réponse au Sénat, a dit hier : « Je ne crains pas les assassins aussi longtemps que ma mission ne sera point remplie. »

Mardi 1er mai

L'assassin avait pris un faux nom sur le passeport sarde dont il était porteur. Son véritable nom est Giovanni Pianori. Il est né à Faënza où il exerçait la profession de cordonnier. La chambre des mises en accusation le renvoie devant la cour d'assises où son affaire sera portée à l'une des prochaines audiences.

Rien n'a transpiré des révélations qu'il a pu faire. On pense généralement que cet homme est un des fanatiques dont dispose Mazzini.

Les personnes qui connaissent Mazzini parlent de lui comme d'un homme supérieur et qui domine tout ce qui l'approche. Un de ses lieutenants, Saffi, est un véritable personnage de roman, d'une bravoure remarquable, et qui accomplit en Italie au milieu même des pays occupés par les Autrichiens les missions qu'il reçoit sans craindre une dénonciation.

Mazzini fait trembler les Italiens à un tel point, que lorsqu'il émit en Italie les titres de son emprunt, l'aristocratie italienne, sa plus grande ennemie, s'empressa de souscrire.

A Gênes les plus illustres familles versèrent quatre cent mille francs dans la caisse du démagogue !

Régénérez donc un pays où se trouvent deux partis dont l'un se sert de l'assassinat comme moyen et l'autre tremble devant le parti des assassins et lui fournit de l'argent.

Le *Moniteur* annonce ce matin que le feu des alliés est suspendu devant Sébastopol pour attendre des renforts.

Lundi 7 mai

C'est aujourd'hui que la cour d'assises juge Pianori.

Hier, aux courses du Champ-de-Mars le bruit de la prise du bastion du Mât s'est répandu.

Le *Moniteur* de ce matin ne confirme pas cette nouvelle importante.

M. Drouyn de Lhuis, mécontent de la nomination de son directeur des Affaires politiques à l'ambassade de Constantinople, a donné sa démission. Ce directeur lui était parfaitement désagréable.

Bourré, ancien consul à Beyrouth, puis au Maroc, nommé récemment envoyé en Perse, devient directeur des Affaires politiques, c'est un mauvais choix.

Bourré est un intrigant et un financier mal élevé et de mauvaises façons. Il n'a jamais fait de diplomatie ni de politique que dans les consulats secondaires de l'Orient. C'est de plus un homme sans convictions arrêtées. Dans la crise actuelle je regarde cette nomination comme déplorable.

Le fils du général de Grammont, nommé écuyer de l'Empereur par l'influence de son père, se marie à Mlle de Villa Garcia que les mauvaises langues appellent *vile garce*.

Le pauvre jeune homme croit trouver une fortune, il est dans l'erreur ; il croit aussi trouver une pucelle, il est également dans l'erreur, car il y a deux ou trois ans que Petipas le danseur fut surpris par l'amant de la marquise de Villa Garcia, sortant la nuit de la chambre de ladite demoiselle. Un duel suivit cette découverte et Petipas blessa son adversaire.

Le roi de Portugal vient de décorer de l'ordre du Christ un danseur de l'Opéra de Lisbonne. Que voilà un Christ bien placé, et un roi bon gardien de l'honneur de ses ordres de chevalerie.

J'ai appris par l'ambassade française de Madrid de curieux détails sur la cour d'Espagne.

Le roi était l'instigateur de l'assassinat de la reine, c'est lui qui avait placé le couteau dans la main de l'assassin. Mais cette tentative qui faillit réussir, car la reine, on s'en souvient, fut blessée, n'est pas la seule tentée à l'instigation du roi. Un jour, à Aranjuez deux hommes se sont précipités sur la reine, mais ils ont été tués sur place par les officiers de service et enterrés dans un des massifs du jardin, puis l'affaire a été étouffée.

Les relations du roi et de la reine sont bornées aux relations d'apparat ; hors de là, ils ne se voient point. Isabelle connaît son époux, elle sait ce dont il est capable et craint d'être la victime de ses machinations. Elle veille toute la nuit et n'ose se coucher qu'au jour.

Le roi d'Espagne est un mauvais petit drôle, qui passe son temps à susciter des embarras au pouvoir, à conspirer contre la monarchie et qui s'entoure, comme ici le prince Napoléon, des gens les plus hostiles au pouvoir.

Les soirées du Louvre ont recommencé vendredi dernier. Plus de quatre cents personnes assistaient à cette première réunion. E. Giraud, lorsque nous n'avons plus été qu'une douzaine d'intimes, a repris la suite de ses portraits caricatures dont le nombre s'élève à 70 environ. M. Adalbert de Beaumont a posé avec beaucoup de bonne grâce. Ce livre de portraits sera une œuvre éminemment intéressante.

Mercredi 9 mai

L'Empereur voudrait faire grâce à son assassin, mais les ministres s'y opposent.

Le *Journal des débats* raconte toute la scène, qui s'est passée entre la reine d'Espagne, Espartero et O'Donnel, à propos de la signature de la loi votée par les Cortès et qui a pour résultat la vente des biens ecclésiastiques. La reine n'a cédé qu'à la menace faite par les deux généraux de proclamer la République, d'expulser la reine en gardant sa fille pour otage. Ainsi il est avéré que la reine d'Espagne n'est plus libre ; elle aurait dit aux généraux, toujours suivant le *Journal des débats* :

> Je proteste de toute mon âme contre vos violences, et j'espère que Dieu fera retomber sur vos têtes et sur celles de vos collègues et de vos amis la responsabilité de ma faiblesse.

Voilà comment les révolutionnaires entendent le gouvernement constitutionnel, l'oppression de la royauté. Cela portera ses fruits !

Drouyn de Lhuis, suivant le *Times*, tomberait par suite de sa faiblesse à Vienne.

Walewski, qui le remplace, a prêté serment.

Baroche va, dit-on, entrer au ministère de l'Intérieur. Rouher deviendrait président du Conseil d'État, Billault ministre de la Marine, Bineau reprendrait les Finances, etc.

Nous verrons avant peu.

J'ai été reçu hier à l'unanimité membre du Cercle impérial[1] et La Guéronnière est venu me demander si je voulais me mettre à la tête d'une revue à opposer, sous le patronage de l'Empereur, à la *Revue des Deux Mondes* ; j'ai accepté. Il faut maintenant que Morny et La Guéronnière fassent approuver l'organisation de cette revue par l'Empereur qui l'a déjà approuvée en principe.

Samedi 12 mai

L'*Indépendance belge* contient un long article répété par le *Moniteur*, sur les motifs de la retraite de M. Drouyn de Lhuis. Il est vraiment curieux que le journal officiel du gouvernement emprunte de telles explications à un journal étranger.

M. Drouyn de Lhuis acceptait les conditions d'un dernier ultimatum de l'Autriche, qui ne paraissent pas acceptables aux gouvernements de la France et de l'Angleterre.

Bourré est déjà remplacé dans la direction des Affaires politiques par M. Clément, mauvais diplomate d'occasion envoyé à Berlin après la révolution de 1848.

Des lettres d'Espagne donnent des détails les plus ignobles sur les violences d'O'Donnel et d'Espartero envers la reine. O'Donnel lui a pris la tête entre ses mains et la menaçait en la secouant rudement.

Narvaëz et la potence auront affaire quelque jour à ces deux hommes-là. Isabelle a de grandes fautes à se reprocher, mais aussi, comment et par qui a-t-elle été élevée ? Quel mari lui a-t-on donné ? De quelle famille est-elle entourée ? Sa mère n'a cherché qu'une chose, à piller l'Espagne au profit des enfants de son second mariage, sa tante la mère de son mari, son beau-père l'Infant Don François de Paul ont été et sont ses ennemis. Mauvaise race, sans vergogne, sans conscience et sans esprit.

Il y aura avant peu, je le crains, de graves événements en Espagne.

1. Le Cercle impérial, qui vient tout juste d'être créé à l'initiative de personnalités proches du pouvoir, a pour but de contrebalancer l'influence du Cercle de l'Union, du Jockey Club ou encore du Cercle agricole, où légitimistes et orléanistes sont légion. Voir Charles Yriarte, *Les Cercles de Paris (1828-1864)*, Paris, Duprayde, La Mahérie, 1864.

Jeudi 17 mai

Avant-hier a eu lieu l'ouverture de l'Exposition universelle, j'y assistais en uniforme avec la Maison de l'Empereur et j'y étais au pied du trône aussi près que possible de Sa Majesté. Je n'ai cependant rien entendu du rapport lu par le prince Napoléon, ni de la réponse de l'Empereur. Le bruit sourd qui se faisait dans ce vaste édifice, les cris des gens mal élevés qui voulaient faire asseoir les gens debout m'en ont empêché.

La cérémonie a été belle, mais très courte.

Il y a encore beaucoup à travailler pour rendre l'exposition complète.

L'Autriche, à ce qu'il paraît, reste décidément neutre et rend ainsi disponibles pour la Crimée deux à trois cent mille Russes. La guerre va prendre par la force des choses une nouvelle face, et déjà les journaux anglais, qui passent pour être les organes de Lord Palmerston, parlent de réveiller les nationalités de Pologne, de Hongrie ; l'Italie pourra bien avoir son tour.

C'est la guerre générale, malheureusement les révolutionnaires se remettront en branle.

La diplomatie n'a pas été brillante dans les conférences, ses temporisations lui ont valu d'être jouée par les Russes et les Allemands !

Drouyn de Lhuis a reçu, il y a un peu plus d'un an, le grand cordon de la Légion d'honneur pour avoir terminé heureusement les affaires d'Orient !!

Nous sommes aujourd'hui entre les mains de Walewski et de Persigny, que Dieu nous garde !

Dimanche 20 mai

Hier j'étais invité au dîner d'ouverture du Cercle de l'Exposition, qui occupe l'ancien hôtel d'Osmont situé sur le boulevard en face de la rue de la Paix. Méry nous a lu une pièce de vers d'inauguration.

Dans le *Moniteur* d'avant-hier a paru la démission du général Canrobert, qui demande à rester en Crimée sous les ordres de son successeur le général Pélissier.

Hier soir, au Cercle impérial, le prince Napoléon éditait en causeries la seconde publication de sa fameuse brochure, et il concluait en disant que *l'armée française est une armée de lions commandée par des ânes*.

Je ne comprends pas la tolérance de l'Empereur envers ce faux général revêtu du grand cordon de la Légion d'honneur et d'épaulettes à trois étoiles. Ses discours font le plus mauvais effet, et quelques imbéciles, voyant la tolérance de l'Empereur, se persuadent que le prince en est l'écho.

L'Autriche remet, dit-on, un nouvel ultimatum à la Russie, et si la Russie le repousse, elle marchera décidément avec nous.

Par le temps qui court la diplomatie forge des barbarismes pour représenter des situations sans analogie à aucune autre de quelque temps que ce soit.

Hier soir, chez la Princesse Mathilde, La Guéronnière m'a reparlé de la *Revue* que nous devons opposer à la *Revue des Deux Mondes*. Les fonds sont faits, les situations convenues. Je suis un des directeurs, Morny m'a accepté avec plaisir.

La haine du prince Napoléon contre moi et ceux du conservatoire du musée, que Villot lui désigne, se dessine. On essaie de l'intimidation auprès de Longpérier ; on lui fait entrevoir la perte de sa place s'il ne se rallie pas au prince en se détachant de Nieuwerkerke.

Quant à moi, mon arrêt est prononcé et sera mis à exécution le jour où on en trouvera la possibilité. Je sais mon affaire, depuis longtemps je suis prévenu, mais rien ne m'a décidé et rien ne me décidera à faire des courbettes à un homme que je méprise profondément, que je crois né pour le malheur de mon pays et qui est plus faux et plus traître que Judas.

Si les Arago, les Villot, les Bixio pouvaient entendre ce qu'il dit sur leur compte, ils seraient édifiés.

Girardin, Villot et Bixio sont bien auprès du prince. Arago est près de lui une sorte de Triboulet qui mange la desserte de son écuelle et rit pour faire rire. Mme Villot et Mme Barbier sa sœur, femme de l'intendant militaire de Paris, deux p... du grand monde bourgeois, rêvent déjà des tabourets à la cour de Napoléon Bonaparte.

Le prince Jérôme est enfermé, nouvel Achille dans sa propriété de Vilgénis, il boude !

L'Empereur, en répondant aux adresses de félicitations à propos de l'attentat Pianori, n'a pas prononcé la phrase suivante ou toute autre équivalente.

« Dieu pouvait me rappeler à lui, car je laissais pour compléter mon œuvre le frère de l'Empereur Napoléon Ier, etc. etc. »

Le père Jérôme ne reconnaît pas la dauphinerie de Monsieur son fils et compte bien un jour lui disputer le trône ! Pauvres aveugles, qui ne voient pas la moralité entière de la France s'élever contre leur candidature.

Vendredi 25 mai

Le nouvel empereur de Russie, continuant les traditions de son père, cherche à se faire des partisans partout, à diviser, à introduire ses alliés jusqu'au cœur de ses adversaires.

Malheureusement pour l'Empereur Napoléon, il est grevé, comme il l'a dit, de la famille de son oncle !

Dans cette famille la meilleure personne est sans contredit la Princesse Mathilde ; mais la Princesse Mathilde, élevée hors de France, n'est pas française complètement, et puis elle est restée femme passionnée au lieu d'être princesse, et femme passionnée conduite cependant par les intrigants qui sont autour d'elle.

Jamais elle n'acceptera les charges de son rang d'Altesse Impériale dont elle tient à recueillir les bénéfices. Elle ne se préoccupe point de mettre son langage en conformité avec le langage de l'Empereur ; devant ses domestiques, devant le premier venu et poussée par l'abbé Coquereau elle parle du pape, des cardinaux, des Autrichiens et des Anglais comme pourrait le faire le Mazziniste le plus prononcé.

Elle ne cache pas aux Anglais la haine qu'elle leur porte et dissimule à peine sa préférence pour les Russes. Elle est plus flattée d'être par sa mère la cousine de l'empereur de Russie, que d'être la cousine germaine de l'empereur des Français.

Le nouvel empereur de Russie vient de lui écrire que le legs le plus cher à son cœur qu'il ait trouvé dans la succession de son père, et celui qu'il tient le plus à acquitter, c'est la continuation de l'affection que lui portait le défunt Czar ; qu'elle peut être assurée de ses sentiments affectueux et de la protection due à ses intérêts.

La Princesse est heureuse de cette lettre ; elle est fière, elle, Altesse Impériale française, de l'amitié et de la protection de l'ennemi de la France.

Aussi, pour reconnaître cette condescendance, les mauvais bruits commencent à partir de son salon. Ce matin les *on dit* sont ceci :

Le général Pelissier a écrit qu'il est impossible de prendre Sébastopol et que l'armée manque de matériel de campagne pour entreprendre une guerre ou pour chasser les Russes de Perikop et investir ainsi Sébastopol.

L'Empereur Napoléon est desservi par sa famille, l'entourage de la Princesse Mathilde, à l'exception de Nieuwerkerke parfaitement dévoué à l'Empereur, est hostile à sa politique.

Quant au prince Napoléon c'est de l'inimitié déclarée.

La plupart des gens intimes chez la Princesse ne sont attachés qu'à leur position ou à leurs espérances. Toute révolution qui ne les menacera pas les trouvera indifférents.

His de Butenval, conseiller d'État, est froissé de n'être pas sénateur, Coquereau de n'être pas évêque, La Rochejaquelein de ne pouvoir accrocher une ambassade ; Giraud le peintre de n'avoir pas pour cinquante mille francs de commandes.

Giraud est républicain, il est en alliance offensive et défensive avec la Desprez, la plus méchante et la plus décriée carogne de la Terre, à eux deux ils protègent Mélingue l'acteur sculpteur républicain à la Ledru-Rollin.

Arago est encore un homme des intimités, faux et espion du prince Napoléon.

Mardi 29 mai

Samedi dernier je suis allé en soirée chez le prince Napoléon ; il y avait beaucoup de monde, mais très mélangé.

La Guéronnière m'a raconté que dînant, il y a peu de jours, à Vilgenis chez le prince Jérôme il avait vu arriver le prince Napoléon vers le milieu du dîner et que dans la soirée ce dernier l'avait fait entrer dans un cabinet où ils avaient causé confidentiellement.

La Guéronnière avait dit au prince Napoléon :

« Puisque V.A.I. veut bien me parler comme elle le fait, je lui dois toute la vérité. La France juge défavorablement la ligne de conduite qu'Elle a adoptée. Enfin si les chances de l'avenir conduisaient V.A.I. sur le trône, elle trouverait bien plus d'ennemis que de partisans. »

Le prince Napoléon, qui aime et cultive le paradoxe, a répondu à La Guéronnière :

« L'avantage de ma position, monsieur de La Guéronnière, consiste dans ma mauvaise réputation ; c'est presque un bonheur pour l'héritier d'un trône qu'une mauvaise réputation, car on craint tout de lui, et le moindre bien qu'il fait est apprécié à cent fois sa valeur. Pensez-vous d'ailleurs que je veuille de gaieté de cœur établir un mauvais gouvernement ou régner de façon à me faire détester ? non, une fois sur le trône je serai empereur ! Quant à des partisans, le *Moniteur* m'en donnerait le jour même de mon avènement par l'insertion de ces quelques mots fort simples : *Les fonctionnaires publics sont maintenus dans leurs emplois*. »

Le prince se croit supérieur à tout le monde et capable de jouer tout le monde ; il espère se grandir en méprisant ce qui l'entoure et il se persuade que la France sera trop heureuse un jour de se réfugier entre ses bras.

Girardin se promenait samedi soir dans les salons du Palais-Royal et prenait des façons de futur ministre.

Depuis la nomination de Pélissier au poste de commandant en chef de l'armée d'Orient les affaires marchent vigoureusement.

Nous avons emporté une place d'arme importante sous les murs de Sébastopol ; nous avons occupé la ligne de la Tchernaïa, et à Kertch, à Jénikalé sur la mer d'Azof nous avons forcé la Russie à la retraite, après avoir pris trente bâtiments chargés de vivres et de munitions et trois ou quatre frégates armées de cinquante canons. Dans leur retraite les Russes ont brûlé leurs magasins, le reste de leur flottille et fait sauter des batteries.

Le plan de Pélissier se développe, il isole peu à peu Sébastopol, lui coupe les vivres et les renforts, et la mettra dans un temps peu éloigné à la discrétion des assiégeants.

Le ministre de la Guerre avait la prétention de diriger du fond de son cabinet les opérations de la guerre. Ainsi il avait une première fois rappelé l'expédition de Kertch et il avait enjoint à Pélissier de ne pas la tenter de nouveau, mais de conserver son armée agglomérée et de ne rien entreprendre en la fractionnant.

Pélissier lui a répondu :

« Ce que vous m'ordonnez, M. le maréchal, est impossible, il me faut de l'espace et des fourrages ; je marche donc en avant. Il me faut aussi la possession de Kertch pour couper la voie des renforts à l'armée russe, et je fais partir l'expédition. »

Ainsi que je l'avais présumé, la prétendue lettre de Pélissier, démontrant l'impossibilité de rien faire qui vaille en Crimée, n'était qu'une invention de quelque flatteur de la Princesse Mathilde, qui, voyant sa joie à la réception de la lettre de l'empereur Alexandre, a cru lui faire plaisir en présentant la position des Russes sous un jour avantageux.

Le roi de Portugal et son frère le duc de Porto sont venus hier visiter le musée où ils sont restés deux heures et demie.

Ils ont été reçus par le directeur général accompagné des conservateurs.

Lundi 4 juin

Le roi de Portugal et son frère sortent du Louvre où ils sont venus pour la troisième fois. Leur visite a eu pour objet les salles de la sculpture.

Hier soir, au Cercle impérial je causais avec M. Zébach, le ministre de Saxe, des menées du parti socialiste. Il m'a raconté que l'Empereur lui avait communiqué une dépêche de M. de Turgot, ambassadeur de France à Madrid, datée du jour de la tentative d'assassinat faite par Pianori. Cette tentative était connue à Madrid et l'on était prévenu qu'un mouvement allait éclater à Paris.

Les socialistes ont des émissaires insaisissables, qui colportent partout les mots d'ordre du parti ; on n'en a pas fini avec ces enragés !

Les affaires de Crimée vont toujours bien, nous sommes maîtres de la mer d'Azof et de sa communication avec la mer Noire.

L'Autriche après bien des tergiversations se retranche à ce qu'il paraît dans une neutralité expectante.

Je vais le samedi chez le prince Napoléon, mais jusqu'à présent il ne me parle pas. Je ne suis décidément pas bien vu par la cour du Palais-Royal.

Vendredi 8 juin

Nos escadres sont maîtresses de la mer d'Azof et de la mer Putride ; elles s'avancent maintenant vers les côtes de la Circassie. Le bombardement de Sébastopol a recommencé. Dans la Baltique nous reconnaissons Cronstadt.

L'Allemagne, y compris l'Autriche, est décidément neutre.

Dans le Parlement anglais depuis quatre jours les partis politiques se livrent à de longs débats sur la paix et sur la guerre, et ces débats démontrent une fois de plus tout ce qu'a de misérable le système parlementaire dans les circonstances un peu graves. Les orateurs parlent au point de vue de leurs intérêts personnels, et font bon marché de ceux du pays. Puis il y a encore les *saints*, qui s'indignent du secours accordé aux Turcs, et enfin les ambitieux, qui sacrifieraient l'Angleterre à la Russie pour rentrer au pouvoir en faisant luire aux yeux du peuple l'espoir de la paix.

Le parti carliste a relevé la tête en Espagne et les révolutionnaires ont tellement abusé de leur pouvoir, ils ont tellement compromis ce pays que je crois le trône constitutionnel fort malade.

Je dîne ce soir chez la comtesse Lehon : peut-être y apprendrai-je quelque chose.

Le duc de Schleswig-Holstein vient assidûment aux vendredis du Louvre, son fils et lui m'ont pris en amitié. Ils sont gens d'esprit et d'intelligence, mais de cette nature d'opposition qui ne va pas aux princes ; somme toute ce sont des ambitieux, qui visent la succession du Danemarck.

Hier matin, un certain comte d'Assas est venu nous lire un petit drame en vers, en trois actes, où la statue de la Vénus de Milo joue le rôle principal. Cela est spirituel et bien tourné.

Il serait possible que cette petite pièce fût jouée chez Nieuwerkerke pour l'inauguration de son nouveau salon.

Après chaque soirée du Louvre, le vendredi, lorsque nous ne sommes plus que sept ou huit intimes, Eugène Giraud fait à l'aquarelle la charge d'après nature d'un des hommes marquants qui fréquentent le salon de Nieuwerkerke. Hier soir, Heine le peintre servait de modèle, il y a huit jours, c'était Horace Vernet, avant lui Yvon, le marquis de Lovoëstine, Adalbert de Beaumont, etc. etc. La collection se compose aujourd'hui de 63 ou 64 dessins, qui forment un portefeuille des plus curieux.

Lundi nous aurons à l'Hôtel de Ville un grand bal en l'honneur du Lord Maire et de la corporation municipale de Londres.

Le roi de Portugal est toujours à Paris où il visite fort en détails tous les établissements publics. Le roi et son frère ont fait trois visites au Louvre.

J'ai dîné dimanche dernier chez la Princesse Mathilde avec Alexandre Dumas père. J'ai déjà dit combien la présence de cet homme dans les salons de la Princesse me paraissait inconvenante, je persiste dans mon opinion. Dumas se pose en homme politique, en adversaire du gouvernement. Il tient des propos très inconvenants et se croit une puissance égale à celle de l'Empereur. Le gouvernement l'a volé, prétend-il, le gouvernement est ingrat, on lui a refusé la direction du théâtre de l'Odéon ! etc. etc.

Dumas disait à la Princesse :

« Nommez-moi Dumas, tout court, car il y a vingt-cinq ans que je travaille pour cela. »

Puis, il nous a dit :

« Dans quatre ans j'entreprendrai de grands voyages et je laisserai pour adieux à mon pays deux romans inachevés avec cette inscription en tête : Français, vous êtes trente-cinq millions, qui portez ce beau nom, parmi vous il y a cinq mille littérateurs ; eh bien, je vous mets tous au défi de terminer mes deux romans ! »

Depuis sept heures jusqu'à onze heures, Dumas a toujours parlé, et il n'a parlé que de lui.

Le propre des écrivains de notre époque est de se louer sans mesure, sans pudeur. Dumas est comme Georges Sand, qui se canonise dans l'histoire de sa vie. Elle nous dit maintenant qu'elle ne nous racontera pas *les intimités de son cœur*, parce qu'elle n'a pas le droit de révéler ce qui n'est pas à elle seule ! Lorsqu'il s'est agi de sa mère, elle n'a pas eu tant de scrupules. Il fallait abaisser ce qui était autour d'elle pour la faire paraître plus grande, aussi a-t-elle imprimé sans vergogne.

« Lorsque mon père prit la résolution d'épouser ma mère, elle était entretenue par le général X***. »

Dans les derniers chapitres, publiés par la *Presse*, Georges Sand traite de *lâches menteurs* tous ceux qui ont dit qu'elle avait suivi les chemins excentriques du vice.

Je sais très bien que Mme d'Agout était profondément débauchée, après sa liaison avec Georges Sand ; Mérimée, en me parlant d'elle, me disait, il y a vingt ans : « C'est une femme débauchée à froid par curiosité plus que par tempérament » ; ses principaux amants furent : de Sèze, Jules Sandeau, Mérimée, Gustave Planche (sale et graisseux personnage lâche et méchant), Musset, Liszt, Chopin, Bocage l'acteur, Michel de Bourges, etc. etc.

Je dînais, il y a huit jours, chez le peintre Eugène Delacroix et je lui demandai : « Avez-vous été l'amant de Madame Sand ? — Mais oui, m'a-t-il répondu, je l'ai été comme tout le monde ! »

Dimanche 10 juin

J'ai dîné hier chez la comtesse Lehon avec Morny et Rouher (ministre). Il a été question de Romieu. Morny a dit qu'il n'avait aucune estime pour lui, que c'est un poltron, qui tremblait aux affaires du deux décembre.

A neuf heures je me suis rendu chez le prince Napoléon, où se trouvait l'Empereur, le roi de Portugal, le duc de Porto, la reine Christine, le duc de Schleswig-Holstein, etc. etc.

Enfin j'ai terminé ma soirée aux Tuileries, chez le roi de Portugal, en petit comité. Il n'y avait, outre la suite du roi, que le comte de Flahaut, Nieuwerkerke, moi, les deux Giraud, Eugène dessinait la caricature du jeune comte de Mello, et Nadaud qui a chanté.

Le roi s'est retiré avec son frère à onze heures, ils étaient fatigués de leurs courses du matin. Nous sommes alors restés, le comte de Flahaut, M. de Païva, envoyé de Portugal, Chaumont Quitry, chambellan de l'Empereur, Nieuwerkerke et moi, à entendre quelques chansons de Nadaud, à fumer et à boire du punch froid jusqu'à minuit.

On avait reçu d'excellentes nouvelles de Sébastopol, le mamelon vert, position qui domine la tour Malakoff est pris, les batteries des carriers et toute l'artillerie, qui garnissait ces positions, est en notre pouvoir ainsi que quatre cents prisonniers.

Quelques russophiles sont atterrés.

Le ministère anglais a remporté une victoire complète sur toutes les oppositions ameutées dans la question de la guerre.

Mardi 12 juin

Hier, en arrivant sur le terrain des manœuvres de Satory l'Empereur annonça aux officiers de la cavalerie, qui allaient exécuter les grandes manœuvres, les bonnes nouvelles arrivées de Crimée dimanche soir.

Le maréchal Magnan dit à l'Empereur : « *Serait-il indiscret de demander à Votre Majesté à quelle heure ces nouvelles lui sont parvenues ?*

— *Non*, répondit l'Empereur, *Fould me les a transmises à dix heures.*

— *C'est extraordinaire*, reprit Magnan, *Fould me les avait fait connaître avant huit heures.* »

L'Empereur ne fit aucune observation, mais il se mit à tirer et à lisser ses moustaches comme il le fait quand il n'est pas content.

Mercredi 20 juin

Nous sommes depuis les dernières entreprises des flottes dans la mer d'Azof sans nouvelles du théâtre de la guerre. On attend chaque jour le récit de quelque fait décisif.

Les artistes et le public se préoccupent toujours des malencontreuses restaurations des tableaux du Louvre, exécutées sous la direction de M. Villot[1].

J'ai voulu me rendre compte du mérite de Godefroy, le restaurateur favori du conservateur des tableaux, surtout après avoir entendu ledit conservateur menacer la galerie Médicis de Rubens d'une restauration générale, et après avoir déploré le massacre de la *Fête villageoise* de Claude Lorrain, exécuté par ledit Godefroy sous la direction dudit Villot.

Je me suis donc transporté dans l'atelier du restaurateur émérite que j'ai trouvé armé d'une palette lourdement chargée devant le portrait équestre de *François de Moncade, marquis d'Aytona*, peint par Van Dyck.

M. Villot dit dans son catalogue : « *Cette peinture passe pour le plus beau portrait équestre de Van Dyck.* »

Cela dit, voyons comment Godefroy en entend la restauration, je vais rapporter son discours :

« Vous avez peine, Monsieur le comte, à reconnaître ce portrait ! Il est bien changé depuis que je l'ai déverni... Les peintres qui avaient commencé des copies les recommenceront. (*Ici Godefroy se livre à une hilarité contenue.*) La tête de Moncade s'enlevait en vigueur sur un nuage clair, elle se détache actuellement en clair sur un nuage vigoureux !... Il se trouvait un tronc d'arbre sur le premier plan, il n'y a plus qu'une pierre !... Le train de derrière du cheval est perdu, le contour a disparu, mais M. Villot doit m'apporter une ancienne gravure de cette œuvre, et je referai le train de derrière. » (*Ici Godefroy se rengorge.*)

« Je trouve le ton général de ce portrait actuellement bien froid », répondis-je.

Godefroy prit une bouteille dans laquelle croupissait une sorte de boue noirâtre.

« Voici mon remède, avec un peu de cette sauce je redorerai le Van Dyck. Quand je dévernis un tableau je garde la poussière du vieux vernis, j'y ajoute de l'esprit-de-vin, et voilà ma sauce à refaire les vieux tableaux. »

Après cette belle harangue Godefroy reprit ses pinceaux pour refaire un ciel dans je ne sais plus quel paysage.

Ab uno disce omnes[2].

Lundi 25 juin

Le maréchal de Castellane reçut, il y a peu de jours, une lettre dans laquelle on lui annonçait de Paris la mort d'un homme de sa connaissance. Soit qu'il eût mal lu le nom de cet homme, soit hallucination, le maréchal crut avoir reçu la nouvelle de la mort de l'Empereur ; alors il

1. Voir *infra*, n. 1, p. 662.
2. « Et qu'un seul vous apprenne à les connaître tous » (Virgile, *Énéide*, liv. II, v. 65).

dépêche un de ses aides de camp pour lui amener l'imprimeur des actes officiels. A peine celui-ci est-il arrivé que le maréchal, après s'être enfermé avec lui, lui dit :

« L'Empereur est mort, vous allez sur-le-champ m'imprimer une proclamation dont je vais vous donner le texte, pour annoncer à la population de Lyon l'avènement de Henri V. »

Vainement l'imprimeur consterné répond-il qu'il ne peut se lancer dans une aussi grosse affaire, encourir une si lourde responsabilité, qu'il est d'ailleurs bien grave pour la ville de Lyon de prendre l'initiative en cette circonstance, le maréchal ne veut rien entendre, et il décide enfin l'imprimeur à écrire sous sa dictée la proclamation qu'il consent à imprimer.

A peine l'imprimeur est-il sorti, que l'aide de camp rappelé apprend la nouvelle de la bouche du maréchal. Il se récrie, s'oppose à la proclamation et finit par demander comment est arrivée la fatale nouvelle. Le maréchal donne la lettre de Paris, l'aide de camp la lit, et n'y voit pas l'annonce de la mort de l'Empereur, mais bien de la mort d'un inconnu. Il ouvre avec peine cependant les yeux au maréchal et lui fait retirer sa proclamation.

Peu de jours après, le fait était raconté à l'Empereur qui l'écouta en tirant sa moustache de l'air le plus calme du monde ; puis lorsqu'on lui eut tout dit, il répondit : « Je ne savais pas que le maréchal fût un homme d'initiative ! »

Fleury, le colonel des guides, se marie avec Mme Calais Saint-Pol qui a acquis une assez belle fortune dans les affaires. L'Empereur donne quatre cent mille francs à Fleury, jusqu'ici rien de mieux. Fleury est un homme qui a rendu des services à l'Empereur et qui lui est très dévoué, mais Fleury était l'amant de la marquise de Contades, il l'entretenait ; tranchons le mot.

La Contades n'est plus belle, elle n'a pas grande chance de remplacer utilement Fleury et elle a un fils du marquis de Coislin. De plus elle est ornée d'un frère, officier de cavalerie, réintégré dans l'armée d'où il avait été chassé, et d'un père, le maréchal de Castellane dont il vient d'être question.

La Contades a obtenu que l'Impératrice élevât le petit Coislin, et de l'Empereur une pension de douze mille francs comme dédommagement du Fleury dont elle est expropriée. Ainsi réhabilitée, la Contades est, dit-on, reprise par son mari.

Nous verrons bien !

Une attaque dirigée contre la tour Malakoff a échoué par la faute des Anglais, qui, ayant négligé de se munir de fascines, n'ont pu passer un fossé et ne sont pas arrivés. Nous avons perdu du monde.

La Princesse est depuis avant-hier à Saint-Gratien, j'y ai couché le jour de son arrivée. Toujours même entourage, la Desprez et sa fille trônent !

Mame de Tours m'a apporté le beau livre sur la Touraine qu'il a imprimé pour l'exposition, et qu'il m'a fait superbement relier.

Mercredi 4 juillet

Je pars ce soir pour Ambel près d'Angoulême où je vais assister au mariage de Marie d'Ambel, ma nièce, avec Monsieur de Laroche, gentilhomme breton.

Dimanche dernier, j'ai dîné à Saint-Gratien chez la Princesse Mathilde avec le roi Jérôme et son fils. Le soir nous avons fait une promenade sur le lac ; le roi tenait le gouvernail, le prince Napoléon et Nieuwerkerke ramaient.

Les Chambres sont ouvertes pour délibérer sur un emprunt de sept cent cinquante millions et diverses augmentations dans les impôts, plus une levée de cent quarante mille hommes.

L'Empereur a fait un magnifique discours comme il sait les faire.

Madame de Girardin (Delphine Gay) est morte. Les journaux insèrent sur cette mort les articles les plus stupides, parlant de deuil public, de perte irréparable. Ils comparent le vide laissé dans le monde par cette mort au vide laissé par la mort de Mirabeau ; ils empruntent à Bossuet ses oraisons funèbres ; ils disent *le génie* en parlant des œuvres de Mme de Girardin.

Girardin faisant allusion à ses regrets, imprime :

Les grandes douleurs sont muettes.

Tout le monde sait que Girardin vit avec Esther Guimont, la plus abominable des filles, et Mme de Girardin a vécu un peu avec tout le monde.

Quant à ses poèmes, romans et pièces de théâtre, tout ce bagage est fort mince.

Mais le bruit est une réclame pour Girardin, et le journalisme aime à poser des morts sur des autels, à parler à propos d'écrivains des plus ordinaires de *perte irréparable* ou de *deuil public*.

Les *illustrations* de tout genre se pressaient autour du cercueil.

Le prince Napoléon ! Mirès ! Louis Lurine, Manin, directeur président de la république de Venise ! Proud'hon, etc. etc.

Le journalisme se fait aristocratie, il a ses ducs et ses princes.

Girardin qui a passé en cour d'assises pour les mines de Saint-Berain !

Jules Lecomte faussaire !

Le prince Napoléon protège ou est protégé en sorte que la presse et le Palais-Royal ne font qu'un. Les deux sont la corruption complète, le paradoxe antisocial, l'immoralité, la fin de tout.

Samedi 14 juillet

Je suis arrivé hier du Périgord et j'ai aussitôt repris mon poste. Ce voyage m'a amené à mieux apprécier comment le clergé, ou du moins la partie du clergé la plus ambitieuse entend profiter de la protection que lui accorde le gouvernement impérial.

J'ai trouvé le département de la Dordogne aigri et troublé par son évêque. Ce monseigneur est l'ultramontain le plus fieffé que je connaisse. Il fulmine contre les danses, le théâtre etc. et fait refuser l'absolution à ceux qui se livrent à la polka ou à la rédowa comme aussi à ceux qui fréquentent le spectacle. Au lieu d'institution de sœurs des pauvres qui manque à son département, il institue des capucins ; enfin il rend exécutoires dans la Dordogne les décrets de la congrégation romaine de l'*Index*.

La population est pourtant fort religieuse, mais poussée à bout par toutes ces tracasseries, et pour répondre aux vexations de son évêque, elle lui a suscité, à Périgueux même, un petit troupeau protestant qui en nombre suffisant demande l'érection d'un temple.

Les bons propriétaires périgourdins, croyant qu'il est facile de parler à l'Empereur, m'ont demandé de lui présenter leurs doléances !

Les curés de la Dordogne, qui n'entrent pas dans les vues de leur évêque, sont interdits en grand nombre, de telle sorte que les autres prêchent à qui mieux contre la danse et le spectacle.

Je rapporterai la péroraison d'un curé de la petite commune de la Gonterie qui ne manque pas d'originalité et qui occupe une place honorable parmi les histoires et *joyeusetés* du *moyen de parvenir*.

> Cé qué you vou disé qui quonest pas per vou empayssâ de dansas car lo sainto Vierzo dansaro étou, mas dessomen ; vey qui commé ella dansâro :
>
> La bézi-Bezon,
> La Bezon dondaine,
> La Bezi Bezon,
> La Bezi dondon.

Et le brave homme dansait en chaire en tenant à la manière féminine les deux coins de la jupe de son surplis.

Voici maintenant la traduction du texte patois :

> Ce que je vous en dis n'est pas pour vous empêcher de danser, car la Sainte Vierge dansait aussi, mais décemment, voilà comment elle dansait, la Sainte Vierge.

Le clergé se croit revenu aux temps du Moyen Age, et il s'essaye à reprendre l'exercice d'une autorité souveraine ; cette prétention peut amener des événements déplorables ; dans la plupart des villes les préfets n'ont ni assez d'autorité ni assez d'intelligence pour faire contrepoids aux évêques ; leur position est d'ailleurs trop temporaire et la plupart d'entre eux intriguent pour avoir de l'avancement.

Les préfets n'ont pas de racines dans leurs départements, ils n'y sont que les délégués d'une autorité centrale contre laquelle on est en défiance. Les évêques tiennent les cœurs et la confiance des familles ; le confessionnal, l'administration des sacrements ou leur refus, les revêtent d'un immense pouvoir [1].

Quel que soit le souverain qui gouverne le pays, les salons de l'évêque sont toujours encombrés, ceux du préfet sont déserts très souvent.

Le gouvernement sera forcé quelque jour de s'occuper très sérieusement des prétentions envahissantes du clergé, de lui faire sentir qu'il ne peut pas laisser établir un État dans l'État, ni se mettre en tutelle.

Il faudrait à l'Empereur ce qu'avait Charlemagne : des *missi dominici* qui lui rendraient compte directement. Je me fie peu aux rapports administratifs officiels.

L'évêque d'Angoulême, fin et rusé matois, plus madré que celui de Périgueux, prétend interdire aux ecclésiastiques de son diocèse le plaisir de fumer.

Enfin l'épiscopat érige son pouvoir en une sorte de tyrannie. Une concession faite au clergé l'aveugle à l'instant même et il réclame alors la position qu'il occupait au Moyen Age. Pour peu qu'on le laissât faire, à la première résistance du pouvoir, il mettrait l'Empire en interdit et il excommunierait le souverain.

Lundi 23 juillet

J'ai dîné hier à Saint-Gratien chez la Princesse Mathilde. Dumas, qui sollicite de nouveau le privilège du théâtre historique, était venu demander à dîner.

La Desprèz soutient beaucoup Dumas, qui est encore appuyé par Giraud. On cherche à entourer cette pauvre et bonne Princesse de toute la bohème.

Dumas a été comme toujours important et impertinent. A table, devant

1. La remarque de Viel Castel est judicieuse. Si le décret du 25 mars 1852 a considérablement étendu les prérogatives des préfets, au point qu'ils sont qualifiés par la suite d'« empereurs dans leurs départements », Bernard Leclère et Vincent Wright (*Les Préfets du Second Empire*, Paris, Armand Colin, 1973) ont fait justice du mythe de l'omnipotence préfectorale entretenu par les opposants, la presse, les parlementaires, voire les intéressés eux-mêmes. Dans la tradition instaurée par Napoléon Bonaparte, il est de coutume de ne pas nommer dans la fonction des hommes originaires du département. Le préfet a donc moins de chance d'être l'homme d'un clan. Il doit au contraire se faire accepter par les populations, ce qu'il ne parvient pas toujours à faire. L'évêque rencontre moins souvent ce problème. Voir Jacques-Olivier Boudon, *L'Épiscopat français à l'époque concordataire, 1802-1905*, Paris, CERF, 1996.

les domestiques il a parlé de la manière la plus inconvenante du pouvoir et des ministres.

Arago, l'inspecteur des Beaux-Arts, et Dumas affectent en parlant du prince Napoléon de l'appeler Napoléon tout court.

« Napoléon m'a dit ceci », « J'en parlerai à Napoléon », etc. etc.

La Princesse souffre ces familiarités.

Giraud, que j'ai connu fort silencieux et parlant à peine, fait l'homme important et frondeur, il a le verbe haut et la parole acerbe.

Le salon intime de la Princesse devient vulgaire ; quand donc la Desprèz sera-t-elle mise dehors ?

La marquise Rocca Giovino, fille du prince de Canino, m'a dit hier en confidence que l'Empereur avait demandé à son frère certains papiers importants qu'il possède et qui sont relatifs au premier mariage du prince Jérôme. Le frère de la marquise dîne après-demain avec l'Empereur, il lui apportera ces papiers.

L'Empereur ne perd pas de vue la reconnaissance du fils américain du prince Jérôme ; il prépare tout en silence, tenant suspendue sur la tête du prince Napoléon une véritable épée de Damoclès.

Mardi 7 août

On dit l'Impératrice grosse, et toutes les précautions sont prises pour amener cette grossesse à bien. La Princesse Mathilde en paraît contrariée ; elle est devenue un peu plus partisan de son frère Napoléon qui la cajole tout haut et se moque d'elle tout bas. Le prince Napoléon est son ennemi le plus acharné, elle ne s'en doute pas. L'année dernière elle accueillait à merveille son frère Patterson, il fallait même lui donner le titre de prince. Tout est changé aujourd'hui, Patterson est traité de *Monsieur* par Nieuwerkerke ; ainsi va le monde !

Je causais hier soir au Cercle impérial avec le général Sauboul, commandant l'hôtel des Invalides, des événements de 1848.

Le général Sauboul était alors colonel du régiment de ligne, qui le 24 février occupait la caserne de la rue de la Pépinière et qui refusa énergiquement de livrer ses armes. Le général Sauboul a l'ordre de les rendre, écrit par le général Bedeau, et la lettre du général Suberwick qui approuve sa conduite et ordonne la conservation des armes par ce régiment.

Cependant les armes furent portées à la mairie sur les instances d'une députation d'habitants de Paris en tête de laquelle était le général duc de Fézensac, puis le régiment partit pour Versailles où il fut réarmé et envoyé à Rouen qui s'était mis en insurrection.

Sauboul avec son régiment, car il n'était encore que colonel, prit part à l'énergique répression de l'émeute, il fut fait général pour remplacer le malheureux Bréa qui venait d'être massacré. En allant prendre les instructions du général Cavaignac, il rencontra dans son salon le général Baragay d'Hilliers auquel le général Cavaignac offrit le poste que laissait vacant le général Négrier tué à l'entrée du faubourg Saint-Antoine[1]. Le général Baragay d'Hilliers refusa.

J'ai appris plusieurs morts de jeunes militaires qui m'étaient connus. Villeneuve Exans, excellent jeune homme, attaché à la diplomatie, qui avait pensé qu'un homme de son nom devait comme ses ancêtres se trouver là où les armées françaises combattaient, et qui avait quitté la diplomatie pour s'engager soldat dans les guides. Il passe dans les chasseurs d'Afrique lorsqu'il est décidé que les guides ne partiront pas pour la Crimée. Devant Sébastopol il abandonne la cavalerie dont le rôle lui paraît trop peu actif et s'engage dans les Zouaves où il est bientôt fait sergent. La mort n'a pas épargné tant de bravoure ; Villeneuve a eu la mâchoire emportée par un obus, dans la tranchée, dans les derniers jours de juillet, et il n'a survécu que quatre heures à sa blessure.

Malgré ses horribles souffrances il a écrit à sa mère, et il lui dit dans sa lettre :

Je suis blessé, mais j'espère me tirer d'affaire.

Seulement comme préparation à une nouvelle plus triste, comme un adieu timide devant la douleur qu'il prévoyait, Villeneuve, qui était très religieux, termine sa lettre par ces mots :

Rassure-toi, bonne mère, je suis en état de grâce.

Le fils de Romieu, jeune officier plein d'entrain et d'avenir, est au nombre des morts.

Grammont est mort aussi, dit-on, il avait épousé Mlle de Praslin.

Ce terrible siège de Sébastopol fait bien des victimes ; on s'attend à quelque grande affaire avant le 15.

Le prince Napoléon cherche à se populariser dans l'industrie après s'être dépopularisé dans l'armée, et il fait le démocrate, mais tout cela prend peu.

1. Le 25 juin 1848, le général Négrier fut frappé d'une balle en plein front alors qu'il débouchait sur la place de la Bastille à la tête de ses troupes. La mort du général Bréa, survenue le même jour, est beaucoup plus horrible. Il se trouvait pour sa part à la barrière de Fontainebleau, dernier rempart des insurgés. Il s'avança pour les haranguer et tenter de faire cesser la lutte par la persuasion. Il fut alors entraîné dans un cabaret où on lui arracha un ordre écrit pour le retrait de ses troupes, puis il fut abattu à coups de fusil, avec son aide de camp, par la foule qui se livra à des atrocités sur son corps.

Lundi 13 août

La Roche-Pouchin Rochefort Saint-Louis, grand écuyer de feu le prince de Lucques, est un intrigant. Jadis simple garde du corps il a fait sa fortune auprès du beau-père de S.A.R. Mademoiselle, aujourd'hui régente de Parme, comme les mignons faisaient leur chemin auprès de Henri III.

L'histoire de son mariage avec la nièce du prince X*** est curieuse.

Cette jeune personne était charmante et La Roche-Pouchin s'était offert, lui, ses décorations, ses épaulettes, ses titres et sa main. Il avait été repoussé, cela va sans dire. Mais quelques mois après ce refus il est rappelé et le père de la jeune personne lui dit :

« M. le comte, j'apprécie vos intentions à l'égard de ma fille, ce qui me semblait impossible, il y a quelques mois, est devenu possible. Je donne cinq cent mille francs de dot et je vous préviens que ma fille est grosse. »

La Roche-Pouchin ne regarde pas à une telle bagatelle, il n'a pas le sou, et se trouve placé entre deux propositions : épouser la reine douairière de Naples, âgée de 53 ans, affreuse commère qui couche avec tout le monde et fait un enfant tous les ans, recevoir d'elle un douaire de cinq cent mille francs, ou épouser une très jolie jeune fille ornée également de cinq cent mille francs et déjà grosse.

Il opte pour la jeune fille.

Le mariage se fait ; il couche avec sa femme et trois jours après il reconnaît qu'il a gagné la v... !

La Roche-Pouchin vient chez sa femme et lui dit froidement : « Ma chère amie, lorsque je vous ai épousée vous étiez grosse, je le savais, je n'ai pas de reproches à vous faire ; mais vous aviez la v... et vous ne m'avez pas prévenu. Votre père vous a dotée de cinq cent mille francs qui appartiendront au dernier vivant, ce sera moi ! Je ne vous laisserai jamais soigner par aucun médecin et vous mourrez du mal que vous m'avez communiqué, je ne vous quitterai pas d'une minute. »

Cependant Florence s'émerveillait de ce couple si uni, si empressé, si charmé l'un de l'autre.

La Roche-Pouchin s'était fait guérir, mais le mal s'invétérait chez sa femme.

La pauvre comtesse, voyant venir la mort, s'adressa un jour dans un bal à un jeune Italien très épris de sa beauté, et elle lui dit :

« Vous êtes amoureux, vous voulez me posséder, je serai à vous, mais écoutez, j'ai une affreuse maladie que mon mari ne veut pas faire guérir pour jouir par ma mort de ma fortune assurée au dernier vivant.

« M'aimez-vous assez pour gagner mon mal, vous faire soigner, et m'apporter chaque jour dans les maisons où nous nous rencontrerons le double des remèdes qui vous seront ordonnés ? »

L'Italien accepte. Rendez-vous est pris pour le lendemain dans le coin le plus obscur d'une église où l'amoureux gagne le mal de la comtesse. Le traitement, apporté chaque jour, opérait peu à peu, lorsque pendant une absence de l'amoureux, ami du prince X***, la comtesse, qui recevait du prince mis dans la confidence les remèdes ordonnés, fut saisie d'un impérieux besoin de vengeance.

« Comment, dit-elle au prince, jeune comme vous êtes ; vous bornez-vous au rôle de confident ? A votre place il me semble que je voudrais parler et agir pour moi ! »

Le prince se proposa et fut accepté ; mais on le prévint qu'il gagnerait la v... et qu'il devait s'engager à tuer en duel La Roche-Pouchin.

Le traité signé et accompli dans sa première partie, restait à tuer le La Roche-Pouchin.

Le prince lui donna au théâtre une paire de soufflets, en suite de quoi, on se transporte en Wurtemberg où a lieu un duel des plus ridicules qui laisse les deux adversaires bien portants.

Le premier amoureux, averti de toute l'affaire, reprend son amour et ses drogues.

La comtesse retombe plus malade que jamais et se décide enfin à mourir, veillée jusqu'à sa dernière heure par son *inconsolable époux* !

Les journaux insèrent une note désolée sur cette mort, sur les grâces et les vertus de la défunte, puis le La Roche-Pouchin se livre à sa douleur et à la jouissance des vingt-cinq mille livres de rente que lui laisse sa femme.

Quant au prince X***, gratifié d'une très bonne v..., il la donne dans un accès d'amour à je ne sais plus quelle marquise italienne qui en meurt, et par le temps présent il en promène les restes un peu partout, ce qui fait dire qu'avec lui, les relations ne sont pas sûres. Il aura ainsi jusqu'au tombeau cela de commun avec François Ier.

J'ai connu Mme de La Roche Pouchin ; elle était charmante et paraissait fort douce. On la disait bien un peu p..., mais qui diable ne l'est pas un peu aujourd'hui ?

Malgré tout je la plains, sa longue agonie a dû être moralement et physiquement atroce.

On dit qu'il n'y a plus de drames dans notre société !... Allons donc, comment trouvez-vous celui-là ? On pourrait le mettre au théâtre, ce me semble... J'ai vu beaucoup de grandes et belles dames qui promenaient la v... dans les salons du monde, je ne sais si elles l'avaient donnée à leurs maris, mais ceux-ci ne se transformaient pas en *Barbes Bleues*.

Dimanche 19 août

La reine d'Angleterre est arrivée hier, et elle a traversé Paris presque à nuit close.

Il était sept heures vingt minutes lorsqu'elle débouchait sur le boulevard de la Madeleine.

La garde nationale et la ligne faisaient la haie depuis la gare de Strasbourg jusqu'à Saint-Cloud.

Toute la route suivie par le cortège était littéralement couverte de peuple. Les fenêtres des maisons étaient converties en loges de spectacle et jusque sur les toits il y avait des spectateurs.

Les corporations d'ouvriers des villages des environs de Paris étaient présentes avec leurs patrons et leurs maires et rassemblées sous leurs bannières respectives ; puis il y avait des inscriptions, des drapeaux où le peuple avait écrit en anglais ses souhaits de bienvenue à la reine.

Des arcs de triomphe décoraient les boulevards ; la gare de Strasbourg regorgeait de fleurs ; le deuxième bataillon de la garde nationale avait élevé un vrai monument composé de deux statues représentant la France et l'Angleterre. Six calèches attelées de quatre chevaux ouvraient le cortège. Dans la première, la reine et sa fille occupaient le fond ; l'Empereur était sur le devant avec le prince Albert.

La reine regardait avec curiosité, et l'Empereur semblait heureux et fier de lui faire les honneurs de sa capitale.

Le marquis de Lowoëstine, général de division, commandant la garde nationale, a offert un magnifique bouquet à la reine au nom de la garde nationale.

Hier, jour de l'arrivée de la reine d'Angleterre, mon almanach m'indique que nous nous trouvions sous le vocable de sainte Hélène dont c'était la fête.

Sainte-Hélène !... Quel souvenir pour la réconciliation des deux peuples !... La reine doit aller prier, conduite par l'Empereur, sur la tombe de Napoléon Ier !!

C'est bien le cas de s'écrier avec Racine :

« *Et quel temps fut jamais plus fertile en miracles !* »

Le bon sens des deux nations fait justice des vieilles haines ; on ne compte pas le sang répandu ; on s'est conduit des deux côtés en adversaires de cœur, on peut se donner la main.

Ce jour restera un grand jour dans l'histoire.

Nos armées détruisaient Sweaborg dans la Baltique tandis que nos troupes battaient Liprandi et ses soixante mille Russes sur les bords de la Tchernaya. Ces deux affaires sont les deux bouquets envoyés par nos braves soldats pour la réception de la reine d'Angleterre.

Toute la semaine nous allons être en fêtes.

Mardi 28 août

La reine est partie hier ; les fêtes ont été magnifiques pendant son séjour. Celle de l'Hôtel de Ville et de Versailles sont au-dessus de tout éloge. La reine d'Angleterre, le prince Albert, le prince de Galles, la princesse royale, conduits par l'Empereur et accompagnés de leur cour, ont visité le Louvre. Nous les avons reçus en habit de ville. La reine a été fort gracieuse, elle avait des mots aimables pour chacun de nous. Elle a bien voulu me dire qu'elle gardait trois de mes dessins dans son album ; j'ignore par exemple lesquels. Son admiration pour Paris, ses monuments et ses musées se trahissait à chaque instant : « Je suis jalouse de tout ce que je vois, répétait-elle, je n'ai rien de semblable en Angleterre. »

Le prince Albert avait fort admiré à l'exposition le tableau de Meissonnier, *Une rixe* ; l'Empereur l'a fait acheter vingt-cinq mille francs et le lui a donné.

L'Empereur paraissait enchanté de la visite de la reine, il était gai et très affable. L'Impératrice s'est peu montrée, sa grossesse la force à des précautions.

Dans une lettre adressée au général Pélissier, publiée par le *Moniteur*, l'Empereur dit à l'armée : qu'il sait l'impossibilité pour la Russie de tenir cet hiver la campagne en Crimée ; Dieu le veuille !

Il y a un peu de choléra à Paris et dans les campagnes environnantes. La jardinière de la Princesse Mathilde en est morte il y a trois jours en quelques heures.

Rien, aucune description ne saurait donner une idée de la physionomie de Paris pendant la semaine qui vient de s'écouler ; ce n'était par les rues et les boulevards que bannières, arcs de triomphe, écussons aux armes et aux chiffres des souverains de France et d'Angleterre. Le soir illuminations, et partout où la population accrue de plus de cinq cent mille étrangers espérait voir la reine, elle s'y transportait et la saluait par ses acclamations.

A l'Opéra où l'on était en grande toilette, les hommes en habits noirs, cravates blanches, les femmes en robes décolletées, l'accueil a été fort chaleureux. A la fin du spectacle, les premiers artistes soutenus par des chœurs ont entonné le *God save the Queen*, les spectateurs hommes et femmes se tenaient debout, puis le chant terminé, l'assistance s'est tournée vers la reine et trois salves d'applaudissements ont retenti. La reine, fort émue, a salué ; comme elle allait se retirer et prenait déjà le bras de l'Empereur, les spectateurs ont fait recommencer le chant national anglais qui a été suivi de nouveaux applaudissements.

La reine, le prince Albert et leurs enfants ont parcouru Paris en fiacre et dans le plus stricte incognito ; ils ont fait des acquisitions dans plusieurs magasins.

La revue des troupes a été fort belle. Le prince Napoléon a reçu l'ordre du Bain *pour ses éminents services militaires* !!!

Les mauvais plaisants prétendent que cela ne le lavera pas, et que la reine aurait mieux fait de lui envoyer tout simplement un bon savon de Windsor.

Hier, à Boulogne, avant l'embarquement, il y a eu revue de quarante mille hommes.

Le prince Adalbert de Bavière, le futur roi des Grecs, reçu membre de notre Cercle impérial, est venu hier soir le visiter.

Le roi Jérôme est revenu dimanche du Havre à Saint-Cloud pour offrir ses hommages à la reine d'Angleterre. Cette démarche a dû, dit-on, beaucoup coûter à son orgueil royal. Je prétends, moi, qu'elle a coûté à la bourse de l'Empereur, car le vieux drôle royal ne marche et n'agit qu'à prix d'argent ; c'est un fiacre qu'il faut payer à la course et avec lui on suit toujours le tarif de l'après-minuit. Quand Rothschild en a besoin, il le mande, et le roi Jérôme fait très bien antichambre. Sa Majesté sait se faire petit devant un juif auquel elle doit plus de deux millions. L'Empereur a une triste famille, tombée bien bas dans l'opinion publique. La colère mal dissimulée de la plupart de ses membres à la nouvelle de la grossesse de l'Impératrice est curieuse à observer. Les Murat jouent toujours au prétendant napolitain et en effet le gros Murat a des partisans dans le royaume des Deux-Siciles, pauvres niais ! Vous ne connaissez ni le gros prince, ni son fils le belliqueux officier des guides qui évite la Crimée avec une adresse infinie, ni le baron de Chassiron, gendre du prétendant, espèce de chenille malsaine dont le grand-père tirait le cordon dans je ne sais plus quelle loge. Assez pour aujourd'hui.

Lundi 3 septembre

J'ai dîné hier à Saint-Gratien chez la Princesse Mathilde avec le prince Napoléon et le comte Walewski. Le prince est toujours, quoi qu'il fasse, le même homme, sans vigueur, grossier et mal élevé, détesté par tous ceux qui l'approchent. Arago est son bouffon dont il use comme François Ier de Triboulet.

Hier, Arago refusait une promenade en bateau parce qu'il devient malade dès qu'il se trouve sur l'eau ; le prince l'a bon gré mal gré embarqué pour avoir le plaisir de le voir malade !

Des ouvriers socialistes des ardoisières d'Angers marchaient, il y a cinq ou six jours, sur la ville, armés de fusils, de pistolets, de haches, de faux, et ce, pour en faire le sac. Cernés dans le faubourg qu'ils avaient occupé pendant la nuit, ils ont été pris presque tous. Ils traînaient avec eux une charrette contenant deux cents kilos de poudre. On a saisi également entre leurs mains des mèches incendiaires destinées à mettre le feu à la ville. Ces ouvriers, pour se procurer des armes, avaient désarmé les petits corps isolés de la gendarmerie et des pompiers des villages.

La société secrète la Marianne était à la tête de ce mouvement[1].

Mardi 4 septembre

Sefels, attaché à l'ambassade turque, nous a donné hier un dîner *Aux Trois Frères Provenceaux*. Les convives étaient : le neveu et héritier du pacha d'Égypte, Alphonse de Rothschild, l'abbé Coquereau, Sefels et moi. Le dîner a été magnifique. Le prince égyptien parle français comme un Français. Il a été beaucoup question de la différence des trois religions chrétienne, juive et mahométane, mais sans aigreur et au point de vue historique.

Alphonse de Rothschild est un homme d'esprit et de capacités fort poli.

Le dîner s'est prolongé jusqu'à dix heures du soir.

Lundi 10 septembre

Samedi, un jeune homme de Rouen, âgé de vingt-deux ans, nommé Beltimore, condamné à seize ans comme escroc, puis après 1852 pour délit politique à deux années de Belle-Isle, et récemment sorti de prison, a tiré sur l'Empereur à son arrivée au Théâtre-Italien. Les journaux veulent le faire passer pour fou, mais il ne l'est nullement. Il est arrêté.

Lundi 17 septembre

Sébastopol est enfin pris ; l'assaut nous a coûté six mille hommes, tant tués que blessés. Cinq généraux sont parmi les morts. On attend des détails avec impatience[2]. Les journaux anglais prétendent que mille deux cents pièces de canon sont en notre pouvoir. On a célébré partout en France notre victoire par des *Te Deum*. Les illuminations ont été générales. Il n'y a que les socialistes et les Orléanistes par leur organe, l'*Assemblée nationale*, qui déplorent nos succès.

Victor Hugo a lancé de l'île de Jersey une brochure russe, c'est d'un bon patriote.

---

1. Sur cette tentative des ardoisiers de Trélazé qui eut lieu dans la nuit du 26 au 27 août 1855 et derrière laquelle se trouvait la Marianne, on peut lire l'ouvrage de François Simon, *La Marianne, société secrète au pays d'Anjou*, Angers, Imprimerie angevine, 1978.

2. C'est la prise du fort de Malakoff, le 8 septembre, qui détermina la chute de la ville où les Français firent leur entrée le 12. Si l'assaut préparé par trois jours d'un bombardement intensif ne dura que vingt-cinq minutes, il fut très meurtrier. Il fallut ensuite défendre la position, menacée par ailleurs de sauter. Les pertes françaises s'élevèrent à 7 567 hommes, dont 1 634 morts, et les pertes russes sans doute à 12 000 hommes, dont plus de 3 000 périrent.

A Naples, le roi par sa tyrannie a lassé tout le monde, et il s'est brouillé avec la France et l'Angleterre. Une petite escadre anglaise est en route pour la baie de Naples, et nous augmentons, dit-on, de deux régiments le contingent français qui est à Rome.

Dans leur pénurie d'hommes capables, les Napolitains s'adressent au gros prince Murat, lequel, dans une proclamation adressée aux habitants des Deux-Siciles, en cachette du gouvernement français, se déclare prêt à prendre en mains la direction de l'État napolitain.

Casa Bianca est le ministre de cette majesté en expectative qui ne calcule pas qu'il faut une guerre générale, l'abaissement de l'Autriche et le remaniement des États européens pour lui donner une chance de restauration.

Les amis des Russes disent que la paix est plus éloignée que jamais.

Le sénateur La Rochejaquelein prétendait au reçu du premier bulletin, qui annonçait la prise de Malakoff, que le siège véritable allait seulement commencer, que les armées alliées n'avaient encore rien fait, etc. etc. La Rochejaquelein passe son temps au Cercle impérial à amoindrir les bonnes nouvelles et à en inventer de mauvaises ; il est toujours en grande conversation avec Zébach, ministre de Saxe, gendre de Nesselrode et agent russe, c'est un drôle d'échantillon du Sénat.

Vendredi 19 octobre

Les soirées du Louvre recommencent aujourd'hui. Depuis plus d'un mois je n'ai rien écrit sur ce livre ; j'étais malade et j'avais été à Saint-Germain à l'hôtel du Pavillon d'Henri IV chercher un peu de repos et de bon air.

Sébastopol pris, nos armées cherchent à tourner les Russes ; d'ici à peu de temps il y aura quelque grave événement.

Le duc et la duchesse de Brabant sont venus hier visiter le Louvre. Ils s'intéressent peu aux arts et le duc a dit à Nieuwerkerke : « Vous êtes très aimable, vous ne nous forcez point à voir. »

L'Impératrice est dans le cinquième mois de sa grossesse ; cela est annoncé officiellement au *Moniteur*.

Samedi 27 octobre

Rien d'important de l'armée qui opère toujours pour arriver à tourner les Russes qui occupent le côté naval de Sébastopol et cherchent à s'approcher de Nicolaief.

Les réfugiés français de l'île de Jersey et généralement les réfugiés politiques ont fini par exaspérer contre eux la presse et le public anglais. Leur journal *L'Homme* attaquait non seulement les princes étrangers, mais la reine Victoria et l'Angleterre, et ils érigeaient en principe l'assassinat.

Victor Hugo est mêlé à tout cela. Il faut espérer que l'Angleterre enverra en Amérique cette troupe de bandits.

Les légitimistes, avec l'esprit et le patriotisme qui les caractérisent, sont plus russes que les Cosaques. Le marquis de Mirabeau, aussi bête qu'ignorant, se fait remarquer parmi les plus absurdes et les plus violents.

Paris s'occupe des médailles d'honneur qui seront distribuées le 15 du mois prochain aux lauréats des expositions de l'Industrie et des Beaux-Arts. Ces médailles, il faut le dire, sont en général mal réparties.

Dans l'Industrie des bronzes, Desnières, intrigant ambitieux et le plus mauvais des fabricants, a, m'assure-t-on, la médaille.

La majeure partie des membres de la Commission des bronzes ignorent jusqu'aux procédés de la fabrication ; ils parlent des bronzes *sans retouches* de Gouttière.

Quant aux Beaux-Arts, comme les artistes concurrents composent la commission et qu'ils ne jugent pas convenable de donner leur démission, ils prennent un parti d'une extrême libéralité, ils augmentent le nombre des médailles d'honneur pour en avoir chacun une.

Les commissions des Beaux-Arts sont une plaisante chose. Baroche, La Moskova et tutti quanti ; les jugements de ces Aristarques seraient précieux à recueillir.

Mardi 4 décembre

Je suis quelquefois pris de paresse et de dégoût en voyant la manière dont les choses se passent aujourd'hui et quels hommes ont la faveur ou montent à la faveur.

Le prince Napoléon, président des jurys de l'Exposition, s'est conduit dans toutes les occasions d'une façon déplorable qui attire le mépris. Le jury avait composé une liste des artistes qu'il recommandait à l'Empereur pour la décoration de la Légion d'honneur ; le prince a rayé sans rien dire les noms qui lui déplaisaient, puis il a juré que ces noms ne se trouvaient pas sur la liste. Convaincu de mensonge par l'attestation de tous les jurés, les artistes et le public le méprisent aujourd'hui un peu plus qu'ils ne ne le faisaient avant. Un peu plus, un peu moins, qu'est-ce que cela !

Dans les administrations on voit monter des gens tarés ; hier le *Moniteur* annonçait la nomination de M. Jouve du Bar aux fonctions de président du tribunal de 1re instance à Paimbœuf. Ce monsieur, juge à Alger, il y a quelques années, scandalisait la population par ses orgies exécutées à fenêtres ouvertes. C'est du reste un malhonnête homme qui a de sales affaires sur son compte ; mais il est l'ami du secrétaire général du ministère de la Justice !

La guerre en Russie est suspendue par l'hiver ; on parle beaucoup de paix, je n'y crois pas encore.

Jeudi 6 décembre

Le roi de Piémont, qui a déjà passé ici, il y a quelques jours, revient aujourd'hui de sa visite officielle à la reine d'Angleterre. Il chassera demain et après-demain à Compiègne avec l'Empereur. Le roi de Piémont est un véritable sous-officier, il en a le ton et les manières ; il fréquente beaucoup les filles et paraît fort disposé à traiter cavalièrement toutes les femmes ; sa conversation est plus que légère ; sa légèreté du fond n'est pas même gazée par la pudeur de l'expression, il aime le terme grossier ; il parle sans retenue de ses bonnes fortunes et il nomme les femmes les plus considérables de Turin en disant simplement : « *Celle-là a couché avec moi.* »

On nommait une famille de la plus haute aristocratie, il a souri en articulant hautement qu'il avait couché avec la mère et les filles.

Le marquis de Castelbajac, qui représentait la France comme ambassadeur à la cour de Saint-Pétersbourg avant le commencement de la guerre, est une des plus lourdes bêtes que je connaisse ; on doit peut-être à son ineptie la rupture avec la Russie et l'audace de cette puissance en Orient. Le marquis de Castelbajac s'était fait le courtisan de l'empereur Nicolas et applaudissait à tout ; il louait tous les actes du Czar, il était ébloui, charmé sous le prestige de la faveur ; enfin le malheureux en vint jusqu'à complimenter l'empereur Nicolas sur le résultat de l'atroce boucherie de Sinope. L'envoyé anglais avait beau dire, jamais l'empereur Nicolas, jugeant de la France par son ambassadeur, ne put se persuader qu'une alliance serait possible entre la France et l'Angleterre. Il crut à la faiblesse de notre pays et l'on sait ce qui advint. Le marquis de Castelbajac acceptait les avanies les plus graves, ainsi fit-il lorsque le gouvernement russe lui refusa l'autorisation de faire dire une messe pour célébrer la fête de l'Empereur Napoléon III.

Vendredi 28 décembre

La garde impériale, revenant de Crimée, fait demain sa rentrée dans Paris. On s'apprête à la recevoir triomphalement. Les arcs de triomphe se dressent ; la garde nationale est convoquée ; la Bourse et les administrations publiques seront fermées.

Malheureusement les sociétés secrètes, qui ne s'endorment point, s'agitent dans leurs repaires et le gouvernement n'est pas sans inquiétudes. Des ouvriers ont été sollicités pour tirer sur l'Empereur ; on craint une tentative.

La Princesse Mathilde, qui peint beaucoup d'après nature, se sert en ce moment comme modèle d'une jeune fille fort malheureuse à laquelle elle a fait du bien. Cette jeune fille a une famille dans la misère que la Princesse a également secourue ; enfin la Princesse Mathilde a été une sorte de providence pour ces pauvres gens.

Avant-hier, la jeune modèle est venue déclarer à la Princesse que son frère, qui avait fait partie des sociétés secrètes, était sollicité par ses anciens complices pour tirer sur l'Empereur ; mais que ce crime le révoltait, et que, touché des bontés de la Princesse, il offrait de tout lui révéler.

La Princesse a accepté ; Collet Megret doit se trouver ce matin chez elle où le jeune ouvrier viendra, conduit par sa sœur.

Le prince Napoléon indispose de plus en plus contre lui toutes les classes de la société. Non content d'avoir traité l'Institut de *coterie* en séance du comité des récompenses, ce qui donna l'occasion à Henriquel Dupont de se lever et de donner sa démission, il a encore rayé de la liste présentée par le jury Ivon le peintre et Nieuwerkerke, puis il s'est arrangé de telle sorte que Vernet, porté le premier pour la médaille d'honneur et par le plus grand nombre de votants, n'a été appelé, le jour de la remise, que le trente-septième. Ingres a été nommé grand officier de la Légion d'honneur, Delacroix commandeur, et Vernet a été laissé avec son ruban de commandeur.

Hier soir, au Cercle impérial, David, aide de camp du prince, cherchait à amadouer Vernet en lui disant que cet oubli serait réparé et que la plaque de grand officier serait demandée pour lui.

Horace Vernet, très poliment mais très nettement, a tout refusé et a dit :

> Vous m'avez profondément blessé dans mon amour-propre ; nommé le premier par un jury européen, vous me replacez le trente-septième. Vous ne trouvez point satisfaisante la récompense accordée à ceux qui ne viennent qu'après moi. Vous les élevez au grade de grand officier et de commandeur. Vous m'avez blessé, votre réparation tardive mettrait un emplâtre sur ma blessure qu'elle ne guérirait pas, je la refuse, je garde mon indépendance et mon froissement, et je suis assez fier du jugement du jury. Aujourd'hui, la plaque de grand officier serait une aumône, je ne veux tendre la main, ni pour la solliciter, ni pour la recevoir.

Au Cercle impérial le prince Napoléon pousse le jeu d'une manière ridicule. Il a gagné, il y a trois jours, vingt mille francs au piquet au général de Cotte en faisant vingt francs le point.

On parle beaucoup de paix, mais personne n'y croit sincèrement et les préparatifs de campagne prochaine se continuent activement. L'Allemagne cherche à intervenir par des conseils à la Russie. La Russie n'est pas encore assez malade pour les écouter.

Au printemps nous enverrons soixante-dix mille hommes sur les côtes de la Finlande avec trois cents chaloupes canonnières ; puis il y aura quarante mille hommes suédois en réserve.

Dimanche 30 décembre

L'Empereur et l'armée ont été accueillis hier par la population de Paris avec enthousiasme. Les femmes qui garnissaient les fenêtres des boulevards lançaient des bouquets aux soldats de Crimée. Les gardes nationaux, qui formaient la haie, remettaient aux vainqueurs de Sébastopol des branches de lauriers ; puis de toutes parts des acclamations, des mouchoirs qui essuyaient les yeux. Le soir, Paris a été splendidement illuminé.

Je n'aime pas l'attitude de l'École polytechnique placée en tête du cortège. Par imitation de leurs devanciers, ces petits messieurs affectent le républicanisme, ils ont reçu l'Empereur plus que froidement. MM. de l'École se regardent depuis 1830 comme les auxiliaires des révolutions ; ils se donnent une importance ridicule.

Les clubs de l'Union et du Jockey ont été très froids. Au Jockey La Ferronnays ne s'est pas découvert au passage de l'Empereur. L'Union n'a pas eu d'applaudissements pour l'armée.

Mirabeau et Talleyrand sont les deux énergumènes de ce club. Ces deux messieurs sont d'ailleurs assez bêtes ; ils vantent les Russes à tout propos et rabaissent la gloire de nos armées ; ils se donnent comme les types du légitimisme. Pauvre parti discrédité par ceux qui le soutiennent et qui séparent perpétuellement leurs sentiments des sentiments de la France.

Les parlementaires et les niais de Changarnier disent : « *Napoléon III est un aventurier heureux.* »

Mercredi 2 janvier

Les visites officielles sont terminées, à la cour tout le monde est mécontent, tous les visages sont composés. L'Empereur et l'Impératrice n'ont donné d'étrennes à personne, pas plus à leur entourage qu'aux princes de leur famille. Les marchands de Paris, chez lesquels d'ordinaire la cour faisait des acquisitions, sont irrités de cette parcimonie.

Les princes attribuent cette suppression d'étrennes à l'Impératrice qui ne les épargne pas à sa propre famille. L'hôtel acheté dans les Champs-Élysées pour la comtesse de Montijo (hôtel Lauriston) coûte déjà avec les adjonctions de terrains et les travaux plus de trois millions !

L'Empereur a donné à l'Impératrice un service pour le déjeuner et le dîner dans sa chambre, lequel service en vermeil revient à soixante-cinq mille francs.

La layette de l'enfant si impatiemment attendu coûte deux cent mille francs.

Les princes accusent l'Impératrice de chercher à séparer l'Empereur de sa famille.

On a refusé de recevoir cette année les enfants de Murat dont le dernier est le filleul de l'Empereur.

Ce qui achève d'indisposer les princes, c'est que cette suppression d'étrennes ne s'étend ni à la reine d'Angleterre et sa famille, ni à Lord et à Lady Hamilton.

D'un autre côté le prince Napoléon est comme Achille enfermé pour le quart d'heure sous sa tente. L'auguste prince boude ; il est furieux de n'avoir pas été placé à la tête de l'armée le jour de la rentrée de la garde dans Paris.

Le malheureux eût été hué.

De cette bouderie vient la note du *Moniteur* qui explique la position de Canrobert *par ordre* à la tête de l'armée.

Mocquard et Nieuwerkerke ont été nommés commandeurs de la Légion d'honneur.

Le Play, ancien commissaire général de l'exposition, arrangeur de fantastiques statistiques d'ouvriers, est nommé conseiller d'État.

Le charlatanisme a toujours beau jeu sous tous les régimes ; les Ch. Dupin sont remplacés par des Le Play, voilà tout.

Le marquis Guy de La Tour du Pin, ancien beau de quarante-cinq ans, qui a mangé une fortune d'un million huit cent mille francs, et qui s'est beaucoup déshonoré par ses histoires avec Mme de Fitz James, a épousé, il y a deux jours, la fille de Stevens-Dracke, marchand de chevaux, ancien piqueur de Lord Henry Seymour.

L'aristocratie française, si elle ne brille pas, par le temps qui court, d'un grand éclat sur les champs de bataille, se vautre assez bien dans les fanges de Paris.

Le comte Moreton de Chabrillant épouse Mogador, une fille publique.

Le marquis de La Tour du Pin épouse la fille d'un maquignon.

Le fils du baron Vigier épouse Cruvelli, chanteuse à l'Opéra.

Tout cela est superbe ! La vieille aristocratie achève de mourir dans les bordels, la nouvelle suit son exemple.

Parmi les membres du clergé et les âmes dévotes on s'occupe beaucoup d'une prédiction qui n'est communiquée qu'aux fidèles, et qui limite la durée de l'Empire au nombre d'années qu'a duré la dernière République.

Samedi 5 janvier

Osterberger, attaché à la calcographie du Louvre, a rencontré, il y a trois jours, l'ancien directeur des Musées, Jeanron, décoré à la suite de l'exposition. Il lui a fait compliment de cette distinction.

Jeanron lui a répondu : « Je vous remercie, votre compliment n'est pas le premier que je reçois, cette canaille de Soulié m'écrit une lettre de trois pages pleines de félicitations. La fausseté de ce gredin me révolte. Accueilli ou plutôt recueilli par charité par Monsieur de Cayeux, il s'est montré pour lui d'une ingratitude révoltante en 1848 et il ne m'a guère mieux traité en 1850. Je l'ai rencontré depuis sa lettre, il est venu à moi, je lui ai tourné le dos. C'est un scélérat, en 1848 il nous reprochait de ne pas établir la guillotine, d'épargner le sang. Il se plaçait au point de vue des Danton et des Marat ; aujourd'hui il fait le bon apôtre. J'étais forcé en 1848 de lui imposer silence, car il tenait d'atroces propos. Si demain le comte de Nieuwerkerke perdait sa place, il saurait ce que vaut Soulié. »

Martinet, l'intrigant le plus plat et le plus rampant, est nommé chevalier de la Légion d'honneur. En 1852 il vomissait des injures contre l'Empereur. Il est le protégé de Morny.

Fiorentino, journaliste taré qui vend ses louanges et trafique de ses critiques, est également décoré.

Les gens qui approchent l'Empereur sont coupables de ces honneurs jetés à la boue.

Chacun fait son lot, amasse son petit trésor de façon à n'avoir pas de regret si l'Empereur venait à manquer.

Quelquefois la lassitude me prend à marcher à travers de tels ruisseaux. Toutes ces fanges remuées exhalent une odeur qui soulève le cœur. La corruption brodée et bardée de croix est la pire de toutes et la plus nauséabonde.

Mardi 8 janvier

On parle de deux promotions dans l'ordre de la Légion d'honneur passées sous silence au *Moniteur* et pour cause

le duc d'Albe,
le duc d'Hamilton,
(grands-croix de la Légion d'honneur.)

Ces deux promotions étranges sont faites pour mécontenter la famille impériale, les princes tels que Lucien, Murat, etc., qui sont tout simplement officiers.

Le duc d'Hamilton n'est promu que pour faire passer le duc d'Albe.

L'Impératrice comblera tellement sa famille qu'elle indisposera l'opinion contre elle.

La malheureuse reine Marie-Antoinette doit toutes les calomnies dont elle a été la victime aux entraînements de son amitié qui lui faisaient cent mille ennemies pour une favorite.

La famille impériale n'aime pas l'Impératrice qui d'ailleurs ne fait pas grand-chose pour s'attirer son affection. Toute cette famille, qui devrait être unie et compacte, ne comprend. pas sa position ; chacun de ses membres tire de son côté et dit du mal des autres.

Puis vient le chapitre des intrigants qui les circonviennent, des flatteurs, etc., etc.

La duchesse d'Albe est une femme très légère, fort intrigante.

La comtesse de Montijo n'est plus qu'intrigante.

Cette famille de Montijo veut se classer comme la clef de voûte de la noblesse ; elle fait rire avec ses arrangements de généalogie nos vieilles familles françaises. On parle assez généralement avec dédain des prétentions nobiliaires, mais quand vient le chapitre des Montijo !... on ôte son chapeau. Excusez du peu !

Le prince Jérôme et son fils sont circonvenus par des intrigants politiques ; là règne Girardin.

La Princesse Mathilde a les intrigants de second ordre : l'abbé Coquereau, farceur de première classe, faux bon prêtre, excitant contre les évêques et la cour de Rome, se moquant dans le salon de la Princesse de la dévotion à l'Immaculée Conception, affectant une grande pureté avec une grande indulgence ; en un mot, sachant bien vivre et bien hypocriser. La Desprès et sa fille, les Chennevières, les Soulié, etc. etc.

Je n'aime pas les prêtres dans le salon de la Princesse Mathilde, sa position particulière devrait les en éloigner, et pourtant ils y viennent et font la cour à Nieuwerkerke. La Princesse parle en mauvais termes du pape et des prêtres devant tout le monde, et devant ses domestiques. Elle a dans l'esprit un mauvais levain révolutionnaire entretenu par les deux Giraud, ses maîtres de peinture. Elle rêve d'une révolution en Italie.

Tous les Italiens, suivant elle, sont admirables, les prêtres seuls sont des scélérats. Nous avons vu beaucoup d'Italiens à Paris, gens du monde, artistes, négociants... Tout cela est bas et tient à une race épuisée, abâtardie.

Il y a des gens niais qui croient à l'égalité des races comme à l'égalité des hommes !

On fait des révolutions avec de telles croyances.

Le jour où vous proclamerez l'égalité des intelligences et l'égalité des climats, vous pourrez proclamer l'égalité entre les hommes, pourvu toutefois que vous établissiez l'égalité des forces physiques, l'égalité des passions et l'égalité de beauté chez toutes les femmes.

Mercredi 9 janvier

Bosquet est arrivé ces jours-ci ; il se loue beaucoup de l'accueil que lui a fait l'Empereur qui l'a embrassé cordialement, mais il s'est cependant aperçu à de légers indices qu'il avait été desservi.

« Je ne suis, dit Bosquet, ni un opposant, ni un démocrate. Je ne suis point un politique, je suis un militaire ; j'ai horreur de la démocratie dont l'esprit est opposé à toute discipline, et jamais, dans les corps qui ont été sous mes ordres, je n'ai toléré l'esprit démocratique. J'aime Lamoricière comme homme ; je l'estime comme excellent et vaillant officier, mais je ne l'ai pas suivi dans ses erreurs. »

Puis à propos de la rentrée de la garde dans Paris et de l'ovation qui lui a été faite, il a ajouté :

« L'Empereur et la population ont eu raison de recevoir ainsi nos soldats ; ils sont au-dessus de tout éloge, ce sont les premiers soldats du monde, avec eux on peut tout entreprendre.

« Régnault de Saint-Jean d'Angelis est un fier intrigant, ou une fière canaille d'avoir osé se placer à la tête de la garde ; jamais devant Sébastopol il n'a été au feu avec elle.

« Je sais comment nous sommes desservis par certaines gens qui approchent l'Empereur.

« Nous avons heureusement pour lui dire la vérité ce brave Fleury, qui est un loyal garçon, qui nous connaît bien et qui ne craint pas de tout dire à l'Empereur. Il est d'ailleurs le seul qui lui dise franchement et carrément les choses. »

Le sculpteur David d'Angers a été enterré hier ; tous les socialistes assistaient à ses obsèques. Par son testament il avait voulu être porté directement au cimetière sans passer par l'église ; on lui a obéi.

Les journaux se répandent ce matin en louanges exagérées sur ce médiocre sculpteur qu'ils placent à côté de Phidias et de Michel-Ange.

David avait un talent commun, vulgaire et sans poétisation ; il rendait la matière dépouillée du génie humain ; il ne comprenait pas Dieu, il ôtait son empreinte divine du front de l'homme.

La statue de Corneille à Rouen est mauvaise ; celle du général Foy n'est guère meilleure ; celle de Larey est détestable ; son fronton de Sainte-Geneviève est également détestable ; et quant à ses autres œuvres, si l'esprit de parti ne s'en était pas mêlé, David serait resté parmi les médiocrités de première classe.

Les démocrates veulent en faire un grand homme, libre à eux ; j'avoue que je ne leur envie pas cette illustration.

L'ambassadeur turc désire me voir. J'ai rendez-vous demain avec lui. Il veut que je m'intéresse à la réhabilitation de Reschid Pacha dans l'esprit français, et serait heureux, dit-il, d'avoir mes avis sur les hommes et les choses d'ici. Demain donc, à une heure, nous aurons une grande conversation.

Lundi 14 janvier

Hier, j'ai déjeuné chez Morny ; il n'y avait avec nous que le comte Lehon. La conversation s'est portée sur le coup d'État du 2 décembre.

« Ce qui m'a fait comprendre, a dit Morny, qu'il ne serait pas mal accueilli par la population, c'est une conversation tenue devant moi après une partie de chasse dans les environs de Senlis.

« On sortait de dîner, nous étions beaucoup de monde, quelques Parisiens et des bourgeois de Senlis parmi lesquels un pharmacien, ancien chef libéral de la localité. Cet homme s'exprimait avec force contre le journalisme. "Nous sommes las, disait-il, de cette tourbe sans nom et sans considération qui s'attaque à tout, fronde tout, et prétend nous gouverner. Pour être militaire, professeur, avocat, médecin et même pharmacien, il faut passer des examens, offrir des garanties, rester soumis à un contrôle, et les journalistes, qui s'adressent tous les jours au peuple, le conseillent, le colèrent et l'empoisonnent, peuvent sortir du fumier ou d'un bagne, ils sont libres d'exercer leur funeste industrie, il est grand temps que cela change." »

Le soir, je dînais chez la Princesse Mathilde, on s'entretint de la pénurie du président au moment du coup d'État.

« Je la connais mieux que personne, dit la Princesse, car lorsqu'il fallut expédier Fleury en Afrique pour en ramener Saint-Arnauld et les officiers sur le dévouement desquels on croyait pouvoir compter, personne n'avait l'argent nécessaire au voyage de Fleury. On demanda à Fould de prêter sept mille francs, il refusa tout net et ce fut Ferdinand Barrot qui les fournit. »

Fould est aujourd'hui ministre d'État.

Samedi 19 janvier

L'empereur de Russie accepte les quatre propositions des puissances occidentales[1]. La paix est donc bien avancée ; cependant je ne puis me défendre d'un doute que j'ai le plus grand soin de ne pas exprimer. Je crains que dans les conférences qui vont s'ouvrir la Russie ne fasse naître des difficultés d'exécution, qu'elle ne cherche encore à jouer la France et l'Angleterre.

D'un autre côté les organes de la presse anglaise ne semblent pas satisfaits de cette fin du conflit.

Qui vivra verra !

Les légitimistes et les Orléanistes sont mal contents.

L'Empereur, en recevant la dépêche qui contenait l'acceptation des propositions par la Russie, n'a pas été maître de son émotion.

Le médecin Reyer se trouvait présent, il a vu l'Empereur pâlir, puis l'Empereur lui a dit :

« J'ai besoin de m'asseoir, docteur, lisez cela et vous ne serez plus surpris. »

Le soir j'ai vu l'Empereur et l'Impératrice au bal chez la Princesse Mathilde. L'Empereur avait une physionomie radieuse. Le prince Napoléon, que la joie des autres rend malheureux, n'a pas paru à ce bal.

Zébach m'a dit : « Êtes-vous content de me revoir si tôt ? »

A quoi je lui ai répondu : « Certainement, puisque vous avez été comme la colombe de l'arche. »

Ce fin Saxon, gendre de Nesselrode, très russe dans le fond, faisait avec beaucoup d'art contre mauvaise[2] fortune bon cœur.

1. Ces quatre conditions des puissances occidentales, surnommées les « quatre points de Vienne », remontent à l'été 1854 et stipulent que la Russie devra renoncer à son influence prépondérante dans les principautés danubiennes et à ses prétentions d'exercer son protectorat religieux sur les populations orthodoxes de l'Empire ottoman, qu'une garantie collective des grandes puissances se substituera à ces prétentions russes, que la liberté de navigation dans les bouches du Danube sera assurée par un accord international et que la Convention des détroits de 1841 sera révisée dans un sens défavorable aux Russes. Le 14 novembre 1855, les alliés y ont ajouté une cession de territoire russe en Bessarabie et des conditions particulières. Après avoir formulé des contre-propositions, la Russie, que l'Autriche menace à son tour d'entrer en guerre, finit par accepter le 16 janvier 1856.

2. Vieil Castel omet ici « mauvaise ».

Hier soir, il y a eu un petit bal chez l'Impératrice ; on y était en frac, culottes courtes ou pantalons collants.

Le prince Murat a fait demander, vu son obésité, l'autorisation de se présenter en pantalons. L'Impératrice lui a fait dire de rester chez lui ; et cependant elle est arrivée donnant le bras au duc de Cambridge qui, lui — était en pantalons !

Latour Dumoulin sort de chez moi où il m'a proposé une alliance offensive et défensive ; j'ai accepté. Nous avons longuement causé des hommes et des choses ; de M. Molé chez lequel il allait intimement, et qui en 1850 était tout porté pour l'Empire et tâchait de persuader Thiers qui répondait : « Tout cela est gâchis... gâchis... gâchis ! » Molé ne demandait pas mieux que de marcher avec l'Empereur, il fallait lui donner la présidence du Sénat. Persigny n'a pas compris l'homme et la situation et par une hauteur ridicule il l'a éloigné.

Lundi 21 janvier

J'ai dîné hier chez la Princesse Mathilde ; nous avons parlé de son frère et de sa manière de vivre.

Le prince Napoléon passe en ce moment ses journées à élever un temple *joujou* à Rachel ; quinze ouvriers y travaillent sous sa direction. Ce temple aura trois pieds de haut ; le prince aurait voulu que M. Ingres en fît les peintures. Le portrait de Rachel est partout dans les appartements du prince, jusque dans son alcôve.

Lors de l'achat par Mirès du *Constitutionnel* Latour Dumoulin avait fait rédiger par Duvergier un acte signé par Mirès qui abandonnait au gouvernement le droit de nommer des rédacteurs en chef du *Pays* et du *Constitutionnel*. Par cet acte qui ne grevait d'aucune dépense, l'État était le vrai propriétaire des deux journaux. Collet-Maigret a remis cet acte à Mirès ! L'État n'a plus de propriété dans ces deux journaux.

Sur la présentation du prince Napoléon, Collet-Maigret a failli dernièrement remplacer Hausmann à la préfecture de la Seine.

Beaucoup de bals costumés vont avoir lieu ; je reçois une invitation pour celui que donnera le 4 février le grand maître de la maison de l'Impératrice.

Mercredi 23 janvier

J'écrivais dernièrement sur ce livre la liste des mariages scandaleux contractés par des jeunes gens de bonne famille. J'y dois ajouter aujourd'hui celle des mariages non moins scandaleux, accomplis depuis quelques jours, ou près de s'accomplir par des jeunes filles *comme il faut*.

Mlle de Beaurepaire épouse le cocher de son père ; elle est dans un état qui nécessite cette union.

Mlle Despieds épouse un trombone des Folies-Nouvelles.

Enfin Mlle Séguin, fille d'un très riche industriel de Boulogne, et qui doit hériter un jour de plusieurs millions, est accouchée à Paris d'un enfant procréé par un petit garçon jardinier de seize ans, et elle refuse toute autre alliance que celle de ce garçon jardinier.

Tant de scandales accusent fortement l'éducation de famille et la moralité des parents !

Lundi 11 février

Nous nous reposons des bals masqués ou non masqués, des fêtes, des dîners, etc. Je ne décrirai pas ces joies au milieu desquelles l'Empereur a paru comme le plus jeune. Chez le comte Tascher et chez Mme Lehon il s'est diverti à intriguer toutes les femmes avec un entrain et une verve intarissables.

Les plénipotentiaires pour la paix commencent à arriver à Paris. Les conférences seront ouvertes la semaine prochaine.

MM. les étudiants recommencent leur tapage de 1820. Après avoir, il y a un mois, insulté et poursuivi l'inoffensif M. Nisard, après avoir fait le siège de sa maison, ils ont insulté l'Impératrice au spectacle en chantant devant elle et contre elle une parodie du *Sire de Framboisie*.

Plusieurs condamnations pour le tumulte Nisard ont été prononcées avant-hier, mais ce ne sont point des condamnations qu'il faut. Le chef-lieu d'un grand empire ne doit pas être encombré par la jeunesse turbulente des écoles. Paris n'est pas un lieu d'études, c'est un endroit de perdition pour la jeunesse, d'entraînements de toutes sortes, et les partis politiques recrutent trop aisément des soldats enfants perdus parmi tous ces jeunes turbulents qui se croient chargés des destinées de la France. Il faut établir hors de Paris, loin des centres politiques ou industriels, des villes d'universités, des retraites tranquilles, ici pour la médecine, là pour le droit, plus loin pour l'École polytechnique.

Nous n'avons pas malheureusement un ministre assez intelligent ni assez vigoureux pour prendre l'initiative d'une telle mesure. M. Fortoul vise aux honneurs personnels, il fait encenser par les journaux ses mauvaises tartines sur les arts et l'archéologie et il ne s'occupe pas assez des écoles.

Vendredi 22 février

C'est lundi que se réunissent aux Affaires étrangères sous la présidence de Walewski les plénipotentiaires qui doivent traiter de la paix. Après la conférence il y aura grand dîner, après le dîner concert.

J'ai reçu une invitation, je m'y rendrai certainement.

Les journaux dissertent à perte de vue sur les conditions de la paix. Le *Moniteur*, journal du gouvernement, emprunte ses articles de fond au *Siècle*, journal de l'opposition Cavaignac.

Dans l'armée on murmure contre la nomination de trois favoris au grade de général de division.

Régnault Saint-Jean d'Angelis auquel on donne la garde à commander, il ne s'est pas montré une seule fois au feu avec elle en Crimée.

Goyon (prince de Mortagne) qui n'a vu lui le feu nulle part.

Forey qui est allé chercher ses étoiles en Crimée où il commandait une cavalerie immobile.

L'Empereur connaît moins les hommes que les choses, son entourage le prouve, de reste, et son entourage éloigne par des calomnies une foule de gens.

Si, ce qu'à Dieu ne plaise, il y avait jamais péril pour l'Empire, nous verrions l'attitude curieuse des favoris.

Quelle écurie d'Augias !

Il y a des temps où je n'écris rien de peur d'écrire trop.

Parmi les ministres qui choisir ?

Fould qui refusait en 1849 son adhésion aux projets de l'Empereur.

Billault, républicain de 1848, qui le sera encore et qui protège maintenant en place un certain nombre de ses anciens coreligionnaires.

Fortoul qui a bu à la santé d'Alibaud !

Cela fait douter de tout.

Qui voit-on au Sénat ? qui au Conseil d'État ?

Rougé nommé conseiller d'État par l'entremise de sa femme. Rougé, en 1849 et même au commencement de 1850, craignait de se compromettre en adhérant aux idées napoléoniennes.

Les deux Thayer, Pastoret, Larochejaquelein, sénateurs, cela fait pitié pour le Sénat.

La gloire de l'Empereur sera d'autant plus grande qu'il aura accompli son œuvre au milieu d'un entourage de traîtres, de filous ou de crétins.

Quant à la morale de cette fable, il n'en faut pas parler.

L'Empereur (je demande pardon de rapporter un propos du peuple très grossier dans son expression) :

> L'Empereur, au milieu de sa cour, de ses ministres, de ses conseils, de son Sénat, est comme un diamant tombé sur un étron.

Cela est vrai, rien n'altère son rayonnement et sa pureté, quoique l'air soit méphitique autour de lui.

Mercredi 27 février

L'armistice, jusqu'au 31 mars, a été prononcé dans la première séance du congrès.

J'ai vu lundi au concert de Walewski tous les plénipotentiaires. Le comte Orloff est un beau et grand vieillard dont la tête est remarquable par son expression de fermeté ; il est impossible de croire que le comte ait 70 ans.

Aujourd'hui, mercredi, la seconde séance du congrès.

Dimanche, j'ai vu Alex. Dumas chez la Princesse Mathilde qui de bonne heure est partie pour les Tuileries. Nous sommes alors restés, Mme Desprès, les Giraud, Dumas et moi.

J'étais curieux d'assister au déboutonné du grand homme. Le grand homme, l'immense Dumas a atteint les dernières limites de l'outrecuidance. Il a parlé de l'Empereur avec une haine et un mépris superbes ; il s'est posé comme une sorte d'ami protecteur de sa famille.

« Hugo, a-t-il dit, a imprimé de magnifiques choses sur ce Napoléon ; je lui réserve, moi, des choses marquées plus vigoureusement dans mes Mémoires. »

Puis comme E. Giraud disait, je ne sais quoi sur l'Empereur, Dumas a murmuré entre ses dents le mot : « *canaille* ».

Bientôt il a repris :

« Ce comédien n'a pas même eu le courage de sa situation ; lors de son affaire de Strasbourg il s'est stupidement laissé arrêter. Il fallait qu'il agît comme moi, qu'il s'armât d'un pistolet. En 1830 j'ai pris à moi seul la ville de Soissons en menaçant de brûler la cervelle à son commandant. »

Dumas a parlé deux heures pour dire qu'il avait refusé l'Académie, et que son fils refusait la croix. Que l'abbé Duguerry était venu trouver son fils en lui demandant un drame religieux et qu'en échange il aurait la croix et dans deux ans l'Académie.

Dumas fils a répondu :

« La religion a fait trois grands drames qui se nomment : la guerre des Albigeois, la Saint-Barthélemy et les Cévennes, je lui conseille d'en rester là. »

L'abbé Duguerry, honteux et confus, se serait retiré en baissant la tête.

Avant le départ de la Princesse Mathilde pour les Tuileries, Dumas s'était fort récrié contre l'inconvenance commise par l'Empereur, qui, après avoir assisté à sa représentation de *Benvenuto Cellini*, avait envoyé une tabatière à Mélingue.

« Nous ne sommes plus, disait Dumas, au temps des poètes crottés auxquels on donnait quelques louis, on devrait bien apprendre à respecter les artistes. »

Je fis remarquer à Dumas qu'une tabatière se donnait à un ambassadeur, au plus grand seigneur, au personnage le plus éminent.

« A un ambassadeur, ou à un Montmorency, c'est bien, reprit Dumas avec une bouffissure incommensurable, mais les artistes sont autre chose que cela et leur intelligence a droit à plus de respect. »

Je n'en finirais pas si je voulais citer toutes les impertinences débitées par lui. La Princesse a tort de le souffrir chez elle, et les Giraud qui sont de petits révolutionnaires déguisés, garçons très spirituels, ne sont encore pas bons dans l'intimité des princes. Les sympathies des Giraud sont avec les républicains avancés, et cependant, en se plaignant toujours, Dieu sait ce qu'ils se font donner.

J'ai eu hier une conférence à propos des affaires de Turquie avec F. Barrot, La Guéronnière et Latour Dumoulin. Nos intérêts marchent bien, nous avons de belles chances et j'espère que le grand vizir, présent à Paris, a plein pouvoir pour traiter avec nous.

L'*Indépendance belge* passe aux mains d'un ennemi personnel de l'Empereur ; le cogérant adjoint, chargé de représenter le journal auprès du gouvernement français, est Jules Lecomte ! Le faussaire, le filou, l'homme taré !

Véron a mis cinquante mille francs dans cette combinaison et il a droit de faire insérer quatre articles par mois.

Collet-Maigret dit que les ordres du ministre Billaut à propos de la presse et de la police sont si extraordinaires, que pour se sauvegarder lui, directeur de la police et de la librairie, il en garde des doubles.

Le baron de Bazancourt, écrivain officiel de la campagne de Crimée, se pose en grand historiographe. C'était un mauvais romancier de dixième ordre, sali par des tripotages de toutes sortes, nous n'en citerons qu'un.

Le vieux bellâtre de général Lagrange a une maîtresse dont il use fort peu, il veut seulement la voir b... devant lui. Pendant longtemps Bazancourt a été le b... de la maîtresse de Lagrange ; il portait à cette époque des cols de chemise festonnés et tuyautés avec manchettes pareilles !!

M. Billaut est un peu mené par le journal *Le Siècle*. J'espère qu'après la paix l'Empereur donnera un vigoureux coup de balai dans les écuries d'Augias.

Lundi 3 mars

Aujourd'hui, l'Empereur ouvre la session du Corps législatif, mais je ne crois pas qu'il annonce la paix conclue.

Il y a des dissentiments plus profonds entre la Russie et l'Autriche, qu'entre la Russie et l'Angleterre ; il faut ajouter à ces ressentiments la rancune que garde la Russie à l'Autriche pour son attitude hostile depuis le commencement de la guerre.

Ces jours derniers, le comte Orloff et la mission russe entraient au ministère des Affaires étrangères. Le comte et sa suite saluèrent gracieusement tout le monde, mais quand ils virent venir le comte Buol et les Autrichiens, ils remirent leurs chapeaux et se redressèrent fièrement.

Le comte Buol se contenta de hausser les épaules.

En résumé, il y a bien des difficultés dans la situation présente et bien des rancunes ; je commence à craindre une solution moins pacifique.

Ce soir, je dîne chez la Princesse Mathilde ; demain nous avons des charades chez le comte de Tascher.

Jeudi 6 mars

E. Sue a commencé depuis deux jours dans le feuilleton de la *Presse* la publication d'un roman socialiste. C'est toujours l'homme du peuple, victime du bourgeois, etc. etc. Et puis l'éternelle rengaine de l'antagonisme des Gaulois et des Francs, etc. etc.

E. Sue et Girardin ont vraiment bonne grâce à parler de moralité, à tonner contre les vices du siècle.

E. Sue est l'homme le plus débauché de la terre. Il a conduit Mme C. Laffite, sa maîtresse, dans les lieux les plus mal famés, de même son neveu, le jeune Caillard, que sa sœur lui confiait et qui n'avait que quatorze ans, il l'a fait violer par des filles malgré ses répugnances et l'a traité de petit sot lorsqu'il s'est mis à pleurer.

E. Sue m'a raconté *lui-même* cette scène, un soir chez la duchesse de Rauzan.

Quand il s'est retiré dans la Sologne, E. Sue a formé chez lui un petit sérail de jeunes filles, il n'avait pas de domestiques mâles, et il me dit alors : « Venez me voir, nous ferons de bonnes orgies. »

E. Sue, le plus débauché des hommes, est un poltron qui s'est fait socialiste par peur.

Girardin, pour prêcher la morale, a pris Mme Guimont, femme entretenue de la pire espèce, comme vicaire, la vie de Girardin est un long scandale.

Il a été l'amant de Mme la comtesse d'Agout (Daniel Stern).

Si le feuilleton d'E. Sue est continué, il fera un mal énorme.

Dimanche 16 mars

L'Impératrice est accouchée ce matin à trois heures d'un prince qui portera, dit-on, le titre de *roi d'Alger*[1].

---

1. Après une grossesse paisible, l'accouchement fut difficile, au point que l'impératrice eut une brève syncope et qu'il fallut utiliser les fers. Le garçon fut prénommé Napoléon Eugène Louis Jean Joseph. Après avoir songé à le titrer roi d'Alger, l'empereur se ravisera, se souvenant que le titre de roi de Rome n'avait pas porté bonheur au premier aiglon. L'enfant entrera finalement dans l'Histoire sous le nom de Prince impérial. Voir Jean-Claude Lachnitt, *Le Prince impérial, « Napoléon IV »*, Paris, Perrin, 1997, p. 17 et suiv.

Le canon a tiré à six heures cent et un coups ; le bourdon de Notre-Dame a mêlé sa grosse voix aux détonations.

Ce soir la ville sera illuminée.

Pendant toute la journée d'hier et pendant toute la nuit il y a eu foule devant la grille des Tuileries. L'Impératrice a souffert juste vingt-quatre heures.

Le prince Napoléon sera, dit-on, envoyé comme vice-roi en Algérie.

Ce soir, je dîne chez la Princesse Mathilde où j'entendrai peu, je crois, les louanges de l'Impératrice. La Princesse ne l'aime pas et ne s'en cache guère. C'est un malheur que la division et la jalousie qui séparent la famille impériale ; l'intérêt même ne parvient pas à les unir.

Lundi 17 mars

L'Impératrice, qui a été accouchée avec les fers, se porte bien, ainsi que le Prince Impérial.

L'Empereur fait de grandes libéralités. Hier, lorsqu'il s'est rendu chez le roi Jérôme qui est malade, il a été accueilli sur son passage par de vives acclamations.

Le prince nouveau-né ne portera d'autre titre que celui de Prince Impérial.

La Princesse Mathilde a très bien parlé de l'Impératrice et du Prince ; elle se réjouit de la naissance de cet enfant, voyant en lui un gage de confiance dans l'avenir.

Le prince Napoléon n'a pas su dissimuler sa mauvaise humeur. A partir du moment où le sexe de l'enfant a été connu, il s'est mis à bouder et n'a plus parlé à personne.

Hier matin, il n'a pas voulu assister, comme c'était son devoir, à l'ondoiement du nouveau-né. La joie des autres le blesse, sa mauvaise nature apparaît dans toute sa laideur[1].

Les autres princes de la famille n'ont guère été plus convenables sauf toutefois la mauvaise humeur.

Le seul qui fut à la cérémonie est le prince Lucien.

Il va paraître dans les journaux étrangers un manifeste du comte de Paris ; ce jeune homme va se révéler par un acte de *proprio motu* et cet acte sera une stupidité. Les prétendants depuis bien des années se plaisent à gâter leurs affaires.

M. le comte de Paris, héritier d'un prétendu droit au trône qui ne

1. Alors que son père était malade, le prince Napoléon n'avait pu refuser d'être témoin car il était le plus proche parent de Napoléon III. Il manifesta cependant sa mauvaise humeur de perdre sa position d'héritier présomptif en refusant de signer l'acte de naissance. Lorsqu'il finit par le faire sur l'insistance de son entourage et en particulier de sa sœur, il ne put empêcher sa main de terminer son paraphe par un pâté. Voir Jean-Claude Lachnitt, *Le Prince impérial...*, *op. cit.*, p. 20 et suiv.

repose sur aucun principe, puisque la révolution qui porta Louis-Philippe au trône était une négation de la légitimité et que la proclamation de la royauté de 1830 se fit au moyen de trois cents et quelques voix et n'osa pas affronter le suffrage universel, M. le comte de Paris, qui ne représente donc ni la légitimité ni le suffrage universel, proteste contre la fusion des Orléanistes et des légitimistes.

Il se sépare de sa famille et veut réunir les débris des Orléanistes ! C'est perpétuer les divisions, mais on ne s'occupe guère de ces comédies, nous sommes aux grandes affaires présentes.

La paix est faite, dit-on, MM. les Orléanistes purs peuvent répandre le manifeste de leur jeune prince, cela fera peu d'effet, on rira de la fusion qui se nommera désormais *confusion*.

Mercredi 19 mars

Canrobert et Bosquet sont nommés maréchaux, Randon aussi !

Fould et Hamelin grands croix de la Légion d'honneur, Hamelin, je le veux bien, mais Fould ! !

Je ne sais pourquoi la Princesse Mathilde est furieuse de la nomination de Bosquet, elle a le tort de le dire tout haut dans son salon.

Bosquet et Canrobert ont été avertis de leur nomination d'une manière délicate et charmante qui peint la bonté de l'Empereur.

Une invitation à dîner leur a été envoyée et ils se sont trouvés seuls dans le salon de l'Empereur, peu après l'Empereur est arrivé avec deux ou trois personnes et il a dit aux généraux : « Je suis presque seul aujourd'hui, je vous ai fait demander de partager ma solitude. »

Le dîner s'est passé sérieusement, on a parlé d'acoustique, au dessert l'Empereur a rempli son verre et il a dit : « Messieurs, buvons à la santé des *maréchaux* Canrobert et Bosquet. »

Les deux généraux, surpris et émus, n'ont d'abord pu répondre. Bosquet a pleuré comme un enfant, puis après avoir remercié l'Empereur, il a demandé la permission de faire parvenir cette bonne nouvelle à sa mère qui habite Pau. Le télégraphe électrique des Tuileries a été mis à sa disposition.

Voici la dépêche qu'il a fait expédier :

> Le maréchal Bosquet à Mme veuve Bosquet : ma mère, priez Dieu pour l'Empereur !

Le prince Napoléon montre de plus en plus sa mauvaise humeur ; tout le monde en cause, c'est très décidément un homme *coulé*.

J'avais proposé à plusieurs membres influents du Cercle impérial de faire une souscription entre nous, et d'envoyer douze mille francs aux pauvres de Paris pour célébrer la naissance du Prince Impérial. Je dois dire que j'ai trouvé des *prudents* qui m'ont répondu :

« *Ne faites donc pas d'enthousiasme, on vous en saura mauvais gré, et puis beaucoup de gens n'aimeront pas se compromettre ainsi pour l'avenir* », etc. etc.

MM. le comte de Reiset et le baron de Heckeren ont été les plus prononcés !

Ces prudents se réservent, l'un est diplomate, l'autre sénateur.

Jeudi 20 mars

La Princesse Mathilde sort du Louvre où elle a dîné avec Nieuwerkerke, Saint-Marsault, sa femme, le comte G. de Nieuwerkerke, l'éternelle Desprez et sa chouette de fille et moi. Après dîner les Reiset sont venus passer la soirée.

La Princesse nous a dit que son frère Napoléon était toujours furibond de la naissance du Prince Impérial, et comme l'Empereur rend visite au roi Jérôme, le prince Napoléon en chœur avec Mme de Plancy, l'aide intrigante et Dubarry de l'ex-roi de Westphalie, s'est écrié :

« Que vient faire ici l'Empereur ? Il ne peut donc pas nous laisser en repos, qu'il s'occupe de ses affaires, il a bien assez de conduire l'Empire qui par parenthèse est assez mal conduit. »

Le Palais-Royal est un sale tripot à intrigues.

Le Prince Impérial est fort et bien portant.

Lundi 24 mars

Hier, j'ai dîné chez la Princesse Mathilde avec les Giraud, revenus d'Italie, impressionnés par ce qu'ils ont entendu dire de l'Empereur.

Ils ont trouvé les Italiens tout enthousiasmés de lui et de la nation française. Ils ont été fiers en Italie d'être Français du nouvel Empire, ils commencent à comprendre la grandeur de l'homme et de son œuvre.

J'ai demandé comme renseignement historique à quelle heure était né le Prince Impérial.

La Princesse m'a répondu :

« J'ai regardé la pendule, il était trois heures quatorze minutes. »

Les Reiset sont dans la plus grande faveur auprès de la Princesse. Avant l'Empire ils ne la connaissaient pas et n'avaient jamais songé à se faire présenter. Depuis ils ont rattrapé le temps perdu. Reiset se donne des airs importants ravissants à voir. Il se fait élégant, porte des chemises brodées, prend des mines étudiées et se précipite à toute occasion sur les mains de la Princesse pour y frotter ses lèvres.

Reiset le pudique courtise la Desprez et sa fille. Mlle de Reiset est intime avec Marguerite Desprez ; elles ne peuvent se quitter ou s'aborder sans s'embrasser plusieurs fois.

Encore des courtisans de la fortune !

Lorsqu'en 1859 la Princesse habitait au numéro 10 de la rue de Courcelles, nous traversions alors des jours de doute et de lutte ; les courtisans étaient peu nombreux ; nous dessinions et nous causions souvent dans la solitude.

Les Reiset ne nous connaissaient pas ; le soleil du 2 décembre ne s'était pas levé.

Mme Reiset a raconté à ses amies le dîner fait au Louvre jeudi dernier par la Princesse. Ses amies l'ont dit à leurs amies et Mme Morel-Fatio l'a appris ainsi.

Les princes et à plus forte raison les princesses seront toujours aveugles ; ils veulent des flatteurs et se soucient peu des amis ; de là vient qu'aux jours de malheur ils sont presque toujours seuls.

Nieuwerkerke songe à quitter la Direction des musées ; il ne m'en a rien dit, car il me fait mystère de tout actuellement, mais je le sais. Il veut porter l'habit brodé de sénateur, aller se confondre dans cette nuée de niais et de traîtres, je ne le comprends pas et il prétend aimer les arts !

Si j'avais de l'ambition, je serais dégoûté par les ambitieux. Jamais amant ne souffre autant des caprices de sa maîtresse, qu'un ambitieux souffre des incertitudes de la faveur. Il n'est jamais satisfait ; il n'est jamais assez haut ; les supériorités le froissent, puis les égalités. Lorsqu'il est au sommet de son mât de cocagne et qu'il a décroché le gros lot, il regarde le ciel pour savoir s'il peut tenter de détrôner Dieu le père. Denon et Forbin trouvaient la Direction générale des musées un beau cantonnement !... Et c'est en effet une belle chose qu'une telle direction.

Mercredi 26 mars

Metzinguer vient d'être nommé conseiller à la cour impériale ! Mon Dieu, que c'est une belle chose d'avoir un Abbatucci pour ministre de la Justice !

J'ai connu en 1850 M. Metzinguer ; il était rouge pur sang, ne s'en cachait nullement et parlait des Robespierre et des Danton avec une mélancolie touchante. Metzinguer vivait dans l'intimité de la vieille citoyenne Lebas, laquelle tricoteuse émérite n'était autre que Mlle Dupleix, la fille du menuisier Huz qui logeait Robespierre. Mme Lebas avait une sœur maîtresse de Robespierre.

C'est chez Mme Lebas et en la consultant, bien entendu, que Lamartine a écrit les *Girondins*.

Metzinguer était montagnard, il est resté montagnard, seulement il est conseiller à la cour impériale. Dites ensuite qu'Abbatucci n'est pas un grand homme !

Les conférenciers confèrent, les badauds attendent la paix.

Dimanche 30 mars

Hier, l'Empereur a réuni par convocation auprès de lui tous les grands dignitaires de l'État, et leur a annoncé la signature du traité de paix [1]. Le *Moniteur* n'en dit rien ce matin, le canon n'est pas encore tiré aux Invalides et cependant il est dix heures vingt minutes.

C'est une grande et heureuse affaire accomplie, l'Europe va entrer dans une ère nouvelle.

Les Italiens se plaignent de ce que le monde n'est pas bouleversé pour leur créer une nationalité et pour les délivrer de l'Autriche.

J'avoue que l'Italie m'intéresse fort médiocrement, ce pays-là est une plaie, toutes les mauvaises passions y sont surexcitées.

Mardi 1er avril

Paris a été illuminé, mais l'enthousiasme des populations n'a pas été aussi vif qu'à la prise de Sébastopol. Dans les provinces la dépêche télégraphique a causé plus de joie. A Épernay où passait le marquis de Coislin, le maître de la table d'hôte à laquelle il dînait a gratifié ses convives de nombreuses bouteilles d'excellent vin de Champagne, jusqu'à deux heures du matin on a bu à la paix.

Le gouvernement prépare, dit-on, une expédition de quarante mille hommes en Kabylie.

Malgré le langage pompeux des bulletins militaires, nos expéditions dans cette partie de l'Algérie n'ont pas toujours été heureuses ; nous y comptons bien des revers, et Baraguay d'Hilliers aussi bien que Changarnier en savent quelque chose.

L'Empereur, dit-on, commanderait cette expédition, et dans cette intention il prépare la formation d'un conseil de régence.

Le prince Napoléon est toujours très irrité de la naissance du Prince Impérial.

Les Polonais sont furieux de la paix, ils auraient voulu la restauration de la Pologne.

Les Italiens se plaignent aussi de l'oubli dans lequel on les laisse ; ce peuple ou ces peuples usés voudraient la proclamation de l'unité italienne.

1. Le traité de paix est finalement signé ce 30 mars. Si la France n'obtient aucun gain territorial du congrès de Paris, elle retrouve, dans le concert international, la place essentielle qu'elle avait quittée en 1815, tout en parvenant à rompre le front des puissances conservatrices et à poser la question des nationalités italienne et roumaine.

Mercredi 2 avril

La revue d'hier a été magnifique et favorisée par le plus beau temps du monde. Le soir les habitants de Paris jusque dans les quartiers les plus pauvres ont illuminé leurs maisons. Depuis bien des années je n'avais pas vu un enthousiasme pareil.

En rentrant au Louvre, vers une heure du matin, je rencontrai sur les boulevards et dans les rues des bandes d'ouvriers porteurs de torches et criant : « Vive l'Empereur et vive la paix ! » A une heure du matin la place du Carrousel était couverte de monde et les cris de « Vive l'Empereur » partaient de tous côtés.

J'ai dîné au Cercle impérial avec les officiers de la suite du comte Orloff, entre autres le comte Schouvaloff, petit-fils de Mme de Chelaincourt. Ces messieurs ont fort admiré notre armée, et avec autant de bon goût que de justice, ils nous ont dit ses hauts faits à la bataille de l'Alma à laquelle assistaient ces jeunes officiers.

L'Empereur doit être heureux et fier de la journée d'hier. La France était bien la grande nation, le pivot autour duquel tourne l'Europe.

Qui aurait reconnu la France de 1848 dans ces flots de peuple qui s'empressaient sur le passage de nos soldats, dans ces ouvriers qui applaudissaient les vainqueurs de Sébastopol, et saluaient respectueusement l'Empereur de leurs acclamations.

Qui se serait imaginé que la France de 1848, mise au ban des nations, pourrait, si peu d'années après, se placer à leur tête comme leur conductrice et prendre sous sa tutelle les intérêts européens ?

C'est pourtant le même pays, ce sont les mêmes hommes, mais nous ne sommes plus livrés aux bavards sous prétexte de liberté et la licence n'a plus droit de cité et la populace droit d'émeute.

La France jouit du repos, elle a conquis la considération. Dieu veuille nous conserver longtemps sous la tutelle de Louis Napoléon.

Nous sommes un peuple vaniteux et bavard, le premier charlatan qui nous flatte capte notre confiance. Pendant dix-huit ans nous nous sommes haïs, injuriés, battus pour Thiers ou Guizot. La France était absorbée en eux ! Et il s'est trouvé le 24 février 1848 que ces deux grands hommes avaient conduit leur pays entre les mains des socialistes !

Il faut laisser s'éteindre peu à peu les divisions des partis, ce sera long, car j'étudie le bourgeois, le marchand parisien, et le bourgeois comme le marchand crieraient encore : « Vive la réforme ! » comme en 1848.

L'amour-propre les a fait crétins et les conserve crétins.

Jeudi 3 avril

Le parti légitimiste fait acte d'existence. Il y avait hier grand bal costumé chez la comtesse Pozzo di Borgo. Le faubourg Saint-Germain s'était mis en frais de costumes, rien n'aura été plus magnifique.

Feuillet de Conches, le collectionneur d'autographes, l'introducteur des ambassadeurs, le chef du protocole, plaqué de tous les ordres connus, a annoncé, dans les journaux d'avant-hier, qu'il avait arraché lui-même la plume qui a servi à tous les plénipotentiaires pour la signature du traité de paix de l'aile de l'aigle du Jardin des Plantes ! Voyez un peu le courage, qu'on dise qu'il n'y a plus de héros !

Le *Moniteur* récompense ce matin cette action hardie. Feuillet est élevé au grade de commandeur dans la Légion d'honneur.

A l'heure qu'il est, l'Académie française reçoit M. le duc de Broglie. Nisard répond à son discours.

Depuis un mois une grave question préoccupe cet homme politique ; dans la prévision de sa présentation à l'Empereur il se demande s'il fera mettre sur sa plaque de la Légion d'honneur l'effigie de Napoléon ou s'il y laissera celle de Henri V entourée de drapeaux tricolores. La société du duc de Broglie est fort perplexe en attendant la décision du duc.

Le congrès s'assemble encore. Dieu veuille qu'il trouve un moyen de faire quelque chose pour l'Italie et d'en extirper l'assassinat politique qui est à l'ordre du jour.

Mazzini pousse les assassins qui ne se contentent pas d'ensanglanter leur pays, témoin Pianori, et ce que l'on sait moins, les quatre sicaires arrêtés l'année dernière au moment où ils se disposaient à venir en France, et qui ont avoué avec audace qu'ils avaient la mission de tuer Napoléon III. Ces Mazziniens étaient bien pourvus d'argent et porteurs de correspondances et proclamations mazziniennes.

Lord Howden, ambassadeur anglais à Madrid, s'est abstenu de complimenter M. de Turgot à propos de la naissance du Prince Impérial.

Ce Monsieur connu jadis sous le nom de Caradoc a longtemps occupé la société de ses bonnes fortunes ; il a épousé cette vieille bougie oubliée dans une armoire qu'on nomme la princesse Bagration, et il se pose en Orléaniste forcené. Nos bons alliés sont singulièrement représentés.

Je ne pense pas qu'après cette impertinence du vieux beau, l'Angleterre puisse le conserver dans une ambassade.

Si le congrès veut faire quelque chose d'utile pour le repos de l'Europe, il devra s'occuper de la question des réfugiés. Éloigner de l'Europe qu'ils troublent par leurs déclamations et excitations des hommes tels que Mazzini, Runge, Ledru-Rollin, etc., est une affaire de première nécessité. Peut-on admettre que l'Angleterre donne asile sur son territoire à des enragés qui ordonnent des assassinats...

Un assassin ordinaire est livré aux tribunaux de son pays par la nation qui le découvre chez elle ; mais ce qui peint notre époque, l'assassin politique, celui dont le crime a les conséquences les plus funestes, est protégé par les gouvernements étrangers.

Livrer un assassin politique !... Fi donc !...

Mardi 8 avril

Hier, il y a eu un très beau bal chez S.A.I. la Princesse Mathilde. L'Empereur a causé longtemps avec M. de Manteuffel.

Un événement que j'attendais sans l'espérer s'accomplira aujourd'hui, la Princesse renvoie Mme Desprez et sa fille ; la décision est irrévocable. Cette mauvaise créature ou, mieux, ces deux mauvaises créatures ont si bien fait, ont tant bavardé, tant calomnié, tant débité de méchancetés, que la Princesse et toutes les personnes de sa maison ont enfin ouvert les yeux. L'insolence de ces deux pécores dépassait toute limite ; c'est par elles que tout ce qui se disait rue de Courcelles était rapporté envenimé aux Tuileries.

La Princesse a fait part de sa détermination à l'Empereur et à l'Impératrice qui lui ont dit :

« Depuis longtemps nous hésitions à vous parler du tort que ces deux femmes font à votre maison, mais nous sommes très satisfaits de les voir expulsées. »

On donne à la Desprez un petit emploi en province ; la Princesse y ajoute une petite pension. Elles tombent enfin ces deux ignobles femelles et personne ne les plaindra. On ne peut se figurer le fiel et les mauvaises passions qui agitent deux créatures qui se sont suicidées par leur méchanceté et leur orgueil.

Il est possible que la Desprez et sa fille tombent tout à fait dans le ruisseau ; leur colère en recevant congé peut les emporter à de tels excès, qu'on leur retire ce qu'un dernier mouvement de bienveillance veut bien leur accorder.

Il faudra maintenant remercier ce faux bon homme placé comme secrétaire par la Desprez chez la Princesse.

Mercredi 23 avril

J'ai passé hier la soirée chez la Princesse Mathilde, après avoir dîné chez la comtesse Bolognini avec le prince Porcia et le comte et la comtesse Litta.

La comtesse Litta a été présentée le soir à la Princesse ; c'est une fort belle personne qui a dix-huit ans et ne manque pas d'esprit.

La Desprez avait reçu l'ordre de ne pas se présenter dans les salons de la Princesse, elle part samedi pour Poitiers où elle sera fort surveillée.

Le prince Napoléon est venu chez sa sœur ; après son départ, lorsqu'il ne restait plus personne que le général Bougenel, Ratomski et sa femme, la Princesse a longtemps causé de son père, de son frère et des sales tripotages du Palais-Royal. L'Empereur n'a pas voulu envoyer son cousin à Saint-Pétersbourg comme ambassadeur extraordinaire pour assister au sacre de l'empereur Alexandre.

« Qu'il fasse des bêtises à Paris, a-t-il dit, mais je ne veux pas qu'il les fasse ni qu'il en dise à Saint-Pétersbourg, pour nous discréditer aux yeux de la Russie. »

L'Empereur a montré à la Princesse la correspondance du prince Napoléon, datée du camp devant Sébastopol. Il est impossible, m'a dit la Princesse, de lire des lettres plus obséquieuses et plus humbles. Le prince avoue en toutes lettres qu'il doit tout à l'Empereur, que sans lui il ne serait rien, qu'il tient tout de sa générosité, etc. etc.

Quant au Palais-Royal, la sultane qui y règne comme favorite du vieux roi Jérôme est Madame de Plancy, femme du premier écuyer, maigre et délurée, pas jolie, mais très effrontée. Pendant la maladie du roi elle couchait dans sa chambre, et son mari disait, il y a trois jours, chez Mme Lehon : « Le prince va mieux, ma femme est rentrée depuis deux jours chez elle, elle ne couche plus au Palais-Royal. »

Cette délurée affiche une grossesse dont elle fait semblant de gémir, et le roi Jérôme lui dit avec des airs de finesse : « Pourquoi vous y exposiez-vous, Madame ? »

Ce pauvre vieux mauvais sujet est entouré de bâtards, il en a de tous les côtés. Il mariait une fille, il y a peu de temps, une autre de ses filles qui le soignait pendant sa maladie est une des supérieures du couvent des Oiseaux.

Le prince Napoléon dit pis que pendre des dignitaires de l'Empire qui jouent à la Bourse, et lui vient d'y gagner 800 000 francs !

J'oubliais de dire que Morny représentera la France au sacre de l'empereur Alexandre.

Jeudi 24 avril

Le général Trochu sort d'ici, et pendant deux heures il m'a vivement intéressé et ému du récit de sa campagne devant Sébastopol. Il traîne encore sa jambe dont le mollet a été emporté par un boulet de canon. Quand il reçut cette blessure à l'attaque du grand rédan, il tomba d'abord, puis se releva et s'appuya sur un Arabe qui se trouvait près de lui. Lorsqu'il fallut se retirer, la retraite était lente comme on peut le comprendre ; toute la fusillade des Russes était dirigée sur le général revêtu de son grand uniforme. Malgré tout, malgré les ordres du blessé lui-même, l'Arabe ne voulut jamais consentir à abandonner son général et à se servir plus vivement de ses deux bonnes jambes.

« Non, disait-il, non, mon général, je ne vous laisserai pas blessé et seul, eh bien, s'il faut être tués, nous le serons. »

Le général Trochu ne tarit pas en éloges sur le courage, l'abnégation et la bonté du soldat ; on peut tout lui demander, on peut tout lui faire faire, il s'agit seulement de le comprendre.

La veille de l'attaque du grand rédan, attaque que l'on savait ne pouvoir aboutir et n'être opérée qu'en vue de faire une diversion, le général Trochu massa sa brigade, et s'étant placé au centre, il lui dit :

« Eh bien, j'ai une grande nouvelle à vous annoncer ; à demain l'assaut ; je ne dois pas vous dissimuler qu'il sera rude et les soldats qui serviront de tête de colonne ne verront qu'en petit nombre la fin de cette rude affaire. Ils y resteront presque tous, je ne peux même pas promettre que les survivants seront tous récompensés ; cependant il me faut deux cents volontaires pour former la tête de ma colonne d'attaque ; j'ai compté sur vous, soldats, vous savez que je serai avec vous. »

Les soldats répondirent : « Oui ! oui ! mon général », et il se présenta cinq cents volontaires parmi lesquels on prit deux cents hommes dont *quarante survécurent* !

Sur quinze cents hommes qui attaquèrent le grand rédan huit cents soldats et soixante-quatorze officiers y restèrent morts.

Le général Trochu me disait qu'en Crimée à toutes les affaires le soldat marchait au feu en criant tout le temps « Vive l'Empereur » comme les anciens et les sauvages entonnaient leurs chants de guerre. A l'Alma, en reformant ses files emportées par les boulets russes, le soldat gravissait les rudes escarpements des collines au cri de « Vive l'Empereur » que criait aussi notre infanterie arabe d'Alger.

Le général Trochu est jeune (41 ans), intelligent, brave, c'est un vrai soldat. Il adore l'armée et il est rempli d'admiration pour nos braves fantassins qui meurent héroïquement et qui sont si doux à qui sait les aimer et les traiter comme ils doivent être aimés et traités.

L'expédition de Kabylie est abandonnée pour cette année.

La Villetreux sort de mon cabinet, il est cinq heures, et voici ce qu'il m'a dit :

Après la première revue de Satory il était allé faire une visite à Carey, aide de camp de Changarnier ; le général arrive de la revue, entre dans le cabinet de Carey, jette violemment son épée sur un canapé et prononce les paroles suivantes :

« *Ce bougre de président n'a pas de c... au c..., il refuse l'Empire*[1] *!* »

1. Au premier semestre 1849, Changarnier fit, en plusieurs occasions, crier « Vive Napoléon ! » sur le passage du Président. Il était alors disposé à l'aider à réaliser un coup d'État. Il prit son refus pour de la couardise.

Lundi 28 avril

L'Impératrice se remet lentement de ses couches, elle souffre, dit-on, dans les os du bassin, elle n'est pas d'une santé vigoureuse et a besoin de beaucoup de ménagements.

Le prince Napoléon va partir pour un voyage dans le Nord, en Suède, en Laponie, etc. ; il emmène avec lui Ch. Giraud, Arago, Saulcy, etc.

J'ai dîné hier chez la Princesse Mathilde avec Benedetti, rien d'important.

Le traité de paix sera demain au *Moniteur*.

Mardi 6 mai

Le traité de paix, inséré au *Moniteur* ces jours derniers, donne, je le crois, de sérieuses garanties à l'Europe contre les tendances envahissantes de la Russie. La solution de la question orientale, due en grande partie à l'Empereur Napoléon, place la France à la tête des nations ; jamais peut-être elle n'a joui d'une telle importance.

La Sardaigne s'efforce de se grandir en lançant de nouveaux brandons sur l'Europe ; affranchir l'Italie, tel est le mot d'ordre ; attaques contre les gouvernements italiens, tels que Naples, Parme, les États de l'Église, contre l'occupation française, l'occupation autrichienne, etc. etc.

Enfin le Piémont veut devenir un grand État en s'emparant de toute l'Italie.

Les gouvernements représentés au congrès de Paris ont eu le tort de laisser publier les délibérations du congrès, de rouvrir une tribune politique, de lancer dans le public des attaques plus ou moins fondées contre des puissances qui n'étaient pas représentées. Un autre tort, très grand selon moi, est de prêter les mains à l'ambition de la Maison de Savoie.

Le roi de Piémont sait aussi bien que personne ce que valent les déclamations italiennes et le patriotisme d'un peuple divisé en dix peuples ; l'Italie serait après-demain soulevée contre lui, s'il était demain nommé roi d'Italie. On verrait recommencer le spectacle qu'a offert le Moyen Age, ces luttes de ville à ville, ces rivalités particulières, ces jalousies de provinces.

Peut-on prétendre sérieusement que Rome, Naples, Venise et Milan soient habitées par le même peuple, par les mêmes races ? A quelle époque ces villes ont-elles été réunies sous le même gouvernement ?

Toutes les discussions publiques, surtout celle qui va s'ouvrir dans les Chambres piémontaises à propos des notes et protestations émanées du *grand* Cavour, sont ridicules d'un côté, odieuses de l'autre.

En pleine paix le Piémont va attaquer l'existence des gouvernements italiens, va agiter l'Italie par un moyen révolutionnaire et nous le laissons faire, nous à qui il doit de n'avoir pas été dévoré par l'Autriche.

Les grands seigneurs italiens que je vois ici sont des gascons de vantardise, gens pour la plupart incapables, que Mazzini ferait pendre si nous le laissions maître d'agir. Les basses classes sont gangrenées de socialisme, et le Piémont, qui malgré le bruit fait à dessein autour des Cavour et des La Marmora, est incapable de constituer une unité italienne qui n'a jamais existé.

D'ailleurs si vingt-cinq millions d'habitants voulaient réellement l'unité, ils n'auraient besoin de personne pour la conquérir.

L'Angleterre s'unissant aux révolutionnaires piémontais pour demander la séparation des légations de la ville de Rome, me semble aussi sortir des bornes de la politique juste.

L'Angleterre est protestante, chez elle les puritains très nombreux ne rêvent que l'abaissement et la destruction de la papauté. Écoutez tous les Brofferio, tous les Cavour et tous ceux qui leur ressemblent, le pape peut se passer de pouvoir temporel ! Les niais de tous les pays seraient disposés à les croire.

La France et l'Autriche doivent regarder de plus près ; le jour où le pape disparaît comme souverain temporel, son indépendance est détruite, il n'est plus qu'un instrument, la papauté est perdue et la catholicité souffre une grave atteinte.

C'est à la France et à l'Autriche de voir si elles peuvent abandonner au protestantisme et au socialisme la question de la catholicité.

J'ai reçu hier au Louvre en l'absence de Nieuwerkerke le roi de Wurtemberg ; il m'a paru spirituel et connaisseur en beaux-arts, il est resté quatre heures au Louvre et s'est montré fort aimable. Nous parlions de l'Italie, du gangrènement de ses populations que le roi déplorait.

« Qu'y faire ? » disait-il.

D'un ton sérieux je lui ai répondu : « Je ne connais qu'un moyen, Sire, un dernier, héroïque et qui seul peut calmer l'Italie, malheureusement n'ayant pas fait partie du congrès, je n'ai pu le faire prévaloir.

— Lequel ? m'a demandé le roi.

— Transporter les Italiens en Laponie et les Lapons en Italie », ai-je répondu.

Les Italiens, faux titre, il y a des Romains, des Lombards, des Napolitains, des Vénétiens, mais j'ignore ce qu'on entend par Italiens. Il y a Mazzini et ses assassins de Parme, ses fusilleurs de prêtres à Rome, ses soldats allemands, polonais, français, qui représentaient en 1848 la nationalité guerrière de l'Italie, les assassins de Rossi, etc. etc. Est-ce la nationalité italienne ? L'Italie est la terre où tous les révolutionnaires se sont donné rendez-vous ; la Pologne a fait son temps, je ne désespère pas d'y voir d'ici à quelques années Mazzini, Runge, Ledru-Rollin, Victor Hugo, y former un gouvernement national, car les révolutionnaires qui prennent si chaudement le parti des nationalités tant qu'il s'agit de rois, n'en reconnaissent plus devant la démagogie triomphante.

Vendredi 9 mai

Depuis quelque temps l'Empereur se gendarme contre les faiseurs d'affaires et le *Moniteur* a parlé contre les gens qui se prétendent influents.

Une société d'émigration a fait insérer au *Journal des débats* son prospectus avec les noms des membres de son conseil de surveillance.

Un certain baron de Mortemart-Boisse, qui n'est ni Mortemart ni Boisse, mais un intrigant remuant, a rédigé cette annonce dans laquelle il dit que la société compte des protecteurs *jusque sur les marches du trône* !

Au nombre des membres du conseil, il énumère :

> M. Blanchard, frère du colonel des grenadiers de la garde, blessé à l'assaut de Sébastopol.
>
> Le prince de Montléar ! !
>
> Le général Ricard, premier aide de camp du prince Jérôme.

Cette annonce a été montrée à l'Empereur par les gens de son entourage. L'Empereur s'est fâché ; il a écrit une lettre un peu vive au prince Jérôme et le résultat de tout cela a été la démission du général de ses fonctions d'aide de camp.

Tout cela est fort bien, mais on remarque que cette sévérité n'est inspirée à l'Empereur que depuis qu'il n'est plus possible d'ajouter au gorgement de ses familiers les plus intimes.

Morny, les Fould, Poniatowski, Heckeren, etc., n'ont plus d'appétit, les autres ne doivent plus avoir faim.

De quoi se mêle le Palais-Royal : de vouloir marcher sur les brisées des Tuileries ?

Vendredi 16 mai

Le roi de Wurtemberg m'a nommé chevalier de son ordre de la Couronne.

Hier, j'ai dîné chez la Princesse Mathilde où la duchesse d'Albuféra est venue le soir en visite. Cette caillette a raconté à la Princesse la découverte récemment faite des amours de la princesse d'Essling, grande maîtresse de la maison de l'Impératrice, avec Pajol (fils du général Pajol).

On vend le 2 juin une collection d'autographes dont le catalogue m'a été remis avant-hier ; en le parcourant j'ai trouvé une lettre du prince Michel Gortchakoff au prince Jablanowski qui mérite d'être citée.

> Votre réputation de fileur de cartes ne me permet pas d'accepter votre invitation pour le coupe-gorge que vous préparez ce soir... Demain je me rendrai chez vous, mais vous ne me rendrez pas victime de votre adresse, et je compte que

vous m'admettrez à partager le gain que vous ferez en plumant les niais contre lesquels vous jouez.

Le ministre de l'Intérieur et le préfet de police redoublent de circulaires contre les faiseurs d'affaires et les malavisés qui escomptent leur influence. Il paraît que les grands intrigants se sont plaints du tort que leur faisaient les petits intrigants.

L'Impératrice demande encore des tableaux de la galerie du Louvre pour le palais de Saint-Cloud.

On a déjà pris un Murillo, cela fait sur le public un effet détestable.

Le frère de l'Empereur d'Autriche est arrivé hier. Il habite Saint-Cloud où l'Empereur et l'Impératrice sont établis pour l'été depuis deux jours.

La question italienne est toujours agitée ; la Sardaigne appuyée par l'Angleterre voudrait fort prendre la haute main en Italie, et le comte Cavour par ses discours et ses notes livrés à la publicité fait tout au monde pour recommencer en ce pays une agitation générale. La Sardaigne prétend dicter ses réformes à tous les États italiens et enlever au pape ses États sous prétexte de sécularisation. C'est la première fois que des États réunis en congrès mettent en accusation, devant le public, des gouvernements amis. La Sardaigne, qui ouvre son pays à tous les ennemis du pape et de l'Autriche, se plaint des précautions défensives que prennent ces deux puissances !

La France aurait tort de favoriser l'ambition du roi de Piémont ; le jour où ce souverain réunirait l'Italie sous sa domination, l'Angleterre pourrait se dégager de notre alliance et former avec la péninsule italique une ligne qui nous gênerait beaucoup.

L'Angleterre, très bien avec le roi de Sardaigne, tiendrait ainsi en échec l'Autriche et la France ; elle augmenterait son influence dans la Méditerranée et serait assise à nos portes.

Pour parvenir à ce but, il faut détruire le pouvoir temporel du pape ; le Piémont a mis en avant un projet peu voilé, un commencement d'exécution qui demande seulement une vice-royauté séparée pour les légations.

Lord Palmerston a osé avancer devant le gouvernement anglais que Rome n'a jamais été mieux gouvernée que par le parti révolutionnaire de 1848. Cette petite phrase est tout bonnement la condamnation de la politique française dont l'Angleterre et son allié le roi de Piémont minent sourdement l'influence.

Toutes les proclamations incendiaires répandues en Sicile, à Naples, en Lombardie et à Rome depuis quelques années, partent de Malte sous la protection de l'Angleterre et sont répandues, par ses agents, dans toute l'Italie.

Le marquis de Coislin a reçu à ce sujet les confidences d'un capitaine de vaisseau anglais, zélé tory cependant, qui déplorait le rôle auquel on l'assujettissait.

L'Angleterre, toute notre amie qu'elle paraît l'être aujourd'hui, prend ses précautions pour l'avenir ; elle caresse le Piémont qu'elle veut attacher à notre flanc comme un boulet. Le protestantisme anglais joue son rôle dans cette grave affaire ; il tient en réserve une petite collection de révolutionnaires qu'il peut déchaîner quand il le voudra ; il pleure des larmes de commisération sur le sort des Italiens soumis au despotisme clérical, et il tient les catholiques irlandais dans un servage plus dur, et il interdit aux Anglais les délassements du dimanche, etc. etc.

Samedi 17 mai

Le comte Orloff, auquel le catalogue des autographes qui doivent être vendus le 2 juin a été remis, déclare que la lettre du général Gortchakoff est fausse. Il connaît pour très honorables le général et son correspondant ; et laissant même de côté leur honorabilité, il les sait trop spirituels pour s'écrire de pareilles choses. Dans la même collection existe une lettre du comte Orloff, fort insignifiante d'ailleurs et que le comte dit fausse de tous points. La vente sera arrêtée, les lettres saisies.

Le Sénat vient de faire acte d'indépendance au sujet d'un projet de loi qui proposait un impôt sur les voitures de luxe, il s'oppose à la publication et à l'adoption de cette loi[1] !

Les omnibus, les fiacres, les chemins de fer, les diligences, tous les moyens de transport en commun autrement dit, *de la petite propriété*, sont grevés d'un droit assez élevé. MM. les sénateurs qui touchent 30 000 francs par an ne veulent pas que leurs voitures soient imposées ; ils combattaient *pro aris et focis*[2], ils ont été superbes !

Dimanche 18 mai

Hier, l'archiduc Maximilien, frère de l'Empereur d'Autriche, est venu visiter le Louvre vers 2 heures. Nieuwerkerke n'étant rentré qu'à 3 heures, j'ai reçu le prince. Il est aimable, poli et instruit. Il s'entend fort bien aux beaux-arts, mais il est loin d'être beau, l'exagération de sa lèvre autrichienne le dépare. Il reviendra plusieurs fois au musée qu'il veut visiter en détail.

---

1. Le projet de loi avait déjà rencontré une assez vive opposition au Corps législatif puisque, le 2 avril précédent, 52 députés sur 231 votants avaient osé aller à l'encontre de la volonté gouvernementale.

2. « Pour leurs autels et leurs foyers. »

Samedi 24 mai

Il est bon d'inscrire sur les pages de ce livre tout ce qui peut donner quelque enseignement sur les hommes et les choses de notre époque.

Le déshabillé de l'artiste comme celui de l'homme d'État est curieux à connaître. Les biographes accommodent trop souvent en héros ou en martyrs de très mauvais drôles. Vue à distance la vie privée de l'artiste reçoit le reflet de son talent, est illuminée par un rayon de la gloire du poète, du sculpteur ou du peintre. L'homme est sanctifié ; ses fautes, ses bassesses, ses crimes disparaissent et la société de son temps a tort contre lui, devant le tribunal de la postérité.

Dans un siècle on nous fera un crime de n'avoir pas adoré ce *bonhomme* de Béranger qui est le plus mauvais chien de la chrétienté ; de n'avoir pas adouci les souffrances de Musset, fou d'orgueil et de boisson ; de n'avoir pas fait monter en diamant M. Ingres qui se dresse à lui-même des pyramides et qui s'y enferme, se plaignant toujours, recevant de toutes mains et ne se croyant pas tenu à la moindre délicatesse dans les marchés qu'il fait.

M. Thiers s'étonne que la France ne se nomme pas la Thiéreïde, et M. Guizot qu'elle ne porte pas le nom de Guizotine !

J'ai rarement vu un grand homme supportable, ils devraient naître morts, et je suis assez de l'avis du paysan qui proscrivait Aristide parce qu'il assommait le monde de son temps, de son surnom de *Juste*.

Aristide devait être un intrigant de vertu.

Chateaubriand était intolérable ; on connaît sa carrière politique, sa vie privée était une éternelle parade.

Lamartine, mendiant aujourd'hui, a touché depuis 1848 dix-huit cent mille francs de ses éditeurs. Maintenant il joue le Bélisaire et tend son chapeau.

Parlons un peu de Paul Delaroche, le grand peintre, l'homme d'opposition, digne et sévère, l'Achille enfermé dans sa tente. Paul Delaroche est un commerçant, plus habile comédien qu'habile peintre.

M. Benoît Fould, conduit par Scheffer, va le visiter dans son atelier, le loue, le cajole, voit ses esquisses, et convient avec lui de l'acquisition d'un tableau des *Girondins*, grand comme la *Mort du duc de Guise*, moyennant la bagatelle de trente mille francs.

Le tableau se trouvait ainsi largement payé, très largement même, mais passons.

Un mois après cette convention, Jalabert, le factotum de Delaroche, se présente chez M. Benoît Fould et lui dit qu'au prix de trente mille francs il n'y a véritablement pas d'eau à boire pour l'artiste ; tous les Girondins pour trente mille francs c'est donné ! Puis il sollicite un supplément de cinq mille francs.

Benoît Fould quoique étonné de la demande n'élève pas de difficulté, les *Girondins* seront payés trente-cinq mille francs.

Le tableau est achevé, quelques amis l'ont vu dans l'atelier ; Benoît Fould est pressé de l'accrocher dans son salon, mais le grand Jalabert revient et lui annonce que la maison Delaroche ne laisse pas sortir un tableau de ses magasins sans paiement préalable !

Fould hausse les épaules et paie.

Samedi 31 mai

La brouille entre l'Angleterre et l'Amérique se dessine de plus en plus, de l'aigreur dans les relations on passe aux démentis formels.

D'un autre côté le président des États-Unis va reconnaître par un message le gouvernement nouveau du Nicaragua dans la personne du flibustier Walker dont il a déjà accueilli l'envoyé. L'Angleterre envoie des régiments au Canada et se tient prête à tout événement. Les journaux anglais commencent à prévoir la guerre avec les États-Unis, et ils adoucissent leur polémique à propos de l'Italie, ils répudient leurs imprudentes provocations d'il y a quelques jours, mais je crains bien que le mal ne soit déjà fait et que l'Italie ne recommence avant peu ses agitations révolutionnaires. Mazzini a quitté Londres, ce quartier général des agitateurs.

On sait quelle part l'Angleterre a prise en 1847 et 1848 aux troubles de l'Italie. Son projet était de créer une royauté sicilienne dont elle aurait placé la couronne sur le front du duc de Gênes.

L'Angleterre a surexcité le Piémont, et la petite cour de Turin est en ce moment fort belliqueuse ; elle rêve pour le Piémont la royauté de toute l'Italie, elle tend la main aux agitateurs, elle les choie, les protège et lâche de grosses menaces pour épouvanter l'Autriche.

Le comte de Cavour, plus révolutionnaire qu'homme d'État, ambitieux de bruit et de renommée, voudrait attacher son nom à cette utopie qu'on nomme la fusion italienne.

Pendant son séjour à Paris, le comte Cavour n'a vu que les réfugiés italiens ; il a ramené à l'unité italienne le Vénitien Manin qui en avait été le plus rude adversaire. C'est avec le concours des réfugiés italiens qu'il a rédigé cet acte exorbitant d'accusation contre les gouvernements italiens.

Pour n'avoir pas dit *amen* à tous les beaux projets de MM. les Italiens nous sommes à l'heure qu'il est fort décriés en Italie, car les Italiens s'étaient mis en tête que nous devions leur sacrifier le repos de l'Europe.

Jeudi 5 juin

J'ai reçu ce matin par l'entremise de l'ambassadeur d'Autriche une tabatière en or qui m'est donnée par S.A.I. et R. l'archiduc Maximilien.

L'Empereur, qui était parti dimanche pour visiter les effroyables inondations du Rhône et de la Loire, est arrivé ce matin à Paris. Il a été accueilli à Lyon, à Arles, à Avignon avec enthousiasme. J'ai entendu de la bouche même des témoins oculaires que « rien ne peut donner une idée de l'effet qu'il a produit ». Seul à cheval, à Lyon, au milieu de 60 000 ouvriers, de leurs femmes et de leurs enfants, tous victimes du terrible fléau, l'Empereur, ému jusqu'aux larmes, pâle d'émotion, puisait sans compter dans deux sacoches pleines d'or attachées à l'arçon de sa selle, et distribuait les premiers secours avec une bonté qui allait au cœur de tous, il avait des paroles pour toutes ces infortunes.

C'est là certes un magnifique tableau, que personne ne fera parce que je ne sais aucun artiste capable de le faire.

Les malheurs causés par les inondations sont immenses, beaucoup de gens ont péri [1].

Les désastres du mois de mai et du commencement de juin nous feront une déplorable année. Depuis deux jours nous avions du beau temps, la pluie a repris ce matin, il est près de trois heures, il pleut encore.

Partout se forment des listes de souscriptions, la charité ne saurait cependant s'élever au niveau des pertes.

Jeudi 12 juin

Hier a eu lieu le mariage de Mlle Lehon et du prince Poniatowski, fils de l'ex-ambassadeur de Toscane, aujourd'hui sénateur.

Ce tout jeune homme m'a l'air d'un niais usé sans avoir vécu ; il ne parle pas et n'a pas grand-chose à dire, il ne paraît pas non plus s'intéresser à rien de ce qui se passe, pas même à sa femme qui le mériterait vraiment, car c'est une fort agréable et spirituelle personne. Il y aura du grabuge dans ce ménage avant peu d'années.

Samedi prochain aura lieu le baptême du Prince Impérial, dont le cérémonial, arrêté par je ne sais qui, soulève beaucoup de susceptibilités.

Le prince Jérôme n'y veut pas paraître parce qu'on le met sur le même rang que le prince Oscar de Suède et que la grande-duchesse douairière de Bade, avec le prince Napoléon ils occuperont une voiture.

La Princesse Mathilde est mécontente de se voir reléguée dans une seconde voiture avec la duchesse d'Hamilton qui n'est ni Altesse Impé-

1. Après les grandes inondations de la Garonne, de l'Allier et du Cher de juin 1855, celles du printemps 1856 sont plus terribles encore. Dans la dernière semaine de mai, le Rhône est entré en crue. Le 31, tous les quartiers bas de la ville de Lyon sont submergés. La vallée du Grésivaudan, la plaine de Vaucluse, la Camargue ne sont bientôt plus que d'immenses lacs. Dès le 1er juin, l'empereur se rend sur place et pendant trois jours dirige les travaux, distribue les secours et apporte son soutien moral aux populations sinistrées. De retour à Paris en ce 5 août, il se remet aussi en route pour la vallée de la Loire où le fleuve a débordé à son tour à Orléans, à Blois, à Ambroise et surtout à Tours. La crue simultanée du Cher a fait d'immenses dégâts dans le chef-lieu de l'Indre-et-Loire.

riale, ni parente au même degré. En cela elle a raison et MM. des cérémonies ont tort.

Samedi 14 juin

C'est aujourd'hui qu'en grande cérémonie le Prince Impérial est baptisé. Il y a beaucoup d'invitations pour voir passer le cortège des fenêtres du Louvre qui donnent sur la rue de Rivoli [1].

L'Impératrice est de nouveau grosse.

Les Italiens prétendent que le cardinal Patrizzi, légat envoyé pour représenter le pape, est un *jettatore*, c'est-à-dire un mauvais augure.

Il a fait de l'orage cette nuit, il a plu ce matin, il est midi moins vingt minutes, le soleil est revenu.

Mardi 24 juin

Hier, S.A.R. le prince-régent de Bade est venu visiter le Louvre, je l'ai reçu en l'absence de Nieuwerkerke.

Ce prince est jeune, intelligent, amateur des arts et d'une politesse parfaite, la visite de nos galeries a paru l'intéresser.

J'ai dîné au Cercle impérial avec Toulongeon, officier d'ordonnance de l'Empereur, et je tiens de lui que le duc de Brabant, lors de son séjour à Paris l'année dernière, recherchait avec avidité dans les résidences impériales tous les souvenirs de son enfance. L'Empereur et lui en causaient amicalement, et l'Empereur cherchait lui aussi dans sa mémoire les souvenirs antérieurs à 1848.

Toulongeon, placé près du duc de Brabant, causait intimement de toutes choses. Le duc voulut savoir quelle était son opinion sur Changarnier et les autres généraux tels que Bedeau et Lamoricière.

Toulongeon lui raconta alors la rouerie de Changarnier qui cherchait à jouer tous les partis, et comment il prodiguait les assurances de dévouement à l'Empereur ; comment il lui proposa plusieurs fois le coup d'État, enfin tout ce que j'ai écrit dans mes livres, et que les Orléanistes et les légitimistes d'aujourd'hui ne voudraient pas croire.

Le duc de Brabant fut fort intéressé par ces narrations et Toulongeon lui dit en dernière analyse qu'aucun des généraux qui ont laissé faire la

---

1. Pour le baptême de son fils, Napoléon III a voulu dépasser en magnificence celui de son cousin germain, le roi de Rome, qui avait eu lieu le 9 juin 1811. A la population parisienne se sont jointes 300 000 personnes venues de province et de l'étranger. Si le pape n'a pas fait le déplacement pour baptiser lui-même son filleul comme l'espérait l'empereur, il a envoyé le cardinal légat Patrizzi, qui a pris place dans la cathédrale Notre-Dame avec les 6 000 invités, dont le prince Oscar de Suède, la reine mère d'Espagne et le roi Jérôme. L'éclat de la cérémonie et l'enthousiasme populaire feront dire à Napoléon III : « Un tel baptême vaut un sacre. » Voir J.-C. Lachnitt, *Le Prince impérial...*, *op. cit.*, p. 28 et suiv.

révolution de 1848 ou qui se sont séparés de l'armée au 2 décembre, n'ont d'influence sur elle, leur rôle est fini.

La Princesse Mathilde est depuis huit jours à sa maison de campagne à Saint-Gratien.

La gazette officielle de Milan annonçait, il y a quelques jours, dans sa correspondance parisienne le mariage de Mlle Lehon, et voici dans quels termes :

Hier a été célébré le mariage de Mlle la comtesse Lehon, fille de Mme la comtesse Lehon et de M. le comte de Morny, avec le fils du prince Poniatowski !

La presse parisienne commence à s'insurger contre la mendicité de M. de Lamartine, aujourd'hui classé parmi les pauvres non honteux.

Quant à Victor Hugo, c'est un enragé conspué par presque toute la presse, ses deux volumes de poésies *Les Contemplations* servent de juste assommoir contre un tel homme.

L'Angleterre ne veut pas s'engager dans une guerre contre les États-Unis à propos de l'affaire des enrôlements et du renvoi de M. Crampton, mais peut-être les affaires de l'Amérique centrale la forceront-elles à une lutte dans laquelle la France ne pourra pas rester indifférente.

La question russe prend ici le nom de question américaine, car laisser l'Amérique du Nord s'emparer de l'Amérique méridionale préparerait pour l'avenir à l'Europe les plus grands embarras.

L'Europe sait ce que l'indifférence du XVIIIe siècle lors de l'envahissement de la Pologne par la Turquie lui coûte à l'heure qu'il est.

Mercredi 25 juin

Dubois, l'accoucheur de l'Impératrice, affirmait hier chez la comtesse Litta que l'Impératrice n'est pas grosse.

Le manifeste de M. le comte de Paris court partout. Le prince déclare qu'il n'accepte pas la *fusion*, qu'il ne reconnaît pas M. le comte de Chambord, et qu'il se considère comme le représentant de la pensée politique de Louis-Philippe. Il n'entreprendra rien, dit-il, pour faire valoir ses droits, mais le jour où la France voudra revoir les beaux temps parlementaires, on le trouvera prêt. Il finit en remerciant sa mère de l'éducation qu'elle lui a donnée, etc. etc.

Enfin M. le comte de Paris pose sa candidature future sur des promesses de retour à l'ordre des choses, détruit par la révolution de 1848. Il sait bien que la France n'est pas enthousiaste en ce moment du régime parlementaire qui lui a valu deux révolutions, mais il espère qu'elle reviendra de son erreur !

Ce manifeste contente les Philippistes et réjouit les légitimistes qui sont charmés d'être débarrassés de la princesse d'Orléans et de ses fils.

Voilà où en sont les choses.

Vendredi 27 juin

Je suis revenu d'une petite visite chez la Princesse Mathilde à Saint-Gratien où j'ai toujours mon appartement.

La Princesse a été fort aimable pour moi, elle m'a témoigné le plaisir qu'elle éprouvait à me voir, et pendant le dîner, comme je lui disais qu'il était bon de ne se fier qu'à très peu de gens, elle m'a répondu :

« Vous avez raison, mais je me fie à vous et je crois que je ne place pas mal ma confiance, car il faut vous laisser fronder et dire toutes choses, mais vous avez du bon. »

Le soir La Guéronnière est venu ; l'abbé Coquereau avait dîné avec nous. Il a été fort question de l'étiquette de la cour impériale à propos des cérémonies du baptême et de la réception du cardinal légat.

J'ai dit à ce sujet qu'en fait d'étiquette, personne à la cour n'y entendait rien et que la raison en était toute naturelle ; qu'on ne saurait faire un crime aux archibourgeois qui composent le service des cérémonies d'ignorer les convenances qu'ils ne doivent connaître ni par les traditions ni par l'habitude.

M. Cambacérès est un bourgeois assez nul qu'il est permis à l'Empereur de dorer sur toutes les coutures, mais dont il ne fera jamais un grand seigneur.

Tel est le grand maître des cérémonies.

M. Feuillet, dit de Conches parce que sa mère ou sa première femme était de Conches et qu'on qualifie de baron, j'ignore pour quel motif, est un très sale bourgeois qui est arrivé à être chef du protocole aux Affaires étrangères et qu'on a naturellement nommé introducteur des ambassadeurs. C'est lui qui est consulté dans toutes les questions d'étiquette et Dieu sait quels soufflets il donne à Madame l'étiquette.

MM. de Châteaubourg, de la Jus et Le Cocq valent à peine l'honneur d'être nommés et concourent avec M. le duc de Cambacérès et le baron Feuillet de Conches à la restauration de l'étiquette en France.

Le pape se faisant représenter comme parrain du Prince Impérial par un cardinal légat *a latere*, MM. des cérémonies ont inventé le cérémonial suivant pour sa réception.

M. Feuillet de Conches a été envoyé au-devant du légat jusqu'à Marseille, là il a reçu le cardinal Patrizzi au nom de l'Empereur et avait écrit dans ses instructions que lui, haut et puissant seigneur Feuillet dit de Conches, amateur de décorations et d'autographes, ne devait céder le pas à personne, pas même aux maréchaux !

Ainsi l'Empereur se trouvait représenté par un introducteur des ambassadeurs, ainsi ce bas officier de la maison impériale prenait le pas sur tous les grands dignitaires et pour faire honneur à un cardinal représentant le pape parrain du Prince Impérial, on lui dépêche... quoi... moins que rien... M. Feuillet.

Le cérémonial observé pendant la cérémonie du baptême a été de la même force. S.A.I. Mme la Princesse Mathilde placée sur le même rang que la duchesse d'Hamilton. Aux spectacles de la cour, les meilleures places occupées par les chambellans et les dames du palais que leur service ne place pas dans la loge de l'Empereur, etc. etc.

La Guéronnière vise au Sénat, il n'est pas satisfait de sa position de conseiller d'État ! C'est un homme que de journaliste j'ai poussé à la place qu'il occupe ; au 2 décembre il a été au moment de se fourvoyer avec Mirès.

L'Empereur part lundi pour Plombières où il prendra les eaux, puis il reviendra dans les premiers jours du mois d'août chercher l'Impératrice pour la conduire à Biarritz.

Les Italiens et les Piémontais se donnent beaucoup de mal pour fabriquer un mouvement en Italie et les Anglais les y excitent dans l'espoir de donner le coup de grâce à la papauté et de mettre ensuite un pied protecteur en Italie ! Il ne faut pas oublier qu'aux portes de la France l'Italie possède un beau littoral, les ports de Naples, de Venise et la Sicile.

L'affaire anglo-américaine se complique. A la dernière réception de la reine Victoria, un monsieur de la légation américaine s'est présenté en redingote et cravate noire, l'entrée du salon de la reine lui a été refusée.

M. Dundas, l'envoyé des États-Unis, a pris parti pour cet homme mal élevé, il a aussitôt quitté le palais avec tout le personnel de sa légation, non sans témoigner sa fureur. Aux Tuileries aussi, MM. de la légation des États-Unis avaient émis la prétention de se présenter à la cour en frac, on leur a répondu qu'on se passerait d'eux ; depuis ce temps, le ministre américain revêt pour faire sa cour à l'Empereur un habit bleu, brodé d'argent.

Un petit journal, *La Pénéloppe*, vient de publier sur Jules Lecomte un article consacré à la divulgation des méfaits de ce drôle ! L'article est rude, mais vrai. Justice serait-elle enfin faite de ce faussaire ?

Je disais, mardi dernier, que *Les Contemplations* de Victor Hugo étaient conspuées par toute la presse ; je me trompais : Jules Janin, dans le *Journal des débats* d'hier, épuise toutes les formules de l'admiration et de la flatterie envers le livre et son auteur. Il ne faut pas oublier que Victor Hugo eut jadis le courage de faire les paroles d'un opéra de Mlle Bertin ! Les Bertin devaient à Hugo la faveur d'un article de Janin !

Mardi 1er juillet

Le cardinal légat est venu hier visiter le Louvre, il était accompagné de sept ou huit prélats romains et escorté par Feuillet de Conches, maître des cérémonies.

Cette visite n'a rien offert de bien particulier.

S.É., Monseigneur Patrizzi, m'a paru fort ordinaire.

J'ai passé mon dimanche à Saint-Gratien chez la Princesse Mathilde que j'ai trouvée assez irritée contre l'Impératrice et ses façons de traiter la famille impériale et les invités du château. Le bon plaisir préside à tout, et la volonté de l'Impératrice l'emporte sur tout.

Il a été fort question des hauts fonctionnaires qui s'engraissent d'or au service de l'État. La Princesse m'a dit que Baroche était le plus voleur de tous ; il tire profit de tout, et comme président du Conseil d'État appelé à donner son avis sur l'utilité des concessions il use de son crédit pour se faire remettre des actions de toutes les compagnies, pour se faire donner une large part d'intérêt dans toutes les affaires ; puis il place à l'étranger les bénéfices réalisés.

Dans la nuit de vendredi à samedi dernier, je me suis relevé à deux heures après minuit pour interroger un homme qu'une ronde de gardiens venait d'arrêter dans la grande galerie du Louvre où il avait pénétré, en escaladant les échafaudages qui touchent le balcon du pavillon Lesdiguière. Cet homme, sans émotion lorsqu'il fut arrêté, déclara se nommer Paul Petit-Jean, être tailleur, natif de Lyon.

Il allumait des allumettes chimiques pour se diriger dans la grande galerie.

Je l'ai remis au commandant du poste, et samedi il a été conduit au parquet.

Le communisme s'est rué sur l'Espagne au cri de guerre à la propriété ; il a brûlé des usines et des bateaux de grains.

Pauvre Espagne, il ne lui manque que cette plaie !

Le rapport de la commission des cortès contre la reine Christine a paru dans le *Siècle*, la mère de l'*innocente* Isabelle y est rudement traitée. Ce rapport est un fer rouge qu'on lui applique sur l'épaule ! En quoi cela sert-il la cause de l'ordre en Espagne, à quoi bon ? On voudrait renverser la royauté qu'on ne s'y prendrait pas mieux.

Je n'estime pas la reine Christine, je sais combien elle a pillé l'Espagne ; mais il fallait se contenter de la tenir en exil.

Louis XIII, convaincu de la complicité de Marie de Medicis dans toutes les sortes de crimes et de complots, l'envoya mourir en exil, il ne la mit pas au bagne.

M. Espartero flétrit Isabelle en flétrissant Christine ; c'est une manière indirecte d'attaquer la royauté... Toujours, même tactique des révolutionnaires et des ambitieux.

Jeudi 3 juillet

La session du Corps législatif a été close hier, après l'adoption, à une majorité de 185 voix contre 36, de la loi sur les pensions des grands dignitaires et des ministres. Le rapport de la commission concluait au rejet par des motifs dont l'expression est une première tentative d'opposition au gouvernement impérial[1].

La commission, par l'organe de son rapporteur, faisait valoir des considérations qui révèlent chez quelques membres de la législature le désir de rentrer dans les errements des anciennes Chambres de députés. Quelques passages de ce rapport laissent percer des regrets du passé.

MM. de la commission prétendaient que la nation seule avait le droit d'apprécier les services des ministres et grands fonctionnaires. Nous ne sommes pas de l'avis de ces messieurs.

Les pensions dont il s'agit ne rentrent pas dans la catégorie des grandes récompenses nationales, et le pouvoir exécutif est plus apte que tout autre pouvoir à discerner les causes qui doivent faire attribuer lesdites pensions. J'ai d'ailleurs toujours pensé que dans un État monarchique, le chef de l'État devait être le dispensateur des actes de justice qu'on nomme pensions, car mieux que personne, il sait les services rendus.

Les grandes récompenses nationales en dehors de toute prévision, accordées pour quelque grand et éclatant service rendu au pays, doivent être votées par les mandataires de la nation.

Il faut pour les recevoir une de ces illustrations qui n'apparaissent pas toujours deux fois dans un siècle. La souscription nationale en faveur des enfants du général Foy était plus un acte d'opposition que la reconnaissance de services éminents[2].

Les services rendus a l'*État* doivent être appréciés et récompensés par le souverain, surtout lorsque ce souverain est la délégation la plus complète de la nation qu'il gouverne.

Nous ne sommes plus, heureusement, au temps où les rois régnaient et ne gouvernaient pas et où cependant dans l'espace de vingt ans ils devenaient, malgré la Constitution, deux fois responsables.

Cette opposition de 36 membres a réjoui les Orléanistes et les légitimistes, pauvres niais, qui ne forment encore un parti que par la grâce de l'Empereur qui les a sauvés des tendresses socialistes.

---

1. Le rapporteur, Pierre Legrand, avait été élu comme candidat indépendant au Corps législatif. S'il avait accepté de prêter serment au chef de l'État et faisait une opposition modérée à l'Empire, il ne laissait passer aucun abus. Ses pairs l'élurent rapporteur pour manifester leur désapprobation des nouvelles dépenses que le gouvernement entendait engager. Peu allèrent cependant jusqu'à voter contre le projet.

2. Général d'Empire et député libéral sous la Restauration, Foy encensa à la Chambre « la glorieuse, à jamais glorieuse cocarde tricolore » et y dénonça les « hontes de 1815 ». Il mourut dans la pauvreté le 28 novembre 1825. Son ami Casimir Périer lança alors une souscription publique en faveur de sa famille qui permit de recueillir plus d'un million de francs.

Samedi 5 juillet

Le directeur de l'Opéra est tombé parce qu'il n'a pas voulu employer un Italien, ancien professeur de chant de l'Impératrice ; je tiens ce fait du prince Poniatowski qui a été mêlé à toute cette affaire.

Dantzig vient d'être troublé par une émeute d'ouvriers ; le sang a coulé, on n'a pas encore de détails.

La duchesse de Parme est en désaccord avec l'Autriche à propos des poursuites intentées contre les assassins révolutionnaires de Parme, un corps d'armée autrichien est rassemblé sur la frontière de cet État.

Mardi 8 juillet

Depuis un an nous travaillons, Calvet Rogniat et moi, à faire triompher des oppositions et du mauvais vouloir de l'Académie de médecine une précieuse découverte due à M. Boulomié, chimiste.

Il s'agit d'un remplaçant du sulfate de quinine, composé de plantes qui poussent en Europe et abondamment en France ; ce remplaçant de la quinine, plus efficace que la quinine, ainsi que le constatent quatre années d'expériences faites dans vingt hôpitaux et par cent médecins, n'affecte ni le cerveau ni le tube digestif, ni les entrailles ; il coûte dix fois meilleur marché et ne craint ni les guerres maritimes, ni l'épuisement des arbres à quinquina ; mais il détrône le monopole des fabricants de sulfate de quinine, et puis il a contre lui les pharmaciens et les médecins qui trafiquent du sulfate, et surtout les pharmaciens militaires d'Afrique qui font un profit considérable en revendant à Marseille les deux tiers du sulfate envoyé en Afrique, pour les fiévreux, par le ministère de la Guerre.

L'Académie de médecine a pris parti pour le sulfate et elle s'oppose à notre découverte.

Les ministres n'osent pas doter la France de ce nouveau médicament dont les vertus sont reconnues par les rapports d'une foule de médecins, nous sommes donc dans l'obligation de le transporter en pays étrangers, de le faire adopter par nos voisins et cette découverte précieuse au point de vue de l'humanité nous reviendra dans quelques années de l'Allemagne ou de la Russie.

Demain Calvet Rogniat, Boulomié et moi, tenons conseil pour arrêter définitivement la marche qu'il nous conviendra de suivre.

Il est probable qu'à la fin du mois prochain je partirai avec Boulomié pour la Hollande où nous offrirons notre découverte au gouvernement ; il est probable aussi que Calvet Rogniat et Boulomié partiront de là pour la Russie où ils feront la même offre à l'empereur Alexandre II.

Dites maintenant que les corps savants n'ont pas leur utilité et que l'Académie de médecine n'est pas philanthropique.

Mercredi 9 juillet

Monsieur Fortoul, ministre de l'Instruction publique, qui s'était rendu aux eaux d'Ems, est mort lundi soir d'une attaque d'apoplexie.

Je perds en lui un des ennemis intimes que je dois au comte de Laborde. Je ne pense nullement, tout esprit d'inimitié à part, que cette mort soit, comme le prétendent les journaux officiels, une perte pour le pays.

M. Fortoul était faiseur et intrigant ; j'ai déjà parlé de son fameux toast à Alibaud, je dirai qu'il s'était lié avec de Laborde, après avoir pris connaissance du dossier existant dans les cartons du ministère de l'Instruction et qui établit les flibusteries commises par ce *noble* académicien.

M. Fortoul peut être facilement remplacé et il est possible surtout de placer à la tête de l'administration des cultes un ministre qui ne considère pas Alibaud comme la dernière incarnation de Jésus-Christ !

L'Empereur est toujours à Plombières, sa santé s'en trouve bien, il y prend un repos qui lui était nécessaire.

Les socialistes menacent toujours Valladolid malgré les mesures prises par l'autorité, les affiches les plus sauvages sont encore apposées par eux sur les murs des maisons désignées pour l'incendie.

La société a maintenant devant elle des brigands et non pas un parti politique, malheureusement la société se fractionne en obéissant plutôt à des amours-propres individuels qu'à l'amour du bien public.

Les vieux partis parlementaires ont laissé le socialisme naître et grandir pendant dix-huit ans, ils ne l'ont vu que le jour de la révolution de 1848 ; remettez ces partis aux affaires, ils livreront la France pieds et poings liés au socialisme. La France n'est pour eux qu'une chambre de 500 membres dans laquelle on bavarde pendant six mois. Que leur fait le reste du pays, si la majorité acquise par corruption les soutient.

Les ministres avaient la majorité en 1848.

Lundi 14 juillet

J'arrive de Saint-Gratien où j'ai passé la journée d'hier chez la Princesse Mathilde.

Je l'ai trouvée très irritée contre l'Empereur et surtout contre l'Impératrice. Le conseil de famille vient de décider que le fils aîné du roi Jérôme, né de son mariage non reconnu par l'Empereur, porterait le nom de Bonaparte, mais il ne lui a pas accordé les droits civils de sa filiation. La Princesse traitait cet homme de frère, il y a deux ans, elle le recevait souvent à sa table ainsi que son fils, et Nieuwerkerke lui-même lui donnait en lui parlant le titre de prince.

Aujourd'hui tout est changé, on ne le reconnaît plus, et on est furieux de la concession qui lui est faite. La Princesse tourne à l'opposition, elle est froissée dans son amour-propre et elle tient un langage très hostile.

Le marquis de la Valette, autre froissé de l'indifférence que lui témoigne l'Empereur, se trouvait chez la Princesse, il nous a parlé de la discussion au Sénat à propos du serment à exiger de l'Impératrice comme régente ; il voulait qu'il y fût inséré le maintien du Concordat, et la promesse de respecter la séparation du pouvoir civil du pouvoir religieux. Les gouvernementaux ont tout fait pour qu'il retirât son amendement ; il ne l'a pas voulu ; la discussion a eu lieu, et l'amendement n'a été rejeté qu'à huit voix.

Il y a dix-huit mois, il avait été question de rendre obligatoire le mariage religieux pour pouvoir procéder au mariage civil.

L'Impératrice est ultramontaine ; on veut se prémunir contre ses tendances.

La Valette ne cache pas qu'il n'a soulevé cette question que pour faire comprendre qu'il fallait compter avec lui, et le traiter en homme important.

Mardi 15 juillet

J'ai dîné hier au Cercle impérial avec Germiny et la Valette ; il a été beaucoup question de la Princesse Mathilde et de Nieuwerkerke. J'ai pu sonder bien des sociétés par ces deux messieurs, et savoir bien des choses venant de côtés différents.

Nieuwerkerke a peu d'amis, et la Princesse en a beaucoup, aussi la plaint-on et rejette-t-on sur Nieuwerkerke la fausseté de sa position. Nieuwerkerke, par ses affectations de grands airs, par l'importance qu'il cherche à se donner, indispose contre lui ; la disgrâce qui l'atteindrait causerait, il faut bien que je l'avoue, plus de satisfaction que de mécontentement.

Je crains les occasions de disgrâce qu'il ne fournit que trop souvent. L'Empereur et surtout l'Impératrice sont très montés contre lui ; l'orage se forme, et déjà il y a éloignement entre les Tuileries et Saint-Gratien.

La Princesse parle trop, et trop légèrement ; chacun de ses propos est rapporté, envenimé, commenté ; elle dit tout ce qui lui passe par la tête dans ses moments d'humeur, et elle le dit devant tout le monde, même devant ses domestiques. On pourrait croire à l'entendre qu'elle est l'ennemie de l'Empereur, et cependant personne n'a pour lui une affection plus réelle.

Le monde reproche à Nieuwerkerke de n'avoir pas fait prendre à la Princesse l'attitude d'une Altesse Impériale. Elle pouvait rendre de grands services à l'Empereur en lui rattachant tout le monde littéraire et artistique dont elle est aimée, et elle ne l'a pas fait. Le monde accuse

Nieuwerkerke d'une telle personnalité qu'il ne songe qu'à lui, aux honneurs qu'il ambitionne, aux croix dont il couvre sa poitrine, etc. etc.

Ceci explique le peu d'amis qu'a Nieuwerkerke, et, chose incroyable, son aveuglement est si grand qu'il se croit adoré de tous, même de l'Empereur.

L'Empereur, très politique et très réservé, n'a pas encore éclaté ; mais la position faite par Nieuwerkerke à sa cousine le froisse et l'irrite.

Il est peiné de montrer aux princes étrangers les désordres de sa cour, de sa famille ; il devine ce qu'ils pensent, il entend presque ce qu'ils disent en présence du scandale si grand de cette liaison doublement adultère, si publique. Il sait mauvais gré à Nieuwerkerke de ce défi jeté à l'opinion, de cette bravade incessante.

Chaque jour il inscrit à l'*avoir* de Nieuwerkerke quelque fait qui semble une insulte à la dignité du trône impérial et il amasse de quoi légitimer une disgrâce complète.

Nieuwerkerke, dans sa superbe, méprise tout avertissement et pourtant il en a déjà plus fait pour motiver sa chute, qu'il n'en faudrait partout ailleurs. Il loge avec la Princesse à Saint-Gratien, il y commande, il y a pris les attitudes d'un mari, il gronde, il dispose de tout, et a soin de rendre sa situation très publique. Il a à Saint-Gratien ses chevaux, ses voitures et ses gens ; les ouvriers du village lui disent : « *Nous irons demain travailler chez vous !* »

A Paris il dîne, déjeune, fait sa toilette chez la Princesse. Un gardien du Louvre à la livrée de l'Empereur lui porte là ses habits.

L'Empereur sait tout cela, et je m'étonne d'une seule chose, c'est qu'il l'ait si longtemps toléré.

Chez la Princesse, Nieuwerkerke affecte des airs de grandeur et de protection qui choquent, il s'humanise à se montrer sans façons.

Dimanche comme nous dînions chez Reiset il a sans en demander l'autorisation à personne fait ouvrir une porte parce qu'il avait trop chaud ; la Princesse avait de l'air sur les épaules, elle réclama, alors devant nous tous, La Valette et Benedetti étaient de nos convives, Nieuwerkerke a fait une scène inconvenante à la Princesse.

J'ai voulu plusieurs fois depuis que j'écris sur mes livres noirs défendre Nieuwerkerke que j'aime contre mon propre sentiment, aujourd'hui je suis forcé de me ranger de l'avis de l'Empereur et de le condamner.

Je sais qu'il se croit et se dit mon bienfaiteur parce qu'il m'a placé au Musée ; je lui dois cette position, cela est vrai ; mais depuis six ans, je lui ai rendu assez de services dans sa position de directeur général.

Puis je dois ajouter que dans une affaire où je gagnais cent dix mille francs, comme il me disait : « *N'y a-t-il rien pour moi ?* »... je lui ai donné cinquante-cinq mille francs.

Pour s'affranchir de reconnaissance, il m'a remercié en me disant : « *J'y avais un peu droit, car j'ai sollicité pour vous.* »

Je ne lui dois donc rien, et ma franchise n'est pas de l'ingratitude.

mercredi 16 juillet

Hier, La Guéronnière dont il est toujours question pour le ministère de l'Instruction publique est venu accompagné de Latour Dumoulin me lire une lettre qu'il adresse à Fleury, mais qui en réalité est destinée à être lue par l'Empereur.

Cette lettre très bien conçue et fort bien rédigée explique la position faite à La Guéronnière par l'opinion publique.

« Je ne me porte pas candidat, dit-il, mais je suis aux ordres de l'Empereur ; j'ai étudié toutes les questions les plus importantes de ce ministère et je crois pouvoir faire quelque bien dans la mission qui me serait confiée si toutefois l'Empereur juge mes services utiles. »

La Guéronnière m'a demandé une lettre de Nieuwerkerke pour Fleury.

J'ai aussitôt fait partir un exprès pour Saint-Gratien et j'ai reçu pour Fleury la lettre suivante que je vais expédier.

Mon cher Fleury,

Avez-vous un candidat pour le ministère de l'Instruction publique ? Que penseriez-vous de La Guéronnière ? Je crois que ce serait de toutes façons un choix excellent, et que nous n'aurions pas à nous repentir d'avoir poussé celui-là, comme il nous est arrivé de le faire à propos d'un autre[a].

L'important serait que La Guéronnière pût voir l'Empereur avant son retour de Plombières, et cela serait facile à arranger par vous, à propos du dernier travail que Sa Majesté lui a confié (une critique des œuvres de Napoléon III) dont la première partie est faite avec un esprit remarquable et sans flatterie nauséabonde. Vous pourriez amener la question là-dessus, et faire en sorte que l'Empereur désire en causer avec l'auteur ; cela avancerait bien les choses, car vous savez que l'esprit de La Guéronnière plaît et que maintes fois *on* s'en est servi.

Enfin on met en avant tant de noms qui ne me semblent pas *nôtres*, qu'il serait peut-être bon de les paralyser. Par exemple le père Vaillant pousse son ami Dumas, l'Impératrice, dit-on, pense à Mérimée, etc. etc.

Nous avons besoin, dans cette position où il y a de grands services à rendre, d'un homme dévoué, intelligent et politique. La Guéronnière est tout cela, et de plus notre ami. Voyez donc, et agissez en conséquence si le cœur vous en dit.

Adieu, cher ami, j'espère que le petit général et sa mère vont bien, je vous envoie l'expression sincère d'une franche amitié.

15 juillet 1856

Nieuwerkerke

Véron fait imprimer une brochure sur les événements passés depuis 1848 ; voici ce qu'il y raconte à propos de Fould.

C'était vers le commencement de la présidence et Véron trônait alors

---

a. Fould.

de toute son importance au *Constitutionnel*. Fould flottait incertain ne sachant où et près de qui faire fortune politique ; il caressait Véron, le voyait tous les jours, le consultait et ne négligeait pas même *Sophie*, la fameuse Sophie qui dans sa cuisine a reçu les hommages de plus d'un ministre.

« Ralliez-vous donc franchement, sincèrement et sans arrière-pensée à notre président, disait Véron. Louis Napoléon est l'homme qui convient à la France ; il est l'homme de l'avenir, laissez les partis morts et les idées mortes. »

Fould parlait de la répugnance qu'il avait à se rallier à la fortune d'un homme qui n'avait pas sa sympathie.

Cependant un jour Fould se trouve avec le prince, et le lendemain il se rend de bonne heure chez Véron auquel il raconte cette entrevue.

« Le prince a été charmant, dit-il, fort séduisant, et il a poussé la cajolerie jusqu'à me parler d'un ministère.

— Acceptez, réplique Véron.

— Accepter... accepter... C'est bientôt dit... Mais *il* en profitera pour m'emprunter vingt-cinq mille francs ! »

Fould aujourd'hui est ministre d'État et de la Maison de l'Empereur, sénateur, grand-croix de la Légion d'honneur, etc. etc., il n'a jamais rien prêté.

Véron, après deux avertissements donnés à son journal, a cru prudent de le vendre à Mirès.

Ainsi vont les choses du monde !

Je viens d'apprendre par F. Barrot, témoin oculaire, une anecdote qui n'est pas connue et qui ne le sera peut-être jamais, la voici :

Lorsque le Prince Louis Napoléon connut à Ham, où il était prisonnier, le mariage de sa cousine la Princesse Mathilde avec Anatole Demidoff, toute l'affection, disons mieux, l'amour qu'il avait eu pour cette Princesse si séduisante et si bonne se réveilla en lui, il se prit à pleurer amèrement et dit à Barrot :

« *Voilà le dernier et amer coup que la fortune me réservait*[1] *!* »

Jeudi 17 juillet

Malgré les affirmations des journaux du gouvernement, je n'ai jamais cru à cette profonde tranquillité qu'ils annonçaient comme régnant en Espagne. Les horreurs commises à Valladolid, il y a un mois, ainsi que dans quelques autres localités ne me donnaient que trop raison. Les faits

1. Louis Napoléon avait été fiancé à sa cousine en 1835. L'affaire traîna pour des questions d'argent et finit par échouer à cause de l'échauffourée de Strasbourg qui provoqua la colère du roi Jérôme, père de la promise. Si les jeunes gens ne furent pas bouleversés par cette rupture, ils conservèrent une grande tendresse l'un pour l'autre.

qui nous sont transmis par le télégraphe sur la situation de Madrid démontrent surabondamment quelle foi il faut ajouter aux assertions des journaux.

Le 14 juillet une lutte s'est engagée entre la garde nationale et les troupes de la garnison ; la reine s'est courageusement montrée aux insurgés, elle a cherché à leur faire entendre raison, mais il ne paraît pas qu'elle y ait réussi, car la lutte s'est prolongée le 15.

Enfin les insurgés ont été vaincus le 16.

Le général Infante commandait les insurgés ; O'Donnel était à la tête des troupes du gouvernement.

On accuse Espartero d'avoir été non seulement le promoteur de cette insurrection, mais d'avoir préparé les horribles scènes de Valladolid et du midi de l'Espagne, qui commencèrent peu de jours après ce fameux voyage pendant lequel il prenait les allures de dictateur de l'Espagne.

Il venait de se retirer du ministère parce qu'il voulait faire gracier les incendiaires et les assassins de Valladolid, Séville, etc. etc.

Messieurs les progressistes de tous les pays sont toujours les mêmes ; vaincus ils parlent d'indulgence et classent leurs crimes les plus abominables parmi les délits politiques ; vainqueurs ils dressent des échafauds et des listes de proscription.

Il serait temps cependant de se soustraire à cette duperie et d'agir avec vigueur contre des gens pour qui tous les moyens sont bons, l'assassinat, l'incendie, le viol, etc. etc.

Si demain Espartero, vieux et stupide Lafayette dont se servent les ultraprogressistes, montait les marches de la *garotte*, le nombre des chefs d'émeute diminuerait.

Il ne faut plus dire que la clémence est la vertu des rois, mais bien qu'elle est la faiblesse ou la lâcheté des rois.

La faiblesse de Louis XVI a coûté à l'Europe des torrents de sang.

La faiblesse de Louis-Philippe en 1848 a fait naître quatre mois plus tard les journées de juin.

Malheureusement les États européens ont inventé le droit d'asile et messieurs les socialistes profitent de la protection de l'Angleterre pour porter partout la dévastation.

Il est vraiment curieux de lire les discours attendrissants de Lord Lindhurst et autres bons aristocrates sur les malheurs des révolutionnaires condamnés à Parme. Ces messieurs se taisent par exemple sur l'assassinat du grand-duc et de quelques membres du gouvernement.

Quelle comédie et quels ignobles pantins que ces Italiens qui se hissent sur des échasses de carton pour paraître grands. Ils tremblent devant Mazzini, lui paient contribution et n'osent pas dénoncer les auteurs des assassinats commis par ses ordres.

Dimanche 20 juillet

Je suis malade et dans l'impossibilité d'aller aujourd'hui à Saint-Gratien. Latour-Dumoulin sort de chez moi ; il m'a dit que Dumas avait été écarté des candidats au poste de ministre de l'Instruction publique et des Cultes, comme protestant ; Baroche pousse beaucoup et propose de Parieu, Auvergnat qui n'a que l'étoffe d'un chef de division, mais qui est très ultramontain.

Je crains l'ultramontanisme appuyé par l'Impératrice. Nous sommes à la veille d'une faute, que Dieu et l'Empereur nous en préservent.

Le docteur Werler de Cesty, ex-médecin en chef du ministère de la Guerre et qui a fait vingt campagnes en Afrique, causait avec moi, il y a une heure, des généraux qui ont été récemment nommés sénateurs ou maréchaux ; il me disait qu'ils ne lui inspiraient pas une grande confiance.

Mac-Mahon, avec lequel il a été fort lié en Afrique, lui disait sous la tente en parlant de l'Empereur : « *Jamais, tant que cet homme sera au pouvoir, je ne mettrai les pieds à Paris ni aux Tuileries.* »

Cesty le rencontre, il y a peu de jours, et l'aborde par ces mots :

« *Comment êtes-vous à Paris, général, vous qui ne deviez pas y mettre les pieds tant que durerait le règne de Napoléon ; j'apprends même que vous avez été aux Tuileries, comment trouvez-vous l'Empereur ?*

— Cela ne vous regarde pas ! réplique brusquement le général.

— Pardon, reprend Cesty, je ne m'adressais pas au général, mais à Mac-Mahon. »

Le général redevient bon homme, il prend Cesty par le bras, et hochant la tête : « *Ne parlons pas de cela, docteur.* »

La Guéronnière sort de chez moi, toujours pour sa candidature au ministère de l'Instruction ; je lui ai conseillé d'aller ce soir à Saint-Gratien où j'ai envoyé ce matin une lettre de Fleury.

Il y a en ce moment comme candidats sérieux : Parrieux, La Guéronnière, Royer, ancien procureur général.

En me quittant, La Guéronnière m'a dit :

« *Si je suis ministre de l'Instruction nous le serons ensemble !* »

Politesse de cour !

Lorsque La Guéronnière écrivait dans le *Moniteur* quelques articles sur l'armée d'Orient, l'Empereur lui avait fait connaître toute sa pensée, et avait eu de longues conférences avec lui. Quelque temps après leur publication, Fould fait prier La Guéronnière de passer à son cabinet et lui dit :

« Le travail que vous avez fait pour l'Empereur est en dehors de vos travaux du Conseil d'État, et Sa Majesté n'a pas eu la pensée qu'une aussi importante chose et dont il est si complètement satisfait pût demeurer sans une rénumération particulière, je la réglerai donc avec vous à votre gré. »

La Guéronnière, surpris et blessé, répondit :

« Vous vous êtes trompé sur mon compte, Monsieur le ministre, ma position particulière et celle qu'a bien voulu me faire l'Empereur en me nommant conseiller d'État ne me mettent pas dans la nécessité d'accepter une récompense pécuniaire qui répugne à mes sentiments et que mes antécédents n'autorisaient pas à m'offrir. Si j'ai rendu quelques services, j'ambitionne, je ne le dissimule pas, de plus délicates récompenses.

« J'ai pendant trois ans dirigé les journaux et la polémique du gouvernement ; si j'avais voulu faire fortune, et j'étais vivement sollicité de le faire par les intrigants qui s'agitaient autour de moi, je l'aurais pu ; la pensée ne m'en est pas venue. Après trois ans, j'ai remis les trois journaux au gouvernement, sans avoir aliéné la propriété de l'État qui l'a été depuis.

« Non, Monsieur le ministre, je n'accepte pas, et je veux penser que la proposition que vous me faites n'émane pas de l'Empereur, car cette idée paralyserait mon dévouement s'il avait jamais besoin dans l'avenir de recourir à ma plume. »

Fould, un peu décontenancé, s'excusa gauchement et La Guéronnière se retira.

Deux jours après, une petite lettre, entièrement de la main de l'Empereur, arrivait chez La Guéronnière, elle était gracieuse et pleine de remerciements exprimés avec toute l'affabilité et la cordialité possible ; l'Empereur disait en terminant *que les services qu'il rendait ne pouvaient être reconnus que par la sincérité des remerciements*.

Lundi 21 juillet

Nous avons des nouvelles du général Fleury ; rien n'est encore arrêté sur le remplacement de Fortoul. L'Empereur est encore indécis entre l'idée de laisser subsister le ministère de l'Instruction publique et la réunion des Cultes à la Justice, ainsi que la réorganisation de l'Instruction publique sous un grand maître.

Fleury a montré à l'Empereur la lettre que La Guéronnière était venu me lire, elle a produit un très bon effet.

L'Espagne est dans une grave crise, la révolution est comprimée à Madrid après une lutte longue et sanglante, mais Saragosse est au pouvoir de Gurrea, progressiste avancé. Espartero préparait par des voies tortueuses son arrivée à la dictature républicaine, sa partie a été mal jouée.

Pendant l'insurrection de Madrid, tous les ambassadeurs à l'exception de celui d'Angleterre sont venus près de la reine, et c'est, dit-on, chez l'ambassadeur d'Angleterre, Lord Howden, que s'est retiré Espartero.

Ce Lord Howden que l'Angleterre s'obstine à tenir aux affaires est un ancien viveur, assez mauvais sujet, connu à Paris sous le nom de Caradoc ; il a épousé cette vieille folle de princesse Bagration et il se montre le plus vif et le plus injurieux des ennemis de l'Empereur Napoléon.

Mercredi 23 juillet

Rectifions d'abord deux faits : Lord d'Howden ne s'est pas rendu près de la reine d'Espagne pendant l'insurrection parce qu'il se trouvait à Londres, mais le premier secrétaire n'a pas quitté la reine. Espartero ne s'est pas réfugié à l'ambassade anglaise.

Samedi se juge le procès en diffamation intenté par Jules Lecomte, rédacteur de l'*Indépendance belge*, contre Monsieur Soubiranne et les journaux qui ont reproduit l'article publié par lui dans le journal *La Pénéloppe*.

J'ai vu hier M. Soubiranne qui m'a donné à lire les pièces de son dossier. J'ai vu les billets faux de M. Jules Lecomte, toutes les pièces de l'affaire de Florence avec Alexandre Dumas, les lettres écrites en diverses circonstances par ledit Lecomte.

Enfin tout cela est plus ignoble encore que je ne le pensais et je sais peu de misérables plus sales que le correspondant de l'*Indépendance*.

J'apprends à l'instant par Villain, vice-président de la Société des sauveteurs, qu'un autre drôle dont j'ai eu déjà l'occasion de parler vient d'être démasqué.

Guérin Laurence, qui se faisait nommer le comte Guérin de Tencin et qui par intrigues et se faufilant partout, après avoir eu à comparaître plusieurs fois en police correctionnelle, entre autres méfaits, pour avoir usurpé la décoration de la Légion d'honneur, s'était fait nommer chevalier dudit ordre et président de la Société des sauveteurs, a été contraint de donner sa démission.

J'avais fait venir Villain, il y a trois mois, je lui avais raconté les antécédents de son président ; alors Villain, aidé par M. le comte de Lyonne, membre de la société, a ouvert une enquête ; ce qu'ils ont appris est un tissu de turpitudes et Guérin s'est vu forcé de donner sa démission.

A la dernière fête de Villeneuve-l'Étang, la comtesse de Castiglione s'est longtemps égarée dans une île placée au milieu du petit lac avec l'Empereur ; elle en est revenue, dit-on, un peu chiffonnée, et l'Impératrice a laissé voir quelque dépit [1].

1. Née en 1837, la belle comtesse de Castiglione fut envoyée à Paris par son parent Cavour, qui avait songé qu'elle pourrait servir les intérêts piémontais auprès de Napoléon III. Présentée au souverain à l'occasion d'une réception chez la princesse Mathilde, elle le séduisit au bal des Tuileries du 28 janvier 1856 mais c'est sans doute lors de cette fête de nuit organisée en l'honneur de la grande-duchesse, Stéphanie de Bade, le 27 juin 1856, qu'elle devint sa maîtresse. L'impératrice fit une scène terrible à son époux et le scandale ne tarda pas à s'ébruiter dans toutes les cours européennes. Voir Alain Decaux, *La Castiglione, dame de cœur de l'Europe*, Paris, Amiot-Dumont, 1953.

J'ai interrogé des Piémontais sur la fortune du couple Castiglione ; il ne lui reste que 18 000 francs de rentes, et son train accuse une dépense de 60 à 80 000 francs. La comtesse Castiglione a été la maîtresse du roi de Piémont et je crois être certain que Nieuwerkerke a couché avec elle.

Elle veut louer pour cet hiver l'hôtel portant le numéro 17 rue de Matignon qu'occupent en ce moment mes amis le prince Porcia, la comtesse Bolognini, le comte et la comtesse Litta. Cet hôtel a un grand et étroit jardin qui à son extrémité du côté des Champs-Élysées jouit d'une petite porte donnant accès dans un bosquet touffu et par conséquent très favorable à l'introduction d'un visiteur qui craint la publicité.

Vendredi 25 juillet

Victor Fouché, conseiller à la Cour de cassation, membre du conseil de la Légion d'honneur, beau-frère de Victor Hugo, et frère de Paul Fouché, rédacteur du journal belge *L'Indépendance*, est un protecteur honteux de Jules Lecomte.

Au conseil de la Légion d'honneur qui voulait répondre par un refus à l'autorisation demandée par Jules Lecomte de porter certaines croix étrangères, il a fait prévaloir la pensée de demander un rapport qui pût éclairer le conseil au directeur de la Sûreté publique.

Le directeur de la Sûreté publique est Collet-Maigret, ami et protecteur de Jules Lecomte !

Aujourd'hui, Victor Fouché prétend qu'il a agi de la sorte pour enterrer l'affaire. Ce qui est vrai c'est que M. Victor Fouché est encore un de ces hommes sur lesquels il ne faut pas compter ; il craint l'*Indépendance* et veut ménager les intérêts de son frère Paul. D'un autre côté Victor Fouché est assez avide d'honneurs et d'argent ; il ne se trouve pas assez récompensé, il aurait voulu être sénateur ! Il trouve que l'Empereur ne tient pas assez compte de son importance.

L'Empereur revient, dit-on, aujourd'hui.

La gravité des affaires d'Espagne le préoccupe.

Le *Moniteur* rapporte une dépêche donnant des nouvelles de Saragosse. Suivant cette dépêche, Falcon, général et chef du pronunciamiento, aurait sous ses ordres seize mille hommes de troupe.

Chaumont Quitry, chambellan, a vu lundi à Saint-Cloud l'Impératrice qui assistait dans la salle de spectacle du château à une répétition de *L'Ours et le Pacha*, pièce qui doit être jouée par les officiers de la Maison en petit comité.

L'Impératrice a demandé à Quitry ce qu'on disait de la succession du ministre de l'Instruction publique.

Quitry, qui est un honnête et loyal garçon, ne lui a pas caché que l'opinion se préoccupait des noms mis en avant, et qu'elle jugeait favorablement la candidature de La Guéronnière, parce qu'avec lui on croyait être certain que la vérité sur les hommes et sur les choses parviendrait du moins jusqu'à l'Empereur.

Quitry n'a pas scellé non plus le peu de confiance qu'inspiraient la plupart des grands fonctionnaires.

L'Impératrice écoutait avec attention ; la conversation a duré plus de deux heures.

Le marquis de Chaumont Quitry est un homme jeune, à l'âme honnête et au cœur chaud, il est de mes amis, et comme *nous* il porte au ministère de l'Instruction publique, La Guéronnière.

Quitry est comme moi de cette association dans laquelle nous comptons le maréchal Bosquet, La Guéronnière, Latour-Dumoulin, Nieuwerkerke, etc. etc., association assez restreinte, qui dans l'intérêt de la chose publique marche d'un pas uniforme.

Jeudi 31 juillet

J'ai déjeuné ce matin chez La Guéronnière qui m'a lu son portrait de Morny, nous le verrons paraître dans trois semaines.

La candidature de La Guéronnière se maintient, il n'est plus question de la division du ministère de l'Instruction.

Parrieux, appuyé par M. Salinis, évêque d'Amiens, est l'adversaire redoutable.

Le ministère s'occupe ici d'une brochure tirée en Belgique à trente exemplaires et envoyée à tous les hauts fonctionnaires ainsi qu'à l'Empereur. Cette brochure ou ce pamphlet dirigé contre Collet Maigret révèle un tas de saletés et de brocantages.

Elle est d'un nommé Meyer, ancien condisciple de Collet, flétri comme escroc par trois ou quatre jugements. Collet malgré tous les avertissements a conservé trop longtemps ce personnage dans son intimité ; enfin il a fallu le renvoyer, et Meyer se venge en révélant tout ce qu'il a surpris.

J'ai eu de Thouars (Bretagne) de mauvaises nouvelles ; la Marianne a cherché à faire des siennes ; des récoltes ont été incendiées, les troupes sont arrivées, et à l'heure qu'il est, on a sous la main beaucoup de prisonniers.

Il y a deux ans, le maire avait sévi contre les *Jacques*, mais il ne fut pas soutenu par le préfet d'Angers et donna sa démission. Le maire choisi pour le remplacer était le chef des *Jacques* de la commune !

Je vais ce soir à Saint-Gratien avec La Guéronnière pour parler un peu de tout cela.

Du côté de Tours la Marianne a fait commettre quelques incendies.

J'oubliais de signaler le motif de la faveur dont jouit Collet-Maigret : sa femme est la maîtresse de Billault.

L'Empereur revient définitivement vers le 6 août.

Je le redis encore ici comme je le dis hautement, Billault n'est pas l'homme qu'il faut pour diriger le ministère de l'Intérieur. Les fonctionnaires qu'il nomme sont ou incapables, ou mauvais, ennemis de l'Empire et de l'Empereur, en un mot, la France est administrée par des hommes plus que douteux.

Vendredi 1er août

Voici la lettre dont j'ai parlé, écrite par La Guéronnière au général Fleury, et communiquée à l'Empereur.

Mon cher général,

Tout autre que vous se tromperait peut-être sur la communication que je viens vous faire, et que je ne vous ferais pas, si vous n'étiez pas ce que vous êtes par le cœur et par le caractère. Mais avec votre manière de sentir et de juger, vous n'y verrez rien de vulgaire, j'en suis sûr, et vous apprécierez le sentiment auquel j'obéis en vous écrivant.

Vous savez que bien souvent depuis trois ans l'opinion publique, m'élevant plus haut que mon ambition, m'a donné le ministère de l'Instruction publique et des Cultes. Ce bruit qui n'a jamais été fondé, m'a toujours été pénible chaque fois qu'il s'est produit.

M. Fortoul remplissait très utilement sa haute mission ; ayant l'honneur d'être son ami, je n'aurais pu avoir la pensée d'être son concurrent.

Une mort aussi imprévue que douloureuse vient d'ouvrir cette succession. Malgré la réserve qui m'est habituelle et qui me fait répugner à toute apparence de compétition, mon nom est déjà répété par tous les échos de l'opinion. Vainement me suis-je isolé, effacé, enfermé dans le travail, je n'ai pu étouffer ce bruit même en le démentant, et je suis candidat au portefeuille de l'Instruction publique sans avoir eu jusqu'à présent la prétention de le recueillir.

Vous comprenez, cher général, tout ce qu'il y a de pénible pour un homme de cœur dans une telle situation. Moi qui de ma vie n'ai rien demandé, qui n'ai jamais approché l'Empereur dans un but d'intérêt personnel, passer pour un compétiteur de portefeuille, pour un ambitieux peut-être ; jouer cette partie suprême sans l'avoir engagée ! Voir mon nom livré à toutes les jalousies qui s'apprêtent à me faire subir le discrédit d'un échec quand je n'ai pas même cherché la chance d'une lutte ! En vérité cela est sérieux ; il peut en résulter pour moi un amoindrissement que je n'ai pas mérité et qu'il est de mon devoir de prévenir s'il est possible.

Il y a des situations si hautes qu'elles ne se demandent pas. Je ne demanderai jamais d'être ministre. Des amis dévoués et considérables m'avaient engagé à aller à Plombières ; j'ai résisté à cet avis, et je n'ai pas voulu prendre une initiative qui aurait faussé mon rôle et dénaturé mon caractère. Mais je viens vous dire franchement ma crainte ; mon nom qui est agité à Paris peut arriver à Plombières. Comment y arrivera-t-il ? Mon expérience personnelle me fait redouter les intermédiaires qui ne sont pas toujours désintéressés. Eh bien, j'attache plus de prix à ne pas être dénaturé qu'à être choisi. Si l'Empereur doit arrêter un seul instant sa pensée sur moi, je voudrais que dans cette question il me vît tel que je suis, et non peut-être tel qu'on me fait. En un mot, incapable d'attirer sur moi sa haute faveur, je serais heureux de soumettre mes idées à son jugement.

Je crois en effet avoir des idées utiles et sérieuses sur toutes les questions qui se rattachent à la direction du ministère de l'Instruction publique.

Questions religieuses, questions d'instruction publique, d'éducation du peuple, du mouvement intellectuel de notre temps. Il n'en est pas de plus importantes, de plus vitales, qui intéressent davantage l'avenir de ce règne. Il faut que l'Empire français ait autant de gloire littéraire qu'il a eu de gloire militaire. On peut vous dire cela à vous, car vous êtes homme à comprendre. Je vous assure, cher général, que j'ai une plus haute ambition que celle d'être ministre, c'est de travailler à ce résultat, c'est de faire passer dans les idées, dans les intelligences, dans la littérature de notre époque le caractère si élevé du génie de l'Empereur. Un souverain comme lui, qui a façonné les institutions, réformé les mœurs publiques, refait en quelque sorte une France nouvelle dans l'ordre politique et administratif, doit aussi faire une France intellectuelle à son image. C'est la mission que Dieu lui a donnée et que son nom et son caractère lui imposent le devoir d'accomplir.

On parle ici de diverses modifications du ministère de l'Instruction publique et des Cultes qui à mes yeux ont des inconvénients immenses et qui compromettraient ce grand résultat. Il serait trop long de vous les énumérer dans cette lettre déjà trop étendue, mais si l'Empereur, qui m'a donné des témoignages d'une confiance dont je crois avoir été toujours digne, croyait utile que je lui expose une situation que je connais, sur laquelle j'ai beaucoup réfléchi, je me tiendrais comme plus honoré de cette marque de confiance que de toute autre chose.

Selon moi, pour un homme politique, ce qu'il y a de plus désirable, ce n'est pas d'être puissant, mais d'être utile.

Agréez, mon cher général, l'expression de mes sentiments particulièrement dévoués.

L'Empereur a gardé cette lettre quatre jours, écrit Fleury dans une lettre arrivée hier, puis il a dit au général :

Je suis content de la lettre de La Guéronnière, ne m'engagez pas, mais répondez-lui d'une manière très aimable.

Fleury ajoute : « M. de La Guéronnière peut écrire maintenant à l'Empereur. »

J'ai lu hier une lettre de Morny à La Guéronnière pour lui témoigner toute sa satisfaction de l'article qui m'avait été lu ce matin ; il demande seulement qu'on annonce bien qu'avant de quitter Paris il s'est retiré de toutes les affaires industrielles et qu'on dise en même temps que si la politique agissante lui plaît, il déteste celle qui oblige aux cérémonies, aux protocoles sans fin, et qu'on peut le voir subitement se retirer des affaires politiques comme il s'est retiré des affaires industrielles.

Morny ne veut pas être démonétisé ni usé, il se réserve.

La Guéronnière et moi sommes allés le soir à Saint-Gratien tout raconter à la Princesse Mathilde ; elle est toujours bien disposée et elle verra l'Empereur lundi soir.

Encore un livre rempli de bonnes et de mauvaises choses. Je suis attristé de la direction administrative de la France, de l'incurie, de la faiblesse ou de la nullité des agents gouvernementaux.

Nous sommes en présence de sociétés secrètes les plus sauvages, les plus ennemies de toute civilisation et de tout progrès. Les révolutionnaires en chef désespérant de réussir par des appels ordinaires ont promis à leurs sauvages adeptes de leur abandonner la France comme une ville prise d'assaut.

Les incendiaires, les voleurs, les assassins et les pillards sont prêts, tous ces gens se nomment

la Marianne.

Dieu sauve l'Empereur !

Dimanche 10 août

J'arrive de Saint-Gratien, où j'ai dîné avec l'envoyé de Russie, le ministre des Travaux publics et Benedetti.

La Princesse Mathilde était allée le matin voir l'Empereur à Saint-Cloud, elle l'a trouvé charmé de son voyage et bien portant. Il s'est plaint de trouver à son retour l'Impératrice changée et plus souffrante. Cette pauvre femme est dans un triste état de santé ; deux fois par semaine au moins, ses médecins la brûlent, car elle a une de ces maladies de femmes qui altèrent profondément la constitution. Cet état a aussi pour résultat d'éloigner l'Empereur, de le rendre beaucoup moins désireux des relations intimes.

L'Empereur a dit à la Princesse Mathilde que les *Bonaparte Patterson* quittaient la France, parce que l'Empereur ne leur a permis de porter le nom de Bonaparte qu'en l'accompagnant de celui de Patterson. Le fils a donné sa démission d'officier de cavalerie et elle est acceptée.

Mercredi 13 août

Nous avons beaucoup causé ce soir au Cercle impérial, entre quatre personnes dont trois sénateurs, de la France, de la situation des partis et du personnel administratif qui gouverne.

Billault soulève toutes les indignations par les choix qu'il fait et par les tendances qu'il imprime.

La Bretagne, le Poitou, le Périgord et la grande majorité des départements du Midi sont acquis à la *Marianne* ; les autorités y sont ou molles ou malveillantes, quelquefois même elles sont choisies parmi ce qu'il y a de plus mauvais. Bon nombre de Mariannistes le sont et ils ne s'en cachent pas, parce que les hommes sages ne sont pas protégés.

Le mouvement de Thouars a eu une certaine gravité ; les autorités étaient mauvaises. Si cela continue nous aurons dans un avenir peu éloigné des barbares plus barbares que ne l'étaient les hordes asiatiques qui se ruèrent sur les Gaules au VIe siècle. Les sauvages sont plus qu'à nos portes, ils sont dans nos murs.

Le général Sauboul qui était allé en visite chez le ministre de la Guerre y a appris les nominations suivantes :

Le maréchal Pélissier, duc de Malakoff, avec cent mille francs de traitement.

Roulland, avocat général, ministre de l'Instruction publique.

Je suis fâché de ce dernier choix qui est dû à l'influence des ministres.

Pauvre France !... Pauvres nous !...

Jeudi 14 août

Le *Moniteur* annonce ce matin les deux nouvelles que j'inscrivais hier. Quelle cause amène M. Roulland, qui est ce qu'on est convenu de décorer du titre d'honnête homme ?

Les ministres ont fait tomber le choix de l'Empereur sur ce procureur général pour deux raisons : la première, c'est qu'il ignore l'Université et l'Église, deux antagonismes difficiles à manier, et qu'arrivant sans préparation entre les deux, il aura besoin d'appui et de conseil et sera plus facile à diriger. M. Roulland ne connaît ni l'état politique, ni l'état social de la France.

Deuxièmement : M. Roulland, sans fortune, a besoin de tout ce qui en nécessite une. Il envie la puissance de la fortune, il appartient alors à ce concert de grands filous qui trafiquent de tout, et font litière de tout, malgré les tartines du *Moniteur* contre les influences, ce sont gens qui crient « *au voleur !* » alors qu'ils ont les poches pleines et que le champ n'est plus occupé que par des glaneurs.

M. Roulland a marié son fils à la fille de Giroux le peintre de paysages, frère d'Alphonse Giroux papetier et marchand de tableaux. Nous allons avoir la dynastie des Giroux à opposer à celle des Baroche ; ce seront les Montmorency et les La Trémouille de ce ruisseau qu'on nomme le XIXe siècle et qui charrie tant d'immondices.

Qui créera donc d'assez vastes égouts pour enfouir toutes ces saletés ?

Samedi 16 août

J'ai vu La Guéronnière qui est venu me donner la clef de l'intrigue par suite de laquelle Roulland est arrivé au ministère.

Lundi dernier, Fould avait dit à La Guéronnière : « Vous êtes pour ainsi dire notre collègue, car vous êtes accepté par l'Empereur et le conseil, votre nomination n'est plus qu'une formalité à remplir. »

Cependant Fould, qui pouvait comme ministre d'État abréger la formalité et présenter sans retard la nomination à la signature, ne se pressait pas, car il espérait encore démembrer du ministère de l'Instruction publique toute la partie littéraire pour en enrichir le ministère d'État. Billault et Abbatucci restent à Saint-Cloud, ils circonviennent l'Empereur, ils le pressent, et Roulland est nommé presque en cachette. Quelques ministres, entre autres M. Magne, ont su la nouvelle par le *Moniteur*.

L'Empereur se fait une fausse idée de l'état des partis ; il recommence la marche funeste de la Restauration qui elle aussi voulait faire de l'ordre avec les éléments du désordre, de la royauté avec des républicains ; qui trouvait les royalistes trop royalistes et daignait amnistier les Vendéens sous la signature d'un ministre régicide. La Restauration rêvait la conciliation en fortifiant les républicains au détriment des royalistes. Quinze ans se passèrent à ridiculiser la fidélité dont on pensait n'avoir plus besoin, et à fortifier les partis hostiles.

Aujourd'hui l'Empereur croit gagner les républicains et amadouer les socialistes en maintenant au pouvoir M. Billault ; nous ne craignons pas de dire qu'il se trompe, il indispose ce qu'il y a d'honnête dans les partis gouvernementaux, il ne rallie personne, parce qu'on ne rallie jamais les énergumènes, et par l'entremise de Billault, il leur donne de la force.

Le ministère de l'Intérieur aux mains de Billault, la Sûreté publique dirigée par Collet Maigret sont plus que deux fautes.

Comme tous les souverains, l'Empereur croit qu'en voyageant il peut juger de l'état des populations, qu'avec des agents nommés par le ministre il pourra se procurer des rapports fidèles, qu'avec Mocquard pour secrétaire il aura de l'honnêteté près de lui !

L'Empereur se trompe, et il est trompé. Fleury est un loyal garçon qui lui parle vrai, mais Fleury, quoiqu'intelligent, n'est pas dans un milieu à tout voir et à tout savoir.

Il est malheureux que l'Empereur ait composé sa cour mi-partie de sots et d'intrigants sans vergogne. L'Empereur veut gouverner avec ses ennemis, et il en est encore à cette ridicule et immorale maxime empruntée au vocabulaire des révolutions :

Tout pour le peuple !

On sait ce que veut dire *le peuple* ! C'est « tout pour le pays » qu'il faudrait dire et surtout qu'il faudrait faire comprendre. C'est avec l'intelligence et l'honnêteté qu'il faut régner. Il ne faut pas prendre un voleur sous sa protection, il ne faut surtout pas lui donner de l'autorité pour se concilier la classe estimable des voleurs.

Le Christ chassait du temple les vendeurs, il n'y laissait que les prêtres et les fidèles, et il ne disait pas : je ferai de la conciliation en souffrant que la maison de mon père devienne une caverne de brigands.

Je viens de voir Nieuwerkerke, on est persuadé chez la Princesse

Mathilde que l'entrée de Roulland à l'Instruction publique n'est qu'une étape pour arriver au ministère de l'Intérieur et que c'est la crainte d'être remplacé par lui qui a poussé Billault à le faire nommer en remplacement de Fortoul. C'est toujours un mal, quand cela serait vrai, on ne pactise pas avec le mal et lorsqu'on le reconnaît, on cautérise sans ajournement ; prolonger une telle situation augmente l'inquiétude, et laisser grandir l'inquiétude, c'est ébranler son propre pouvoir.

Ne laissez jamais une nation intelligente douter de votre propre intelligence ou de votre connaissance des hommes. Faites moins de circulaires contre les boursiers et les faiseurs d'affaires, mais nettoyez vos propres écuries. C'est lorsque Fould est ministre d'État, Mocquard chef du cabinet et que les poches de tous les intimes sont pleines, que l'on prétend prouver au pays que le pouvoir veut de l'honnêteté.

Lundi 18 août

J'arrive de Saint-Gratien où La Guéronnière et l'abbé Coquereau sont venus passer la soirée hier. La Guéronnière et la Princesse Mathilde prétendent que la nomination de Roulland est due à Abbatucci seul, et que Billault en a été désagréablement surpris, car il voit en lui un remplaçant.

L'Empereur a dit à la Princesse : « *Roulland n'est pas encore tout à fait à sa place.* »

Enfin on espère un peu le renvoi de Billault.

La Rochejaquelein a reçu de Billault une lettre qui le pressait de retirer la démission qu'il vient de donner de ses fonctions de conseiller général et qui l'engageait à venir causer de cette affaire au ministère de l'Intérieur.

Avec cette superbe qu'on lui connaît, La Rochejaquelein a répondu qu'il ne retirerait pas sa démission, parce qu'il ne voulait laisser amoindrir par personne son individualité, ni insulter en lui la dignité de sénateur ; qu'il refusait l'entrevue proposée parce qu'il n'avait aucune confiance dans le ministre, et qu'arrivant de parcourir le midi de la France, il y avait trouvé dans la situation de tels motifs d'accusation contre le ministre, qu'il déclinait tous rapports avec lui ; que du reste il allait envoyer copie de la lettre qu'il lui écrivait à l'Empereur et au président du Sénat.

Puis, La Rochejaquelein a demandé une audience à l'Empereur ; il est fort douteux qu'il l'obtienne, car l'Empereur est dans un de ses moments de claustration ; il est fort difficile de le voir, et peut-être n'attache-t-il pas grande importance à toute cette affaire. A quelque point que la vanité personnelle s'y trouve mêlée, l'Empereur ne devrait pas refuser d'écouter la partie lésée.

Fould a dit à La Guéronnière :

« *Votre position est excellente, vous êtes maintenant par la force des choses partie nécessaire de toutes les combinaisons ministérielles.* »

Il me faut malheureusement citer deux nouveaux faits de favoritisme qui font énormément crier.

Deux tout jeunes gens (à peine 21 ans), au mépris des droits acquis, des arrêtés sur l'avancement et de toute pudeur, viennent d'être nommés receveurs particuliers des finances ; l'un de ces deux jeunes gens se nomme Baroche, l'autre Magne !

M. Baroche le père a une propriété dans l'arrondissement de Mantes, et il lui a fallu son fils comme administrateur des finances dans ses états ; alors on a déplacé le receveur particulier qui ne demandait qu'à conserver sa place et on l'a envoyé au loin pour installer le jeune et intéressant Baroche, frère du paillasse qui est maître des Requêtes.

Même déplacement pour le jeune Magne.

Parlez de l'Ancien Régime à ces gens-là, ils tonneront contre l'abus des faveurs royales ! Au lieu de grands seigneurs bien élevés, remarquables par leur tact et leurs bonnes façons, nous avons des goujats qui portaient hier encore la robe de l'avocat, race avide, bourgeoise, chicanière, sans énergie et sans courage, âpre à la curée et peu fidèle dans ses engagements.

L'Empereur, dans ses anciennes publications, a toujours flétri le gouvernement des avocats et pourtant jamais gouvernement n'a été plus que le sien, emporté par la gent avocassière.

Certainement sous Louis-Philippe les avocats occupaient une grande partie des avenues du pouvoir, mais les ministères se nommaient Broglie, Molé, Guizot ou Thiers.

Aujourd'hui nous sommes plus bas ; Rouher avocat, Billault avocat, Magne avocat, Baroche avocat, Troplong avocat, Abbatucci avocat, etc. etc. On n'a pas pu trouver un avocat pour être ministre de la Guerre. Le ministre des Affaires étrangères est un Polonais bâtard de Napoléon Ier et le ministre d'État est un juif banqueroutier qui par son fils a la main dans toutes les grandes affaires de crédit.

L'Empereur se réveillera un jour, il faut l'espérer pour la France et pour lui.

Mercredi 20 août

Hier, l'Empereur et l'Impératrice sont partis pour Biarritz.

L'Angleterre continue son agitation italienne et les journaux l'y aident puissamment.

Les Piémontais se frottent les mains, et le roi de Piémont se voit déjà roi d'Italie ayant l'Angleterre pour alliée, inquiétant la France, détruisant la papauté à la joie des bons protestants, et bafouant l'Autriche.

Le jour où les menées de l'Angleterre réussiront ce jour-là sera un jour malheureux ; il n'y a en Italie que des éléments de trouble.

Mazzini profitera du jeu de l'Angleterre et du Piémont, et la France, si elle ne veut abandonner la grande affaire de la catholicité, l'œuvre de son empereur Charlemagne, sera obligée d'intervenir.

Le roi de Naples a répondu aux notes et aux insultes de l'Angleterre, qu'il ne lui reconnaissait pas plus le droit de se mêler des États des Deux-Siciles que l'Angleterre elle-même ne lui reconnaîtrait le droit d'intervenir dans les affaires de l'Irlande ou de l'Inde ; que d'ailleurs la prétention d'agir par contrainte ou par intimidation envers lui, était chose incroyable au moment où la France et l'Angleterre sortaient d'une guerre énorme, entreprise dans le but de s'opposer à la contrainte exercée par un puissant empire sur un État plus faible.

Les Italiens se plaignent beaucoup, mais il faut dire qu'ils conspirent contre tout gouvernement et que les meilleurs d'entre eux avec une imprévoyance superbe travaillent pour les socialistes.

Les étudiants piémontais avaient adressé un remerciement aux journaux anglais qui travaillent au soulèvement de l'Italie. Deux cents prétendus étudiants français, recrutés à la Chaumière ou à l'estaminet, imitent leur exemple et remercient les quatre bons journaux français, *Le Siècle, La Presse, L'Estafette* et *La Revue de Paris*, qui ont reproduit le factum des étudiants piémontais.

Voici un léger échantillon du style de ces bons petits Mazziniens :

> Nous venons donc répondre à nos frères de Turin qui n'ont pas voulu faire une manifestation monarchique et piémontaise, mais un acte national et italien.
>
> Il est facile de tendre la main au-dessus du Mont-Cenis à une nation d'un long et glorieux passé, qui n'a peut-être perdu son indépendance que pour s'être trop inquiétée des destinées universelles, et qui ne demande à la recouvrer que pour travailler avec nous à l'alliance des peuples européens.

Tel est le langage légèrement voilé de ces jeunes socialistes qui viennent de quitter l'école et leur famille pour étudier la médecine ou le droit et qui s'érigent en conducteurs du monde.

Que voilà une respectable autorité que celle de deux cents étudiants !

Les républicains universalistes de New York viennent de décider à la date du 6 août qu'une réunion aurait lieu le dimanche 10 pour aviser au prompt départ de ceux de ses membres qui veulent se rendre au pays où sonnera le premier tocsin de l'insurrection.

Ce n'est pas mal, et MM. les étudiants devraient bien envoyer une adresse à ces bons républicains, bataillon mobile qui crie sans cesse :

« *Anne, ma sœur Anne, n'entends-tu rien sonner ?* »

Tout cela réjouit l'Angleterre qui commence à trouver la France trop vigoureuse ; il faut donc mettre le feu à l'Italie, cela l'occupera, la troublera et contentera le parti puritain de la vieille Angleterre qui demande l'expropriation du pape pour cause d'utilité publique.

Mercredi 3 septembre

Je viens d'être fort souffrant, et mon livre noir s'en est ressenti. Je me trouve mieux, je reviens causer avec lui, car j'ai un petit scandale à enregistrer sur ses pages.

Mme de Silveyra (Mlle de Menneval), femme d'un Portugais de l'ambassade, joueur, d'une fortune problématique, estimé tout juste pour n'être pas mis à la porte de la société, s'est fait enlever par un jeune M. de Louvencourt.

Mme de Silveyra était une lionne de la fashion, fort coquette et un peu femme entretenue, elle disait avec la seule naïveté que je lui connusse : « *Je n'estime que l'or !* »

Mme de Silveyra est sœur de Mme Murat qui vit publiquement depuis longtemps avec le prince de la Moskowa ; son frère est le petit baron de Menneval, officier d'ordonnance de l'Empereur.

On m'assure que la Moskowa, qui a déjà eu trois attaques d'apoplexie, est condamné par les médecins.

M. Bonaparte Patterson m'a pris hier à part au Cercle impérial pour m'affirmer que, contrairement à l'assertion de la Princesse Mathilde, il n'est pas exact que son fils ait donné sa démission d'officier de cavalerie dans l'armée française.

Pourquoi cette histoire ?... Que veulent dire ces tripotages ?... Je l'ignore.

Dimanche 7 septembre

Il y a disette de nouvelles, soit politiques, soit mondaines. Paris ou plutôt ce qui reste de Parisiens s'occupe d'une sale histoire d'acteurs, pris les uns en débauche avec des petites filles de douze ans, les autres avec des petits... Parmi les premiers se trouve Dupont l'ancien chanteur de l'Opéra, aujourd'hui chef du chœur de l'église Saint-Roch, parmi les seconds Hervé des Délassements Comiques et le violoniste Hermann.

Les ouvriers des villes de la Normandie et de la Picardie sont violemment surexcités par la question de l'abaissement des tarifs douaniers et peut-être ne serait-il pas sans dangers en ce moment de toucher au tarif protecteur.

Cette grave question a été présentée aux délibérations des conseils généraux. Un manufacturier de Colmar, membre du conseil général, possesseur d'une grande fortune honorablement acquise dans l'industrie où il débuta par le rang de simple ouvrier, a répondu au préfet qui lui demandait son avis sur l'abaissement des tarifs :

« Le gouvernement a raison de vouloir établir le système protecteur [1],

1. Il faut lire : « Le gouvernement a raison de vouloir abaisser le système protecteur. »

car c'est lui qui empêche le progrès des industries ; je sais bien que nous en souffrirons d'abord et moi tout le premier, mais le pays y gagnera et nous parviendrons à soutenir la concurrence contre l'étranger. Nous dormons, l'industrie s'encroûte, il faut l'éveiller et nous réveiller. »

Jeudi 11 septembre

Bon nombre de gens s'endorment. Après chaque crise révolutionnaire, considérant que tout est terminé et qu'il n'y a plus rien à redouter, l'expérience ne peut guérir de leur folle confiance ces dormeurs intrépides.

Les partis, un moment terrifiés, se rassurent et reprennent leur lutte ; ceux qui se nommaient *les gens d'ordre*, se disent : c'est au pouvoir à sauver la société, et le jour où ils n'ont plus peur, *les gens d'ordre* se divisent et laissent le pouvoir presque seul devant les anarchistes qui eux ne se divisent pas.

Ont-ils eu assez peur, ont-ils assez sué dans leur peau en 1848 et au 2 décembre tous ces beaux messieurs qui aujourd'hui ont repris leurs intrigues légitimistes ou orléanistes ; ces bourgeois qui sont toujours de l'opposition, ces vaniteux qui ne sont jamais satisfaits.

Une grosse intrigue contre le gouvernement se brasse depuis longtemps sous une apparence économiste, l'orléanisme s'y attelle par son organe le *Journal des débats* et tous les niais font chorus.

Il s'agit de l'abaissement des tarifs et la France est partagée en protectionnistes et en non-protectionnistes. Une vive agitation est le produit de cette question mise à l'étude et soumise aux conseils généraux.

Si la protection de l'industrie française cessait, si la libre concurrence s'établissait, une crise effroyable aurait lieu, et les esprits des ouvriers sont montés à un tel point qu'une révolution serait possible, sans compter le mécontentement des fabricants.

La libre concurrence ferait baisser les salaires, et comme l'ouvrier a déjà grande peine à subsister au taux des salaires actuels, cela lui deviendrait tout à fait impossible. Partout où passent les chemins de fer la vie devient plus difficile, les denrées et les loyers augmentent, sans que les salaires jouissent de la même augmentation, de là, un malaise très grand qui frappe les conseils généraux, malaise qu'augmenterait le libre-échange et qu'il transformerait en misère.

Un gouvernement qui se fonde et qui a besoin d'apaisement n'introduit pas une mesure aussi radicale dans son système économique.

On ne fume pas sur un baril de poudre.

MM. des *Débats* poussent par MM. Chevalier et Kœchlin à l'intronisation du libre-échange, ils consentiront à louer l'Empereur, à l'appuyer de toute leur influence s'il veut donner dans ce piège !... Comme ils se frotteraient les mains, car ils ne rêvent que comte de Paris, puis cette bonne et zélée protestante la duchesse d'Orléans à laquelle ils immolent chaque jour en manière d'offrande deux ou trois bons prélats catholiques !

On crie bien haut... « *Vive le libre-échange !* » On ameute des aboyeurs et cela veut dire tout bonnement : « *A nous les révolutions, c'est une crise salutaire et nous reposerons demain sous les rayons vivifiants du parlementarisme avec le comte de Paris, son auguste mère et les illustres ministres Thiers et Guizot.* »

Vieux voltigeurs du parlementarisme, vous êtes absolument comme les ultra de 1815, vous n'avez rien appris et rien oublié, vous regrettez vos droits féodaux, ce beau temps où Bertin l'Ancien et Bertin le Superbe imposaient au ministre des Affaires étrangères, le marquis de la Valette, comme diplomate !

Il règne en France un symptôme inquiétant, il n'y a presque plus personne qui prenne souci de la chose publique, on se laisse aller, on est un peu comme ces Gaulois du ve siècle qui faisaient des offrandes aux Muses et s'enfermaient dans leurs *villas* au bruit, qui chaque jour se rapprochait, des invasions de barbares.

Les fonctionnaires publics, timides ou mauvais, sont insuffisants ; la magistrature dirigée par Abbatucci est hostile. Dernièrement, l'avocat Crémieux est allé plaider à Limoges, la magistrature lui a fait une sorte d'ovation. Il a dîné chez le président avec les juges, et entre la poire et le fromage il a diverti ces bons messieurs du tribunal par quelques anecdotes du *meilleur goût* sur l'Empereur et sur l'Impératrice !... L'hilarité a été grande.

Crémieux a dit à un juge qui avait vu repousser ses sollicitations par Abbatucci :

« Pourquoi diable aussi vous faire recommander par M. le comte de La Guéronnière, un monsieur qui est comte et qui place un *de* devant son nom, Abbatucci, mon cher magistrat, est un vrai républicain des bons jours, il déteste comme moi les nobles et les comtes, nous sommes au mieux ensemble et si vous vous étiez adressé à moi, votre affaire serait faite. »

Ceci n'a pas besoin de commentaire !

Lundi 22 septembre

Une plainte a été envoyée à l'Empereur contre Lefuel et les travaux qu'il exécute au Louvre.

M. Fould qui sait combien je me suis plaint de l'architecte et de son œuvre veut me croire l'instigateur de cette plainte, et Nieuwerkerke est venu me trouver tout ébouriffé de la chose. Je lui ai simplement répondu : « Ce serait une insulte de m'accuser d'une plainte anonyme, je ne me cache ni pour me plaindre des gens, ni pour me plaindre aux gens eux-mêmes. »

La politique de l'Angleterre l'emporte et je crains qu'il ne sorte quelque grave complication de la résolution prise par l'Angleterre et la France, de rompre toutes relations diplomatiques avec Naples, et d'envoyer devant cette capitale une escadre anglo-française.

Les rapports du Piémont et de la Toscane deviennent aigres. Enfin le comte de Cavour continue son système aujourd'hui protégé par la France et l'Angleterre d'agiter l'Italie.

Le Piémont recèle tous les agitateurs italiens, et il ouvre même en France une souscription pour se procurer des canons contre l'Autriche.

L'autorisation d'ouvrir cette souscription à Paris a d'abord été refusée à Manin, ancien Président de la république de Venise en 1848, puis trois jours après elle lui a été accordée.

J'ai dîné hier à Saint-Gratien chez la Princesse Mathilde avec le prince Jérôme.

Vendredi 26 septembre

Il nous arrive une ambassade de l'empereur des Birmans. L'ambassadeur, le général d'Orgoni, est probablement à Paris depuis ce matin.

D'Orgoni était avant 1830 sous-officier dans les chasseurs à cheval de la garde ; il se nommait alors Giraudeau. En 1832 il guerroyait en Bretagne avec les bandes royalistes, puis il servit sous le maréchal de Bourmont dans l'armée de Don Miguel où il acquit le grade de capitaine. Don Miguel vaincu, Giraudeau, après avoir vécu quelque temps en Italie, s'embarqua pour l'île Bourbon. Il y établit d'abord un manège, puis il épousa la fille d'un vieux contre-amiral qui le laissa veuf après dix-huit mois de mariage. Un an après, il prit pour femme la seconde fille du contre-amiral, mais la fatalité s'attachait à ses mariages, cette jeune fille mourut bientôt ; alors à bout de ressources, en 1847 poursuivi par ses créanciers, Giraudeau quitta ce nom pour prendre celui d'Orgoni qui était aussi dans sa famille, et il s'embarqua pour l'Inde où après des fortunes diverses il est devenu général en chef de l'armée.

D'Orgoni déteste les Anglais et il est tout dévoué aux intérêts de la France.

Samedi 27 septembre

Beaucoup de socialistes ont été arrêtés ces jours derniers ; ces gens-là complotent toujours contre la vie de l'Empereur. Les sociétés secrètes ont fait des achats assez considérables de revolvers américains.

Tous les matins les faiseurs de nouvelles, légitimistes, orléanistes ou socialistes, annoncent que l'Empereur est au plus mal à Biarritz, et le badaud parisien les croit.

Lundi 29 septembre

La *Gazette de Cologne* a publié ces jours derniers une circulaire de la chancellerie russe, répétée aujourd'hui par tous les journaux, et qui me semble fort importante. Cette dépêche est relative à la pression que les puissances, en tête desquelles marchent la France et l'Angleterre, veulent exercer sur les royaumes de Naples et de Grèce.

En principe, en stricte équité, la Russie a parfaitement raison, et dans un langage aussi digne que modéré, elle dit fort bien qu'elle ne comprend pas qu'après avoir proclamé et soutenu par une guerre le principe de l'égalité des souverains, le respect des États faibles par les États forts, on prétende aujourd'hui contraindre un État faible dans l'administration intérieure de son gouvernement à subir la pression étrangère. La Russie ajoute qu'elle ne peut s'allier à une telle politique et elle impose à ses agents le devoir de protester contre les actes qui en émaneraient.

La Russie a parfaitement raison, mais pour Naples seulement ; quant à la Grèce, elle se trouve placée dans d'autres conditions.

Il ne faut pas oublier que la royauté grecque, fabriquée par les États européens et constituée sous leur patronage, est comme en tutelle, qu'elle n'a vécu que soutenue par leur influence et par leur argent, qu'elle est encore débitrice de ces puissances qui peuvent peut-être intervenir dans un pays qu'elles *commanditent*.

Mais à Naples, rien de pareil ; le roi ne doit rien aux puissances, il n'est pas leur débiteur, il a su sans elles tenir tête aux révolutionnaires de 1848 qu'encourageait l'Angleterre ainsi que je l'ai déjà prouvé précédemment.

L'envoi des escadres est un acte des plus attentatoires à la souveraineté du roi de Naples et celui dont les révolutionnaires se réjouissent le plus.

L'adjonction de quelques bâtiments sardes est une monstruosité.

La Sardaigne est le foyer d'où partent toutes les agitations italiennes, où les réfugiés révolutionnaires de tous les points de l'Italie trouvent asile et protection. La Sardaigne, sous la direction de M. de Cavour, tend à s'emparer de toute l'Italie et la France consent à laisser la Sardaigne venir, à l'ombre de son pavillon, parader dans le golfe de Naples !

L'Angleterre pousse la Sardaigne, elle veut la grandir de toute l'Italie parce qu'en agissant ainsi, elle affaiblit l'Autriche et qu'elle crée un embarras futur à la France dont elle ruine l'influence ; parce que, puissance protestante, elle pressent que la réussite de ce projet détrône la papauté dans un avenir plus ou moins éloigné.

Tout cela est fort grave, et dans de telles circonstances nous avons de bien maigres diplomates.

Persigny à Londres est une dérision.

Bourqueney à Vienne est un vieux fat de vaudeville.

La France s'engage dans une mauvaise voie, entraînée par l'Angleterre qui certainement a quelques vues intéressées sur la Sicile ; elle fait du don Quichotisme au profit des révolutionnaires.

Sait-on qui se plaint à Naples ? Une noblesse de polichinelles et une bourgeoisie de ville comme toutes les bourgeoisies, vaniteuse et remuante. Tous ces gens protestent publiquement contre les exils qui les frappent, ils dénient les conspirations, les complots qu'on leur impute !... Eh bien j'en ai connu beaucoup de ces beaux messieurs et en particulier, confidentiellement, ils avouaient leurs complots et leurs conspirations.

Aujourd'hui, la France et l'Angleterre veulent forcer le roi de Naples à donner l'entrée de ses États à tous ces conspirateurs ; le pays ne se révolutionne pas assez vite, et les exilés retrempés, réconfortés soit à Londres soit à Paris par les propagandes révolutionnaires, ont besoin de liberté pour aller exercer leur apostolat mazziniste.

Une escadre combinée pour forcer le roi de Naples à accorder à ses ennemis la rentrée du royaume de Naples, et la Sardaigne qui monte sur des échasses pour prendre sa part de cette aberration du sens politique, qui vient menacer Naples en passant sa tête de roquet entre les jambes de la France et de l'Angleterre !

Je crois véritablement que la fin du monde approche, car gouvernements et peuples, tous deviennent fous.

Lorsque quelque part la révolution est triomphante, l'Angleterre s'écrie, quelque monstrueuse que soit cette révolution : « Pas d'intervention ! » Mais si c'est la royauté, aussitôt elle proclame la croisade révolutionnaire.

Dimanche 12 octobre

On s'entretient d'une affaire malheureuse pour Walewski, et malheureuse à tous les points de vue. Walewski, quoique ministre des Affaires étrangères, a joué à la Bourse et il a perdu. Manuel, son agent de change, lui a réclamé des sommes assez importantes pour *différences*. Walewski a fait offrir comme liquidation une part seulement de sa dette. Manuel a refusé en disant : « Il doit ou il ne doit pas, je ne puis entrer en arrangement. Il me soldera le tout, ou il s'adressera aux tribunaux pour faire classer sa dette parmi les dettes de jeu. »

Pour éviter le scandale, l'Empereur a payé.

Ceci se passait pendant la tenue du congrès de Paris !... Ainsi un ministre joue sur les fonds publics, pour ce fait il devrait être justiciable des tribunaux, il n'en est rien. Un décret lui confère la grande croix de la Légion d'honneur !

L'affaire de Naples s'arrangera, dit-on, malgré le mauvais vouloir de l'Angleterre.

La Guéronnière me racontait hier, que causant dernièrement avec

Fould de la crise financière qui amoindrissait tant de fortunes, et des malheurs inséparables de la fureur des spéculations, Fould s'était écrié : « *Tout ceci est une preuve de plus que le travail est la seule source d'une véritable fortune !* »

Risum teneatis[1] *!!!*

Le *Journal des débats* rapporte aujourd'hui *in extenso* un discours prononcé par M. Verhægen, un des chefs de l'Université libre de Bruxelles, en réponse aux censures des évêques de Gand et de Bruges, et il va sans dire que le *Journal des débats* prend parti contre les évêques.

Quant à moi qui ai vu de près l'Université libre, je dois dire que l'enseignement qu'elle donne à ses élèves doit pour conséquence nécessaire amener l'incrédulité, qu'elle nie toute tradition religieuse et qu'elle repousse la foi.

Le discours de M. Verhægen ne lave l'université d'aucun des reproches qui lui ont été adressés, mais les confirme plutôt, c'est aux pères de famille à juger.

Voici quelques phrases de ce discours écrit tout entier comme un article du *Constitutionnel* de 1821 :

> Vous ne possédez, dit M. Verhægen aux catholiques, que la vérité d'une Église.
>
> ... L'université de Bruxelles est l'avant-garde du libéralisme ; c'est là que sont élucidés, mûris, discutés, avec une patience infatigable, avec une méthode sévère, sans engouement comme sans prévention, tous ces grands principes qui appartiennent aux sciences politiques et morales, qui sont la clef de voûte de la société, qui légitiment ou condamnent toutes les institutions humaines, etc. etc.

M. Verhægen divague ainsi pendant quelques dizaines de feuilles : les professeurs enseignent sans contrôle ce qu'ils jugent bon à enseigner, ils traduisent la foi au tribunal d'une jeunesse de dix-huit ans, ils sapent la tradition religieuse et renvoient dans les familles de bons petits incrédules qui prennent en pitié les croyances de leurs parents.

Voici comment termine le grand Verhægen après avoir, suivant les enseignements du vieux *Constitutionnel*, beaucoup parlé de l'escopette de Charles IX, inventée par Voltaire. Voici selon lui le devoir des universités libres :

> Nous répétons que l'examen, la discussion loyale et indépendante de tout pouvoir spirituel ou temporel, est non seulement un droit, mais un devoir du professorat dans toutes les universités.

Voyez-vous le professorat appelé à juger devant la jeunesse les pouvoirs spirituels et temporels de la société. Un cuistre chargé du plus énorme contrôle qui se puisse inventer.

La péroraison vaut tout le discours, elle s'adresse aux jeunes gens qui pourraient subir des influences de famille.

---

1. Voir *supra*, n. 2, p. 22.

Prenez garde, vous avez en ce moment deux ennemis à craindre, la séduction d'autrui et votre propre exaltation.

Et voilà ce que le *Journal des débats* approuve et trouve beau !

Lundi 13 octobre

J'arrive de Saint-Gratien où j'ai trouvé conciliabules et commérages. Cette petite cour de la Princesse Mathilde est curieuse, personne n'y peut vivre en bonne intelligence avec ses coassociés. La Princesse, très mobile dans ses affections amicales, change souvent de favorites et de favoris. Les Reiset et les deux Giraud règnent, Nieuwerkerke gouverne.

Mme de Serlay est devenue jalouse, elle a traité Mme Reiset du haut de sa grandeur, des demandes d'explications sont venues, la Princesse, le général Bougenel s'en sont mêlés, etc. etc., enfin c'est tout ce qu'il y a de plus portier au monde.

Les Reiset sont constamment auprès de la Princesse, ils ont raison, la Princesse se prononce en leur faveur, et elle prend Mlle Reiset avec elle pour le voyage de Compiègne.

L'Impératrice, Jérôme et son fils sont venus en visite à Saint-Gratien samedi ; Nieuwerkerke et les Giraud avaient pris de l'air comme on dit en argot.

M. de Decker, ministre de l'Intérieur en Belgique, vient d'adresser aux universités de Gand et de Liège une lettre motivée par le discours de M. Verhægen, avec bien des précautions cependant, il leur recommande d'éviter la discussion religieuse dans leur enseignement.

Les ambassadeurs français et anglais sont rappelés de Naples. C'est une grosse et malheureuse affaire, où, comme je l'ai déjà dit, pour complaire à l'Angleterre, nous avons complètement tort. Au milieu de la crise financière que nous éprouvons, ce rappel est une faute.

En raison de l'égalité des droits des souverains nous intervenons à Naples après avoir fait la guerre en Turquie parce que la Russie voulait s'immiscer dans les affaires intérieures de ce pays !

Mardi 14 octobre

Il est arrivé hier d'Espagne une nouvelle très importante. Le maréchal O'Donnel et les ministres ont donné leur démission ; le maréchal Narvaëz est chargé des affaires.

Depuis le commencement de la dernière révolution espagnole, j'ai constamment répété que le jour où Narvaëz mettrait le pied en Espagne il chasserait toutes les illustrations révolutionnaires telles que les O'Donnel, les duc de *la Victoire*, Prim, et autres héros *ejusdem farina*. Je le soutenais encore avant-hier au Cercle impérial contre l'opinion du marquis de Benalua, ancien diplomate espagnol, très fin, et ordinairement très bon juge des situations ; mais il accordait en cette circonstance trop d'importance à O'Donnel et à Prim.

Maintenant comment cela va-t-il marcher ? Je l'ignore et personne ne saurait le prévoir, je ne demande pas à connaître le programme de Narvaëz, je fais peu de cas des programmes. Je veux voir comment il agira et ce qu'il inventera pour débarrasser l'Espagne des Espartero, O'Donnel et Prim.

Rien de nouveau sur Naples.

Les grands seigneurs de la cour actuelle sont très occupés. L'Empereur a signifié que pendant le voyage de Compiègne les courtisans qui *ont le bouton* dîneraient en habits de chasse, en culottes blanches, bas de soie et souliers vernis.

Ce décret n'a soulevé aucune protestation des grandes puissances !!!...

Trois mariages extraordinaires.

É. de Girardin épouse la plus jolie personne que Paris ait admirée l'hiver dernier, Mlle de Tiffembach, ravissante, blonde, très élégante et très coquette, fille naturelle, dit-on, du duc de Nassau, toujours est-il que la mère Tiffembach a été maîtresse dudit duc.

Mme la duchesse de Mouchy épouse M. Pinel, ancien secrétaire général de la préfecture de police sous M. Delessert et allié de Noailles ou plutôt parent du côté gauche.

Enfin, Louis de Noailles, frère cadet du feu duc de Mouchy, épouse la fille d'un soldat invalide. Depuis longtemps il courtisait cette jeune personne, il buvait avec le père, faisait le soir son piquet et restait jusqu'à 9 heures et demie chez la mère, marchande de salades au Gros-Caillou.

Les Noailles ont du malheur !

Mardi 21 octobre

Une note insérée hier au *Moniteur* annonce la rupture des relations diplomatiques entre la France, l'Angleterre et le royaume de Naples.

Les ambassadeurs quittent Naples, cependant les flottes n'occuperont pas le golfe. Il est dit dans cette note que le roi de Naples ne s'est point rendu aux représentations amicales de la France et de l'Angleterre, comme l'ont fait les royaumes de Belgique et de Grèce, et que le système de compression suivi par le roi de Naples étant un sujet permanent d'inquiétudes pour le repos de l'Europe, les hautes puissances alliées ont cru devoir recourir à la rupture des relations diplomatiques sans adopter un état d'hostilités.

L'Europe est loin en ce moment d'être dans un état normal et rassurant ; outre l'affaire de Naples et la crise financière, l'affaire des Principautés danubiennes, la navigation du Danube, l'affaire de l'Angleterre et de la Perse préoccupent vivement.

La duchesse de Gênes, engrossée par un capitaine de l'armée piémontaise, avait confié sa situation à son beau-frère le roi de Sardaigne, et il avait été résolu que toutes les précautions seraient prises pour ensevelir cette faute dans un profond secret ; mais on comptait sans l'évêque de Turin, confesseur de la duchesse. Ce prélat n'a pas voulu laisser perdre une occasion d'être désagréable au roi de Piémont. (L'irritation, comme on le sait, est extrême entre le parti politique et le parti religieux.)

Donc un matin, sans avertissement, sans aucune formalité de convenance, le roi apprend que sa belle-sœur vient d'être mariée par l'évêque au susdit capitaine.

La duchesse de Gênes, princesse de Saxe, est renvoyée dans son pays, la tutelle de ses enfants lui est ôtée, et son mari est rayé des contrôles de l'armée pour s'être marié sans le consentement du roi.

Mercredi 22 octobre

Après la revue des troupes, passée à Vincennes, il y a quelques jours, et lorsque l'Empereur rentrait dans Paris par le faubourg Saint-Antoine, des ouvriers se sont portés à sa rencontre en criant : « *Vive la République !* » Ils ont été arrêtés immédiatement.

Le mariage d'Émile de Girardin avec Mlle de Tiffembach est affiché.

Si j'avais eu besoin d'une preuve pour être certain que Paris est la ville la plus cancanière du monde, elle me serait maintenant acquise.

Je fais bâtir dans les terrains retranchés du bois de Boulogne et dans l'avenue qui conduit à la Porte des Princes une petite maison moitié pierres et moitié briques, style Louis XIII. L'emplacement qu'elle occupe, jardin compris, est de 680 mètres ; terrain et bâtisse me coûteront 28 000 francs. J'ai pour meubler cette demeure une quantité de meubles anciens, de porcelaines, de chinoiseries que j'amasse depuis longtemps, tout cela sera curieux, mais rien de plus.

Dans le monde, le bruit s'est répandu, j'ignore comment, que je faisais construire *un château* meublé somptueusement, que j'ai gagné dans d'heureuses spéculations des sommes folles, etc. etc. Combien je vais être estimé cet hiver !

La réunion de Compiègne est curieuse [1], la cour est vraiment malheu-

1. A l'exception de son séjour de décembre 1852, Napoléon III n'a fait jusque-là que de brefs passages en son château de Compiègne, mais le lieu plaît à l'impératrice. Elle l'a fait aménager et vient d'y inaugurer, en cet automne 1856, les « séries », que l'on appellera également par la suite les « Compiègne ». Elle organise elle-même l'accueil de ses invités répartis en séries dont chacune dure une semaine et réunit une soixantaine de personnes. Au nombre de trois en 1856, elles varieront ensuite au gré de l'occupation ou de la fantaisie des souverains. N'y sont pas seulement conviés les membres de la famille impériale, les dignitaires du régime et les personnalités politiques, mais aussi des représentants des mondes de la science, des arts et de la littérature, comme en témoigne la présence d'Alfred de Vigny parmi les premiers invités. Voir Françoise Maison, « Le Second Empire ou le Temps des séries », Compiègne, *Connaissance des Arts*, n° hors série, 1991.

reuse dans ses choix. La littérature y est représentée par le comte Alfred de Vigny, espèce de Dorat musqué qui vise à la chevelure de Bernardin de Saint-Pierre, se pommade le visage, mouille ses lèvres pour les rendre plus roses et ressemble à une vieille femme habillée en homme contrairement aux réglements de police.

De Vigny a eu de l'esprit, il n'a plus que de l'afféterie, il madrigalise, pince les lèvres pour préparer un mot qui n'arrive plus, et débite des mièvreries. Il a au plus haut degré l'adoration de sa personne, et se croit tellement important qu'en plein soleil il regarde son ombre pour se voir passer. Du reste il n'écrit plus de peur d'un insuccès.

Nous parlerons demain des autres convives de l'Empereur.

Jeudi 23 octobre

Nous ne poursuivrons pas la biographie des hôtes de Compiègne, cela nous mènerait trop loin. Le prince de Beauvau, qui en fait partie, est un des plus ennuyeux hommes que je connaisse. Le prince de Bauffremont est une nullité cousue dans la peau d'un vieux beau. Le comte de Caumont La Force est un ex-viveur de mauvais ton dont la femme a été assassinée, il y a moins d'un an. Le marquis de Caulaincourt est un brave garçon éborgné à l'armée, mais fort nul. Le comte Frédéric de Lagrange joint à une mauvaise réputation, une grosse fatuité. Le baron Hallez Claparède est ennuyeux comme la pluie d'automne. Le baron de Rothschild divertira peut-être l'assemblée par des calculs financiers, tandis qu'Aubert et Meyerbeer parleront musique avec Verdi et qu'Horace Vernet et Isabey prodigueront leurs calembours.

Le marquis d'Herford est très spirituel. Ossuna, Sclafani, le prince de Croye sont des comparses.

Parmi les femmes, la maréchale Serrano est charmante et Mme la duchesse d'Istrie est une vieille p... dont le mari est depuis peu dans le royaume des ombres.

Flanquez tout cela de MM. les ministres, des généraux, des personnages officiels, de Mmes Magne, Hamelin, Roulland, Troplong, Baroche et Magnan, et si vous ne convenez pas que vous avez une bien jolie petite société fort choisie, vous serez vraiment par trop difficiles.

La *Presse* s'occupe avec ardeur de l'occupation des Principautés que l'Autriche refuse de faire cesser ; elle affirme que la Turquie et l'Angleterre sont d'accord avec l'Autriche ; l'affaire alors serait assez grave.

Vendredi 24 octobre

La note suivante, placée en tête de la partie non officielle du *Moniteur* d'aujourd'hui, n'est pas sans importance.

Paris le 23 octobre

Depuis quelque temps, divers organes de la presse anglaise s'attachent à répandre sur le gouvernement français des calomnies d'autant plus admises qu'elles se cachent sous le voile de l'anonyme et ne permettent pas de leur répondre autrement que par le dédain. Nous savons le respect qui entoure la liberté de la presse en Angleterre, aussi en signalant ses écarts nous nous bornons à faire appel au bon sens et à la loyauté du peuple anglais pour le prémunir contre les dangers d'un système qui en détruisant la confiance entre les deux gouvernements tendrait à désunir deux nations dont l'alliance est la meilleure garantie de la paix du monde.

L'alliance anglaise sera bientôt ce que j'ai toujours prévu qu'elle devait être, une alliance dont la durée est assurée en tant que tous les bénéfices seront au compte de l'Angleterre.

Cette nation nous pousse dans l'affaire napolitaine et nous trouve trop modérés ; elle veut la Sicile et les soufres napolitains lui sont nécessaires. Très louangeuse pour la France pendant la guerre de Crimée où son armée ne brillait pas, et pendant l'expédition de la Baltique que sa flotte ne parvenait pas à rendre anglaise, elle redevient arrogante. Nous aurons fait l'expédition de Crimée pour lui permettre l'expédition contre la Perse et par reconnaissance elle va bouleverser l'Italie et attacher à notre flanc, avec une puissance augmentée, son protégé et presque son vassal le roi de Piémont.

L'agrandissement du Piémont sera mauvais pour la France.

Vendredi 31 octobre

Quelques journaux anglais approuvent la note du *Moniteur* ; les autres journaux continuent leur polémique agressive ; enfin nous ne sommes en complet accord avec l'Angleterre, ni sur la question des Principautés, ni sur la question napolitaine.

Tout ceci est assez tendu.

D'un autre côté, les Orléanistes et les socialistes cherchent l'agitation ; ils sont secondés par la cherté des vivres et des loyers, la difficulté des transactions commerciales, la situation financière et la position de la Bourse.

La cour est à Compiègne, elle ira à Fontainebleau, elle arrive de Biarritz, elle a passé un mois à Plombières, on trouve toutes ces *villégiatures* trop prolongées.

On se plaint aussi du rôle de notre diplomatie en Europe. Il est vrai que je ne connais rien de plus nul que les trois quarts de nos diplomates.

Il est temps que l'Empereur avise.

Vendredi 7 novembre

La situation devient difficile ; il paraît certain qu'il y a alliance entre l'Angleterre et l'Autriche dans les affaires turques. Ces deux puissances s'entendraient pour prolonger l'occupation de la mer Noire et des Principautés danubiennes.

D'un autre côté, assure-t-on, l'Angleterre songerait à occuper militairement un point de la Sicile, se fondant pour cette occupation sur la présence des troupes françaises à Rome, et celle des troupes autrichiennes dans les légations.

L'Angleterre oublie que les Français et les Autrichiens ont été appelés par le gouvernement romain parce que la révolte se trouvait menaçante, disons mieux, plus forte que l'autorité légitime.

A Naples il n'en est point ainsi, le roi n'a pas réclamé le concours des étrangers pour vaincre des révoltés ; même en 1848, il a vaincu seul la révolution. Ce que personne n'ignore, c'est que dans la noblesse et la bourgeoisie des conspirations sont permanentes, suscitées par l'Angleterre qui veut mettre un pied en Italie, par le Piémont qui veut la coudre à sa petite royauté, et par Mazzini qui veut la révolutionner.

Depuis un mois le déchaînement de la presse anglaise contre le gouvernement de la France est des plus violents. Certes l'alliance est ébranlée, et le congrès qui devait ouvrir de nouvelles séances à Paris n'aura pas lieu, parce que, disent les organes de la presse autrichienne, dans l'état de méfiance et d'irritation politique où se trouvent les différents cabinets de l'Europe, ce congrès serait plus funeste qu'utile. D'ailleurs, ajoute la presse autrichienne, l'Angleterre saura défendre le traité de Paris.

Le ministère turc qui demandait l'évacuation des Principautés et le départ de la flotte anglaise a été renversé.

Notre diplomatie subit partout des défaites et se laisse battre sur tous les terrains ; il n'y a rien d'étonnant à cela, tous nos diplomates sont des gens plus que médiocres.

Pendant ce temps la cour est toujours à Compiègne au milieu des fêtes. Ce voyage coûte *trente-cinq mille francs* par jour.

L'ambassadeur d'Angleterre et le marquis d'Herford sont les deux seuls personnages invités pour toute la durée du séjour. Il y a quelques étrangers, les employés de la cour et leurs femmes et un troupeau d'ennuyeux.

Tout ce monde-là joue au *grand seigneur* et quand on a mis un habit galonné, des bas de soie et des souliers à boucles, on se mire dans une glace et on se dit à soi-même : « *Bonjour, mon cher Saint-Simon !* »

Il y a toujours dans les départements un grand travail du communisme. Nous sommes minés sourdement, et il faudrait quarante ans d'inflexible autorité pour user la mauvaise génération d'aujourd'hui.

Les départements du Midi sont des plus mauvais ; là le communisme a tout partagé d'avance et si les temps de 1848 revenaient, nous assisterions à d'horribles scènes ; le massacre, le viol, l'incendie et le pillage seraient mis partout en action.

Les révolutions passées sont les révolutions des amours-propres ; la révolution à venir sera celle des appétits brutaux. Cependant les purs du faubourg Saint-Germain évoquent la guerre civile qui leur ramènera Henri V. J'ai autrefois cru comme eux, qu'Henri V pouvait avec son principe de légitimité nous sauvegarder des révolutions à venir ; je reconnais mon erreur ; il reviendrait demain avec les d'Orléans, qu'après demain nous serions en plein parlementarisme, et que les révolutions reviendraient ensanglanter nos rues. Nous aurions en outre un débordement de niais et d'imprudents dont le communisme ferait bon marché.

Nous reverrions des voltigeurs de la Restauration et de la monarchie de 1830, des voltigeurs des deux Chambres comme en 1815 les voltigeurs de Coblentz.

Henri V, je le crains, n'est à la hauteur d'aucun rôle politique, s'il faut le juger par les hommes qu'il consulte et qui ont sa confiance.

Quant aux d'Orléans, j'en fais peu de cas. 1848 nous a appris à les connaître. Des jeunes princes qui se sauvent en laissant leurs femmes derrière eux, des jeunes princes qui offrent leurs services à la révolution, sont jugés.

Vendredi 14 novembre

La réponse de l'Empereur au discours que lui a adressé le comte de Kisselef, ambassadeur de Russie, est le sujet de toutes les conversations. On la trouve très amicale pour la Russie, et on veut y voir la confirmation d'un rapprochement dont s'effarouche l'Angleterre.

Je ne crois pas, ainsi que le voudraient tous les ennemis de notre gouvernement, que nous soyons brouillés, mais nous ne voyons pas en ce moment les choses de la même façon ; nous nous refusons surtout, après avoir été les alliés de l'Angleterre dans une cause européenne, à devenir ses comparses dans une cause où son intérêt seul est engagé.

Nous ne voulons pas recommencer la guerre pour ajouter à sa prépondérance.

L'Angleterre se sépare de nous et s'allie à l'Autriche dans l'affaire des Principautés et de la mer Noire ; elle se lie avec l'Autriche et fonde une nouvelle alliance distincte de celle qui existait pour la guerre, rien de mieux si cela lui plaît ! Que ceci nous soit seulement une leçon et nous apprenne à nous tenir en garde contre les entraînements de l'amitié anglaise.

Nous avons eu certes raison de nous opposer de concert avec l'Angleterre aux vues ambitieuses de la Russie. Aujourd'hui ne laissons pas à l'Angleterre le profit de son ambition. Elle nous a déjà fait commettre la faute de Naples, arrêtons-nous. Elle voudrait avoir notre appui dans sa guerre contre la Perse, ce serait une nouvelle faute.

L'Angleterre voudrait nous mettre sur les bras quelque méchante affaire qui nous tînt assez en haleine de difficultés pour lui permettre de peser à son gré et sans contrôle sur le monde. Elle invente en faveur du Piémont une Italie qui nous serait mauvaise ; elle tient nos socialistes sur nos frontières et se targuant de la liberté de ses lois, elle nous laisse insulter par eux et par toute la presse anglaise chaque matin.

Notre mariage avec l'Angleterre était un mariage de raison ; du moment où la raison n'en régit plus les conditions, le divorce peut être invoqué. La Russie et la Prusse se sont rapprochées de nous. L'Autriche fait des coquetteries à l'Angleterre, et l'ambassadeur anglais est, dit-on ce matin, le seul diplomate étranger que l'empereur d'Autriche ait invité à l'accompagner dans son voyage en Italie.

J'ai dîné avant-hier en tête à tête avec le maréchal Canrobert ; c'est un très bon homme, un peu gonflé de sa dignité, non pas dans ses discours, mais seulement dans sa marche et son attitude. Il parle bien de la guerre et sans emphase.

Walewski quittera probablement le ministère et Billault serait, assure-t-on, remplacé par Roulland. Le renvoi du premier ne serait pas une perte, le renvoi du second serait une victoire pour l'Empereur.

Lundi 17 novembre

L'alliance anglaise est toujours un peu ébranlée, et le journal le *Times* dit que si elle ne se raffermit pas avant l'ouverture du Parlement, elle court de gros risques.

L'Angleterre nous presse et veut nous effrayer avec l'intention de nous entraîner à sa suite dans sa politique agressive. Elle affiche la prétention de nous rendre solidaires de tous ses intérêts. Ainsi pour lui complaire il faudrait repousser l'ambassade que nous envoie la Perse et malmener le général d'Orgoni qui est venu proposer un traité de commerce avantageux au nom de l'empereur des Birmans.

On ne traite déjà que trop mal ce général d'Orgoni, on ne l'écoute guère, on lui répond moins bien encore, et Walewski le reçoit à peine.

Si l'alliance anglaise n'a pour toute conséquence que de nous ranger parmi les satellites de la Grande-Bretagne, de nous faire en quelque sorte ses gendarmes, l'intérêt de la France nous en éloigne.

Il est contraire à notre saine politique de favoriser les vues ambitieuses de notre alliée sur la Sicile et de lui faciliter l'absorption complète de l'Inde ; elle a crié bien fort « *Au voleur !* » contre la Russie, pour pouvoir voler plus à son aise. Personne qu'elle n'a le droit de s'approcher de l'Inde, et pour défendre cette immense colonie, ces royaumes asservis et soumis au conseil des marchands de Londres, elle cherche à s'implanter dans quelque province de la Perse.

Il est à noter que la Perse n'attaque pas l'Inde, mais Hérat qui pourrait servir d'étape pour arriver dans l'Inde !

Ce que l'Angleterre fait dans l'Inde, elle voudrait le faire en Italie ; toute sa fantasmagorie d'attendrissement pour les pauvres Italiens n'est qu'un jeu ; elle a trouvé son compère dans le roi de Piémont ; il ne faut que la *laisser courre* et la France se réveillera un beau matin flanquée d'un beau petit royaume italien fort ami de l'Angleterre et que la France sera obligée de surveiller parce qu'il lui sera un embarras si elle se brouillait avec l'Angleterre.

Manin, qui est à Paris, disait, il y a trois jours :

« La France et l'Angleterre veulent jouer les Italiens, c'est pourquoi je ne me laisse pas prendre à tout ce beau tapage qu'elles font à propos de Naples. L'Angleterre veut dominer l'Italie par son onéreuse protection et s'inféoder la Sicile ; la France veut jeter quelque Murat sur le trône des Deux-Siciles. Nous ne voulons pas, nous autres vrais Italiens, de tous ces tripotages ; nous voulons l'unité sous la forme d'un royaume ou d'une république, et après tout, nous préférons à leurs implantations de dynasties nouvelles la race des Bourbons de Naples qui est devenue italienne et pour laquelle nous avons de l'estime. »

La *Presse* et l'*Indépendance* publiaient ces jours-ci une lettre du roi Louis-Philippe au roi de Naples, dans laquelle le roi de la révolution conseillait à son neveu le système des concessions et l'engageait à prendre pour exemple la politique française.

Le roi de Naples, dans sa réponse également publiée, dit qu'il ne veut subir le sort ni de Louis XVI ni de Charles X : qu'il veut être roi seul jusqu'au bout, que c'est à lui à penser et à agir pour son peuple auquel il doit assurer le repos et une bonne et juste administration, qu'il n'entend point prendre pour exemple la politique qui a fait de la France l'effroi et la perturbation de l'Europe.

Louis-Philippe est tombé avec son système de concessions ; le roi de Naples avec son système de compression est encore sur le trône, ce n'est pas la révolution qui l'en précipitera, mais peut-être la France et l'Angleterre prêtant main-forte aux révolutions.

L'Angleterre ne s'est pas émue des massacres de prêtres qui ont eu lieu à Rome en 1848, elle était en bons termes avec les Ledru-Rollin et Louis Blanc, lorsqu'ils tentaient la ruine de la France et l'oppression de la plus saine partie de la population. Elle pactisera avec tous les révolutionnaires, et naturellement elle se déclare contre un roi qui se défend contre leurs entreprises.

Que diable ! la France va-t-elle faire dans cette galère l'intérêt de Murat et de Chassiron son gendre !... Ce serait là une excellente plaisanterie.

Notre cabinet oublie trop que pour être bien avec l'Angleterre, il faut s'en faire respecter, il faut la malmener ; elle est comme ces femmes qui adorent les maris qui les battent.

Voyez l'Amérique !... L'Amérique insulte l'Angleterre, la bafoue, chasse son ministre, viole ses traités ; l'Angleterre supporte tout, aucune douleur du *facies* ne trahit le mal que doivent lui causer les coups de pied au cul qu'elle reçoit. Si j'avais un conseil à donner à propos de l'alliance, je dirais :

« *N'allons pas plus avant, demeurons, chère Oenone.*
Je ne me soutiens plus, la force m'abandonne.
Mes yeux sont éblouis du jour que j'entrevois. »

Jeudi 4 décembre

L'Angleterre est enfin parvenue à exciter des mouvements révolutionnaires en Sicile. On ignore encore quelle est leur gravité. On sait que l'armée napolitaine est très vivement travaillée par des proclamations révolutionnaires.

La flotte anglaise augmente le nombre de ses vaisseaux dans la mer Noire.

L'expédition dans le golfe Persique se prépare sur une grande échelle. L'Angleterre espère au moyen des affaires de Naples et de Neuchâtel aveugler l'Europe sur ses manœuvres en Orient.

Notre alliance avec l'Angleterre est compromise parce que nous ne voulons pas être ses complaisants satellites. Il n'est sorte d'injures que les journaux anglais ne vomissent contre nous, et je ne serais pas du tout surpris, si d'ici à peu de temps, nos réfugiés, à l'abri de l'hospitalité anglaise, tentaient quelques troubles en France.

Walewski et Morny surtout sont accablés des plus grossières insultes par la presse anglaise et l'Empereur est menacé ; le *Times* lui dit : *que la Restauration est tombée peu de mois après s'être mise en froid avec l'Angleterre à propos de l'expédition d'Alger, Louis-Philippe peu de temps après le différend causé par les mariages espagnols !*

C'est un petit avis amical et tout à la fois un document qui ne manque pas d'importance sur les causes de nos deux dernières révolutions.

L'Académie des beaux-arts vient d'être rappelée au jury des expositions. Après bien des essais on reconnaît enfin que l'académie vaut mieux que les rapins pour juger le talent des artistes.

Le marquis de Chennevières, cet intrigant qui à force de souplesse et de courbettes a capté la confiance de Nieuwerkerke et qui s'est composé une petite coterie dont font partie Soulié, conservateur adjoint de Versailles, Barbet de Jouy, conservateur adjoint des antiques, Clément de Ris, mon attaché, Henriet, secrétaire du directeur général, est fort opposé au jury académique.

Il a écrit de Florence, où il jouit de son cinquième mois de congé cette année, au directeur, pour le supplier de ne pas remettre le jury aux mains de l'Institut. Il lui propose un petit jury de sa façon dont il nomme les membres : Villot, Soulié, Longpérier, Barbet de Jouy, Lefuel, Mérimée.

Comme je suis la bête noire de la faction Chennevières, je me trouve tout naturellement exclu. Je connais tous ces pieds-plats et ils voudraient bien me démolir. Ils s'aveuglent sur leur importance, et parce qu'ils ont monté à plat ventre quelques marches de l'escalier de la faveur, ils pensent pouvoir arriver au faîte.

Tous ces déclamateurs si féroces jadis contre les abus, si indignés contre les sinécures, amènent Nieuwerkerke aux abus qui leur sont favorables. Toute l'année, malgré le décret impérial, ces messieurs sont en congé avec appointements. Pour eux la loi n'est point faite.

Un autre intrigant sort d'ici, c'est Martinet, agent secret des D'Orléans, propagateur de mauvaises nouvelles, colporteur de pamphlets contre l'Empereur. Nieuwerkerke, qui ne voulait parmi les employés de l'Exposition que les employés du Louvre, n'avait donc pas désigné le susdit Martinet pour en faire partie. Ce matin, il est venu geindre et pleurer. Nieuwerkerke lui donne un emploi.

Quand je vois par ce coin de nos musées de quels subalternes on remplit les administrations, je ne m'étonne plus de tant de gouvernements trahis.

Il ne faut pas penser à éclairer les aveuglés, d'abord ils vous en veulent de leur prouver qu'ils se sont laissé aveugler et ils ne vous croient pas ; c'est toujours l'histoire de Cassandre.

Mercredi 10 décembre

Les nouvelles sur l'état de l'insurrection sicilienne sont contradictoires. Suivant les uns l'insurrection est comprimée et son chef est prisonnier ; suivant les autres (les journaux anglais surtout) l'insurrection fait des progrès.

L'Angleterre ne néglige rien pour mettre le feu aux quatre coins du royaume des Deux-Siciles, et depuis deux jours elle laisse voir dans quel intérêt ses journaux parlent du point de départ des discussions avec le roi de Naples et reviennent sur la fameuse affaire des soufres.

L'Angleterre veut avoir un nouveau fief qui s'appelle Naples, elle s'entend avec la Sardaigne et elle espère ne pas manquer son coup comme en 1847. Le roi de Naples est poursuivi d'un côté par l'Angleterre assistée de la Sardaigne ; de l'autre par la conspiration des *Muratistes*.

Je déplore la situation que la France prend de gaieté de cœur dans cette affaire ; si l'Angleterre triomphe et qu'elle donne la Sicile à la Sardaigne, elle coud à nos flancs une puissance dangereuse, elle jette sur nos côtes une surveillance ennemie avec laquelle il faudra tôt ou tard compter. Nous n'avions de frontières à garder que vers le nord, nous aurons, si le Piémont s'affranchit en Italie, une nouvelle frontière à surveiller, un séide de l'Angleterre à observer, un ennemi de plus à redouter.

Si au contraire les *Muratistes* triomphent, nous aurons contre nous l'Angleterre et le Piémont ainsi que le reste de l'Europe.

Je ne comprends donc pas la position de la France dans l'affaire napolitaine.

Sous prétexte de traiter, l'ambassadeur anglais arrête, dit-on, pour quelques mois à Constantinople l'envoyé persan qui a mission de venir à Paris, et comme cette mission contrarie l'Angleterre, elle met tout en œuvre pour l'empêcher.

Nous avons en ce moment une bien pauvre diplomatie !

Mais en revanche nous avons un ensemble de ministère qui ne m'inspire aucune confiance.

Mercredi 17 décembre

L'assassin du roi de Naples a été pendu ces jours derniers, c'est un condamné politique déjà amnistié [1].

Le prince de Prusse sort d'ici, il a fait ce matin à 9 heures sa seconde visite au musée.

Nieuwerkerke étant à la chasse, j'ai fait au prince les honneurs de la galerie des antiques.

Le prince est jeune, de tournure distinguée et de figure agréable ; il est poli, intelligent, fort ami des arts dont il parle en connaisseur éclairé.

Le *Moniteur* contient ce matin une très importante note sur les affaires de Neuchâtel.

Le gouvernement y dit que toute sa bonne volonté de conciliation a échoué devant l'obstination suisse renforcée par des conseils démagogiques et que maintenant la Suisse ne peut s'en prendre qu'à elle-même si au lieu d'une transaction honorable, des mesures plus rigoureuses sont adoptées.

L'Angleterre souffle sur tous les commencements d'incendie pour n'être point gênée dans ses affaires de Perse. La Suisse, Naples lui sont des dérivatifs à l'attention de l'Europe et lorsque l'imbroglio continental sera débrouillé, elle espère pouvoir répondre à l'Europe : « *Le tour est fait !* »

Autant je prêchais l'alliance anglaise pendant la guerre de Crimée, autant je la croyais nécessaire, autant aujourd'hui je la trouve pleine de périls. La France ne doit, je crois, s'inféoder à aucune alliance, nous

1. L'information que nous donne ici Viel Castel est fausse. Ferdinand II n'a pas trouvé la mort dans l'attentat dont il a été victime.

avons trop souvent été dupes de notre chevaleresquerie. La France ne doit entrer que dans les alliances que lui dictera son intérêt.

L'Angleterre voudrait lui donner le rôle d'appoint, ce rôle ne nous convient pas.

Ce peuple d'égoïstes, cette contrée de l'égoïsme, nommée l'Angleterre, veut ériger en loi, que personne n'a le droit de s'occuper de l'Inde, des rois qu'elle y détrône, des empires qu'elle y renverse, des dynasties qu'elle supprime ; mais l'Angleterre veut avoir partout les yeux et la main ; elle crie haro sur la Russie qui cherche à s'étendre en Orient : elle a tempêté contre la France à propos de l'expédition d'Alger ; l'Angleterre c'est la vieille Rome des empereurs, le reste de l'Europe et du monde se composerait de rois tributaires.

Vendredi 19 décembre

Il y a eu hier petit bal aux Tuileries ; une altesse égyptienne s'y trouvait.

Mercredi, j'ai dîné chez la Princesse Mathilde avec Vimercati, aide de camp du roi de Sardaigne, et La Guéronnière. Il y a été fort question des affaires d'Italie.

Benedetti est venu après dîner.

La Princesse, comme de coutume, a été fort révolutionnaire à propos de l'Italie, et elle a parlé du clergé d'une manière déplorable.

Vimercati, lui aussi, s'est lancé dans toutes les utopies à l'ordre du jour à Turin (la liberté de l'Italie au profit de la Sardaigne sous-entendu) la papauté évincée de Rome, etc. etc., et puis toujours la même rengaine : *nous avons été les maîtres du monde.*

Je lui ai répondu :

« Vous n'êtes pas plus les anciens Romains, que les Turcs ne sont les anciens Grecs du Bas-Empire. Vous autres Longobards, vous êtes une race venue du Nord, vous vous êtes superposés, vous vous êtes imposés comme les Allemands s'imposent aujourd'hui, et enfin que présente votre histoire pendant la durée du Moyen Age et jusqu'à nos jours ? Une succession de luttes intestines et de guerres pour savoir à quel prince étranger sera le duché de Milan ? Si aujourd'hui on déclarait l'Italie libre, demain on s'égorgerait de ville en ville.

« Le pape Pie IX a essayé du gouvernement constitutionnel, comment en a-t-il été récompensé ? On a massacré son ministre, un homme remarquable, sur les marches du palais de l'Assemblée constituante, et l'Assemblée, prévenue de cet horrible meurtre, a déclaré qu'elle passait à l'ordre du jour. Le buste de l'assassin a été couronné et promené dans les cafés, puis le palais du pape a été attaqué à coups de fusils.

« Puis encore pendant le règne de la Convention romaine on a fusillé des prêtres à Saint-Firmin.

« L'Italie est un danger par les passions révolutionnaires que la Sardaigne et l'Angleterre n'y fomentent que trop, et les honnêtes utopistes comme vous, mon cher Vimercati, seraient les premières victimes d'une révolution.

« Prétendre que l'Italie est homogène est une plaisanterie, si le roi de Piémont devenait roi d'Italie, je ne lui donne pas six mois pour être mis au ban des prétendus patriotes, comme l'empereur d'Autriche ou le roi de Naples. »

La vieille Europe est dans une crise qu'elle traversera, je le crains, d'une manière fatale ; elle est pleine de prétendus libéraux qui sous prétexte de liberté veulent tout asservir à la loi de leur utopie. Ces gens-là ne comprennent pas les guerres de religion et ils veulent des guerres de philosophie.

Le professeur Michelet est l'avant-garde de ces fous dangereux ; dans son livre de *l'oiseau* il déclare l'oiseau supérieur à l'homme, et plus intéressant que lui pour l'humanité ; les socialistes déclarent l'intelligence convaincue d'incivisme, ils veulent l'égalité dans l'ignorance, une nation de populace.

Michelet déclare l'homme inférieur aux oiseaux.

Pour qui donc est fait Charenton[1] ?

1. Viel Castel fait allusion au célèbre asile d'aliénés.

Année 1857

Vendredi 2 janvier

Toutes nos visites officielles sont terminées ; nous allons reprendre notre train de vie ordinaire, nous calmer après la *furia* des étrennes.

On se préoccupe toujours de l'affaire de Neuchâtel qui peut amener en Europe de graves complications si la diplomatie ne parvient pas à l'arranger[1] ; grâce à cette malencontreuse situation, l'Angleterre espère conduire assez secrètement ses démêlés avec la Perse et se créer une position en Chine où sur un prétexte peu expliqué encore, elle vient de bombarder Canton.

On parle beaucoup pour cette année du sacre de l'Empereur, si toutefois on peut décider le pape à venir en France.

Nos ardents démagogues gagnent à petit bruit la Suisse où ils comptent soulever des tempêtes capables de faire rentrer l'Europe dans la voie des révolutions.

Les conférences pour Belgrade et l'île des serpents sont décidément commencées, mais jusqu'à présent il n'est pas parvenu au public un seul mot des délibérations.

---

1. Dans la nuit du 2 au 3 septembre 1856, les royalistes de Neuchâtel essayèrent de renverser la République instaurée en 1848 et de rétablir l'autorité prussienne. La tentative échoua. La Confédération helvétique, qui s'enthousiasme pour la cause neuchâteloise, et la Prusse, qui a laissé l'opération se dérouler en espérant en tirer profit, sont au bord de la guerre. Toutefois, la médiation de Napoléon III, acceptée par les deux camps, permettra de régler la question en mai 1857. Le roi de Prusse conservera son titre de prince de Neuchâtel et comte de Valangin, mais la République sera définitivement intégrée à la Confédération sous garantie internationale. Voir Louis Thévenaz, *Le Pays de Neuchâtel. Histoire*, Neuchâtel, Comité directeur du centenaire de la République neuchâteloise, 1948, p. 102 et suiv.

Dimanche 4 janvier

Hier l'archevêque de Paris a été assassiné à trois heures dans l'église Saint-Étienne du Mont par un prêtre interdit nommé Verger qui me semble à moitié fou, et qui, interrogé sur le motif de son action, a dit que c'était à cause de l'Immaculée Conception [1].

Vendredi 9 janvier

L'enterrement de notre pauvre archevêque aura lieu demain matin ; depuis deux jours il est exposé dans une chapelle ardente au palais archiépiscopal, rue de Grenelle.

Le choix de son successeur est embarrassant ; on voudrait pouvoir éviter un ultramontain ardent comme aussi un Gallican trop significatif ; c'est difficile.

Les journaux font à l'envi l'un de l'autre l'éloge de Monseigneur Sibour, chacun selon son opinion pour une cause différente.

On loue non seulement ses vertus ce qui est juste, car il était charitable et bon, mais on vante ses capacités ce qui est contestable et on le cite parmi les prédicateurs remarquables.

Monseigneur Sibour aimait à parler et à préchailler sans élégance, ce n'était pas même un robinet d'eau tiède, car ses paroles quoique vulgaires tombaient très péniblement. Ambitieux, sans convictions politiques, il s'attelait à tous les chars, et un jour il a cru de bonne foi, nous l'avons écrit dans son temps, qu'il serait nommé Président de la République !... alors il était républicain.

Le mariage de M. de Morny va avoir lieu à Saint-Pétersbourg ; les bans seront affichés à Saint-Valère sous peu de jours. Il épouse une jeune personne de dix-huit ans que l'on dit charmante. Cette jeune personne est fille de la princesse Troubetskoï que nous connaissons tous, femme séparée de son mari et qui vit à peu près publiquement avec Kisseleff, non pas l'ambassadeur russe actuel à la cour de France, mais l'ambassadeur qui représentait la Russie à Paris au moment de la guerre. Mme la princesse Troubetskoï a des enfants de Kisseleff, mais la jeune personne qu'épouse Morny est fille du prince Troubetskoï.

Madame Lehon est, dit-on, furieuse, ce que j'ai peine à croire, ce que je ne crois même pas du tout. Mme Lehon se console depuis dix-huit

1. Très violent, le prêtre Jean-Louis Verger était déplacé de cure en cure jusqu'à ce qu'il s'en prît en chaire au dogme de l'Immaculée Conception. Il fut alors suspendu puis frappé d'interdit par l'archevêque de Paris, Mgr Sibour, après avoir donné des signes de démence. Pour se venger, il décida d'assassiner ce dernier. Il profita du fait que l'archevêque devait se rendre à Saint-Étienne-du-Mont, lors des festivités consacrées à sainte Geneviève, patronne de Paris, pour le poignarder en criant : « Pas de déesse, à bas la déesse ! » (allusion à la Vierge Marie). Viel Castel évoque son sort dans la suite de ses *Mémoires*.

mois avec Rouher, ministre du Commerce, des chagrins à venir. Mme Rouher, très agréable et très charmante femme, est jalouse de cette infidélité, et de là l'aigreur dans les relations sociales.

Samedi 10 janvier

La cérémonie des funérailles de Monseigneur Sibour se termine, et malgré les sottes terreurs de quelques bourgeois il n'y a eu ni désordre ni même tentative de désordre.

M. Havin, propriétaire du journal *Le Siècle*, mauvais journal écrit dans un esprit détestable, sorte d'exutoire aux mauvaises passions, est l'ami de M. Abbatucci, ministre de la Justice ; il fait presque tous les soirs la partie de whist de S.E., aussi *Le Siècle* a-t-il une impunité presque assurée.

Garder Abbatucci c'est continuer le système de Caussidière : faire de l'ordre avec le désordre.

J'ai su par Longpérier, dans une longue conversation à propos de notre personnel du Louvre, une petite platitude qui me sert à ranger parmi les faux bonshommes un de nos collègues que certes on prendrait à son air patelin et à la rondeur de ses manières pour un véritable bon homme.

Reiset, puisqu'il faut le nommer, disait, lorsque la Princesse Mathilde eut l'idée d'acheter le château de Saint-Gratien :

« Je suis désolé de ce caprice de la Princesse ; elle va venir passer ses étés sur les bords de notre lac d'Enghien, et ma femme et ma fille sont exposées à la rencontrer ; vous comprenez combien cela m'est peu agréable ; la Princesse a trop peu tenu de compte de l'opinion publique, la présence perpétuelle de Nieuwerkerke, l'absence de contrainte dans leurs relations, tout cela pour ma femme et pour ma fille m'est fort pénible ! ! ! »

Aujourd'hui, Reiset est le plus plat des courtisans, sa femme et sa fille ne bougent de chez la Princesse, elles lui baisent les mains à tout propos et Marie Reiset nomme par plaisanterie familière Nieuwerkerke son grand-papa ! !

Encore une famille à joindre aux Chennevières, Soulié, etc., etc.

Si du moins la Princesse et Nieuwerkerke connaissaient ces adorateurs de la fortune comme l'Empereur et le prince Napoléon connaissent ceux qui les entourent.

Exemples :

L'Empereur revenait de visiter les inondations, il était accompagné du fameux général Goyon, connu pour n'avoir jamais vu le feu. Ledit Goyon était à ce qu'il paraît fort hâlé, l'Impératrice en fit la remarque.

« On croirait vraiment à le voir qu'il a fait une campagne », dit l'Empereur, de son air le plus narquois.

Pendant l'Exposition universelle le prince Napoléon émit un avis que développa et soutint chaleureusement Alfred Arago ; vers la fin de la séance le prince énonça des doctrines différentes, Alfred Arago trouva moyen de les adopter et de les soutenir tout aussi chaleureusement, puis comme il se retirait, le prince dit à l'assistance :

« Ce n'est pas bien coûteux de faire changer d'opinion à Arago ! »

Dimanche 11 janvier

La ville et la cour, comme on disait jadis, ont été hier soir donner une marque de sympathie à Mme Lehon que le mariage de Morny afflige, dit-on, beaucoup.

La pauvre femme a eu une audience de l'Empereur qui s'est montré fort sensible à son affliction, mais qui n'y peut rien.

Mme Lehon a du reste fait très bonne contenance hier, personne ne pouvait se douter en la voyant souriante et aimable du froissement intérieur qu'elle éprouvait. Le froissement ou plutôt cette blessure d'amour-propre a dû être vive ; elle ne se doutait de rien, nul ne lui avait même parlé du mariage déjà cependant assez avancé de Morny avec une jeune Anglaise et dont les bans allaient être publiés.

La famille de la jeune Anglaise, composée d'un père encore vigoureux et de ses deux fils aussi vigoureux et aussi désagréablement déçus dans leurs rêves de grandeur par cette bombe inattendue et ravissante qui a nom Mlle Troubetskoï, est au dernier paroxysme de la fureur. Le père est parti pour St-Pétersbourg avec l'intention de forcer Morny à un duel.

Mme Lehon avait une telle confiance en Morny qu'elle laissait toute sa fortune entre ses mains et qu'elle y est encore. Pour l'en retirer il faudra entretenir des relations horriblement pénibles.

On affirme qu'en faveur du mariage l'empereur de Russie donne cent cinquante mille francs de pension à la jeune Troubetskoï, ceci ne serait pas pour Morny le beau côté de l'affaire et tout le monde le blâmerait, étant ambassadeur de la France, d'avoir accepté ce cadeau pécuniaire d'un monarque auprès duquel il est accrédité pour soutenir les intérêts et l'honneur de son pays.

Les journaux florentins annoncent que par décret du 29 décembre dernier, le grand-duc de Toscane m'a nommé chevalier de son ordre du mérite. Je n'ai pas encore entendu parler de cette faveur.

Vendredi 23 janvier

L'assassin de l'archevêque a été condamné à mort par la cour d'assises. Ce misérable s'est montré d'une insolence inouïe, il a injurié tout le monde, calomnié tous ses bienfaiteurs, enfin le tribunal s'est vu dans la nécessité de l'expulser de l'audience. Il a fait alors un appel au peuple pour protester contre la justice. Le peuple qui composait l'auditoire s'est soulevé par un mouvement énergique et lui a crié d'une voix formidable :

« Tais-toi, assassin ! »

Verger a pâli, puis il est enfin sorti. Rentré dans sa prison, il est devenu moins violent et enfin il a eu peur. Aujourd'hui il cherche avec terreur à se rattacher à la vie ; il a ordonné à son avocat de profiter de tous les délais que la loi lui accorde ; peu confiant dans les moyens de cassation qu'il oppose à l'arrêt qui le condamne il a dicté un recours en grâce à l'Empereur ; il s'y représente comme un homme peu dangereux dont le *délit* ne mérite qu'un exil honorable ; il demande une retraite, du loisir et la faculté de se promener et de travailler.

Après avoir dicté ce recours en grâce, il a écrit à la Princesse Mathilde pour la prier de s'intéresser à son sort !

La peur de mourir s'est emparée de lui ; il dort mal et perd l'appétit ; ses actes et ses paroles n'indiquent pas en son cœur la présence du remords, mais la terreur de l'échafaud. L'agonie lente qu'il s'est faite et dont les journaux publient les détails chaque matin produira peut-être un avertissement salutaire à quelques âmes perverses.

Verger n'est pas fou, c'est un vaniteux de bruit et de renommée qui, enfermé dans une sphère où sa personnalité se trouvait trop à l'étroit, n'a pas craint de commettre un crime pour sortir de l'ombre et du silence où son mince mérite l'enfermait.

Il avait déjà souillé son caractère de prêtre, il avait osé et tenté tout ce qui pouvait le mettre en évidence et il n'était arrivé qu'à se faire interdire par ses supérieurs ecclésiastiques.

Il y a malheureusement à Paris six ou sept cents prêtres interdits qui ne sont certes pas tous des assassins, mais qui sont tous des hommes dangereux. Ces êtres déclassés n'ont plus de place dans la société et ils en sont par conséquent les ennemis. En révolte contre l'obéissance que leurs vœux leur prescrivent ils regardent comme ennemis et tyrans tous leurs supérieurs et ils mettent leur raison individuelle au-dessus de la raison de l'Église. Lamennais a ouvert la voie dans laquelle se précipitent tant de jeunes prêtres qui, sans avoir son talent, sont rongés de son ambition.

La Cour de cassation prononcera jeudi prochain sur le pourvoi de Verger ; son recours en grâce sera rejeté, la fin de la semaine prochaine sera le terme de la vie de cette bête féroce. Huit jours encore de tortures, de terreurs, d'angoisses, de calculs sur le nombre des heures, d'horreur du moindre bruit, parce que le bruit peut annoncer le bourreau ou le montage de la guillotine. Le jour du supplice arrivé, Verger sera déjà à moitié mort, il aura vieilli de vingt ans, et à l'insolence de l'accusé devant la cour aura succédé, si je ne me trompe pas dans mes prévisions, l'abattement le plus complet.

Le Prince Impérial a été assez souffrant d'un gros rhume, mais il est mieux, et toute crainte est dissipée.

Hier soir, il y a eu un grand bal aux Tuileries, j'y suis resté une heure.

Samedi 24 janvier

Au bal du château j'ai vu de Vigny empaqueté dans son habit d'académicien, joufflu comme un vieil ange et le visage luisant et pommadé comme une vieille actrice qui vient d'ôter son fard. Il cherche son esprit en parlant, il s'écoute, il s'applaudit et s'admire ; c'est une *Eloa* fanée qui lance encore des œillades en coulisse auxquelles personne ne fait plus attention.

De Vigny se considère naïvement comme une des gloires du siècle et il est passé comme un taffetas rose abandonné dix ans aux ardeurs du soleil. Sa figure est vieille, ses allures sont vieilles, son esprit est vieux. Il raconte l'esprit qu'il a eu hier et avant-hier ; il me représente parfaitement les pauvres abbés de ruelles et de boudoirs qui après la révolution, ne trouvant plus ni ruelles ni boudoirs, erraient plaintifs et partout dépaysés.

De Vigny était encore avant-hier tout gonflé d'avoir été invité au dernier voyage de Compiègne, et il recommence à qui veut l'entendre le bulletin de son séjour dans ce château. Il se complaît à corriger et à embellir sa narration déjà tellement complétée et embellie qu'elle ne ressemble plus à la vérité.

L'Empereur a été charmant pour lui, l'Empereur l'a comblé d'égards, l'Empereur ne pouvait se passer de sa conversation et l'intérêt des sujets qu'ils traitaient ensemble était si grand que l'Empereur lui avait dit :

« Vous vous levez de bonne heure, et moi aussi, Monsieur de Vigny, veuillez donc bien avant que personne soit éveillé venir le matin dans mon cabinet, nous causerons longuement et sérieusement. »

Et de Vigny, sans l'articuler tout à fait, donne à entendre que l'Empereur l'a consulté sur bien des choses !

J'en parlai à Toulongeon qui s'est mis à rire.

« De Vigny, m'a-t-il dit, est un ennuyeux très affecté, l'Empereur lui a très peu parlé et n'a pas causé avec lui, mais lui, a adressé une demande à l'Empereur.

— Laquelle, me suis-je écrié, il veut peut-être devenir sénateur ?

— Non, reprit Toulongeon, il a sérieusement demandé à l'Empereur d'être chargé d'apprendre à lire au Prince Impérial ! »

Mercredi 28 janvier

Le cardinal Morlot, archevêque de Tours, est nommé à l'archevêché de Paris. C'est un bon choix ; l'Empereur a eu toutes les peines du monde à décider ce prélat à accepter son nouveau siège.

Verger est toujours en prison, c'est demain que la cour de cassation s'occupera de son pourvoi. Cet assassin n'est préoccupé que de la terreur du supplice.

Les journaux ne parlent plus de lui, ils ont été mis en demeure de silence à son égard, et le gouvernement a raison.

J'ai fait admettre hier mon fils au nombre des élèves attachés aux archives des Affaires étrangères.

Édouard a dix-huit ans, il commence son droit, et ses études ont été fort bonnes ; son caractère est réfléchi, il aime les choses sérieuses et ses réflexions sont justes, j'espère qu'un jour Édouard sera un homme distingué.

Coislin a vu Walewski, il a eu avec lui une longue conversation à propos de l'ambassade birmane. Coislin a trouvé le ministre tout à fait sous le joug anglais et traînant sa politique à la remorque de celle de nos *bons* voisins.

Le gouvernement qui a montré tant d'énergie lorsqu'il s'est agi de s'opposer à la confiscation de l'Orient par la Russie laisse l'Angleterre s'emparer de la succession du Czar, il n'ose pas se prononcer en présence de ce qui se passe en Perse et en Chine.

Notre campagne de Crimée n'aura été qu'une seconde édition de la bataille de Navarin, mais cette fois au profit de l'Angleterre.

Walewski a proposé à Coislin de l'envoyer en Birmanie.

« Mais, Monsieur le ministre, a répondu Coislin, vous avez si bien traité les ambassadeurs birmans et vous avez si dédaigneusement traité le général d'Orgoni que la tête de ce dernier peut tomber à son retour chez les Birmans qui ne lui pardonneront pas votre dédain. Je n'ai nulle envie de joindre ma tête à la sienne. Les journaux anglais de l'Inde impriment qu'ils ont reçu de vous l'assurance que le gouvernement français n'aurait aucun égard pour les envoyés de l'empereur des Birmans ; toute votre conduite prouve la vérité de leur assertion. Qu'irais-je faire en Birmanie ? Et d'ailleurs ce voyage exigerait au moins un an, un an c'est long, Monsieur le ministre, dans mon esprit un gouvernement tel que le vôtre doit avant un an se trouver au milieu de graves complications ; vous ne m'inspirez aucune confiance, vos agents à l'intérieur sont aussi mauvais que ceux de l'extérieur, et dans un an vous aurez le socialisme devant vous fort et menaçant ; permettez que je reste pour combattre le socialisme.

« Vous ne voulez pas des Birmans et de leur empire, vous ne voulez pas du commerce de l'Inde et de la Chine qu'ils vous offrent : réfléchissez-y bien encore, car je crois devoir vous en prévenir, à votre défaut et plutôt que d'abandonner ce pays intéressant à l'Angleterre votre alliée, je le placerais entre les bras de la Russie qui nous fait des avances, et qui a bien moins peur que vous de déplaire à l'Angleterre. »

J'ai vu, il y a trois jours, le général d'Orgoni qui m'a fait une longue visite et qui m'a entretenu des affaires de l'Inde et de l'indigne réception qu'on lui a faite ici ; c'est à ne pas le croire.

En Bretagne, m'a dit Coislin qui en arrive, le socialisme fait des progrès, je compte y retourner pour le combattre de mon influence.

L'Empereur a un entourage qui ne lui laisse point voir les choses sous leur vrai jour ; où tout cela nous mènera-t-il ?

Vendredi 30 janvier

Les deux pourvois de Verger en cassation et en grâce ont été rejetés hier, et ce matin à huit heures l'assassin de Monseigneur Sibour a été exécuté en face de la prison de la Roquette où il était détenu.

Nieuwerkerke assistait non seulement à l'exécution, mais il est entré dans la prison du condamné avec le prêtre et le directeur de la Roquette chargés de lui annoncer que l'heure de l'expiation était arrivée. Alors Verger est devenu fort pâle, il a dit qu'on n'avait pas remis sa lettre à l'Empereur, qu'il était impossible que l'Empereur ne lui accorde pas sa grâce, puis il est entré en fureur, s'est roulé sur son lit, criant qu'il voulait vivre, que ce serait une lutte à mort, et comme l'aumônier cherchait à le calmer, il l'a repoussé.

« Vous allez encore me parler de la Vierge, de scapulaire, de chapelet, vous savez quelles sont mes convictions, laissez-moi en repos !... Je ne peux pas mourir ainsi, n'ayant près de moi que des personnes étrangères !... On ne peut pas à mes derniers moments me priver de la présence de mes amis, de mes parents, je veux vivre !... »

L'heure s'avançait et le condamné, sourd aux exhortations de l'aumônier, criait, se débattait, mordait ses draps. Le directeur de la prison a fait venir le bourreau, grand et athlétique personnage de près de six pieds de haut, à la face large, dure et commune, coiffé d'un chapeau graisseux à bords étroits, vêtu d'un habit noir, sale et usé. Ce personnage s'est emparé sans beaucoup de cérémonie et avec quelque brutalité du condamné qui se roulait dans ses draps et dans ses couvertures ; il l'a habillé de force et l'a emporté dans la chambre de la dernière toilette. En y arrivant Verger était plus calme, il a demandé que l'on ne prît pas contre lui tant de précautions et a promis de ne faire aucune résistance.

Depuis un quart d'heure Verger avait pris dix ans de plus, ses yeux étaient hagards, et la contraction des traits devenait hideuse ; cependant il conservait sa présence d'esprit. L'aumônier a profité de ce moment de calme pour faire un dernier appel à ses sentiments de chrétien, pour éveiller en son cœur un sincère repentir.

Verger l'a cette fois écouté, il a pendant quelques secondes incliné sa tête sur sa poitrine, puis il l'a relevée et a fait une complète amende honorable. Il a renié son crime et les principes qu'il professait, enfin il s'est réconcilié avec l'idée religieuse et il a embrassé l'aumônier.

Huit heures allaient sonner, le funèbre cortège s'est mis en marche, Verger pâlissait de plus en plus, son regard devenait effaré, sa tête fléchissait sur son épaule, mais il s'avançait cependant, soutenu par l'aumônier et par le bourreau.

Sur la plate-forme de l'échafaud, au moment où on le bouclait sur la bascule, Verger a crié d'une voix assez forte : « *Vive Jésus-Christ ! Vive l'Empereur !* »

Le reste de l'exécution n'a pas eu la durée de trois secondes, l'assistance était nombreuse et tout s'est passé avec le plus grand ordre.

Ainsi a fini cet assassin autour duquel on a fait trop de bruit et dont le jugement aurait peut-être dû être entouré de formes moins solennelles. *L'Indépendance belge* prenait en quelque sorte, il y a peu de jours, la défense de Verger, elle prétendait que l'opinion publique se prononçait en sa faveur et que l'Empereur ne pourrait sans la froisser vivement refuser de signer sa grâce.

Pour *L'Indépendance*, pour les malintentionnés et pour la bourgeoisie niaise, ce procès n'avait pas tenu les promesses de scandale que les écrits et les paroles de l'assassin laissaient entrevoir.

Il fallait le recommencer pour faciliter à Verger une diffamation plus large, pour lui donner l'occasion de vider la lie de l'injure sur le clergé, de lui prodiguer les noms de débaucheur de femmes et de sodomiste. Le *Journal des débats* aurait entendu sans peine de telles calomnies ; cette mauvaise feuille est encore tout imprégnée de l'esprit des Bertin, c'est-à-dire aussi antireligieuse que possible. Elle professe un respect hypocrite pour le culte, mais elle dénigre les ministres, compte parmi les adversaires les plus passionnés de la cour de Rome, s'attaque même quelquefois au dogme et voudrait en un mot une bonne petite religion qui ne fût gênante pour personne, qui fût l'esclave de tout le monde et dont les croyances ne fussent pas trop définies.

Le *Journal des débats* croit au parlementarisme, à ses tribulations, aux révolutions qu'il amène, mais il ne veut pas toujours croire aux bienfaits de leurs œuvres.

Quel beau temps que celui où Bertin forçait la volonté royale et pliait un ministère sous sa férule. Le journalisme prétend que c'était une ère de liberté. Oui, de liberté pour quatre ou cinq journalistes sans croyances, sans foi ni loi, qui gouvernaient tout et se moquaient de tout.

Samedi 7 février

J'ai eu hier une longue conversation à propos de la prise de Canton par les Anglais avec l'amiral Cécile qui commandait la station française dans les mers de la Chine lorsque éclata la première guerre des Anglais pour le commerce de l'opium.

Il résulte de cette conversation que les motifs mis en avant par les Anglais pour bombarder Canton sont sans aucune valeur. Les Chinois saisis à bord de la barque faussement dite propriété anglaise sont tout simplement des espions des insurgés chinois, et quant au grief articulé par le cabinet de la Grande-Bretagne résultant de l'interdiction prétendue contraire aux traités de pénétrer dans la ville de Canton, ce grief, comme la saisie de la barque, n'a aucune valeur.

En effet, Canton se divise en deux villes fort distinctes, l'une où se trouvent les factoreries, les magasins, en un mot tout le commerce, et où les Européens peuvent trafiquer tout à leur aise.

L'autre, ville sans commerce et sans intérêt pour le commerce qu'on pourrait désigner sous le nom de cité de la vie privée chinoise.

Si l'Angleterre n'avait pas eu d'autres idées d'envahissement, certes la faculté d'entrer dans la ville commerçante lui suffisait, mais l'idée mise au jour par les journaux de l'Inde est bien réellement l'idée anglaise :

L'Empire chinois doit devenir un second Empire anglo-indien.

Il y avait aussi profit pour l'Angleterre à détruire Canton pour Schang-Haï, et le bombardement d'une cité peuplée d'un million d'habitants fut résolu.

Voilà l'Angleterre, et l'on peut apprécier sa bonne foi lorsqu'elle réclamait au nom de l'Europe l'entente de toutes les puissances pour empêcher en Orient la prépondérance de la Russie.

J'ai voulu savoir de l'amiral Cécile si notre marine était en assez bon état pour nous permettre de jouer un rôle dans les transformations de l'Extrême-Orient.

L'amiral m'a répondu :

« Nous ne pouvons opposer notre flotte à celle de l'Angleterre, nous serions écrasés, tout au plus pouvons-nous servir de point de ralliement aux flottes des États secondaires, ou si l'Amérique portait une sérieuse attention à son état maritime nous allier à elle pour opposer une digue au torrent anglais.

— Ainsi, Monsieur l'amiral, ai-je répliqué, voilà donc la situation qui nous a été faite par soixante-dix ans de révolutions, car de 1778 à 1786 la marine française disputa glorieusement et avec succès l'empire des mers à l'Angleterre. Nous avions alors de belles flottes, un corps d'officiers de marine des plus distingués, un bailli de Suffren qui portait fièrement et victorieusement le pavillon de France à son mât d'amiral sur toutes les mers.

« La révolution arrive, supprime comme aristocratie ce beau corps des officiers de marine, bouleverse tout, met à néant nos ateliers de construction de telle sorte que de 1792 à 1802 pendant une période de dix ans il ne s'y construit pas une péniche, et notre marine est anéantie. Louis XVI avait organisé de belles flottes et fait construire de bons vaisseaux dont les derniers embarquaient encore comme le trois-ponts l'*Océan* en 1831.

— Tout cela est vrai, reprit l'amiral Cécile d'un air triste, mais il y a encore d'autres causes à la décadence de notre marine et à la supériorité de celle de l'Angleterre.

« La marine est l'armée active des Anglais, ils y consacrent tous leurs soins, et ils n'ont besoin pour garder l'Angleterre que d'une armée de 40 000 hommes. En France, avec tous les partis qui nous divisent, et les révolutions dont le peuple s'est fait une habitude, il nous faut 400 000 hommes ; la marine n'est qu'un intérêt secondaire car le gouvernement ne peut lui consacrer tout l'argent qu'il faudrait à son entretien.

« Puis, faut-il le dire, à la honte de notre commerce si petit et si mesquin, nous n'avons point de marine marchande parce que nous n'avons pas de véritables commerçants ; nous avons des industriels à vues étroites sans patriotisme, qui se disent volontiers libéraux dans l'occasion et feront du chauvinisme à propos d'élections, mais qui n'entreprendront rien pour s'opposer à l'abaissement de la France et au despotisme de l'Angleterre ou de l'Amérique.

« Il y a plus, jadis le commerce français jouissait d'une grande réputation de probité sur toutes les places du monde, aujourd'hui on le tient en défiance, car il trompe, il vole autant qu'il le peut ; moi qui vous parle, j'ai vu vendre au Pérou par des maisons françaises des bijoux de chrysocale pour des bijoux d'or, et du strass pour du diamant, j'ai vu des pièces de drap et de soierie dont l'aunage était juste, mais si la largeur était d'un mètre et demi au commencement de la pièce, elle n'était plus que de cinquante centimètres à la fin.

« Le commerce français exporte des drogues ; le commerce anglais exporte ce qu'il a de mieux fabriqué.

« Avec de tels empêchements et un tel esprit comment voulez-vous avoir une marine ?

— Cela est profondément triste, ai-je ajouté aux paroles de l'amiral, et il est facile de comprendre l'intérêt que l'Angleterre a et aura toujours de nous entourer de difficultés, soit révolutionnaires, soit européennes. La question italienne peut lui servir merveilleusement !

« Tenez, Monsieur l'amiral, nous avons joué au profit de l'Angleterre dans la guerre de Crimée la contrepartie de la scène de duperie dont nous avons déjà été les victimes à Navarin, mais cette fois-là au profit de la Russie[1].

---

1. Le 20 octobre 1827, les Anglais, les Français et les Russes alliés depuis le mois de juillet précédent pour établir un État grec autonome dans le cadre de l'Empire ottoman détruisirent la flotte turco-égyptienne à Navarin. Dans l'esprit de Viel Castel, cette victoire eut surtout pour conséquence de renforcer la position des Russes dans les Balkans.

— C'est possible... c'est possible, a murmuré l'amiral, mais... tenez, M. de Viel Castel, l'île dont l'Angleterre s'empare dans le golfe Persique appartient à la France en vertu de traités qui ne sont pas abrogés, nous n'en réclamerons même pas la propriété ! ! »

Mercredi 18 février

L'Empereur a ouvert la session législative par un beau et long discours dans lequel, après avoir passé en revue la situation politique extérieure, il énumère les améliorations intérieures qu'il se propose : dégrèvement du décime de guerre, impôt sur les valeurs mobilières, amélioration du traitement des petits employés civils, etc. etc. Puis, il termine par une phrase de M. Thiers décrivant l'état de bien-être que chacun éprouvait pendant le Consulat au sortir de la grande révolution, et il espère, dit-il, qu'on pourra faire le même tableau de son époque.

Hier soir, il y a eu un beau bal costumé au ministère des Affaires étrangères. L'Empereur s'y trouvait en domino et se divertissait fort à intriguer ; mais sa démarche lente et de côté, l'habitude qu'il a de tirer sa moustache en parlant, le faisaient facilement reconnaître.

La comtesse de Castiglione, que chacun dit être du dernier bien avec l'Empereur, avait adopté le costume le plus fantaisiste et le plus hardi qui puisse être imaginé.

Ce costume, moitié Louis XV, moitié actuel, portait pour titre : *dame des cœurs*. Les jupes retroussées sur le jupon de dessous ainsi que le corsage se trouvaient enlacés de chaînes formant des gros cœurs. La merveilleuse chevelure de la comtesse ruisselait autour de ses tempes, de son front et retombait en cascades sur son cou. Le costume éblouissant d'or était magnifique, et quelques bons béotiens admiraient le talent de la comtesse pour subvenir avec quinze mille francs de rente à une vie de luxe et de plaisir.

Les sages murmuraient : « Il n'y a d'Empereur que l'Empereur et la Castiglione est son prophète ! »

Plus d'une femme laissait éclater sa jalousie, les hommes impartiaux ne pensaient qu'une chose qu'ils ne disaient pas : *Je voudrais être à la place de l'Empereur !*

Quant à la comtesse, elle portait avec insolence le poids de sa beauté, elle en étalait les preuves avec ostentation, nous ne saurions dire qu'elle fût décolletée, mais nous pouvons affirmer la nudité de sa gorge qu'entourait à peine une gaze zéphyr, l'œil en suivait le contour et les moindres détails, enfin la partie que la gaze elle-même laissait complètement à découvert s'étendait jusqu'au bout du sein.

La fière comtesse n'a pas de corset ; elle poserait volontiers devant quelque Phidias s'il s'en trouvait un par le temps qui court, et elle poserait parée de sa seule beauté. Sa gorge est vraiment admirable, elle se dresse fièrement comme la gorge des jeunes Mauresques ; les attaches n'ont pas un pli, en un mot les deux seins semblent jeter un défi à toutes les femmes.

La Castiglione est une courtisane comme les Aspasie, elle est fière de sa beauté et ne la voile qu'autant qu'il le faut pour être reçue dans un salon.

Un homme lui a dit hier soir en fixant sa gorge :

« Je les connais maintenant les deux superbes rebelles à tout frein, prenez garde, comtesse, tout à l'heure les vêtements des hommes vont devenir trop étroits ! »

Cela est plus que leste, cependant le propos n'a pas déplu à la comtesse.

La Castiglione était l'événement du bal... L'Empereur ne connaît pas ceux qui partagent son bonheur !... J'en sais qui font mille finesses pour éloigner tout soupçon, et mille maladresses qui disent aux clairvoyants : Je couche avec la Castiglione !

Samedi 7 mars

Voici un bien long silence, mais enfin je viens reprendre ma tâche avec des impressions tristes. Ce qui se fait et ce qui se dit n'a pas de quoi réjouir le cœur des gens affectionnés à l'Empereur.

Je ne raconterai point les bals et les fêtes de ces temps derniers, je dirai seulement qu'au dernier bal de la Princesse Mathilde je n'avais pu faire inviter La Guéronnière et Latour Dumoulin, ni obtenir de lui présenter le fils d'un riche et estimable banquier de mes amis, M. Cahen, mais qu'en revanche, toute la clique Giraud s'y trouvait, et que huit jours après Émile de Girardin, ayant sollicité dans une lettre fort obséquieuse l'honneur d'être admis, venait accompagné de sa jeune femme y montrer son visage de fouine.

Alexandre Dumas fils, que la Princesse poussée par les Giraud tient en particulière affection, lui a joué un tour dont je ne suis pas autrement chagrin :

La Princesse, pensant faire une belle chose, avait annoncé à l'Empereur qu'Alexandre Dumas fils serait à son bal, et l'Empereur avait demandé qu'il lui fût présenté. Alors grande joie au camp Giraud, beaux projets de la Princesse et de Nieuwerkerke.

« L'Empereur, disait Nieuwerkerke, devrait lui remettre au milieu du bal la croix de la Légion d'honneur. »

On était fier de montrer Dumas fils, on lui rêvait une ovation...

Dumas fils vient chez la Princesse qui toute joyeuse lui annonce que sur le désir exprimé par l'Empereur, lui, Alexandre Dumas fils, sera présenté au prochain bal !

Mais Alexandre Dumas fils refuse, l'Empereur a des torts envers lui, je ne sais plus lesquels, on insiste vainement, et je lui entends dire comme dernière raison de son refus : « *Je suis timide et orgueilleux.* »

Allez, faites des avances à vos ennemis, choyez-les, caressez-les, faites pour cela peu d'attention et peu de cas de vos amis, vous en obtiendrez ainsi la récompense.

Par l'influence de l'Impératrice notre ancien Léon de Laborde dont j'ai déjà eu tant de fois l'occasion de parler est nommé directeur général des archives de l'Empire.

De Laborde est un Philippiste ainsi que ses sœurs, mais c'est cependant sur leurs instances que l'Impératrice a agi auprès de l'Empereur, Mme Delessert, sa fille et ses sœurs ne consentent pas à montrer leurs museaux aux Tuileries, mais elles daignent faire le matin en cachette quelques visites à l'Impératrice et Édouard Delessert est de tous les voyages dans les résidences.

Morny, dit-on, ne reviendra pas de la Russie, il restera russe pour éviter en France des affaires désagréables, il aurait, si l'on en croit les *on-dit*, fait de tels tripotages dans les comptes du *Grand Central*, si bien manœuvré quelques millions, que sa fortune particulière en aurait reçu un très notable accroissement, alors que la caisse du *Grand Central* en devenait plus pauvre[1] ! !

Berryer fils subit un procès en police correctionnelle à propos de la société des Docks ; qu'il soit condamné ou acquitté, il n'en restera pas moins établi que, commissaire du gouvernement chargé de surveiller la société Cusin et Legendre, il se faisait rétribuer par ces messieurs et les aidait à dépouiller les actionnaires. Commissaire appointé par le ministre à 5 000 francs, il recevait de Cusin et Legendre 15 000 francs par an de supplément et de plus après de honteuses supplications et pour éviter des poursuites de créanciers, il soutirait encore cent mille francs de la caisse des actionnaires !

La Patrie, *le journal La Patrie* s'entend, est réorganisée sous la direction de la Guéronnière, j'entre dans la nouvelle combinaison.

Le traité entre la Perse et l'Angleterre a été signé à Paris ces jours derniers par Lord Cowley et Feruch Khan, il faut maintenant qu'il soit ratifié par l'empereur persan.

Le ministère Palmerston s'est trouvé battu devant la Chambre des

1. Au début du Second Empire, Morny, qui souhaitait désenclaver le Massif central, s'entendit avec les Pereire, désireux de concurrencer les Rothschild et leurs projets ferroviaires, pour construire un chemin de fer qui passerait par le centre de la France. Après avoir intéressé des financiers britanniques, il constitua en avril 1853 la Compagnie du Grand Central. Celle-ci connut immédiatement des difficultés car le coût des travaux avait été sous-évalué. En 1855, Morny abandonna les Pereire pour les Rothschild, mais ce renversement d'alliance ne parvint pas à enrayer la chute des cours et des crédits. En mai 1856, il dut passer un accord avec le Paris-Orléans qui lui permit de réaliser des profits personnels. Cependant, les difficultés persistent en cet hiver 1857 et Morny devra finalement liquider le Grand Central en juin.

communes à propos de l'affaire de Canton ; il a eu une minorité de seize voix.

Le Parlement va être dissous.

L'affaire de Neuchâtel est toujours en suspens, celle de Naples en même état et l'empereur d'Autriche essaye de la clémence et de la mansuétude en Lombardie.

La cour de Turin recommence avec l'Autriche une guerre de plume et de mauvais procédés.

Quant au sultan, il marie sa fille au fils du pacha d'Égypte ; l'industrie parisienne est chargée ainsi que l'industrie lyonnaise de la confection de la corbeille. Il y aura pour six ou huit cent mille francs de soieries, cinq paires de pantoufles brodées de diamants à 30 000 francs pièce, etc. etc. Les féeries des mille et une nuits sont éclipsées.

L'Empereur qui veut que la vérité puisse se faire entendre de lui recevra tous les lundis les députés et les hauts fonctionnaires ! Que voilà qui est bien trouvé avec le choix de députés et de fonctionnaires dont nous sommes ornés.

Si j'avais une supplique à présenter à l'Empereur je lui dirais :

« Sire,

« Que Votre Majesté daigne prendre un large et puissant balai, et qu'elle rapproprie elle-même ses écuries. »

L'évêque de Moulins, Monseigneur de Dreux Brézé, s'est fait avec son clergé de telles affaires, qu'il y a maintenant appel comme d'abus porté au Conseil d'État et que le peuple de la ville épiscopale qui prend parti contre l'évêque est tellement remué et agité par cette affaire, que le régiment qui tient garnison à Moulins est obligé de monter à cheval tous les jours pour veiller au maintien de l'ordre.

Lundi 9 mars

Le père Ventura a prêché hier dimanche à la chapelle des Tuileries devant l'Empereur, l'Impératrice et une nombreuse assistance. Il avait pris pour texte de son sermon le danger des études classiques et dans l'exorde de son discours il a prévenu ses auditeurs qu'il ne venait pas prononcer un sermon ordinaire.

« Je viens, Sire, devant le chef d'État lui faire entendre un discours politique. »

Alors, dans un mauvais charabia moitié italien, moitié français, il s'est livré aux plus violentes diatribes contre l'enseignement universitaire ; il a demandé en propres termes la suppression des classiques grecs et romains et que l'instruction fût exclusivement nourrie de l'enseignement catholique et de la lecture des pères.

Puis, il a tonné contre le protestantisme qui par lui-même, a-t-il dit, n'a aucune vertu et si l'apparence de quelqu'une peut encore être saisie chez lui, c'est un dernier reflet de ses traditions catholiques !

« Savez-vous, Sire, qui arme le bras de tous les assassins politiques, des Fieschi, des Alibaud, de tous ceux enfin qui lèvent une main sacrilège sur la personne des souverains ?... Ce sont les Grecs et les Romains, c'est ce funeste enseignement classique, ces exemples des Brutus donnés en pâture à l'admiration de la jeunesse !

« Si les anges descendaient sur la terre, ils remonteraient corrompus par votre enseignement classique, vers le père Éternel ! »

Enfin ce père Ventura, l'ancien révolutionnaire romain, l'ami de Mazzini, qui le jour où le pape fuyait Rome, caché dans la voiture de l'ambassadeur français, célébrait la délivrance de Rome par un *Te Deum* d'actions de grâces. Ce père Ventura, disons-nous, vient aujourd'hui tonner contre l'enseignement libéral.

L'Impératrice favorise cette tendance d'une partie du clergé, elle aura peut-être un jour à déplorer cet égarement, nous le craignons ; quant à l'Empereur impassible et impénétrable, il écoute et se forme peu à peu un jugement que suivra une détermination inflexible. Quelques paroles de M. Rouland, ministre des Cultes, le font présumer. Ce ministre est effrayé du chemin qu'ont fait les ultramontains, et il a laissé échapper « *qu'avant peu il y serait porté remède* ».

Que le remède arrive donc, mais sans réaction vive, car il ne faut pas non plus lâcher la bride à l'enseignement de la philosophie universitaire, il ne faut pas que nos enfants aillent recevoir dans les universités des leçons de scepticisme.

Le scepticisme n'a besoin des leçons de personne pour pénétrer dans nos cœurs, lorsque nos cœurs sont disposés par les penchants de notre nature à le recevoir.

Vendredi 13 mars

Tout Paris se préoccupe du sorcier américain ou pour parler plus sérieusement de l'illuminé Hume[1]. Il ne sort pas de chez les Beauvau, et il est continuellement aux Tuileries où l'Empereur et l'Impératrice le font venir avec un sentiment qui est plus que de la curiosité.

Cet homme s'est converti au catholicisme, et tourmenté par des

1. Écossais de vingt-deux ans, Dunglas Hume est médium. Il fait tourner les tables, marcher les fauteuils et les sonnettes. Il est déjà célèbre en Grande-Bretagne et en Italie lorsqu'il arrive à Paris au printemps 1857. La bonne société du régime — en particulier l'impératrice et le prince Murat — s'engoue de lui. Voir la *Correspondance générale de Mérimée*, *op. cit.*, lettres de Mérimée à Mme de Montijo des 4 mars et 11 avril 1857, *Lettres familières de l'Impératrice Eugénie, publiées par le duc d'Albe*, Paris, Le Divan, 1935, 2 vol., t. I, p. 136-141, Mme Jules Baroche, *Le Second Empire. Notes et souvenirs*, Paris, G. Crès, 1921, p. 64 et p. 84 et Comte Fleury et Louis Sonolet, *La Société du Second Empire*, Paris, Albin Michel, 1911, t. I, p. 290 et suiv.

visions ou, comme il le dit, par *des esprits*, il s'est confessé au père Ravignan qui obtint de lui la promesse écrite de renoncer à ce commerce avec les esprits.

« Je le veux bien, répondit-il, et j'y tâcherai ; les esprits me laisseront en repos jusqu'au 10 février. »

Les esprits revinrent après le 10 février et il retourna à ses invocations. Il prétend qu'il lui a été prédit qu'il mourrait dans l'année.

Ces évocations et ces entretiens avec les esprits se rattachent dans sa pensée à une régénération du christianisme et c'est le principal motif qui engageait le père Ravignan à lui interdire ce commerce et ces expériences.

Quoi qu'il en soit, ce qu'il fait est très extraordinaire et ne peut être expliqué. Au château il a fait apparaître une main sur la table, l'Impératrice a voulu la toucher et à ce contact elle s'est écriée : « *C'est la main de mon père !* » puis elle a eu une crise nerveuse.

L'Empereur à son tour a touché la main, puis, avec une sorte de terreur instinctive il l'a lâchée presque aussitôt en disant : « *Dieu que c'est froid.* »

Le duc de Mortemart a vu lui aussi une main s'avancer vers lui.

Enfin, Chevreau, préfet de la Loire [1], répète à qui veut l'entendre : « Je ne suis pas crédule, loin de là, je connais l'adresse des jongleurs et j'ai toujours pu comprendre comment ils opéraient ou du moins m'expliquer leur sorcellerie par des moyens humains, Hume m'a fait pâlir et je n'explique rien, mais j'ai vu. Ainsi, il a commandé à une sonnette de monter le long de mes jambes, et quand j'ai voulu la retenir elle s'est échappée en glissant malgré moi entre mes doigts. Il a commandé à une table de répondre par des coups frappés, la table répondait, et ce qu'il y a de plus extraordinaire, c'est que les coups étaient également frappés sous la plante de mes pieds !... »

Un autre jour, chez les Beauvau, il a ordonné à une table de s'enlever de terre, la table est montée vers le plafond, il a dit à la petite de Beauvau de la tirer pour la faire redescendre, mais chaque fois que la petite de Beauvau lâchait prise, la table remontait. Tout à coup, d'une voix brève il a dit : « *tiens ferme* », et les efforts de trois hommes n'ont pu faire redescendre la table.

Si quelque jour on lit ces pages on sourira de pitié et je passerai pour un être faible et crédule, mais qu'y faire ? Je raconte ce que vingt personnes ont vu, et je ne me l'explique pas.

1. Henri Chevreau n'est pas préfet de la Loire mais de la Loire-Inférieure.

Mercredi 18 mars

Le comte de Laborde a été nommé directeur général des archives ! ! Il est utile pour la moralité de cette nomination de transcrire ici les deux pièces suivantes :

Journal La Réforme, *8 juin 1849*

Nous avons dans notre numéro du 18 mai dernier d'après une note communiquée pris la liberté de demander quelques explications à M. Léon de Laborde au sujet des trois livraisons de planches *du Parthénon* transformées en six au moyen d'une couverture et cela pour obtenir 18 000 au lieu de 9 000 tant du ministère de l'Intérieur que du ministère de l'Instruction publique.

M. Léon de Laborde n'a pas cru devoir répondre à cette note. On nous assure qu'à cet égard il a même refusé de donner des explications au ministère de l'Instruction publique.

Quand on a l'honneur d'être membre de l'Institut (Académie des inscriptions et belles-lettres) et d'avoir été député satisfait et ambassadeur du roi Louis-Philippe, on est au-dessus de pareilles criailleries et l'on s'enveloppe silencieusement dans sa vertu.

Mais enfin, comme nous tenons à nos richesses nationales, nous voudrions bien savoir si M. Léon de Laborde nommé conservateur adjoint avec les attributions de conservateur en titre est ou n'est pas entré en fonctions. On nous assure que M. le directeur des Musées nationaux a protesté contre cette nomination. Il eût bien mieux valu l'avoir empêchée.

Bien convaincus que M. Léon de Laborde ne peut être conservateur de quoi que ce soit sinon de la politique de M. Thiers, nous croirions de notre devoir de protester contre un pareil scandale alors même que M. Thiers serait ministre et nous sommes persuadés qu'il suffira de le signaler à M. Dufaure pour que justice en soit faite.

La Princesse Mathilde demanda un jour à M. Fortoul, ministre de l'Instruction publique, la vérité sur cette affaire, et je transcris plus bas la note toute de son écriture que le ministre remit, j'ai l'original sous les yeux.

Les articles relatifs aux livraisons fournies aux ministères de l'Intérieur et de l'Instruction ont paru le 18 mai et le 8 juin 1849. Dans un journal du 4 mai 1849 a paru un article relatif aux voyages en Syrie et en Asie Mineure pour lesquels le même auteur avait reçu environ 60 000 francs depuis plusieurs années sans avoir jamais fourni une ligne de texte de l'un d'eux.

Les *douze quittances* au moyen desquelles on s'est fait payer par les ministères 18 000 francs au lieu de 9 000 qui auraient été dus si les livraisons du Parthénon eussent été complètes, contiennent un certificat attestant que ces livraisons sont complètes, ce qui constituait un double mensonge, puisque outre que les planches étaient de moitié moins nombreuses, il n'y avait pas une page de texte (c'est un faux matériel). Le libraire Leleux, rue des Poitevins n° 11, qui n'était pas l'éditeur du Parthénon, a consenti à toucher l'argent au Ministère ; mais il a exigé de M. de L. des quittances originales pour dégager sa responsabilité d'une affaire qu'il regardait comme très mauvaise.

Les articles sur ce sujet ont été répétés sept fois par divers journaux sans amener de réponse.

M. de Falloux cependant a fait écrire au coupable pour lui annoncer (juin 1849) qu'il n'aurait plus part aux souscriptions d'un ministère qu'il avait indignement trompé.

Nous dirons comme la Réforme de 1849 : M. Léon de Laborde ne peut être conservateur de quoi que ce soit !

L'Impératrice, bien convaincue de cette vérité, l'a fait nommer directeur général des archives de l'Empire !

Le remplacement de M. Chabrié aux archives a pour cause un différend grave avec Fould. Ce ministre voulait faire disparaître des archives les pièces du procès criminel du duc de Praslin ; Chabrié s'y opposait énergiquement.

Pendant un congé de Chabrié, Fould fait rendre un décret qui organisait le service des archives de telle sorte que l'enlèvement des pièces devenait possible malgré l'opposition du directeur général.

En lisant ce décret au *Moniteur*, Chabrié accourt à Paris, va droit à l'Empereur et lui démontre le vice du décret rendu. L'Empereur comprend la faute que le ministre lui a fait commettre et demande un nouveau projet de décret à Chabrié.

A quelques jours de là, l'Empereur accompagné du ministre d'État se rendit aux archives où Chabrié lui remit le projet qu'il lui avait demandé, mais en le remettant il ajouta :

« Je suis trop attaché à Votre Majesté pour lui laisser ignorer les causes secrètes de toute cette affaire et quelque pénible qu'il me soit de le faire devant M. le ministre, je remplirai mon devoir. »

Alors, il dévoila l'intrigue ourdie pour arriver à l'enlèvement des pièces du procès Praslin (M. de Breteuil, père du gendre de Fould, a été le tuteur des enfants Praslin).

En terminant il dit : « Je sais qu'en agissant ainsi, c'est ma démission que je remets à Votre Majesté. »

Le lendemain, à l'issue du conseil, Fould fit comprendre qu'après ce qui s'était passé Chabrié son subordonné ne pouvait garder son emploi.

Chabrié fut donc remplacé, mais l'Empereur lui écrivit :

Mon cher Chabrié, les nécessités de la discipline hiérarchique me forcent à vous remplacer aux archives, mais soyez sans inquiétudes, je ne vous oublierai pas, etc. etc.

De Laborde livrera-t-il les pièces ?... L'Empereur est averti, ce sera grave, cependant d'un autre côté de Laborde trouverait ainsi un appui dans M. Fould !

M. Léon de Laborde ne saurait être conservateur de quoi que ce soit !

Ce qui était vrai en 1849 l'est encore plus en 1857.

Lundi 30 mars

La duchesse d'Orléans est, dit-on, accouchée d'un fils ; elle aurait épousé depuis longtemps Montguyon, ancien officier attaché à sa maison.

M. Guizot, à qui Mme la princesse de Lieven avait laissé par testament sa voiture ornée d'une rente viagère de 8 000 francs destinée à l'entretien du carrosse, avait d'abord refusé ce legs, puis mieux avisé, après avoir consulté des compagnies d'assurances pour connaître le taux de la capitalisation, il a fait demander aux héritiers de la princesse s'ils voulaient racheter cette rente moyennant 75 000 francs. Les héritiers y ont consenti, et M. Guizot a touché ce capital.

Le père Ventura a encore prêché hier à la cour ; il a pris pour texte de son sermon les dangers des mauvais exemples *venant de haut*, ceux surtout qui sont donnés par le mauvais entourage des princes. Puis, il a parlé de la corruption des mœurs, des femmes entretenues, des maisons de filles, etc. etc.

Mercredi 1er avril

Émile Augier a été hier élu par l'académie par 19 voix contre 18 données à Laprade son concurrent par la coalition Guizot, Cousin et duc de Noailles [1].

Le maréchal Canrobert est venu me chercher hier pour me conduire chez H. Vernet qui vient de terminer son portrait destiné aux galeries de Versailles. Le maréchal ne se trouve ni assez joli, ni assez élégant, il a toute la coquetterie d'une jolie femme, il aurait voulu persuader à Vernet de le faire plus mince et plus élancé ; mais H. Vernet a tenu bon et j'ai vu le moment où le peintre et le maréchal se fâchaient tout à fait.

Horace Vernet avait pris un compas, et mesurant l'original à la peinture, il avait prouvé au maréchal que toutes les proportions étaient exactes. A bout de raisonnements le maréchal s'écria :

« Si je suis comme ça, je suis diablement laid ! »

H. Vernet crut que l'observation s'adressait à la manière dont le portrait était peint et sur-le-champ il se monta en vivacité et répondit :

« Eh bien, Monsieur le maréchal, je vais le déchirer car je n'y tiens pas plus que cela. »

---

1. Auteur de comédies et de drames bourgeois et moralisateurs en vers et en prose, dont les plus célèbres sont *L'Aventurière* (1848), *Diane* (1852) et son chef-d'œuvre *Le Gendre de Monsieur Poirier* (1854), Émile Augier est socialement conservateur (il prône l'amour dans le mariage, la vie de famille, l'honnêteté en affaires), mais politiquement libéral. Il n'en est pas moins très apprécié de l'empereur qui en a fait, depuis 1852, un habitué des Tuileries. Son élection, obtenue grâce à la voix d'Alfred de Musset, satisfait donc Napoléon III et, après celle de Ponsard deux ans plus tôt, compense en partie la « déconvenue Berryer ».

Le maréchal protesta contre la portée donnée à ses paroles et affirma que l'observation, le reproche s'adressaient au modèle et non à la peinture.

J'intervins alors dans la discussion et le calme reparut.

Mais le maréchal est froissé par la ressemblance trapue de sa personne, il veut être élégant. Il convient qu'il est petit, un peu fort ; mais il veut malgré tout cela *être élégant*, c'est son idée fixe. Il se croit bien, et ses manières, sa démarche, sa toilette, la frisure de ses longs cheveux indiquent ses prétentions.

La guerre de Crimée a un peu tourné sa tête en amour-propre ; il veut être un héros non seulement de fait, mais encore d'apparence, après avoir été un héros sur le champ de bataille, il ne serait pas fâché d'être un peu héros de roman, et malheureusement rien en lui ne prête à cette illusion.

Le soir, j'ai dîné chez E. Dubufe avec Penguilly, E. Lami, Blanchard le graveur, Gounod le musicien, E. Ciceri, Dubufe père, Dedreux, etc.

Nous avons fait un dîner charmant, et jusqu'à minuit nous sommes restés à fumer, à causer art et littérature et à écouter Gounod qui nous a chanté en s'accompagnant sur le piston les plus belles parties du *Don Juan* de Mozart et de magnifiques chants de Gluck.

Cette soirée a été charmante, elle m'a reposé de toutes les stupides réunions où l'on reste jusqu'à deux heures du matin à voir danser *le quadrille des Lanciers* ou à parler des *affaires du temps* !

Le ministre Fould vient de commettre la plus haute inconvenance et la plus grossière injustice qu'il soit possible de signaler, voici le fait :

M. Théophile Silvestre publie une sorte de pamphlet qu'il nomme *Histoire des artistes contemporains*.

Ce monsieur, après avoir abusé de la confiance de Vernet pour publier sans son aveu des lettres particulières (abus qui a amené un procès), l'a injurié et maltraité d'une façon ignoble ; il a également injurié et maltraité M. Ingres ; enfin ce monsieur Silvestre est une sorte de drôle répudié par les honnêtes gens.

Il n'y avait que M. Fould pour lui tendre les bras et souffleter ainsi deux de nos plus grands artistes. Le ministre des Beaux-Arts a pris parti pour le pamphlétaire contre les artistes ; voici ce qu'on lit ce matin dans les journaux :

Le ministre d'État vient de charger M. Théophile Silvestre, auteur de l'*Histoire des artistes vivants*, d'une mission à l'étranger ; cette mission a pour objet l'inspection et l'étude des divers musées et autres établissements des beaux-arts.

Le passage de M. Fould au ministère d'État pèsera comme une mauvaise action sur le règne de l'Empereur. Ce Fould joint à l'insolence d'un coquin l'outrecuidance d'un parvenu ; il abuse de la fortune et croit à son étoile qui lui permet de tout oser. L'étoile de Fould ! Certainement le bon Dieu n'a pas créé celle-là. A côté de ce puissant seigneur nous trouvons sa digne moitié, ancienne coquette dont les amants commencent par H. Vernet pour finir on ne sait par qui ; puis au milieu de ses enfants légitimes Soubeyran, chef du cabinet, fils d'une dame Soubeyran, Mlle de Rovigo, sœur de Mme de Serlay, dame d'honneur de la Princesse Mathilde, et qui profite de la position de son neveu pour se faire donner en cachette, malgré sa situation aisée, une pension assez ronde sur les fonds du ministère.

Le père Ventura avait raison de tonner contre le mauvais entourage des princes, celui de l'Empereur est fétide.

Jeudi 2 avril

Dans les hauts bas-fonds de la société parisienne il existe une certaine Mme de Païva qui est la reine des femmes entretenues, la lionne du genre. Cette femme, Russe d'origine, a été longtemps la maîtresse de Hertz, le pianiste, puis celle du duc de Guiche aujourd'hui duc de Grammont, puis aussi celle d'une certaine quantité de notabilités plus ou moins notables. Bref comme les années se passaient sans amener ni une position, ni la fortune, elle prit la ferme résolution de conquérir l'une et l'autre.

D'abord elle sut rendre amoureux fou un certain Portugais nommé le marquis de Païva, cousin de l'envoyé actuel du Portugal, et elle le rendit si bien amoureux et si bien fou que l'infortuné lui offrit sa main qui fut, comme on le pense, acceptée.

Le lendemain du mariage, au réveil des nouveaux époux, Mme de Païva tint à peu près ce langage à son amoureux satisfait :

« Vous avez voulu coucher avec moi, et vous y êtes parvenu en faisant de moi votre femme. Vous m'avez donné votre nom, je me suis acquittée cette nuit. J'ai agi en honnête femme, je voulais une position, je la tiens, mais vous, Monsieur de Païva, vous n'avez pour femme qu'une p..., vous ne pouvez la présenter nulle part, vous ne pouvez recevoir personne ; il est donc nécessaire de nous séparer, retournez en Portugal, moi je reste ici avec votre nom, et je demeure p... »

Le Païva, honteux et confus, suivit le conseil de l'épousée, et il a enseveli dans la solitude d'un château portugais le souvenir de sa déplorable aventure.

L'ex-Hertz devenue Païva ne pouvait avec le douaire que lui fait son mari mener la vie tant rêvée par son imagination. Elle se mit en quête d'un prince riche et généreux qu'elle pût faire tomber dans ses filets.

Ce prince, ou comte, ou duc, elle l'a rencontré voyageant, et elle s'est attachée à ses pas à Constantinople, à Pétersbourg, à Naples, à Paris ; le prince la trouvait partout entourée de luxe, resplendissante de beauté étrange et voluptueuse, beauté un peu composée, un peu peinte et très manégée ; la Païva ne paraissait aucunement s'occuper du prince, mais un beau jour ce ne fut plus elle qui suivit le mortel prédestiné, ce fut le mortel prédestiné qui la suivit.

Il était amoureux tant et si fort qu'il arriva chez elle, non pour lui offrir sa main, la Païva n'en aurait que faire, mais les accessoires.

« J'ai trois millions de rente, lui dit-il, consentez à vivre avec moi, ils nous deviendront communs. »

La Païva qui avait dépensé trois cent mille francs à la conquête du prince accepta pour recouvrer ses avances.

Le nom du comte, duc ou prince, je l'ignore, mais la Païva a aujourd'hui la meilleure et la plus élégante maison de Paris, ses dîners sont exquis, elle reçoit beaucoup d'artistes et de littérateurs et sa conversation est réputée spirituelle.

Arsène Houssaye lui disait : « *C'est l'amour qui vous a appris le français.* »

« Non, a-t-elle répondu, *c'est le français qui m'a appris l'amour.* »

J'ai vu les plans d'un palais que l'architecte Mangin lui bâtit aux Champs-Élysées, terrain et bâtisse coûteront sans le mobilier un million et demi.

La Païva étale sur sa personne des diamants, des perles et des pierreries qui valent deux millions, elle est la grande débauchée du siècle.

Elle a toujours des soupirants qu'elle écoute, mais qu'elle contente peu, elle ne veut pas descendre aux vulgarités des abandons faciles.

Un de ces soupirants, à bout de patience, lui exprima crûment la volonté bien arrêtée de coucher avec elle, il le lui dit, écrivit si bien et si souvent qu'un matin elle le prit à part et lui parla ainsi :

« Vous voulez absolument coucher avec moi, vous y tenez, c'est votre idée fixe, il faut donc en finir pour vivre désormais en paix avec vous. Que pouvez-vous m'offrir ? Vous êtes pauvre, vous possédez trente mille livres de rentes, j'aime l'argent, je n'en ai jamais assez, pourtant j'en ai plus que vous ; je veux vous faire acheter la faveur que vous sollicitez, avez-vous dix mille francs ?

— Non, répondit le solliciteur.

— Vous avez bien répondu, car si vous aviez avoué posséder dix mille francs, je vous en demanderais vingt mille. Puisque vous n'avez pas dix mille francs, apportez-les-moi, nous les brûlerons, et je serai à vous aussi longtemps que ce feu de dix mille francs durera. »

L'amoureux salua et dit :

« A demain, marquise. »

Le lendemain, la marquise, assise sur le divan de son boudoir, était sous les armes les plus coquettes ; un guéridon de marbre comme un autel antique semblait attendre une victime ; l'air était parfumé, et le jour pénétrait à peine à travers les épais rideaux des croisées.

L'amoureux arriva jusqu'à la déesse, non pas orné de bandelettes, mais paré de douze billets de mille francs de la Banque de France ; il avait voulu rendre son sacrifice plus complet.

La Païva, sans changer d'attitude et avec un sourire et des regards de vipère amoureuse, palpe les douze mille francs, les trouve adorables et, les disposant sur la table de marbre du guéridon de façon à ce qu'ils ne puissent brûler que les uns après les autres, met le feu au premier.

Aussitôt, le jeune homme vole dans les bras de la Païva et laissant de côté les préliminaires, il arrive droit au but et profite de sa bonne fortune en homme qui connaît le prix du temps.

Les billets brûlés, l'amoureux satisfait, la Païva souriante, chiffonnée et goguenarde se trouvent en présence et pendant le rajustement de sa toilette, le lutteur, répondant aux regards moqueurs de la courtisane, lui dit :

« Ma pauvre enfant, je me suis f... de toi ; les billets avaient été si admirablement photographiés par mon ami Aguado, que tu y as été trompée. »

A ces mots, la Païva bondit comme une panthère vers l'imprudent. Ni Camille, ni Hermione dans leurs fureurs ne pourraient faire comprendre la colère de la courtisane bafouée. Elle aurait voulu poignarder, étrangler l'insolent, mais il y a des cours d'assises. Elle se contenta des coups de poignard que la langue peut porter ; elle les prodigua, elle accabla de termes de mépris le satisfait qui n'était plus amoureux, et qui partit en époussetant ses genoux.

Quand la Païva logera dans son palais, *les gens comme il faut* feront des bassesses pour y être admis !

Lundi 6 avril

On s'entretient tout bas d'un événement qui aurait pu avoir des conséquences les plus fatales ; voici ce qui s'est passé :

L'Empereur sortait à trois heures du matin de chez Mme de Castiglione, il était très incognito dans son petit coupé, sans domestique et conduit par son cocher de confiance.

Au moment où les chevaux quittaient l'hôtel de la comtesse, trois hommes se précipitèrent à leur tête en cherchant à les arrêter. Le cocher les a vigoureusement fouettés, ils ont bondi et renversé un des assaillants, puis ils ont pu entraîner sans accident l'Empereur jusqu'aux Tuileries.

De nombreuses arrestations ont encore été faites hier, dit-on, d'autres auraient eu lieu ces jours derniers ; l'*Indépendance belge* les relatait en désignant un certain F.M., écrivain attaché à une de nos grandes revues comme un des arrêtés. Elle désignait encore comme fort compromis par les correspondances saisies Ledru-Rollin, elle donnait à entendre que ces correspondances qui le plaçaient comme l'instigateur d'un complot contre la vie de l'Empereur permettaient de demander son extradition.

J'ai causé hier avec quelques conseillers d'État du projet soumis à leurs délibérations d'une loi contre les usurpateurs de noblesse ; ils m'ont affirmé que la pensée de l'Empereur ne s'arrêtait pas à ce seul moyen de reconstituer une vraie noblesse, qu'il voulait encore rendre aux pères de famille le droit de disposer plus, suivant leur volonté, de leur succession, en un mot, rétablir la création des majorats comme elle est constituée en Angleterre.

Mercredi 8 avril

La conspiration découverte ces jours derniers tenait ses réunions chez un serrurier. Les correspondances des réfugiés de Londres ont été saisies chez le fils d'un architecte de Versailles qu'on était loin de soupçonner. Cet homme ne passait nullement pour un conspirateur et il était cependant affilié aux socialistes et très avant dans leur confiance.

L'Empereur qui croit beaucoup à son étoile ne prend et ne veut prendre aucune précaution personnelle, il s'est même fâché contre le maréchal Magnan qui lui représentait l'imprudence de sa témérité.

« Je ne veux pas de représentations, a-t-il dit, j'entends ne pas être mis en tutelle et rester libre d'agir à ma guise, retenez bien mes paroles, Monsieur le maréchal. »

L'Empereur oublie qu'un chef de nation ne s'appartient pas et n'est pas libre de s'exposer, le salut de tous est dans son salut, il peut être comparé à un joueur qui tient les cartes, les parieurs ont droit de conseil.

Mercredi 15 avril

J'ai vu hier soir chez S.A.I. la Princesse Mathilde le général Totleben, le défenseur de Sébastopol ; c'est un homme encore fort jeune d'apparence, on lui donnerait à peine quarante ans, sa figure est très militaire, mais peu distinguée.

Il y avait peu de monde chez la Princesse.

Jeudi 16 avril

J'ai vendu hier à la salle des commissaires-priseurs une grande partie des curiosités qui encombraient mon cabinet. Ces curiosités se sont assez bien placées quoique mes amis n'eussent pas fait un effort pour soutenir ma vente. Si j'avais été un inconnu pour eux, j'aurais pu compter sur leur concours.

Aujourd'hui, je fais vendre une collection de 1 800 gravures historiques des XVIIe et XVIIIe siècles.

J'ai conservé quelques belles choses.

Je veux absolument m'acheter un pied-à-terre près de Paris pour pouvoir de temps à autre aller m'y reposer et m'y retremper dans le calme. Vers le soir de la vie, il est bon de se recueillir un peu et de vivre ce qu'il nous reste de vie en écoutant sonner les minutes. Lorsque l'on n'a plus vingt ans, on devient avare de ses heures. A Paris je ne me sens pas vivre et j'ignore presque le calme des nuits et la fraîcheur des matins.

Le marché que j'avais conclu pour faire bâtir une maison au bois de Boulogne est rompu ; l'entrepreneur a voulu augmenter ses devis, j'ai refusé de souscrire à ses prétentions, alors il m'a proposé de tout reprendre à son compte, terrain et construction ; j'ai accepté.

Dimanche 19 avril

La vente de la belle collection des tableaux de Patureau commence demain ; l'exposition dure depuis plusieurs jours. L'Empereur est allé hier la voir, et il a trouvé laid le plus bel Hobbema connu. Quant à la Princesse Mathilde, elle a dit qu'elle ne donnerait pas mille francs de toute la collection, qu'elle n'était composée que de peintures fort maussades. Décidément les Bonaparte ne connaissent pas grand-chose aux beaux-arts, et ils ont le tort de décider sans consulter ceux qui s'y connaissent.

Reiset passe pour un oracle ; hier, il dînait à la cour avec sa femme et sa fille, car toute cette famille est devenue très courtisane et le devient de plus en plus à mesure que l'Empereur s'affermit. Avant le 2 décembre on ne les voyait jamais à l'Élysée ; j'ai raconté plus haut comment de Reiset se désespérait, lorsque pour la première fois la Princesse Mathilde alla habiter la propriété de M. de Custine. Reiset marchait à grands pas dans le cabinet de Longpérier et lui disait :

« Ma femme et ma fille seront exposées à rencontrer cette femme ! »

L'Empire est arrivé, les Reiset se sont fait présenter à la Princesse et *cette femme* a maintenant Mme de Reiset au nombre des dames attachées à son service. Mlle Reiset ne bouge de chez elle, et mère et fille lui baisent les mains avec force révérences.

Quant à Reiset, il est devenu fat d'importance, il se carre dans sa courte et épaisse taille et se donne les airs d'un grand seigneur. Reiset est le pape des amateurs de dessins, ils croient à son infaillibilité et lorsqu'il a prononcé une sentence, il ne peut comprendre qu'il y ait appel. C'est du reste un homme à vues étroites qui exploite la conservation des dessins du Louvre au point de vue de son goût particulier. Il crie sur tous les toits qu'il est le premier connaisseur du monde et il le persuade à tous les ignorants, Villot excepté, qui ne veut céder ce rang à personne.

Voici sur ces deux conservateurs et sur M. de Lassalle leur ami une bonne anecdote dont je garantis l'authenticité ; elle m'a été contée par Patureau.

Patureau visitait à Rouen la collection d'un amateur nommé Ducuit. Il aperçoit assez haut placé un tableau qui fixe son attention, il prie le propriétaire de le faire poser sur un chevalet, et après l'avoir bien examiné, il lui dit :

« *Mon cher Monsieur, vous possédez une copie assez adroitement faite.*

— Que dites-vous, une copie ? C'est bien l'original, je l'ai acheté chez le marchand de tableaux anciens de la place de la Bourse, et avant de me décider à cette acquisition, j'ai fait voir le tableau à MM. Villot, Reiset et de Lassalle, qui m'ont affirmé que je pouvais être sans crainte, que c'était bien un original.

— Mais ces messieurs se trompaient, reprit Patureau, l'original n'était-il pas placé dans le cabinet Périer ?

— Oui.

— Eh bien, je l'ai acquis à sa vente, apportez votre tableau à Paris, j'y ferai venir le mien et la question sera décidée. »

Les deux tableaux vinrent à Paris. M. Ducuit dut reconnaître qu'il n'avait qu'une copie que le marchand reprit en disant :

« Monsieur Ducuit devait bien penser que je ne pouvais lui donner pour 4 ou 5 000 francs un tableau qui en vaut 20 000. »

Les Villot, Reiset et compagnie, furieux, mais non confus, jurèrent que le tableau qui leur avait été présenté n'était pas celui que rapportait Ducuit. On aurait pu leur demander : « *Lequel avez-vous donc vu ?* » car à l'époque de votre mémorable jugement l'original était entre les mains de Patureau.

Voilà les connaisseurs qui décident des acquisitions des musées et qui ont fait supprimer les experts !

Dans ce monde il suffit d'un peu d'audace et de beaucoup d'outrecuidance pour réussir, Reiset est le demi-dieu de la cour de la Princesse Mathilde, l'oracle de Nieuwerkerke. Un jour, le Louvre signalera son passage parmi les conservateurs, comme celui d'une funeste inutilité.

Avec la nouvelle loi sur la noblesse on devrait le faire duc d'Enghien.

Jeudi 23 avril

La conspiration contre l'Empereur dont j'ai dernièrement parlé a été éventée très curieusement.

Un socialiste pur sang du nom de Giraud avait combiné dans sa tête l'assassinat de l'Empereur comme moyen pour amener l'avènement de la République rouge. Il faut savoir que ledit Giraud est un lâche drôle, peu scrupuleux sur le choix des moyens, homme énergique et très ambitieux du rôle d'assassin politique. Après avoir tourné et retourné dans sa tête la résolution qui devait pour la postérité le transformer en Brutus, il court chez le grand citoyen Bastide dont il était probablement connu et il lui fait part de son idée en lui demandant une lettre pour Ledru-Rollin. Bastide écoute et dit à Giraud :

« Partez pour Londres et vous trouverez ma lettre dans telle maison... »

Giraud part aussitôt, mais la police qui depuis longtemps le surveillait fait partir par le même paquebot une fine mouche de la police qui débarque avec lui, et va loger dans le même hôtel.

A Londres, Giraud court au logis du correspondant de Bastide ; de ce logis on le conduit après cinq intermédiaires chez le véritable correspondant qui lui remet enfin la lettre pour le grand Ledru.

La mouche ne perdait pas de vue Giraud, s'étant liée avec lui, elle savait toutes ses démarches.

Giraud est enfin reçu par Ledru à qui la lettre de Bastide le recommande ; il fait part de son projet, et demande non pas des moyens d'exécution, mais une entente entre toutes les fractions socialistes pour saisir le pouvoir au moment de l'exécution.

Ledru approuve, loue le patriotisme de Giraud et lui répond qu'il va sans délai réunir tous les socialistes de Londres, qu'il leur fera part des propositions héroïques du nouveau Brutus, puis il lui assigne un rendez-vous prochain.

Giraud dont le but était rempli n'avait qu'à attendre le rendez-vous, et pour tromper les ennuis de cette attente, il se mit à visiter Londres avec son ami *la mouche.*

Ledru-Rollin cependant allait de porte en porte réjouir les vrais et sensibles socialistes en leur apportant la bonne nouvelle.

Les conciliabules se multipliaient ; Ledru se donnait beaucoup de mouvement, on ne voyait plus que lui dans les rues de Londres.

Dans ses courses multipliées, Ledru fit la rencontre de Giraud et de *la mouche* qui flanaient bras dessus, bras dessous en vrais amis.

La mouche était connue de Ledru, où l'avait-il déjà vu ? Je l'ignore, il est probable que *la mouche* bourdonnait en 1848 au ministère de l'Intérieur, occupé à cette triste époque par le citoyen Ledru et la citoyenne G. Sand.

Ledru vit toute une révélation dans l'intimité de ces deux hommes. Giraud devient à ses yeux un second agent de police envoyé pour le faire tomber dans un piège ; la lettre de Bastide est fausse, on n'abuse pas longtemps du grand citoyen. Son parti est pris, il dénonce Giraud, il livre la lettre de Bastide et retourne chez lui en se frottant les mains.

Giraud arrêté demeure d'abord stupéfait et muet, mais à la vue de la lettre de Bastide livrée par Ledru, il se croit trahi par le socialisme tout entier et trahit alors tout le monde. Ses révélations ont fait arrêter 80 personnes. Cette affaire sera probablement étouffée et n'arrivera pas à la connaissance du public.

Samedi 2 mai

L'Académie des beaux-arts a été réintégrée dans ses fonctions de jury des expositions. Hier a eu lieu sa première séance. Elle a voulu revenir sur ce qui a été décidé par l'Empereur, c'est-à-dire que la section des musiciens siégerait dans le jury ; mais Nieuwerkerke lui a fait remarquer qu'elle était sans droit pour critiquer et réformer le décret impérial, et l'incident n'a pas eu de suites.

L'académie objectait qu'elle ne se scindait jamais et que la section musique siégeait dans toutes les questions intéressant la peinture, la sculpture, la gravure, l'architecture, qu'elle votait, et que par réciprocité les peintres, sculpteurs, graveurs et architectes votaient également dans les concours de musique.

Le grand-duc Constantin, qui depuis deux jours est à Paris, vient aujourd'hui à une heure visiter le Louvre ; nous le recevrons en habit de ville et cravate blanche.

Ayant résilié le traité que j'avais avec la compagnie du bois de Boulogne pour la maison que je faisais bâtir, j'ai acheté trois arpents dans le parc de Plessis-Lalande au-dessus de Nogent-sur-Marne. Ce terrain est bien boisé, je vais y faire placer une vraie chaumière à l'anglaise, autrement dit : *cottage*.

Dimanche 3 mai

Le grand-duc Constantin est resté hier deux heures et demi au Louvre qu'il a visité un peu en courant. Disons tout d'abord que ce grand-duc qui passe dans le monde pour nous aimer peu est un jeune homme blond d'une figure agréable, ayant de bonnes manières et montrant de l'instruction. Il a bien parlé des choses qu'il admirait et il les comparait non sans justesse aux monuments des mêmes époques d'art qu'il avait pu visiter dans d'autres musées. Le musée des Souverains l'a intéressé, les insignes et l'évangéliaire de Charlemagne, le livre d'heures de Saint Louis, l'ont fort intéressé. Il s'est aussi arrêté quelque temps devant le soulier de la reine Marie-Antoinette et devant l'épée de Pavie. L'armure ciselée de Henri II a été pour lui un objet d'admiration. Il m'a dit à plusieurs reprises : *c'est un merveilleux chef-d'œuvre.*

La salle impériale l'a retenu un quart d'heure, le lit de camp, le chapeau de Napoléon, sa redingote grise, l'habit porté à Marengo, l'épée de consul, tout enfin le captivait. Le grand-duc lisait de l'histoire presque contemporaine.

« *Nous conservons*, m'a-t-il dit, *deux de ses nécessaires de voyages, ils sont dans un des palais de l'Empereur.* »

Arrivé au musée de la Marine, il y a tout examiné quoique rapidement avec un grand intérêt.

Morel Fatio, conservateur de ce musée, fut amené à lui dire dans la conversation qu'il avait été, il y a deux ans, devant Cronstadt, mais qu'il n'avait rien pu voir.

Le grand-duc, avec cette parole brève et impérieuse qui le distingue, a répondu :

« *Il fallait revenir l'année suivante, vous auriez pu dessiner quelque chose.* »

Le commandement doit être dur de sa part, hautain et sans indécision, car le bas de la figure du grand-duc accuse beaucoup de fermeté et de volonté.

Le soir, il y a eu grand bal au ministère de la Marine. La comtesse Castiglione que le public s'obstine à croire renvoyée y trônait plus que jamais. Le ministre avait refusé de lui envoyer une invitation ; elle n'en a reçu une que sur la demande de la Princesse Mathilde !

Lorsque la Princesse Mathilde a fait le tour des salons donnant le bras au grand-duc, la Castiglione venait immédiatement après elle, donnant le bras à un Russe. Le ministre, Mme Hamelin et le service d'honneur de la Princesse ne venaient qu'ensuite.

Dans le petit salon réservé pour les princes, il ne se trouvait, sauf le ministre de la Marine, sa femme et une jeune femme russe, que la comtesse Castiglione.

Je ne comprends plus la Princesse, elle est froissée non sans raison du peu d'amabilité de l'Impératrice à son égard, de n'être point invitée aux dîners de famille avec le grand-duc, et la voilà qui se met à chaperonner la maîtresse de l'Empereur ! Cela est triste.

Je tiens du capitaine de vaisseau La Roncière, intime du prince Napoléon, que ce prince déteste le grand-duc.

La Roncière et moi, nous dînions hier dans la petite salle à manger du Cercle Impérial, et il m'a raconté que le prince Napoléon avait reproché à l'Empereur le trop bon accueil qu'il faisait au prince russe, et comme l'Empereur voulait que Napoléon allât à l'Hôtel de Ville pour faire honneur au grand-duc, et qu'il s'y refusait, l'Empereur, affirme La Roncière, aurait fini par lui dire :

« *Fais comme tu voudras.* »

Alfred de Musset, notre poète le plus original et le plus vraiment poète, est mort hier à peine âgé de quarante-six ans. Je l'ai beaucoup connu dès sa plus tendre jeunesse, je le voyais souvent, moins depuis qu'il se livrait à la passion de la boisson dont les excès l'ont tué. Musset ne buvait pas pour être gai, il buvait pour vivre d'une autre vie étrange, intérieure, fantastique dont il ne révélait rien. Des chagrins l'ont, je crois, conduit pas à pas à cet abrutissement.

C'était un vrai poète, un grand poète, mais la poésie était morte déjà en lui, et ce n'est que le corps humain que l'on rend aujourd'hui à la terre.

Pauvre Alfred ! Je le vois encore blond, rose et timide avec ses dix-sept ans venant me lire le manuscrit de ses *Contes d'Espagne et d'Italie.* Pauvre poète, personne ne saura quelle coupe d'amertumes tu as vidée avant d'aller chercher l'oubli en vidant les sales verres des cabarets ! On ne te plaindra pas et moi je te plains. On te méprisait en te voyant passer ivre et chancelant, moi je te plaignais. On s'éloignait de toi sans même chercher à rallumer le flambeau de ton intelligence, et moi, pauvre Alfred, je serrais ta main froide et fiévreuse avec un bonheur douloureux, et j'étais heureux lorsque après avoir remis sous tes yeux tous les souvenirs de ta fraîche jeunesse, je voyais ta fantaisie sourire dans ton regard et qu'en poète tu retournais vers le passé.

Pauvre, pauvre Alfred, paix à ton âme, je te regrette ! !

Lundi 4 mai

Décidément, la Princesse Mathilde est en défaveur auprès de l'Impératrice, elle n'a pas encore été invitée depuis l'arrivée du grand-duc Constantin aux dîners de la cour.

L'Impératrice est froissée de la popularité de la Princesse, du succès qu'elle a parce qu'elle se donne la peine d'être aimable, enfin elle n'aime pas à la voir près d'elle aux Tuileries.

Le grand dîner de la cour a été curieux hier ; les deux princesses admises étaient deux vieilles rabâcheuses, fort peu avenantes, la grande-duchesse de Bade et la princesse Camerata.

Que voilà qui est bien trouvé pour donner bonne idée de la cour de France au jeune grand-duc.

L'Impératrice ne peut pardonner à la Princesse Mathilde les prévenances du grand-duc, la visite matinale qu'il lui a faite avant tous les autres membres de la famille.

Aux Tuileries, il déplaît à l'Impératrice que la Princesse aille causer avec qui lui convient, qu'elle soit gaie et en bonne humeur, aussi arrive-t-il que deux ou trois fois dans la soirée elle fait dire à la Princesse de venir prendre place à ses côtés.

L'Impératrice, dès que le dîner est terminé, se place dans un fauteuil dont elle ne bouge que pour se retirer dans son appartement. Ce fauteuil est un épouvantail, nul n'a le droit de s'en approcher sans y être convié par un ordre que transmet un chambellan. Partout ailleurs dans le salon on cause, on est du monde, mais autour du fauteuil impérial le monde n'existe plus, l'étiquette remplace tout, glace tout, paralyse tout.

L'Impératrice fait du moins approcher sous la conduite de son chambellan les gens d'esprit, les causeurs intéressants ? Point !... M. de Flamarens et M. le duc de Bauffremont sont presque les seuls favorisés et Dieu sait si l'esprit ou la causerie de ces deux sénateurs, ci-devant *beaux* de profession, a quoi que ce soit de séduisant.

Les gens d'esprit ne sont pas de mise à la cour impériale, on a épuré ; passez au crible tous les dignitaires et fonctionnaires de la Maison, pas une parcelle d'esprit ne se rencontrera.

La Castiglione est en faveur chez la Princesse Mathilde. Giraud va faire son portrait. Giraud lui aussi est à l'apogée de la faveur, tout ce qu'il fait est admirable, il se plaint toujours, il demande toujours, on lui donne toujours et il n'est jamais satisfait. Sa faveur rejaillit sur son frère qui est aussi un peintre *admirable* ; sur son fils qui a beaucoup de talent. Tout ce qu'on peut leur donner de travaux on le leur donne ; et le jeune Giraud qui n'a jamais rien produit, encore élève d'atelier, va lui aussi avoir sa commande.

Giraud a maison de ville et maison de campagne et bon nombre d'artistes meurent de faim, qu'importe *ce bon* Giraud a encore appétit.

Les autres personnages en faveur auprès de la Princesse sont les Vimercati mari et femme, fort peu réjouissants et de fort peu d'esprit ; le marquis et la marquise de la Valette, plus spirituels et fort assidus.

La Princesse s'engoue puis elle se désengoue sans bien raisonner ses engouements et ses désengouements. Son salon assez agréable autrefois et où se rencontraient bon nombre de gens d'esprit devient triste parce qu'on n'y rencontre plus que des vanités stupides comme les Reiset, les Vimercati, des importants comme l'abbé Coquereau ou des esprits pointus comme le peintre Ch. Muller.

Les Giraud ont voulu à plusieurs reprises y implanter les deux Dumas, père et fils, mais leur outrecuidance a été trop forte.

Le soir, la porte de l'hôtel est en général fermée à qui n'est pas de la coterie intime ; je regrette vivement la pente que suit la petite cour de la rue de Courcelles. Le service d'honneur est presque exclusivement fait par une vieille fée, Mme de Fly, jadis attachée comme dame de compagnie à Lady Wittingham, maîtresse du prince Paul de Wurtemberg. Le secrétaire des commandements, ancien ami intime de Mme Desprez, est un homme à réputation suspecte que les indulgents n'accusent que de p...

Le chevalier d'honneur est un bon et brave général qui a nom Bougenel, fort familiarisé avec la poudre, mais qui ne l'a pas inventée.

La dame d'honneur est la baronne de Serlay née Rovigo, intrigante affectant le dévouement, dont la grande faveur est déjà passée.

La baronne de St-Marsault et la comtesse Ratomska sont bien aimables et de bonnes façons, mais on n'en use que modérément.

Voici venir la fleur des pois !... Tirez vos chapeaux, ce marquis de Mascarille c'est Reiset ! Le grand Reiset, le sublime myope comme Homère est resté pour l'éternité le sublime aveugle !... C'est Reiset qui à force d'avoir frotté son nez sur les vieux tableaux s'est fait passer pour le plus grand connaisseur en fait d'art.

Il est ou semble préoccupé, il se carre dans sa courte taille, il se donne des airs de fatuité hautaine, si vous n'êtes pas de son avis, il sourit dédaigneusement, c'est le premier moutardier du pape, le grand amiral du lac d'Enghien et le plus courtisan des hommes sous un faux air de bonhomie.

Voici sa femme, maigre et blonde créature qu'un mot légèrement hasardé effarouchait jadis, et qui maintenant entend sans sourciller les gaillardises.

Voici Mlle Reiset, jeune fille assez gentille d'ensemble et surtout de jeunesse, très joliment coquette qui a la tête tournée des grandeurs de sa famille, et qui jusqu'à présent refuse tous les maris qui se présentent comme peu dignes d'elle.

Mlle Reiset ne sourcille non plus pas aux égrillarderies qui se débitent devant elle.

Comme l'esprit et la moralité de cette famille ont changé !

Au dîner que Reiset nous donna à sa campagne en 1850 en l'absence de sa femme et de sa fille, nous étions entre hommes. Un propos seulement léger sortit de la bouche de l'un de nous, et Reiset se récria en disant :

« *Pour Dieu ne polluez pas la demeure où ma femme et ma fille vont bientôt se trouver*. »

Depuis ce jour Mme et Mlle Reiset se sont aguerries, et le prude Reiset a pris son parti.

Ce que c'est cependant que la faveur des cours pour former les gens.

Mercredi 6 mai

Aujourd'hui à deux heures, grande revue de 36 000 hommes au Champ-de-Mars pour le grand-duc Constantin. Il fait beau temps.

Hier, la comtesse Castiglione est venue seule chez Nieuwerkerke passer deux heures, prendre du thé, manger des gâteaux, etc. etc.

Nieuwerkerke a pris la peine de me dire ce matin que quoiqu'il n'y eût rien entre la comtesse et lui, il n'avait pas raconté à la Princesse Mathilde la visite de la Pompadour impériale.

Nieuwerkerke raconte même qu'il n'a aucune envie d'être son amant, que ce serait à lui une faute énorme que de compromettre pour cette petite satisfaction sa position auprès de la Princesse Mathilde et de l'Empereur. Quoi qu'il en dise, il existe des relations d'une intimité quelconque entre la comtesse Castiglione et lui, et son imprudence est grande de la recevoir au Louvre.

Il avait dernièrement pour maîtresse une petite jeune fille ravissante, une de celles qui peignent dans les galeries du Louvre. Il lui a loué un logement dans le faubourg St-Honoré sur le chemin qu'il prend tous les jours pour aller chez la Princesse. Depuis quelque temps la jeune fille et sa mère, qui favorisait le commerce de sa fille, se plaignent ; elles parlent de déceptions douloureuses ; c'est le bruit public, on en cause parmi les gardiens du Musée, et même dans la domesticité de la Princesse.

Mlle et Mme Poisson, c'est ainsi que se nomment ces deux dames, passent aux vétérans ; *leur cause est entendue*, la Castiglione les éclipse de sa beauté fulgurante et surtout de son titre de maîtresse de l'Empereur.

Toutes les fois, et cela arrive souvent, que Nieuwerkerke honore de ses faveurs une nouvelle favorite, il vient, me prenant pour un *naïf*, me démontrer que les rendez-vous qu'il assigne ou qu'il obtient se passent en conversations insignifiantes ; j'accepte tout ce qu'il me raconte et je crois ce que je veux croire.

La Castiglione annonce l'intention de venir un soir à minuit sur le toit du Louvre entendre sonner les cloches de toutes les paroisses de Paris ! Je sais bien quelles matines seront chantées au bruit de ces cloches. Hier, la folle comtesse parcourait avec Nieuwerkerke cette immense toiture, elle gravissait les pentes des frontons, et tout le monde en levant la tête pouvait l'apercevoir accompagnée de M. le surintendant des Beaux-Arts de Sa Majesté.

Il y a déjà trois ans au moins, Morny donnait un dîner où se trouvaient la Princesse, Nieuwerkerke et Édouard Delessert. La Princesse partit d'assez bonne heure, Nieuwerkerke partit de son côté et Delessert ne demeura pas deux minutes après le départ de la Princesse.

Nous étions quelques personnes chez la Princesse à attendre son retour en jouant un petit lansquenet avec la Desprez et je ne sais plus qui.

La Princesse arriva assez tard fort décoiffée, enfin un peu en désarroi et les joues vermillonnées ; cinq minutes après son arrivée on annonce Édouard Delessert, le jeu continue, la Princesse et Édouard y prennent part.

Sur un coup gagné par Édouard et comme il *passait la main*, la Princesse lui dit :

« *Vous vous en tenez à un seul coup ?* »

Édouard avec un air d'assurance et de fatuité inconcevable lui répondit :

« *Mieux qu'une autre vous devriez savoir que je n'ai pas l'habitude de m'en tenir à un seul coup !* »

Le vermillonnage des joues de la Princesse prit une teinte plus foncée, et il y eut un peu d'embarras dans sa contenance en présence de l'air triomphant du monsieur qui ne s'en tenait pas à un seul coup.

Nieuwerkerke et la Princesse se permettent des licences... poétiques, nous sommes dans un siècle de tolérance.

Jeudi 7 mai

Au bal donné samedi dernier par S.E. le ministre de la Marine la Princesse Mathilde fit la rencontre de M. Chabrié, ancien directeur des archives impériales remplacé récemment comme je l'ai raconté par le comte Léon de Laborde.

La Princesse alla vers M. Chabrié et lui dit tout haut :

« J'ai été bien désolée, M. Chabrié, de votre remplacement aux archives, surtout en sachant qui on vous a donné pour remplaçant. »

M. Chabrié ému a beaucoup remercié la Princesse et lui a répondu :

« Je remercie d'autant plus Votre Altesse Impériale qu'elle me fait entendre la première une parole sympathique. »

Quelques jours avant cette scène, Mme de la Redorte était venue trouver la Princesse et lui avait dit au nom de De Laborde que maintenant qu'il se trouvait investi par le choix de l'Empereur de hautes fonctions publiques, il espérait le retour des bonnes grâces de S.A.I. et la permission de se présenter de nouveau devant elle.

La Princesse a répondu à Mme de la Redorte :

« *Que Monsieur de Laborde soit ce que l'on voudra, qu'on l'investisse de fonctions publiques, cela ne me regarde pas, mais je suis maîtresse chez moi, et Monsieur de Laborde n'y remettra jamais les pieds, dites-le-lui de ma part.* »

La Princesse a raison et cette exécution est juste.

La Princesse a de la droiture, un excellent premier mouvement, elle pourrait occuper une grande et importante position ; malheureusement personne ne lui donne de conseils éclairés, et les gens qui l'entourent sont ou des intrigants, ou des gens qui ne connaissent ni le monde ni les cours. Il en résulte qu'elle n'a pas le crédit qu'elle devrait avoir parce qu'on ne lui fait pas tenir la ligne de conduite qui lui convient, parce que sous prétexte d'assurer son indépendance, on ne la fait pas insister sur le maintien de ses prérogatives.

Vendredi 8 mai

Hier, Nieuwerkerke a vu Chabrié qui lui a raconté toute la scène avec Fould en présence de l'Empereur, scène après laquelle Chabrié a donné sa démission.

« L'Empereur prenait plaisir, a dit Chabrié, à me pousser de questions, et comprenait très bien que je ne reculerais devant aucune révélation, il semblait jouir de l'embarras de son ministre.

« L'Empereur a sur son bureau des verres qui portent des noms ; les uns sont à moitié pleins, les autres le sont aux trois quarts, celui de Fould débordera incessamment.

« L'Empereur après ma démission m'a comblé, non seulement il m'a nommé commandeur de la Légion d'honneur et conseiller maître à la

Cour des comptes, mais il a dit aux Tuileries en me désignant aux personnes qui l'accompagnaient : "Messieurs, voici le plus honnête homme que je connaisse." »

Le prince Napoléon est parti avant-hier pour Berlin où l'on dit qu'il espère récolter une femme ; je plains la malheureuse.

Son départ est la suite de son mauvais vouloir pour le grand-duc Constantin.

Hier, il y a eu pour ce prince une fête de jour au château de Villeneuve-l'Étang ; ce soir nous avons un concert chez S.A.I. la Princesse Mathilde.

Dimanche 10 mai

Hier, il y a eu grand bal aux Tuileries, j'y ai rencontré Régnault le directeur de Sèvres qui m'a demandé de lui venir en aide pour la décoration de ses fayences et pour les modèles des vases ; nous allons donc travailler à restaurer en France l'industrie de la belle fayence.

Lundi 11 mai

La cour part aujourd'hui pour Fontainebleau avec le grand-duc Constantin qui n'y demeurera que peu de jours.

Le roi de Bavière y est attendu le 17.

Hier, chez la Princesse Mathilde, j'ai dîné avec la comtesse Castiglione et son mari ; je lui ai offert mon bras pour passer dans la salle à manger, et tout naturellement je me suis trouvé placé à côté d'elle à table.

Il est impossible de voir une plus séduisante créature, plus parfaitement belle : de beaux yeux, un nez fin, une bouche petite, des cheveux admirables, une gorge et des épaules ravissantes, et des bras, des mains, d'un contour irréprochable. La conversation de la comtesse est vive et légère ; on peut lui dire des choses graveleuses et elle ne fait point la prude. Vimercati ne s'est point gêné pour lui faire entendre les polissonneries les plus fortes ; ainsi comme elle mangeait un bonbon à la fleur d'oranger et qu'elle en aspirait la liqueur sucrée en le tenant serré entre ses lèvres.

« *Aimez-vous à sucer, comtesse ?* » lui a-t-il dit.

La Castiglione lui a répondu :

« *A sucer quoi ?* »... Puis elle a ri d'une petite façon égrillarde fort réjouissante.

Après cette soirée, je demeure plus convaincu que jamais des relations intimes qui existent entre la Castiglione et Nieuwerkerke qui a fait toutes les maladresses imaginables. Avant l'arrivée de la Princesse il lui parlait bas ; quand il s'est agi de passer dans la salle à manger, il ne lui a pas offert son bras, et il s'est placé aussi loin d'elle que possible.

Quant au comte Castiglione, jeune homme assez bien de sa personne, il est impossible de trouver un mari complaisant plus complètement dans son rôle qu'il ne l'est. Il nous a répété vingt fois :

« Je suis le modèle des maris, je n'entends et je ne vois jamais rien. »

La Princesse a été fort aimable pour la Castiglione, elle ne voit point quelle rivale elle rapproche, et elle ne comprend pas que cette amabilité fera mauvais effet chez l'Impératrice. Nieuwerkerke lui fait jouer un vilain jeu.

Cet été nous verrons la Castiglione à Enghien.

Nieuwerkerke, enhardi par le succès de ses imprudences, court je le crains pour lui à sa perte.

Vendredi 15 mai

Girardin donnait une soirée mardi dernier, les meilleurs chanteurs, pianistes, violons et autres musiciens avaient tenu à honneur de s'y faire entendre sans vouloir de rémunération ; mais comme Girardin, l'homme du progrès, recevait une société d'élite, il avait parqué ses musiciens dans un salon particulier d'où il ne leur était possible de sortir que pour l'exécution de la partie du concert confiée à leur talent.

Girardin, ce soir-là, tenait l'art à distance. Telle était l'étiquette inventée par l'ex-directeur de *La Presse.*

Le monde d'élite, admis chez Girardin, ne fut pas compromis par le contact de l'art ; ces amalgames *inconvenants* sont bons chez des parvenus tels que les grands seigneurs, mais chez Girardin !... on pourrait croire que les artistes sont ses amis. Vers la fin de la soirée, le *grand* Dumas, précédant le *grand* Lamartine, se dirigea vers le parc aux artistes et lorsqu'il en eut entrouvert la porte, il cria de sa voix la plus puissante :

« Sa Majesté Lamartine, messieurs, cela vaut au moins l'Empereur ! »

Lamartine ainsi annoncé se présenta dans sa superbe la plus superbe, et joua son rôle de roi avec une digne affabilité. Il avait laissé ce soir-là son casque de Bélisaire dans son hôtel de la rue de la Ville-l'Évêque.

Lamartine Bélisaire est tous les jours à son bureau rue de la Ville-l'Évêque ; en vous abonnant pour vingt francs à ses publications périodiques, vous êtes reçu par le grand homme, il vous tend lui-même son casque et vous dit :

« *Date obolum Belisario.* [1] »

Vous laissez tomber votre napoléon dans la coiffure de bronze du

---

1. « Donnez l'obole à Bélisaire. » L'allusion à Bélisaire s'explique par une légende qui n'a d'ailleurs aucun fondement. En 562, le général aurait eu les yeux crevés et aurait été réduit à la mendicité sur ordre de l'empereur byzantin Justinien dont il aurait trahi la confiance. Vivant dans la gêne depuis de nombreuses années, Lamartine essaie par divers moyens de combler les brèches faites à sa fortune, s'attirant maintes railleries. En 1861, une caricature du *Journal pour rire* le représentera en éditeur-barnum de ses propres œuvres.

vieux Romain, vous recevez sa quittance et il vous reconduit jusqu'à l'antichambre.

Le général Ornano a mis la main sur deux lettres du maréchal Marmont. Le comte de Caen nous disait hier soir au Cercle impérial :

« J'ai vu ces deux lettres ; dans la première, écrite lorsque Bonaparte n'était encore que général, Marmont, son aide de camp, le traite en parlant de lui comme une sorte de crétin qui sera la cause de grands malheurs.

« Dans la seconde, Marmont avoue sa trahison de 1814. »

Je veux voir le texte même de ces deux lettres pour leur accorder la portée qu'on leur donne ; je sais combien il est facile de faire dire aux gens ce qu'on veut leur faire dire, en interprétant une expression ou en changeant un mot. Enfin ces deux lettres seront publiées, nous verrons alors.

Les subalternes font courir un bruit auquel je n'attache aucune importance ; ils prétendent que Reiset est en liaison amoureuse avec la Princesse Mathilde.

La fatuité de Reiset peut bien le faire supposer, mais le bon goût de la Princesse me défend de croire à cette calomnie.

Samedi 16 mai

La fameuse Païva dont j'ai parlé, il y a quelque temps, a reçu de son entreteneur un présent royal ; disons d'abord que ledit entreteneur est un seigneur allemand, propriétaire de mines de zinc d'une richesse fabuleuse, et venons au présent qui n'est autre que la terre et le château de Pontchartrain, vendu deux millions par les d'Osmont.

La Païva a de compte fait : l'hôtel que Mauguin bâtit aux Champs-Élysées et qui terminé et meublé aura coûté trois millions, deux millions de rente sur les fonds publics, des diamants et des bijoux pour des sommes énormes, et la terre de Pontchartrain.

La Païva a au moins quarante ans, elle est peinte et fardée comme une vieille danseuse de corde, elle a couché avec tout le monde, et son Allemand a tout au plus trente-six ans.

L'alcôve de la Païva cache des mystères qui seuls donneraient la clef de ces immorales prodigalités.

Dimanche 17 mai

Hier, en visitant l'exposition des Beaux-Arts où quelques-uns des meilleurs tableaux avaient été placés provisoirement dans une salle à part, pour donner au grand-duc Constantin une idée des travaux de nos artistes actuels, le prince remarqua un gardien amputé décoré de la

Légion d'honneur ; il se le fit présenter et lui demanda où il avait perdu sa jambe.

« A Sébastopol, Monseigneur », répondit le soldat.

Le grand-duc le complimenta sur sa croix.

Le soldat sans se déconcerter reprit :

« Si vous m'en donniez une Monseigneur, je la placerais avec plaisir à côté de mon ruban rouge. »

Le prince ne put s'empêcher de sourire.

« Quand nous aurons inventé une décoration pour récompenser nos ennemis, j'y songerai. »

Le prince aurait pu se souvenir qu'à Tilsit l'empereur Alexandre décorait les plus braves soldats français, et l'Empereur Napoléon les plus braves soldats russes.

L'Empereur, ayant reçu à Fontainebleau avant-hier de fâcheuses nouvelles de son ancien précepteur Vieillard, atteint d'une fluxion de poitrine, est parti hier matin par un convoi ordinaire du chemin de fer suivi seulement du général Montebello. Arrivé à Paris il a pris un fiacre à la gare et s'est immédiatement rendu chez Vieillard auquel il a prodigué toutes sortes de marques d'affection et de sollicitude ; puis il a voulu dire encore une fois adieu au grand-duc Constantin surpris et charmé de cette visite inattendue, et il est reparti pour Fontainebleau par le convoi ordinaire.

Le prince Napoléon est reçu en Prusse par la famille royale et par la population de la façon la plus cordiale et la plus distinguée.

Ces gens-là ne le connaissent pas. Je causais hier soir de lui avec Plancy, frère de l'écuyer du roi Jérôme, ancien député à l'Assemblée législative, qui me disait :

« *On ne saurait croire à quel point il est mauvais à moins de l'avoir vu de près.* En 1848, 1849, 1850, il ne se mêlait point avec nous, mais il avait soin de se tenir en parfaite amitié avec les plus ardents socialistes ; nous le méprisions à tel point, qu'un jour me promenant avec Achille Fould et l'ayant rencontré je crus devoir le saluer, car il venait quelquefois en visite chez ma mère. Achille Fould, qui ne le salua point, me dit : “Comment, saluez-vous une canaille comme ça !” »

J'ai vu hier soir Mérimée au Cercle impérial, nous avons longuement parlé des travaux du Louvre, de l'architecte Lefuel, et je constate avec plaisir que nous sommes d'accord sur l'œuvre et sur son auteur.

Mérimée pense comme moi que Lefuel manque de science et de goût, ce qu'il possède c'est une outrecuidance soutenue par le ministre d'État. La construction et la décoration du nouveau Louvre peuvent aller de pair ; tout cela est décidé et mené par un ignorant sans esprit, on verra trop tard ce qu'il en coûte de confier de tels ouvrages au premier venu.

La postérité gravera un jour sur le fronton du nouveau Louvre :

In artem tyrannidem probrorans exercente Fould
Lefuel dedecorante
Lapidem
Et deflorescente architecturam
Aedificat it
Monstrum informe et hac
arte
Depalmavit elegantiam et caruit sensu
Communi[1]

Mercredi 20 mai

Deux sénateurs d'opinion opposée viennent de mourir : Vieillard, ancien précepteur du frère aîné de l'Empereur, jouant le républicain sous l'habit brodé, affectant une franchise et une indépendance qui lui ont été autant d'échelons pour monter jusqu'au Sénat ; faux paysan du Danube, à tout prendre très aristocrate. Vieillard pouvait avoir été un très bon précepteur ; les qualités de son cœur étaient sans doute excellentes, mais excepté pour l'Empereur qui l'aimait, sa mort n'est une perte pour personne, on peut trouver en France vingt mille sénateurs de la même force.

Le marquis de Pastoret, ancien légitimiste et l'homme de confiance de S.A.R. Monseigneur le duc de Bordeaux ; homme du monde, légèrement littérateur, *ami des arts*, homme à bonnes fortunes. Pastoret a touché légèrement à tout et il ne restera rien de lui, pas même la qualité de *justum ac tenacem*.

Son père avait été fort révolutionnaire en 1791 et il est mort subrogé tuteur de Monseigneur le duc de Bordeaux. Pastoret, mort avant-hier, avait été d'un légitimisme intime, le correspondant, l'ami du duc de Bordeaux, il est mort sénateur de l'Empire.

Pastoret avait été le premier amant de la jolie duchesse de Vallombroso (Mlle de Béarn) ; j'étais initié à toute cette intrigue, car je remettais des lettres à la duchesse. Pastoret me rendait le même service auprès de la vicomtesse de *** !

Ces temps sont loin, nous étions jeunes alors, ou du moins j'étais encore jeune et j'aimais passionnément ; je croyais à tout, parce que l'amour ouvrait mon âme à toutes les nobles et bonnes émotions. J'appartiens à cette race d'hommes que le monde ne peut connaître et qu'il jugera toujours à faux. Je n'aime pas et ne puis aimer à demi, je m'enferme dans mon amour et ne tiens à être connu que de lui.

Otez à la vie de l'homme les liens du cœur, les enivrements de

1. « Sous la tyrannie artistique de l'infâme Fould, / Lefuel déshonorant / les pierres / et l'architecture / a édifié / ce monstre difforme / qui flétrit le goût et dépasse / l'entendement. » De fait, l'éclectisme à la fois généreux et baroque d'Hector Lefuel, qui a succédé à Visconti, en décembre 1853, à la tête des travaux de construction du nouveau Louvre, est alors loin de faire l'unanimité.

l'amour et pesez le reste !... Le reste est vanité. L'homme vit par le cœur, car même les sens appartiennent au cœur, celui qui les en sépare se rend tout semblable à la bête que l'instinct et le mouvement du sang poussent vers le plaisir.

Samedi 23 mai

Hier, Pastoret et Vieillard ont été portés à leur dernière demeure.

Aucun des amis politiques de Pastoret n'a suivi son cercueil, pas un légitimiste n'a voulu se souvenir de l'homme privé, on n'a vu que l'homme politique excommunié par le parti.

Quant à Vieillard, il a causé même après sa mort un scandale ; l'ami de l'Empereur, le sénateur est entré dans l'éternité comme d'Holbach aurait pu lui conseiller d'y entrer. Son exécuteur testamentaire a argué d'un codicile trouvé au moment où le convoi allait se mettre en marche pour empêcher la cérémonie religieuse. « Vieillard, a-t-il dit, ne veut pas être porté à l'église. Il tenait à donner cet exemple de philosophie. »

Le corps s'est donc acheminé sans prières vers le cimetière. L'Empereur s'était fait représenter par le marquis de Chaumont Quitry, chambellan, qui indigné n'a pas consenti à suivre le corps d'un homme qui souffletait ainsi les croyances de tout un peuple, il s'est retiré.

Les journaux racontent ce matin les obsèques de Pastoret, ils se taisent sur les obsèques de Vieillard.

Ce Vieillard était une mauvaise nature, il savait bien le triste effet que devait produire le scandale qu'il préparait, combien l'Empereur en devait être affligé ; il a voulu faire parler de lui.

Un homme qui a assez peu le respect humain pour laisser comme testament à toute une population la négation de Dieu est un méchant homme. S'il est malheureux au point de n'avoir aucune croyance, que lui sert de faire parade de son athéisme et quel mal lui causeraient les prières de quelques vieux prêtres, mêlées aux regrets de quelques amis ?

L'égoïste, orgueilleux et ignorant se croit fort parce qu'il nie ce qu'il ne peut expliquer, et il pense s'élever au-dessus de la foule qui croit et espère. Pauvre insensé, pourrait-on lui dire, explique donc l'éternité dans laquelle tu entres.

Mérimée qui n'est pas baptisé aurait dû prononcer l'oraison funèbre de l'homme qui niait Dieu.

Pauvre Sénat, pauvre cloaque de toutes les infirmités, comment veux-tu être respecté ? Qui es-tu ? Qui portes-tu dans ton flanc gangrené ? Qui es-tu obligé d'honorer dans la mort comme tu les as honorés dans la vie ?... Des renégats qui ferment les yeux ayant encore sur le visage la pourpre de la honte ; des athées pourriture oubliée par le XVIIIe siècle et qui ne savent qu'insulter en mourant au peuple qui attend d'eux un exemple, au gouvernement qui les avait placés dans les conseils de la nation.

Deux sénateurs meurent, et pour être charitable envers eux et par respect pour soi-même, on se tait. Ce n'est pas avec de tels hommes qu'on moralisera le pays. On dit ce matin par la ville :

« *L'ami de l'Empereur est mort comme un chien !* »

Je me trompais en disant que les journaux se taisent ce matin sur les obsèques de Vieillard, j'ouvre le *Journal des débats* et j'y trouve un rendu compte terminé par ces mots :

« *Le corps du défunt a été porté directement au cimetière de l'Est.* »

Le vieux journal voltairien a dû jouir de cette inconvenance, aussi parle-t-il des députations qui accompagnaient le mort :

Le général Lovoëstine, l'amiral Hugon, Boulay de la Meurthe, le comte Lemarrois pour le Sénat et comme anciens collègues des assemblées législatives MM. Dupin, Luneau de Tocqueville, Beaumont de la Somme, Havin, Taschereau, puis M. Mocquard secrétaire particulier de l'Empereur !

« Un bataillon d'infanterie avait été commandé pour le service du cortège. M. Boulay de la Meurthe a prononcé un discours dans lequel il a rendu hommage aux qualités éminentes qui distinguaient le défunt ! »

Donnez des aumôniers à vos soldats quand vous les envoyez à la guerre et faites-leur ensuite honorer les morts qui lèguent à ceux qui leur survivent ces paroles odieuses : « *La religion est un mensonge !* » Et toi, vil Sénat, délègue l'ancien vice-président de la République pour rendre hommage en ton nom *aux qualités éminentes* qui distinguaient le défunt !

Basse et indigne flatterie envers un pédagogue sans croyance qui ne devait son titre qu'à un souvenir de vieille amitié.

Dimanche 24 mai

L'Empereur, ayant appris le matin même de la mort de Vieillard la recommandation faite par ce vieux Voltairien de porter son corps directement au cimetière, avait expédié par le télégraphe à Quitry l'ordre de ne point accompagner le convoi. Aussi Quitry a-t-il été vivement approuvé d'avoir deviné les sentiments de l'Empereur en s'abstenant de le représenter à une cérémonie qui devenait un scandale.

Fould se présente pour remplacer Pastoret à l'Académie des beaux-arts comme académicien libre. Pauvre académie, les hommes politiques ou qui touchent à la politique t'envahissent ! Fould avec l'habit de l'Institut, ce sera Judas en abbé !

Ce matin à six heures, les échafauds qui masquaient le gros pavillon du Louvre du côté des Tuileries ont été renversés avec un bruit épouvantable. Ce pavillon n'est pas alourdi par des accouplements de colonnes, aussi fait-il meilleur effet que les pavillons latéraux. Lefuel, qui commence à comprendre le mauvais effet de ces accouplements de colonnes, disait ce matin :

« Si l'Empereur le désire, leur enlèvement est très facile. »

La statuaire du moment continue sa marche de plus en plus détestable, c'est hideux : l'ornementation ne vaut guère mieux.

Les ornemanistes de notre époque sont des ouvriers, pas un n'a d'esprit ni d'imagination.

La Rochejaquelein va partout demandant des conseils et se posant en homme blessé décidé à quelque grave résolution. Il colporte une lettre de Monseigneur le duc de Bordeaux, insérée, il y a une dizaine de jours, dans les journaux légitimistes et adressée par le prince exilé au général de La Rochejaquelein à propos de la mort de la vieille marquise de La Rochejaquelein.

« Cette lettre est une insulte pour moi, dit La Rochejaquelein, le prince saisit l'occasion de la mort de ma mère pour m'injurier, il termine sa lettre en disant à mon oncle que le nom de La Rochejaquelein si dignement porté par lui sera continué dans ses traditions d'honneur par mon fils Jullien !... Je suis donc, moi, un flétri de la police correctionnelle, qu'on me passe sous silence ! ! »

La Rochejaquelein malgré tout n'est pas fâché de faire un peu de bruit, et pourvu qu'un soufflet attire l'attention du public, il y offrira sa joue.

Je lui ai dit qu'il ne devait pas être surpris du langage de M. le duc de Bordeaux, la position du sénateur de l'Empire blessait les légitimistes, que d'ailleurs il fallait laisser tomber tout cela et ne pas établir de polémique.

La Rochejaquelein ne parlait de rien moins que de demander satisfaction au duc de Bordeaux. J'ai souri et j'ai répondu :

« *Vous seriez ridicule, mon cher, et rien de plus.* »

La Rochejaquelein qui a passé du légitimisme au Sénat impérial après avoir sollicité de Lamartine et de Ledru-Rollin en 1848 l'ambassade de Pétersbourg voudrait être honoré par les légitimistes. Il voudrait aussi être considéré par l'Empereur comme un homme dévoué et indispensable et ce n'est qu'un important sans portée qui a cru un moment pouvoir opposer pour la présidence de la République sa candidature à celle du prince Louis.

C'est une grenouille qui s'enfle, mais sans crever.

Mardi 26 mai

Il a recommencé à pleuvoir dans l'intérieur du Louvre ; les plafonds de la galerie d'Apollon sont traversés et le parquet en plusieurs endroits est recouvert de sciure de bois pour recevoir l'eau. L'escalier de Henri II était encore hier changé en torrent. Le pavillon de Beauvais où sont les plus précieux dessins a été également inondé deux fois en huit jours. Lefuel ne s'émeut de rien, que lui font ces misères ; il répond à tout :

« *Oui, le toit est découvert, les tuyaux pour l'écoulement des eaux ne sont point terminés.* »

Quant à Nieuwerkerke, il a fini par être persuadé qu'il est très simple que nous soyons sans abri contre la pluie. Lefuel est impeccable pour le moment, il arrange un bel appartement pour le directeur général des Musées, et il va commencer par ordre de l'Empereur les restaurations de l'hôtel de la Princesse Mathilde.

L'Empereur, l'Impératrice et le roi de Bavière sont arrivés à Paris.

L'Impératrice ne s'est pas fait aimer à Fontainebleau ; elle a été aussi disgracieuse que possible envers les habitants et la garnison ; lorsqu'un feu d'artifice était tiré dans le jardin particulier, elle faisait fermer toutes les portes du parc malgré la demande des habitants qui auraient été bien aises de jouir du coup d'œil.

Malheureusement l'Impératrice confond la morgue et la dignité ; elle a peur qu'on ne la trouve pas assez Impératrice, elle fait de la hauteur sans raison, et d'un autre côté elle laisse les Delessert prendre avec elle des allures étranges.

Quelle que soit en France la puissance des idées démocratiques, on n'y aime point les reines parvenues, l'orgueil national s'accommode mal d'une Impératrice que l'on coudoyait hier chez sa marchande de modes ou sur le boulevard ; l'Impératrice Eugénie pense qu'avec de la morgue et ses généalogies espagnoles elle peut tenir tout le monde à distance, elle se trompe, elle saura peut-être un jour (nous sommes loin de le lui souhaiter) combien il est malheureux de n'être pas aimée !

Le monde qu'elle fait inviter aux voyages dans les résidences est curieux. Il y avait à Fontainebleau Mme de La Grange (Mlle de Flavigny), femme de l'écuyer de l'Impératrice, impertinente, aussi désagréable au moral qu'au physique. Ladite La Grange écrivait chaque jour des petits pamphlets sous forme de lettres adressées à sa mère contre les gens et les choses qui l'entouraient. Ces lettres-pamphlets colportées dans le faubourg St-Germain ont fort diverti le parti légitimiste orléaniste. Ce pauvre parti était heureux, on ne s'abordait qu'avec ces mots : « *Connaissez-vous la dernière lettre de Mme de La Grange ?* »... et alors on la relisait, on en faisait des gorges chaudes, c'était charmant.

Mercredi 27 mai

Le roi de Bavière est venu hier visiter le Louvre à l'improviste et incognito ; il était cependant accompagné de deux ou trois personnes de sa cour parmi lesquelles le jeune prince de Latour-Taxis. Le général Béville et Tascher de la Pagerie, premier chambellan de l'Impératrice, le conduisaient.

Nieuwerkerke qui n'avait pas été prévenu présidait aux Champs-Élysées le jury de révision des Beaux-Arts ; je me trouvais seul au Louvre dont j'ai dû faire les honneurs à notre royal visiteur.

Le roi de Bavière, âgé de quarante-six ans, est mince et d'une taille bien prise, sa figure est laide et commune. Il ne manque pas d'intelligence et les arts l'intéressent assez vivement. Il doit revenir pour compléter sa visite de nos galeries.

Pendant notre longue promenade il m'a demandé si Horace Vernet était à Paris, et sur ma réponse affirmative, il m'a exprimé le désir de faire exécuter par cet artiste un grand tableau de la bataille d'Austerlitz pour le musée de Munich.

« Un tel tableau, m'a-t-il dit, sera mieux compris par un artiste français et par un artiste du mérite de Vernet que par nos artistes allemands. »

Les pièces historiques du musée des Souverains intéressent beaucoup le roi ; la bible de Charles le Chauve, l'évangéliaire de Charlemagne, etc., etc.

Jeudi 28 mai

Simart, sculpteur distingué et membre de l'Académie des beaux-arts, est mort hier à l'âge de quarante-six ans.

En se rendant au jury de l'exposition il avait fait, il y a peu de jours, une chute sur le genou ; l'inflammation s'est emparée de la cuisse et des intestins et comme Simart était d'une constitution scrofuleuse la maladie est devenue compliquée de phlébite et il est mort. C'est une perte, quoiqu'il eût fait pour M. le duc de Luynes une bien mauvaise statue de Minerve à l'instar de celle qui existait au Parthénon.

Samedi 30 mai

La Princesse Mathilde part aujourd'hui pour Saint-Gratien, sa résidence d'été. Elle m'a écrit hier une petite lettre charmante pour me dire de ne pas oublier que mon appartement m'y attendait.

Reiset marie sa fille à M. Ségur d'Aguesseau, secrétaire d'ambassade, que, la Princesse aidant, on a l'espoir de faire entrer dans la maison de l'Empereur.

Le bourgeois gentilhomme s'avance, la chétive pécore crèvera un de ces jours. Villot et lui sont très marris d'un gros chagrin, ils comptaient se présenter à l'Académie des beaux-arts comme académiciens honoraires, mais on annonce les candidatures de Fould, de Haussmann et de Mercey. Villot et Reiset sont tristes et *nolunt consolari*[1] !

Marochetti est venu me chercher hier pour me montrer son monument de Mme de La Riboisière dans la chapelle de l'hôpital La Riboisière[2]. Ce monument est fort beau, les figures de marbre sont légèrement colorées, cela fait bien, surtout au point de vue de l'harmonie. Les Grecs coloraient leurs marbres, ils n'avaient pas tort.

Mardi 2 juin

Fould retire sa candidature à la place d'académicien libre, devant la candidature du prince Napoléon, mais comme il tient à faire partie de l'Académie des beaux-arts, voici la combinaison à laquelle il s'est arrêté :

Nieuwerkerke, membre libre, serait nommé membre titulaire à la place de Simart qui vient de mourir. Cette proposition a été faite à Nieuwerkerke qui l'accepte à la condition de ne faire aucune démarche. Fould, plus câlin qu'il ne l'a jamais été quand il a besoin des gens, a montré à Nieuwerkerke la liste qu'il propose à l'Empereur pour combler les vides occasionnés par la mort dans les rangs des sénateurs. Nieuwerkerke est proposé, l'Empereur a répondu :

« *J'ai déjà pensé à lui, mais il est encore un peu jeune.* »

Cependant Fould a dit :

« *Vous serez malgré tout appelé au Sénat plus tôt que vous ne le pensez.* »

Nieuwerkerke en me racontant hier à St-Gratien toute cette affaire a ajouté :

« *Vous comprenez combien une telle nomination serait bonne pour l'administration des Musées, car ce qui élève le chef élève aussi les fonctionnaires sous ses ordres.* »

Je n'ai rien répondu, mais je trouve que les élévations se cumulent trop sur le chef, et que loin d'élever les conservateurs qui après tout sont la vraie direction du Musée, Nieuwerkerke ne s'est occupé qu'à les effacer en toute occasion auprès de l'Empereur, auprès du ministre, auprès du public. Nieuwerkerke ne défend ni les intérêts, ni l'amour-propre des conservateurs ; il trouve à peine convenable pour lui un traite-

1. « Ils ne veulent pas être consolés ».

2. C'est le célèbre sculpteur d'origine italienne Charles Marochetti qui avait reçu la commande de ce monument dédié à Marie Élisa Roy, épouse du pair de France Honoré Charles de La Riboisière. Décédée en décembre 1851, cette dernière avait légué ses biens d'une valeur de 2,6 millions de francs à la Ville de Paris. En 1854, le produit en fut affecté à l'achèvement de l'hôpital du Nord qui reçut le nom de sa généreuse bienfaitrice.

ment de 20 000 francs accompagné d'un beau logement, du chauffage et de l'éclairage, mais les conservateurs qui devaient être logés ne le sont pas, ils ne touchent que 6 000 francs de traitement et n'ont pas d'indemnité de logement.

Les conservateurs sont autant que possible tenus à l'écart, et même dans leurs travaux ils sont sans cesse contrariés parce que le directeur général veut ou ne veut pas acquérir telle ou telle chose, parce que persuadé par l'ambition de se mêler de tout, il désorganise tout le personnel du Musée pour faire une exposition. Nieuwerkerke a l'infatuation de la puissance, il s'incline seulement devant les nécessités de son intérêt personnel, ainsi quelque sottise (et Dieu sait si elles surabondent) que fasse Lefuel, il prend vivement son parti, car Lefuel lui arrange un bel appartement et va restaurer l'hôtel de la Princesse Mathilde.

Nieuwerkerke veut faire tout, veut être de tout aussi n'y a-t-il pas de direction des Musées.

Horace Vernet refuse d'exécuter le tableau que demande le roi de Bavière ; il dit pour s'excuser que les travaux commandés par l'Empereur absorberont les années qui lui restent à vivre.

Vendredi 5 juin

Castellane, le fils du maréchal, après avoir été expulsé de l'armée pour fautes presque infamantes, y avait été réintégré par la faveur de l'Empereur au grand scandale de tous les officiers français. Le drôle donne aujourd'hui sa démission pour épouser Mlle Sapia, sœur du directeur de la comptabilité du ministère d'État. La famille Castellane fait tout ce qui dépend d'elle pour empêcher ce mariage, car la demoiselle est connue pour avoir été la maîtresse de Fould.

Le mariage n'en aura pas moins lieu ; la demoiselle a fait de son frère, petit copiste à 1 500 francs, un directeur de comptabilité, elle saura bien faire quelque chose pour son mari, ce n'est après tout qu'un conte des mille et une nuits.

Le maréchal Castellane a du malheur, sa femme était une fieffée p... Son fils aîné qu'on donnait pour modèle à toute la jeunesse épouse Mlle de Talleyrand à laquelle il mange quatre-vingt mille livres de rentes et il meurt après avoir laissé découvrir qu'il n'était qu'un p...

La fille aînée, la marquise de Contades, maîtresse de Coislin qu'elle a ruiné et dont elle a un enfant, du général Fleury qui l'a quittée pour se marier, de Lord Seymour qui l'a gardée quinze jours, etc. etc.

A propos de l'abandon de Fleury, elle a représenté à l'Empereur le tort que cet abandon faisait à sa fortune, et elle s'est fait donner douze mille francs de pension par l'Empereur. L'Impératrice veut bien faire élever le fils de Coislin !

Mme de Hatzfeld, femme de l'ambassadeur de Prusse, est la seule femme bien de toute cette famille, mais aussi elle est très bien et fort recommandable.

Lundi 8 juin

Le moment des élections approche et les partis politiques se préparent à exploiter ce temps d'émotion générale.

Les journaux du vieux parlementarisme cherchent à faire revivre l'amour des anciennes luttes, des anciens tournois de la parole, si avantageux à quelques parleurs, mais en réalité si funestes au pays.

Vous faites sonner bien haut, peut-on leur dire, les félicités d'un régime de discussion libre où toutes les grandes questions sont traitées, approuvées ou rejetées à la majorité. Vous aimez les rois *qui règnent sans gouverner* ; votre beau régime avec ses bascules fictives a été deux fois mis de côté par des minorités factieuses et deux révolutions de la rue ont brisé deux trônes ; la dernière fois c'était en 1848.

Il faut lire le *Journal des débats* pour se faire une idée de l'infatuation des anciens parlementaires, de ces gens dont toutes les belles combinaisons ont fait aboutir le socialisme.

Le *Journal des débats* n'a pas assez de ménagements pour parler des émeutes qui viennent d'avoir lieu en Belgique. Le parti catholique présente un projet de loi sur *la charité* vivement attaqué par des citoyens de la force de M. Rogier et Frère Orban ; discuté pendant plus d'un mois, il est enfin adopté, mais alors M. Frère Orban et tous ses amis de la gauche y aidant, l'émeute se forme, on insulte le nonce du pape et les députés catholiques ; on brise les vitres des établissements religieux ; on attaque les maisons des directeurs de journaux catholiques.

Dans toutes les provinces les mêmes scènes se renouvellent, seulement avec plus de gravité ; on saccage deux couvents, on veut brûler vif un frère de la doctrine chrétienne !

Le *Journal des débats* nomme ces *gentillesses* les émotions passagères inhérentes aux gouvernements parlementaires et il accuse d'ailleurs le parti catholique d'être l'auteur de ces émeutes.

1° En présentant une loi qui tendait à laisser aux donateurs le droit de nommer les institutions auxquelles ils veulent donner le soin d'administrer les sommes qu'ils consacrent aux œuvres de charité.

2° En ayant des évêques qui osent faire des mandements contre les cours de philosophie professée par les établissements de l'État, qui se croient chargés d'avertir les pères de famille qu'on apprend à leurs enfants que Dieu est un mot, la religion un leurre et que la personnalité humaine est au-dessus de tout.

Le *Journal des débats* trouve le spectacle des émeutes peu alarmant.

Ici en France, les socialistes préparent quelque tentative de manifestation au moment des élections. Ils rêvent même l'assassinat de l'Empereur, et les légitimistes les plus niais, les plus nuls, les plus sans vergogne partent pour se trouver auprès du duc de Bordeaux quand *le coup sera fait* !

Voilà où en sont un tas de petits sots qui ne font que jouer au club ou entretenir des filles de bas étage.

Que feriez-vous de votre prince s'il lui était donné de rentrer ?... Pauvre homme et pauvres hommes ! ! !

Vendredi 12 juin

Le *Moniteur* publie ce matin une liste de nouveaux sénateurs qui n'admet aucune illustration dans ce malheureux corps.

C'est d'abord M. Haussman, préfet de la Seine, ancien avoué, mal connu.

Piétri, préfet de police.

Le général Niel, le maire de Nantes, etc. etc.

Les journaux de l'opposition publient leurs listes de candidats aux prochaines élections à Paris.

Le général Cavaignac, J. de Lasteyrie, puis des gens de toutes couleurs, enfin la coalition où se coudoient le socialiste et le Philippiste[1].

Dimanche 14 juin

Le ministre de Bavière, le baron de Wedlant, m'a écrit hier pour m'annoncer que le roi son maître m'avait nommé chevalier de première classe de son ordre royal de St-Michel.

Vendredi 19 juin

Les élections s'ouvrent dimanche prochain, les oppositions s'agitent et cherchent à agiter le corps électoral. A Paris les noms de 1848 sont remis en avant. C'est Cavaignac, Bastide, Goudchaux, Lasteyrie, etc. etc.

Le *Journal des débats*, si prononcé contre les coalitions, se coalise avec les démocrates purs.

Le gouvernement se donne le tort de patronner comme candidats à la

1. En fait, les républicains sont beaucoup plus divisés sur la stratégie à adopter que ne le laisse entendre Viel Castel. Les hommes de 1848, dont Cavaignac, réunis en comité chez l'avocat Desmarets, restent sur leur position de 1852. Ils entendent refuser de prêter serment au régime et donc annoncent qu'ils ne siégeront pas s'ils sont élus. Les deux grands journaux d'opposition, *La Presse* de Nefftzer et *Le Siècle* d'Havin, pensent au contraire qu'il faut en découdre avec le gouvernement au Corps législatif. A ce premier conflit s'en ajoute un second : faut-il admettre sur les listes uniquement des républicains de stricte obédience ou faut-il faire une place à des libéraux ? Havin et Nefftzer s'entendent avec les orléanistes du *Journal des débats* sur une liste élargie.

députation une foule de nullités qui n'ont d'autre titre que d'appartenir comme fonctionnaires à la maison civile de l'Empereur[1].

La nomination de M. Haussmann comme sénateur fait crier tout le monde, elle est un scandale !

L'appartement que Nieuwerkerke se fait faire au Louvre prend dix-sept pièces du premier étage. Lefuel ne sait plus comment s'en tirer ; depuis le jour où cet appartement a été décrété, les exigences de Nieuwerkerke ont été chaque jour s'accroissant. Il ne demandait d'abord qu'un bon logement de garçon ; aujourd'hui il est arrivé à l'appartement complet, salons, chambres, cabinet, salle à manger, salle de bains, etc. etc.

Quant aux conservateurs, il est parfaitement inutile qu'ils soient logés ; il est même inutile qu'ils occupent un cabinet décent, des espèces de greniers leur suffisent.

Cependant Nieuwerkerke ne dîne ni ne déjeune au Louvre, il passe la moitié de l'année à la campagne et il est plus occupé des choses extérieures que de celles du Musée. Il vise au Sénat et lorsqu'il y sera parvenu il s'occupera moins encore du Musée.

L'exaspération est grande parmi les artistes contre l'administration de l'exposition. Les amis du directeur et de MM. de Chennevières et Clément de Ris y occupent toutes les bonnes places. Quelques réclamations énergiques ont été si bien appuyées qu'il a fallu y faire droit.

Dimanche, je suis allé à St-Gratien chez la Princesse Mathilde, mais j'en suis revenu avant dîner.

L'intérieur de cette pauvre Princesse est devenu déplorable. Elle est cette année à la campagne avec Nieuwerkerke et Mme de Fly, lectrice, qui ressemble à une vieille entremetteuse.

Mme Vimercati y passe une partie de l'été.

Puis, avec les deux Giraud se trouvaient dimanche Arago, farceur de mauvais ton, le faux et plat Soulié. La conversation s'est traînée toute la journée en sots calembours et jeux de mots plus bêtes les uns que les autres. On a aussi causé à table devant les domestiques des prêtres et de la religion et avec cette inconséquence trop fréquente et si malheureuse chez la Princesse, on a tourné en dérision les prêtres et le culte.

Vraiment la société de la Princesse devient impossible, elle se compose d'ennemis déguisés, de vils courtisans et de bateleurs.

Sous prétexte de demeurer plus libre chez elle, on lui fait exclure tous les gens d'un peu de valeur ; le sens intellectuel baisse dans ses réunions, les grands ordonnateurs et dispensateurs de faveurs sont les Giraud, les

---

1. Viel Castel vise ici les députés chambellans comme Félix d'Arjuzon, Jérôme Paul Nompère de Champagny ou Odon de Chaumont-Quitry. Voir Éric Anceau, « Entre la Cour et la Chambre : les députés chambellans du Second Empire », *Revue du Souvenir Napoléon*, n° 415, octobre-novembre 1997, p. 24 à 39.

quémandeurs les plus infatigables que je connaisse. Charles prône Eugène, Eugène prône Charles, et tous deux commencent à prôner le jeune Victor, fils d'Eugène. Avec cela les Giraud se plaignent toujours, obtiennent toujours, il faut bien qu'être démocrate serve à quelque chose.

La Princesse emploie sa journée à faire de l'aquarelle avec E. Giraud ou à ordonner ses jardins avec Nieuwerkerke, puis elle va visiter les Reiset tout gonflés de la couronne de comtesse qui arrive sur la tête de leur fille !

Samedi 20 juin

Bacciochi m'a annoncé hier soir que l'empereur de Russie avait envoyé au ministre de la Maison une croix qui m'est destinée.

Dimanche 21 juin

J'ai voté ce matin à la mairie du IVe arrondissement, section 3, rue des Prêtres St-Germain 10.

Nous avons au Louvre comme bibliothécaire des Musées (sinécure) un vieillard qui a perdu bêtement en spéculations une assez jolie fortune. Ce vieillard, très ancien ami de Nieuwerkerke, est devenu en présence d'une position gênée une sorte de mendiant aigrefin mécontent de tous et de tout ; ayant perdu toute délicatesse il est enfin sur la frontière du pays des chevaliers d'industrie.

Le marquis de Bruslard, puisqu'il faut le nommer par son nom, raconte à qui veut bien recevoir ses confidences que la Princesse Mathilde et Nieuwerkerke ont un fils qu'on fait élever secrètement, que ce fils a été longtemps dans les environs de la rue de Courcelles ; maintenant Bruslard ignore où il se trouve, mais (dans un intérêt de chantage, je suppose) il recherche sa trace.

Le *très honorable* Bruslard ajoute que Nieuwerkerke lui a proposé, il y a déjà quelques années, de reconnaître cet enfant comme sien, et de lui passer ainsi son titre et son nom. Bruslard aurait demandé trente mille francs, on ne lui parle plus de l'affaire, il en est furieux ; il fait bon marché de son titre et de son nom pourvu qu'on donne 30 000 francs à palper à ses soixante-quinze ans !

Lundi 22 juin

J'ai reçu hier de S.M. l'empereur de Russie la croix de chevalier de seconde classe de l'ordre de Stanislas. Cette croix équivaut à nos croix de commandeur, elle se porte au cou.

Mercredi 24 juin

Les élections jusqu'à présent sont bonnes pour le gouvernement. Dans les départements à peine deux ou trois opposants ont pu arriver[1].

A Paris comme toujours la bourgeoisie et les ouvriers recommencent leur campagne révolutionnaire.

Carnot et Goudchaux sont nommés ; trois élections, faute de majorité, sont à recommencer le 5 juillet prochain. Dans ces trois élections se trouve celle du général Cavaignac qui portée dans un grand nombre de départements n'est arrivée qu'à Paris où elle a produit une élection dont le résultat est celui-ci :

Cavaignac 10 345,
Firmin Thibault 10 108.

Il serait temps d'en finir avec la reconnaissance due par le peuple français au général Cavaignac. Il n'a vaincu l'émeute en 1848 qu'à regret. Il a été mou dans la répression, et mou dans sa présidence. Il était lié avec les rouges et regrettait de les combattre pour le succès de son élection. Cet homme si intègre a retardé le départ des malles-poste. Enfin, pour être juste, nous devons dire que c'est une nullité trop montée en louanges.

Jeudi 25 juin

L'Empereur est parti ce matin pour passer un mois à Plombières dont les eaux lui ont été salutaires l'année dernière.

On a découvert ces jours derniers un nouveau complot contre la vie de l'Empereur. Ce complot tramé à Londres par nos réfugiés devait être exécuté par des Italiens, car ces honnêtes Italiens, si intéressants, que l'Angleterre couvre de sa protection, fournissent dans les complots leur appoint d'assassins.

Vingt personnes dont trois Italiens sont arrêtées ; l'affaire sera, dit-on, livrée à la cour d'assises dès que les élections seront entièrement terminées[2].

---

1. Les résultats des élections sont effectivement excellents pour le pouvoir. 253 des 267 élus ont bénéficié de l'investiture officielle et, parmi les 14 autres, 3 sont d'anciens membres de la majorité et 3 autres des indépendants très modérés. Voir Éric Anceau, *Les Députés du Second Empire..., op. cit.*, p. 67.

2. Il s'agit de l'attentat préparé par l'Italien Paolo Tibaldi, assisté de ses compatriotes Bartolotti et Grilli. Les trois hommes et leurs complices français furent arrêtés le 13 juin et la police découvrit à leur domicile des pistoles et des poignards, ainsi que plusieurs lettres compromettant Mazzini et Ledru-Rollin.

Jeudi 2 juillet

Une partie de l'armée indigène de l'Inde est en pleine insurrection contre la puissance anglaise qui est obligée d'envoyer promptement des renforts. A Dehli la banque a été pillée et les Anglais ont été massacrés [1].

On prétend que l'Angleterre demandera des troupes à la France, j'examinerai plus tard cette question.

Samedi 4 juillet

L'insurrection mazzinienne comprimée à Gênes s'empare d'un brick, débarque dans le royaume de Naples, délivre des prisonniers, marche contre les troupes royales, est dispersée ; le brick repris par la marine napolitaine.

A Gênes deux cents arrestations, saisie de deux mille fusils, de stylets, etc. etc.

Tel est le bilan des nouvelles italiennes d'hier, tel est le résultat de cette politique piémontaise si vantée par le *Journal des débats*, qui consiste à tolérer en Piémont tout ce qui est réfugié des autres parties de l'Italie, à les y attirer, à les encourager.

Le Piémont est gonflé de sa participation à la guerre de Crimée, de son ambition, et il ne voit ou ne veut pas voir qu'il travaille pour Mazzini.

Les encouragements qui lui ont été donnés au congrès de Paris ont été une grande faute politique !

---

1. Avec l'annexion du royaume d'Oudh à l'Empire britannique, en 1856, les nombreux cipayes (soldats indiens de l'armée britannique) qui en étaient originaires perdaient leurs privilèges. Ils se plaignaient aussi de la lourdeur des impôts britanniques qu'ils allaient devoir acquitter, de modifications intervenues dans le recrutement de l'armée qui réduisaient leur propre prestige et du fait qu'ils avaient à utiliser des cartouches enduites de graisse de porc et de vache et donc impures aussi bien pour les musulmans que pour les hindous. Les revers britanniques en Crimée et les prophéties des brahmanes de la ville sainte de Bénarès, reprises par les prédicateurs musulmans, laissaient entrevoir la possibilité de triompher des infidèles en cas de révolte. Des placards incitant les Indiens à chasser les Européens furent affichés sur les murs de Delhi, de Meerut et de Lucknow, la capitale de l'Oudh. La condamnation des meneurs d'une mutinerie mit le feu aux poudres. La révolte des cipayes commença à Meerut le 10 mai 1857. Le lendemain, les insurgés marchèrent sur Delhi où se trouvait le Grand Moghol, Bahadur Shah, qui fut contraint de cautionner la révolte. Des soldats britanniques, des agents de la Compagnie des Indes, des civils européens et des Indiens chrétiens furent massacrés avec leurs familles. Le 8 juin, une armée britannique arriva sous les murs de Delhi, mais il était trop tard. La révolte avait fait tâche d'huile. Les insurgés prirent Cawnpore le 24 juin et commencèrent début juillet le siège de Lucknow. La nouvelle de la révolte parvint en Europe le 26 juin. Il faudra attendre novembre pour que les forces venues de métropole arrivent sur place. Voir James Mc Cearney, *La Révolte des cipayes*, Paris, Jean Picollec, 1999.

Dimanche 5 juillet

On arrange pour le prince de Canino un appartement au Jardin des Plantes, j'ignore et personne ne sait à quel titre.

Le prince trouve l'appartement mesquin ; l'ex-président de la République romaine, l'ancien ennemi de la France, mauvais mari, mauvais père, mauvais citoyen, joueur sans vergogne avec lequel on ne veut pas jouer qu'argent sur table, homme sans aucune considération, prêt à toutes les lâchetés comme à toutes les ingratitudes, lié avec les plus mauvais révolutionnaires, est cependant l'objet des faveurs du gouvernement.

Une chose digne de remarque, c'est qu'il suffit aujourd'hui de porter un nom cher aux révolutionnaires et de demander quelque faveur pour être sûr de l'obtenir.

Arago, inspecteur des Beaux-Arts, veut être directeur des Beaux-Arts ; il arrivera !

Arago est un mauvais peintre, viveur et joueur. Impérialiste aujourd'hui, il sera républicain demain, c'est une chauve-souris qui tour à tour rampe ou vole.

Le prince Napoléon le tient dans son intimité, la Princesse Mathilde le traite en ami familier, le ministre le caresse et Nieuwerkerke le tutoie !

On croit encore aux conversions, cela est superbe !...

La Restauration amnistiait avec peine les Vendéens et gardait ses faveurs pour les prétendus libéraux et les hommes du Premier Empire. Elle ne reconnaissait pas les titres et les promesses accordés et faites aux soldats royalistes des cinq départements de l'ancienne Bretagne, elle les laissait même traiter de brigands.

Les princes n'allaient qu'avec restriction et froideur visiter ces malheureux pays qui avaient tant souffert.

En 1830 le marquis Maisons, un des Bonapartistes ralliés et choyés, expulsait de France comme commissaire de la révolution le roi Charles X.

La Vendée seule reprenait ce que la Restauration lui avait laissé d'armes pour soutenir les droits de la branche aînée des Bourbons.

En 1848 tous les généraux libéraux, comblés des faveurs de Louis-Philippe, prenaient parti contre lui.

Mais il faut être juste, personne ne s'armait en sa faveur.

L'Empereur et sa famille ne sont point éclairés par de tels exemples.

Morny est à Plombières depuis quelques jours, sa femme est arrivée à Paris.

La position de Mme Lehon devient embarrassante ; beaucoup de gens lui tournent le dos sous ce prétexte qu'elle s'est montrée très usurière dans ses comptes d'intérêt avec Morny [1].

---

1. Elle réclame 4,4 millions de francs à son ancien amant pour prix des services financiers qu'elle lui a jadis rendus. Un arbitrage rendu par Rouher lui sera favorable et l'empereur versera lui-même une partie de la somme réclamée pour éviter le scandale.

Le *monde* a trouvé cette belle moralité pour expliquer la lâcheté à laquelle il se prépare envers Mme Lehon.

La Valette est le premier meneur de ce revirement, Morny est un pouvoir carré dans son égoïsme, on achète déjà des parfums pour l'encenser.

La Princesse Mathilde, entraînée par La Valette, dit pis que pendre de Mme Lehon.

Je conviendrai si l'on veut que les affaires entre Mme Lehon et Morny ne sont pas honorables, mais elles le sont aussi peu d'un côté que de l'autre. C'était le cas de renvoyer les parties dos à dos.

Lundi 6 juillet

L'Institut de France qui a couvert de sa protection le plus détestable livre historique dont on puisse faire mention, l'*Histoire de France* (d'Henri Martin), qui lui a décerné un grand prix, qui a recommandé pour l'étude de l'histoire de notre pays ce long pamphlet contre l'autorité et la religion, poursuit son œuvre.

Mais cette fois, c'est un membre même de l'Institut, un philosophe du nom de Renan, qu'il entoure de louanges, qu'il élève sur le pavois [1].

M. Renan n'a entrepris qu'une chose, et cette petite chose c'est tout simplement la soustraction mathématique de Dieu de l'ensemble de l'univers. Il s'y prend avec une sorte de prudence qui ne manque pas de dédain pour les natures secondaires et infimes qui ne peuvent se passer de Dieu, et il se place si haut, qu'il fait de son individualité un être suprême et révélateur.

Les croyants forment *la partie simple* de l'humanité, les incrédules, disons mieux, les athées forment la partie cultivée. M. Renan ne condescend pas à discuter les dogmes, les formes religieuses, à jeter le trouble dans les consciences ; c'est pour lui trop petit travail, mais avec une superbe magnifique il imprime dans ses *Études d'histoire religieuse* :

« A cette tâche Voltaire suffit ! »

« Toutes les religions, dit encore M. Renan, *sont les produits spontanés des grands instincts imaginatifs de l'humanité.* »

Suivant M. Renan l'idée religieuse est un poème, *une œuvre intime des facultés de chacun.* Donc : Dieu n'est qu'un mot de ce poème.

---

1. Henri Martin, auteur de l'*Histoire de France depuis les temps les plus reculés jusqu'à juillet 1830* (Paris, L. Mame, 1834-1836, 15 tomes en 8 volumes), avait reçu en 1844 le premier prix Gobert de l'Académie des inscriptions et belles-lettres pour les tomes X et XI de la troisième édition de son ouvrage. Il obtint en 1851 le deuxième prix Gobert de l'Académie française pour les tomes XIV à XVI consacrés au siècle de Louis XIV, prix renouvelé de 1852 à 1855. Il fut ensuite couronné par le premier prix en 1856, lorsque mourut Augustin Thierry qui recevait constamment ce prix. Le philosophe Ernest Renan, élu en 1856 membre de l'Académie des inscriptions et belles-lettres en remplacement d'Augustin Thierry, était lui-même un habitué des prix de l'Institut.

Enfin le dernier mot de l'œuvre de M. Renan, c'est que l'homme fait Dieu, crée Dieu en le pensant.

« *Le mot Dieu étant en possession des respects de l'humanité, ce mot ayant pour lui une longue prescription et ayant été employé dans les belles poésies, ce serait renverser toutes les habitudes du langage que de l'abandonner.* »

Voyez à quoi peut être utile un monsieur de l'Institut, un philosophe prôné par les *sciences morales* ; il laisse le créateur en possession de son titre de Dieu en invoquant en sa faveur la prescription, les nécessités de la langue et de la belle poésie dont la suppression de ce mot (car remarquez-le : Dieu n'est qu'un mot) dérangerait les habitudes.

Et l'État paie et honore des gens qui viennent prêcher de semblables folies à un peuple tourmenté comme le nôtre par la fièvre de la déraison, circonvenu par le socialisme dont M. Renan favorise les progrès par sa négation de Dieu.

M. Renan fait école, un tas de petits philosophes s'agitent dans les égouts de la société et s'organisent sous sa bannière, nous allons avoir une croisade contre l'immortalité de l'âme.

Le mot de chaque révolution future sera :

Il n'y a pas de Dieu.
Il n'y a pas de vie future.

Et comme le veulent les socialistes, la loi suprême sera : *A chacun suivant ses appétits !*

Que le gouvernement y prenne garde, de pareilles publications font plus de mal qu'une manifestation des légitimistes, des Orléanistes ou même des républicains.

L'Institut de France a besoin de sentir la pression d'une main rude et puissante ; en peu d'années il a couronné Henri Martin dont la longue histoire n'est qu'un réquisitoire contre le clergé et la royauté convaincus d'être les ennemis du peuple.

Aujourd'hui du sein de l'Institut part un réquisitoire contre Dieu, *ce mot* inventé par les peuples enfants !

Mercredi 8 juillet

Les élections de Paris sont complétées par les nominations de trois députés dans les arrondissements où lors des premières élections aucun résultat n'avait été acquis.

Ces trois élections appartiennent à l'opposition.

Le général Cavaignac.

Darimon, ancien collaborateur de Proud'hon.

Émile Ollivier, ex-commissaire républicain dans le département des Bouches-du-Rhône.

Les marchands de Paris ne sont pas satisfaits de la leçon de 1848, la prospérité de leur commerce n'est rien, la paix et la tranquillité dont jouit la France les touchent peu : s'ils réussissaient à amener des troubles ils se plaindraient, gémiraient, pleureraient sur leur ruine et celle de leurs familles qui en serait la conséquence, mais ils recommenceraient bientôt.

L'*Assemblée nationale* est suspendue pour deux mois ; elle avait imprimé que les élections seules de Paris pouvaient compter et que MM. Goudchaux, Carnot, Cavaignac, Ollivier et Darimon étaient par conséquent les seuls représentants de l'opinion publique.

L'*Estafette* a reçu un second avertissement pour un article analogue.

Toutes les nouvelles d'Italie s'accordent pour attribuer à Mazzini la dernière tentative révolutionnaire, et les journaux anglais ainsi que la plupart des journaux français cherchent à dégager la responsabilité du Piémont dont ils vantent l'admirable gouvernement.

Ainsi feraient-ils pour le gouvernement de Louis-Philippe, qui a laissé avec ses merveilleuses institutions parlementaires le temps au socialisme de grandir et de s'organiser.

Le gouvernement sarde veut une révolution *honnête* en Italie pour déposséder à son profit tous les princes italiens. Il encourage les rêves des niais et donne des armes aux mauvaises passions.

M. de Cavour ne peut être accusé de participation aux derniers événements de l'Italie, nous ne demandons pas mieux de le croire quoiqu'à nos yeux M. de Cavour ne soit qu'un ambitieux qui avant tout cherche la renommée.

Quant à dire qu'il est impossible que M. de Cavour favorise les projets de Mazzini, ce n'est pas une réponse, ce n'est pas une raison.

En France les Philippistes votent aux élections pour les socialistes, le commerce de Paris vote pour l'homme qui établissait en 1848 l'impôt de 45 centimes[1] !

Les journaux du Piémont tendent à prouver que les Calabres sont en pleine révolte. Mazzini a été à Gênes et il a pu en sortir après la défaite de ses partisans. Il faut avouer que l'administration de M. de Cavour est au moins mal informée et qu'elle ne surveille guère les menées révolutionnaires.

Quant à l'Angleterre, elle a lâché Mazzini sur l'Italie, le grand coup est manqué, elle va de nouveau offrir un asile à Mazzini, il serait temps, cependant, que la *généreuse* Albion licenciât l'armée de vagabonds,

---

1. Viel Castel fait ici allusion à Garnier-Pagès, candidat aux élections législatives dans la quatrième circonscription de la Seine, mais qui se désista finalement en faveur d'Ollivier, après le faible score qu'il avait obtenu au premier tour. Ministre des Finances en 1848, Garnier-Pagès décida, devant les graves embarras financiers de la jeune République, de créer un impôt de 45 centimes additionnels aux contributions directes qui devint immédiatement extrêmement impopulaire.

d'assassins et de pillards qu'elle protège, le droit d'asile n'est pas le droit de fournir une caverne à des brigands.

Vendredi 10 juillet

La lumière se fait peu à peu sur les derniers événements de l'Italie. La conspiration avait été découverte, il y a plus d'un mois, par la police française lorsqu'elle fit procéder à l'arrestation de quelques Mazziniens envoyés de Londres pour assassiner l'Empereur (j'ai parlé en son temps de cette affaire tenue secrète jusqu'à ce jour et dont l'instruction se poursuit actuellement devant la justice).

Le Piémont fut averti et il peut avec raison être accusé de n'avoir pas pris les précautions que commandaient les circonstances, ainsi les insurgés ont pu faire à Gênes d'immenses dépôts d'armes et de munitions, miner les casernes, etc. etc.

A Livourne, même incurie du gouvernement, il s'agissait surtout de frapper un grand coup à Naples et dans les États de l'Église. Le point de départ était Gênes où l'on s'emparait des forts et des navires ; avec les navires on se transportait à Naples dont on faisait sauter l'arsenal et où les instructions ordonnaient de brûler les palais et la ville.

L'attentat déjoué à Paris ainsi que les mouvements révolutionnaires qui agitent l'Espagne se rattachent à ce vaste complot.

Le personnel de cette bande de brigands se composait de gens sans aveu de tous les pays. L'Angleterre a fourni son contingent et de Malte un navire a transporté sur les côtes de Naples une bande d'insurgés.

A Gênes une dame anglaise émissaire de Mazzini a été arrêtée, le gouvernement sarde a voulu lui faire quitter le Piémont, mais cette bonne dame s'y refuse, et le célèbre Cavour, plein de respect pour tout ce qui est anglais et de ménagements pour tout ce qui tient à la révolution, se contente de la mettre aux arrêts dans sa demeure.

Les journaux anglais prétendent que le mouvement n'était ni mazzinien ni républicain quoique Mazzini fît partie des bandes ; les insurgés voulaient seulement la liberté et l'union de l'Italie, et Mazzini s'était joint aux insurgés non comme chef, mais comme simple soldat.

La plaisanterie anglaise serait peut-être acceptable si nous n'avions pas les exemples de 1830 et de 1848.

En 1830 les insurgés criaient : « *Vive la charte !* » En 1848, ils pillaient les Tuileries au cri de : « *Vive la réforme !* »

D'ailleurs la liberté de l'Italie ne peut s'obtenir par des incendies, des pillages et des assassinats. Les instructions des insurgés sont saisies, et le pillage, l'incendie et l'assassinat y sont ordonnés.

Mazzini a pu s'évader et nous apprendrons bientôt son arrivée à Londres.

Le Piémont joue un triste rôle, malgré toutes les louanges prodiguées à ses prétendus hommes d'État par la presse, c'est lui qui agite l'Italie sous le patronage de l'Angleterre, il accueille tous les révolutionnaires des autres parties de l'Italie et leurre tous les agitateurs de l'utopie d'une Italie compacte. Ce n'est pas d'hier que la maison de Savoie couve une ambition démesurée, c'est maintenant à la France d'aviser ! Veut-elle favoriser le roi de Piémont au point de l'établir aux portes de nos départements comme une inquiétude permanente ? Veut-elle au lieu d'une frontière calme se voir contrainte à organiser une frontière militaire ?

La guerre de la succession et tous les efforts de Louis XIV avaient pour politique de dégager le Midi et de permettre à la France de porter toute son attention sur ses frontières du Nord. Voulons-nous être de nouveaux enfermés dans un cercle de grandes puissances hostiles ? Nous avons déjà la confédération allemande qui borde le Rhin ; la Belgique et ses libertés dirigées contre nous, la Belgique éternellement neutre, succursale de l'Angleterre et qui inonde nos départements des infâmes brochures dues à la plume des réfugiés que Londres garde comme un poignard contre nous. Le Piémont, vassal de l'Angleterre, peut devenir un ennemi très dangereux si nous prêtons les mains à ses rêveries ambitieuses.

L'Impératrice est partie hier pour Plombières avec les dames et les officiers de son service.

Personne ne s'attendait à ce voyage qui donne cours à tous les bruits. On dit que dans un accès de jalousie, né par suite des propos des *caillettes* qui l'entourent, elle a brusquement pris cette résolution.

Quoi qu'il en soit, j'ignore comment elle et sa suite se logeront à Plombières où rien n'est préparé pour les recevoir.

L'Impératrice a malheureusement un entourage de commères et d'hommes nuls, et malheureusement aussi, l'Empereur n'a pas une cour mieux composée.

On dit aujourd'hui que Cavaignac et les autres députés de l'opposition prêteront serment.

Le journal *L'Estafette* si hostile au gouvernement s'est vu retirer l'autorisation de vente sur la voie publique.

Samedi 11 juillet

L'Impératrice est arrivée à Plombières ; l'Empereur était allé à sa rencontre jusqu'à Épinal ; ainsi, du moins publiquement, tombent les bruits qu'on faisait courir sur les causes de ce voyage.

Maintenant, l'Impératrice était-elle attendue ? L'Empereur est-il satisfait de ce voyage ? Je l'ignore, ce que je sais parfaitement c'est qu'il y a peu de jours il n'était nullement question du voyage de Plombières, l'Impératrice faisait graver des cartes d'invitation pour des fêtes qu'elle devait donner à St-Cloud.

Je suis obligé de constater qu'il y a une certaine inquiétude dans notre pays, depuis le résultat des dernières élections de Paris, on est préoccupé de ce commencement d'opposition, de ce noyau révolutionnaire qui ravive les mauvaises passions de quelques-uns et rend incertains beaucoup de dévouements trop facilement admis.

Il va falloir à l'Empereur une excessive fermeté pour faire renaître la confiance chez les peureux et les timides et pour contenir les inimitiés.

Je causais hier soir avec le général Ornano qui constatait avec chagrin le changement qui s'opère dans l'esprit public et qui déplorait avec moi la faiblesse ou l'hostilité toute prête de beaucoup de fonctionnaires.

L'Europe est dans une année de crise ; la démagogie fait et fera de puissants efforts pour la troubler, pour la révolutionner ; il est donc indispensable de veiller comme en temps de guerre.

Mardi 14 juillet

L'Impératrice est revenue de Plombières hier soir ; elle a traversé Paris coiffée d'un chapeau à la Van Dyck orné de plumes. Les dames de sa suite portaient la même coiffure.

On attend chaque jour la mort de Béranger dont on est parvenu à faire un *bon homme*, le pendant de Lafontaine, et Dieu sait que Béranger était loin d'être un *bon homme.*

L'Impératrice envoie chaque jour prendre des nouvelles de *l'illustre* malade ; Damas-Hisnard l'a visité par ordre, et les journaux ont retenti de cette fameuse entrevue. Ils ont même mis dans la bouche du secrétaire de l'Impératrice les paroles suivantes :

« Vous êtes le poète de la jeunesse de Sa Majesté ! »

Il faut avouer que pour une jeune fille c'est un singulier poète !

La police craint des manifestations populaires socialistes le jour de l'enterrement de Béranger.

On parle d'une nouvelle visite de la reine d'Angleterre pour cet automne, elle serait reçue à Fontainebleau.

Deux ministres ont pris la parole dans le parlement piémontais pour répondre aux interpellations qui leur étaient adressées relativement aux derniers événements dont l'Italie a été le théâtre.

L'un a dit qu'il y avait eu une grande exagération dans le nombre des armes saisies, selon lui les fusils n'auraient pas dépassé le chiffre de 500 ; il est vrai qu'une minute après il avoue la saisie opérée dans la campagne de Gênes de plusieurs autres dépôts.

Il nie que des édifices publics aient été minés.

Mais son collègue de la Guerre, dans la même séance, avoue la découverte de sacs de poudre dans les conduits souterrains, il ajoute seulement qu'aucune tentative n'a été faite pour y mettre le feu et il termine par ces paroles :

« J'ai les plus fortes raisons de penser (discours de M. de la Marmora) qu'il n'existe plus de dépôts de poudre ; l'affaire des mines a été très exagérée ; dans deux ou trois endroits souterrains on a trouvé des caisses et des sacs de poudre ; dans tous les cas, les habitants sont trop intéressés à les faire rechercher, surtout dans les maisons qui avoisinent les établissements. »

M. Ratazzi, ministre de l'Intérieur, pense que la levée de boucliers des Mazziniens était si peu inquiétante, qu'il valait mieux, malgré les avertissements de la France, laisser mûrir l'insurrection que de la prévenir avant son explosion.

La vérité sur cette politique du Piémont est qu'il espérait ne pas éprouver le contrecoup d'une révolution qui aurait bouleversé l'Italie ; il ne voulait donc pas en gêner le développement, ni donner l'éveil aux autres gouvernements par des mesures préventives.

Si Mazzini se fût contenté de proclamer la république sociale dans la Toscane et dans le royaume des Deux-Siciles, le Piémont eût laissé faire, eût même applaudi secrètement, puis il serait arrivé plus tard comme le libérateur des populations pillées, le vengeur des assassinés et il aurait en un tour de main révolutionné l'Italie à son profit.

Mazzini et le fameux ministre Cavour ont été déçus dans leurs espérances ; aujourd'hui Mazzini est en fuite, et Cavour fait atténuer par les journaux piémontais la gravité de l'insurrection et l'énormité des ressources dont elle disposait.

Les gardes urbaines de la campagne de Naples ont marché contre les insurgés débarqués. Il me semble que pour un pays qui invoque à grands cris les libérateurs ce n'est pas trop mal.

Dans l'Inde, les cipayes désertent l'armée anglaise et malgré quelques succès des Anglais devant Delhi l'insurrection fait des progrès parmi les populations et s'étend au loin.

J'arrive de St-Gratien. Dans cette petite cour de la Princesse Mathilde, on continue à se barricader contre tout ce qui est attaché au gouvernement de l'Empereur.

La Princesse a repris Alexandre Dumas en faveur, elle le préfère à tout. Les Giraud sont les intermédiaires républicains, on les porte aux nues. Depuis huit jours Nieuwerkerke les tutoie !... C'est touchant.

On tripote à la cour de St-Cloud et à celle de St-Gratien les acquisitions à faire à l'Exposition, et les médailles et croix à donner.

Une demoiselle, élève de Chaplin, recommandée par Mme Walewska, a vendu au gouvernement deux têtes de femme, étude assez ordinaire, à 6 000 francs, mais elle a déclaré qu'elle serait honteuse si l'on n'achetait pas pour un prix supérieur un tableau à son maître Chaplin, alors, toujours avec la protection de Mme Walewska et l'appui de l'Impératrice, le gouvernement achète 8 000 francs un tableau de Chaplin.

Puis vient Mlle Marquet, ex-danseuse de l'Opéra, peintre plus que médiocre, mais sultane favorite de M. Edgard Ney ; le gouvernement lui achète un tableau à 1 500 francs.

Halévy, secrétaire perpétuel de l'Académie des beaux-arts, était à intriguer dimanche à St-Gratien pour faire obtenir une médaille à Mme Ledoux. Nieuwerkerke a promis sa voix.

Enfin, l'important Chennevières, assisté de l'important Clément de Ris et du non moins important de Tauzia, pousse fort Hédouin, l'ami de leur trinité, vers la liste des futurs décorés.

Hédouin était un des plus mauvais révolutionnaires de 1848.

Nieuwerkerke commence à courtiser le prince Napoléon, il compte pour son rapatriement avec cette Altesse impériale sur le dévouement d'Arago qu'il tutoie comme les Giraud.

Après l'élection du prince par l'Académie des beaux-arts, sans perdre une seconde, pour devancer tout le monde, Nieuwerkerke a envoyé en Écosse une dépêche télégraphique à Arago qui accompagne le prince.

Ceci devient de la haute comédie.

Vendredi 17 juillet

Béranger est mort, on l'enterre aujourd'hui, le service aura lieu à midi à l'église Ste-Élisabeth du Temple, sa paroisse.

Le gouvernement lui fait rendre des honneurs publics dit une proclamation du préfet de police placée en tête du *Moniteur* d'aujourd'hui, et l'Empereur, voulant honorer « *ce poète national dont les œuvres ont si puissamment contribué à entretenir le culte des sentiments patriotiques et à populariser la gloire de l'Empire, a décidé que les frais de ses funérailles seraient faits par la liste civile impériale* ».

Tout cela ne manque pas d'une certaine habileté, mais tout cela tend à propager un mensonge[1].

Béranger n'était ni un bon homme, ni un Bonapartiste ; c'était tout simplement un courtisan de populacerie qui se faisait une arme de toute opinion opposée au gouvernement existant. Le Bonapartisme lui a servi contre les Bourbons, la république contre le Bonapartisme.

Ce poète *national* a surtout entretenu le culte des idées irréligieuses et ses chansons libertines n'ont pas nui à la démoralisation des masses.

1. Pierre-Jean de Béranger est mort la veille. Napoléon III a décidé de lui accorder des funérailles nationales en raison de son immense renom, mais aussi parce que, quoique républicain, il a encensé Napoléon et enfin parce qu'il importe d'éviter que son enterrement ne devienne le prétexte à une manifestation d'opposition. En fait, le « poète national » était silencieux depuis 1851, ce qui rendait toutes les interprétations possibles. Ces obsèques qui se déroulent à l'église Sainte-Élisabeth puis au Père-Lachaise réunissent entre 200 000 et 500 000 personnes. Voir Jean Touchard, *La Gloire de Béranger*, Paris, A. Colin, 1968, 2 vol.

C'était un chansonnier plein de verve, un insurgé de la lyre, mais il y a loin de là à être un *poète national*.

J'adore la proclamation du préfet de police qui commence par ces mots : « La France vient de perdre son poète national ! »

Puis vient la rengaine des chants qui sont consacrés au culte de la patrie et qui perpétuent dans le cœur des peuples le souvenir des gloires impériales.

La chanson de Béranger au moment de la guerre d'Espagne est-elle rangée parmi celles dont le préfet et le gouvernement font tant d'éloges et qui motivent les honneurs publics ? Ou bien est-ce le bon Dieu !

Toujours est-il que vivant Béranger était le chantre des insurrections qui se donnent le mot, à sa mort, pour tenter une sédition.

Le préfet de police nous l'apprend ce matin :

« Le gouvernement, ajoute-t-il, ne souffrira pas qu'une manifestation tumultueuse se substitue au deuil respectueux et patriotique qui doit présider aux funérailles de Béranger. »

Après ce préambule, le préfet arrive à dire que le cortège du défunt se composera exclusivement des députations officielles et des personnes munies de lettres de convocation.

Les lettres de convocation soit, mais les députations officielles de qui ?

Enfin à midi nous célébrerons les funérailles de Béranger par une tentative d'émeute et le clergé si insulté, si bafoué par cet incrédule, lui chantera les prières de l'Église.

Comédie... comédie ! Tout est comédie dans ce monde ! Il n'y a que sur nos théâtres que la vraie comédie ne se montre plus.

M. de Lamartine, dans le dernier numéro de son *cours familier de littérature*, consacre quelques pages à juger Alfred de Musset et dans sa haute impartialité le relègue parmi les écrivains secondaires qui peuvent obtenir la réputation sans jamais atteindre la gloire, et ses œuvres parmi *la littérature légère* !

Cela est d'un grand cœur et d'un grand poète !

J'entends le tambour et j'apprends que les 80 000 hommes de l'armée de Paris sont sous les armes prêts au combat si les socialistes veulent l'engager.

Samedi 18 juillet

Les funérailles de Béranger ont été très calmes, le gouvernement continue ce matin dans ses journaux la comédie intitulée : *le grand poète national* ; la France selon lui verse des larmes !

D'un convoi que les sociétés secrètes voulaient transformer en manifestation socialiste comme elles firent en 1832 pour le convoi du général

Lamarque, il a fait un convoi officiel, où brillaient les autorités, les gens et les voitures de la cour, enfin tout le monde gouvernemental.

La comédie a été bien jouée.

Les émeutiers, tous bien pourvus d'argent, convaincus en présence des nombreuses troupes mises sous les armes qu'il n'y avait pas de chances pour une insurrection, ont pris le parti de céder le terrain et sont partis pour la banlieue décorés d'immortelles et le soir on rencontrait ces tristes et mauvaises figures de 1848 abruties par la boisson. MM. les émeutiers regagnaient leurs repaires chancelant et tapageurs, mais réduits à l'impuissance par la bonne comédie de l'autorité.

Nous subirons seulement encore longtemps *l'illustre poète*, le chantre de l'épopée impériale, l'homme de la France, l'éducateur de la jeunesse !

Nous sommes réduits à laisser passer ces monstruosités, à voir l'insulteur de tout pouvoir, de toute croyance, le cynique de toute morale, honoré comme Homère ou Dante.

Nous sommes une génération bien singulière.

Béranger est un vieux martyr ; il a droit à nos respects parce qu'expéditionnaire dans les bureaux de l'Université il fut remercié vers 1820 pour s'être posé en ennemi du roi Louis XVIII et qu'il fut condamné à quelques mois de prison pour avoir traité ce roi de tyran, le nommant tantôt Denis, tantôt Tibère !

Dimanche 19 juillet

Encore Béranger !... *La Patrie* nous apprend hier soir deux choses que voici :

Béranger est mort religieusement ; il avait demandé la bénédiction du curé de sa paroisse ; le curé lui a répondu : « *Ce n'est pas ma bénédiction, mais c'est l'absolution que je vous apporte* », et le chansonnier et le curé se sont embrassés.

Béranger n'avait plus de quoi vivre, et l'Empereur faisait remettre depuis longtemps à Perrotin, éditeur de ses œuvres, l'argent nécessaire à son existence. Perrotin lui persuadait que cet argent provenait de la vente de nouvelles éditions.

Le jour du convoi le mot d'ordre était donné dans tous les ateliers, les faubourgs voulaient enterrer Béranger comme ils avaient enterré Lamarque ou Benjamin Constant, dont le cercueil finit par tomber dans la boue au milieu de la bagarre qu'on nommait alors une manifestation patriotique.

Les ouvriers se croient encore une puissance politique, ils pensent qu'ils représentent à eux seuls le pays et les ouvriers, et les faubourgs de Paris se disent la France, tant que ce vieil esprit de la commune de 93 ne sera pas étouffé, nous serons en révolution.

Lassus, l'architecte de Notre-Dame et de la Ste-Chapelle, vient de mourir à Vichy à l'âge de cinquante ans. J'avais reçu le 15 juin une lettre de lui datée de Paris, il ne me disait pas qu'il fut malade.

M. Renan dont j'ai parlé tout dernièrement entreprend dans le *Journal des débats* de ce matin une sorte de réhabilitation de Julien l'Apostat.

Cette thèse convient au *Journal des débats*, amoureux du parlementarisme de 1848 et ennemi enragé du clergé.

Mardi 21 juillet

Le *Journal des débats* contient aujourd'hui un très curieux article à propos des derniers troubles de l'Italie, d'autant plus curieux qu'il émane de l'organe de la presse française le plus dévoué à la politique *du grand* Cavour.

Le Piémont était prévenu depuis le commencement du mois de juin par le gouvernement français (aveu de M. Ratazzi, ministre de l'Intérieur) et le Piémont n'a su prévenir l'explosion du complot, il a même été, on peut le dire, pris au dépourvu.

Le grand Cavour n'a pu penser que les révolutionnaires dont il favorise les projets contre les autres États italiens voudraient lui jouer le mauvais tour de républicaniser le Piémont.

(Il est bien entendu que cet avant-propos n'est pas extrait du *Journal des débats*.)

Voici maintenant le coup de pavé donné par le *Journal des débats* à son ami Cavour :

La ville de Gênes est un lieu d'asile ouvert aux réfugiés politiques de toutes les nations.

Ils y trouvent de précieuses garanties de sécurité pour leurs personnes ; ils peuvent communiquer facilement avec leurs amis de l'Italie, de la Suisse, de l'Allemagne, de la France, de l'Angleterre. Gênes est donc une ville privilégiée pour les proscrits politiques et c'est pourquoi ils y sont toujours nombreux. On assure qu'en mai il y en avait sept à huit mille, venus de toutes les parties de l'Europe.

La ville de Gênes est en possession d'une grande liberté dont elle se montre jalouse, et qui est une de ses anciennes traditions.

A Gênes, on est convaincu que le commerce ne peut fleurir sans la liberté.

La dernière phrase est le sublime du genre ; en quoi la liberté accordée aux réfugiés de préparer des complots contre les États voisins intéresse-t-elle le commerce ?

Mais il est bon d'enregistrer l'aveu imprimé par un journal partisan du grand Cavour, aveu constatant qu'en mai huit mille révolutionnaires de tous les pays avaient choisi Gênes pour quartier général d'un mouvement socialiste, dénoncé au commencement de juin par le gouvernement français.

Cependant Cavour est ému, les bandes de pillards et d'assassins qu'il ne surveillait pas parce qu'il les croyait destinées à révolutionner la Lombardie, les États du Pape, la Toscane et les Deux-Siciles ont voulu commencer leur mouvement en révolutionnant le Piémont ; Cavour s'en indigne comme d'une infraction à la foi jurée. Il se voit prévenu par les beaux alliés qui devaient retirer pour le Piémont les marrons du feu, il ordonne une enquête, mais on peut s'en rapporter à lui !... L'enquête n'apprendra que peu de chose.

Le *Journal des débats* annonce :

Le grand Cavour se propose d'adresser aux représentants du roi de Sardaigne près les cours étrangères une circulaire où il exposera la conduite tenue par le gouvernement du roi dans ces tristes circonstances. M. de Cavour insistera, dit-on, sur les considérations qui ont été si souvent mises sous les yeux des gouvernements européens touchant les destinées de l'Italie ; il fera ressortir par un simple rapprochement du régime constitutionnel tel que le Piémont le possède, sur les régimes admis et pratiqués dans les autres pays de l'Italie, et il en conclura que si l'on dotait tous ces pays d'institutions monarchiques analogues à celles du Piémont et fondées comme celles-ci sur l'alliance sincère de la liberté et de l'esprit conservateur, on couperait dans leurs racines les rébellions futures et on assurerait à l'Italie le repos et la prospérité auxquels elle aspire.

Pour le coup, M. de Cavour, vous êtes par trop gascon, vous savez mieux que personne, puisque vous les favorisez, les projets des réfugiés, ils sont tous socialistes ; vous les verriez triompher un instant avec plaisir parce que vous auriez l'espoir d'en avoir raison en fin de compte et de fonder le royaume d'Italie sous le patronage de l'Angleterre. Mais vous venez d'apprendre que les Mazziniens se tournent aussi contre votre État constitutionnel quoiqu'il leur offre les belles facilités décrites par le *Journal des débats*, quoique vous permettiez à tous les révolutionnaires de faire de Gênes leur quartier général, vous craignez les accusations dont vous serez l'objet, et vous voulez les prévenir en accusant des récents événements les mauvais gouvernements de l'Italie.

Ceci est trop fort, M. de Cavour, ne placez pas sur nos frontières italiennes tous les mauvais réfugiés que vous choyez, ne lancez pas sans cesse des factums, qu'il ne vous appartient pas, à vous à peine italiens, piémontais et sardes, d'adresser à toutes les espérances révolutionnaires ; ne cherchez pas à voler l'Italie en colorant votre vol de beaux sentiments. On sait qu'en 1847 vous étiez déjà d'accord avec l'Angleterre pour *hériter* de la Sicile moyennant l'abandon du monopole des soufres aux Anglais.

Allons, M. de Cavour, n'enflez ni votre taille, ni votre voix, que parlez-vous des autres gouvernements ; cette fois l'insurrection éclate chez vous et contre vous et ce n'est certes ni Rome, ni Naples qui la favorisent !... Expliquez-nous comment il se trouvait à Gênes huit mille réfugiés non surveillés, comment prévenu en juin, vous avez pu être surpris ? Par pitié pour vous-même, grand homme, prouvez-nous que vous êtes autre chose qu'un avocat bavard.

Si jamais ces notes sont consultées dans l'avenir, je tiens à y constater que le nommé *Palamède de Mortemart de Boisse, comte de Marle*, marié très récemment à la fille très majeure et peu belle de M. Noël, ex-notaire de l'Empereur, est le second fils d'un intrigant qu'on a connu affublé du seul nom de *Boisse* sans particule.

Les Mortemart lui ont fait jadis un procès dans lequel ils ont établi qu'il n'était pas de leur famille.

Les Boisse, dont il ne reste que quatre filles, Mme Blanche de Boisse (non mariée), Mme la marquise de Jumilhac, Mme la baronne de Viel Castel et Mme Aubert, prouvent qu'il n'est pas leur parent.

Quant au comte de Marle, c'est une fantaisie dont le cadet est affublé ; un costume de plus dans cette famille carnavalesque ne compte pas.

L'abbé Duguerry qui a marié Palamède lui a beaucoup parlé, dans le discours qu'il s'est cru obligé de faire, de la gloire des Mortemart et de leur esprit proverbial, c'est sublime ! !

Mercredi 22 juillet

Morny revenu de St-Pétersbourg, la lumière se fait sur ses discussions avec Mme Lehon.

Voici la vérité :

Lorsque de Morny devint l'amant de la comtesse il avait à lui à peu près quatre cent mille francs. A cette époque les Mosselman commençaient la grande affaire de *vieille montagne* dans laquelle il mit ses fonds d'après le conseil de Mme Lehon [1]. En peu de temps la fortune de Morny fut plus que quadruplée, et les choses restèrent ainsi jusqu'à la révolution de 1848 qui réduisit à zéro toute cette fortune ainsi que celle de Mme Lehon.

Mais à l'arrivée du prince-président, la position de Morny changea ; la confiance, la tendre affection que Louis Napoléon lui témoigna, lui créèrent une position importante. Morny fut l'homme du moment, et le moment vit éclore les grandes affaires. Toutes s'adressèrent à lui et il devint le centre et l'appui des associations de grands travaux d'utilité publique. La fortune favorisa les entreprises de son favori, il gagna des sommes énormes sur lesquelles par d'incessantes demandes Mme Lehon prélevait une forte dîme.

Morny a entre les mains toutes les lettres écrites par Mme Lehon pour demander les sommes qui liquidaient sa position et lui permettaient la vie de luxe qu'elle menait au moyen de dettes. Elle nomme dans ces lettres M. de Morny son sauveur, etc., etc.

Les remises ainsi faites par de Morny s'élèvent à des sommes considérables.

Lorsqu'il partit pour son ambassade de Pétersbourg, il résolut de fixer

1. Fanny Le Hon était la fille de l'industriel belge François Dominique Mosselmann, propriétaire de la mine de zinc de la Vieille-Montagne, située à Morenest, près de la frontière prussienne. En 1837, il constitua la société de la Vieille-Montagne, au capital de cinq millions de francs.

sa position, de se créer une famille et un intérieur en se mariant, mais il pensa avec raison que Mme Lehon devait être la première instruite de sa résolution et qu'elle devait pouvoir en parler la première comme d'une chose qu'elle lui aurait conseillé, il lui écrivit donc dans ce sens, en lui disant qu'il comptait s'unir à Mlle Otton et qu'il lui demandait pour sa femme une bonne réception, et pour lui une franche et solide amitié.

Mme Lehon lui répondit une lettre pleine de reproches amers et finit en le suppliant de rompre avec les Otton, car si ce mariage s'accomplissait, on ne manquerait pas de dire qu'elle avait été jouée par Morny qui faisait la cour à une jeune fille, tout en conservant une liaison intime avec elle.

Morny condescendit au désir de Mme Lehon et quelque difficile que fût une rupture avec les Otton, il l'accomplit en prenant vis-à-vis de ceux-ci tous les torts sur son compte, mais en même temps il manda à Mme Lehon qu'il la priait de lui garder une bonne amitié, mais de se préparer et de préparer le monde parisien à le voir revenir marié de St-Pétersbourg.

Alors la fureur de Mme Lehon fut extrême ; elle allait perdre l'homme qui depuis 1848 lui avait remis des sommes énormes et qu'elle comptait encore exploiter. Elle sut pourtant dissimuler jusqu'au jour où les correspondances de la Russie apprirent que le mariage de l'ambassadeur français avec Mlle Troubetskoï serait très incessamment célébré.

Tout était donc perdu pour Mme Lehon, elle songea à tirer de cette position le meilleur parti ; elle obtint une audience de l'Empereur, se montra furieuse, jalouse et dépouillée par de Morny, laissa entrevoir que pour le forcer à lui restituer les sommes qu'il lui détenait contre tout droit, elle ne reculerait pas devant un procès.

L'Empereur, effrayé du scandale que causerait un tel procès, écrivit à de Morny et lui dit les réclamations et les intentions de Mme Lehon.

Morny répondit que loin de devoir quoi que ce soit à Mme Lehon, depuis plusieurs années cette femme ne vivait que de l'argent qu'il lui remettait, qu'il en avait les preuves écrites, mais qu'à la distance où il se trouvait de l'Empereur il était difficile de les produire et de fournir les explications nécessaires, qu'enfin, pour éviter tout procès et toute cause de scandale, il priait l'Empereur de vouloir bien être arbitre et qu'il acquiesçait à tout ce que l'Empereur trouverait convenable.

Mme Lehon redoubla d'instances et elle amena l'Empereur à lui adjuger sur la fortune de Morny 3 500 000 francs !

Depuis son retour, et après avoir acquiescé à la décision impériale en l'exécutant, de Morny a fourni la preuve qu'il ne devait rien, mais qu'au contraire il lui serait dû, si on établissait des comptes, 2 500 000 francs.

Mme Lehon n'en touche pas moins 3 500 000 francs, elle vend son hôtel et se retire dans une terre nouvellement acquise. Sa fille, la princesse Poniatowski qui est fille de Morny, ne partage pas à ce qu'il paraît les ressentiments de sa mère, elle a écrit à de Morny pour lui demander de le voir ; Morny hésite, mais je crois qu'il cédera.

Le *Moniteur* contient ce matin les noms des trois assassins italiens envoyés par le comité des réfugiés de Londres pour attenter à la vie de l'Empereur, et qui vont être jugés.

Leurs révélations ou les instructions saisies permettent cette fois de comprendre comme complices dans l'acte d'accusation Mazzini et Ledru-Rollin.

Samedi 25 juillet

Ces jours derniers, M. Haussmann, l'*honorable* préfet de la Seine, sénateur, grand croix de plusieurs ordres, etc. etc., se promenait à Enghien en voiture découverte avec Francine Cellier, jeune gambadeuse de l'Opéra, ex-maîtresse du jeune Frousac Baroche.

Cet exemple donné par le premier magistrat d'un département a quelque chose de consolant, comme diraient les grands journaux, pour la religion et les mœurs.

J'ai dîné avant-hier chez Arsène Houssaye où j'ai rencontré le monde le plus ébouriffant qui se puisse imaginer :

A. Houssaye, Mlle Garcia (ex-actrice de l'Odéon), sa maîtresse, Marc Fournier, directeur de la Porte St-Martin et sa maîtresse, Mme Aug. Brohand de la Comédie française, Pelletier du ministère d'État, Mirès le banquier, Turgan, directeur du *Moniteur*, Diaz le peintre, St-Victor le journaliste, Michel Lévy l'éditeur, Théophile Gautier ; le reste ne vaut pas l'honneur d'être nommé si ce n'est Duvivier le Cor.

Au milieu de cette bohème le jeune fils d'Arsène Houssaye qu'il a eu d'une femme légitime, morte il y a deux ans, est actuellement élevé par Mlle Garcia.

Bien des gens qui entendraient parler d'un pareil dîner croiraient à quelque repas platonique assaisonné des saillies du plus bel esprit ; hélas, combien ces gens-là seraient dans l'erreur !

Tout ce monde se jalouse et se déteste en se tutoyant ; tout ce monde envie les écus de Mirès qui croit faire de l'esprit en se laissant aller à une insolence sans fleurs de rhétorique.

Mirès fait l'opposant et le mécontent, il voudrait fort épouvanter le gouvernement.

Puis, cette troupe est sans cesse préoccupée de faire des mots qui seront demain répétés par les journaux.

Aug. Brohan croit de bonne foi à la finesse de son esprit, elle pose et se donne beaucoup de mal pour être très ordinaire.

La maladie de ce monde-là c'est la fabrication des mots à effet, les enfants eux-mêmes doivent faire des mots. Le petit Houssaye, âgé de dix ans, hérite par avancement d'hoirie de ceux que son père invente, mais n'édite pas.

St-Victor est une mouche de coche qui vise à la gravité du juge.

Th. Gautier joue le patriarche et la rondeur. Marc Fournier le grand seigneur qui ruine ses créanciers pour une fille.

Et toute cette bohème qui croasse ou grouille malgré les grands airs qu'elle affecte est à peine recouverte d'un léger vernis qui cache mal la qualité première.

Gens sans vergogne, sans croyances, sans illusions, sans honnêteté, sans autre morale que celle que donne la crainte des lois. Ce monde où les descendances légitimes commencent à devenir rares sera dans moins d'un siècle exclusivement peuplé de bâtards produits par le croisement de ces bohémiens et des lorettes [1] !

Mercredi 29 juillet

L'Empereur revient de Plombières aujourd'hui, on dit son voyage en Angleterre différé jusqu'au 5 août ; quant à la visite de la reine d'Angleterre, il ne paraît pas qu'elle aura lieu. Les mauvaises nouvelles de l'Inde ne permettront pas à cette souveraine de quitter son pays pour un voyage de plaisir.

D'après les dernières nouvelles, Dehli tenait toujours, les Anglais attendaient des renforts ; l'agitation et l'insurrection gagnent du terrain dans les provinces les plus calmes jusqu'à ce jour. Cette affaire de l'Inde est un grave embarras pour l'Angleterre.

Chaumont Quitry, chambellan de l'Empereur, me disait hier au Cercle impérial que l'Empereur à propos de tous les tripotages commis dans les finances du *Grand Central* lui avait dit l'hiver dernier :

« Je ne permettrai le retour de Morny que lorsque toutes ces saletés seront arrangées. »

Le fils aîné de Mme Lehon, Eugène Lehon, est le digne fils de sa mère ; il doit à tout le monde au cercle, et même au garçon des jeux qui lui a prêté quatre mille francs. Il ne paie personne, et pousse l'audace jusqu'à venir jouer devant ses créanciers et il empoche l'argent quand il gagne sans leur parler même de ce qu'il leur doit.

Chassiron, le gendre du prince Murat, est dans le même cas, il doit six mille francs au garçon.

---

1. Depuis la monarchie de Juillet, on appelle bohémiens les jeunes artistes parisiens impécunieux et imprévoyants, par référence à l'existence nomade que sont supposés mener les gens originaires de Bohême, en Europe centrale. Les lorettes sont les jeunes femmes de mœurs légères qui les fréquentent et que l'on trouvait à l'origine aux abords de l'église parisienne Notre-Dame de Lorette. Bohémiens et lorettes sont évoqués dans l'ouvrage à succès d'Henry Murger, *Scènes de la vie de bohème* (Paris, Lévy frères, 2e éd., 1851). Voir Anne Martin-Fugier, *Les Romantiques. Figures de l'artiste (1820-1848)*, Paris, Hachette, 1998, qui leur consacre un chapitre.

Quelques joueurs du Cercle impérial sont dans le même cas, et cependant cette situation est moins mauvaise que celle du Jockey Club ; là, il ne paraît presque jamais d'argent sur la table, et les paiements y sont rares et difficiles.

Enfin la chambre des mises en accusation a renvoyé devant la cour d'assises sept accusés de participation à un complot contre la vie de l'Empereur.

Ces accusés sont :

Paolo Tibaldi, Giuseppe Bartolotti, Paolo Grilli dit Faro (tous en arrestation).

Puis viennent les contumaces :

Giuseppe Mazzini, Alexandre Auguste Ledru-Rollin, Gaëtano Massarenti, Frederico Campanella.

Les correspondances de Mazzini avec les trois inculpés arrêtés chargés de l'assassinat sont saisies.

Quant à Ledru-Rollin, il est fort chargé par les aveux des assassins.

Ledru-Rollin proteste dans les journaux étrangers contre toutes ces dépositions, il nie avoir connu le projet d'assassinat.

Les débats de cette affaire nous en apprendront toutes les circonstances.

Jeudi 30 juillet

J'ai longtemps causé hier soir sur la terrasse du Cercle impérial avec le marquis d'Audiffret, sénateur et l'homme le plus entendu en finances que nous ayons, de M. Fould et de son importance.

« Je la déplore amèrement, m'a dit M. d'Audiffret, Fould est un mauvais homme, peu entendu en finances quoiqu'il veuille le prétendre, et de plus il est du parti des voleurs. Cet homme-là fait grand tort à l'Empereur, plus d'une fois j'ai été appelé par Sa Majesté pour discuter les plans organisateurs ou financiers de M. Fould ; je n'ai pas eu de peine à faire connaître ce qu'ils offraient de défectueux et même d'impraticable, et j'avoue que mon étonnement a été grand de voir et d'entendre M. Fould déclarer que j'étais dans le vrai, sans essayer de justifier ou de soutenir ses propositions. »

Le gouvernement anglais, auprès duquel ont réclamé toutes les puissances, à propos de la protection accordée aux réfugiés, prendra, dit-on, prochainement des mesures contre eux.

Il serait temps ! Mais j'ai encore peine à croire que l'Angleterre renonce à cette arme qu'elle a toujours à son service pour bouleverser le continent.

Le Louvre s'achève ; le 15 du mois prochain les derniers échafaudages extérieurs auront disparu et l'Empereur dans une grande solennité doit faire l'inauguration du nouveau Louvre.

L'Empereur a traversé hier Paris à 6 heures et demie se rendant à St-Cloud ; il était en voiture découverte et sans escorte.

Ledru-Rollin nie, non seulement avoir pris part à un complot contre la vie de l'Empereur, mais il ajoute que les prétendus assassins arrêtés à Paris sont des agents de la police française !

Vendredi 31 juillet

Le prince de la Moskowa et le prince de Canino viennent de mourir ; ces deux hommes sont peu regrettables.

Le prince de la Moskowa n'avait aucune qualité, son caractère le faisait détester de tout le monde. Les militaires disaient qu'il était bon musicien, les musiciens devaient dire qu'il était bon militaire.

Quant au prince de Canino, c'est une autre affaire : haï et méprisé par tous, décoré de tous les vices et de toutes les ingratitudes, capable de tous les crimes, repoussé par sa femme, redouté de ses enfants, joueur effréné, libertin, sans croyance aucune.

Les journaux du gouvernement voulant lui donner une louange exaltent sa science des oiseaux !

L'Empereur perd en lui un coquin de première classe, malheureusement il lui en reste trop de cette espèce. La famille impériale voyait peu Canino, un de ses fils est abbé, l'autre est un peu p..., mais après tout, qui de nous est parfait ?

Samedi 1er août

Au moment où l'Empereur se prépare à faire une visite de gracieuseté à la reine d'Angleterre, Lord Redcliffe, ambassadeur d'Angleterre à Constantinople, uni au baron Prockesh, ambassadeur d'Autriche, nous déclare la guerre diplomatique la plus vive dans l'affaire des Principautés danubiennes.

L'Angleterre et l'Autriche se posent en arbitres de la situation sans tenir compte des réclamations des autres puissances et sans craindre de froisser la Turquie elle-même.

La Porte consentait à l'ajournement des élections en Moldavie que réclamaient la France, la Russie, la Prusse, le Piémont.

L'ajournement était suffisamment motivé par les abus de pouvoir du prince Vogoridez, mais Lord Redcliffe et le baron Prockesh sont entrés malgré le sultan et ses ministres dans le Conseil des ministres, ils y ont pris la parole et ont fini par faire repousser l'ajournement.

Le fait est grave ; le laissera-t-on passer dans la crainte de troubler l'alliance anglaise, alliance qui constitue pour nous jusqu'à présent une charge onéreuse ? J'espère en quelque bonne inspiration de l'Empereur.

Edgard Ney prend le titre de prince de la Moskowa.

Le Conseil d'État vient d'adopter un projet qui rendrait le commerce de la boucherie libre à Paris.

Le même conseil se préoccupe toujours d'une loi sur les titres de noblesse ; il n'y comprend rien et trouve à chaque instant des difficultés insurmontables.

Mardi 4 août

Eugène Sue est mort hier à Annecy. Je l'ai beaucoup connu de 1833 à 1840. C'était un médiocre écrivain sans moralité, sans conviction, un mauvais sujet dans toute la force du terme. *Les Mystères de Paris* ont fait sa réputation et sa perte ; il a cru à son influence sur la classe ouvrière, il a pensé dans son orgueil qu'il pourrait arriver à la dictature socialiste et il s'est fait socialiste.

Débauché plus que personne, luxueux et orgueilleux, il s'était depuis le 2 décembre retiré en Savoie d'où il lançait dans la presse les plus violentes productions socialistes.

Eugène Sue mort, c'est un scandale de moins.

Notre influence à Constantinople a fait tomber le Ministère turc dont les ministres anglais et autrichiens avaient si bon marché. Pour le moment, Thouvenel, notre ambassadeur, l'emporte sur Lord Redcliffe.

Toujours même ignorance sur les affaires de l'Inde, nous ne savons que ce que l'Angleterre en laisse transpirer.

L'Empereur et l'Impératrice partent le 5 pour aller visiter la reine d'Angleterre, leur séjour à Osborne sera fort court.

Mercredi 5 août

L'Empereur et l'Impératrice seront de retour lundi prochain.

Les nouvelles de l'Inde sont toujours contradictoires. Quelques journaux anglais annoncent de nouveau la prise de Dehli et se félicitent du massacre de sept mille Indiens passés au fil de l'épée. D'autres journaux mettent en doute cette nouvelle.

Le Piémont cherche toujours à occuper l'attention publique, et ses amis parlent toujours de cette *fameuse note* du grand Cavour destinée à démontrer la force du gouvernement sarde et la faiblesse des autres gouvernements italiens en face du parti mazzinien.

La gasconade est trop forte après les derniers événements dont Gênes a été le théâtre.

Il serait grand temps de conseiller à ces matamores piémontais de se taire.

Le journal *Le Nord* de Bruxelles parle d'un rapprochement entre l'Autriche et la Sardaigne, entre la France et Naples.

La chaleur depuis près d'un mois était très grande, il pleut ce matin et tous les Parisiens se font mouiller avec plaisir ; jamais pluie n'avait été plus ardemment désirée. Avant-hier, le thermomètre marquait 35 degrés au-dessus de zéro à une heure après-midi et 24 degrés à minuit.

La vente de Mlle Rachel a eu lieu, et nous pouvons signaler les folles enchères suivantes dont on est honteux.

Le lit a été adjugé pour plus de 1 000 francs.

Le pot de nuit ! ! ! 100 francs.

Ces détails en disent plus que toutes les réflexions.

Vendredi 7 août

Le procès des assassins est commencé. La culpabilité est dès à présent démontrée et les plus incrédules ne pourront nier la participation de Mazzini et de Ledru-Rollin à cet infâme complot.

Il est curieux en lisant les débats de cette affaire de voir avec quel soin on évite de nommer la comtesse Castiglione dont les assassins devaient surveiller l'hôtel dans la prévision de pouvoir y surprendre l'Empereur, soit à son arrivée, soit à son départ. La rue Montaigne n'est même pas désignée par son nom, c'est tout simplement le n° 53.

Toute cette finesse est comme le secret de Polichinelle.

L'ouverture, ou plutôt l'inauguration du nouveau Louvre aura lieu par l'Empereur lundi prochain.

Samedi 8 août

Tibaldi, l'agent de Mazzini à Paris, l'homme qui n'a rien avoué, le vrai conspirateur, celui qui dirigeait les assassins envoyés de Londres pour attenter à la vie de l'Empereur, qui les armait et les choyait, a été condamné hier par la cour d'assises à la déportation à vie.

Quant aux deux misérables qui avaient reçu chacun cinquante napoléons pour tuer l'Empereur, les nommés Grilli et Bartolotti, ils iront réfléchir pendant quinze ans dans une prison sur leur infâme métier.

Les enthousiastes de la cause italienne doivent être peu satisfaits de voir que cette *notre nation* comme ils nomment l'Italie produit surtout des assassins.

Ce magnifique peuple ou, pour mieux dire, les tribus diverses qui peuplent l'Italie peuvent toutes fournir, moyennant prix convenu, des assassins disposés à tout faire.

Dimanche 9 août

Pour le moment, la politique de l'Angleterre et de l'Autriche l'emporte à Constantinople.

La Turquie refuse l'annulation des élections des Principautés danubiennes. Les ambassadeurs de France, de Russie, de Prusse et de Sardaigne ont rompu avec la Turquie, ils ont abattu leurs drapeaux.

Lord Redcliffe et M. de Prockesh ont remis une note à la Porte laquelle note est assez insolente pour les autres puissances, puisqu'en encourageant les Turcs à résister aux justes prétentions des quatre puissances les ambassadeurs anglais et autrichien les garantissent contre les conséquences de leur résistance.

Les journaux de Lord Palmerston ne parlent pour pacifier l'Inde que des massacres qui devront y être faits, et du régime qu'ils désirent voir adopter pour le gouvernement des Indiens.

Le régime du sabre !

Philanthrope Angleterre verse maintenant des larmes sur l'Italie !

Lundi 10 août

J'ai dîné hier à St-Gratien avec le ministre des Cultes et l'ambassadeur de Sardaigne chez la Princesse Mathilde.

L'abbé Coquereau, le plus intrigant de tous les abbés, y dînait aussi. Il n'a cessé de circonvenir le ministre pendant cinq heures ; dénonçant tel évêque, demandant la destitution de tel chef de division ou de bureau, et il a fini par se faire ramener à Paris par le ministre. Il a prodigué à S.E. les louanges et les flatteries, il a vanté son excellence ; enfin l'abbé veut être évêque.

La Princesse Mathilde, qui ne connaît pas le caractère du gaillard et qui ne le nomme que *ce bon abbé*, pousse fortement à sa promotion.

L'abbé, je l'ai déjà dit, s'est montré orléaniste jusqu'au jour où l'Empereur l'a fait aumônier de la flotte et chanoine de St-Denis. Actuellement il est ultra-gallican pour obtenir un évêché, et il dit pis que pendre de la cour de Rome et des évêques. S'il est fait évêque, que sera-t-il demain ?

La Princesse Mathilde lui a dit dans la soirée :

« Avouez, mon cher abbé, que si tout autre se conduisait comme vous le faites depuis quatre heures, vous le traiteriez d'intrigant. »

Le duc de Frias est venu vers 9 heures en visite de cérémonie. Cet ambassadeur d'Espagne est une sorte de caricature qu'on dit aimable et spirituel ; il faudra voir.

Les journaux anglais et autrichiens sont furieux contre les quatre puissances qui refusent de reconnaître les élections des Principautés.

Mardi 11 août

La nouvelle église Sainte-Clotilde, située au faubourg St-Germain sur les terrains de Bellechasse, est entièrement terminée et sera très incessamment livrée au culte[1]. A raison de la prochaine ouverture de cette église, Monseigneur Baroche, S.E.M. Baroche enfin, a réclamé pour sa femme, pour lui, pour sa famille une chapelle particulière.

« Il serait pénible, a-t-il dit à son collègue Roulland, que nous fussions exposés à nous trouver coudoyés par la foule. »

La tête tourne à ce paillasse.

Autre anecdote :

Avant la présidence du prince Louis Napoléon, le titre de Président de la République avait été offert par une grande députation au prince Jérôme qui ne voulut pas l'accepter, alléguant que son front qui avait porté la couronne ne pouvait s'affubler du chapeau démocratique de Président.

M. Thiers qui faisait partie de la députation s'avança alors vers le prince Jérôme et lui dit : « Que ce ne soit pas pour réserver la Présidence à votre *crétin* de neveu ! »

L'anecdote est racontée par le prince Jérôme.

L'Empereur et l'Impératrice seront de retour de leur excursion à Osborne ce soir à 11 heures et demie.

La liste des présidents et vice-présidents des Conseils généraux est ce matin au *Moniteur*, elle offre un singulier mélange d'importants et d'intrigants ! !

Mercredi 12 août

Hier, je dînais avec le comte de Flamarens, sénateur, et il me racontait son récent voyage dans le département du Gers où sont ses propriétés. Il me faisait lire les articles de journaux des différentes localités rapportant tout ce qui s'est passé de la part des populations, leur franche adhésion à l'Empire, et disant aussi comment le sénateur reçu par des populations entières a répondu en répandant partout et des secours aux malheureux, et des subventions pour la réédification des églises.

De retour à Paris, Flamarens a demandé aux journaux du gouvernement de reproduire succinctement ces récits, dans le double but d'encourager ses collègues dans la même voie, et de donner aux sénateurs leur véritable valeur.

Les journaux ministériels ont répondu :

> Ceci est affaire de localité, et nous n'avons pas pour mission de relever aux yeux de l'Europe la dignité des sénateurs.

---

1. Commencée en 1846, cette église de style néo-gothique est due aux architectes François Chrétien Gau et Théodore Ballu.

L'Empereur est mal servi, il a trop de gens qui lui cachent la vérité.

L'Empereur et l'Impératrice sont arrivés hier soir ; ils avaient visité Rouen en passant, ils y ont été très bien reçus.

Les journaux anglais nous apportent chaque jour le révoltant récit de quelques exécutions de cipayes insurgés faits prisonniers ; les uns sont pendus, et parmi les derniers de cette catégorie, un avait eu le bras coupé la veille, le nœud fatal se trouva mal attaché et le pauvre diable eut une agonie de six minutes. Les autres sont attachés à la bouche des canons et au commandement feu ! leurs membres sont dispersés, déchirés et vont souvent blesser les spectateurs.

Pas une voix ne s'élève dans le parlement anglais pour flétrir ces horribles supplices qui ne sont dans aucun code et ne sont ordonnés par aucun tribunal. Tartufes anglais, le roi de Naples a-t-il jamais ordonné rien de semblable ? Il vient de faire grâce de la vie à un des compagnons du socialiste Pisacane qui, il y a peu de temps, entrait à main armée dans le royaume de Naples, y massacrait des soldats et y portait la guerre civile.

Jeudi 13 août

Les résultats de la visite faite par l'Empereur à la reine d'Angleterre sont aujourd'hui connus. Lord Palmerston recule dans l'affaire des chrétiens moldaves. Il y aura donc de nouvelles élections. M. Thouvenel a eu par conséquent raison de protester et de rompre les relations diplomatiques de la France avec la Porte, et l'insolence de Lord Redcliffe et du baron Prockesh est implicitement désavouée.

Ceci prouve une fois de plus qu'il ne faut pas craindre de tenir tête à l'Angleterre qui est surtout forte de la faiblesse des autres nations, et insolente lorsqu'on ne résiste pas à ses prétentions.

L'Angleterre persiste à crier bien fort en toute circonstance contre l'ambition envahissante de la Russie ; mais elle cherche à dissimuler ses propres envahissements ; ainsi, après s'être emparé, il y a six semaines, d'une île située sur la mer Rouge et appartenant à la Turquie, elle s'empare aujourd'hui du groupe des îles Ouahorn situé sur les limites des possessions de la Hollande dans l'Océanie orientale.

Demain aura lieu la réception du nouveau Louvre par l'Empereur ; tous les travaux extérieurs sont finis.

On a fait restaurer les tentures de la grande galerie des tableaux, et elle sera rouverte le 14 ; les cadres ont été redorés et les tableaux de Rubens dévernis (peut-être un peu trop).

Villot le conservateur de la peinture a la manie des surprises, et lorsqu'avec l'aide du restaurateur Mortemart, il peut d'un tableau vigoureux de ton faire un tableau clair et blanchâtre, il est ravi, mais il faut avouer, pour être juste, que tout le monde ne l'est pas et que le nettoyage des tableaux laisse beaucoup à désirer.

Le nouvel éclairage de la grande galerie sera mauvais, le jour ne sera pas également réparti sur les deux côtés, encore un petit accroc à la gloire de Lefuel que Fould va canoniser demain et que l'Empereur va récompenser en témoignage de satisfaction ; puis Lefuel passera *grand homme.*

Ab uno disce omnes[1].

Les journaux savoyards racontent et *L'Indépendance belge* reproduit les *touchants* détails de la mort d'Eugène Sue. Cet homme, le plus immoral de tous ceux que j'ai connus, est vanté comme un bon et doux seigneur. Le vertueux colonel Charras lui a fermé les yeux et a reçu ses dernières paroles :

« Mon ami, lui a dit l'illustre (textuel) mourant, je veux mourir comme j'ai vécu, *en libre-penseur*, veillez-y, je vous en prie. »

Le colonel Charras y a veillé, aucun prêtre n'a déshonoré par sa présence le convoi du *libre-penseur*, la croix du chrétien ne sera point plantée sur son tombeau.

Les habitants d'Annecy conserveront un souvenir édifiant de la mort du socialiste débauché qui a vécu et qui est mort comme un chien. Vieillard et lui... libres-penseurs... sublimes insulteurs aux croyances des peuples... baladins tombés dans l'oubli, que la justice de Dieu vous soit légère.

On disait hier au Cercle impérial que la tragédienne Rachel se mourait, convertie au catholicisme par l'abbé Caron, et on ajoutait qu'elle se mariait *in extremis* avec un monsieur inconnu pour assurer un état civil à deux enfants naturels que ce monsieur reconnaîtrait.

Un de ces enfants est fils d'Arthur Bertrand, mauvais sujet, aujourd'hui fou, fils du maréchal Bertrand ; le second était complètement ignoré. Outre ces deux enfants Rachel en a encore un troisième, fils de Walewski et reconnu par lui, il porte le nom de Colonna.

Léopold Lehon qui a été l'amant de Rachel m'avouait hier que l'accusation portée contre cette illustre comédienne de t... avec sa sœur Sarah était vraie. Il me disait encore avoir assisté aux ébats amoureux de Mme Doche et de Mlle Nathalie tendrement éprises l'une de l'autre ; rien ne pourrait donner, m'assurait-il, une idée de leur fureur érotique.

Quant à Rachel, elle se montrait parfois retenue et glaciale, puis dans d'autres instants folle de lubricité, mais elle payait par de longues prostrations ces excitations nerveuses.

Ce qui pourra faire comprendre leur intensité ce sont les deux faits suivants :

Une nuit elle dit à Léopold Lehon :

1. Voir *supra* n. 2, p. 431.

« Je voudrais être b... sur le corps d'un homme qu'on viendrait de guillotiner. »

A un autre de ses amants elle imposa la condition de lui répéter dans les moments décisifs :

« Je suis Jésus-Christ ! » et chaque fois que ces mots sacrilèges frappaient son oreille Rachel tombait dans un paroxysme de jouissance impossible à décrire. La débauche autant que les fatigues du théâtre peut être accusée de la mort de Rachel.

C'était un grand talent, mais la plus fieffée p... de la terre.

Vendredi 14 août

Je viens de visiter les tableaux de Rubens (galerie Médicis) que le restaurateur Godefroy restaure en ce moment et je sors de son atelier l'âme navrée de ce que j'ai vu.

Godefroy est ivre les trois quarts du temps, il a la main rude et les procédés brutaux pour dévernir et nettoyer les tableaux, il emploie une grosse éponge et de *l'alcali* ! !

Les demi-teintes, le modelé, la finesse disparaissent, les contours se perdent, et alors il s'en donne à cœur joie, le barbare, de repeindre, retouchailler, refaire du Rubens.

Les restaurations conduites par Villot, exécutées par Godefroy, resteront comme une plaie dans les annales du Musée.

Les mains si belles de Marie de Médicis dans le tableau de *l'accouchement* sont perdues. Je sais que Godefroy compte les refaire, mais je préfère l'œuvre de Rubens !

Lorsque Villot décide des restaurations, on y procède comme on pourrait le faire à la lessive du linge des invalides.

Il y aura de beaux cris à la réouverture du Musée ; Villot *alcali* a pris sur lui une lourde responsabilité.

11 heures et demie

Les sergents de ville prennent position dans la grande cour du Louvre pour le passage du cortège impérial qui entrera par la porte du côté de St-Germain l'Auxerrois. Des ouvriers sablent le chemin que suivra l'Empereur. La cour sera fermée au public à midi. J'ai visité ce matin la salle où doit avoir lieu la cérémonie ; elle est tendue et décorée par le Garde-Meuble sans grand luxe ; c'est une des grandes salles du milieu des nouveaux bâtiments en doublure de la vieille galerie du Louvre.

Le temps est pluvieux, orageux, il s'éclaircit par moments, puis se couvre de nouveau, l'atmosphère est lourde et chargée d'électricité. Si demain le ciel ne reprend pas sa sérénité des jours derniers, la fête de l'Empereur en sera quelque peu dérangée.

3 heures et demie

Je reviens de la cérémonie qui a été favorisée par le temps ; le ciel était devenu beau. Le cortège impérial a pu parcourir les rues et les places qui forment l'enceinte du Louvre en passant par la grande cour d'où il est ressorti par la porte qui fait face à St-Germain l'Auxerrois sous un soleil assez brillant.

La cérémonie elle-même a été froide, les acclamations sans chaleur et trop isolées. Les artistes et les ouvriers qui remplissaient la galerie à l'extrémité de laquelle s'élevait le trône de l'Empereur sont toujours ces hommes au milieu desquels se recrutent les émeutiers.

Tous les grands corps de l'État étaient représentés à cette séance d'inauguration.

Six croix de la Légion d'honneur ont été données et un grand nombre de médailles en or.

Lefuel est nommé officier de la Légion d'honneur.

Les chevaliers sont :

Piot, architecte, inspecteur principal.

Bosio, sculpteur statuaire.

Jacquot, *idem.*

Maret, entrepreneur de maçonnerie.

Durand, entrepreneur de plomberie.

Les princes qui accompagnent l'Empereur ont le tort de montrer à toutes les cérémonies des visages ennuyés. Les princes ne doivent pas oublier qu'ils ont une comédie à jouer et qu'ils doivent au public une physionomie toujours souriante.

L'événement de la cérémonie a été le discours de l'Empereur qui, je le dis avec regret, m'a péniblement affecté.

La première partie, celle qui se rapporte au Louvre, a été bien dite, elle est juste et bien exprimée avec ce bonheur d'expressions qui distingue tous les discours de l'Empereur.

Mais lorsqu'il est arrivé à vouloir démontrer que l'histoire des monuments a sa philosophie comme l'histoire des faits, il a commis une sorte d'attentat à la morale publique, il a en quelque sorte outragé les sentiments de l'honnêteté nationale.

Voici sa démonstration :

« De même qu'il est remarquable que sous la première révolution le Comité de salut public ait continué à son insu l'œuvre de Louis XI, de Richelieu, de Louis XIV en portant le dernier coup à la féodalité et en poursuivant le système d'unité et de centralisation, but constant de la monarchie, de même n'y a-t-il pas un grand enseignement à voir pour le Louvre la pensée de Henri IV, de Louis XIII, de Louis XIV, de Louis XV, de Louis XVI, de Napoléon, adoptée par le pouvoir éphémère de 1848...

« Tant il est vrai qu'une nation puise dans ses antécédents, comme un individu dans son éducation, des idées que les passions du moment ne parviennent pas à détruire.

« Lorsqu'une impulsion morale est la conséquence de l'état social d'un pays, elle se transmet à travers les siècles et les formes diverses des gouvernements, jusqu'à ce qu'elle atteigne le but proposé. »

Ainsi voilà de la bouche même de l'Empereur la justification de l'infâme Comité de salut public ; il accomplissait dans les destinées de la nation une œuvre providentielle, il continuait Louis XI, Richelieu, Louis XVI en portant le dernier coup à la féodalité !

Non, Sire, le Comité de salut public, dont le nom ne devait pas être prononcé dans une réunion d'ouvriers avec cette réhabilitation, n'est pas le continuateur de Louis XIV. Ce comité de sang n'était qu'une guillotine dont les victimes comptaient pour le plus grand nombre dans les rangs de la bourgeoisie et du peuple ; le Comité de salut public !... mais c'est la Terreur, c'est Lebon à Arras, c'est Collot d'Herbois à Lyon, c'est Carrier à Nantes !

Dites si vous voulez que l'abolition des titres et des privilèges, qui ne fut l'œuvre ni du Comité de salut public, ni de la Convention, continuait l'œuvre de Louis XI, de Richelieu et de Louis XIV, mais le Comité de salut public puisant sa raison d'être et trouvant sa justification dans une *impulsion morale*, c'est impossible !...

Votre argumentation, Sire, irait trop loin, Votre Majesté n'en a certes pas prévu les dernières conséquences.

Le socialisme et Mazzini continuent le Comité de salut public, ils poursuivent donc l'œuvre de Louis XI, de Richelieu et de Louis XIV ; eux aussi veulent l'unité, comme la voulait le Comité de salut public, l'unité par la terreur.

Sire, vous avez insulté le grand roi dont vous acheviez l'œuvre, c'est mal.

Sire, vous avez froissé le sens moral, c'est mal.

Sire, vous avez fait mentir la philosophie de l'histoire, c'est mal.

Et j'en suis d'autant plus affligé que je suis dévoué à votre œuvre politique qui ne continue pas le Comité de salut public.

Dimanche 16 août

J'accomplis aujourd'hui ma cinquante-cinquième année.

A l'occasion de sa fête l'Empereur a distribué un grand nombre de croix de la Légion d'honneur et il a fondé une médaille militaire essentiellement temporaire, puisqu'elle est destinée aux militaires qui ont servi entre les années 1792 et 1815[1].

1. Il s'agit de la médaille de Sainte-Hélène, instituée le 12 août 1857 et qui porte la légende : « A ses compagnons de gloire, sa dernière pensée, 5 mai 1821. » Elle s'inscrit dans le cadre de la légende napoléonienne et se veut dans l'esprit de Napoléon III une marque officielle de reconnaissance qui s'inspire du testament de son oncle. Sa teinte bronze la fera rapidement surnommer la « médaille en chocolat ». Voir Bernard Ménager,

Parmi les nouveaux légionnaires, on remarque Alex. Dumas fils, puis le fretin littéraire, Paul de Musset qui écrit dans le *Siècle*, Marie Aycard, feuilletoniste, Calonne, Paulin Limayrac, etc. etc.

M. Fould a reçu les insignes de grand-croix en diamants.

M. E. Thayer a été nommé commandeur parce qu'il est sénateur, sénateur parce qu'il a mal rempli les fonctions de directeur des postes, et il avait eu les postes, comme gendre du duc de Plaisance.

Son frère Amédée est aussi sénateur en vertu de son droit de gendre du général Bertrand.

L'Empereur a oublié hier de parler de l'abolition de l'aristocratie des gendres !

La fête d'hier a été attristée par une pluie qui n'a un peu cessé que le soir ; le feu d'artifice et les illuminations ont été splendides, mais pour les voir il fallait patauger dans la boue.

Laity (du complot de Strasbourg), qu'il est impossible de conserver préfet, fonction trop au-dessus de ses moyens, est nommé sénateur.

Le général Daumas sénateur.

Daumas est un général intrigant, qui écrit sur tous les sujets algériens et qui est au ministère de la Guerre à la tête de toutes les affaires arabes ; c'est ce qu'on nomme une spécialité.

Aujourd'hui aura lieu à deux heures la distribution des récompenses aux artistes exposants.

Yvon recevra la grande médaille pour son tableau de la prise de Malakoff.

Winterhalter est nommé officier de la Légion d'honneur.

Dreux d'Orcy, mauvais peintre de chevaux qui n'a rien exposé cette année et qui depuis quelques années est arrivé à ne plus faire que des tableaux de pacotille, est au nombre des chevaliers par l'influence du général Fleury.

Matout qui vient de salir les murailles de la chapelle de l'hôpital La Riboisière est aussi décoré.

Ziem dont les espérances de talent disparaissent chaque année, est décoré.

Comte (Pierre Charles) est décoré avant d'avoir été jugé digne aux expositions précédentes d'une première médaille. Il a au salon de cette année un bon tableau de genre (*Henri III visitant sa ménagerie*), mais il me semble que l'on se presse beaucoup de le décorer, il n'est pas bien ancien dans les expositions ; que fera-t-on de lui dans l'avenir ?

Les autres chevaliers de cette exposition sont :

MM. Aivasovski, né en Crimée et qui a envoyé de fort beaux paysages.

Les Napoléon du peuple, Paris, Aubier, 1988 et Natalie Petiteau, *Lendemains d'Empire. Les soldats de Napoléon dans la France du XIXe siècle*, Paris, La Boutique de l'Histoire, 2003.

Desgoffes, élevée de M. Ingres.

Pills, premier grand prix de Rome, auteur d'un bon tableau du débarquement de l'armée française en Crimée.

Vital Dubray, sculpteur de la statue et des bas-reliefs du monument élevé à l'impératrice Joséphine à la Martinique (3e médaille).

Perraud, grand prix de sculpture, 1re médaille.

Oudinet, grand prix, 1re médaille (bustes).

François, gravure, médaille 1re classe, graveur du tableau de Delaroche, *Marie-Antoinette sortant du tribunal révolutionnaire*.

Il n'y a dans tout cela aucune grande illustration et il y a nombre de médiocrités, bien mieux, Dreux d'Orcy n'a pas exposé, mais le général Fleury dont il est l'ami éprouve le besoin de le voir décoré.

Le général d'Ornano déplorait avant-hier soir en causant avec moi la prodigalité des croix de la Légion d'honneur et paraissait tout chagrin de la voir attachée sur tant de poitrines peu dignes de la porter. Les nominations faites ce mois-ci ne réhabiliteront pas cet ordre.

Les militaires, dans un avenir peu éloigné, n'ambitionneront que la médaille militaire.

La folie du jour est celle des croix ; les souverains voyageurs trouvent plus économique de donner une croix qu'une tabatière, aussi sommes-nous tous chamarrés de rubans de toutes couleurs et de croix de toutes formes.

Nos habits d'uniforme ressemblent à la devanture de Fossin ou de Janistet. Je suis très modeste avec six décorations, plusieurs de mes amis en ont quinze, d'autres vingt et quelques-uns jusqu'à vingt-cinq.

Lundi 17 août

L'Empereur et l'Impératrice partent aujourd'hui pour Biarritz. L'Empereur y restera peu de temps, puis il viendra tenir le camp de Châlons.

On disait hier soir au Cercle Impérial que l'Empereur avait donné l'ordre de nommer *Pavillon Fould* un des nouveaux pavillons du Louvre.

Je ne désespère pas de voir un jour les pavillons Mirès et Millaud !

Billault est nommé grand-croix de la Légion d'honneur !

Rouland est grand officier.

La plupart de ces croix tombant sur de telles poitrines, de ces récompenses accordées à de tels hommes ont l'air de défis à l'opinion publique.

La nouvelle médaille militaire accordée aux officiers et soldats qui ont servi entre les années 1792 et 1815 va décorer, le calcul en est fait, à peu près 15 000 conscrits qui de 1813 à 1815 n'ont jamais rejoint leurs corps ou sont restés dans les hôpitaux.

Les militaires qui ont fait les campagnes de Grèce, d'Espagne et d'Afrique de 1815 à 1848 n'ont droit à aucune récompense, ils ne comptent point parmi ces ridicules vieillards affublés en lanciers rouges, en grognards de la vieille garde qui viennent à toutes les fêtes étaler leur grotesque tournure.

Il n'y a pas de médaille pour l'Afrique, et cependant cette belle conquête de la restauration méritait quelque récompense aux soldats qui l'ont payée de leur sang.

Nous ne voulons à ce moment que la glorification des vieilles culottes de peau : ô Charlet, pourquoi es-tu mort ?

Hier, à la distribution des récompenses aux exposants, les artistes n'ont pas applaudi à la nomination d'Alf. de Dreux, qui n'a pas osé venir chercher sa croix, mais en revanche ils ont acclamé le nom de Daubigny prononcé pour un rappel de médaille de 1re classe.

Ils protestaient ainsi contre la faveur qui va chercher MM. de Dreux et Ziem, qui fait officier M. Winterhalter, artistes d'un talent très ordinaire, et qui néglige un paysagiste du mérite de Daubigny.

Fould a débité un discours dans lequel il s'est prononcé très vivement contre les tendances réalistes de la jeune école, j'applaudis de tout mon cœur aux paroles du ministre, mais il n'aurait pas fallu cinq minutes après proclamer le nom de M. Courbet, chef de l'école réaliste, pour un rappel de médaille de 3e classe.

On fait beaucoup de bruit autour d'un tableau de Robert Fleury représentant, dit la notice, *Charles Quint au monastère de Saint-Just.* Ce tableau est harmonieux et chaud de ton, mais il est mou, et quant au personnage de Charles Quint, M. Robert Fleury n'a certes pas la prétention de nous faire prendre le malade boursouflé qu'on vient d'apporter dans un fauteuil pour l'heureux rival de François Ier.

La nouvelle œuvre de M. Robert Fleury ne peut rien ajouter à la réputation de l'artiste ; quant à son importance, depuis qu'il est de l'Institut, les rois ne lui vont pas à la cheville.

On commence en bon lieu à se laisser prendre à la peinture de Courbet ; on se pâme devant ses animaux sur la neige et devant ses chiens de chasse. Si de tels tableaux passaient en vente, signés tout bonnement d'un nom honnête, ils se vendraient cent francs pièce.

Mardi 18 août

Le *Moniteur* contient ce matin un décret impérial, portant la date du 16, réglant diverses mutations dans les postes diplomatiques.

Notre diplomatie est bien pauvre, car ce qu'elle a de mieux à offrir pour l'ambassade de Pétersbourg, c'est M. le comte de Rayneval auquel succède près le Saint-Siège M. le duc de Gramont remplacé à Turin par le *prince de la Tour d'Auvergne* qui fait les délices de la Toscane, voire même de Parme et de Plaisance.

Les habitants de cette partie d'Italie se contenteront désormais du marquis de Ferrière le Vayer que va pleurer le Wurtemberg sans pouvoir être consolé par Reculot, qui à cet effet abandonne le Hanovre à la haute capacité de M. de Danrémont, envoyé extraordinaire (je n'invente pas, le mot est dans le décret), près S.A.R. le grand-duc de Hesse et ministre plénipotentiaire près le grand-duc de Nassau ! ! !

Les ducs de Hesse et de Nassau enlèvent Comminges Guitaut aux fonctions de secrétaire de 1re classe.

Le reste du décret est relatif aux petits postes diplomatiques confiés à des Lobstein-Mercier, de Monthérat, Baudin et M. le baron Pichon.

Je ne suis pas étonné qu'au milieu d'une telle légion de capacités Bourqueney brille comme un soleil, il a du moins adopté l'habit marron que le prince de Talleyrand portait au congrès de Vienne, et on prétend même qu'il aurait voulu se faire poudrer, mais on lui a fait comprendre que le représentant du nouvel Empire français ne pouvait arborer les insignes des gouvernements rétrogrades. Donc Bourqueney ayant quelque chose du prince de Talleyrand dont il affecte la physionomie effacée, le sourire des yeux et de la bouche, est l'aigle de la diplomatie.

Le prince de la Tour d'Auvergne (d'autres disent de la Tour prends garde) n'est rien du tout.

Ferrière est un important.

Guitaut, qui n'est pas Comminges, est fort intrigant.

Le duc de Gramont, ex-menin du duc de Bordeaux et légitimiste très prononcé, a tourné le dos à ses antécédents pour les d'Orléans ; mais aussi faut-il convenir qu'il a soulagé sa conscience en secouant la poussière des d'Orléans pour endosser l'habit de l'Empire.

M. de Damremont est protégé par son oncle le maréchal Baraguay d'Hilliers.

Rayneval est ce qu'il y a de mieux, mais si j'étais l'Empereur je n'aurais pas en lui une grande confiance.

Mercredi 19 août

Je causais hier avec le maréchal Canrobert et le marquis d'Audiffret du personnel des fonctionnaires d'aujourd'hui, voici quelques petites anecdotes que j'ai recueillies.

Mocquard fut chargé lors de l'affaire du général Berton de faire passer six mille francs que lui remit M. Combes Syeis compromis dans cette conspiration. Mocquard remit deux mille francs et garda quatre mille francs qu'il n'a jamais été possible de lui faire rendre.

Le père de S.E.M. Rouland, ministre de l'Instruction publique et des Cultes, était domestique chez le père du marquis d'Audiffret ; il fut fidèle, honnête et dévoué à son maître pendant la révolution.

Le père du maréchal Magnan était portier, servant quelquefois à la table de son maître, son jeune fils l'aidait dans son service.

Le grand-père de Fould était domestique, son père fut trois fois banqueroutier, le fils ne l'est qu'une fois, il y a amélioration.

Les hommes les plus dévoués à l'Empereur disent tout haut aujourd'hui leur indignation de voir des drôles comme Billault, Fould et consort affublés de la grand-croix de la Légion d'honneur.

Lundi 24 août

Je prends aujourd'hui la signature de la direction générale des Musées ; hier, Nieuwerkerke est parti pour le département de l'Aisne où la session du Conseil général, dont il fait partie, va s'ouvrir.

J'ai changé d'appartement au Louvre, j'habite maintenant un petit entresol auquel on arrive par l'escalier que l'on arrange des nouveaux appartements du directeur général. Le vestibule s'ouvre sous le guichet de la rue de Rivoli, mon cabinet prend sa vue sur la cour, ma chambre à coucher sur le jardin qui sera, je crois, le parterre du ministère de l'Intérieur et qui longe la rue de Rivoli.

Les dernières nouvelles de l'Inde sont peu rassurantes, Delhi résiste encore, les Indiens font une défense désespérée, le général anglais qui assiégeait la ville est mort de la dysenterie, dans une autre localité un général a succombé par suite de ses blessures ; l'armée du royaume d'Oude est tout entière insurgée.

Les officiers anglais et les journaux de la Grande-Bretagne, en parlant des insurgés, les traitent de *canailles* et ils s'étendent longuement sur les massacres d'Européens commis par les troupes révoltées.

Comme eux je trouve ces massacres abominables, et je réprouve de toute mon âme les assassinats, mais pour avoir le droit de traiter les Indiens de *barbares*, l'Angleterre devrait agir envers eux comme une nation civilisée. Si les insurgés massacrent tout Anglais qu'ils prennent vivant, les Anglais pendent ou attachent à la bouche de leurs canons les Indiens qu'ils font prisonniers ; ils ont soin de faire connaître au monde, eux si faciles à s'indigner contre le roi de Naples qui se permet d'emprisonner les conspirateurs qui troublent ses États, le procédé emprunté aux anciens Deys d'Alger par le moyen duquel ils mettent les insurgés dans l'impossibilité de leur nuire désormais. Anglais ou Indiens, c'est une guerre de barbares, et s'il fallait accorder des circonstances atténuantes à l'une des deux parties belligérantes, je les accorderais sans hésitation aux Indiens. Ces gens-là sont à peine civilisés, ils souffrent d'un long servage sous une domination qui les exploite au profit d'un comptoir de marchands ; ils voient depuis moins d'un siècle disparaître peu à peu leurs races royales, leurs délimitations de royaumes pour arriver à l'état de grand district producteur pressuré par la Compagnie des Indes.

Les bons protestants de la métropole les ont effrayés par l'ardeur de leur prosélytisme ; eux qui supportaient tant de vexations n'ont pu supporter la pensée de voir l'Anglais attaquer leur religion.

L'Angleterre, quelle que soit l'issue de la lutte, souffrira beaucoup dans cette circonstance, son prestige moral sera considérablement affaibli. Elle fera couler des flots de sang pour éteindre l'insurrection ; à ses yeux les Indiens ne sont pas des êtres du même degré que les Napolitains.

Cependant si le roi de Naples voulait céder aux Anglais les soufres de la Sicile, les Anglais lui prêteraient les canons et les canonniers de son armée de l'Inde, et lui enseigneraient comment on attache des hommes à la bouche des canons.

Pour expliquer l'envoi de troupes dans les Indes par des vaisseaux à voiles, Lord Palmerston a dit au Parlement qu'il ne voulait pas si un conflit européen s'élevait trouver les côtes de l'Angleterre dégarnies de protecteurs à vapeur.

Mercredi 26 août

Hier, au Cercle impérial, il était fort question des affaires de l'Inde et comme le général de Montebello demandait à l'ambassadeur d'Angleterre s'il ne croyait pas que l'Inde fût perdue pour les Anglais, l'ambassadeur répondit :

« C'est possible, général, mais vous connaissez assez le caractère de notre nation pour savoir qu'elle prendra résolument son parti, et si elle perd l'Inde politiquement, elle se l'assurera commercialement par des traités avec le pouvoir qui lui succédera. »

Le général de Montebello me disait qu'ayant été chargé par l'Empereur d'une mission en Angleterre huit mois avant la guerre de Crimée, et ayant visité tous les établissements militaires des trois royaumes, il avait exprimé à Lord Harding son étonnement de leur mauvaise administration et de la fâcheuse organisation de l'armée anglaise.

« Vous avez tout combiné, Milord, pour repousser le cas échéant une invasion française, et pourtant, faut-il vous le dire, cinquante mille Français débarqués sur un point quelconque de vos côtes ne rencontreraient pas de résistance sérieuse et feraient la conquête de l'Angleterre. »

Lord Harding répondit :

« Vous êtes plus généreux que le duc de Wellington qui a souvent répété que douze mille Français suffiraient à cette tâche. »

Le marquis d'Audiffret me disait aussi hier soir au cercle qu'après avoir visité tous les établissements financiers du gouvernement anglais il n'avait pu s'empêcher de témoigner aux agents officiels du gouvernement sa surprise de trouver ces établissements si mal ordonnés et les notions administratives si peu connues.

« Nous en sommes vraiment honteux ! » lui fut-il répondu.

Samedi 29 août

L'Empereur part aujourd'hui pour le camp de Châlons où trente mille hommes de la garde vont se trouver réunis.

Les nouvelles de l'Inde ne sont pas meilleures, Dehli résistait toujours et les forces anglaises devant cette place étaient réduites à deux mille hommes.

Je vais partir pour aller passer deux jours chez S.A.I. la Princesse Mathilde à St-Gratien, car il y a quinze jours que je n'y ai mis les pieds.

Ce n'est pas Edgard Ney, comme on l'avait cru, qui prend le titre de prince de la Moskova, mais c'est le duc d'Elchingen, mort en Crimée.

Lundi 31 août

J'arrive de St-Gratien où j'ai passé la journée d'hier ; je n'y ai trouvé de nouveau que le rôle adopté par Vimercati, qui est devenu l'hôte de la Princesse Mathilde pour toute la campagne, de faire de la propagande italienne et de démolir La Guéronnière.

J'ai causé avec la Princesse de nos maréchaux ; elle aime Pélissier et Canrobert, mais elle tient en grande suspicion Bosquet, et je crois qu'elle n'a pas tort. Bosquet fait le mécontent de tout, crie sans cesse, se plaint, il se tient enfin sur la limite des oppositions.

Canrobert disait à la Princesse :

« Si nous revenions vers des jours de troubles et que l'Empereur crût utile de faire arrêter Bosquet, je m'en chargerais, et je crois que ce serait une bonne mesure. »

Magnan avait refusé le ministère de la Guerre pour faire le coup d'État et il disait à la Princesse en se félicitant du refus qu'il avait fait : « Nous l'avons échappé belle ! »

La Princesse demanda à l'Empereur la nomination de Fould comme ministre d'État.

« Je n'avais jamais pensé à lui pour ce poste, répondit l'Empereur, mais pour celui des Finances. »

Fould fut nommé ; je le voyais alors bien souvent à Breteuil chez la Princesse, il était humble et plat courtisan, il attendait la fortune, elle est venue... Aujourd'hui c'est un homme accablé *d'honneurs*, mais ce ne sera jamais un homme plein *d'honneur.*

Mardi 1er septembre

La cour d'Oran vient de rendre son arrêt dans l'affaire du capitaine Doineau, chef du bureau arabe de Tlemcen, accusé d'avoir fait assassiner l'Aga Abdallah. Doineau est condamné à mort ; ses complices ou plutôt ses agents, à un temps plus ou moins long de travaux forcés suivant la responsabilité qui incombait à chacun dans cet abominable crime [1].

Les officiers de l'armée sont furieux contre la justice civile, et j'ai entendu un des plus doux, des plus civilisés d'entre eux, le marquis de Toulongeon, tenir jeudi dernier en dînant au Cercle Impérial avec le prince de Latour Maubourg et moi le discours suivant :

« Le président et le procureur impérial de la cour d'Oran sont animés par la passion de l'antagonisme qui divise en Algérie le pouvoir militaire et le pouvoir civil. Il fallait étouffer et ne pas mettre un officier distingué sur le banc des assassins, ni ajouter foi à la déposition des Arabes : la parole de ces gens-là ne doit jamais compter.

« Quant à l'argent que Doineau peut avoir mis de côté dans son intérêt, en pressurant les Arabes, on doit savoir fermer les yeux. Le militaire qui a conquis ou qui défend l'Algérie au prix de son sang ne peut être jugé par les lois ordinaires. Il faisait, dit-on, fusiller sans jugement, mais il était comme en état de guerre. »

Voilà malheureusement ce que pensent beaucoup d'officiers et ceux-là même qui, comme le marquis de Toulongeon, ne voudraient ni d'un écu suspect, ni du souvenir d'un meurtre commandé de sang-froid, prennent par esprit de corps le parti de Doineau.

J'eus beau représenter à Toulongeon qu'avec de telles idées on ne coloniserait jamais l'Algérie et qu'un honnête homme ne voudrait pas se trouver sous le gouvernement d'un *sultan* comme Doineau, Toulongeon me répondit qu'il ne me comprenait pas et qu'il était profondément étonné que je fusse du parti de la justice civile contre Doineau.

« Il lui fallait un conseil de guerre si l'on tenait absolument à le juger, là il aurait été compris et apprécié, son acquittement était certain ! »

Aujourd'hui, les paris sont ouverts, et les mêmes gens qui prétendaient que Doineau ne serait pas condamné affirment qu'il ne saurait être exécuté.

Les excellents philanthropes anglais, ces amis des noirs, des révolutionnaires et de tout peuple en révolte, ne trouvent plus bonne la plaisanterie des révoltes quand leur intérêt est en jeu. Le *Times* conseille pour répondre aux cruautés des Indiens les représailles les plus barbares

---

1. Saint-cyrien, capitaine placé à la tête du bureau arabe de Tlemcen en décembre 1852, Augustin Édouard Doineau entra rapidement en conflit aigu avec un chef local très influent, Mohamed Ben Abdallah, aga de la tribu des Beni Snous. Dans la nuit du 12 septembre 1856, ce dernier fut assassiné dans la diligence qui faisait le service entre Oran et Tlemcen. Doineau fut accusé d'avoir participé au meurtre sous un déguisement. On retrouva même de l'argent à son domicile. Après des débats passionnés au cours desquels Jules Favre plaida pour la partie civile, la cour d'assises d'Oran condamna Doineau à la peine capitale. Comme il a toujours nié et a toujours été soutenu par ses camarades, Napoléon III commuera sa peine en une détention à perpétuité. Finalement, le général Bazaine intercédera en sa faveur et Doineau sera gracié en novembre 1859. Voir Gaston Delayen, *Les Deux Affaires du capitaine Doineau. L'Attaque de la diligence de Tlemcen (1856)...*, Paris, éditions des Juris-classeurs, 1924.

le jour où l'Angleterre aura triomphé. Il ne parle que d'exterminer des populations entières, de passer la charrue sur la place où aura été Delhi, etc. etc.

L'Angleterre n'a ni civilisé l'Inde, ni enrichi l'Inde ; elle a vécu sur l'Inde, elle a permis à une compagnie de marchands de disposer de cent cinquante millions d'êtres humains. Elle a confisqué l'Inde au profit de son commerce, elle a détrôné les vieilles races royales, emprisonné, fait disparaître leur famille et de quoi vient se plaindre le *Times* ? De la cruauté des Indiens ! Qui leur a donné l'exemple ?

Dans la guerre contre Tippoo-Saïb, c'est-à-dire vers la fin du siècle dernier, un général anglais du nom de Mathews prit un jour un harem du sultan indien... Le *Times* veut-il savoir ce qu'il en fit ?

Les femmes furent pendant huit jours abandonnées à la lubricité des soldats, puis égorgées.

Si Tippoo-Saïb était demeuré vainqueur qu'aurait-il dû faire des Anglais, de leurs villes et de tout ce qui porte leur nom ?

Nous pouvons juger ce qui se passe dans l'Inde par la réponse faite au roi d'Oude à propos de sa réclamation adressée au parlement de la Grande-Bretagne. Le roi volé et dépossédé par les marchands de la Compagnie des Indes n'avait pas mis en tête de sa réclamation : *Humble supplique*, et le Parlement refusa d'en prendre connaissance pour cette seule cause.

Muray, le conseil anglais à Téhéran, vient de salir de ses intrigues de femmes le palais du Schah ; comme la Perse ose se plaindre, on lui fait la guerre et elle doit des excuses.

L'Angleterre veut bien affranchir les noirs ; l'abolition de la traite ruine les colonies françaises et espagnoles, mais elle ne veut pas affranchir l'Orient... Palmerston ne veut pas même percer le fameux canal de Suez[1] !

Jeudi 3 septembre

J'ai vu hier un voyageur qui a longtemps parcouru l'Inde et qui la connaît fort bien. Pour lui, l'insurrection qui s'y développe n'a rien d'imprévu, il l'attendait comme une conséquence des excès commis par l'Angleterre dans l'administration de l'Inde. Les cruautés dont se plaignent les Anglais, m'a-t-il dit, qui en a donné l'exemple ?

1. Palmerston a été hostile au projet avant même l'octroi de la concession. Il estimait dès 1847 que ce canal deviendrait un « second Bosphore » ou un « Gibraltar égyptien ». Il craignait en fait une reprise par la France de la politique égyptienne qu'elle avait menée en 1839-1840. Il chargea l'ambassadeur anglais à Constantinople de faire pression sur le sultan pour refuser la concession. Lorsqu'en novembre 1858, Lesseps lancera son émission de 400 000 actions de la Compagnie du canal, Palmerston incitera les capitalistes anglais à ne pas y souscrire pour la faire échouer mais cela ne suffira pas.

« Le fort de Vilour garde dans ses prisons tout ce qui reste de la famille de Tippoo-Saïb. Un bataillon de cipayes formait, il y a quelques années, avec des troupes anglaises la garnison de ce fort dont le gouverneur découvrit un complot tramé par le bataillon cipaye pour faire évader la famille de l'ancien sultan du Mizor.

« Le gouverneur attendit une fête religieuse qui réunit tout le bataillon cipaye dans le temple construit au milieu même de la citadelle, et lorsque cette fête arriva et que les six cents hommes furent tous dans le temple dont toutes les issues se fermèrent, les troupes anglaises embusquées dans les hautes galeries fusillèrent ces malheureux jusqu'au dernier.

« La guerre du Pendjab nécessita de la part des Anglais l'envoi de nombreux renforts ; deux régiments cipayes campaient à Barukpoor, résidence d'été du gouverneur anglais qui voulut les faire partir pour le Pendjab ; ces cipayes hésitèrent d'abord, puis ils réclamèrent le supplément de solde stipulé à leur avantage chaque fois que le gouvernement les fait sortir de la présidence à laquelle ils sont attachés ; car les cipayes, presque tous mariés, laissent derrière eux toute une famille aux besoins de laquelle ils doivent pourvoir.

« Le gouvernement leur fit compter la moitié de ce que nous désignerions en France sous le titre d'indemnité de mise en campagne, et il s'abstint de témoigner le mécontentement qu'il éprouvait des exigences, justes pourtant, des deux régiments cipayes.

« Ces deux régiments partirent, firent bravement la guerre et à leur retour à Barrukpoor, sous prétexte d'une inspection on les conduisit sur le champ des manœuvres où l'artillerie les mitrailla et la cavalerie les sabra jusqu'au dernier homme[1].

« Dans l'Inde, un indigène ne peut, s'il entre dans l'armée, s'élever qu'au grade de capitaine, et encore comme capitaine est-il inférieur au plus mince de tous les officiers anglais ; s'il rencontre un jeune sous-lieutenant de cette nation, il doit s'arrêter et demeurer le chapeau à la main jusqu'à ce que le jeune lieutenant soit passé.

« Les officiers indigènes sont invités aux bals et grandes assemblées comme les officiers anglais, mais ils doivent stationner dans une espèce d'antichambre, se tenir debout et saluer les fonctionnaires anglais qui

1. Si les Britanniques ont répondu à des atrocités par d'autres atrocités durant la guerre des cipayes, le *Times* de Londres écrivant même : « Pour chaque église chrétienne détruite, on devrait détruire cinquante mosquées. Pour chaque chrétien mis à mort, homme, femme ou enfant, on devrait massacrer mille rebelles », Viel Castel est ici victime d'une fausse nouvelle. Lorsque la nouvelle de l'insurrection cipaye parvint le 13 mai à Lahore, la capitale du Pendjab, les cipayes furent convoqués sur un terrain d'exercice. On prétendait les informer du licenciement du 19e régiment d'infanterie indigène de Barrackpore. Ils furent en fait menacés d'être exécutés s'ils ne rendaient pas leurs armes, ce qu'ils firent. Le désarmement des cipayes du Pendjab se poursuivit au cours des mois suivants et tous ceux qui cherchèrent à l'entraver furent massacrés. Voir James Mc Cearney, *La Révolte des cipayes*, *op. cit.*

traversent leurs rangs, mais ils n'ont le droit ni de danser, ni même de voir le bal, ni de prendre part à la conversation des Anglais invités ! ! »

Ce dont je suis étonné, c'est de l'étonnement des Anglais.

Mardi 8 septembre

Je causais hier au Cercle impérial avec M. Villemain, frère de l'ancien ministre, des hommes à passions honteuses qui ont su se faire dans le monde une réputation de chasteté. M. Villemain, ancien intendant militaire, aujourd'hui conseiller d'État, m'a affirmé avoir rencontré un soir assez tard, dans les Champs-Élysées, le fameux abbé de Lammenais raccrochant une fille de bas étage. M. Villemain se cacha derrière un gros arbre et il entendit l'abbé solliciter de cette malheureuse les talents *d'une fellatrice...*

Giovanni, le domestique de confiance de la Princesse Mathilde, est mort du choléra à St-Gratien la semaine dernière.

Il paraît évident que l'empereur de Russie et l'Empereur des Français se verront pendant l'automne à Stutgard.

A propos des affaires de l'Inde qui occupent toujours vivement les esprits et sont l'objet de toutes les conversations, j'ai entendu M. Villemain dont je parlais, il y a quelques moments, émettre de singulières idées.

« L'Europe, disait-il, doit prêter une grande attention au réveil du mahométanisme qui se déclare d'une façon inquiétante en Asie et en Afrique. Il faut en finir avec ces barbares dans lesquels je me refuse à reconnaître une nationalité, un peuple, une civilisation.

« C'est à ce point de vue que je considère la guerre de l'Inde non comme une affaire particulière à l'Angleterre, mais comme une affaire européenne. Une agrégation d'hommes, quelque considérable qu'elle soit, qui ne respecte ni la vie des hommes, ni la propriété, doit être subjuguée ou anéantie. Qu'il fallait traiter les mahométans de l'Inde comme les Espagnols les Indiens de l'Amérique et que l'envahissement de l'Asie par l'Angleterre était justifié par la propagation des idées de civilisation. »

Je lui dis en vain qu'on n'exterminait par 140 000 000 d'individus, que la France, il y a deux siècles, n'était pas plus avancée sous le rapport du respect dû à la vie humaine et à la propriété, qu'il fallait encourager l'avancement des idées civilisatrices, sans imposer celles d'une race toute différente lentement écloses pour des besoins, des idées, des mœurs complètement dissemblables ; qu'il fallait tenir compte de la différence des climats et de la nature des populations ; il ne voulut rien entendre ; l'idéal de la civilisation à obtenir dans l'Asie lui paraît être le greffage forcé des idées saxonnes protestantes sur les types indiens, l'asservissement de ces races de l'Extrême-Orient au mercantilisme anglais.

J'ajoutai cependant : « Croyez-vous que nous ayons beaucoup à vanter aux Indiens le progrès de notre civilisation et le respect de la vie humaine et de la propriété qu'elle a fait naître chez nos races du Nord ? ».

Depuis plus de soixante ans, nous marchons péniblement au milieu de révolutions qui sont comme notre état normal, et certes ces révolutions ne brillent pas par leur respect de la vie humaine et de la propriété.

Vous faites grand bruit de la secte des assassins de l'Inde ! Que dites-vous des socialistes de l'Europe, de leurs principes sur l'assassinat et la spoliation ?

L'Angleterre est ardente à poursuivre les assassins de l'Inde partout où ils cherchent un asile ; mais elle offre un refuge aux socialistes poursuivis par les autres nations, elle permet à leurs chefs de tenir à Londres des conseils au milieu desquels on délibère sur des assassinats. Elle sait que Ledru-Rollin et Mazzini par exemple font partir de Londres des assassins chargés de tuer l'Empereur Napoléon. Les tribunaux français condamnent Ledru-Rollin et Mazzini, qu'importe, l'Angleterre leur continue son hospitalité, leur laisse la faculté de se livrer en paix à de nouveaux complots, d'expédier de nouveaux assassins.

L'Angleterre poursuit seulement la secte des assassins indiens.

Mercredi 9 septembre

La révolte des Indes devait donner à l'Europe un nouvel enseignement sur le cas que fait l'Angleterre de la liberté, lorsque quelque trouble vient agiter ses possessions. On sait combien de philippiques ont été élucubrées par ses journaux et les membres de son Parlement chaque fois qu'un gouvernement attaqué par une révolution a supprimé ou restreint la liberté de la presse !... C'était Rachel redemandant ses enfants et ne voulant pas être consolée parce qu'ils ne sont plus !

Le *Daily-News* approuve aujourd'hui et l'Angleterre approuve *la mesure juste et devenue nécessaire par laquelle on a supprimé la presse indigène dans l'Inde.*

La presse indigène est supprimée, les Anglais seuls auront désormais la parole pour parler de l'Inde et pour présenter sous le jour qu'il leur conviendra d'offrir les actes qui s'accompliront.

Mais voici une phrase dont nous recommandons la méditation :

> Beaucoup de personnes dans l'Inde et en Angleterre admireront probablement les efforts de la presse de l'Inde et se réjouiront imprudemment par avance de voir le développement rapide des Lumières chez les indigènes, tandis qu'il se prépare une révolution terrible qui doit son origine à cette même presse.

Retenez ceci, vous empereur de l'Autriche et vous roi de Naples.

Le fils aîné de M. Fould a eu hier aux Champs-Élysées un étourdissement qui l'a fait tomber de son cabriolet et il a perdu immédiatement connaissance.

L'événement est arrivé à quatre heures à la hauteur du palais de l'Exposition : le blessé a été conduit dans le corps de garde de la grande entrée. A onze heures du soir on n'avait pu encore le transporter et il était toujours sans connaissance.

Jeudi 10 septembre

M. de Valbezen, longtemps consul en Orient, vient de publier un livre sur la domination anglaise dans l'Inde [1].

M. de Valbezen est un admirateur passionné de l'Angleterre, à tel point qu'à son retour de Calcutta après la guerre de Crimée, ses amis eurent toutes les peines du monde à lui persuader que c'était bien réellement l'armée française qui avait pris Malakoff et que pendant cette mémorable campagne elle avait joué un autre rôle que celui d'alliée secondaire de l'armée anglaise.

Le livre de M. de Valbezen est donc, on le comprendra sans peine, une apologie de l'Angleterre et des bienfaits dont sa domination fait jouir le continent indien. Il est curieux de signaler les aveux contraires à ce système d'apologie qui échappent à la narration de l'écrivain.

> La domination anglaise jusqu'à ces dernières années laisse derrière elle bien peu d'empreintes sur le sol (page 301).

Pendant tout le cours du livre, le thème adopté par l'auteur tend à représenter les vieux empires de l'Inde comme ayant toujours négligé l'amélioration de leur empire et le bien-être des populations.

> Aux noms de *Feroze Schah* et de *Schah Jéhan* se rattachent des travaux de canalisation qui ont perpétué leur souvenir parmi les populations reconnaissantes. Le canal *Feroze*, ouvert dans le XVe siècle sur la rive de la rivière *Junina* sous le règne de l'empereur qui lui donna son nom, féconda jusqu'au milieu du siècle dernier les campagnes d'*Hissar* et de *Hurrianah*. Le canal de Delhi qui prend sa source sur la rive gauche de la même rivière, creusé sous la direction du célèbre *Ali-Murdan-Khan*, architecte du *Schah Jéhan*, apporta son flot vivifiant de 1626 à 1753 aux terres desséchées qui s'étendent des montagnes de *Sirwalie* aux environs de Delhi.
>
> Malheureusement à la fin du XVIIIe siècle les travaux d'utilité publique qui avaient fertilisé le sol pendant de longues années disparurent pendant la tempête où fut englouti le trône des empereurs mogols, et le sort des habitants de ces contrées fut de nouveau remis au hasard des pluies (pages 302-303).

Ainsi les travaux d'utilité publique disparaissent avec les empereurs

---

1. *Les Anglais et l'Inde, avec notes, pièces justificatives et tableaux statistiques*, Paris, Levy, 1857.

mogols et sous la domination anglaise le sort des populations est remis au hasard des pluies !

M. de Valbezen explique en commençant son livre la nécessité de l'occupation de l'Inde par les Anglais de la manière suivante :

La nécessité de l'occupation de l'Inde par l'Angleterre est une question vitale : assurer l'avenir des cadets de famille ; devant cette question vitale on ne peut prendre la défense des natifs (page 72).

L'aveu est naïf, la raison qui s'oppose à la défense des natifs est quelque chose de phénoménal ! C'est à ne pas en croire ses yeux !... 135 000 000 d'hommes sacrifiés aux cadets des familles anglaises.

Mais au milieu de cette longue apologie de l'Angleterre, la conscience honnête de M. de Valbezen laisse échapper ce cri accusateur :

N'est-ce pas là une mille et unième consécration de l'éternelle histoire de la paille et de la poutre, que de voir le peuple qui se fait avec tant d'ardeur le champion des opprimés, qui a eu des *meetings* pour la Hongrie, ou la Pologne, tant de *speeches* contre S.M. l'empereur d'Autriche ou le czar de toutes les Russies, rester muet devant les iniquités qui se commettent journellement dans l'Inde ? (page 74).

Au milieu de toutes ces contradictions amenées par un combat perpétuel entre sa conscience et son admiration pour le gouvernement de la Grande-Bretagne, M. de Valbezen, qui s'est livré à un dénombrement effrayant des castes d'assassins indiens, à une violente diatribe contre l'immoralité de ces peuples que la civilisation anglaise pourra seule moraliser, oubliant sans doute les renseignements officiels fournis par les agents de la compagnie, écrit en suivant ses propres informations.

N'est-ce pas un fait de tous les jours qu'une jeune fille fraîchement arrivée de l'Europe accomplisse pour rejoindre sa famille les voyages les plus lointains, seule, sans appui, incapable de dire un seul mot des langues du pays ? Une, deux et trois fois par jour, dans un voyage qui dure souvent des mois, elle voit se renouveler la douzaine de sauvages qui portent sur leurs épaules son palanquin et son bagage et il est cependant sans exemple qu'une femme blanche ait été insultée d'un mot, d'un geste (pages 220-221).

L'Angleterre remettrait-elle avec autant de sécurité ses jeunes miss pendant des mois à ces adorables Italiens dont elle épouse chaudement les intérêts ?

Donnerait-elle même avec quelque confiance une escorte de *John Bull* saturée de *Ginn* à ces blanches jeunes filles aux cheveux blonds qui sont l'orgueil des trois royaumes ?

Vendredi 11 septembre

Ce qui peut donner une idée de la véracité apportée par les Anglais dans l'appréciation des affaires de l'Inde, c'est le petit bout d'article suivant emprunté au *Times* :

Dans cette insurrection des Indes, que voit-on ? Partout la trahison d'une part et de l'autre la confiance trahie. Sans aucun doute, l'histoire de ces événements a dû faire rire à nos dépens dans les cercles étrangers.

Pourquoi avons-nous montré cette confiance ridicule alors que nous n'étions entourés que de traîtres ?

Comment se fait-il que ceux-ci aient pu même espérer d'un jeu si transparent ?

La réponse est que dans les Indes on nous sait des hommes sincères, disant la vérité, et crédules. Les artifices dont on s'est servi sont un appel à notre supériorité morale. On pensait que nous croyions les hommes sur parole étant nous-mêmes des gens de parole. Voilà le secret de notre empire dans l'Inde.

A qui donc l'Angleterre croit-elle imposer par cette fable ? L'Angleterre pense-t-elle qu'on ignore comment elle a peu à peu conquis l'Inde, comment elle excite des guerres et des séditions qui lui servent de prétexte à des invasions, comment elle remet à une compagnie de marchands le pouvoir de déposer des rois et de les déposséder à son profit ? La loyauté de l'Angleterre, sa crédulité, cela est par trop fort !

Samedi 12 septembre

Hier, M. Pérignon, peintre de portraits, écrivit à Nieuwerkerke une lettre fort insolente pour se plaindre de la place assignée à ses tableaux dans les salles de l'Exposition. Il terminait son épître par ces mots :

Votre conduite est celle d'un lâche, car vous abusez de votre position pour me nuire.

Nieuwerkerke envoya immédiatement E. Giraud et A. Arago demander raison à M. Pérignon de sa lettre.

Ces deux messieurs revinrent bientôt rapportant une nouvelle lettre dans laquelle M. Pérignon exprimait ses regrets de l'emportement auquel il s'était laissé entraîner et dont il désavouait les expressions.

L'affaire s'est ainsi trouvée arrangée.

On s'occupe beaucoup de la prochaine entrevue de l'empereur de Russie : chacun a un thème différent sur les résultats de cette entrevue. Les politiques les mieux informés prétendent que la visite à Osborn se rattache à cette entrevue et qu'une entente a eu lieu alors entre les gouvernements de France et d'Angleterre sur les résultats à obtenir par suite de ce rapprochement des empereurs de France et de Russie.

L'Empereur Napoléon a envoyé mille livres sterlings et la garde impériale quatre cents pour la souscription ouverte en faveur des victimes de l'insurrection indienne. Ceci est d'une bonne politique, mais l'exemple sera peu suivi en France où l'animosité contre l'Angleterre est aussi vive que jamais. Cette animosité s'est fait jour à propos du percement de l'isthme de Suez dans le conseil général de l'Eure ; le capitaine de vaisseau La Roncière portait la parole, et les expressions un peu vives dont il s'est servi ont été approuvées par l'unanimité des membres du conseil.

Les discours de Lord Palmerston au Parlement et l'opposition de l'Angleterre unie à l'Autriche dans l'affaire des Principautés ne sont pas étrangères à ce résultat.

Bacciochi me disait avant-hier à propos du camp de Châlons :

« Dieu fasse que l'enivrement produit par ce grand entourage militaire ne donne pas l'idée à l'Empereur d'ajouter la gloire des armes à toutes les gloires utiles dont son règne s'honore. »

Bacciochi m'a beaucoup parlé de l'intérieur de la Cour, de l'Empereur, de l'Impératrice, de la Princesse Mathilde, et il m'a dit de l'Empereur :

« Il est aussi fidèle en amitié qu'il l'est peu en amour. »

De l'Impératrice :

« On ne peut compter sur la constance de sa bienveillance, elle est très changeante. »

Quant à la Princesse Mathilde, voici ce qu'il m'a dit de sa position :

« L'Empereur est très affecté de la publicité de sa liaison avec Nieuwerkerke et c'est pour lui une véritable affliction chaque fois qu'une démarche inconsidérée de Nieuwerkerke prête à de nouveaux cancans.

« Ainsi, quand Nieuwerkerke demeurait à Breteuil avec la Princesse, et qu'il conduisait lui-même la voiture dans laquelle la Princesse parcourait le parc de St-Cloud ; ainsi l'habitation commune de St-Gratien où Nieuwerkerke a tous les airs d'un maître.

« J'ai plusieurs fois essayé en ami d'avertir Nieuwerkerke, mais il n'a pas voulu me comprendre. »

Lundi 14 septembre

J'arrive de St-Gratien où j'ai eu hier soir une longue conversation avec la Princesse Mathilde sur tous les tripotages féminins de la cour impériale.

La Princesse m'a encore répété qu'elle avait entendu Mme la marquise de Contades sollicitant une pension lors de sa rupture avec le général Fleury appuyer sa réclamation des raisons ci-après :

« Ce n'est pas seulement, Madame, une affection bien chère que je perds par l'abandon dans lequel me laisse le général Fleury, mais s'il faut le dire à Votre Majesté, c'est le moyen de vivre qui m'est ôté. Le général Fleury partageait avec moi sa fortune, et je pouvais ainsi vivre à Paris et y mener le train de vie qui convient à mes goûts et à ma position. Jusqu'à ces derniers temps le général Fleury s'est toujours montré tendre et empressé envers moi, il venait régulièrement le samedi et ne repartait que le lundi ! »

Ces beaux aveux ont eu un plein succès, Mme de Contades jouit d'une pension de douze mille francs ; le fils qu'elle a de Coislin est élevé aux frais de l'Impératrice. Damas Hinard le mène tous les dimanches matin rendre visite à l'Impératrice.

Mme de Contades a l'uniforme des chasses, ce qu'en terme de cour on nomme *le bouton*, et lorsque le grand-duc Constantin vint à Compiègne, Mme de Contades lui fut tout particulièrement présentée, elle avait logement au château, enfin elle jouit de la plus grande faveur.

La marquise de Las Marismas dont le mari est fou est aussi une des favorites de l'Impératrice. Cette dame dont la mère ne jouissait pas en Italie d'une bonne réputation est devenue dame du Palais.

On savait depuis longtemps sa liaison intime avec le prince Poniatowski, et l'Impératrice s'intéressait à ce petit ménage. Un jour, Poniatowski surprit la marquise en conversation très criminelle avec le jeune Aguado son beau-frère (celui qui est connu sous le nom de Zizi) ; une scène assez vive eut lieu entre Poniatowski et la marquise. Cependant Poniatowski consentit à laisser subsister pour le monde (et surtout pour l'Impératrice) la croyance à la continuation de leur liaison. Pourtant, comme tout a un terme, personne n'ignore aujourd'hui les liens de la marquise. *Zizi* Aguado, lorsqu'elle est de service, vient caracoler à la portière de la voiture des dames du Palais !

Rien de tout cela ne nuit à sa faveur.

La comtesse Walewski, femme du ministre des Affaires étrangères, est décidément la favorite actuelle de l'Empereur. L'Impératrice ne peut se passer d'elle, et Walewski se pavane à l'ombre de la nouvelle *dignité* de sa femme.

Le prince Napoléon a affirmé à sa sœur que Lord Hertford avait donné un million à la comtesse Castiglione pour coucher avec elle. Il lui a dit tenir le fait d'Hertford lui-même, qui a retiré un reçu de la comtesse.

Comme une nuit payée un million est une nuit exceptionnelle, Hertford a voulu expérimenter la comtesse en toutes sortes de voluptés. Il payait et payait cher, il s'était réservé de dicter des lois.

La comtesse a dû passer par toutes les épreuves du libertinage le plus raffiné, rien n'a été omis.

Après cette nuit, la comtesse est restée trois jours au lit, mais elle paraît aujourd'hui complètement remise, elle est plus brillante que jamais.

On espère la visite de l'empereur de Russie au camp de Châlons et peut-être à Paris.

Mardi 15 septembre

Le financier Mirès vient de jouer une magnifique comédie devant l'assemblée générale de la société connue sous le nom de *Caisse des chemins de fer*.

Dans un discours fort étudié où il s'est posé en grand homme, il a présenté la situation industrielle et le sort des grandes entreprises comme menacé et même atteint par les accusations et les calomnies qui pleuvent sur elles de toutes parts : Corps législatif, tribunaux, chaire, presse, théâtre, pamphlets, tout est déchaîné contre les opérations de Bourse qui fournissent cependant les moyens de créer les vastes entreprises, de suffire aux grands travaux[1].

On traque les valeurs cotées à la Bourse, on les surcharge d'impôts, on rend même plus difficile l'accès de la Bourse, et chose monstrueuse ! l'État ne couvre point de sa protection les hommes qui sont placés à la tête des légions de *Boursicotiers*.

« Louis XIV, s'est écrié Mirès, Louis XIV, par le conseil de l'immortel Colbert, avait interdit à Molière de mettre le personnage du financier sur le théâtre, de le faire comparaître devant le public comme il y faisait comparaître Tartufe ! »

Le financier doit être dans la société moderne ce qu'était l'ibis chez les Égyptiens, quelque chose de sacré que le respect de tous doit environner.

Mirès n'est pas environné de respect, le gouvernement ne le prend pas par la main pour en faire un personnage, le gouvernement ne récompense pas en lui l'homme éminent qui dans l'intérêt de l'humanité s'est sacrifié au point de devenir millionnaire, de marchand d'épingles sur la voie publique qu'il était, aussi Mirès, le grand Mirès, donne-t-il à l'assemblée générale sa démission de gérant de la société.

Les tribunaux qui condamnent Jacquot, dit Mirecourt, comme *calomniateur* de Mirès ne suffisant pas à ce financier, l'État doit lui servir de garde du corps et s'opposer à toute critique, l'État doit imposer

1. Les spéculations boursières sont alors dénoncées de toutes parts. En 1856, le député Jacques Perret s'en prend au Corps législatif, à la fortune mobilière qui « se complaît trop souvent dans des habitudes de spéculation et d'agiotage » et à la Bourse qui « est devenue une espèce de temple où l'agiotage a son culte ». Le 20 mai 1857, trois de ses collègues, Rodolphe d'Ornano, Jules Portalis et Léon de Jouvenel, déposent un amendement au projet de budget visant à réprimer le scandale de l'agiotage en soumettant les agents de change à des prescriptions légales. Émile Augier et Alexandre Dumas fils sont à la tête de toute une légion d'écrivains et de journalistes qui dénoncent les pratiques boursières. Napoléon III lui-même s'émeut des enrichissements faciles et encourage le magistrat de Vallée à publier un livre-réquisitoire intitulé *Les Manieurs d'argent*.

silence au Corps législatif, aux tribunaux, à la chaire, à la littérature, au théâtre, etc. etc.

L'assemblée générale de la *Caisse des chemins de fer* n'a pas accepté la démission de Mirès, elle s'est mise à ses pieds pour le supplier de rester dans son rôle de providence. Le cœur de Mirès s'est ému, il a versé deux larmes de saint homme et la démission a été retirée.

La farce était jouée, Mirès avait pu blâmer le gouvernement dans un discours que le *Journal des débats* insère tout au long ce matin parmi les réclames payées.

Nous ignorions l'injonction faite par Colbert à Molière de s'abstenir de mettre les financiers sur la scène, mais nous croyons savoir que Louis XIV instituait parfois des *chambres d'enquête* qui faisaient rendre gorge aux financiers trop subitement engraissés. M. Mirès préfère-t-il les *chambres d'enquête* aux attaques du Corps législatif, au blâme des tribunaux et de la chaire aux diffamations de Jacquot dit Mirecourt ?

Jeudi 17 septembre

Le nouvel éclairage inventé par Lefuel pour la grande galerie du Louvre est reconnu mauvais ; un côté de la galerie jouit d'une trop grande part de lumière, tandis que l'autre côté se prélasse dans un demi-jour favorable au repos, mais très défavorable à la peinture.

La grande galerie n'est pas encore livrée au public et ce n'est pas sans anxiété que j'attends le moment où il y sera admis. La restauration des grandes toiles de Rubens soulèvera d'énergiques réclamations ; il est impossible de rien voir de plus douloureux que le spectacle de leur dévernissage par le sieur Godefroid.

Il y a en ce moment au Louvre près de cent tableaux que déshonore Godefroid.

Peut-on comprendre une restauration de cent toiles importantes en quelques mois ?

Je causais hier avec Mérimée de Lefuel et de ses travaux, nous étions d'accord sur la valeur de l'architecte et de son œuvre.

Mérimée a vingt fois expliqué à M. Fould l'insuffisance et la suffisance du monsieur.

Fould a toujours répondu :

« Pourquoi en voulez-vous à Lefuel ? »

Mérimée a vainement objecté qu'il n'avait aucun mauvais vouloir contre Lefuel, mais qu'il était honteux des bévues commises par cet homme, et de son manque de goût dont il donnait pour exemple le nouveau grand escalier du Louvre.

Fould ne comprenait pas et demandait toujours :

« Pourquoi diable en voulez-vous à Lefuel ? »

Ceci peut donner une idée de l'intelligence artistique du ministre d'État chargé de la direction des Beaux-Arts.

Vendredi 18 septembre

Les nouvelles de l'Inde venues par les autorités anglaises parlent beaucoup de succès obtenus sur les Indiens par les troupes anglaises ; mais voilà qu'après des succès elles sont obligées de revenir sur leurs pas ; le général Havelock a été forcé de revenir à Cawnpore où il attend des renforts.

A Arrah, ville située entre Dinapour et Gazibour, un fort détachement du 10e régiment a été battu par les Indiens, il a perdu 9 officiers et 147 soldats.

De nouvelles insurrections de régiments sont annoncées par le dernier courrier, 3 régiments à Dinapore, à Beranpore le 63e régiment et le 11e de cavalerie ont été désarmés. A Legawly les irréguliers ont massacré les Européens, à Segawly les Européens ont été massacrés, des complots ont été découverts à Yassore et à Bénarès, des troubles ont éclaté à Berh.

Calcutta et Bombay sont alarmés, le commerce est paralysé.

Les 7e, 8e et 40e régiments d'infanterie du Bengale se sont insurgés ; le 10e régiment d'infanterie britannique a fusillé 800 insurgés. Le 12e régiment de cavalerie irrégulière s'est également insurgé.

Les trois régiments d'infanterie du Bengale sont très solides, dernièrement encore ils combattaient dans les rangs anglais et prenaient sur les Indiens la ville de Patna.

A Kalapour le 27e régiment s'est insurgé.

Enfin le fait grave qui ressort de toutes les nouvelles, c'est que l'insurrection n'est plus limitée à l'armée du Bengale, mais qu'elle a gagné l'armée de Bombay.

Le *Times* parlant des affaires de l'Inde dit ceci :

La nation anglaise s'est simplement chargée de la fonction de gardienne d'un capricieux et violent animal, et un instant elle a oublié sa tâche.

Les bourdes des journaux anglais sont superbes !... Les princes détrônés violemment ou ceux qui l'ont été par la ruse et qui cherchent à ressaisir leur trône sont coupables de haute trahison et sont justiciables d'un conseil de guerre.

La vengeance anglaise ne se contente pas du massacre des hommes, il lui faut encore l'incendie des villes, et la presse anglaise fait briller aux yeux des bons Anglais qui voudront s'engager le pillage de Delhi et la défroque de chaque cipaye !

En Espagne, la reine Christine a tenté de renverser le ministère Narvaëz par une intrigue ourdie dans le palais. Le maréchal Narvaëz est sorti victorieux de la lutte, mais elle se renouvellera.

La reine Christine est le mauvais génie de l'Espagne, elle n'a jamais cherché qu'à la piller de toutes façons et elle y a réussi. Elle voudrait probablement encore opérer quelque nouveau vol et pour cela il lui faut renverser Narvaëz dût l'Espagne retomber en révolution, que lui importe.

Ce serait un immense bienfait pour l'Espagne si le choléra ou tout autre maladie emportait cette grosse dévergondée.

Samedi 19 septembre

J'ai vu ce matin la liste des acquisitions arrêtées par Nieuwerkerke à la suite de l'exposition, et qui doivent être soldées au moyen des fonds provenant tant des droits d'entrée que de la vente du livret. Cet argent est donc le résultat du travail des artistes et non une largesse de l'État.

Nieuwerkerke en a disposé suivant son bon plaisir et les recommandations de ceux qui le mènent sans qu'il s'en aperçoive ; l'art lui-même a été peu consulté.

Le mauvais et très mauvais tableau de Penguilly 6 000 francs.

Les très mauvais portraits de l'Empereur et de l'Impératrice par Montpezat 4 000 francs.

Une mauvaise vue de Notre-Dame de Paris par Naveley 5 000 francs.

Un paysage d'Anastasie 2 000 francs.

Ces deux derniers artistes sont portés tous les ans sur la liste des acquisitions.

Un mauvais tableau de bataille 2 000 francs.

Hédouin le grand protégé de Chennevières et de Clément de Ris, un paysage 4 000 francs, etc. etc.

Enfin deux cent mille francs sont employés à soutenir des artistes qui la plupart sont sans talent.

Je me demande maintenant quels sont les musées qui seront empoisonnés de ces œuvres, et ce que dira le public sérieux en lisant la liste des acquisitions, car il me semble impossible de ne pas publier la liste des acquisitions faites avec l'argent du public attiré par les tableaux des exposants.

Les nouvelles de l'Inde sont mauvaises, l'insurrection s'étend.

Des troubles religieux ont éclaté en Irlande, à Belfast la ville a dû être mise en état de siège.

Ces troubles sont le résultat des prétentions de prédicateurs protestants qui ont voulu au milieu d'une population catholique prêcher en plein air[1].

1. Ces troubles s'inscrivent dans le cadre des incessants affrontements entre catholiques du quartier du Pound et protestants de Sandy Row, qui ont déjà donné lieu à des heurts sanglants en 1835 et en 1843. Cette fois, tout a débuté le 12 juillet 1857 lors de la manifestation orangiste commémorant la victoire protestante de La Boyne de 1690. Le prêche enflammé du pasteur Drew provoqua une émeute qui fit un mort et se prolongea pendant plusieurs jours. Depuis début septembre, la volonté de Drew et de plusieurs de ses amis de faire de grands prêches en plein air a entraîné une nouvelle flambée de violence qui se

Jeudi 24 septembre

Je veux inaugurer ce nouveau petit livre par le drame le plus émouvant que l'imagination puisse concevoir. Le dénouement n'en est point encore arrivé, et je ne sais même si la victime du drame que je vais raconter peut jamais espérer de la justice humaine le dénouement qu'il est en droit d'attendre.

Tous les faits qui vont suivre m'ont été racontés hier par Brénier notre dernier ambassadeur à Naples et par Monsieur Villemain, aujourd'hui conseiller d'État, jadis intendant militaire.

J'ignore si dans mes premiers petits livres je n'ai pas rendu compte d'une affaire très grave dont les débats avaient lieu devant le conseil de guerre de Paris et qui entachaient l'honneur d'un colonel jusque-là très bien placé dans l'estime publique.

Ce colonel, Monsieur le comte de Cercey, fils du brave amiral de Cercey et fort protégé sous Louis-Philippe par le général Tiburce Sebastiani qui l'aimait beaucoup, fut poursuivi par un monsieur Morissot pour escroquerie et condamné par le conseil de guerre et le conseil de révision.

Lorsque cette condamnation infamante eut lieu, le public tomba avec acharnement sur le compte du condamné ; plus sa position était élevée, plus il avait été favorisé dans sa carrière, plus aussi au moment du malheur on lui fit payer cher les faveurs de sa fortune évanouie.

Monsieur de Cercey était spirituel, gai, élégant, il avait la vie facile, le cœur ouvert et généreux, chacun le recherchait et les généraux aimaient l'avoir près d'eux.

Si les qualités de Monsieur de Cercey lui faisaient des amis, lui attiraient l'attention et l'affection de ses supérieurs, tous ceux qui dans la carrière militaire ne jouissaient pas des mêmes prérogatives parce qu'ils étaient loin de posséder les mêmes avantages devinrent ses envieux, quelques-uns même ses ennemis acharnés et malheureusement au nombre de ces derniers il faut compter le président du conseil de révision qui eut à juger Monsieur de Cercey.

Le greffier de ce conseil disait à Monsieur Villemain qu'en droit et en fait le jugement était une abominable iniquité.

Comme je l'ai dit tout à l'heure, Monsieur de Cercey était un homme du monde ayant peu d'ordre dans ses affaires, donnant sans compter et ne gardant pas même de notes des choses les plus importantes.

Le point principal du débat entre lui et ses adversaires était une somme

---

poursuit encore au moment où Viel Castel écrit. On évitera cependant le pire, puisqu'on ne déplorera, somme toute, que deux blessés par balle. Voir Catherine Hirst, *Religion, Politics and Violence in Nineteenth-Century Belfast*, Dublin, Four Courts Press, 2002, chapitre 7.

de deux cent mille francs dont il lui fut impossible d'indiquer l'emploi positif.

« Je sais, disait-il, que j'ai dû la verser à qui de droit, mais mes souvenirs ne s'étendent pas au-delà. »

Le comte de Cercey, colonel, commandeur de la Légion d'honneur, militaire très brave qui avait montré la plus grande énergie dans la répression des troubles du Midi en 1848 et 1852, fut flétri par un jugement qui le condamna à cinq ans de réclusion.

Ce jugement colporté par la presse dans tous les départements fut lu avec avidité. On s'était passionné pour ou contre Monsieur de Cercey.

Quinze jours après le jugement définitif, l'avocat du condamné reçut d'un avoué de province une lettre renfermant les quittances des fameux deux cent mille francs. L'avoué écrivait :

En lisant le rendu compte du jugement de Monsieur le comte de Cercey j'ai vivement senti l'effroyable injustice sous laquelle il succombait et je me hâte de vous envoyer les preuves de son innocence, Dieu veuille qu'elles puissent encore lui servir.

Depuis cette époque, Monsieur de Cercey n'a cessé de solliciter du garde des Sceaux la révision de son procès par les moyens que les lois mettent à sa disposition.

L'Empereur s'est intéressé à la position affreuse de Monsieur de Cercey, l'Impératrice a sollicité pour lui.

Le comité de législation du Conseil d'État, consulté par le gouvernement sur la possibilité et l'opportunité de la révision, s'est prononcé à l'unanimité en faveur de la révision.

Tous ceux qui ont pu examiner cette affaire se prononcent en faveur de Monsieur de Cercey et cependant le malheureux ne peut obtenir la révision, il reste sous la flétrissure de sa condamnation. M. Abbatucci refuse d'ordonner la révision du procès parce que le ministre de la Guerre y met opposition en alléguant pour motif :

« Mais alors il faudra le nommer général ! »

Pourquoi pas, il a le temps voulu pour être promu, il possède de beaux états de service et je ne sache pas que la victime d'une injustice reconnue ne puisse comme faible réparation être réintégrée dans ses droits et rentrer dans sa position d'honnête homme.

Vendredi 25 septembre

L'Autriche commence à s'émouvoir de l'entrevue de Stuttgard, la possibilité que la question italienne y soit traitée la préoccupe et elle dénie aux gouvernements européens le droit d'en faire une question de congrès.

Répondant aux articles du *Journal de Francfort*, le journal *La Patrie* dit assez maladroitement que les grandes puissances ont le droit de traduire la cause italienne à leur tribunal comme elles y ont traduit la cause de Neuchâtel et des Principautés danubiennes.

L'exemple est mal choisi, car Neuchâtel depuis près de dix ans avait cessé par le fait révolutionnaire de faire partie du royaume de Prusse et lorsque les grandes puissances se sont emparées de cette question, il s'agissait d'empêcher une guerre entre la Prusse et la Suisse, et les deux parties ont remis leur cause à l'arbitrage des puissances.

Quant à la question danubienne, les puissances qui reconstituaient l'Empire turc après l'avoir sauvé de sa ruine avaient certes le droit et le devoir de s'en saisir.

Rien de tout cela n'est applicable à l'Autriche qui n'invoque pas l'arbitrage des puissances et qui a su réfréner par ses propres forces la révolution en Italie et l'ambition de la maison de Savoie.

D'ailleurs les raisons invoquées par la *Patrie* devraient à bien plus juste titre être invoquées en faveur de la nationalité polonaise.

Mais la maison de Savoie est à la mode et le régime parlementaire que l'état de la France ne permet pas de rétablir semble merveilleux pour l'Italie où les passions sont plus ardentes, où les seuls hommes doués d'un peu d'énergie sont les Mazziniens.

L'idée de créer un royaume d'Italie composé de vingt peuples jaloux les uns des autres me semble l'idée la plus folle du monde. Mettre le roi de Piémont à la tête de ce royaume est, je l'ai déjà dit, un crime contre l'intérêt français.

Je peux sans doute me tromper, et lorsque tant de hautes intelligences accusent une opinion toute contraire, je devrais reconnaître que je suis dans une fausse voie, mais cela m'est impossible. Le royaume d'Italie entre les mains de la maison de Savoie, ce serait mettre une double bride à la France... L'avenir prononcera !

Manin, l'ex-président de la République vénitienne pendant l'année 1848, vient de mourir à Paris, il a été enterré sans discours.

L'Empereur a quitté le camp de Châlons pour se diriger vers Stuttgard.

J'ai vu hier le maréchal Canrobert qui arrivait après avoir assisté pendant quinze jours aux grandes manœuvres. Il m'a dit combien il était étonné et émerveillé de l'intelligence militaire de l'Empereur ; il sait commander aux troupes, les faire manœuvrer et d'un coup d'œil prompt et judicieux il voit le parti qu'il est possible de tirer d'un terrain.

Le duc de Cambridge a été très content de nos troupes, il a dit : « Si nous avions dans l'Inde le camp de Châlons, je ne concevrais aucune inquiétude sur l'issue de l'insurrection. »

Samedi 26 septembre

L'Empereur des Français et l'empereur de Russie sont réunis à Stuttgard ; les journaux se livrent à des commentaires sans fin sur les questions qui seront traitées par les deux souverains dans cette entrevue.

Parmi tous ses officiers d'ordonnance l'Empereur a choisi pour l'accompagner le jeune prince Murat, lieutenant aux guides, marié depuis trois ans à la fille du prince de Wagram. Je ne puis deviner le but de cette faveur que la conduite et le mérite du jeune prince n'autorisent guère. Le lieutenant aux guides, petit-fils du roi Murat, n'a pas fait jusqu'à présent grand honneur à son aïeul ; il s'est prudemment tenu éloigné de toute guerre, et lorsque nos soldats mouraient héroïquement devant Sébastopol, lui chassait à Grosbois chez son beau-père ; c'est du reste un assez bon garçon fort nul et à ce point sans éducation qu'il sait tout juste lire et écrire. Tel qu'il est, le lieutenant Murat est cependant l'espoir de sa famille qui le voit dans un avenir peu éloigné roi de Naples.

Sa femme est la plus désagréable pécore qu'il soit possible de rencontrer, c'est un produit de fausse aristocratie obtenu par un mélange de finance, de faveur et de bourgeoisie.

Mercredi 30 septembre

Les dernières nouvelles de l'Inde sont loin d'être bonnes ; l'insurrection gagne les présidences tranquilles jusqu'ici. La retraite du général Havelock, après une tentative infructueuse pour secourir Luknow, est confirmée.

Je viens de visiter l'atelier où Godefroy avec deux aides dévernit cent tableaux de la grande galerie du Louvre. Je dis avec douleur que la plupart sont perdus par le stupide procédé qu'emploient les dévernisseurs.

Ces hommes, Godefroy en tête, frottent ces vieilles toiles avec de l'*étoupe* imbibée d'esprit-de-vin et même d'alcali ! J'ai vu des figures entières dont tout le modelé avait disparu ; il est inutile de parler des glacis ; là où il y en avait, l'œil les chercherait en vain. Mais peut-être Godefroy sous la direction de mon célèbre collègue Villot les rétablira-t-il ?

Pauvre galerie du Louvre !

Jeudi 1er octobre

Je causais dernièrement avec le directeur des affaires politiques, du ministère des Relations extérieures, Benedetti, dont j'ai trouvé les idées relativement à l'agrandissement du Piémont tout à fait opposées aux miennes.

Benedetti pense que l'Angleterre ne verrait pas d'un œil favorable la royauté de toute l'Italie dans la maison de Savoie parce qu'elle trouverait en elle une alliée fidèle de la France.

Je persiste à penser que le royaume d'Italie s'il est jamais constitué sera dans l'alliance de l'Angleterre et que nous saurions quelque jour ce qu'il en coûte de rétablir des frontières méridionales ; nous saurions aussi ce qu'il en coûte d'avoir placé tout le littoral italien dans l'alliance anglaise.

Le Piémont qui est la Gascogne italienne, c'est-à-dire le pays des vanités, voudrait compter parmi les puissances maritimes.

Enfin, c'est à la France de savoir si la papauté doit être détruite ou remise en garde au Piémont, ce qui reviendrait au même.

Samedi 3 octobre

Les journaux anglais continuent leur système d'atroces représailles ; lorsque l'insurrection sera réprimée, suivant eux, Delhi doit être rasée, les habitants et la garnison égorgés, le roi pendu. Nenna Saïb sera, toujours suivant eux, mis dans une cage, exposé à Londres au *zoological garden* au profit des familles des Anglais morts dans l'Inde ; puis enfin Nenna sera pendu lorsque son exposition aura produit tout le fruit qu'on en pourrait attendre. Tout cela est atroce, malheureusement les troupes, y compris les officiers, se montrent très disposées à d'effroyables massacres.

L'empereur de Russie et l'empereur d'Autriche ont eu une courte entrevue qu'on dit avoir été amicale, mais aucun des deux souverains n'avait près de lui son ministre des Affaires étrangères, ce qui fait penser que cette rencontre a été entièrement privée.

Lundi 5 octobre

Nieuwerkerke ne m'adresse plus la parole, nous avons passé hier la journée chez S.A.I. la Princesse Mathilde, et il a affecté de ne jamais s'adresser à moi. La Princesse a été comme toujours bonne et affectueuse.

Le motif de la grande colère de Nieuwerkerke est celui-ci :

J'ai dit à la Princesse que Godefroy le restaurateur des tableaux du Louvre les perdait, les défigurait, et que je craignais pour le moment de la réouverture de la grande galerie le mécontentement du public en trouvant les tableaux de Rubens restaurés à la *façon Godefroy*.

Malgré cette colère je persiste dans mon opinion et je ne pense pas que la meilleure manière de dévernir un tableau soit de le frotter avec de l'étoupe imbibée d'esprit-de-vin ou d'alcali.

Les inquiétudes conçues à propos du brave général Havelock et du corps d'armée à l'aide duquel il espérait secourir Luknow sont confirmées par les dernières nouvelles.

Le général Havelock est rentré à Cawnpore après avoir reconnu l'impossibilité de secourir Luknow. Tout le pays d'Oude est soulevé et le petit corps d'armée anglais est menacé par près de 80 000 hommes composés de troupes régulières et irrégulières ayant 25 pièces de canon et disputant le terrain pouce à pouce. La population des campagnes s'est jointe aux insurgés.

Le choléra fait au moins autant de ravages dans l'armée anglaise que le feu des Indiens.

L'Empereur est venu à Paris chercher l'Impératrice. LL. MM. sont immédiatement parties pour le camp de Châlons.

L'Empereur doit, dit-on, se rendre à Marseille le 20 octobre.

Le prince Napoléon, pendant sa tournée sur le littoral du Midi, a visité notre tragédienne Rachel dont la position est désespérée ; peut-être est-elle morte au moment où j'écris ces lignes.

Le prince Napoléon a été assez longtemps l'amant de Rachel.

Mardi 6 octobre

Le cabinet Narvaëz a, dit-on sérieusement, donné sa démission ; il se retire devant des intrigues de cour sans cesse renaissantes et auxquelles je ne crois pas la reine Christine étrangère.

Cette femme qui a si impudemment pillé l'Espagne tient encore à la ruiner par les agitations qu'elle y fomente.

Mercredi 7 octobre

Pendant sa visite à Cherbourg, le grand-duc Constantin ne s'est pas montré, paraît-il, fort gracieux. On me racontait hier qu'amené devant les magnifiques travaux du port, il aurait dit à l'ingénieur :

« Ces travaux sont beaux, mais ils ne mettraient pas une flotte à l'abri, et si une flotte ennemie se présentait, la flotte française serait détruite par un bombardement. »

Puis le prince laissa errer un sourire ironique sur ses lèvres.

L'ingénieur, vivement froissé, répondit :

« Monseigneur, ces travaux sont plutôt un brise-lame qu'une défense, mais si une flotte française s'y trouvait menacée d'un bombardement, elle ne l'y attendrait pas, Monseigneur, et quelle que fût la disproportion entre elle et la flotte qui l'attaquerait, elle sortirait du port et livrerait bataille. »

Le grand-duc ne répliqua rien et l'amiral préfet maritime serra la main de l'ingénieur en le remerciant.

Jeudi 8 octobre

La nouvelle de la démission du ministère Narvaëz donnée comme officielle par *Le Pays* n'est pas exacte ; la situation de ce ministère est difficile, mais il est encore aux affaires.

La Turquie, dans une note envoyée aux cabinets des puissances signataires du traité de Paris, se prononce contre l'union des Principautés. L'Autriche et l'Angleterre l'ont poussée à cette démarche.

Le recrutement pour l'Inde ne donne pas de résultats satisfaisants en Angleterre.

Une lettre d'un officier du corps campé devant Delhi, laquelle lettre est publiée dans tous les journaux anglais, dit : « J'espère qu'au moment où nous entrerons dans Delhi les femmes et les enfants auront pu être éloignés, car une fois entrés nous ne ferons grâce de la vie à personne. »

C'est ainsi que la nation *philanthrope* par excellence entend la justice lorsque ses intérêts sont en jeu.

Suivant la presse britannique, l'Inde serait depuis deux cents ans le loup et l'Angleterre serait l'agneau !

Le maréchal Canrobert disait hier soir au Cercle Impérial :

« Mon Dieu, que le prince Napoléon est maladroit avec tout son esprit ; il trouve le temps d'aller voir Rachel dans le Midi, le journal *L'Indépendance* nous l'annonce, et il ne trouve pas le temps d'aller se montrer au camp de Châlons ! »

Le prince Napoléon croit toujours qu'il fera de sa personnalité quelque chose de puissant en dehors du parti de l'Empereur.

Vendredi 9 octobre

La démission du ministère espagnol est confirmée. On ignore encore à quelle opinion la reine attribuera sa succession.

Le prince Napoléon est enfin venu assister à la revue d'honneur du camp de Châlons.

L'Empereur revient samedi et n'ira point cette année à Marseille.

Le fameux jour de deuil et d'humiliation décrété en Angleterre a été célébré mercredi dernier. Toute l'Angleterre s'est courbée sous le poids de l'*humiliation indienne.*

Les journaux, le *Times* en tête, ont fait leur *mea culpa.* Ils ont reconnu que si les Anglais n'avaient su ni se faire aimer, ni se faire respecter des Indiens, ils devaient s'en attribuer la faute qui est tout entière dans leur insupportable orgueil. Car, disent les journaux, nous étions du reste de bons maîtres, administrant à tous une égale justice et comblant l'Inde de bienfaits.

L'Angleterre n'est pas assez humiliée sans doute et nous en trouvons la preuve dans le peu de sincérité de sa confession.

Avouez donc, orgueilleux blessés, mais non contrits, que vous avez été des maîtres durs, cruels et insolents peu soucieux de rendre la justice. Ne parlez pas avec tant de fierté de la gloire de vos armes ; vous semiez avec l'or la trahison autour des princes indiens que vous vouliez combattre, et vous prépariez de faux traités contre lesquels vous protestiez bientôt lorsque vous ne pouviez arriver autrement.

Relisez les dépêches de vos anciens gouverneurs, vous y trouverez l'aveu de ces abominables trahisons.

Repassez la guerre contre Tippoo Saëb, elle est remplie de vos atrocités. Vous comptiez pour rien l'Indien, mais vous aviez inscrit l'Inde comme un produit sur votre budget. Vous la suciez comme on suce une orange.

Vous réclamiez la continuation de votre puissance au nom de la civilisation ?

Qu'avez-vous civilisé dans l'Inde depuis que vous y régnez ? Vous avez dépouillé l'Inde, vous avez humilié ses enfants. Jeûnez et couvrez-vous de cendres !... Hypocrisie. Le jour où vous prendrez Delhi, vous vous couvrirez d'opprobre par les horreurs que vous y commettrez et vous direz : « Justice est faite ! »

Mardi 13 octobre

A la liste des nombreuses iniquités dont l'Angleterre s'est rendue coupable dans l'Inde, il faut ajouter la spoliation du royaume d'Oude. Un décret d'annexion rendu par la cour des directeurs, c'est-à-dire par une compagnie de négociants anglais, détrône un monarque indien et la compagnie s'empare de ses États [1].

Une indemnité fixée par la compagnie, une pension également fixée par la compagnie devaient être payées au roi dépossédé ; mais il n'a pas reçu un sou. Sa famille se rend à Londres pour réclamer contre l'annexion. J'ai déjà dit comment elle avait été accueillie pour n'avoir pas voulu faire précéder en tête de sa pétition au Parlement le substantif *supplique* de l'adjectif qualificatif *humble.*

La révolution éclate dans l'Inde, tout le royaume d'Oude s'insurge ; le roi qui en était éloigné est mis en prison, on lui donne le nom de traître, on parle de le traiter comme un criminel, et l'insurrection d'Oude se nomme en Angleterre : *abominable trahison du royaume d'Oude.*

C'est ainsi que les Anglais présentent les choses et qu'ils altèrent la vérité des faits. Quant aux atrocités commises sur les Anglais, nos amis

---

1. C'est la doctrine du *lapse* qui a permis à l'Angleterre d'annexer en 1856 le royaume d'Oudh, le plus grand royaume musulman de l'Inde du Nord. Elle veut que si un souverain indien disparaît sans héritier mâle direct, ses États reviennent automatiquement à l'*East India Company*, compagnie à charte qui administre l'Inde britannique au nom du gouvernement de Londres.

de la Grande-Bretagne oublient que lorsqu'ils étaient nos ennemis et les alliés de l'Espagne, ils vantaient et glorifiaient hautement la guerre au couteau entreprise par les Espagnols contre les Français.

Les horreurs commises dans l'Inde ne dépassent pas celles commises en Espagne à cette époque, et cependant l'Angleterre alliée de l'Espagne ne fit aucune tentative pour les faire cesser.

Je le répète encore, les atrocités commises par les Indiens indignent, révoltent les âmes honnêtes, mais les Indiens sont plus excusables que les Anglais de 1799 qui violaient et égorgeaient les femmes de Tippoo-Saëb. Mais les Indiens opprimés, accablés, traités comme des êtres inférieurs ont une sorte de droit d'insurrection que ne peut annuler le prétendu droit des nations plus civilisées de dépouiller les nations orientales de leur nationalité sous prétexte qu'elles n'en ont pas.

Les Romains partant du même principe avaient fait la conquête de la Gaule. Les Gaulois ne comptaient pas dans la balance de la justice romaine ; mais un jour la Gaule à bout d'exactions et d'humiliations tendit ses bras vers les barbares qui s'agitaient de l'autre côté du Rhin. Les barbares vinrent et furent vainqueurs de la civilisation romaine. L'histoire donna raison à la barbarie contre la civilisation.

L'histoire aussi donnera raison quelque jour aux Indiens contre les Anglais. Ce n'est point une civilisation occidentale qui doit régénérer l'Inde, pas plus que la civilisation de l'Arabie ou de la Perse n'aurait pu civiliser l'Angleterre, il y a six siècles, alors qu'elle était de tous points plus barbare que ne l'est aujourd'hui l'Inde.

Les Anglais, lorsque leur intérêt est compromis, sont capables de tous les méfaits, de toutes les cruautés, nous le verrons avant peu. Mais ils protègent la race noire et les animaux contre la cruauté des blancs. Un Indien a le malheur de n'être ni un noir, ni un animal.

Lundi 19 octobre

Les journaux anglais à l'exception du *Times* sont devenus moins sauvages dans leurs excitations contre les Indiens. Mais le *Times* raille Lord Canning le gouverneur général à propos de la proclamation qu'il a adressée à l'armée et dans laquelle il proscrit les hideuses exécutions commandées par les généraux anglais.

Il ne semble pas que cette proclamation produise un grand effet. Les correspondances de l'Inde apportent encore une liste formidable de pendaisons et de gens attachés à la bouche des canons ! Les vivants ne suffisent plus aux Anglais ; ils pendent les blessés et même les morts. Les Anglais font la guerre comme la faisaient les soldats de Pizarre. Les soldats anglais du 10e régiment d'infanterie se sont rués dans la nuit du 16 août sur cent hommes du 40e d'infanterie indigène, et sans provocation ils ont tué cinq hommes de ce régiment restés fidèles lorsque leurs camarades se révoltaient. Onze hommes et une femme ont été blessés.

Le général Outram, dans une proclamation, exprime à propos de ce fait son horreur et son indignation.

Le *Morning Post* regrette l'aveu qu'il est obligé de faire que :

Les hommes du 10e régiment ont commis des atrocités et que des actes semblables ont eu lieu dans le camp devant Delhi.

Le comte Migeon, nommé député du Bas-Rhin malgré l'administration, après avoir été longtemps son candidat et son député, s'est vu traduit en police correctionnelle pour fraude en matière électorale et port illégal de décorations.

Ce malheureux procès maladroit jusqu'à la bêtise vient d'être plaidé avec un grand retentissement et le jugement sera rendu jeudi prochain.

Ce procès est une faute, car il prouve la rancune de l'administration contre le candidat qu'elle n'a pu faire succomber.

Ce procès est une faute, car si l'administration prouve contre Monsieur Migeon des fraudes électorales, Monsieur Migeon en prouvera d'aussi nombreuses à la charge de l'administration.

Administration et Parquet ont été plus que passionnés dans les débats, et en fin de compte que restera-t-il de tout ce bruit, de cette petite vengeance dans le cas même où une condamnation frapperait Monsieur Migeon ? Que les élections ne sont pas sincères et que l'administration y commet des fautes ! Il n'est pas bon de donner du retentissement à de pareils faits.

On affirme que la condamnation capitale prononcée contre le capitaine Doineau est commuée en une prison perpétuelle et que l'Arabe Ben Hadji est totalement gracié.

Mercredi 21 octobre

L'affaire de l'union des Principautés danubiennes n'est pas la seule dans laquelle l'Autriche se montre récalcitrante aux conséquences du traité de Paris dont pour les besoins de sa politique elle veut dénaturer le texte.

Elle prétend aujourd'hui que ce traité n'a entendu réglementer que la navigation de l'embouchure du Danube et que les puissances riveraines seulement ont droit de réglementer la navigation du cours du fleuve.

Ceci est une mauvaise chicane qui ne peut supporter la discussion, mais cette chicane entrave les travaux de la commission mixte envoyée pour réglementer la police du fleuve.

La Turquie, poussée par l'Autriche et un peu aussi, même beaucoup, par l'Angleterre, proteste contre l'union des Principautés.

Jeudi 22 octobre

Le *Times*, dans un article d'une outrecuidante insolence, s'indigne contre les populations du continent qui ne témoignent d'aucune sympathie pour l'Angleterre dans sa lutte contre les Indiens. Il dit que c'est l'envie de la faiblesse contre la force et la grandeur.

Le *Times* a tort, il devrait comprendre que l'Angleterre trouve à la fin la peine due à son égoïsme, et que les nations si souvent froissées et sacrifiées par elle se réjouissent non pas des malheurs individuels qui frappent des particuliers, mais du froissement et de l'humiliation de l'orgueilleuse Angleterre.

Constamment l'Angleterre a favorisé les révoltes des populations contre leurs gouvernements. Elle a donné asile aux révolutionnaires et elle a voué à l'exécration publique les souverains qui sévissaient contre les révolutionnaires.

En ce moment encore le roi de Naples est exclu pour ce fait de l'alliance anglaise.

A-t-elle témoigné de l'horreur pour les assassins ? Non, Londres est leur refuge, c'est là qu'ils préparent les assassinats politiques, les mouvements insurrectionnels.

L'Angleterre n'a pas assez d'organes pour maudire les sévérités de la Russie en Pologne, de l'Autriche en Italie et de Naples en Sicile. La vie des insurgés est chose sacrée.

Mais voilà qu'une révolution éclate dans l'Inde, les peuples du continent n'ont pas le droit de s'intéresser aux Indiens depuis plus d'un siècle abandonnés aux exactions d'une compagnie de marchands anglais.

Les grands principes d'humanité proclamés par l'Angleterre lorsque ses intérêts ne devaient pas en souffrir sont mis de côté. On détruit des régiments entiers, on borde les routes de potences chargées de cipayes vaincus, on attache les autres à la bouche des canons et la mitraille disperse leurs membres. Des villes entières sont vouées à la destruction et leurs populations à l'extermination.

L'Europe a le droit de crier à l'Angleterre : Vous êtes plus barbares que les Indiens, car vous n'avez pas comme eux l'excuse de l'ignorance, car vous vous vantez de votre civilisation et vous n'avez rien civilisé. Oui, l'Europe peut se réjouir de votre humiliation et appeler par ses vœux la fin de votre puissance exubérante, car elle pèse sur l'humanité, vous n'êtes que des marchands, vous n'êtes pas des civilisateurs.

Vendredi 23 octobre

La cour est à Compiègne depuis dimanche et elle y passera quinze jours ou trois semaines ; de nombreuses invitations sont faites, mais comme toujours le choix des élus donne lieu à bien des étonnements.

On ne sait le motif de telle invitation qui vient favoriser des personnes totalement inconnues, des gens sans importance comme Gaston d'Hauteserve et sa femme.

Gaston, malgré son prénom et son nom très aristocratiques, est d'une famille très bourgeoise ennoblie par Louis XVIII pour son royalisme.

Le nom de cette famille est Gautier et chaque branche a joint à ce nom plébéien un second nom de fief. Le père de Gaston, député ventru du gouvernement de Juillet, avait un haut emploi dans la douane de Paris (l'octroi), il est philippiste honteux.

Par sa mère Gaston descend de Goulard, apothicaire nîmois, inventeur de l'eau de Goulard. Madame Gaston d'Hauteserve est petite-fille du maréchal Excelmans, enfin Gaston est petit référendaire de troisième classe à la Cour des comptes ; c'est un bon garçon bête comme une oie, mais moins bête pourtant que son frère Eusèbe et surtout moins ridicule. Madame Gaston est assez gentille et élégante, elle a une fausse vivacité que quelques observateurs superficiels prennent pour de l'esprit naturel : elle parle un peu à tort et à travers sans cependant rencontrer jamais un mot heureux. Du côté des mœurs c'est une fort honnête personne, elle est l'amie de Madame de Persigny.

Tout le monde, c'est-à-dire tous ceux qui ont des prétentions à recevoir des invitations pour les voyages de la Cour, se demandent pourquoi les d'Hauteserve sont invités et souvent invités ?

Il faut répondre à cela que les invitations partent de l'initiative de l'Impératrice et que l'Impératrice suit le caprice de sa fantaisie de femme, et non les exigences de son rôle d'Impératrice.

On ne saurait croire combien de pareilles niaiseries font d'ennemis ; les gens froissés deviennent hostiles et se répandent bientôt en méchants propos ; ce que je vois et ce que j'entends aujourd'hui m'explique l'inimitié d'une partie de la haute société en 1789 contre la reine Marie-Antoinette. Elle aussi, cette malheureuse princesse, ne suivait pour la liste de ses invités à Trianon que les lois de sa fantaisie, elle se préoccupait peu de froisser l'amour-propre des courtisans ; elle voulait une société *d'intimes*, de gens suivant son goût ; elle apprit trop tard que les souverains n'ont pas la liberté du choix, comme les simples particuliers, qu'il est plus important pour eux d'éviter les inimitiés que de se former des intimités.

Les premiers pamphlets contre Marie-Antoinette furent l'œuvre de courtisans froissés, et le duc d'Orléans lui-même devint régicide par froissement.

Il est ridicule de voir S.A.I. la Princesse Mathilde invitée dans une fournée de huit jours comme Mme d'Hauteserve. L'Impératrice froisse la Princesse et certes personne n'a plus fait pour aider à la fortune de l'Empereur que sa cousine.

Mardi 27 octobre

La ville de Delhi a été prise par les Anglais le 20 septembre après un assaut meurtrier. On parle du côté des Anglais de six cents hommes tués ou blessés et de quarante officiers hors de combat.

Avant l'assaut, les insurgés ont pu faire sortir de la ville leurs femmes et leurs enfants. La lutte a été acharnée.

Malgré cet avantage, la position des Anglais ne semble pas améliorée, car les dépêches reçues par voie de Marseille portent que :

> Les insurgés interceptent les communications avec Delhi, et comme cette ville se trouve dépourvue de vivres, la position des Anglais est devenue très critique.

Ainsi les Anglais et les insurgés ont changé de position, et ce sont en réalité les Anglais qui sont assiégés maintenant.

Les journaux et le gouvernement anglais ne donnent pas toute la vérité sur les affaires de l'Inde. Ainsi qu'on peut en juger par la dernière dépêche, Delhi n'était pas complètement investi, puisque les femmes et les enfants ont pu sortir et se mettre en lieu de sûreté.

Comment expliquer en outre la position prise par les Indiens battus dans Delhi et qui après un assaut meurtrier peuvent cependant couper les communications de l'armée anglaise ?

Une conspiration a été découverte dans l'artillerie indigène d'Hipdérabad ; d'autres conspirations ont été également découvertes dans les régiments d'infanterie de Bombay. À Shirkarpow (présidence de Bombay), l'artillerie s'est mutinée, mais elle a été battue.

Ce sont les troupes des généraux Havelock et Outram qui ont pris Delhi.

Mercredi 28 octobre

L'affaire des Principautés se complique.

Le ministère turc est changé ; Lord Redclif a fait nommer grand vizir l'homme le plus opposé à l'union.

L'Autriche, soutenue par l'Angleterre, appuie la Turquie ; l'affaire de la libre navigation du Danube éprouve de nombreuses entraves de la part de l'Autriche.

Notre alliance avec l'Angleterre ne nous empêche pas de la trouver hostile à presque tous nos projets.

De grandes difficultés politiques vont naître de tous ces conflits.

Vendredi 30 octobre

Le général Cavaignac est mort dans le département de la Sarthe après une courte maladie. Son corps vient d'être rapporté à Paris.

C'était un bon militaire, mais un pauvre homme politique, pactisant avec tous les partis extrêmes par souvenir de son frère Godefroy, de son père, de sa mère qui étaient les plus enragés révolutionnaires que je connusse [1].

Malgré son rigorisme républicain il ne craignit pas pour le profit de son élection présidentielle de retarder le départ des malles-poste et d'user de toute l'influence que lui donnait sa position de chef du gouvernement.

On se souvient aussi de l'indignation qui s'empara de tous les esprits honnêtes lorsque l'on découvrit que sous son gouvernement la veuve de Pepin touchait une pension. Le général Cavaignac est mort au moment où la nouvelle Chambre allait être convoquée. On attendait de lui quelque scandale au sujet du serment. Les révolutionnaires sont désappointés. La répression de l'insurrection de juin 1848 dont ses amis les plus prudents veulent lui faire une gloire lui fut imposée, et il y mit d'abord beaucoup de mollesse. Son talent n'était pas à la hauteur de son ambition, il manquait de décision, et jamais il ne se serait amené à la fermeté d'un homme politique. La grandeur dans les vues lui manquait. Le général Cavaignac n'aurait jamais été une ressource pour la France, et il pouvait être un danger dans les moments difficiles.

Son rôle tracé par son caractère était de servir de transition aussi également du mal au bien que du bien au mal.

Il était de ces gens dont on se sert pour masquer une situation qui a besoin de mûrir. Un général Lafayette, une idole que l'on promène pour attirer les révolutions, et que l'on remet dans le magasin des oripeaux de parade lorsque les révolutions marchent.

Nous allons encore avoir un convoi et des regrets mensongers. Tout se passera, je l'espère, comme aux funérailles de Béranger.

---

1. Décédé le 28 octobre au cours d'une partie de chasse, le général Eugène Cavaignac, qui avait dirigé la France de juin à décembre 1848, n'avait rien d'un révolutionnaire. Il n'avait pas non plus pactisé avec les partis extrêmes, même s'il avait été amené à défendre en certaines circonstances des mesures prônées par la Montagne et même s'il avait souvent voté avec elle à l'Assemblée législative de 1849, lorsque les républicains modérés dont il faisait partie étaient trop peu nombreux pour mener une politique autonome. En revanche, il est exact qu'il vouait un culte à son père, conventionnel régicide, et à son frère, chef du parti républicain sous la monarchie de Juillet, prématurément disparu en 1845, qui étaient tous les deux d'un républicanisme plus avancé que le sien. Sa mère, qui vécut jusqu'en 1849, l'encourageait dans cette voie. Voir Frederick A. de Luna, *The French Republic under Cavaignac*, Princeton, Princeton University Press, 1969.

Jeudi 5 novembre

Les intrigues de l'ambassadeur anglais à Constantinople qui ont abouti au remplacement du grand vizir rendent la position assez tendue.

M. de Thouvenel, notre ambassadeur, refuse de communiquer avec le nouveau grand vizir.

Hier, à Compiègne, l'Empereur avait pris froid à la chasse, il n'a point assisté au dîner.

Dimanche 8 novembre

J'ai corrigé hier l'épreuve d'une lettre à la presse française qui paraîtra mardi ou mercredi prochain. Cette lettre a pour titre : *Des sentiments de justice et d'humanité de l'Angleterre dans la question indienne.*

Je ne la signe pas à cause de ma position de fonctionnaire. Le maréchal Canrobert m'a dit :

« C'est une grosse affaire et je vous engage à ne pas signer. »

Jeudi 12 novembre

On a des nouvelles de Bombay du 18 octobre. Delhi a été complètement occupé ; 61 officiers et 1 178 soldats ont été tués ou blessés.

Le général Nicholson est mort. Le roi de Delhi et sa femme ont été pris. Ses deux fils et son petit-fils ont été également pris et passés par les armes.

Le général Havelock a dégagé Luknow.

Au banquet en l'honneur du nouveau Lord-maire, Lord Palmerston a prononcé un discours dont il convient de citer deux passages :

Si jamais quelque nation étrangère s'imaginait que les efforts que nous avons fait pour l'Inde nous ont affaiblis à l'intérieur, et que le temps est venu de prendre vis-à-vis de nous une attitude différente de celle qu'elle pourrait prendre sans danger au moment où nous sommes forts, la manière dont l'esprit de la nation s'est manifesté, dont les rangs de l'armée sont remplis, dont notre force défensive s'est organisée, tout doit prouver au monde qu'il y aurait quelque danger à essayer de profiter de ce qu'on s'est bien à tort imaginé être le moment de notre faiblesse.

Mylords et Messieurs, il a été de mode parmi les peuples du Continent de dire que la nation anglaise n'est point une nation militaire. A un certain point de vue, il est vrai, celui auquel ils se placent, on peut dire que cette assertion est exacte. Les Anglais ne sont pas autant que les peuples de quelques autres pays passionnés pour les uniformes, pour les fourreaux d'acier et les talons éperonnés ; mais nulle nation ne l'emporte sur nous, soit en officiers, soit en soldats, pour la connaissance des devoirs de la profession militaire, ou pour le zèle et l'intelligence avec lesquels ces devoirs sont remplis.

Partout où il y a des faits d'un courage prodigieux à accomplir, partout où il faut lutter audacieusement contre des forces supérieures et en triompher avec éclat, partout où le soldat anglais doit combattre l'ennemi face à face individuellement ou collectivement, partout enfin où il y a du danger, nulle nation sur la surface de la terre ne peut nous surpasser (*très bien*), je puis même dire sans trop de vanité nationale, que nulle nation ne nous égale » (*applaudissements*).

Ceci est un peu fort ; Lord Palmerston oublie la campagne de Crimée où sans les secours de l'armée française, de *ces amateurs d'uniformes* et de *talons d'acier*, l'armée anglaise se serait trouvée en fort piteuse situation. Lord Palmerston se fait une popularité de son insolence.

Les Chambres françaises sont convoquées pour le 28 novembre.

Le Cabinet catholique belge n'existe plus, il est remplacé par un cabinet anticatholique à la tête duquel se trouve Monsieur Rogier.

Monsieur Frère Orban, si mauvais et si d'accord avec l'émeute dans la question de la charité, fait partie du cabinet. La Chambre des représentants va être dissoute.

Vendredi 13 novembre

J'ai omis hier de mentionner la mort de S.A.R. Madame la duchesse de Nemours qui a eu lieu par suite de couches au château de Claremont, et celle de M. Abbatucci, garde des Sceaux, ministre de la Justice. C'est le cinquième ministre que la mort surprend en exercice depuis le commencement de l'Empire [1].

Mardi 17 novembre

Monsieur Le Royer remplace M. Abbatucci au ministère de la Justice.

Depuis qu'Abbatucci est mort on ne tarit pas en éloges sur son compte. Un homme en place est si bon de mourir pour réaliser l'espérance des vivants, on lui sait tant de gré de ce dernier acte de sa carrière.

Les Anglais ont commis des horreurs dans la ville de Delhi ; aucun habitant n'a été épargné. Les lettres des officiers anglais disent que les résidents non coupables des crimes imputés aux cipayes ont été fort *désappointés* de se voir massacrer.

La plaisanterie est d'une heureuse férocité.

Les journaux français, tels que les *Débats* et la *Patrie*, s'abstiennent de tout blâme en cette circonstance. Ils pensent sans doute comme M. de Valbezen qu'en présence du besoin qu'à l'Angleterre d'opprimer l'Inde

1. Avant Abbatucci, ministre de la Justice et garde des Sceaux, décédé le 11 novembre 1857, Napoléon III a effectivement perdu quatre de ses ministres ou anciens ministres : le maréchal de Saint-Arnaud, qui avait quitté le ministère de la Guerre pour prendre le commandement de l'armée d'Orient, le 29 septembre 1854 ; Bineau, qui avait été obligé de démissionner du ministère des Finances en raison de son état de santé, le 8 septembre 1855 ; Théodore Ducos, ministre de la Marine, le 17 avril 1855 et Hippolyte Fortoul, ministre de l'Instruction publique et des Cultes, le 7 juillet 1856.

pour aider à la fortune des cadets de famille de la *Nobility*, « *on ne saurait prendre la défense des indigènes* ».

Le sac de Delhi pèsera sur l'Angleterre, c'est un crime que ne lavera pas toute sa philanthropie dépensée en faveur des nègres.

Mme la marquise de Nadailhac, veuve en premières noces de M. de Vallon si misérablement noyé dans un étang de son parc, est fille de Mme G. Delessert qui compte encore Maxime Ducamp et Mérimée parmi ses amants. Or Mme la marquise de Nadailhac, fille bien apprise, suit l'exemple de sa mère, et quoique assez laide, elle ne chôme pas.

Dernièrement, le marquis de Nadailhac la surprend couchée avec Balleroy, fort gentil garçon dont la dernière exposition nous a révélé le talent d'artiste.

Le marquis de Nadailhac crie, s'emporte, fait enfin un tapage épouvantable. Sa femme l'interrompt et lui dit, avec le plus grand calme :

« Votre conduite, mon cher, est, permettez-moi de vous le faire remarquer, du dernier mauvais goût. De quoi paraissez-vous surpris ? Est-ce que du vivant de M. de Vallon vous et moi nous n'agissions pas ainsi ? »

On dit que M. de Nadailhac s'est rendu à cette puissante argumentation.

Il a plu à l'Académie des beaux-arts de Rio Janeiro de me choisir pour un de ses membres correspondants.

Cet honneur est tombé sur moi fort inopinément. Je dois cependant en remercier la susdite académie !

Lundi 23 novembre

Mon livre sur l'humanité des Anglais dans l'Inde a paru, il a du succès, j'ignore encore s'il déplaira au gouvernement, je me tiens dans l'attente.

J'ai dîné hier et jeudi dernier chez la Princesse Mathilde. Elle veut maintenant recevoir tous les soirs, mais sans gala ; elle veut surtout avoir un salon agréable et important. Deux choses s'opposent à son désir : elle n'a pas assez de tenue politique et elle s'environne de trop d'intrigants. Nieuwerkerke et elle se laissent trop prendre aux patelinages des plus plats courtisans. Ils ont en amitié les nullités et pas une valeur.

Mardi 24 novembre

Monsieur Dupin, le grand Dupin, l'homme de Louis-Philippe et du règne bourgeois parlementaire, est nommé procureur général à la Cour de cassation[1].

1. L'orléaniste André Dupin, qui avait une longue carrière parlementaire derrière lui, présidait l'Assemblée législative lors du coup d'État du 2 décembre 1851 et ne fit pas de grands efforts pour s'y opposer. Il abandonna cependant sa fonction de procureur général près la Cour de cassation au lendemain des décrets sur les biens des Orléans de janvier

Monsieur Vaïsse est nommé président à la Cour de cassation et il cède le poste de procureur général à la Cour impériale à Monsieur Chaix d'Est-Ange.

Il y a quelques années, Chaix d'Est-Ange voulait entrer dans la diplomatie.

Le jour de la fête de l'Impératrice, on a joué à Compiègne une grande charade dont Mérimée et Mocquart avaient fait la poésie. Rouland, le ministre des Cultes, y remplissait un rôle bouffe d'Auvergnat fort divertissant, au dire de tous, c'est un parfait comique. Les actrices presque toutes étrangères ont estropié la poésie à qui mieux mieux.

Lady Eglington changeait les rimes et ornait les vers de trois ou quatre pieds de contrebande, mais enfin la Cour a été charmée.

Samedi 28 novembre

Dupin est nommé sénateur, Chaix d'Est-Ange et Vaïsse sont nommés conseillers d'État.

L'Impératrice et la Princesse Mathilde sont en merveilleuse intelligence pour le moment ; elles échangent des bijoux, se montrent leurs parures et se font parfaitement bon visage.

Lundi 30 novembre

Je dînais hier chez la Princesse Mathilde avec le duc de Malakof et le général Fleury. On y a beaucoup parlé d'un duel qui vient d'avoir lieu, pour un motif des plus futiles, entre Monsieur de Froidfont, officier aux guides, et un jeune Napolitain, fils unique appartenant à une grande famille. Le duel a eu lieu à l'épée et le Napolitain a été tué raide.

A Vincennes, la voûte du corps de garde de la porte du fort (côté du bois) s'est écroulée. Le poste entier, composé de vingt hommes, a été écrasé.

La Princesse Mathilde était hier furieuse contre le jeune Dumas qui a fort bien accepté la décoration après lui avoir fait la grossièreté de se refuser à être présenté par elle à l'Empereur.

Le jour où les princes comprendront que leurs politesses et leurs avances à la bohème sont considérées comme traits de couardise par cette bohème qu'on ne gagne pas, qui est avide et ingrate, insolente et rampante, ce jour-là sera un jour heureux.

1852. Lassé de sa retraite, il vient d'accepter de reprendre son poste et même d'entrer au Sénat.

Samedi 5 décembre

Le journal *La Presse* n'a pas été distribué hier. On dit qu'il est suspendu pour trois mois.

Les journaux craignent de parler de ma brochure sur l'Inde, et l'*Indépendance* de Bruxelles elle-même se refuse à émettre une opinion. Je ne puis pas obtenir que des annonces *payées* soient insérées dans les grands journaux. Le *Journal des débats* commence cependant avec une grande réserve à insérer dans ses colonnes les cruautés des Anglais, mais il trouve tout simple que quatre soldats anglais accusés d'avoir avec d'autres soldats de leur régiment assassiné des cipayes restés fidèles aient été acquittés. Il était bon de les mettre en jugement, dit le *Journal des débats*, mais tout le monde a compris que les juges aient fait *la part d'une exaspération naturelle*.

Ceci est magnifique ! Les notions du juste et de l'injuste ne sont plus à la portée de nos journalistes.

Du reste les exécutions par le canon et souvent sans jugement continuent dans l'Inde.

Ce matin, le *Journal des débats* contenait la lettre d'un officier qui rend compte d'une de ces exécutions. L'officier a vu les corps déchirés, ici une tête, là un bras, plus loin un torse éventré d'où les intestins s'échappent, enfin quand l'officier est revenu chez lui, *les chiens léchaient ses bottes* !

L'officier auquel s'étaient rendus les fils du roi de Delhi leur a lui-même brûlé la cervelle, prétextant qu'il craignait leur délivrance ! Je n'en finirais pas si je voulais dire toutes les cruautés anglaises.

Le discours de la reine Victoria à l'ouverture du Parlement ne dit presque rien ; il annonce seulement un projet de réforme parlementaire.

Le *Times*, dans un récent article, injurie notre gouvernement et nos hommes d'État de la façon la plus ignoble. Lord Palmerston ne nous a pas ménagés dans tous ses discours, mais nous craignons de dire un mot contre nos bons alliés, et la presse française ainsi que le monde officiel répètent sur tous les tons aux Anglais à propos des Indiens :

Vous leur faites seigneur
En les croquant beaucoup d'honneur.

Dimanche 6 décembre

Le prince Napoléon est en transformation, les bonnes gens prétendent qu'il y a chez lui changement complet. J'y crois peu, son langage peut être différent, mais le fond est le même. Il dit maintenant que l'Empereur aura raison de s'occuper de réformer la noblesse, c'est-à-dire d'extirper la fausse noblesse pour rendre à la véritable tout son éclat. Il affiche enfin les opinions et les idées les plus aristocratiques, mais il est toujours entouré de conseillers démocratiques. Hubaine est son secrétaire, etc. etc.

La Presse est suspendue pour deux mois. Son article sur les devoirs de la démocratie révolutionnaire qui doit se remettre en marche et agir lui valait au moins cela.

Lundi 7 décembre

Monsieur Chapuis-Montaville a un fils marié à la fille d'un riche négociant de St-Étienne ; mais ce fils a été séparé de sa femme par décision judiciaire et l'enfant provenu de ce mariage a été adjugé à la mère.

Dernièrement, Chapuis fils, le commissaire central de police et le procureur impérial de St-Étienne ont pendant une heure séquestré la mère et lui ont enlevé son enfant. Mais ce fait a eu du retentissement ; le préfet a suspendu le commissaire, et un décret impérial inséré hier au *Moniteur* révoque le procureur impérial.

Dimanche 13 décembre

Le général Lamoricière est arrivé en France et il a écrit aussitôt au ministre de la Guerre.

Il a paru fort touché de l'autorisation de rentrer en France qui lui avait été envoyée par l'Empereur dès que la maladie de son jeune fils avait été connue.

Lamoricière a écrit au ministre qu'on ne devait pas le compter au nombre des ennemis de l'Empereur, qu'il reconnaissait tout ce qu'il avait fait pour la gloire et le repos de la France, qu'il rendait pleine justice à sa politique, et que si jamais la main d'un assassin se levait sur sa personne, il se placerait entre l'assassin et l'Empereur.

Le général Changarnier est fatigué de l'exil et je ne serais pas très étonné de le voir rentrer un jour prochain, et fort adouci.

Dimanche 3 janvier

Une année nouvelle et rien de bien nouveau, les mêmes discours, enfin le train ordinaire des choses. On a pourtant remarqué qu'à la réception des ambassadeurs aux Tuileries le jour de l'an, l'Empereur a passé devant le nonce du pape et l'ambassadeur d'Autriche sans leur adresser la parole.

Le *Times* du 18 décembre dernier attaque violemment ma brochure sur l'Inde ; je lui réponds dans une lettre que je vais faire imprimer en tête de ma deuxième édition.

La *Patrie* d'hier est favorable à ma publication, elle en loue l'esprit et la modération.

J'ai reçu de la Princesse Mathilde une épingle du matin pour mes étrennes ; cette épingle est un gros nœud en or, fabriquée par la joaillerie anglaise.

Le *Times* ignore si ma brochure est l'œuvre du maréchal Canrobert ou d'un agent russe. Quelques personnes l'attribuent au duc d'Aumale. Mon frère aîné qui en ignore l'auteur la trouve bien faite, j'assiste à son succès avec tout l'agrément de l'incognito.

Aujourd'hui, j'ai la grippe qui s'est avisée de loger dans mes entrailles, il fait froid et je ne suis pas en train de bavarder plus longtemps.

Lundi 4 janvier

J'ai eu des nouvelles très fraîches de l'Algérie ; l'armée y est mécontente de ce que l'Empereur ne vient pas visiter notre colonie. Elle murmure de ce que les officiers de la cour gagnent leurs grades sans sortir des salons, tandis que leurs services à eux, combattants d'Afrique, ne sont pas mis en relief. Puis, il y a tiraillement entre l'autorité civile et l'autorité militaire ; enfin chacun cherche à se grandir et pendant ce temps la colonie souffre. Il faut que l'Empereur visite et juge l'Algérie.

Les officiers sont unanimes pour blâmer la commutation de peine accordée au capitaine Doineau ; ils disent que c'est un voleur et un assassin et que le jour où il a été embarqué pour être transporté près d'Alger, l'indignation des troupes était grande en le voyant revêtu de son uniforme avec la décoration à la boutonnière. Ce qui fait surtout un effet détestable, c'est qu'il est avéré que la prison perpétuelle à laquelle il est condamné se trouve transformée en un village peu éloigné d'Alger, qu'il s'y promène en uniforme avec décoration, qu'il chasse tous les jours, et dit à qui veut l'entendre que dans trois ans il sera replacé.

On se raconte que la femme du général marquis de Beaufort, ancienne putain d'Alger, devait d'assez fortes sommes à l'Aga assassiné par Doineau, que le général Montauban lui devait également de l'argent et que l'assassinat a été un moyen d'éteindre les dettes.

J'ai causé hier avec le général d'Orgoni qui m'a dit être l'auteur des articles sur l'Inde insérés dans la *Gazette de France*. Il m'a raconté comment les vingt-quatre princes de la famille du roi de Delhi, pendus le même jour, ne pouvaient s'être montrés favorables à l'insurrection attendu qu'ils avaient placé toute leur fortune dans les fonds de la compagnie qui se trouvait ainsi leur débitrice de sommes considérables. Ceci est encore une manière de s'acquitter.

D'Orgoni appelé l'été dernier par l'empereur de Russie a passé dix-sept jours auprès de lui.

Vendredi 8 janvier

Il y a quelques jours, le journal *Le Spectateur* affirmait qu'un traité d'alliance défensive avait été signé entre l'Angleterre et l'Autriche.

Les journaux du gouvernement ont démenti cette nouvelle, mais le *Spectateur* affirme de nouveau et plus vivement la certitude de ses renseignements, et cela inquiète parce que le journal aurait dû recevoir un avertissement pour émission de fausses nouvelles, afin de rassurer l'opinion.

On est également inquiet des suites qu'auront les opérations contre la Chine ; on craint qu'avec un ministre des Affaires étrangères tel que Walewski, on ne laisse l'Angleterre s'adjuger en cas de succès plus que la part du lion. On parle, il est vrai, de prétentions sur la Cochinchine qu'il nous serait permis de faire valoir, mais cela n'est ni bien net ni bien politique. Pourquoi sommes-nous devant Canton comme auxiliaires de l'Angleterre pour l'aider à s'emparer des meilleurs points de la côte du Céleste Empire, si lorsque nous aurons à agir contre la Cochinchine, il nous faut avoir recours comme on le prétend aux troupes espagnoles des îles Philippines ?

Nous voyons dans toute cette affaire de la Chine une mauvaise politique, car il est d'un petit intérêt pour nous d'avoir la Cochinchine, et nous avons un grand intérêt à ne pas laisser l'Angleterre soumettre à son protectorat 350 000 000 d'habitants.

C'est une grave affaire et qui peut amener des suites incalculables.

Les nouvelles de Luknow ne sont pas très bonnes pour l'Angleterre ; le général Howelock est mort de la dysenterie.

La Porte va signer, dit-on, le décret relatif au percement de l'isthme de Suez, l'Angleterre aurait cessé son opposition. Je le crois sans peine, car le canal sera comme sa propriété aussi longtemps qu'on ne lui aurait pas fait rendre l'île de Périm dont elle vient de s'emparer.

L'affaire du Danube qui se nomme le règlement de la navigation est comme l'affaire des Principautés une cause de difficulté. L'Autriche opposera la plus grande résistance à permettre la libre navigation et son mauvais vouloir se montre au jour. Le fameux traité de Paris qui devait tout terminer n'aura été que la préface des difficultés.

Dieu veuille nous donner une autre diplomatie pour les résoudre !

Samedi 9 janvier

Le grand vizir avec lequel Monsieur de Thouvenel reprenait quelques relations est mort subitement.

L'Empereur a eu la fantaisie, il y a trois jours, accompagné seulement de Béville, d'aller patiner sur le lac du bois de Boulogne. Reconnu presque aussitôt par les patineurs, il a été respectueusement salué ; quelques patineurs le devançaient, lui frayant une voie, le reste, rangés à distance derrière lui, le suivaient. L'Empereur a parcouru deux fois la longueur du lac, puis il s'est retiré.

Je vais ce soir au bal des Tuileries.

Lundi 11 janvier

La Princesse Mathilde a déjeuné ce matin au Louvre, nous étions peu nombreux : Mme Vimercati, son frère, Nieuwerkerke et moi.

Après déjeuner nous avons beaucoup causé de la cour et des intrigues qui s'y agitent, de la singulière attitude que prend l'Impératrice, attitude si peu polie que Mme Radzivil a déclaré à Kisseleff qu'elle ne retournerait plus aux réceptions.

Parmi les jeunes femmes, presque toutes visent à captiver l'Empereur, et comme l'Empereur est peu discret, on sait bien vite quelle est sa maîtresse.

Madame Walewska règne en ce moment, mais elle craint un retour de Madame de Castiglione ; elle se cache aussi peu que possible de sa faveur, car elle promet à beaucoup de gens son appui près de l'Empereur. Il y a quelque temps, elle est allée voir l'Impératrice et lui a dit avec la plus superbe des roueries :

« Je me vois forcée de demander à Votre Majesté de ne plus m'inviter à ses soirées particulières, car dans le monde on m'accuse d'être la maîtresse de l'Empereur et je ne veux pas que cette calomnie me nuise dans l'esprit de Votre Majesté ; qu'Elle m'éloigne donc de sa personne jusqu'à ce que tous ces vilains bruits soient apaisés. »

L'Impératrice, très émue, l'a embrassée et l'intimité est devenue plus grande.

Une jeune et jolie Anglaise, Mlle Sniell, qui déjà a été la maîtresse de l'Empereur, se trouvait au dernier bal ; l'Empereur la recherchait assez.

Madame de Labédoyère, la femme du gros chambellan, a joui d'un moment de faveur.

Pour les princesses et les princes de la famille de l'Empereur, l'Impératrice est plus que froide, excepté depuis quelque temps avec le prince Jérôme, il est en grande faveur, il va la voir le matin, on ignore la cause de ce rapprochement.

Grands débats entre les femmes des dignitaires. Mme Baroche veut avoir le pas sur Mme Troplong, elle prétend que son mari ayant rang de ministre doit passer avant le président du Sénat. Les ministres veulent passer avant les maréchaux, etc. etc. Enfin comme à la Cour personne ne sait vivre et n'est au fait des préséances, chacun veut les faire régler à sa guise.

Le prince Napoléon est venu me parler hier soir chez sa sœur ; j'ai été de la dernière surprise, lui qui affecte ordinairement de ne pas me voir.

C'est aujourd'hui qu'a lieu l'enterrement de Rachel dont le corps a été rapporté à Paris.

Jeudi 14 janvier

Comme l'Empereur et l'Impératrice entraient ce soir à l'Opéra, les Italiens de Mazzini ont attenté aux jours de LL. MM. avant qu'elles fussent descendues de voiture, trois bombes ont éclaté à un petit intervalle l'une de l'autre entre les roues. Un cheval a été tué, l'Empereur a été égratigné au-dessous du nez par un éclat de vitre, l'Impératrice a aussi une légère égratignure près de l'œil. Un projectile a traversé le chapeau de l'Empereur. Le cocher, qui a fait preuve de sang-froid, est légèrement blessé à la main, les deux laquais de derrière la voiture sont blessés. Le général Roguet est blessé au cou, mais c'est peu de chose. Il y a en tout, parmi les militaires, les agents de police et les curieux quarante-cinq blessés et quatre morts [1].

1. S'il est très bien informé, Viel Castel ne peut nous proposer qu'un bilan partiel. L'attentat du patriote italien Felice Orsini, lié à Mazzini, a fait au total 144 blessés et 12 morts.

L'Empereur et l'Impératrice ont fait preuve de la plus grande fermeté ; quoique couverte du sang des gens blessés autour d'elle, l'Impératrice a conservé toute sa présence d'esprit. LL. MM. ont été chaleureusement applaudies à leur entrée, et lorsqu'elles sont parties vers onze heures et demie, le boulevard illuminé était couvert d'une marée de peuple qui saluait l'Empereur et l'Impératrice par des acclamations sans fin.

L'Empereur n'avait aucun officier aux portières de sa voiture, il saluait à droite et à gauche.

Pendant la durée du spectacle une foule de hauts fonctionnaires se pressaient dans le salon de la loge impériale, et l'Impératrice leur a dit en montrant le manteau du général Roguet haché par les projectiles et en désignant l'Empereur en souriant :

« C'est pourtant lui qui nous vaut cela ! »

Le Corse de la police de l'Empereur si attaché à sa personne a trois blessures, mais malgré les injonctions de l'Impératrice, il n'a voulu se retirer qu'après le retour de Leurs Majestés aux Tuileries.

Depuis quatre jours, l'arrivée des assassins était signalée par M. Barrot, notre ministre à Bruxelles, et par le ministre de Hollande à Paris. Cinq minutes avant l'attentat un colonel italien, déjà suspecté depuis longtemps, a été arrêté par la police de sûreté qui a saisi sur lui une bombe, un revolver et un poignard.

Avant l'attentat, un capitaine Pieri, officier d'état-major italien, né à Rome, a été également arrêté tenant encore une bombe à la main. Six ou sept revolvers ont été ramassés sur le pavé.

Toute la devanture vitrée de l'Opéra est brisée, un ou deux lanciers de l'escorte sont grièvement blessés, le factionnaire de l'entrée de l'Opéra est tué.

Cet abominable attentat remue et impressionne tout Paris. On n'entend partout que des paroles d'indignation contre le gouvernement anglais qui protège à Londres l'état-major qui organise les tentatives d'assassinat contre l'Empereur.

Au Cercle impérial les discours étaient véhéments.

On jouait ce soir chez le prince Napoléon un proverbe d'Alfred de Vigny *Quitte pour la peur*.

On dit qu'on a fait six ou sept arrestations.

L'Empereur arrivait de Fontainebleau où il était allé chasser ce matin.

Je n'aime pas à le savoir sur le chemin de fer de Lyon dont presque tous les employés sont socialistes.

Vendredi 15 janvier

On va amputer un des valets de pied de l'Empereur.

Ce matin, on a arrêté un Italien nommé Orsini.

Sur vingt-huit hommes de l'escorte, dix-sept hommes sont blessés et vingt-quatre de leurs chevaux l'ont été également. Les quatre Italiens arrêtés sont interrogés par le juge d'instruction Treillard.

Le nombre des blessés connu en ce moment est de 95 ; on dit qu'il y a 6 morts ; le maréchal des logis de l'escorte a peut-être sauvé l'Empereur en se trouvant devant la portière ; son cheval a été tué par vingt-six morceaux de fonte.

Ledru-Rollin avait chargé un homme d'affaires, socialiste enragé, de vendre chez Daguin, notaire, pour cent dix mille francs de propriétés appartenant à sa femme avec la condition d'être payé aujourd'hui à une heure ; mais le brave socialiste n'a pas paru aujourd'hui chez Daguin.

L'Empereur et l'Impératrice sans escorte se sont promenés sur les boulevards jusqu'à la Bastille, ils ont été fort acclamés.

Lundi 18 janvier

L'Empereur vient de prononcer pour l'ouverture des Chambres le plus beau discours qu'il ait encore fait. Ce discours est ferme et noble, il parle en termes dignes de la situation tant intérieure qu'extérieure de la France, et dit la vérité sans ambages.

Il se prononce en ce moment. Nieuwerkerke qui en avait reçu communication par Fleury vient de me le faire lire.

Mardi 19 janvier

Le discours de l'Empereur a produit grand effet, il est le plus net et le plus important de tous ceux qu'il a prononcés. On s'occupe beaucoup du passage suivant :

> Comme je n'ai pas accepté le pouvoir de la nation dans le but d'acquérir cette popularité éphémère, prix trompeur de concessions arrachées à la faiblesse, mais afin de mériter un jour l'approbation de la postérité en fondant quelque chose de durable, je ne crains pas de vous le déclarer aujourd'hui, le danger quoi qu'on en dise n'est pas dans les prérogatives excessives du pouvoir, mais dans l'absence des lois répressives.

Immédiatement après ce paragraphe, l'Empereur annonça la présentation d'une loi qui obligerait tout éligible à prêter serment [1].

Le mal n'est pas seulement dans l'absence ou l'insuffisance des lois répressives, il gît également dans le mauvais choix des agents du pouvoir. Le ministre de l'Intérieur est lui-même une première et grosse faute.

---

1. Il s'agit d'empêcher les élus de démissionner par refus de serment comme l'avaient encore fait les républicains Carnot et Goudchaux après les élections législatives de juin 1857.

Les listes des blessés par suite de l'explosion des machines infernales portent à 141 le nombre des personnes atteintes.

La voiture qui contenait les dames de l'Impératrice fut arrêtée par les sergents de ville qui en firent descendre Mesdames de Malaret et de Sancy et les firent entrer dans une maison voisine où elles restèrent dix minutes. Cette maison se trouve être une maison de filles.

Nieuwerkerke rouvre son salon vendredi prochain.

Mercredi 20 janvier

Deux journaux déjà souvent avertis et même suspendus sont supprimés à partir de ce matin par l'effet d'un décret rendu sur la proposition de M. Billault.

Ces deux journaux sont : *La Revue de Paris*, dirigée par Maxime Ducamps, et *Le Spectateur*, ancienne *Assemblée nationale.*

Le rapport de Billault s'appuie de l'exemple de l'Angleterre, ce pays de liberté, qui après la révolution qui précipita les Stuart du trône eut longtemps besoin de surveiller sévèrement les partis vaincus.

Parmi les assassins de jeudi dernier, Pieri mérite une mention particulière, il est lié avec le prince Napoléon ! Beaucoup de gens prétendent que le prince était instruit du complot, et qu'il n'a donné une fête ce soir-là que pour mieux dissimuler.

J'ai de la peine à croire à cette complicité quoique toutes les liaisons du prince soient parmi les démocrates les plus chauds.

Samedi 23 janvier

Hier a eu lieu la première soirée au Louvre dans les appartements de Nieuwerkerke. Il y avait beaucoup de monde et la musique a été excellente. Sivori et Planté se sont fait entendre sur le violon et le piano. Stokausen a très bien chanté.

Vers onze heures et demi, douze des invités sont descendus chez moi où Giraud a dessiné la caricature de Barrot ; nous avons pris du thé, fumé et causé jusqu'à une heure et demie du matin. Il y avait là : Morny, La Valette, Barrot, le prince Gagarine, etc. etc.

J'avais dîné avec Bacciochi dans un cabinet du Café anglais ; Bacciochi m'a annoncé qu'il allait enfin être pris des mesures sévères contre les ennemis du gouvernement et de l'ordre public.

Je lui ai répondu qu'il serait surtout urgent d'épurer les gens qui composent les administrations et de voir avec soin quelle espèce d'homme est chargé dans la presse des affaires de l'intérêt du gouvernement. Car tout se tient et tout s'enchaîne, et je le dis avec peine, la plupart des hommes employés sont plus ou moins hostiles à l'Empire.

Lundi, il y a bal à l'ambassade anglaise en l'honneur du mariage de la Princesse Royale.

L'Empereur et l'Impératrice y seront ; je viens de recevoir une invitation.

Jeudi 28 janvier

Un décret inséré ce matin au *Moniteur* partage en cinq grands commandements les troupes stationnées dans l'Empire.

1er commandement, Paris, 1re, 2e et 3e divisions militaires.

2e commandement, Nancy, 4e, 5e, 6e et 7e divisions militaires.

3e commandement, Lyon, 8e, 9e, 10e, 17e et 20e divisions militaires.

4e commandement, Toulouse, 11e, 12e, 13e et 14e divisions militaires.

5e commandement, Tours, 15e, 16e, 18e, 19e et 21e divisions militaires [1].

Vendredi 29 janvier

Si l'on en croit les journaux anglais, le gouvernement de la Grande-Bretagne se déciderait enfin à proposer une loi au Parlement contre les assassins politiques.

Le comte de Persigny, ambassadeur de France, en réponse au discours du Lord-maire qui lui apportait une adresse de la Cité à l'Empereur, à propos de l'attentat du 14, a prononcé un discours qui a fait impression à Londres. Il a dit que le gouvernement français n'avait jamais songé à réclamer contre l'hospitalité accordée aux réfugiés politiques, qu'il était au contraire heureux de savoir les victimes honnêtes des événements assurées d'un asile ; que le gouvernement français n'entendait même exercer aucune pression sur le gouvernement anglais à propos de l'attentat du 14, mais qu'il ne pouvait dissimuler aux représentants de la Cité combien était dangereuse pour la continuation de l'entente cordiale des deux peuples l'impunité acquise aux complices des assassinats par le silence de la loi anglaise ; que l'irritation en France était extrême et que le peuple ne comprenait pas qu'une loi ne soit pas proposée si elle n'existait point pour punir ou prévenir le retour de pareils forfaits.

Comme l'a dit M. de Persigny, l'irritation contre l'Angleterre est extrême en France ; il suffit pour s'en convaincre de lire les adresses envoyées par les régiments ; plusieurs demandent à marcher pour aller chercher les assassins dans leur repaire.

La reine d'Oude est morte à Paris de chagrin et d'inquiétudes, rue et hôtel Laffitte, trois jours après son arrivée ; l'enterrement de cette

---

1. Ces cinq commandements, qui sont confiés respectivement aux maréchaux Magnan, Canrobert, Castellane, Bosquet et Baraguey d'Hilliers, soulignent le durcissement du régime au lendemain de l'attentat d'Orsini. *Le Moniteur* précise d'ailleurs que l'armée sera désormais appelée « à jouer un rôle politique dans les moments de crise ».

malheureuse princesse avait attiré beaucoup de monde sur le passage du convoi.

Les affaires des Anglais ne sont pas brillantes dans l'Inde en ce moment, l'insurrection s'étend et l'Angleterre avoue qu'il lui faut une année pour apaiser la révolution du royaume d'Oude. Les massacres d'indigènes continuent sur une grande échelle partout où l'Angleterre a le pouvoir de les commettre, cependant elle ne cesse de déclamer sur la férocité des Hindous.

Dimanche 31 janvier

La soirée donnée vendredi dernier par Nieuwerkerke a été très nombreuse et on y a entendu de fort bonne musique. Cohen a été fort goûté et applaudi, il joue du piano en maître. Roger a bien chanté, cependant on sent en l'écoutant que le chant lui est plus pénible qu'autrefois et il fait des efforts inouïs pour rester à la hauteur de ce qu'il fut.

Après la soirée une vingtaine de personnes ont pris part chez moi à l'arrière-soirée, le duc de Rivas, ambassadeur d'Espagne, m'a été présenté par Nieuwerkerke ; il s'est beaucoup excusé de sa brusque introduction et le lendemain il a remis une carte à ma porte. Avec le duc de Rivas, j'avais dans mon cabinet le prince Gagarine, Potowski, le marquis de Bernis, le chevalier d'Antas attaché à l'ambassade de Portugal, Ch. Muller, les deux Giraud, le vicomte de la Villestreux et son fils cadet, Th. Gautier, Penguilly, conservateur du musée d'Artillerie, Duprez ténor de l'Opéra, etc. etc.

Le duc de Rivas s'est beaucoup amusé à voir E. Giraud dessiner la caricature du chevalier d'Antas et le lendemain il était encore tout réjoui de sa soirée.

J'ai acheté hier pour douze cents francs le plus bel émail de Léonard Limousin qui puisse être trouvé. Il a 25 centimètres sur 22, il me semble peint d'après un dessin de l'école de Raphaël et il est magnifiquement conservé.

Mercredi 3 février

Avant-hier, le Sénat a reçu un message de l'Empereur, accompagné de lettres patentes constituant un conseil privé qui le cas échéant et s'il n'y était pourvu autrement par un acte public formerait le Conseil de Régence.

Ce décret est ainsi conçu :

*Article 1er*. Il est institué un conseil privé qui se réunira sous la présidence de l'Empereur.

Article 2. Le conseil privé deviendra, avec l'adjonction des deux princes français les plus proches dans l'ordre d'hérédité, Conseil de

Régence dans le cas où l'Empereur n'en n'aurait pas désigné un autre par acte public.

Article 3. Sont nommés membres du conseil privé :

Son Éminence le cardinal Morlot,
S. Ex. le maréchal duc de Malakof,
S. Ex. M. Achille Fould,
S. Ex. M. Troplong,
S. Ex. le comte de Morny,
S. Ex. le comte de Persigny.

Ces nominations ne sont généralement pas bien reçues par l'opinion publique. On trouve le conseil trop nombreux, on souffre d'y voir figurer Fould et Baroche, enfin on aurait préféré savoir Malakof et Morny chargés d'appuyer la régence que de voir deux paillasses comme Fould et Baroche en faire partie.

Je déjeunais hier avec la Princesse Mathilde chez le général Fleury dans son nouvel appartement du Louvre, et la Princesse me disait que son père et son frère avaient protesté entre les mains de l'Empereur contre la composition du Conseil de Régence ; ils ne veulent pas de Morny qu'ils détestent.

J'aurais voulu Malakof, Morlot, Morny et Persigny. Quant aux deux princes français l'Empereur aurait dû depuis longtemps leur apprendre l'obéissance et ne pas tolérer de leur part des protestations.

La Princesse est mécontente de la nomination de Morlot, elle se montre hostile au clergé. Pauvre Princesse ! qui fait du jacobinisme contre l'Église et qui pense qu'il est loisible de la compter pour rien ; il faut gouverner avec elle, car elle est une des plus hautes représentations de l'ordre, il faut l'entourer de respect et de considération, car elle est une garantie pour l'ordre social. Les gouvernements dits *libéraux* voudraient en faire une grande *paria.*

Le projet de loi relatif à des mesures de sûreté générale présenté au Corps législatif ne soulève pas de graves objections [1].

1. Ce projet qui fait suite à l'attentat d'Orsini punit notamment d'un mois à deux ans de prison les personnes coupables « d'exciter à la haine ou au mépris des citoyens les uns contre les autres » et donne pouvoir au gouvernement d'interner en France ou en Algérie ou de faire expulser hors des frontières tout individu qui a été condamné lors des événements de juin 1848, juin 1849 ou décembre 1851. S'il ne suscite pas de protestations lorsqu'il est déposé sur le bureau du Corps législatif le 1er février, il donnera lieu par la suite à des discussions très animées où se mettront en valeur Ollivier, Pierre Legrand et le marquis d'Andelarre, sera baptisé « loi des suspects » et ne sera voté, le 27 février suivant, que par 227 voix contre 24 et avec 14 abstentions. En revanche, Mac Mahon sera le seul à s'y opposer au Sénat.

Jeudi 4 février

L'Impératrice regrettant de n'avoir pu recevoir les princes d'Oude à cause de la mort de la vieille reine, car cette malheureuse famille avait en arrivant à Paris demandé une audience à l'Empereur.

« C'est possible, dit l'Empereur, maintenant que la reine est enterrée de leur faire dire que je suis disposé à les recevoir dans la soirée, je vais leur envoyer Bacciochi. »

Vers huit heures et demie Bacciochi prévint l'Empereur et l'Impératrice que les princes d'Oude et leur suite arrivaient, et peu après il introduisit une quarantaine d'Indiens et d'Indiennes, vêtus de mousseline et de cachemire, surchargés de bijoux ; les femmes avaient un long voile qui cachait leurs traits.

L'Impératrice alla au-devant d'eux et dit avec quelque vivacité à l'Empereur qui ne pouvait s'empêcher de sourire à la vue de ces teints basanés, de ces mousselines et de ces attitudes *oudesques* : « Quand on ne sait pas mieux garder le sérieux qui convient à la dignité, on se retire. »

Bacciochi eut aussi le malheur de sourire et l'Impératrice lui jeta un « sortez ! » impératif, puis, prévenue qu'un des princes d'Oude parlait anglais, elle entama la conversation avec lui. Elle lui fit toutes sortes de compliments de condoléances sur la mort de la reine, et remarquant dans les voiles des femmes une certaine agitation qu'elle prit pour des sanglots, elle ajouta :

« Ce qui peut le mieux, prince, donner une juste idée de la perte que vous avez faite, c'est la douleur que témoignent toutes ces malheureuses femmes. »

A ces derniers mots l'Empereur éclata ; Bacciochi entendant rire l'Empereur ouvertement rentra en riant et les pleureuses indiennes, soulevant leurs voiles, laissèrent voir à l'Impératrice les visages des dames du service. Le prince d'Oude était Lecoq, maître des cérémonies ; à Tacher était revenu le rôle de grand eunuque, etc. etc.

L'Impératrice, d'abord stupéfiée, fut bientôt après furieuse, mais elle vit rire l'Empereur de si bon cœur qu'elle finit aussi par rire, et la soirée se termina gaiement ce qui est rare aux Tuileries.

Un décret inséré au *Moniteur* nomme le prince Jérôme président du conseil privé en l'absence de l'Empereur.

On parle de bals costumés chez Fould et Walewski, mais comme j'ai perdu avant-hier ma belle-sœur, Madame du Repaire, née de Saillant, je n'irai point.

Samedi 6 février

Hier, je dînais chez la Princesse Mathilde, j'y dîne encore aujourd'hui ; on y disait que Billault, ministre de l'Intérieur, avait donné sa démission et on parlait de M. de Royer pour son successeur.

La soirée au Louvre a été fort agréable, la musique trouvée excellente ; après la soirée, douze personnes sont venues chez moi et Giraud a fait la caricature du marquis de la Valette, sénateur et ambassadeur à Constantinople. Fleury était un de mes hôtes ainsi que M. Dumas, ex-ministre sous la présidence.

La question de l'île Perim commence à occuper la presse gouvernementale. Le journal *La Patrie* lui consacrait hier un article : cette île Perim est une grosse affaire, si l'Europe laisse tranquillement l'Angleterre s'emparer de ce point, c'est acquiescer à la confiscation par l'Angleterre du transit de Suez.

Dimanche 7 février

En 1846, Rachel donnait à Londres quelques représentations.

Aux stalles d'orchestre se trouvait le comte Germain, pair de France, qui pendant un entr'acte alla rendre visite dans une des loges au prince Louis Napoléon, aujourd'hui Empereur.

A la reprise de l'acte suivant le comte Germain revint vers sa stalle où il fut interpellé de la façon suivante par un petit homme commun, à la figure effarée, au regard clair, qui se trouvait être son voisin.

« Permettez-moi de vous dire, M. le comte, qu'il est plus qu'extraordinaire de voir un pair de France se compromettre au point d'aller publiquement causer en intimité avec un aventurier aussi décrié que l'est le prince Louis ; c'est un misérable sans consistance. »

L'homme qui parlait ainsi se nommait Bourqueney, il est aujourd'hui ambassadeur en Autriche.

On parle de Laity pour remplacer Billault. J'ai peur de la nullité de cette Napoléonerie qu'on a mise au Sénat parce qu'il ne pouvait pas être continué comme préfet.

Troplong disait, il y a trois jours, à la Princesse Mathilde :

« J'ai été très touché par l'attitude de Fould, le jour où il nous a apporté au Sénat le décret relatif au Conseil de Régence. Sa modestie souffrait d'avoir à lire son nom sur cette liste et il y a mis presque de la timidité. »

Ceci est de la comédie, les Troplong, les Baroche, les Fould seraient des mascarilles très divertissants si la France ne jouait pas le rôle de précieuse ridicule.

Les *Italiens* ont encore dit hier à la table de la Princesse Mathilde que la papauté avait été le malheur de l'Italie et qu'elle avait empêché la grandeur des destinées de ce pays. Je n'ai pu m'empêcher de leur répondre : « Vous êtes de malheureux Voltairiens, vous êtes des voltigeurs de Voltaire. »

La papauté a sauvé Rome, elle en a fait la capitale du monde chrétien, alors que l'Italie tombait dans la barbarie ; elle était la reine du monde nouveau et si elle a échappé aux envahissements et aux barbares, c'est que le trône de saint Pierre était au Capitole.

Lundi 8 février

Je dînais hier avec Bacciochi et le ministre de Toscane au Café anglais. Il fut question de la nomination du ministre de l'Intérieur. Bacciochi nous dit à ce sujet : elle est encore un secret, mais elle vous surprendra.

Le *Moniteur* de ce matin nous révèle ce secret, le ministre nommé est le général Espinasse ! C'est un homme sans capacité et sa campagne de la Dobroutscha nous le fait connaître comme un homme sans énergie morale. C'est un instrument, je le veux bien, mais ce ne peut être un ministre définitif. Il m'a l'air d'arriver en exécuteur des hautes œuvres[1].

Mercredi 10 février

Piétri reste décidément à la préfecture de police, la surveillance de la voirie est soustraite de ses attributions pour être confiée à la préfecture de la Seine.

Le général Niel remplace, dit-on, le maréchal Vaillant au ministère de la Guerre. Le décret sur le Conseil de Régence a fort indisposé les ministres.

M. Léopold Monty nommé chef de cabinet du nouveau ministère de l'Intérieur est une créature de cet intrigant de Calonne directeur de la *Revue contemporaine* dont j'ai déjà eu l'occasion de parler. Calonne a une belle-sœur assez jolie qui prenait l'année dernière les eaux de Plombières accompagnée de Mme de Calonne. L'Empereur alla passer une ou deux soirées dans la maison de Calonne, le général Espinasse était de service comme aide de camp, il se lia avec Calonne et le crut bientôt un grand homme ; ils ébauchèrent ensemble quelques intrigues sans succès, mais lorsque Espinasse a été nommé ministre de l'Intérieur, Calonne lui a donné Monty comme chef de cabinet.

Manceaux, nommé hier conseiller d'État, est une créature de Baroche

---

1. Billault paie son incapacité à prévenir l'attentat en perdant le ministère de l'Intérieur le 7 février. Viel Castel analyse bien son remplacement. L'arrivée d'un militaire sur un poste occupé jusque-là par des civils, le fait que ce militaire soit le général Espinasse, acteur du coup d'État du 2-Décembre, le changement de nom du ministère, devenu « de l'Intérieur et de la Sûreté générale », montrent que l'heure est à la répression. Espinasse s'acquittera de sa tâche avec zèle puis quittera sa fonction dès le 14 juin pour aller siéger au Sénat.

dont il a été second secrétaire et qui est parti de cette situation infime pour arriver au Conseil d'État. Manceaux à ses débuts comptait parmi ces embryons d'avocats très nuls qui plaident les causes de murs mitoyens, c'est un homme sans talent et sans valeur, je n'approuve pas le parti que l'on prend de transformer le Conseil d'État en un hôtel des invalides de l'administration.

J'ai dîné hier chez Dubufe avec Nieuwerkerke, il y a été fort question de la restauration des toiles de Rubens et de sottes criailleries des gens qui prétendent que ces toiles sont peu ménagées, Dubufe, Jadin, de Dreux, Blanchard, en bons courtisans, ont fort applaudi à la mesure ordonnée par le directeur général. *C'est un service rendu aux arts, c'est rendre Rubens à la vérité.*

Jusqu'à présent on pensait que Rubens était chaud et coloré, il sera démontré qu'il est argentin et clair.

Je n'ai soufflé mot, nous verrons dans deux mois ce qu'en pense le public éclairé[1]. About, *le grand homme* de lettres du jour que Nieuwerkerke adore en ce moment, assistait à ce dîner. C'est l'ambition et l'outrecuidance en personne. Ce monsieur est déjà fatigué de sa position d'écrivain et il a avoué qu'il avait demandé au ministère la préfecture des Landes pour commencer. Nieuwerkerke trouve cela tout simple, il a découvert dans un roman de cet homme de l'avenir toutes les qualités d'un grand administrateur.

« C'est une de ces individualités, m'a-t-il dit, dont un gouvernement doit s'emparer et je ne serais pas surpris de voir avant peu About devenir un personnage important. »

Jeudi 11 février

On parle de la démission du ministre des Travaux publics dont on assigne la cause au froissement opéré par la création du Conseil intime.

Le parlement anglais a accueilli par 299 voix contre 99 la première lecture du bill contre les promoteurs d'assassinats sur les souverains étrangers.

Un marchand de curiosités m'a remis hier la correspondance autogra-

1. La suite des événements donne raison à notre auteur, auquel ce sujet tient particulièrement à cœur puisqu'il l'a déjà évoqué le 20 juin 1855, le 30 septembre et le 5 octobre 1857 et qu'il le fera encore le 3 octobre 1858 et le 5 avril 1863. Cette affaire des restaurations de tableaux provoquera de vifs débats opposant la plupart des conservateurs des Musées impériaux à la majorité des peintres de l'Académie, généralement soutenus par la presse. En mai 1860, une violente campagne de cette dernière contraindra Frédéric Villot, le conservateur des peintures du Louvre, à démissionner. En guise d'apaisement, Nieuwerkerke fera nommer par le maréchal Vaillant, en mars 1861, une commission, composée à la fois de conservateurs et de membres de l'Institut, qui conseillera désormais le directeur des Musées sur les questions de conservation, de restauration et d'acquisition. Voir encore Ph. de Chennevières, *Souvenirs d'un directeur des Beaux-Arts*, Paris, L'Artiste, 1883-1889, 3e partie, p. 88.

phe inédite de Charlet le peintre avec le général Rigny. Il en demande 1 000 francs. Cela m'a paru cher, je vais la renvoyer, j'en extrais seulement la lettre suivante :

Salutem Omnibus, ton chien a des puces ? Répond polichinelle, polichinelle ! Ce sage qui n'est pas de la Grèce, mais qui n'en est pas moins le sage, le plus sage que je connaisse et le seul philosophe que j'estime véritablement, je l'estime parce qu'il fait de la bonne philosophie avec une pantoufle sur la tête, un énorme gourdin entre les bras, ce n'est point un M. Cousin dont la philosophie d'Alambic coûte 40 000 francs au pays, non, c'est de la philosophie à bon compte du gouvernement véritablement à bon marché : tout s'y résoud par la farce du gourdin et c'est vraiment ce qu'il y a de mieux et de moins cher. Car enfin en ce moment notre chien a des puces. Hé bien, il faudrait agir du gourdin, au lieu de cela nous discourons, nous foutimassons, on cherche la finesse de la finesse et de tout cela il en ressort de la jeanfoutrerie, oui, honorables, les temps sont passés, ils ne reviendront plus, nous ne serons plus qu'une misérable contrefaçon, nous sommes au temps des demi-moyens, des tâtonnements, des trembleurs tiennent la queue de la poêle et je crains fort que la friture ne renverse, alors incendie général ! A qui la faute ?

Comment vous portez-vous, et votre belle famille ? qui, dit-on, est éblouissante de fraîcheur, enfin un vrai parterre où votre femme brille comme la mère des roses, et vous, l'oreille d'ours. J'ai toujours grande envie d'aller vous voir et de passer votre garnison en revue, mais les affaires me tiennent. Je ne sais comment je fais mon compte, je fais des affaires, j'économise, puis le diable emporte la boutique et je redeviens pauvre Jean comme devant. Heureusement que Dieu donne aux petits des oiseaux la pâture et que sa bonté s'étend sur presque toutes les personnes ce faisant, j'en aurai toujours assez pour me faire enterrer. J'ai dîné, il y a huit jours, avec le petit Thiers à sa maison d'Auteuil, petit dîner d'amis dérangé par l'arrivée du ministre de la Marine, M. *Roussin*, grand homme de mer, je crois, mais foutu bête de terre, à ce que j'ai pu m'apercevoir dans le courant de la conversation. Je ne sais quel rôle joue Thiers et qui il joue, mais je crains que le jeu ne finisse mal. La réforme fait d'effrayants progrès, nous avons eu un dîner de 6 000 radicaux, puis les ouvriers qui enfin sont rentrés à leurs travaux. De tout cela il ressort que la classe ouvrière s'organise et qu'elle ne veut plus suer pour l'entrepreneur au même prix. Le radicalisme de toute classe marche et prend de l'unité dans son action, le progrès est immense, aussi je m'attends d'une année à l'autre à un craquement effroyable. L'armée est aussi rudement travaillée, j'ai souvent été effrayé (manière de parler) d'entendre jusque dans le palais de nos rois des propos à en faire écrouler les voûtes et cela par des officiers de l'armée. Que faire à cela, que faire ? l'une ou l'autre chose, le juste milieu est une imbécillité, soyez monarchique ou républicain, il n'y a pas à balancer et dans ce moment on balance, l'inquiétude est dans tous les esprits, personne n'a confiance en l'avenir, même ceux qui approchent le soleil, chacun fait sa pelote, l'avarice est à l'ordre du jour. Les serviteurs du roi mettent sous sur sous et ils font provision, ils aperçoivent l'orage, le nuage est gros !

Or, si ces gens tremblent et n'ont pas la foi, qui l'aura ? Nous sommes dans l'état le plus pire possible, qu'en adviendra-t-il ? Il en adviendra ou que le roi mangera le parlementage ou que le parlementage le mangera, c'est inévitable.

On est en présence dent contre dent, griffe contre griffe. Le roi a pour lui les commerçants, mais la classe populeuse et populaire l'a en horreur. Je voudrais pour lui que la position fût le contraire parce qu'il n'y a aucun fond à faire sur les commerçants, ils livrent leur pays et leurs amis pour un pot de raisinet et c'est une classe infâme sans âme et sans honneur. Qui faisait la force de l'Empereur ? C'était la masse, ce que j'appelle la veste, il se foutait pas mal de la redingote, c'est la veste qui frappe et avant toute chose il faut l'avoir dans son panier. Mon honorable, les affaires sont en triste route et la guerre seule peut rallier au pouvoir et l'affermir, à cela, vous me direz : il faut des succès, oui, c'est vrai et quoique français et ami de mon pays je crains les loups et nous en avons dans nos rangs. Le parti henriquinquiste a le plus grand intérêt à notre déconfiture, il fera tout ce qu'il est possible de faire pour provoquer et amener cette déconfiture. Vous aurez des Bourmont, gardez-vous d'en douter.

J'en sais plus d'un. Donc la guerre ne peut avoir des chances qu'avec des moyens révolutionnaires et la demi-monarchie ne peut les employer, le remède emporterait le malade. Nous sommes donc en triste route, le pouvoir et son chef le sentent aussi, on laissera tout faire, on prendra une attitude et l'on dira : ils n'ont pas eu l'intention de nous insulter, rentrons chez nous. On criera, mais la honte passera, la rente montera, et tout sera dit.

La morale ? la morale ? Ma foi c'est qu'il n'y en a pas, je ne vous parle pas de l'échaufourée de Boulogne, ni du procès, c'est un embarras de plus et des ennuis pour le gouvernement d'aujourd'hui. Il doit s'attendre à de drôles de discours, car enfin le garçon tout étourdi, tout maladroit qu'il ait été, ne va pas manquer, ayant eu le temps de la réflexion, de tirer tout le parti possible de sa position et par le temps qui court, c'est un champ de bataille qu'un procès à la Chambre des pairs. Il y aura scandale et voilà tout. La classe ouvrière s'intéresse à lui, mais à Paris les idées républicaines ayant leur grand foyer au milieu du peuple, ces idées dominent les ouvriers et le procès passera péniblement, je crois.

De tout ceci il ne découle rien de rose et d'aimable, mon cher général, vous me direz que je vois tout en noir, ainsi que me le disait M. Mignet, révolutionnaire à la vanille, homme de talent qui croit que la France est heureuse et contente parce qu'il y a une place de 25 000 francs. Il dînait avec moi chez Thiers ou plutôt je dînais avec lui, car il est l'ami intime du maire du Palais, je les ai effrayés, je me suis déboutonné et leur ai dit qu'ils étaient aussi ridicules que les voltigeurs de Louis XVIII, qu'ils ne voyaient pas arriver le colosse révolutionnaire qui les écraserait sans dire gare, que je pouvais leur paraître voir en noir, mais qu'eux me faisaient l'effet de myopes ; ils ont ri, riront-ils longtemps ?

Ma santé, grâce à l'homéopathie, est rétablie entièrement, je repique le terrain, ça allait mal, enfin je suis recampé sur mes pattes, J'ai grand besoin de vous voir, mais vous êtes trop loin. Ma famille est en bon état, mes fils ont eu des prix, ce qui ne fait pas l'éloge des concurrents.

Bonjour et bonne amitié,

CHARLET

Mes respects à Madame (je ne puis que la respecter), et vous, est-ce que vous lui manquez encore de respect ?

Septembre 10, 12 ou 15

Dans une autre lettre, Charlet s'exprime ainsi sur le compte de Thiers :

Thiers est un sauteur sans courage politique. Je l'ai traité durement sur la question de notre honneur et de notre indépendance. Il m'a traité de républicain. Quand je le serais, lui ai-je dit : vous et les vôtres avez-vous assez fait pour cela ?... Je me suis vidé avec l'homme du pouvoir. Oui, lui ai-je dit, vous étiez l'espérance des bons citoyens, des hommes vraiment amis du pays, et bien, vous sortez du pouvoir dépopularisé, ayant tout sacrifié à l'immobilité, à un système odieux au pays. Je préfère les ultra-révolutionnaires à votre politique bâtarde, au moins nous saurons à quoi nous en tenir, nous dérouillerons notre escopette.

Dans une autre lettre (il s'agit de Thiers) :

Il serait bon ainsi que je le lui ai marqué qu'il se dépêchât de s'occuper un peu de vous, attendu qu'il va être renversé par les ultras qui vont se servir de la carabine de Darme pour tirer sur lui. Encore un assassinat manqué heureusement pour le roi de la paix. Quel pays de rhinocéros que le nôtre. Vous ne pouvez vous figurer à quel point ce pauvre Louis-Philippe est haï. Je mangeais dernièrement dans un bouchon ou bouge à ouvriers, une petite cloison me séparait d'une table où buvaient une dizaine d'ouvriers. J'ai entendu ceci : « On l'a manqué, c'est le n° 7 qui a marché ! Le 8 ne le manquera pas. » Il paraît qu'il y a une société qui a juré d'exterminer la cadette.

Aimable pays de France, va, c'est pourtant chez toi que l'on a créé le vaudeville.

Les affaires sont en bien triste état, un gouvernement qui tremble, qui foire, le pays qui ne demande qu'à se battre, vous-même qui implorez des coups de fusil, moi qui ne veux pas en recevoir, mais qui en demande pour les autres... Enfin une parade digne de Bobèche se joue. J'ai dit à Thiers que j'étais fâché de lui voir accepter un rôle dans cette petite comédie, qu'il nous ennuyait avec les mémorandums, que je savais bien qu'il avait immensément de talent, mais qu'il ne devait pas l'user à prouver que l'on avait tort de nous donner des coups de bottes au cul, qu'il fallait mitraille pour mitraille, mais je ne sais qui le paralyse, je crains qu'il manque de cœur, j'ai deviné sa pensée... il a peur, le premier rôle cancane et chie dans sa culotte, vieille portière sans dignité occupée à brouiller les locataires de la maison, le second rôle prendrait bien le manche à balai... mais il hésite... Puis des jeunes premiers en bas de soie venus au monde zéros. Ha, quelle pantalonade ! Et vous demandez des coups de fusil, ha çà vous êtes fou ; il s'agit bien de cela. Ha ! mon Dieu, mon Dieu !

Voilà nos princes qui forment des troupes, je ne m'attendais pas à cela, du temps du Corse, c'étaient les vieilles épées qui étaient chargées de cette besogne pendant que vous combattiez.

Puis enfin dans une dernière du 19 octobre 1842 :

Quand je vois ce qui grouille aujourd'hui sur le sol de cette pauvre France, je me sens des démangeaisons. Ah ! quelle vermine, pauvre France ! Quelle décadence, tomber si bas, se vautrer ignoblement dans un si sale bourbier, *intérêts matériels*. Ah ! voilà le grand mot, la grande blague, et 80 faillites par mois pour appuyer la bonté du système de nos profonds économistes, des *commissions*, des *rapports*, des bureaux, des paperasses, puis les blagues de Thiers ou de Guizot. Ah ! c'est trop ! Mais le peuple français sans cervelle, capable des plus belles choses quand on le mène par les sentiments honorables, est le plus crasseux cochon de perruquier quand il se jette entre les mains des Macaires. Dieu merci, c'est aujourd'hui leur grand jour, les hommes de cœur et d'honneur sont hués et conspués, on rit de ce qui est noble et digne, enfin le peuple semble avoir abdiqué tout sentiment de pudeur et de nationalité. Où cela nous mènera-t-il ? Où allons-nous ? A la voirie !... charogne... oui charogne, mille fois charogne.

Vendredi 12 février

Nos soldats et ceux de l'Angleterre occupent Canton, la résistance a été peu vive.

On commence à se préoccuper de l'abandon fait par la Turquie à l'Angleterre de l'île Périm, c'est une très grosse affaire et qu'on aurait tort de traiter légèrement. Que dirait l'Angleterre si la Turquie cédait un jour quelque forte position à la Russie sur la rive du Bosphore ?

Samedi 13 février

Hier la soirée de Nieuwerkerke a été très nombreuse, on y a entendu de fort bonne musique. On parle de Drouyn de Lhuis pour remplacer à Pétersbourg Rayneval qu'on a enterré hier. Walewski a fait un pompeux éloge du défunt, de son dévouement à l'Empereur, au pays, etc., etc. Rayneval était de ces hommes sur lesquels comptent les souverains heureux, mais qui le lendemain de leur chute sont aussi dévoués à leur successeur. Le *Moniteur*, dans un grand article explicatif des vues de l'Empereur à propos du Conseil de régence, compare l'Impératrice à Blanche de Castille et nous promet qu'elle élèvera son fils selon le cœur de Dieu.

Nous aurons donc un Saint Louis ! L'Impératrice lui donnera sans doute pour précepteurs ses deux amis les plus *soutenus* : Mérimée, sénateur, qui n'est pas même baptisé, et de Laborde que Fortoul, dans une note que j'ai rapportée, reconnaît pour voleur et faussaire.

Lundi 15 février

Orsini, Pieri, Gomez et de Rubbio ont été transférés de la prison Mazas à la Conciergerie. Leur jugement aura lieu le 25 ou le 26.

Mardi 16 février

Le *Moniteur* de ce matin contenait la nomination de M. le duc de Montebello à l'ambassade de Pétersbourg. M. de Montebello est un Orléaniste qui est resté l'ennemi du gouvernement. Si c'est ainsi qu'on prétend donner de la force et de la considération à l'Empire, je crains qu'on se trompe gravement.

Vendredi 19 février

On a arrêté à Gênes un des complices de l'attentat du 14, avec une volumineuse correspondance de Mazzini. Cette correspondance est arrivée hier à Paris.

Lundi 22 février

Pieri se flatte ayant été arrêté avant l'attentat de se trouver sans responsabilité dans sa perpétration ; d'ailleurs Rubbio et lui prétendent que l'importance des révélations qu'ils ont à faire les exempte non seulement de toute pénalité, mais encore leur assure une place importante dans la police politique.

Mercredi 24 février

Hier au dîner de la Princesse Mathilde. J'ai causé avec La Guéronnière de l'affaire anglaise. Il m'a dit qu'il se trouvait dans le cabinet de l'Empereur lorsqu'est arrivée la dépêche annonçant la démission du ministère anglais. L'Empereur m'a paru visiblement contrarié ; mais, ajoute La Guéronnière, il faudrait de graves offenses pour altérer l'alliance, l'Empereur y tient comme à une affection particulière. La populace de Londres a fait quelques insolences devant l'hôtel de l'ambassade française, elle a lancé des pierres et proféré des injures.

N'importe, les Anglais sont nos bons alliés.

La duchesse de Mouchy a été enlevée à la fleur de l'âge ; son frère Antoine est mort par suite des remèdes violents qu'il avait pris peu de temps avant son mariage pour guérir une vérole gagnée le soir en courtisant une fille sur la terrasse St-Germain. Le troisième frère est ce Louis à moitié fou qui fait tous les soirs, dans la sale boutique d'une marchande de salade, du Gros Caillou, la partie de piquet d'un vieil invalide amant de la marchande de salade, et qui veut épouser sa fille.

La sœur de ces messieurs est Sabine de Noailles, femme de Lionel Standish, séparée de son mari, qui sort de la prison de Clichy où ses créanciers l'avaient fait mettre et qui vit avec une fille.

Leur mère, la duchesse de Poix, est folle, le duc de Mouchy actuel est un jeune homme qui a à peine dix-sept ans.

La comtesse de Schulemberg née d'Hemusdael vient aussi de mourir. C'était encore une espèce de folle, fort laide et pourchasseuse d'hommes. J'ai raconté dans leur temps ses stupides amours avec Pommereux.

Samedi 27 février

Hier le jury de la cour d'assises a rendu son verdict dans l'affaire des prévenus de l'attentat du 14 janvier. Orsini, Pieri et de Rubbio ont été condamnés à la peine de mort ; Gomez, qui a obtenu des circonstances atténuantes, aux galères à perpétuité.

On a arrêté ces jours-ci tant à Paris qu'en province un grand nombre de membres des sociétés secrètes.

Lundi 1er mars

Changarnier et Bedeau ont obtenu la permission de rentrer en France.

Madame de Montebello, la femme de notre ambassadeur à Pétersbourg, a fait une grosse impertinence à la Princesse Mathilde, qui a porté plainte et demande des excuses. A un dîner chez Kisselef la comtesse de Montebello a trouvé en sortant de table quelque résistance à dégager sa robe, prise sous le pied d'une chaise, par un brusque effort, elle y est parvenue, alors elle s'est précipitée entraînant l'homme qui lui donnait le bras, et elle a passé insolemment devant la Princesse, laissant tout le monde stupéfait de l'audace d'une pécore dont le mari assez nul reprend pied dans les faveurs, quoique orléaniste.

Samedi 6 mars

Il y a peu de soirs, il était question dans le salon de l'Impératrice du condamné Orsini, et l'Impératrice voulait que sa grâce fût accordée. Elle disait : « Ce n'est pas un assassin vulgaire, ce n'est pas un misérable comme Pianori, c'est un homme hardi, fier qui a *mon estime.* »

L'Empereur l'interrompit :

« Vous allez bien loin, ma chère, prenez garde, voyez à qui vous accordez votre estime. »

L'Impératrice veut la grâce d'Orsini. Ce serait un malheur, et si les ministres avaient autre chose que de l'ambition et de l'intrigue, ils devraient donner leur démission.

Mardi 9 mars

L'Impératrice a fait à l'Empereur des scènes de sanglots et de larmes pour obtenir la grâce d'Orsini. Elle dit que cette grâce porterait bonheur à son fils.

L'Empereur évite le renouvellement de ces scènes et n'est pas fort satisfait qu'elles se passent devant témoins.

Il y a eu dimanche huit jours, qu'au dîner de famille l'Impératrice a professé la plus singulière indifférence pour les souvenirs personnels. « Je ne comprends pas, a-t-elle dit, que l'on garde des cheveux ou des vêtements des personnes qui nous ont été chères, je n'ai pas de cheveux de l'Empereur. »

La Princesse Mathilde :

« Vous n'avez pas conservé de cheveux du Prince Impérial ?

— Non, je les ai donnés à Mme Walewska. »

Madame Walewska est en disgrâce auprès de l'Impératrice qui se montre envers elle d'une froideur merveilleuse, mais en revanche l'Impératrice protège beaucoup une Américaine dont l'Empereur s'occupe, dit-on, et qui sort on ne sait d'où. Elle est invitée aux petites réunions, et les *caillettes*, qui font le service de l'Impératrice, trouvent cette Américaine ravissante. L'Impératrice n'aime pas la société française quoiqu'elle ne se soit pas montrée fort difficile sur le choix avant son élevation au trône, elle aime les Anglais et les Espagnols.

Un mot peu rassurant pour l'avenir dit par le prince Napoléon :

« On veut que je gouverne avec une oie pareille ! »

J'ai déjeuné ce matin avec la Princesse Mathilde ; nous avons causé de l'Impératrice, de son engouement pour Orsini.

L'Impératrice a vraiment perdu l'esprit ou se laisse dominer par Mme Delessert que Maxime Ducamp domine. Elle a pleuré, a supplié à genoux pour obtenir la grâce. Elle admire Orsini, elle compte comme ennemis ceux qui sont opposés à cette grâce, et à Chaix, qui a prononcé le réquisitoire. Elle a bien pu dire :

« Orsini n'a pas voulu assassiner l'Empereur des Français, mais l'ami de l'empereur d'Autriche ! »

C'est vraiment à confondre la raison, elle ne parle que d'Orsini, elle en entretient jusqu'à de Piènnes son écuyer qui l'accompagnait, il y a quelques jours, dans une promenade.

Lundi, à la soirée des Tuileries, la grâce d'Orsini était le thème de toutes ses conversations, elle a reproché à Chaix son réquisitoire, elle en veut à Faure qui selon elle n'a pas bien défendu la tête de son client.

Le cardinal-archevêque de Bordeaux lui a dit : « Vous voyez, Madame, ma robe de prêtre et mes cheveux blancs, je devrais être nécessairement pour la miséricorde, mais je suis aussi forcé de songer aux intérêts de la société humaine et je pense que Votre Majesté devrait laisser la justice suivre son cours. »

Espinasse est arrivé avec sa rude franchise, la Princesse Mathilde lui a dit : « Général, vous avez l'air mécontent ? » A quoi Espinasse a répondu :

« Il y a à *foutre* bien de quoi !... »

Puis il a rudement entamé la conversation avec l'Impératrice.

« De quoi vous occupez-vous, Madame, laissez-nous faire notre métier et faites le vôtre, si vous aviez le malheur d'obtenir la grâce d'Orsini, vous ne pourriez plus sortir à Paris sans être huée... Vous faites de belles choses avec votre clémence ; vous avez obtenu de l'Empereur un ordre de mettre en liberté un certain menuisier que je tenais sous les verrous... Savez-vous quel est cet homme ? C'est un des assassins de l'Opéra-Comique. »

Puis, comme l'Impératrice se retirait, Espinasse la suivit et la conversation est devenue très vive dans le salon de service.

Quelqu'un me disait : « L'Impératrice voudrait être débarrassée de l'Empereur comme Marie de Médicis voulait l'être d'Henri IV. Après avoir été couronnée elle pousse les femmes dans ses bras et elle demande la grâce des assassins. »

Une des plus inconcevables paroles de l'Impératrice est celle-ci :

« Enfin ce qui a poussé Orsini à l'assassinat, c'est l'exaltation d'un sentiment généreux. Il aime la liberté avec passion et il déteste non moins énergiquement les oppresseurs de son pays. *Je me souviens très bien de la haine que nous avions en Espagne contre les Français après les guerres du Premier Empire.* »

11 heures du soir

Le pourvoi des trois condamnés, Orsini, Pieri et de Rubbio, est rejeté.

L'Impératrice disait lundi que ce qui l'intéresse à Orsini, *c'est qu'il est excellent patriote* !

Dimanche 14 mars

Orsini et Pieri ont été exécutés hier. La peine de mort contre Rubbio a été commuée en celle des travaux forcés à perpétuité.

Orsini a été fort silencieux et n'a cessé de recommander le calme à Pieri qui, surexcité, chantait le chant des girondins.

Jeudi 18 mars

Avant-hier, jour anniversaire de la naissance du Prince Impérial, le prince Napoléon s'est abstenu de se présenter aux Tuileries où tous les membres de la famille impériale s'étaient réunis pour assister à une messe commémorative et d'actions de grâces.

Dimanche 28 mars

Le fameux Hume, l'homme à la seconde vue, l'Américain qui transportait les tables et tournait les têtes des Parisiens, qui évoquait les morts devant l'Empereur et l'Impératrice, a été mis à Mazas comme voleur et sodomiste, puis enfin chassé de France pour éviter les débats d'un procès scandaleux, où tant de personnes se seraient trouvées compromises. La position d'Ernest Baroche (Baroche, Fronsac) est curieuse, lui qui se vantait d'avoir couché avec le sorcier pour surprendre ses secrètes relations avec les esprits !

Jeudi 15 avril

La comtesse de Rougé, femme de mon collègue le conservateur du Musée égyptien, vient de fournir un nouveau scandale aux annales de la société. Après avoir mené la conduite la plus dissolue et ruiné quelques amants, cette femme, au moment où sa fille aînée est en âge d'être mariée, est contrainte d'avouer à son mari cent mille francs de dettes. Le mari, effrayé, sonde la position, alors elle lui est révélée dans toutes ses turpitudes. Ce n'est pas cent mille francs, c'est quatre cent mille francs que Madame Rougé doit à des fournisseurs et à des usuriers. Il est impossible de dissimuler la chose qui est aujourd'hui connue de tout Paris.

Rougé a mis sa femme au couvent ; il va se séparer et chercher le moyen de satisfaire les créanciers.

Vendredi 16 avril

Le *Moniteur* annonçait hier la nomination d'un nommé Bertsh comme chevalier de la Légion d'honneur pour ses travaux photographiques sur les imperceptibles éléments de chaque règne de la nature. Ce M. Bertsh est un des deux drôles dont je parlais le 22 février qui dans un dîner discouraient au sujet de l'attentat du 14 janvier d'une si abominable façon contre l'Empereur et son gouvernement.

Ce Bertsh a un frère ou parent factotum de l'évêque de Metz et fort recommandé par ce prélat. Il faut avouer que le ministre de l'Instruction publique est bien renseigné et bien conseillé.

Samedi 17 avril

Je sors de chez Fleury, où j'ai appris qu'une dépêche de Londres, arrivée dans la soirée, annonçait l'acquittement de Bernard. Les jurés de la Cité n'ont pas voulu condamner un des complices de l'attentat du 14 janvier parce qu'ils auraient eu l'air de complaire à la France. On est fort exaspéré ici, et l'Empereur a le droit d'être peu satisfait. Cependant il se montrera fort calme, mais il n'oubliera pas ; il attend et il amasse en silence jusqu'à ce que le vase déborde, nous dirons comme à Fontenoy : « Tirez, messieurs les Anglais. » Le moment viendra où ce sera notre tour ; ce jour-là, l'Empereur sera poussé contre l'Angleterre par le sentiment de la nation entière.

J'entends avec indignation des militaires, des hommes politiques, des marins, dire : « *Nous ne pouvons rien contre l'Angleterre.* »

Comme on fait toujours des mots en France, on dit que Lamartine a échangé sa lyre contre une *tirelire.*

Lamartine prétend que l'Empereur l'a assommé avec une tuile vernissée, il aurait dû dire : dorée [1].

Mercredi 21 avril

L'Empereur au dernier bal de Madame Walewska a fait une cour très pressante à la jolie Madame Gréville. Il a passé plus d'une heure à l'intriguer et enfin, avant de soulever la barbe de son masque, à lui faire comprendre qu'il était l'Empereur. Il lui a parlé de son portrait qui décore les salons du ministère et comme elle émettait des doutes, il lui a dit : « Voyez ce petit salon de repos, il n'y a que l'Empereur et l'Impératrice qui puissent y entrer » et il y est entré.

Haussmann, le préfet de la Seine, a eu une altercation chez le ministre de l'Intérieur avec Monsieur Javal, député, qui lui entendant dire qu'il n'y avait que des lâches et des sots qui puissent voter contre la proposition des soixante millions s'est retourné et lui a exprimé l'opinion qu'il serait de meilleur goût de ne pas qualifier ses adversaires de cette façon [2].

Haussmann, avec cette insolence de laquais parvenu qui le distingue, a répondu : « Je ne vous connais pas, et je ne sais pourquoi vous vous permettez de m'adresser la parole. »

Alors Javal a répliqué :

« Je vous connais, moi, Monsieur le Préfet, et je m'étonne de vous trouver si mal élevé. »

La conversation a continué sur ce ton d'aigreur, enfin Haussmann a dit : « Je me fiche des députés et du Corps législatif ! »

Là-dessus grande rumeur au Corps législatif, plainte à de Morny, enfin lettre d'Haussmann qu'on ne trouve pas suffisante, l'affaire en est là.

On parle pour remplacer Haussmann de Veiss, préfet de Lyon, ou d'Ernest Leroy, préfet de Rouen. Cet Ernest Leroy avait un frère, préfet du Calvados, à moitié fou depuis longtemps. Sa dernière dépêche télégraphique parvenue à l'Empereur peu de temps après son mariage est la suivante :

---

1. Ce secours accordé par l'empereur au poète ne suffira malheureusement pas. En 1868, ses admirateurs lanceront une souscription nationale qui, malgré plusieurs appels à la charité publique du principal intéressé, ne produira pas le résultat souhaité. Un projet de loi sera alors déposé, puis voté le 15 avril 1867 à l'unanimité moins 24 voix. Il accordera au poète la dotation viagère incessible et insaisissable de la rente d'un capital de 500 000 francs, mais le bénéficiaire en profitera peu puisqu'il mourra le 28 février 1869.

2. L'homme d'affaires Léopold Javal est député indépendant de l'Yonne. Au moment du vote, le 8 mai, il s'abstiendra de voter. Les crédits supplémentaires pour continuer les travaux de la Ville de Paris seront finalement accordés par 184 voix contre 45.

Sire,
Vous tenez à avoir un héritier, faites-moi avoir une entrevue avec l'Impératrice et je réponds de tout.

Le ministre comprit alors que le préfet du Calvados ne jouissait pas de la plénitude de sa raison.

Vendredi 23 avril

Quelques députés prétendent aujourd'hui que Javal a voulu faire d'une discussion personnelle une affaire de Corps. D'autres renvoient au préfet les invitations qu'ils en reçoivent. Il serait bon de savoir si le préfet a dit ou non qu'il se fichait du Corps législatif.

Samedi 24 avril

Il est question du remplacement du général Espinasse comme ministre de l'Intérieur ; la nomination d'un général à ce poste éminent cause dit-on de telles appréhensions que l'Empereur s'est décidé à ce sacrifice.

Quant au changement d'Haussmann l'Empereur ne veut pas en entendre parler ; il croit avoir besoin de cet homme que tout le monde méprise.

Je crois que l'Empereur s'abuse sur la valeur d'Haussmann. On peut demander à Montulé, chef de division au ministère d'État, ce qu'il en pense. Montulé, lors de l'organisation de la caisse de la boulangerie, fut chargé de préparer un rapport sur la partie financière de cette affaire ; mais lorsqu'il eut terminé son travail, il refusa de le signer parce que le préfet de la Seine en avait altéré les chiffres.

La société des petites voitures sait ce que lui a coûté l'approbation de monsieur Haussmann et si la proposition de la compagnie qui se présente pour la création du boulevard du prince Eugène est acceptée, cette compagnie connaît dès à présent le taux du patronage de monsieur le préfet.

Le conseil municipal n'adore pas ce personnage, on le supporte et c'est tout. L'Empereur saura un jour la vérité, mais la vérité est lente à parvenir jusqu'à lui, car les intéressés à la cacher font bonne garde et maintiennent autour de sa personne une triple ligne de douanes. Les familiers du château croient tout perdu lorsque quelqu'un qui n'est pas de la confrérie arrive par un hasard de plus en plus rare à franchir leur cordon.

Dimanche 25 avril

Les membres de l'*United service club* (club de l'armée et de la marine) ont donné un grand dîner au duc de Malakof. Le duc de Cambridge présidait cette réunion. Il va sans dire que les toasts les plus amicaux ont été échangés. Nous voilà donc de nouveau en tendresses avec l'Angleterre ; malgré cela et quoi que fassent les agents officiels, l'entente cordiale est bien tendue ; en France elle est mal accueillie, et l'Empereur lui-même, qui reçoit Veuillot quatre jours avant la publication d'un article de la *Gazette de France* contre l'Angleterre, me semble jouer un jeu double.

Dans la réponse du duc de Malakof au discours du duc de Cambridge on a remarqué le passage suivant :

> Monseigneur et Messieurs, je vous sais un gré infini des bienveillantes expressions que vous m'adressez et je vous en remercie en toute sincérité. En apparaissant au milieu de vous, j'ai la confiance de rappeler aux deux pays le souvenir le plus glorieux de leur alliance, et mon plus vif désir, croyez-le bien, est d'être accueilli comme le symbole d'une politique loyale, digne et ferme (*applaudissements*). Ma conduite sera toujours dégagée d'arrière-pensées, et je ne cesserai d'en puiser le mobile dans cette grande idée qu'après avoir eu tant d'occasions de s'estimer en face ou côte à côte, une alliance solide et durable entre deux grands peuples implique la condition nécessaire que l'honneur de l'une ne soit jamais sacrifié à l'honneur de l'autre (*applaudissements*).

Tout cela est fort bien, mais jusqu'à présent nous avons toujours été sacrifiés à l'honneur de l'autre, et plus nous accepterons une telle situation, plus nous serons sacrifiés.

Lord Palmerston n'a pas caché qu'il ne voulait pas de l'ouverture du canal de Suez, parce que ce canal serait avantageux à la France.

L'occupation de l'île Périm en violation des droits de la Turquie l'accepterons-nous ? Et si l'Angleterre renonce à Périm à condition de ne pouvoir ouvrir Suez accepterons-nous encore une telle condition ?

Accepterons-nous que l'Angleterre sous le futile prétexte de prisonniers non rendus aux Afghans par la Perse déclare de nouveau la guerre à cette puissance et qu'elle étende son influence en Orient ?

Accepterons-nous que l'Angleterre profite de notre expédition en Chine pour se faire consentir des augmentations de territoire, tandis que nous n'aurions que des avantages commerciaux illusoires ?

Accepterons-nous que les complots ourdis et préparés en Angleterre pour assassiner notre souverain ne donnent lieu à aucune répression de la part de notre *alliée* et que lorsqu'un complot éclate et qu'il résulte de son exécution la mort de dix personnes et la mutilation de cent cinquante autres, les complices d'un aussi énorme attentat soient acquittés par un jury anglais aux applaudissements de la foule ?

Si un peuple n'a pas de loi contre les assassins et si au contraire il n'a de lois que pour les protéger, nous ne pouvons nommer ce peuple un bon et loyal allié.

Jeudi 29 avril

Proudhon a fait paraître il y a une quinzaine de jours un ouvrage en trois volumes qui a pour titre : *De la justice dans la révolution et dans l'Église.*

Après quinze jours de libre distribution et lorsque l'éditeur a réalisé par la vente trente mille francs de bénéfice, l'ouvrage est saisi ; telle est la promptitude de surveillance du gouvernement.

Je n'ai jamais lu de livres plus dangereux que ces trois volumes, longue négation de l'idée religieuse, du pouvoir, de la propriété et de toutes nos institutions sociales ; ce n'est qu'un long appel à la révolte, une provocation aux plus mauvais instincts de la populace. Tout y est faux, mais ardemment coloré.

En terminant, Proudhon s'avoue le complice moral d'Orsini dont il raconte l'exécution à sa manière.

Ces trois volumes produiront un grand mal, ils fausseront encore plus les idées déjà faussées de la multitude sur le juste et l'injuste, sur le bien et le mal.

Il y a des gens qui me disent : Proudhon est fou ! Soit, mais on séquestre les fous. La direction de la librairie a manqué à tous ses devoirs, les volumes de Proudhon sont maintenant dans toutes les mains.

Vendredi 30 avril

Vimercati m'a annoncé hier que le ministre de Sardaigne avait demandé pour moi à son souverain la croix de St-Maurice et Lazare. Nous avons eu ce matin chez le marquis de Quitry une réunion pour entendre le projet que nous devons présenter au ministre de l'Instruction publique, relativement à la fondation des bibliothèques communales.

Dimanche 2 mai

Le Corps législatif, dans la discussion du budget, a, par l'organe de quelques-uns de ses membres, discuté le mode d'établir la balance de ce budget en équilibre et il a aussi discuté l'opportunité d'une somme de soixante millions que l'État verserait pour sa part contributive dans le budget de la ville de Paris au chapitre des embellissements de notre capitale. Il avait même été question de faire subir à cette part contributive un retranchement de dix millions.

Le gouvernement s'est ému de ces tendances du Corps législatif, et les journaux ministériels dans des articles assez vifs ont formellement dit que le gouvernement n'accepterait pas la décision du Corps législatif.

Ceci combiné avec le propos du préfet de la Seine est fâcheux ; ce propos, « *je me fiche des décisions du Corps législatif* », semble recevoir l'approbation de l'Empereur.

En France il n'est pas bon de montrer que la liberté n'est qu'un mot ; restreignez-la tant que vous voudrez, mais ne la flétrissez point dans les institutions, où elle devrait exister, et surtout lorsqu'elle revêt l'apparence d'un grand intérêt public.

Il était fort question hier au Cercle impérial de la prochaine démission du général Espinasse comme ministre de l'Intérieur. On prétendait qu'Haussmann lui succéderait.

Cette nomination serait une énorme faute et tout le monde se récrierait contre ce choix. Beaumont de la Somme disait qu'il n'allait jamais chez un fripon de cette force ; le baron de Reinach, député, qu'il le connaissait depuis longues années comme un voleur ; Drouot, député, n'en parlait pas mieux, non plus que Couleau, député et maire de Strasbourg, etc. etc.

Messieurs les ministres, si libéraux sous la dernière monarchie, persuadent trop à l'Empereur qu'il est possible de mettre un *mors secundo* à la France tout entière, on ne lui brise pas les barres comme à un cheval, mais il peut arriver qu'on la fasse cabrer, et alors le cavalier qui la montera court de grands dangers. Sous le premier Empereur elle ne se cabra pas précisément, mais elle était harassée et se coucha sous son cavalier.

Jeudi 6 mai

Lundi dernier, à la réception des Tuileries, l'Empereur, ayant vu Calley Saint-Paul parmi les députés présents, s'approcha vivement de lui et lui dit :

« Vous faites de l'opposition, monsieur, vous faites plus que de l'opposition, vous dépassez les limites de votre droit, vous sortez de la Constitution. »

Calley Saint-Paul répondit :

« Je ne fais pas d'opposition, Sire, dans la mesure de mon droit et de mon devoir je discute ce qui ne me semble pas convenable, en un mot j'use de la liberté de contrôle que nous avons. »

L'Empereur :

« Alors, monsieur, quand on veut agir ainsi, on ne sollicite pas l'appui du gouvernement. »

Cette sortie de l'Empereur est malheureuse, car un député, parce qu'il est gouvernemental, n'est pas forcé de tout approuver.

Ce qu'il y a de plus difficile à supporter pour un pouvoir presque absolu, c'est le contrôle des hommes indépendants dans leur concours. Le budget est la partie faible de notre gouvernement, et il faut le dire, la moralité des agents ne rassure pas beaucoup. L'Empereur connaît mal les gens qu'il emploie et il connaît mal encore l'état de l'opinion publique. Il y a des limites de compression qu'il ne faut pas dépasser en

France ; je souhaite que l'Empereur s'arrête à temps ; on commence trop à dire que le gouvernement français si absolu dans les affaires intérieures est mou et faible dans ses rapports avec l'Angleterre, cela est mauvais.

Lundi 10 mai

Depuis trois jours la reine des Pays-Bas est à Paris.

La cour partira prochainement pour Fontainebleau.

Le journal *Le Nord* de Bruxelles reproche vivement au gouvernement français ses tergiversations et les obscurités de son langage dans la discussion à propos des Principautés danubiennes.

Lord Canning, gouverneur général des Indes, a confisqué la propriété de tout le territoire d'Oude ; personne n'est plus propriétaire en ce pays.

Le ministère anglais blâme à la tribune du Parlement, mais c'est un fait accompli et l'Angleterre en profitera.

Vendredi 14 mai

La reine des Pays-Bas a visité le Louvre mardi dernier, c'est une femme aimable, instruite, qui aime à causer. Elle avait donné rendez-vous à Thiers dans les salles du Louvre ; il nous a accompagnés tout le temps. La reine a une passion pour les émaux de Petitot.

Lundi nous avons soirée aux Tuileries.

Samedi 15 mai

La princesse royale de Wurtemberg a visité hier le Louvre, accompagnée par Nieuwerkerke et moi.

On dit bien bas que nous avons envoyé des officiers dans l'Inde, j'ignore si le fait est exact, mais je crois que nous nous préparons à une rupture avec l'Angleterre ; elle ne sera pas prochaine, car nous jouons une savante partie d'échecs dont chaque coup demande de longues méditations. Sur les côtés de la Bretagne et de la Normandie, d'où Morel Fatio arrive en ce moment, l'animation est extrême, on ne s'entretient que de guerre avec l'Angleterre, de projet de descente, etc., etc.

Jamais, à aucune époque, l'irritation contre les Anglais n'a été aussi grande.

Les journaux étrangers parlent beaucoup, depuis quelque temps, de la vice-royauté en Algérie du prince Napoléon. Voici ce qu'il y a de vrai à ce sujet.

Le prince sera lieutenant de l'Empereur avec quatre Directeurs généraux sous ses ordres, et un ministre secrétaire d'État à Paris pour représenter les affaires de l'Algérie dans le Conseil.

Tout ce projet a été préparé par le prince avec l'aide de messieurs Chaix d'Est Ange et Victor Fouché. L'Empereur s'y montre très favorable et doit le faire présenter au Conseil d'État. Victor Fouché sera ministre de l'Algérie. Le maréchal Vaillant et le général Daumas sont très opposés au projet, et je crois que ce serait un très bon moyen de perdre l'Algérie et de lui ôter ses chances de colonisation que de la confier au prince Napoléon, outre les autres inconvénients que j'y entrevois, comme de lui fournir une armée et de lui donner la possibilité d'ouvrir à ses amis Girardin, Proudhon, Gervais de Caen, Bixio et autres démocrates un vaste champ d'expérimentation. On pourrait être certain que l'armée de l'Algérie serait fort travaillée dans le sens démocratique, je n'en vois pas la nécessité.

Le ministère Derby est sous le coup d'un blâme qu'il sera proposé au gouvernement de lui infliger pour avoir donné de la publicité à la proclamation de Lord Canning et surtout à la désapprobation de cet acte.

Lord Ellenborough, président du *Board contrôle*, auteur de cette publication, a donné sa démission de ses fonctions, espérant conjurer l'orage dont est menacé le cabinet tory, mais la motion de blâme n'en aura pas moins lieu lundi prochain.

Mardi 18 mai

J'ai déjeuné dimanche chez la reine des Pays-Bas aux Tuileries, j'étais placé près d'elle, et elle s'est montrée fort bonne et fort aimable.

Le conseil sur la lieutenance de l'Empereur en Algérie a eu lieu, toutes les mesures dont je parlais y ont été adoptées, sauf le ministère de l'Algérie. Le prince Napoléon s'y est un peu chamaillé avec Fould. Le prince compte passer chaque année quatre mois à Paris, et ses amis prétendent que cette fantaisie de lieutenance de l'Empire lui passera bien vite. Ce qui ne passera pas vite, c'est le mal que causera à l'Algérie la fantaisie gouvernementale d'un prince tel que le prince Napoléon.

Hier soir nous avions un petit bal sans uniforme au château.

Un duel fait grand bruit en ce moment et cause une certaine irritation.

Monsieur de Penne, que je connais depuis son enfance et qui est un charmant garçon, marié à une fort jolie femme, a eu la malheureuse idée d'insérer dans un article du *Figaro* dont il est un des rédacteurs sous le pseudonyme de *Nemo* la phrase suivante en parlant d'une fête :

> Elle était charmante, on n'y rencontrait pas de ces sous-lieutenants qui envahissent les buffets et qui déchirent les robes des femmes avec leurs éperons.

Aussitôt Monsieur de Pène est assailli de lettres de sous-lieutenants qui transforment cette phrase en une atteinte portée à l'honneur de l'armée française, car il faut qu'on sache qu'il est fort plaisant de tourner en ridicule des sénateurs, des ministres, des députés, la garde nationale et la bourgeoisie, qu'il est même très risible de turlupiner un prêtre, mais le sous-lieutenant ne peut être atteint, c'est l'être sacré de la société moderne.

Enfin quoi qu'il en soit, parmi ces lettres plusieurs étaient des provocations, et comme de Pène est aussi brave que qui ce soit, un duel a eu lieu, il y a trois jours, duel auquel Messieurs les sous-lieutenants ont eu pour premier tort de se rendre en grand nombre. L'adversaire de De Pène est blessé ; alors un Monsieur Yenne qui était témoin de l'officier blessé abandonna son rôle de témoin et vint demander à Monsieur de Pène de se battre immédiatement avec lui. Messieurs de Rovigo et de Pera, témoins de M. de Pène, déclarent qu'ils ne peuvent consentir à ce que M. de Pène, fatigué par un premier duel, recommence avec Monsieur Yenne, que d'ailleurs, toujours pour la même affaire, M. de Pène a un duel le lendemain et un autre le surlendemain, qu'ils sont donc dans l'obligation de remettre M. Yenne au troisième jour.

Monsieur Yenne, qui tient à prouver que les sous-lieutenants sont gens d'honneur et de délicatesse, ne se contente pas de cette réserve et il envoie un coup de poing sur la tête de M. de Pène qui, devant cette insulte brutale, recommence un nouveau combat.

M. de Pène est atteint à la poitrine et tombe ; mais la délicatesse de M. Yenne n'était pas satisfaite, et comme son adversaire touchait terre, il le perce d'un nouveau coup.

On informe sur cette affaire, et la *Gazette des tribunaux* reproduisant ce matin un article du journal de St-Germain-en-Laye dit que les médecins conservent peu d'espoir de sauver la vie de M. de Pène.

Dans ce récit du journal de St-Germain, on fait répondre par M. de Pène au commissaire de police *que le duel a été loyal*. Le fait sera éclairci, je l'espère, car le docteur Guérin, qui assistait les combattants comme chirurgien, a dit à une personne de ma connaissance et avec indignation : *Ce n'est pas un duel, c'est un assassinat !* Quel que soit maintenant le résultat, cette triste affaire est malheureuse pour l'armée. Il est établi qu'un officier *témoin* au moment où un premier duel venait d'être terminé a exigé que le combattant non blessé en recommençât un autre sur-le-champ et, pour forcer la volonté des autres témoins, a frappé M. de Pène[1].

---

1. La phrase qui provoque l'affaire est encore plus blessante que celle que rapporte Viel Castel : « Progrès sensible ! Il n'y avait plus l'inévitable sous-lieutenant en uniforme, arrachant les dentelles avec ses éperons, opérant des razzias sur les plateaux, la plaie, l'inévitable plaie des salons qui commencent. On l'invite une fois, jamais deux. » En outre, attaqué par les deux sous-lieutenants du 3e chasseurs à cheval, Courtiel et Hyenne, il leur répondra par un article cinglant dans *Le Figaro* dans lequel il écrivit de Courtiel : « Il dit qu'il est officier et s'exprime comme un crocheteur. » En fait, Henry de Pène dut combattre les deux hommes l'un à la suite de l'autre. Blessé par Courtiel sans qu'il s'en rendît compte lors du premier duel, il le fut plus gravement par Hyenne lors du second. Il répondit à un commissaire de police venu l'interroger que le combat avait été loyal et malgré les rumeurs les plus folles qui couraient dans Paris, l'affaire en resta là. Voir Comte Fleury et Louis Sonolet, *La Société du Second Empire*, *op. cit.*, p. 164-167.

En moins d'un an, voici trois affaires qui attirent l'attention publique sur le corps des officiers. Dans la première, un capitaine (Doineau) est condamné à mort en Afrique pour assassinat par guet-apens d'un chef arabe. Dans la seconde M. Mercy, lieutenant, est condamné à mort pour assassinat par guet-apens sur la personne d'un sous-lieutenant de son régiment. Aujourd'hui Monsieur Yenne frappe un homme qui vient de se battre pour le forcer à un duel immédiat, que les témoins se refusent à tolérer.

Jeudi 20 mai

Madame la duchesse d'Orléans est morte presque subitement à Londres des suites de la grippe. C'était une mauvaise femme, liée avec tous les *rouges* de Londres. Elle était capable de tout, et je crois que l'Empereur perd en elle un ennemi acharné.

Par une dépêche télégraphique le duc de Malakof mande que ces jours derniers, revenant des courses, il a rencontré la voiture du duc d'Aumale, et que le duc d'Aumale s'est levé, a agité son chapeau et a crié : *Vive le duc de Malakof.*

Le maréchal a mis pied à terre et a remercié le duc d'Aumale de sa généreuse sympathie. « Je n'ai pu résister en vous voyant, mon cher maréchal, a répondu le duc, au désir de vous donner un témoignage d'affectueuse sympathie pour l'honneur que vous avez attaché aux armes françaises, je me suis souvenu que nous avons été compagnons d'armes. »

Enfin cette petite entrevue a été des deux côtés pleine de bonnes façons et de cordialité.

Hier, à dîner chez la Princesse Mathilde, la discussion sur le duel de Pène a été vive. Nieuwerkerke prétendait que l'article de De Pène méritait la mort, et que les sous-lieutenants devaient le provoquer jusqu'à ce qu'il y restât.

Nieuwerkerke a pour marotte de se croire ancien militaire parce qu'il a été un moment à Saumur et quand il s'agit d'officiers, il se croit intéressé à la question.

Tout le monde a été contre lui. Enfin il a dit qu'entre des canailles de journalistes et des militaires il n'y avait pas à hésiter.

Dimanche 23 mai

Nieuwerkerke est parti hier pour Dresde et Stuttgart avec Eugène Giraud.

La coalition formée en Angleterre contre le cabinet Derby a échoué ; la mention de M. Cardwelt, qui demandait un blâme, a été retirée. Lord

Palmerston et Lord Russel ne sont pas encore en état de reprendre le ministère.

Monsieur de Pène, dont le duel a été un événement, va mieux.

Mercredi 26 mai

Il règne une étrange panique dans la haute banque et le commerce ; l'argent se resserre et tout le monde de la finance répète dans sa terreur : « Votre gouvernement est miné par le socialisme, il sera bouleversé dans peu de temps et les rouges triompheront en France. »

Ces propos ralentissent ou plutôt paralysent les affaires, ils sont entretenus par l'Allemagne et la Suisse. Ce sont surtout les banquiers et négociants en relations plus particulières avec ces deux pays qui propagent ces terreurs.

L'Angleterre réunit toute sa flotte, parce qu'à Cherbourg, où l'inauguration du port va avoir lieu, l'Empereur a convoqué les flottes françaises. Voilà une bonne marque de l'amitié qu'il est juste d'inscrire à l'avoir de l'Angleterre pour le jour où nous réglerons nos comptes.

On vient de découvrir une nouvelle conspiration d'Italiens tramée à Londres. On a même saisi et apporté aux Affaires étrangères une bombe en verre d'un nouveau modèle beaucoup plus dangereux que celles du 14 janvier.

L'archiduc Sigismond d'Autriche a déserté son gouvernement de Gratz en enlevant la femme d'un officier !

En Italie on vend partout le portrait d'Orsini honoré comme un martyr. A Pavie et dans les autres villes d'universités des messes ont été célébrées pour ce nouveau saint du calendrier italien.

L'expérience des révolutions ne sert à aucun peuple. L'Europe, peuples et rois sont décidément malades ; les uns se ruent au carnage avec la férocité de la brute ; les autres ne voient pas le danger commun et s'usent dans des luttes mesquines, où leur égoïsme est en jeu.

Mercredi 2 juin

Hier j'ai dîné à Buzenval chez S.A. le prince Murat, et là j'ai appris que de tous les pays alliés on avait reçu le mois dernier la nouvelle qu'une tentative serait faite du 20 au 30 contre la vie de l'Empereur. On s'est fort tenu en surveillance d'autant plus qu'à Birmingham il y a toujours au compte des socialistes des bombes en fabrication.

Le maréchal Malakof a accepté un dîner chez M. le duc d'Aumale !... Un service pour Mme la duchesse d'Orléans a été célébré hier à la chapelle St-Ferdinand.

Les Orléanistes espéraient une sorte de manifestation, car ils avaient invité par lettres les boutiquiers de Paris, mais tout s'est passé fort obscurément.

La reine des Pays-Bas est repartie hier fort attristée d'aller retrouver La Haye.

Samedi 5 juin

Le complot contre la vie de l'Empereur est nié par les gens attachés à la cour ; il est affirmé par presque tout le monde, mais on dit que l'Empereur ne veut pas qu'il en soit question.

Le prince Murat me racontait, il y a deux jours, qu'aux derniers jours de l'ambassade de Persigny il avait été informé très exactement de tous les complots de socialistes de Londres par un Napolitain refugié qui lui a de grandes obligations, mais qu'ayant à recevoir des révélations fort importantes, que ce Napolitain, par prudence ne voulait pas confier au papier, il l'avait, de concert avec l'Empereur, adressé à Persigny.

Persigny le reçut avec une telle morgue et avec si peu d'attention qu'il refusa même de l'entendre et l'adressa à un des secrétaires. Le Napolitain froissé se retira, ne dit rien au secrétaire et depuis ce jour il n'a pas écrit au prince Murat. Les bombes sont toujours fabriquées à Birmingham et sont introduites en France par les pêcheurs anglais qui les débarquent sur nos côtes.

Proudhon vient d'être condamné pour la publication de son livre à trois mois de prison et quatre mille francs d'amende. Il avait après cette publication adressé une pétition au Sénat pour demander la promulgation comme loi de l'État de son fameux concordat qui n'est autre chose que la consécration de l'athéisme. Le Sénat ayant passé à l'ordre du jour sur cette pétition, Proudhon a écrit à l'Empereur.

L'affaire de la lieutenance de l'Empereur en Algérie préoccupe toujours les esprits. Le maréchal Randon rentrerait en France et prendrait le commandement de Bosquet dont l'état de santé est loin d'être satisfaisant.

L'Angleterre vient de se faire une grosse querelle avec les États-Unis par suite du droit de visite exercé par la marine britannique sur les négriers américains qui fréquentent les parages de Cuba. L'Amérique repousse le droit de visite, son pavillon doit protéger même les négriers. Un renfort de vaisseaux de guerre américains est parti pour croiser devant Cuba.

Dans l'Inde les affaires des Anglais ne sont pas merveilleuses, ils ont éprouvé deux défaites. Ce qu'il y a de plus clair, c'est qu'ils pendent toujours beaucoup et qu'ils pillent énormément. Les pillages ont leur influence sur le soldat enrichi en un instant, il aspire au repos pour jouir de sa richesse, déjà même un assez grand nombre d'officiers prétextant des maladies demandent à revenir en Europe.

Le roi de Prusse abdiquera vers le mois d'octobre.

Le congrès européen, siégeant à Paris, ne fait de bruit que dans les journaux étrangers.

L'Empereur est toujours à Fontainebleau. La Princesse Mathilde est à son château de St-Gratien, au moment de partir elle m'a écrit le mot suivant :

Je suis établie à St-Gratien, c'est vous dire que je vous y attends et que votre chambre est prête.

Mille amitiés à bientôt, n'est-ce pas ?

Mathilde

Lundi 7 juin

J'arrive de St-Gratien, j'ai trouvé la Princesse Mathilde très bonne et très affectueuse, mais toujours environnée des intrigants habituels, l'abbé Coquereau et cette fouine d'E. Soulié. Le crédit des importants Reiset est en baisse depuis le mariage de leur fille avec le comte de Ségur, la Princesse ne met plus les pieds chez eux pour éviter de se rencontrer avec la famille du jeune époux très peu bien élevée, si elle est de bonne compagnie. De Ségur, garçon sans moyens, méchant en propos, est détesté de tout le monde. Il voudrait arriver à quelque chose et chacun le repousse ; il ambitionnait le poste de chambellan de l'Empereur, mais l'Empereur ne veut pas de lui. Ses collègues les députés le disent d'une déplorable nullité. C'est du reste un dévot à regard de crocodile qui doit mordre les doigts du prêtre qui lui présente la communion. A l'église il a les airs et l'attitude de ce bon M. Tartuffe.

Les Reiset, vaniteux à l'excès, ont voulu un comte pour leur fille et ils sont punis par ce mariage même. Leur maison, où tout jadis était si frais, si riant, est aujourd'hui comme un tombeau. La jeune épousée est une petite fille sans cœur, qui n'a en tête que vanités. Le lendemain de son mariage avec une calme impudeur elle se plaignait de ne pouvoir marcher tant elle était fatiguée et maintenant son mari et elle restent couchés jusqu'à onze heures. Crocodile Ségur ne fait pourtant pas grand-chose à sa femme, mais frêle, effacé, mièvre et dévot, je crois qu'il fatigue ses sens comme sûreté conjugale par des moyens d'une rouerie savante et peu fatigante pour lui.

La Princesse Mathilde me disait que son frère, causant à la gare de Fontainebleau, avait tenu le propos suivant :

« On devrait former une compagnie de canailles, tout le gouvernement en serait ! »

Cela promet pour un lieutenant de l'Empereur. V. Fouché, autre intrigant, croyait avoir été demandé pour secrétaire d'État de l'Algérie par le prince Napoléon, il se trompait, le prince demandait Girardin.

Parmi les arrestations faites ces jours derniers se trouve une marchande de mode, maîtresse d'une sommité socialiste qui vient de Londres à Paris chaque fois qu'éclate quelque émotion.

La Princesse Mathilde reçoit de Londres des lettres anonymes lui donnant des indications sur les projets des socialistes et dont elle accuse réception par des mots insignifiants placés dans les annonces du *Times*, mais convenus d'avance avec les correspondants mystérieux.

L'Empereur augmente peu à peu et sans bruit notre flotte, l'année prochaine elle sera dans un état respectable. L'Angleterre est inquiète et surveille attentivement ; si nous réunissons cette année quinze vaisseaux pour les fêtes de Cherbourg, la reine Victoria, sous prétexte de visite amicale, veut, dit-on, y venir avec une escadre de vingt vaisseaux.

Mardi 8 juin

J'ouvre tous les matins le *Moniteur*, croyant y trouver le décret qui établit le prince Napoléon comme lieutenant de l'Empereur, mais ce décret toujours annoncé ne paraît jamais ; ce matin il n'y est pas encore.

Mercredi 9 juin

L'Amérique envoie sa flotte dans la mer Pacifique pour s'opposer au droit de visite insolemment exercé sur ses bâtiments de commerce par les croiseurs anglais.

Notre traité par lequel nous avions concédé aux Anglais le droit de visite est expiré depuis deux ans et il n'a pas été renouvelé, il faut espérer qu'il ne le sera pas.

L'Empereur s'occupe beaucoup en ce moment de la marine française ; il y apporte silencieusement toute son attention ; déjà Cherbourg est terminé, la Seine est creusée à son embouchure, de manière à recevoir et à abriter nos vaisseaux ; la flotte à vapeur s'augmente et la flotte des canonnières se complète [1].

L'Empereur comprend que dans un avenir plus ou moins prochain il y aura lutte entre l'Angleterre et la France, car la France, si elle ne veut déchoir de son rang de grande nation, doit devenir puissance maritime

1. Depuis le règne de Louis XVI, il n'avait pas été fait autant pour la marine, même si, à l'initiative du prince de Joinville, un programme naval avait été prévu à la fin de la monarchie de Juillet. Commencé peu avant la Révolution, l'équipement du port de Cherbourg se termine sous le Second Empire. Le grand bassin vient d'être achevé au moment où Viel Castel écrit. Il sera inauguré le 7 août. Grâce à Napoléon III, passionné par ces questions, et à l'ingénieur Dupuy de Lôme, la France se dote en outre d'une flotte de navires à vapeur, à hélice et à coque métallique. En 1857, le ministre de la Marine, l'amiral Hamelin, lance un ambitieux programme naval prévoyant de porter la flotte de guerre française à plus de 300 unités. Voir Michèle Battesti, *La Marine de Napoléon III*, Service historique de la Marine, 1997, 2 vol.

de premier ordre et ne point laisser la royauté des mers à l'Angleterre. L'Empereur le comprend mieux que personne, mais il n'en laisse rien paraître, il ne veut tenter la lutte qu'avec des armes suffisantes et lorsque la tyrannie de l'Angleterre aura rendu son joug intolérable à tous les peuples.

L'Empereur est patient, parce qu'il a la force de la persévérance et la netteté d'une volonté longtemps discutée et mûrie. Il ne s'ouvre point à son entourage de ses projets d'avenir, car il n'a aucune bonne opinion des hommes qui sont pour lui des instruments d'autant meilleurs qu'ils ne sont pas ses confidents.

Il méprise peut-être plus encore ceux qui le servent que ses propres ennemis ; il croit plus aux intérêts qu'aux affections, et il n'est jamais très surpris ni très gendarmé lorsqu'une nouvelle turpitude vient à sa connaissance, c'est tout simplement une note ajoutée au compte courant de Monsieur tel ou tel. La vénalité ne le révolte point, il croit à la vénalité de tous, mais il veut qu'on la dissimule et par exemple s'il sévit jamais contre M. Haussmann, ce ne sera point pour tout l'argent qu'il extorque dans les affaires soumises à son approbation, mais il le punira s'il est assez maladroit pour laisser à l'opinion publique la possibilité de lire trop facilement dans le recueil de ses voleries.

L'Empereur n'aime ni ne hait personne, il supporte les gens aussi longtemps qu'ils sont utiles et les oublie lorsqu'ils sont usés.

Samedi 12 juin

Naples a fini par céder aux menaces de l'Angleterre dans l'affaire du *Cagliari*, les deux mécaniciens anglais recevront trois mille livres sterling d'indemnité et l'équipage et le bateau sont relâchés !

L'Angleterre, si insolemment injuste envers Naples, se mettra à plat ventre devant l'Amérique.

Lord Howard, envoyé anglais à la cour de Florence, est parti, donnant plus tard sa démission et sans avoir été présenté au grand-duc, qui avait pris la peine de revenir de la campagne pour recevoir ce goujat diplomatique.

Le *Times* sonne le tocsin et tire le canon d'alarme, parce que, prétend-il, la France prépare des armements considérables sur terre et sur mer, et qu'elle relie par des chemins de fer ses grandes places fortes au port de Cherbourg. Le *Times* n'accorde pas que la France soit dans la nécessité de faire ces armements ; elle n'a, dit-il, ni commerce étranger à protéger, ni royaume indien à reconquérir ; elle n'est pas menacée d'une descente sur ses côtes, enfin *elle est en paix avec l'Angleterre* !... Pourquoi arme-t-elle.

Dans la Chambre des communes, Monsieur Napier a demandé au

Cabinet s'il comptait demander de nouveaux crédits pour mettre les armements de l'Angleterre au niveau de ceux de la France.

Monsieur Disraeli s'est moqué des terreurs de tous ces trembleurs qui voient sans cesse la France descendant sur quelque point de la côte anglaise. Voilà où en est l'affaire, elle entre dans la phase de la publicité.

Les journaux anglais parlent d'une lettre adressée au maréchal Malakof par le comte Walewski et qui contient un blâme du dîner accepté par l'ambassadeur avec le duc d'Aumale. Le maréchal aurait, dit-on, répondu par lettre assez vertement.

Le *Journal des débats*, le grand admirateur des Anglais dans l'Inde, qui se refusait toujours à croire aux nouvelles défavorables à ses amis, insère aujourd'hui sous la rubrique de Calcutta les nouvelles suivantes :

Calcutta, 4 mai. Des lettres de commerce prétendent que la position des Anglais devient chaque jour plus difficile. Elles croient que la guerre continuera avec plus d'acharnement.

Les maladies déciment l'armée, les affaires sont nulles.

L'Empereur et l'Impératrice, accompagnés de leurs invités de Fontainebleau, sont allés dîner à Étioles, maison de campagne du comte Walewski ; il y a eu une petite fête.

Dimanche 13 juin

Je vais partir pour St-Gratien, mais je ne pars qu'après déjeuner, car je ne suis pas pressé d'y trouver cette filandreuse canaille de Soulié que la Princesse a, cette année, repris en passion.

La *Patrie* d'hier soir, en rendant compte de l'acceptation par Naples de l'ultimatum anglais et de la reddition du *Cagliari*, fait remarquer que l'arrestation de ce bâtiment était un droit du gouvernement napolitain ; il y a seulement, dit-elle, incertitude de savoir si le capitaine, l'équipage et les mécaniciens anglais étaient ou non complices des insurgés.

La seule manière de le savoir était de laisser juger le procès, mais l'Angleterre et le Piémont ne l'ont pas voulu, et l'Angleterre fait payer 75 000 francs d'indemnités aux mécaniciens. C'est la justice anglaise vis-à-vis des États de second ordre.

Des Mazzinistes conduits par un équipage sarde viennent attaquer le gouvernement napolitain à main armée ; le gouvernement napolitain poursuit en mer le vaisseau conducteur de pirates, il le prend avec son équipage ; l'Angleterre se récrie contre *cet attentat* et en définitif le gouvernement napolitain ne peut se faire justice, il est même condamné à l'amende.

Je crois qu'envers la France ou les États-Unis la conduite de l'Angleterre serait différente.

Les nouvelles de l'Inde données par le gouvernement anglais sont bonnes, celles venues par le commerce sont mauvaises.

Suivant les nouvelles officielles, ce sont toujours et toujours des canons pris et des pacifications magnifiques. Ce qui peut donner une idée de la valeur qu'il faut attacher à ces nouvelles officielles nous allons le dire.

Le dernier paragraphe est le sublime du genre et ne saurait être comparé qu'à la dépêche officielle qui annonçait en ces termes l'annexion du royaume d'Oude.

« Les populations heureuses d'être soustraites à la tyrannie de leur stupide souverain sont partout restées calmes et paisibles. »

Aujourd'hui il s'agit encore du royaume d'Oude et nous sommes heureux d'apprendre que la proclamation de Lord Canning qui prononce la confiscation générale des propriétés y a été bien accueillie et y a produit le meilleur effet.

Quoique notre génération ait été élevée par l'école philosophique des Voltaire et consorts, notre foi n'est pas assez robuste pour croire à de pareilles bourdes.

Lundi 14 juin

En Angleterre toujours même croyance à une rupture prochaine avec la France. Nous avions conclu il y quinze jours toutes les bases d'un traité avec des banquiers de Londres pour le percement du boulevard du prince Eugène. Je croyais l'affaire complètement terminée, mais nous avons reçu hier une dépêche de Londres qui suspend l'effet de notre traité jusqu'à ce que les craintes de John Bull soient dissipées. Nous allons essayer de nous passer de leurs capitaux et alors nous les laisserons tout à leurs craintes.

Il y a eu à Fontainebleau une aventure la plus ridicule du monde, et dont on parle à mots couverts.

L'Impératrice a voulu se rendre déguisée à une fête de village, elle s'y est rendue, accompagnée de gens déguisés aussi et qui auraient fait, dit-on, un mauvais parti à quelque mal avisé trop empressé auprès de Sa Majesté.

Cette ridicule anecdote circule, et il est malheureux que de tous les séjours de la cour dans les résidences il vienne à Paris de stupides anecdotes toujours un peu vraies. Il n'est pas bon que l'Impératrice se conduise en calife des mille et une nuits.

J'ai dîné dimanche à St-Gratien chez la Princesse Mathilde avec Bixio, Thiers et Mérimée y dînent demain mardi.

Varcollier, pris par le prince Napoléon comme secrétaire de confiance quoiqu'il eût été renvoyé de la préfecture de la Seine et de la maison du prince Jérôme à cause de ses flibusteries, a enfin été renvoyé comme voleur de la maison du prince Napoléon ; mais Haussmann qui se connaît en valeurs et qui doit les apprécier l'a réintégré à la préfecture de la Seine pour *en débarrasser*, dit-il, *le prince Napoléon*.

Le grand Dumas se rend en Russie et il fait demander des lettres de recommandation à la Princesse Mathilde qui a eu le bon esprit de prendre un prétexte pour les refuser. Son temps de faveur commence à passer. Nisard baisse aussi dans l'esprit de S.A.I. qui le trouve peu amusant.

Les favoris sont toujours : Muller, le peintre, avec son esprit et ses manières bourgeoises ; Muller s'assied carrément dans sa faveur, il s'y installe, il a le verbe haut et prend volontiers le dé de la conversation.

Arago avec ses insipides calembours, chauve-souris politique et, comme Brutus, simulant le bouffon pour tout surprendre sans se livrer lui-même.

Le prince Napoléon est allé ces jours derniers voir au Cirque la première représentation des *Mers Polaires*, drame de Koïeski, un des familiers de sa maison. Après le spectacle qui s'est terminé à deux heures du matin, Madame Villot, femme du conservateur des peintures du Louvre, a reçu à souper le prince Napoléon et sa suite ; sa suite se composait entre autres de Ferry Pisani, l'amant de Madame Villot, et de Madame Plessis des Français, la maîtresse du prince, Villot s'était couché ! !

On a soupé jusqu'à quatre heures, je tiens ce fait de M. Giraud, le peintre, qui s'y trouvait. Cette Madame Villot est la plus éhontée maquerelle que je connaisse, et sa sœur, Madame Barbier, femme de l'intendant militaire de Paris, est une rude p...

Madame Villot vient espionner chez la Princesse pour rapporter ce qui s'y passe au prince Napoléon, je ne conçois pas que Madame Villot ne soit pas mise à la porte.

Mardi 15 juin

On apprenait dernièrement en France qu'un navire français, qui s'était rendu sur la côte d'Afrique pour y recruter des travailleurs, avait été le théâtre d'un horrible drame.

Le 9 avril, pendant qu'à *Grand Cap Monte* (Songavez) le capitaine, deux officiers et trois matelots du susdit bâtiment la *Regina Coeli* étaient à terre pour affaires de service, l'équipage du navire fut massacré par les noirs embarqués qui restèrent maîtres de leur prise.

Dès que la nouvelle de ce fait parvint en Europe les journaux anglais imprimèrent dans leurs colonnes qu'un *négrier* français avait eu son équipage massacré par les noirs qu'il transportait, exaspérés des mauvais traitements auxquels ils étaient soumis.

Heureusement les rapports du capitaine Simon sont arrivés, appuyés de preuves ; il ne peut plus être question d'un vaisseau négrier, les noirs embarqués l'avaient été librement, et comme beaucoup d'entre eux savaient écrire, ils avaient signé leur engagement.

Il est arrivé également un rapport du docteur de la *Regina Coeli*, qui a été épargné dans le massacre général, et l'on sait par lui que cette boucherie a été la suite d'une querelle survenue entre deux nègres.

Le rapport du docteur est ce matin inséré dans le *Moniteur*, il contient quelques faits graves qui sont de nature à ajouter à la croyance des Anglais d'une rupture prochaine avec la France.

Le 15 avril la *Regina Coeli* fut accostée et prise par un paquebot anglais qui laissa, bien entendu, tous les massacreurs noirs prendre la fuite. Ces pauvres scélérats étaient noirs, et les massacrés n'étaient que des Français !

Le docteur ajoute :

De la manière dont vont les choses aujourd'hui, nous pensons être appelés devant les cours d'Angleterre.

Enfin le rapport du docteur est terminé par les deux paragraphes suivants, et comme le rapport est au *Moniteur*, ils ont bien leur importance. La *Regina Coeli* avait été, comme je l'ai dit, prise le 15 par un paquebot anglais.

6 mai 1858. Deux navires de guerre français, le *Daim* et le *Renaudin*, sont venus nous porter assistance, je suis embarqué sur le *Renaudin*.

8 mai. La *Regina Coeli* vient d'être prise par force par le *Renaudin* qui l'emmène à Gorée.

Ainsi le *Renaudin* a été contraint d'employer la force contre un paquebot de notre bonne alliée l'Angleterre.

Par un décret impérial, inséré ce matin au *Moniteur*, Monsieur Delangle, premier président de la cour impériale de Paris, est nommé ministre en remplacement du général Espinasse dont la démission est acceptée et qui entre au Sénat.

La cinquième conférence relative aux Principautés danubiennes a eu lieu lundi aux Affaires étrangères.

Mercredi 16 juin

Dans l'affaire de la *Regina Coeli*, le consul anglais, qui est en même temps consul de France, et les officiers de la marine anglaise jouent un triste rôle.

Après le massacre de son équipage par les noirs, le capitaine français ayant recruté quelques hommes faisait bonne garde autour de son navire et jour et nuit il le surveillait, monté sur une chaloupe.

Cette surveillance dura jusqu'à la venue d'un paquebot de la marine anglaise qui s'annonça aux noirs comme un libérateur, leur promit de leur abandonner la cargaison et prit possession du navire français sans arrêter un seul des nègres qui venaient de massacrer son équipage.

En vain le capitaine français voulut protester, il fut arrêté et mis en prison avec l'assentiment du consul français qui, ceci ne doit pas être oublié, n'est autre que le consul anglais.

A l'arrivée du *Renaudin* refus du capitaine et du consul anglais de rendre la *Regina Coeli* à moins qu'on ne leur payât les deux tiers de sa valeur ; toutes les démarches furent inutiles et c'est dans ces circonstances que le capitaine du *Renaudin* a dû employer la force.

Nous verrons ce que tout cela deviendra.

Jeudi 17 juin

Il y a à Paris une société évocatrice des morts qui les fait comparaître à sa barre, et les force par sa puissance d'évocation à répondre aux questions qui leur sont faites. Monsieur Lanjuinais, l'ancien pair de France, est un des membres influents de cette société qui compte dans son sein des personnes très honorables et que l'on supposait jusqu'à présent saines d'esprit.

Cette société a de fréquentes réunions qui se tiennent dans un local loué par elle au Palais-Royal, elle possède aussi un journal, c'est enfin une société bien constituée, mais dont les directeurs devraient être à Charenton, s'ils n'étaient pas réclamés par la police correctionnelle.

J'ai vu avant-hier un des membres de notre cercle qui a pu assister comme invité à une des séances de cette société et qui m'a rendu compte de plusieurs évocations.

Monsieur Goutter m'a dit que l'âme évoquée ne se mettait en rapport que par le moyen d'un *medium*, c'est-à-dire d'un être doué de la faculté d'entrer en communication avec les esprits. Le médecin de la société des évocateurs est un petit acteur de je ne sais plus quel théâtre.

L'honorable société des évocateurs avait demandé à saint Vincent de Paul un discours sur la charité, et comme saint Vincent de Paul est plein de bonhomie, il s'est mis aussitôt en communication avec l'acteur de l'Ambigu (je crois) et ledit acteur la tête enfouie entre les doigts d'une vaste main, et sans regarder le papier placé devant lui, a écrit le sermon sous la dictée de saint Vincent de Paul.

La société a encore évoqué Balzac qui s'est montré parfois impertinent, puis Madame la duchesse d'Orléans parce qu'elle n'est pas encore sortie des limbes de la mort.

Quant à Balzac, avant d'entrer dans la jouissance de l'Élysée, il est retenu pour quelques peccadilles de sa vie terrestre au violon expiatoire.

La société devrait bien invoquer Molière et lui demander une comédie sur les ridicules de notre époque.

Monsieur Pelletier qui est, je ne sais quoi au ministère d'État ou de la Maison, secrétaire général peut-être, et qui de plus a l'honneur d'être un peu cousin par sa femme de l'honnête Libri de douloureuse mémoire, me disait hier soir qu'on s'occupait beaucoup de la réhabilitation de Libri. Mérimée est encore dans cette affaire ; Libri appartient à la confrérie des savants qui s'épaulent l'un l'autre, je ne désespère pas de le voir réhabilité, sénateur et ministre de l'Instruction publique, probablement alors de Laborde sera son secrétaire général.

Vendredi 18 juin

On lit dans les journaux anglais, dans le *Times* notamment, la nouvelle suivante :

Les bâteaux à vapeur à hélice, *Renown* de 94 canons et *Racoon* de 22 canons, venant de Gibraltar sont arrivés lundi à Plymouth.

Ces bâtiments sont arrivés le 5 juin à Gibraltar où trois ordres de Lord Lyons les attendaient.

Le premier ordre leur enjoignait de se rendre dans la Méditerranée ; le deuxième d'y rester jusqu'après le passage de la flotte française, et le troisième de rentrer en Angleterre si la flotte passait. Ils sont partis le 9 en vertu du dernier ordre.

On a vu l'escadre française sortir du détroit dans la nuit du 3 juin ; c'est le bâteau à vapeur *Urgent* qui l'avait vue ; elle se composait de douze bâtiments y compris trois frégates. On les croyait destinés pour Brest.

De l'Allemagne arrivent les nouvelles suivantes par le *Correspondant de Nuremberg*.

Des achats de chevaux sont opérés pour la France dans le nord de l'Allemagne ; des marchands de chevaux français parcourent le Holstein, le Mecklembourg et d'autres parties de l'Allemagne et y achètent des chevaux qui sont expédiés par troupes de vingt à trente sur le Rhin par chemin de fer. Les agents politiques français ne se mêlent pas de ces achats, mais il paraît néanmoins qu'ils ont lieu pour le compte du gouvernement, car on ne prend que des chevaux propres au service militaire.

On voudrait beaucoup coaliser contre la France tous les États que cette prétendue guerre que la France apprête silencieusement épouvantent.

Mardi 22 juin

Le *Moniteur* dément les achats de chevaux faits pour le compte de la France en Allemagne.

La *Patrie*, dans un long article, blâmait hier soir l'Angleterre et le Piémont de la conduite qu'ils ont tenue envers Naples dans l'affaire du *Cagliari* et louait la dignité de l'attitude du roi de Naples.

Le déguisement de l'Impératrice en paysanne à Fontainebleau occupe toujours les causeries. Les deux hommes déguisés en maçons qui se sont fait malmener par les surveillants chargés de protéger *l'enfantillage* de l'Impératrice sont le prince de Nassau et le prince J. Murat.

E. Augier, invité à venir à la représentation d'une de ses pièces sur le théâtre de la cour, a reçu la croix d'officier de la Légion d'honneur.

Ary Scheffer est mort ; c'était un peintre de beaucoup de talent qui avait le tort de se croire un homme politique. Les républicains avancés le comptaient dans leurs rangs.

Les ministres ont accueilli leur nouveau collègue Delangle comme ils s'accueillent entre eux, c'est-à-dire avec politesse et des compliments sur les lèvres, mais dans le fond du cœur avec de la défiance ; chaque ministre craint la prépondérance de son collègue, ils se détestent poliment et marchent parallèlement, mais sans accord.

L'Empereur est assez satisfait de cette non-entente, il sait comment tirer parti de ces hommes désunis.

L'Empereur et l'Impératrice sont depuis deux jours de retour à St-Cloud.

Le maréchal Magnan est revenu de sa tournée officielle dans les départements composant son commandement militaire, et c'est une curieuse comédie que celle qu'il donne depuis son retour.

« J'ai été accueilli, dit-il, comme vous pouvez le comprendre, et j'avais beau dire aux populations : criez Vive l'Empereur, je n'entendais partout sur mon passage que Vive le maréchal Magnan !

« Je me suis surtout occupé des intérêts et du bien-être des classes malheureuses ; quant aux corps constitués, aux tribunaux de commerce et aux classes élevées, je leur disais : soyez sans inquiétude, le conseil suprême est composé, comme vous savez, et *je commande l'armée de Paris* ! »

Cette dernière phrase nous remet en mémoire l'improvisation du général Changarnier, dont au 2 décembre on a trouvé vingt brouillons chez lui :

Représentants de la France, dormez en paix, etc.

Le maréchal Magnan lors du procès de la Chambre des pairs à propos de la descente du prince Louis Napoléon à Boulogne le renia trois fois, et Madame la maréchale Magnan a attendu pour se compromettre dans les salons du nouveau régime impérial qu'il fût bien installé.

Dans la famille et parmi les amis orléanistes du duc de Montebello, on dit que ce pauvre duc s'est sacrifié aux intérêts de la France en acceptant le poste d'ambassadeur à St-Pétersbourg.

Tous ces martyrs me fendent le cœur !

S.E. Achille Fould, ministre d'État et de la Maison de l'Empereur, membre futur du futur Conseil de Régence, a l'honneur de vous faire part de son mariage morganatique avec..., autrement dit en vile prose de conversation, Monsieur Fould se rend tous les jours de quatre à cinq heures avenue Montaigne 27 chez Mademoiselle Botti, brune italienne, aux lèvres largement taillées et aux yeux cernés, qui depuis sept ans est sa sultane favorite.

Décidément le ministre d'État pourrait servir d'enseigne à Berthelemot : c'est un *fidèle berger*. Il faut bien qu'il soit fidèle à quelque chose.

Le fils aîné de Fould va épouser en mariage *caoutchoukesse* la fille de Rattier, l'homme qui a mis le caoutchouc à toute sauce ; ce sera une union imperméable.

Le second fils, interdit depuis quelques mois, est toujours à Londres avec Valerie des Français qu'il compte toujours épouser.

Fronsac Baroche est distancé.

Mercredi 23 juin

De l'Angleterre et de l'Amérique nous arrivent deux nouvelles qui peuvent se passer de commentaires.

Londres le 22 juin

L'éditeur Truclove et Monsieur Tcherkovski ont été acquittés sans avoir subi les formes d'un procès régulier.

L'attorney général a déclaré que le gouvernement avait soutenu l'accusation pour prouver que l'Angleterre ne tolérait pas la propagation des doctrines sanguinaires et que ses lois étaient suffisantes pour protéger la personne de son auguste allié, mais qu'il avait consenti à ce que les accusés fussent acquittés parce qu'ils avaient exprimé leurs regrets sincères et qu'ils avaient déclaré n'avoir jamais eu l'intention de défendre l'assassinat.

Après quelques observations dans le même sens de Messieurs James et Campbell, les jurés ont acquitté les accusés.

Tel est le dernier acte de la comédie anglaise à propos de l'attentat du 14 janvier.

Passons aux États-Unis.

Le procès intenté par les États-Unis au général William Walker et au colonel Frank Anderson et autres, accusés d'avoir violé les lois de neutralité en organisant en novembre dernier en Louisiane une expédition pour envahir le Nicaragua et le Costa Rica, a été invoqué le 31 mai par-devant la cour de circuit des États-Unis de la Nouvelle-Orléans.

Malgré l'extrême chaleur la foule encombrait l'enceinte de la cour.

L'honorable Pierre Soulé défendant le général et ses officiers, l'avocat de district représentant le gouvernement. Les douze jurés n'ont pu s'entendre sur le verdict à rendre. Dix se sont prononcés pour l'acquittement des prévenus et les deux autres les ont reconnus coupables.

Le général Walker a demandé un nouveau jugement immédiat ; mais l'avocat de district a abandonné les poursuites.

Nous n'ajouterons qu'un mot : honneur à l'Angleterre et aux États-Unis, nobles protecteurs des assassins et des flibustiers.

Il n'est plus même permis aux souverains de se défendre contre les pirates et les flibustiers, le roi de Naples sait ce qu'il en coûte.

L'ambassadeur ou plutôt le ministre des Pays-Bas à Paris est fils d'un épicier hollandais ; ce jeune cassonade devenu avocat montait un jour à cheval et y montait assez mal en sorte qu'il fut semé contre la grille d'un château ce qui interrompit sa promenade.

Ce château était habité par une femme sensible qui prit soin du blessé, car réglisse cassonade était blessé, elle le soigna si bien qu'elle le guérit, mais alors le malade et sa sœur de charité se sentirent malades du mal d'amour.

Le mari de la propriétaire du château, bon et estimable Hollandais, comprit qu'il ne faisait que compliquer une situation difficile, il mourut.

Aussitôt sa riche veuve épousa cassonade réglisse qui bientôt après fut nommé membre de la seconde chambre, puis un jour on le vit ministre des Affaires étrangères dans une *combinaison* libérale, puis enfin, pour se débarrasser de lui on l'a fait envoyé plénipotentiaire à Paris.

Ce héros de roman est petit, laid, vulgaire, enfin très épicier ; on dit qu'en Hollandais c'est un homme d'esprit, ici on le prendrait pour un clown. Sa sœur tenait encore, il y a peu de temps, la pauvre boutique d'épiceries du père de tant de gloire.

Dans une fête qu'il donnait à sa campagne étant ministre des Affaires étrangères à tout le Corps diplomatique, Son Excellence voulut montrer ses talents gymnastiques et sa grâce en conduisant un bateau patin. Donc en grand uniforme et en grand cordon de je ne sais quel ordre, il tomba dans un étang vaseux où il risqua fort de se noyer, car très habile sur toutes les gymnastiques, il ne savait cependant pas nager. Le Corps diplomatique le retira de l'eau couvert de vase et d'herbes aquatiques.

J'ai rarement vu quelque chose de plus grotesque que ce bout d'homme tout à la fois épicier, avocat, héros de roman et ministre ; c'est un mulet de l'amour et du régime constitutionnel.

Jeudi 24 juin

J'ai reçu hier du préfet de la Haute-Vienne ma nomination de membre de la commission supérieure de l'exposition de Limoges et de président d'une des sections du jury. Ma santé me fait craindre d'être obligé de refuser.

L'outrecuidance des Anglais n'a plus de bornes ; voici ce que nous lisons ce matin dans le *Moniteur* à propos d'interpellations de l'évêque d'Oxford relativement aux engagements de noirs libres pour le service des colonies françaises.

Le comte de Caernavon repousse le renouvellement de la traite des noirs d'après un système d'émigration soi-disant libre. Il dit que le secrétaire des Colonies étudie depuis quelque temps la question.

« Lord Brougham dit que dans le cas où la traite des esclaves se renouvellerait, le devoir du gouvernement anglais serait nettement tracé. Ce serait de proclamer contre ce trafic une interdiction immédiate et absolue. »

Ceci est superbe ! Mettez donc la France en tutelle et ce sera plus tôt fait !...

Combien de temps attendrons-nous encore ? N'usez pas trop la patience de la France, Sire !...

Vendredi 25 juin

L'irritation contre l'Angleterre croît chaque jour ; la *Patrie* et les journaux du gouvernement se montrent tout à fait acerbes.

Les journaux anglais plaisantent. Le *Daily News* dit :

Nous espérons que la plaisante fin du procès de la presse Palmerston Napoléon sera pour nous une garantie qu'à l'avenir il ne se trouvera plus un ministre anglais capable de s'attaquer à la liberté de discussion et ce par un gouvernement étranger. Il ne paraît pas qu'il y eût pour la présente administration une autre manière de procéder que celle qu'elle a employée. Il est vrai cependant que l'on aurait pu se dispenser de jouer la comédie en demandant aux défenseurs de donner la promesse formelle de retirer les brochures de la circulation. Des éditions entières ont été vendues ; l'intérêt qui de prime abord s'y était attaché n'existe plus ; la vente avait même cessé tout naturellement.

Le *Times* trouve les poursuites contre la presse impolitiques.

Si l'administration précédente avait pris la peine de réfléchir sur ces sortes d'affaires, jamais nous n'aurions entendu parler même de la poursuite intentée contre Bernard.

Le *Moniteur* de ce matin contient enfin le décret impérial sur l'Algérie depuis si longtemps attendu ; mais il ne s'agit plus d'un lieutenant de l'Empereur, d'un *alter ego* ; le prince Napoléon ne sortira pas de Paris, il est tout simplement nommé ministre de l'Algérie et des Colonies.

Le considérant du décret est superbe :

Voulant donner à l'Algérie et à nos colonies un nouveau témoignage de notre sollicitude pour leurs intérêts et favoriser autant qu'il est en nous le développement de leur prospérité.

Le prince Napoléon, l'ami de Messieurs de Girardin et consorts, l'homme qui dit à Pereire : le gouvernement est composé de canailles !, qui témoigne en toutes circonstances de sa haine pour le Prince Impérial, est déclaré par décret la providence de nos colonies.

« Son ministère, dit le décret, sera formé de la direction des affaires de l'Algérie et de la direction des colonies qui seront distraites du ministère de la Guerre et du ministère de la Marine. »

Nous verrons avant un an ce qu'aura produit cette belle combinaison.

Le prince Napoléon est un homme d'esprit sans moralité et sans conduite, irrité contre toute supériorité. Il déteste l'Empereur et souvent ne se cache pas pour le témoigner.

Bixio lui disait dernièrement :

« Vous tirez tout votre lustre de l'Empereur, sans lui vous n'êtes rien, sans lui vous ne pourriez rien. »

Comme le comte de Paris, le prince Napoléon compte sur l'appui des républicains.

Le prince Napoléon ressemble à ce buste de Néron qui est dans le musée des Antiques. Mauvais fils, mauvais frère, incapable de reconnaissance, il est envieux et jaloux ; insolent à l'abri de son titre de prince, rendez-le à la vie de simple citoyen, rendez-le surtout responsable de ses actes et de ses paroles, il sera poli.

L'Empereur l'a usé dans l'esprit de l'armée pendant la campagne de Crimée ; il va l'user comme capacité en lui donnant l'occasion de montrer à l'œuvre celle qu'il possède. Je trouve seulement qu'il est douloureux que l'expérience soit faite sur l'Algérie et sur les colonies comme on ferait *in anima vili*[1].

Samedi 26 juin

L'irritation contre l'Angleterre ne fait que croître, et tandis que le duc de Malakof au banquet du Lord-maire se pose comme l'envoyé conciliateur et parle de l'éternité de l'alliance, ici les journaux du pouvoir réfutent les ministres et les journaux anglais sans ménagements.

Dans son discours à ce banquet, le duc de Malakof a prononcé une phrase malheureuse, il a porté un toast au vainqueur de Delhi ; trop d'atrocités sont commises dans l'Inde pour porter un toast aux généraux qui les laissent commettre.

Les nouvelles de l'Inde à la date du 18 mai sont mauvaises pour les Anglais. Luknow était menacé par 2 500 Hindous et la garnison composée de 2 000 hommes est dans un triste état sanitaire. Le général Campbell à Futteghur a devant lui 10 000 Hindous ; maintenant ce sont ces derniers qui attaquent ; ils sont repoussés, mais ils reviennent.

Le résumé de la situation est mauvais, ce pauvre *Journal des débats* en est profondément triste.

Dans le parlement anglais un orateur a osé dire que les nègres avaient eu le droit de massacrer l'équipage de la *Regina Coeli*.

Monsieur Truclowe écrit aux journaux une longue lettre pour leur faire savoir que le gouvernement anglais est l'auteur de la comédie jouée dans son procès, qu'il a été sollicité de se laisser acquitter comme il l'a

1. « Dans une vile intention. »

été, que quant à lui, il voulait un jugement, ayant la certitude d'être acquitté.

Sa lettre ne prouve qu'une chose, c'est qu'en Angleterre les honnêtes gens et les relations avec les nations étrangères sont à la merci du premier coquin venu.

Je n'ai pas trouvé encore une approbation de la nomination du prince Napoléon au poste de ministre de l'Algérie, mais les journaux du gouvernement seuls accablent le prince de basses flatteries, disant mensongèrement que cette nomination a été ratifiée par l'opinion publique.

Consultez donc les journaux pour écrire l'histoire.

Dimanche 27 juin

Le nouveau ministre de l'Intérieur rend à tous les journaux démocratiques l'autorisation qui leur avait été retirée de la vente sur la voie publique. Il rend également à l'*Indépendance belge* le droit de publicité en France.

Le *Journal des débats*, dans un long article à propos d'un mauvais livre sur la Révolution française publié par Lanfrey, jeune républicain qu'il loue beaucoup plus qu'il ne le critique, termine ainsi ses appréciations :

Il est des peuples qui délivrés soudainement de l'oppression ont appelé la liberté en la priant de les conduire ; ils lui ont fait alors une petite place à leur tête, mais ils n'ont pas pris la peine de déblayer le reste du pays et ils l'ont laissé tel que l'avait fait la servitude, si bien que la liberté ne pouvait sortir de son étroite enceinte, ni faire un pas sans se blesser au point qu'un beau jour elle perdit patience et s'envola. Si ces peuples désirent jamais la revoir, ils feront bien de lui préparer un logement plus vaste et plus commode.

Monsieur Lanfrey nous paraît être de cet avis, nous l'en félicitons de tout notre cœur, et c'est surtout à ce point de vue que son livre nous paraît un signe important et après tout favorable des dispositions de la jeunesse intelligente et laborieuse [1].

Voilà ce que signe Monsieur Prévost Paradol et ce qui est bien l'esprit du *Journal des débats*.

---

1. Le livre auquel il est fait allusion s'intitule *Essai sur la Révolution française* (Paris, F. Chamerot, 1858, 426 p.). Il fait suite à *L'Église et les philosophes du* XVIIIe *siècle*, publié par Pierre Lanfrey l'année précédente, et achève de le rendre célèbre plus par la vigueur de son propos que par la réelle valeur de ses ouvrages.

Mardi 29 juin

Les nouvelles de l'Inde sont mauvaises pour l'Angleterre ; la garnison de Shajehanpore a été surprise par les Hindous venus de l'Oude.

Dans un engagement qui a eu lieu à Bitapore, le général Walpole a vainement chargé trois fois les cipayes avec le 9e lanciers.

La *Circulaire commerciale*, imprimée à Calcutta, dit que le général Walpole a été tué ainsi que sept officiers et un grand nombre de soldats.

Gwaliov a été attaqué et pillé par les Hindous.

Dans la partie méridionale du Mahratta le désarmement s'opère difficilement. L'Oude donne toujours des inquiétudes ; enfin Luknow est toujours menacé.

On forme activement le nouveau ministère confié au prince Napoléon. Blanche, secrétaire général du ministère d'État, passe en la même qualité au ministère de l'Algérie et des Colonies.

Le maréchal Randon a été appelé à Paris.

Le prince Napoléon a près de lui un ingénieur fort intrigant et fort remuant homme à projets, nommé Champcourtois.

Le colonel Combes a raconté à Lord Henry Seymour le vol de deux mille francs dont Mocquart l'a rendu victime et que j'ai inscrit dans un de mes précédents volumes.

La comtesse Castiglione revient à Paris, ce retour cause quelques appréhensions aux titulaires et aux postulantes des *faveurs particulières* de l'Empereur.

La comtesse Walewska n'est pas sans inquiétudes, les désintéressées sont fort réjouies de ce retour qui peut amener des complications amusantes[1].

Mercredi 30 juin

L'Empereur est parti hier pour Plombières où il séjournera un mois. Béville, Latour d'Auvergne et Mocquart l'accompagnent.

L'Impératrice et le Prince Impérial restent à St-Cloud.

On ne dit pas encore dans quel palais ou quel hôtel sera établi le nouveau ministère de l'Algérie et des Colonies.

Le prince Napoléon veut prendre au ministre de la Marine les quatre régiments d'infanterie de marine. Le ministre résiste, de là vive discussion au dernier conseil. L'affaire sera soumise à l'Empereur.

Hubaine, l'ancien secrétaire de Girardin devenu secrétaire du prince, l'accompagne au ministère.

---

1. Marie-Anne Ricci, comtesse Walewska, est devenue la maîtresse de l'empereur l'année précédente. Elle est pour l'heure la « favorite », même si Napoléon III entretient d'autres relations, en particulier avec la comtesse de La Bédoyère, épouse de l'un de ses chambellans.

Mardi 6 juillet

Je suis depuis quelques jours établi à Port Marly dans une petite maison que j'ai louée pour la saison. J'y suis calme, inconnu, personne ne m'y sait et par conséquent je ne suis exposé à aucune visite. Je continue à me rendre le dimanche chez la Princesse Mathilde et j'en reviens le lundi.

Dimanche dernier, Benedetti le directeur de la section politique aux Affaires étrangères s'y trouvait.

La Princesse nous a longuement et intimement parlé de sa famille et des personnages les plus intimes de l'Empereur. Morny avait passé la soirée avec nous, mais il était remonté en voiture à dix heures.

J'ai su par cette confidence de la Princesse que l'inimitié de son père et de son frère contre l'Empereur et le Prince Impérial ne s'affaiblissait pas.

Le jour où la nomination du prince Napoléon au poste de ministre des Colonies a été rendue publique, le prince a dit :

« Cette position me permettra de donner plus facilement un croc-en-jambes à l'Empereur quand le moment en sera venu ! »

Le prince Napoléon, qui touche déjà 500 000 francs comme Altesse impériale et son traitement de général de division, aura encore 300 000 francs comme ministre des Colonies. Les autres ministres n'ont que 120 000 francs !

Persigny continue malgré son peu d'aptitude aux choses de la politique à agir avec influence sur l'Empereur. Persigny est une calamité qui n'a pas même pour lui son dévouement inaltérable, car la Princesse a entre les mains la preuve qu'avant 1848 Persigny entretenait des relations avec Monsieur Delessert, préfet de police.

Le prince Napoléon a congédié Madame Plessis. Émile de Girardin, qui a près du prince l'emploi qu'avait Lebel près de Louis XV, a donné la place de maîtresse de S.A.I. à une certaine Anna Deslions, p... fort connue qui a déjà ruiné quelques petits gandins.

Le prince Napoléon, avec tout son esprit, est une marionnette dont Girardin tient les fils, et je commence à craindre que l'Empereur avec toute sa capacité et sa haute intelligence ne se laisse abuser par le mépris qu'il a de ses ennemis. Le prince Napoléon peut faire du mal et ne peut faire aucun bien, à quoi bon l'employer ?

Je reçois d'Algérie des lettres où l'on m'instruit des espérances des transportés politiques depuis qu'il est question du prince Napoléon pour diriger cette colonie.

Jeudi 8 juillet

Il se confirme que Monsieur de Melcy, envoyé par l'empereur d'Autriche, a remis à l'Empereur Napoléon le modèle retrouvé de la statue érigée jadis à Napoléon Ier dans la ville de Milan. L'empereur d'Autriche ajoute que son frère l'archiduc vice-roi des provinces lombardes et lui vont rétablir sur la grande place de Milan la statue de *leur oncle* l'Empereur Napoléon.

Heckeren est parti pour Vienne chargé, dit-on, d'une mission.

Les affaires des Anglais dans l'Inde n'avancent pas, l'agitation paraît augmenter, les Hindous s'aguerrissent et inquiètent beaucoup les Anglais par une guerre de partisans.

Encore une révolution ministérielle en Espagne. O'Donnel et les Vicalvaristes ont repris le pouvoir.

Samedi 10 juillet

J'ai découvert hier à St-Germain en Laye une petite maison située rue d'Ayen nº 17 qui est louée par des femmes de la haute société parisienne pour servir à leurs ébattements. Quatre femmes la fréquentent assidûment et y couchent souvent, quelquefois seules, d'autres fois et bien plus fréquemment en compagnie de jeunes gens du monde ou de jeunes officiers. Cette maison est en un mot ce qu'on nommait jadis *une petite maison.*

Je connais deux de ces quatre femmes : la marquise de Beaumont (née Dupuytren), grosse et noire commère qui aime également les hommes et les femmes, et la jeune marquise de Bethisy. J'ignore quelles sont leurs deux compagnes.

Lundi 12 juillet

Le prince Napoléon commence à s'entourer de créatures, et les intrigants flairent sa faveur. La Guéronnière a reçu par son entremise la croix de commandeur de la Légion d'honneur. Charles Giraud va être nommé inspecteur des expositions de l'Algérie et l'abbé Coquereau cherche à le circonvenir.

L'Impératrice est venue à St-Gratien pour faire une visite à la Princesse Mathilde ; elle a été très aimable et très gracieuse, elle cherche évidemment à se rapprocher de la seule personne de la famille impériale entièrement et sincèrement dévouée à l'Empereur. Elle a invité la Princesse à venir déjeuner et passer la journée à St-Cloud et elle a invité avec elle Vimercati et sa femme qui se trouvaient là.

La reine d'Angleterre vient le 4 août aux fêtes de Cherbourg, encore une grimace de l'alliance anglaise. On commence à être bien las en France de cette alliance.

Beaucoup de gens pensent que dans un avenir peu éloigné le ministère de la Marine sera absorbé par le ministère des Colonies.

Je persiste à penser que tout cela n'est pas durable.

Jeudi 15 juillet

Les nouvelles de l'Inde sont mauvaises ; la guerre de partisans met les Anglais sur les dents, et c'est le genre de guerre pour lequel ils sont le moins faits. Les Indiens, toujours battus au dire des Anglais, reparaissent toujours ; la révolte augmente malgré les supplices sur une grande échelle.

Les casernes anglaises d'Allahabad ont été incendiées, Luknow est toujours cerné par les Indiens, les pertes qu'occasionnent le choléra et la chaleur paraissent énormes.

Puis, tout l'Orient s'agite. L'Orient est honteux du despotisme des vieilles nations de l'Europe ; des bords de la mer Rouge au fond de l'Asie l'exaspération est à son comble.

En Turquie le vieux parti s'agite. À Djeddah, sur les bords de la mer Rouge, les fanatiques ont massacré le consul anglais, le consul français et presque toute la colonie des chrétiens. A Candie le parti turc s'est livré aussi à des massacres.

L'Angleterre envoie des vaisseaux à Djeddah ; j'espère que la France ne la laissera pas seule protéger les chrétiens en Orient, et que surtout elle ne lui permettra pas, sous prétexte de protectorat, de s'établir solidement sur le littoral de la mer Rouge.

La reine d'Angleterre viendra à Cherbourg accompagnée de six frégates et d'une flottille de yachts. Lord Lyons commandera cette flotte, si, comme dit la *Patrie*, « *les exigences du voyage de la reine Victoria en Allemagne la forcent à reprendre la mer avant les fêtes de l'inauguration* » tellement que son entrevue avec l'Empereur ait lieu à bord d'un vaisseau.

Le nombre des bâtiments conduits par la reine Victoria est une insolence qui n'a pas de nom ; elle n'a nulle besoin d'une flotte pour aller voir sa fille en Prusse ; elle n'a pas davantage besoin d'une flotte pour venir parader à Cherbourg devant nos vaisseaux que l'Empereur doit passer en revue.

Amener une flotte à Cherbourg au moment où notre flotte s'y trouve et ne vouloir pas même assister aux fêtes qui y auront lieu est le dernier degré de l'impertinence.

Le prince Napoléon remplit tous les journaux du long discours qu'il a prononcé à Limoges.

Au milieu de beaucoup de phrases sur l'industrie, etc. etc., nous avons remarqué ceci :

Je ne puis oublier, Messieurs, que c'est la première fois que j'ai l'honneur de parler à mes concitoyens depuis que l'Empereur m'a confié l'administration de l'Algérie et de nos colonies. L'Empereur qui sait ce que pèse le fardeau de la responsabilité politique a daigné avec une bonté toute paternelle me choisir une mission en dehors des luttes des partis ....

....

Ainsi il me sera permis de demander aux hommes, non d'où ils viennent, mais où ils vont, de regarder l'avenir, non le passé. Dégagé de tout autre préoccupation je pourrai me dévouer sans réserve à l'accomplissement des desseins de l'Empereur sur l'Algérie ; donner au travail la liberté et la sécurité, garantir tous les intérêts sous la protection et non sous la tutelle des pouvoirs publics par le respect absolu du droit. Heureux si après nos révolutions et nos luttes civiles je puis concourir à cette œuvre de pacification générale qui doit réunir dans un sentiment commun de dévouement à notre patrie les cœurs de tous ses enfants.

Dans tout ce discours c'est Girardin qui parle et non pas le prince.

Longpérier que j'ai cru bien longtemps un loyal garçon, mais que je vois parfaitement aller à la faveur par des voies tortueuses, accompagnait le prince à Limoges.

Vendredi 23 juillet

On parle de nouveau de la disgrâce de Fould, on *l'accuse* d'avoir été le plus ardent promoteur du système de sévérité qui a suivi l'attentat du 14 janvier dernier.

Tout le monde à cette époque opinait pour la rigueur, tout le monde espérait du général Espinasse une violente compression, mais tout ce même monde si ardent, il y a à peine quelques mois, est aujourd'hui furieux contre le général Espinasse et Fould qui, dit-on, conseillait la rigueur.

Je n'aime pas cette instabilité dans l'action du pouvoir et ces velléités d'une mansuétude plus que débonnaire qui place à la tête d'une de nos grandes administrations le prince Napoléon.

Les déportés vont être sous son contrôle, déjà on a offert à ceux de l'Algérie de leur accorder leur rentrée en France s'ils faisaient une pétition à l'Empereur pour le jour de sa fête. Ils ont refusé. J'ai lu une lettre écrite par un de ces enragés fous qui écrivait à sa femme ce que je dis.

Cet homme était garde du bois de Boulogne, il avait une jolie maison, un jardin et 1 500 francs d'appointements. Il fallut lui ôter sa place, car il était affilié aux sociétés secrètes, il devint ouvrier dans une usine à gaz et gagnait huit francs par jour, mais il conspirait toujours sans souci de sa femme et de son fils. Il y a quelques mois, on a dû l'envoyer en Algérie.

Les affaires anglaises dans l'Inde ne s'améliorent pas, et l'irritation des Musulmans dans l'Empire turc augmente.

Le ministère des Colonies sera rue de Rivoli au coin de la place des Pyramides ; on meuble en ce moment les appartements.

Beaucoup de gens vont à Cherbourg pour assister aux fêtes. Notre flotte y sera fort bien représentée et n'aura rien à craindre d'une comparaison avec celle que la reine d'Angleterre traîne à sa suite avec autant de bon goût que d'à-propos.

Mercredi 28 juillet

Rien de nouveau en politique, le congrès des Principautés avance peu dans sa besogne, on a fini à Paris par ne plus guère s'en occuper.

En Chine, après avoir enlevé les forts qui défendent la rivière conduisant à Peking, nos bâtiments de concert avec ceux des Anglais s'avancent vers cette capitale. A Canton nous n'avons pas réussi à repousser les rassemblements de troupes chinoises qui observent la ville.

Dans l'Inde la situation est la même.

Le prince Napoléon travaille jusqu'à ce moment fort obscurément à son ministère, mais il cherche à se créer des partisans, à faire flèche d'une certaine popularité en se montrant bon prince. Il y a trois jours, il est venu dîner près de Port Marly chez Halévy, le secrétaire perpétuel de l'Académie des beaux-arts.

Lord Henry Seymour me racontait hier une petite anecdote qui mérite de trouver sa place ici ; elle peint nos mœurs et l'état de notre société.

La marquise de Contades (Mlle de Castellane) était encore la maîtresse de Coislin, lorsqu'il lui prit fantaisie de coucher aussi avec Lord Henry Seymour. Jamais il n'a rencontré, m'a-t-il dit, une plus savante p... La dame se trouvait fort bien de ses deux amants, mais Lord Henry Seymour finit par se trouver fort mal de cette maîtresse en partie double, et Coislin avoua depuis qu'il ne s'en trouvait pas mieux.

Mme la marquise de Contades avait donné une bonne maladie vénérienne à ses deux amis ; j'ignore comment s'en est tiré Coislin, quant à Seymour, il lui fallut quatre mois de soins pour recouvrer la santé.

Lord Seymour fit des reproches à la marquise qui les repoussa avec hauteur, mais il insista et finit par exiger qu'elle consultât Andral.

Le résultat de la consultation fut de constater l'infection de la marquise.

Les relations cessèrent, la marquise se fit probablement guérir, car elle devint la maîtresse de Fleury et de beaucoup d'autres. Elle perdit son mari, il y a deux ans, je crois, et alors elle dépêcha à Lord Seymour ce pauvre niais de Coislin pour lui demander s'il voulait l'épouser. Seymour fut pris d'un rire fou à cette demande faite sérieusement par Coislin et il finit par lui dire : « Vous me prenez donc pour un sot fieffé ou vous me croyez tombé en enfance. »

La marquise, frustrée dans ses espérances matrimoniales, a pris une lanterne, et comme Diogène elle ne cesse de chercher un homme.

En causant avec *** je vins à parler du marquis ***, et il me dit : « C'est un homme de beaucoup de sang-froid et de présence d'esprit.

« J'étais chez sa femme un matin, rue de la Victoire, assis sur le divan de son boudoir, nous parlions peu, mais tandis que mes mains perdues sous les vêtements de la marquise cherchaient à lui procurer les sensations les plus agréables, elle, la pauvre femme, par reconnaissance, laissait égarer ses lèvres vers les parties de moi-même les plus sensibles aux mêmes sensations.

« Le silence le plus complet régnait dans notre nid : *** survient, et n'entendant aucun bruit, il écarte les rideaux de la portière et nous voit ! Maître de lui comme de... (je ne trouve pas de terme de comparaison), il retourne vers l'antichambre, et de la voix la plus calme il demande au valet de pied : "Où donc est Madame ?"

« Lorsqu'il revint vers le boudoir, mes mains et les lèvres de Mme *** étaient redevenues décentes ! »

Qu'on dise après cela que *** n'est pas un grand diplomate !

Vendredi 30 juillet

Il est fort question dans le monde de Paris et même en haut lieu d'une nouvelle combinaison du parti orléaniste auquel le parti rouge, par l'organe de Monsieur Ollivier, son député, aurait promis son appui.

Monsieur Guizot se rend, dit-on, auprès de Monseigneur le comte de Chambord pour lui demander de renoncer à ses prétentions en faveur de Monsieur le comte de Paris ; il doit lui représenter que depuis longtemps marié et sans enfants, il ne peut plus espérer de postérité et que par sa renonciation aux droits qu'il tient de sa naissance, il rallierait les deux fractions de l'opinion royaliste contre l'Empire ; on lui promettrait d'ailleurs en dehors de la royauté à laquelle il renoncerait une position aussi haute qu'il la voudrait fixer. En un mot on lui demande d'abdiquer le principe de la légitimité royaliste pour reconnaître celui de la royauté bâtarde de 1830.

Et c'est au nom de Monsieur le comte de Paris (élève de M.E. Thomas) qui n'a pas voulu de la fusion consentie par ses oncles qu'on viendrait lui faire une telle proposition. Pour l'honneur de Monseigneur le comte de Chambord nous espérons qu'il la refusera. L'acceptât-il, peu de royalistes le suivraient dans cette voie.

Les Orléanistes répandent que si cette fusion peut s'opérer par suite de la renonciation de Monseigneur le comte de Chambord, la reine Victoria mariera sa seconde fille à Monsieur le comte de Paris.

Dimanche 8 août

L'Empereur et l'Impératrice sont à Cherbourg au milieu des fêtes ; la reine d'Angleterre est repartie. Sous les discours et les protestations d'amitié que les souverains se sont prodigués, ce qui est certain, c'est que l'Angleterre est froissée de voir la France comme marine s'augmenter, et que la France n'est pas fâchée de montrer à l'Angleterre qu'il ne serait pas bon de la traiter trop cavalièrement.

L'Empereur, avec sa merveilleuse intelligence, a compris que la France pour être une grande nation devait pouvoir rayonner extérieurement par sa marine. Mais pour réédifier la marine française, il faut la paix, et l'Empereur maintiendra la paix jusqu'au jour où le pays sera prêt.

Le ministre d'État a, comme tous les ans, une liste de décorations accordées pitoyable.

Théophile Gautier, officier de la Légion d'honneur, ainsi qu'Arsène Houssaye.

L'un est un feuilletoniste qui a écrit *Mademoiselle de Maupin* et qui a imprimé, il y a peu d'années : « Cocu béat comme saint Joseph ! »

L'autre est l'auteur du *Roi Voltaire* que la saine littérature condamne et dont Granier de Cassagnac, le journaliste littéraire du gouvernement, flétrit les tendances.

Il y a aussi Olivier de Walsh, le chambellan, fils et frère de filous et un peu filou lui-même, jadis entretenu par Madame de Coislin, comme Belmont, son défunt collègue, l'avait été par Madame de Lauriston.

Enfin, toute la rédaction du *Moniteur*, il faut l'espérer, sera avant peu décorée.

La comtesse Walewska est à Cherbourg, c'est une nouvelle dont on s'entretient.

Mardi 17 août

L'Empereur est partout reçu avec enthousiasme, en Bretagne l'accueil que lui font les populations est merveilleux ; elles viennent en masse sur son passage avec leurs maires et leurs curés. A Notre-Dame d'Auray, la foule était immense. L'Empereur a fait distribuer des petites médailles d'argent commémoratives de son pèlerinage à la chapelle de la sainte vénérée des Bretons.

A Cherbourg, la cordiale entente avec les Anglais n'existait que dans les discours officiels ; dans deux ou trois circonstances il a failli y avoir collision entre la populace et les matelots anglais.

Le duc de Malakof se faisait remarquer par ses excentricités, ainsi il répondait à Morel Fatio qui lui demandait s'il commençait à savoir l'anglais :

« Très peu, mais je vais tous les jours au *zoological garden* et j'ai d'abord appris les noms des animaux, puis j'apprends à leur parler et quand on sait parler aux animaux, on sait parler aux Anglais. »

Le général Codrington était à côté du maréchal.

Un matin, au déjeuner de Leurs Majestés, le duc de Malakof se plaignit qu'aux réceptions de la reine d'Angleterre l'ambassade française ne passât qu'après celle de Turquie, et il dit : « Ce n'est pas amusant de faire queue après des Turcs. »

L'Impératrice lui répondit : « Mais, Monsieur le maréchal, le congrès de Vienne a décidé que dans toutes les cérémonies les ambassadeurs prendraient rang suivant la date d'ancienneté de leurs lettres de créance, et ce point de cérémonial réglé par le congrès de Vienne fait loi.

— Madame, a répondu le duc de Malakof, je croyais que depuis le congrès de Paris, il ne devait plus être question du congrès de Vienne. »

L'Angleterre qui fait tant de bruit pour notre port de Cherbourg construit un véritable Gibraltar à cinq lieues des côtes de France, à l'entrée de la Manche, dans une des îles du groupe de Jersey.

Les journaux anglais affectent le plus profond mépris pour la marine française, ils impriment que depuis qu'ils ont vu la flotte française à Cherbourg ils n'éprouvent plus aucune crainte, car il suffirait de deux ou trois bateaux à vapeur anglais pour détruire ces vaisseaux français, mal manœuvrés par nos ignorants officiers et par nos grossiers équipages.

La mauvaise humeur de messieurs les Anglais prouverait mieux que tout autre chose, s'il en était besoin, que notre marine n'est pas à dédaigner.

Nous avons eu dimanche dernier fête et feu d'artifice chez la Princesse Mathilde à St-Gratien pour célébrer la St-Napoléon.

Samedi 21 août

Il paraît décidément que le duc de Malakof épouse une très jeune, très élégante et très jolie Espagnole qui accompagne toujours Mme la duchesse de Montijo et qui lui est même un peu parente. Ce duc a soixante-cinq ans, il est court, gros, sans taille, sans manières, sans distinction, ses cheveux sont blancs, son visage est rouge.

La demoiselle a vingt-cinq ans !

Le Sir de Framboisy pourra se repentir un jour de cette folie de jeunesse.

Les affaires des Anglais dans l'Inde ne sont pas merveilleuses ; ils doutent en ce moment des Gorkas, du Népaul, du Cachemire, enfin de tous les Indiens qui avaient été jusqu'à présent leurs alliés. Ils continuent leur système d'extrême rigueur, les exécutions se font toujours sur une grande échelle.

L'Irlande est très agitée, des troubles sérieux y ont éclaté.

Vendredi 27 août

Le duc de Malakof a décidément quitté Londres pour venir épouser à Paris la charmante sœur du marquis de Paniega.

Une pétition se couvre de signatures en Bretagne pour prier l'Empereur de donner au Prince Impérial le titre de duc de Bretagne.

Il y a déjà un mécontentement général contre l'administration du ministère des Colonies et tous ceux qui ont des rapports avec le prince Napoléon ne tarissent pas sur son inaptitude à des fonctions quelconques, quoiqu'il soit loin d'être inintelligent ; mais son esprit frondeur, hargneux, peu pratique, sans suite et sans moralité, sa hauteur escortée de démagogisme lui aliènent tout le monde.

Vendredi 3 septembre

Un journal de Maurice annonce le débarquement d'une expédition anglaise à Madagascar. Le *Morning Herald* répond que cette expédition est française et point anglaise. L'*Indépendance* dit de son côté que le gouvernement français a fait demander des explications.

Qu'y a-t-il de vrai dans tout cela, on ne peut tarder à le savoir.

Mercredi 8 septembre

La *Presse*, d'après le *Liverpool Albion*, publie le testament de la duchesse d'Orléans. Je ne trouve rien de bien remarquable à cette pièce.

La duchesse pardonne à tous ceux qui ont pu *l'offenser et l'affliger* ; elle devrait bien plutôt solliciter le pardon de la famille de son mari pour avoir exigé l'abdication du roi Louis-Philippe.

Elle recommande à ses fils de rester *fermes dans leur foi politique.* Il est presque inutile de démontrer que *leur foi politique* repose sur l'absence de tout principe, car la prétendue royauté de leur aïeul était le résultat d'une sorte d'escamotage. Ce n'était pas la légitimité nationale.

La duchesse d'Orléans n'a jamais voulu comme ses beaux-frères reconnaître la nécessité de la fusion ; elle comptait revenir au trône de France appuyée par le parti démocratique, et gouverner sous le nom de son fils avec un parti parlementaire, en maniant un jeu de bascule qui nous aurait reconduit à de nouvelles révolutions.

Enfin elle demande, le jour où ses enfants rentreront en France, à être transportée à Dreux près de son mari.

En somme le testament de la duchesse d'Orléans, que ses partisans admirent comme une œuvre touchante, est fort insignifiant.

La duchesse d'Orléans est une femme qu'on a toujours surfaite : intrigante, capable de tout pour arriver à son but, et décidée à tout même à une révolution depuis le jour où Louis-Philippe, qui la jugeait ce qu'elle valait, avait par une loi décidé de la question de la régence en faveur du duc de Nemours.

Les races des ducs d'Orléans de la famille de Bourbon ont été mauvaises ; Gaston, frère de Louis XIII, ne savait que conspirer et conduire ses amis à l'échafaud. Monsieur, frère de Louis XIV, était un pauvre sire. Le duc d'Orléans, régent sous la minorité de Louis XV, a corrompu la France. Philippe Égalité a fait guillotiner Louis XVI. Louis-Philippe a préparé et a profité de la révolution de 1830, et quand il est tombé du trône si lâchement, ses fils ont été plus lâches encore.

Dieu veuille que nous ne voyions jamais les rejetons de cette race assis sur le trône de France.

Port Marly 3 octobre

Retiré depuis trois mois à la campagne, j'y entends peu de nouvelles et les bruits du monde ne parviennent guère jusqu'à moi, aussi mon livre se ressent-il de cette paresse et de ce repos de mon esprit.

Je dois cependant noter la réception d'une lettre du comte Cavour qui m'a écrit très aimablement en m'envoyant la croix de St-Maurice et Lazare.

Nous avons un traité avec la Chine qui est ouverte à notre commerce et à nos missionnaires et nous allons, dit-on, en Cochinchine [1].

L'Empereur est au camp de Châlons, il a envoyé le prince Napoléon à Varsovie auprès de l'empereur de Russie, j'ignore quelle mission le prince est allé y accomplir.

Entre l'Angleterre et la France, toujours même animosité, malgré les belles assertions du comte de Montebello dans un dîner qu'il a fait à Londres.

Les Félix Piat et autres gredins de même espèce ont tenu un *meeting* à Londres, où ils ont débité tout leur vocabulaire d'infamies.

La Princesse Mathilde est de retour d'un petit voyage qu'elle vient de faire en Italie ; elle est peu charmée.

Le *Journal des débats* attaquait hier assez vivement et je le crains assez justement la restauration des tableaux de Rubens.

---

1. Le meurtre d'un ecclésiastique français et l'arrestation par les Chinois de l'équipage d'un navire britannique motivèrent l'intervention franco-britannique en Chine, dont les véritables buts étaient économiques. Après avoir bombardé et occupé Canton, les Franco-Britanniques débarquèrent en avril 1858 à l'embouchure du Peï-Ho, en Chine du Nord, et imposèrent au gouvernement de Pékin les traités de Tien-Tsin des 26 et 28 juin suivants. Ceux-ci ouvraient six nouveaux ports chinois au commerce européen et protégeaient les missionnaires, mais les Chinois refusèrent de les appliquer. Après la signature de ces traités, la France s'est retournée contre la Cochinchine, où l'empereur d'Annam Tu Duc avait déclenché des persécutions sanglantes contre les chrétiens. En août, la flotte de l'amiral Rigault de Genouilly a bombardé Tourane. Ne disposant pas de moyens suffisants, celui-ci ne peut encore pousser plus loin son avantage.

Nieuwerkerke n'a pas voulu me croire lorsque je lui ai dit ce qu'il en résulterait ; il ne croira pas l'opinion des journaux.

Villot a obtenu de faire subir la même opération au *Saint-Michel* de Raphaël !

Après l'Agésilas hélas !
Mais après l'Attila hola !

Le Piémont s'est fort lié avec la Russie ; l'Autriche s'en effraye et elle n'a plus pour grande alliée que l'Angleterre.

L'île Périm n'est pas évacuée et elle ne le sera probablement pas.

Samedi 9 octobre

Lord Stratford de Redclif est reçu à Constantinople avec de grands honneurs, on sait maintenant qu'il a une mission.

L'Angleterre veut obtenir du Sultan la cession de Périm, ou plutôt sa location pour cent ans ; si elle l'obtient, qui lui fera rendre cette île dans cent ans ?

Nous envoyons deux vaisseaux de guerre devant le port de Lisbonne pour appuyer des réclamations que le petit roi de Portugal ne veut pas écouter. Il s'agit d'un vaisseau français transportant des nègres engagés, et saisi comme négrier.

Depuis longtemps je poursuis devant le directeur général des douanes la réforme du stupide règlement qui n'admet en franchise que les objets d'art antérieurs au XVIe siècle.

Voici la réponse du directeur général à mon dernier factum :

Monsieur le comte,

Vous m'avez fait l'honneur de m'écrire sous la date du 30 septembre dernier, à l'effet de proposer une réforme qui vous semblerait devoir être apportée utilement à la législation douanière qui régit les objets de collection.

La date du XVIe siècle fixée pour leur admission vous semble une barrière aussi arbitrairement limitée que contraire à l'intérêt des arts, en ce sens qu'elle s'oppose à la formation ou à l'accroissement des musées ou des collections particulières. Les beaux modèles de l'Italie et de l'Allemagne se trouvent ainsi exclus du bénéfice de la franchise, pour faire place aux productions antérieures qui sont plutôt, selon vous, des *objets de curiosité* que des objets d'art.

Déjà, Monsieur le comte, reconnaissant toute la justesse d'observations qui m'avaient été soumises dans le même sens par Monsieur le baron de Monville, je me suis empressé de prendre l'initiative d'une démarche auprès de S.E. le ministre des Finances, tendant à ce que le terme de XIXe siècle fût substitué à la date du XVIe ; ainsi se trouverait apaisée la crainte par vous manifestée de voir les objets les plus précieux se perdre au détriment de la France dans les collections étrangères. Mais comme l'industrie nationale se trouve par plusieurs côtés engagée dans la question, il était indispensable que le département de l'Agriculture et du Commerce fût préalablement consulté. J'ai en conséquence, par mon rapport en date du 21 juin dernier, prié Monsieur le ministre des Finances de vouloir bien saisir son collègue Monsieur Rouher de l'examen de la question et provoquer son adhésion à la modification du tarif par laquelle je propose de la résoudre.

Ceci posé, je dois vous faire remarquer, Monsieur le comte, que les porcelaines chinoises que vous considérez comme des objets de collection et auxquelles vous désireriez que le régime de la franchise absolue fût appliqué n'ont jamais à aucune époque été, ni dû être au point de vue du tarif d'entrée, rangées dans cette catégorie. Il s'agit ici d'une question qui a beaucoup de gravité et qui importe très sérieusement à l'industrie française dont l'intérêt en pareille matière doit tenir sa place autant au moins que celui des arts. Si nos fabricants ne se trouvent que faiblement touchés par l'introduction d'objets anciens d'autre nature qui ne sont pas à proprement parler des objets de commerce, qui ne peuvent trouver place que dans des collections ou des musées et dont l'importation est généralement restreinte, il n'en est pas de même en ce qui concerne les porcelaines dont l'utilité est constante, dont l'usage même, lorsqu'il s'agit de vieilles porcelaines, s'est répandu et se répand encore dans les habitudes ordinaires de certaines classes de la société, et qui pourraient ainsi faire une concurrence dommageable aux produits similaires français. Aussi a-t-on cru donner une satisfaction suffisante au goût des porcelaines chinoises, et concilier sagement les intérêts de l'industrie et ceux des arts en assimilant les *vieilles porcelaines* aux meubles qui aux termes de la loi ne sont passibles que du droit de 15 % de leur valeur.

J'estime en conséquence, Monsieur le comte, que ce côté de vos observations a reçu d'avance par cette disposition exceptionnelle du tarif tout l'apaisement qu'il est prudemment possible de leur accorder.

Agréez, Monsieur le comte, l'assurance de ma considération la plus distinguée.

Le conseiller d'État :
Directeur général Gréterin

Je répondrai à cette lettre dans laquelle me semblent mal compris les vrais principes.

Mardi 19 octobre

Je rentre aujourd'hui à Paris et je quitte non sans regrets ma petite retraite de Port Marly où j'ai passé trois mois au milieu de tout ce qui procure un repos heureux.

Il se confirme que Lord Stratford de Redclif a pour mission à Constantinople d'obtenir du Sultan non seulement la location pour cinquante ans de l'île Périm, mais encore celle de quelques autres places sur le littoral de la mer Rouge, où elle établirait des forts et des stations navales.

C'est la fable de *la lice et de sa compagne*, qui donc dans cinquante ans, et lorsque l'Angleterre bien fortifiée sur tous ces points en aura encore mieux qu'aujourd'hui reconnu l'avantage, entreprendra de la déposséder ?

D'un autre côté, l'Angleterre voudrait bien intervenir dans l'affaire du Portugal, sachant que trois bâtiments de guerre français sont dans le Tage, elle y a dépêché trois vaisseaux anglais pour mettre le bon accord entre la France et l'Angleterre.

Samedi 23 octobre

Le différend avec le Portugal est arrangé ; cette puissance nous rend notre vaisseau, relâche son capitaine et accepte le chiffre de l'indemnité réclamée.

Nous allons voir maintenant ce qu'il adviendra de la mission de Lord Stratford à Constantinople et des prétentions de l'Angleterre à se faire céder par la Porte les points les plus importants de la mer Rouge, ainsi que l'île de Périm.

Le préfet de la Seine travaille activement à se faire autoriser à transformer en maison de banque la caisse de l'Hôtel de Ville ; il exécuterait alors sans l'assistance des compagnies financières les grands travaux proposés, et le maniement des fonds considérables qu'il pourrait tripoter lui serait plus avantageux personnellement que les pots-de-vin qu'il se fait octroyer sur chaque affaire.

Le boulevard du prince Eugène n'est point encore accordé par suite de cette nouvelle combinaison, quoiqu'on ait accédé à la demande de Monsieur Haussmann qui prétendait pour sa part à *six cent mille francs* !

Les grands travaux à exécuter à Marseille échappent à Mirès. Le conseil municipal de cette ville ne veut pas traiter avec le *grand* banquier, il a mandé M. de Chambine pour lui demander de se charger de cette grande entreprise.

Il n'y aurait point de voyage à Compiègne cette année si ce que l'on dit est vrai. Il paraît que les travaux commencés l'année dernière dans les appartements du château ne sont pas terminés.

Hier, la Princesse Mathilde a beaucoup parlé devant les Giraud d'Alexandre Dumas, et elle a déclaré qu'il était devenu tout à fait impossible, qu'elle l'avait d'ailleurs toujours regardé comme un *pantin* amusant et qu'elle avait aimé à l'attirer chez elle comme *pantin.*

A peine ce mot était-il lâché qu'E. Giraud laisse percer une véritable indignation ; alors la Princesse explique son mot *pantin.*

« Je ne pouvais pas inviter Dumas parce qu'il était homme de grande naissance, puisque c'est un bâtard à moitié nègre. Je ne pouvais pas l'attirer pour les grands emplois qu'il occupe, car il n'est rien. C'était donc son esprit et rien que son esprit qui me le faisait rechercher.

« Je voulais de lui son esprit pour amuser le mien, sa verve inépuisable pour animer mes réunions intimes, et si je le nomme mon *pantin*, c'est que je donne ce nom à tout ce qui m'amuse. »

E. Giraud est resté très froissé de cette définition et m'a dit le soir en remontant dans sa chambre : « *Nous autres artistes nous sommes tous des pantins pour la Princesse.* »

La Princesse Mathilde, mal conseillée, a eu selon moi le grand tort de mettre des artistes dans son intimité ; elle ne les connaît pas moralement, les artistes, loin d'être flattés de se trouver dans les salons des grands seigneurs, s'y trouvent très malheureux ; leur caractère ombrageux les rend moroses, ils sont jaloux de toute supériorité, ils y prennent en haine les distinctions sociales qui ne les établissent pas au premier rang, et devant eux la conversation devient fort difficile, parce que chaque mot d'une personne du monde leur paraît l'indice d'une intention blessante pour eux.

Les artistes n'admettent pas qu'un *homme du monde* puisse être un véritable artiste, mais ils ne savent pas pourquoi eux artistes ne seraient pas de vrais hommes du monde.

Ils ne veulent pas s'avouer que ce qui les a introduits dans une société à laquelle ils n'appartiennent pas par leur naissance, c'est leur talent, et que s'ils se dépouillent de l'expression de leur génie ou de leur talent, en un mot de leur originalité, ils n'ont plus de raison de s'y trouver, et ils tombent au-dessous du dernier des membres de cette société.

L'artiste veut aller dans le monde et y installer son *aristocratie* dénigrante, y être honoré et respecté parce qu'il est artiste, sans cependant faire aucun frais pour contribuer aux agréments de ce monde.

Le monde doit recevoir les artistes les jours d'apparat, mais dans les intimités restreintes, c'est un tort.

Les dernières nouvelles de l'Inde sont peu favorables aux Anglais. Les insurrections que l'on croit éteintes renaissent, et malgré les renforts qui ne cessent de partir d'Angleterre l'armée anglaise dans les Indes n'est pas en état d'entreprendre de grandes choses. Le climat dévore les hommes, et ceux qui survivent après six mois de campagne n'ont plus que le désir de revoir l'Angleterre avec le fruit de leurs pillages, car l'Anglais qui, dit-il, veut pacifier l'Inde a soin de la bien piller avant. A la prise de Delhi les officiers et les soldats ont enlevé de cette malheureuse ville pour cinquante millions de butin.

Jeudi 28 octobre

Hier, Chaumont Quitry, chambellan de l'Empereur, chargé d'aller à St-Gratien inviter la Princesse Mathilde de la part de l'Empereur à passer douze jours à Compiègne, est venu me prendre au Louvre pour l'accompagner, et nous sommes partis par la poste particulière de Sa Majesté.

Le voyage de Compiègne a lieu malgré le peu de désir qu'en avait l'Empereur, il a cédé aux instances de l'Impératrice et les listes ont été dressées.

Ces listes sont comme toutes les autres années fort étranges ; il semblerait en les lisant que la reine d'Angleterre les ait faites pour un séjour à Windsor et que sa gracieuseté ait bien voulu y admettre quelques Français.

Les Anglais y dominent, il paraît que nous ne sommes pas d'assez bonne compagnie pour l'Impératrice.

Cependant, et comme honorable exception, Messieurs Mérimée, Violet Leduc et Édouard Delessert sont chargés de représenter la France à Compiègne.

La Princesse Mathilde nous a reçus avec sa bienveillance habituelle, nous sommes restés à dîner et ne sommes repartis qu'à onze heures.

Dans la soirée, Nieuwerkerke, le général Bougenel, Vimercati se sont mis à jouer dans un premier salon. La Princesse, Quitry et moi nous sommes retirés dans le salon où a eu lieu la conversation suivante que je vais essayer de rapporter.

Nous avions avec nous Madame Vimercati et la baronne de Fly, lectrice de la Princesse, mais ces deux personnages muets ne témoignaient pas même par un hochement de tête prendre une part quelconque à la conversation.

Il a d'abord été question d'un nouvel acte de népotisme de Monsieur Magne qui vient de nommer d'emblée son fils orné de vingt-deux printemps à une place de receveur général !

Puis, la Princesse a dit combien elle regrettait dans l'intérêt de Walewski la publicité donnée au cadeau que l'Empereur lui a fait d'une terre rapportant cent mille francs dans le département des Landes [1]. Ce cadeau, a ajouté la Princesse, rend Walewski presque impossible, je reçois d'Allemagne des lettres qui témoignent du discrédit dans lequel il est tombé depuis qu'on le suppose payé comme mari de la favorite, et Dieu sait qu'il ne se doute pas de l'infidélité de sa femme. Marianne est une véritable petite rouée qui a su tout en couchant avec l'Empereur se faire l'amie de l'Impératrice, mais elle a une peur bleue de son mari, et je mettrais ma main au feu que Walewski ignore tout.

Chaumont Quitry n'a pas été de cet avis ; il a répondu à la Princesse :

« Votre Altesse impériale est, je crois, dans l'erreur la plus complète ; l'ignorance de Walewski est une comédie ; je l'ai vu, de mes deux yeux vu dans le parc de Villeneuve, tourner la tête et rebrousser chemin lorsqu'il entrevoyait dans une allée l'Empereur et sa femme. Mais j'ai vu mieux que cela cette année à Cherbourg.

« Un matin, Walewski et moi, nous nous trouvions dans une pièce qui précédait la chambre de l'Empereur. Mocquard arrive pour parler à son souverain, il ouvre la porte sans frapper, puis recule stupéfait et tombe dans mes bras ; par la porte ouverte j'avais pu voir Madame Walewska

1. Il s'agit du domaine des marais d'Orx attribué au comte Walewski le 24 mars 1858.

aux bras de l'Empereur, et Walewski, placé à côté de moi, a dû voir tout ce que j'ai vu. »

La Princesse Mathilde malgré cela ne peut croire Walewski assez dégradé pour supporter le déshonneur *payé*.

« Je sais, a-t-elle repris, que l'Empereur est très imprudent, qu'il ne se gêne guère et que l'année dernière à Compiègne comme nous étions tous en chemin de fer dans le wagon impérial divisé en deux compartiments, Mme Hamelin et moi avons été témoins des entraînements amoureux de Sa Majesté pour Marianne Walewska.

« Mme Hamelin et moi étions assises contre la porte battante qui sépare les deux compartiments. L'Empereur était seul d'un côté avec Marianne, l'Impératrice, Walewski, tout le monde enfin se trouvait dans l'autre compartiment. La porte battait par le mouvement même du wagon et nous a permis de voir mon très cher cousin à cheval sur les genoux de Marianne, l'embrassant sur la bouche et plongeant une main dans son sein.

« D'ailleurs l'Empereur ne dissimule pas beaucoup, il n'est point tout à fait indiscret, ainsi il ne parle jamais le premier de ses bonnes fortunes, mais si on l'interroge il répond franchement. L'année dernière à un bal des Tuileries je le voyais soucieux et je lui en demandai la cause. "*J'ai fort mal à la tête*, me dit-il, *et de plus je suis poursuivi par trois femmes.*

— Comment, lui répondis-je, pouvez-vous vous donner ce tracas, trois femmes, c'est une folie !

— *J'ai, voyez-vous*, reprit l'Empereur, *la blonde du rez-de-chaussée dont je cherche à me défaire* (Mme de la Bedollière).

"*J'ai ensuite la dame du premier* (la comtesse Castiglione) *qui est sans doute fort belle, mais elle est insignifiante et insipide, elle m'assomme.*

"*J'ai encore la blonde du second* (Mme Walewska) *qui celle-là est en chasse de moi et me poursuit.*

— Mais l'Impératrice ? objectai-je.

— *L'Impératrice*, me dit l'Empereur, *je lui ai été fidèle pendant les six premiers mois de notre union, mais j'ai besoin de petites distractions et je reviens toujours à elle avec plaisir.*" »

!

Le soir après cette conversation, en revenant à Paris, Quitry me disait qu'il avait quelquefois surpris l'Empereur en bonne fortune que dans ces cas-là, l'Empereur le salue et tire sa moustache, que lui en fait autant sans rire, tous deux avec la gravité des chantres entonnant l'Épître et que tout est dit.

« Cette petite intrigante de Madame Walewska est une si rouée putain, a ajouté Quitry, que je l'ai surprise un jour à deux pouces d'une langue fourrée avec Fould.

« Soyez certain que malgré tout ce que peut penser la Princesse sur l'honorabilité de Walewski il est complice de sa femme. Il était presque démoli, il y a deux ans, par Persigny. Fould le détestait ; d'un autre côté Madame Walewska avait des dettes criardes ; aujourd'hui la position de Walewski est raffermie, et les dettes criardes de Madame Walewska sont éteintes ; tout n'est-il pas pour le mieux ?

« J'oubliais de dire que dans l'opinion de la Princesse l'Empereur a dû faciliter les *voies* du mariage au duc de Malakof. »

De onze heures à minuit, dans notre coupé de poste et sur la grande route, nous avons parlé de la délicatesse en affaires d'argent de bon nombre de gens en crédit. Il y a bien des saletés à faire lever le cœur parmi tous ces gens-là.

Vendredi 29 octobre

Le *Moniteur* contient ce matin un rapport fort bien fait du prince Napoléon sur l'organisation des pouvoirs et administrations en Algérie ; plusieurs décrets de l'Empereur accompagnent ce rapport dont ils adoptent les vues.

Une plus grande extension du pouvoir civil et dans un grand nombre de cas pour la meilleure expédition des affaires une sage décentralisation ; le pouvoir des préfets augmenté, etc. Enfin le rapport est bon et avantageux à notre colonie.

Le procureur impérial près le tribunal de la Seine a fait saisir le journal *Le Correspondant* à propos d'un article de M. de Montalembert qui a pour titre : *Un débat sur l'Inde au Parlement anglais.* L'éditeur du journal et l'auteur de l'article sont également poursuivis [1].

J'ai vu hier au Cercle impérial La Valette qui arrive d'Angleterre ; il m'a dit que l'indignation contre Walewski y est extrême. On lui reprochait d'avoir fait une alliance russe et on lui en voulait de ce que la nation anglaise nomme une trahison envers l'alliance anglaise ; mais quand le *Moniteur* est venu annoncer qu'il recevait une terre considérable en récompense de ses services dans les Trois Royaumes on a été fort aise d'avoir un sujet de mépriser notre ministre des Affaires étrangères et on a dit : « *Le comte Walewski n'est plus un gentleman, c'est un maquereau !* »

Je dois ajouter que personne ici ne croit comme la Princesse Mathilde à l'innocente ignorance de Walewski.

---

1. Dans cet article, publié le 25, Montalembert a écrit : « Quand je sens que le marasme me gagne, quand les oreilles me tintent, tantôt du bourdonnement des chroniqueurs d'antichambre, tantôt du fracas des fanatiques qui se croient nos maîtres et des hypocrites qui nous croient leurs dupes, quand j'étouffe sous le poids d'une atmosphère chargée de miasmes serviles et corrupteurs, je cours respirer un air plus pur et prendre un bain de vie dans la libre Angleterre. » Pour les suites judiciaires de cette affaire, voir les *Mémoires*, 25 novembre, 3 décembre et 29 décembre 1858.

Vendredi 5 novembre

Le *Times* prend parti contre nous dans l'affaire portugaise ; toute l'opposition anglaise fait chorus et prépare sur ce thème sa prochaine campagne contre le ministère Derby. Le ministère Derby de son côté pour parer à l'attaque qu'il prévoit nous fait blâmer par ses journaux.

Quant au canal de Suez dont les travaux vont commencer, l'Angleterre aurait obtenu, dit-on, non seulement la cession de l'île Périm, mais encore de plusieurs points importants du littoral de la mer Rouge.

Le général d'Orgoni qui, rappelé par l'Empereur des Birmans, veut repasser dans l'Inde ne peut obtenir passage sur un des vaisseaux de l'État, et d'un autre côté il est menacé d'arrestation par le ministère anglais s'il est rencontré en mer.

Walewski ne répond rien lorsque le général lui dit :

« Vous m'avez fait venir en France, vous devez me remettre en sûreté chez moi. »

Nous avons, il faut en convenir, une misérable attitude vis-à-vis de l'Angleterre.

La Birmanie s'offre à notre influence, à notre commerce, à notre religion, mais nous repoussons tout, tant nous avons peur de déplaire à l'Angleterre. Nous la servons en Chine, elle nous éreinte en Europe, et lorsqu'il s'agit de l'Inde, il nous est interdit de nous en mêler.

Monsieur de Montalembert, pour critiquer notre système de gouvernement, se voue à l'apologie quand même de la Constitution et du gouvernement anglais ; lui, l'ancien défenseur de la Pologne et le Don Quichotte de tous les opprimés, il a enfin découvert que l'Inde n'a jamais été opprimée par l'Angleterre, que les Hindous ont toujours été traités avec une grande loyauté et une grande mansuétude ; il ne peut pas nier l'histoire de la torture comme moyen coercitif pour le prélèvement des impôts, mais la torture était exercée par des indigènes collecteurs. Ces collecteurs relevaient bien de la *Compagnie des Indes*, on ne le peut nier, mais la Compagnie laissait faire parce que la torture avait toujours été employée dans l'Inde.

Voilà la bonne foi et la justice de Monsieur de Montalembert.

Malakof passe à l'état de Croquemitaine risible, il est impoli, grossier, et ses subordonnés même l'envoient faire f... parlant à sa personne. Il est de plus méchant et médisant quand il n'est pas calomniateur.

Dernièrement, à dîner chez la Princesse Mathilde, il soutenait que le général Blanchard feignait d'avoir été blessé devant Sébastopol. Reiset, pour l'arrêter, fut obligé de lui dire très net :

« Vous êtes dans l'erreur, Monsieur le maréchal, Blanchard, qui est mon cousin, est incapable de feindre une blessure, et d'ailleurs je l'ai soigné et j'ai vu sa blessure. »

Monsieur le duc de Malakof est le *lion* du moment pour la grossièreté de sa conversation ; voici ce que l'on raconte de nouveau de lui :

La reine d'Angleterre lui témoignait le regret qu'elle éprouve de voir le maréchal Bosquet si vite enlevé à la carrière active par les fatigues de ses campagnes en Afrique et en dernier lieu en Crimée.

« Les fatigues de la guerre ne sont pour rien dans les maux dont il souffre, répondit Malakof, Bosquet est une *cuisse folle* et voilà tout. »

La reine Victoria, ne comprenant pas, demanda l'explication de *cuisse folle* au prince Albert qui, nous l'espérons, aura pu la lui donner.

Voilà l'homme qui nous représente à Londres.

Techener va publier une petite édition de ma notice sur la reine Marie-Antoinette, pour l'opposer aux infâmes mémoires de Lauzun qu'on réédite, et à de prétendus mémoires inédits du comte de Lamothe (collier) dont on annonce la prochaine publication[1].

Fronsac Baroche vient de manquer, assure-t-on, un très beau mariage par suite d'une précaution économique de Monsieur son père.

Lorsque cet intéressant jeune homme parut au moment de la conscription devant le conseil, Madame sa mère et Monsieur son père aimèrent mieux le faire déclarer atteint de dartres incurables que de lui payer un remplaçant. Aujourd'hui il se trouve une jeune fille qui ne veut pas d'un *Fronsac dartreux* quoique Baroche. Je ne sais pas jusqu'à quel point un tribunal ne se croirait pas obligé de déclarer ce refus attentoire à la dignité d'un grand dignitaire et de son auguste famille.

Tous ces Baroche sont de fort laides grenouilles qui sont en train de se faire vilains bœufs.

Les frais d'installation du ministère confié au prince Napoléon s'élèvent à deux ou trois millions ; ils sont ordonnancés ; la Chambre décidera après coup.

Samedi 6 novembre

Nieuwerkerke arrive de Compiègne où il a pu enfin avoir avec l'Impératrice une explication qu'il désirait depuis longtemps. Il s'était aperçu d'une froideur marquée. L'Impératrice ne lui parlait plus et évitait même de rencontrer son regard, et il savait depuis deux jours que cette froideur

1. Louis Lacour a publié en mai sa première édition des *Mémoires* de Lauzun. Viel Castel parle plutôt ici de la deuxième, parue en novembre et aggravée d'une préface qui vaut à son auteur saisie et poursuites. Sur le procès, voir « Mérimée bibliophile » dans le *Mercure de France* du 1er juillet 1937, p. 78-81 et du 1er août 1937, p. 662-664. Malgré sa condamnation, Louis Lacour publiera encore l'*Affaire du collier. Mémoires inédits du comte de Lamotte-Valois sur sa vie et son époque (1754-1830)*. Comme l'annonce Viel Castel, grand admirateur de la reine, la réplique sera la sortie d'une brochure intitulée *Souvenirs historiques sur la reine Marie-Antoinette*, réédition d'un article qu'il a donné l'année précédente au *Bulletin du bibliophile*.

provenait de ce qu'il avait été assister à la toilette et au supplice de l'assassin de l'archevêque de Paris, du nommé Verger.

Il s'en est expliqué et a prouvé à l'Impératrice qu'il avait agi dans un but moral et religieux.

L'Impératrice est alors revenue de ses préventions et elle s'est montrée gaie et bienveillante.

Peu après, la cour a joué *aux petits jeux*. Un qui paraît très apprécié consiste à choisir un nom d'arbre et quand on jette un mouchoir à cet arbre, il est obligé de répondre par un proverbe.

Nieuwerkerke a eu la présence d'esprit de répondre à l'Impératrice qui lui jetait le mouchoir : « *A tous péchés miséricorde.* »

L'Impératrice a trouvé l'à-propos charmant, et le dernier verglas de sa froideur a disparu.

Dans le courant de la soirée l'Impératrice a demandé à Nieuwerkerke de lui indiquer des proverbes, car elle n'en avait plus dans la mémoire.

Nieuwerkerke s'est souvenu d'un proverbe de ma façon :

L'amour est un joli métier
On peut le faire sans soulier.

et le lui a indiqué.

L'Impératrice a déclaré qu'elle n'oserait jamais le dire cependant cinq minutes après, comme on lui lançait le mouchoir, elle a dit avec embarras :

Je connais un métier
Qu'on peut faire sans soulier.

Tout le monde s'est mis à rire, et le jeu a continué gaiement.

Voilà ce qu'est la faveur de la cour, aujourd'hui vous êtes au pinacle, demain vous êtes à peine regardé.

Moi aussi, j'ai eu mon jour de faveur, et je suis en disgrâce sans savoir pourquoi ; j'ai peut-être assisté sans m'en douter à l'exécution d'un Verger. Il est vrai que de Laborde est en faveur et qu'il doit me déchirer à belles dents.

Le malheur des souverains est de se laisser circonvenir par des intrigants ; si la fortune changeait, ils connaîtraient leur faute, mais ce serait inutilement.

Je vis fort bien malgré tout sans faveur, d'ailleurs la cour est si singulièrement composée qu'elle ne saurait m'offrir de grands attraits.

Ce n'est pas que les raisins soient trop verts et bons pour des goujats, mais c'est que véritablement je me sens trop bête pour me placer à la hauteur d'esprit de messieurs les courtisans.

Je n'ai jamais su imiter le soleil et la lune, ni le chant du coq, ni celui de la poule dinde !

Mercredi 10 novembre

Nieuwerkerke est reparti pour Compiègne lundi soir ; il y va en vertu de son bouton de chasse ; mais il n'est point invité au château ; il veut exploiter sa rentrée en grâce auprès de l'Impératrice, mais il fait une maladresse, c'est d'arriver à Compiègne le jour même où S.A.I. la Princesse Mathilde s'y rend par invitation.

Notre expédition en Cochinchine s'est emparée sans éprouver de pertes d'une ville du littoral.

On parle du ministère des Travaux publics pour Monsieur le préfet de Paris, Haussmann ; on doit bien cette récompense au plus grand voleur de l'époque.

Monsieur Holstein, protégé d'un autre voleur nommé Monsieur Mocquard, secrétaire de l'Empereur, vient d'obtenir pour la troisième fois en quelques années un privilège de théâtre.

Cette fois c'est le Cirque, quoique le titulaire ait encore quinze mois de concession, c'est s'y prendre à l'avance.

La société Holstein et Mocquard doit faire de beaux bénéfices.

Par le temps présent on ne demande aux voleurs que de ne pas se laisser prendre la main dans la poche du voisin.

Mardi 23 novembre

Rien de bien nouveau en politique, l'affaire du Danemark est en voie d'arrangement.

Nous sommes établis en Cochinchine.

L'Espagne a envoyé une expédition contre le Mexique, et les Anglais dans l'Inde sont toujours à la veille de triompher définitivement, mais la fidélité des Sicks est ébranlée, déjà un régiment s'est insurgé, et ils craignent d'avoir bientôt contre eux toute l'armée sick, forte de 80 000 hommes.

Mazzini regorge d'argent en ce moment ; d'où lui vient-il ?

La maréchale Magnan vient de mourir et elle est regrettée.

Boulay de la Meurthe, ancien vice-président de la République, se meurt, la gangrène est dans ses jambes.

Lefuel l'architecte, cet insolent drôle qui a construit le nouveau Louvre avec si peu d'intelligence, commence à déchoir dans l'opinion du ministre d'État.

Nos petits-fils s'ébahiront un jour de l'ineptie de ce Lefuel dont je suis encore à m'expliquer la soudaine faveur. Tout le monde le portait aux nues et maintenant tout le monde le porte sur ses épaules.

Mercredi 24 novembre

Les grands dignitaires de l'Empire ne sont pas heureux par leurs enfants.

Fould le ministre d'État a deux fils ; l'aîné fait de l'opposition orléaniste et ne veut pas paraître aux Tuileries. Le second qui est à Londres, après avoir enlevé une actrice du Théâtre français, menace d'ouvrir boutique de marchand de vin et d'inscrire sur sa porte :

Fould, fils du ministre d'État.

Baroche fils, autrement dit *Fronsac Baroche*, a suivi en Angleterre le convoi de la duchesse d'Orléans et a visité tous les membres de la famille.

De retour en France, il s'est rendu à Biarritz pendant le séjour qu'y a fait cet été l'Impératrice et il s'est trouvé fort surpris de n'être pas invité à un bal donné dans sa résidence impériale ; il a même fait demander la cause de cette exclusion. L'Impératrice a répondu qu'elle n'avait pas invité Baroche fils, parce qu'elle le supposait encore en deuil de la duchesse d'Orléans.

On prétend que la question italienne s'aggrave chaque jour et que la guerre contre l'Autriche pourrait bien être prochaine.

Jeudi 25 novembre

Hier, Montalembert s'est donné le plaisir de se faire condamner à six mois de prison et trois mille francs d'amende pour un article inséré dans le journal *Le Correspondant* et dans lequel il attaque vivement le gouvernement de la France par une comparaison avec celui de l'Angleterre.

Montalembert avait besoin d'attirer de nouveau l'attention sur lui, il entre dans le calendrier des martyrs, il doit être satisfait.

Mardi 30 novembre

Je dînais dimanche dernier chez S.A.I. la Princesse Mathilde avec le maréchal Canrobert, Thouvenel notre ambassadeur à Constantinople et plusieurs autres personnages.

Il a été fort question de Lord Stratford de Redclif, de son étrange caractère, de sa haine contre la France et du peu d'accord qu'il y avait dans ces derniers temps entre Bulwer et lui.

Thouvenel nous a parlé aussi des dettes criardes que laisse cet ambassadeur à Constantinople.

Lord Stratford voulait que le sultan lui donnât sous le nom de sa femme une magnifique propriété évaluée à douze millions de piastres, mais il n'a pu obtenir qu'une propriété valant à peu près un million de francs. Il a dit qu'il voulait y établir une sorte d'hôpital pour ses compatriotes. Cependant une fois la donation faite par le sultan Lady Stratford n'a pas laissé écouler un longtemps sans la mettre en vente !

Les dettes du sultan se montent à douze cent millions de piastres, c'est-à-dire à trois cent millions de francs.

Le prince Napoléon tient à faire parler de lui.

Les journaux du soir annonçaient hier que parmi les membres du Comité supérieur de l'Algérie, on verrait bientôt paraître au *Moniteur* les noms de Messieurs Émile de Girardin, Gervais (de Caen), le général Trochu, le duc de Valmy, Victor Fouché, le docteur Lévy.

Tous ces gens sont ou des ennemis du gouvernement, ou des intrigants de haute volée.

Jusques à quand, Catilina, abuseras-tu de notre patience ?

Vendredi 3 décembre

Monsieur de Montalembert, condamné ces jours derniers pour délit de presse, a été gracié par l'Empereur hier ; mais Monsieur de Montalembert interjette appel du jugement qui le condamne, repousse la grâce qui lui est accordée et se fonde sur ce qu'on ne peut gracier qu'un coupable atteint d'une condamnation définitive.

L'Empereur a été mal conseillé en accordant cette grâce, et le camouflet qu'il reçoit devrait lui servir de leçon.

Sur un rapport du prince Napoléon, l'Empereur a gracié un marchand de bois d'Amiens, transporté politique en Algérie. C'est un mauvais gueux de plus en France.

Il serait temps cependant d'en finir avec ce système de grâces ; les condamnés politiques qui reçoivent l'autorisation de rentrer en France y reviennent aigris et plus disposés aux conspirations qu'avant leur départ. La condamnation qu'ils ont subie les désigne avec leur titre de victimes à leurs coreligionnaires politiques comme chefs pour l'avenir. Tous ces transportés graciés agitent les communes dans lesquelles ils reviennent.

L'Empereur est comme Louis XVI, il croit trop que les conspirateurs n'attaquent que sa cause personnelle ; il ignore donc, comme Louis XVI, que la cause du pouvoir est la cause de l'ordre et de la société tout entière.

Louis XVI, au 10 août, voulait épargner le sang en interdisant aux Suisses de se défendre ; la Convention victorieuse par le 10 août en a fait répandre des torrents.

Louis-Philippe voulut également épargner le sang le 24 février 1848, et pour avoir respecté les jours de quelques centaines de mauvais émeutiers, nous avons eu la République et la bataille de juin, dans laquelle outre les simples officiers et les soldats il périt sept généraux et l'archevêque de Paris.

Jeudi 9 décembre

Le nouveau ministère des Colonies, ses tendances et ses commissions n'inspirent pas une grande confiance. Les colons se refusent plus que jamais à l'Algérie, le prix des propriétés y baisse, et le militaire y est mécontent ; les nominations de fonctionnaires ne sont pas heureuses, enfin le prince Napoléon désorganisera, comme on l'avait prévu, ce qui n'était déjà que trop peu organisé.

Les colonies militaires des Romains étaient un bon exemple à suivre, mais pour cela même nous ne le suivrons pas.

Il y a quelque agitation sourde en Italie.

Hier, je dînais au Cercle impérial avec le maréchal Canrobert et Villemain, le conseiller d'État, qui nous a raconté le fait suivant :

Le 15 avril 1848, Lamartine vint prévenir le général Duvivier commandant la garde mobile que le lendemain une manifestation populaire, partie du Champ-de-Mars et précédée de six cents assassins, devait venir égorger le gouvernement provisoire. Duvivier fit venir des canons de Vincennes, rassembla 4 000 hommes et le lendemain 16, il repoussa l'attroupement. Les journaux et les écrits du temps attribuèrent ce fait à Changarnier. Duvivier démentit publiquement leur allégation et cependant les historiens ont continué de faire honneur à Changarnier de cette affaire.

Dimanche 26 décembre

Montalembert est condamné de nouveau par la cour d'appel. Mais l'Empereur s'est prononcé, la grâce qu'il avait accordée subsiste.

Berryer a été assez malveillant dans sa plaidoirie et dans sa péroraison, il s'est écrié : « Moi je suis aussi allé au château de Ham pour y porter des consolations ! »

A ce propos rapporté à l'Empereur, il a souri, est entré dans son cabinet dont il est revenu au bout de quelques minutes, alors il a dit :

« Monsieur Berryer m'a donné dans ma prison de Ham pour première consolation le plaisir de lui payer trente mille francs le plaidoyer qu'il a prononcé pour moi devant la Chambre des pairs ; puis l'année suivante, il m'a encore donné la consolation de recevoir de lui la lettre que voici. »

La lettre de Berryer, lue par l'Empereur, sollicitait un secours de dix mille francs ; Berryer en avait un pressant besoin pour la fin du mois et il disait au prince Louis Napoléon : « Je m'adresse à vous, prince, car tous mes amis m'ont abandonné. »

Le prince fit remettre dix mille francs à Berryer qui les a très bien empochés !

La Russie et la France resserrent les liens d'affection et de politique qui se sont noués entre elles.

Le grand-duc Constantin est venu de Nice passer trois jours à Paris.

L'Angleterre est moins occupée en ce moment du procès Montalembert et du soin d'injurier la France et son gouvernement ; ses affaires intérieures et extérieures lui mettent martel en tête.

D'une part, les loges révolutionnaires découvertes en Irlande et dont les tentatives devaient être appuyées par un régiment irlandais des États-Unis qui devait venir en corps et commandé par ses officiers rendre visite à la verte Erin !

D'autre part, la grande croisade réformiste et socialiste de Monsieur Bright.

Le grand message annuel du président des États-Unis contient de curieux enseignements pour les cabinets européens.

L'Amérique n'admet pas l'intrusion des gouvernements européens dans les affaires de l'Amérique centrale, aux États-Unis seuls appartient le droit de s'emparer de ces immenses continents. Les États-Unis doivent aussi acquérir ou conquérir Cuba parce que cette île est à leur convenance.

Telle est en substance la morale politique exprimée par le message de Monsieur Buchanan[1].

Mercredi 29 décembre

Le *Moniteur* d'hier annonçait que l'Empereur, renouvelant sa première décision, a fait remise à Monsieur le comte de Montalembert des peines définitivement prononcées contre lui par l'arrêt de la Cour impériale de Paris du 21 décembre dernier.

Remise est également faite à Monsieur Donniol, gérant du *Correspondant*, de la peine d'emprisonnement qu'il a encourue.

La marine anglaise arrête sur les côtes de Nicaragua les bâtiments américains suspects de transport de flibustiers. Voici donc un premier avertissement donné à la politique peu scrupuleuse de messieurs les Américains et un démenti à Monsieur Buchanan qui affirme dans son dernier message que l'Angleterre a renoncé à tout droit de visite et qu'il est sur le point de s'entendre avec elle pour le centre de l'Amérique.

Voici une petite historiette à joindre aux histoires scandaleuses de la maison du prince Jérôme.

Parmi tous les mariages vrais ou faux de l'ex-roi de Westphalie, il en est un auquel il a voulu faire croire, il y a deux ou trois ans, et auquel nous avons cru nous-mêmes. Nous avons parlé en son temps de cette

1. Dans son discours sur l'état de l'Union, James Buchanan, président des États-Unis depuis mars 1857, a repris les grandes lignes des doctrines élaborées par ses prédécesseurs Monroe (« l'Amérique aux Américains ») et Polk (il est dans la destinée des États-Unis de s'étendre, principe de la « Destinée manifeste »), dont il avait été le ministre des Affaires étrangères.

marquise italienne qu'il présentait à Paris comme une Maintenon de sa royauté.

Le prince ou roi Jérôme, s'il a contracté beaucoup de mariages ou s'il a fait croire à leur consommation authentique, a contracté un bien plus grand nombre d'unions illégitimes dont il reste *des fruits*. Or le petit-fils du peintre David est un de ces fruits, et ce David bien reçu, bien vu et choyé par son royal père était même un officier militaire de la maison du prince Napoléon. Tout cela allait le mieux du monde, lorsque le débonnaire Jérôme apprit un beau jour que le David de son affection, ne trouvant rien de mieux à imiter que son très honoré père, couchait avec la marquise italienne et cocufiait l'auteur de ses jours.

Cela a produit d'abord quelque scandale et a fort irrité le Sardanapale du Palais-Royal, mais comme la marquise disgraciée est retournée en Italie, et que Mme de Plancy réchauffe à sa place le lit du vieux frère de Napoléon Ier, David a été pardonné.

Les *cercles* ou *clubs* de Paris sont fort remués par des affaires de jeu. Quelques jeunes fous et quelques vieux fous ont perdu dernièrement leur fortune ; quelques prudents flibustiers de tapis vert ne veulent pas payer leurs dettes de jeu.

Achille Delamare et Daru, ruinés.

Le duc de Grammont Caderousse et le comte de Jobal mis à portion congrue.

Les joueurs qui ne paient point sont nombreux ; les *clubs* prennent des mesures pour les expulser.

Le vicomte de Lauriston, petit mauvais sujet qui tout jeune avait débuté par voler l'argenterie de sa mère, a plumé vigoureusement ce pigeon de Caderousse dont il s'était fait l'assidu. Après l'avoir dépouillé de quelques centaines de mille francs, il a, dit-on, accepté pour dernier paiement dix-huit mille francs de rente viagère.

Monsieur de Fontenille, autre godelureau, ne perd qu'une trentaine de mille francs.

Ces jours derniers, dans un salon du monde, un homme de la bonne compagnie et plus âgé que lui lui fit un reproche amical d'avoir négligé le matin même de le saluer à la promenade.

Fontenille pensant dire une jolie chose lui répondit d'un *ton régence* : « Je suis trop grand seigneur, mon cher, pour reconnaître personne, et je ne salue qui que ce soit. »

L'homme du monde, justement offensé, lui répartit sévèrement : « Vous n'êtes pas trop grand seigneur, vous vous trompez, vous êtes seulement grossier et ridiculement mal appris. »

Le Fontenille tourna sur ses talons et empocha le compliment sans sourciller.

Dimanche 2 janvier

L'Empereur très mécontent de Walewski lui a fait une scène fort vive. Walewski, on ne peut plus ému et impressionné, a dit à l'Empereur qu'il ne pouvait pas garder son ministère après les paroles qui lui ont été adressées.

On ignore si cette affaire s'arrangera ou si Walewski partira[1].

Lundi 3 janvier

Il s'est passé à la réception diplomatique un incident dont tout Paris est préoccupé.

L'Empereur a dit à l'ambassadeur d'Autriche :

« Je suis charmé de vous voir, Monsieur l'ambassadeur, et je vous prie de transmettre mes souhaits de nouvelle année à votre souverain, et de l'assurer de mes sentiments particuliers, quoique les relations de nos cabinets ne soient pas ce qu'elles devraient être. »

Messieurs les Italiens se réjouissent fort de cet incident, et je crois que tous les amis de l'Empereur devraient s'en affliger.

L'Italie est agitée, le Piémont à bout de ressources est débordé par l'élément révolutionnaire ; si une guerre éclatait entre la France et l'Autriche, elle deviendrait bientôt générale, et les partis politiques profiteraient de cette guerre générale pour tenter des bouleversements.

Malgré cette belle parole : « *L'Empire c'est la paix* », l'Empereur voudrait conduire une guerre, l'armée la désire, mais tous les hommes sages la craignent.

---

1. Mécontent du tour que prend la politique italienne de Napoléon III, Walewski a le tort de trop le montrer, ce qui explique le rappel à l'ordre que vient de lui adresser l'empereur. Le ministre ne démissionnera cependant pas et restera en place jusqu'au 28 décembre 1859.

Et pour qui ferions-nous la guerre ? pour le Piémont, pour Mazzini et pour Murat, à parler franchement, cela n'en vaut pas la peine.

Quant aux Italiens, ce n'est pas un peuple, c'est un hôpital de fous ou d'enragés dont le sens moral est perdu.

Mercredi 5 janvier

Hier, je dînais chez la Princesse Mathilde où l'on était fort à la guerre. Les Italiens sont enchantés, mais la place de Paris l'est moins ; toutes les valeurs baissent et le commerce s'inquiète. L'armée, c'est-à-dire les jeunes officiers seraient enchantés, mais l'homme sage ne prévoit dans une guerre contre l'Autriche qu'un accroissement de charges et la perspective d'une longue et sanglante perturbation.

Nous ne sommes point encore assez débarrassés des partis politiques pour supporter sans troubles une guerre en Italie et en Allemagne.

Voici le texte officiel des paroles adressées à l'ambassadeur d'Autriche par l'Empereur :

> Je regrette que nos relations avec votre gouvernement ne soient pas aussi bonnes que par le passé, mais je vous prie de dire à l'Empereur que mes sentiments personnels pour lui ne sont pas changés.

Je ne crois pas malgré toute cette agitation que l'Empereur songe à la guerre, mais je pense qu'il veut faire craindre à l'Autriche que la continuation de sa politique hostile et tournoyante pourrait l'amener.

Dimanche 9 janvier

L'émotion causée par les paroles de l'Empereur dure toujours et les journaux étrangers l'entretiennent par leurs appréciations ; il y a le parti de la guerre qui voudrait entraîner la France à soutenir la cause des révolutions italiennes et de l'ambition piémontaise.

Je conserve quelque espoir que l'Empereur n'embrassera pas ce parti bien dangereux.

Il se répand que le prince Napoléon va épouser la fille aînée du roi de Sardaigne[1]. Cette jeune personne n'est âgée que de seize ans ; je la plains si ce mariage sert à encourager et à soutenir au besoin l'ambition piémontaise contre les velléités de laquelle la politique française s'est toujours tenue en garde.

Il y a mardi un bal aux Tuileries, je compte y aller pour voir les physionomies des partisans de la guerre.

---

1. Il s'agit de la princesse Clotilde de Savoie, née le 2 mars 1843 à Turin. Le mariage sera célébré, le 30 janvier 1859, dans la capitale piémontaise. Le roi Victor-Emmanuel était plutôt réticent car le prince Napoléon avait une réputation de débauché, mais il fit taire ses préventions car l'alliance française était à ce prix.

Mercredi 12 janvier

Hier, il y a eu bal à la cour très nombreux et même un peu cohue. Un homme qui craignait d'être étouffé dans la foule du salon de la Paix, a fait entendre des cris de détresse, ce qui a attiré l'attention de l'Empereur et de l'Impératrice, mais il n'y a pas eu d'accident. Nous sommes toujours entre la paix et la guerre sans pouvoir deviner la décision *du maître.*

Les Italiens et bon nombre de Français poussent à la guerre, quelques gens raisonnables pensent qu'il serait temps pour la France de s'arrêter dans la voie des donquichottismes qui ne rapportent rien.

D'autres encore disent tout haut qu'une guerre contre l'Autriche, quoiqu'on veuille prétendre, n'est pas petite affaire, qu'au début ce ne serait qu'une guerre ordinaire, avec ses chances de succès ou de malheurs, mais qu'en moins d'un an l'embrasement de l'Europe serait général.

L'ambitieuse maison de Savoie se voit près d'atteindre son but et cherche par tous les moyens possibles à entraîner la France.

Si le Piémont hérite du nord de l'Italie, nous aurons un jour maille à partir avec ce matamore qui s'enfle déjà et qui quelque jour, plus enflé encore deviendra exigeant.

Tout cela est instinctivement senti par la masse des gens raisonnables, aussi ne voit-on pas avec plaisir le mariage du prince Napoléon. Voilà un gendre qui nous forcera à tirer les marrons du feu pour son beau-père.

L'Empereur sait probablement qui serait neutre, hostile ou ami en cas de guerre, je le pense, mais peut-on se fier à l'Europe politique dont les gouvernements, les trois quarts du moins verraient avec plaisir humilier l'orgueil de la France et avec plus de plaisir encore détruire la suprématie morale de l'Empereur.

Les jeunes militaires veulent une guerre pour trouver de l'avancement, ils spéculent sur les pertes de l'armée, sur les vides qui se feraient même en cas de succès dans le cadre des officiers pour gagner une épaulette ou une étoile de plus, ils sont comme les actionnaires d'une tontine.

Vimercati fanfaronnait hier aux Tuileries en uniforme de capitaine piémontais.

Le prince Napoléon m'a paru plus désagréable de figure et de tournure qu'à l'ordinaire. La tête de Néron avec une dose de dissimulation légèrement couarde sur un corps assez mal bâti, pas de cou, les jambes trop grêles pour le torse, une démarche sans dignité, c'est un *Philippe Égalité.*

Vendredi 14 janvier

Le prince Napoléon est parti pour Turin où il aura une entrevue avec la princesse fille du roi de Piémont ; il reviendra, dit-on, jeudi prochain. Si la princesse l'agrée le mariage aura lieu sous peu.

La princesse piémontaise a seize ans, elle est à ce qu'on assure douée d'un caractère très prononcé.

Le prince Napoléon a chargé sa sœur de composer la corbeille, il lui donne un crédit de cent mille francs pour l'achat de la corbeille et de cent mille pour les diamants.

Les Italiens soufflent fort dans leurs narines, les Piémontais ont pour le quart d'heure vingt-cinq pieds de haut.

La place de Paris est inquiète, la rente et les valeurs industrielles baissent et toutes les craintes de la guerre que l'on promène à travers l'opinion fatiguent et indisposent le public.

L'Autriche augmente son armée en Italie, enfin la situation de la France peut se comparer à une fièvre dont les accès fatiguent énormément le malade en attendant que son caractère soit prononcé.

Lundi 25 janvier

Toujours même agitation et mêmes inquiétudes à propos de la guerre. Le Piémont voudrait nous y entraîner, et nous n'avons que trop de gens ici qui font chorus avec le Piémont.

L'Empereur causait ces jours derniers avec le général Delarue et lui témoignait son étonnement de l'émotion causée en France par les paroles qu'il a dites le 1er janvier au ministre d'Autriche.

Delarue lui répondit que cette agitation avait peine à se calmer parce qu'une guerre compromettrait trop d'intérêts importants.

Quelques instants après, Rothschild voulut savoir ce que l'Empereur venait de dire et lorsqu'il l'eut appris il s'écria avec son accent tudesque :

« L'Empereur ne connaît pas la France, il y a vingt ans, la guerre pouvait se faire sans grandes perturbations, il n'y avait presque que les banquiers qui eussent des valeurs de bourse ou des valeurs industrielles, mais aujourd'hui tout le monde a des coupons des chemins de fer ou du 3 %. *L'Empire c'est la paix*, l'Empereur a eu raison de le dire, mais ce qu'il ne sait pas, c'est que l'Empire est foutu si nous avons la guerre. »

Le comte Hatzfeld, ministre de Prusse à Paris, est mort.

Le duc de Plaisance, grand chancelier de la Légion d'honneur, est mort laissant sept millions de fortune.

Quelques personnes prétendent que Regnault de Saint-Jean d'Angely prendra la Légion d'honneur et que Canrobert aura le commandement de la garde. D'autres disent que c'est Castellane qui aura la Légion d'honneur, etc.

Dimanche 30 janvier

Le mariage du prince Napoléon a dû être célébré ce matin à Turin. Les nouveaux époux arriveront mardi à Marseille où la ville leur prépare une brillante réception. Le général Fleury par ordre de l'Empereur est allé les y recevoir. Six voitures de gala et douze valets de pied sont partis en même temps. Le prince Jérôme et la Princesse Mathilde iront à leur rencontre jusqu'à Fontainebleau. L'entrée à Paris aura lieu jeudi prochain avec solennité.

La composition de la maison de la Princesse rencontre de grands obstacles, jusqu'à présent presque tout le monde refuse d'en faire partie. On ne veut s'exposer ni aux galanteries du prince Napoléon, ni à ses boutades de mauvaise humeur, ni à ses mauvaises façons. Enfin on est parvenu à décider Madame É. Thayer (Mlle de Padoue) à être grande maîtresse !

On ne connaît encore ni les noms des dames pour accompagner, ni celui du chevalier d'honneur, ni ceux des autres officiers.

Les journaux font parvenir au public une nouvelle qui ne laisse pas ce matin que de surprendre un peu les bons citadins de Paris.

Il y a peu de jours, deux agents de change, tous deux officiers de la garde nationale, se sont souffletés à la Bourse, mais, très partisans de la loi Dupin (loi du soufflet sans rancune), rien n'a pu les décider à mettre l'épée à la main.

L'administration supérieure a compris en de telles circonstances qu'il était important de renforcer dans la garde nationale essentiellement amie des lois, un corps de citoyens qui les respectaient si bien ; en conséquence M. Charles Daverne, agent de change est nommé chef du 10e bataillon de la garde nationale de Paris.

La garde nationale et messieurs les agents de change sont actuellement manche à manche, car c'est la garde nationale qui est souffletée par ce décret !

Mme Émile de Girardin et Mme de la Roncière sont inscrites sur la liste proposée à l'approbation de l'Empereur au nombre des dames qui devraient faire partie de la maison de la nouvelle princesse !

On a déterré à Arras pour le fils de M. Magne une héritière qui lui apporte, dit-on, en mariage quinze millions !... Toute la Barocherie va en crever de dépit.

Nous ignorons toujours si nous sommes à la paix ou à la guerre.

Lundi dernier, chez la Princesse Mathilde, Espinasse, aide de camp de l'Empereur, faisait de grands discours en faveur de la guerre, mais par contre, je sais que Fleury s'y montre tout à fait opposé.

La Princesse est devenue très amie de la paix, de guerrière qu'elle était, il y a trois semaines.

Les Vimercati et tous les Italiens sont moins satisfaits.

Le public attend avec impatience le discours que l'Empereur prononcera dans huit jours à l'ouverture de la session législative.

Vendredi 4 février

Le discours prononcé par la reine d'Angleterre à l'ouverture du Parlement est arrivé hier à Paris ; une seule phrase de ce discours a trait à la question de la guerre ou de la paix.

> Je reçois de toutes les puissances étrangères des assurances de leurs sentiments amicaux. Cultiver et confirmer ces sentiments, maintenir pure la foi des traités publics, et contribuer autant que mon influence peut s'étendre, à la conservation de la paix générale. Tels sont les objets de ma constante sollicitude.

Ce paragraphe a paru pacifique aux uns, belliqueux aux autres, et comme la Bourse est fort peureuse, le 3 % a baissé de 80 centimes.

Un article du *Times* n'a pas peu contribué à cette panique, il commence ainsi :

> Les événements suivent une marche avec laquelle une longue expérience nous a rendus familiers. Toute l'Europe se couvre d'armes, les conseils modérés de la sagesse et de la justice sont jetés au vent. Dans quelque temps nous apprendrons peut-être la nouvelle de glorieuses victoires ou de défaites désastreuses.

On attend aujourd'hui une brochure de La Guéronnière, écrite sous l'inspiration de l'Empereur et qui a pour titre : *Napoléon III et l'Italie* [1]

On attend aussi avec impatience le discours que l'Empereur prononcera le 7.

Enfin l'inquiétude est grande, l'esprit public est contre la guerre.

On a demandé dans chaque régiment les ouvriers en bois et en fer qui ont été dirigés sur Toulon.

Le gouverneur de l'Algérie a reçu des instructions pour le cas de guerre.

Au milieu de cette inquiétude nous avons eu l'entrée du prince Napoléon et de la princesse Clotilde ; ils ont été reçus par la population glacialement ; les masses curieuses ne proféraient aucun cri et ne se découvraient même pas.

Le prince Napoléon n'est ni aimé ni estimé, et de plus son mariage semblait une annonce de guerre.

1. Dans cette brochure dont le titre exact est *L'Empereur Napoléon III et l'Italie* (Paris, E. Dentu, 64 p.), l'auteur affirme les droits des nationalités, tout en réprouvant le recours à l'insurrection. Il prône également l'organisation d'une Confédération italienne qui serait placée sous la haute autorité du pape.

Samedi 5 février

La brochure de La Guéronnière : *Napoléon III et l'Italie*, a paru, elle produit le plus détestable effet, elle se prononce contre le maintien des traités et annonce une réorganisation de l'Italie d'où l'Autriche serait exclue. Enfin elle dit :

Nous demandons à la diplomatie de faire à la veille de la lutte ce qu'elle ferait le lendemain de la victoire.

Malgré tout mon scepticisme je me vois forcé de reconnaître que nous sommes à la veille de la lutte et j'en gémis profondément, car cette guerre n'a pas l'appui national ; on réfléchit avec anxiété aux conséquences, on cherche nos alliances et à l'exception du Piémont on ne trouve que l'élément révolutionnaire italien !

On est surtout frappé de la dissidence qui se manifeste déjà entre la Grande-Bretagne et la France. La reine Victoria proclame dans son discours comme base de sa politique le respect des traités. La brochure fait bon marché des traités et proclame leur révision.

Nous sommes bien loin de *L'Empire c'est la paix*, et des discours prononcés par l'Empereur lui-même dans lesquels il protestait devant l'Europe et devant son pays de son respect pour les traités.

Tout est donc à la guerre, le moindre incident peut la faire éclater. L'armée de ligne est renforcée ; Grenoble regorge de troupes ; on y fabrique à force des cartouches : les achats de chevaux se font sur une grande échelle : toute la volonté de l'Empereur est pour la guerre, mais cette volonté n'a pas même l'approbation de ses amis. Persigny s'est prononcé contre la guerre, Morny ne l'approuve pas, il en paraît fort triste, les ministres, ont fait valoir contre toutes les raisons possibles et les grands corps de l'État ne l'encourageront certes pas.

Si la guerre a lieu, elle se fera contrairement au vœu général. Toutes ces inquiétudes paralysent nos industries, les commandes s'arrêtent et si cela continue, la moitié des travailleurs sera sur le pavé dans un mois.

Si la guerre est déclarée, l'Empereur viendra commander l'armée, il est depuis longtemps dévoré du désir de faire mouvoir de gros bataillons. Que Dieu veuille bien détourner de nous de tels malheurs ! !

Dimanche 6 février

Autant nous étions vendredi à la guerre, autant nous sommes maintenant à la paix ; la rente a haussé de 1 franc ! !...

Il n'a fallu qu'un discours de Lord Palmerston et une réponse de M. d'Israéli pour opérer le revirement. L'Angleterre a dit qu'elle mettrait toute sa diplomatie à rapprocher l'Autriche et la France, à empêcher le conflit et qu'il était à espérer que ces deux grandes puissances s'entendraient sur les réformes à opérer en Italie.

L'Angleterre protestante désire avant tout la fin de l'occupation des États romains par les troupes françaises et autrichiennes, le pouvoir temporel du Pape diminué, les libertés constitutionnelles accordées aux Romains. L'expérience de 1848 n'a éclairé personne ; au train dont vont les choses nous aurons encore la révolution en Italie.

Le journal *La Patrie* vantait hier la part faite au Pape par la brochure La Guéronnière qui ne contente personne. Le Pape, président de la Confédération italienne, élevé en honneur, mais d'un autre côté diminué en puissance. Ceci me rappelait le clergé de France au commencement de la Révolution comblé de louanges à mesure qu'on le dépouillait et finalement proscrit.

Le Pape, président de la Confédération italienne, serait le prisonnier des princes italiens ; donnez-lui le régime parlementaire ; il sera le jouet de son peuple.

Pour le moment, nous sommes à la paix.

Le discours de Lord Derby a surtout rassuré la Bourse et les esprits faciles à rassurer.

En voici quelques extraits :

Toutefois, Mylord, on ne saurait nier qu'il ne se rencontre dans l'attitude de plus d'un État de l'Europe des circonstances de nature à inspirer certaines appréhensions. La situation de l'Italie est un danger constant pour la paix de l'Europe. Comme mon noble ami, je constate l'impossibilité de la réalisation du rêve enthousiaste de l'unité italienne, qui en tout temps et sous toutes les formes a été constamment un rêve irréalisable, parce que ce n'est pas tant l'oppression étrangère que la discorde intestine entre les Italiens eux-mêmes qui constitue cette impossibilité.

....

Les provinces lombardes n'ont que peu à se plaindre de leur gouvernement, surtout depuis les dernières années, les Autrichiens ayant travaillé sans relâche à l'amélioration de la condition du pays.

....

Que la domination de l'Autriche en Italie s'exerce sagement ou non, qu'elle soit sévère ou douce, prudente ou téméraire, cela ne nous regarde pas. En vertu de la longue possession, en vertu de la foi des traités (dont la violation produirait un mal incalculable pour la paix de l'Europe). En vertu de tous ces titres, l'Autriche détient depuis longtemps ses provinces italiennes et nous, pas plus qu'aucun de ses voisins, n'avons le droit sous aucun prétexte quelconque de chercher à la dépouiller de sa possession.

Mais ce n'est pas à Naples, ce n'est pas en Lombardie qu'il faut chercher la principale source d'alarme et d'anxiété ; c'est la partie centrale de l'Italie, la partie soumise à la juridiction temporelle du chef spirituel de l'Église catholique romaine qui est la véritable source du mal. La présence de deux armées étrangères n'est pas faite pour servir la cause de la liberté ou de l'ordre en Italie.

....

Les paroles sorties des lèvres du roi de Sardaigne ont eu naturellement une grande portée, j'espère encore que la Sardaigne sera mieux avisée.

....

J'espère que l'Empereur des Français persistera dans la marche sage, prudente et loyale qu'il a constamment suivie.

Nous lui avons représenté sérieusement l'importance d'avoir la plus grande patience dans le différend qui existe entre lui et l'Autriche et par-dessus tout nous lui avons représenté l'importance de ne pas laisser la Sardaigne compter sur son appui dans le cas où elle s'engagerait dans une guerre agressive et nous avons reçu l'assurance que tant que l'Autriche restera dans ses limites la Sardaigne n'a pas à attendre une assistance quelconque de la part de la France. (*Applaudissements.*)

....

Quant à la marche que nous aurions à suivre, si la guerre éclatait, la voici :

Nous ne sommes liés ni par des obligations, ni par des engagements, ni par des traités, ni par des intelligences ; mais nous demeurons libres d'adopter le parti que l'intérêt, l'honneur et le devoir de l'Angleterre nous paraîtront exiger. (*Bruyants applaudissements.*)

J'ajoute en terminant une chose qui doit contribuer puissamment au maintien de la paix, c'est précisément l'unanimité d'opinion que je me plais à constater dans cette Chambre. (*Applaudissements prolongés.*)

Nous sommes faciles à contenter et à rassurer en France. Quant on a lu *Napoléon III et l'Italie* et qu'on sait que cette brochure est la manifestation de la pensée de l'Empereur, on arrive à ceci : ou bien nous opérerons une reculade, ou bien nous agirons privés de cette *belle* alliance de l'Angleterre qui nous laisse toujours sans appui, lorsque nous réclamons le sien. L'Angleterre arme, mais pour profiter s'il y a lieu du conflit que l'on redoute.

La *Gazette autrichienne* termine par les lignes suivantes un article intitulé : « *La guerre ou la paix.* »

Tant qu'on ne nous fera pas de demandes déshonorantes, la paix sera possible. La crise n'est encore qu'à son commencement ; elle viendra quand on voudra savoir réellement pour quelle raison et pour quel objet on se dispute. Si l'on nous demande ce qui est juste et équitable, la paix sera maintenue. Mais si l'on nous demande de renoncer au droit d'avoir une volonté propre et d'être maître chez nous, nous repousserons ce qu'aucun homme d'honneur ne saurait concéder. Nous défendrons notre peau. C'est notre droit et notre devoir. Nous en avons les moyens.

L'Autriche prend ses précautions à l'avance, lui en vouloir, c'est montrer qu'on est déraisonnable et hostile. On pousse des cris de guerre de l'autre côté du Tessin, on achète de tous côtés des chevaux ; l'Autriche répond par une défense d'exporter les chevaux vers le pays où retentit le bruit de guerre. Elle n'a pas besoin d'augmenter les ressources militaires de ses ennemis, d'affaiblir ses propres forces.

Demain, nous aurons le discours que prononcera l'Empereur Napoléon à l'ouverture de la session de 1859.

Lundi 7 février

Je vais me rendre à l'ouverture des Chambres législatives.

J'apprends de source certaine que la reine d'Angleterre a écrit à l'Empereur d'une manière très pressante, pour le supplier d'abandonner toute idée de guerre dans la question italienne et pour l'engager à considérer le besoin de paix qu'éprouve l'Europe, l'unanimité qui s'est déclarée dans le Parlement anglais pour une politique opposée à la guerre et l'appui donné par Lord Palmerston lui-même au ministre Derby. Enfin lui a-t-elle dit, un congrès conviendrait mieux que la guerre aux affaires de l'Italie.

L'Empereur a réfléchi, il a pris en considération cette lettre, l'opposition de ses ministres, de Persigny qui s'était montré très vif, de Morny, de Fleury qui lui a dit :

« Sire, comme militaire j'aime la guerre, mais en cette circonstance je supplie votre Majesté de voir combien elle serait contraire aux intérêts de la France et de votre dynastie. »

L'Empereur, après avoir réfléchi, est revenu de ses velléités belliqueuses, il s'est rendu à de si sages conseils.

Il avait fait sa petite conspiration seul en cachette avec cet intrigant de Cavour, voilà où l'entraînait le Piémont.

Le nonce du Pape dînait, il y a deux jours, à côté de la Princesse Mathilde au château, il lui a dit :

« Je ne sais pas pourquoi on porterait en Italie une guerre qui ne serait profitable qu'aux révolutionnaires, on connaît mal ici, la cour de Rome, nous ne sommes point opposés à une constitution et le Saint-Père la donnerait volontiers en se concertant avec les puissances. Quant à l'Autriche, elle abandonnerait aussi volontiers à la Lombardie, si on lui donnait une compensation dans les provinces danubiennes. »

La Princesse a demandé au nonce s'il parlait d'une manière positive, et le nonce lui a affirmé que rien n'était plus sérieux. Alors la Princesse a fait connaître cette conversation à l'Empereur.

2 heures

L'Empereur vient de prononcer un magnifique discours très ferme, très digne ; j'en reparlerai ; il l'a prononcé avec émotion ; ce discours est à la hauteur de la situation, très proche de la conciliation, mais sans faiblesse.

En rentrant aux Tuileries, il a demandé un bouillon et il a dit à la Princesse Mathilde : « Je n'ai rien mangé depuis hier... ce soir je dormirai. »

11 heures du soir

Le discours est très beau, mais il ne rassure personne, et quoi qu'en dise l'Empereur, le pays a besoin d'être rassuré, il a beau dire :

« Loin de nous ces fausses alarmes, ces défiances injustes, ces défaillances intéressées. »

Les alarmes existent, les défiances ne sont pas injustes puisque les puissances amies comme l'Angleterre les ressentent, et si les défaillances sont intéressées, qu'y a-t-il d'étonnant ?

La péroraison est d'un magnifique langage :

Lorsque soutenu par le vœu et le sentiment populaires on monte les degrés d'un trône, on s'élève par la plus grave des responsabilités au-dessus de la région infinie où se débattent les intérêts vulgaires et l'on a pour premier mobile comme pour derniers juges : Dieu, sa conscience et la postérité.

Tout cela est beau, mais c'est de la haute poésie. Quand on vient à la réalité, on se sent ému à la pensée d'une guerre qui remettrait notre tranquillité en question ; la question italienne touche moins en la pesant dans la balance des intérêts français ; elle pèse surtout d'un poids moins lourd et puis on se demande : est-on bien certain de venir au secours d'un peuple, ou ne sert-on que des ambitions ? réveille-t-on une nationalité, ou travaille-t-on au profit d'une secte révolutionnaire ?

Et lorsque l'Empereur dit : « Heureusement la masse du peuple est loin de subir de pareilles impressions ! »

Il se trompe, le peuple a peur de risquer son bien-être actuel dans les chances d'une guerre ; le peuple est propriétaire, il est actionnaire, il a des fonds sur la rente dans les caisses d'épargne, il est industriel, il est ouvrier, il a peur de la dépréciation des fonds et des valeurs industrielles, il a peur du rabais des salaires. Il a peur de nouveaux impôts. Il sait que si le budget s'équilibre, c'est au moyen de 1 100 000 000 francs d'impôts indirects qu'une guerre réduirait dans de notables proportions tout en accroissant le chiffre du budget.

On parle de la retraite de Walewski, de Rouher et de Magne, on parle aussi du retour à Londres de Persigny.

Il va être demandé à la Chambre des députés un apanage de 1 000 000 de francs de rente pour le prince Napoléon. Son mariage va devenir impopulaire.

Baroche a dit au conseiller d'État Villemain que le roi de Piémont avait exigé du prince Napoléon et de sa fille la promesse formelle qu'aucune relation ne s'établirait entre eux avant que les 16 ans de la princesse ne soient accomplis, c'est donc dans les premiers jours de mars que le mariage sera consommé.

En attendant, la princesse Clotilde est toujours sous l'aile de sa gouvernante, Madame de Villamarina[a].

---

a. Baroche a répandu comme un badaud un canard stupide, le mariage a été consommé à Gênes.

Mardi 8 février

Jeanron sort de chez moi et nous avons longuement causé ensemble d'E. Soulié, conservateur adjoint du Musée de Versailles. Jeanron le considère comme une canaille capable de tout : « Un jour, m'a-t-il dit, Soulié, qui ne trouvait ni Cavaignac ni Ledru-Rollin assez prononcés en républicanisme, m'accusa en présence d'autres employés avec lesquels nous dînions au Louvre un jour de trouble, de n'être pas républicain ; je lui répondis en présence de tout le monde : "*Si je ne savais pas que mon action ne me ferait courir aucun risque, je vous aurais déjà souffleté ; vous êtes un malheureux, et quand on a mangé le pain du roi comme vous l'avez mangé, on se tient plus réservé.*" »

Jeanron m'a dit encore que pendant les journées de juin, comme on menaçait d'enfoncer les portes du Louvre, il voulut aller vers le bruit et la menace, mais il y alla seul, car Messieurs Villot, Longpérier et Soulié refusèrent de l'y accompagner.

Enfin Jeanron ajoute :

« Si jamais une révolution venait renverser l'ordre de choses existant, si jamais à ce que Dieu ne plaise, la guillotine pouvait reparaître, souvenez-vous d'un avertissement que je vous donne ; Soulié sera en tête des tricoteuses qui accableraient de leurs malédictions la Princesse Mathilde, Nieuwerkerke et vous qu'on y mènerait. »

Jeudi 10 février

Les dames de la princesse Clotilde sont nommées :

Dame d'honneur : Madame É. Thayer.

Dames pour accompagner : Mesdames de Clermont Tonnerre, de La Roncière, vicomtesse Bertrand.

Flamarens avait accepté d'être chevalier d'honneur, il avait même remercié l'Empereur et l'Impératrice ; mais sa famille lui a signifié qu'elle cesserait de le voir s'il entrait dans la maison du prince Napoléon, et Flamarens est venu retirer ses remerciements.

On est peu content de lui au château, car c'est un sot camouflet qu'il donne.

Il a paru une carte de l'Europe parfaitement gravée qui indique un remaniement complet de l'Europe. Cette carte fait du bruit ; j'y reviendrai.

Girardin publie aujourd'hui une réponse à la brochure de La Guéronnière sous ce titre : *La Guerre.*

Deux Italiens ont été arrêtés, il y a quatre jours, sur la place Napoléon armés d'un revolver et d'une bombe fulminante. Ils attendaient l'Empereur. L'un d'eux s'est suicidé à Mazas après avoir fait des révélations.

Dimanche 13 février

Hier, au Conseil des ministres, le prince Napoléon a eu avec le comte Walewski une très vive altercation à propos des affaires d'Italie.

Mme la duchesse de Dino a eu parmi ses nombreux amants un M. Montgomery qui depuis a épousé Mlle de Portes.

Pour empêcher ce mariage, Mme de Dino avait envoyé aux divers journaux une lettre signée du frère de M. Montgomery pour détruire les prétentions nobiliaires de la famille et expliquer qu'elle avait pour auteur assez récent un épicier.

Or cette lettre était fausse et lorsque le frère Montgomery en connut l'existence, il porta plainte et poursuivit l'affaire. L'instruction a établi que la lettre est de l'écriture de Mme de Dino.

On veut assoupir la chose, mais le Montgomery s'y refuse, et nous verrons la duchesse de Dino poursuivie comme faussaire !

La brochure de Girardin conclut à ceci : une guerre contre la Prusse et l'Angleterre est préférable à une guerre contre l'Autriche.

Mardi 15 février

Une Madame Lecointre, amie de Morel Fatio, lui a raconté avant-hier en dînant chez lui, qu'elle a en Bourgogne un parent fanatique de Lamartine. Ce parent a orné sa maison de tous les portraits du *grand homme* qu'il a pu se procurer, et sa bibliothèque de toutes les éditions des œuvres du poète historien, puis enfin il a éprouvé le besoin de verser cinq francs à la souscription ouverte par ce nouveau Bélisaire, et il a chargé Mme Lecointre de les porter au bureau du passage de l'Opéra. Mme Lecointre s'y est rendue ces jours derniers et elle n'a pas été peu surprise de voir dans le fond de la chambre le grand Lamartine lui-même vêtu comme un pauvre et président à la réception des *oboles.* Mme Lecointre connaît Lamartine, et elle se trouva fort embarrassée de verser devant lui la modique somme de cinq francs ; elle allait et venait par le bureau n'osant sortir cet argent de sa poche. Lamartine comprit son embarras et sortit pour quelques moments dans le passage. La pièce de cinq francs fut alors enregistrée et le nouveau Chodruc Duclos revint palper le denier de l'*enthousiasme.*

L'histoire racontée par Baroche sur le retard apporté à la consommation du mariage du prince Napoléon est fausse : je tiens de *très bonne source* que cette consommation a été effectuée à Gênes.

Les incertitudes à propos de la guerre continuent, mais nous avons des bals costumés. Fould en donne un le 28 et l'on parle pour le 7 mars d'une autre mascarade à laquelle on sera invité par Mme de Bassano et qui aurait lieu à l'hôtel d'Albe. Le nouveau duc Tascher de la Pagerie en donnerait une aussi.

Vendredi 18 février

La conférence se réunit de nouveau à Paris pour régler les affaires des Provinces danubiennes et la navigation du Danube. Le *Moniteur* l'annonce. Sera-t-il question de l'Italie ? On l'ignore.

Les ministres ne peuvent marcher avec le prince Napoléon qui est décidément un homme impossible, on s'étonne de plus en plus de voir l'Empereur lui concéder quelque influence.

Fould, Walewski et le ministre de la Marine veulent se retirer déclarant ne pouvoir marcher avec le prince Napoléon ! A quoi tout cela aboutira-t-il ? Le prince n'a aucun parti, aucune sympathie, on ne l'aime pas et on le surveille. L'Empereur n'a pas de plus grand ennemi que lui.

Émile Deschamps par un honnête mouvement d'ancienne affection voulut dernièrement porter quinze francs à la souscription Lamartine et croyant le bureau de souscription ouvert dans les bureaux mêmes du journal de Lamartine, il se rendit rue de la Ville l'Évêque. En entrant il se trouva en présence du poète qu'il n'avait pas vu depuis des années.

« Quoi, c'est vous, mon cher Émile, s'écria l'auteur des *Méditations* ; vous venez me demander à dîner, je ne vous quitte pas de la journée... Ces dames voulaient faire une promenade au bois, vous serez des nôtres. »

Lamartine sonna ; un groom parut, il lui ordonna d'atteler deux voitures.

Émile Deschamps ébahi renfonça les quinze francs dans sa poche et ne pensa plus à les déposer dans le casque de Bélisaire.

Lamartine a formé une demande pour obtenir de la ville de Paris une concession semblable à celle faite à Rossini dans les terrains du bois de Boulogne, il veut y bâtir une villa.

Jeudi 24 février

Le Sénat a été saisi de la proposition d'allouer huit cent mille francs au prince Napoléon pour les frais de son mariage. M. le général de Castelbajac a proposé pour amendement de dire :

> Il sera remis huit cent mille francs à l'Empereur pour les frais du mariage du prince Napoléon.

L'amendement allait passer à une presque unanimité ; l'Empereur consulté en avait adopté la teneur, lorsqu'on s'est avisé qu'un tel amendement était un vote de méfiance contre le prince et les sénateurs ont appris que l'Empereur désirait qu'il ne fût pas adopté.

L'auteur a persisté, une discussion s'en est suivie, et plusieurs sénateurs ont mis carrément les pieds dans le plat, ils ont dit, entre autres Castelbajac qui a été interrompu par le Président qu'autant il avait de confiance en la politique de l'Empereur, autant il avait de méfiance envers le prince Napoléon et qu'il le regardait comme hostile à l'Empereur, etc. etc.

On est allé aux voix, l'amendement a été repoussé, mais il a eu trente et quelques voix. A la Chambre des députés la commission du budget fait de grandes difficultés pour admettre les frais occasionnés par le ministère de l'Algérie et des Colonies. On s'obstine en haut lieu à vouloir mettre à toutes sauces le prince Napoléon, on parle d'en faire un grand amiral ! C'est et ce sera toujours un homme déconsidéré, la France n'en veut pas, remettez-le donc au magasin. Une augmentation de dotation est aussi proposée pour le prince Napoléon, et à ce sujet la Princesse Mathilde a eu une conversation très vive avec l'Empereur, elle lui a dit :

« Vous ne savez donc pas que Napoléon est votre ennemi le plus acharné, vous ignorez donc ce qui se dit chez lui ? Napoléon s'exprime tout haut entre ses intimes de la façon la plus factieuse. "Enfin, dit-il, je crois ma position bonne, je suis en mesure et s'il arrivait malheur à l'Empereur, ce ne serait certes pas cette niaise d'Impératrice où ce bambin de Prince Impérial qu'on irait chercher !" »

Bixio a dit aussi : « Nous triomphons sur toute la ligne. »

L'Empereur n'a pas paru étonné, mais réfléchi.

Lundi 28 février

J'ai dîné aujourd'hui chez la Princesse Mathilde et j'ai longuement causé avec elle de son frère. Je ne lui ai pas caché que, loin de faire des progrès dans l'affection des Français, il devenait de plus en plus antipathique à tout le monde.

« Hélas, m'a répondu la Princesse, je le sais bien c'est un être impossible et Franconnière lui-même, son aide de camp, commence à être révolté. Vous ne pourriez vous imaginer comment il traite sa pauvre femme, comment et avec quelle brusquerie il lui parle. Enfin, hier aux Tuileries, voyant qu'elle prenait plaisir à danser, il l'a emmenée avant onze heures, et lorsque j'ai voulu lui faire une observation, il m'a répondu : "Chez moi, où je m'amuse, je vais me coucher à onze heures, il m'est donc bien permis de m'en aller d'ici où je m'embête, à la même heure."

« Sa jeune femme est encore dans la stupéfaction de ses allures ; il ne veut pas déjeuner avec elle, et ne la voit pas de la journée. Il lui a défendu de venir le trouver, et si elle a quelque chose à lui dire, il faut qu'elle lui écrive.

« Mme de la Roncière, une de ses dames, loge au Palais-Royal et doit décacheter toutes ses lettres. Le Prince a donné pour femme de chambre à sa femme une ancienne femme de chambre de Mme de Saulcy, renvoyée pour inconduite, renvoyée également de chez Mme de Girardin, parce qu'elle couchait avec Girardin ; cette soubrette a été placée par Girardin. »

L'Empereur s'est enquis de l'emploi de l'argent destiné à la corbeille et quand il a su que l'Impératrice et la Princesse Mathilde avaient employé jusqu'au dernier sou. « A la bonne heure, a-t-il dit, car Napoléon eût été capable de lésiner, il ne s'est marié que pour avoir un supplément de dotation. »

Le prince passe ses journées entre Girardin et Bixio, et sa méchante humeur, sa grossièreté et ses mauvaises intentions augmentent chaque jour. Dans le monde on dit qu'il est déjà retourné chez son ancienne maîtresse, il n'y aurait rien de très impossible ; en parlant de sa femme il dit : « Je ne suis pas habitué à coucher avec des femmes qui ont des chemises d'une toile si grosse. »

Mardi 8 mars

Hier petit bal au château, peu nombreux, choisi et costumé, il a été charmant. On y parlait beaucoup de la démission donnée par le prince Napoléon de ses fonctions de ministre, et on s'en félicitait. Le *Moniteur* annonce ce matin que l'intérim du ministère sera fait par M. Rouher. Plus que toutes les notes pacifiques du *Moniteur*, cette démission est un gage de paix [1].

Minuit

J'ai dîné ce soir chez la Princesse Mathilde, il n'y avait à ce dîner que la Princesse, sa vieille lectrice la baronne de Fly et moi. Nous avons beaucoup causé de l'Empereur, du prince Napoléon et de la situation.

Le prince intriguait avec Monsieur de Cavour, et mettait les forces de la France à la remorque des velléités ambitieuses du Piémont ; il espérait un bouleversement sortant d'une guerre et poussait à la guerre par tous les moyens ; avec lui il n'était pas possible d'arranger diplomatiquement les choses, et Dieu merci les nouvelles reçues de Vienne font espérer qu'elles se concilieront sans guerre pour le moment.

Le prince avait voulu qu'on fit soulever la Hongrie en envoyant de ce côté 50 000 hommes, il conseillait de marcher en avant malgré toute l'Europe !

---

1. Devant l'impopularité d'une guerre en Italie et le risque d'isolement international de la France, Napoléon III inspira au *Moniteur* un long article pour démentir les bruits d'armement et rassurer les esprits. Lorsqu'il lut cet article, paru le 5 mars, le prince Napoléon crut y voir un complot de ses collègues contre les Italiens et contre lui-même. Il donna aussitôt sa démission du ministère de l'Algérie et des Colonies et écrivit à son cousin : « Ce qu'il y a de pire dans votre gouvernement, ce qui l'affaiblit, ce sont les discussions intérieures et les directions différentes. »

Méprisé et redouté il n'a de parti que parmi les anarchistes ; le télégraphe électrique nous apprend aujourd'hui que la seule nouvelle de sa sortie du ministère a fait hausser les fonds autrichiens à la Bourse de Vienne de 8 %.

Le prince Napoléon ambitionne aujourd'hui le titre de grand amiral !

Les Italiens et Cavour sont en baisse, on commence à voir dans les hautes régions qu'il n'y a pas un peuple organisable en Italie.

Le prince Napoléon, aussi mauvais mari que mauvais cousin, n'a pas rompu ses relations avec Anna Deslions ; tout Paris en parle. Il court un jeu de mots sur cet *aimable* prince.

Quelle ressemblance, demande-t-on, entre lui et un chapon ? Un chapon est un *coq impuissant*, le prince est un *coquin puissant.*

Madame Walewska et l'Empereur s'affichaient hier soir mutuellement ; leurs causeries étaient remarquées. L'Empereur est resté jusqu'à 6 heures du matin, et il a dansé le cotillon avec la comtesse, ce qui ne l'a pas empêché de coquetter avec Madame Gréville.

Au premier souper, l'Empereur était assis entre la princesse Marie de Baden et Madame Walewska.

La princesse Marie a entendu la comtesse Walewska faire une scène de jalousie à l'Empereur à propos de Madame Gréville, elle le tutoyait !

L'Impératrice avait prêté une partie de ses bijoux à Madame Walewska et à Madame de la Bédollière, autre sultane, mais en retraite, et qui a su se mettre bien avec la sultane régnante et conserver une sorte d'intimité avec l'Empereur.

Malheureusement l'Empereur aime trop le *cotillon* et ne cache pas assez ses préférences. Jeudi dernier, dans une petite soirée aux Tuileries où il y avait au plus quarante personnes, l'Empereur a passé deux heures avec deux danseurs de l'Opéra à composer les figures du cotillon d'hier.

Mercredi 23 mars

Les alternatives de guerre ou de paix se succèdent avec une telle rapidité, et il est si difficile d'entrevoir la solution du différend entre la France et l'Autriche que j'hésite la plupart du temps à consigner sur mon livre les fluctuations de l'opinion publique. Aujourd'hui le *Moniteur* parle officiellement et je vais rapporter la note qu'il insère dans ses colonnes.

> La Russie a proposé la réunion d'un congrès en vue de prévenir les complications que l'état de l'Italie pourrait faire surgir et qui seraient de nature à troubler le repos de l'Europe.
>
> Ce congrès, composé de plénipotentiaires de la France, de l'Autriche, de l'Angleterre, de la Prusse et de la Russie, se réunirait dans une ville neutre.
>
> Le gouvernement de l'Empereur a adhéré à la proposition du cabinet de St-Pétersbourg. Les cabinets de Londres, de Vienne et de Berlin n'ont pas encore répondu officiellement.

Dieu veuille que leur réponse soit favorable et que nous puissions nous dégager de la guerre à propos de l'Italie, ainsi que du fardeau de l'ambition sarde !

Le maréchal Vaillant racontait ces jours-ci à la baronne de Serlay, dame d'honneur de la Princesse Mathilde, l'anecdote suivante. (Il n'est pas inutile de savoir que le maréchal fort peu jeune et d'un embonpoint fort avachi a encore de grandes prétentions amoureuses.)

« Une de mes fonctions, ou plutôt ma fonction la plus pénible, disait le maréchal, est l'obligation de faire signer par l'Empereur, les condamnations à mort prononcées par les conseils de guerre ; je ne saurais vous rendre compte de l'impression douloureuse que me fait éprouver la nécessité de rendre définitive une condamnation à mort ; il me semble que j'abdique mes fonctions pour remplir les fonctions implacables de la troisième Parque.

« Cependant j'eus, il y a peu de temps, à faire confirmer la sentence rendue en Afrique contre un soldat amoureux de la maîtresse de son officier et qui, jaloux des faveurs accordées par cette femme à son amant, prit le parti de l'assassiner.

« La longue préméditation de l'assassin, son cynisme pendant les débats de son procès m'avaient endurci le cœur et j'arrivai sans émotion dans le cabinet de l'Empereur qui prit le dossier et après l'avoir examiné, me dit : "*C'est un meurtre par jalousie !* — Oui, Sire, répondis-je, mais un meurtre froidement prémédité." L'Empereur parut se livrer à ses réflexions l'espace de quelques secondes, puis il me demanda doucement : "*N'avez-vous jamais été jaloux, maréchal ?* — Si je l'ai été, Sire, oui, j'ai été jaloux comme Othello ! Un jour, je suis accouru du fond du faubourg St-Germain jusque dans la Chaussée d'Antin, armé d'un long couteau de cuisine pour tuer une infidèle."

« L'Empereur me regardait d'un air stupéfait, il s'écria par deux fois : "Vous !... Vous !..." puis après un instant de silence, il me rendit le dossier du condamné en me disant : "*Je lui fais grâce*." »

Samedi 26 mars

Le vicomte de Beaumont Vassy, ancien préfet, auteur de *L'Histoire de mon temps*, est en prison pour l'affaire de faux la plus grave.

Cet homme qui jouit de cinquante mille francs de rentes a fondé une société à laquelle il a voulu persuader que le ministre de la Guerre concédait le privilège de la fourniture des salpêtres ; il a donc réuni ses actionnaires et il a fait comparaître un faux aide de camp du ministre porteur d'un faux ordre de concession.

Les actionnaires convaincus lui ont sur sa demande octroyé une somme de 60 000 francs destinée, a-t-il dit, à des pots de vin.

Beaumont Vassy a mis les 60 000 francs dans sa poche, puis enfin l'affaire a été découverte, il est arrêté.

Beaumont a toujours été un vaniteux et un sot ambitieux, mais personne ne comprend son crime.

Dimanche 3 avril

Mon livre sur la reine Marie-Antoinette a paru, j'en ai fait remettre un exemplaire à l'Impératrice, et le jour même j'ai reçu la lettre suivante :

Mon cher comte,

J'ai remis votre charmant livre à S.M. l'Impératrice et m'empresse de vous remercier en son nom de l'aimable attention que vous avez eue.

Permettez-moi de joindre à toutes les choses gracieuses que je suis chargé de vous dire, l'expression de mon affection toute particulière et de mes sentiments les plus distingués.

Duc Tascher la Pagerie,
premier chambellan

Depuis la réception de cette lettre, l'Impératrice a lu mon livre, et hier le grand chambellan de l'Empereur m'a fait envoyer une invitation de dîner aux Tuileries pour mercredi prochain. Ni l'Empereur ni l'Impératrice ne sont donc mécontents de mon travail.

Le fils d'A. Fould, celui qui s'est enfui à Londres avec Valérie (des Français), a fait paraître en Angleterre un livre infâme contre toute sa famille ; il accuse son père et ses oncles d'être des voleurs et des vieux libertins ; il les traîne dans la fange. Ce livre est à sa quatrième édition [1].

Toutes les puissances veulent la paix à l'exception du Piémont qui fait tout au monde pour rendre la guerre inévitable et de l'Empereur des Français qui ne serait pas autrement contrarié d'y être contraint.

Le Ministère anglais s'est trouvé battu par 39 voix dans la question du bill de réforme ; s'il se retire après cet échec, les questions de paix ou de guerre peuvent changer de face.

Nous augmentons sans bruit nos dix divisions sur pied de guerre ; les régiments d'Afrique (cavalerie) arrivent tous montés, entre autres les trois régiments de chasseurs d'Afrique, et les régiments qui vont les remplacer laissent leurs chevaux en France.

Hier, la route ferrée de Lyon était encombrée de trucs chargés de canons.

---

1. Lorsque le ministre Achille Fould s'opposa au mariage de son fils cadet Gustave et de Wilhelmine-Joséphine Simonin, dite Valérie, sociétaire de la Comédie-Française et sculptrice, les amants s'enfuirent en Angleterre. L'affaire alimenta la chronique scandaleuse, d'autant plus que le jeune homme menaça de faire paraître un pamphlet hostile à sa famille. Il semble cependant que le ministre réussit à en empêcher la publication. Voir Frédéric Barbier, *Finance et Politique. La Dynastie des Fould, XVIIIe-XXe s.*, Paris, Armand Colin, 1991, en particulier p. 289.

Samedi 16 avril

Toujours même incertitude ; y aura-t-il ou n'y aura-t-il pas de congrès à propos de l'Italie ?

L'Autriche se montre difficile, la question s'envenime, et le Piémont continue à faire ce qu'il peut pour tout brouiller.

L'opinion en France est inquiète, la guerre n'a pas beaucoup de partisans, le commerce souffre, et les amis mêmes de l'Empereur se divisent. Je ne sais si par la guerre nous travaillons au bonheur de l'Italie, à l'amélioration du sort de ses populations, mais nous travaillons bien plus sûrement pour la révolution, tous les sophismes ne détruiront pas cette vérité.

L'Empereur ne serait pas mécontent d'une guerre ; il est dévoré du désir de faire mouvoir une armée.

Pour moi, je crains deux choses si la guerre a lieu, le succès et les revers : le succès entraînera, les revers précipiteront ! La France n'a besoin ni d'être entraînée, ni d'être précipitée ; elle a besoin de la paix, et quoiqu'on se soit élevé contre la satisfaction des intérêts matériels, il faut avant tout qu'ils soient satisfaits. On ne peut attendre ni amélioration, ni progrès d'un peuple qui souffre.

Beaumont Vassy a été condamné pour escroquerie à deux ans de prison et dix ans d'interdiction des droits civils.

Le tour de M. Haussmann, je le crains, n'arrivera jamais.

On poursuit les courtiers marrons de la Bourse sur la plainte des agents de change ; on a saisi leurs registres, mais comme ces registres prouvent que la cour, les hommes d'État, les agents de change eux-mêmes sont intéressés dans leurs affaires, la poursuite n'aura pas de résultat.

Morny a fait dire à l'un de ces courtiers d'être sans inquiétude. Et voilà comme l'égalité devant la loi est comprise !

Vendredi 22 avril

Nous aurons décidément la guerre, l'Autriche refuse le désarmement général proposé par l'Angleterre, la Russie et la Prusse, accepté par la France.

L'ordre est aussitôt parti de Paris au reçu de cette nouvelle et de la nouvelle encore plus menaçante d'un ultimatum signifié par l'Autriche au Piémont d'avoir à désarmer sous trois jours, à la division Trochu d'entrer en Savoie.

Canrobert prend le commandement du premier corps d'armée, le maréchal Malakof revient de Londres où il sera remplacé par Persigny, et le maréchal Magnan partira avec l'Empereur, car l'Empereur commandera en chef.

Hier, la princesse Clotilde a dit chez le prince Jérôme :

« Nous devons tous déplorer de voir l'Empereur s'éloigner de Paris et laisser si jeune, si enfant le Prince Impérial dans une position aussi critique. L'éloignement de l'Empereur est une chose malheureuse, mais vous, a-t-elle ajouté en s'adressant à son mari, votre devoir vous appelle à l'armée, vous n'avez de place que là et vous devez partir promptement. »

Cette jeune princesse est pleine d'énergie, de courage et de bons sentiments ; fasse le ciel que le prince Napoléon comprenne toute l'étendue de ses devoirs !

La Bourse a baissé hier de 1 franc 90 centimes sur les premiers bruits qu'elle a pu recueillir, que fera-t-elle demain ?

Il est parti hier soir beaucoup de troupes par le chemin de fer de Lyon, il va en partir encore. D'ici à quelques jours, le premier choc aura lieu, nous n'avons plus qu'une prière à faire : Dieu protège la France et l'Empereur !

Mardi 26 avril

Ce matin à 6 heures, les zouaves de la garde en tenue de guerre passaient sous ma fenêtre partant pour le Piémont ; à midi les grenadiers de la garde ont pris le même chemin, et il y a un moment, le comte Vimercati est venu m'embrasser avant de partir ; le moment est grave et tout cela émeut profondément.

C'est aujourd'hui à cinq heures, c'est-à-dire dans deux heures qu'expire le délai fixé par l'Autriche au Piémont.

Le petit duc de Chartres qui sert dans l'armée piémontaise n'a pas voulu l'abandonner malgré les pressantes instances des meneurs orléanistes.

Le comte de Chambord quitte l'Autriche.

Il y a eu de singulières scènes au château entre le prince Murat et l'Empereur ; ce prétendant au trône de Naples voulait suivre notre armée, puis, ne pouvant l'obtenir, il a voulu pendant l'absence de l'Empereur avoir son entrée au Conseil des ministres que présidera l'Impératrice, il ne l'a pas obtenue.

Le prince Napoléon est moins fanfaron de guerre, il voudrait être autorisé à rester pour se mêler de gouverner la France !

La princesse Clotilde commence, je crois, à connaître son noble époux... Sur deux cent mille francs qui lui ont été accordés pour les diamants de la princesse, le prince Napoléon a dépensé soixante mille francs pour cet objet !... Tout cela fait soulever le cœur.

Aujourd'hui, le gouvernement a demandé au Corps législatif une levée supplémentaire de 40 000 hommes.

On ne rencontre qu'officiers partant ou se disposant à partir ; l'Empereur lui-même part sous peu de jours, sa maison militaire a reçu hier l'ordre d'être prête dans le plus bref délai.

Mercredi 27 avril

Un régiment de grenadiers de la garde impériale vient de passer sous ma fenêtre pour s'embarquer au chemin de fer de Lyon.

Le général Gesswiller prend le commandement de l'Algérie.

Un projet d'emprunt de 500 millions a été présenté hier au Corps législatif.

Jeudi et vendredi, 28 et 29 avril

Le cabinet tory de notre *bonne alliée* l'Angleterre, voyant la mauvaise situation de l'Autriche et l'opinion publique en Europe se déclarer contre elle pour la France, a voulu nous servir un plat de son métier, elle a proposé à l'Autriche sa médiation *seule* et l'Autriche accepte, reste à savoir si la France acceptera et à quelles conditions.

L'Autriche opposée à un arbitrage des grandes puissances accepte l'Angleterre pour juge ; j'ignore ce que pense l'Empereur de cette proposition, mais elle est mal accueillie en France.

Le grand-duc de Toscane a abdiqué devant l'insurrection de son armée. Le roi de Piémont est nommé dictateur de ce pays. Pendant la guerre, Parme et Modène feront, dit-on, une semblable révolution.

Depuis qu'il est question de guerre, il s'est révélé à la Chambre des députés une opposition encore honteuse qui ne se fait connaître que par des conciliabules et des rumeurs, des airs mystérieux et importants. Cette opposition d'environ 50 députés serait à surveiller[1].

Samedi 30 avril

L'armée autrichienne est entrée en Piémont, hier la nouvelle en est venue à Paris.

La France n'a pas accepté l'entremise et les *bons offices* de l'Angleterre. Elle voulait que l'Angleterre, dans le cas où l'Autriche se refuserait à des propositions de conciliation, unit ses armes à celles de la France.

Malgré les beaux rapports faits à l'Empereur nos troupes en Piémont manquent encore d'artillerie. Le général Lebœuf est parti pour chercher à remédier aux causes de ce retard.

L'Empereur part incessamment, car l'abbé Laine, l'aumônier de sa maison qui l'accompagne, a reçu l'ordre de se tenir prêt.

---

1. Il s'agit de ceux que l'histoire retient sous le nom de « cléricaux ».

Le mouvement se propage en Italie, avant peu nous apprendrons de grands événements.

Ici l'on voit se dessiner les physionomies, suivant les espérances de chaque parti ; beaucoup de gens comblés comme ralliés laissent entrevoir qu'ils sont seulement ralliés à la fortune ; que la fortune périclite tant soit peu, mes ralliés se mettront en mesure de se rallier ailleurs. Tous les gouvernements commettent la faute de combler ces gens-là qui ne les servent que dans les moments où les services sont faciles.

Les gouvernements nouveaux s'établissent par le dévouement des amis de leur cause et ils agissent pour le plus grand avantage de leurs ennemis.

Dimanche 1er mai

On parle de changement dans notre ministère. Morny prendrait, dit-on, le ministère de l'Intérieur.

Paris est sillonné par des bandes de soldats en congé qui rejoignent gaiement leurs drapeaux, ces soldats sont accompagnés jusqu'au point de réunion par leurs parents et leurs amis, et tout ce monde marche en chantant. Il y a beaucoup d'entrain.

Chez les orléanistes et chez les légitimistes enragés il y a fureur. M. Thiers est complètement autrichien, il tient les propos les plus hostiles.

Au Cercle impérial j'ai entendu hier bien des gens réputés impérialistes, parler d'une manière équivoque. Ce sont des gens prêts à se transformer en frondeurs puis en ennemis.

Le gras La Rochejaquelein recommence ses manœuvres du temps de la campagne de Crimée ; il fabrique des nouvelles et des plans de campagne qu'il confie sérieusement à tous ceux qui ne le connaissent pas et qui ont la bonhomie de l'écouter.

Hier il a pris le bras du comte de Flamarens et ces deux grands politiques se sont donné le plaisir d'une conférence particulière. Ils peuvent se regarder sans rire ! ils sont plus forts que je ne croyais.

Mercredi 4 mai

Le *Moniteur* publiait hier la proclamation suivante :

L'Empereur au peuple français,

Français !

L'Autriche en faisant entrer son armée sur le territoire du roi de Sardaigne, notre allié, nous déclare la guerre. Elle viole ainsi les traités, la justice et menace nos frontières. Toutes les grandes puissances ont protesté contre cette agression. Le Piémont ayant accepté les conditions qui devaient assurer la paix, on se demande quelle peut être la raison de cette invasion soudaine ? C'est que l'Autriche a amené les choses à cette extrémité qu'il faut qu'elle domine jusqu'aux

Alpes, ou que l'Italie soit libre jusqu'à l'Adriatique, car dans ce pays tout coin de terre demeuré indépendant est un danger pour son pouvoir.

Jusqu'ici la modération a été la règle de ma conduite, maintenant l'énergie devient mon premier devoir.

Que la France s'arme et dise résolument à l'Europe : Je ne veux pas de conquête, mais je veux maintenir sans faiblesse ma politique nationale et traditionnelle ; j'observe les traités à condition qu'on ne les violera pas contre moi, je respecte le territoire et les droits des puissances neutres, mais j'avoue hautement ma sympathie pour un peuple dont l'histoire se confond avec la nôtre et qui gémit sous l'oppression étrangère.

La France a montré sa haine contre l'anarchie, elle a voulu me donner un pouvoir assez fort pour réduire à l'impuissance les fauteurs de désordre et les hommes incorrigibles de ces anciens partis qu'on voit sans cesse pactiser avec nos ennemis ; mais elle n'a pas pour cela abdiqué son rôle civilisateur ; ses alliés naturels ont toujours été ceux qui veulent l'amélioration de l'humanité, et quand elle tire l'épée, ce n'est point pour dominer mais pour affranchir.

Le but de cette guerre est donc de rendre l'Italie à elle-même et non de la faire changer de maître, et nous aurons à nos frontières un peuple uni qui nous devra son indépendance.

Nous n'allons pas en Italie fomenter le désordre ni ébranler le pouvoir du Saint-Père que nous avons replacé sur son trône, mais le soustraire à cette pression étrangère qui s'appesantit sur toute la péninsule, contribuer à y fonder l'ordre sur des intérêts légitimes satisfaits.

Nous allons enfin sur cette terre classique illustrée par tant de victoires, retrouver les traces de nos pères ; Dieu fasse que nous soyons dignes d'eux.

Je vais bientôt me mettre à la tête de l'armée, je laisse en France l'Impératrice et mon fils ; secondée par l'expérience et les lumières du dernier frère de l'Empereur, elle saura se montrer à la hauteur de sa mission.

Je les confie à la valeur de l'armée qui reste en France pour veiller sur nos frontières comme pour protéger le foyer domestique ; je les confie au patriotisme de la garde nationale ; je les confie enfin au peuple entier qui les entourera de cet amour et de ce dévouement dont je reçois chaque jour tant de preuves.

Courage donc, et union, notre pays va encore montrer au monde qu'il n'a pas dégénéré. La Providence bénira mes efforts, car elle est sainte aux yeux de Dieu, la cause qui s'appuie sur la justice, l'humanité, l'amour de la patrie et l'indépendance.

Palais des Tuileries, le 3 mai 1859

Napoléon

Toutes ces proclamations, beaux tournois de langage, ne disent jamais toute la vérité.

L'Autriche avait bien quelques raisons d'attaquer le Piémont qui cherche par tous les moyens l'*affranchissement* de l'Italie au profit de l'augmentation de sa puissance. Le Piémont a conspiré en Italie contre l'Autriche, l'avenir nous apprendra si la France agit sagement en créant le Piémont grande puissance.

Le général Klapka est parti pour soulever la Hongrie.

Il n'y a encore que de légères escarmouches entre les Autrichiens et les Piémontais.

Vendredi 6 mai

Les Français et les Piémontais occupent en force les hauteurs qui dominent près d'Alexandrie la vallée de la Sesia. Les Autrichiens qui avaient passé le Pô ne se trouvaient plus qu'à deux lieues de cette position, mais ils ont été forcés par les inondations de rétrograder et de repasser le Pô.

L'Empereur ne partira, je crois, que mercredi prochain.

On fait un jeu de mots sur Napoléon (Jérôme), on dit que la guerre a un but défini par le conseil des généraux Randon, Plomplon, Vaillant.

Samedi 7 mai

L'Empereur part mardi prochain à 6 heures du soir, il emmène avec lui tant pour son service que pour celui de l'état-major 360 chevaux.

L'artillerie de la garde défile sous mes fenêtres pour rejoindre le chemin de fer de Lyon. 120 cent-gardes partent avec l'Empereur. Le régiment des guides parti le 5, ne sera à Gênes que le 25, il prend la route de la Corniche.

Le changement de ministre est ce matin au *Moniteur*. On avait beaucoup parlé ces jours derniers de Piétri ou de Laity pour ministre de l'Intérieur, mais Piétri voulait renvoyer Haussmann et Laity voulait faire renvoyer Fould, on les a en conséquence laissés de côté.

Quant à Morny, des considérations égoïstes lui ont fait refuser le ministère de l'Intérieur ; il ne veut pas troubler sa paresse par l'activité d'une position de ministre de l'Intérieur, et puis le logement du ministre est moins confortable que celui du président du Corps législatif ; cela est misérable !

Walewski et Vaillant sont nommés du Conseil privé, Vaillant est fait major général.

Delangle passe de l'Intérieur à la Justice où il remplace Royer créé vice-président du Sénat, place vacante par la mort de M. Mesnard.

Randon, le maréchal Randon, devient ministre de la Guerre.

Le duc de Padoue, jadis préfet de Seine-et-Oise où il ne put être conservé à cause de sa nullité, nommé ensuite maître des requêtes, puis sénateur à la mort de son père, prend par l'influence du Palais-Royal le ministère de l'Intérieur ! ! !

Cette nomination est déplorable et produit le plus mauvais effet. Le duc de Padoue est une nullité à la dévotion des Jérôme.

On déplore la faiblesse de l'Empereur, on est furieux contre l'égoïsme de Morny.

Le prince Napoléon commence à parler du peu d'utilité de son départ, nous sommes tous certains qu'il fera tout au monde pour rester à Paris ; il tient à ne pas quitter la France, en l'absence de l'Empereur !

Aucun général ne veut servir avec lui ; tous déclinent cette charge. S'il ne part pour l'armée, il risque fort, lui qui a tant poussé à la guerre, lui, le mari de la fille du roi de Piémont, d'être hué dans les promenades et sifflé dans les rues.

Le mépris galope derrière lui et s'apprête à monter en croupe. Les officiers militaires de la maison du prince Napoléon sont décidés à donner leur démission s'il ne va pas à l'armée ; en attendant il a choisi le jeune Villot comme officier d'ordonnance.

Je n'aime point le départ de l'Empereur dans de telles circonstances, il est beau d'aimer l'Italie sans doute, il est d'un grand cœur de ne pas laisser sans secours son allié le roi de Piémont, mais que lui a fait la France pour en prendre si peu de souci ? Est-ce donc un pays si misérable et si dénué qu'on ne puisse y trouver qu'un niais comme le duc de Padoue pour être ministre de l'Intérieur ?

L'Empereur ne voit donc pas depuis dix ans que la France ne veut pas du prince Napoléon, qu'elle le méprise et qu'elle frémit sourdement chaque fois qu'un acte du gouvernement peut faire soupçonner son influence.

L'Empereur arrive où sont arrivés tous les gouvernements, il voit le pays dans vingt personnes, elles seules peuvent être quelque chose ; d'ailleurs, l'Empereur méprise tant les hommes que leur moralité lui importe peu.

On peut mépriser certains hommes, mais on ne méprise pas un pays tout entier ; c'est une faute, car le jour où il s'en aperçoit, il vous retire son appui.

Que l'Empereur méprise des drôles connus. Fould, Mocquard, Haussmann, le prince Napoléon et *quelques autres* rien de mieux, mais qu'il méprise tous les hommes, il n'en a pas le droit, et encore un coup, c'est une grave faute.

A côté de ce mépris, l'Empereur a d'étranges faiblesses, il subit de mauvaises influences et se laisse entraîner hors des voies que tout lui conseille de suivre.

Lui et nous avons besoin de sa sagesse dans la position qu'il nous a faite.

Dimanche 8 mai

Ces jours derniers, le maréchal Vaillant se trouvait aux Tuileries dans le cabinet de l'Empereur, il écrit une lettre qu'il prie le chambellan de service de faire porter sur-le-champ au ministère de la Guerre. Le chambellan la remet avec recommandation sur le bureau de l'aide de camp ;

arrive Béville ; qui croyant la lettre pour lui, la décachète et lit ce qui suit adressé au secrétaire général.

L'Empereur veut savoir si le régiment xxx est parti, répondez-moi que oui.

Béville n'aime pas le maréchal, en conséquence il n'a rien de plus pressé que de communiquer la lettre à l'Empereur et à l'Impératrice qui furent édifiés sur la manière dont le gouvernement est servi.

L'Empereur prend Vaillant avec lui pour ne pas le laisser en France ; il sait que le maréchal n'a jamais voulu croire à la possibilité d'une guerre, de là viennent ces retards dans les concentrations de troupes, en un mot de là vient que la France n'était pas prête.

Le prince Napoléon part avec l'Empereur qui ne veut pas non plus le laisser derrière lui.

Les légitimistes et les orléanistes se remuent beaucoup. M. le duc de Bordeaux a eu à Vienne une audience de l'empereur d'Autriche.

Il y a deux jours au Cercle légitimiste de la rue de Beaune un vieux comte de Beaumont a eu l'impudence de dire à haute voix : « Moi, messieurs, je fais des vœux pour le succès des Autrichiens. »

Et il ne s'est trouvé personne pour relever vertement une telle infamie.

L'Empereur est enchanté de partir ; il a peine à dissimuler la joie qu'il éprouve de se trouver bientôt dans les plaines de l'Italie à la tête d'une armée française.

Mardi 10 mai

L'Empereur et le prince Napoléon sont partis ce soir à 6 heures. L'Impératrice et la princesse Clotilde les ont accompagnés jusqu'à Montereau.

Jamais l'Empereur n'a reçu une plus belle ovation que celle d'aujourd'hui. Devant le Louvre les cris de « Vive l'Empereur » étaient sans doute nombreux et chaleureux, l'enthousiasme se montrait de bon aloi, mais arrivé au faubourg St-Antoine, les manifestations du peuple ne peuvent être décrites. C'était une émotion poignante, c'était une *furia* que ne pourront jamais comprendre ceux qui n'en ont pas été les témoins.

Le peuple se précipitait par masses vers la voiture jusque sous les roues, il acclamait l'Empereur avec des larmes dans les yeux et d'une voix où l'on sentait trembler une noble et patriotique émotion.

Le peuple lui savait gré de s'arracher aux tranquilles jouissances de son palais, de quitter son Empire, sa femme, son jeune fils, pour se mettre à la tête de cette armée française qui va répandre son sang pour la liberté de l'Italie et pour rendre à la gloire des armées de la France toute sa splendeur.

J'ai vu le moment où ce peuple, qui a fait les barricades et les insurrections, qui a chassé deux royautés, a proclamé deux fois la République, dételait la voiture de Napoléon III et la traînait jusqu'à la gare de Lyon.

Je n'exagère rien, je cherche à rendre ce que j'ai vu et je reste au-dessous de la réalité.

Le peuple de Paris était ému, enthousiaste, il était tout entier bonapartiste.

Le prince Napoléon emmène avec lui Émile Augier ; on craignait About qui, dans un livre tout récent, prodigue l'injure au pape et à son gouvernement[1].

Dans peu de jours nous apprendrons, je le crois, de graves événements.

Jeudi 12 mai

La Princesse Mathilde n'a pas accompagné l'Empereur à Montereau, pas plus que le prince Jérôme ; il n'y a eu que l'Impératrice et la princesse Clotilde. Au moment de la séparation définitive l'Impératrice était vivement émue et pleurait. La princesse Clotilde ne versait pas une larme, commence-t-elle à connaître son mari ?

Le marquis d'Adda qui a épousé l'année dernière une fille du duc de Praslin vient d'arriver de Milan ; il a envoyé à l'empereur d'Autriche sa démission du poste de chambellan, et il s'engage comme simple soldat dans l'armée sarde.

Il nous a dit qu'à Milan, dans une revue de trois régiments dont un italien, deux régiments n'ont pas répondu au cri de « Vive l'Empereur d'Autriche » poussé par leurs officiers et que le régiment italien avait crié « *Vive l'Italie* ».

Du reste, à l'en croire, les routes sont semées de malades de l'armée autrichienne, fatiguée par des marches et des contremarches perpétuelles.

Le soldat allemand, toujours selon M. d'Adda, serait assez démoralisé, mal payé et mal nourri et le typhus se serait déclaré dans l'armée de Giulay.

Tout cela peut être vrai, mais il me faut autre chose que la parole d'un Italien pour y croire.

D'ailleurs bien peu de jours nous séparent encore des premières actions, et elles prouveront qui a raison, des gens qui parlent de l'enthou-

---

1. Il s'agit de *La Question romaine*, qui vient de sortir à Bruxelles. Le 30 juin suivant, Taine écrira à propos de cet ouvrage : « Le livre d'About est amusant, un peu faible ; il n'en a passé que six mille à la frontière, de sorte qu'il n'a pas gagné beaucoup d'argent. Aujourd'hui les exemplaires coûtent 15 francs à Paris. » Il n'empêche que le pamphlet a un grand retentissement dès sa publication. About rédigera ensuite, dans le même esprit antipapal, une chronique hebdomadaire dans *L'Opinion nationale*, sous le titre « Lettres d'un bon jeune homme ».

siasme des Allemands ou de ceux qui se font garants de leur démoralisation.

Persigny remplace à Londres le duc de Malakof. Il y sera vu avec plaisir et il aura besoin de beaucoup de prudence pour naviguer entre les mauvais vouloirs du cabinet tory et la juste susceptibilité de la France, qui ne tolérerait pas une condescendance trop entière à la politique anglaise.

Plus que personne, soit par ses journaux, soit par ses meetings, soit par les orateurs de son Parlement, soit même par les excitations de 1847, l'Angleterre a poussé l'Italie dans la voie de l'affranchissement, et aujourd'hui que la France prend l'épée pour aider à cet affranchissement, l'Angleterre prête un appui *moral* à l'Autriche !

L'Angleterre protestante veut surtout en Italie le renversement de la Papauté qui serait un coup assez vif porté à l'influence française.

L'Angleterre commerçante et politique est d'avis que la Sicile aurait fait bonne mine comme colonie anglaise.

Tel est le mot de la situation, et comment elle comprendrait l'affranchissement de l'Italie contre la France ! mais Dieu la préserve de ravir le royaume lombardo-vénitien à l'Autriche !

Vendredi 13 mai

On a affiché ce matin dans Paris une belle proclamation de l'Empereur à l'armée ; elle est pleine de verve et recommande seulement de ne pas se laisser emporter à trop d'ardeur.

L'acte qui confère la régence à l'Impératrice contient des réserves qui ne sont pas publiées. Cette régence n'est pas complète et pourrait fort bien n'être qu'une présidence du Conseil des ministres. Enfin l'Impératrice ne prête pas serment comme le voudrait la Constitution.

Le ministre d'État a déposé de la part de l'Empereur sur le bureau du président du Sénat un paquet cacheté dont l'ouverture ne doit être faite que dans un cas prévu.

Hier à 6 heures, Nieuwerkerke a fait une chute de son phaéton ; ses chevaux se sont emportés. Il est resté près d'un quart d'heure sans connaissance ; on l'a saigné, hier et ce matin, on lui a posé des sangsues, il a un coup à la tête et une forte luxation de la jambe droite. Il a été porté avenue Gabrielle aux Champs-Élysées chez le marquis de La Valette où il se trouve encore. J'espère que cette nouvelle n'aura pas de suites graves.

Lundi 16 mai

Rien de nouveau du théâtre de la guerre.

Le prince Napoléon, dit le *Moniteur* de ce matin, dont le corps d'armée n'est pas encore formé, reste à Gênes pour attendre les divisions qui doivent en faire partie, il recevra une destination ultérieure.

On est inquiet au ministère des Affaires étrangères des dispositions de l'Allemagne, l'attitude de la Prusse n'est pas aussi franche qu'on la désirerait.

Dimanche 22 mai

Les Autrichiens ont attaqué l'avant-garde du corps d'armée du maréchal Baraguay d'Hilliers forte de 8 000 hommes composant la division du général Forey. Le corps d'armée du maréchal manœuvrait pour couper la ligne autrichienne, lorsque la première brigade de la division Forey, composée de 4 000 hommes, a été attaquée fort à l'improviste par 12 000 Autrichiens ; l'acharnement à se disputer un village sur lequel s'appuyaient les Autrichiens a été extrême, il a duré quatre heures, enfin le village nous est resté et les ennemis se sont vus forcés à la retraite laissant sur le champ de bataille 2 000 hommes hors de combat, un général tué, 200 hommes et un colonel prisonniers.

Notre perte est de 600 hommes hors de combat, et nous comptons parmi les morts le général Beurré.

Le premier essai du canon rayé a été fait sur une maison que fortifiaient les Autrichiens à une distance de 2 600 mètres, en un instant elle a été criblée et abandonnée.

Monsieur d'Arenberg a fait prendre à son fils du service en Autriche, sa propre famille le renie et tout le monde lui jette la pierre.

Toujours incertitude sur la détermination de l'Allemagne, travaillée par les associations démagogiques. Les différents gouvernements de ce pays peuvent peut-être envisager la guerre contre la France comme un dérivatif.

Tout le monde ici est dans l'attente d'une bataille, on a la fièvre de l'anxiété.

Mardi 24 mai

J'ai dîné hier soir chez S.A.I. la Princesse Mathilde et j'ai lu au Cercle impérial une lettre adressée par le prince de la Moskova au baron Lambert. J'ai donc les plus grands détails sur l'affaire de Montebello, où nos soldats ont obtenu un si brillant succès sur les Autrichiens. Le village de Montebello était occupé par un régiment de cavalerie sarde, qui s'y est en quelque sorte laissé surprendre par les troupes du général Giulay au nombre de 16 000 hommes. La cavalerie sarde a été forcée de se replier sur la grand-garde, formée de deux bataillons de 600 hommes chacun de l'infanterie de ligne et soutenue par deux pièces de canon, et le régiment de cavalerie sarde arrêta pendant une heure les 16 000 hommes du général Giulay et permit à la division Forey d'accourir ; alors nos troupes prirent l'offensive et forcèrent les Autrichiens à rentrer dans Montebello, d'où, après un combat de cinq heures, ils furent expulsés à la baïonnette, car nos soldats n'avaient plus de cartouches.

Le général Forey a brillamment entraîné ses troupes, en s'élançant le premier le sabre à la main. Les Autrichiens ont laissé 1 500 morts sur le champ de bataille. D'un autre côté, les Sardes ont obtenu un avantage et le prince Napoléon, débarqué à Livourne avec son corps d'armée, s'avance pour prendre en flanc les Autrichiens.

Le roi de Naples est mort dimanche 22 mai à 1 heure et demie, rongé par les vers qu'enfantaient les plaies dont son corps était couvert. On prétend que la politique de son fils le rapprochera de la France et du Piémont. Sa belle-mère, princesse autrichienne, avait tenté tout dernièrement de faire soulever une partie du royaume de Naples, en faveur du fils né de son mariage.

Parmi les clubs de Paris, celui du *Jockey* ne brille pas par son patriotisme ; une notable partie de ce cercle fait des vœux pour les Autrichiens ; quant au club de l'*Union*, il est presque entièrement autrichien. La reine de Hollande (Pays-Bas) mandait hier à la Princesse Mathilde, que la veille au soir, je ne sais plus quel principillon et sa femme étaient venus lui dire d'un air de triomphe : « Eh bien ! cela va à merveille : les Français sont battus ! » La reine ne put s'empêcher de s'écrier : « Cela n'est pas possible ! »

Deux heures après arrivait la vraie nouvelle et la reine à son tour se montrait triomphante. Les journaux publient une fort belle lettre du R. P. Lacordaire, toute à la louange et à la glorification de l'intervention française en Italie.

On se communique une lettre écrite par M. de Humboldt, peu de jours avant sa mort, et dans laquelle il fait des vœux ardents pour la liberté de l'Italie.

Mercredi 1er juin

Garibaldi s'est emparé de Côme, après une série de combats, tous à son avantage.

Le roi de Piémont a franchi la Sesia avec son armée, et après un très vif engagement, il est resté maître de Palestro. L'Empereur a porté son quartier général d'Alexandrie à Verceil ; nous sommes enfin à la veille de quelque grande action. L'empereur d'Autriche, si souvent annoncé, arrive enfin. Donc l'Italie va voir se décider son sort ; mais avant peu, je le crains, la question de guerre va se trouver compliquée pour l'Europe d'une manière grave. Une révolution à Constantinople est imminente ; cette révolution accomplie par l'élément grec et favorisée, encouragée par la Russie, expulsera le Turc d'Europe. Aussitôt l'Angleterre, qui a rassemblé à Malte et à Gibraltar des forces imposantes, s'emparera de l'Égypte.

Que fera la *chevaleresque* France, engagée dans une guerre contre l'Autriche ? L'Angleterre et la Russie se partageront les portes de l'Orient.

J'ai bien peur que l'Italie ne nous coûte cher.

Toute l'Allemagne nous est hostile ; la Belgique, ce roquet qui nous doit son existence, est autrichienne ; excepté l'Italie, qui demain sera notre ennemie, nous n'avons pas un allié !

Le ministre grec de l'Instruction publique mandait à Villemain l'académicien, il y a trois jours que tout était prêt et que l'empereur turc *disparaîtrait* dans la révolution qui va avoir lieu.

Toutes ces préoccupations sont graves ; la situation est bien difficile pour la France. L'Angleterre a fait grand bruit de nos projets ambitieux, elle a feint de redouter une attaque de notre part, elle a soufflé à ces brutes d'Allemands que nous voulions nos frontières du Rhin ! ! !

Résultat final, la France sortira de la lutte avec une dette augmentée de plus d'un milliard et sans augmentation de puissance, mais l'Angleterre aura l'Égypte, et la Russie, malgré nos sacrifices en Crimée, prédominera à Constantinople. L'Allemagne sera irritée contre nous et l'Italie sera ingrate, cela est dans l'ordre. L'Angleterre conservera un pied de puissance en Italie, par Naples avec laquelle elle va se lier intimement, et le protestantisme anglais ne nous pardonnera pas de respecter le Pape.

La France sort de sa longue paix, pour longtemps, je le crains. Le maréchal Vaillant, fils d'un jardinier, élevé par un ingénieur, entré brillamment à l'École polytechnique, dont il sortit plus brillamment encore, est un homme que la fortune a toujours caressé de ses faveurs ; sans parents riches il a fait douze ou quatorze héritages fructueux ; entre autres, il a recueilli, il y a quelques années, quarante mille livres de rentes qui lui ont été léguées par un vieux joueur d'échecs qui s'est souvenu, en mourant, de la complaisance avec laquelle un jeune lieutenant d'artillerie, nommé Vaillant, faisait chaque soir sa partie, vingt ans avant. Le maréchal Vaillant est maintenant fort riche. Il racontait à un de mes amis que lorsqu'il fût envoyé pour faire le siège de Rome, qu'il n'avait jamais visitée, il partit précipitamment et sans avoir de cartes de la place qu'il était chargé de prendre. Il va sans dire que son esprit était très fortement préoccupé de la mission dont il se trouvait chargé ; la nuit venue, il s'endormit dans sa voiture, et alors Rome lui apparut, comme en relief, avec ses monuments, ses enceintes, ses bastions, ses redoutes, toutes ses défenses et tous ses défenseurs, non pas sous la forme d'une vision indistincte, mais comme la réalité. Quel dieu l'avait transporté sur la montagne pour lui faciliter sa tâche par la vue de son ennemi ? il l'ignore, mais il vit tout et très exactement et il fit son plan d'attaque, auquel il n'eut rien à changer en présence de la Rome réelle ; il la reconnut quand il fut sous ses murs ; il la savait par cœur, lorsqu'il put y entrer ; la vision lui avait été amenée par sa fortune. A une autre époque, nous aurions dit qu'elle lui fût envoyée par la Providence !... Éternels enfants du XVIIIe siècle, nous détrônons la Providence pour la fortune.

Le maréchal Vaillant a écrit tout ce que je viens de raconter ; après sa mort, ses héritiers le trouveront dans ses papiers.

Fleury mande du quartier général de l'Empereur, que le soldat français est plein d'ardeur et ne demande qu'à marcher en avant, mais il s'étonne du froid des populations. Si la Lombardie veut se soulever en faveur de cette indépendance, si invoquée par elle, elle le peut bien certainement ; nous lui avons fait passer en armes et munitions de guerre de quoi équiper une puissante armée.

Jeudi 2 juin

Le *Moniteur* nous fait connaître de nouveaux succès des armées franco-sardes.

Le 30 mai, le roi de Piémont a passé la Sesia et il a repoussé une vigoureuse attaque des Autrichiens, au nombre de 25 000 hommes ; le 3e régiment de zouaves, qui avait été adjoint à son corps d'armée, s'est brillamment conduit ; il a débusqué à la baïonnette un corps autrichien retranché avec huit pièces d'artillerie sur une hauteur ; il lui a pris cinq canons et tué 400 hommes ; les pertes des Autrichiens dans cette affaire sont considérables. Les généraux autrichiens ayant reçu des renforts, sont revenus le soir du même jour pour venger leur défaite du matin, mais ils ont encore été repoussés. La division piémontaise Fanti a soutenu également à Confinga, petit village à 6 kilomètres de Robbio, une attaque très vive qu'elle a repoussée victorieusement après deux heures de lutte.

La division française Trochu appuyait le corps d'armée du roi de Piémont ; le 3e zouaves, pour attaquer les Autrichiens à la baïonnette, avait à franchir un canal et à gravir sous le feu de l'artillerie un monticule assez escarpé ; rien n'a pu arrêter leur élan ; les huit pièces en batterie ont été emportées ; cinq sont restées au pouvoir des zouaves, trois ont été prises par les Piémontais, qui ont fait vaillamment leur devoir.

On a quelques inquiétudes au sujet de Garibaldi, quoiqu'il ait reçu des renforts.

Samedi 4 juin

L'Empereur se trouvait au combat qui a eu lieu lors du passage de la Sesia par le roi de Piémont ; c'est lui qui a envoyé le 3e zouaves au secours de l'aile droite des Piémontais.

Garibaldi est rentré à [1] que les Autrichiens avaient repris après l'avoir bombardé.

J'ai vu hier M. Thouvenel qui retourne à Constantinople ; il me disait qu'après la guerre d'Italie, la question orientale serait la plus grosse affaire. Je ne crois pas qu'il se trompe ; la grosse et très grosse affaire pour la France est la question orientale et l'Angleterre voudrait profiter de la guerre d'Italie pour trancher sans nous le nœud oriental.

Une dépêche affichée à la Bourse nous fait connaître que des ponts ont été jetés hier sur le Tessin et que notre armée a commencé à passer sur l'autre rive, après un combat dans lequel l'ennemi a subi des pertes considérables. Il s'est mis en retraite en laissant entre nos mains un canon, ainsi qu'une grande quantité d'armes et de munitions. Les bulletins des divers combats donnés par les journaux viennois sont tellement impudents qu'ils en sont risibles. L'armée autrichienne, suivant leurs versions, vole de triomphe en triomphe ; elle détruit un régiment de cavalerie française là où nous n'en avions pas, et fait prisonniers des zouaves là où il n'en a pas encore paru.

Dimanche 5 juin

Tout St-Germain est illuminé ; les feux de joie retentissent en pétards incessants ; les fusées sillonnent le ciel, illuminent les ténèbres ; la mairie a fait lire dans toutes les rues la dépêche suivante, adressée par l'Empereur à l'Impératrice :

Novare, 4 juin 1859

Pont de Magenta, 11 heures 30 minutes.

Une grande victoire : 5 000 prisonniers ; 15 000 ennemis tués ou blessés ; à plus tard les détails.

On sait que les Autrichiens, au nombre de 150 000, étaient sous la direction du maréchal Hess, leur meilleur général.

L'armée franco-sarde comptait 100 000 combattants. L'Empereur est probablement à Milan, aujourd'hui. Garibaldi avait subi un petit échec [2].

---

1. Mot omis dans le manuscrit. Garibaldi, qui a levé une légion de 5 000 chasseurs des Alpes pour participer à la guerre, a battu les Autrichiens à Varèse, le 26 mai, avant de leur prendre San Fermo, près de Côme, le lendemain. Voir Hubert Heyriès, *Garibaldi, le mythe de la révolution romantique*, Toulouse, Privat, 2002.

2. En fait, les pertes autrichiennes se monteraient plutôt à 10 000 tués et blessés en plus des 5 000 prisonniers faits par les Français. L'armée française aurait eu, pour sa part, environ 800 tués et 4 200 blessés.

Mardi 7 juin

Milan s'est insurgée ; les Autrichiens en sont partis précipitamment, abandonnant la caisse de l'armée et de l'artillerie ; ces nouvelles sont arrivées hier, elles étaient parties hier matin de Milan, où nous devons être entrés. Dans la dernière bataille, nous avons perdu les généraux Espinasse et Clerc ; la nouvelle officielle en est au *Moniteur*. On disait à 4 heures, hier, en Bourse, que le maréchal Canrobert et le général Niel étaient très grièvement blessés, que Mac-Mahon l'était moins et qu'il avait été nommé maréchal sur le champ de bataille.

La division Camon a prodigieusement souffert. Nous avons fait 7 000 prisonniers ; nous avons pris 12 000 fusils ; l'armée autrichienne a, de plus, 20 000 hommes hors de combat.

J'entendais hier des commerçants de Paris, et des plus considérables, dire : « Cette guerre est abominable ; il est temps que l'Empereur la finisse, car il ne faut ni d'une seconde campagne, ni d'un second emprunt. »

Ce sont toujours les mêmes stupides bourgeois ; ils reprochaient à Louis-Philippe sa couardise. MM. Thiers et Guizot sont stupéfiés que l'Empereur ait osé faire la guerre et qu'il la conduise si heureusement. Les gens de la paix à tout prix ne reviennent pas de leur surprise. Ils voulaient faire des Français un peuple de Chinois ! ! Pauvres Mandarins !

Vendredi 10 juin

Ni Canrobert, ni Niel ne sont blessés, ni même le général Mellinet, que MM. de la Bourse aimaient dans leur ardent patriotisme, à compter parmi les morts. Le général Mac-Mahon, nommé maréchal, est fait duc de Magenta. Le général Régnault de St-Jean d'Angely est nommé maréchal. L'Empereur et le roi de Piémont ont fait leur entrée à Milan. Les Autrichiens ont évacué Pavie après avoir encloué leurs canons et noyé leurs munitions. Le corps autrichien de Benedeck s'était retranché à Marignan ; l'Empereur a envoyé pour les déloger le maréchal Baraguay-d'Hilliers qui l'a battu et lui a fait 1 200 prisonniers.

La lutte est engagée devant le Parlement anglais, entre le ministère Derby et les oppositions coalisées ; l'instruction qui, pour la France, doit ressortir de cette lutte, par les aveux des membres de chaque parti, c'est que la France ne doit compter sur *sa noble alliée* que dans les causes où l'intérêt anglais souffrirait de se trouver isolé. Dans toute autre circonstance, l'Angleterre sera moralement ou matériellement contre nous.

L'Allemagne s'agite toujours beaucoup pour persuader au monde *qu'elle ne ferait qu'une bouchée* de la France. Les orléanistes sont encore plus autrichiens que les légitimistes sont bêtes ! *Ces braves gens* sont risibles ; ce sont de pauvres fous qu'il faut traiter avec cette pitié respectueuse que les habitants du Valais ont pour leurs crétins.

Samedi 11 juin

Le bulletin de la bataille de Magenta est enfin publié ! L'Empereur s'est trouvé pendant deux heures au milieu de la garde, attaqué par toute l'armée autrichienne ; il attendait impatiemment l'arrivée de Canrobert et de Mac-Mahon, retardés dans leur marche.

Le nombre des officiers supérieurs français tués ou blessés est considérable. Senneville, chef d'état-major du maréchal Canrobert, est au nombre des tués. A l'attaque du village de Magenta, le général Mac-Mahon a pris, entre autres corps ennemis, le régiment entier de chasseurs à pied n° 2, colonel Hauser.

Dimanche 12 juin

L'Empereur a adressé aux Italiens une belle proclamation d'un style noble et élevé, qui répond victorieusement à toutes les défiances de l'Europe, à tout le mauvais vouloir de l'Angleterre. Il s'y montre après la victoire aussi modéré qu'avant de prendre les armes ; il n'a pas voulu, il ne veut pas conquérir, il est venu pour affranchir et il affranchit.

Italiens !

La fortune de la guerre nous conduisant aujourd'hui dans la capitale de la Lombardie, je viens vous dire pourquoi j'y suis. Lorsque l'Autriche attaqua injustement le Piémont, je résolus de soutenir mon allié le roi de Sardaigne ; l'honneur et les intérêts de la France m'en faisaient une loi. Vos ennemis, qui sont les miens, ont tenté de diminuer la sympathie universelle qu'il y avait en Europe pour votre cause, en faisant croire que je ne faisais la guerre que par ambition personnelle ou pour agrandir le territoire de la France. S'il y a des hommes qui ne comprennent pas leur époque, je ne suis pas du nombre. Dans l'état éclairé de l'opinion publique, on est plus grand aujourd'hui par l'influence morale qu'on exerce que par des conquêtes stériles, et cette influence morale, je la cherche avec orgueil en contribuant à rendre libre une des plus grandes parties de l'Europe. Votre accueil m'a déjà prouvé que vous m'avez compris. Je ne viens pas ici avec un système préconçu pour déposséder les souverains, ni pour vous imposer ma volonté ; mon armée ne s'occupera que de deux choses : combattre vos ennemis et maintenir l'ordre intérieur. Elle ne mettra aucun obstacle à la libre manifestation de vos vœux légitimes.

La Providence favorise quelquefois les peuples comme les individus, en leur donnant l'occasion de grandir tout à coup, mais c'est à la condition qu'ils sachent en profiter.

Profitez donc de la fortune qui s'offre à vous. Votre désir d'indépendance, si longtemps exprimé, si souvent déçu, se réalisera, si vous vous en montrez dignes.

Unissez-vous donc dans un seul but ; l'affranchissement de votre pays.

Organisez-vous militairement.

Volez sous les drapeaux du roi Victor-Emmanuel qui vous a déjà si noblement montré la voie de l'honneur.

Souvenez-vous que sans discipline, il n'y a pas d'armée, et animés du feu sacré de la patrie, ne soyez aujourd'hui que soldats, demain vous serez citoyens libres d'un grand pays.

Fait au quartier impérial à Milan, 8 juin 1859

Napoléon

La proclamation de l'Empereur à son armée est non moins belle.

Soldats !

Il y a un mois, confiant dans les efforts de la diplomatie, j'espérais encore la paix, lorsque tout à coup l'invasion du Piémont par les troupes autrichiennes nous appela aux armes. Nous n'étions pas prêts.

Les hommes, les chevaux, le matériel, les approvisionnements manquaient, et nous devions, pour secourir nos alliés, déboucher à la hâte par petites fractions au-delà des Alpes, devant un ennemi redoutable et préparé de longue main.

Le danger était grand, l'énergie de la nation et votre courage ont suppléé à tout. La France a retrouvé ses anciennes vertus et, unie dans un même but, comme en un seul sentiment, elle a montré la puissance de ses ressources et la force de son patriotisme. Voici dix jours que les opérations ont commencé, et déjà le territoire piémontais est débarrassé de ses envahisseurs.

L'armée alliée a livré quatre combats heureux et remporté une victoire décisive, qui lui ont ouvert les portes de la capitale de la Lombardie. Vous avez mis hors de combat plus de 35 000 Autrichiens, pris 17 canons, deux drapeaux, 8 000 prisonniers, mais tout n'est pas terminé ; nous aurons encore des luttes à soutenir, des obstacles à vaincre. Je compte sur vous : courage donc, braves soldats de l'armée d'Italie ! Du haut du ciel vos pères vous contemplent avec orgueil !

Fait au quartier général de Milan, 8 juin 1859

Napoléon

Les Autrichiens ont évacué Lodi et repassé l'Adda ; l'Allemagne est *étonnée* de la défaite des Autrichiens. La Prusse ne se prononce pas, mais elle se prépare ; cependant j'espère qu'elle aura la sagesse de la neutralité.

Le ministère Derby a été battu dans la Chambre des communes, sur la question de confiance, 828 voix contre 810 ont adopté l'accusation ainsi formulée : « Nous vous accusons de n'être pas sincère dans la neutralité ; nous vous accusons de mauvais desseins envers la France. »

C'est, dit-on, un ministère Palmerston et Russel qui remplacera le ministère Derby. C'est, prétend-on, un succès pour la France... nous verrons.

La question d'Orient qui revient plus difficile qu'aux jours de Crimée nous prouvera quel fond il faut faire sur l'Angleterre.

Dans l'Inde, l'insurrection n'est point anéantie et les Indous se montrent de nouveau en force, vers l'Oude la position des Anglais devient difficile dans ce pays.

Lundi 13 juin

Les Autrichiens sont rejetés derrière l'Adda ; ils ont évacué Pavie et abandonné Plaisance, après en avoir fait sauter la citadelle et les fortifications.

Le bruit court que les Autrichiens songent également à abandonner Bologne.

Le prince Gortschakoff a envoyé à tous les agents russes une circulaire dans laquelle il blâme très vivement la détermination du cabinet autrichien qui a forcé la France à faire la guerre, et dans laquelle il rend hommage à la modération de l'Empereur Napoléon. Dans cette circulaire, le prince dit encore que la Confédération germanique n'existe comme corps constitué que pour la défense des intérêts allemands, s'ils étaient menacés ; mais que la Confédération n'a point été garantie par les traités pour une coalition d'attaque ; que d'ailleurs les intérêts allemands ne sont nullement en péril, car l'Empereur Napoléon a solennellement protesté en présence de l'Europe de sa volonté de les respecter.

Lord Normanby, parlant de la mission du prince Napoléon en Toscane, mission que l'on désigne sous le nom de mission stratégique, a dit que le prince avait comme stratégie accepté la mission qui devait le plus l'éloigner du champ de bataille ; c'est le *Galignani* qui rapporte ce propos d'après le *Times*.

Les journaux français se livrent déjà à de belles dissertations sur la régénération de l'Italie, qui doit suivre, disent-ils, sa libération, je le désire de tout mon cœur, et je fais des vœux ardents pour qu'il en soit ainsi ; mais je crains fort que de graves difficultés ne suivent de fort près la délivrance de l'Italie, lorsque cette délivrance sera un fait accompli.

Le parti mazzinien fait le mort en ce moment ; il laisse enterrer les morts des batailles et passer les ovations des triomphateurs ; il laissera également s'apaiser l'enthousiasme des peuples délivrés, puis il viendra contre le souverain quelconque de l'Italie recommencer son œuvre perturbatrice. Il ne voudra pas plus de la royauté du roi de Piémont que de celle de l'empereur d'Autriche ; il conspirera contre le Pape et le roi de Naples ; les Mazziniens sont les socialistes de l'Italie, et, pourrait-on dire par exemple, quel gouvernement les socialistes accepteraient pour la France ?...

Après avoir chassé les Autrichiens, nous trouverons les révolutionnaires et nous les trouverons en Italie comme en France ; en France on les ménage, on les laisse côtoyer le pouvoir, et le pouvoir lui-même est encombré d'amis douteux, près d'être ennemis, si la faveur de la fortune chancelait, si la sagesse ou l'habileté de l'Empereur faiblissaient un moment.

Les Chambres et les administrations sont remplies de génies qui se croient comprimés, de bavards impatients d'abuser de la parole, de parvenus qui s'aveuglent sur leur nullité ; d'*honnêtes gens* très désireux de se vendre pour croître en honneurs et en dignités. Puis, il y a encore les voleurs qui auraient l'espoir de se *réhabiliter* en se rebaptisant dans la cuve d'un nouveau dévouement. Beaucoup d'entre eux savent qu'on les emploie, mais qu'on les méprise ; ils n'ont plus besoin d'être employés et ils seraient heureux de se venger du mépris par la trahison. C'est une faute pour un gouvernement comme pour un particulier de laisser percer le mépris que lui inspirent ses serviteurs. Les domestiques qui se savent méprisés par leur maître le volent sans scrupule ; les fonctionnaires méprisés par le gouvernement qui les emploie le trahissent sans remords. Combien je connais de ces traîtres en herbe ? La liste en serait trop longue à établir. Quand un souverain méprise ses agents, il doit les tenir sous le talon ferré de sa botte et ne jamais lever le pied. Mais nous sommes au milieu des triomphes et des *Te Deum*, nous sommes encore étourdis par le vin du succès, pourquoi venir croasser, corbeau de malheur, sur le couronnement des arcs de triomphe ? Pourquoi nous réveiller à demain, dormons dans hier !

Mardi 14 juin

L'armée française a passé l'Adda sans obstacles à Bassano ; l'armée sarde a également franchi le fleuve à la hauteur de Vaprio ; ces deux opérations se sont effectuées dans la matinée du 12.

Les Autrichiens sont en pleine retraite sur l'Oglio, ils ont évacué Pizzighetone ; Crémone et Brescia sont libres. Tout fait présumer que l'armée autrichienne se concentre pour disputer ses dernières lignes de défense, le Mincio et l'Adige. L'empereur d'Autriche prend, dit-on, le commandement en chef, avec l'assistance du général Hess.

A Bologne, que les Autrichiens ont abandonné, une manifestation en faveur du roi Victor-Emmanuel a eu lieu. Cette manifestation, contraire aux garanties données par l'Empereur Napoléon à N.S.P. le Pape, est l'œuvre du prince Napoléon et d'un gendre du feu prince Lucien. Le prince Napoléon révèle enfin sa présence sur le théâtre de la guerre, par une intrigue ourdie en opposition à son cousin ; on ne pouvait attendre mieux de lui. Le gendre du prince Lucien, dont il est ici question, est un certain comte ou marquis Pepoli, fort ignoré jusqu'à présent. Des nouvelles de Turin du 13 affirment que les Autrichiens ont abandonné Reggio et Brescella, et qu'ils se disposaient à évacuer Modène.

Lord Palmerston a pris de concert avec Lord John Russel, la direction des affaires en Angleterre.

Le prince de Metternich est mort à Vienne ces jours derniers et personne ne se préoccupe de cette mort qui eût été considérée comme un grave événement il y a quelques années. Quelques journaux français ont le tort de trop rabaisser le mérite de cet homme d'État, qui, pendant près de quarante ans, a été à lui seul une puissance dans la politique de l'Europe. Vaincu par la révolution de 1848, il était resté depuis cette époque éloigné des affaires, mais pas toujours des conseils. Il est injuste de prétendre que l'Autriche doit attribuer à son système de compression, la perte de l'Italie. L'Autriche comprimait par la nécessité de sa position, et jamais depuis 1815, l'Italie, agitée par le Carbonarisme ou le Mazzinisme, ne lui a permis de se relâcher d'une sévérité rigoureuse. Le Piémont a beaucoup contribué à remuer l'Italie, c'était pour lui une tâche d'ambition, et les grands mots de liberté qu'il lançait dans les plaines de la Lombardie avaient pour but l'agrandissement de son royaume, sa transformation en un empire de premier ordre, sous le nom séduisant d'*Unité italienne.* M. de Metternich est mort à plus de quatre-vingt ans. Il lui est ainsi épargné de voir perdre à son pays quelques-unes de ses plus belles provinces ; celles dont la possession lui permettait de rêver pour l'Autriche, dans l'avenir, la création d'une puissance maritime que Trieste seule ne lui donnera pas. L'Autriche *s'arrondit* à la manière de ces prodigues fils de famille, dont les créanciers saisissent chaque jour une ferme, un bois, un étang. Elle était depuis longtemps débarrassée des Pays-Bas, qui nuisaient à son arrondissement, elle va l'être de l'Italie, elle le sera peut-être avant peu de la Hongrie ; elle imite ce gros clown du cirque qui, après avoir ôté tous ses gilets et toutes ses vestes, demeurait frêle comme un roseau. Lorsque le clown autrichien aura dépouillé toutes ses vestes étrangères, il paraîtra bien délicat. La Princesse Mathilde, chez laquelle je dînais hier, a reçu une lettre de Fleury qui lui dit de se rassurer à propos des entraînements belliqueux qu'il serait permis de supposer à l'Empereur Napoléon. Froid, résolu et doué du jugement et du coup d'œil prompt et assuré des grands capitaines, d'un courage presque téméraire pendant l'action, il ne peut après la bataille regarder d'un œil sec les corps inanimés de ceux qui la paient de leur vie ; les cadavres qui pavent la route de la victoire la lui rendent trop douloureuse ; il a déjà hâte de voir la fin de cette guerre d'Italie qui coûte chaque jour tant de sang français.

Dieu veuille qu'il ne s'habitue pas à ces émotions et qu'il revienne à cet Empire fondé par lui et qui, disait-il naguère à la ville de Bordeaux, signifiait la *Paix.*

Le baron Brénier est parti pour Naples comme ambassadeur.

Samedi 18 juin

Voici la liste du ministère anglais :

Premier Lord de la Trésorerie : Vicomte Palmerston.
Chancelier de l'Échiquier : Gladstone.
Affaires étrangères : Lord John Russel.
Intérieur : Sir Cornwall Levvis.

Colonies : Duc de Newcastle.
Guerre : N. Sidney Herbert.
Indes : Sir Ch. Wood.
1er Lord de l'Amirauté : Duc de Somerset.
Lord Chancelier : Lord Campbell.
Président du Conseil : Lord Granville.
Sceau privé : Duc d'Argyl.
Directeur général des Postes : Lord Elgin.
Commerce : Coldea.
Président de l'Assistance publique : Gibson.
Travaux publics : Gardwell.
Duché de Lancastre : Sir Z. Grey.
Secrétaire de la Trésorerie : Pell et Brand.
Secrétaire de l'Amirauté : Lord Clarence Paget.
Sous-secrét. d'État aux Affaires étrang. : Lord Wodehouse.
Sous-secrétaire d'État aux Colonies : M. Chichester.

Rien de nouveau du théâtre de la guerre ; les Français avancent toujours et les Autrichiens se concentrent dans leur fameux quadrilatère de Mantoue, Vérone, etc., où doit avoir lieu avant peu quelque grande affaire[1].

Dimanche 19 juin

Le roi Victor Emmanuel refuse la dictature que lui offrait la municipalité de Bologne. Voilà à quoi aboutit l'œuvre du prince Napoléon et de Monsieur Pepoli.

Le roi a tenu au commissaire bolonais le discours suivant :

Veuillez bien faire comprendre aux patriotes bolonais que dans les circonstances actuelles, toutes démarches, toutes résolutions inconsidérées seraient de nature à compromettre la cause de l'indépendance. Il ne faut pas que l'Europe puisse m'accuser de n'agir que par ambition personnelle et de substituer l'absorption piémontaise à l'oppression autrichienne. Le Saint-Père, le chef vénéré des fidèles est resté à la tête de son peuple, il ne s'est pas, comme les souverains de Parme, de Modène, de Toscane, démis de son autorité temporelle que nous devons non seulement respecter, mais consolider. Je désapprouverai donc tout acte subversif contraire à l'équité et nuisible à la noble cause que nous servons. N'oublions pas non plus que Pie IX est un prince italien.

Maladroits Bolonais qui n'avez pas compris que dans *les circonstances actuelles* vos adhésions ne suffisent point, le Saint-Père *n'a pas abandonné son pouvoir temporel* !... Écoutez Monsieur Cavour ; parlant par l'organe de son maître : « Forcez le Pape à sortir de ses États, et

1. On appelle Quadrilatère, la région de Lombardie située entre Mincio et Adige et protégée par quatre places fortes : Peschiera, Vérone, Legnago et Mantoue. Elle est réputée inexpugnable, aussi les Autrichiens s'y réfugient-ils en cas de difficulté.

alors nous pourrons nous entendre » (malheureusement Rome est occupé par une division française).

La Prusse mobilise six corps de son armée.

La *Patrie* a l'audace d'imprimer ce soir :

> Le prince Napoléon s'est déjà parfaitement habitué à la vie active qu'on mène en campagne ; malgré le charme qu'offre Florence à tous les étrangers, malgré la réception chaleureuse qui lui a été faite et les témoignages non équivoques de sympathie générale, le prince avait hâte de se porter en avant, mais je ne serais pas très étonné qu'on soit obligé de demeurer quelques jours encore dans les environs de Pistoia pour attendre la suite des opérations de l'armée principale.

Ce paragraphe est magnifique de bêtise ou de méchanceté.

Plus loin :

> Sur la table du prince on ne voit pas figurer d'autre pain que celui de munition.

Si le fait est vrai, le prince est un sot, ou il croit les humains bien bêtes. On prétend que ces *intéressantes* nouvelles viennent d'un ami du prince ; alors il n'y a pas que les amateurs de jardins qui soient caressés à coups de pierres par leurs ours.

Le général Giulay est révoqué sur *sa demande*, du commandement de la 2e armée autrichienne, le général Schlick le remplace.

Lundi 20 juin

Après s'être livré à une enquête judiciaire, le gouvernement sarde dénonce au monde civilisé une atrocité commise par le *Feldmarschall lieutenant Urban* qui pour avoir trouvé dans la cabane d'un paysan un petit sac de plomb de chasse a fait fusiller tous les individus au nombre de neuf qui se trouvaient dans cette cabane, depuis un vieillard de 60 ans jusqu'à un enfant de 14 ans. Cette exécution a eu lieu en présence d'un huissier que le général avait contraint à servir de guide et qu'il relâcha après l'exécution en lui donnant pour sauf-conduit sa carte de visite.

Le journal *La Presse* laisse percer son mécontentement du refus fait par le roi de Piémont de la dictature offerte par quelques communes des États pontificaux, et des nouvelles assurances données par l'Empereur et le roi que loin d'attenter à la souveraineté temporelle du Pape, ils voulaient la consolider.

La Prusse semble pencher vers l'exagération des idées allemandes, elle rassemble ses troupes et, sous prétexte de médiation armée quand le moment sera venu, elle dispose ses corps d'armée avec l'espoir que la France sans doute sera intimidée par ce déploiement de force et se montrera moins difficile dans le règlement de la question.

L'Empereur a dit ce qu'il voulait de la guerre : l'Italie libre jusqu'à l'Adriatique.

Le premier et le troisième corps de l'armée russe, forts de

120 000 hommes, se réunissent, assure-t-on, à Kalish ; le deuxième et le quatrième sur les frontières de la Galicie, le cinquième du côté de la Moldavie.

Le bulletin détaillé de nos pertes à Magenta et à Marignan est au *Moniteur* : 37 officiers tués, 159 blessés, 440 soldats tués, 2 731 blessés.

Mardi 21 juin

La Prusse concentre ses troupes et les rapproche, dit-on, du Rhin ; le quartier général serait à Francfort, cela se nomme la neutralité armée. On prétend que la Prusse trouve le moment opportun pour intervenir en faveur de la paix ; on lui prête l'intention de vouloir sauver au profit de l'Autriche une partie de l'Italie en établissant comme point de séparation entre l'Italie indépendante et l'Autriche, la ligne du Mincio ! Elle oublie que l'Empereur a déclaré que l'Italie devait être libre jusqu'à l'Adratique.

Rien de nouveau du théâtre de la guerre, les Autrichiens sont enfin dans leur fameux quadrilatère sous Vérone et Mantoue et nous nous avançons chaque jour pour les joindre.

L'Inde devient de moins en moins favorable aux Anglais ; l'insurrection n'y est pas étouffée, le choléra reparaît et les régiments anglais commencent à se désaffectionner et à refuser le service ; on est obligé d'entrer en pourparlers avec eux.

Le roi de Naples a publié une amnistie complète.

Le public français est irrité des fanfaronnades des militaires de la Prusse et des petits États allemands, et leurs démonstrations sur les bords du Rhin n'atteindront pas le but qu'ils se proposent ; quant à leur partage de nos provinces on en rit.

Mercredi 22 juin

Tout dans les dispositions des armées belligérantes fait supposer qu'une grande bataille aura lieu prochainement. L'Empereur a quitté hier Brescia pour Castenedolo. La dépêche officielle qui donne ces nouvelles se termine par : *Tout va bien.*

Le 14 juin, les Autrichiens ont réprimé à Venise une tentative d'insurrection ; on parle de deux morts et de trois blessés, de nombreuses arrestations ont été faites ; le 15, dit la *Presse de Vienne*, le calme était rétabli.

La nouvelle est arrivée par Marseille que le Pacha d'Égypte a fait suspendre les travaux du canal de Suez. Monsieur de Lesseps proteste, notre consul général offre sa médiation. Voilà où en sont les choses ; on prétend que cette suspension est un *service d'ami* de notre cordiale alliée l'Angleterre !

Il est arrivé de très sérieuses nouvelles de l'Inde.

Nana Saïb est de nouveau sur les frontières de l'Oude et l'insurrection se ranime. Quatre régiments européens refuseraient de marcher.

L'attitude de la Prusse est toujours le sujet des commentaires de la presse et du public. S'il est vrai qu'elle envoie ses soldats sur les bords du Rhin avec la prétention d'imposer des conditions de paix, les affaires pourraient très fort s'embrouiller ; mais l'Autriche déclare que tant qu'il lui restera un soldat, elle ne cédera rien en Italie.

Toutes les puissances prétendues neutres répètent risiblement à l'unisson : *les traités de 1815 subsistent, malheur à qui voudrait y porter atteinte.* Comme si ces fameux traités subsistaient encore, eux qui ont proclamé que *la famille Bonaparte était à jamais déchue du trône* ! Les traités de 1815 ont été déchirés par la révolution belge, par l'absorption de la Pologne par la Russie, par la confiscation de la Cracovie[1]. Les traités de 1815 étaient morts avant Monsieur de Metternich ; la mort de cet homme d'État est comme leur service du bout de l'an. Paix donc aux traités de 1815, ils sont loin de nous, les morts vont vite.

Vendredi 24 juin

La Prusse espère jouer un rôle d'intimidation et se donne beaucoup de mal pour se faire *plus grosse que le bœuf.* Elle va venir occuper les bords du Rhin, établir son quartier général à Francfort, puis elle fera voyager ses diplomates ; mais si les propositions d'arrangement qu'elle patronne sont celles que font connaître quelques journaux étrangers elle pourra en demeurer pour ses frais. En effet, l'Empereur Napoléon victorieux des Autrichiens a dit au peuple italien et au monde : « *Je ne veux rien pour la France, mais je veux l'Italie libre jusqu'à l'Adriatique.* »

La Prusse n'a probablement pas entendu ces paroles ; elle demanderait que les négociations à entamer prissent pour base le respect des délimitations italiennes de 1815, et alors l'Autriche donnerait des garanties d'une meilleure administration. C'est une plaisanterie ! mais elle est de mauvais goût, et toutes les grandes intimidations de la Prusse ne la feront pas prendre pour une vérité.

Les troupes suisses du Pape, après plusieurs heures de combat ont repris Pérouse sur les empressés de M. le prince Napoléon.

Un nouvel agitateur se fait remarquer dans les États de l'Église, c'est le propre neveu du prince Murat, le fils de sa sœur.

Quelle famille a l'Empereur !

---

1. Le congrès de Vienne avait fait de la Belgique une partie du royaume des Pays-Bas, de la Pologne un royaume associé à la Russie et de Cracovie une république libre. En août 1830, les Belges se révoltèrent puis déclarèrent leur pays indépendant en octobre, sans que les grandes puissances n'interviennent. Un mois plus tard, les Polonais se soulevèrent. Écrasés par les Russes en 1831, ils perdirent leurs libertés. Quant à la république de Cracovie, les Autrichiens eux-mêmes l'annexèrent en 1846.

Samedi 25 juin

Ce matin de fort bonne heure j'entendis de la terrasse de St-Germain les volées d'artillerie retentir au-dessus de Paris. Je pris le convoi du chemin de fer de 8 heures et demie et arrivé à Paris je lus sur tous les murs la dépêche suivante adressée par l'Empereur à l'Impératrice :

Carriano, 24 juin 9 heures 1/4 du soir

Grande bataille et grande victoire.

Toute l'armée autrichienne a donné.

La ligne de bataille avait cinq lieues d'étendue, nous avons enlevé toutes les positions, pris beaucoup de canons, de drapeaux et de prisonniers. Les autres détails sont impossibles pour le moment. La bataille a duré depuis 4 heures du matin jusqu'à 8 heures du soir.

L'Impératrice a reçu depuis une seconde dépêche d'où il résulte [1] que nous sommes arrivés sur les bords du Mincio comme les Autrichiens se disposaient à le passer, nous croyant encore à vingt-quatre heures de marche en arrière, nous les avons attaqués. Toute l'armée autrichienne était présente sous les ordres de son jeune empereur, elle a perdu ses positions et n'a pas pu empêcher de passer le Mincio à sa suite.

Nous avons pris 75 pièces de canons, beaucoup de drapeaux ; les Autrichiens ont près de 30 000 hommes hors de combat, un grand nombre ont été noyés, on parle de 15 000 prisonniers.

Paris ivre de joie est couvert de drapeaux et le ciel reflète son immense illumination.

Ici à St-Germain tout est illuminé et les feux d'artifice ne cessent de retentir dans chaque rue.

Demain matin je partirai à 8 heures et demie pour aller à St-Gratien chez la Princesse Mathilde, je n'en reviendrai que lundi.

Mardi 28 juin

On commence à savoir quelques détails sur la dernière bataille qui prendra le nom de Solferino.

Le journal *La Patrie* avait trop embelli la victoire. Nous avons fait 7 000 prisonniers, pris 30 canons et 3 drapeaux. Le général Auger, qui de concert avec l'Empereur organisait la nouvelle artillerie, a le bras emporté. François de La Rochefoucauld est prisonnier avec deux blessures légères. Le jeune Fénélon est tué. Le général Niel est fait maréchal.

Les faits que je donnais samedi comme relatés dans une seconde dépêche reçue par l'Impératrice, je les tenais de Nieuwerkerke qui sortait de chez l'Impératrice, que et qui croire ?

1. Cette bataille de Solferino fut particulièrement meurtrière. Les Autrichiens eurent 13 000 tués ou blessés et près de 9 000 disparus, les Français 1 600 tués, 8 500 blessés et 1 500 disparus et les Sardes 700 morts, 3 500 blessés et 1 200 disparus.

On cherche à faire un crime au Pape de la répression des révoltes de ses villes ; le journal *La Patrie* accueille toutes les accusations, cela est au moins singulier.

On préconise une neutralité à l'usage du Pape au moyen de laquelle lui Pape serait neutre et ses provinces seraient placées sous la dictature du roi de Piémont. Rien n'est si commun que l'absurde par le temps qui court.

Chez la Princesse je n'ai rien appris de nouveau. J'ai pu y contempler le triomphe de l'infatuation et voir à quel point la faiblesse orgueilleuse peut se laisser mener en croyant faire du pouvoir absolu.

D'abord parlons de Clément de Ris, mon attaché, qui a cherché à m'éreinter dans la *Revue française.* Cela lui a porté bonheur, il a été invité à dîner chez la Princesse et il va être décoré comme accrocheur de tableaux à l'Exposition. La Princesse m'a dit qu'il ne le serait pas à cause de son mauvais procédé envers moi, et que Nieuwerkerke lui en avait exprimé toute sa colère. Mais Clément rapporte la chose autrement, il n'a qu'à se louer, dit-il, du *directeur* qui a été charmant, et des assurances qu'il lui a données : « Vous avez été vif envers Vieil Castel, mais cela ne me regarde pas, c'est une affaire à part. »

Clément sera décoré !

Nieuwerkerke dispose pour faire des acquisitions de l'argent d'autrui comme du sien propre.

Quelques amis cependant sont ou maltraités ou expulsés.

Morel Fatio est assez riche. Eug. Giraud est assez riche, on ne lui donne que 4 000 francs pour le mauvais tableau du Cabinet du directeur comme à son frère Charles Muller à 8 500, Isabey je crois 6 000, Hébert qui donne des soirées intimes. Hébert, qui prône Arago et qui sait être courtisan, demandait 10 000 francs de son tableau. Nieuwerkerke Louis XIV lui envoie 15 000 francs de l'argent de l'Exposition. Tout cela se décide en conseil Chennevières. Villot se porte appuyé par son directeur à l'Académie des beaux-arts.

Tout cela serait vraiment amusant si ce n'était pas triste !

Nieuwerkerke touche à l'impossible, il s'aveugle sur tout, se croit ferme et omnipotent, et il est conduit par des nullités comme Chennevières, Reiset, etc. Ce qu'il a fait de plus beau, c'est la réforme de ses cartes de visite. Il a supprimé : *membre de l'Institut, directeur général des Musées*, pour mettre : *chambellan de l'Empereur, intendant des Beaux-Arts de Sa maison.*

Il n'est pas possible de faire une plus fausse appréciation des choses, de plus abdiquer l'indépendance de son... Enfin tout est pour le mieux !

Mercredi 29 juin

Le général Forey est blessé légèrement, ainsi que deux autres généraux.

Les journaux étrangers nous apprennent que l'empereur d'Autriche rappelé par des affaires importantes va retourner à Vienne. Le général Hesse aura le commandement.

L'Empereur Napoléon pendant la dernière bataille s'est trop exposé, il semblait vouloir tenter sa destinée.

Il n'y a du reste rien de saillant dans les nouvelles du moment.

Jeudi 30 juin

L'Empereur à l'Impératrice :

Carriano, 28 juin, 2 h 20 du soir

Nos troupes passent le Mincio sans résistance, l'ennemi s'étant retiré au-delà.

L'empereur d'Autriche repart, affirme-t-on.

Le prince Napoléon doit avoir rejoint le quartier général avec son armée. Nous allons voir ce qu'il saura faire. Il doit être furieux du succès de son cousin.

La presse anglaise et entre autres journaux le *Times*, qui nous a tant injurié et tant dénigré l'Empereur, revient à plus de justice dans ses appréciations.

Le gouvernement pontifical reprend peu à peu possession des localités soulevées par les soins du prince Napoléon. Le général Allegrini, à la tête de la garnison d'Ancône, a repris la ville sans coup férir. Les troupes du Souverain Pontife marchent sur Rimini, Forli et Cesena.

Enfin sous la date du 26 on écrit de Vienne à la *Gazette nouvelle de Berlin* :

Hier se sont répandu les premiers bruits d'une rencontre sérieuse sur le Mincio ; on avait l'espoir que l'issue en serait heureuse, attendu que les premières nouvelles qui nous arrivaient du champ de bataille parlaient du mouvement rétrograde des Piémontais. Mais le contrecoup a été d'autant plus profond que le *Moniteur* nous a annoncé la terrible vérité, constatée immédiatement après par les rapports qui nous parviennent avec une ponctualité inouie. Un morne découragement s'empare peu à peu du peuple.

Samedi 2 juillet

L'Empereur à la date du 30 juin avait porté son quartier général de l'autre côté du Mincio à Vallegio.

Le prince Napoléon dit la dépêche devait arriver dans la journée ! Le prince ne se presse pas, il fait si chaud ! Le peuple avait dernièrement inventé de dire : « Pourquoi le prince Napoléon n'est-il pas sur le Pô ? — C'est que l'Autriche y est (l'autre y chiait). »

Je ne donne pas ceci comme de bien bon goût, mais comme un indice de l'opinion publique sur ce prince.

La lumière se fait sur les événements révolutionnaires qui ont eu lieu dans les États pontificaux et sur leur répression par les régiments à la solde du Pape. Les agitateurs venus de la Toscane ont fui à l'approche des troupes, les armes avaient été envoyées de la Toscane.

Quant aux horreurs que les révolutionnaires imputent aux troupes à la prise de Pérouse, il faut dire qu'on tirait sur les régiments de chaque maison, de chaque fenêtre, que les femmes et les enfants faisaient pleuvoir sur les soldats tout ce qui pouvait les tuer ou les blesser, qu'on a dû prendre chaque maison d'assaut et que tout ce qui était dans les maisons, vieillards, femmes, enfants, tiraient ou lançaient des projectiles.

Comme toujours (nous l'avons vu à Paris), les révolutionnaires font grand bruit des malheureux qu'ils poussent en avant et qui succombent dans la lutte. Demander aux soldats d'épargner la vie des gens qui les fusillent du haut de leurs maisons, on sent que cela n'est pas possible.

L'affaire, ou comme disent les Piémontais, le massacre de Pérouse est une de ces lâches accusations à l'usage des agitateurs vaincus.

Le Cavour et son roi de Piémont, dictateur pendant la guerre, sont des plaisanteries trop prolongées. D'ailleurs, l'Empereur en entrant en Italie, a proclamé deux choses : le respect de la neutralité du Pape, et le respect de sa puissance temporelle. Pourquoi vouloir introduire la dictature du Piémontais ? C'est qu'à l'abri de cette dictature, d'un bout de l'Italie à l'autre, on travaillera le *libre vœu* des populations... C'est se moquer du monde.

Benedetti me racontait dimanche une histoire de Malakof, ambassadeur vraiment curieux.

Il reçoit une dépêche chiffrée qui lui ordonne de dire telles et telles choses au *Foreign Office.* Que fait mon diplomate, il ne *dit pas*, mais il traduit la dépêche chiffrée et envoie la traduction. Le ministre anglais comprit la bêtise de Malakof, et comme il s'était déjà procuré la dépêche chiffrée, il eut la clef du chiffre français, ce qui explique la publication de certains documents diplomatiques dans ces derniers temps. Il a fallu changer le chiffre.

Disons un mot de l'armée sarde, non pour diminuer sa valeur, mais pour rendre à chacun le sien. Les Sardes ne sont que trop portés à s'attribuer tout l'honneur de la bataille.

A la bataille de Solferino ils battaient en retraite et s'en allaient on ne sait où sans nos régiments qui les ont secourus. Je note ceci, parce que je me souviens de ce que les Anglais ont osé imprimer dans leurs journaux indiens, que sans eux nous étions perdus devant Sébastopol.

Cavour en viendra peut-être là !... la France ouvre et conquiert l'Italie, elle en chasse les Autrichiens. Hommes ou argent, elle n'épargne aucune de ses richesses. Quand les jours de paix viendront, Cavour n'aura plus rien à attendre de la France ; il lui faudra l'alliance de l'Angleterre pour la naissante marine italienne ; alors la France sera sacrifiée. Nous préparons à nos dépens la grandeur de Cavour et du Piémont.

L'Italie n'était une force pour personne, dans dix ans elle en sera une aux mains de nos ennemis.

Mardi 5 juillet

Les journaux contiennent les rapports officiels des différents corps d'armée à la bataille de Solferino.

Parmi les généraux morts on regrette surtout Auger et Dieu.

Le gouvernement a fait hier insérer une réfutation du *Siècle* dans le *Moniteur*. Le *Siècle* attaque le pouvoir spirituel et le pouvoir temporel du Pape d'une façon inconvenante. Le gouvernement se déclare toujours le soutien du Souverain Pontife.

Avant-hier l'Impératrice a commis ou laissé commettre deux inconvenances qui froissent bien des gens. Voici ce dont il s'agit :

Au cortège pour se rendre à Notre-Dame, les voitures de la princesse Sophie et de la Princesse Mathilde n'étaient pas précédées d'un piquet de cavalerie, elles étaient sur le même rang que les voitures des officiers de la maison, et il n'y avait pas d'écuyer à la portière !

Dans Notre-Dame, la demoiselle Pepa, femme de chambre de l'Impératrice, était placée à côté de la princesse d'Essling, touchant les ministres et le président du Sénat, en société avec toutes les dames de la cour.

J'ai fort engagé la Princesse Mathilde à ne pas subir de pareilles impertinences et à protester. Je lui ai même donné le conseil, si on persiste, de se retirer de toute cérémonie. Elle n'aura pas le courage de le faire.

Quant aux personnages qui souffrent la demoiselle Pepa au milieu d'eux, j'ai déclaré que c'était une action de couardise que de ne s'être pas éloigné.

On est généralement si plat ! Ni la cour de Louis XIV ni la cour de Louis XV n'eussent souffert telles insolences.

La princesse Clotilde donne dans la dévotion exagérée et affecte une insolence hautaine qui va mal à notre nation.

Jeudi 7 juillet

Les Piémontais ont commencé le siège de Peschiera. Le corps du prince Napoléon se porte vers Mantoue et le reste de l'armée française se dirige vers Vérone.

L'armée autrichienne est massée derrière l'Adige.

On écrit de Vienne à la *Gazette d'Elberfeld* que dix mille Français ont débarqué à Lussin Piccolo, port de l'île de Lussin située dans le golfe de Fiume sur la côte de l'Istrie. L'Autriche redoute l'invasion de la côte dalmatique en raison de sa proximité des provinces slavo-magyares où règne une assez vive agitation.

Les États du Pape sont de plus en plus agités, la junte de Bologne appelle les populations aux armes contre les troupes du Souverain Pontife.

On paraît craindre que la mission du chevalier d'Azzeglio, qui est parti pour la Romagne, soit peu en rapport avec les promesses faites au début de la campagne.

La Chambre des Lords et celle des Communes d'Angleterre ont retenti de vifs discours contre la France prononcés par quelques-uns des organes du parti tory, Lord Lyndhurst, Lord Straford de Redclif et Monsieur Polk.

La cité de Londres s'en est émue.

Nous avons en avril dernier remporté une victoire en Cochinchine sur l'armée annamite.

La Prusse demande à la diète la réunion à l'armée prussienne des 9e et 10e corps d'armée fédérale, et le commandement en chef sans contrôle de toutes les forces déjà mobilisées, ou qui seraient ultérieurement mises sur pied.

Telle est la situation fort tendue, et tout le monde est dans l'attente, on ne croît pas cependant à la guerre contre l'Allemagne ; on ne peut s'imaginer qu'elle devienne agressive pour conserver l'Italie à l'Autriche.

Le trouble produit dans les États romains par des agents toscans, et dont il ne paraît que trop certain que le prince Napoléon a été l'instigateur, est une mauvaise chose ; c'est un élément révolutionnaire qui lève son drapeau, nous n'en avions certes pas besoin.

J'ai visité aujourd'hui l'Exposition des tableaux, j'en ai rarement vu une plus misérable. Le tableau d'Isabey est au-dessous du mauvais, les Yvan ne sont pas forts, les tableaux de genre, les paysages et les portraits sont lamentables.

Samedi 9 juillet

L'empereur d'Autriche a fait demander à l'Empereur Napoléon une suspension d'armes qui a été accordée. Des commissaires ont été nommés pour en régler les conditions.

Sur cette nouvelle publiée avant-hier soir dans un supplément du *Moniteur*, tous les esprits se sont ouverts aux espérances de paix et la Bourse a fait hier 2 francs 60 centimes de hausse.

Cependant le *Moniteur* a soin de prévenir le public qu'il aurait tort de se confier trop complètement à de telles espérances.

On ignore encore ce qui a pu amener l'Autriche à faire cette démarche, et ce qui a pu engager l'Empereur Napoléon à la bien accueillir.

Toujours est-il que cet armistice va donner le temps à la diplomatie de tenter une conciliation difficile sans doute en présence des intérêts politiques de l'Autriche, de l'ambition du Piémont et de la surexcitation italienne.

On prétend que l'empereur d'Autriche s'est effrayé de la situation de la Hongrie, du mouvement insurrectionnel qui y est à craindre, et que d'un autre côté l'Empereur Napoléon craint le réveil des mauvaises passions révolutionnaires en Italie [1].

Ces bruits ne sont que des conjectures ; nous saurons peut-être bientôt à quoi nous en tenir, et démêler les véritables causes de cette facilité faite par les parties belligérantes aux pacificateurs de reprendre leur œuvre.

Dimanche 10 juillet

L'armistice est signé et doit durer jusqu'au 15 août.

Mardi 12 juillet

L'Empereur a adressé un ordre du jour à ses soldats daté de son quartier général de Valaggio 10 juillet :

Soldats !

Une suspension d'armes a été conclue le 8 juillet entre les parties belligérantes jusqu'au 15 août prochain. Cette trêve vous permet de vous reposer de vos glorieux travaux, et de puiser, s'il le faut, de nouvelles forces pour continuer l'œuvre que vous avez si bravement inaugurée par votre courage et votre dévouement.

Je retourne à Paris et je laisse le commandement provisoire de mon armée au maréchal Vaillant, major général. Mais dès que l'heure des combats aura sonnée vous me reverrez au milieu de vous pour partager vos dangers.

Napoléon

---

1. L'armistice fut conclu le 7 juillet en début de matinée. C'est en fait Napoléon III qui demanda la suspension d'armes et non François-Joseph. Les mobiles de l'empereur des Français étaient multiples. Napoléon III avait été très impressionné par la boucherie de Solferino. Malgré sa victoire, il n'avait pas écrasé les Autrichiens, qui pouvaient refaire leurs forces à l'abri du Quadrilatère. En outre, le typhus avait fait son apparition dans l'armée française, des soulèvements venaient d'éclater en Italie centrale et faisaient craindre une contagion révolutionnaire, le parti de la paix grossissait chaque jour en France et l'on craignait une entrée en guerre des Prussiens aux côtés des Autrichiens. François-Joseph accepta d'autant plus facilement que la Prusse lui demandait justement des concessions exorbitantes pour prix de son soutien, que la guerre était devenue aussi impopulaire à Vienne qu'à Paris et qu'un soulèvement de la Hongrie était possible. Voir Jean-Paul Bled, *François-Joseph*, Paris, Fayard, 1987, réimpr. 1999, p. 240 et suiv.

Hier, 11 juillet, une entrevue a eu lieu entre les deux empereurs à Villafranca ; que résultera-t-il de cette entrevue ?

Le général Fleury envoyé en parlementaire auprès de l'empereur d'Autriche en a été parfaitement accueilli, et a eu l'honneur de dîner avec ce souverain qui lui a dit dans la conversation que la bataille de Solferino coûtait 50 000 hommes à l'Autriche.

Un seul hôpital à Vérone contient 700 officiers.

J'ai beaucoup causé dimanche avec la Princesse Mathilde et Benedetti, directeur des Affaires étrangères.

L'armistice ne les étonne pas ; l'Empereur trouve l'Italie différente de ce qu'on la lui représentait ; cet enthousiasme qui devait opérer des prodiges n'existe pas ; les Italiens sont divisés, et la fantasmagorie de Cavour fait place à une triste réalité. Si l'Italie était *réellement* consultée sur ses destinées futures, ce serait un chaos.

Cavour a fait de concert avec le prince Napoléon le mouvement révolutionnaire dans les États du Pape ; ils ont ressuscité l'élément révolutionnaire et le Piémont envoie des commissaires dans les États du Pape.

L'Empereur Napoléon sait aujourd'hui ce qu'il faut penser de tout ce monde.

Malheureusement, lui si décidé et si ferme n'aura pas la volonté de faire arrêter le prince Napoléon et de le faire détenir en lieu sûr.

Le prince méprisé et méprisable, qui a employé toute son habilité à ne point paraître sur un champ de bataille en Italie, est l'ennemi de l'Empereur qu'il trahit toujours et partout. Cet ignoble personnage voulait que sa maîtresse vint le retrouver en Italie !... C'est toujours cette maîtresse à laquelle, bas voleur, il a donné l'argent que l'État lui accordait pour la corbeille de sa femme.

Piétri, l'ancien préfet de police, est en Italie l'agent révolutionnaire du prince.

L'Empereur a trop vu dans l'intérêt de quelles gens il travaillait et, d'un autre côté, il n'aura pas voulu forcer l'Autriche à s'amoindrir dans la Confédération germanique devant la Prusse dont l'inimitié et les prétentions sont trop dévoilées. L'Empereur sait qu'il y a *peut-être* une Italie, mais il n'y a pas d'Italiens !

C'est un rêve que Cavour a voulu transformer en réalité au profit de l'ambition de la maison de Savoie.

L'Empereur sera de retour sous peu de jours et on espère quelques changements dans les ministères. On parle de Walewski, pour remplacer au ministère d'État Fould qui serait remercié. Cet insolent drôle n'est maintenu jusqu'à présent que grâce à l'Impératrice qui a fait la sottise de lui emprunter 600 000 francs qu'elle a envoyés en Espagne, à sa sœur la duchesse d'Albe, *qui en avait besoin*. Les 600 000 francs sont remboursés et l'insolence du drôle a besoin d'être enfin réprimée.

Après avoir fait du fils qu'il a de Mme Soubeyran un chef de cabinet de son ministère, il vient en faire aujourd'hui un sous-directeur de la Banque. Il a déjà donné à Soubeyran père la recette générale de Nancy ! ! !

Puis, comme Mme Soubeyran (Mlle de Rovigo) a pour sœur la baronne de Serlay, dame d'honneur de la Princesse Mathilde, il a fait donner à cette dame 5 000 francs de pension par l'Empereur, sous le prétexte qu'elle est sans fortune Monsieur de Serlay a laissé 14 000 francs de rente et Madame de Serlay a 8 000 francs comme dame d'honneur !!

La Princesse Mathilde n'a su que longtemps après toutes ces saletés, elle a éclaté, a tout dit à l'Empereur et traité rudement sa dame d'honneur, puis tout s'est apaisé.

Nieuwerkerke, qui ne voit qu'une chose à sauvegarder vis-à-vis des puissants, fait commettre à la Princesse une foule de petites lâchetés, il défend contre elle, en ce moment Fould et Le Fuel. Mais quelquefois la nature fière et généreuse de la Princesse l'emporte, et dimanche dernier, comme Nieuwerkerke lui reprochait de s'être compromise en exposant deux aquarelles et lui disait qu'il s'était opposé à une mention favorable qu'on voulait lui décerner parce qu'elle ne devait pas être confondue avec les artistes.

« Sachez, a répondu vivement la Princesse, que je ne suis pas de ces gens qui sont plus glorieux d'une clef de chambellan cousue à leur derrière que d'une distinction accordée à un mérite réel. »

Nieuwerkerke qui vient d'être fait chambellan et qui traîne partout où il le peut son habit rouge, a empoché le compliment, et il a passé sa journée à jouer au Loto avec Arago ! qui l'épie en faisant des calembours.

Le soir, Clément de Ris est venu faire une visite à la Princesse, il a été aussi plat qu'à l'ordinaire, ne s'adressant jamais à Nieuwerkerke qu'en lui disant : « Monsieur le directeur » ; Madame de la Roncière, sœur de ce courtisan, ne cesse de dire à Nieuwerkerke : « Mon frère n'avance pas. » L'idée pourra venir de lui donner ma place.

Lorsque ledit Clément est parti, la Princesse a ainsi formulé son opinion sur lui : « Ce Clément de Ris est bête comme une oie, sot et ennuyeux comme la pluie. » Voilà cependant de quelles gens Nieuwerkerke compose sa cour. Soulié, Chennevières et Clément de Ris !!!

Villot a échoué dans sa candidature à l'Académie, il a eu trois voix et Reiset s'est écrié : « C'est une insulte au Musée... *Je doute* si j'oserai *me présenter* !! » triple faquin.

Mercredi 13 juillet

Une dépêche télégraphique d'hier annonce que la paix a été signée à Villafranca entre l'empereur des Français et l'empereur d'Autriche.

L'empereur d'Autriche cède ses droits sur la Lombardie à l'Empereur Napoléon qui les abandonne au roi de Piémont.

Le Pape devient président *honoraire* d'une Confédération italienne. L'Autriche conserve comme membre de cette Confédération la Vénétie. Une amnistie générale est prononcée. Hier et aujourd'hui, tout le monde est dans la joie, le cri de : « Vive l'Empereur ! » part de tous les cœurs, sort de toutes les bouches.

Cette paix déconcerte l'Allemagne, contrarie quelque peu l'Angleterre et froisse nos Orléanistes ainsi que nos légitimistes.

L'Empereur a fait de grandes choses et une grande chose. Que va maintenant devenir l'Italie ?

La dépêche ne dit pas ce qu'il adviendra de la Toscane, de Parme, de Modène et des légations.

La présidence honoraire accordée au Pape, si on entame son pouvoir temporel est une dérision.

Si le Piémont est agrandi de la Lombardie, c'est bien !... mais si on laisse l'ambitieux Cavour maître dans tous les États envahis par le Piémont, avec l'aide de nos armées, l'Italie sera de nouveau bouleversée avant un an.

Il est à croire que nous n'avons encore qu'une esquisse du traité qui aura dû parer à toutes ces éventualités. La façon dont Cavour a fait agir la révolution dans les États du Pape, ne me rassure pas, car c'est avec ces Toscans qu'on y a fait des manifestations, et c'est avec des calomnies qu'on a cherché à justifier l'insurrection de Pérouse.

Nous saurons avant peu à quoi nous en tenir sur tout cela. L'Empereur sera acclamé à Paris par l'enthousiasme de toute la population.

Le prince Napoléon a des millions de mépris qui l'y attendent.

Jeudi 14 juillet

Comme je l'avais prévu, beaucoup de gens sont désappointés par la paix ; la Prusse et l'Angleterre se montrent surprises et parmi nos journaux, le *Siècle* et la *Presse* déguisent mal leur dépit, grâce à Monsieur de Cavour et au prince Napoléon, l'élément révolutionnaire allait jouer sa partie, on espérait un peu de république et le renversement du Pape !... Tout manque à la fois.

L'Empereur n'est pas arrivé comme je le croyais. Monsieur de Cavour a donné sa démission qui a été acceptée, je pense qu'enfin le renard est à découvert ; ses menées révolutionnaires dans les États de l'Église sont connues, il n'était plus supportable, c'est lui qui de concert avec le prince Napoléon a envoyé dans les légations tous les chefs révolutionnaires de 1848, et je ne serais pas étonné s'il se trouvait compromis dans la révolte des Suisses à Naples.

Il est de mode aujourd'hui de flétrir les hommes qui vont servir un souverain étranger, mais les émeutiers cosmopolites sont des héros ! ! détrôner un roi est une œuvre pie ; aider à le raffermir sur son trône est une action infâme !

Notre bête de public, prétendu libéral, commence à blâmer la paix ; on entend retentir autour de soi : « L'Empereur aurait dû prendre Peschiera, Vérone, Mantoue et Venise, etc. » Nos bourgeois sont stupides comme toujours.

Le prince Napoléon a osé faire un rapport sur la conduite militaire et politique de sa division.

L'Empereur devrait comprendre combien la France est lasse d'un pareil drôle.

Mardi 19 juillet

J'arrive de St-Gratien où j'ai trouvé la Princesse Mathilde qui revenait de St-Cloud.

L'Empereur y est arrivé dimanche matin à 10 heures par le chemin de fer et il est descendu de wagon dans le haut du parc à la grande grille située non loin de la porte Jaune.

Les princes et les princesses de sa famille, les ministres, les officiers de sa maison l'attendaient.

Il semblait un peu fatigué et son visage est très bruni.

Il paraît très peu charmé des Italiens quoiqu'il ne s'ouvre que difficilement sur ce sujet. On apprend plutôt sa pensée par son entourage que par ce qu'il dit.

Messieurs les Italiens, qui n'ont rien fait pour aider leurs *libérateurs*, auraient voulu que la France, au risque d'une guerre générale, continuât la guerre jusqu'à complète évacuation de l'Italie par les Autrichiens. Cavour soulevait l'élément révolutionnaire et nous allions nous trouver avec l'Allemagne devant nous et la révolution derrière nous ; les princes italiens chassés de leurs États, le Pape renversé, et tout cela au profit de Monsieur de Cavour et des intérêts révolutionnaires. La paix froisse les révolutionnaires et le Piémont ne se montre pas complètement satisfait, il voulait l'Italie entière ; à Florence le commissaire sarde proteste contre la paix ; à Milan, la veille du retour de l'Empereur on avait couvert de crêpes les drapeaux français ; à Turin, chez les marchands de gravures, le portrait de l'Empereur Napoléon avait disparu des étalages pour faire place à celui d'Orsini ! !

Tous ceux qui reviennent d'Italie sont unanimes pour déclarer qu'il n'y a rien à faire pour les Italiens ; dans deux mois ils seront aux prises entre eux. La révolution va d'abord essayer de s'opposer au retour du grand-duc de Toscane, du duc de Modène, de la duchesse de Parme ; Bixio prétendait hier que le Piémont ne rendrait pas les légations au Pape, qui n'en conserverait que la souveraineté nominale et que Parme resterait définitivement joint au Piémont. Nous saurons bientôt à quoi nous en tenir, car la France, l'Autriche et le Piémont vont se réunir en Suisse pour convenir du traité de paix définitif.

Nos badauds de France et nos *libéraux* sont mécontents, ils disent qu'ils auraient voulu la guerre à outrance !... Hier, ils maudissaient la guerre, et ils trouvaient lourds les sacrifices qu'elle impose. Beaucoup de gens espéraient que la chute de l'Empereur sortirait d'une guerre générale et c'est pourquoi ils sont fort mécontents de la paix.

L'Angleterre est furieuse de la modération de l'Empereur et la Prusse, accusée par toute l'Allemagne, est mécontente de n'avoir pas su prendre un parti. Dans Paris, on cherche à colérer le peuple des faubourgs, à ressusciter en lui ses mauvaises passions, déjà dans le faubourg St-Antoine des proclamations de l'Empereur ont été déchirées. La situation actuelle offre de grandes difficultés.

Le prince Napoléon voyage en Suisse avec quelque p..., et il est le premier à déclarer que les Italiens sont de la canaille.

Le comte Arese n'a pu remplir la mission que le roi de Piémont lui avait donnée de former un ministère et c'est Rattazzi de la nuance Cavour qui est chargé de ce soin. Dans trois mois Cavour sera rentré et alors comme je l'ai dit, le Piémont deviendra notre ennemi et l'Angleterre se rapprochera de Monsieur de Cavour.

J'ai dîné avec l'abbé Laine, aumônier de l'Empereur, et qui a fait toute la campagne ; il dit que l'armée autrichienne est dans un état effrayant, décimée par le feu, elle a été chassée de ses abris, les forteresses du fameux quadrilatère, par la peste et le choléra, et maintenant elle cherche à se refaire dans les montagnes du Tyrol.

La reine de Portugal est morte en quelques heures dans la nuit du 16 au 17 d'une angine couenneuse ; le premier mari de sa belle-mère, la reine Dona Maria, était mort de la même maladie. La jeune reine qui vient de mourir était une princesse de Hohenzollern-Sigmaringen, charmante et d'un caractère doux et agréable, aimant comme le roi son époux, la vie intérieure intime ; ce couple royal vivait fort heureux et très uni. Née le 15 juillet 1835, mariée le 29 avril 1858, cette pauvre reine meurt après 15 mois de mariage à l'âge de 24 ans.

Voici l'ordre du jour de l'empereur d'Autriche à son armée :

Appuyé sur mon bon droit, j'ai engagé la lutte pour la sainteté des traités, comptant sur l'enthousiasme de mes peuples, sur la vaillance de mon armée et sur les alliés naturels. J'ai trouvé mes peuples prêts à tous les sacrifices ; de sanglants combats ont de nouveau montré au monde l'héroïsme de ma brave armée, et son mépris de la mort, combattant contre un ennemi supérieur en nombre, après que des milliers d'officiers et de soldats ont scellé de leur sang leur fidélité au devoir, elle reste ferme, courageuse, inébranlable, et attend avec joie la continuation de la lutte ; sans alliés, je ne cède qu'aux circonstances malheureuses de la politique en présence desquelles mon devoir était avant tout de ne plus verser inutilement le sang de mes soldats, de ne plus imposer à mes peuples de nouveaux sacrifices. Je conclus la paix en la basant sur la ligne du Mincio. Je remercie mon armée de tout mon cœur ; elle m'a montré de nouveau que je puis compter sur elle d'une manière absolue pour les combats à venir.

Vérone, le 12 juillet 1859
François-Joseph

Le commissaire sarde Boncompagni a fait insérer dans le *Moniteur toscan* la proclamation suivante :

Toscans !

Les nouvelles d'événements qui trompent les plus belles espérances remplissent de douleur toutes les âmes ; le gouvernement partage votre consternation, mais nous ne devons pas nous y abandonner ; il nous faut attendre le récit des faits dont les détails sont encore inconnus. Nous devons nous serrer ensemble pour prouver par notre fermeté que nous sommes dignes d'être citoyens d'une patrie indépendante et libre. Tant que cette fermeté nous restera, nous n'aurons pas perdu nos espérances. Nos envoyés vont partir pour Turin afin de savoir le véritable état des choses. La manifestation de la douleur aujourd'hui ne serait qu'une aggravation du mal. Conservons l'ordre plus que jamais nécessaire pour le salut de la patrie. Demain s'assemblera la Consulte ; avec elle le gouvernement élèvera la voix de la Toscane, la faisant entendre à Victor-Emmanuel en qui repose toute notre confiance.

La Toscane ne sera pas, contre sa volonté et ses droits, replacée sous le joug et l'influence de l'Autriche.

Florence, le 13 juillet 1859
Le commissaire extraordinaire du roi Victor-Emmanuel durant la guerre de l'indépendance :
C. Boncompagni

Les journaux apportent la nouvelle qu'à peine en possession de la Lombardie, le Piémont a confisqué les biens de l'ordre des Jésuites ! Ce petit vol est si commode, on ne confisquerait pas les biens d'une académie... la philosophie pousserait des hurlements de vengeance ; mais les biens d'un ordre religieux ! ! et surtout dans les circonstances actuelles : la France donne au Piémont un État qui lui est abandonné par traité de paix ; dans cet État les Jésuites possèdent régulièrement ; mais le Piémont reconnu souverain confisque. Vivent les gouvernements philosophes !

En Italie, le peuple des campagnes voit avec indifférence les agitations de messieurs les avocats et de tous ces *nobillons* qui tiraient la langue, lorsqu'un Autrichien était passé depuis cinq minutes.

Il n'est pas venu au quartier général français un seul paysan donner des renseignements sur la marche des Autrichiens. Le noble italien est toujours une sorte de capitaine Fracasse et quant au bourgeois italien des villes, c'est un bon petit révolutionnaire qui adore un dieu en deux personnes : Mazzini et Orsini ! ! !

Nous verrons ce que toutes ces canailles-là sauront faire ! !

Mercredi 20 juillet

Le parti piémontais et le parti révolutionnaire s'agitent beaucoup en Toscane dans les légations, dans les duchés de Parme et de Modène. Ils veulent arriver par le renvoi des anciennes dynasties, ici à l'annexion au Piémont, là à une république.

Je crains fort qu'avant six mois il n'y ait un affreux gâchis en Italie. La main de Cavour fait mouvoir tous les fils de toutes ces intrigues. Cavour voudrait fort être président de la Confédération italienne, son amour ardent pour l'Italie n'est qu'une immense ambition. Cavour a une énorme fortune au service de ses menées.

L'Angleterre et la Prusse nous prennent en défiance extrême ; dans ces deux pays on prétend que l'Empereur Napoléon III arrive à créer la grande alliance continentale des trois empereurs.

Vendredi 22 juillet

Mardi le 19, l'Empereur a reçu à St-Cloud les trois grands corps de l'État et répondant aux discours qui lui ont été adressés par les présidents, il leur a dit :

Messieurs,

En me retrouvant au milieu de vous qui pendant mon absence, avez entouré l'Impératrice et mon fils de tant de dévouement, j'éprouve le besoin de vous remercier d'abord, et ensuite de vous expliquer quel a été le mobile de ma conduite.

Lorsque après une heureuse campagne de deux mois, les armées françaises et sardes arrivèrent sous les murs de Vérone, la lutte allait inévitablement changer de nature, tant sous le rapport militaire que sous le rapport politique. J'étais fatalement obligé d'attaquer de front un ennemi retranché derrière de grandes forteresses, protégé contre toute diversion sur ses flancs par la neutralité des territoires qui l'entouraient, et en commençant la longue et stérile guerre des sièges, je trouvais en face l'Europe en armes, prête, soit à disputer nos succès, soit à aggraver nos revers.

Néanmoins la difficulté de l'entreprise n'aurait ni ébranlé ma résolution, ni arrêté l'élan de mon armée, si les moyens n'eussent pas été hors de proportion avec les résultats à attendre. Il fallait se résoudre à briser hardiment les entraves opposées par les territoires neutres et alors accepter la lutte sur le Rhin comme sur l'Adige. Il fallait partout franchement se fortifier du concours de la révolution. Il fallait répandre encore un sang précieux qui n'avait que trop coulé déjà. En un mot pour triompher il fallait risquer ce qu'il n'est permis à un souverain de mettre en jeu que pour l'indépendance de son pays.

Si je me suis arrêté ce n'est donc pas par lassitude ou par épuisement, ni par abandon de la noble cause que je voulais servir, mais parce que dans mon cœur quelque chose parlait plus haut encore : l'intérêt de la France. Croyez-vous donc qu'il ne m'en ait pas coûté de mettre un frein à l'ardeur de ces soldats qui, exaltés par la victoire, ne demandaient qu'à marcher en avant ? Croyez-vous qu'il ne m'en ait pas coûté de voir dans des cœurs honnêtes de nobles illusions se détruire, de patriotiques espérances s'évanouir. Pour servir l'indépendance italienne j'ai fait la guerre contre le gré de l'Europe ; dès que les destinées de mon pays ont pu être en péril ; j'ai fait la paix.

Est-ce à dire maintenant que nos efforts et nos sacrifices aient été en pure perte ? Non, ainsi que je l'ai dit dans les adieux à mes soldats, nous avons droit d'être fiers de cette courte campagne. En quatre combats et deux batailles, une armée nombreuse et qui ne le cède à aucune en organisation et en bravoure, a été vaincue. Le roi de Piémont, appelé jadis le gardien des Alpes, a vu son pays délivré de l'invasion et la frontière de ses États portée du Tessin au Mincio. L'idée d'une nationalité italienne est admise par ceux qui la combattaient le plus. Tous les souverains de la péninsule comprennent enfin le besoin impérieux de réformes salutaires.

Ainsi, après avoir donné une nouvelle preuve de la puissance militaire de la France, la paix que je viens de conclure sera féconde en heureux résultats ; l'avenir les révélera chaque jour davantage, pour le bonheur de l'Italie, l'influence de la France, le repos de l'Europe.

Ce discours est noble et beau, et d'une grande loyauté, mais il ne dit pas toute la pensée de l'Empereur.

Il s'est arrêté surtout dans la guerre parce qu'il s'est vu en face de la révolution, et qu'il n'a pas trouvé un peuple ; il s'est arrêté parce que Cavour et le prince Napoléon faisaient de la propagande révolutionnaire et qu'ils trouvaient sublime de supprimer la papauté.

Il s'est arrêté enfin parce que les Italiens ne valent pas le sang répandu pour eux.

L'Indépendance belge affirmait ces jours passés que l'empereur de Russie et l'empereur d'Autriche devaient venir faire une visite cet hiver à l'Empereur Napoléon.

L'Angleterre est toujours furieuse. Elle ne peut admettre la grandeur de la France. Quant à la Prusse elle est assez embarrassée. Tout n'est pas encore fini, il faut attendre la réunion des plénipotentiaires à Zurich. Bourqueney y représentera la France ! Toujours des vieillards en avant, de vieux ennemis grimaçant un jeune dévouement !...

Comme échantillon de la reconnaissance des Italiens, nous transcrirons la nouvelle donnée par les journaux en date de Turin 19 juillet :

Le gouverneur de la Lombardie a adressé aux journaux une circulaire pour les rappeler au sentiment de la modération. Il avertit qu'il procédera à la suppression de tout journal qui se permettrait des invectives à l'occasion des derniers événements et qui s'attaquerait à la fois au roi et à son auguste allié.

Le duc d'Abrantès (Junot), lieutenant-colonel d'état-major, vient de mourir de ses blessures.

Le général Dieu donne de graves inquiétudes.

A propos de la fameuse affaire de Pérouse, les journaux révolutionnaires ont fait grand bruit d'une protestation du consul des États-Unis, qui avait été, disaient ces journaux, accablé de mauvais traitements par les troupes suisses. Sa famille avait eu également beaucoup à souffrir. Le *Journal de Rome* du 12 juillet répond que le consul des États-Unis n'a pu être maltraité et par conséquent n'a pu protester attendu qu'il n'y a jamais eu de consul des États-Unis à Pérouse.

Voilà la bonne foi des révolutionnaires italiens et comment il faut se fier à leurs récits émouvants.

Le prince Napoléon est rentré à Paris, il y a trois jours à 9 heures et demie du soir ; il a caché le rayonnement de sa gloire dans les ombres de la nuit. Le prince Jérôme son père s'affaiblit et change de jour en jour ; il s'est fait plus vieux et plus cassé depuis un mois, qu'il ne l'avait pu faire dans les dix années précédentes. Mme de Plancy s'inquiète pour elle et pour l'enfant qu'elle a de ce vieillard toujours trop jeune.

On parle pour ambassadeur d'Autriche à Paris, du prince de Metternich.

Samedi 23 janvier

Le corps diplomatique ayant manifesté le désir d'offrir à l'Empereur ses félicitations au sujet de la conclusion de la paix, a été reçu à St-Cloud.

Le nonce, organe du corps diplomatique, a dit à l'Empereur :

« Le corps diplomatique éprouvait le besoin de demander à Votre Majesté de lui offrir ses félicitations empressées et sincères pour son heureux retour et la prompte conclusion de la paix. »

L'Empereur a répondu avec un laconisme empreint d'une tristesse fière et dédaigneuse :

« L'Europe a été en général si injuste envers moi au début de la guerre, que j'ai été heureux de pouvoir conclure la paix dès que l'honneur et les intérêts de la France ont été satisfaits, et de prouver qu'il ne pouvait entrer dans mes intentions de bouleverser l'Europe et de susciter une guerre générale. J'espère qu'aujourd'hui toutes les causes de dissentiments s'évanouiront et que la paix sera de longue durée. Je remercie le corps diplomatique de ses félicitations. »

Ce langage ferme est celui d'un monarque qui tient haut le sceptre et l'épée qui lui ont été remis par la nation. Il connaît les félicitations qui lui sont adressées et ce qu'elles valent, et il ne s'est point abaissé à paraître ignorer dans une occasion solennelle, le mauvais vouloir de tous les souverains, dont les ambassadeurs venaient le complimenter.

Lord Palmerston et Lord John Russel veulent bien dans le Parlement anglais se faire les cautions de l'Empereur, « *C'est un bon et fidèle allié* ! » disent-ils, mais, est-on en droit de leur répondre : « Êtes-vous de bons et sincères alliés, vous qui abritez ses assassins, vous les surexcitateurs de l'Italie, les prôneurs de la liberté, les faiseurs d'ovations à tous les révolutionnaires romains, napolitains, toscans, lombards, etc., et qui abandonnez *votre allié* lorsqu'il délivre l'Italie ?... Non ! vous êtes des exploiteurs ; notre concours vous a été *utile* en Crimée, sans nous vous échouiez dans cette guerre où votre intérêt était plus grand que le nôtre, vous restez neutres quand nos armées marchent à la délivrance de l'Italie. Dans ce malheureux pays, deux questions ont pour vous quelque importance : le renversement de la Papauté, influence catholique et française qui déplaît aux puritains anglais, l'absorption du royaume des Deux-Siciles, dont le commerce de l'Angleterre réclame en quelque sorte la confiscation déguisée. »

Peu importe à l'Angleterre le reste de l'Italie. Monsieur Disraeli voudrait que le gouvernement français diminuât ses armements pour prouver son désir de la paix, et chaque jour le parti tory presse l'Angleterre d'augmenter ses armées et ses vaisseaux, de garnir ses côtes de batteries. Malte est comme en état de guerre ; Gibraltar est hérissé de canons, on renouvelle aux navires marchands l'injonction d'avoir un armement de sûreté.

La France doit mettre sa marine sur le même pied que celle de l'Angleterre, non seulement par le nombre des bâtiments, mais encore par les approvisionnements des chantiers et des arsenaux. La marine anglaise est surtout forte parce qu'un échec subi, une perte de vaisseaux peuvent être réparés, grâce aux approvisionnements des arsenaux et aux travaux de construction, en cours d'exécution ; il faut que la France en arrive là et elle est en bon chemin, car l'Empereur lui a fait faire d'immenses progrès dans cette voie.

C'est bien ce qui contrarie l'Angleterre ; nos armées ne lui importent guère, que nous ayons 500 000 hommes sur le Rhin, cette bagatelle n'empêche pas John Bull de dormir, mais que nous ayons de bons vaisseaux et de fortes canonnières à Toulon, à Cherbourg et à Brest, cela le tient en émoi et John Bull aime sa tranquillité. La France devrait diminuer le nombre de ses vaisseaux ! !

Mardi 26 juillet

Le duc de Malakoff est nommé grand chancelier de la Légion d'honneur. Je pense que c'est beaucoup pour complaire à sa jeune femme qu'il prend ce poste.

Le prince Napoléon veut aller, dit-on, au Canada ; il est désenchanté des Italiens et désillusionné ; il y avait un moyen de régénérer le monde en le bouleversant par les socialistes ; l'occasion est manquée !...

La paix de Villafranca occupe toujours les esprits ; y aura-t-il un congrès, n'y en aura-t-il pas ? Hier, on affirmait que l'Angleterre viendrait au congrès. Quant aux affaires d'Italie, le Piémont y continue l'agitation et veut se faire voter par ses intrigues les États que le traité de Villafranca ne lui abandonne pas ; le Piémont joue un rôle sans bonne foi et la paix ne peut être solide, aussi longtemps qu'on le lui laissera jouer. J'ai déjà dit et je le répète que nous nous repentirons de notre intervention. Les *pronunciamiente* des Toscans, Parmesans, Modènois, contre leurs anciennes dynasties et en faveur du Piémont sont de magnifiques jongleries. 500 habitants de Parme fraternisent avec les Modènois et avec 400 habitans de Reggio !... Et tout *cela* passé en revue par le gouverneur modènois dans la cour du palais aux cris de : « *Vive Victor-Emmanuel !* » Est-ce que nous n'avons pas vu en 1848 des *pronunciamientos* bien plus considérables ? Nous savons de quels éléments ils étaient composés. Dans la cour des Tuileries, on a crié : « Vive Ledru-Rollin ! » dans la cour du Luxembourg, on a crié : « Vive Louis Blanc ! »... Ne nous parlez donc pas de l'opinion publique de la rue, de l'honnête enthousiasme de la populace, car elle est partout la même, c'est-à-dire qu'elle appartient à ceux qui la flattent, ou à ceux qui la paient. Ne parlez donc pas des démonstrations suscitées par les commissaires sardes, et de ces nobles populations qui pour remercier l'Empereur exposaient à Gênes, à Florence, à Milan comme à Turin, le portrait d'Orsini.

Il souffle un singulier vent dans les régions officielles, en présence d'une paix que l'Empereur Napoléon a conclue avec l'Autriche ; le journal *La Patrie* insérait hier soir la phrase suivante :

Le mouvement national de Hongrie ne tend qu'au rétablissement d'institutions et de lois qui n'ont rien à démêler avec les utopies modernes. Là ce ne sont pas des rêveurs incorrigibles qui veulent détruire toute autorité pour mettre à la place la dictature de leurs chimères ; ce sont des citoyens qui entraînés par la plus noble des passions, l'amour de la patrie, se sont faits les soldats de l'indépendance nationale. Kossuth, Bem, Klapka, Dembinski n'ont pas été des révolutionnaires, ils ont été d'illustres patriotes.

Et ceci, signé par une *espèce* qui a nom Paulin Limayrac, se termine d'une manière non moins ébouriffante :

Nous dirons un autre jour et avec détails, ce que l'Autriche aurait à faire pour donner satisfaction aux aspirations légitimes de la Hongrie.

Il est à présumer que l'empereur d'Autriche va se rendre à Paris pour avoir une entrevue avec le *Limayrac.* Voyez-vous Kossuth, Bem, Klapka et Dembinski proclamés par la feuille du citoyen de Delamare, l'autorité légitime hongroise !...

Il serait temps aussi d'en finir avec la farce des nationalités !... Est-ce que les Piémontais et les Lombards sont des races latines ?...

Est-ce que l'Angleterre n'a que des Anglais dans son empire, la

France que des Français, la Russie que des Russes, la Prusse que des Prussiens ?

Il est temps également d'en finir avec les déclamations contre les Suisses de Naples ou de Rome ; toutes les révolutions ont eu leurs légions étrangères et l'Angleterre a recours aux enrôlements à l'étranger. N'y avait-il que des Romains à défendre Rome contre nous ? Et les agitations dans les États du Pape, qui les cause en ce moment ? Une autre phrase du journal *La Patrie* pourra également paraître singulière aux puissances européennes : « Qu'a de commun la révolution avec un peuple qui ayant perdu sa nationalité et ses lois, conspire courageusement pour redevenir lui-même ? » Après cela l'Angleterre n'a plus qu'à se retirer des trois quarts de son vaste empire ; la Russie, la Prusse en feront autant pour la Pologne, la France pour l'Algérie ; la Turquie pour ses possessions européennes, la Hollande pour ses colonies indiennes, etc. Alors nous aurons un morcellement par nationalités et ce sera superbe.

Que le Limayrac est un grand homme et que le Delamare est un grand prophète !

Dans la politique professée nulle bonne foi ; le roi de Piémont seul pour le moment a tous les droits. On raconte avec complaisance qu'il veut en temps de paix une armée de cent mille hommes. Ses commissaires ont partout agité les peuples par des promesses et les portent à demander l'annexion. Le Pape dont Napoléon garantissait la neutralité et l'intégrité du pouvoir temporel est menacé. Le Piémont convoite ses meilleures provinces ; le Piémont convoite toute l'Italie, Naples aussi bien que Venise, et il arbore le portrait d'Orsini comme remerciement à l'Empereur des Français !

Le Piémont ne veut pas, dit-on, paraître aux conférences de Villafranca, il ne veut point *se compromettre* dans la politique de la France envers l'Autriche ; le *roitelet* sauvé par nous ne veut plus de nous. Il y a trois semaines, Cavour conspirait contre la politique de la France, aujourd'hui l'Italie apprend l'ingratitude envers la France, elle ira loin dans cette voie.

Dans un avenir rapproché, je le crois fermement, la grande alliance de l'Italie sera l'Angleterre et alors nous saurons ce qu'a de dangereux l'agrandissement du Piémont, l'essor donné à l'ambition de cette maison de Savoie que surveillaient si attentivement les rois de France.

D'ailleurs, le roi de Piémont et la maison de Savoie ne sont que des simulacres. L'Italie acclame l'annexion du Piémont, le jour où elle sera un fait accompli, nous aurons cette tendance qui ne s'est déjà que trop révélée des Républiques fédératives italiennes. Cavour détrônera moralement Victor-Emmanuel, puis Mazzini détrônera effectivement Cavour.

Je ne désespère pas de voir dans un *intérêt européen* l'Angleterre établie en Sicile pour *protéger le réveil des nationalités.* Alors ce jour-là nous aurons *seuls* la guerre avec l'Angleterre qui s'y prépare de longue main en armant d'une manière formidable Malte et Gibraltar, et toujours dans un *intérêt européen* saturé d'une dose *d'intérêt indien*, l'Angleterre occupera l'Égypte qu'elle ne lâchera plus.

Mercredi 27 juillet

Le Piémont se décide à envoyer un plénipotentiaire aux conférences de Zurich ! On veut, et l'Angleterre qui enverra probablement aussi un plénipotentiaire veut également, que l'Autriche n'ait que des soldats italiens dans la Vénétie ; alors la Vénétie serait, on le comprend, à la disposition du Piémont.

Quant à la Toscane, le commissaire piémontais se retirera au moment des élections !... superbe comédie ! les élections sont préparées par ce commissaire et elles ont lieu avec la loi piémontaise ; c'est-à-dire le suffrage restreint, les villes favorisées au détriment des campagnes !

Dans les légations, même comédie contre laquelle il y a protestation du cardinal Antonelli.

Monsieur Fould n'a pas réussi à faire nommer son bâtard Soubeyran sous-gouverneur de la Banque, c'est Monsieur Doyen, receveur général de l'Aube qui remplira cette fonction.

En Angleterre toujours même agitation factice pour persuader au peuple que les armements maritimes de la France doivent inspirer des craintes à l'Angleterre.

Le *Moniteur* répond par des chiffres à ces stupides allégations :

Budget de la Marine anglaise	Budget de la Marine française
pour 1859 : 320 000 000 francs,	pour 1859 : 123 503 143 francs,
Guerre : 332 560 000 frs.	Guerre : 339 458 774 frs.

Ces terreurs que l'on inspire au peuple anglais ne sont nullement éprouvées par ceux qui les propagent, mais ils arrivent ainsi à faire accepter par John Bull les dépenses d'armements considérables, et lorsque ces armements seront casés un peu partout dans tous les coins des possessions britanniques et dissimulés tant bien que mal, le gouvernement anglais demandera un désarmement général qu'il sera le seul à ne pas exécuter.

L'Angleterre fait dire par ses journaux qu'elle ne détient l'île Périm que pour y construire un phare dans l'intérêt de la navigation, et qu'en fait d'armements il ne s'y trouve que quelques vieux mousquets destinés à repousser les tentatives des Arabes pillards de la côte voisine !

Risum teneatis[1] !

Dans son discours au Corps diplomatique, l'Empereur s'est montré plus vif que ne le laisse paraître le *Moniteur*. Il a dit :

1. Voir *supra*, n. 2, p. 22.

« L'Europe doit être rassurée sur l'alliance et l'entente des grandes puissances ? »

Et l'accentuation donnée à cette phrase semblait dire : la Russie, l'Autriche et la France marcheront désormais d'accord. Du moins telle a été l'impression des auditeurs.

Le grand-duc de Toscane a abdiqué en faveur de son fils.

La régente de Parme a envoyé un des officiers de sa maison porter une lettre à l'Empereur Napoléon ; cet officier a eu, je crois, son audience avant-hier.

A entendre parler les Anglais, c'est une preuve d'intentions hostiles que cette restauration de la Marine française entreprise par Napoléon III.

Depuis la grande révolution l'Angleterre possède seule l'empire des mers, et c'est un acte d'allié infidèle que de vouloir la troubler dans son despotisme maritime.

Monsieur Disraeli reprochait, il y a quelques jours, à la France dans un discours prononcé en plein Parlement, le développement excessif de ses armements maritimes et prétendait qu'il dépendait d'elle seule en les réduisant de rendre la sécurité et le calme à l'Europe.

Si l'alliance anglaise ne peut être conservée qu'à la condition de lui abandonner l'empire de la mer, l'alliance anglaise est une mauvaise chose, car il ne peut exister de grande nation qui ne serait pas puissance maritime.

Notre commerce, nos colonies nous font une obligation de reprendre le rang que nous occupions avant 1789 comme puissance maritime, et tout gouvernement qui se montrera peu soucieux de rétablir la force de notre marine, tombera sous la réprobation de l'opinion publique.

Il paraît décidément que le corps du duc de Reichstadt sera apporté en France.

On parle aussi d'une réunion à Paris des trois empereurs de France, de Russie et d'Autriche.

Samedi 30 juillet

L'Empereur fait annoncer par le *Moniteur* la mise sur pied de paix des armées de terre et de mer, et le Ministère anglais annonce que l'Angleterre est invitée par l'Empereur Napoléon à prendre part à un congrès relativement aux affaires d'Italie ; mais l'Angleterre veut poser ses conditions ; la guerre est terminée, elle n'y a pas pris part et elle se proclame la meilleure amie de la liberté italienne ! Les difficultés commencent.

Quant aux comédies, une des meilleures vient d'être jouée à Modène ; écoutons le journal *La Patrie* qui se pâme d'admiration :

Nous recevons une nouvelle importante d'Italie.

Une dépêche de Turin nous apprend que Monsieur Farini, gouverneur sarde du duché de Modène, sur l'ordre reçu de son gouvernement, a retiré aux autorités sardes le mandat dont elles avaient été revêtues pour la durée de la guerre et a remis tous les pouvoirs entre les mains de la municipalité. La population est aussitôt accourue à l'hôtel de ville et a acclamé de nouveau la dictature du roi Victor-Emmanuel.

M. Farini a accepté au nom du roi la régence provisoire, afin de maintenir l'ordre, et a annoncé la convocation prochaine d'une assemblée nationale qui statuera sur le sort définitif du duché.

La Patrie trouve superbe que la Sardaigne qui convoite le duché de Modène joue cette comédie pour garder la direction des affaires et faire nommer comme à Florence suivant la loi sarde une assemblée à sa dévotion.

Nous savons trop bien ce que deviennent les élections entre des mains habiles pour croire à leur sincérité.

Je crains les habiletés du Piémont et les insolentes finesses de l'Angleterre.

Nous entrons dans une phase de condescendance aux désirs de l'Angleterre qui produira un mauvais effet en France, je le crains.

Persigny a repris de l'influence.

Les journaux anglais annoncent l'arrivée dans un port britannique d'un navire venant de Sébastopol avec une cargaison d'ossements. Ces débris des soldats de Traktir et d'Inkerman vont être convertis en noir animal pour l'engrais des terres !...

Quelle impudente profanation !

Mardi 2 août

La situation politique devient en Europe de plus en plus tendue.

En Italie, les intrigues du Piémont entretiennent une agitation toute révolutionnaire ; les commissaires sardes, soit dans les légations, soit dans les duchés, ont organisé des élections qui produiront un *pronunciamento* en faveur du Piémont ; ceci fait, les commissaires se retirent en laissant l'administration aux mains d'un Italien dévoué à la réunion au Piémont.

Le journal *La Patrie*, avec cette assurance bête qui le distingue, ne cesse de louer la modération du Piémont qui veut laisser aux populations italiennes la faculté d'émettre *librement* leurs vœux.

Le Piémont désire que les vœux des peuples soient écoutés ; en voici la preuve.

On lit dans *L'Indépendente* sous la date de Turin 29 juillet :

Il paraît qu'il a été mis en circulation en Savoie une espèce de pétition ou adresse dans laquelle on demande la séparation de cette province des États du roi Victor-Emmanuel, et l'on fait des vœux pour qu'elle soit annexée à la France, mais on a obtenu peu de signatures. Le gouvernement a l'œil sur ces manœuvres et il fera respecter les lois et l'intégralité de l'État.

Une lettre de Chambéry du 26 parle de réunions dans lesquelles on a résolu de présenter une adresse au roi Victor-Emmanuel ; on y traite la question ordinaire de la séparation de la Savoie du Piémont. Ces menées ont produit une certaine agitation.

De par messieurs les révolutionnaires, les *nationalités* doivent être respectées et c'est en vertu de cet axiome qu'ils veulent absorber au profit du Piémont tous les États italiens. D'ailleurs les vœux des peuples seront sacrés et doivent être écoutés.

Il paraît cependant que les Savoyards n'entrent pas dans la catégorie des peuples respectés ; ils sont coupables de formuler des vœux, et ils doivent être réprimés. Pourquoi ne sont-ils pas italiens ?... ils sont français.

Les députés de la Savoie ont fait paraître la déclaration suivante :

La majorité des députés de la Savoie s'étant réunis pour conférer des intérêts de leur pays dans les graves circonstances du moment a préalablement jugé inopportun de faire aucune démarche pouvant se rattacher à la question politique et de nationalité qui préoccupe si vivement les esprits. Voulant dès lors se renfermer dans les limites actuelles du possible, les députés savoyards sont convenus que tant que durera le mandat dont ils sont investis, ils exposeront au gouvernement les besoins spéciaux qui dérivent de la position géographique et exceptionnelle de la Savoie, de son épuisement, du sentiment de son autonomie et chercheront surtout et par tous leurs efforts à obtenir pour elle la décentralisation administrative, la limitation du contingent financier et militaire ; le dégrèvement et l'exemption de tous les frais de guerre, et la mise en œuvre la plus active de tous les moyens propres à développer en Savoie la richesse nationale.

Costa de Beauregard, député de Chambéry.
B. Mollard, député de la Motte.
De Martinet, député d'Aix.
Grange, député d'Aiguebelle.
Carquet, député du Bourg-St-Maurice.
Ginet, député de Rumilly.
Pelloix, député de Bonneville.
Mongellaz, député d'Annemasse.
De la Fléchère, député de Taninge.
Girod de Montfalcon, député de Duing.
Chaperon, député du Pont-Beauvoisin.
Lachenal, député d'Ugine.

Voilà certes des noms qui sont peu italiens, qu'en diront les fanatiques de nationalités et que pourra-t-on opposer à ces *Français*, s'ils veulent en vertu du principe de la réunion des nationalités ne pas être cousus à l'Italie ?

Une correspondance du journal *L'Indépendance* affirme qu'un congrès démocratique a été tenu à Zurich pendant les fêtes du tir fédéral. Il y avait des Français, des Allemands et des Italiens. Après de longues discussions il a été décidé que l'agitation serait entretenue en Italie, et une instruction signée des chefs italiens pour la conduite à tenir en cas de lutte armée va être répandue à profusion.

Mazzini recommence l'envoi de proclamations ; dans sa dernière, il annonce de graves événements qui auront lieu prochainement en Europe ; il accuse l'Empereur Napoléon d'avoir abandonné la cause des peuples pour soutenir celle des rois.

L'Italie tout entière est agitée ; le Piémont y continue son grand jeu de l'expulsion des princes pour régner seul, et du dépouillement du Pape qu'on avait déclaré neutre et dont l'Empereur voulait augmenter la puissance.

La situation est donc très embrouillée, mais nous envoyons pour tout arranger un gros garçon peu considéré, sorte de bouffon qu'on nomme le comte de Reiset ! excusez du peu ! Ce comte est un petit plébéien, fils d'un financier qui s'est fait faire comte par le roi Louis-Philippe ; ses frères sont restés Reiset tout court.

Or ledit comte de Reiset, fort médiocre personnage, sans grande portée d'esprit, sans instruction et sans bonnes façons, est en Italie chargé de faire entendre raison à tout le monde. Le comte de Reiset *fait rire les Walewski par ses bouffonneries et il a épousé la fille d'une dame de l'Impératrice* ! De plus, il a été *camarade* de je ne sais pas quoi, avec le roi de Sardaigne et il se croit certain de mener ce monarque.

Voilà le Reiset ; c'est un grand homme !... Du tout, c'est un gros farceur.

En Angleterre, on nous dit toutes sortes d'injures, on recommence à vouloir nous traiter en vassaux de telle sorte que nos oreilles s'échauffent. Les journaux étrangers soufflent le feu et prédisent qu'une guerre est imminente entre les deux *alliés* !

Le 29 juillet, Lord Lovaine a dit dans la Chambre des communes :

> Le gouvernement manquerait à son devoir s'il effectuait une réduction quelconque dans les armements du pays avant d'avoir reçu de l'Empereur une promesse bien positive que non seulement il désarmerait ses vaisseaux, *mais encore qu'il n'en ferait point construire d'autres.*

M. Horsman a dit :

> Je blâme la négligence des gouvernements précédents qui n'ont pas demandé que les préparatifs menaçants de la France soient arrêtés.

Dans la même séance, Lord Palmerston a répondu de la manière suivante à l'initiative de désarmement prise par l'Empereur Napoléon :

> Nos arrangements militaires et maritimes doivent dépendre non pas de ce qui est fait par une puissance quelconque, mais de ce que le gouvernement responsable du pays peut de temps à autre juger nécessaire pour la protection des divers intérêts qu'il a le devoir de défendre.

Nous sommes de l'avis de Lord Palmerston et nous pensons que le gouvernement français ne doit consulter que l'intérêt de la France dans la question du désarmement. Ainsi nous croyons qu'il n'est pas de l'intérêt de la France de diminuer la flotte, qu'elle doit au contraire la mettre de plus en plus en état de ne pas craindre celle de l'Angleterre.

Résumé : les relations sont très tendues avec l'Angleterre.

En Italie, le Piémont remue tout parce qu'il veut tout envahir.

L'Allemagne est agitée.

Enfin la paix n'a pas amené la paix.

Le comte de Morny, président de la loterie de l'Exposition et qui avec l'argent de l'Exposition a *généreusement* payé les œuvres acquises, s'est montré moins *grand seigneur* lorsqu'il a racheté pour son propre compte de quelques favorisés de la fortune, les lots qu'ils avaient gagnés. Les agents du comte de Morny ont eu l'impudeur de proposer l'acquisition de certains lots à un prix réduit de moitié.

Monsieur le comte de Morny, qui achetait *sans contrôle* les objets d'art formant les lots de la loterie, ne les estime plus que la moitié de ce qu'il les a acquis lorsqu'il traite pour lui-même !... Ceci est ignoble.

Baroche qui avait déjà tant fait crier pour la nomination d'emblée de son *très jeune fils* à la recette de Mantes (recette particulière) vient de le faire pourvoir d'une recette générale !

Mantes espère que le convoi de 4 heures et demie établi de Mantes à Paris pour voiturer chaque jour le jeune et intéressant Baroche vers son *papa* désintéressé ne sera pas supprimé, mais l'administration du chemin de fer espère au contraire pouvoir supprimer ce convoi qui troublait l'ordre des services réguliers.

Vous avez été assez jacobin, mon bon citoyen Baroche, pour vous être égosillé contre tous les pouvoirs ; vous étiez sublime de désintéressement quand vous n'aviez rien à refuser et rien à prendre.

Citoyen Baroche, vous engraissez beaucoup en pratiquant le népotisme le plus honteux.

Citoyen Baroche, vous êtes un braconnier de places et votre conscience... citoyen, il vaut mieux n'en pas parler, nous avons cru un moment en vous ce qui prouve que nous sommes encore plus oie que madame votre femme.

Vendredi 5 août

L'Italie, comme on le sait, est laissée à son libre jugement, elle va prononcer sur ses destinées, libre de toute influence !

Voici la suite de la comédie qui s'y joue :

A Bologne, le 2 août, les commissaires sardes avaient remis leurs pouvoirs.

« La proclamation du marquis d'Azeglio annonçant sa retraite recommande l'ordre aux populations, promettant au nom du roi d'employer tous ses efforts à obtenir le concours des gouvernements de l'Europe pour la réalisation de vœux justes et raisonnables.

On sait que dans les États qui vont par des élections se prononcer pour ou contre le système sarde tout avantage est fait aux villes et à la bourgeoisie. Il faut savoir lire et écrire pour voter !... D'un trait de plume parti ou tracé de la main d'un ami des lettres, le paysan italien est destitué du droit d'avoir une opinion sur le gouvernement qu'il souhaite.

Turin, 2 août

La brigade Pignerolles de Piémont a été dirigée du camp sur Parme, elle a dû traverser le Pô à Visvena.

Toujours pour faciliter la libre et spontanée manifestation.

Le correspondant du journal *La Presse* lui mande :

Je dois vous dire que les intrigues commencent sérieusement en Toscane. Le ministère piémontais a reçu à cet égard des renseignements d'une certaine importance. On craint que les partisans du régime tombé ne cherchent à exciter des troubles pour nécessiter une intervention. On fait circuler des lettres plus ou moins autographes de l'ex-grand-duc pour ranimer le zèle des tièdes. Enfin il y a lieu de craindre que grâce à toutes ces trames cachées on ne parvienne à amoindrir aux yeux de l'Europe l'effet si considérable des manifestation spontanées du peuple.

Voilà que messieurs du Piémont, malgré leurs commissaires et toutes leurs manœuvres, commencent à craindre un mouvement de l'opinion contre l'annexion. Ils avouent leurs craintes, ils parlent des partisans du grand-duc et de contre-manifestations qui amoindriraient les leurs.

Pour que l'opinion des Italiens soit comme ils le voudraient, il faudrait qu'eux seuls eussent la parole.

« Dans les légations, il n'y a pas de troupes piémontaises excepté les officiers qui organisent les volontaires. »

Dieu sait quels volontaires ! Contre le pouvoir du Pape.

« A Ferrare, on avait nommé commissaire le marquis de Migliorati qui a été chargé d'affaires à Rome où il faisait de la *propagande.* ».

L'aveu est bon à enregistrer.

Monsieur Ratazzi n'emploiera pour le moment que les armes de la persuasion contre les Savoyards qui ont l'audace de penser qu'ils peuvent comme les Italiens exprimer leur opinion !

Pauvres gens qui prennent au sérieux les gasconades libérales de messieurs du Piémont et leur respect des nationalités.

Le général de Goyon (prince de Mortagne) a été proclamé noble romain par la municipalité ! Le voilà donc enfin noble, ce n'est pas malheureux ; ne pourrait-on pas couvrir un peu de sa noblesse Monsieur Goujon, son grand-père ?

A Modène autre comédie : Monsieur Farini, envoyé par le Piémont comme gouverneur, s'est fait faire dictateur. Pas n'est besoin de dire que cette dictature a été offerte spontanément par les Modènois !...

Tout comme Louis Blanc et Flocon avaient été nommés par les Français membres du gouvernement !

On prétend que le Pape demande avant de se prononcer sur l'acceptation de la présidence de la Confédération italienne :

« Qu'est-ce que la présidence ?

« Sera-t-elle administrative ou politique ?

« Président de quoi ? où est la Confédération ?

« L'Italie est en révolution et tous les États y sont bouleversés. Il faut d'abord remettre les souverains en possession de leurs États et le président tout le premier. »

Tout ceci est fort raisonnable, messieurs les libéraux seuls s'en étonnent.

Nous désarmons en France avec un empressement charmant ; les vaisseaux à peine arrivés dans nos ports sont désarmés ; enfin plus l'Angleterre est insolente, plus nous nous montrons coulants et faciles ; nous désarmons les batteries de nos côtes ; l'Angleterre hérisse les siennes de canons.

L'Angleterre envoie des escadres en Égypte et à Naples, nous rentrons les nôtres.

Tout cela peut être fort habile, je n'en doute pas, mais le peuple de France est mécontent de cette apparente reculade devant l'Angleterre ; nos marins sont mécontents. La paix ainsi comprise ne nous plaît guère. Il faut éviter de blesser les susceptibilités nationales en France.

Une des causes de la chute de Louis-Philippe a été sa trop grande faiblesse vis-à-vis de l'Angleterre ; à force de ménager les susceptibilités des Anglais, il a froissé les nôtres.

L'Angleterre crie contre notre flotte... on la désarme !...

Je le répète, cela fait mauvais effet.

Samedi 6 août

L'ouverture de la réunion de Zurich est, dit-on, fixée au 6 août. Quant au congrès, rien de décidé, toutes les puissances à l'exception de la France et de l'Angleterre sont loin d'y faire obstacle. Mais ces deux dernières veulent ajourner leur adhésion jusqu'après la paix de Zurich.

Le journal *La Presse* constate que le Piémont trouve tellement de difficultés à la formation d'une Confédération italienne qu'il refuserait d'en faire partie si l'Autriche doit y entrer.

La Presse tire cette nouvelle de *L'Indépendance belge.*

Les journaux italiens affirment qu'il restera provisoirement en Italie 50 000 hommes de troupes françaises.

La *Stafetta* ajoute une phrase qui prête à bien des commentaires et qui s'explique difficilement :

Si l'expédition dans les légations a lieu, le cinquième corps, qui était sous les ordres du prince Napoléon, en sera chargé.

Dans un discours prononcé le 29 juillet, M. Cobden s'est exprimé ainsi sur les réductions de la flotte :

Si je voyais une disposition de la part de la France d'avoir une marine aussi considérable qu'en Angleterre, et surtout si je voyais une disposition de ne pas se soumettre à l'offre d'une explication, et si après on arrivait à une question de rivalité, je voterais cent millions sterling avec plus d'empressement que je n'en mettrais à accorder cinq millions au présent système, par cette raison que l'Angleterre n'a d'autre frontière que la mer, et possède quarante ou cinquante colonies qui n'ont d'autre défense que sa marine.

Merveilleuse argumentation !... L'Angleterre a profité des troubles de l'Europe, pour prendre partout, ici une île, là un continent et maintenant pour garantir ses possessions il faut lui abandonner l'empire exclusif de la mer.

La France a bien aussi quelques colonies, entre autres l'Algérie, mais il ne doit pas lui être permis d'élever une marine qui lui donne la faculté de les défendre contre l'Angleterre en cas de guerre. La France doit désarmer, sa flotte offusque les Anglais !...

Il serait peut-être prudent et d'une honnête politique de combler le port de Cherbourg.

Il serait surtout d'une indépendance politique digne d'un grand empire de prier l'Angleterre d'envoyer des commissaires inspecteurs dans nos ports !

Je n'admets qu'une raison à tout ce qui se passe ; l'Empereur veut laisser l'Angleterre aller si loin dans son insolence, qu'elle le contraigne à une résistance soutenue par l'indignation nationale.

Dans l'Inde, les troupes anglaises sont en pleine insurrection.

Le gouvernement piémontais a suspendu le *Courrier des Alpes*, journal savoyard, « jusqu'à sentence à intervenir de la part des tribunaux ». Le *Courrier des Alpes* en annonçant cette suspension ajoute : « Le gouvernement qui nous frappe, aura sans doute la loyauté de ne pas nous faire attendre trop longtemps. Notre tort a été de croire que la guerre avait cessé et avec elle la législation exceptionnelle du décret du 28 avril. »

Les Français de la Savoie sont dûment avertis qu'aux Italiens seuls est réservé le droit de se prononcer sur l'annexion à la puissance à laquelle ils veulent se rallier, et que le droit des nationalités n'est pas fait pour les Savoyards, ils seront italiens quoi qu'ils fassent.

Dimanche 7 août

Le chevalier Farini, dictateur de Modène, est natif des États romains, naturalisé piémontais ; le colonel Cipriani qui est du gouvernement bolonais est un agent piémontais ; enfin partout en retirant ses agents, le Piémont a la main dans toutes les affaires.

Le chevalier Peruzzi, envoyé de Toscane à Paris, disait ces jours derniers au ministere des Affaires étrangères : « *Nous nous garderons bien de donner le suffrage universel, car le rappel du grand-duc serait certain, le paysan est pour lui !* »

Ainsi commence la comédie du vœu libre de l'Italie ! En France, on a donné le vote à tous les paysans parce que leurs votes étaient assurés à l'Empire ; en Toscane, on le leur retire ou plutôt on ne le leur accorde pas parce qu'il serait acquis au grand-duc.

L'Indépendance belge prétend que la mission du fameux Reiset n'a pas réussi à Turin et que Victor-Emmanuel refuse de seconder la politique de la France pour favoriser le retour des princes dépossédés.

Puis, une autre correspondance du même journal dit tout le contraire.

Le fait est que tout est incertain.

Quant à la résistance que préparent la Toscane, Modène, etc., cette résistance est surtout l'œuvre de la bourgeoisie des villes.

Garibaldi, dit-on, prend le commandement de l'armée en Toscane !... Est-il ou n'est-il plus général piémontais ?

Le *Times* dit que pour mieux rassurer l'Europe, il ne reste plus à la France qu'à modifier son gouvernement intérieur !...

Quo usque tandem[1] !

L'agitation en Savoie continue, on y signe une pétition dans laquelle on dit respectueusement au roi de Piémont que puisqu'un royaume purement italien se forme en s'adjoignant au Piémont au nom du principe de la nationalité, la Savoie qui n'est point italienne désire ne point faire partie de la Confédération italienne !

Mardi 9 août

Avant-hier, dimanche, l'Empereur est parti pour faire une courte visite au camp de Châlons. Après les fêtes, il partira avec l'Impératrice et le Prince Impérial pour les Pyrénées. La rentrée de l'armée est attendue avec impatience par la population, ce sera un grand spectacle ; en attendant toute la population se précipite vers le camp de St-Maur où bivouaquent garde, ligne, zouaves et turcos, ces derniers surtout attirent les curieux ; il y a parmi les turcos[2] un bon nombre de nègres.

---

1. « Jusqu'à quel point, enfin ! » Cette citation célèbre est extraite de Cicéron, *Catilinaires*, IV, 1, 1.
2. Sobriquet donné aux tirailleurs algériens.

Les turcos visitent Paris avec une ardente curiosité, le Louvre et ses musées ont fait impression sur leurs esprits.

Je causais dimanche avec Benedetti du diplomate Reiset et je le félicitais d'avoir découvert un grand homme dans la peau d'un pareil animal.

Benedetti a haussé les épaules et m'a répondu : « Il y a des hommes qui se cassent le cou à vouloir escalader de trop hautes positions. »

Le fait sera, je crois, vrai pour Reiset, ses louanges qu'il fait retentir dans tous les journaux commencent à fatiguer. Une correspondance du journal *L'Indépendance* a mis le bouquet aux ridicules de notre chargé d'affaires, voici en effet ce que nous y lisons :

On espère qu'après avoir constaté l'ordre qui règne ici [Modène] et l'état de l'opinion publique, cet illustre personnage [Reiset ! ! !] contribuera par l'efficacité de ses conseils à l'Empereur, au bon succès de nos affaires.

La Presse française dit avec raison à propos du paragraphe que nous citons :

On croyait jusqu'à présent que M. de Reiset était allé en Italie plutôt pour donner des conseils que pour en transmettre à Paris.

L'*illustre* Reiset (!) est allé porter des conseils, mais il n'en donne à personne.

Les poursuites contre les journaux savoyards qui veulent parler des tendances françaises de leur province sont exercées avec rigueur ; il est même défendu à tout imprimeur sous peine de fermeture de son établissement de rien imprimer qui soit relatif au désir des Savoyards de ne point faire partie du royaume italien.

C'est une bien belle chose que le libéralisme à prêcher aux autres, cela dispense d'être libéral chez soi.

L'opinion publique se préoccupe du projet discuté en Belgique de faire de la ville d'Anvers une place de guerre de premier rang.

Granier de Cassagnac qui avait publié, il y a quelques jours, dans le *Constitutionnel* un article sévère et juste sur l'ingratitude de l'Italie, dénonce hier les fortifications d'Anvers comme le résultat d'un complot contre la France, ourdi entre l'Angleterre et la Belgique.

Considérer le pas de Calais comme une rivière, faire d'Anvers une grande tête de pont qui permit aux troupes anglaises de débarquer et de s'établir sur le continent ; voilà une explication qui, à défaut d'autres, rend compte assez logiquement du dessein qu'aurait la Belgique de construire de coûteuses fortifications contre un ennemi imaginaire, que le bon sens rend improbable et que les traités rendent impossibles *ou le projet de fortifier Anvers a cette signification ou il n'en a aucune.*

Dimanche, chez la Princesse Mathilde à St-Gratien j'ai remarqué la décadence de Reiset du Louvre, *grand homme* aussi, frère de *l'illustre* dans l'esprit de la Princesse. L'outrecuidance du drôle l'assomme, son gonflement l'irrite et la voix de tête avec laquelle il établit que lui seul a le sens commun la révolte, la Princesse, comme on dit, a par-dessus les oreilles du personnage.

C'est en réalité une nullité qui, parce qu'elle a eu le courage de dire : « Je suis une capacité », a été prise au mot. On l'a fait conservateur des dessins du Louvre et de la calcographie qu'il dirige mal ; il vient de faire exécuter une détestable gravure d'après un tableau flamand, et ce qu'il y a de malheureux à penser, c'est qu'il la croit bonne.

L'abbé Coquereau devient à St-Denis chanoine de première classe, il va se gonfler un peu plus, mais ce n'est pas encore ce qu'il veut, il lui faut du Monseigneur, il veut bénir pontificalement le troupeau chrétien, les bas violets lui iraient si bien.

Le marquis de La Valette devient de plus en plus ridicule avec sa vieille femme toujours habillée comme une jeune nymphe, toujours minaudant et jouant de la prunelle ; il l'accable de bracelets et de mantelets de dentelles, il me semble d'après tout cela qu'il a encore quelque chose à se faire donner dans le testament.

Vendredi 12 août

Avant-hier, je causais avec Nieuwerkerke de certains *favoritismes* qui faisaient mauvais effet, entre autres de la nomination du jeune Baroche et de l'envoi du jeune Caumont comme attaché à la conférence de Zurich.

Je déplorais qu'on tînt si peu de compte des ordonnances qui statuent que pour être seulement employé à la division politique des Affaires étrangères, il faut avoir fait son droit, soutenu sa thèse, etc.

Nieuwerkerke m'a répondu : « *Oui, mais on peut faire exception pour un Caumont Laforce !* »...

Voilà où nous en sommes !... Aujourd'hui un Baroche, demain un Caumont Laforce, après-demain je ne sais qui...

Les partis commencent à se dessiner en Italie et les hommes de 1848 à se montrer.

Le fameux suffrage universel, qui devait faire connaître l'opinion vraie du pays, a tout calculé pour ne faire connaître que les suffrages de la bourgeoisie des villes. Il faut payer 10 francs d'impôts, savoir lire et écrire pour voter.

En Toscane, les trois triumvirs de 1848 ont été élus ; Mazzini à Prato, Montanelli à Fucecchio, Guerazzi à Rossignano.

On parle de Mazzini comme étant en Italie.

Des lettres venant d'Égypte donnent à entendre qu'on s'attend à de graves complications, par suite de la présence de la flotte anglaise devant Alexandrie. Cependant le grand coup est manqué ; si la guerre avait continué l'Angleterre s'emparait de l'Égypte, et elle ose parler de l'ambition et du désir de conquêtes de Napoléon III.

Elle déclare qu'elle ne réduira pas ses armements et qu'elle les augmentera au contraire ; son langage est si violent que le *Journal des débats* se prononce contre elle, il regrette « de voir l'Angleterre non seulement continuer ses armements, mais annoncer comme elle le fait, son intention de les poursuivre quand même ; personne, dit-il, ne saurait refuser au gouvernement français cette justice que loin d'avoir fourni un motif ou même un prétexte aux alarmes et aux soupçons de ses alliés, il n'a cessé de les rassurer par son attitude calme et digne et la modération de son langage.

L'Empereur est allé une fois de plus au-devant de la conciliation en ordonnant et en faisant immédiatement exécuter, ce qui se fût fait tout naturellement comme conséquence de la paix. »

Ce langage est curieux de la part du *Journal des débats*.

On mande de Turin que des agents de Mazzini découverts à Bologne ont été expulsés.

Le roi de Prusse est paralysé de tout un côté, on attend la nouvelle de sa mort.

Samedi 13 août

Le *Moniteur* publie sous la date du 11 août un décret qui institue une médaille pour l'armée d'Italie.

J'ai trouvé hier en chemin de fer le conseiller d'État Villemain, frère de l'ancien ministre ; il m'a raconté qu'avant son départ pour l'Italie où il est allé reprendre à Naples le poste de ministre plénipotentiaire, Monsieur Brennier avait eu une audience de Walewski, et dans cette audience, il a écouté avec étonnement les paroles suivantes qu'il a rapportées à M. Villemain :

« Vous êtes heureux, Monsieur Brennier, d'être parvenu au grade de ministre plénipotentiaire, car nous sommes bien décidés à ne plus l'accorder qu'à des diplomates qui seront au moins *comtes* et vous n'êtes que baron. »

Cela est superbe et rassurant ! Notre diplomatie déjà si piètre va tomber dans la quenouille de la faveur.

Le conseiller d'État Villemain, voltairien très prononcé, s'applaudit des affaires d'Italie et de la tournure qu'elles prennent.

Il voit dans un avenir très prochain la suppression de la Papauté et chaque souverain, chaque État devenant sur son territoire le *chef des religions*, comme l'empereur de Russie et la reine d'Angleterre, mieux encore, car la reine Victoria n'est chef que de la religion anglicane, l'empereur de Russie que de son église orthodoxe.

Le pouvoir temporel réuni au pouvoir spirituel pour la plus grande liberté des consciences.

Il paraît qu'on interprète ainsi les promesses de l'Empereur.

On ne parle pas depuis deux jours de *l'illustre comte* Reiset, peut-être est-il occupé à rédiger les fameux conseils qu'il doit donner à l'Empereur ?

Éd. Delessert brillait de toute sa faveur au bal qui a été donné jeudi à St-Cloud.

Les Delessert quoique ennemis et amis d'ennemis sont toujours bien vus. Mme Delessert, veuve de Gabriel Delessert, maîtresse surannée de Maxime Ducamps, son fils Éd. Delessert provenu des œuvres du comte de Girardin, ex-grand- ou premier veneur et père d'Émile de Girardin, puis le comte Léon de Laborde dont j'ai assez parlé, sont trois favoris de l'Impératrice.

Il y a encore Mérimée qui vient de faire le voyage de Cherbourg avec le prince Napoléon.

Mérimée, ancien amant de Mme Delessert et ancienne connaissance de Mme de Montijo, a été fait sénateur comme assurance donnée aux idées morales et religieuses.

Mérimée a fait insérer dernièrement dans le *Moniteur* un long article signé de lui à la louange de Libri et de la bibliothèque que ce pauvre condamné pour vol de livres vend en Angleterre.

Il faut dire que Libri est cousin de Pelletier secrétaire général du Ministère de la maison de l'Empereur.

L'Impératrice a fait écrire une lettre très flatteuse à un écrivassier qui lui avait envoyé un livre sur la vie de Gabriel Delessert ; la lettre était accompagnée d'un diamant.

Le prince Napoléon et la princesse Clotilde se rendent de plus en plus impopulaires par leur morgue disgracieuse.

Le colonel Franconnière, premier aide de camp du prince Napoléon, est nommé commandeur de la Légion d'honneur ; c'est, dit-on, pour avoir fait servir *du pain de munition* sur la table du prince à Florence.

Le prince osera-t-il porter la médaille d'Italie ?

Osera-t-il dans l'état-major de l'Empereur aller au-devant de l'armée ?...

Dimanche 14 août

L'Angleterre s'émeut des articles publiés par *Le Pays*, *Le Constitutionnel* et *La Patrie*, contre le projet de fortifier Anvers, dans lequel ils trouvent une menace contre la France, qui, leur semble-t-il, n'est pas admissible dans l'état de la Belgique.

En effet, un pays qui n'existe que grâce à la neutralité perpétuelle qui lui a été garantie, et grâce à la France qui l'a soutenu dans sa lutte contre les Pays-Bas, ne peut employer son argent à construire des forteresses de premier ordre, sans que l'on cherche le but qu'il se propose.

Anvers fortifié n'a de signification qu'en cas de guerre avec la France, c'est une tête de pont pour l'Angleterre qui déjà dans les guerres du premier Empire avait essayé de s'en emparer.

Les attaques des journaux français ont été vives et nettes, le *Times* et le *Daily News* y répondent et parlent des droits de la Belgique. Ils reconnaissent à cet avorton de royaume, un droit qu'ils nous dénient ; la Belgique peut élever les citadelles, fortifier ses ports, armer 200 000 hommes, au lieu de 100 000, elle est inféodée à l'Angleterre, mais la France fait acte d'intolérable hostilité en fortifiant Cherbourg, en mettant sa flotte sur un pied respectable. L'opinion publique jugera.

La Belgique comme le Piémont nous doit tout : l'ingratitude de l'une servira d'exemple à l'autre.

Le *Mémorial de Lille* écrivait ces jours derniers :

On assure que Lille sera prochainement désigné comme chef-lieu d'un grand commandement militaire à la tête duquel sera placé un maréchal de France ; on cite pour ces hautes fonctions le maréchal Niel.

Des difficultés, prétend-on, s'élèvent à Zurich et M. de Bourqueney serait contraint de conférer séparément avec M. Désambrois et M. Colloredo. Les gens qui veulent un congrès partent de là, pour en démontrer l'urgente nécessité.

Le marquis Tanay de Nesly a remis à l'Empereur deux lettres, l'une de S.A.S. le grand-duc de Toscane, Léopold II, l'autre de son fils, qualifié grand-duc Ferdinand IV. Ces qualifications établies par le *Moniteur* prouvent l'abdication de Léopold II.

Guerazzi n'a point été élu en Toscane, il a retiré sa candidature. Du reste, en Italie, les élections préparées par les agents du Piémont qui ne se sont retirés qu'au dernier moment, quand ils ne sont pas restés sous un autre titre, offrent toujours les mêmes comédies.

On fait grand bruit d'une opinion publique que les meneurs n'osent pas aborder, en un mot on conclut des scrutins, une bonne moitié des populations, mais les avocats, les scribes et toute leur séquelle, sont au grand complet parmi les électeurs.

Les journaux avancés font tout ce qu'ils peuvent pour persuader au roi de Naples de renvoyer les Suisses.

Ne serait-il pas avantageux pour le roi de Naples de licencier ses régiments suisses et de se confier à la fidélité des troupes indigènes.

La révolution parle toujours ainsi, excepté quand elle se sert de troupes étrangères pour s'installer dans un pays, comme en Portugal, où Don Pèdre déposséda Don Miguel à l'aide d'une armée étrangère ; comme en Belgique, où nous vînmes combattre contre les Hollandais ; comme dans les légations, où les Toscans, les Modènois, les Lombards et les Piémontais envoient des volontaires.

La révolution se considère comme une nationalité et elle a partout le droit d'alliance contre les rois ; les gouvernements royaux seuls n'ont pas le droit d'alliance contre la révolution.

L'Indépendance belge publie la lettre suivante, adressée par le maréchal Canrobert au maréchal Niel ; c'est cette lettre qui a motivé, au *Moniteur*, rectification du rapport du général Niel, sur la bataille de Solferino.

Valeggio, le 8 juillet 1859

Je lis à l'instant dans le *Moniteur* du 4 juillet votre rapport à l'Empereur sur la part prise par le 4e corps à la bataille de Solferino, et ce n'est pas sans un pénible étonnement que j'y remarque le passage suivant, venant après le développement d'un de vos plans de bataille : « *Malheureusement le maréchal Canrobert, menacé sur sa droite, ne jugea prudent de me prêter son appui que vers la fin de la journée.* » Vous regretterez, Monsieur le Maréchal, d'avoir écrit ces lignes, lorsque vous saurez que dès mon arrivée à Médole avec l'avant-garde de mon corps d'armée, à neuf heures et quart du matin seulement, j'ai appris que vous étiez aux prises avec l'ennemi. *Sans perdre une minute*, j'ai pris mes dispositions pour obtempérer aux demandes pressantes de secours que m'adressait le général de Luzzi, qui tenait votre droite à trois quarts de lieue de Médole.

A cette heure, neuf heures et quart, je n'avais sous la main qu'une petite avant-garde de la division Renault, et j'ai de suite donné l'ordre à cet officier général de réunir le plus tôt possible de quatre à cinq bataillons et de les porter sans sacs au secours du général de Luzzi.

Cet ordre était exécuté à dix heures et demie du matin, et il ne pouvait matériellement l'être plus tôt. Ces cinq bataillons étaient suivis aussi promptement que leur arrivée successive le permettait, des autres, moins deux de la division Renault.

La gauche de cette division n'était pas encore rendue à Médole que je recevais de l'Empereur l'invitation pressante de me tenir en garde contre un corps tournant de 25 à 30 000 hommes, sorti de Mantoue la veille, et qui a en effet été paralysé par une de mes divisions ; en même temps vous m'envoyez plusieurs de vos aides de camp pour me demander d'appuyer votre centre sérieusement menacé. Quelles que fussent dans cette circonstance mes préoccupations pour mon flanc droit et mes derrières, sur lesquels on m'annonçait que se portaient de gros détachements de cavalerie avec du canon, je pris sur moi d'envoyer au général Trochu, encore en arrière, l'ordre de prendre sa première brigade et de vous l'amener sans sacs aussi promptement que possible. Je mettais donc ainsi, Monsieur le Maréchal, à votre disposition, par fractions successives, et aussitôt après leur arrivée, la moitié de mon corps d'armée, et, permettez-moi de vous le rappeler, n'écoutant que mon désir d'aider de mon mieux un compagnon d'armes dans l'embarras, je précédai de ma personne près de vous les soldats que je vous prêtais, afin de stimuler par la présence sous le feu, de leur maréchal, leur ardeur pour les utiles services que vous en attendiez et qu'ils ont été heureux de vous rendre au nom de l'Empereur.

Je ne puis m'empêcher non plus, Monsieur le Maréchal, de vous faire remarquer, à propos du passage de votre rapport où vous parlez du succès que vous auriez obtenu si le 3e corps eût été en entier près de vous, que si ce corps avec les généraux de division Renault, Bourbaki et Trochu, dirigé par ses chefs, eût pu prendre en entier part à l'action, il aurait été assez heureusement inspiré pour ne pas vous laisser réaliser *seul* le succès que vous méditiez.

Ainsi je termine, Monsieur le Maréchal, en vous faisant observer que votre assertion sur le retard à l'aide que j'ai été assez heureux pour vous prêter est contraire à l'exactitude des faits accomplis, il est vrai loin de vos yeux, mais sous les miens et sous ceux de plusieurs de vos officiers, ainsi que de tous ceux de mon état-major ; qu'elle porte une fâcheuse atteinte à ce principe de simple morale qui veut que l'obligé ne méconnaisse pas le service généreusement rendu, et qu'elle pourrait, dans une circonstance analogue, faire hésiter un chef de corps d'armée à se dépouiller lui-même d'une grande partie de ses troupes en faveur d'un frère d'armes compromis.

Je donne connaissance à l'Empereur de cette lettre que j'ai été dans la pénible nécessité de vous écrire.

Veuillez, etc.

La rectification du rapport du général Niel a été insérée au *Moniteur*, il y a déjà quelque temps, par ordre de l'Empereur.

Le maréchal, alors général Niel, pour se faire valoir, avait présenté sous un faux jour la conduite du maréchal Canrobert ; la lettre que nous venons de transcrire faillit occasionner un duel, prévenu, défendu par l'Empereur, entre les deux maréchaux ; Dieu veuille que sa publication par l'*Indépendance* et les journaux français ne ravive pas cette querelle !

L'armée fait en ce moment son entrée dans Paris ; il fait un temps superbe, toutes les communes à cinq lieues de distance sont vides de leurs habitants, les chemins de fer regorgent de voyageurs et les hôtels garnis de Paris n'ont plus une chambre à louer.

Lundi 15 août

La rentrée de l'armée a été superbe, l'enthousiasme des populations ne peut être décrit ; l'Empereur était l'objet des plus chaleureuses acclamations, les bouquets et les fleurs pleuvaient sur lui et sur toute l'armée. Le prince Napoléon et sa femme n'ont pas paru [1] !

Le maréchal Niel a répondu au maréchal Canrobert ; il cherche à justifier ou à excuser son rapport, en discutant les heures et les lieux ; il est à désirer que cette polémique regrettable en reste là.

Au banquet donné par l'Empereur aux principaux chefs de l'armée dans la salle des États au nouveau Louvre, il a prononcé le discours suivant, dont la dernière phrase donne lieu à diverses interprétations.

1. Les festivités du 14 août 1859 ont sans doute été parmi les plus belles du Second Empire. L'armée d'Italie, avec à sa tête Napoléon III et le Prince impérial campé sur sa selle, a défilé dans Paris devant une foule enthousiaste. Les zouaves ont eu droit à un triomphe. Le soir, le souverain a réuni tous les chefs militaires dans un banquet au Louvre pour leur annoncer la création d'une médaille commémorative de la guerre d'Italie.

Messieurs,

La joie que j'éprouve en me retrouvant avec la plupart des chefs de l'armée d'Italie serait complète s'il ne venait s'y mêler le regret de voir se séparer les éléments d'une force si bien organisée et si redoutable. Comme souverain et comme général en chef, je vous remercie encore de votre confiance. Il était flatteur pour moi, de trouver une telle obéissance de la part de ceux qui avaient une grande expérience de la guerre. Si le succès a couronné nos efforts, je suis heureux d'en reporter la meilleure part à ces généraux habiles et dévoués qui m'ont rendu le commandement facile, parce que, animés du feu sacré, ils ont sans cesse donné l'exemple du devoir et du mépris de la mort.

Une partie de nos soldats va retourner dans ses foyers ; vous-mêmes vous allez reprendre les occupations de la paix. N'oubliez-pas néanmoins ce que nous avons fait ensemble. Que le souvenir des obstacles surmontés, des périls évités, des imperfections signalées, revienne souvent à votre mémoire, car, pour tout homme de guerre, le souvenir est la science même.

En commémoration de la campagne d'Italie, je ferai distribuer une médaille à tous ceux qui y ont pris part, et je veux que vous soyez aujourd'hui les premiers à la porter. Qu'elle me rappelle parfois à votre pensée, et qu'en lisant les noms glorieux qui y sont gravés, chacun se dise : Si la France a tant fait pour un peuple ami, *que ne ferait-elle pas pour son indépendance ?* Je porte un toast à l'armée.

Le *Guernsey Star* annonce que l'Empereur des Français a donné l'ordre de fortifier immédiatement les îles Chausey placées entre Granville et St-Malo d'un côté et Jersey de l'autre. Ces îles dans la dernière guerre de l'Angleterre contre la France servaient d'abri aux croiseurs anglais qui bloquaient les ports de Granville et de St-Malo.

L'empereur cochinchinois, ou si mieux on aime annamite, demande la paix. Il permettrait dans tous ses États le libre exercice de la religion chrétienne, et reconnaîtrait les cessions de territoire faites à Louis XIV.

Je renonce à parler de la pluie de décorations tombée sur tout le monde ; j'annoncerai seulement que le jeune Soubeyran est fait officier de la Légion d'honneur ! ! Bacciochi commandeur, puis des écuyers, des chambellans, des artistes inconnus, des journalistes, des préfets, des juges, etc. etc.

Ce n'est plus une Légion d'honneur, c'est une *cohue*... d'honneur !

Les nouvelles d'Italie sont toujours les mêmes ; à en croire les élections, toute l'Italie veut être piémontaise.

A Zurich, les affaires marchent difficultueusement.

La reine Victoria a clos son Parlement ; elle se félicite comme de raison dans son discours de la *pacification de l'Inde* et dit quant au congrès futur sur les affaires d'Italie, que diverses ouvertures lui ont été faites [1].

1. La fin des hostilités fut officiellement proclamée le 1er juillet 1859. Les Britanniques étaient vainqueurs, mais il fallait déplorer plus de 12 000 morts européens et bien plus encore chez les Indiens.

« Mais Sa Majesté n'a pas encore reçu les informations nécessaires pour lui permettre de décider si elle pourra juger à-propos de prendre part à de telles négociations. »

Notre *bonne alliée* est vraiment superbe !

Mercredi 17 août

A Florence, la déchéance de la maison de Lorraine prise en considération à l'unanimité par l'assemblée avait été proposée par le marquis Ginori-Lisci. Le président de l'assemblée est un Monsieur Coppi qui avait figuré dans les mouvements de 1849. Il a été élu après un ballotage avec l'abbé Lambruschini, le restaurateur de l'éducation et de l'instruction en Toscane, parce que, disent les journaux d'un *libéralisme coloré* :

« Les députés les plus décidés de la représentation nationale auraient été mécontents si l'abbé Lambruschini eût été élu ; c'eût été le triomphe d'un élément sans doute patriote, sans doute favorable à l'émancipation du pays, mais enfin peut-être un peu plus tiède qu'il ne faut dans les circonstances actuelles. »

Au premier tour de scrutin, l'abbé Lambruschini avait eu 75 voix contre 69 données à Monsieur Coppi, les votants étaient au nombre de 164, mais comme :

« La nomination de l'abbé Lambruschini eût été un signe de tendances en quelque sorte plus modérées, quoique M. Lambruschini soit dévoué à l'indépendance ; le ministère, qui tenait beaucoup à ce que Monsieur Coppi fût président, a dit à des députés de nuances indécises quelques mots qui n'ont pas médiocrement contribué à faire remonter le nom du magistrat au-dessus du nom de l'ecclésiastique dans le second tour de scrutin. En effet, voici le résultat du ballotage :

« Votants 159 : Coppi 82, Lambruschini 77. »

Un jour, on saura toutes les intrigues de cette libre expression des vœux de l'Italie pour être piémontaise.

En attendant l'Italie centrale est organisée militairement et doit être commandée, dit-on, par Garibaldi auquel le roi de Piémont donne un congé !... Toujours même franchise dans la neutralité.

Dans les légations règne le colonel Cipriani pour confirmer les paroles du roi de Piémont qui a dit : « *Nous ne venons pas déposséder le Saint-Père qui n'a point abandonné ses États et qui est un prince italien.* »

Et celles de l'Empereur Napoléon qui venait, disait-il, délivrer l'Italie, mais respecter la neutralité du Pape dont il affirmerait la puissance loin de vouloir l'ébranler !

En 89, 90 et 91, on raffermissait l'Église de France en lui prenant ses biens, en 93 on la guillotinait.

Le célèbre Veuillot, le plus habile des journalistes actuels, le plus fort polémiste, le plus ardent, celui dont le style avait le plus de mordant et de vigueur, est, m'a-t-on assuré hier, dans une maison de fous [1].

Dans la nuit d'avant-hier à hier, j'ai été fort agité et me suis levé, ne pouvant dormir, j'étais préoccupé d'idées tristes à propos d'Henry Seymour, le meilleur et le plus ancien de mes amis.

Alité depuis le 1er août, son état maladif passait par des alternatives de *mal* et de *mieux* qui n'inquiétaient pas son médecin.

Chaque jour, je recevais de ses nouvelles et avant-hier elles étaient meilleures.

Cependant dans ma nuit d'insomnie j'étais inquiet, j'éprouvais comme des transes vagues et je suis parti pour Paris par le premier convoi.

Lord Henry Seymour venait de mourir à 8 heures 1/2 du matin.

J'ai su par son secrétaire que depuis le premier jour de sa maladie il avait jugé son état ; il disait : « Les médecins se trompent, je n'en ai plus que pour quinze jours. »

Et quatre jours avant sa mort il disait à Laboureau son secrétaire : « Dans quatre ou cinq jours vous ne m'aurez plus ! »

Pauvre Henry, jadis si gai et si bon compagnon, toujours prêt lorsqu'il pouvait trouver un moyen d'être agréable à ses amis, toujours généreux à l'infortune et grandement et délicatement généreux.

On a beaucoup parlé de lui, et le public ne le connaissait pas, car il en faisait une sorte de *bohémien*, de casseur d'assiettes, de coureur de bastringues, etc.

Seymour avait aimé sa mère avec passion, *tous les jours* il dînait avec elle et ne la quittait qu'à onze heures du soir. Les pauvres le trouvaient la main ouverte et ses amis le cœur ouvert. Il voulait se donner l'apparence brusque, cacher sa sensibilité, son bon cœur, sa tendresse pour ses amis, et ceux qui ne le voyaient qu'en passant le jugeaient sur cette apparence.

Henry était un cœur noble, tendre et affectueux, son esprit était éclairé et porté à la discussion, il aimait les choses et les gens d'esprit et il avait quand il le voulait une conversation intéressante nourrie de bonnes lectures.

Sa mort est une perte douloureuse pour moi, rien ne me remplacera la douce habitude de le voir tous les jours ; sa maison était presque la mienne, je savais qu'en y allant tous les jours je lui faisais plaisir, et j'y allais.

Nous nous trouvions là, quelques amis depuis plus de trente ans ; il était notre lieu, notre centre commun, aujourd'hui tout est rompu.

1. Le talent de polémiste de Louis Veuillot, rédacteur en chef du journal catholique *L'Univers*, est unanimement reconnu. Après avoir soutenu le coup d'État du 2 Décembre et l'Empire dans ses premières années, il est passé à l'opposition lorsque la politique italienne de Napoléon III est devenue défavorable aux intérêts du pape. Il n'a pas été interné contrairement à ce qu'avance Viel Castel, qui rectifiera d'ailleurs le 30 août et le 17 septembre.

Pauvre Henry, je ne peux pas m'habituer à la pensée que je ne le verrai plus ; qu'avant-hier j'aurais pu le voir, saisir encore un de ses regards, lui serrer une dernière fois la main, et maintenant mort... sans avoir dit adieu à aucun de nous !

Toute ma jeunesse, tout mon âge mûr, toute ma vie jusqu'à cette heure était avec lui ; tout cela n'est plus, tout cela est passé, c'est une phase de notre vie éteinte avec la sienne. La vie est rude à ceux qui sentent et qui pensent ! Adieu, mon pauvre et bon Henry, que de fois nous penserons douloureusement à toi !

Vendredi 19 août

L'Empereur, l'Impératrice et le Prince Impérial sont partis pour les eaux de St-Sauveur[1].

Avant son départ, l'Empereur a rendu sous la date du 16 août le décret suivant :

Napoléon, etc. etc.

Avons décrété et décrétons ce qui suit :

Art. 1er. Amnistie pleine et entière est accordée à tous les individus qui ont été condamnés pour crimes et délits politiques ou qui ont été l'objet de mesures de sûreté générale.

Art. 2. Notre garde des Sceaux et notre ministre de l'Intérieur sont chargés de l'exécution des présentes[2].

J'ai dîné hier avec Monsieur Benoit Champy, Monsieur Berthelin et d'autres magistrats qui sont peu rassurés en songeant aux hommes qui auront le droit de rentrer en France, et à l'influence que ces gens-là reprendront dans les campagnes.

Je comprends que la France soit ouverte aux criminels qui s'amendent, mais à ceux qui persévèrent ?...

Madame Thayer, grande maîtresse de la princesse Clotilde, a reçu une verte réprimande de S.A.I. pour s'être montrée à la cérémonie de la rentrée des troupes.

L'Empereur devrait comprendre quel mauvais effet produit cette opposition et ce blâme du prince Napoléon. Pour être bien obéi, l'Empereur devrait commencer par faire obéir son cousin.

1. Moins connue que ses voisines Bagnères-de-Bigorre, Barèges ou Cauterets, qui gardait le souvenir de la reine Hortense, la station thermale haute-pyrénéenne de Saint-Sauveur recevra les bienfaits de Napoléon III, qui y financera par exemple la construction du pont Napoléon. C'est à l'occasion de ce voyage que le couple impérial séjournera à la villa que Fould possède à Tarbes. Voir L. Bondidier, *Vacances impériales*, Tarbes, 1937.

2. Cette amnistie permettra à la plupart des proscrits de rentrer et pour beaucoup d'entre eux de venir grossir les rangs de l'opposition républicaine, mais certains comme Quinet, Schoelcher ou Hugo la repousseront avec dédain. Le refus de Louis Blanc et de Victor Hugo est évoqué par Viel Castel le 31 août.

La Bédollière, chambellan de l'Empereur, le plus inepte des hommes, le plus obtus, le plus incapable d'aucun service est fait sénateur.

Motifs : Son père a été fusillé en 1815 ; sa femme a couché avec Napoléon III.

Le prince de la Moskova est également fait sénateur ; son père, il est vrai, a été fusillé, mais il n'est pas marié.

Il y a encore un conseiller d'État stupide, fait sénateur, il se nomme le baron Vincent.

Puis vient un homme connu depuis longtemps pour les propos qu'il a tenus contre l'Empire actuel, M. le baron Paul de Richemond, puis les généraux de division Renault, Forey, Thiry, le vice-amiral Trehouart.

Le Sénat ne gagne pas beaucoup à ces acquisitions.

M. Flourens, l'un des secrétaires perpétuels de l'Académie des sciences, professeur au Museum d'histoire naturelle, est nommé *grand officier* de la Légion d'honneur.

Jadis les savants et les artistes se contentaient d'être chevaliers ou officiers ; mais aujourd'hui on veut être *plaqué*, on ne veut pas comme *tout le monde* être chevalier.

Être chevalier c'est être du tiers état, et quoique nous soyons en démocratie, chacun aspire à devenir grand seigneur.

Dans les maisons qui donnent à dîner, les titres et les fonctions désignent ceux qui les portent ou en sont revêtus aux places d'honneurs ; ainsi arrive-t-il le plus souvent que le maître et la maîtresse de la maison se trouvent flanqués des plus lourds crétins que l'on puisse imaginer.

Le *New York Police Gazette* constate la résurrection de la torture en Amérique ; elle est en usage dans la prison de la ville de Sing-Sing et consiste dans une boîte de répression très ingénieuse qui soumet le patient au plus épouvantable supplice. Après quelques minutes de séjour, ceux qui en sortent sont en danger de mort.

La philanthropie anglaise et française a lancé assez d'anathèmes contre le roi de Naples et S.M. autrichienne pour le *carcere duro* et le *carcere durissimo* ; il est vrai qu'il s'agissait de flétrir un empereur et un roi. Ces deux philanthropies se tairont aujourd'hui qu'il s'agit des peccadilles d'une république modèle !

Depuis que nos très savants politiques ont acquis la preuve que les Napolitains, les Vénétiens, les Toscans, les Romains, les Lombards, les Modènois et les Parmesans forment un seul peuple ayant une même origine, il leur arrive souvent de recevoir de très embarrassantes questions :

« Les Grecs soumis à la Turquie et à l'Angleterre demandent en vertu du principe des nationalités leur réunion au royaume grec. »

Cette autre encore :

« Les Polonais demandent... »

Alors la politique monte sur ses grands chevaux, prend son ton doctoral de *Diafoirus* constitutionnel et prononce cette sentence !

« Il n'y a de nationalités à rejoindre que là où les nationalités sont différentes. Il n'y a de question de nationalité qu'en Italie.

— Mais la Savoie ? lui crie-t-on.

— Silence, répond la politique.

— Mais la Pologne ?

— Silence.

— Mais le Canada ? mais l'Inde ? mais Malte ? mais Gibraltar ? mais...

— Silence, encore un coup, il n'y a de nationalité à reconstituer que l'italienne, il n'y a d'intéressant que l'Italie, il n'y a de respectable que l'Italie parce que nous y trouvons l'occasion de complaire à l'Angleterre et au prétendu libéralisme ; trouvez en Grèce, dans l'Inde, en Pologne, à Malte, à Gibraltar, un Pape à renverser et nous nous intéresserons à votre question des nationalités. »

Nous donnons un vigoureux coup de pied au principe d'autorité en la personne du Pape et nous rouvrons la France à tout ce que l'élément révolutionnaire a de plus mauvais.

Je ne sais qui l'Empereur consulte, mais si on lui dit qu'il y a en France apaisement des mauvaises passions, on le trompe. Il y a dissimulation. Les socialistes et toutes les sociétés secrètes subsistent, ils attendent ; aux jours de crise ils se lèveront de nouveau et le gouvernement s'appuiera pour les combattre sur un Sénat sans valeur composé en grande partie d'hommes prêts à tous changements ou de crétins connus pour tels ; il s'appuiera sur un conseil suprême dans lequel ce qui brille le plus, ce sont les inimitiés des divers membres entre eux.

Il s'appuiera sur une armée de fonctionnaires grands ou petits, tous disposés à se vendre pour achever une fortune commencée par le vol.

L'Empereur croit-il à son immortalité pour tenir en bride le *bagne* galonné qui n'a pas plus de convictions qu'il n'a de principes d'honneur ?

Le mépris pour les serviteurs qu'on emploie est une belle chose, mais il ne faut pas laisser à ces serviteurs la possibilité de se passer de vous.

Mercredi 24 août

Les exilés rentrent avec empressement ; Félix Pyat a déjà passé par Paris.

Les nouvelles d'Italie ne nous apportent rien de nouveau ; la diplomatie aura, je crois, fort à faire.

Je causais dimanche avec Benedetti qui m'a dit que la France cherchait dans la mer Rouge un point à occuper, pour contrebalancer l'occupation de Périm par les Anglais [1].

A Madagascar, après une heureuse expédition, nos droits ont été reconnus par les chefs de l'île, nous pouvons commencer, remonter les rivières et avoir des établissements.

Vendredi 26 août

La comédie italienne continue et le journal *La Patrie* joue le rôle de compère ; voici ce que nous lisons dans le numéro d'aujourd'hui :

> Les princes détrônés ayant promis des Constitutions, le gouvernement français, si nous sommes bien informés, a donné pour instructions à ses agents en Italie de s'entendre avec les anciens ducs.
>
> De son côté, le roi Victor-Emmanuel *a rappelé tous ses fonctionnaires* (qui sont restés avec d'autres titres) et il ne veut pas que l'Europe puisse soupçonner qu'il exerce la moindre pression sur le libre vœu des Toscans. Ainsi le Piémont, trop intéressé dans la question pour que ses démarches dans un sens ou dans un autre ne parussent pas toujours suspectes, *s'abstient d'une manière absolue*.

Le même numéro de *La Patrie* pour corroborer ce témoignage en faveur du Piémont, emprunte au journal *La Nazione* de Florence la nouvelle sous la date du 21 août que

> les négociations ouvertes pour obtenir du cabinet sarde un général commandant les forces de la ligne militaire des États de l'Italie centrale ont eu un heureux résultat.
>
> Une dépêche télégraphique fait connaître que le roi aurait permis au général Fanti de se charger de ce commandement supérieur !

L'invention est admirable !

Dans un ordre du jour aux troupes, Garibaldi, pour laisser toute latitude à la libre expression de leurs vœux dit :

« Je ferai fusiller quiconque se dira mazzinien, républicain, socialiste ou même garibaldien, je ne veux avoir que des soldats et des Italiens. »

Ainsi tout est permis en fait d'opinion pourvu qu'on ne soit qu'unioniste !

Êtes-vous pour le retour des princes ?... Fusillé !...

Quel grand homme que Garibaldi !...

Félix Pyat réclame contre l'annonce de sa rentrée en France ; il peut, il est vrai, revoir sa patrie, mais il ne peut embrasser sa mère qui est morte.

Victor Hugo ne révèle pas ses intentions. On affirme cependant qu'il

---

1. Le futur canal de Suez rend en effet nécessaire l'installation de dépôts de charbon aux débouchés de la mer Rouge. Les Britanniques sont déjà installés aux îles Dahlak et sur l'île de Périm. Le consul français d'Aden, Henri Lambert, a entamé des négociations pour acquérir la côte d'Obock. Il faudra attendre mars 1862 pour qu'elles aboutissent.

a engagé par circulaire messieurs les réfugiés à se méfier de *Napoléon le petit*.

Quant au très illustre Pyat, il n'a pas encore, dit-il, *amnistié* l'homme qui ose l'amnistier.

J'ai vu dimanche le Piémontais Vimercati qui avait été attaché à l'état-major du maréchal Canrobert. Il donne à entendre que l'on fait trop mousser la gloire de l'armée française, et que l'armée autrichienne est tellement misérable, que nos victoires ont été plus que faciles.

Je m'y attendais, on nous rabaisse déjà pour pouvoir nier plus tard la reconnaissance qui nous est due.

Cavour reviendra au pouvoir lorsque les conférences diplomatiques seront terminées, et alors nous en verrons de belles.

Il y a maintenant en Italie :

> *Le Grand* Victor-Emmanuel !
> *Le Grand* Cavour !
> *Le Grand* Garibaldi !

Napoléon ne vient qu'après ; on le ménage encore, mais attendons la fin ; on espérait lui faire tirer du feu une plus grande quantité de marrons.

Les Orléanistes cantonnés dans l'Académie française ont eu hier leur jour. M. Villemain a prononcé un discours sur les prix littéraires accordés par l'Académie.

M. Guizot a pris la parole pour proclamer les prix de vertu. En terminant, il a placé quelques-unes de ses phrases semi-politiques que les grenouilles parlementaires reçoivent bouche béante :

> Notre temps n'est point déshérité des vertus qui font l'honneur et l'avenir des nations ; vous pouvez aller dans les lieux les plus divers, parmi les grands et les petits, les riches et les pauvres, sur les champs de bataille ou dans les villages les plus paisibles, à l'armée ou à l'Académie, vous trouverez partout de beaux et salutaires exemples de désintéressement, de courage, de générosité, de sympathie, de sacrifice. Soyons donc clairvoyants et sévères, mais non pas tristes et découragés sur nous-mêmes ; ayons foi dans l'humanité et dans la France, leur dignité et leurs droits ont traversé et surmonté dans le cours de leurs destinées des épreuves bien aussi graves que celles qui se mêlent depuis trois quarts de siècle à leur gloire et à leurs progrès.

Messieurs les *découragés* ont fort applaudi en se promettant de l'être moins, et d'ailleurs le prophète Guizot n'a-t-il pas semblé leur promettre la chute du *transitoire* actuel.

Lorsque les beaux jours parlementaires seront revenus que la France sera thieriste ou guizotiste, alors... alors... Thiers, Guizot, Rémusat, Villemain et consorts seront heureux et les socialistes remarcheront vers un nouveau 1848, mais vingt beaux parleurs troubleront quotidiennement la

France en lui débitant du haut de la tribune parlementaire toutes les pauvretés de l'éloquence parlementaire.

M. Jules Sandeau, devenu fort important depuis qu'il est de l'Académie, assistait comme sous-diacre Guizot et Villemain.

Sandeau porte sa ronde personne sur ses petites jambes avec un magnifique respect de sa personne. Il a pris comme de Vigny sa qualité d'*immortel* au sérieux, il s'encenserait volontiers. Dans un salon, il fait des apartés avec les autres *immortels* qu'il y rencontre, enfin il se tient dans son Olympe avec une gravité comique.

Jules Sandeau est attelé par le mariage à une grande et forte femme au puissant nez, brune de cheveux, l'œil assez hardi, la tournure bien cambrée, visant à l'élégance et au bien dire et visant mieux encore à la coquetterie. Jules Sandeau paraît fier de promener cette *belle femme* !

Grand bien lui fasse, mais cette délurée commère pourra joindre quelque ornement à la couronne de son immortel époux.

J'ai connu jeunes tous ces immortels, la plupart étaient de bonne composition et fort naturels ; aujourd'hui ils sont tous musqués et gourmés.

Samedi 27 août

Le comte de Morny a prononcé à l'ouverture du conseil général du Puy-de-Dôme qu'il préside, un discours sur les défiances de l'Angleterre envers l'Empereur Napoléon. Il considère ces craintes défiantes comme l'œuvre des partis s'appuyant sur des instincts populaires dont ils entretiennent l'animosité pour conserver leur influence.

Quelques passages de ce discours sont intéressants à citer :

Ai-je besoin de rappeler les incidents qui ont précédé la guerre avec l'Autriche, pour établir que l'Empereur Napoléon, tout en voulant délivrer l'Italie, et dégager la frontière de la France de la pression autrichienne, eût préféré atteindre le but par un congrès que par la guerre, l'état et la situation de notre armée au moment de l'ultimatum de l'Autriche suffisent pour le prouver ; et si les hommes d'État de l'Angleterre, qui aujourd'hui trouvent que l'on n'a pas assez fait pour les Italiens, avaient bien voulu avant la guerre exprimer les mêmes sympathies, il est à présumer que les affaires d'Italie eussent pu être réglées par la diplomatie.

Et plus loin :

Hélas, messieurs, peut-être qu'en Angleterre ceux qui répandent ces frayeurs n'y croient pas plus que vous ou moi ; mais en excitant la susceptibilité nationale, en flattant quelques instincts populaires, on augmente sa publicité comme journal, sa popularité comme homme politique. On n'en commet pas moins une mauvaise action, car on indispose les deux pays l'un contre l'autre, on excite de vagues défiances, et l'on fait si bien qu'à un jour donné, un incident sans valeur, un malentendu facile à arranger dans de bons rapports, peut devenir une complication sérieuse dans un état de réciproque susceptibilité.

Puis, le comte de Morny termine ainsi :

> Faisons à l'Angleterre une guerre industrielle et commerciale, lutte de progrès et de civilisation, loyale, avouable et qui profite au bien-être de tous.
> Voilà ce que désire l'Empereur... secondons ses efforts...

Tout cela est fort juste, mais Monsieur de Morny sait aussi bien que moi que l'Angleterre n'admet pas qu'on lui suscite une rivalité commerciale dans le monde, qu'on lui fasse concurrence et qu'on entreprenne de ressaisir le rang de puissance maritime de premier ordre, car elle n'admet la possession de colonies par la France qu'à la condition qu'elles ne pourraient être défendues en temps de guerre. L'Angleterre ne craint pas l'invasion, elle craint la France remontée au rang de puissance maritime ; elle craint l'extension de son commerce. Tout gouvernement qui subira en France la pression de l'Angleterre, qui humiliera la fierté française par de trop grandes concessions aux orgueilleuses exigences de l'Angleterre, *tombera* !

L'alliance anglaise est bonne, je le reconnais, mais les susceptibilités ne sont pas moins fortes de ce côté-ci du détroit que de l'autre et ce serait un malheur plus grand de les froisser jusqu'au vif, que de rompre l'alliance.

Dans l'affaire des *mariages espagnols*, Louis-Philippe a secoué le joug en Scapin, et cela a été mauvais. Il faut que les deux pays n'imposent aucune contrainte, aucun joug l'un à l'autre, qu'ils marchent sur une ligne parallèle, alors l'alliance est possible, autrement comprise, elle est odieuse à la France.

Si la guerre d'Italie continuait, l'Angleterre volait l'Égypte ! Le Pacha en est instruit, et il met son état militaire sur un pied plus respectable. La France le sait aussi et elle ne peut avoir confiance en l'alliance.

Mardi 30 août

Dimanche, j'ai passé la plus grande partie de la journée en conversation intime avec S.A.I. la Princesse Mathilde et M. Benoit Champy, président du tribunal de 1re instance de Paris. M. Benoit Champy est un homme d'infiniment d'esprit, aimable et d'un bon caractère ; assez ambitieux, ayant sacrifié à la révolution, mais que la route des honneurs a remis dans le droit chemin.

Comme d'habitude, Nieuwerkerke, Reiset et Arago ont joué au loto depuis midi jusqu'au soir.

La Princesse, quand elle se livre à la conversation intime, est charmante, pleine de finesse et de jugement en tout, excepté quand Nieuwerkerke est mêlé aux affaires qui l'occupent.

Dimanche donc, la Princesse, Benoit Champy et moi discourions sur les hommes et les choses du moment, et nous regrettions d'un commun accord que l'Empereur fût si mal entouré, et qu'il tînt si peu à la valeur intellectuelle et morale de ceux qui forment sa cour.

La Princesse prétendit qu'il ne les connaissait pas. Benoit Champy répondit que c'était un grand malheur, parce que le public juge volontiers ses souverains par ceux qui lui paraissent être ses favoris.

Chez l'Empereur, il y a les sots et les imbéciles qui sont les chambellans, les écuyers, en un mot, tout le service d'honneur à peu d'exception près (Quitry par exemple).

Puis, il y a la canaille, les fripons, les gens sans moralité, Bacciochi, Mocquard et Walsh le chambellan, petit filou au jeu comme monsieur son frère aîné que Dujarrier dans son testament désignait comme lui ayant volé au jeu une somme considérable.

Il y a encore parmi les hommes de l'Empereur : Haussmann, le préfet de la Seine, homme taré ; Fould, ministre d'État, architaré.

Le livre publié par son fils l'empêchait de dormir, il a acheté à l'éditeur ce qui restait de l'édition et la propriété du manuscrit pour *huit cent mille francs*, mais douze cents exemplaires étaient déjà vendus. Benoît Champy doit en procurer un à la Princesse et je le verrai certainement.

Ce livre est accablant, dit-on, par les infamies qu'il révèle.

La Princesse nous a parlé du prince Napoléon son frère et de la princesse Clotilde sa femme.

Ce couple si mal assorti fera des ennemis à l'Empereur ; le prince par sa haine et son faux jugement, enfin par toutes les basses jalousies qui bouillonnent en lui.

La princesse par l'étroitesse de son esprit et la bigoterie de sa dévotion ; elle est d'ailleurs tout autrichienne, ne correspond qu'avec l'archiduchesse Marie, la plus violente des ennemies de la France, et semble par les affectations de sa hauteur vouloir tenir à distance tout ce qui l'approche. Sa hauteur a quelque chose d'insolent qui froisse, et cette suffisance dédaigneuse que la noblesse française ne souffrait jadis d'aucun *principaillon* étranger. La princesse Clotilde se trompe grandement, nous sommes gens à rendre insolence pour insolence, dédain pour dédain.

La Princesse Mathilde nous a lu une lettre très spirituelle de la reine des Pays-Bas sur la princesse Clotilde. La reine la connaît et la juge à merveille : elle dit qu'une « princesse *entourée d'une muraille de morgue chinoise* ne peut prendre en France », et elle a parfaitement raison.

Mérimée est venu dîner, mais il n'a pu y avoir aucune conversation parce qu'Arago a *bouffonné* toute la soirée ; c'est le *lenitus* paillasse qui moyennant ses lazzi passe en se ménageant de tous côtés.

Le prince Napoléon le traite comme son Triboulet et son Bobèche.

La Princesse Mathilde nous a encore appris que messieurs les Autrichiens ne se montraient pas trop irrités du triste résultat pour eux de la campagne d'Italie, parce qu'ils comptent prendre leur revanche d'une manière éclatante.

Les journaux anglais conseillent au roi de Piémont de s'emparer de toute l'Italie centrale sans attendre la permission de l'Europe.

Veuillot, qu'on assure maintenant n'être ni n'avoir jamais été fou, disait une chose charmante dans un de ses derniers feuilletons à propos de M. About, ce jeune écrivain porté au troisième ciel parce qu'il a villipendé le gouvernement du Pape !

Veuillot disait donc : « Les amis de Monsieur About le comparent à Voltaire, laissons-les dire, Voltaire ne l'a par ma foi pas volé ! »

On ignore où en est la question des restaurations en Italie. Tout semble fort embrouillé ; les assemblées nommées sous l'influence du Piémont les déclarent impossibles.

Ici à Paris, l'Empereur reçoit le jeune grand-duc de Toscane, qui quelques jours après dîne à Étioles chez Walewski avec l'envoyé autrichien.

L'Italie ressemble en ce moment à la grenouille qui envie la *belle taille* du bœuf.

On est las de lire les louanges absurdes qui lui sont prodiguées par la presse. Tout cela tombera, et l'Italie est une plaie que nous nous sommes ouverte.

Mercredi 31 août

Louis Blanc et Victor Hugo repoussent l'amnistie. Louis Blanc déclare ne pouvoir l'accepter que si toute liberté de recommencer ses prédications socialistes lui est accordée.

« L'amnistie n'acquitte pas la dette que *Louis Bonaparte* doit à la France », dit Louis Blanc, et il ajoute :

Qu'il soit mis un terme au régime si odieux qui confisque la liberté personnelle sur un simple soupçon, et qui est dans le fait pire que la fameuse loi des suspects rendue dans les plus sombres jours de la révolution française.

Qu'il soit solennellement admis en principe que nul ne sera désormais traité de coupable qu'après avoir été par l'organe du jury déclaré tel.

Que la presse soit rendue libre par le retrait de cet écrasant système d'avertissement qui annule le jury et qui met toute la fortune d'un homme en péril pour un mot hasardé.

Que la représentation nationale élue en dehors de toute espèce de contrainte, soit reçue à parler ouvertement au pays, sans qu'aucune entrave soit apportée à la publicité de ses délibérations.

Que la France enfin soit réintégrée dans la jouissance de ces droits qui constituent la liberté civile et politique.

Alors l'amnistie sera une mesure claire et appréciable. Jusque-là elle demeure exposée au soupçon de manque de sincérité et peut être considérée comme un signe de faiblesse plutôt que de force.

Lorsque tout ce que je viens de dire aura été fait, oh alors — et j'insiste sur ce point afin d'aller au-devant de toute interprétation fausse, ce pourra être, non seulement le désir, mais le devoir de ceux qui se seraient résignés à un exil volontaire, de rentrer dans leur pays non pas certes pour imposer de force leurs opinions particulières à la majorité du peuple qui n'en voudrait pas, mais pour les soumettre à l'épreuve d'une discussion paisible et libre, de telle sorte qu'on les adopte si on les trouve bonnes, et qu'on les rejette dans le cas contraire.

Telles sont les conditions de ce grand homme qui a nom Louis Blanc ; en d'autres termes, rendez-lui le Luxembourg et les ateliers nationaux, il recommencera juin 1848.

Quant à Victor Hugo, il met toujours au service de sa vanité la même emphase, le même style sonore et creux.

Personne n'attendra de moi que j'accorde, en ce qui me concerne, un moment d'attention à la chose appelée amnistie.

Dans la situation où est la France, protestation absolue, inflexible, éternelle, voilà pour moi le devoir.

Fidèle à l'engagement que j'ai pris vis-à-vis de ma conscience, je partagerai jusqu'au bout l'exil de la liberté. Quand la liberté rentrera, je rentrerai.

Voilà l'ultimatum de l'ex-pair de France.

Quant à Proudhon, la conclusion de sa lettre mérite d'être citée :

Je voudrais savoir si Napoléon III se figure qu'il a vaincu pour deux ; pour l'Église et pour lui. J'aurai le plaisir, je l'avoue, d'aller voir si la France est aussi jésuite et encapuchonnée qu'on le suppose ; oui, j'irai au risque de me voir condamner de nouveau pour outrages aux mœurs.

Les trois grandes vanités de l'exil pensent-elles en imposer à personne sur leur amour du bien public ?

Ce sont trois formes différentes de l'ambition, toutes trois voudraient gouverner la France ? Celui qui y parviendra fera pendre les deux autres.

En fait de nouvelles d'Italie, *La Presse* rapporte que le bruit courait le 26 août à Florence d'une attaque des troupes pontificales contre Mezzacapo.

A Florence, il paraît que la population n'est pas si unanime qu'on le prétend à bannir le grand-duc ; des pétitions sollicitant sa restauration se couvrent de nombreuses signatures.

Les journaux toscans prodiguent l'injure au prince Poniatowski qu'ils regardent comme le promoteur de ces manifestations.

Le journal *La Presse* s'est donné la singulière mission de prouver que l'Angleterre est menacée par la France, et qu'elle a raison de continuer ses armements, et que c'est le langage de nos journaux qui la provoquent ; à cette occasion *La Presse* dit :

Le peuple qui a été l'âme des quatre plus grandes coalitions que le monde ait vues depuis la fin du XVe siècle ; qui a lutté victorieusement contre Louis XIV, arrêté les entreprises de Gustave-Adolphe contre le Danemark, de Catherine contre la Turquie ; soutenu contre la République française et contre l'Empire une lutte sans exemple dans l'histoire ; peuplé les États-Unis, l'Amérique anglaise, l'Inde, l'Australie, et fondé sur tous les points du globe des colonies dont quelques-unes sont de grands et puissants États, ce peuple ne peut rester simple spectateur des événements capables de changer la face de l'Europe. Il ne peut pas surtout s'exposer à revoir le temps où Tromp et Ruyter remontaient jusqu'au pont de la Tamise.

Monsieur A. Peyrat qui signe cet article, est-il anglais ou français ? Et pourquoi cet étalage exagéré de la puissance anglaise ?

L'Amérique était fort mal peuplée lors de son insurrection contre la mère patrie, et malgré cela elle vint à bout de l'Angleterre, cette reine des coalitions.

Quant à l'Inde, c'est une plaisanterie de dire qu'elle a été peuplée par l'Angleterre. Ce qui est vrai c'est que les hommes animés de l'esprit de M. Peyrat ont été nombreux depuis un siècle, et qu'ils ont permis à l'Angleterre de s'emparer sur tous les points du globe de stations importantes.

Si l'Angleterre ne peut pas s'exposer à revoir le temps où Tromp et Ruyter remontaient jusqu'au pont de la Tamise, la France ne peut s'exposer à voir un commissaire anglais à Cherbourg comme il y en a eu un trop longtemps à Dunkerque ; et si l'Angleterre est justifiée de continuer ses armements, pourquoi désarmerions-nous ? Pourquoi arrêterions-nous les travaux d'augmentation de notre flotte ?...

M. A. Peyrat a fait une œuvre antifrançaise qui cependant aura un résultat tout différent de celui que se proposait son auteur ; le public sentira plus fortement la nécessité pour la France de porter toute la force de l'État vers la marine.

La France est dans un de ces moments qui décident de l'avenir ; si elle veut rester grande puissance de premier ordre, il faut qu'elle puisse lutter sur mer contre l'Angleterre et qu'elle ne prenne pas pour arrêts du destin la prose suivante de M. Peyrat :

> ... L'Angleterre est toujours située de manière à rendre très difficile sinon impossible la seule chose qui pût la menacer sérieusement, c'est-à-dire la réunion de toutes les flottes européennes.
>
> Elle coupe la communication du nord avec le midi de l'Europe, et nous ne voyons pas comment les flottes de la Baltique rejoindraient celles de l'Océan, et encore moins celles de la Méditerranée.
>
> Ces idées de coalitions maritimes ne sont plus de notre temps et d'ailleurs l'histoire nous apprend qu'elles sont presque toujours impuissantes.
>
> Dans la guerre d'Amérique, les flottes de France et d'Espagne ne purent pas se réunir après le combat du 12 avril 1782 ; plus tard, elles aboutirent au Ferrol et à Trafalgar.

Ce qui avait préparé le Ferrol et Trafalgar, M. Peyrat ne l'ignore pas, c'est la désorganisation de la marine française par la révolution, car sous Louis XVI la marine française eût de beaux jours contre la marine anglaise.

Vendredi 2 septembre

Les journaux prétendent que la réunion de Zurich ne peut s'entendre même sur les questions secondaires. En attendant, l'Angleterre presse le roi de Piémont d'accepter purement et simplement l'annexion des duchés et des légations. On saura sous très peu de jours la décision du roi.

L'Angleterre surtout voudrait renverser le Pape et la Papauté ; il y a en Angleterre comme un redoublement de fanatisme et le correspondant de l'*Indépendance belge* lui écrivait de Londres à ce sujet sous la date du 30 août :

Nous sommes menacés ici d'une sorte d'épidémie spirituelle au sujet de ce qu'on appelle les *réminiscences de la tradition*, lesquelles ont déjà troublé tant de cerveaux dans le Nord. C'est du reste une importation de l'Amérique ; la maladie semble gagner ici. Déjà des personnes des deux sexes, appartenant aux classes élevées de la société, cherchent à provoquer des passions religieuses dans le peuple. Il y a eu ces jours derniers, dans divers quartiers de Londres, des réunions organisées dans un but de prières, mais qui sont de véritables foyers de fanatisme.

Les réminiscences de la tradition sont présentées comme des manifestations directes de l'esprit divin. On ne peut nier que la torche ne soit rapprochée de matériaux des plus inflammables lorsqu'on réfléchit aux divisions qui règnent dans l'Église d'Angleterre et à l'augmentation rapide des diverses sectes de dissidents.

J'ai rencontré hier Latour Dumoulin que la Princesse Mathilde prétend être attaché à la haute police. Il m'a parlé de La Guéronnière et de la position qui lui est faite. Il a 25 000 francs comme conseiller d'État, 30 000 francs comme directeur de la Publicité, 12 000 francs de frais de représentation et le logement !

Je pense qu'en secret il doit toucher du journal *La Patrie* une vingtaine de mille francs. Ce monsieur est donc bien rénuméré.

J'ai largement contribué à le faire ce qu'il est et je me suis trompé comme l'Empereur se trompe d'ailleurs ; La Guéronnière n'est qu'une plume sans moralité et sans dévouement ; c'est l'égoïsme le plus parfait ; toujours prêt à se transfigurer selon que l'exigera son intérêt ; vaniteux à l'excès et important, il a fait un livre de portraits politiques ; tous les chefs de partis y sont bien traités[1]. Si la restauration d'Henri V avait lieu, La Guéronnière serait pair de France. J'ai été longtemps assez bête pour croire qu'il y avait un parti à tirer de cet homme-là. Il ne dépare point l'entourage de l'Empereur qui sur douze apôtres a au moins onze Judas. Je ne connais de sincèrement dévoué que Fleury.

1. Il s'agit des *Études et Portraits politiques contemporains* publiés en 1856 chez Plon, qui font suite à ses *Portraits politiques contemporains* de 1853. On y trouve des portraits de Napoléon III, du comte de Chambord, de Nicolas Ier, de Morny, de Léopold Ier, du prince de Joinville, de Thiers et de Cavaignac.

La démocratie allemande fait connaître par la *Gazette de Voss* les résolutions adoptées par la réunion démocratique tenue à Eisenach le 14 août en faveur de la réforme de la constitution allemande.

La paix conclue entre la France et l'Autriche accroît suivant ces messieurs, les dangers de l'Allemagne ; alors suit une série de propositions dont il suffit de citer les 3e, 4e et 5e pour faire apprécier l'esprit de ce document.

3° Il est nécessaire que la Diète germanique soit remplacée par un gouvernement central de l'Allemagne, qui soit solide, fort et durable, et que l'on convoque une assemblée nationale allemande.

4° Dans les circonstances actuelles les démarches efficaces à cette fin ne peuvent émaner que de la Prusse ; il faut donc travailler à ce qu'elle en prenne l'initiative.

5° Si l'Allemagne allait être de nouveau menacée de l'extérieur, il y aurait lieu jusqu'à la constitution définitive du pouvoir central germanique, de confier à la Prusse la direction des forces militaires, et la représentation diplomatique de l'Allemagne à l'étranger.

Samedi 3 septembre

Différentes versions circulent sur les travaux de la conférence de Zurich. Suivant les uns, les plénipotentiaires n'auraient pu s'entendre et la conférence se terminerait. Suivant les autres, la question des frontières lombardes et celle de la dette seraient résolues ; les autres questions seraient renvoyées à un congrès.

C'est demain que le roi Victor-Emmanuel reçoit la députation toscane ; de la réponse qu'il lui fera ressortiront de grands événements.

Un correspondant du *Times* prétend que les assemblées de l'Italie centrale veulent faire confirmer leurs résolutions par le suffrage du peuple. Ce qu'il y a de certain, c'est que les élections faites sous le contrôle du Piémont, sous la pression de ses agents et à l'aide du suffrage restreint, manquent de franchise.

Une correspondance particulière du journal *La Presse* datée de Turin le 31 août, contient un aveu bon à enregistrer :

On sait par qui la grande révolution que l'Italie centrale vient d'accomplir lui a été suggérée patiemment pendant plusieurs années et que c'est du cabinet piémontais qu'en est parti le signal depuis quatre mois.

On fait grand bruit comme toujours dans les journaux *libéraux* de l'arrestation en Italie de quelques conspirateurs *les plus innocents du monde* suivant ces journaux.

La même tactique est toujours suivie, cela est bon à remarquer. Il y a quelques mois, le Piémont et tous ses partisans criaient à la calomnie lorsqu'on l'accusait de fomenter des troubles en Italie ; aujourd'hui on en fait un titre de gloire au Piémont.

De même pour ces *innocents* arrêtés par la police romaine ou napolitaine.

Un de ces malheureux *persécutés* est M. Mattia Montecchi, ex-triumvir à Rome en 1849, excellent patriote qui n'est aucunement mazzinien, tant s'en faut, mais qui a été compromis par quelques mots à son égard écrits par Mazzini dans une des lettres saisies.

Le journal *La Presse* a fort raison de plaindre ce pauvre Montecchi si méchamment compromis par Mazzini.

A Constantinople, le Ministère turc aurait eu des velléités de nous faire subir quelques petites avanies. Thouvenel a forcé ce monde-là à des excuses. Les agents autrichiens nous montrent tout le mauvais vouloir possible.

On promène, en ce moment, en Algérie une pétition qui, disent certains journaux, se couvre de signatures, pour demander à l'Empereur de replacer S.A.I. le prince Napoléon à la tête du ministère de l'Algérie et des Colonies. Les fabricateurs de cette pétition s'étendent longuement sur ce que le prince a fait d'utile pendant son ministère ; *les juifs appelés dans les conseils généraux*, etc.

Les juifs doivent être à la tête de cette manifestation ; il manquait au prince Napoléon désavoué par l'armée de Crimée et par celle d'Italie, *un peu* honni par tout le monde, d'être patronné par les juifs.

D'ailleurs en France, les adresses au Pouvoir, les manifestations signées, les jeunes filles vêtues de blanc portant fleurs et compliments au Souverain, ont à mes yeux la même valeur et n'expriment aucune opinion réelle.

La Royauté, la République et l'Empire ont eu de tout cela, le prince Napoléon peut se faire acclamer la providence de *l'Algérie*. Schoelcher, l'ancien marchand de porcelaines, a bien été acclamé en 1848, comme un des apôtres du pays, le pauvre Schoelcher, il était bien plus heureux lorsqu'il vendait des cuvettes sur le boulevard des Italiens ! et nous Français, nous voudrions bien voir le prince Napoléon, qui ne se bat pas à l'armée, passer son temps, comme jadis, à faire semblant de se battre avec La Roche-Pouchin.

La cantinière, revenant d'Italie et qui a été tuée par un accident de chemin de fer, a été estimée par le tribunal à 30 000 francs que touchera son mari, musicien de régiment. Avec cette nouvelle méthode empruntée aux barbares du VIIIe siècle de compenser la mort, les chemins de fer devront en arriver à la progressivité du prix des places, suivant la valeur du voyageur.

Que vaudrait donc Rothschild si quelque chemin de fer nous le tuait ?

J'oubliais de noter qu'un correspondant du *Times* donne de mauvais renseignements sur l'armée des fédérés italiens ; il prétend qu'elle a peu de cohésion et qu'elle tend à se dissoudre.

Dimanche 4 septembre

Le *Constitutionnel* emprunte au *Courrier de l'Europe*, journal français qui se publie à Londres, la pièce suivante :

Déclaration.

Votée à l'unanimité par les proscrits français de la commune révolutionnaire.

A nos concitoyens.

L'édifice est couronné, l'Empire a comblé son injure envers nous ; il la fait pleine et entière : il nous amnistie... nous ne l'amnistions pas. Les principes ne pardonnent pas. Les républicains de février ne pardonnent pas à l'Empereur de décembre. Ils protestent contre son pardon. Après avoir osé punir, il ose absoudre ; il consomme l'usurpation. Le crime n'a pas le droit d'absoudre les victimes. Il n'a pas plus le droit de gracier que le droit de proscrire. Le droit de grâce ne va qu'avec le droit de peine, et ce droit est à nous, à nous contre lui. Ce que nous étions hier, nous le sommes aujourd'hui et nous le serons demain, toujours et partout, en exil ou en France, malgré coup d'État et coup de grâce, ayant le droit sur lui, ayant le droit pour nous, contre l'exercice de notre droit intact et souverain qui prime et sa clémence et sa rigueur, il y avait, quoi ? Une force de fait qui cède, un obstacle qui tombe, une porte qui s'ouvre. Libre à nous d'en user maintenant comme bon nous semble pour les besoins de notre cause. A lui nous ne devons que justice. Nous la lui ferons tôt ou tard. Si donc, tôt ou tard, nous rentrons chez nous, nous le déclarons à cette heure, nous rentrerons comme nous sommes sortis, en citoyens, nous rentrerons de notre droit plein et entier, et pour mieux faire tout notre devoir.

Londres, le 21 août 1859
Le délégué : *Félix Pyat*

Il n'y a rien à dire contre de telles monstruosités ; la commune révolutionnaire est un composé de l'aristocratie Marat ; n'en parlons plus.

M. le baron Sérurrier, ancien préfet, est chargé de la section du colportage au ministère de l'Intérieur.

Ce baron est un crétin de première force qui sollicitait, il y a cinq ou six ans, comme on peut le voir dans mes premiers volumes, l'appui de Monseigneur le duc de Bordeaux auprès des électeurs légitimistes.

L'Angleterre enrôle des marins en Amérique pour les besoins de sa marine.

Les souverains qui ont des Suisses à leur service, sont conspués par la libre Angleterre qui engage des Américains, cela est bien différent.

L'Indépendance belge, avec un sans façon merveilleux, fait part à ses lecteurs des projets de l'Empereur Napoléon contre l'Angleterre :

Napoléon III veut déchirer les traités de 1815 et faire descendre l'Angleterre du rang qu'elle tient de ces mêmes traités.

En un mot, l'*Indépendance* use de toutes ses puissances de raisonnement pour effrayer l'Angleterre sur les intentions de la France.

D'un autre côté, le ministère Chazal pour obtenir du Sénat belge les fortifications d'Anvers, chante sur tous les tons que la guerre générale est imminente.

Le pauvre vieux général Sauboul est mort de la rupture d'un anévrisme, il était du Cercle impérial, fort bon homme, peu lettré et peu spirituel, mais homme de cœur et d'énergie.

En 1848, il commandait le régiment caserné rue de la Pépinière et il le fit sortir de Paris, sans le laisser désarmer, malgré les supplications des bons bourgeois et même du duc de Fézensac (je le tiens de Sauboul), il alla rejoindre à Rossen le général Castellane. Sauboul a commandé l'hôtel des Invalides.

Mardi 6 septembre

La réponse du roi de Sardaigne à la députation toscane est bien diversement jugée. Le journal *Le Siècle* la trouve prudente et habile, le *Times* l'approuve, mais l'*Union* la trouve sans énergie. Le *Journal des débats* dit qu'elle est tout ce qu'elle pouvait être ; l'*Indépendance belge* la trouve plus pâle qu'elle ne s'y serait attendue.

Le bruit court que le gouvernement français a fait dire au Pape qu'il était résolu à lui maintenir ses droits de souverain dans une certaine mesure, c'est-à-dire qu'il conserverait dans ses États le droit de suzeraineté et la direction des affaires ecclésiastiques et étrangères, tandis que les populations seraient administrées par un gouvernement laïque ; la cour de Rome repousserait ce projet, si peu d'accord avec les promesses qui lui ont été faites et les paroles qui ont été prononcées.

Dans sa réponse aux députés toscans, Victor-Emmanuel les engage à ajouter à la modération la persistance, leur promettant de soutenir leur cause auprès des puissances.

J'ai trouvé Sérurrier allant faire une visite à la Princesse Mathilde. Ce drôle-là a déjà un petit air important qui donne à sa figure bête la plus singulière physionomie. Je l'ai fait causer sur la composition de l'administration confiée à La Guéronnière. C'est un tohu-bohu de paresseux importuns et d'incapables importants ; La Guéronnière joue au ministre, c'est lui qui tire les ficelles du paillasse Padoue.

Quant à la direction particulière, il a sous lui pour l'affaire du colportage Sérurrier dont j'ai dit ce que je pensais, et sous Sérurrier un monsieur socialiste et athée.

La surveillance de la presse est confiée à un Monsieur Savigniac ou quelque chose d'approchant qui ne se doute point de ce que c'est que la presse, mais qui est pourvu de deux honneurs qui par le temps actuel équivalent à deux brevets de capacité.

1° Il est petit parent de très haut et puissant seigneur de La Guéronnière.

2° Il a épousé une femme protégée par l'Impératrice.

Ce que l'Impératrice protège, Dieu le veut et c'est pour le mieux.

Cela n'étonne personne, car dernièrement causant de la reine Marie-Antoinette, quelqu'un me dit (c'était quelqu'un de la cour actuelle) : « La reine eût le grand tort de mécontenter la noblesse, en voulant donner le pas sur elle à une princesse de Lorraine, cousine de la maison d'Autriche.

— Mais, répondis-je, c'était la parente, la courtoisie française devait engager la noblesse à faire cette concession à sa souveraine. »

Le courtisan actuel ne vit pas le piège qui lui était tendu, et il me répondit avec une belle vivacité : « Il n'y a courtoisie, ni parenté qui tiennent, la noblesse a eu raison. Une souveraine d'ailleurs n'a pas de parents à opposer à ses sujets. »

Alors je repris : « Tout beau ! Monsieur de l'habit-brodé ; prenez garde à vous, vous frisez la disgrâce. Que direz-vous donc de Madame la duchesse d'Albe, sœur de notre Impératrice, qui prend le pas sur les femmes des maréchaux et des ministres ?...

« Que direz-vous de Madame la duchesse d'Hamilton qui en fait autant, comme née princesse de Baden. Sous ce prétexte que sa mère est de la famille Beauharnais ? »

L'habit-brodé n'a pas répliqué.

Les *grands seigneurs* actuels sont plus faciles que ceux d'autrefois, ils sont plats à la cour espérant prendre leur revanche, mais il n'y a guère que leurs laquais qui les laissent faire.

Quand on s'est promené au milieu de ce qu'on appelle la cour actuelle, on se retire le cœur soulevé par un immense dégoût ; tout ce qui n'est pas bête est ignoble, et tout ce qui est ignoble est comblé de prévenances et d'honneurs.

Toutes les jolies femmes font leur cour à Bacciochi pour coucher avec l'Empereur !... Coucher avec l'Empereur mène à tout.

Voyez Walewski, sa femme lui vaut... son pesant d'or.

Voyez La Bedoyère, le plus sot, le plus sale, le plus gras et le plus bête des hommes ; il s'est marié, sa femme en a fait un superbe cocu, puis ayant couché avec l'Empereur, son mari est devenu chevalier de la Légion d'honneur et sénateur !...

Ah, Monsieur le sénateur,
Je suis votre humble serviteur !

Mocquard, ancien aide-maquereau de l'Empereur, c'est lui qui promenait Madame Howard, filou comme je l'ai raconté, égoïste et bon voleur.

Walsh, chambellan, filou au jeu (comme son père et son frère), ancien entretenu de Madame de Coislin.

etc., etc.

Tout ce monde fait un tort immense à l'Empereur, qui ne connaît que lui et n'a que par lui des rapports avec le monde réel.

Mercredi 7 septembre

Les journaux nous apportent le texte officiel de la réponse du roi de Sardaigne à la députation toscane qui était venue lui offrir la réunion de ce duché à son royaume ; la voici :

Je suis profondément reconnaissant du vote de l'assemblée toscane dont vous êtes les interprètes auprès de moi.

J'accueille ce vote comme une manifestation solennelle de la volonté du peuple toscan, qui, en effaçant de cette terre autrefois mère de la civilisation moderne, les derniers vestiges de la domination étrangère, désire contribuer à la constitution d'un royaume fort qui mette l'Italie en position de suffire à la défense de sa propre indépendance.

L'assemblée toscane a pourtant compris, et avec elle l'Italie tout entière le comprendra, que l'accomplissement de ce vote ne pourra s'effectuer que par le moyen des négociations qui auront lieu pour le règlement des choses italiennes.

Suivant votre désir et soutenu par les droits que votre vote m'a conférés, je défendrai la cause de la Toscane devant les puissances en qui l'assemblée avec un grand sens, repose ses espérances, et surtout près du généreux Empereur des Français qui a tant fait pour la nation italienne.

L'Europe ne refusera pas, je l'espère, d'exercer envers la Toscane l'œuvre réparatrice que dans des circonstances moins favorables, elle exerça déjà en faveur de la Grèce, de la Belgique et des principautés moldo-valaques.

Un admirable exemple de modération et de concorde a été donné, Messieurs, dans ces derniers temps par votre noble pays ! A ces vertus que le malheur a enseigné à l'Italie, vous ajouterez, j'en suis certain, celle qui vient à bout des épreuves les plus ardues, et assure le triomphe des justes entreprises, la persévérance.

Ce discours est applaudi par les uns, tandis que les autres le trouvent trop plein de ménagements.

Le *Morning-Herald*, organe du parti tory, s'élève avec une grande force contre l'ambition du roi Victor-Emmanuel, et nie la légalité des élections qui ont eu lieu dans les duchés. Il acceptera le vote des Italiens si dans une nouvelle élection ils sont abandonnés à leur libre arbitre, et surtout si les agents de la Sardaigne ne pèsent plus sur leur volonté.

On doit se souvenir qu'en effet, généraux, dictateurs, administrateurs, étaient ou sont sardes dans l'Italie centrale.

Il y a beaucoup de comédie dans toutes ces affaires italiennes.

Le marquis de Ferrière est rappelé de Florence, et Poniatowski proclame publiquement dans les journaux sa qualité d'envoyé de l'Empereur.

On parle toujours d'un congrès. Enfin tout est encore fort embrouillé.

Nous avons parlé, il y a quelque temps, des mouvements de la Savoie pour se séparer de la Sardaigne.

Cette province toute française, en voyant accueillir l'idée d'un royaume italien et reconnaître le droit des nationalités à réclamer contre leurs annexions à d'autres nationalités, a cru avec bonhomie que ce principe était absolu ; elle a en conséquence exprimé sa répugnance à faire partie d'un royaume italien, et avec une franchise dont on lui a su fort mauvais gré, elle a demandé son annexion à la France.

Le journal *L'Indépendant d'Aoste* a exprimé dans ses colonnes le vœu des Savoyards ; suspendu pour ce fait, en attendant la décision des tribunaux sardes auxquels il avait été déféré, il vient d'être condamné par le tribunal d'Aoste à deux mois de suspension, son gérant à trois mois de prison et mille francs d'amende et son imprimeur à cent francs d'amende et aux frais.

Ceci se passait au moment où les députés toscans étaient comblés d'honneurs et de louanges à Turin pour la noble indépendance avec laquelle ils exprimaient un vœu analogue, mais italien au nom de la Toscane.

Les Toscans veulent être régis, dit-on, par le roi de Piémont. Italiens, ils ne veulent pas être gouvernés par des Allemands, subir l'influence allemande, c'est très bien !

Les Savoyards sont français, ils ne veulent pas devenir une province d'un royaume italien et redoutent de voir leur nationalité perdue dans la nationalité italienne, c'est très mal !

Voilà comment vont les choses humaines ; la justice humaine a de ces allures-là.

On prétend que les dotations établies sur le *Monte Milano* par l'Empereur Napoléon Ier en faveur des Monge, des Bassano et autres sont rétablies. Le général Marey Monge, petit-fils du célèbre Monge, a pris le titre de comte de Peluze donné à son grand-père.

Le duc de Bassano retrouverait une grande fortune !... Et que l'on vienne dire après cela que la France n'a rien gagné à la guerre d'Italie ! !

Vendredi 9 septembre

Les affaires d'Italie préoccupent toujours vivement le public ; mille rumeurs circulent, les gens *bien informés* débitent les plus étranges nouvelles, tantôt sur l'impossibilité qu'éprouve la conférence de Zurich de s'entendre sur aucun point ; tantôt à propos d'un congrès européen accepté suivant les uns par toutes les puissances, repoussé énergiquement par l'Autriche suivant les autres.

Puis, ce sont les organes de la presse qui prétendent qu'en prévision de ce congrès les puissances neutres réunies en conférence à Ostende se mettent d'accord pour faire prévaloir une décision commune.

Le journal *Le Nord* se croit autorisé à annoncer que le roi des Belges ira faire une visite à l'Empereur Napoléon à Biarritz.

Une dépêche télégraphique de Berne annonce qu'on prépare le château d'Arenenberg pour une nouvelle entrevue de l'empereur d'Autriche et de l'Empereur des Français, et à ce sujet le journal *La Presse* par l'organe de A. Peyrat, libéral plus qu'avancé très partisan de l'Angleterre, termine un article fort long par les phrases suivantes :

En ce moment, une alliance intime entre l'Autriche et la France, deux mois après la guerre quand les blessures de nos soldats saignent encore, serait incompréhensible et produirait en Europe une déplorable impression. Elle mettrait le désarroi en Italie, mécontenterait la Russie, alarmerait la Prusse, et l'Angleterre y verrait un motif déterminant de se tenir plus que jamais sur ses gardes.

En 1809, dans une réception du corps diplomatique, Napoléon dit à M. de Metternich : « *J'ai toujours été dupe dans toutes les transactions avec votre cour.* »

Aujourd'hui, la duperie serait aussi grande et moins excusable.

M. Peyrat qui s'appuie sur l'opinion de Napoléon Ier pour combattre la possibilité d'une alliance avec l'Autriche et qui rapporte encore relativement à l'Autriche les paroles ci-dessous du même Empereur, devrait bien nous dire ce qu'il pensait de l'alliance anglaise :

L'Autriche sera notre ennemie, non seulement tant qu'elle aura des pertes à réparer, mais encore tant que la puissance de la France pourra lui faire craindre de nouveaux affronts. Cet instinct de jalousie est plus fort que tous les intérêts, que toutes les affections

et M. Peyrat qui s'élève chaque jour contre la persistance de la haine nationale française contre l'Angleterre, ajoute :

Ce qui était vrai en 1813, l'est encore aujourd'hui.

Par contre, l'Angleterre qui nous détestait en 1813 nous adore aujourd'hui. Décidément M. Peyrat est un profond politique.

Le gouvernement provisoire de la Toscane est déjà en guerre contre son clergé et Salvagnoli, dit le *Times, semble par goût s'occuper à donner du fil à retordre aux prêtres et il faut espérer que ce ministre des Cultes toscan n'abandonnera à personne le soin de les mettre à la raison*.

Les agents du gouvernement sarde en tournée dans l'Italie centrale sont : Michel Angelo Castelli, ami et agent du comte de Cavour ; M. Brofferio du Parlement sarde ; M. Valerio.

La *Gazette de France* prétend tenir de source certaine que notre ambassadeur à Rome a fait connaître au Pape l'ultimatum de l'Empereur :

L'Empereur donne au Pape le choix entre le rétablissement des choses dans les États romains telles qu'elles étaient avant la République et telles que l'a promis la proclamation ou statut, daté de Porticci le 16 novembre 1848, et l'abandon par la France du gouvernement pontifical à ses propres ressources.

Rome sera évacuée le 30 novembre prochain dans le cas où le Souverain Pontife ne voudrait pas accepter la première condition. Quant aux Romagnes, Napoléon a déclaré positivement ne pouvoir, ni même vouloir les faire rentrer par la force sous l'autorité légitime.

En faisant part de ce résultat à un grand personnage de l'État, on dit que le Souverain Pontife s'est écrié : « C'en est fait, nous sommes sacrifiés ! »

Tandis que la *Patrie*, le *Siècle*, le *Journal des débats*, le *Constitutionnel* délivrent à la *nouvelle Italie* de magnifiques brevets de sagesse et de modération ; la *Gazette de France* donne les nouvelles suivantes :

Vous avez eu l'air de douter que deux prêtres eussent été fusillés à Rimini, parce que cet acte de barbarie politique n'était relaté dans aucun journal de la péninsule.

Nous vous annonçons, malgré le silence que pourront garder ces journaux, que dans le mois d'août, *six* employés pontificaux ont été égorgés à Imola, et un dernièrement à *Césène* pour avoir voulu voter selon leur conscience. On voulait faire de l'intimidation.

Ce que la *Gazette de France* dit de mieux, et le point où elle est tout à fait dans le vrai, nous l'indiquerons en la laissant parler :

Il n'y a plus, en effet, à se faire d'illusion sur le but que poursuivent la révolution, l'Angleterre et le Piémont étroitement unis dans leur œuvre anticatholique, antifrançaise. Ce ne sont pas les droits des peuples qui intéressent ces trois alliés ; ces droits on les a méconnus dans l'acte de *cession* territoriale de la Lombardie au Piémont. Ce n'est pas non plus l'amour de la liberté qui les met en campagne ; la dictature piémontaise en Sardaigne et dans les duchés s'est montrée plus oppressive, plus dure, plus arbitraire que partout ailleurs.

Non, la vérité c'est qu'on en veut à Rome, et l'on se rue contre le trône pontifical pour mieux détruire notre prépondérance dans la péninsule.

Enfin nous lisons dans le *Journal de Rennes* :

L'Angleterre pousse à placer toute l'Italie sous la domination du Piémont. Il ne faut pas s'en étonner, le cabinet Palmerston-Russel a trois puissants motifs pour favoriser l'ambition du Piémont : 1° l'espoir de détruire l'autorité temporelle du Pape ; 2° l'intérêt d'avoir toute l'Italie gouvernée par une dynastie qui sera dominée par l'influence de l'Angleterre, comme la maison de Bragance en Portugal ; 3° établissement d'un grand État italien qui servira de contrepoids à la France, qui pourra lui susciter de sérieux embarras et s'allier à ses ennemis.

Tel est le tohu-bohu d'opinions qui existe sur les affaires d'Italie ; qui vivra verra !

En attendant, l'Italie envoie des adresses au *grand* M. Havin, directeur du *Siècle*, et elle se prépare à lui offrir des présents !... L'adresse a été remise à l'un des rédacteurs du *Siècle* de service en Italie, par le docteur Charles Zanolini, fils du président de l'assemblée constituante de la Toscane.

M. Montanelli a affublé M. Havin du titre de *zouave de la parote*.

C'est la parade italienne !

Pour épuiser la série des nouvelles de l'Italie, il faut encore noter une déclaration publiée par *L'Univers* et attribuée à plusieurs citoyens toscans contre l'oppression qui, disent-ils, pèsent sur leur pays. Les signataires de ce document protestent « *devant Dieu, devant l'Empereur des Français* » contre les délibérations de l'assemblée toscane.

Une des charmantes phrases du *Times* sur la situation de Florence est celle-ci :

On remarque sur la physionomie des prêtres qui errent dans les rues de Florence une expression d'arrogance et même de défi qui suffit pour communiquer à tout paisible chrétien cette *clérophobie* qu'on impute trop généralement au parti libéral de ce pays.

Donc de par le *Times*, voilà une excuse trouvée pour *les chrétiens paisibles et clérophobes*, le jour où ils pendront les prêtres.

Comme preuve de la parfaite bonne foi de la Sardaigne qui ne veut pas être accusée d'influencer à son profit l'Italie centrale, il faut relater que l'armée de l'Union sera commandée par trois généraux sardes, Messieurs Fanti, d'Azeglio, Garibaldi.

Des décrets du 7 août signés du roi Victor-Emmanuel mettent en disponibilité les généraux Fanti et d'Azeglio ; la même mesure avait été prise pour permettre à Garibaldi de passer au service de l'Union et de préparer l'annexion.

Samedi 10 septembre

Le *Moniteur* contenait ce matin l'article suivant :

Quand les faits parlent d'eux-mêmes, il semble au premier abord inutile de les expliquer. Cependant lorsque la passion ou l'intrigue défigurent les choses les plus simples, il devient indispensable d'en rétablir le caractère, afin que chacun puisse apprécier en connaissance de cause la marche des événements.

Au mois de juillet dernier, lorsque les armées franco-sardes et autrichiennes étaient en présence entre l'Adige et le Mincio, les chances étaient à peu près égales des deux côtés ; car si l'armée franco-sarde avait pour elle l'influence morale des succès obtenus, l'armée autrichienne était numériquement plus forte et s'appuyait non seulement sur des forteresses redoutables, mais encore sur toute l'Allemagne prête au premier signal à prendre fait et cause pour elle. Cette éventualité se réalisant, l'Empereur Napoléon était forcé de retirer ses troupes des bords de l'Adige pour les porter sur le Rhin, et dès lors la cause italienne pour laquelle la guerre avait été entreprise se trouvait sinon perdue, du moins gravement compromise.

Dans ces graves circonstances, l'Empereur pensa qu'il serait avantageux pour la France d'abord, pour l'Italie ensuite, de conclure la paix, pourvu que les conditions fussent conformes au programme qu'il s'était imposé et utiles à la cause qu'il voulait servir.

La première question était de savoir si l'Autriche céderait par traité le territoire conquis ; la seconde, si elle abandonnerait franchement la suprématie qu'elle s'était conquise dans toute la péninsule ; si elle reconnaîtrait le principe d'une nationalité italienne en admettant un système fédératif ; si enfin elle consentirait à doter la Vénétie d'institutions qui en fissent une véritable province italienne.

Relativement au premier point, l'empereur d'Autriche céda sans contestation le territoire conquis, et relativement au second, il promit les plus larges concessions pour la Vénétie, admettant pour son organisation future, la position du

Luxembourg vis-à-vis de la Confédération germanique ; mais il mettait à ces concessions, pour condition *sine qua non*, le retour des archiducs dans leurs États.

Ainsi, la question se trouvait bien nettement posée à Villafranca ; ou l'Empereur ne devait rien stipuler pour la Vénétie et se borner aux avantages acquis par ses armes, ou bien, pour obtenir des concessions importantes et la reconnaissance du principe de la nationalité, il devait donner son adhésion au retour des archiducs. Le bon sens traçait donc sa conduite, car il ne s'agissait nullement de ramener les archiducs avec le concours des troupes étrangères, mais au contraire de les faire rentrer avec des garanties sérieuses par la libre volonté des populations auxquelles on ferait comprendre combien ce retour était dans les intérêts de la grande patrie italienne.

Voici en peu de mots l'exposé véritable de la négociation de Villafranca, et pour tout esprit impartial il est évident que l'Empereur Napoléon obtenait par le traité de paix autant et plus peut-être qu'il n'avait conquis par les armes. Il faut même bien le reconnaître, ce n'est pas sans un sentiment de profonde sympathie que l'Empereur Napoléon vit avec quelle franchise, quelle résolution l'empereur François-Joseph renonçait dans l'intérêt de la paix européenne et dans le désir de rétablir de bonnes relations avec la France, non seulement à une de ses plus belles provinces, mais encore à la politique dangereuse peut-être, en tous cas non dépourvue de gloire qui avait assuré à l'Autriche la domination de l'Italie.

En effet, si le traité était sincèrement exécuté, l'Autriche n'était plus pour la péninsule cette puissance ennemie et redoutable contrariant toutes les aspirations nationales, depuis Parme jusqu'à Rome, depuis Florence jusqu'à Naples ; mais elle devenait au contraire une puissance amie puisqu'elle consentait de plein gré à ne plus être puissance allemande de ce côté des Alpes, et à développer elle-même la nationalité italienne jusqu'aux rivages de l'Adriatique.

D'après ce qui précède, il est facile de comprendre que si après la paix les destinées de l'Italie eussent été confiées à des hommes plus préoccupés de l'avenir de la patrie commune que de petits succès partiels, le but de leurs efforts auraient été de développer et non d'entraver les conséquences du traité de Villafranca. Quoi de plus simple et de plus patriotique en effet, que de dire à l'Autriche : Vous désirez le retour des archiducs ? Eh bien soit, mais alors exécutez loyalement vos promesses concernant la Vénétie ; qu'elle reçoive une vie à elle propre ; qu'elle ait une administration et une armée italiennes, en un mot que l'empereur d'Autriche ne soit plus de ce côté des Alpes que le grand-duc de la Vénétie, comme le roi des Pays-Bas n'est pour l'Allemagne que le grand-duc du Luxembourg.

Il est possible même que par suite de négociations franches et amicales on eût amené l'empereur d'Autriche à adopter des combinaisons plus en rapport avec les vœux manifestés par les duchés de Modène et de Parme.

L'Empereur Napoléon, après ce qui s'était passé, devait compter sur le bon sens et le patriotisme de l'Italie, et croire qu'elle comprendrait le mobile de sa politique qui se résume par ces paroles : « *Au lieu de risquer une guerre européenne et par conséquent l'indépendance de son pays ; au lieu de dépenser encore 300 millions et de répandre encore le sang de 50 000 soldats, l'Empereur Napoléon a accepté une paix qui sanctionne pour la première fois depuis des siècles, la nationalité de la péninsule. Le Piémont, qui représente plus particulièrement la cause italienne, trouve sa puissance considérablement augmentée, et si la fédération s'établit, il y jouera le principal rôle. Mais une seule condition est mise à tous ces avantages ; c'est le retour des anciennes maisons souveraines dans leurs États.* »

Ce langage, nous le croyons encore, sera compris de la partie saine de la nation, car sans cela qu'arrivera-t-il ?

Le gouvernement français l'a déjà déclaré ; les archiducs ne seront pas ramenés dans leurs États par une force étrangère, mais une partie des conditions de la paix de Villafranca n'étant pas exécutée, l'empereur d'Autriche se trouvera délié de tous les engagements pris en faveur de la Vénétie. Inquiété par des démonstrations hostiles sur la rive droite du Pô, il se maintiendra en état de guerre sur la rive gauche, et au lieu d'une politique de conciliation et de paix, on verra renaître une politique de défiance et de haine qui amènera de nouveaux troubles et de nouveaux malheurs.

On semble espérer beaucoup d'un congrès européen, nous l'appelons nous-mêmes de tous nos vœux, mais nous doutons fort qu'un congrès obtienne de meilleures conditions pour l'Italie. Un congrès ne demandera que ce qui est juste ; et serait-il juste de demander à une grande puissance d'importantes concessions sans lui offrir en échange des compensations équitables ? Le seul moyen serait la guerre, mais que l'Italie ne s'y trompe pas, il n'y a qu'une seule puissance en Europe qui fasse la guerre *pour une idée*, c'est la France, et la France a accompli sa tâche.

Cet important document devait produire, et produit, une grande et profonde sensation. Dicté par l'Empereur, il explique toute sa pensée, il n'y laisse rien d'obscur. Ainsi toute cette fausse et misérable agitation de l'Italie représentée par quelques ambitieux, toute cette politique sans bonne foi de la Sardaigne y sont blâmées comme elles méritaient de l'être. L'Empereur dit très clairement aux meneurs de ces prétendues manifestations si enthousiastes qui sont représentées comme un élan national : Continuez à suivre la même politique si cela vous plaît, mais alors ne comptez plus sur la France !

Dieu soit loué, nous nous séparons de l'Italie Cavour, nous nous apercevons peut-être un peu tard que l'ambition de la maison de Savoie est toujours aussi haute.

Il faut s'attendre à voir l'Angleterre fomenter l'ardeur des faiseurs de banquets et de *pronunciamentos* italiens. Avant six mois, l'Angleterre sera la divinité adorée par l'Italie, l'alliée intime de la Sardaigne et notre ennemie plus intime, car elle tournera contre nous une puissance que nous avons eu le malheur de créer.

Nous aurons fait en Italie beaucoup d'ingrats sans aucun profit politique.

L'empereur du Maroc est mort le 7 septembre, et déjà la guerre civile existe dans ce malheureux pays entre quatre prétendants[1]. Il peut surve-

1. En fait, Sidi Mohammed s'imposera et prendra le nom de Mohammed IV. Désigné par son père, le souverain chérifien Abd al-Rahman, comme son successeur, il avait depuis longtemps été initié aux affaires. Il inaugurera son règne par une guerre perdue contre les Espagnols.

nir de ce côté-là de graves complications à propos de nos possessions algériennes. L'Angleterre a toujours protégé le Maroc qu'elle n'ose envahir, mais qu'elle ne veut pas voir occupé par une autre puissance.

Je veux croire au désir de l'Empereur Napoléon de se maintenir dans l'alliance anglaise ; je crois surtout que s'il brise cette alliance, il veut y être forcé par l'Angleterre ; il veut y être contraint par l'indignation de la France entière.

A mon avis, tout s'amasse peu à peu pour ce résultat, et la mort de l'empereur du Maroc peut bien y contribuer. Si nous sommes forcés de faire la guerre au Maroc, si nous nous trouvons amenés à nous emparer de certains points de ses côtes qui bien fortifiées rendraient Gibraltar comme prisonnière dans le détroit ; si nous prenons dans le détroit, si nous prenons dans la mer Rouge cette position que nous y cherchons, l'alliance est compromise.

Elle est encore fortement compromise si nous nous allions à la Russie.

Si nous nous allions à l'Autriche ou à tout autre grand pays.

Elle ne tient qu'à un fil si nous mettons notre marine sur un pied respectable.

Elle est moribonde si nos colonies sont prospères, si nous les augmentons et si nous fortifions nos ports et nos côtes.

Si nous devenons territorialement ce que l'Angleterre est maritimement, l'Angleterre coalisera l'Europe contre nous !

Quelle est donc cette absurde chaîne de l'alliance ? elle nous impose au rebours de la fameuse constitution républicaine, beaucoup de devoirs, mais pas un droit.

Un jour, on sera réveillé par une immense clameur partie de toutes les poitrines ; les vapeurs chaufferont dans tous les ports, et les matelots diront : « *Enfin !* »

C'est que ce jour-là l'Empereur aura été forcé à la guerre par les prétentions et les insolences de l'Angleterre.

Mardi 13 septembre

Toujours même agitation dans la presse au sujet de la note du *Moniteur*. Une correspondance de Londres contient la phrase suivante :

La grande modération du roi de Sardaigne et sa bonne foi personnelle, ont beaucoup fait pour désarmer tout sentiment qui aurait pu s'élever contre lui parmi l'aristocratie anglaise, pour s'être allié avec la France. (*La Presse, 12 septembre.*)

Ainsi s'allier à la France est un motif de suspicion pour les Anglais.

De son côté, *L'Indépendente* de Turin insère cette phrase :

Nous pouvons assurer aux lecteurs de l'article du *Moniteur* qu'il n'a été pour notre gouvernement, ni quelque chose de nouveau ni quelque chose d'inattendu.

Nous apprenons que notre ministère a reçu du gouvernement impérial français une note conçue dans des termes qui ne laissent aucun doute sur les intentions de l'Empereur, constamment favorables à l'Italie.

Que veut dire cette note ? et qui trompe-t-on ?

Les journaux exaltent beaucoup le roi de Sardaigne, c'est un saint qui a toujours agi loyalement.

Nous pensons, nous, qu'il n'y a de loyauté, ni en lui, ni en Cavour.

Ses protestations à l'égard du Pape dont la Sardaigne voulait respecter la neutralité et dont elle voulait raffermir le pouvoir, en font foi.

De Chine il est arrivé de graves nouvelles.

Sanghaï, 15 juin

L'escadre anglo-française, s'étant vu refuser l'entrée du Peï ho, a attaqué les forts Toku par terre et par mer. Elle a été repoussée. Les Anglais ont eu 464 hommes tués ou blessés, dont 22 officiers. Les Français ont perdu 16 hommes dont plusieurs canonniers[1].

L'ambassadeur américain a eu la permission de se rendre à Pékin, n'ayant pas participé à la démonstration.

L'espérance de l'exécution du traité s'affaiblit de jour en jour. Une nouvelle guerre paraît imminente.

D'autres nouvelles disent que c'est en voulant forcer le passage de la rivière barrée par des perches et des poteaux, que l'amiral Hope a essuyé cet échec.

Les Chinois ont mis en ligne une nombreuse artillerie soutenue par 22 000 Mongols.

Les Anglais ont perdu trois canonnières.

Les plénipotentiaires sont retournés à Sanghaï, la flotille s'est retirée.

Le *Times* demande qu'une revanche terrible soit prise, et que l'Angleterre et la France, ou l'Angleterre seule fasse immédiatement la guerre à la Chine.

Il est à espérer que l'Empereur ne laissera pas l'Angleterre *seule* faire cette guerre, et que les forces françaises y seront aussi considérables que les forces anglaises.

Jeudi 15 septembre

Le *Moniteur* donnait hier la nouvelle de notre désastre en Chine et faisait suivre ce récit du paragraphe suivant :

Le gouvernement de l'Empereur et celui de Sa Majesté britannique se concertent pour infliger le châtiment et pour obtenir les réparations qu'exige un acte aussi éclatant de déloyauté.

1. Comme les Chinois refusaient d'appliquer les traités de Tien-Tsin de l'année précédente, une flotte franco-britannique fit une nouvelle démonstration de force à l'entrée du Peï-Ho. Elle fut attaquée par les Chinois. Peu après, des négociateurs français et anglais seront massacrés. Londres et Paris décideront alors l'envoi d'un corps expéditionnaire de 8 000 hommes pour faire valoir leurs droits.

Une correspondance adressée à la *Patrie* inculpe gravement l'Angleterre d'avoir provoqué toute cette affaire, car tandis que la France et l'Amérique n'envoyaient qu'un seul bâtiment, chacun pour conduire leur ambassadeur, l'Angleterre faisait accompagner le sien par une flotille, plusieurs canonnières et les bâtiments de la flotille portaient 1 500 hommes de troupes. Avec cette suite qui ne ressemblait guère à celle d'un plénipotentiaire chargé de faire signer un traité de paix, M. Bruce, envoyé anglais, voulait arriver jusqu'à Pékin. Il a trouvé la rivière barrée et les mandarins lui ont indiqué un autre bras du fleuve par lequel il pourrait parvenir à sa destination, mais non pas avec tout son attirail de guerre. M. Bruce a donné à son amiral, car il avait un amiral pour diriger l'expédition, l'ordre de forcer le passage, et la catastrophe est arrivée.

M. Bruce était furieux de savoir l'ambassade de Russie déjà à Pékin, et il s'est cru dispensé de tout ménagement envers les Chinois.

On ne saurait donc dire que les Chinois soient complètement dans leur tort. Un ambassadeur n'a pas le droit pour faire ratifier un traité convenu, de s'avancer vers la capitale d'un souverain indépendant avec plusieurs vaisseaux, cinq ou six canonnières et 1 500 hommes de troupes.

Quoi qu'il en soit, nous allons être en guerre avec la Chine, nous allons de nouveau avoir les Anglais pour alliés !

Une dépêche de St-Pétersbourg, du 13 septembre, annonce que le 26 août, Schamyl, le fameux chef circassien qui depuis tant d'années dispute pied à pied ses montagnes à la Russie, vient d'être fait prisonnier ; on le conduit à St-Pétersbourg [1].

Les nouvelles d'Italie sont toujours les mêmes, cependant le journal *La Patrie*, qui n'a cessé de vanter la douceur et la mansuétude de la révolution italienne, est obligé d'avouer qu'à Bergame le palais de l'évêque a été saccagé et pillé et que l'évêque lui-même a été poursuivi par des furieux qui voulaient le pendre.

Ce malheureux évêque avait eu *l'audace* de s'opposer à ce qu'un bon révolutionnaire, sous prétexte d'oraison funèbre, vînt faire en chaire un discours politique pendant la cérémonie funèbre en l'honneur des Italiens morts pour la patrie.

La défense de l'évêque ne fut pas respectée ; comme la porte de la chaire était close, on apporta une échelle pour procéder à l'escalade. Alors l'évêque se retira en interdisant l'église. La foule poursuivit le prélat avec des cris de mort et pilla son palais pour se dédommager de n'avoir pu pendre l'évêque.

---

1. La prise de Gounib et la capture de Chamyl permettent aux Russes d'achever la pacification du Caucase oriental, alors que celle du Caucase occidental leur prendra encore cinq ans. A Saint-Pétersbourg, le chef circassien sera traité avec honneur. Il sera reçu à la table d'Alexandre II et son fils sera même admis à servir dans l'armée russe. Voir Henri Troyat, *Alexandre II, le tsar libérateur*, Paris, Flammarion, 1990, p. 128.

Vendredi 16 septembre

M. de Morny, dans son discours au conseil général de son département, a fait entendre que le gouvernement serait disposé à donner plus de liberté à la presse. Aussitôt le journalisme a commencé à discuter l'étendue de cette liberté. Le *Journal des débats* s'est tenu dans une mesure prudente. Le journal *La Presse* au contraire, nous donne un avant-goût de ce que serait le journalisme avec toute liberté :

Les Anglais rapportent à la liberté de la presse tous les bienfaits de leur constitution ; ils la regardent comme indigène et non moins favorable au pouvoir qu'à ses adversaires. C'est par elle qu'ils modèrent, dirigent ou redressent la marche de leur gouvernement ; et ils croiraient plutôt à la destruction de leur île, qu'à la possibilité d'être désormais privés de cette liberté. Nous n'en sommes pas là tant s'en faut, mais nous y viendrons.

Nous sommes donc avertis que le journalisme avec l'aide de la liberté va de nouveau gouverner le gouvernement.

La Guéronnière laisse dire par *La Presse* que :

Sans la voix libre du journalisme tout est silence et quand cette voix est étouffée, tous les corps d'État sont des masses isolées de la nation, sans vie, sans autorité, sans prestige.

Le Sénat, le Corps législatif et le Conseil d'État doivent des remerciements à La Guéronnière.

Samedi 17 septembre

Nous croyons bon de noter l'article de Veuillot (qui n'est pas fou, ainsi qu'on l'avait prétendu) publié ce matin par le journal *L'Univers* ; c'est une pièce du grand procès italien.

Depuis qu'elle est de service dans le camp démocratique, la *Patrie* a l'esprit très retors ; tout fait qui la gêne est pour elle non avenu ; elle le met hors de la discussion comme ses amis de l'Italie centrale mettent hors le scrutin quiconque ne pense pas comme eux. Impossible par exemple d'amener la *Patrie* à faire connaître par quel procédé les agents piémontais ont exprimé l'opinion de toutes les communes toscanes ; impossible aussi de lui faire expliquer, elle qui tient pour le suffrage universel, comment 15 000 votes représentent l'unanimité dans un pays qui compte plus de 400 000 citoyens majeurs. Ne pouvant discuter de pareils faits sans laisser entrevoir la vérité, elle reste muette. Même silence sur les manifestations antipiémontaises auxquelles la présence de M. le prince Poniatowski a donné lieu, et sur le tapage fait à cette occasion dans les journaux du gouvernement provisoire. Tactique pleine de sagesse d'ailleurs, et aussi de déloyauté. Comment maintenir l'unanimité si l'on avouait que Florence seule a fourni 3 000 protestations ? Comment soutenir que les opposants peuvent livrer leurs noms ; si l'on constatait que le représentant même de la France a été menacé, et que le jour où le *Journal officiel* invitait les partisans du grand-duc à parler, l'un d'eux était menacé de mort et empoisonné pour n'avoir pas gardé le silence.

Si la *Patrie* se tait avec une obstination prudente sur les opérations électorales et le mouvement politique de la Toscane, elle triomphe au sujet du clergé de Modène. Vous voulez des noms, nous dit-elle, en voici cent ; et en effet elle donne la centaine ; elle ajoute même qu'elle en pourrait donner deux cents autres, sans compter soixante-quatorze religieux qui paraissent avoir adhéré par procuration comme les communes toscanes.

Que la *Patrie* y prenne garde, elle reproduira bientôt plus de noms qu'il ne reste d'ecclésiastiques dans le duché de Modène, car ses amis en ont expulsé et fait fuir bon nombre.

Les cent noms et ceux qu'on offre de donner, ont-ils vraiment été apposés au bas des adresses votées à Victor-Emmanuel ? La *Gazette de Modène* le dit, mais la *Lombardia* a fait dernièrement une publication semblable, et plusieurs des signataires ont protesté. Le docteur Farini et ses agents pourraient bien avoir mis eux aussi quelques signatures d'office. Il y en a tant, qu'il y en a trop.

Pour croire que le clergé de Modène a adhéré presque tout entier et librement à un gouvernement ennemi de l'Église, nous attendrons que les Modènois puissent dire ce qu'ils pensent sans se servir d'interprètes piémontais. La révolution et l'intimidation ont pu recruter quelques voix dans ce clergé, elles ne l'ont certainement pas conquis tout entier. C'est invraisemblable et impossible. N'oublions pas que les agents de Victor-Emmanuel parlent seuls ; que les duchés et les légations sont mieux fermés aux réactionnaires que ne l'était le Paraguay aux Européens. Et d'ailleurs, si le clergé adhère en masse, où les révolutionnaires prennent-ils les opposants ? Cependant il y en a, puisqu'on s'en plaint très fort. Pourquoi ces circulaires, ces actes d'injustice, ces arrestations, ces expulsions, ces menaces ? Pourquoi enfin, tous les gouvernements de raccroc installés dans l'Italie centrale avec procuration piémontaise réclament-ils contre les *menées cléricales* ? Traite-t-on ainsi d'enthousiastes adhérents ?

La Patrie néglige ces détails, elle n'explique pas les mystères ; elle croit, et sa foi est vive comme il convient aux convertis. Tout ce que disent les gazettes de Florence, Parme, Modène et Bologne est pour elle parole d'Évangile. Elle fait mieux, elle étend les démentis du *Moniteur* de Bologne aux révélations mêmes que la feuille de M. Cipriani ne peut démentir. Ainsi ne dit-elle rien des actes iniques que nous avons rappelés, il y a deux jours ; elle s'abstient également de faire savoir à ses lecteurs que les aventuriers chargés de régénérer l'Italie centrale ferment scrupuleusement leurs domaines à toute personne suspecte de ne pas appartenir à la révolution. Déjà, par exemple, plusieurs Français ont été expulsés des légations bien que leurs papiers fussent en règle et qu'on n'eût rien à leur reprocher. *La Patrie* le sait, mais elle passe là-dessus et invoque hardiment en faveur de ses alliés le témoignage de leurs propres journaux. Or si les agents du roi *galant homme* se déclarent irréprochables, qui donc peut se refuser de les croire ?

Tout cela prouve que la *Patrie* était faite pour doubler le *Siècle* ; par suite du malheur des temps, elle avait chassé le naturel, mais il est revenu et il galope.

Eugène Veuillot

Le Piémont, en effet, joue en Italie sa comédie d'abstention avec une audace incroyable.

Le roi des Belges, le gendre de Louis-Philippe, est à Biarritz ; il est donc venu vers l'Empereur ?... Oui, mais l'on prétend qu'il s'agit d'une royauté italienne pour son fils le comte de Flandres.

Lundi 19 septembre

Le *Moniteur* d'hier publiait le petit paragraphe suivant qui est le chef-d'œuvre de la force insolente et j'ose dire maladroite, car il prête à gloser et ne pourra persuader à personne que la presse jouit en France de cette liberté sans contrôle qui laisse le champ libre à la discussion.

Paris, le 17 septembre

Plusieurs journaux ont annoncé la prochaine publication d'un décret modifiant la législation de 1852 sur la presse.

Cette nouvelle est complètement inexacte, la presse en France est libre de discuter tous les actes du gouvernement, et d'éclairer ainsi l'opinion publique.

Certains journaux se faisant à leur insu les organes de partis hostiles réclament une plus grande liberté qui n'aurait d'autre but que de leur faciliter les attaques contre la Constitution et les lois fondamentales de l'ordre social.

Le gouvernement de l'Empereur ne se départira pas d'un système qui laissant un champ assez vaste à l'esprit de discussion, de controverse et d'analyse, prévient les effets désastreux du mensonge, de la calomnie et de l'erreur[1].

Mardi 20 septembre

J'ai fait dimanche une promenade d'une heure seul avec la Princesse Mathilde et nous avons causé des choses et des hommes actuels avec encore plus d'abandon qu'à l'ordinaire.

S.A.I. m'a appris beaucoup de petits secrets qui éclairent pour moi un côté du masque si impénétrable de l'Empereur, qui m'ont affermi dans cette pensée que j'avais depuis longtemps de sa profonde dissimulation et de la rouerie de sa politique.

Qui chercherait à connaître l'Empereur par ses discours, par ses propos même intimes, par ses actes apparents, tomberait dans d'étranges erreurs : il y a toujours en lui du prisonnier qui dissimule, du conspirateur qui aime les voies détournées. Sa froideur vis-à-vis de certaines gens, de même que les marques de son affection ne signifient pas grand-chose, et quant à son estime, il n'en a pour personne.

Il classe les gens en *utilités* et en *inutilités* ; le plus honnête et le plus loyal, s'il est inutile, n'a aucun poids dans sa balance ; mais un coquin fieffé comme Haussmann, s'il est entreprenant et qu'il sache se rendre

---

1. Rappelons que, comme le souligne Viel Castel, le système mis en place par le décret du 17 février 1852 est des plus répressifs : nécessité d'une autorisation préalable, cautionnement, frais de postes et droits de timbre élevés, menace des avertissements, délits de presse jugés par les tribunaux correctionnels.

utile, sera bien vu et bien choyé par lui ; il ne lui comptera à mal ni ses vols ni ses infamies, il lui serrera la main et lui sourira affectueusement.

Ces jours derniers à Tarbes, l'Empereur a saisi l'occasion d'une réponse à un discours de l'évêque de Tarbes, pour faire un magnifique éloge de Fould... « *ami fidèle dans toutes les circonstances* ». L'Empereur sait cependant à quoi s'en tenir, il sait qu'en 1852 Fould disait en parlant de lui : « *Ce bougre-là est capable de m'emprunter de l'argent.* »

Lorsque tous les dévoués boursillaient pour le coup d'État, il sait que Fould n'a pas voulu apporter son contingent, que c'est la Princesse Mathilde qui a engagé ses diamants et donné quatre mille francs d'argent comptant qu'elle possédait.

A la même époque, Ferdinand Barrot a donné aussi quatre mille francs, cependant Fould est aujourd'hui l'homme en faveur !

L'Empereur, me disait la Princesse Mathilde, songeait à la guerre d'Italie depuis le mois d'octobre dernier.

« A cette époque, Kisseleff m'en prévint et me raconta que les projets de Napoléon devenaient évidents pour lui. Dans les premiers jours de novembre, il commanda à Fleury ses équipages de campagne. Fleury effrayé de cette détermination alla chez Walewski pour lui demander des renseignements.

« Walewski ignorait tout et courut aux Tuileries où il eut une scène avec l'Empereur qui le traita comme toujours sans conséquence.

« Fleury fut en une sorte de disgrâce pendant deux mois.

« Quant à Walewski, ignorant tout, malmené par le maître, dépouillé de toute considération par ces motifs et par l'intrigue de sa femme avec l'Empereur, non moins que par la récompense qu'il en reçoit en acceptant une terre officiellement donnée ; Walewski a toujours à la bouche le même refrain pour excuse : ... "*j'ai besoin de manger !*" »

Cette réponse peint la voracité de nos hommes, car Walewski qui a 30 000 francs d'appointements, le château d'Étioles et la terre gagnée par sa femme a maintenant *de quoi vivre* ; pourtant il se cramponne à sa place ; les avanies, les paroles rudes ne lui font rien ; le maître peut le gratifier d'un coup de pied à la d'Haubersaërt, il ne dira mot, *il faut qu'il mange* à tous les râteliers, un seul ne lui suffit pas ; il faut qu'il mange dans de la vaisselle plate, la porcelaine lui fait horreur !

L'Empereur décidé à la guerre d'Italie se mit en rapport, par le moyen de son cousin le prince Napoléon, avec les réfugiés ; il ne répudiait point alors leur concours, et il eut deux entrevues avec Kossuth, l'une à Paris, l'autre à Turin ou plutôt à Gênes. Mais il se trompait sur la nature du mouvement révolutionnaire qui pourrait être opéré en Hongrie par l'influence de cet homme. L'Empereur comptait sur l'action des masses populaires démocratiques et Kossuth dut lui répondre : « Votre Majesté est dans l'erreur, la révolution hongroise a été faite en 1848 par la noblesse, et elle ne peut être recommencée que par l'influence aristocratique. »

En Italie, l'Empereur chercha d'abord la démocratie, compta sur le peuple, mais le peuple ne répondit pas à son attente et ne vint pas vers lui ; il ne souleva qu'une partie de la noblesse et la bourgeoisie. Aussi dans les élections résolut-on de se passer et se passe-t-on du peuple, du paysan.

Partout et toujours on trouve les traces d'un double jeu, et les agents employés en fournissent la preuve. Le colonel Cipriani que j'ai vu à Paris, il y a quelques années, est une pauvre intelligence ; longtemps employé et payé par la France comme donneur de renseignements.

Farini ne vaut guère mieux, c'est un intrigant révolutionnaire.

Comme agent avoué, le prince Poniatowski ne jouit d'aucune considération et sa famille, hommes et femmes, partagent son discrédit.

Les Poniatowski sont provenus du mariage *in extremis* d'un vieux débauché de prince Poniatowski qui vivait à Rome avec une espèce de fille veuve d'un de ses domestiques et dont il avait plusieurs enfants.

On prétend même qu'au moment du mariage le prince était déjà mort, mais qu'assis dans son lit il répondait par un signe de tête aux questions du prêtre. Il est bien compris qu'un compère faisait mouvoir la tête au moyen d'une ficelle.

Le prince Poniatowski a eu toute sa vie une conduite peu digne ; c'est un *haut bas intrigant*.

Le lendemain de son arrivée à Florence, on trouva que le péristyle de son hôtel avait servi de *lieux d'aisances* à toute la ville.

Reiset, le *comte* de Reiset, par la grâce du Pape, est connu par ce qu'il en a été déjà dit : intrigant bouffon près de Madame Walewska à laquelle il rapporte tous les cancans de la ville, le comte de Reiset sans esprit, sans instruction, sans perspicacité, vise à tout et parviendra peut-être à tout. Il a été jadis à Turin l'amant d'une vieille maîtresse du roi Charles-Albert, la marquise de Robilaud.

Avant d'avoir épousé cette pie-grièche de Mlle de Sancy, il s'était mis dans la tête de prendre en mariage la fille d'un mariage morganatique du prince Alexandre de Wurtemberg. Cette jeune personne dont la mère, ancienne danseuse, était morte, recevait une éducation soignée sous la protection du roi de Wurtemberg et recevait de lui une pension.

Le comte de Reiset songea à elle et pensant lui faire beaucoup d'honneur, il se dit qu'en se mésalliant ainsi, il pouvait prétendre à tout, exiger tout. Donc un beau jour il fit demander une audience du matin à la Princesse Mathilde, et sans préambule il la pria de s'intéresser à ses projets d'union avec la princesse de Wurtemberg.

La Princesse lui répondit que la jeune personne dont il voulait parler n'était point du tout princesse, qu'on lui donnait simplement le titre de comtesse.

Reiset persista à soutenir qu'elle était princesse et sollicita la Princesse Mathilde de s'entremettre.

« Je demande, dit-il, en faveur de cette union qui me placera dans votre famille, que l'Empereur m'accorde le grand cordon de la Légion d'honneur, et que le roi de Wurtemberg, en conservant à sa pupille la pension qu'il lui fait, me reconnaisse le titre de prince et me gratifie du grand cordon de son ordre ! »

Le Reiset fut éconduit, et ses prétentions servirent d'amusement.

Plus tard, quand ces velléités matrimoniales furent oubliées, le séduisant Reiset vint un soir faire une déclaration d'amour à la Princesse Mathilde qui prit d'abord la chose en plaisanterie pour éviter d'en paraître offensée.

Le Reiset ne comprit pas la délicatesse et insista en y mettant beaucoup de chaleur. La Princesse Mathilde alors se retourna vers lui d'un air sévère et lui répondit : « Monsieur de Reiset, je ne suis plus une jeune femme et je n'ai pas grande prétention, cependant je ne me sens pas encore assez décrépite pour succéder à Madame de Robilaud. »

Reiset, honteux et furieux, se retira ; et c'est là l'homme qu'on a envoyé en Italie. La vanité hantée sur la bêtise [*sic*].

Benedetti me disait samedi :

« Avant de laisser la Sardaigne devenir une grosse puissance en Italie, il serait prudent de nous assurer la Savoie, car la France ne peut laisser une porte cochère ouverte chez elle au souverain de l'Italie, et la Savoie est une véritable porte cochère qui donne accès dans nos provinces. »

Le prince Napoléon a acheté sur les bords du lac de Genève une ancienne propriété du roi Joseph son oncle [1]. Il est parti depuis quelques jours pour la visiter ; sa femme va le rejoindre.

Le duc de Padoue a paraphrasé dans une longue circulaire aux préfets, la note sur la liberté de la presse par le *Moniteur*.

Il dit entre autres belles choses, que le décret du 17 février 1852 est maintenu, et qu'il n'est point une loi de circonstances, puis immédiatement après :

« Le gouvernement de l'Empereur ne redoute point la discussion loyale de ses actes. »

Puis, il établit que le droit de publier ses opinions garanti à tout citoyen en 1789 ne saurait être confondu avec la presse des journaux qui est une force collective organisée dans l'État, etc. etc.

M. de Padoue ne sait donc pas que la liberté de publier individuellement son opinion est presque illusoire, car à moins d'avoir une opinion dont l'expression dépasse la limite de six feuilles d'impression, on subit l'impôt fort cher du timbre.

1. Il s'agit du domaine de Prangins.

La conquête de 1789 peut donc être sinon complètement ravie à un peuple aussi éclairé que la France, mais elle peut être resserrée dans de fort étroites limites.

Cette circulaire n'en impose à personne, elle prêtera à rire à l'étranger.

Une conspiration a été découverte à Constantinople contre la vie du Sultan, deux cents arrestations ont eu lieu. Diajer-Dem, pacha d'Albanie, en était le chef, il est en prison. Une partie des troupes trempaient dans ce complot ourdi par le vieux fanatisme.

Lord Elgin a publié sur sa mission en Chine un livre assez curieux qui semblerait prouver que messieurs les ambassadeurs de France et d'Angleterre ont fait dans ces dernières circonstances le contraire de ce qu'il fallait faire.

« Gardons-nous, dit-il, du danger d'exciter chez les Chinois un sentiment de trop grande répulsion ; mais ne nous plongeons pas dans de nouvelles hostilités. »

Lord Elgin exprime surtout le désir que les Chinois ne soient pas violentés sur leur répulsion à laisser les ambassadeurs européens arriver et séjourner à Pékin.

Samedi 24 septembre

On croit que le traité de Zurich sera prochainement signé. Que réglera-t-il ? c'est là la question.

En Allemagne, l'agitation pour la réforme continue.

Les discussions continuent dans les journaux à propos de la liberté de la presse. Il est curieux de lire les articles des *grands écrivains* qui la réclament complète ; les raisons qu'ils donnent pour l'obtenir suffiraient pour la refuser.

A. Peyrat de *La Presse* écrivait hier :

> Heureusement les journaux ont la vie dure ; tous les gouvernements les ont poursuivis, quelques-uns ont essayé de les tuer, et l'on sait ce que la restauration entre autres a gagné à cette tentative impuissante.

Que l'Empire prenne donc garde, car M. Peyrat pourrait bien l'envoyer retrouver la restauration.

M. Pelletan, autre homme d'État de *La Presse*, écrit dans le même numéro de ce journal un factum encore plus curieux sur le même sujet à propos d'un livre de Fichte sur la Révolution française :

> Lorsqu'un écrivain a traîné son talent dans l'égout, lorsqu'il a fait métier et marchandise de l'invective et de l'injure ; lorsqu'il a vomi son âme chaque matin sur la gloire et sur la vertu, ce fantôme le suit pas à pas, l'escorte, l'accompagne dans chaque rue, dans chaque carrefour, le nomme par le nom de son action. Il pourra avoir fortune, argent, plus encore peut-être, tout, excepté le salut ou le regard d'un honnête homme.

Allons donc, Monsieur Pelletan, vous saluez M. Jules Lecomte, M. Fiorentino ; vous plaignez M. Proudhon, etc. etc.

Cette proscription de l'erreur repose elle-même sur une erreur qui consiste à supposer que la parole humaine possède une vertu épidémique comme la maladie de la vigne par exemple.

Hélas oui, la parole humaine prêchant la licence remue les bas-fonds des sociétés, les invite et les pousse à la guerre civile au nom de leurs appétits sensuels, au nom de leurs mauvaises passions. La licence sera toujours chérie des populaces et les agitateurs auront toujours empire sur elles en la leur prêchant. La révolution de 1789 a été déshonorée par ses journaux ; ce sont eux qui ont perverti le peuple, qui ont tyrannisé la nation en coalisant la populace en la conviant à tous les crimes.

Le journal de Marat et celui du père Duchesne (Hébert) étaient-ils sans danger ? Lorsqu'ils demandaient chaque jour des têtes, lorsqu'ils proscrivaient telle ou telle fraction de la Convention.

Apprenez donc à votre collègue Peyrat, Monsieur Pelletan, que cette pauvre Restauration a bien peu égratigné la presse.

La Commune du 10 août et la Convention supprimaient les journaux en masse, c'est-à-dire tous ceux qui « n'étaient pas à la hauteur de septembre 1792. Elles envoyaient leurs rédacteurs à l'échafaud et cet excellent Marat héritait du matériel de leurs imprimeries ».

Quant à ce vertueux Hébert, les ministres lui prodiguaient l'argent de l'État pour publier par exemple :

La grande colère du père Duchesne contre la grande conspiration des calotins

ou bien encore :

L'oraison funèbre du dernier roi de France prononcée par le père Duchesne en présence des braves sans-culottes de tous les départements. Sa grande colère contre les J... F... de calotins qui veulent canoniser ce nouveau Desrues et vendent ses dépouilles aux badauds pour en faire des reliques.

Pelletan dit encore :

La liberté de tout dire, réplique de Maistre, implique la liberté de tout faire ; dites donc de tout faire faire pour parler correctement.

Toujours le même sophisme échafaudé sur la même fiction, c'est-à-dire que l'homme qui parle n'a devant lui qu'un troupeau sans raison et sans volonté qui se lève au son d'une voix et se rue sur chaque parole comme sur une proie à dévorer.

C'est faire trop bon marché, en conscience, de la dignité d'une nation, que d'imaginer ainsi de propos délibéré qu'elle tourne à tout vent et prend le blanc pour le noir, sur le simple fait d'une feuille de papier qu'elle aura dépliée et lue le matin.

Monsieur Pelletan, vous savez fort bien qu'il en est ainsi avec la liberté illimitée de la presse telle que vous la voulez. Croyez-vous qu'il soit sans danger de prêcher le communisme ? Souvenez-vous donc du mois de juin 1849.

Mercredi 28 septembre

Le *Moniteur* adressait hier aux journaux l'avis suivant motivé par quelques articles trop âcres et par les publications de messieurs d'Haussonville et Villemain.

Sous prétexte de prouver que la France n'est pas libre, plusieurs journaux dirigent contre le décret du 17 février 1852 des attaques qui dépassent les limites les plus extrêmes du droit de discussion.

Le respect de la loi est inséparable de l'exercice de la liberté légale.

Contre les écrivains qui oublient, le gouvernement aurait pu se servir des armes qu'il a dans les mains ; il ne l'a pas voulu au lendemain de la mesure toute spontanée qui a relevé la presse périodique des avertissements dont elle avait été frappée.

Le gouvernement, fidèle à ses principes de modération, ne saurait manquer non plus au devoir qui lui est imposé de faire respecter la loi.

Il prévient donc loyalement les journaux qu'il est décidé à ne pas tolérer plus longtemps des excès de polémique qui ne peuvent être considérés que comme des manœuvres de partis.

La Légende des Siècles, nouveau volume de poésies de Victor Hugo, paraît aujourd'hui. *La Presse* en cite hier deux fragments, voici celui de la préface :

Les poèmes qui composent ces deux volumes ne sont autre chose que des empreintes successives du profil humain de date en date, depuis Ève mère des hommes jusqu'à la révolution mère des peuples ; empreintes prises tantôt sur la barbarie, tantôt sur la civilisation, presque toujours sur le vif de l'histoire ; empreintes moulées sur le masque des siècles... Quand d'autres volumes se joindront à ceux-ci, cette série d'empreintes vaguement disposées dans un certain ordre chronologique pourra former une sorte de galerie de la médaille humaine.

Après cette citation, la *Presse* donne comme pièce à l'appui une poésie qui a pour titre : *La Rose et l'Infante.* Sous ce titre se cache la personnalité de Philippe II, rêvant à son armada, il est derrière une fenêtre et regarde l'infante qui se promène une rose à la main.

... Autour de cet enfant l'herbe est splendide et semble
Pleine de vrais rubis et de diamants fins,
Un jet de saphirs sort des bouches des dauphins.

La magnifique fleur royale et purpurine
Cache plus qu'à demi ce visage charmant,
Si bien que l'on hésite et qu'on ne sait comment
Distinguer de la fleur ce bel enfant qui joue,
Et si l'on voit la rose et si l'on voit la joue.

Un jour, elle sera duchesse de Brabant,
Elle gouvernera la Flandre ou la Sardaigne.
Elle est l'infante, elle a cinq ans, elle dédaigne,
Car les enfants des rois sont ainsi, leurs fronts blancs
Portent un cercle d'ombre et leurs pas chancelans
Sont des commencements de règne.

Puis vient une longue description d'un spectre errant derrière les fenêtres du palais, terminée par ces vers :

Spectre blême son ombre aux feux du soir s'allonge,
Son pas funèbre est lent comme un glas de beffroi,
Et c'est la mort, à moins que ce ne soit le roi.

Philippe II était une chose terrible,
Iblis dans le Koran et Caïn dans la bible
Sont à peine aussi noirs qu'en son Escurial,
Ce royal spectre, fils du spectre impérial.

On tremblait rien qu'à voir passer ses majordomes.

Sa prière faisait le bruit sourd d'une foudre
De grands éclairs sortaient de ses songes profonds,
Ceux auxquels il pensait disaient : nous étouffons.

Jeudi 29 septembre

On lisait hier dans le *Moniteur* :

Quelques journaux étrangers ont assuré que la solution des affaires d'Italie serait entravée par le désir de l'Empereur des Français de fonder en Italie un royaume pour un prince de sa maison. Ces bruits n'ont pas besoin d'être réfutés ; pour leur ôter toute valeur, il suffit sans parler des engagements pris à Villafranca de se rappeler les actes et les paroles de l'Empereur Napoléon avant et depuis cette époque.

Ceci, prétendent certaines gens, ne signifie pas grand-chose.

Quant au roi de Piémont, il continue son jeu d'agitation italienne sans grand souci de la France, aidé en cela par une partie de la presse française.

Vendredi 30 septembre

Le Bey de Tunis est mort.

L'Angleterre est furieuse de ce que l'Espagne veut obtenir satisfaction des insultes du Maroc, parce que l'Angleterre détient Gibraltar tout ce qui contrebalancerait la puissance de cette forteresse ne peut être permis et entre autres choses défendues, les acquisitions des côtes marocaines sont interdites.

La presse anglaise dit naïvement que l'Angleterre seule aurait le droit de s'emparer des ports marocains et qu'alors avec Gibraltar elle serait maîtresse de la Méditerranée.

Avis aux nations européennes.

Jeudi 6 octobre

La solution des affaires d'Italie ne semble point prochaine ; tout s'y embrouille un peu plus de jour en jour. Le roi de Sardaigne par ses agents prend peu à peu possession de l'Italie, et ses journaux font sonner bien haut qu'il a l'approbation de Mazzini qui se rallie à sa politique et lui promet le concours de ses démocrates.

La France joue un triste rôle ! Peu aimée par le Piémont et les gens du mouvement, parce qu'elle tente d'arrêter les *annexions* ; payée de mots et de statues, elle aura enfin de compte versé son sang et donné son argent pour élever au premier rang la maison de Savoie son ennemie sous Louis XIV avec l'Autriche, son ennemie demain avec l'Angleterre.

La France laisse envahir le pouvoir temporel du Pape, elle saura un jour le mal qu'elle aura fait en rendant le chef des chrétiens comme prisonnier de la Sardaigne.

En attendant, le Pape proteste et s'adresse au monde catholique. Il repousse toute cession d'une portion quelconque de ses États et il lance les foudres ecclésiastiques contre les usurpateurs et leurs fauteurs. Il s'adresse aussi aux évêques, et les évêques de France ont publié des mandements qui sont, je le crains, le commencement d'une lutte déplorable.

Le Pape s'exprime ainsi à propos de l'envahissement des légations :

« Nous sommes tenus par le plus grave de nos devoirs et par un serment solennel de soutenir intrépidement la cause de notre très sainte religion, de protéger avec fermeté contre toute violation, les droits et les possessions de l'Église romaine, de défendre notre souveraineté civile et celle de ce siège apostolique et de *la transmettre intacte à nos successeurs*, comme le patrimoine de saint Pierre. »

A Modène, M. Farini, le dictateur piémontais, a publié un décret qui est le sublime de l'outrecuidante atrocité.

Les troupes, comme on sait, sont demeurées fidèles au duc et stationnent sur la frontière.

M. Farini donne à ces militaires un certain délai pour faire leur soumission. Ce délai passé, s'ils sont pris, ils seront envoyés devant des conseils de guerre sous l'accusation capitale de haute trahison.

Le duc de Modène usera de représailles certainement.

Jeudi 13 octobre

Le 5, un horrible assassinat a été commis à Parme sur le comte Anviti, ancien colonel de l'armée parmesane. La populace l'a barbarement massacré sans que le reste de la population s'y soit opposé. Devant l'universelle réprobation, le dictateur Farini s'est vu obligé de sévir contre les assassins ; quatorze sont arrêtés, mais avec quel soin ne prépare-t-on pas pour eux les circonstances atténuantes. Les journaux italiens représentent le défunt colonel comme une sorte de monstre exécré pour ses cruautés. Un jeune homme dont il a fait fusiller le frère, lui a porté les premiers coups, etc. etc.

Cette malheureuse expédition en Italie nous sera fatale de plus d'une manière. L'agitation se propage dans le clergé et les évêques publient des mandements pour protester contre la politique qui tend à dépouiller le Pape.

L'évêque d'Orléans a été très vif.

L'archevêque de Bordeaux, dans un discours adressé à l'Empereur s'est montré plus modéré, mais il n'en a pas moins protesté contre le dépouillement du Pape.

« J'ai le ferme espoir, a répondu l'Empereur, qu'une ère nouvelle de gloire se lèvera pour l'Église, le jour où tout le monde partagera ma conviction que le gouvernement temporel du Saint-Père n'est pas opposé à la liberté et à l'indépendance de l'Italie. »

Le cardinal-archevêque avait dit entre autres choses :

« Aujourd'hui, nous prions encore, Sire, avec plus de ferveur s'il est possible, pour que Dieu vous fournisse les moyens, comme il vous en a donné la volonté, de rester fidèle à cette politique chrétienne qui fit bénir votre nom, et qui est peut-être le secret de la prospérité et la source des gloires de votre règne.

« Nous prions avec une confiance qui s'obstine, avec une espérance que n'ont pu décourager des événements déplorables et de sacrilèges violences ; et le motif de cet espoir dont la réalisation semble aujourd'hui si difficile, après Dieu, c'est vous, Sire, vous qui avez été et qui voulez être encore le fils aîné de l'Église, vous qui avez dit ces paroles mémorables :

« "*La souveraineté temporelle du chef vénérable de l'Église est intimement liée à l'éclat du catholicisme, à la liberté et à l'indépendance de l'Italie.*" »

L'Empereur, dans sa réponse, a eu une phrase malheureuse, la voici :

« L'Europe ne peut permettre que l'occupation de Rome, qui dure depuis dix années, se prolonge indéfiniment. »

L'Europe permet à l'Angleterre tout ce qu'elle ose. Elle a permis à la Russie la destruction de la Pologne : à l'Autriche l'envahissement de Cracovie ; pourquoi la France se fait-elle si petite devant l'Europe, par la bouche de l'Empereur ?

La Papauté a été l'ouvrage de la France qui n'aurait pas le droit de maintenir son œuvre !...

Malheureuse affaire d'Italie, je crains qu'elle ne rapetisse notre Empereur. Il s'égare en dissimulations, il cherche à tromper le public et il ne peut se tromper lui-même, car il sait tout ce que fait de propagande le cabinet sarde, tous les tours de gobelet qu'il joue.

L'Empereur sait la valeur de ces enthousiasmes italiens et leur vérité ; ce serait un très grand malheur que pour acquérir un ennemi puissant en Italie, l'Empereur s'aliénât l'Église !

L'évêque de Bordeaux aurait pu lui dire :

« Sire ! vous êtes entré en Italie en proclamant que loin de venir porter atteinte au pouvoir temporel du Pape vous l'augmenteriez ; et voilà qu'à l'abri de vos armes, le prince Napoléon et M. de Cavour ont révolutionné les légations ! »

A Rome, M. Della-Minerva, ambassadeur sarde a reçu ses passeports, mais avant de partir il s'est fait faire une petite ovation silencieuse. Partout la Sardaigne cherche à remuer l'Italie ; elle aspire à en chasser la France en détruisant la Papauté.

La maison de Savoie sera grandement ingrate, nous l'apprendrons à nos dépens.

Vendredi 21 octobre

La paix est signée à Zurich sur les bases de Villafranca entre la France et l'Autriche. Les traités avec la Sardaigne ne le sont pas encore.

La question d'un congrès est toujours indécise ; l'Angleterre voudrait y faire succomber la politique française, elle voudrait surtout y porter un dernier coup à la Papauté, d'accord en cela avec la Sardaigne.

Le parti mazzinien, allié momentanément à la Sardaigne, s'agite beaucoup. Nous sommes à la veille d'un gâchis italien abominable.

L'Angleterre veut, tout en n'ayant rien fait pendant la guerre pour l'Italie, lui persuader qu'elle est sa libératrice.

Le congrès !... Telle est la grave préoccupation, la pierre d'achoppement. Que sortira-t-il d'un congrès où l'existence de la Papauté sera en discussion ?

La Russie schismatique, l'Angleterre, la Prusse, la Suède protestantes seront appelées à décider la destinée non d'un pouvoir, mais d'une institution catholique !

La guerre d'Italie aura pour effet de transformer la Sardaigne en puissance sans en faire une amie de la France, et d'ébranler sinon de renverser la Papauté, cette fille de Charlemagne qui conservait en Italie à la France une influence que l'Angleterre veut accaparer.

La Papauté disparaîtra soit. Nous verrons le Vatican transformé en manufacture, l'église St-Pierre en entrepôt de cotons anglais. Un Pape ne donnera plus sa bénédiction *urbi* et *orbi*, mais l'Angleterre installera Manchester au Capitole.

Les journaux ont reçu la défense d'insérer dans leurs colonnes les mandements des évêques et de les discuter. Cette mesure n'arrêtera point le mouvement dont le haut clergé a donné le signal, elle aura pour effet de lui donner plus d'importance.

Depuis longtemps, les gouvernements ne comprennent pas que toute attaque à l'Église est une attaque à leur puissance.

Les souverains du XVIe siècle ne s'y trompèrent pas lorsque la grande voix de Luther vint éveiller la révolution, ils virent l'assaut donné à la royauté derrière la guerre entreprise contre le Pape. Les guerres de religion n'étaient que des guerres où l'opinion se revêtait des noms de catholiques et protestants.

La révolution de 1789 vint couronner l'œuvre sans pourtant blesser à mort la Papauté qui sortit entière de la grande lutte en 1814.

Aujourd'hui, elle est sérieusement menacée, chassée d'Italie ou prisonnière dans Rome, les souverains veulent l'amener à devenir un instrument. Jamais l'avenir de la catholicité n'a été aussi menacé. Si la Papauté disparaît, l'Église prend le rang d'une institution départementale ; il n'y a plus d'Église de France, il y aura des fonctionnaires curés ou évêques, et les prétendus libéraux qui sous prétexte de liberté auront rivé la sainte gardienne des croyances au grand chancre administratif se réjouiront de cette nouvelle centralisation.

En Italie la politique sarde se réjouit de chaque symptôme de désordre qui apparaît, et chaque fois elle crie à l'Europe : Donnez-nous toute l'Italie, nous la rendrons calme.

L'Italie a des généraux sardes, des dictateurs sardes, des agents sardes qui la travaillent et qui ont mis des armes aux mains des Mazziniens ; le mal qui se produit peut donc lui être imputé.

Les votes recueillis ou à recueillir sous la pression sarde manqueront de bonne foi.

Si l'Empereur Napoléon ne retire pas la France du mauvais pas où il l'a embarquée, l'affaire d'Italie sera pour son règne ce qu'a été le partage de la Pologne pour celui de Louis XV.

L'Angleterre ne veut, dit-on, assister à un congrès que s'il est convenu d'avance que le vœu des populations quel qu'il soit sera respecté. Il est vraiment honteux pour l'Europe de laisser tenir à l'Angleterre un langage si plein d'hypocrisie. L'Angleterre respecte-t-elle les vœux des Maltais, des Jonniens, des Irlandais ? a-t-elle souci de leurs doléances ? Est-elle bien venue à parler des abus de l'Église catholique, à ameuter le monde contre elle, quand elle maintient son Église anglicane avec la dîme des biens territoriaux énormes et qu'elle force surtout l'Irlande catholique à payer la dîme à des pasteurs protestants qui faute d'ouailles vont manger sur le continent le revenu des pauvres [1].

1. Il faudra attendre 1869 et le désétablissement de l'Église anglicane d'Irlande pour que les catholiques irlandais ne soient plus contraints d'acquitter cette dîme.

Mercredi 26 octobre

Nous sommes dans les fluctuations de l'incertitude, et toutes les questions politiques paraissent s'embrouiller de plus en plus.

L'Angleterre, on ne peut se le dissimuler, est pleine de mauvais vouloir à notre sujet : L'Italie, la guerre du Maroc, le percement de Suez donnent lieu de sa part à des manifestations hostiles.

Il y a trois jours, l'Empereur a reçu Monsieur de Lesseps et il lui a dit :

« *Vous ne pouvez cependant vouloir que je fasse la guerre à l'Angleterre pour l'isthme de Suez ?*

— Non, Sire, a répondu M. de Lesseps, mais alors je vais réunir mes actionnaires et je leur rendrai leur argent.

— *Gardez-vous en bien*, a repris l'Empereur, *dites-leur qu'on négocie*[1] *!* »

L'affaire du Maroc peut devenir très grave si nous voulons en tirer quelque avantage matériel. La coïncidence de l'expédition française et de l'expédition espagnole inquiète l'Angleterre, elle craint l'occupation de Tanger. Il lui importe, dit-elle, pour l'importance de Gibraltar que Tanger ne soit pas aux mains d'une puissance européenne, car alors elle ne posséderait plus les clefs de la Méditerranée.

L'Angleterre veut que toutes les grandes positions maritimes lui soient dévolues pour la sécurité et le maintien de son despotisme maritime, mais elle n'accepte pas que la France puisse émettre quelques exigences dans la question italienne pour la sûreté de ses frontières et de sa politique.

L'intérêt anglais est une *suprema lex*, le reste n'est rien.

En Italie, les affaires semblent mal marcher ; tous les beaux et *illustres* dictateurs piémontais envoyés à l'Italie centrale se sont appuyés sur les Mazziniens, ils les ont armés et maintenant se trouvent fort embarrassés de sévir contre les assassins de Parme protégés par le parti mazzinien. Nos journaux plaident en faveur de ces misérables les circonstances atténuantes et nient tout crime commis jusqu'à ce que la vérité se produise malgré eux.

Dans les Romagnes, les persécutions contre le clergé commencent.

---

1. Les travaux du canal ont commencé en avril précédent. Napoléon III, qui avait lui-même conçu, du temps où il était prisonnier au fort de Ham, un projet de canal pour relier l'Atlantique au Pacifique par le Nicaragua, est très intéressé. Qui plus est, Lesseps est le cousin de l'impératrice. Cependant, l'empereur n'est pas décidé à provoquer une crise grave avec Londres à ce sujet. Or, les Britanniques sont toujours très hostiles. En décembre 1859, une campagne de presse dénoncera la façon dont les fellahs, les travailleurs autochtones, sont traités, puis le gouvernement britannique fera pression sur le sultan pour qu'il fasse interrompre le chantier. En novembre 1862, Londres se rendra enfin compte qu'il n'est plus possible de mettre d'entraves au projet. Le canal sera finalement inauguré le 16 novembre 1869.

L'évêque de Rimini et plusieurs prêtres sont emprisonnés, et le thème convenu est de répondre : Réunissez tous ces pays à la Sardaigne et *tout* ira le mieux du monde.

Rien ne le prouve mieux que ce qui se passe à Milan où les Sardes commencent à se faire détester, les officiers pour la raideur de leurs manières, l'importance qu'ils cherchent à se donner, et le gouvernement de Victor-Emmanuel pour ses volontés centralisatrices. Milan s'accommode peu de devenir une ville de province.

En partant de Rome, l'envoyé sarde aurait bien voulu à l'occasion de son départ faire une petite émeute, un *pronunciamento* sarde, mais il en a été empêché.

Partout en Italie, Victor-Emmanuel, aidé des hommes de la révolution, cherche à faire renverser les gouvernements encore debout.

Jeudi 27 octobre

L'Empereur est, assure-t-on, fort aigri et très monté contre l'Angleterre, et parfaitement décidé à se passer de son concours et à ne se laisser intimider, ni par ses froideurs, ni par ses menaces. Il a dit au ministre de la Marine que l'expédition pour la Chine devait être prête à partir le 1er décembre.

Les journaux de Bruxelles font grand bruit de l'entente qui s'est établie à Breslau entre l'empereur de Russie et le régent de Prusse. Ici on ne s'en inquiète pas énormément, les préoccupations ont un autre objet. Le refroidissement entre la France et l'Angleterre tient les esprits en émoi. La situation de l'Italie paraît chaque jour plus grave, et tout le monde s'effraie de ce qu'elle laisse entrevoir pour l'avenir. Le roi Victor-Emmanuel est débordé par le parti mazzinien que ses agents ont imprudemment armé. A Parme, la punition du crime commis sur la personne du colonel Anviti éprouve de sérieuses difficultés ; les Mazziniens, comme de raison, protègent les assassins, la populace a été seule armée par le dictateur Farini, la populace est maîtresse.

Je crains que la France n'ait été lancée pendant la campagne d'Italie dans les voies d'une mauvaise politique. L'ex-préfet de police, Piétri, avait et a rempli une ténébreuse mission qui n'est pas expliquée, mais qui s'est révélée par l'insurrection des légations, et Piétri touchait des payeurs de l'armée des sommes fort considérables. Je tiens d'un de ces payeurs, qu'un jour il y eut toute une négociation parce que Piétri ne voulait pas venir lui-même donner quittance d'un bon de *cent mille francs* qu'il avait envoyé toucher.

L'expédition contre le Maroc sera beaucoup plus sérieuse qu'on ne semblait le croire d'abord, et la ville de Tanger tient fixé sur elle les yeux des hommes d'État anglais. Si nous l'occupons, l'Angleterre sera fort irritée ; si nous ne l'occupons pas, nous perdrons une belle occasion de contrebalancer Gibraltar.

Enfin, la situation est comme l'on dit en langage de journaux : *fort tendue*.

Boilay, secrétaire général du Conseil d'État, me parlait ce matin de son président Baroche et il me disait qu'il n'avait jamais connu d'homme aussi peu scrupuleux au maniement de l'injustice. Non seulement il a soin de la fortune de ses fils pour lesquels il fait mettre de côté toutes les règles de l'avancement hiérarchique, mais pour les parents de ses valets, il déplace, il congédie de bons serviteurs et met au pillage les emplois.

Messieurs les ministres se gênent peu.

Magne a fait son fils receveur général.

Rouland a fait du sien un ministre de l'Instruction publique et des Cultes en second, et ce jeune faquin reçoit avec une certaine suffisance les professeurs les plus distingués, les membres de l'Institut et nos prélats les plus éminents.

Le duc de Malakoff, en prenant possession de la grande chancellerie de la Légion d'honneur, s'est montré si âcre et si cassant au premier conseil, que plusieurs membres ont donné leur démission, entre autres Victor Fouché, et il faut que le Malakoff ait été loin pour que Fouché ait donné sa démission.

La reine des Pays-Bas est à St-Cloud, la princesse Marie de Russie viendra à Compiègne.

Mardi 1er novembre

L'Empereur est parti pour Compiègne.

Les journaux publiaient hier une lettre qu'il a écrite au roi de Sardaigne et qui fait quelque sensation. Il y parle du prochain congrès et du rôle que la France doit y remplir.

Cette lettre a été donnée primitivement par le *Times* et porte la date de St-Cloud, 20 octobre.

L'Empereur engage le roi à s'unir à lui pour marcher sous une entente commune.

« *Les circonstances sont graves*, dit-il, *et il ne s'agit pas maintenant de savoir si j'ai bien ou mal fait de conclure la paix de Villafranca, mais bien plutôt de faire produire au traité les résultats les plus favorables à la paix de l'Italie et au repos de l'Europe*. »

L'Empereur trace ensuite les conditions *essentielles* de la régénération de l'Italie.

Assemblée d'États indépendants unis par un lien fédéral.

Chacun des États devra adopter un système représentatif et des réformes salutaires.

La Confédération devra alors ratifier le principe de la nationalité italienne, n'avoir qu'un même drapeau, qu'un même système douanier et monétaire.

Le centre dirigeant devra être à Rome et se composera de représentants nommés par les souverains sur une liste préparée par les Chambres, afin que dans cette sorte de diète l'influence des familles régnantes soupçonnées de pencher vers l'Autriche soit contrebalancée par l'élément électif.

La présidence honoraire de la Confédération, accordée au Saint-Père, satisferait le sentiment religieux de l'Europe catholique ; l'influence morale du Pape serait augmentée en Italie et lui permettrait de faire des concessions conformes aux vœux légitimes des populations.

Aujourd'hui, le plan que j'avais formé au moment de conclure la paix peut encore s'exécuter si Votre Majesté veut employer son influence pour le favoriser. D'ailleurs, on a fait un pas considérable dans cette direction. La cession de la Lombardie avec une dette réduite est un fait accompli.

L'Autriche a renoncé à son droit d'avoir des garnisons dans les places fortes de Plaisance, de Ferrare et de Commachio.

Les droits des souverains, à la vérité, ont été réservés, mais l'indépendance de l'Italie centrale a été aussi garantie, toute idée d'intervention étrangère ayant été formellement écartée ; enfin la Vénétie deviendra une province purement italienne.

Il est dans l'intérêt de Votre Majesté et de la péninsule de me seconder dans le développement de ce plan, afin qu'il produise les meilleurs résultats possibles, car Votre Majesté ne saurait oublier que je suis lié par le traité, et je ne puis dans le congrès qui est sur le point de s'ouvrir me soustraire à mes engagements. Le rôle de la France est tracé d'avance :

Nous demandons que Parme et Plaisance soient réunis au Piémont parce que ce territoire au point de vue stratégique lui est indispensable.

Nous demandons que la duchesse de Parme soit appelée au trône de Modène.

Que la Toscane, augmentée peut-être d'une portion de ce dernier territoire soit rendue au grand-duc Ferdinand.

Qu'un système de sage liberté soit ménagé en Italie.

Que l'Autriche se défasse franchement d'une cause permanente d'embarras pour l'avenir, et qu'elle consente à compléter la nationalité de la Vénétie en créant non seulement une représentation et une administration séparées, mais aussi une armée italienne.

Nous demandons que les forteresses de Mantoue et de Peschiera soient des forteresses fédérales, et enfin qu'une Confédération basée sur les besoins réels autant que sur les traditions de la péninsule, consolide à l'exclusion de toute influence étrangère, l'édifice de l'indépendance italienne.

Je ne négligerai rien pour atteindre ce grand résultat, que Votre Majesté en soit convaincue, mes sentiments ne varieront pas, et autant que le permettront les intérêts de la France, je serai toujours heureux de servir la cause pour laquelle nous avons combattu ensemble.

Nous en sommes fâchés, mais ce document manque de franchise envers tous les partis.

L'Empereur veut faire du Pape un prisonnier aux mains de la Confédération italienne.

Il veut expulser totalement l'Autriche avec les politesses d'un congrès, et il ne désire pas que le Piémont s'enrichisse de toute l'Italie.

Que veut dire ce respect du vœu des peuples et ce système de non-intervention ? S'il est réel, faites retirer de l'Italie les dictateurs, les généraux et les agitateurs piémontais, désavouez le parti de Mazzini que vous avez armé, et alors appelez les populations à se prononcer.

L'Angleterre réclame pour l'Italie la non-ingérence des États étrangers dans les affaires de cette péninsule, mais depuis 1846 l'Angleterre par ses agents pousse l'Italie et la Sicile à la révolte ; en 1847, ses flottes croisant sur le littoral semaient partout des appels au soulèvement ; et quant au Piémont, il soldait par toute l'Italie des agitateurs. La non-ingérence est seulement au profit de la révolution.

Montalembert a fait avant-hier saisir le *Correspondant* pour un article qu'il y avait inséré et où il ne disait cependant que la vérité[1] :

C'est la France qui a sauvé l'indépendance temporelle du Saint-Siège en 1849, et c'est elle qui la laisse ébranler et amoindrir en 1859.

Encore une fois, c'est la guerre portée par la France en Italie qui aura amené la destruction de l'autorité temporelle du Pape dans le tiers de ses États, et l'ébranlement irréparable de tout ce qui reste. La fille aînée de l'Église en demeurera comptable devant le présent comme devant l'histoire, devant l'Europe, comme devant Dieu.

Le rôle de l'Angleterre n'a qu'un nom... il est ignoble...

Il faut bien le proclamer, si l'Italie au lieu de décréter une statue à l'astuce, à la déloyauté, à la dépravation politique personnifiée dans Machiavel...

On sait que le gouvernement toscan vient de décider qu'il serait élevé une statue à Machiavel en même temps qu'à Napoléon III et au roi Victor-Emmanuel.

Montalembert est accusé par le Ministère de dénaturer les faits, de changer leurs conséquences.

Nous ne répondrons qu'une chose :

Qui a fait la révolution des Romagnes ?

Est-ce le prince Napoléon ?
le prince Pepoli ?
le colonel Cipriani ?
Piétri et son frère ?

Le Pape, par le fait de cette révolution, a-t-il perdu une partie de ses États ?

Montalembert est encore accusé de dépasser toutes les limites d'une appréciation libre des gouvernements étrangers en insultant les nations alliées de la France.

Le gouvernement français ne se gendarme que contre les attaques

---

1. Dans cet article paru le 25 octobre et intitulé « Pie IX et la France en 1849 et en 1859 », Montalembert opposait l'expédition de Rome de 1849, qui sauva l'indépendance temporelle du pape, et la politique actuelle qui ambitionnait de la supprimer. L'empereur y était comparé à Pilate. Ulcéré, il fit donner un nouvel avertissement au *Correspondant* et voulut traduire Montalembert en correctionnelle. Cependant, le juge d'instruction abandonnera très vite les poursuites. Voir Philippe Tollu, *Montalembert. Les libertés sous le Second Empire*, Paris, Albatros, 1987, p. 391 et suiv.

dirigées contre les gouvernements révolutionnaires ou protecteurs de révolutions.

L'assimiliation de l'Empereur à Machiavel est injurieuse, dit Monsieur Rouland, pourquoi donc les Italiens dressent-ils côte à côte ces deux statues ?

Rouland ne veut pas « abandonner à la merci des passions personnelles et des haines de partis, l'honneur de la politique française et la loyauté des principes si solennellement affirmés ».

Rien de tout cela n'est attaqué. Pauvre Rouland ! Ce n'est pas l'honneur de la politique française que conspue Montalembert, c'est son déshonneur, c'est ce travail souterrain que la France a laissé faire, enfin c'est le dépouillement du Pape opéré, on ne saurait le nier, en présence de l'armée française, et quant aux principes *si solennellement affirmés* ! il faut croire que la révolution est un principe, car la révolution seule a été choyée.

Aujourd'hui, on est embarrassé ; messieurs les Mazziniens sont armés par le dictateur venu du Piémont. Garibaldi, général de division piémontais, parcourt l'Italie centrale en triomphateur, et voilà qu'on n'ose plus compter sur Garibaldi.

D'un autre côté, Milan se prend à ne pas aimer les Piémontais.

L'Italie pourra punir un jour ceux qui ont ressuscité la statue et la politique de Machiavel.

Jeudi 10 novembre

La haute comédie qui se joue à propos des affaires d'Italie prend des proportions plus grandes. Le roi de Sardaigne a répondu, dit-on, à l'Empereur Napoléon que si le traité de Villafranca le liait, lui, Victor-Emmanuel était lié par ses engagements envers l'Italie centrale.

Puis, ce roi *galant homme* fait tant soit peu le rodomont et se prépare à passer du côté de l'Angleterre qui se montre notre adversaire le plus acharné et ne consentira à faire partie d'un congrès qu'à la condition de nous y jouer les plus mauvais tours possible.

Supprimer la Papauté et créer un État italien assez fort pour nous inquiéter, tel est son but.

Les Piémontais nous détestent très cordialement et nous le montrent de toutes les façons ; par contre, ils se rapprochent de l'Angleterre et notre campagne d'Italie aura pour résultat d'amoindrir, si ce n'est de briser la puissance temporelle des Papes, partant leur indépendance, et de faire de l'Italie une menace future sur notre flanc.

Pour obéir au vœu de populations auxquelles on a refusé le suffrage universel, les dictateurs piémontais disparaissent de l'Italie centrale et sont remplacés par un régent piémontais, le prince de Carignan.

L'armée romagnole qui, paraîtrait-il, n'inspire plus de confiance à la ligue, est remplacée sur la ligne des frontières par des troupes toscanes.

Les nouvelles transmises par les journaux n'inspirent d'ailleurs aucune confiance, tous mentent en faveur du parti qu'ils soutiennent.

La paix est, dit-on, signée à Zurich, et la France fait l'avance au Piémont de cent millions que cette puissance doit payer à l'Autriche !

J'avoue que c'est pousser loin la duperie.

Les Anglais n'ont pas envoyé un homme au secours de Victor-Emmanuel, ils ne lui prêtent pas un sou, mais ils parlent beaucoup, se proclament ses plus sûrs amis, et nous relèguent dans les derniers plans.

Le sang de 50 000 de nos soldats et l'argent de notre Trésor ne valent pas un mensonge anglais !...

Mardi 15 novembre

Le roi de Sardaigne refuse, dit-on, par le conseil de l'Empereur Napoléon, la dictature des provinces centrales de l'Italie, que les assemblées de ces provinces offraient au prince de Carignan. Une note insérée au *Moniteur* a blâmé cette offre qui empiétait sur les décisions du futur congrès, car la paix est signée, et le congrès va se réunir à Paris quoique l'Angleterre fasse encore pour la forme quelques difficultés.

L'Angleterre, si peu soucieuse du vœu des populations, désire que celui des populations italiennes sur la forme de leur futur gouvernement soit respecté et Dieu sait quel mode a été employé pour les consulter, Dieu sait sous quelle pression, avec quelle restriction il l'a été.

Ce que l'Angleterre voudrait être sûre d'obtenir, c'est la dépossession du Pape. Une fois, le Pape mis à la portion congrue sous la surveillance du Piémont, l'Angleterre sait que sa souveraineté et son indépendance ne sont plus que des mots sans valeur. Le Pape restreint ou privé du pouvoir temporel, l'Angleterre ouvre Rome à tous les cultes dissidents, elle la couvre de ses bibles et de ses prédications, elle n'épargne ni argent, ni séductions pour protestantiser l'Italie ; alors sa politique triomphe véritablement, la France est chassée de ce pays, la Sardaigne transformée en royaume italien règne au profit de l'Angleterre dans toute la péninsule, et nous avons à nous garder d'un allié des Anglais sur notre flanc méridional.

L'Angleterre ose avouer qu'elle ne peut permettre l'occupation de Tanger par les Espagnols, parce que cette place possédée par un gouvernement européen compromettrait la sûreté de Gibraltar qu'elle a volé à l'Espagne ; mais elle exprime toute son indignation contre la France qui s'oppose à la destruction de dix souverainetés au profit d'un ambitieux voisin de troisième ordre, candidat au premier rang des souverainetés, peu scrupuleux sur le choix des moyens, possesseur de la Savoie, porte ouverte sur la France, dangereux ennemi si nous avions une guerre contre l'Angleterre parce qu'il nous forcerait à nous garnir du côté des Alpes.

Le congrès qui va s'ouvrir décidera une grave question, non pas seulement celle de l'influence actuelle de la France, mais celle de sa sécurité future.

Encore un nouveau et inconcevable sénateur !

J'apprends que Saulcy, ancien conservateur du musée d'Artillerie, capitaine d'artillerie, membre de l'Institut, léger et aventureux dans ses assertions historico-archéologiques, compromis dans plusieurs tripotages d'affaires et de fournitures, inspecteur général des bibliothèques, est nommé sénateur !... Quelques personnes affirment qu'il n'a nullement intrigué pour obtenir cette dignité, mais que sa femme, dame de l'Impératrice, a su apprivoiser S.E. Monseigneur Fould ! Il faut avouer, si cela est vrai, que jamais siège au Sénat n'a été payé plus cher. Edgard Ney avait déjà fait nommer l'époux d'une de ses belles au poste de sénateur. Les grands officiers suivent les traces du maître.

Si cela continue, les historiens futurs pourront intituler l'histoire du Sénat : *L'Histoire des mille et une nuits*.

La grande-duchesse Marie de Russie, veuve du duc de Leuchtemberg et épouse d'un comte Strogonoff, présidente de l'Académie des beaux-arts de Pétersbourg, est à Paris. Elle a fait déjà deux visites au Louvre et doit y revenir. Cette princesse encore très agréable malgré ses trente-neuf ans passés est élégante, aimable et spirituelle. Elle réclamait de l'Empereur une dotation pour son fils aîné, petit-fils de l'impératrice Joséphine par le prince Eugène et qui à ce titre a joui jusqu'en 1850 d'une dotation dont l'impératrice avait disposé en faveur du prince Eugène et de sa descendance. Le Conseil d'État, saisi de la demande, a décidé que pour jouir d'une pareille dotation il fallait être prince français et que le fils de la grande-duchesse Marie était naturalisé russe.

Mercredi 16 novembre

La dernière brochure de Monsieur Émile de Girardin, *Napoléon III et l'Europe*, a été saisie.

Monsieur de Saulcy n'est pas le seul sénateur nouveau dont s'enrichira le palais du Luxembourg ; avec lui entrent dans le premier corps d'État : Monsieur le comte de Lagrange, général de division, plus connu pour ses intimités avec toutes les filles de marbre que pour ses hauts faits militaires ; puis enfin, Monsieur Rouland, ministre de l'Instruction publique et des Cultes.

Un des amis de Morel Fatio causait, il y a quelque temps, avec le ministre de la Guerre, maréchal Vaillant le nom de Saulcy fut prononcé.

« Vous le connaissez, je crois, monsieur ? dit le maréchal.

— Oui, sans doute, répondit l'interlocuteur, Saulcy est un capitaine d'artillerie, membre de l'Institut, fort savant et fort estimé pour quelques ouvrages scientifiques, entre autres un voyage sur les bords de la mer Morte. Il était encore tout dernièrement conservateur du musée d'Artillerie, mais il a donné sa démission.

— Dites qu'on l'a exigée de lui, reprit le maréchal, et que par la même occasion on l'a invité à prendre sa retraite ; mais venez dans mon cabinet, je tiens à vous faire consulter son dossier. »

Le maréchal entraîna l'ami de Morel Fatio dans son cabinet, et là, pièces sur table, il lui administra la preuve que Saulcy, officier de l'armée, conservateur d'un musée dépendant du ministère de la Guerre, avait trempé dans une sale affaire de pots-de-vin à propos de fournitures à faire aux troupes françaises ; compromis plus tard dans des affaires industrielles, Saulcy avait obtenu le poste d'inspecteur général des Bibliothèques, enfin pour l'indemniser tout à fait on le crée sénateur ! Il est de tous les voyages de Compiègne, il jouit de la plus haute faveur et il met, malgré le maréchal Vaillant qui se voit contraint de l'avoir pour *collègue*, ses *pots-de-vin* en bouteille.

On voit par là qu'il y a plus d'un moyen pour se faire une bonne cave.

Vendredi 16 décembre

Des déplacements continuels m'ont fait suspendre depuis un mois la conversation que j'ai avec mon livre confident. Ce temps cependant n'a pas été perdu pour l'observation. J'ai beaucoup causé, beaucoup écouté surtout, puis, j'ai beaucoup réfléchi, et sans attacher plus d'importance qu'ils n'en méritent aux signes extérieurs de la politique actuelle, dédaignant cette étroite polémique des journaux qui ne s'attachent qu'aux événements du jour, j'ai cherché l'avenir dans les contradictions mêmes du présent.

L'Empereur n'est pas communicatif, il reste des jours entiers, pour ainsi dire, sans parler ; la pensée cachée absorbe tout, il semble comme la divinité patient parce qu'il croit à son éternité. Calme et profondément dissimulé même pour ceux qu'il a le plus dans son intimité, son âme est de marbre comme sa figure. D'ailleurs, il n'estime pas assez les hommes pour en élever aucun jusqu'à sa confidence ; laborieux ouvrier, il a des outils et n'a pas de compagnons.

Il ne faut point prétendre le juger par ses actes seulement, car le sens véritable en échappe souvent aux esprits les plus perspicaces.

Mon esprit continuellement préoccupé de cette grande figure historique a cru pourtant entrevoir sa signification dans l'histoire du monde moderne. Dans mes longues veilles, j'ai suivi par la pensée ce puissant mineur, et malgré le silence de ses coups de pioche, j'ai pénétré dans les tranchées souterraines qu'il creuse avec une magnifique persévérance.

L'Empereur, allié de l'Angleterre, n'est pas son ami, il prévoit le jour où la lutte éclatera entre cette nation et la France, et il prépare les alliés auxquels il aura recours.

La guerre d'Italie, le réveil de l'Espagne, la campagne de cette dernière puissance contre le Maroc ont été des avertissements dont le sens ne m'a point échappé.

L'Empereur veut rendre à l'élément latin la force de cohésion, la vigueur morale qu'il a perdue ; il veut de Cadix et de Venise aux frontières de la Belgique et à la barrière du Rhin, réunir tous les peuples dans une même communauté d'intérêts ; opposer à l'élément saxon, l'élément latin, comme dans le Nord l'élément slave est opposé à l'élément germanique.

Le jour où sera opérée cette conciliation, le jour où l'Italie et l'Espagne ressuscitées auront repris leur place parmi les nations militaires et politiques, alors éclatera contre l'Angleterre une guerre de races opprimées, et l'Europe lui demandera compte de sa longue et insolente domination.

Jusque-là, l'Empereur se tait et prépare peu à peu les générations futures aux guerres qu'elles auront en partage par l'amélioration présente de la condition des peuples.

La lutte contre l'Angleterre est dans sa pensée, il la souhaite plus que personne, mais il ne la veut qu'à son jour, qu'à l'heure marquée sur son cadran mystérieux.

Il y a huit jours, j'ai eu une longue et intéressante conversation, le matin, chez la Princesse Mathilde, avec elle et le président du tribunal de 1re instance.

Voici ce qu'elle nous a dit :

« Ce n'est point Lagrange qui a tiré en 1848 sur le bataillon placé devant l'hôtel des Affaires étrangères, c'est Piétri !... qui depuis a été préfet de police. Je l'ai entendu encore tout animé du combat se vanter de son action, Piétri portait une blouse ! »

Puis, la Princesse nous a encore dit qu'en 1849 le prince Jérôme, Abbatucci et tout ce monde-là étaient d'une animation extraordinaire contre *le président*. On ne le nommait que *le scélérat*, *l'infâme*. Le prince Jérôme disait : « *Il me faut son sang.* » C'était un déchaînement incroyable. Piétri était alors et est encore l'âme damnée des Jérôme.

Monsieur Fould prétend que son fils réfugié à Londres n'a jamais rien publié contre lui ; que tout le bruit qu'on a fait d'un prétendu livre imprimé à Londres est pure invention, et il offre 10 000 francs à celui qui lui en montrera un exemplaire.

Le prince Jérôme était mourant avant-hier par suite d'étouffements et de douleurs du cœur, il est en ce moment beaucoup mieux.

La nomination de Saulcy est due à la seule influence de l'Impératrice.

Lenormand conservateur des Médailles à la Bibliothèque impériale est mort, sa succession a été disputée à Chabouillé, conservateur adjoint par mon collègue Longpérier, qu'appuyait vivement le prince Napoléon ; mais Chabouillé l'a emporté et maintenant le cours d'archéologie dont Lenormand était le professeur est ambitionné par Longpérier et Rougé, ces deux intrigants travaillent par tous les moyens à l'emporter l'un sur l'autre.

Le *Journal des débats* demande ce matin si l'Égypte appartient au Sultan ou à la reine d'Angleterre, car en réponse aux instances de la France, de la Russie, de la Prusse, de l'Autriche, du Piémont, de l'Espagne, etc. etc., pour l'ouverture du canal de Suez, la Turquie a répondu : « *Que ces puissances s'entendent et se mettent d'accord avec l'Angleterre.* »

Il est vrai que jamais on n'a entendu rien de pareil.

Vendredi 23 décembre

Le congrès va s'ouvrir, les plénipotentiaires sont désignés.

La Russie envoie son ministre des Affaires étrangères.

Le Piémont a insisté pour se faire représenter par Cavour, et Cavour y viendra !

Il a paru hier une brochure sur la Papauté et la position qu'elle devra occuper en Italie.

Cette brochure fait grand bruit, car on l'attribue à l'Empereur directement sans l'intermédiaire de La Guéronnière[1].

Les admirateurs *quand même* prodiguent la louange à ce factum, qu'ils considèrent comme solution, qu'ils admirent comme une illumination d'un génie merveilleux.

Je ne partage ni leur enthousiasme, ni leur confiance.

J'ignore de qui est cette brochure, mais elle pèche surtout par le raisonnement, et si elle n'est une amère dérision, elle est l'œuvre peu logique d'un homme politique fourvoyé dans le désir d'accoupler des principes contraires.

L'auteur établit d'abord que *le pouvoir temporel du Pape au point de vue du double intérêt de la religion et de l'ordre politique de l'Europe est une chose parfaitement démontrée.*

Il établit encore que *le pouvoir temporel du Pape est nécessaire à l'exercice de son pouvoir spirituel.*

... *Qu'au point de vue politique, le chef de deux cent millions de*

1. Sur cette brochure intitulée *Le Pape et le Congrès*, que Viel Castel nous résume à la suite et qui est capitale, car elle marque la rupture entre Napoléon III et le parti catholique, voir la lettre de Mérimée à Panizzi du 26 décembre 1859 dans Prosper Mérimée, *Correspondance générale, op. cit.*, 2e série, t. III et Pierre de La Gorce, *Histoire du Second Empire, op. cit.*, t. III, p. 173-188.

catholiques ne doit appartenir à personne... que si le Pape n'était pas souverain indépendant, il serait français, autrichien, espagnol ou italien, etc. etc.

Puis, il arrive à cette conclusion :

que le pouvoir temporel du Pape est nécessaire et légitime, mais incompatible avec un État de quelque étendue. Il n'est possible que s'il est exempt de toutes les conditions ordinaires du pouvoir !... C'est-à-dire de tout ce qui constitue son activité, son développement, ses progrès. Il doit vivre sans armée, sans représentation législative et, pour ainsi dire, sans code et sans justice.

Ce superbe pathos paraît bien près du déraisonnement quand on vient à relire les termes du point de départ :

Que le pouvoir temporel du Pape est nécessaire à l'exercice de son pouvoir spirituel.

Je cherche vainement la trace d'un pouvoir temporel quelconque jusqu'ici, je ne la trouve pas ; à moins qu'il ne faille accepter comme sérieuses les burlesques énumérations suivantes :

... Sans ce régime, les dogmes sont les lois, les prêtres sont les législateurs, les autels sont les citadelles et les armes spirituelles sont la seule égide du gouvernement. Sa puissance est moins dans sa force que dans sa faiblesse...

Un pouvoir temporel qui doit sa force à sa faiblesse qui n'a d'autres armes que les armes spirituelles, n'est pas un pouvoir temporel ; mais allons plus loin :

Il suit de là naturellement, d'après nous, que la question n'est pas de savoir si le Pape aura plus ou moins de sujets, plus ou moins de territoire. Il faut qu'il en ait assez pour ne pas être assujetti lui-même, et pour être souverain dans l'ordre temporel, mais il ne faut pas que cette souveraineté l'oblige à jouer un rôle politique, car alors le Pontife, loin de trouver dans ce pouvoir une garantie d'indépendance n'y trouverait qu'une condition de servitude pour lui ou une nécessité d'asservissement pour son peuple.

C'est là du galimatias ou je ne m'y connais pas.

Qu'est-ce qu'une souveraineté temporelle qui ne sera pas politique ?... Qui aura des citadelles formées d'autels ?... Qui sera forte de sa faiblesse et qui trouvera son indépendance dans l'exiguïté de sa puissance ?

Toute cette phraséologie serait risible, si le sujet prêtait à rire.

Le pouvoir temporel ainsi défini semble encore trop considérable à l'auteur de la brochure.

Nous concevons donc le gouvernement temporel du Pape comme l'image du gouvernement de l'Église. C'est un pontificat et non une dictature. Le large développement de la vie municipale dégageant sa responsabilité des intérêts administratifs, il peut se maintenir dans une sphère qui l'élève au-dessus de la manipulation des affaires. Membre de la Confédération italienne, il est protégé par l'armée fédérale.

Le pouvoir temporel, déjà privé du pouvoir politique, n'a plus même le pouvoir administratif de la ville de Rome. Ce pouvoir est remis à une municipalité qui le développe *largement*.

Cette municipalité pourra concéder l'érection de temples protestants, de synagogues, accorder le libre exercice de tous les cultes dans la ville consacrée au Pontife catholique, puis un beau jour, comme conséquence forcée, ainsi que cela s'est pratiqué en France, un arrêté municipal interdira l'exercice extérieur du culte catholique s'appuyant sur ce considérant que tous les cultes sont protégés dans Rome et qu'il ne peut être accordé à l'un ce qui est interdit aux autres ; ou bien qu'il faut respecter les croyances de chacun, et qu'un protestant ou un juif ne peuvent être tenus de faire acte de respect ou de déférence pour les cérémonies d'un culte qui leur est étranger, etc. etc.

Par suite du même principe, la même municipalité *largement* développée peut notifier au Pape qu'il ait à cesser de donner publiquement et solennellement sa bénédiction *urbi* et *orbi*.

Voilà donc le Pape souverain temporel sans aucune possibilité d'exercer cette souveraineté.

La brochure fait beaucoup valoir qu'il ne peut y avoir pour la population de jouissance de droits politiques ni de représentation législative, mais dans ce *large développement* de la vie municipale pointe un tout petit *article 14* qui place la municipalité dans cette heureuse liberté de tout entreprendre.

La brochure affirme cependant qu'elle veut l'indépendance du Pape, car elle est d'un *bon catholique*, cette brochure ! l'auteur le proclame.

Le Pape ne doit dépendre de personne, c'est encore l'auteur de la brochure qui concède ce grand principe, c'est l'effort généreux de ses premiers paragraphes.

Cependant cette générosité est bientôt détruite par une comédie de générosité pécuniaire trop curieuse pour n'être pas citée textuellement :

> Un autre point très important, c'est que le culte catholique ne reste pas exclusivement à la charge des sujets du gouvernement pontifical. Le Pape est le souverain spirituel de tous les fidèles, il ne serait pas juste que les dépenses nécessaires pour entretenir la splendeur qui convient à la majesté du chef de l'Église fussent supportées par les populations de ses États. C'est aux puissances catholiques à pourvoir à ces dépenses qui les intéressent toutes, par de larges tributs payés au Saint-Père.

Voilà le souverain temporel devenu fonctionnaire européen, soldé pour être indépendant par les puissances catholiques qui en cas de mécontentement pourraient lui retirer ses appointements.

Son indépendance sera gardée dans Rome par les soldats des États italiens ou sardes, ceci a quelque point de ressemblance avec Louis XVI surveillé par Lafayette et la garde nationale.

D'autre part, le Pape est traité comme les souverains indiens dépossédés par la *Compagnie des Indes* ; on lui fait une pension et on lui donne le Vatican pour prison. On lui prend les Romagnes révolutionnées par le prince Napoléon, directeur de Piétri, et par des Toscans, des Piémontais, des Lombards, etc. etc., et l'auteur de la brochure croit avoir tout expliqué en disant :

Les Romagnes sont détachées des États pontificaux par le même droit qui en a fait détacher le comtat Venaissin.

Le Pape est réduit non pas à la ville de Rome, mais à son oratoire, à son Vatican, au droit d'y tenir fenêtres fermées une cour de cardinaux ; que fait l'auteur de la brochure ?... Il lance à l'adresse des Romains quelques phrases qui devront les disposer peu favorablement envers le Pape ; je terminerai en les citant, l'examen de cette brochure qui ne mérite pas un examen sérieux. Il me semble qu'il y a quelque chose d'odieux dans ces phrases ; on en pourra juger :

... En résumé, il y aura en Europe un peuple qui aura à sa tête moins un roi qu'un père et dont les droits seront plutôt garantis par le cœur de son souverain que par l'autorité des lois et des institutions.

Ce peuple n'aura pas de représentation nationale, pas d'armée, pas de presse, pas de magistrature. Toute sa vie publique sera concentrée dans son organisation municipale : en dehors de ce cercle étroit [l'auteur oublie qu'il vient de dire que ce cercle sera largement développé], il n'y aura d'autres ressources pour lui que la contemplation, les arts, le culte des ruines et la prière.

Il sera à jamais déshérité de cette noble part d'activité qui dans tous les pays est le stimulant du patriotisme et l'exercice légitime des facultés de l'esprit ou des supériorités du caractère.

Sous le gouvernement du Souverain Pontife, on ne pourra prétendre ni à la gloire du soldat, ni à celle de l'orateur ou de l'homme d'État.

Ce sera un gouvernement de repos et de recueillement, une sorte d'oasis où les passions et les intérêts de la politique n'aborderont pas, et qui n'aura que les douces et calmes perspectives du monde spirituel.

Sans doute, il y a dans cette condition exceptionnelle quelque chose de pénible pour les hommes qui sentent en eux de nobles ambitions de servir et de s'élever par le mérite et qui sont condamnés à l'inaction. C'est un sacrifice qu'il faut bien leur demander dans un intérêt d'ordre supérieur devant lequel les intérêts particuliers doivent s'effacer, etc. etc.

Conclusion :

Elle brille par le sérieux de la bouffonnerie :

Le Pape souverain temporel *indépendant*, soldé par les puissances catholiques, privé de pouvoir temporel par une municipalité romaine, gardé à vue par les soldats de Garibaldi.

Le peuple romain ! Il est utile de le punir de n'avoir pas voulu s'insurger, l'auteur de la brochure lui demande la permission de lui faire avec sa plume la soustraction du cœur.

Le Pape élevé au même rang que le roi d'Oude.

Le peuple romain classé parmi les parias.

Si Cavour avait revu les épreuves de cette brochure, je ne serais pas surpris.

Samedi 24 décembre

Nieuwerkerke m'affirmait ce matin que l'Empereur avouait la paternité de la fameuse brochure, j'en suis fâché, et je ne suis pas le seul à en être fâché, car plus je la lis attentivement, plus, je la trouve illogique, et plus, elle me semble s'éloigner du but qu'elle se propose.

L'Angleterre s'en montre très satisfaite et je le crois sans peine ; elle ne veut qu'une chose : la destruction de la Papauté, et voilà que le premier grand coup lui est porté par l'Empereur Napoléon III.

Charlemagne et avant lui son père Pépin avaient traversé les Alpes pour affranchir le Saint-Siège de la tyrannie des Lombards.

On ne peut, disent les partisans de la brochure, tenir perpétuellement garnison à Rome pour défendre le Pape contre ses sujets, et si demain l'occupation cessait, le Pape serait ou chassé, ou assassiné.

Oui, il en pourrait être ainsi si en retirant la garnison française, on laissait pratiquer au roi de Sardaigne les intrigues révolutionnaires dont il ne s'est fait faute dans aucun coin de l'Italie.

Il est remarquable qu'on lève une armée, qu'on perde 50 000 hommes et qu'on dépense 300 000 000 de francs pour intervenir en Italie en faveur du roi de Sardaigne, notre ennemi futur, pour l'élever au rang inquiétant de premier ordre, et qu'on ne pense pas qu'il faille faire respecter et qu'il faille protéger contre Mazzini, Garibaldi, ou l'ambition sarde, la Papauté qui est plus qu'une souveraineté, qui est la première des institutions, la clef de voûte du monde catholique.

Quant à ce que l'Empereur a tenté pour convaincre les Italiens de la nécessité d'une restauration des ducs, c'est une plaisanterie !... Il envoyait, il est vrai, dans ce but deux agents, mais quels agents ? Reiset et Poniatowski, c'est tout dire !

D'un autre côté, la Sardaigne gouvernait, dirigeait l'Italie, la comprimait par ses agents, ses généraux, ses administrateurs, fabriquait des semblant d'élections, embouchait les cent voix de sa presse pour faire croire à une unanimité en sa faveur.

Enfin, tout cela a été de la comédie, de l'archicomédie, et la brochure est le final d'un acte, nous saurons quelque jour si c'est le final final.

Lundi 26 décembre

Hier soir, chez la Princesse Mathilde, on causait beaucoup de la brochure que l'on trouvait admirable, on était presque mécontent d'une seule chose, c'est que la part fût encore trop belle pour la Papauté. On trouvait charmant ces consolations dérisoires adressées aux Romains, ces louanges aux *grands Papes qu'il y a eu dans l'histoire*, etc. etc., et je ne sais plus qui se mit à dire : « *Les Romains auront pour ressource de renvoyer leur gouvernement s'ils n'en sont pas contents.* »

Voilà le grand mot, le grand espoir ! Le Pape gardé à vue d'abord, puis chassé !... Cette petite satisfaction donnée à l'Angleterre fortifiera l'alliance.

On était furieux contre Veuillot qui a inséré dans *L'Univers* un projet d'adresse des catholiques au Pape.

La Princesse nous l'a lue et chacun a fait sa motion ; le fils adoptif de La Valette aurait voulu faire arrêter Veuillot, Arago opinait pour la suspension du journal, Benoît Champy un second avertissement à Veuillot.

Le soir, cet archi-intrigant d'abbé Coquereau, aumônier en chef de la flotte, chanoine de première classe de Saint-Denis, proto-notaire apostolique... Monseigneur Coquereau enfin est venu dire à la Princesse que le clergé se montrait ravi de la brochure de l'Empereur et du sort réservé à Sa Sainteté le Pape :

Vous lui fîtes, seigneur,
En le croquant
Beaucoup d'honneur !

Et quant au berger, l'on peut dire :

Qu'il était digne de tous maux
Étant de ces gens-là qui sur les animaux
Se font un chimérique empire !...

Tous les bons petits athées ou incrédules qui se réunissent chez la Princesse Mathilde se montraient radieux ; c'était Noël, un jour de fête, la Papauté mise en servage, l'œuvre de Charlemagne mise au pilon, les Lombards vengés, les anciens oppresseurs de l'Italie transformés en italiens et devenus geôliers du grand représentant chrétien en Italie ! *Hosanna !...*

Pauvres politiques... Pauvres hommes qui ne comprennent pas que le principe d'autorité a le Pape pour représentant et pour symbole !... Pauvres fous qui ne vous souvenez pas d'hier.

Les révolutionnaires français dépouillèrent d'abord le clergé de ses biens, en disant : le respect augmentera pour le sacerdoce pauvre. Le temporel n'est pas le spirituel.

Après, on voulut lui faire jurer contre sa croyance l'observation d'une constitution civile, et sur son refus on l'exila, on le chassa des églises, on le traqua dans les bois et les montagnes comme une bête fauve.

Après on ferma les églises et l'on décréta qu'il n'y avait pas de Dieu.

Après encore, on massacra les prêtres et on adora la déesse *raison*.

Il semblerait que les *hommes d'État* sentent le besoin d'une opposition religieuse... Imprudents !

Pour Noël, la Princesse nous a fait tirer une loterie, nous étions quinze et pour chacun il y a eu un lot. Le matin, elle m'avait envoyé pour mes étrennes un écrin pour le thé contenant douze cuillers de vermeil et la pince à sucre marquées à mon chiffre et ma couronne.

J'oubliais un événement important dans la situation :

L'Empereur et l'Impératrice ont assisté à la Porte St-Martin à la représentation d'un drame en cinq actes de M. Victor Séjour intitulé *La Tireuse de cartes*. Ce drame est la mise sur la scène de l'affaire Mortara, l'enfant du juif baptisé par sa nourrice, etc. [1].

L'Empereur et l'Impératrice donnaient le signal des applaudissements, dit le journal *Le Siècle*.

Je n'aime pas cette façon de témoigner ses sentiments sur une affaire religieuse en présence des complications qui se préparent pour le Saint-Siège. Qu'il ait eu tort de soustraire un fils à ses parents, de maintenir malgré eux sa conversion, ce n'est point ce dont il s'agit, mais l'Empereur ne devrait pas exprimer son opinion à la Porte St-Martin.

Mardi 27 décembre

Le but de la fameuse brochure semble se dessiner par l'interprétation que lui donnent ses panégyristes.

Le Pape se montrait peu disposé à toutes les réformes qu'on exige de lui, alors par le moyen de la brochure, on a voulu lui démontrer l'impossibilité qui lui sera faite d'exister autrement.

De là, ces doléances aux Romains qui sont de nature à les disposer peu favorablement pour le régime qu'on veut imposer ; de là, cette description d'un prétendu pouvoir temporel qui ne serait en réalité qu'un privation de tout pouvoir quelconque.

Les *Aboutistes* se réjouissent, le clergé est indisposé, un nouveau ferment de division est introduit dans le pays, et le gouvernement est entraîné dans une voie de rigueur contre la presse religieuse.

L'Univers a reçu un second avertissement, il peut être supprimé à la première occasion, et les amis imprudents poussent le gouvernement à cette mesure.

---

1. Fils d'un commerçant juif de Bologne, le jeune Edgardo Mortara fut baptisé secrètement par la servante de la famille qui le croyait à l'article de la mort. Il survécut, fut saisi sur ordre de l'Inquisition puis conduit dans un monastère romain afin de devenir un catholique modèle. Dès l'enlèvement de cet enfant de six ans, en juin 1858, l'émoi fut immense à travers le monde. Les patriotes italiens crièrent au scandale derrière Mazzini et Garibaldi. Les Rothschild se mobilisèrent, de même que les communautés juives nord-américaines et européennes. Napoléon III intervint. Plusieurs versions théâtrales du drame furent rapidement données, dont celle évoquée ici, œuvre de Mocquard, chef de cabinet de l'empereur. Mais Pie IX qui en fera une affaire personnelle ne cédera pas et adoptera même l'enfant. Devenu prêtre en 1873, Edgardo Mortara tentera de convertir sa famille. Voir aussi les *Mémoires* à la date du 3 janvier 1860 et David Kertzer, *Pie IX et l'enfant juif. L'enlèvement d'Edgardo Mortara*, Paris, Perrin, 1997.

Hier, chez la Princesse Mathilde, La Guéronnière avec lequel j'étais en froid depuis quelque temps, parce que je trouvais, ainsi que je l'ai dit dimanche à son ami Latour-Dumoulin, que s'il est bien d'user de ses amis pour parvenir, il n'est pas bon de les négliger quand on pense n'avoir plus besoin d'eux, est venu à moi, m'a entraîné dans un coin du salon et s'est efforcé de me démontrer qu'il m'était tout dévoué. Il m'a dit que loin de m'oublier il avait songé à tirer parti de son passage aux affaires pour me proposer une situation dans mes goûts tout à la fois honorable et profitable ; et après avoir longtemps parlé de l'affaire dont il désire que je prenne la direction, nous nous sommes ajournés au jeudi de la semaine prochaine pour conclure ; nous devons ce jour-là dîner ensemble.

Mercredi 28 décembre

Le clergé français, quoiqu'en dise l'abbé Coquereau et même l'abbé Lainé, est en insurrection contre la fameuse brochure.

L'Union d'aujourd'hui contient un long factum de l'abbé Dupanloup, évêque d'Orléans, dans lequel est attaquée sans ménagement l'œuvre impériale. Ce soir, Monseigneur Dupanloup corrigeait les épreuves de ce même factum qui doit paraître demain dans *L'Ami de la religion*. Il se livrait à ce travail dans le bureau même du journal.

Une des personnes présentes lui dit : « Ne craignez-vous pas, Monseigneur, que ces discussions violentes ne nous conduisent à des événements regrettables dont la religion catholique aurait la première à souffrir ?

— Non pas la religion, répondit le prélat, on peut la proscrire un moment, mais elle vaincra toujours. Quant à nous, quant à sa milice, on nous chassera, on peut même nous couper le cou, nous sommes ici-bas pour confesser notre foi, notre mort ne sera qu'un triomphe de plus.

« La prison des Carmes reste dans le souvenir de tous pour apprendre comment se comportent les prélats français vis-à-vis des bourreaux. »

Quelques personnes disaient ce soir que cette malheureuse brochure pourrait être un embarras pour le congrès, et qu'il serait possible que le cardinal Antonelli refusât de prendre part à une réunion de diplomates qui n'auraient à délibérer que sur le genre de mort à décréter contre la Papauté.

D'autres personnes pensaient que l'Autriche, l'Espagne et Naples, hésiteraient en présence de cette manifestation du souverain français.

Jeudi 29 décembre

Le *Constitutionnel* répond ce matin au factum de Monseigneur d'Orléans, mais sa réponse n'est pas forte. Il a soin de ne pas toucher à cette partie de la brochure impériale que je regarde comme une mauvaise plaisanterie à l'adresse des Romains consolés de la nullité à laquelle on les voue par la permission de contempler les monuments antiques de leur cité et de se livrer à la prière.

Mais le *Constitutionnel* s'étend longuement sur l'impossibilité de concilier la foi, le dogme, la religion en un mot avec le progrès ; sur l'imminence des révolutions qui surgiraient dans Rome le lendemain du départ des troupes françaises, etc. etc.

Ce que le *Constitutionnel* ne cherche pas, c'est l'influence qui mettrait ces révolutions en action ; c'est la part qu'y prendraient les Piémontais, les Toscans, les Lombards, enfin tout ce qui a fait le mouvement des Romagnes.

S'il y a une violence que je déplore dans les publications des défenseurs de la Papauté, il y a mauvaise foi de la part de ceux qui l'attaquent.

On n'arrive que peu à peu à déceler ce que l'on veut, on montre enfin depuis avant-hier ses intentions :

Le Pape prisonnier dans Rome et gardé par les troupes de Garibaldi.

La Papauté ne peut accepter cette situation.

La brochure reconnaît elle-même que le Pape doit jouir d'une indépendance complète et je demande à tout homme de bonne foi si la Papauté gardée dans Rome par les soldats de la ligue auxquels elle n'aurait pas d'ordre à donner, privée d'influence politique, débarrassée des soins administratifs par la municipalité romaine qui régnerait en son nom, pourrait être indépendante ?

Non, elle serait prisonnière, la subvention même que lui paieraient les puissances catholiques constaterait son servage. Ce n'est plus le Pape que l'on veut à Rome, c'est un fonctionnaire soldé que les gouvernements parlementaires discuteraient à propos même du subside qui lui est payé.

Ne faites pas une Papauté *mérovingienne fainéante*, souverains qui voulez vous retremper à la source du principe même d'autorité. Que la Papauté surtout n'accepte pas des maires du palais, mieux lui voudrait pour la conservation du respect qui lui est nécessaire, la persécution, l'exil, la pauvreté.

Pie VII était plus grand et plus puissant dans sa prison de Fontainebleau que ne le serait Pie IX dans son Vatican gardé par les soldats de la ligue, que Pie IX soldé par les souverains catholiques, que Pie IX consentant au dépouillement du patrimoine de saint Pierre, que Pie IX enfin ne pouvant sortir de ce grand Vatican cloîtré qu'on lui ferait en neutralisant Rome.

La Sardaigne, qui depuis des années surexcite les populations italiennes, crie bien haut qu'elle seule peut opposer une barrière aux coupables efforts des Mazziniens, et pourtant la Sardaigne avance leurs affaires.

Rome a perdu l'Empire, elle est menacée de perdre la Papauté, mais il lui restera l'École de France, et son Vatican sera occupé par quelque gouverneur comme un Buoncompani, un Brofferio, un Valerio ou même un Cavour charmé pour couronner son œuvre de pouvoir trôner sur les débris du trône pontifical.

L'Empereur a brûlé le Pape sur l'autel de l'alliance anglaise. Les trois royaumes unis s'en réjouissent ; ceux qui aiment l'Empereur s'en affligent, car ils sont forcés de reconnaître qu'il dément par sa brochure les nobles paroles adressées par lui au Pape, il y a moins d'un an, et que s'il fait les affaires du Piémont et de l'Angleterre il les fait en blessant le sentiment français.

La brochure, malgré les louanges dont on l'accable, n'est pas digne de l'Empereur, c'est de *l'About* sérieux. Ce qui non plus n'est pas digne de l'Empereur, c'est sa présence à la Porte St-Martin et ses applaudissements, ainsi que ceux de l'Impératrice prodigués au drame de *La Tireuse de cartes*.

Cette dernière action montre la recherche d'une mauvaise popularité.

Il m'en coûte de ne pas approuver l'Empereur, mais vraiment je ne le peux pas. Je l'ai suivi et servi avec une fidélité parfaite et plein d'espoir en l'avenir ; je le suivrai et le servirai dorénavant avec la même fidélité, mais je l'avoue, avec tristesse.

Minuit

Je déplorais ce soir au Cercle impérial en causant avec le général Ornano la publication de la fameuse brochure, et je trouvai ce vieil ami de l'Empereur aussi désolé que je le suis moi-même, du mauvais effet qu'elle produit.

« C'est un grand malheur, me disait-il, que cette lutte commencée contre le clergé. Troplong et Morny ont été désolés lorsqu'ils ont connu la brochure qui leur semble malencontreuse.

« Les ministres sont demeurés abasourdis, elle n'avait été communiquée à aucun d'eux. »

L'Empereur s'est créé un grand parti ennemi, le clergé, et il avait su le rallier jusqu'à présent.

Samedi 31 décembre

L'Empereur, mécontent, dit-on, de la ligne de conduite adoptée par l'Espagne dans l'affaire romaine, lui redemanderait deux cents millions qu'elle doit à la France.

Que vont dire les journaux ministériels ou plutôt gouvernementaux qui s'élèvent avec tant de force contre la réclamation de quarante-quatre millions faite par l'Angleterre, et qui la trouvent abominable au moment même où l'Espagne fait de si grands efforts dans sa guerre contre le Maroc ?...

Ceci prouve surabondamment qu'il ne saurait y avoir d'indépendance quand il y a des questions d'argent, et que le Pape soldé par les gouvernements catholiques perdrait son libre arbitre.

La Patrie annonce que l'ouverture du congrès est différée. Quelques personnes émettent des doutes sur sa réunion.

Quelques journaux gouvernementaux entament une discussion maladroite et passionnée du factum de Monseigneur Dupanloup.

Le Constitutionnel qui veut être très malin essaie ce matin dans un article adressé sous forme de lettre à ce prélat le système des personnalités.

Je le répète, cette affaire est mauvaise, et la brochure fera grand mal. Nous ne sommes point assez remis pour risquer de telles secousses.

Il y a un an, l'Empereur qui rêvait depuis longtemps la guerre d'Italie, et qui en avait décidé l'exécution depuis trois mois, dit à la réception du jour de l'an à l'ambassadeur d'Autriche les fameuses paroles qui ne laissèrent douter personne de ce qui allait arriver. Puis l'Empereur fit paraître une brochure émanée de sa pensée personnelle sur la question italienne.

Aujourd'hui, sur la question romaine, il livre encore sa pensée à l'impression ; je ne crois pas qu'il soit bon qu'un souverain se prodigue ainsi ; je ne crois pas surtout qu'à la veille d'un congrès un souverain, qui doit y siéger comme partie principale, fasse une œuvre juste en publiant une brochure semblable à celle qui occupe en ce moment l'attention publique.

Les journaux italiens réclament déjà Civita-Vecchia et le reste des États romains à l'exception de Rome. S'ils obtiennent ce qu'ils désirent, on travaillera à décatholiser Rome et le *tour* sera complètement fait.

Déjà en Toscane, les sociétés bibliques anglaises travaillent ardemment et sur les plaintes du clergé, le gouvernement répond que l'exercice de tous les cultes est libre. L'Italie protestantisée est le grand espoir de l'Angleterre. Le jour où le protestantisme triomphera, l'influence française disparaîtra tout à fait.

Il ne faut pas croire que la Papauté soit si peu de chose en Europe et dans le monde, qu'on en puisse faire bon marché. Si les tempêtes humaines avaient la possibilité de la faire disparaître, la liberté y gagnerait peu, car je ne sais pas si l'on doit envier le sort de la Russie où le souverain est tout à la fois le chef de l'Église et le monarque.

Ces deux pouvoirs réunis peuvent coexister dans un petit État comme l'État romain, et encore, parce que la perpétuité de cette coexistence ne se transmet pas de père en fils, elle ne saurait exister là où la famille s'en emparerait. Rien n'est plus absolu avec des prétentions à l'extrême liberté que le système anglican et rien n'est plus tyrannique, il n'y a pour en être convaincu qu'à parcourir les trois royaumes unis.

Il serait bon certainement de solliciter du Pape quelques réformes dans l'administration séculière de ses États, de l'appuyer dans ses intentions réformatrices et surtout de surveiller les agitations des révolutionnaires italiens, qui, comme en 1848, viendraient entraver ses bonnes intentions, car dans cette voie de réformes, le jour où elle serait ouverte, on verrait accourir à Rome, les Mazziniens de toutes les parties de l'Italie ; mais il ne faut point déconsidérer le Père commun des fidèles, en lui enlevant tout pouvoir temporel ainsi que le propose la brochure.

La révolution disait aussi en 1789 : *Si nous dépouillons le clergé, si nous lui reprenons des biens qui lui ont été confiés, nous n'enlevons rien à la religion. La primitive Église, celle des catacombes, brillait par sa pauvreté, et les peuples s'inclinaient devant elle, pleins de respect.*

La révolution disait cela, et trois ans plus tard, les églises étaient fermées, le culte était proscrit, et les prêtres étaient renvoyés aux catacombes, mais massacrés ; on les sortait par charretées des prisons pour les enfouir pêle-mêle dans les excavations des plaines de Montrouge.

En prenant les biens du clergé, l'Assemblée nationale lui avait alloué des subsides, comme on propose aujourd'hui d'en allouer au Pontife romain. Peu après on demanda au clergé de prêter serment à une constitution civile et comme sa confiance lui défendit de le prêter, les prêtres dépouillés de leurs biens, le furent de l'indemnité qui leur avait été concédée.

Enfin, le caractère sacré du prêtre devint un motif de condamnation capitale, et au nom de la philosophie la fin du XVIIIe siècle revit les martyrs, servis en spectacle, à une populace stupide.

La révolution demande aujourd'hui la confiscation des États du Pape, en protestant de son respect pour sa personne sacrée, demain elle demandera sa proscription.

Catacombes, rouvrez-vous !

Année 1860

Lundi 2 janvier

On attendait avec une certaine inquiétude le discours que le nonce devait adresser à l'Empereur au nom du corps diplomatique. Quelques personnes prétendaient qu'il y serait fait allusion à la fameuse brochure, il n'en a rien été. Le nonce a fait un discours de quatre lignes, il s'est contenté au nom du corps diplomatique de présenter à l'Empereur des vœux à l'occasion du jour de l'an. Discours très froid et très concis. Ce soir, je transcrirai le texte de la réponse de l'Empereur.

En Bretagne et dans une partie du Midi il règne de l'irritation, on y est exaspéré non seulement par les conclusions de la brochure, mais le ton général soulève l'indignation.

Le *Courrier du dimanche* contient un article de Prévost-Paradol, ancien rédacteur des *Débats*, extrêmement vif et bien adroitement fait, il y a un paragraphe qui est presque une provocation quand on le rapproche des sarcasmes adressés aux catholiques qui se prétendent trompés :

> L'émotion pourrait s'accroître et la scène s'élever s'il y avait encore dans le monde quelques hommes capables de sacrifier leur repos et tout le reste à l'idée qu'ils doivent se faire du devoir et de l'honneur. Mais cela n'est pas trop à craindre dans le temps où nous sommes. L'histoire a vu des siècles plus méchants que le nôtre, elle n'en a guère vu de plus lâches, à ce point qu'un grand exemple de courage ressemblerait à un miracle et que celui qui le donnerait paraîtrait inspiré par Dieu même !

Monsieur Prévost-Paradol appuie sur toutes les énormités que j'ai signalées, hypocrisie envers le Pape, défaut de logique, etc. etc.

On parle du changement de Walewski qui aurait pour dédommagement l'ambassade de Pétersbourg. On parle aussi du renvoi de Chasseloup, on ne croit plus beaucoup au congrès, enfin, il y a malaise dans la situation.

St-Marsault, préfet de Seine-et-Oise, me disait avant-hier que son évêque, homme très calme et très prudent, lui avait avoué que le clergé de son diocèse était très *travaillé* en faveur du Pape.

L'Empereur à la réception, hier matin, se montrait calme et souriant ; il tenait son fils par la main. Le public se demande si l'Empereur compte nous agiter ainsi tous les ans pour nos étrennes.

Mardi 3 janvier

Voici le discours du nonce, si tant est qu'on puisse donner à une phrase le nom de discours :

> Sire,
>
> Dans ce premier jour de l'an qui réunit autour de Votre Majesté le corps diplomatique, j'ai l'honneur, Sire, de vous offrir ses vœux et ses hommages respectueux.

L'Empereur a répondu :

> Je remercie le corps diplomatique des vœux qu'il veut bien m'adresser au retour du nouvel an, et je suis particulièrement heureux cette fois d'avoir l'occasion de rappeler à ses représentants que depuis mon entrée au pouvoir j'ai toujours professé le plus profond respect pour les droits reconnus. Aussi, soyez en persuadé, le but constant de mes efforts sera de rétablir partout, autant qu'il dépendra de moi la confiance et la paix.

Il s'agit maintenant de savoir ce que l'Empereur entend par *droits reconnus*. Est-ce les droits créés par des traités ou les droits créés par des révolutions préparées et perpétrées, on sait dans quelles officines !

En attendant, il est à peu près certain, si quelque chose peut être certain dans le siècle où nous sommes, que le congrès n'aurait pas lieu.

Les journaux anglais en sont assez satisfaits ; la fameuse brochure atteint peut-être en cela un des buts qu'elle se proposait ; ce serait alors un nouveau sacrifice à l'alliance anglaise.

Persigny que j'ai vu hier au Cercle impérial est très partisan de cette alliance qu'il considère comme indispensable et j'avoue que j'en suis beaucoup moins enthousiaste que lui.

Jamais l'alliance anglaise ne tolèrera l'accroissement de notre puissance maritime, ni la concurrence de notre commerce sur les marchés d'outre-mer. Partout et toujours, même sur le continent elle cherchera à nous entourer d'ennemis et elle regardera comme siens ceux des États souverains qui seront trop dans notre alliance.

L'Angleterre nous tolère quand nous ne cherchons pas à ronger une maille du filet de 1815, mais si nous tendons à reprendre notre place dans le monde, si nous voulons lui disputer même pacifiquement l'empire des mers, elle nous hait.

Voyez-la, fortifiant ses côtes et jusqu'aux îles qui sont à peine à deux ou trois lieues de notre littoral, s'opposant au percement de l'isthme de Suez, cherchant à miner notre influence à Constantinople, dépréciant l'Espagne parce qu'elle la croit notre alliée, applaudissant aux attaques contre la Papauté parce que la Papauté est comme une émanation française en Italie.

Elle nous flatte lorsque nous allons pour elle combattre la Russie en Orient, ou que pour d'injustes motifs nous voulons forcer l'empereur de la Chine à recevoir une ambassade armée dans sa capitale.

L'Angleterre accepte avec joie notre concours pour assurer à son commerce d'empoisonneurs le débit de l'opium que l'Inde est employée à fabriquer.

Aussi longtemps que l'Empereur consentira à reconnaître la *Papauté* de l'Angleterre, sa suprématie et son infaillibilité, il sera choyé par le gouvernement et le peuple anglais !...

Nous étions plus grands et plus puissants en Europe avant la guerre d'Italie que nous ne le sommes aujourd'hui ; nous sommes ébranlés au-dedans comme au-dehors.

La guerre d'Italie ne nous a pas même fait conquérir l'amitié des Italiens !

L'assassinat commis le 5 octobre à Parme, sur le colonel Anviti, n'a pas été puni, il n'en est plus question.

La populace qui tue est une chose sacrée.

Mais nous apprenons de Modène que le gouvernement révolutionnaire a fait arrêter le père Feletti comme ordonnateur de l'enlèvement du jeune Mortara. La justice informe sous l'accusation d'enlèvement d'enfant.

La pièce de la *Tireuse de cartes* dont j'ai parlé dernièrement et que Leurs Majestés l'Empereur et l'Impératrice applaudissaient à la Porte St-Martin, est de Mocquard, secrétaire particulier de l'Empereur !

Mercredi 4 janvier

Il est question de grands changements dans le Ministère français.

Walewski prendrait l'ambassade de St-Pétersbourg et serait remplacé par Thouvenel, notre ambassadeur actuel à Constantinople. Ce choix recevrait l'approbation générale.

Le maréchal Niel aurait le portefeuille de la guerre. On espère encore que cet emploi ne lui sera pas confié ; il n'est point aimé, l'armée ne l'estime guère.

Laity viendrait à l'Intérieur. Cette nomination ressemble fort à l'erreur qui porta le général Espinasse à ce même ministère. Laity n'a pas même pu être préfet. Aujourd'hui, les partisans des ministres *accomplis* prétendent que tout le monde se trompe et que Laity est un homme intelligent.

Baroche quitterait le Conseil d'État où il serait remplacé par Rouher, pour s'installer à la Justice.

On ne dit encore rien des autres ministres.

Cette dislocation venant après la brochure prouverait ce que j'ai avancé, que le Ministère ne l'avait pas approuvée.

Il est possible qu'il n'y ait pas de congrès ; s'il n'y en a pas, la situation politique devient plus tendue, les difficultés s'augmentent et ce Ministère replâtré est bien faible.

Le choix de Thouvenel seul me paraît bon ; c'est un homme sage et ferme, peu enthousiaste de l'alliance anglaise dont son séjour à Constantinople lui a appris le peu de sûreté.

Quant à Laity, sa nomination serait due à un souvenir des expéditions de Strasbourg et Boulogne, à la confiance en son dévouement ; quant à sa capacité, à son intelligence [1]...

L'Empereur tient à prouver qu'il n'y a que lui dans le gouvernement de la France, que les autres hommes ne sont que des instruments qu'il peut changer et briser sans inconvénient pour la chose publique.

Au-dessous de lui règne l'égalité ; l'honnête homme et le coquin sont traités de même, ils sont utiles dans des voies différentes, c'est tout ce qu'il faut. L'Empereur est comme les Valères des anciennes comédies, il lui faut des Frontins ou des Scapins pour le servir ; tant qu'il vivra, cela pourra marcher, mais quel héritage il laissera à son fils... et la France ! La France qu'il habitue à se passer de morale, chez laquelle il incruste plus profondément la religion du savoir-faire.

L'honnêteté n'a plus rien à faire ici-bas, nous sommes au siècle des sciences exactes, mais il y a la coquinerie habile et la coquinerie de bas étage.

La coquinerie qui sait faire ses affaires en se rendant utile et la coquinerie qui gaspille pour elle-même sans savoir moissonner pour les autres. La première va au Ministère ou au Sénat, la seconde va au bagne.

Jeudi 5 janvier

On lit ce matin au *Moniteur* l'acceptation de la démission du comte Walewski et son remplacement par Thouvenel. Baroche, jusqu'à l'arrivée de Thouvenel, fera l'intérim. Un décret inséré également au *Moniteur* ce matin donne 100 000 francs de traitement aux membres du Conseil privé qui n'ont pas de fonctions. Walewski se trouve dans ce cas. L'Empereur lui devait au moins cette indemnité qu'aura à enregistrer le Corps législatif sans publication de motifs...

Madame Walewska est toujours en faveur et c'est véritablement elle que l'Empereur récompense en la personne de son mari : 1° une belle et

1. En 1836, Armand Laity était lieutenant en garnison à Strasbourg. Il prit une part importante à la tentative de Louis Napoléon Bonaparte. Il amena en effet son bataillon à rallier la cause du neveu de Napoléon Ier. Acquitté par la cour d'assises, il publia ensuite une relation des faits qui lui valut une condamnation, en 1838, à cinq ans de prison. Il ne participa donc pas à l'affaire de Boulogne en 1840.

bonne terre dans les Landes ; 2° une place de sénateur 30 000 francs ; 3° membre du Conseil privé 100 000 francs ; plus, une *intervention armée* dans l'acquisition du château d'Étioles.

On parlait ces jours-ci de la faveur de la jolie Madame de Cadore : Le Fuel le répétait ce matin à Nieuwerkerke qui le niait avec une certaine animation, car, dit-il, il n'en a pas entendu souffler mot. Ceci ne prouve rien, Nieuwerkerke ne sait quelquefois pas les choses les plus connues.

Ce qui est positif, c'est que l'Empereur faisait grande attention à Madame de Cadore, que l'Impératrice la choyait beaucoup comme elle a choyé Mesdames Walewska, Castiglione, Labédollière, etc. etc.

Que Monsieur le marquis de Cadore, lieutenant de vaisseau avant la campagne d'Italie, a reçu sans qu'aucun fait particulier motivât cet avancement, le titre de capitaine de frégate, que depuis il a abandonné la carrière maritime pour aller contre tout droit et en violation des règlements, prendre le poste de premier secrétaire d'ambassade à Naples, et qu'enfin il est nommé chambellan honoraire.

M. de Cadore jouit de tous les avantages d'un mari de favorite, et cependant sa femme ne l'est pas !... je le veux bien.

L'Angleterre, par l'organe de ses journaux, redouble de tendresse envers l'Empereur et la France, aurions-nous commis quelque grande faiblesse politique ?

Le Pape a adressé une lettre à l'archevêque de Dublin, voici un paragraphe qui la résume très bien :

> Nous ne doutons pas, vénérable frère, et vous enfants bien aimés, que par l'aide du Tout-Puissant vous ne désiriez rien davantage que de remplir avec plus de zèle et d'ardeur encore tous les devoirs qui accomplis sagement, sérieusement et avec zèle peuvent concourir si puissamment à la défense de la cause de Dieu, de la Sainte-Église et du salut des âmes, à la confusion et à la réfutation des hommes pervers en ce temps de monstrueuse iniquité.

Dans un autre paragraphe j'extrais aussi cette phrase remarquable :

> Partout éclate votre douleur amère à la vue des tribulations dans lesquelles nous ont plongé les machinations perverses et les efforts de ces hommes qui font la guerre la plus acharnée à l'Église catholique, au trône apostolique et au patrimoine de St-Pierre et qui travaillent à ruiner les fondements de tout droit divin et humain.

La lettre du Saint-Père est datée du 1er décembre 1859.

Maintenant il est bon de dire un mot de Garibaldi à propos du libre arbitre laissé aux Italiens.

Garibaldi, dit-on, agit d'après les conseils du roi, *galant homme*, et de Monsieur Ratazzi, *vice-galant homme*.

Donc il signor Garibaldi a envoyé à la Société nationale italienne sa démission de président.

Cette pauvre société fondée par M. Farini n'est plus à la hauteur des circonstances [1] ; mais il a accepté la présidence des *libres comices* transformés en société de la *nazione armata*. Puis, comme il signor Garibaldi est très amateur de proclamations, il en adresse une aux *libéraux* italiens :

Au nom de l'union italienne sans laquelle la liberté et l'indépendance ne pourront jamais réjouir l'Italie, je viens vous appeler sous le drapeau unificateur du roi Victor-Emmanuel.

Vous tous qui avez l'âme embrasée du saint amour de l'Italie, laissez là vos dissidences et embrassez-vous au nom de la Patrie.

Dans ce noble dessein, les libéraux des *libres comices* ont transformé leur association en celle de *Nation armée* et c'est dans cette même intention que j'en ai accepté la présidence.

Que notre exemple soit suivi de tous, de façon à ce que la concorde entre frères cesse d'être un désir pour devenir un fait accompli.

Que le droit soutenu par les armes soit notre programme, que la libération de l'Italie soit notre vœu unique. Serrés en une seule phalange, nous n'aurons dorénavant qu'un seul ennemi, l'oppresseur étranger, et nous ne vivrons que dans une seule espérance, la liberté italienne.

Turin, 31 décembre
G. Garibaldi

La proclamation de Garibaldi prouve deux choses :

1° La peine que se donnent les révolutionnaires pour conserver à leur agitation l'apparence d'un grand mouvement populaire.

2° Le peu de concorde qui règne entre *libéraux* au sujet de l'union avec le Piémont.

Les *drapeaux unificateurs* ne charment pas tous les Italiens...

La grande comédie de ce siècle sera la fable de *l'Italie délivrée* !...

Quel grand poète chantera cette grande épopée de la blague moderne ?

Vendredi 6 janvier

Il est grandement question d'élever le marquis de Cadore au poste de ministre à l'Étranger.

Le journal de Rome du 30 décembre publie la note suivante :

Il a paru récemment une brochure anonyme imprimée à Paris chez Didot, et intitulée *Le Pape et le Congrès*.

Cette brochure est un véritable hommage rendu à la révolution, une thèse insidieuse pour ces esprits faibles qui manquent d'un juste critérium pour bien connaître le poison qu'elle cache, et un sujet de douleur pour tous les bons catholiques.

Les arguments que renferme cet écrit sont une reproduction des erreurs et des

1. La Société nationale italienne a été créée le 1er août 1857 et a pris pour programme *Italia et Vittorio-Emmanuele*. Son fondateur et secrétaire général est Giuseppe La Farina et non pas Luigi Carlo Farini comme le dit Viel Castel.

outrages vomis tant de fois contre le Saint-Siège, et tant de fois victorieusement réfutés, quelle qu'ait pu être l'obstination des contradicteurs de la vérité à les soutenir.

Si le but que s'est proposé l'auteur de la brochure était par hasard d'intimider celui que l'on menace de si grands désastres, cet auteur peut être assuré que celui qui a en sa faveur le droit, qui s'appuie entièrement sur les bases solides et inébranlables de la justice, et surtout qui est soutenu par la protection du roi des rois, n'a certainement rien à craindre des embûches des hommes.

Telle est l'opinion du gouvernement romain.

La *Gazette autrichienne* du 2 janvier donne quelques indices de la pensée autrichienne sur le même sujet :

Nous ne pouvons croire qu'aucun État comprenant la tendance dangereuse de la brochure *Le Pape et le Congrès* qui établit un tribunal jugeant les souverains, veuille prendre part au congrès. De quelque manière qu'on interprète les paroles prononcées par l'Empereur des Français le jour de l'an, on peut reconnaître néanmoins dans la promesse que le but constant de ses efforts sera de rétablir, autant que cela dépendra de lui, la confiance et la paix, l'intention de ne laisser nullement son cabinet agir suivant des principes qui rendraient la confiance et la paix impossibles.

L'intelligence du prince qui régit la France est un fait trop bien reconnu pour que l'on puisse croire qu'il ne se prononcerait pas contre un pamphlet de nature à exciter des inquiétudes dans toutes les cours.

Nous n'avons jamais pensé que le *Moniteur* désavouerait la brochure *Le Pape et le Congrès*.

Le gouvernement français aurait fort à faire de démentir tout ce qu'on dit de lui. Si on avait désavoué cette brochure qui ne dit pas qu'elle ait été publiée sous les auspices du gouvernement, on aurait même pu être considéré comme la reconnaissant à moitié ; mais les mouvements de la France même exigeaient que le gouvernement français fît quelque chose pour calmer l'agitation du clergé, et il est probable que les paroles adressées au nonce avaient ce but. Du reste, le temps et les faits ne tarderont pas à nous expliquer le véritable sens de ces paroles.

La Patrie, sur la foi de son correspondant, annonce que le Piémont aurait déclaré à Rome qu'il considérait l'enrôlement des volontaires allemands pour le service du Pape comme une violation du principe de non-intervention, et il aurait menacé si ces enrôlements continuaient, de faire entrer ses troupes dans les légations !

Le Piémont qui intervient dans toute l'Italie par suite de cette rabelaisienne et révolutionnaire fiction de l'unité italienne ; le Piémont qui n'est autre chose que la transformation mazzinienne, son passeport, qu'une pression exercée sur l'Italie pour lui faire vouloir son absorption, doit procéder ainsi qu'il menace de le faire, il faut voir ce qui en sortira.

Les Italiens ne voulaient pas être autrichiens, voilà qui est vrai, mais ils ne souhaitaient pas d'être piémontais, voilà qui est tout aussi vrai.

Cavour, Garibaldi et tous les acteurs des parades qui se jouent, n'en imposent point à l'Europe. Le roi *galant homme* est une enseigne entre les mains de rusés filous ; il est dans cette heureuse période d'encensement qui enivrait Louis XVI. Les révolutionnaires les plus ardents n'ont que son éloge à la bouche, c'est le *père de la patrie*, le roi *galant homme*, le *héros des champs italiens*, etc., mais le pouvoir sur les masses appartient à Cavour et à Garibaldi ; le roi est un drapeau qui sert à aveugler les *honnêtes gens*.

Jamais politique n'a été plus machiavélique et plus dénuée de bonne foi que celle qui préside aux affaires d'Italie.

La réponse du roi *galant homme* aux commissaires bolonais est bonne à rappeler :

> Il ne faut pas que l'Europe puisse m'accuser de n'agir que par ambition personnelle, et de substituer l'absorption piémontaise à l'oppression autrichienne. Le Saint-Père, le chef vénéré des fidèles, est resté à la tête de son peuple ; il ne s'est pas, comme les souverains de Parme, de Modène, de Toscane, démis de son autorité temporelle, que nous devons non seulement respecter, mais consolider.
>
> Je désapprouverai donc tout acte subversif contraire à l'équité, et nuisible à la noble cause que nous servons. N'oublions pas non plus que Pie IX est un prince italien.

Telles sont les paroles du roi *galant homme*, du *Bayard* Savoyard, titre dont brevet lui a été délivré par Cavour et Garibaldi.

Le roi *galant homme*, fidèle à sa parole, ne doit pas approuver la brochure.

Samedi 7 janvier

On parle de la rentrée au ministère de l'Algérie et des colonies du prince Napoléon, et du remplacement du maréchal Randon au ministère de la Guerre par le maréchal Niel.

Il a été question un moment de mettre Walewski au ministère d'État et de placer Fould aux Finances en lui laissant la maison de l'Empereur.

La Valette est ravi du renvoi de Walewski qu'il a toujours trouvé mauvais ami et ingrat camarade.

Walewski se trouvait en 1845 dans une situation fâcheuse ; lié avec Thiers, il était très mal vu de Monsieur Guizot et par conséquent sans espoir d'être employé dans la diplomatie ; d'un autre côté, la situation financière de Walewski n'était pas brillante. La Valette lui prêta de l'argent, qui, j'ai tout lieu de le croire, n'a jamais été rendu ; il fit plus, se servant de son crédit sur Armand Bertin il le décida à solliciter un emploi diplomatique pour Walewski. Monsieur Guizot résistait à cause de la liaison de Walewski avec Monsieur Thiers ; vaincu cependant par les instances de Bertin et de La Valette, il demanda à ce dernier s'il répondait de Walewski, s'il pouvait lui garantir qu'il ne le trahirait pas pour Monsieur Thiers. La Valette répondit : « Si j'avais eu cette inquiétude, je n'aurais point appuyé Walewski. »

Walewski fut nommé à la Plata !

A partir de ce moment, tout ce qu'il a pu mettre de morgue et de désobligeance dans ses relations avec La Valette, il l'a mis. Tous les mauvais tours qu'il a pu lui jouer, il les a joués. Au point qu'un jour il accueillit une invitation à dîner de La Valette par un refus si dédaigneux que certes, l'Empereur n'aurait jamais eu l'idée de refuser de cette façon une invitation inconvenante.

Walewski tombe sans laisser de regrets, il est du nombre de ces favoris de la fortune, dont le fumier n'a jamais rien engraissé, qui bâtissent sur du sable et qui ne laissent après eux qu'un sable stérile. Il sort du ministère, déshonoré par sa femme qui lui a fait compter en espèces sonnantes et ayant cours, le prix de faveurs intéressées. Madame Walewska a inscrit son nom sur la liste des sultanes impériales.

Dimanche 8 janvier

J'ai reçu hier la visite de Monsieur Montigny, notre envoyé à Siam, ancien consul en Chine et qui arrive de ce dernier pays. Il m'a longtemps entretenu des affaires qui servent de prétexte à notre expédition en Chine :

« Je suis d'avis, m'a-t-il dit, que nous devons intervenir parce qu'il y aurait de grands inconvénients à laisser l'Angleterre agir seule, mais toute cette affaire est issue d'injustice et c'est véritablement une infamie.

« L'empereur de la Chine ne se refusait pas à recevoir les plénipotentiaires à Pékin, il offrait au contraire aide et concours pour faciliter leur voyage, mais ce qu'il ne voulait pas, c'est que les plénipotentiaires vinssent avec une armée, du canon, tout un attirail belliqueux destiné à soutenir les intentions hostiles que leurs actes et leurs discours annonçaient. Là, l'empereur chinois était dans son droit, personne ne peut dénier la justice de ce droit. Si le monde politique nommait un tribunal pour juger la cause pendante entre la France, l'Angleterre et la Chine, les nations européennes seraient à coup sûr condamnées.

« Ce qu'il est regrettable d'avouer, c'est que la suffisance et l'ignorance des deux envoyés français et anglais est la cause de toute cette affaire. Monsieur Bourboulon, l'envoyé français, est aussi incapable que dénué d'initiative et d'activité intelligente. En résumé, le jour où sera jugée impartialement la cause de notre expédition en Chine, notre honorabilité et notre bonne foi n'en tireront pas grand honneur. »

Lundi 9 janvier

Après avoir passé la matinée, hier, chez la Princesse Mathilde, je revenais vers 6 heures avec le président Benoît Champy et nous causions des événements avec une grande liberté ; je dois dire que j'ai trouvé ce magistrat très raisonnable et sa conversation m'a paru assez intéressante pour la noter.

« Je suis fâché, m'a-t-il dit, de la publication de la fameuse brochure, nous sommes dans un moment de crise qu'attestent l'alanguissement du commerce et la stagnation des affaires dont par ma position je suis meilleur juge que personne. » L'opinion publique est inquiète, il circule mille bruits qui entretiennent une certaine agitation et beaucoup de gens se demandent en lisant *Le Pape et le Congrès* et en se reportant aux réceptions du jour de l'an 1857 si l'Empereur a un parti pris de surexcitation annuelle[1].

« Les projets mis en circulation, vrais ou faux, irritent le public, un surtout a ce privilège, ce projet énoncé par quelques journaux blesse notre sentiment de dignité nationale, parce qu'il briserait s'il était réalisé toutes les justes idées et qu'il nous créerait un danger.

« Le bruit court que dans l'arrangement des affaires italiennes, la Savoie serait abandonnée à la France ; l'Italie centrale et la Vénétie formeraient un royaume pour Victor-Emmanuel, qui céderait la Sardaigne à l'Angleterre. »

Je me récriai vivement et je dis au président :

« Cela n'est pas possible, jamais un souverain français ne consentira à livrer la Sardaigne à l'Angleterre, jamais, quelle que soit son infatuation pour l'alliance anglaise, il ne permettra l'établissement de l'Angleterre sur notre frontière méditerranéenne, il ne lui facilitera l'érection près de notre littoral méditerranéen d'un Gibraltar. Et puis, de quel droit des cabinets qui professent le respect des nationalités adjugeraient-ils la Sardaigne à l'Angleterre ? »

M. Benoît Champy reprit : « Vous avez raison, ce projet serait insensé, il causerait une profonde irritation en France.

— Dites, lui répondis-je, qu'il ravirait toute popularité, qu'il enlèverait tout prestige au souverain qui l'approuverait.

« Depuis quelques jours, je me sens déjà blessé en lisant dans le *Moniteur*, les *satisfecit* délivrés au gouvernement français par la presse anglaise et que la feuille officielle récolte avec soin et place en tête de ses colonnes, ainsi qu'un éloge ridicule de Walewski, que le *Morning Chronicle* transforme en grand homme d'État. Tout cela est humiliant et ridicule, malheureusement l'Empereur ne prête pas assez d'attention à ce qui se passe en France, et surtout il ne connaît la France que par des gens peu honnêtes ; mais il compte pour rien leur peu d'honnêteté ; ce

---

1. Il s'agit en fait des réceptions du 1er janvier 1859 et non 1857. Ce jour-là, lors de la réception du corps diplomatique, dans le salon d'honneur des Tuileries, Napoléon III dit à l'ambassadeur d'Autriche, le comte de Hübner : « Je regrette que nos rapports ne soient pas aussi bons que je désirerais qu'ils fussent. » L'Europe entière crut alors la guerre imminente.

sont d'adroits compères, des instruments dont on fait ce qu'on veut, c'est tout ce qu'il faut.

« L'Empereur regarde le monde comme un échiquier sur lequel il joue sa partie ; peu lui importe que son adversaire soit maté par le cavalier ou par le fou, pourvu qu'il le soit.

— Vous avez raison, dit M. Benoît Champy, car je me souviens très bien qu'il fut un temps où l'Empereur voulait que j'entrasse au Conseil d'État, et il s'exprimait ainsi : "*Quoique toutes mes* cases *soient remplies, si vous voulez une place au Conseil, je supprimerai un de mes* pions." »

Le soir, au cercle des Tuileries, on causait dans les embrasures de fenêtres, d'une mission près du Pape qui serait confiée au maréchal Canrobert. L'opposition du Pape aux projets dévoilés par la brochure sera vive. On prétend même que si la force devait être employée contre lui, il se retirerait aux îles Baléares où l'Espagne lui offre un asile.

Monsieur Thiers prépare, dit-on, une brochure en réponse à la brochure *Le Pape et le Congrès.*

A Venise, on a tenté un assassinat politique, mais l'assassin s'est trompé et il a tué un Anglais qui sortait de la boutique d'un pharmacien.

M. Carletti, chef de la police des provinces de l'Émilie, continue d'arrêter des prêtres, et l'inquisiteur qui l'a été dernièrement, ne l'est plus pour l'affaire Mortara, mais pour conspiration et comme promoteur des scélérats qui ont jeté des bombes dans les salons du palais de la Crocetta où le gouverneur général, Monseigneur Buoncompani donnait un bal. Des curés ont été condamnés comme embaucheurs de soldats par des conseils de guerre, etc.

Monseigneur Filetti, arrêté dans le couvent des Dominicains, serait donc accusé de complicité d'assassinat ?

Les journaux français du gouvernement ont la permission de livrer toutes ces choses à la publicité, mais les autres journaux sont arrêtés par des avertissements s'ils repoussent les mensonges journaliers, s'ils dévoilent les hypocrisies des fusionistes italiens.

On ne parle plus de poursuivre les assassins du colonel Anviti. L'exagération patriotique des Parmesans est excusable, pourquoi s'en étonner ? les assassins des Berthier et des Foulon ont trouvé des apologistes [1].

Lafayette *cadet*, autrement dit Garibaldi, va, dit-on, être nommé inspecteur général des gardes nationales italiennes. Il a prononcé la dissolution de la société, la *Nation armée*, dont il avait accepté la prési-

1. Le 22 juillet 1789, l'intendant de la généralité de Paris, Bertier de Sauvigny, et son beau-père, le contrôleur des Finances Foulon, furent massacrés par la foule de la capitale après avoir été accusés d'être des affameurs et des suppôts de la tyrannie.

dence. Voici à ce sujet une nouvelle proclamation de lui, le langage en est plus démagogique que celui de ses précédentes proclamations.

Aux Italiens !

Appelé par quelques-uns de mes amis à essayer du rôle de conciliateur entre toutes les fractions du parti libéral italien, je fus invité à accepter la présidence d'une société qui s'appellerait la *Nation armée*.

Mais comme la nation italienne armée est un fait qui épouvante tout ce qui est déloyal, corrupteur et tyrannique, tant à l'intérieur qu'à l'extérieur de l'Italie, la foule des modernes jésuites s'est effrayée et a crié : « *Anathème !* »

Le gouvernement du roi *galant homme* a été importuné par les alarmistes, et pour ne pas le compromettre, je me suis décidé à abandonner le noble but qui nous était proposé.

D'un accord unanime entre tous les sociétaires, je déclare donc dissoute la société de la *Nation armée*, et j'invite tout Italien qui aime sa patrie à concourir par sa souscription à l'acquisition d'un million de fusils. Si avec un million de fusils, l'Italie en présence de l'étranger, n'était pas capable d'armer un million de soldats, il faudrait désespérer de l'humanité.

Que l'Italie s'arme, et elle sera libre !

Turin, le 4 janvier 1860 — 5 heures du soir
G. Garibaldi

Mardi 10 janvier

Le 15 juin de l'année dernière, le ministre de l'Intérieur adressait au journal *L'Ami de la religion* un communiqué dans lequel on trouve les phrases suivantes :

La proclamation de l'Empereur empreinte de cette haute modération qui est la règle invariable de sa politique, n'a fait qu'un appel au patriotisme et à la discipline du peuple italien. Elle a répudié toute intention *d'un système préconçu de déposséder les souverains*.

L'Empereur a en outre formellement reconnu la neutralité des États de l'Église.

Il suffit de rappeler cette déclaration pour mettre l'opinion publique à même de juger combien sont répréhensibles les insinuations qui tendent à faire croire que la France cherche à ébranler l'autorité politique du Saint-Père qu'elle a relevée, il y a dix ans, et qui est encore sous la garde respectueuse de ses armées.

Ce communiqué ne ressemble pas aux conclusions de la brochure *Le Pape et le Congrès*. On aura beau jouer cette comédie du Walewski dont la politique agissait et parlait contrairement à celle de l'Empereur, on ne le persuadera à personne.

Le renvoi de Walewski a été exécuté pour masquer un revirement, mais qui donc est dupe ? Qui donc peut imaginer un ministre n'agissant et ne parlant pas suivant les vues de l'Empereur ?

L'agitation religieuse produite par la brochure inquiète le gouvernement qui affectait d'abord de la mépriser. Le gouvernement menace par la voie du *Constitutionnel*, on lisait hier dans cette feuille :

Combien ne serait-il pas regrettable par exemple, que les légitimistes et les ultramontains qui cherchent aujourd'hui, mais vainement, à couvrir d'un prétexte sacré leurs passions politiques, qui s'efforcent de créer au nom de la religion une agitation factice, ne se fissent pas scrupule d'envahir et d'exploiter au profit de leurs projets les associations charitables qui se sont organisées sous le patronage du clergé et qui s'étendent sur la plus grande partie de notre territoire ! Quel coup funeste ne porterait-on pas à *l'existence même* de ces institutions qui ont rendu et qui peuvent rendre encore de si grands services ! A quels reproches sévères ne s'exposeraient pas ceux qui se seraient laissé entraîner au point de sacrifier à de vaines rancunes la noble cause qu'ils s'étaient engagés à servir, la cause de l'amélioration des classes souffrantes.

Plus loin se trouve la menace directe, l'épée de Damoclès :

Comment se sont formées ces associations ? Elles se sont organisées, il faut bien le dire, spontanément, sans réclamer l'autorisation administrative et sous la direction du clergé. Les membres qui les composent sont presque toujours des laïques unis par des sympathies religieuses et que les ecclésiastiques encouragent ou patronnent...

Si ces associations cessaient de rester sur le terrain exclusivement charitable, si elles étaient détournées de leur but, si elles venaient s'immiscer aux querelles des partis, on verrait alors surgir des questions de légalité qu'il est prudent de laisser dormir.

Il faut s'attendre à voir les journaux qui les ont toujours considérées avec défiance, signaler leur illégalité et mettre le gouvernement en demeure de faire respecter les lois. Aussi les imprudents qui voudraient transformer la charité en instrument d'agitation n'auraient réussi qu'à compromettre ces généreuses associations que le gouvernement de l'Empereur, plus que tout autre a su honorer et couvrir de son patronage.

Le *Journal des débats* dit ce matin à propos de ces menaces :

Nous nous souvenons d'avoir lu maintes fois dans *Le Siècle*, l'article publié par *Le Constitutionnel* sur les associations religieuses en général, et en particulier sur la société de *Saint-Vincent de Paul* ; cependant nous reconnaissons volontiers que publié dans *Le Constitutionnel* cet article acquiert une importance toute nouvelle...

« Je suis plein de bon vouloir pour vous, dit *Le Constitutionnel* à ces sociétés, mais prenez garde à mon ami *Le Siècle* ; si vous n'écoutez pas mes conseils, vous tomberez sous ses réclamations. »

Tout cela prouve que l'opposition religieuse est plus embarrassante qu'on ne l'avoue. Tout cela est maladroit. Il ne sert de rien d'interdire la publication des mandements des évêques et de permettre aux journaux du pouvoir d'en interprèter quelques-uns faussement et dans leur sens. La vérité se fait à la fin. Ainsi malgré tous les éloges prodigués à Monseigneur de Troye, malgré les louanges adressées à son mandement pour persuader qu'il se rapprochait de la brochure ; ce mandement enfin connu révèle les fausses manœuvres de *La Patrie* et autres journaux du même bord.

Qu'on ne s'arrête donc pas aux serviteurs, c'est le Pape qui répond pour lui-même ; c'est par ses actes qu'il doit être jugé, c'est par ses actes qu'il est glorifié. Qui donc autant que Pie IX a aimé sa nation ? En pourrait-on citer un autre dans toute l'Italie pour qui la *patrie* ait été plus sacrée et qui l'ait protégée avec plus de courage ? Si les contemporains ne s'en souviennent plus, oubliera-t-on dans la postérité la lettre généreuse qu'il écrivait en 1848 à l'Empereur d'Autriche dont l'amitié pourtant lui était précieuse et dont les puissantes armées intimidaient tant de fermes consciences ? Perdra-t-on la mémoire des efforts magnanimes qu'il a tentés pour élever son peuple et le glorifier dans ses institutions ?

Que si l'exécution de ses desseins a été suspendue, le tort en est-il au Pontife ? demandez plutôt à Caïn ce qu'il a fait d'Abel !

Où donc est-il ce ministre éminent que Pie IX avait choisi comme un grand initiateur pour conduire son peuple avec mesure et selon la prudence à toutes les hauteurs de la vie sociale ?...

Ah maintenant, si le noble Pontife doutait de la valeur morale et des aptitudes d'un peuple qui s'est deshonoré par de tels excès devant l'Europe entière ; si peut-être il n'estimait pas qu'il fût assez mûr encore pour avoir la responsabilité de lui-même, assez fort pour porter le fardeau de la liberté qui n'est véritablement glorieux que par les qualités et les mérites qu'il suppose ; s'il croyait que la robe virile ne va pas à son âge et qu'il faut le retenir dans les vêtements de l'enfance ; s'il arrêtait à cette détermination son jugement auguste, est-il un sage dans l'univers, est-il un homme politique, est-il un souverain qui osât lui en faire un reproche ?

M. Villemain fait imprimer une réponse à la brochure.

La Patrie se prétend autorisée à démentir les bruits qui circulent sur l'intention qu'aurait le Pape d'abandonner Rome.

Mercredi 11 janvier

Le *Moniteur* de ce matin rapporte la réponse faite par le Pape aux félicitations qui lui étaient adressées à propos du 1er janvier par le général de Goyon commandant les troupes françaises en garnison à Rome, et il fait précéder l'allocution du Saint-Père de l'observation suivante :

Cette allocution n'aurait peut-être pas été prononcée si Sa Sainteté eût reçu la lettre que Sa Majesté l'Empereur lui a adressée à la date du 31 décembre dernier.

Voyons maintenant ce qui donne lieu à ce paragraphe du *Moniteur* :

Après des remerciements à l'armée française le Pape a ajouté :

En nous prosternant aux pieds de ce Dieu qui fut, est, et sera dans l'Éternité, nous le prions dans l'humilité de notre cœur, de faire descendre abondamment ses grâces et ses lumières sur le chef auguste de cette armée et de cette nation, afin qu'éclairé de ces lumières, il puisse marcher sûrement dans sa route difficile, et reconnaître encore la fausseté de certains principes qui ont été produits ces jours derniers dans un opuscule qu'on peut appeler un monument insigne d'hypocrisie et un tissu ignoble de contradictions. Nous espérons qu'à l'aide de ces lumières, disons plus, nous sommes persuadés qu'avec l'aide de ces lumières, il condamnera les principes contenus dans cet opuscule. Nous en sommes d'autant plus convaincus, que nous possédons quelques pièces qu'il y a quelque temps, Sa Majesté eut la bonté de nous faire parvenir et qui sont une véritable condamnation de ces principes.

C'est avec cette conviction que nous implorons Dieu, pour qu'il répande ses bénédictions sur l'Empereur, sur son auguste compagne, sur le Prince Impérial et sur toute la France.

Voici maintenant la lettre de l'Empereur :

Très Saint Père,

La lettre que Votre Sainteté a bien voulu m'écrire le 2 décembre m'a vivement touché, et je répondrai avec une entière franchise à l'appel fait à ma loyauté.

Une de mes plus vives préoccupations avant comme après la guerre a été la situation des États de l'Église, et certes, parmi les raisons puissantes qui m'ont engagé à faire si promptement la paix, il faut compter la crainte de voir la révolution prendre tous les jours de plus grandes proportions.

Les faits ont une logique inexorable et malgré mon dévouement au Saint-Siège, malgré la présence de mes troupes à Rome, je ne pouvais échapper à une certaine solidarité avec les effets du mouvement national provoqué en Italie par la lutte contre l'Autriche.

La paix une fois conclue, je m'empressai d'écrire à Votre Sainteté pour lui soumettre les idées les plus propres selon moi, à amener la pacification des Romagnes, et je crois encore que si dès cette époque Votre Sainteté eût consenti à une séparation administrative de ces provinces, et à la nomination d'un gouverneur laïque, elles seraient rentrées sous son autorité.

Malheureusement cela n'a pas eu lieu, et je me suis trouvé impuissant à arrêter l'établissement du nouveau régime. Mes efforts n'ont abouti qu'à empêcher l'insurrection de s'étendre, et la démission de Garibaldi a préservé les Marches d'Ancône d'une invasion certaine.

Aujourd'hui, le congrès va se réunir. Les puissances ne sauraient méconnaître les droits incontestables du Saint-Siège sur les légations ; néanmoins il est probable qu'elles seront d'avis de ne pas recourir à la violence pour les soumettre ; car si cette soumission était obtenue à l'aide de forces étrangères, il faudrait encore occuper les légations militairement longtemps.

Cette occupation entretiendrait les haines et les rancunes d'une grande portion du peuple italien, comme la jalousie des grandes puissances ; ce serait donc perpétuer un état d'irritation, de malaise et de crainte.

Que reste-t-il donc à faire ? Car enfin cette incertitude ne peut pas durer toujours.

Après un examen sérieux des difficultés et des dangers que présentaient les diverses combinaisons, je le dis avec un regret sincère et quelque pénible que soit la solution, ce qui me paraîtrait le plus conforme aux véritables intérêts du Saint-Siège, ce serait de faire le sacrifice des provinces révoltées. Si le Saint-Père pour le repos de l'Europe renonçait à ces provinces qui depuis cinquante ans suscitent tant d'embarras à son gouvernement et qu'en échange il demandât aux puissances de lui garantir la possession du reste, je ne doute pas du retour immédiat de l'ordre.

Alors, le Saint-Père assurerait à l'Italie reconnaissante la paix pendant de longues années et au Saint-Siège la possession paisible des États de l'Église.

Votre Sainteté, j'aime à le croire, ne se méprendra pas sur les sentiments qui m'animent, elle comprendra la difficulté de ma situation, elle interprètera avec bienveillance la franchise de mon langage, en se souvenant de tout ce que j'ai fait pour la religion catholique et pour son auguste chef.

J'ai exprimé sans réserve toute ma pensée et je l'ai cru indispensable avant le congrès, mais je prie Votre Sainteté quelle que soit sa décision de croire qu'elle ne changera en rien la ligne de conduite que j'ai toujours tenue à son égard.

En remerciant Votre Sainteté de la bénédiction apostolique qu'Elle a envoyée à l'Impératrice, au Prince Impérial et à moi, je lui renouvelle l'assurance de ma profonde vénération.

de Votre Sainteté.

Votre dévot fils
Napoléon
Palais des Tuileries, 31 décembre 1859

Le Pape ne s'y est en effet pas trompé, il avait à choisir entre l'Empereur entrant en Italie avec son armée et protestant de son respect pour le pouvoir temporel du Saint-Père qu'il voulait raffermir, et l'Empereur auteur de la brochure *Le Pape et le Congrès* !...

Il a choisi !

Aujourd'hui, la lettre que je viens de transcrire montre l'Empereur sous une nouvelle face, l'embarras est grand pour deviner la pensée véritable.

L'Empereur sait mieux que personne qui a fait le mouvement des Romagnes, et en avouant que le généralat de Garibaldi menaçait de nouvelles insurrections les États du Pape, il avoue par cela même la part prise par le Piémont aux mouvements qui se produisent en Italie.

Vendredi 13 janvier

On a hier répandu le bruit de la démission du cardinal Antonelli et du regret exprimé par le Pape des paroles amères prononcées par lui. On s'entretient aussi beaucoup de la probabilité de l'annexion au Piémont de l'Italie centrale et de la cession à la France de la Savoie.

Quant à la cession de la Sardaigne à l'Angleterre, c'est une plaisanterie des *coalisés* contre la politique de l'Empereur.

J'ai beaucoup réfléchi depuis hier en lisant tous les factums écrits pour et contre la politique française et je dois avouer franchement que j'ai beaucoup modifié mon sentiment. Je m'étais laissé entraîner au-delà du juste, et j'avais fait trop peu de compte des difficultés de la situation, de la position plus que délicate où se trouve la France et de la nécessité d'une solution dans les affaires italiennes.

En lisant tout ce qui se publie, je me suis aperçu qu'un entraînement irréfléchi m'éloignait de la modération et par conséquent de l'appréciation raisonnable des choses ; que j'allais sans m'en douter en dérive vers les oppositions passionnées. Je me suis arrêté ; j'ai dit au lyrisme politique : tais-toi, et j'ai écouté la voix plus froide de la raison.

S'il était possible de ne toucher en rien au pouvoir temporel du Pape je le préférerais, parce que toute atteinte à une de ses autorités affaiblit l'autre, et que je voudrais les placer hors de toute discussion. Mais malheureusement cela n'est pas possible. Tous les *catholiques fervents* qui se déclarent aujourd'hui ne peuvent pas entre eux tous formuler une contre-proposition.

Le Pape est en danger au milieu de l'Italie piémontisée ou mazzinienne ; les troupes françaises ne peuvent éternellement le garder, il faut donc en finir. Je ne crois pas qu'il faille absolument suivre la lettre de la brochure, mais il faut se rallier à la politique de l'Empereur et ce qui m'y ramène en me donnant tout espoir en sa sagesse et sa modération, c'est que l'agitation qui se fait en ce moment se produit par des colères *facticement* catholiques de gens qui n'ont aucun esprit religieux. Le jour d'une bataille, les murmures partiels des soldats se taisent pour ne plus écouter que la voix du général ; les coalitions renaissent, je repousse toute défaillance et je rentre dans mon rang.

Dieu sauve l'Empereur !... L'Empereur sauve la Papauté !...

Mardi 17 janvier

Il a paru ces jours derniers en tête du *Moniteur* une lettre de l'Empereur au ministre d'État, lettre très importante qui annonce l'abaissement des droits de douane sur les cotons, les laines, les fers et qui est le premier pas dans la voie du libre-échange, l'abandon du système protectionniste[1]. La même lettre assigne aux cent cinquante millions restés libres sur l'emprunt fait pour la guerre d'Italie, un emploi qui ne peut produire qu'un bon effet : prêts à l'agriculture, travaux d'utilité publique, améliorations des voies de communications, etc etc.

1. Les négociations de ce traité qui abaisse les droits de douane entre la France et l'Angleterre furent tenues secrètes en raison de l'hostilité d'une grande partie des élites politiques et économiques françaises et durèrent plusieurs mois. Du côté britannique, l'industriel de Manchester et apôtre du libre-échange, Richard Cobden, et l'ambassadeur anglais à Paris, lord Cowley, jouèrent le rôle essentiel. Du côté français, celui-ci fut dévolu à Michel Chevalier, Baroche, Rouher et Fould. Le journal anglais *Morning Post* fut le premier à éventer le secret, ce qui obligea Napoléon III à précipiter le mouvement. Il fit paraître dans le *Moniteur* du 15 janvier une longue lettre adressée au ministre d'État Fould, dont on peut relever la phrase suivante : « Depuis longtemps, on proclame cette vérité, qu'il faut multiplier les moyens d'échange pour rendre le commerce florissant, que sans concurrence, l'industrie reste stationnaire et conserve des prix élevés qui s'opposent au progrès de la consommation ; que, sans une industrie prospère qui développe les capitaux, l'agriculture elle-même demeure dans l'enfance. » Le traité sera signé le 23 janvier et conclu pour dix ans.

Dans les premiers temps, l'abandon du système protecteur causera un peu d'émotion, mais la libre concurrence amènera le perfectionnement de nos industries et l'abaissement des prix à l'avantage du consommateur.

En réalité, l'Empereur prend une juste, grande et féconde mesure.

Les journaux religieux publient une proclamation de Garibaldi aux étudiants de Pavie. Il faut que cette proclamation soit officiellement démentie, ou que Garibaldi soit répudié officiellement par le roi *galant homme*.

Garibaldi fait un appel aux assassins contre les prêtres, voici un extrait de cette pièce infâme :

Oh ! En pensant aux tortures de Galilée ! et à celles de tant de siècles de notre malheureuse Italie ! tout homme né sur cette terre devrait mettre la main au pavé des rues... et venger sur ces misérables hypocrites à soutane noire les malheurs, les injures, les souffrances de vingt générations passées !... et cependant cette race maudite siégera demain et protégée... à côté des représentants des nations les plus illustres, et demandera avec insolence la continuation, la confirmation de pouvoir opprimer quelques millions de malheureux Italiens !... comme une calamité, une malédiction... la continuation d'un pouvoir qui ne s'attache qu'à corrompre la nation... qu'à voler à nos pauvres frères leur or, pour ripailler salement et acheter des mercenaires étrangers pour combattre les Italiens... la continuation d'un pouvoir qui ne compte d'amis que parmi les ennemis de l'Italie et parmi ceux qui la veulent diviser, ruiner, assujettir... un pouvoir qui a lancé l'anathème sur le peuple et sur l'armée régénérateurs ; sur le roi preux et généreux que Dieu a donné aux Italiens... mais un ennemi terrible existe encore, le plus redoutable... redoutable parce qu'il est sacrilègement couvert du manteau de la religion... redoutable parce qu'il vous sourit avec son sourire de Satan !... et qu'il est glissant comme le serpent quand il veut vous mordre ; et cet ennemi redoutable, si redoutable aux jeunes gens, c'est le prêtre à peu d'exceptions près, sous quelque forme qu'il se présente à vous !

Dans un autre paragraphe, Garibaldi s'exprime ainsi sur la Papauté :

Dans le centre de cette Italie, au cœur de cette Italie, il y a le chancre appelé la Papauté... l'imposture appelée la Papauté !... etc. etc.

Si la proclamation est vraie, comment pourrait-on parler encore de faire garder le Pape dans Rome par les hommes de Garibaldi ?

Mercredi 18 janvier

Le comte Vimercati qui est à Paris l'agent intime du roi de Sardaigne auprès de l'Empereur, me montrait hier une lettre autographe de quatre pages de son souverain pour me convaincre de la position qu'occupe Garibaldi. Cette lettre m'a convaincu que le roi subit le révolutionnaire, mais qu'il cherche à s'en débarrasser.

« Assurez à l'Empereur, dit Victor-Emmanuel, que je fais tout mon possible pour éloigner Garibaldi ; je l'ai envoyé se marier avec la fille du marquis Raimondi, et j'espère que pour quelque temps il se tiendra en repos. »

L'avènement de Cavour à la présidence du Ministère que m'annonce ce matin Vimercati, va couper court, m'assure-t-il, aux intrigues de Garibaldi que n'encourageait que trop le parti Ratazzi pour combattre le parti Cavour. Dieu le veuille !

La fille du marquis Raimondi est une jeune et fort belle personne folle de Garibaldi ; lors de la guerre elle a passé seule au milieu des lignes autrichiennes pour aller prévenir Garibaldi de la présence des ennemis, qu'il ignorait.

Vimercati prétend qu'avec Cavour aux affaires l'importance de Garibaldi disparaît. Il a expédié à son souverain la proclamation de Garibaldi pour savoir ce qu'il faut en penser.

Plus j'étudie les affaires d'Italie, plus j'arrive à penser que je me suis peut-être laissé entraîner à trop de précipitation dans le jugement que j'en ai porté ; mais en écrivant ces mémoires, je me suis promis d'être toujours vrai avec moi-même et de n'avoir point ce faux amour-propre d'écrivain jugeur qui ne veut jamais avouer ni les erreurs de son jugement, ni les entraînements où peut le conduire le poètisme de son imagination.

J'ai quelque peine, je l'avoue, à descendre de son piédestal cette grande et noble figure de la Papauté, cette magnifique personnification du pouvoir que les âges et les révolutions avaient laissée debout. Comme ces beaux débris de l'Antiquité qui à distance ne laissent point apercevoir les mutilations du temps, de même la Papauté restait pour mon imagination un superbe symbole ; la transformation sous les souverains pontifes du peuple-roi en peuple de Dieu, la destinée de la Ville éternelle assise sur les débris du paganisme et sur les catacombes des premiers martyrs, tout ce résumé de l'histoire de deux grandes civilisations parlait si vivement à mon imagination que ma conscience et mon raisonnement en demeuraient paralysés ; j'ai d'ailleurs toujours vu avec tristesse crouler les vieux édifices et les vieilles institutions ; j'aime cependant le progrès en toutes choses, mais il faut quelque temps à mon esprit pour s'accoutumer aux substitutions.

J'ai donc embrassé vivement la cause de la Papauté, j'ai combattu, dans la première ferveur de mes regrets, pour ce vieux colosse dont on sapait la base. J'ai exprimé une irritation que la réflexion devait calmer et maintenant je viens confesser mon erreur et confier aux pages de mon livre que le calme s'est fait dans mon esprit.

Sans doute, je n'approuve pas tous les moyens mis en usage contre le pouvoir temporel du Pape ; du côté de l'attaque, comme du côté de la défense, les passions ont fait entendre leur voix, les intérêts humains ont exagéré les paroles de tous ceux qui ont pris part au débat. Ce qu'il faut, cependant reconnaître, c'est que Rome ne se tient plus sur ses antiques fondements et que ce gouvernement purement théocratique ne peut être maintenu ; qu'il y a en Italie deux dangers : l'entêtement du passé et la menace des folles orgies socialistes.

Dans de telles circonstances, il est bon de prévenir une conflagration générale, et de sauver des orages tout ce qui peut être sauvé ; la brochure de l'Empereur propose un moyen, il faut sagement discuter ce moyen, ou en proposer d'autres, c'est ce que personne ne fait, c'est ce que moi-même, je n'ai pas fait ; je le répète encore, la passion archéologique m'a emporté.

Je n'approuve pas toute la brochure, je ne partage pas sa confiance dans l'efficacité des moyens d'exécution, mais je pense qu'elle est plus près de la vérité que la lettre de Monseigneur d'Orléans. Je crois surtout que l'Empereur sait mieux que nous ce qui est possible, qu'il juge avec plus de connaissance de la situation du véritable état de choses. La forme et la logique de la discussion adoptées dans la *brochure* me blessent, tâchons de les écarter pour juger les événements.

Lundi 30 janvier

Une lettre encyclique du Pape a paru hier ; le gant est définitivement jeté entre Rome et l'Empire français. J'ai beaucoup causé de la situation actuelle avec La Guéronnière, nous sommes dans un moment de crise et je dois faire taire les sympathies que je puis éprouver pour ne voir que la chose publique en danger.

Je persiste à penser que la politique française n'a pas été exempte de blâme, dans les affaires d'Italie, qu'on n'a pas toujours tenu le même langage au Pape et qu'entre autres roueries, la révolution des Romagnes est une des plus caractérisées. Je pense aussi que les conclusions de la fameuse brochure sont inadmissibles ; mais aujourd'hui, soit par trop de condescendance envers la politique de l'Angleterre, soit pour toute autre raison, la position est difficile, les partis se remuent, il pourrait y avoir danger si tous les amis de l'ordre ne se ralliaient pas à la politique de l'Empereur.

La Guéronnière m'a demandé mon concours pour la rédaction du journal *Le Nord* et je l'ai promis.

Le Pape est mal conseillé, je crains qu'en poussant les choses à l'extrême il n'en sorte rien de bon et que nous ne commencions une longue ère de troubles.

A la suite d'un rapport du ministère de l'Intérieur, le *Moniteur* publie ce matin un décret de l'Empereur qui supprime le journal *L'Univers* [1].

---

1. Déjà frappé de deux avertissements, le 11 juillet et le 26 décembre 1859, pour avoir critiqué la politique italienne de Napoléon III, *L'Univers* continua son opposition. Malgré les conseils de prudence de certains prélats de ses amis comme Mgr Parisis, évêque de Langres, Veuillot, « Romain de la tête aux pieds », ne voulut rien entendre. Le 19 janvier

Veuillot est supprimé du même coup, mais ce rude pamphlétaire prendra une autre forme ; une partie du clergé sera vivement mécontente.

Jeudi 2 février

L'évêque d'Orléans cherche à pallier ses deux lettres, il se rend chez tous les puissants et chante la palinodie ; hier matin, il s'est fait annoncer à 10 heures chez La Guéronnière et il a causé pendant une heure avec lui. Le soir, chez Morny, Thouvenel disait qu'il *s'aplatissait* avec humilité. Pauvre évêque !...

On commence à concevoir des inquiétudes sur la position du Ministère Palmerston : les Irlandais du Parlement se sont alliés pour le combattre aux torys.

Jeudi 9 février

La guerre continue entre le haut clergé et la presse, l'évêque d'Orléans a publié une nouvelle lettre très violente et comme *Le Siècle* s'y trouve diffamé, il annonce ce matin qu'il citera l'évêque devant les tribunaux [1].

Le P. Lacordaire a été nommé de l'Académie par toutes les oppositions, ce qu'il y a de curieux dans cette nomination, c'est que la majorité en sa faveur est formée de philosophes et de protestants ; ce sera M. Guizot qui répondra à son discours de réception, mais avant le R.P. Lacordaire doit payer ses électeurs au moyen d'un livre qu'on lui a imposé l'obligation d'écrire, sur le pouvoir temporel des Papes.

La passion politique qui s'est emparée de cette question dont on fait une arme de troubles, impose de plus en plus l'obligation à tout bon Français d'adopter la politique de l'Empereur ; il est malheureux de ne pouvoir se déclarer pour la justice du droit, mais le salut de l'État passe avant le triomphe des convictions particulières et nous sommes dans un de ces moments critiques où la raison individuelle doute d'elle-même et s'abdique, comme un soldat fait taire son propre sentiment au moment d'une bataille, pour ne plus obéir qu'à l'ordre de son général.

Je causais hier avec le général Mellinet, qui me disait : « Le livre de Bazancourt est indigne du caractère officiel qu'on lui donne [2] ; c'est un

---

1860, il publia l'encyclique *Nullis certe*, dans laquelle Pie IX condamnait la politique impériale. Le 29, Napoléon III supprima le journal, ce que son ministre de l'Intérieur justifia en affirmant que *L'Univers* atteignait « chaque jour aux dernières limites de la violence » et qu'il était responsable de polémiques ardentes dont les scandales étaient « un sujet de profonde tristesse pour le clergé comme pour les bons citoyens ».

1. Grand ennemi de l'ultramontain *Univers*, l'évêque d'Orléans l'était aussi du *Siècle*, trop voltairien à son goût, et n'hésitait pas à dénoncer en chaire « les calomnies vomies par la plume ».

2. Fils d'un général de l'Empire, le baron César de Bazancourt devint écrivain militaire après s'être essayé au roman et à l'histoire. Attaché à la bibliothèque de Compiègne à partir de 1854, il fut chargé par le gouvernement d'une mission en Crimée dont il rendit compte par une série de lettres publiées au *Moniteur*. Il donna la relation semi-officielle de cette première grande campagne du règne en trois ouvrages et cinq volumes. Chargé

roman d'un bout à l'autre, écrit sans connaissance des faits et avec un malheureux amour de petites anecdotes, de vrais racontages de portière. Pour vous en donner une idée, il prétend qu'à Magenta, j'ai plusieurs fois fait dire à l'Empereur que ma position n'était plus tenable et chaque fois l'Empereur m'a fait répondre : "*N'importe, tenez encore*." Rien n'est plus faux, car ma situation n'a pas un moment été compromise et je n'ai rien fait dire de pareil à l'Empereur. »

C'est avec de tels livres qui passeront un jour pour documents officiels qu'on fausse l'histoire et déjà cette version a été, je ne sais dans quel but, tellement répandue dès les premiers moments que je l'ai inscrite.

« Si à la fin de la bataille de Solferino, a ajouté le général Mellinet, l'Empereur avait voulu poursuivre son succès, il le pouvait aisément, ma division seule présentait 17 bataillons parfaitement intacts et qui n'avaient pas donné, mais tout était un peu confusion à l'état-major général et l'ennemi, quoique fuyant dans un grand désordre, n'a pas été poursuivi. »

Le gouvernement français semble plus rassuré sur la position du Ministère anglais.

Le célèbre Veuillot, rédacteur en chef du journal *L'Univers*, récemment supprimé, abandonne la polémique ; le fougueux catholique entre dans la haute administration des chemins de fer romains [1], sous la direction du juif Mirès.

Vimercati part samedi pour accompagner le roi de Sardaigne à Milan, il m'a prié de lui écrire tous les deux jours une lettre politique pour être lue par le roi.

L'affaire de l'annexion de la Savoie à la France est une chose décidée, mais le gouvernement sarde demande au gouvernement français d'arrêter la polémique des journaux sur cette question, il craint les embarras des oppositions qui lui feraient la guerre à ce propos et le gouvernement français prête d'autant plus d'attention au désir du roi de Sardaigne, qu'il craint en agitant cette question de prêter des armes aux *torys* contre le Ministère Palmerston. Toute la presse gouvernementale est devenue prudente à l'égard de la Savoie, moins cependant le journal *La Patrie* qui ne s'apaisera que le jour où Delamare, son propriétaire, sera commandeur, comme Havin, du journal *Le Siècle*, de l'ordre de Saint-Maurice, Delamare est furieux de n'avoir pas reçu de grade.

Au faubourg St-Germain, on fait courir mille bruits plus bêtes les uns que les autres :

---

de mission en Italie, il en tira de nouveau un récit qu'il édita, avec la caution de l'empereur, sous le titre *La Campagne d'Italie de 1859 : Chronique de la guerre* (Paris, Amyot, 1859-1860, 2 vol.). Il donnera par la suite *Les Expéditions de Chine et de Cochinchine d'après les documents officiels* (Paris, Amyot, 1861-1862, 2 vol.) et *Le Mexique contemporain* (Paris, Amyot, 1862).

1. Il s'agit là de l'une des erreurs que Viel Castel ne rectifiera pas. Voir B. Le Roux, *Louis Veuillot. Un homme de combat*, Paris, P. Téqui, 1984.

L'Empereur est fou, on le garde à vue !

Les prêtres ne veulent plus dire la messe aux Tuileries !

Le 24 février verra la chute de l'Empire !... etc. etc.

Jeudi 8 mars

Les affaires d'Italie sont à leur plus haut point d'embrouillement. D'un côté, depuis l'avènement de M. Thouvenel au Ministère, la France a beaucoup modifié sa politique et cherche les combinaisons qui peuvent empêcher l'envahissement de toute l'Italie par la Sardaigne ; de l'autre, ainsi que je l'avais prévu, la Sardaigne favorisée, soutenue par l'Angleterre, ne comprend qu'une chose, ne poursuit qu'un but, l'annexion totale de l'Italie ; elle s'érige même en protectrice des États qui sont encore *gouvernés*, comme la Vénétie et Naples, elle se plaint de ce que l'Autriche n'exécute pas les stipulations du traité de Villafranca !... Ceci est superbe, invoquer un traité dans quelques-unes de ses clauses, et ne pas l'accepter dans quelques autres.

La Sardaigne fomente partout des agitations, à Rome, en Vénétie, à Naples, en Sicile, puis elle jette les hauts cris lorsque les gouvernements menacés se défendent. Après l'avoir laissée pendant un an gouverner, administrer à sa guise les anciens États italiens, après lui avoir donné le temps de préparer par ses dictateurs, Ricasoli, Fanti, Farini, etc., une manifestation à sa guise, l'Europe va jouir de la comédie d'un vote universel !...

En ce moment, nous sommes mieux placés que pas un autre peuple pour apprécier la vérité d'un tel suffrage. Deux élections récentes, celle de M. de Dalmas, secrétaire de l'Empereur, et de M. de Laferrière, frère d'un chambellan, contestées devant le Corps législatif et soumises à une enquête, annoncent les plus révoltantes révélations. Menaces à des fonctionnaires, argent donné, etc. etc. Cette affaire aura du retentissement et sera portée à la tribune par l'opposition.

Le vote de l'Italie aura de grands points de ressemblance avec les deux que je viens de signaler. Les choses de ce monde sont une éternelle comédie.

La Sardaigne fait tout ce qu'elle peut pour ne pas céder Nice et la Savoie. L'Angleterre l'y aide et le Parlement anglais, surexcité par les torys, émettra lundi un vote d'une grande importance sur l'attitude que l'Angleterre compte prendre dans cette affaire.

J'ai écrit à Vimercati (et ma lettre a été remise au roi de Sardaigne et lue par le comte de Cavour) que le jeu joué par la Sardaigne est très dangereux : qu'en France, dès que l'amour-propre est froissé, les sympathies, les alliances même disparaissent et qu'enfin *on* prît garde que les roueries ne fussent menées trop loin, parce que tout serait fini entre la Sardaigne et la France.

Cavour qui se croit le plus fin et le plus habile des hommes d'État, nous joue évidemment, tout cela finira mal.

L'agitation religieuse n'est nullement apaisée, notre voisine, la Belgique, est furieuse des atteintes portées au pouvoir temporel du Pape, ultramontains et libéraux sont réunis.

Le moment est d'une haute gravité pour l'avenir du pouvoir impérial français !... Sortira-t-il victorieux des embûches où comptent le faire tomber ses deux alliés, la Sardaigne et l'Angleterre, surmontera-t-il l'inimitié jalouse de ces deux excellentes amies ?...

Je le crois et je l'espère.

Garibaldi, on s'en souvient, s'est marié à une jeune héroïne de roman, fille du marquis Raimondi, belle comme le jour, etc. etc. Elle s'était, dit-on, éprise du *héros* et pour le prévenir de la marche des Autrichiens, elle s'exposait pendant la guerre à traverser les avant-postes, à passer à cheval entre les sentinelles ; jamais héroïne ne fit plus et n'aima mieux. Garibaldi, quoiqu'il soit un héros républicain, s'est laissé prendre par toutes ces vanités ; le vieux partisan a trouvé très simple qu'une jeune fille de dix-sept ans devint fort amoureuse de lui, il l'a donc épousée.

Mais, amère déception, la jeune fille enchanteresse *était grosse de quatre mois* !

Depuis cette découverte, l'Actéon de l'indépendance, livré à sa douleur, parle moins, s'agite moins, il craint de voir son ombre.

Lundi 19 mars

Plus va cette malheureuse affaire d'Italie, plus s'obscurcit ce qu'en style de journaux en langage parlementaire, on nomme l'horizon politique.

L'Angleterre se montre hostile à l'annexion de la Savoie et de Nice à la France. La Prusse se joint à l'Angleterre ; l'Autriche et la Russie ne se prononcent pas. La Suisse fulmine des notes et des mémorandums pour prouver à l'Europe que sa neutralité et son indépendance sont compromises, si on ne détache pas à son profit de la Savoie, le Chablais et le Faucigny.

D'autre part, le suffrage universel fonctionnant sous la direction des agents piémontais, a donné gain de cause au roi Victor-Emmanuel dans la Toscane et les Romagnes, ainsi qu'à Parme et à Modène ; Victor-Emmanuel est roi de l'Italie centrale [1].

1. Travaillées par les agents de la Société nationale italienne et de Cavour, les anciennes principautés d'Italie centrale se prononcèrent à une immense majorité pour leur rattachement au Piémont. Le 12 mars, le plébiscite organisé en Émilie, qui réunissait depuis peu Parme, Modène et les Romagnes, donna 426 000 « oui » contre 476 « non ». La Toscane produisit de son côté 366 571 « oui » et 14 925 « non ». Pour prix de son accord, Napoléon III obtint de Cavour Nice et la Savoie, malgré les réticences du roi Victor-Emmanuel, dont le berceau familial se trouvait dans cette dernière province, et de Garibaldi, originaire de Nice. En avril, Nice votera son rattachement à la France par 25 743 « oui » contre 260 « non » et la Savoie fera de même par 130 533 « oui » contre 235 « non ».

La France insiste pour que la Toscane forme, sous un prince sarde, une vice-royauté et que les Romagnes soient tenues du roi de Sardaigne comme vicariat sous l'autorité nominale du Pape.

A Rome, le souverain pontife proteste contre l'usurpation de son territoire ; il se renferme dans son droit strict et ne veut pactiser ni avec la révolte, ni avec l'usurpation. Il a réclamé, dit-on, le départ des troupes françaises qui seraient remplacées par les troupes napolitaines, et le jour où le roi de Sardaigne fera entrer ses troupes dans les Romagnes, l'excommunication tombera sur lui du haut du Vatican.

Malgré les excitations de son ministre Cavour et les consolations philosophiques qu'il cherche à lui donner, Victor-Emmanuel sera très malheureux de cette excommunication.

La Sardaigne pousse activement ses armements et ne ralentit pas sa propagande dans les pays italiens qui ne sont pas encore révoltés contre leurs souverains. Elle fomente des troubles dans le royaume des Deux-Siciles, dans les Marches romaines et dans la Vénétie, et chose qui ne s'était pas encore vue, elle reçoit des adresses des réfugiés ou des conspirateurs des pays dont les souverains sont en paix avec elle.

Si Naples, Venise ou Rome, en présence de cet état de choses, prennent de justes précautions, s'ils sévissent contre les fauteurs de troubles et contre leurs partisans, s'ils exilent ou emprisonnent les agents de troubles, aussitôt les journaux sardes et la presse soudoyée par le comte de Cavour en Europe, prodiguent aux souverains de ces pays, les accusations les plus vives et les plus injurieuses, puis le comte de Cavour publie une note ou une circulaire pour réclamer contre ce qui se passe à Venise, à Rome ou à Naples ; cette manière d'agir habitue l'opinion publique à considérer le comte de Cavour comme le grand justicier de toute l'Italie.

La France prendra avant peu possession de la Savoie et de Nice ; rien de mieux, mais elle aura inquiété l'Europe, et pour arriver à ce but, elle a prodigué son or, le sang de ses soldats, elle a donné les mains à l'agrandissement de la Sardaigne dont elle a fait un État de douze millions d'habitants et elle a détruit l'influence française en Italie en permettant ou tolérant l'abaissement de la Papauté.

L'Angleterre a déjà pris le rôle que j'avais prévu, elle n'a rien fait pour délivrer l'Italie de la domination autrichienne, mais maintenant par ses discours elle s'efforce de persuader aux Italiens, qu'elle fait et a plus fait pour eux que qui ce soit. Je ne donne pas dix ans à la politique pour réunir dans une alliance antifrançaise l'Italie et l'Angleterre ; la reconnaissance pèse à l'Italie, Cavour supporte impatiemment le rôle de protégé ; c'est un homme habile et qui ne recule devant aucun moyen, nous verrons avant peu ses larges finesses à l'œuvre sur un grand théâtre.

Dans toute cette affaire d'Italie, la France s'est fait de nombreux ennemis et elle n'a pas gagné un allié. Nos hommes d'État se sont montrés timides et pauvres de ressources, ils ont oublié qu'il fallait dès le premier jour faire ce qu'on était résolu de faire, s'établir dans les pays dont on convoitait la possession et mettre ainsi l'Europe étonnée, en face de faits accomplis au lieu de lui présenter des faits à venir. Notre politique a été sans vigueur, étroite et mesquine, flottante indécise, une politique d'État de second ordre.

Quant aux affaires de Rome, nous avons agi sans bonne foi, malgré nos promesses. Nous savons parfaitement comment s'est faite la révolution des Romagnes, comment l'agitation est entretenue à Rome, et tous les discours, toutes les notes auront beau dire que le Pape a tort, ils ne nous persuaderont pas. L'Empereur a bien pu convertir dans son discours d'ouverture de la session notre inqualifiable guerre contre la Chine en un acte de justice.

L'agitation religieuse en France est toujours très grande, et dans le procès que *Le Siècle* et la famille de Monseigneur Rousseau ont intenté à Monseigneur Dupanloup, M. Berryer, défenseur du prélat, a produit une adhésion de tous les évêques, archevêques et cardinaux français à la conduite tenue par cet évêque. C'est aujourd'hui que le jugement dans cette affaire sera rendu [1].

De tout ce qui précède, il résulte que notre position est difficile et que personne ne prévoit clairement la solution. Le commerce souffre, les affaires languissent, le mécontentement existe et les partis hostiles cherchent à en faire leur profit. Lorsque l'Empereur partit pour la guerre d'Italie, Dieu sait avec quel enthousiasme le peuple parisien le conduisit au chemin de fer, on ne prévoyait pas où devait aboutir cette chevaleresque entreprise ; la France a retiré les marrons du feu ; la Sardaigne et l'Angleterre les mangeront.

Mardi 20 mars

Monseigneur Dupanloup est acquitté. Le parti romain triomphe ; *Le Siècle* est furieux. Au ministère de l'Intérieur, on était fort mécontent du réquisitoire de Chaix d'Est-Ange qui a plus que ménagé l'évêque d'Orléans. Walsh, le chambellan de l'Empereur, s'agitait beaucoup à l'audience en faveur de Monseigneur Dupanloup, il allait de Falloux en Falloux colportant les propos favorables.

La Guéronnière a été obligé de faire arrêter la distribution du journal *Le Nord* hier et il m'a dit : « *C'est trop fort qu'un journal nous fasse de l'opposition avec notre argent.* »

1. Mgr Dupanloup a attaqué la conduite de son prédécesseur, Mgr Rousseau, évêque d'Orléans sous le Premier Empire. Une nièce du défunt le poursuit en justice. Mgr Dupanloup sera acquitté, mais les considérants seront sévères pour lui et lorsque, sur appel du ministère public, la Cour de cassation devra se prononcer à son tour, en juin 1860, elle se montrera plus dure encore. Cela conduira d'ailleurs à une modification de la jurisprudence en matière d'outrages à l'égard des morts.

Le roi de Sardaigne a accepté le résultat du vote universel italien.
Le Pape a prononcé son excommunication[1].

Jeudi 22 mars

L'Empereur a reçu officiellement, ainsi que l'Impératrice et le Prince Impérial, la députation de la Savoie qui lui a exprimé les vœux de ce pays, son désir d'être réuni à la France et son opposition à toute séparation qui tendrait à distraire une fraction de son territoire en faveur de la Suisse.

L'Empereur a répondu longuement et avec la plus grande bienveillance. Sans dire positivement : l'annexion est accomplie, il la donne à entendre et personne n'en doute plus.

La députation savoisienne dîne samedi aux Tuileries.

L'Angleterre continue à faire opposition et s'occupe activement en ce moment de préparer les voies à une révolution napolitaine.

Les dépêches du commodore Elliot commandant l'escadre anglaise dans la baie de Naples, dépêches que publient les journaux anglais, contiennent une vive censure des actes du gouvernement napolitain et prédisent la chute du roi s'il n'écoute pas ou plutôt n'obéit pas aux conseils de l'Angleterre. Lord John Russel, dans une lettre publiée également, approuve la conduite du commodore Elliot.

Le nouveau roi d'Italie lève une armée considérable et qui semble une menace plutôt qu'une défense.

L'*ancienne* Sardaigne nous causera bien des ennuis. Je crains malgré nos idées pacifiques que nous ne soyons entraînés à la guerre.

Samedi 24 mars

La Suisse tient décidément à faire du bruit, elle se campe fièrement le poing sur la hanche et la voilà qui entre en campagne. Vainement lui a-t-on démontré pièces en mains qu'elle n'a aucun intérêt dans la question savoisienne, qu'en 1815 la neutralisation du Chablais et du Faucigny a été reconnue malgré ses protestations, dans l'intérêt seul de la Sardaigne et moyennant l'abandon par la Savoie au canton de Genève, de quelques portions de territoire qui devaient l'indemniser de la charge résultant pour lui de l'obligation dans certaines éventualités prévues d'occuper militairement ces deux provinces. Vainement lui a-t-on dit : les bénéfices vous demeurent acquis, vous voyez seulement disparaître les charges. Vainement l'Autriche a-t-elle répondu à ses doléances par Monsieur de Rechberg que :

« la Suisse, aujourd'hui si préoccupée de sa neutralité, a cependant

1. Viel Castel démentira le 30 mars.

souffert qu'elle soit méconnue lorsque les troupes françaises en route pour l'Italie ont été transportées par le chemin de fer de Culoz à Chambéry ».

La France pourrait encore à juste droit demander à la Suisse ce qu'elle avait fait de sa neutralité en 1814.

Mais la Suisse ne veut entendre à rien, elle se sent appuyée par l'Angleterre ! aussi lit-on dans le *Bund*, journal de Berne, sous la date du 21 mars :

Douze membres du Grand Conseil de Berne ont proposé hier à cette assemblée de voter la déclaration suivante :

Le Grand Conseil du Canton de Berne déclare par ces présentes, qu'avec le Conseil fédéral il considère la question des provinces neutralisées de la Savoie comme une question vitale ; qu'il regarde la conservation des droits qui appartiennent à cet égard à la Suisse, comme un devoir de conservation de soi-même, et que d'accord avec le peuple de Berne, il est prêt à faire tous les sacrifices nécessaires dans ce but. Le Conseil du gouvernement est invité à communiquer au Conseil fédéral la présente déclaration.

La Suisse en sera pour ses frais de rodomontade, nous l'espérons, et notre armée qui abandonne la Toscane et commence à occuper la Savoie et Nice mettra fin à ces velléités de *Capitan Fracasso*.

L'élection de Monsieur de Dalmas, sous-chef du cabinet de l'Empereur, a été validée par le Corps législatif par 121 voix contre 109.

Ce résultat qu'accepte M. de Dalmas est un blâme, et en effet il ne pouvait en être autrement ; tous les abus les plus criants et les plus vexatoires ont été commis ; le préfet d'Ile-et-Vilaine et le sous-préfet de Fougères ont gravement compromis l'administration, en un mot la discussion de cette misérable élection fait grand tort au gouvernement[1]. M. de Dalmas a le courage de siéger et hier soir je l'ai vu à notre soirée du Louvre où les Comédiens-Français ont joué une petite pièce d'A. Houssaye d'une niaiserie, d'une prétention, tranchons le mot, d'une bêtise incroyable. A. Houssaye a commis ce péché pour placer sa maîtresse qui y jouait un rôle en face d'un public d'élite.

Mlle Garcia est fort jolie, très médiocre actrice et la pièce faite pour elle est stupide. Elle est pleine de jolies choses dans le genre de celle que nous allons citer :

Nos mains ne sont pas assez pures, pour manipuler les choses du mariage.

1. Le nombre de votes hostiles à la validation fut effectivement un véritable camouflet pour le gouvernement. Il faut dire que l'élection d'Albert de Dalmas dans la troisième circonscription de l'Ille-et-Vilaine en décembre 1859 donna lieu à de très graves abus. A l'initiative du sous-préfet de Fougères, Thil, il était impossible de trouver d'autres bulletins de vote que ceux du candidat officiel. Voir Éric Anceau, *Les Députés du Second Empire...*, *op. cit.*, p. 565-566.

Le public d'élite s'est presque endormi. A. Houssaye n'a pas paru après la pièce.

Je crains que cette rhapsodie ne lui soit jamais un titre pour l'Académie.

Vendredi 30 mars

Mon vieil ami Sauvageot qui donna, il y a trois ans, ses collections au musée, est mort cette nuit à 4 heures après avoir subi l'opération de la pierre. C'était un excellent homme que je regrette beaucoup. Il avait une vive affection pour moi et nous nous voyions presque tous les jours, car il était mon voisin, logeant au Louvre à côté de ses collections.

Les événements politiques se pressent et je ne les suivrai point ; l'immense publicité dont nous jouissons les fait assez connaître.

Ce matin, le *Moniteur* contient le traité conclu avec la Sardaigne relativement à la cession de la Savoie et de Nice.

La Prusse est en dissentiment avec la Confédération germanique.

L'Angleterre est toute échauffée par sa colère contre la France, elle cherche en Europe d'autres alliances. Les journaux anglais épuisent dans leur rage le catalogue des invectives, enfin c'en est fait au dire du *Times* de l'entente cordiale.

Plus j'observe, plus je réfléchis, plus je me sens amené à penser que l'Empereur atteint un but secret qu'il a gardé, jusqu'à ce jour, enseveli dans sa conscience impériale.

Héritier de Napoléon Ier, son alliance avec l'Angleterre n'a pu être qu'une union de raison, de circonstance, mais quelle que soit sa magnanimité, l'abnégation même de ses sentiments personnels, il n'est pas possible qu'il ait mis en oubli les malheurs de sa famille, et ceux de la France, causés par l'inimitié persévérante de la Grande-Bretagne.

Il n'est pas possible qu'il n'ait jamais tenu aucun compte de cette inimitié toujours vivace, qui après avoir placé l'Angleterre à la tête de toutes les coalitions contre la France, la plaçait encore en antagoniste jaloux, de tous les intérêts français, pendant la paix. L'Angleterre veut bien être l'alliée de la France, mais à condition d'empêcher le développement des éléments de sa grandeur.

L'Empereur Napoléon III, j'en ai la conviction, n'aime pas plus l'Angleterre que l'Empereur Napoléon Ier ne l'aimait, il sait qu'elle est et qu'elle sera éternellement opposée à tout ce qui tendrait à faire reprendre à la France le grand rôle qu'elle a joué et qu'elle doit jouer en Europe, mais averti par l'expérience il a compris qu'il ne devait pas renouveler la menace sans résultat du camp de Boulogne ; que l'Angleterre n'était pas un pays qu'on dût menacer comme pour l'avertir de se mettre en défense.

Avec cette calme dissimulation de sa pensée, qu'il possède plus que personne des temps passés ou du temps présent, avec cette patience dont il a puisé l'exercice dans la solitude de sa longue prison, il a continué par une autre voie l'œuvre de son oncle.

Il s'est fait l'écho intime de l'Angleterre ; il l'a isolée dans cette fameuse entente cordiale à laquelle on lui a reproché de trop sacrifier. Il a supporté avec stoïcisme tout ce que la morgue et l'outrecuidance anglaise lui ont fait souffrir depuis dix ans. Il a été d'un pas mesuré à son œuvre ; il suivait d'un œil calme les progrès qu'elle faisait, et enfin il peut dire aujourd'hui : « *C'est bien !* »

En effet, ce n'est pas lui qui se sépare de l'alliance anglaise, c'est l'Angleterre qui se sépare de l'alliance française, pour une cause où la justice n'est pas de son côté, c'est l'Angleterre qui démasque son inimitié, qui révèle le peu de fond qu'il fallait faire de cette alliance ; c'est elle qui injurie, qui menace, mais seulement dans l'avenir parce qu'aujourd'hui elle n'est pas prête.

L'Empereur est soutenu par le sentiment national, il est calme, il est fort, il est résolu ; il a voulu l'annexion de la Savoie et de Nice ; elle s'accomplit malgré l'Angleterre, la Prusse et la Suisse. Il a seul abaissé l'Autriche, et de concert avec l'Angleterre, il avait prudemment arrêté les visées ambitieuses de la Russie. Il a encouragé l'Espagne à châtier le Maroc, malgré l'Angleterre, et il soutient contre l'Angleterre la compagnie qui a entrepris le percement de l'isthme de Suez.

Aujourd'hui, l'Angleterre cherche des alliances, et elle ne trouve, encore dans une certaine mesure que la Prusse et la Suisse.

L'entente cordiale est rompue par l'Angleterre, le jour où la paix le sera, ce sera encore par l'Angleterre ; l'Empereur n'a pas voulu autre chose. Isoler l'Angleterre et lui laisser tout en se préparant, l'initiative des inimitiés.

Les *papalins* du pouvoir temporel se remuent et cherchent à faire parler d'eux. Le Sénat a passé hier à l'ordre du jour après avoir entendu un rapport sur la pétition présentée pas ces messieurs et par ces dames.

Lamoricière est parti pour Rome ; on ignore encore s'il se décidera à prendre le commandement de l'armée romaine. Il est question parmi la jeunesse du faubourg St-Germain de se croiser pour le suivre [1].

Le bruit qui avait couru de la grande excommunication du roi de Sardaigne, n'avait rien de vrai.

L'Impératrice écrit malheureusement des lettres particulières fort en opposition à la politique de l'Empereur ; un de mes amis a tenu entre

1. Lamoricière va prendre le commandement des zouaves pontificaux, corps de volontaires constitués par Mgr de Mérode, prélat belge de la Curie, pour protéger les États pontificaux. On y trouvera toute la fine fleur de la jeunesse catholique européenne. Les Autrichiens, les Bretons et le faubourg Saint-Germain y seront particulièrement bien représentés. Voir Jean Guenel, *Une croisade au XIXe siècle : les zouaves pontificaux et la défense des États de l'Église*, Nantes, J. Guenel, 1994, 13 p. et *La Dernière Guerre du pape : les zouaves pontificaux au secours du Saint-Siège*, Rennes, Presses Universitaires de Rennes, 1998.

ses mains et a lu une de ces lettres dans laquelle l'Impératrice dit entre autres choses :

La politique de l'Empereur en Italie manque de loyauté et de bonne foi.

L'Empereur paraît en ce moment fort satisfait du roi de Sardaigne ; Dieu veuille que l'expérience ne réforme pas cruellement sa bonne opinion.

J'ai quelque peine à me fier à Cavour qui joue maintenant peut-être la confiance de la bonhomie et qui rejette sur Ratazzi et sa coterie les difficultés que nous éprouvons dans les affaires d'Italie.

Cavour s'écriait, il y a peu de jours, dans l'intimité :

« Que l'Empereur prenne donc confiance en moi... S'il le voulait, lui, le vieux Palmerston et moi, nous mènerions le monde à notre guise ; et s'il lui fallait les limites du Rhin, nous les lui donnerions sans difficultés. »

Ceci n'est pas sincère, le Piémont est plus près d'une entente cordiale avec l'Angleterre qu'avec nous, et la limite du Rhin si libéralement octroyée par Cavour, est une fascination bonne tout au plus à présenter à des enfants.

La Sardaigne souhaite qu'on lui donne carte blanche en Italie et ses agents disent déjà qu'elle n'attendra pas d'être attaquée par l'Autriche, Naples ou Rome, mais qu'elle attaquera si ces États se constituent des armées trop fortes. Ses agents disent qu'alors ils feraient éclater des révolutions à Rome et à Naples *où ils n'ont qu'à faire parvenir un ordre*.

Ceci peut édifier sur la politique de la Sardaigne.

J'oubliais de noter les causes qui font de l'Impératrice une *papaline* opposante. Elle est fort liée avec Madame Walewska dont la faveur a été peut-être augmentée par la sortie de son mari du Ministère.

L'Impératrice et Madame Walewska sont toujours ensemble, elles portent les mêmes toilettes, tiennent les mêmes discours, et l'une par position de femme légitime, l'autre par position de femme illégitime jalouse, se concertent pour blâmer l'Empereur dans la question romaine. Walewski inspire cette petite coalition.

Mardi 24 avril

Depuis près d'un mois je n'ai rien écrit sur mon livre, parce que je suis attristé de tout ce que je sais et que je ne lis plus bien net dans la politique extérieure de mon pays.

Si notre politique est habile, elle l'est trop à la manière des renards ; nous marchons par mille voies tortueuses et je n'aime pas cette façon d'agir.

La Sardaigne nous portera malheur ; la force que nous lui laissons prendre se tournera un jour contre nous, et l'Angleterre est déjà en meilleure position que nous dans l'Italie.

Aujourd'hui nous assistons au spectacle d'une sédition fomentée en Sicile par Mazzini recommandant l'union sous la royauté de Victor-Emmanuel. Les révolutionnaires napolitains et siciliens réfugiés dans les États de ce monarque, ont voulu par une démonstration publique, l'entraîner à donner un encouragement aux révoltés de la Sicile, à leur promettre son concours.

Le roi (qui est en paix avec le roi de Naples) leur a répondu : « Vous n'êtes pas encore assez nombreux, quand vous serez tous révoltés, nous verrons !... »

Voici où en est un souverain appuyé par l'élément révolutionnaire. A Turin, il fait appuyer l'élection de Garibaldi qui perd son siège au Parlement par suite de l'annexion de la Savoie et du comté de Nice à la France.

Cette annexion votée par les populations à la presque unanimité devra encore subir l'épreuve de la discussion du Parlement italien, puis les protocoles des puissances signataires du traité de Vienne qui sont saisies par les bouffones réclamations de la Suisse.

La destruction du pouvoir autrichien, l'anéantissement des duchés, l'enlèvement de la Romagne au Pape, n'émeuvent pas les puissances, mais la Suisse se pose en ennemie de la France, elle se prétend lésée par la cession de la Savoie ; aussitôt l'Angleterre crie : haro ! la Prusse se pose en rodomont, les autres puissances se croient le droit d'intervenir, et toutes ensemble veulent mettre la France en une sorte de tutelle, pour s'établir à Nice et en Savoie, elle aurait besoin d'une sorte d'*exequatur* !

Toutes ces fourches caudines subies, la France devra encore compter cent cinquante millions au Piémont pour la part de la Savoie dans la dette de la Sardaigne ! !...

Nous avons bonne laine, on fait bien de nous tondre.

Le général Lamoricière avec l'agrément du gouvernement français, a accepté le commandement de l'armée du Pape qu'il organise avec une grande activité.

Le Pape n'a pas l'intention d'attaquer l'usurpation des Romagnes, mais il veut l'empêcher de *tenter l'annexion* des autres provinces romaines. Tous les révolutionnaires sont furieux, ils avaient si bien compté ne faire qu'une bouchée de ce qu'il restait au Pape de pouvoir temporel.

J'ai dit que j'étais affligé de la politique tortueuse et renardière de mon pays, et je le répète avec un sentiment douloureux.

About qui a fait imprimer un si violent livre contre Rome et son gouvernement, avait été envoyé avec la mission de l'écrire. Le duc de Gramont a reçu de Walewski plusieurs lettres à ce sujet.

Le livre d'About et la brochure *Le Pape et le Congrès* sont deux coups de chapeau donnés à la révolution, et je déplore cette politesse, nous verrons si j'ai tort.

Ce soir, je vais à un grand bal que l'Impératrice sous le nom de la duchesse de Tascher donne à l'hôtel d'Albe. On dépense trois cent mille francs pour cette fête !... Mais on n'a pas d'argent à donner aux musées pour l'augmentation des collections !

L'Impératrice, je le dis avec chagrin, ne songe qu'à elle, à se faire donner par l'Empereur diamants, bijoux, argent, etc., elle ne conçoit pas qu'on donne aux musées. L'Impératrice touche *cent mille francs* par mois et elle est défrayée de tout. Le musée touche 70 000 francs par an pour ses acquisitions, et le trésor impérial s'enrichit du produit des livrets, de la calcographie et du moulage.

Fould déteste le musée et il entre parfaitement dans la manière de voir de l'Impératrice.

Hélas ! Pourquoi faut-il que je me trouve si souvent obligé de blâmer un gouvernement que j'aime ? Pourquoi faut-il que l'Empereur se préoccupe si peu des hommes qu'il emploie, et des actes qui s'accomplissent par son entourage.

Samedi 12 mai

Les affaires s'embrouillent en Italie ; les plus graves complications pourront surgir des événements qui viennent de s'accomplir.

Garibaldi à la tête d'une expédition de 3 000 hommes bien pourvus d'armes et d'argent a pu s'embarquer à Gênes pour venir en aide aux insurgés de la Sicile. Le gouvernement sarde n'y a pas mis d'opposition, ou pour mieux dire son opposition n'a été qu'une plaisanterie, une vaine formalité [1].

Encouragé par le nouveau gouvernement italien, favorisé par l'Angleterre, Garibaldi va porter la guerre dans les États du roi de Naples ; des souscriptions et des enrôlements en faveur de son expédition se font ouvertement à Gênes, à Milan, à Turin.

Le journal *Le Nord* payé par Cavour applaudit à l'expédition ; il raille les journaux français qui la blâment, et ce matin il s'étonne de la réprobation que l'on veut infliger à *l'héroïque Garibaldi* qui ne fait, dit-il, autre chose que ce qu'a fait le général Lamoricière, et encore avec cette différence que Lamoricière a mis son épée au service du despotisme, tandis que Garibaldi a voué la sienne à la liberté.

J'avais prévu que nous ne serions pas longtemps à nous repentir des *services* que nous avons rendus aux Italiens, et que notre fidèle alliée

---

1. Encouragé par des émigrés siciliens comme Crispi et assuré de la complicité de Cavour, Garibaldi leva un corps de volontaires, les « Mille » (ils étaient en fait entre 1 060 et 1 090) pour libérer l'île des Bourbons. Les « chemises rouges » garibaldiennes s'embarquèrent avec leur chef à Quarto, près de Gênes, les 5 et 6 mai.

l'Angleterre, sans avoir rien sacrifié pour leur cause, prendrait bientôt la direction des affaires.

L'Angleterre veut être la protectrice des *côtes* de l'Italie, de la Sicile, et surtout elle flatte, elle échauffe l'ambition de Victor-Emmanuel ; on le pousse en avant ; Mazzini lui prête son concours, et dans moins d'un an, on verra de belles choses.

Naples attaquée, Rome et l'Autriche menacées, que feront-ils, et si ces trois puissances s'entendent pour une défense commune, que ferons-nous, nous autres Français ?

L'avenir est obscur, incertain, plein de périls ; notre situation est difficile en Europe et la *révolution* en Europe se fait forte par les jalousies des puissances entre elles.

Depuis quelque temps, je me sens découragé par la mauvaise foi ou la stupidité des partis politiques ; nos hommes d'État sont des Scapins et les royautés agissent comme si les couronnes étaient bien solides sur leurs têtes.

Nous verrons encore de tristes jours si la sagesse et l'habileté de l'Empereur n'y mettent ordre.

About attaque violemment la direction des Musées, dans *L'Opinion nationale* ; aujourd'hui il déclare que ce n'est pas Nieuwerkerke qu'il blâme, mais les conservateurs, que les conservateurs abîment les tableaux, etc. etc.

Nous serons mal protégés par notre ministre dont About est l'enfant chéri. Arago cherche à prouver qu'About son ami, n'en veut qu'aux conservateurs.

La détestable mesure par laquelle Nieuwerkerke admet l'avis préalable de l'Institut lorsqu'il s'agira de restaurer un tableau, sert de prétexte à About pour renouveler ses dénonciations. Nous sommes mis à l'index et Monsieur About aura raison de nous.

J'avais prévenu Nieuwerkerke, il y a deux ans, de ce qu'il adviendrait à propos des restaurations de tableaux ; il s'est presque fâché contre moi, nous avons été plusieurs jours sans nous parler, et aujourd'hui que la bombe éclate, nous en porterons la peine.

Mardi 15 mai

Deux bâtiments faisant partie de l'expédition de Garibaldi ont débarqué le 11 à Marsala les volontaires qu'ils avaient à bord. Canonnés par les vaisseaux napolitains, ils ont dû de pouvoir débarquer leur monde à l'intervention de deux navires de guerre anglais qui se trouvaient sur les lieux et dont les capitaines ont demandé aux officiers de la marine des Deux-Siciles de suspendre leur feu pendant deux heures pour donner le temps aux officiers anglais débarqués de regagner leur bord.

Le feu a donc été suspendu, et les insurgés ont pu débarquer avec sécurité.

Cette intervention anglaise est merveilleuse ; la mauvaise foi et la violation du droit des gens éclatent de tous côtés. L'Angleterre se trouve à point à Marsala pour paralyser les forces napolitaines et favoriser les flibustiers que Mazzini envoie sous le commandement de Garibaldi.

Le Piémont argue de son impuissance contre Garibaldi et *L'opinion publique*. Ce gouvernement n'en est plus un, il est désormais le jouet des passions plus ou moins factices de ses populations, et les puissances ne peuvent plus compter sur la foi des traités par lesquels le nouveau gouvernement italien se serait engagé.

Quant à Victor-Emmanuel, ce n'est qu'un soldat finassier et gourmand entre les mains des partis qui divisent l'Italie ; Garibaldi, par la permission de Mazzini, le loue à tout propos, mais il ne lui obéit guère ; il laisse même entrevoir qu'il croit le servir suivant ses intentions en lui désobéissant.

Victor-Emmanuel est un mannequin que Mazzini destine au rôle de centralisateur, puis lorsqu'il aura fait son œuvre, qu'il restera seule royauté en Italie, qu'il ne faudra qu'un coup contre un seul trône, alors la révolution sociale s'occupera de lui. Maintenant il la sert et elle l'adule, ce qui n'empêche pas que l'opposition organisée dans le Parlement de Turin contre le Ministère Cavour est forte et nombreuse, et nous ne sommes qu'au début.

Cavour commence à perdre de sa popularité parce qu'il ne marche pas aussi vite que les sociétés secrètes. Les temps de révolution usent promptement les hommes.

Les révolutions exaltent ceux qui au lieu de les diriger, leur obéissent. La France entière avait acclamé Necker, sa retraite avait été considérée comme un deuil public, des arcs de triomphe lui avaient été élevés : mais peu de temps après il partait du Ministère et de la France chargé de malédictions ; il avait voulu s'arrêter dans sa marche révolutionnaire [1].

Roland, ministre en 1792, a eu aussi son jour d'ovation pour avoir sans danger insulté Louis XVI dans une lettre restée fameuse ; mais il ne voulut pas descendre jusqu'à Marat et il fut mis hors-la-loi [2].

---

1. Directeur général des Finances de Louis XVI, le banquier suisse Necker s'était rendu populaire en 1781 en dénonçant les pensions de Cour et en prônant leur réduction pour combler le déficit. Lorsqu'il fut décidé une convocation des états généraux, il imposa le principe du doublement du tiers. Son renvoi le 10 juillet 1789 est à l'origine de la journée révolutionnaire du 14. Rappelé dès le 16, il se montra par la suite incapable de résoudre la crise financière, démissionna le 3 septembre 1790 et faillit être écharpé à plusieurs reprises par la foule, en tentant de regagner la Suisse.

2. Jean-Marie Roland manifesta au cours de son premier passage au ministère de l'Intérieur, au printemps 1792, une grande fermeté à l'égard de Louis XVI. Dans sa lettre du 10 juin, il n'hésita pas à l'avertir : « Je sais que le langage austère de la vérité est rarement accueilli près du trône ; je sais aussi que c'est parce qu'il ne s'y fait presque jamais entendre que les révolutions deviennent nécessaires... ». Il devint impopulaire auprès des Parisiens pour avoir cherché à mettre un terme aux massacres et s'être opposé à la Commune. En juin 1793, il fut englobé dans la proscription des Girondins décidée par les Montagnards et se suicida le 15 novembre suivant.

Les gens qui se font une arme des passions populaires périssent sous les fureurs des passions populaires.

C'est un superbe texte que l'unité de l'Italie, sous le prétexte de la réunion d'une même race, mais c'est un mensonge contre lequel l'histoire proteste. Le Piémontais, le Romain, le Napolitain, le Florentin et le Vénitien ne forment point un peuple identique de race.

Les Lombards ne sont pas des Italiens, ce sont des Germains implantés, et lorsque Charlemagne fortifia la Papauté en lui donnant un pouvoir temporel, il avait pour but de délivrer l'Italie de la tyrannie des Lombards. Aujourd'hui, on prend en sens contraire la pensée de Charlemagne.

Le conservatoire du Musée a demandé au ministre de l'Intérieur qu'un avertissement soit donné à *L'Opinion nationale* à cause de l'article d'About, ou tout au moins qu'un *communiqué* sévèrement motivé soit envoyé à ce journal.

La Guéronnière viendra à 2 heures nous rendre réponse.

Nieuwerkerke voudrait que Villot donnât sa démission ; on le ferait officier de la Légion d'honneur ! !

On vantait et *on* admirait ses restaurations quand je m'efforçais d'en faire prévoir le danger. *On* allait s'épanouir devant les Rubens !... aujourd'hui *on* l'abandonne !

Vendredi 18 mai

Il paraît que l'insurrection dans le royaume des Deux-Siciles, favorisée par l'Angleterre, fomentée par la Sardaigne, ravivée par le débarquement de Garibaldi, gagne du terrain.

Tous les gens sensés se demandent : qu'adviendra-t-il si Garibaldi réussit complètement ?

D'un autre côté, les affaires s'embrouillent de nouveau en Turquie. La Russie demande aux puissances d'aviser à mettre fin aux exactions des Musulmans envers les Chrétiens.

La Russie a un corps de troupes rassemblé sur le Pruth ; la Turquie concentre ses forces et Omer Pacha qui était en disgrâce a été rappelé et chargé du commandement.

Je dînais hier chez Oswald, ami du duc d'Hamilton, et je me trouvais à table à côté du général Béville, aide de camp de l'Empereur. Je lui disais que l'agrandissement exagéré de la Sardaigne ne me plaisait pas, que je ne me fierais nullement aux assurances amicales de la cour de Turin et que je craignais de la trouver ingrate plus tôt qu'on ne le prévoyait.

Béville m'a répondu qu'il partageait ma manière de juger les choses ; qu'il avait vu de près et étudié attentivement l'Italie et les Italiens ; qu'il n'a trouvé en eux que des vantards et des blagueurs et que leur affection pour nous était plus que problématique.

« J'ai vu affiché et j'ai lu, a-t-il ajouté, après la bataille de Solferino une adresse de Victor-Emmanuel aux Italiens, dans laquelle ce roi *galant homme*, si malmené pendant la bataille que les Autrichiens l'avaient forcé pendant plusieurs lieues à battre en retraite, osait dire que ses succès avaient été arrêtés par l'obligation dans laquelle il s'était trouvé de voler au secours de l'armée française, menacée d'une déroute par les manœuvres autrichiennes. Dans ces circonstances, le roi *galant homme* avait dû avant tout voler au secours de son allié ! »

Béville m'a dit aussi que les fabuleux succès de Garibaldi contre les Autrichiens se réduisent à des affaires contre des douaniers autrichiens et que son bataillon, son corps d'armée sacré de jeunes Italiens était en grande partie composé de Piémontais, de Français et de Polonais.

Béville a peu d'estime pour la valeur guerrière des Italiens. Pendant la campagne d'Italie, il avait été laissé à Milan un dépôt de la légion étrangère pour recevoir des recrues, et dans cette intention les appels aux armes pour assurer l'indépendance de l'Italie n'avaient pas été ménagés. Les *fiers* Lombards ont répondu à ces appels ; 200 enrôlements ont eu lieu ; mais sur ces 200 enrôlements 110 ont été annulés à la requête de pères et de mères comme ayant été contractés par des mineurs ; 73 ont été cassés comme contractés par des impropres au service militaire ; il restait donc une vingtaine de *héros* lombards engagés qui ont déserté en grande majorité lorsqu'ils ont été habillés.

Tous ces gens-là commencent à trouver peu agréable leur annexion au Piémont. Les Florentins surtout aiment peu la conscription et trouvent lourds les impôts sardes.

Le temps approche où Victor-Emmanuel va de nouveau rencontrer l'obstacle Mazzini.

Jeudi 24 mai

Garibaldi est-il victorieux ? Garibaldi est-il vaincu ? Telles sont les questions que tout le monde s'adresse. Les journaux suivant leur couleur politique résolvent ces questions dans un sens favorable ou défavorable à l'aventurier. Le fait le plus certain, c'est qu'on ne sait rien de positif.

Nous vivons dans un temps où les plus étranges maximes sont mises en avant sous prétexte de cette nationalité qui reconnaît une même origine aux Piémontais, aux Lombards et aux Siciliens, Garibaldi est un héros parce qu'il tente une entreprise de flibustier, mais Lamoricière se déshonore pour avoir pris le commandement des troupes du Pape avec l'assentiment du gouvernement français. On croirait vraiment à lire les journaux plus ou moins révolutionnaires que c'est la première fois que les généraux français ont pris du service à l'étranger. Il me semble que le maréchal Magnan après 1830 a été au service de la Belgique[1].

Ces journaux n'auraient que des applaudissements pour un de nos généraux qui rejoindrait Garibaldi ; mais servir le gouvernement pontifical que la France soutient et protège depuis dix ans par un corps d'armée, c'est bien différent. En blâmant Lamoricière on se donne le plaisir de blâmer le gouvernement qui ne croit pas d'une bonne politique d'abandonner le chef de l'Église catholique et l'œuvre de Charlemagne, et puis enfin on fait acte d'adhésion aux idées révolutionnaires.

Que dirait l'Angleterre si un débarquement avait lieu sur les côtes d'Irlande, trouverait-elle bon qu'en France on souscrivît pour les insurgés et les envahisseurs ?

Toutes les notions politiques du juste et de l'injuste sont bouleversées, il n'y a plus qu'un droit : le succès !

Le nouvel État piémontais use de toute la duplicité et de toute la rouerie dont il est coutumier. Il tolère l'organisation des bandes révolutionnaires sur son propre territoire ; il les lance sur ses voisins en les désapprouvant en apparence, et il se tient prêt à recueillir les fruits des expéditions, si fruits il y a.

Une bande de 350 hommes commandés par le frère d'Orsini (l'assassin) a tenté un mouvement dans les États romains. Rencontrée par 60 gendarmes romains elle a été mise en déroute, et son chef a été tué. Les débris de cette bande sont rentrés en Toscane.

L'Opinion nationale rapporte hier le passage suivant d'une correspondance adressée à la *Gazette du Midi* :

> Tous les navires qui arrivent de Gênes annoncent que les préparatifs pour envoyer des renforts, des vivres, des armes et des munitions à Garibaldi se faisaient presque publiquement.
>
> Tous les soirs à la sortie du spectacle, le public se portait à la plage pour assister à l'embarquement qui avait lieu la nuit afin de sauver les apparences ; l'agitation du reste était à son comble, et il paraît que les autorités seraient impuissantes si elles voulaient s'opposer à l'expédition.

Le moyen dont se sert M. de Cavour et le gouvernement de Victor-Emmanuel n'est pas neuf. Les assassins du colonel Anviti n'ont pas été punis par suite de la même impuissance. Qu'est-ce donc qu'un gouvernement qui ne peut rien que ce qu'approuve Mazzini ?

Si Mazzini triomphait en Sicile et à Rome nous verrions bientôt

1. Colonel, il reçut l'ordre de mater l'insurrection des canuts lyonnais en 1831. Il chercha à convaincre les insurgés de rendre les armes, fut accusé de mollesse par le gouvernement et mis en disponibilité. Il passa en Belgique en 1832, y prit du service comme général de brigade, contribua à assurer l'indépendance définitive du pays, puis reçut le commandement de la division militaire de Gand. Il rentra en France en 1839 et fut confirmé dans son grade.

Cavour et lui en présence et la lutte commencer entre ces deux alliés d'aujourd'hui.

M. Fould a fait nommer Soubeyran, son chef de cabinet (fils qu'il a eu de Mlle de Rovigo, mariée à un assez piètre sujet nommé le baron de Soubeyran), sous-directeur du Crédit foncier.

Le père du duc de Bassano actuel a vendu huit caisses des papiers de Napoléon Ier au gouvernement russe par l'entremise du prince Lieven en 1816 ou 1817 ; ces papiers qui sont maintenant à St-Pétersbourg avaient été confiés par l'Empereur au duc de Bassano en 1815 !...

Jeudi 28 juin

Je me suis volontairement abstenu de rendre compte depuis plus d'un mois des événements.

Les affaires du royaume des Deux-Siciles sont de la part des gouvernements intéressés, la cause d'une si étrange énonciation de moralité politique, que le dégoût m'a pris de raconter l'invasion de Garibaldi en Sicile, ses succès favorisés par les révolutionnaires de tous les pays et la prétendue non-intervention que les monarques tolèrent au profit des révolutions.

L'Autriche commet la grande faute, si elle veut conserver la Vénétie, de ne pas défendre la monarchie napolitaine, et tous les souverains commettent l'énorme faute de reconnaître le droit des peuples aux annexions et changements de domination. Ils font d'avance une concession aux révolutions futures, et quand on sait comment les manifestations s'organisent, l'avenir n'offre aucune sécurité.

D'ailleurs, que signifie ce droit des peuples vanté si haut par l'Angleterre, de choisir leur gouvernement : l'Irlande, l'Inde, les îles Jonniennes, ont-elles le choix ? Le leur laisse-t-on ?

La Pologne est-elle russe par goût ?

La non-intervention est une honteuse comédie !

Garibaldi est parti de Gênes avec l'approbation et l'encouragement du roi *galant homme*.

Les navires arrêtés par la flotte napolitaine et réclamés par les ministres de Sardaigne et des États-Unis, seront-ils rendus avec indemnité ? Naples restituera-t-elle les révolutionnaires armés contre elle, ainsi que leurs canons ?

Toute cette comédie est ignoble : ce qu'on laisse faire contre Rome et Naples est un déni de justice.

La France s'est amèrement repentie d'avoir laissé partager la Pologne ; elle se repentira d'avoir laissé détruire les États italiens au profit d'un prince de Savoie dont la maison ambitieuse n'est pas connue historiquement pour sa fidélité aux alliances françaises.

Le prince Jérôme est mort, il a été administré par le cardinal Morlot, malgré le mécontentement du prince Napoléon.

On parle beaucoup de tentatives faites par ce prince Napoléon pour se faire remettre les clefs des meubles de son père, du bris d'un secrétaire, etc. Je ne sais encore rien à ce sujet ; mais le public ne met pas en doute ces infamies, c'est dire à quel point de mépris le prince Napoléon est tombé dans l'opinion.

J'ai appris une assez jolie anecdote, et je la tiens de si bonne source que je puis garantir son authenticité.

Pendant le voyage de Compiègne qui précéda le mariage de l'Empereur, Mlle de Montijo se trouvait avec sa mère au nombre des invités.

L'Empereur, très amoureux, poursuivait Mlle de Montijo de ses obsessions tellement, qu'une nuit il pénétra dans son appartement et voulut employer la violence pour vaincre l'énergique résistance de l'héroïne. Dans la lutte qui fut acharnée, Mlle de Montijo repoussa avec une telle force *l'arme terrible* de l'assaillant qu'elle en fut *foulée* dans sa monture.

L'Empereur dut se retirer, et lorsqu'il fut guéri, il jugea devoir emporter par une alliance, la place qui avait résisté à un assaut. Les portes furent alors ouvertes et nous eûmes une Impératrice.

La grande-duchesse Marie vient de séjourner un mois à Paris, mais elle s'est dit malade et n'a vu personne. On raconte ainsi la cause de cette retraite :

A Nice, le comte Strogonoff son mari, l'a trouvée en conversation criminelle avec un garçon coiffeur. Le comte Strogonoff a pris le garçon et l'a si bien lancé par la fenêtre qu'il est mort sur le coup. L'affaire a été assoupie, le coiffeur est officiellement mort d'un coup de sang en regardant par la fenêtre. Il paraît que le comte Strogonoff est indigné d'avoir été cocufié par un coiffeur !... Si c'eût été un prince, un comte seulement, il y est habitué, mais un coiffeur ! La grande-duchesse, j'en conviens, vaut mieux qu'un coiffeur, c'est une femme élégante, spirituelle et distinguée qui est très désirable. Quant au comte Strogonoff, je ne saurais le plaindre, il a été pris comme étalon, il est remplacé *momentanément* par un autre étalon, c'est une querelle de haras.

La Princesse Mathilde ne croit pas cette histoire vraie, parce que, m'a-t-elle dit, elle a vu la grande-duchesse au retour de Nice prodiguer ses tendresses et ses protestations d'amour à Strogonoff.

Belle preuve !...

Jeudi 5 juillet

Le roi de Naples, vaincu en Sicile par la trahison ou l'impéritie de ses généraux, harcelé de tous côtés, victime d'une neutralité qui tolère toutes les attaques et ne trouvant aucun appui auprès des souverains, a rendu les vaisseaux porteurs d'insurgés capturés par sa marine, il a de plus adopté le drapeau italien et proposé son alliance au roi de Piémont. Tout cela est fort grave et sert grandement le parti révolutionnaire.

Le roi de Naples pauvre esprit dominé par sa belle-mère a trop tard fait des concessions, il n'a pas compris qu'un roi devait devancer les concessions, mais qu'il était perdu s'il se les laissait arracher. Dans sa situation, il fallait qu'il tombât avec honneur et il s'est abaissé en rendant les bâtiments flibustiers, en sollicitant l'alliance du Piémont qui répond avec insolence à ses avances. Quoi que fasse le roi de Naples, je le crois perdu ; il cédera devant toutes les prétentions, et le Piémont les poussera si loin, que malgré sa bonne volonté, le roi de Naples sera forcé de résister et alors il sera perdu. C'est le point auquel on espère l'amener.

Mazzini et son état-major dont fait partie Miss White, sont à Palerme ; avant peu la révolution partira en opposition au roi *galant-homme*.

Les puissances du Nord commencent à s'émouvoir de ce singulier et nouveau droit des gens inauguré depuis la guerre d'Italie ; de ce traité de Villafranca suivi de celui de Zurich si peu respectés, de cette neutralité qui permet au Piémont l'expédition de Sicile, et de la situation du Pape auquel l'Empereur avait écrit au début de la campagne : « *Je ne viens pas attaquer votre pouvoir temporel, mais le raffermir.* »

Il faut avouer que la bonne foi et le respect des promesses ont trop été mis de côté. L'Italie en souffrira un jour, car ce qu'elle a fait n'est reconnu par aucun traité européen. Le Piémont a agi en flibustier ; la révolution d'abord et l'Europe ensuite le lui feront payer cher un jour, je le crains.

Les obsèques du prince Jérôme ont été magnifiques et l'abbé Cœur a prononcé, dit-on, un très beau panégyrique du défunt[1].

Le prince Napoléon a touché l'assistance par l'apparence de sa profonde douleur ; le matin, il avait embrassé le cadavre de son père avant de laisser pour jamais fermer la bière qui le contenait.

Toute cette douleur est une comédie, le prince Napoléon n'avait ni estime, ni affection pour son père ; il le méprisait comme se méprisent entre eux les gens sans moralité. Il avait fallu la présence et l'ordre de l'Empereur pour faire arriver l'archevêque de Paris auprès du moribond, et le prince Napoléon n'a point assisté à l'administration de l'extrême

1. Mort le 24 juin 1860, le dernier frère de Napoléon eut droit à des obsèques grandioses. Son cercueil fut exposé quatre jours au Palais-Royal, au milieu d'une chapelle ardente. Le 3 juillet, il fut transporté en grandes pompes aux Invalides. Il fallut deux heures pour faire le trajet. On marchait « à pas de tortue » se plaindra Castellane. La foule était nombreuse, mais plus curieuse que recueillie. A l'église Saint-Louis, en présence de la plupart des dignitaires du régime, le cardinal Morlot, archevêque de Paris, puis Mgr Cœur, évêque d'Amiens, prirent la parole. Ce dernier souligna la valeur du roi, mais se permit de rappeler que les grands devaient avoir plus de conscience et d'abnégation que les humbles. Après la messe et l'absoute, la bière fut descendue dans le caveau des Invalides pour prendre place à côté de celle de Napoléon.

onction, il avait trouvé plus convenable de fumer une cigarette dans une pièce voisine.

Pendant la courte et dernière agonie du prince Jérôme, le prince Napoléon est sorti deux ou trois fois de la chambre où toute sa famille était réunie, pour *fumer* !

C'est un misérable prince sans cœur, sans âme et sans respect humain ; mauvais fils, mauvais frère, mauvais époux, sujet peu fidèle ; il a tous les vices qui déshonorent. Il songe avant tout à l'argent, aussi a-t-il fait ôter à sa sœur tout ce que la loi permettait d'ôter.

Un mois avant sa mort, le prince Jérôme disait à la Princesse Mathilde :

« *Après ma mort, les affaires seront faciles entre ton frère et toi, vous n'êtes que deux à partager* également. »

Mais le prince Napoléon a poussé son père à faire plus, c'est-à-dire à demander le rapport à la succession d'une somme de 250 000 francs que le prince Jérôme était censé avoir donné à sa fille en la mariant.

Le prince Napoléon sait mieux que personne que cette somme n'a jamais été comptée, puisque le prince Jérôme n'avait pas le sou et que son fils et lui ont vécu jusqu'en 1849 d'une pension de 50 000 francs que leur faisait la Princesse Mathilde.

Le vieux Jérôme ne valait pas mieux que son fils quand il s'agissait d'argent ; il a contrefait l'écriture et la signature de sa fille pour s'emparer d'une somme de 25 000 francs qu'elle avait déposée entre les mains de la Princesse Bacciochi !

Par son testament, il laisse à son bien-aimé Plancy, *pour les services qu'il lui a rendus*, la somme de 25 000 francs et six de ses plus beaux chevaux. Il avait précédemment remis 200 000 francs de la main à la main à Mme de Plancy.

Le prince Napoléon, trois jours avant la mort de son père faisait vendre les chevaux et renvoyait les domestiques ; le fait est vrai.

Le prince est capable de tout ce qui est bas et vil ; il est hypocrite, sans audace lorsqu'on lui tient tête, et aucun fond ne peut être fait sur sa parole ; débauché sans dissimulation, il croit pouvoir braver l'opinion publique, et il oublie trop qu'en France, un prince qui à tort ou à raison a la réputation d'être lâche, est un prince sans appui et sans pouvoir.

On raconte qu'il insistait la veille de la mort de son père pour aller près de son lit, lui demander de ses nouvelles. Le docteur Rayer lui dit : « Ne troublez pas le repos de votre père, Monseigneur, ce serait bien inutilement d'ailleurs, car il ne vous reconnaîtrait pas. »

Le prince insista et s'approcha du lit ; au bruit de ses pas le prince Jérôme sembla sortir de son affaissement : « C'est toi, mon brave ? » prononça-t-il d'une voix chevrotante.

« Vous le voyez, Monseigneur, votre père *ne vous reconnaît pas*. »

Ceci donne une idée de l'opinion populaire sur le prince ; il est vrai qu'il a pour se consoler l'estime et l'amitié de Ferri-Pisani, l'amant de Madame Villot et d'Arago le faiseur de calembours.

Le prince Napoléon affiche l'incrédulité la plus complète et il n'épargne pas à sa pauvre jeune femme les sarcasmes sur ses penchants religieux.

Vendredi 13 juillet

Il semble que ce que j'ai toujours prévu commence à se vérifier ; voici la lettre de Garibaldi qu'insèrent les journaux d'avant-hier ; je n'en rapporte que le dernier paragraphe, elle est adressée à Monsieur Parcker, armateur à Liverpool.

Je vous remercie de tous vos bons souhaits et je puis vous assurer que je ressens vivement la sympathie que l'Angleterre manifeste pour notre cause. Elle doit se rappeler qu'elle n'a point d'alliés sincères, si ce n'est parmi les peuples libres, et il y en a si peu sur le continent. Une Italie libre et unie remplirait cette lacune et deviendrait un des plus grands obstacles aux projets du gouvernement français !

L'Opinione, journal gouvernemental de Turin, oppose indirectement les conseils de l'Angleterre aux conseils de la France et de la Russie qui se prononcent pour l'alliance avec Naples, *elle se retranche derrière la crainte de troubler les relations du Piémont avec certains alliés*.

Déjà l'alliance anglaise prévaut, je ne croyais pas avoir sitôt raison.

Le Messager, journal de Paris, répond ainsi à *L'Opinione* :

Nous demanderons à *L'Opinione*, pourquoi l'alliance proposée par Naples n'est pas acceptable, nous l'inviterons aussi à décliner le nom des puissances avec lesquelles le Piémont a des engagements et qui verraient d'un mauvais œil la réussite d'un plan d'association pour une mutuelle défense entre le Piémont et Naples... Est-ce que le Piémont et l'Angleterre se seraient entendus par avance sur la destinée de l'Italie !

Si le Piémont et l'Angleterre se sont liés par un pacte secret, en ce qui concerne l'Italie, le Piémont déchirera le pacte.

L'Angleterre est toujours dans son rôle en révolutionnant quand même les États du continent, mais les peuples et les gouvernements se tiennent en garde contre ces dangereuses menées, même en Italie.

Mardi 17 juillet

Garibaldi entraîné par le parti mazzinien a fait arrêter et embarquer M. Farina, l'homme de Cavour, représentant la politique de cet homme d'État ; aussitôt le ministre et les hauts fonctionnaires ont donné leur démission qui a été acceptée, et un nouveau Ministère formé d'avocats et de journalistes a été installé. Garibaldi, avant de procéder à l'annexion, voudrait soulever Naples et Rome, mais voilà qu'enfin l'Europe justement émue de tant de brigandages y met son veto et qu'elle pèse sur le Piémont pour l'amener à s'allier au roi de Naples.

En Angleterre, le Ministère lui-même reconnaît par la bouche du Lord J. Russel que la réunion sous un même sceptre de l'Italie du Nord et de l'Italie du Midi offrirait peu de chances favorables. Mais ce qu'il ne faut pas oublier, c'est qu'en Piémont il y a deux politiques : celle de M. de Cavour, qui est la politique officielle, puis il y a celle qui se fait sans M. de Cavour par le roi et Garibaldi, politique de déloyauté et de flibusterie qui donne chaque jour le spectacle des plus hideuses violations du droit des gens.

Les nouvelles provinces du Piémont sont agitées ; on y est de moins en moins satisfait d'être *piémontisé*.

En Syrie le massacre des Chrétiens se fait sur une grande échelle ; dans le Liban, les Druses procèdent à l'extermination des Maronites sous les yeux des autorités et des troupes turques ; nous avons envoyé des vaisseaux avec ordre de s'assurer de l'inefficacité de la protection turque, avant de procéder au sauvetage des Chrétiens [1].

Tous les bons philanthropes anglais qui mettraient le feu aux quatre coins du globe pour un chargement de nègres ne secourent les Chrétiens qu'à contrecœur parce que la Russie pourrait se réjouir de l'abaissement de la Turquie ! La question du thé et de l'opium est tellement importante que deux guerres contre la Chine ne sont pas superflues pour la résoudre, mais un massacre de Chrétiens, en quoi cela importe-t-il au commerce anglais ?

Le *Moniteur* insère ce matin le rapport suivant du commandant en chef de notre escadre du levant :

Beyrouth, 11 juillet.

L'attaque des Chrétiens a commencé à Damas le 9, après-midi. Les consuls français, russe et grec sont réfugiés chez Abd-el-Kader. L'attitude des autorités turques à Damas a été nulle, et comme partout plutôt nuisible qu'utile.

Le soir, il y avait déjà beaucoup d'hommes tués et de femmes emmenées pour les harems. On dit que les consulats sont brûlés à Damas sauf le consulat anglais. 3 000 soldats turcs sont arrivés aujourd'hui sur un vaisseau et deux frégates turques ; les craintes des Chrétiens redoublent. On attend avec impatience les commissaires Vely et Namick Pacha.

---

1. C'est au printemps que les Français apprirent les premiers massacres de chrétiens maronites libanais par leurs voisins druzes, adeptes d'une religion dérivée de l'islam. Lorsqu'il s'avéra que la tuerie s'étendait et que les autorités turques ne faisaient rien pour l'arrêter, voire l'encourageaient en certains endroits, Napoléon III dépêcha des navires sur la côte pour recueillir les réfugiés. Dans les premiers jours de juillet, 5 000 chrétiens furent massacrés à Damas, alors que le pacha de la ville restait passif, contrairement à l'émir Abd-el-Kader qui sauva 1 500 personnes en les accueillant dans son palais. En apprenant cette nouvelle, les gouvernements de Paris et de Londres décideront de faire plus et enverront à l'automne un corps expéditionnaire de 6 000 hommes qui rétablira l'ordre.

Vely est un fanatique ennemi des Chrétiens quoique fils d'une Chrétienne.

Abd-el-Kader se prononce hautement pour la défense des Chrétiens et protège tous ceux qui viennent près de lui chercher un refuge.

Le *Moniteur* nous dira, je l'espère, quel chiffre de massacrés est nécessaire pour motiver une intervention efficace... A la gloire du XIXe siècle quand le coton, l'opium ou les Mazziniens sont compromis, on ne saurait trop tôt faire la guerre. Mais quand il s'agit de l'extermination des Chrétiens en Syrie, on peut attendre !

Mardi 24 juillet

Les massacres en Syrie ont été effroyables. De l'aveu des Druses le nombre des Chrétiens égorgés s'élève à 22 000. Puis, il faut compter les femmes violées et conduites dans les harems ; les villes et villages pillés et incendiés. La complicité des gouverneurs et des troupes turques est démontrée, prouvée surabondamment.

Maintenant que l'Angleterre voit la France décidée à intervenir pour réprimer ces actes de sauvagerie, elle annonce que la paix est faite entre Druses et Maronites.

C'est-à-dire on a fait souscrire une paix par quelques Druses, échappés aux massacres et qui auraient été massacrés s'ils ne l'avaient pas signée.

Mais quelles réparations sont accordées ? Quelle garanties données ?

Peut-il y avoir des garanties lorsque la protection des Chrétiens est abandonnée à un gouvernement complice de ces assassins !

Les Maronites de la ville de Der-el-Kammar ont été livrés par Taer Pacha, commandant turc, qui les a désarmés, puis les a livrés aux Druses. 3 000 hommes ont été égorgés. Des prêtres français l'ont été également et le drapeau national ne les a pas sauvés.

A Zahlet, les troupes turques égorgeaient, pillaient et incendiaient avec les Druses. Là aussi des prêtres français ont été tués. Rachoïa et Jedaida, petites villes de l'anti-Liban, ont été dévastées et leurs habitants massacrés par la trahison des gouverneurs turcs. Le gouverneur de Der-el-Kammar s'était fait remettre 150 000 piastres par les Maronites, ainsi qu'un billet de 400 000 piastres pour les protéger contre les Druses : il les a livrés ! ! !

Eh bien ! C'est au moment où les troupes et les généraux sont déjà désignés pour partir, où les transports sont prêts que l'Angleterre voudrait nous dire : la paix est faite, l'intervention est inutile !

Si nous obéissions à une telle insinuation, nous aurions à en rougir pour l'Éternité aussi longtemps qu'une histoire transmettra à la postérité le récit des faits actuels !

Nous allons coûteusement en Chine pour punir les violences faites à quelques missionnaires, mais plus réellement pour protéger l'opium et les cotons anglais et lorsque le sang chrétien coule à flots nous aurions besoin d'un laissez-passer de l'Angleterre, nous n'oserions pas ce qu'a osé l'Espagne en allant au Maroc ! ! ! C'est impossible !

Nous avons fait la guerre de Crimée et nous faisons celle de Chine pour l'Angleterre : nous avons fait celle de l'Italie pour les révolutionnaires : il serait *temps* d'en faire une pour l'honneur et les intérêts de la France.

Madame la princesse de Metternich qui a pris les manières et le ton des lorettes de bas étage est une favorite de l'Impératrice qui la met de toutes les parties ; elle boit, elle fume, elle jure, elle est laide à faire peur et elle raconte des histoires !...

En voici une dite à Trianon en présence de l'Empereur et des services de Leurs Majestés.

« Oh ! c'est moi qui sais une belle histoire d'enfant terrible !... Elle est fameuse, je vous en réponds ! Le comte de Heldefzik vint l'été dernier en visite chez la baronne Vellanpdzic Hassanlern. L'enfant de la baronne était seul au salon... charmant enfant, plein de grâce et de gentillesse. "Votre mère est-elle chez elle ? demanda le comte. — Ma maman est dans sa chambre, mais je vais lui dire que vous voulez lui parler." L'enfant partit en courant, mais revint au bout de trois minutes : "Ma maman va venir ; *elle a fait caca* avec le chevalier Rudoviustorp et ils se réhabillent et se débarbouillent." »

Telle est l'histoire racontée par la princesse, et comme elle hésitait à en raconter une seconde, l'Empereur lui dit : « Il me semble, princesse, qu'après l'histoire de l'enfant terrible, rien ne doit vous arrêter. »

Les derniers avis transmis de Constantinople par La Valette disent que l'agitation y est extrême et qu'on peut s'attendre à tout. La Turquie est perdue, mais il y aura d'affreux massacres.

Lundi 6 août

Enfin, nos troupes partent pour la Syrie.

La conférence des plénipotentiaires s'est mise d'accord et nous intervenons, malgré l'Angleterre qui ne s'est rendue que parce qu'elle a compris que l'intervention aurait lieu avec ou sans son concours.

Depuis un mois, 20 000 Chrétiens ont été massacrés dans le Liban ; ils n'ont eu pour protecteur qu'Abd-el-Kader qui s'est héroïquement comporté et à qui l'on doit le salut de 10 à 12 000 chrétiens.

Quant aux Turcs, pachas et soldats ont été complices des Druses et il n'est plus possible, malgré les assertions du Lord Palmerston de s'en remettre au gouvernement ottoman du soin de sauvegarder les chrétiens de l'Empire.

En Italie, les affaires ne me satisfont pas. Les Mazziniens commencent à faire sentir leur influence. Victor-Emmanuel joue un double jeu et tandis que suivant les conseils de la France il paraît vouloir traiter avec Naples, qu'il demande même à Garibaldi de suspendre les hostilités, cet aventureux partisan qui est l'homme du roi, débarque en Calabre et s'avance vers Naples.

Les agents piémontais ne se cachent plus pour dire qu'après Naples viendra le tour de Rome qui doit être la capitale de l'Italie.

Quant à la non-intervention proclamée comme principe il est curieux de voir en quoi elle consiste. Le Piémont décrète que les Napolitains, les Toscans, les Lombards, les Vénitiens sont piémontais, vu que les Piémontais sont napolitains ou toscans et en vertu de cette proclamation en pleine paix ils laissent partir et encouragent même une expédition qui va porter la guerre chez son voisin le roi de Naples. Il y a parmi les soldats de cette expédition des hommes de tous les pays. Cela ne fait rien : le pavillon couvre la marchandise. Mais il est interdit au roi de Naples d'avoir recours à ses alliés.

Telle est la loyale politique d'aujourd'hui.

La Princesse Mathilde est totalement brouillée avec son frère. Elle a dit à l'Empereur que même au lit de mort elle ne le verrait pas. Le prince, aidé de Fould, s'est conduit comme un vrai filou dans l'affaire de la succession du roi Jérôme.

Hier, sur le lac d'Enghien, nous avons rencontré le prince Napoléon dans une compagnie digne de lui. Sur son bâteau *brillaient* Pisani, Girardin, Roqueplan !

Dimanche 12 août

Le déchaînement d'une partie de la presse étrangère contre l'Empereur Napoléon est arrivé au plus haut point d'extravagance.

Les affaires d'Italie et l'expédition en Syrie qui vient de partir sont les deux thèmes favoris sur lesquels brodent sans cesse les écrivains de ces journaux. En Angleterre, le *Times* presque seul approuve l'expédition et approuve en cette circonstance l'attitude prise par la France. En Prusse et en Autriche, les journaux rétrogrades exhalent leur fureur en termes peu ménagés. La *Nouvelle Gazette de Prusse* invoque une sainte alliance pour expulser les Bonaparte et en finir avec le bonapartisme.

En Italie, le Piémont se trouve débordé par la révolution que représente Garibaldi. Le roi Victor-Emmanuel qui a cru pouvoir la dominer et qui a de concert avec ce chef de partisans préparé l'expédition en Sicile, n'est plus le maître de la situation.

Les Italiens se sont enthousiasmés de Garibaldi. Ses agents sont plus ministres et ont plus de pouvoir que les agents du roi. Le gouvernement sarde est forcé de traiter avec eux et ne se tire pas brillamment de ses négociations. Le comte de Cavour cherche à parer aux graves événements qui se préparent. Il les a prédits depuis trois mois, mais le roi ne l'a pas écouté, lui aussi ne jurait que par Garibaldi. Aujourd'hui, ce dictateur résiste aux ordres du roi et lui répond qu'il viendra se mettre à ses ordres lorsqu'il aura soumis Naples, Rome et Venise ; il a même promis, dit-on, de reprendre Nice à la France.

L'Angleterre pousse et soutient Garibaldi. En Sicile, où le Mazzinisme triomphe, grâce à Crispi, ministre dirigeant, la tranquillité et la sûreté des personnes sont loin d'être établies : les assassinats sont nombreux, l'action de la justice nulle. A Naples, tout semble désorganisé, les libéraux abandonnant le roi et l'œuvre qu'ils lui ont inspiré, les exilés qui ont obtenu de rentrer, se sont remis à conspirer. On s'attend à la première attaque de Garibaldi à voir le roi trahi par tout le monde s'embarquer sur un vaisseau autrichien.

A Milan, on a effacé pendant la nuit le mot *nobles* dans l'enseigne de la rue des *nobles*, et on y a substitué *de Garibaldi*.

Près de Rome, il a fallu l'intervention des gendarmes pour dissiper les rassemblements de paysans qui se partageaient socialistement les biens du prince Borghèse.

Garibaldi, pour intéresser encore plus à sa personne l'opinion publique, a voulu et veut faire croire à des tentatives d'assassinat qu'il met sur le compte de la cour de Naples et de la police française.

En expulsant de Sicile La Farina, il a expulsé en même temps deux Corses, dont l'un se nomme Pricalli, et ce sont ces deux Corses qu'il désigne comme des agents envoyés de France pour l'assassiner.

Pierre Bonaparte, la plus abjecte canaille qu'il soit possible d'imaginer, digne enfin de la famille des Canino, écrit à ce sujet au docteur Bertani, agent général de Garibaldi, et il a l'impudence d'accuser M. de Cavour et la police française d'avoir lancé de concert avec M. La Farina ces deux assassins contre le dictateur. Pierre Bonaparte termine en disant que Garibaldi aux yeux des Corses est une espèce de San-Pierro et que les Corses voueraient un million de vendetta *à celui qui toucherait à un seul cheveu de sa tête*, qu'entoure le souffle du patriotisme, et qu'environne l'auréole des espérances de l'Italie.

M. Pierre Bonaparte est un gredin, qui vit d'une belle pension que lui fait l'Empereur.

Les armements qui ont lieu en Piémont sont faits en vue des événements que l'on prévoit à Naples. *On craint* que la République n'y soit proclamée et alors le Piémont *interviendrait*.

A Damas, le gouvernement turc, excité par l'Angleterre, semble, si les nouvelles sont sincères, décidé à montrer quelque énergie.

Fuad Pacha a, dit-on, fait arrêter quatre cents personnes qui vont être jugées sommairement et exécutées, si elles sont condamnées ; les objets pillés sont en grande partie retrouvés ; Damas est calme, les troupes continuent à faire preuve de dévouement.

Tout cela est tellement exagéré, le calme de Damas à moitié détruite, la continuation du dévouement des troupes turques qui ont pris part au pillage et au meurtre que l'on a peine à y croire. L'Angleterre voudrait que l'expédition française trouvât la Syrie pacifiée et tout terminé. Mais la France voudra qu'une sérieuse enquête établisse la culpabilité qui incombe à chacun ; tout est-il fini, tout est-il pacifié, parce que quatre cents bandits sont arrêtés et que des effets précieux sont retrouvés ?

Il y a vingt mille chrétiens de moins en Syrie ; deux ou trois mille femmes ou filles ont été vendues pour les harems ; les villages chrétiens n'existent plus et les traités anciens ou nouveaux ont toujours reconnu à la France le droit de protéger ses coréligionnaires en Syrie. Il faut donc que la France fasse siéger à Damas une justice inflexible qui épouvante les assassins et décourage leurs fauteurs et leurs complices ; il faut qu'elle fasse peser sur les Druses le poids d'une juste vengeance, et que leur tribu se souvienne à tout jamais de l'inexorable justice française. Il le faut non seulement pour la Syrie, mais pour le reste de l'empire turc ; pour Constantinople même, où le fanatisme musulman menace les chrétiens de semblables extrémités.

La conférence de Teplitz entre le régent de Prusse et l'empereur d'Autriche défraye toujours la polémique des journaux ; on veut y voir l'indice d'une alliance contre la France et les partis extrêmes s'en réjouissent[1].

M. le duc de Bordeaux a récemment reçu les légitimistes de France avec une certaine solennité à Genève. En les quittant il leur a annoncé de prochains et graves événements qui lui permettraient de leur donner rendez-vous à Paris. Pauvre prince et pauvre légitimité ! Le roi de Naples, le duc de Bordeaux, et Montemolin, quels malheureux !

Vendredi 7 septembre

Chargé par le ministère de l'Intérieur d'entretenir une correspondance quotidienne avec la presse italienne, j'ai eu peu de temps à moi et je n'ai pu depuis bien des jours écrire dans ce livre.

Aujourd'hui, j'ai quelques moments pour constater l'état de surexcitation et d'inquiétude dans lequel se traîne l'Europe.

En Italie, la révolution conduite par Garibaldi, poussée en avant par

1. La guerre de 1859 et les encouragements donnés ensuite par Napoléon III au Piémont tendirent les relations entre la France et l'Autriche. Cependant, l'entrevue de Teplitz entre François-Joseph, l'empereur d'Autriche, et Guillaume, régent de Prusse depuis que son frère, le roi Frédéric-Guillaume IV, a sombré dans la folie, en octobre 1858, ne débouche sur rien de concret, en raison du heurt des intérêts des deux puissances en Allemagne.

le Piémont, est aux portes de Naples. Le roi François II entouré de traîtres est au moment de perdre sa couronne.

Mazzini reparaît sur la scène. Garibaldi donne des inquiétudes et le Piémont profite de tous ces sujets de désordre mis par lui en avant pour légitimer aux yeux de l'Europe, son intervention officielle à Naples. Il réclame du Pape le renvoi des étrangers qui sont dans son armée et qui peuvent être un danger pour la cause italienne. Il n'est vraiment pas permis de se moquer à ce point de la conscience publique.

L'armée de Garibaldi qui promène la révolution en Italie est un ramassis de tous les aventuriers que Garibaldi recrute ouvertement en Angleterre.

Vimercati qui est arrivé de Turin pour trois jours hier matin, m'a confié que le Piémont allait envahir les États du Pape et que, si Garibaldi voulait résister à l'annexion et maintenir à Naples ses idées de dictature, l'armée piémontaise marcherait contre lui.

Les plus graves événements peuvent donc surgir en Italie.

L'Angleterre s'oppose à l'attaque de la Vénétie ; la révolution obéira-t-elle ?

Partout en Europe, l'Angleterre qui continue ses armements sur un pied formidable cherche à soulever les cabinets contre la politique et l'ambition françaises. Les souverains ont des entrevues, se promettent un appui mutuel et les États *roquets* comme la Belgique et la Suisse nous injurient dans leurs journaux.

A Genève, ces jours derniers, les fiers descendants de Guillaume Tell, ont insulté et maltraité nos nationaux et lacéré notre drapeau.

L'Empereur ne veut pas la guerre en cet instant.

Lorsqu'elle aura lieu, il veut y avoir été provoqué par les ennemis extérieurs et forcé par l'opinion nationale. La guerre viendra au jour et à l'heure qu'il a marqués, pas avant.

Nos soldats sont en Syrie, mais je pense qu'il faudra se décider à des mesures plus importantes et plus graves contre le fanatisme musulman.

L'Empereur est partout accueilli avec enthousiasme, soit en France, soit en Savoie.

La reine Victoria doit rencontrer sous peu de jours à Cobourg le prince régent de Prusse qui de là se rendra à Varsovie où il rencontrera l'empereur de Russie.

Le prince Napoléon est chaque jour plus impossible par son insolence, son absence de toute moralité, sa ladrerie et son manque absolu de bon sens. Il croit être quelque chose par lui-même. Le malheureux ne brille que par un reflet de l'Empereur qui pourrait lui dire comme Auguste à Cinna : « Si je t'abandonnais à ton propre mérite, Rome se détournerait de toi avec dégoût. »

Le comte de Chambord entretient toujours chez ses fidèles l'espérance de les recevoir prochainement aux Tuileries.

Les Orléanistes font une petite guerre de journaux et de brochures au nom du parlementarisme. M. Forcade raillait le 1er septembre dernier dans la *Revue des Deux Mondes* le malheureux roi de Naples qui perd son trône si facilement et qui ne trouve personne pour le défendre.

Parlementaires aveugles, cela vous sied bien ! Qu'avez-vous fait de votre roi Louis-Philippe appuyé sur un gouvernement parlementaire, de votre roi qui *régnait et ne gouvernait pas* ! Il est parti en fiacre oubliant ses belles filles au milieu de l'émeute et vous êtes allé porter vos hommages à la république de Louis Blanc.

Vendredi 19 octobre

Depuis le jour où le Ministère m'a chargé de représenter sous son véritable aspect la politique française dans la presse italienne, j'ai, forcé par la nécessité de mon travail, laissé chômer mon livre.

J'ai quelques minutes à moi aujourd'hui et je me hâte d'y inscrire quelques lignes.

L'ambition sarde s'est enfin démasquée par l'envahissement des États romains et de l'État napolitain ; je ne me suis jamais trompé sur ce point et rien n'a pu me tromper.

Le cabinet de M. de Cavour se croit assez puissant pour braver le mécontentement de l'Europe, la France comprise. Je crois qu'il s'abuse, mais nous sommes à la veille d'une entrevue qui va avoir lieu à Varsovie entre les empereurs de Russie et d'Autriche et le prince régent de Prusse. Nous saurons donc avant peu, je l'espère, à quoi nous en tenir à cet égard.

Nous avons retiré notre ambassadeur de Turin ; notre corps d'occupation à Rome a été porté à 25 000 hommes, et nous avons blâmé énergiquement la conduite injustifiable du roi Victor-Emmanuel.

Un article *envoyé* au *Constitutionnel* a même accusé la Sardaigne de violer le droit des gens et le droit international. Cet article a fort occupé la presse française et la presse étrangère.

Les amis du Piémont prétendent que l'Empereur en le lisant a témoigné son déplaisir du ton incisif de cet article et des condamnations qu'il contient de la politique sarde.

Ce qu'il m'est permis d'affirmer c'est que cet article a été écrit par La Guéronnière sous l'inspiration de l'Empereur et que la minute qui lui en a été communiquée est revenue de St-Cloud avec cette apostille de sa main : « ... *Très bien,... mais pas assez incisif.* »

Le comte de Cavour prétend réformer le code du droit des gens ainsi que celui des rapports internationaux. Il ne saurait y avoir, dit-il, en ce moment aucune application à faire aux affaires d'Italie des règles d'un droit quelconque. L'Italie fait son droit de ses intérêts. Malgré l'opposition de l'Europe il proclame qu'avant peu l'envahissement de la Vénétie sera une vérité et malgré la protection de la France qui couvre Rome et le patrimoine de St-Pierre, ces affranchis dont nous avons rompu hier le collier de servage disent dans leur Parlement que Rome doit être la capitale où siégera le roi Victor-Emmanuel dont la libéralité connue tolérera à ses côtés le Pape prisonnier et privé de tout pouvoir temporel.

L'audace de la mauvaise foi est poussée si loin de la part de M. de Cavour qu'il prend pour prétexte de l'envahissement des États romains la présence dans les troupes du Pape d'un grand nombre d'étrangers et il intervient à Naples pour faciliter à Garibaldi dont l'armée est composée d'étrangers la prise de Capoue et Gaëte que le roi François II défend énergiquement à la tête de son armée.

Le roi Victor-Emmanuel se dit appelé par les populations napolitaines. J'ignore comment on va les faire voter sur la question d'annexion, mais ce que je sais c'est que les Napolitains ne s'engagent pas dans les bandes de Garibaldi, que les soldats trahis par leurs officiers rejoignent l'armée du roi et que les vaisseaux pris par Garibaldi ne peuvent pas trouver de matelots.

La politique de M. de Cavour qui a pour avant-garde le Mazzinisme est un composé de mensonges et de roueries. Son grand moyen d'action consiste dans l'épouvantement qu'il sème parmi les populations au moyen de son avant-garde, et alors il offre son roi *galant homme* à de pauvres diables que les révolutionnaires ont terrifiés.

Il me semble de la plus haute insolence de prendre le titre de *galant homme* quand on pourrait tout au plus réclamer celui de Scapin politique. M. de Cavour a inventé cette belle maxime : « *Les Italiens ne sont qu'un peuple* » et alors ce n'est pas une intervention étrangère lorsque Victor-Emmanuel vole les Marches et l'Ombrie au Pape et les États napolitains à François II.

Le Piémontais, le Vénitien, le Romain, le Lombard, le Napolitain, ainsi que les Siciliens sortent de même souche. Les sots et les ignorants répètent cette énormité et le *vol de famille* s'accomplit.

C'est ainsi que vont les choses.

Samedi 17 novembre

Mon travail pour la presse italienne m'absorbe toujours et je regrette de ne pouvoir noter jour par jour les choses curieuses que je recueille.

La politique actuelle est bien misérable, c'est à qui mentira le plus au public et à sa conscience, les ministres comme les souverains ont perdu toute honte et n'éprouvent aucun embarras à ne tenir compte ni de leurs paroles, ni de leurs actes.

Victor-Emmanuel, quoique signalé par toutes les grandes puissances, l'Angleterre exceptée, comme un violateur du droit des gens, est toujours nommé le roi *galant homme*. Il a beau envahir traitreusement les États de l'Église et le royaume des Deux-Siciles après avoir maintes fois protesté qu'il répudiait toute complicité avec Garibaldi et ses bandes, il a beau accepter un prétendu vote universel organisé et opéré sous la surveillance de la force garibaldienne, il ne reste pas moins *galant homme*.

Les lettres que je reçois de l'Italie, écrites par des hommes honorables et qui sont prononcés pour l'indépendance, me donnent d'ignobles détails sur les apostasies, les trahisons et les mensonges qui y foisonnent.

Quant à l'union des populations, elle n'a pas fait un pas et elle aura de la peine à le faire.

La Toscane voit de mauvais œil les Romagnols, les Romains, les Parmesans, les Napolitains, les Siciliens qui le leur rendent avec usure, puis tous ensemble détestent le Piémontais.

La politique franco-piémontaise cherche les moyens d'inspirer au Pape la volonté de quitter l'Italie.

Quant au roi de Naples qui tient encore à Gaëte, on espère en avoir fini avec lui dans un mois ; le tour de Venise viendra ensuite.

L'Empereur disait, il y a cinq jours, à la Princesse Mathilde : « *Le Pape témoigne de nouveau l'intention de quitter Rome ; je voudrais que la chose fût faite, cela avancerait bien les affaires*. »

Nous sommes officiellement les soutiens du Pape, nous avons envoyé de nouvelles troupes pour le défendre, nous avons même protesté contre l'envahissement de ses États, et très respectueusement, nous formons des vœux pour sa chute.

Nous avons proclamé en vertu du principe de non-intervention que le roi de Naples ne pouvait intervenir dans les États du Pape, mais nous laissons le Piémont intervenir dans un sens contraire en Sicile, à Naples, dans les Marches et dans l'Ombrie et s'emparer de tous ces États.

Nous laissons le Piémont colorer sa violation des droits internationaux du prétexte de délivrer l'Italie des bandes étrangères soldées par le Pape, et ce même roi de Piémont organise avec les révolutionnaires cosmopolites de Garibaldi, des légions étrangères. Enfin, le roi *galant homme* a refusé d'accueillir dans la marine sarde les officiers napolitains qui ont bombardé Palerme, et la *presse libérale* qui a si énergiquement flétri cet horrible attentat du nouveau roi *Bomba*, après nous avoir annoncé le mois dernier les heureux résultats des bombardements de Capoue et d'Ancône, constate avec satisfaction qu'avant peu de jours l'armée piémontaise commencera le bombardement de Gaëte [1] !

Le général Cialdini, un des héros piémontais, traite de lâche dans un ordre du jour le général Lamoricière vaincu à Castel Fidardo et nos

1. C'est justement le roi des Deux-Siciles, Ferdinand II, qui fut surnommé *Re Bomba* pour avoir fait bombarder Messine, qui s'était soulevée en janvier 1848 contre son autorité.

volontaires français qui servaient sous ses ordres, *d'ivrognes mercenaires*[1].

Ce même Cialdini qui parle sans cesse des cruautés exercées par le gouvernement napolitain, ordonne de fusiller tous les paysans napolitains qui seront pris les armes à la main.

Tout est ignoble dans l'affaire de l'Italie, l'hypocrisie française et sarde qui protestait l'année dernière de son respect pour le Saint-Père dont elle n'avait nullement l'intention d'attaquer le pouvoir, comme du reste la couardise de l'Europe qui laisse faire.

L'Empereur reste enveloppé de silence et de mystère, mais il marche à son but qui est de prendre une haute revanche de 1815. Déjà il a humilié la Russie et l'Autriche, il laisse détrôner le Bourbon de Naples et lorsque l'Italie sera assez *unifiée* pour occuper l'Autriche et les petits États allemands par une guerre vers Venise et le Tyrol, alors il ira sur le Rhin écraser la Prusse et soufflera en passant sur la Belgique.

Quant à l'Angleterre, elle aura à faire à la Russie que son alliance avec la France rendra maîtresse de donner suite à ses projets sur la Turquie et l'Inde.

Tel est le plan que je vois lentement se développer et qui n'est pas en parfait accord avec ces paroles : « *L'Empire c'est la paix !* » Je crains que nous commencions l'ère des grandes perturbations ; je ne trouve de bonne foi nulle part, et j'entends des gens *honnêtes*, employés politiques du gouvernement dire :

« *Qu'est-ce que des principes ?*
Un droit des gens ?
Un droit international ? »

Nous ne connaissons que le droit des intérêts et la moralité du fait accompli.

Le clergé est ouvertement hostile au gouvernement, des mesures de rigueur commencent. Deux récentes circulaires de M. Billault servent de premiers coups de canon à la guerre.

Par la première, il interdit les associations pour exciter les collectes d'argent en faveur du Pape ; par la deuxième il soumet au timbre et à la formalité du dépôt les mandements des évêques qui se rattacheront d'une façon quelconque à la politique.

L'Impératrice que rien ne pouvait tirer de l'abattement dans lequel elle était plongée depuis la mort de sa sœur Madame la duchesse d'Albe,

1. Pour arrêter la progression des chemises rouges, qui avaient pris le contrôle du royaume des Deux-Siciles, s'apprêtaient à marcher vers le nord et peut-être à proclamer une république, Victor-Emmanuel envoya une armée sous le général Cialdini. Celle-ci pénétra dans les États pontificaux sans l'autorisation du pape. Les zouaves pontificaux tentèrent de s'interposer, mais, le 18 septembre 1860, ils furent taillés en pièces par les Piémontais en quelques dizaines de minutes.

est partie pour l'Écosse où elle va passer quelques semaines chez la duchesse d'Hamilton.

Madame Castiglione est depuis deux mois à Paris, mais on n'a pas encore parlé d'elle.

About, l'auteur de Tolla, le pamphlétaire si rude aux courtisans, aux rois absolus et à l'Église, a sollicité la croix de la République de St-Marin qui lui a été refusée, aussi se venge-t-il de ce refus dans son dernier ouvrage, en injuriant ladite République.

Je tiens le fait du comte d'Avigdor, envoyé de la République de St-Marin ; il a entre les mains la demande d'About !

Vendredi 23 novembre

Hier, chez S.A.I. la Princesse Mathilde, a eu lieu une petite soirée de quarante personnes.

L'Empereur avait dîné chez sa cousine. J'y suis arrivé vers dix heures et j'ai trouvé tout le monde préoccupé, les visages étaient presque joyeux, la Princesse semblait radieuse, et quoique sachant la cause de cette joie, je lui ai dit :

« *Qu'a donc ce soir Votre Altesse Impériale ? je n'ai jamais vu un pareil air de contentement !* »

La Princesse m'a répondu :

« *Vous ignorez donc qu'il part ?*

— *Qui part ?* ai-je demandé.

— *Fould !... Fould !... enfin c'est fini !* »

En effet, Fould est remplacé au ministère d'État par le comte Walewski, et l'Intendance générale de la maison de l'Empereur passe dans les attributions du grand maréchal du palais, le maréchal Vaillant.

Billault devient garde des Sceaux. Laity le remplace, dit-on, à l'Intérieur.

Le comte de Persigny quitte aussi, dit-on, l'ambassade de Londres, dont on aurait voulu affubler Morny qui aurait refusé en allégant la notoriété de sa prédilection pour l'alliance russe.

Morny reste à la présidence du Corps législatif.

Le ministre des Finances serait changé, assure-t-on, mais cela n'est pas encore certain.

Quant à Haussmann dont les projets viennent de subir deux échecs au Conseil d'État, il aurait, si j'en crois des personnes bien informées d'ordinaire, donné sa démission.

Hier soir, on étudiait les physionomies, on observait l'Empereur qui paraissait très satisfait, et qui s'est entretenu une grande heure avec Morny de la façon la plus cordiale.

Je n'ai remarqué à cette soirée que les ambassadeurs de Prusse et de Russie.

Parmi nos ministres, j'y ai vu Thouvenel, Billault, Rouher, Rouland.

Les conjectures vont leur train, les suppositions, les projets, etc.

Chacun témoignait sa satisfaction d'être débarrassé de Fould qui demeure membre du conseil privé avec cent mille francs de traitement.

C'est Walewski qui étrennera ce beau mobilier de 600 000 francs récemment décrété pour le ministère d'État.

Samedi 24 novembre

La nomination de Walewski au poste de ministre d'État est ce matin au *Moniteur*, le reste est encore ajourné.

L'influence qui a peut-être déterminé la chute de Fould est celle de Fleury, qui a toujours été d'avis que ce ministre nuisait à l'Empereur, puis comme il faut toujours que l'intérêt personnel soit mêlé à toutes choses, Fleury avait une grande irritation contre Fould, dont voici la cause :

Lorsqu'il obtint de l'Empereur l'autorisation de faire la campagne de la Kabylie, il eut besoin de 10 000 francs qu'il alla demander au ministre.

Le ministre le reçut assez mal et lui dit à peu près clairement : « *Vous avez été toute votre vie un bourreau d'argent, il n'y aurait pas de sûreté à vous prêter, je ne vous prêterai pas.* »

Fleury n'a jamais oublié cette bêtise insolente et il a depuis cette époque fait mille efforts pour renverser Fould, il a enfin réussi.

Le comte de Flahaut prend, dit-on, le poste d'ambassadeur à Londres.

Fould, malgré Madame Castiglione est définitivement vaincu.

Sur le million qu'avait le prince Jérôme comme rente, l'Empereur alloue trois cent mille francs de dotation annuelle à la Princesse Mathilde ; le reste rentre au trésor. Le prince Napoléon, quoiqu'ayant déjà un million de dotation annuelle, comptait encore grappiller sur le million de son père ; il n'est pas satisfait du décret qui augmente la dotation de sa sœur qui a maintenant :

200 000 francs sur la fortune de Demidoff,
200 000 » d'ancienne dotation,
300 000 » nouvelle dotation,
700 000 » de dotation annuelle.

Il y a de quoi tenir maison comme elle le fait, et représenter dignement.

Mardi 27 novembre

Hier, un décret impérial accordait au Sénat et au Corps législatif le droit de présenter une adresse en réponse au discours du trône, et le droit d'amendement discuté en séance préparatoire [1].

1. Ce décret capital, puisqu'il libéralise l'Empire, date en fait du 24 novembre.

Par ce même décret, des ministres sans portefeuille, mais assistant aux séances du Conseil étaient institués. Ces ministres conjointement avec le Conseil d'État soutiendront les discussions.

Le ministère de l'Algérie et des Colonies est supprimé, les colonies sont réunies au ministère de la Marine sous le comte de Chasseloup.

L'amiral Hamelin, M. Billault et M. Magne sont nommés ministres sans portefeuille.

Ce matin, le *Moniteur* complète cette réorganisation.

Le comte de Persigny est nommé ministre de l'Intérieur et M. Forcade de la Roquette, directeur général des douanes, prend le ministère des Finances.

M. le comte de Flahaut devient notre ambassadeur à Londres.

L'Empereur a contremandé les invités qui devaient aller avec lui à Compiègne, il s'y rend seul pour deux ou trois jours.

L'Impératrice est toujours en Écosse.

Lundi 28 janvier

Plus je me trouve mêlé aux discussions politiques, plus je sens un certain dégoût des choses de l'humanité ; plus j'arrive à me sentir froissé de la mesquinerie de certaines grandeurs. Ce qui se passe en Italie sera jugé bien sévèrement un jour. Le rôle que nous jouons dans cette intrigue, les moyens honteux dont on ne craint pas de se servir, les arguments et les raisonnements plus honteux encore sur lesquels on se base pour élever l'iniquité à la hauteur d'un sacrilège, tout cela contriste l'âme à un point que je ne saurais bien dire.

Je ne crois pas qu'il soit d'une bonne politique de déchaîner en Italie ce qui est justement enchaîné en France, d'y encourager l'esprit révolutionnaire et de chercher à fausser le jugement de la conscience en qualifiant du titre de non-intervention les monstrueuses interventions du roi de Piémont.

La politique suivie par l'Empereur a pour résultat jusqu'à présent de n'avoir pu faire triompher aucun des principes mis par elle en avant. L'*unité* triomphe de la *Confédération* ; le principe de *non-intervention* qui, prétend-on, serait violé si le roi de Naples entrait dans les États de l'Église pour y assurer le maintien de l'ordre et de l'autorité du Saint-Père, a été violé par le roi de Piémont dans les Deux-Siciles et dans les États de l'Église. La France s'est tue !

Ce principe a été violé de la manière la plus couarde et la plus honteuse sous le prétexte dans les États du Pape qu'il composait son armée d'étrangers alors que Garibaldi partait pour la Sicile à la tête d'une troupe d'aventuriers de tous les pays. La France a protesté pour la forme contre l'invasion des États romains et elle a laissé faire comme elle laisse le Piémont après avoir anathémisé Garibaldi et ses bandes, après avoir désavoué leurs œuvres, se substituer à ces condottieri, voler le royaume des Deux-Siciles en vertu d'un faux suffrage universel contre lequel proteste aujourd'hui la guerre civile.

Enfin le Piémont tient le roi François II assiégé dans Gaëte ; notre flotte a longtemps protégé cette place du côté de la mer, mais sur les injonctions de l'Angleterre et les instances du comte Vimercati, envoyé du Piémont, notre flotte s'est retirée et maintenant Gaëte est bombardée par terre et par mer.

Les journaux piémontais eux-mêmes avouent que les Bourbons ont un très puissant parti dans le royaume des Deux-Siciles. Ce n'est donc pas le vœu des populations qu'ils accomplissent ; le vote dont ils se prévalent a été une dérision ; les urnes étaient surveillées par des Garibaldiens, et les électeurs qui ont voulu protester par leurs votes contre l'invasion piémontaise ont été molestés, quelques-uns même ont été assassinés.

En ce moment, les paysans qui tiennent encore pour le roi sont fusillés lorsqu'ils sont faits prisonniers et la ville de Gaëte, dernier refuge du roi François II, de sa jeune femme et de ses frères, est bombardée par un Cialdini et un amiral Persano qui ne respectent ni le drapeau noir des hôpitaux, ni la demeure de la reine.

Voilà ce que font les Piémontais qui ont ameuté l'Europe contre le roi *Bomba*, qui ont refusé de recevoir dans l'armée les officiers qui, pour défendre Palerme, bombardaient Garibaldi retranché dans une partie de la ville.

L'Europe se tait ; les souverains laissent écraser le jeune roi de Naples par le plus odieux des agresseurs ; ils protestent, mais ils laissent faire. La révolution le leur fera payer plus cher.

Nous-mêmes, nous aurons un jour à nous repentir de ce que nous avons fait et permis en Italie et dont l'Angleterre profitera seule.

Le procès de M. Jérôme Bonaparte, fils d'un premier mariage du prince Jérôme avec Mlle Patterson, se plaide en ce moment. Le prince Napoléon lui dénie la qualité de fils légitime, et malgré ses droits évidents je crains beaucoup que M. Bonaparte ne perde son procès.

En France et à l'étranger l'opinion publique lui est pourtant favorable. La justice *indépendante*, le barreau indépendant lui sont également favorables ; il y a plus, l'Empereur Napoléon III lui a remis à St-Cloud en 1854 une consultation délibérée par Messieurs

Abbatucci, ministre de la Justice,
Baroche, président du Conseil d'État,
Troplong, président du Sénat,

qui déclarent sa légitimité irrécusable suivant la loi française.

Il est vrai que comme *membres du Conseil de famille* ces Messieurs émettent une opinion diamétralement opposée.

Dans la même année 1854, l'Empereur Napoléon III écrit au prince Jérôme : « *Je dois reconnaître comme parent celui qui est votre fils légitime suivant la loi française.* »

Malgré tout, M. Bonaparte perdra son procès, je comprends cela à l'attitude de Benoît Champy, le président du tribunal, qui ne bouge de chez la Princesse Mathilde, ainsi qu'aux discours de Chaix d'Est-Ange, procureur général.

Les secrétaires de l'ambassade russe me parlaient hier du mauvais effet produit, à l'étranger, par ce procès. Son effet en France est déplorable ; le prince Jérôme ou du moins sa mémoire en sortira avec une déconsidération de plus, la justice avec un soupçon, le prince Napoléon est le seul qui n'y peut rien perdre, parce qu'il n'a rien à perdre.

Nous allons retrouver les discussions parlementaires, et les journaux affranchis par Persigny recommencent leur opposition hostile qui ne satisfait pas complètement certains niais, qui demandent la liberté illimitée de la presse.

O nóvis, referent in more te novi
Fluctus ! O quid agis[1] ?

Mardi 29 janvier

Dentu devait publier un manuscrit portant pour titre : *Ma vie privée*. Ce manuscrit entièrement de la main de l'Empereur Ier, a été présenté dimanche dernier à l'Empereur Napoléon III, qui l'a gardé : la publication n'aura donc pas lieu.

Gaëte tient toujours ; il paraît que la flotte sarde a été maltraitée ; trois bâtiments sont rentrés à Naples pour s'y réparer.

La résistance dans les Abruzzes est aussi fort vive ; les Piémontais fusillent un grand nombre d'habitants.

Un des grands obstacles à un congrès, c'est que l'Angleterre ne veut pas reconnaître la cession à la France, de Nice et de la Savoie ; je tiens ce fait de Tolstoï, conseiller à l'ambassade russe.

Mercredi 30 janvier

Aujourd'hui paraît chez Dentu ma brochure intitulée *Le Pape et Jérusalem, solution des questions italienne et orientale*.

Le journal *Le Courrier du dimanche* a reçu un avertissement motivé par son opposition systématique et par ses attaques contre le principe même du gouvernement français. *Le Moniteur* contient ce matin une lettre très vigoureuse de Persigny à ce sujet, et l'ordre au préfet de police d'expulser de France M. Ganesco, sujet valaque, rédacteur en chef dudit journal.

Hier, à 6 heures du soir, un brouillard aussi infect et aussi opaque que ceux qui règnent sur Londres à certains jours de l'hiver, s'étendait sur tout Paris ; on ne voyait pas à quatre pas devant soi ; c'est une *importation du libre-échange*, disait le peuple.

1. Parodie d'Horace (*Odes*, I, 14).

Jeudi 31 janvier

Le président du Conseil des ministres du roi François II a adressé une nouvelle circulaire aux représentants des puissances accréditées, près de S.M. sicilienne. Il y déduit les motifs qui ont porté le roi à s'entourer jusqu'à la dernière extrémité des envoyés des puissances alliées ou amies.

M. Casella, président du Conseil, dit qu'un des motifs de la détermination de son auguste maître a été le conseil que lui a donné le corps diplomatique de prolonger sa résistance même après le départ de la flotte française.

En conséquence, Sa Majesté n'hésite plus aujourd'hui et elle a pris immédiatement la résolution de s'enfermer dans Gaëte et d'en défendre jusqu'au dernier instant ce reste de la monarchie. Mais comme il est possible si l'état de choses actuel continue que cette place isolée, abandonnée finisse par tomber et qu'alors la personne du roi, celle de la reine et celle du prince soient à la merci du vainqueur, Sa Majesté qui veut céder en roi et supporter son sort en roi a besoin auprès de sa personne de ministres étrangers pour recourir en cas de besoin à leurs conseils et les avoir pour témoins irrécusables des faits accomplis.

Le ton de cette circulaire est digne, elle restera comme un singulier monument des couardises en notre époque.

Les puissances étrangères font conseiller à François II de prolonger la résistance de Gaëte, mais tous les souverains laissent bombarder ce malheureux roi dans son dernier asile.

La conduite de Victor-Emmanuel a été depuis le commencement des mouvements qui agitent l'Italie un tissu de ruse et de mauvaise foi qui déshonorerait un particulier ; c'est lui, c'est le Piémont qui partout attisait les conspirations et les séditions ; c'est lui qui prêtait sa force à la révolution, et c'est lui enfin qui après avoir fait tant de bruit des prétendues barbaries des Bourbons de Naples se montre plus impitoyable fusilleur et bombardeur que pas un seul des princes qu'il accusait.

De toutes les politiques, la plus lâche est celle qui procède par le mensonge et qui a pour alliée la trahison ; la politique sarde peut à ce titre passer pour la plus lâche de toutes ; elle ne cesse de provoquer, et quand elle est menacée de représailles, elle dit en montrant la France : « *Touchez-moi, vous aurez affaire à mon grand frère !* »

Elle a flétri ou faussé ce qu'elle a touché, elle a menti dans chacune de ses expressions ; le suffrage universel n'a été qu'un indigne leurre ; le *Journal des débats* de ce matin l'avoue autant que peut l'avouer un défenseur du gouvernement sarde, un amant platonique des révolutions.

Le suffrage universel a été employé en Italie plutôt comme moyen diplomatique, et personne ne demande à l'introduire dans le mécanisme régulier du gouvernement.

Le système de mensonge est le système favori de M. de Cavour et du

Piémont, toutes les nouvelles qui arrivent par cette voie sont fausses ; ainsi il y a trois jours, on nous annonçait l'ouverture de la brèche à Gaëte, puis l'envoi de parlementaires pour traiter de la reddition de cette place, puis de l'immense effet produit dans Gaëte par le bombardement, puis enfin du beau rôle de la flotte piémontaise, imposant silence aux batteries du môle.

Tout cela est faux, archifaux, Cialdini et Persano ont plutôt éprouvé un échec.

Quant à la pacification des Abruzzes faux, archifaux, on s'y bat toujours avec acharnement ; ce qu'il y a de vrai, c'est que les Piémontais fusillent comme rebelles les prisonniers qu'ils font.

Le général Sonnaz, une des gloires militaires du Piémont a violé le territoire de l'Église pour aller brûler un couvent.

Les journaux piémontais déclarent aussitôt que ce couvent était plein de gravures obscènes.

Les rois de l'Europe sont atteints d'aveuglement, ils se tiennent sur la défensive, laissant à la révolution le temps d'accomplir son travail de taupe ; ils n'osent plus avoir le courage de leur conscience, ils subissent en ce moment la dégradation de chevalerie.

Samedi 2 février

Hier a eu lieu la première soirée du Louvre.

Nieuwerkerke m'a dit lorsque je suis entré dans son salon : « *Vous allez trouver de Laborde, Morny nous a raccomodés, faites, je vous prie, comme s'il ne s'était rien passé entre vous !* »

Je n'ai rien répondu, et j'ai trouvé en effet de Laborde, mais nous ne nous sommes ni parlés, ni salués.

Je suis curieux de savoir si la Princesse qui a déclaré qu'un voleur comme de Laborde ne remettrait jamais les pieds chez elle, le recevra.

Cela ne m'étonnerait nullement, je m'attends à tout et le courant qui s'est fait chez la Princesse et chez Nieuwerkerke mène aux de Laborde et aux Delessert.

La Princesse a entre les mains la note toute de l'écriture de Fortoul, ministre de l'Instruction publique, qui conclut ainsi :

> De Laborde est non seulement un voleur, mais il est un faussaire !

Voilà le monde !

De Laborde est directeur général des archives de l'État, membre de l'Institut ; l'Impératrice le protège, la Princesse et Nieuwerkerke l'accueillent de nouveau, quoique voleur et faussaire.

Lundi 18 février

Gaëte a capitulé, le roi de Naples et sa famille, ainsi que son état-major et sa cour, se sont embarqués sur la corvette française *La Mouette* qui les a conduits à Civitta Vecchia d'où ils se rendent à Rome, mais ils n'y séjourneront que peu de temps et se dirigeront ensuite vers Cadix à ce que l'on assure.

Dans les derniers jours du siège, les poudrières de la place ont sauté, si l'on en croit les versions qui circulent, le feu y aurait été mis par une malveillance à la solde du Piémont. Ce qui ne s'est jamais vu, c'est que ni les hôpitaux, ni le palais de la reine n'ont été respectés par les bombes piémontaises.

Pendant les pourparlers de la capitulation et jusqu'à sa signature, Cialdini n'a pas voulu suspendre le bombardement.

Contraint par les clameurs de l'opinion européenne, le gouvernement piémontais a destitué le général piémontais Pinelli qui le 3 de ce mois a adressé aux soldats sous ses ordres dans la province d'Ascoli l'ordre du jour dont nous extrayons les passages suivants :

> Officiers et soldats,
>
> Vous avez beaucoup fait, mais l'œuvre n'est pas complète tant qu'il y a encore quelque chose à faire. Une partie de cette race de voleurs (les insurgés) se cache encore dans les montagnes ; élancez-vous sur eux, et soyez inexorables comme le destin. Contre de tels ennemis la pitié est un crime. Ils sont vils et rampants lorsqu'ils vous voient en nombre ; ils vous attaquent vivement quand ils vous croient peu nombreux et ils assassinent vos blessés. Indifférents à tout sentiment politique, ils sont avides de pillage et de rapines ; ce sont les sicaires payés du Vicaire, non du Christ, mais de Satan, prêts à vendre à d'autres leurs poignards quand l'or qu'ils auront enlevé à la stupide crédulité des fidèles ne suffira plus à satisfaire leurs passions.
>
> Nous les anéantirons, nous écraserons ce vampire sacerdotal qui depuis des siècles suce de ses honteuses lèvres le sang de notre mère. Nous purifierons par le fer et par le feu les régions infestées de sa bave immonde, et de ses cendres surgira plus radieuse encore la liberté de la noble province d'Ascoli.
>
> *Le major-général commandant les colonnes mobiles des Abruzzes et d'Ascoli :*
> *Ferdinand Pinelli*

Quelques naïfs s'étonnent de cette proclamation qui rappelle celle de Rossignol et Thureau dans la Vendée ; elle n'est que l'imitation de celle adressée par Garibaldi en janvier 1860, aux étudiants de Pavie. Le gouvernement du roi *galant homme* a remplacé le général Pinelli dans son commandement des Abruzzes ; l'imbécile a fait trop de bruit quand il ordonnait de brûler des villages et qu'il faisait fusiller leurs habitants, les Piémontais applaudissaient, mais enfin la clameur de la vindicte publique s'est élevée contre l'incendiaire et le fusilleur et le roi *galant homme* a puni sa maladresse.

Les Piémontais, en parlant du roi de Naples, osent encore dire le roi

Bomba ! Heureusement la justice de l'histoire rendra quelque jour son arrêt !

La discussion sera vive au Sénat sur la question de la Papauté ; elle sera un peu moins vive au Corps législatif, mais ces discussions révéleront d'étranges choses. Au Sénat les Barthe, Bourqueney, St-Arnould, Flamarens, Heeckeren se font remarquer parmi les plus vifs opposants à la politique du Piémont. Chaque soir dans les clubs et les salons la question romaine fait les frais de la conversation, les anciens parlementaires en sont dans la jubilation.

Lundi 11 mars

Le Sénat a voté son adresse, après une longue discussion dans laquelle la question du pouvoir temporel du Pape a été vivement discutée.

Le prince Napoléon a prononcé le discours le plus révolutionnaire que le palais du Luxembourg ait jamais entendu[1].

Un amendement destiné par ses auteurs à engager plus fortement la politique française au maintien de la souveraineté temporelle, n'a été repoussé qu'à la majorité de 79 voix contre 60. Cette minorité d'ailleurs se changerait en majorité si parmi les 79 voix on retranchait celles appartenant à des sénateurs, dont l'opinion favorable au maintien de la souveraineté temporelle est connue et qui par position et par recommandation ont, comme le comte Walewski et le baron de Bourgoing, voté contre l'amendement. Le gouvernement français joue une comédie de roueries dont tout le profit, il faut l'espérer, ne reviendra pas au Piémont.

Ce que je dois constater en terminant ce cahier, c'est que, droit des gens, droit international, loyauté, alliance des souverains sont aujourd'hui mots vides de sens ; il n'y a plus qu'une puissance, c'est la révolution ; elle marche et tous nos stupides souverains d'Europe, jaloux les uns des autres, mesquins, couards et envieux se mettent l'un après l'autre à la fenêtre de leur chambre et disent avec un air de jubilation : *Elle ne va que chez mon voisin.*

1. Au cours de ce discours, prononcé le 1er mars dans le cadre de la première discussion de l'adresse, le prince Napoléon s'en prit pendant trois heures tour à tour à tous les Bourbons d'Europe et en particulier au roi des Deux-Siciles, François II, qui s'apprêtait à perdre définitivement ses États, à Lamoricière et au pape qu'il invitait « à se retirer dans une honorable retraite d'où il dominerait tout le monde sans dépendre de personne ». Ses collègues accueillirent ses propos avec beaucoup de gêne, mais le discours reçut un immense écho international. En Piémont, il fut traduit et tiré en brochure. Cavour écrivit au prince : « Le discours de Votre Altesse est pour le pouvoir temporel du Pape ce que Solferino a été pour la domination autrichienne. » Voir Pierre de La Gorce, *Histoire du Second Empire*, *op. cit.*, t. III, p. 453 et suiv.

Samedi 23 mars

Hier ont été clos, au Corps législatif, les débats sur l'adresse. La discussion a été vive et prolongée, mais enfin l'Empereur a obtenu un vote de confiance pour la continuation de sa politique en Italie et surtout dans les affaires romaines. Le vote favorable du Corps législatif a été acquis, après un remarquable discours de M. Billault, dans lequel il a été nettement énoncé que la France ne retirerait pas ses troupes de Rome et qu'elle attendrait en protégeant la Papauté, le moment où les conseils de la raison, où les nécessités de la conciliation, pourront être compris par tous les partis [1].

Le gouvernement italien n'accueillera pas avec plaisir cette déclaration, lui qui fait chaque jour annoncer par ses journaux que les Piémontais seront prochainement à Rome.

La situation politique a de la gravité ; du nord au midi de l'Europe, la guerre semble imminente ; on la voit arriver avec un certain effroi et ces appréhensions font régner un malaise général qu'exploitent les partis hostiles au gouvernement.

La Prusse, mal embarquée dans les affaires du Holstein, peut demain allumer en Allemagne un vaste incendie ; l'Autriche se débat contre la désagrégation des diverses parties de son Empire et en Italie dans les diverses provinces vénitiennes, elle est au moment d'être attaquée par les Italiens ; sera-ce demain, ou après-demain ? Nul ne le sait, mais elle le sera quand le moment de le faire paraîtra favorable à l'Italie.

La Russie est absorbée par les événements de la Pologne et par l'émancipation des paysans ; le Piémont, après avoir annexé l'Italie centrale et méridionale se trouve en présence de la révolution qui le pousse vers Rome gardée par l'armée française ; la Turquie, épuisée, lutte contre son agonie, sous une nuée de corbeaux prêts à se disputer son cadavre ; et par delà les mers enfin, les États-Unis divisés se préparent à la guerre civile [2].

Il n'est donc pas possible de regarder du côté de l'avenir avec tranquil-

1. Au Corps législatif, la première discussion de l'adresse a été encore plus animée qu'au Sénat. Le discours de Billault évoqué par Viel Castel ne fut qu'une réplique à celui de Keller prononcé le 13 mars qui plaçait le gouvernement devant ses responsabilités : « Êtes-vous révolutionnaire ? Êtes-vous conservateur ? » Il fut suivi par un tonnerre d'applaudissements. Un amendement clérical à l'adresse qui réclamait la suppression d'une phrase jugée offensante pour le pape recueillit 91 voix. Cependant, l'adresse fut finalement votée, le 22 mars, par 216 voix contre 13. Voir Pierre de La Gorce, *Histoire du Second Empire*, *op. cit.*, t. III, p. 460 et suiv.

2. Lorsque le candidat républicain Abraham Lincoln, hostile à toute extension de l'esclavage, fut élu à la présidence des États-Unis en novembre 1860, plusieurs États esclavagistes du Sud quittèrent l'Union pour former une confédération. Dans son discours d'investiture prononcé le 4 mars 1861, le nouveau président tenta de rassurer le Sud en affirmant qu'il n'était pas question d'abolir l'esclavage, mais présenta la sécession comme une rébellion. Dès lors, les deux camps commencèrent à se préparer à la guerre. Les Sudistes déclencheront les hostilités le 12 avril en attaquant le fort Sumter.

lité ; il court par les veines de chacun comme un instinctif frisson de fièvre et les idées de repos et de bien-être s'éloignent, non pas tant à cause d'une guerre prévue, mais parce que l'affranchissement de l'Italie qui devait être une ère d'apaisement, inaugure au contraire, une ère de troubles. La révolution est devenue plus puissante après la guerre d'Italie, elle a son général, son armée, sa politique, elle affiche ses principes et elle les fait admettre dans le code du droit des gens.

En 1821, nos Jacobins se ralliaient au cri de « vive la charte » ; en 1830, ils ont fait bon marché de cette charte et en 1848 ils étaient devenus socialistes et ils promulgaient le droit au travail.

En 1861, le grand comité révolutionnaire des Mazzini et autres réfugiés ne se contente plus de l'affranchissement, ou du moins il généralise cet affranchissement en l'étendant à toutes les nationalités. Ils veulent à la faveur du morcellement de l'Europe, arriver au règne du socialisme. Déjà l'Europe conservatrice est tombée dans ce piège connu sous le nom de *non-intervention* qui consiste à briser les alliances en mettant chaque souverain aux arrêts chez lui.

La révolution attaque aujourd'hui telle monarchie que son plus proche allié, qui doit être attaqué demain, ne peut secourir en vertu du droit de *non-intervention* et ainsi la révolution poursuit son œuvre en se riant de la simplesse de ses adversaires.

L'Europe a fait la révolution puissante par ce principe de non-intervention qui ne lie pas la révolution passée à l'état de puissance européenne ; elle intervient partout, car son domaine est partout et elle intervient avec des bataillons composés d'agitateurs de tous les pays ; la révolution pousse en avant des hordes bigarrées de Français, d'Anglais, d'Italiens, d'Allemands, de Hongrois et de Polonais et elle traite de vils mercenaires les soldats réguliers étrangers qu'elle rencontre dans les armées des rois, contre lesquelles elle se rue !

Plus grave encore que la question politique se dresse encore la question morale, la bonne foi, les serments, les principes les plus sacrés du droit des gens disparaissent, les intérêts sont tout ; le monde n'a plus que trois dieux : le charbon, le fer et le coton ; trouvez un Pape pour cette religion, crient les *positifs*, que nous importe le Pape catholique, dont nous n'avons un besoin de convention, qu'à notre naissance, à notre mariage ou à notre mort.

Émancipez le monde de la croyance en Dieu, beuglent les Viollet-le-Duc et les Penguilly renforcés des Mérimée et des Maxime Du Camp ; le dieu charbon suffit à notre intelligence ; le dieu fer suffit à notre cœur, le dieu coton suffit à nos sens !

Avec l'idée de Dieu, l'idée sainte de la famille s'efface ; les liens, les affections de la famille sont aujourd'hui un fardeau, l'émancipation de la famille est à l'ordre du jour, le souvenir de la famille importune ; on le secoue comme un voyageur secoue le givre qui blanchit son manteau. Les exemples partent malheureusement de haut !

L'Impératrice a vendu pour être démoli l'hôtel situé aux Champs-Élysées, dans lequel la duchesse d'Albe, sa sœur, est morte l'année dernière ; elle a voulu faire disparaître ce dernier et douloureux souvenir d'une sœur !

Depuis quand ne va-t-on plus pleurer et porter des fleurs, sur la tombe des êtres qui nous ont été chers ? Jadis des générations se succédaient dans la maison de famille, et c'était une relique sacrée pour les enfants que le lit dans lequel leur père était mort, ils le contemplaient avec un saint respect, ils devaient y mourir à leur tour en baisant le même crucifix qu'avaient pressé les lèvres de leur père mourant. A table, la place vide du père, son verre que personne ne touchait, mais qui gardait fièrement sa place sur le dressoir, le rappelaient sans cesse au souvenir et à la conversation des enfants. On aimait à s'entretenir de ses chers morts, on ne les vouait pas par sentiment à un romanesque oubli.

Aujourd'hui la tendresse est plus raffinée, les âmes sensibles craignent la douleur des souvenirs ; on vend le lit dans lequel le père de famille vient de mourir, ou bien comme l'Impératrice, on rase l'hôtel où une sœur vient de rendre le dernier soupir, on en disperse les matériaux, et lorsqu'une autre maison a remplacé la maison mortuaire importune, on s'est apaisée en tuant le souvenir.

En vérité ! En vérité ! Nous ne valons pas même les sauvages qui transportent partout, avec eux, les os de leurs parents !... Si ces malheureux étaient civilisés, ils en feraient de la gélatine ou du noir animal et l'industrie y gagnerait !

Samedi 20 avril

Partout en Europe c'est au nom du *principe des nationalités*, que la révolution s'agite ; la Pologne a fait démonstrations *pacifiques* sur démonstrations *pacifiques*, jusqu'au jour où le prince Gortschakoff a vu que *pacifiquement* ses soldats allaient être désarmés et alors il a fait charger les groupes qui entouraient son palais ; il y a eu des morts et des blessés que la presse *libérale* de l'Europe traite de martyrs, il y a eu et il s'opère encore à Varsovie de nombreuses arrestations, les gens arrêtés sont des martyrs de la *sainte* cause polonaise !...

A Naples on fusille les gens qui se révoltent contre la suppression de leur autonomie, les mêmes journaux qui ont tant déclamé contre les sévérités du roi de Naples, racontent avec une charmante bonhomie que dans telle localité on a fusillé 60 révoltés, mais ils nous rassurent promptement en ajoutant : ce n'était que de la canaille réactionnaire.

Garibaldi a rompu ouvertement avec M. de Cavour ; Garibaldi a été vaincu par l'éloquence du ministre, devant les Piémontais ; j'ajoute que comme orateur c'est possible, mais en plein air, devant les masses, Garibaldi a vaincu Cavour qui se voit contraint de céder sur un grand nombre de points aux exigences du général !...

L'Italie passera par l'anarchie et l'unité ne se fera point, je le crois ; Rome est toujours occupée par nos troupes et le gouvernement français cherche un honnête moyen d'abandonner la cause de la Papauté, sans révolter le monde catholique. Persigny est devenu très hostile au parti de l'Église ; Delangle ressuscite les vieilles pénalités édictées contre le clergé par le Premier Empire et qui n'ont point été appliquées, puis on expulse les P.P. rédemptoristes, en un mot, la guerre est commencée entre l'Église et l'État.

Le gouvernement traite le clergé d'ingrat, il *énumère les bontés* qu'il a eues pour l'Église, les cathédrales reconstruites, les tolérances envers les évêques, les congrégations respectées, les sociétés religieuses protégées, le Pape gardé par nos troupes.

Le clergé répond à ces reproches :

« Votre protection a été une hypocrisie, vous aviez besoin de nous et nous n'avons pas nui au succès de votre suffrage universel ; vous nous avez chargé lorsque vous partîtes pour la guerre d'Italie de rassurer les catholiques sur les dangers qu'elle ferait courir au Pape ; vous nous engagiez alors à traiter la question politique du haut de nos chaires, à protester en votre nom de votre respect pour le pouvoir temporel du Pape, qui, disiez-vous alors, *est indispensable* au libre exercice de son pouvoir spirituel ; nous vous avons cru et l'Église a été par vous trahie et livrée à la révolution !

« Vous avez souffert que le Piémont, sauvé par vous, s'emparât de la majeure partie des États de l'Église et qu'il annonçât publiquement sa résolution de s'emparer de Rome ; puis lorsque nous avons anathématisé dans nos mandements les infractions aux promesses qui nous ont été faites, vous avez sévi contre nous, vous nous avez menacé de la prison et du bannissement !

« Les Persigny et les Delangle s'abusent et ils vous conseillent mal, ils oublient que leurs menaces et leurs persécutions annoncent trop clairement quel serait le sort de l'indépendance spirituelle de la Papauté, si tout pouvoir temporel lui était retiré. »

En Turquie, en Hongrie, la révolution se remue, le Danemark arme pour résister à l'intervention de la Confédération germanique dans les affaires du Holstein ; les Yoniens protestent contre le protectorat anglais ; les Druses et les Turcs n'attendent que le départ de nos troupes pour recommencer le massacre des chrétiens, sous le protectorat de l'Angleterre ; l'Amérique inaugure l'ère des guerres civiles ; le monde entier est sous les armes ; sur les rives du Pô, le Piémont et l'Autriche sont en présence, on répète cependant chaque matin qu'il n'y aura pas de guerre !...

Le duc d'Aumale, sous le titre un peu vague de *Lettre sur l'histoire de France*, a publié une brochure en réponse aux insultes prodiguées à la famille d'Orléans, par le prince Napoléon, dans son discours du Sénat. Cette lettre aussi injurieuse que possible frapperait le prince dans sa considération... s'il avait une considération, le souffléterait dans son honneur... s'il avait un honneur, ferait douter de son courage, si jamais personne avait cru à son courage. Cette brochure a été saisie et depuis trois jours le public n'est occupé que de savoir si le prince Napoléon ira demander raison au duc d'Aumale[1].

L'Impératrice lui a reproché dimanche dernier de ne l'avoir pas déjà fait ; l'Empereur, le Conseil des ministres, les hommes d'honneur le lui ont, dit-on, conseillé, le public a cru que le prince Napoléon finirait par comprendre la nécessité d'obéir à ces conseils et pendant deux jours on se disait : le prince est parti pour Londres !...

Il n'en était rien cependant, le prince ne partira pas ; il m'a été affirmé qu'il préparait une brochure en collaboration avec About !...

Les montagnes ne se rapprochent pas, mais les égouts se rencontrent et mêlent fraternellement leurs immondices !

Samedi 27 avril

Le prince ne part pas et il a paru une misérable réponse que des agents distribuaient avant-hier gratuitement dans les galeries du Palais-Royal. Le prince Napoléon est tombé dans un mépris général. On dit qu'il s'est brouillé avec Arago parce qu'il fait toujours des jeux de mots ; le prince déteste la pointe.

Voici un des mille quatrains qui courent sur lui :

Prince, gardez-vous de partir
Pour une lettre sur l'histoire ;
Pour Dieu ! n'allez pas convertir
Le champ d'honneur en champ de foire.

Depuis quelques jours, les craintes de guerre sont moins vives, cependant, il y a encore quatre ou cinq causes pendantes qui pourraient bien l'amener. La question de Syrie est une des plus pressantes : nos troupes se retirent, dit-on, le 5 juin et, dit-on encore, les massacres recommenceront aussitôt, l'Angleterre protège ouvertement les Druses. On ajoute que si les massacres recommencent, nos troupes reviendront en Syrie sans la

1. Cette brochure fut éditée le 13 avril 1861 en réponse au discours du prince Napoléon du 1er mars, fut saisie et déférée devant les tribunaux. L'éditeur et l'imprimeur seront condamnés, le premier à un an de prison et 5 000 francs d'amende et le second à six mois et à la même amende. Mocquard écrira par ailleurs au *Times*, qui a reproduit cette lettre, pour en démentir quelques passages.

permission de qui que ce soit ; permission que nous ne demanderons pas. L'Angleterre a une forte escadre, sur les côtes de la Syrie.

Garibaldi, Cavour, Cialdini, après s'être, dit-on, écrit forces injures, se sont embrassés devant le roi *galant homme*. Le royaume de Naples est très agité, la résistance aux Piémontais s'y renouvelle à chaque instant, aussi le roi *galant homme* qui a tant insulté les Bourbons pour les rigueurs de leurs répressions politiques, fait-il fusiller sans compter ; les prisons de ce royaume sont encombrées.

Brennier, notre ancien ambassadeur à Naples, me disait avant-hier :

« *Dans le royaume des Deux-Siciles, le peuple sera très bien, si vous ne craignez pas de fusiller ou de pendre ; la rigueur est nécessaire pour le manier.*

— Pourquoi donc alors, avoir tant déclamé contre les rigueurs du vieux roi de Naples ? » ai-je répondu.

Brennier s'est enfermé dans un silence diplomatique.

En Pologne, la Russie a pris de grandes mesures pour comprimer le mouvement et je crois la révolution avortée.

L'Empereur vient de décider l'acquisition de la collection Campana pour la somme de quatre millions de francs. Nieuwerkerke ira la chercher à Rome le mois prochain.

C'est une magnifique collection d'objets d'art contenant les plus beaux spécimens de l'art antique[1].

Jeudi 23 mai

Les relations de la France avec l'Angleterre deviennent de plus en plus tendues et l'irritation grandit en France contre cette alliée de jour en jour plus pesante. Partout où elle peut nous susciter des difficultés, elle s'empresse d'en saisir l'occasion ; en toutes circonstances elle se fait l'amie de nos ennemis, l'adversaire de notre politique.

Nous évacuons la Syrie en lui laissant la responsabilité des malheurs dont notre retraite peut devenir la cause ; aussitôt elle nous accuse d'avoir provoqué les massacres qui l'année dernière ont épouvanté le monde chrétien. Nous envoyons six vaisseaux croiser devant le littoral syrien, elle fait partir douze vaisseaux pour nous surveiller.

Elle proclame par tous ses organes que 45 000 Maronites massacrés

1. Le marquis Gianpietro Campana dirigeait, comme son père et son grand-père avant lui, le mont-de-piété de Rome, véritable banque de dépôts du gouvernement pontifical, lorsqu'en 1857 une vérification de comptes révéla un énorme déficit dû aux agissements irréguliers du marquis. Il fut arrêté, condamné à vingt ans de galères, peine commuée en bannissement perpétuel. Sa collection, composée de tableaux de primitifs italiens, de céramiques antiques, de faïences, de sculptures et d'objets archéologiques, fut alors saisie et mise en vente. La France en acheta la quasi-totalité. La collection Campana sera d'abord installée au palais de l'Industrie, montrée au public à partir du 1er mai 1862 puis transférée au Louvre, quatre mois plus tard.

ou morts de misère ont été les agresseurs des Druses, et que les Druses et les Metrualis sont opprimés.

Elle met son véto aux jugements qui frappent les assassins druses reconnus, et elle confie de nouveau la sûreté des chrétiens du Liban à ces mêmes troupes turques qui l'année dernière les livraient aux Druses et aidaient même ceux-ci à les massacrer.

La vertueuse et puritaine Angleterre, cette grande vendeuse de bibles, cette sincère amie de l'humanité, pourvu qu'elle soit noire, n'a pas usé de son influence pour faire relâcher onze cents jeunes filles maronites qui ont été conduites dans les harems des Turcs !

Monsieur de Lesseps ouvre le canal de Suez, l'Angleterre poursuit cette œuvre de toutes ses colères.

En Italie, elle cherche à nous évincer et à se faire reconnaître comme protectrice, elle qui n'a rien fait pour l'Italie.

Partout où elle rencontre un révolutionnaire, elle le choye, elle l'encourage, elle le fournit d'armes et d'argent pour troubler les pays qui sont en rapport avec la France.

Telle est l'œuvre de l'Angleterre, et notre nouvelle école économiste du libre-échange froisse notre commerce et notre industrie pour lui complaire, et un misérable prince comme le prince Napoléon renforcé par M. Rouher et par M. de Persigny, travaille malgré nos amiraux à livrer à l'Angleterre la pêche du poisson, et à abolir comme inutile notre inscription maritime.

Ce prince Napoléon, dans son passage au ministère des Colonies, a désorganisé l'Algérie ; c'est un esprit faux, tourmenté du désir de faire quelque chose et qui ne sait et ne peut faire que le mal.

Après beaucoup d'hésitation il s'est décidé à garder le soufflet que lui a donné le duc d'Aumale. M. Dupin a dû l'embrasser pour cet acte de bravoure.

Dans tous nos ports, sur toutes nos côtes, nos marins attendent dans une fiévreuse impatience le signal d'une guerre contre l'Angleterre. Je sais qu'une telle guerre troublera pour un siècle peut-être le repos du monde, mais elle doit éclater ou nous devons perdre notre rang de puissance de premier ordre.

Prévoyant que l'Espagne devra entrer dans notre alliance ; l'Angleterre l'insulte, veut l'intimider ; l'Espagne qui est enfin sortie de sa longue léthargie, n'a pas supporté l'insulte, n'a pas subi l'intimidation.

Au milieu de toutes ces menaces qui assombrissent notre avenir, le gouvernement français, qui a mal à propos entamé la guerre contre l'Église, est miné par le socialisme plus ardent que jamais à soulever les ouvriers et les paysans.

La force de l'Empire avait pour principal levier l'Église, il se l'est fait hostile et l'Empire a les mêmes ennemis acharnés qu'en 1852.

Les hommes que l'Empire emploie ne sont la plupart ni dévoués, ni même sûrs, et quelques-uns de ses ministres sont des rêveurs qui ne connaissent ni les hommes, ni les choses.

Le parti de l'ordre est désorganisé pour complaire au Piémont et à l'Angleterre, et la révolution à laquelle l'Italie sert de quartier général est organisée sur une grande échelle.

Nous vivons au jour le jour et nous ne dansons pas même comme en 1830 sur un volcan, nous *tremblons* sur un volcan.

Nieuwerkerke est parti dimanche soir pour Rome où il va chercher le musée Campana.

Lundi 24 juin

Le comte de Cavour est mort, et sa mort a servi de prétexte à la reconnaissance du royaume italien par la France.

L'Empereur a consenti à biffer les traités de Villafranca et de Zurich ; le comte Vimercati est parti, il y a dix jours, pour Turin porteur de cette grande nouvelle, il est de retour depuis avant-hier, et le *Moniteur* publiera ces jours-ci la reconnaissance du royaume italien.

L'unité italienne en sera-t-elle consolidée ? je ne le pense pas ; le Mazzinisme se trouve posé actuellement très nettement d'une part contre l'unité royale, de l'autre part reste la question romaine et enfin l'opposition de l'Italie du Midi et la question vénitienne.

Toutes les royautés, tous les pouvoirs sont ébranlés en Europe ; la Russie est aux prises contre l'insurrection imminente de la Pologne et contre les émeutes de ses paysans émancipés.

L'Autriche se débat contre la désagrégation des nationalités diverses qui composent son empire.

La Prusse contre ses sociétés *libérales*.

Le Pape contre l'œuvre révolutionnaire anticatholique.

Toute l'Allemagne est soulevée par l'appréhension d'une invasion française.

L'Angleterre s'épuise en préparatifs de défense.

La France s'interroge et s'inquiète, ne sachant où elle va, ni où on veut la conduire.

La révolution sociale seule marche droit et vite dans sa voie favorisée par les antagonismes et les ambitions des souverains.

En France, les sociétés secrètes reprennent de l'activité, *la franc-maçonnerie* elle-même s'agite et révèle son agitation par une manifestation anticatholique à propos de la réélection du prince Murat comme grand maître.

Le prince Murat avait parlé devant le Sénat en faveur du maintien du pouvoir temporel du Pape, que le prince Napoléon a insulté et diffamé. Une cabale maçonnique a tenté de remplacer le prince Murat par le prince Napoléon.

L'élection du grand maître a été différée par ordre du gouvernement, et sans les instances de l'Empereur, le prince Murat ne retirait pas une provocation en duel qu'il avait adressée au prince Napoléon, coupable selon lui, d'avoir manqué à sa parole en se portant candidat à la grande maîtrise[1].

Le prince Napoléon voyage avec sa femme, il est à Tunis fuyant les soufflets que lui promettent le duc d'Aumale et le prince Murat.

L'Empereur disait dernièrement à la Princesse Mathilde que le jour où le prince Napoléon obtint de quitter la Crimée, le prince Jérôme vint solliciter avec instances de le remplacer à la tête de son corps d'armée !...

Vainement Monsieur About a osé imprimer que « *ce César déclassé qui languit sur les marches du trône a abandonné l'armée française en haussant les épaules, parce que le maréchal Canrobert ne voulait pas lui permettre d'emporter Sébastopol en s'élançant à la tête des colonnes d'assaut* ».

Monsieur About insulte l'armée, et le prince demeure avec une réputation de lâcheté qui jointe à sa ladrerie en fait l'homme le plus méprisé de France.

Malheureusement pour l'Empereur, le prince Napoléon n'est pas le seul chagrin de famille qu'il éprouve d'une manière bien pénible.

L'Impératrice n'a compris ni sa position, ni la France, ni le rôle qu'elle pourrait jouer ; elle forme toutes sortes de petites coalitions avec Walewski, compromet autant qu'elle le peut la politique Impériale à propos de la Pologne, qu'elle voudrait faire appuyer dans son insurrection quoi qu'il dût en coûter.

Elle ne se prononce pas avec moins de ténacité en faveur des gouvernements italiens dépossédés, et elle ne perd pas une occasion de dénigrer la France. Les étrangers sont ses favoris, elle en compose sa société intime, elle les fait inviter à Fontainebleau ou à Compiègne de préférence aux Français. Comme le prince Napoléon, elle est avare et ne songe qu'à se créer des valeurs réalisables. Lorsque l'Empereur reçoit quelque offrande ou la demande d'accepter la dédicace d'une œuvre d'art, elle l'engage à refuser, allégant qu'il faudrait donner quelque cadeau pour reconnaître cette offrande ou cette dédicace. Si c'était une petite bourgeoise, elle ferait danser l'anse du panier.

Il y a un mois, l'Empereur déjeunait avec l'Impératrice, la Princesse Mathilde et le docteur Conneau. La conversation soutenue par l'Impératrice se maintint exclusivement sur la politique extérieure. L'Impératrice

1. La fronde des frères du Grand Orient s'explique autant par l'autoritarisme du prince Murat, grand maître depuis janvier 1852, que par sa prise de position au Sénat. Le prince Napoléon fut élu à sa place, le 21 mai, mais son élection a été aussitôt cassée. Il a fini par renoncer le 28 mai. L'affaire trouvera son aboutissement en janvier 1862, lorsque Napoléon III nommera le maréchal Magnan, jusque-là étranger à la franc-maçonnerie.

parla avec une telle âcreté et un parti pris si décidé d'hostilité à la politique de la France que l'Empereur se leva impatienté et s'écria : « *En vérité, Eugénie, vous oubliez deux choses, c'est que vous êtes française et que vous avez épousé un Bonaparte !* »

Il y a quelques jours, elle fit envoyer de concert avec Walewski un article polonais et antirusse au *Constitutionnel*, qui l'inséra. La diplomatie et les ministres s'en émurent, des renseignements furent pris, et l'on apprit que Mocquard avait fait directement remettre cet article à la direction du journal en en réclamant l'insertion !

J'ai peine à analyser le caractère de cette femme et je découvre encore moins où elle en veut venir ; son affection pour l'Empereur est affaire d'ambition, son amour maternel me paraît très problématique et elle n'agit dans aucune circonstance de manière à se concilier l'affection des Français.

Près de l'Empereur elle se plaît à remplir le rôle que Mme Du Barry remplissait près de Louis XV, elle se fait l'amie des femmes que *distingue* l'Empereur, elle favorise leur commerce avec son époux, elle les pousse jusque dans ses bras pour obtenir par elles un peu plus d'influence.

Madame la comtesse Walewska, la sultane Validé la plus persistante, est sans cesse auprès d'elle, Madame la comtesse de Labédoyère est très bien accueillie, enfin comme la fille du peintre Pomeyrac a eu *l'honneur* de coucher avec l'Empereur et de recevoir, dit-on, vingt mille francs, la petite Pomeyrac est recherchée.

Quant à la Princesse Mathilde, bonne, obligeante et gracieuse par nature, elle se laisse, je le déplore, circonvenir par un tas d'intrigants et de flatteurs qui corrompent peu à peu l'esprit élevé, fin et judicieux qu'elle possédait.

Arago, passé à l'état de bouffon, règne dans la petite cour de St-Gratien, il ne permet jamais une conversation, rompt tous les entretiens intéressants par des pasquinades, et il affecte des manières d'une vulgarité et d'un familier qui révoltent et qu'imitent les parasites dont il peuple les salons de la Princesse. Il baise sans cesse les bras et les mains de la Princesse, et laisse à ses lieutenants le soin de baiser les bras et les épaules des femmes qui forment le cercle intime de la Princesse.

Avec les parasites il y a des athées : Penguilly, conservateur du Musée d'artillerie, lourd intrigant plat et faux. Violet le Duc, architecte athé parce qu'il est cocu. Ces deux hommes sont en général chargés de traiter la religion et les prêtres *comme ils le méritent*, à table devant les domestiques.

Giraud le peintre a donné à la Princesse comme professeur de belles-lettres un *crétin lettré* qui ne jure que par Voltaire, ne voit rien au-dessus de Voltaire et qui est resté en se croyant progressiste à la philosophie de l'*Encyclopédie* !

Le clergé est représenté à St-Gratien par l'abbé Coquereau, Monseigneur Coquereau, aumônier de la flotte, chanoine de St-Denis, etc. etc. Cet abbé fait chorus contre Rome et contre les évêques pour peu qu'on l'y convie ; furieux ultramontain s'il était pape ou seulement cardinal, il demande sans cesse à *sœur Anne* si elle ne voit pas venir un schisme qu'il attend, qu'il espère pour accaparer les fonctions de grand prêtre du schisme français.

La Princesse Mathilde, facile à influencer malgré tout son esprit, n'a plus que la religion des petites prières et de la messe, on est parvenu à lui cacher le besoin qu'à l'État du clergé et à la ranger parmi les clergéophobes.

La calinerie de quelques pieds plats l'amène à méconnaître ses vrais amis, ses serviteurs dévoués, elle ne voit que par les yeux des Judas qui doivent la trahir et la livrer peut-être à Pilate en lui baisant une dernière fois les mains.

Nieuwerkerke qui devrait l'éclairer est plus aveugle qu'elle, ses ennemis intimes lui font cortège, composent autour de lui une franc-maçonnerie exclusive, où n'entrent que les gens que je peux nommer les *guides* des ennemis de Nieuwerkerke. Dessiller les yeux de Nieuwerkerke est impossible, il est comme les Orientaux gris d'opium, il n'entend, ne juge et ne voit que par les Arago, les Penguilly et tous ceux qui veulent le tromper. Il est facile de reconnaître les membres de cette franc-maçonnerie ; ils se tutoyent tous ; lorsque l'un d'eux parle de l'autre, il le nomme : le *brave* un tel, l'*excellent*, le *parfait*, le *loyal*, et toutes ces épithètes, soyez-en certain, sont appliquées à un gredin.

La Princesse se croit libérale et prétend aimer la discussion, mais elle prend en aversion ceux qui ne sont pas de son avis.

Dans sa domesticité elle est conduite par Julie, sa femme de chambre dont le mari, maître d'hôtel, est en train de s'enrichir en nous donnant les plus détestables dîners et en nous abreuvant des plus mauvais vins.

La Princesse a des préjugés en peinture et en art en général, mais elle n'apprécie pas les arts quoiqu'elle les pratique avec succès, elle ignore les harmonies de l'art, et tout en soutenant que le seul art est l'art italien, elle s'extasie devant les œuvres de la famille Giraud et devant les dessins et tableaux du brave commandant Penguilly L'Haridon qui dessine comme V. Adam et peint comme... personne heureusement n'a jamais peint.

La Princesse se persuade que nos ouvriers actuels ont plus de goût et travaillent mieux que les ouvriers de tous les siècles passés et de tous les peuples de la terre ; elle ne trouve pas qu'un meuble ou qu'un vase du XVIe ou du XVIIe, voire même du XVIIIe siècle soit supérieur à ceux qu'elle achète dans la boutique de son marchand de bronzes ou de son ébéniste.

Je dois avouer cependant que si elle demeure privée pendant quelque temps de son entourage de gredins jurés, elle revient à sa nature propre, c'est-à-dire bonne, charmante et spirituelle.

Samedi 5 octobre

Je suis toujours à St-Gratien, la Princesse Mathilde est depuis un mois en Italie sur les bords du lac Majeur où les Vimercati lui ont fait acheter à Belgirata une villa qui ne semble pas lui plaire ; elle revient et sera mardi à Paris.

Nieuwerkerke, Giraud, Mme de Fly, le général Bougenel ont été ses compagnons de voyage. Benoît Champy, Arago, Violet le Duc sont allés passer quelques jours avec elle.

Elle m'a écrit une longue lettre après son arrivée à Belgirata et par cette lettre j'ai compris que sa nouvelle acquisition n'avait aucun charme pour elle.

Depuis le mois de juin que de choses j'aurais à raconter !

La Guéronnière nommé sénateur et remplacé comme directeur de la *presse* par un intrigant délégué de l'île de la Réunion nommé Imhans, fils naturel de je ne sais qui, ancien contremaître de fabrique, peu estimé, dont s'est engoué Persigny.

Imhans manque d'instruction et de sens politique ; depuis qu'avec Persigny, aidé de Paul de Richemond, sénateur assez mal fâmé et fort méprisé des colons de la Réunion, il a saisi la direction de la *presse*, les plus lourdes fautes s'accumulent dans cette direction ; un dernier et récent article de Véron inséré dans *Le Constitutionnel* par ordre exprès de Persigny attire enfin, je crois, l'attention de l'Empereur et je crois qu'il va ouvrir les yeux sur les actes stupides de son ministre de l'Intérieur.

Fleury m'a demandé beaucoup de renseignements sur l'état de la presse et sur la direction qui lui est donnée. Je lui ai fait un rapport dans lequel je n'ai rien scellé, et comme je savais que ce rapport serait montré à l'Empereur, je l'ai rédigé sur les hommes et sur leurs actes avec une brutale franchise.

Peu de jours avant son départ, la Princesse Mathilde m'a pris à part et m'a raconté que l'ambassadeur de Russie sortait de chez elle où il était venu se plaindre du mauvais vouloir de la presse officieuse envers la Russie à propos de la question polonaise.

« *L'Empereur*, a dit Kisseleff, *est toujours parfait dans les entretiens que j'ai avec lui et il comprend l'importance d'établir de bons rapports entre son gouvernement et le nôtre. Il n'approuve pas les attaques de la presse officieuse, et cependant elles continuent. A Saint-Pétersbourg on est souvent fort irrité malgré le soin que je prends d'adoucir, de calmer les irritations ; n'y aurait-il pas moyen dans l'intérêt des deux nations d'arrêter les déclamations hostiles des journaux qui reçoivent leurs inspirations du gouvernement français ?* »

La Princesse m'a demandé de me charger de cette mission, et elle m'a remis une lettre pour Kisseleff chez lequel je me suis immédiatement rendu.

Notre conversation a été longue et j'ai appris par lui le rôle lâche et ignoble du prince Napoléon dans toutes ces excitations polonaises ; c'est lui qui protège le comité polonais, auteur de toutes les correspondances datées de Varsovie que reçoit la presse française. Il n'est entouré que des Polonais les plus révolutionnaires, et il a eu l'audace de venir trouver Kisseleff et de lui dire ceci :

« *Croyez bien, mon cher général, que je suis étranger à toutes les intrigues polonaises, je n'ai point oublié les liens de parenté qui m'unissent à votre empereur, et je n'ai point oublié que mon père et moi avons vécu dans notre exil des bontés de l'empereur Nicolas !...* »

Enfin le prince comme de coutume s'est montré lâche et faux à soulever le cœur.

J'ai promis à l'ambassadeur d'employer mon influence dans l'intérêt de la conciliation et je lui ai dit que je ne désespérais pas d'arrêter la polémique irritante dont il se plaignait avec raison.

J'y avais en effet réussi en partie, mais l'ambassadeur me seconde mal et d'un autre côté, Walewski, Persigny et l'Impératrice poussent la presse française dans une voie hostile. Je ne sais ce qu'il adviendra de tout cela.

La situation de l'Europe est grave, toutes les nations sont sur le qui-vive, et la révolution s'agite des bords de la mer Noire jusqu'au fond de l'Espagne.

La question romaine est toujours en suspens.

L'Italie n'est pas pacifiée.

La Russie voit s'agiter ses paysans.

L'empire d'Autriche est en décomposition.

L'Allemagne rêve l'unité et l'Angleterre jalouse plus que jamais de notre position, cherche à nous isoler de toute alliance.

Nous avons des troupes à Rome, en Chine et en Cochinchine. Une expédition contre le Mexique est probable. L'Amérique, déchirée par la guerre civile, nous obligera peut-être dans l'intérêt de notre commerce à quelque démonstration, et quant à la Turquie, nous sommes forcés d'être prêts à tous événements, car sa maladie devient de plus en plus mortelle.

C'est dans une telle situation que le gouvernement de l'Empereur a abandonné la direction de la presse à l'inintelligence d'un Imhans et l'administration de la France à un Persigny !

La Guéronnière arrive après une absence d'un mois et il me prie de venir dîner après-demain avec lui, car il a beaucoup à causer avec moi, dit-il, j'ajourne donc ma causerie.

L'Empereur est à Compiègne où arrivera demain dimanche le roi de Prusse.

Le roi des Pays-Bas viendra vers la fin du mois.

Le voyage du roi de Prusse échauffe la bile du *Times* qui déclare que la Prusse ne saurait se rapprocher de la France et qui menace cette ancienne alliée de l'Angleterre du courroux des fidèles protestants.

Nos journaux officieux adressent depuis quelques jours les compliments les plus flatteurs au roi Guillaume, mais en revanche ils maltraitent fort l'Autriche.

Vendredi 22 novembre

Monsieur Fould est rentré aux affaires comme ministre des Finances à la suite d'un rapport qu'il a adressé à l'Empereur sur la situation financière de l'Empire. Son rapport et la lettre que lui a écrite l'Empereur pour lui demander de prendre le ministère des Finances, sont peu agréables pour ses prédécesseurs dont le rapport semble accuser la loyauté[1]. Fould est démesurément grandi, mais l'Empereur et toute l'administration sont amoindris. Il est révélé au public que la vraie situation financière lui a toujours été dissimulée et que ce n'est enfin qu'à la dernière extrémité qu'on lui a fait connaître la vérité.

Ce que Fould révèle, la *Revue des Deux Mondes* l'a imprimé, il y a six semaines, mais Fould est nommé ministre pour son rapport, tandis que la *Revue des Deux Mondes* est poursuivie pour son article !

L'Empereur, à la demande de Fould, renonce à son droit d'ouvrir des crédits par décrets ; la mesure peut être bonne, ce qu'il y a de certain, c'est qu'elle est mal introduite.

L'Empereur s'est laissé circonvenir, il se laisse discuter et amoindrir pour grandir Fould.

Walewski est fort ébranlé ; le crédit de sa femme est anéanti, elle a passé au rang des sultanes réformées.

Il y a six semaines, elle admirait à Pierrefonds un lézard gargouille qui venait d'être placé dans la partie du château restaurée. « *C'est très bien exécuté*, dit-elle, *mais voilà une conduite d'eau qui doit coûter cher...*

— *Moins que la vôtre, Madame* », lui répondit le maréchal Vaillant.

Une personne présente à cette escarmouche reprocha au maréchal sa *vivacité*.

---

1. Le mémoire de Fould *Sur l'état des finances* dénonçait le ministre des Finances, Magne, et la politique des emprunts qui faisait vivre l'État à crédit. Lu en Conseil des ministres le 12 novembre, il fut publié quarante-huit heures plus tard dans le *Moniteur*, en même temps que la réponse favorable de l'empereur. Le retour aux affaires de l'homme d'État fut immédiat.

« *Vous ignorez*, répliqua le rude ministre de la maison, *que ce traînage nous coûte quatre millions de francs !* »

Enfin Madame Walewska est disgraciée[1].

La politique étrangère est dans une voie curieuse ; nous ne concédons pas aux Italiens la faculté d'aller s'établir à Rome ; notre armée continuera à protéger Rome et le Saint-Père, malgré les réclamations et les intimations de M. Ricasoli ; malgré notre *grand parti libéral* qui ne veut point voir qu'il s'agit non seulement dans l'occupation de la ville éternelle d'une question religieuse, mais encore d'une grave question d'influence politique pour la France.

Mercredi 18 décembre

L'année touche à sa fin et nous sommes toujours dans la même situation. L'opinion publique est tenue en émoi par des bruits persistants de changements ministériels. M. Thouvenel est devenu, dit-on, impossible ; d'autres affirment que M. de Persigny est plus impossible encore.

Le Sénat commencera vendredi prochain la discussion du rapport de M. Troplong sur le sénatus-consulte soumis aux délibérations du Sénat. Les projets de M. Fould seront à ce que l'on assure, vivement attaqués, mais en définitive ils recevront l'approbation de l'assemblée que demande, sauf quelques rectifications de rédaction, le rapport de M. Troplong.

Nous sommes menacés d'un discours du prince Napoléon, Altesse aussi révolutionnaire que par le passé.

Le prince Albert, époux de la reine d'Angleterre, est mort samedi dernier à l'âge de quarante-deux ans, c'est un triste événement pour l'Angleterre qui se trouve en ce moment dans une situation assez grave.

A la veille d'une guerre contre les États-Unis causée par l'arrestation à bord d'un bâtiment portant pavillon britannique de Messieurs Masson et Slidell, envoyés du Sud, Lord Palmerston a immédiatement fait demander une réparation et la mise en liberté des deux envoyés ; mais les nouvelles qui nous arrivent des États-Unis et le message du président Lincoln qui nous est parvenu hier, laissent peu espérer un arrangement pacifique.

D'un autre côté, l'Irlande s'agite et si l'on en croit les dernières nouvelles apportées de l'Inde, l'insurrection recommencerait dans d'inquiétantes proportions.

Nous resterons neutres dans le conflit anglo-américain, mais nous reconnaîtrons la Confédération du Sud.

L'Empereur n'a nullement l'intention de livrer Rome au Piémont. La

1. Le château médiéval de Pierrefonds, en cours de restauration par Viollet-le-Duc, est devenu l'excursion incontournable de tout séjour à Compiègne. L'anecdote évoquée ici est détaillée par Mérimée dans une lettre à Mme de Montijo du 23 octobre 1861. Voir Prosper Mérimée, *Correspondance générale*, *op. cit.*

Guéronnière me disait, il y a trois jours, qu'un ministre lui en avait donné l'assurance.

Notre situation intérieure est délicate, notre industrie et notre commerce souffrent. Après le rapport de M. Fould il n'est plus permis de s'aveugler sur l'état de nos finances qui n'est pas sans gravité, et Persigny a légèrement, je crois, entrepris une campagne contre *la société Saint-Vincent de Paul* ; le clergé est mécontent et nous approchons de nouvelles élections.

M. Persigny et la plupart des hauts fonctionnaires ne connaissent ni les hommes, ni les choses de la France.

Lundi, l'Empereur est venu ouvrir les deux nouvelles salles du Louvre.

La galerie d'Apollon où ont été réunis dans de magnifiques vitrines les bijoux, émaux, laques et fayences de nos collections.

L'ancienne chapelle transformée en Musée des bronzes antiques.

L'Empereur a paru satisfait des nouveaux arrangements et il nous a conduit aux Tuileries pour nous faire examiner le présent d'armes antiques que lui a envoyé le roi de Danemark.

Le public approuve fort l'arrangement de nos deux nouvelles salles.

Un académicien, fort médiocre poète, vient d'être révoqué par décret impérial des fonctions de professeur qu'il remplissait à Lyon, pour avoir commis dans le journal *Le Correspondant* le délit d'attaques grossières contre l'état de choses actuel.

Cet académicien se nomme Laprade, ne pouvant aller à l'immortalité par le génie, il veut y aller par le scandale[1].

Le gouvernement de Victor-Emmanuel fait énormément fusiller dans le royaume de Naples, et la presse prétendue libérale applaudit *aux actes de vigueur* du roi *galant homme*.

Cette presse oublie qu'au début de l'expédition de Garibaldi en Sicile, elle invoquait les lois de l'humanité pour interdire au roi de Naples l'exécution des condottieri qui pourraient tomber en son pouvoir, et cependant parmi les héros partis de Gênes il se trouvait des Hongrois, des Allemands, des Français, des Polonais et des Anglais !

Quelle affreuse comédie, le Piémont qui accueillait si bien les réfugiés français et napolitains et qui accueille si bien les réfugiés romains, se plaint amèrement que Rome serve d'asile à François II.

La politique actuelle est démoralisante ; la révolution marche, si cela continue, nous en verrons de belles.

---

1. Victor de Laprade avait publié dans *Le Correspondant* du 25 novembre une satire politique en vers, *Les Muses de l'État*. Un décret motivé de l'empereur le révoqua le 14 décembre de son poste de professeur de littérature française à la faculté des lettres de Lyon, poste qu'il occupait depuis la fin de la monarchie de Juillet, et un « avertissement » fut donné à la revue.

Victor-Emmanuel demande l'éloignement de François II dont il regarde la présence à Rome comme un danger, mais il ne comprend pas que l'Autriche considère comme une quasi-déclaration de guerre l'organisation de légions hongroises, l'intention d'attaquer Venise prochainement, et que le Saint-Père ne soit pas touché de la délicatesse avec laquelle on déclare en plein Parlement italien, Rome capitale du royaume d'Italie, et le Pape *pensionnaire* dans un palais surveillé et gardé par les Bersaglieri.

Vendredi 10 janvier

J'ai dîné hier à l'ambassade de Russie, avec S.A.I. la Princesse Mathilde, le comte et la comtesse Vimercati, le général Fleury, Saulcy et sa femme, le duc et la duchesse de Cambacérès, le comte de Nieuwerkerke, le prince et la princesse Troubetskoï, Mme Reiset qui se trouvait de service auprès de la Princesse, et quelques Russes de distinction.

C'était un dîner de gala.

Il a d'abord été fort question de la nouvelle officielle de la remise faite par le gouvernement du président Lincoln, de Messieurs Masson et Slidell, envoyés du Sud à l'Angleterre comme réparation de la violation du droit des gens commise à bord du paquebot anglais le *Trent*.

Quelques personnes inclinaient à penser que toute cause d'irritation et par conséquent toute chance de guerre se trouvait détruite par cette soumission des États-Unis.

Telle n'est pas mon opinion, selon moi la guerre ou si l'on veut une rupture entre l'Amérique et l'Angleterre est ajournée, mais avant peu de nouveaux incidents ramèneront de nouvelles difficultés ; la reconnaissance de la Confédération du Sud, par exemple, et la guerre adviendra.

L'Amérique se sent humiliée par la nécessité où elle se trouve de céder, et tous les journaux, toutes les correspondances qui arrivent de Washington sont pleins de récriminations contre la Grande-Bretagne. La vengeance est ajournée, disent-ils, mais elle viendra en temps opportun.

Le *New York Times* ne le dissimule par aucun artifice de langage ; voici ce qu'il imprime.

> Il existe un sentiment d'irritation très amer contre l'Angleterre et l'affaire du *Trent* ne sera ni oubliée, ni pardonnée par les Américains.

Le *Times* de Londres donne les extraits de quelques correspondances américaines qui ne sont pas moins violentes :

> Il faut se plier aux circonstances et faire taire tout sentiment d'orgueil. Mais si cela doit arriver, jurons-nous à nous-mêmes et à nos enfants, de payer un jour

cette puissance avide, insolente et lâche comme elle le mérite. Si l'Angleterre au moment de notre détresse se fait notre ennemie et veut être notre assassin, nous la traiterons en ennemie aussitôt que nous le pourrons.

L'orgueil américain est blessé au vif, cette plaie saignera aussi longtemps que M. Lincoln n'y aura pas appliqué le baume d'une éclatante revanche. De son côté l'Angleterre est prévenue, jamais elle n'a été mieux préparée à une guerre maritime, et puisqu'elle est menacée de représailles laissera-t-elle aux Américains le loisir d'attendre un moment opportun ?

Les prisonniers sont-il rendus à l'Angleterre comme belligérants indûment capturés, ou comme rebelles relaxés ?

Seconde et importante question sur la solution de laquelle les prochains arrivages nous édifieront.

Vimercati déplorait dans l'intérêt de l'Italie, l'apaisement momentané de la *difficulté américaine*.

Vers 9 heures et demie, les convives du comte Kisseleff sont partis ; je m'acheminais vers le salon d'attente pour m'envelopper de ma houppelande, le comte Kisseleff s'est approché de moi et m'a témoigné le désir de m'entretenir des affaires polonaises et des moyens de combattre dans la presse française l'influence prépondérante des comités polonais.

Nous sommes restés seuls à causer jusqu'à minuit ; je lui ai dit qu'à mon avis, la Russie ne se préoccupait pas assez du mal que lui fait le silence qu'elle garde sur les événements dont la Russie et la Pologne sont le théâtre, que nous sommes à une époque où tout doit être exposé au grand jour et qu'il n'y a si misérable calomnie qu'il faille négliger.

« Faites publier, ici à Paris, ai-je ajouté, tous les documents que vous possédez sur les manœuvres de vos ennemis, démontrez que l'agitation n'existe en Pologne que dans les villes moins polonaises que les campagnes, que le clergé n'est pas tout entier dans le mouvement, et que sa partie la plus respectable évite avec soin de se laisser entraîner aux *émeutes pacifiques*. Surtout, Monsieur le comte, publiez les motifs des condamnations prononcées par les tribunaux en matière politique, établissez la réalité de la conspiration, ne vous laissez pas juger par l'Europe sur le dire seul de vos ennemis. »

Le comte Kisseleff m'a dit alors :

« On ne lit plus les brochures !

— Ce que vous me faites l'honneur de me dire est vrai, lui ai-je répondu, aussi n'est-ce pas une brochure qu'il faut faire publier, mais un livre bourré de faits et vigoureux de discussion. »

Le comte Kisseleff m'a de nouveau exprimé son opinion sur le misérable rôle que joue dans ces affaires polonaises le prince Napoléon. « L'Empereur fait preuve pour lui d'une grande faiblesse, a-t-il dit avec chagrin, et lorsque je lui ai parlé de l'hypocrisie de sa conduite, l'Empereur m'a répondu : "Napoléon est faible, et il a toujours été mal entouré."

— Votre Excellence me permet-elle de lui dire franchement le plus grand malheur de notre époque ? ai-je repris ; ce qui fait la faiblesse des gouvernements vis-à-vis des révolutionnaires et ce qui fait chaque jour perdre du terrain à la cause de l'ordre ? »

L'ambassadeur fit un signe d'assentiment.

« Eh bien, Monsieur le comte, la force de l'esprit révolutionnaire vient de son unité ; de Pétersbourg à Lisbonne, il a un but commun ; les révolutionnaires marchent du même pas, ils n'ont pas de distinctions de nationalités, partout où il y a chance de révolution, ils se trouvent chez eux, ils rencontrent des amis, des partisans, des appuis, et leurs chefs s'entendent et mettent leurs moyens d'action en commun.

« Tandis que les souverains, les gouvernements sont divisés par leur ambition ou des convoitises secrètes, chacun d'eux se réjouit presque d'un malheur qui affaiblit son voisin, et applaudit à la révolution qui le détrône sans réfléchir à ceci : qu'une bataille gagnée par la révolution contre le plus infime des souverains est un échec subi par les plus hautes puissances. »

Le comte Kisseleff a trouvé que je n'avais que trop raison, et enfin il est convenu qu'il doit écrire à Pétersbourg pour obtenir les documents et renseignements authentiques qui permettront la publication du livre que je lui ai conseillé de faire paraître.

« Marchez vite, lui ai-je dit en le quittant, car vous avez déjà perdu beaucoup de temps. »

Le Danemark a répondu par un refus net aux exigences de la Diète germanique, et l'armée danoise se tient prête à marcher vers les frontières dont toutes les places sont armées et approvisionnées[1].

Joseph Karam, le chef chrétien des Maronites a été arrêté et transporté à Constantinople, mais les éclaircissements manquent sur ce fait, ils nous seront sans doute donnés dans le discours de l'Empereur à l'ouverture du Corps législatif le 27 de ce mois.

Lundi 13 janvier

J'ai vu hier soir La Guéronnière et voici ce qu'il m'a raconté :

Il a eu une entrevue avec l'Empereur ces jours derniers, laquelle entrevue a duré plus d'une heure.

« Eh bien ! a dit l'Empereur, Persigny se plaint de vous et de la politique que vous faites dans *La Patrie* ; il paraît qu'il y a décidément deux politiques, celle de Persigny et celle de La Guéronnière.

1. Le conflit s'explique par la question des duchés qui oppose le nationalisme allemand au nationalisme danois durant tout le XIXe siècle. Les duchés de l'Elbe, le Schleswig et le Holstein relevaient du Danemark alors qu'ils étaient majoritairement peuplés d'Allemands. La Diète germanique, qui estimait que les droits des sujets allemands des duchés n'étaient pas garantis, en fit le reproche au roi de Danemark, Frédéric VII.

— Oui, Sire, a répondu La Guéronnière, il y a deux politiques : celle de Monsieur de Persigny, et une autre politique qui n'est pas la mienne, mais celle de Votre Majesté, car je n'ai d'autre prétention que de soutenir la politique impériale. Il est même heureux, permettez-moi de le dire, que cette seconde politique ait un représentant pour prouver à la France et au monde que la politique suivie par Monsieur de Persigny n'est pas celle de l'Empereur.

« Votre Majesté n'a pas oublié tout ce que j'ai fait pour l'intérêt de l'Italie. Jusqu'à la question de Rome j'ai marché avec les Italiens ; j'étais pour la fédération, et je crois encore que la fédération aurait assuré le repos de l'Italie.

« Quant à Rome, où l'armée de Votre Majesté se trouve heureusement encore, je croyais et je crois plus que jamais que l'intérêt de la France et la politique de l'Empereur sont d'accord et doivent toujours être d'accord pour la conserver à la Papauté.

« C'est là ma conviction et rien ne peut l'ébranler.

« Je professe une profonde estime pour le caractère de Monsieur de Persigny ; j'ai de l'affection pour sa personne, mais sa politique et celle que je défends ne peuvent marcher d'accord ; la sienne est dangereuse. Telle est, Sire, ma profession de foi. »

La conversation a longtemps continué entre l'Empereur et La Guéronnière d'une façon très affectueuse de la part de l'Empereur et, après le départ de La Guéronnière, l'Empereur a dit à Mocquard :

« Je suis très satisfait de La Guéronnière, je ne lui supposais pas tant de fermeté ! »

Persigny vint le lendemain chez l'Empereur, et dès en entrant dans son cabinet, il lui dit :

« Il est impossible de gouverner comme cela avec deux directions. Je sais maintenant que l'article de *La Patrie : L'Empire constitutionnel*, émanait du cabinet de Votre Majesté ; cet article était mauvais, j'ai voulu lui faire donner un avertissement. »

L'Empereur a appelé Mocquard qui se trouvait dans le cabinet voisin : « Mocquard, venez vous défendre contre Persigny. »

Le ministre de l'Intérieur a répété son dire, et alors Mocquard avec assez d'animation a répondu :

« Cet article n'est pas de moi ; le ministre le sait bien, il n'a pas été inspiré par moi, mais je le signerais des deux mains, je le trouve excellent, je le soutiens comme j'ai soutenu qu'il serait impolitique de donner à son occasion un avertissement à *La Patrie*. Je suis donc pour *l'Empire constitutionnel*, et il serait à désirer que la presse insérât souvent des articles semblables. Mais nous ne pouvons pas nous entendre, vous, Monsieur le ministre, qui vouliez donner un avertissement à *La Patrie*, et moi qui ne lui donne que des éloges. »

L'Empereur paraissait se divertir beaucoup de la colère de Persigny.

La politique de l'Empereur est pour la conservation de la Papauté à Rome et je crois qu'il commence à être très ennuyé de la gourmandise piémontaise, et de tous les prétendus grands hommes piémontais qui s'étaient promis de le conduire à la lisière dans les affaires italiennes.

La Guéronnière a eu une longue conversation avec l'ambassadeur de Russie qui lui a fait part de l'entretien que j'ai rapporté à la date du 10 de ce mois.

La Guéronnière a dit à l'ambassadeur que les conseils donnés par moi étaient ceux qu'il aurait donnés lui-même, que j'étais le meilleur intermédiaire qu'il pût prendre et que quand à lui il travaillait chaque jour à ramener *La Patrie* dans une voie plus favorable à la Russie ; que M. Delamare était encore dominé par les Czartorisky, mais qu'il faisait son affaire de l'enlever à cette influence.

L'ambassadeur a demandé si La Guéronnière l'autorisait à écrire cette conversation à Pétersbourg.

La Guéronnière a répondu qu'il l'y autorisait.

J'avais envoyé hier à d'Oubril, conseiller à l'ambassade russe, un mémoire destiné à l'ambassadeur sur le parti que la Russie doit prendre envers la presse française.

Mardi 4 février

Hier fut un jour qui restera marqué dans ma vie comme un des plus tristes qu'il m'avait été donné de connaître. Madame de Viel Castel est morte à trois heures du matin dans la nuit de dimanche à lundi.

Elle avait longtemps et cruellement souffert ; paralysée depuis six ans, dévorée par la gangrène, son malheureux corps n'était plus qu'une horrible plaie ; les chairs se détachaient par lambeaux, les os cariés tombaient en putréfaction. Elle a été admirable de résignation et de patience, elle a jusqu'à la fin puisé des forces dans les sentiments inspirés par une foi sincère.

Quoique nous fussions amiablement séparés depuis des années, nous n'avions pas cessé de nous voir et sa mort laisse comme une lacune dans ma mémoire, vient réveiller tout un passé de jeunesse heureuse et d'âge mûr douloureux. Paix à sa tombe ! Paix à son souvenir ! Paix à mon cœur lui-même !

La veille de sa mort, vers onze heures du soir, Édouard et Cécile, nos deux enfants, me dirent : « Les sœurs qui veillent notre mère, la trouvent plus forte, le pouls est meilleur, la voix a plus de fermeté, il n'y a donc aucune inquiétude à avoir pour cette nuit ; nous allons nous coucher et prendre des forces pour la nuit de demain, faites comme nous pour nous préparer à la nuit suprême, notre mère s'endort et jusqu'à demain matin elle sera calme. »

Ils en dirent autant à ma sœur et à mon frère aîné qui voulaient veiller toute cette nuit.

Nous partîmes à 11 heures et demie avec mon autre frère Victor.

Inquiet malgré toutes les assurances qui m'avaient été données, je me levai avec le jour et j'arrivai vers sept heures rue d'Astorg n° 9.

Comme je franchissais les derniers degrés de l'escalier, je fus surpris de rencontrer un *étranger* familier habituel du salon de Madame de Viel Castel et son ami depuis longtemps, qui me dit en passant vivement : « C'est fini ! » J'entrai et je vis dans le salon Édouard et Cécile qui avaient en mon absence ouvert les meubles et le secrétaire, ainsi que toutes les cassettes d'où les papiers étaient enlevés.

La pauvre morte replacée dans son lit après une dernière toilette y reposait dans le calme de la mort. Ses traits la veille contractés et vieillis par la souffrance étaient redevenus jeunes et beaux, l'âge avait même disparu. Elle dormait dans cette suprême quiétude qu'aucune passion du monde ne peut plus venir troubler.

Je demeurai longtemps à la contempler seul avec la sœur qui la gardait, car ses enfants étaient occupés ailleurs !

Je repassai pendant cette amère contemplation toutes mes années depuis près de quarante ans et je fis une prière comme un dernier adieu pour celle qui avait été ma femme, avec laquelle j'avais traversé des jours de paix et des jours plus nombreux d'orage et qui ne pouvait plus entendre mon adieu.

Enfin je revins dans le salon ; Édouard s'était retiré dans sa chambre, Cécile vaquait aux occupations de la maison.

Je demandai à mon frère Victor à quelle heure il était arrivé.

Il me répondit : « J'ai passé la nuit ici. »

Sa sortie la veille avait été une fausse sortie ; on l'avait prié de revenir ; il avait assisté à la mort et à l'ouverture des meubles.

Je voulus lui faire comprendre la gravité de cette ouverture et de l'enlèvement des papiers qui en était la conséquence.

Il traita cela légèrement et sans faire attention à la gravité de ses paroles, il me dit : « Édouard et Cécile ont exécuté les ordres de leur mère qui leur avait recommandé d'enlever des papiers. »

Je pris alors Cécile à part et je lui fis un reproche d'avoir touché aux papiers de sa mère, d'avoir ouvert les meubles de sa propre autorité avec son frère et un étranger.

Cécile rougit, mais reprenant presque aussitôt une contenance assurée et d'un ton aigre, elle me répondit : « Le bail est en mon nom, tout est à moi ici. »

Cécile qui depuis cinq ou six ans s'est adonnée à une dévotion de petites pratiques, mentait avec aplomb ; elle se prêtait dans son intérêt à une comédie. Elle n'a à elle ni fortune ni revenus, je lui faisais même une petite pension et tous les mois, elle se trouvait gênée, elle ne pouvait donc louer un appartement de trois mille francs, posséder le mobilier qui le garnit, payer les domestiques, etc. etc.

D'ailleurs, ce mobilier composé en grande partie d'objets d'art ou de curiosité a été acheté par moi.

Je répliquai simplement : « Tu as fait une chose plus grave que tu ne le penses, et tu le comprendras plus tard. »

Cela dit, je pris le bras de ma sœur et je fus trouver ma mère et mon frère aîné.

A eux trois, j'ai fait la déclaration suivante :

« Édouard et Cécile se conduisent envers moi d'une façon que je ne veux pas tolérer, ils ont manqué à tous leurs devoirs, ils ont manqué de cœur, ils ont commis un crime à côté du corps encore chaud de leur pauvre mère, je ne leur disputerai pas le fruit de leur crime, qu'ils vivent en paix s'ils le peuvent ; mais dites-leur qu'avec leur mère ils ont aussi perdu leur père, je ne les reverrai plus, je ne peux pas me retrouver en présence d'enfants qui m'ont méconnu et qui m'ont traité comme ils m'ont traité. »

Ma résolution est prise avec calme, avec réflexion, elle est inébranlable.

Le 3 février, j'étais veuf, Édouard et Cécile doivent être satisfaits, ils sont orphelins.

Lundi 3 mars

La discussion de l'adresse est très vive au Sénat. Le prince Napoléon a déjà parlé deux fois avec talent, mais avec peu de convenance ; il s'est fait une fois rappeler à l'ordre ; la seconde fois, il a demandé la cessation immédiate de notre occupation de Rome.

La Guéronnière a fait son début et il a bien parlé, il a été fort goûté par le Sénat. Il veut le maintien de notre protectorat, la continuation du pouvoir temporel indispensable à l'indépendance de la Papauté.

La lutte sur ces graves questions doit recommencer aujourd'hui. Monsieur Billault fera connaître quelle est la politique qu'entend suivre l'Empereur, mais il a déjà déclaré samedi, qu'elle ne concluait pas comme le prince Napoléon.

Le prince Napoléon est révolutionnaire par jalousie ; les idées religieuses lui manquent complètement ; il est catholique comme Garibaldi et Pietri ; un prêtre lui fait horreur, il préférerait à la religion chrétienne le culte de l'Être Suprême de Robespierre.

M. Renan, l'incrédule, l'ennemi du Christ avait été nommé à la chaire de langue syriaque et hébraïque au Collège de France ; dès la première leçon il a nié la divinité du Christ, son cours a été fermé [1].

---

1. Le 22 février, lors de sa leçon inaugurale, Renan présenta Jésus comme « un homme incomparable ». Un violent tumulte s'ensuivit. Un arrêté ministériel du 26 suspendit le cours en alléguant que Renan « avait exposé des doctrines injurieuses à la foi chrétienne et de nature à produire de regrettables agitations ».

Il y avait eu force tapage à l'ouverture de ce cours comme à la pièce d'About que le ministre de l'Intérieur laisse jouer par toute la France et produire partout du trouble[1].

Les étudiants se réveillent, dit-on, ils font tapage, et les ouvriers cherchent à faire des démonstrations ; cela semble joli à quelques niais.

On parle pour ces jours-ci d'une manifestation républicaine, Persigny nous a menés là.

Lundi 10 mars

Il y a eu ces jours derniers quelques arrestations, entre autres celle de Ganesco, rédacteur en chef du *Courrier du Dimanche*, de Miot, ancien représentant républicain de 1848, et de Greppo, autre démagogue connu. On cite encore parmi les arrêtés le beau-frère du colonel Charras, compromis par les lettres de ce militaire révolutionnaire.

La politique de Persigny produit ses fruits, sa tendance à satisfaire la démagogie enivre les démagogues qui comptant trop sur le succès se dévoilent avant l'heure.

Samedi, au Corps législatif, Messieurs Biard et Jules Favre se sont montrés très hostiles et très mauvais[2].

Les amis du prince Napoléon nous font connaître très imprudemment leurs vues, ils veulent nous ramener à 1848, il est à espérer que l'Empereur avisera.

Quant à Persigny, il est plus aveuglé que jamais par la faconde jacobine du prince Napoléon ; il fait recommander à la presse de bien traiter les deux discours de cette Altesse Impériale. Persigny a fini par se persuader que les deux ennemis à craindre pour l'empire sont la Papauté et les conservateurs français, il se prodigue à lui-même de grandes louanges à propos de sa victoire sur la société Saint-Vincent de Paul[3].

---

1. Il s'agit de *Gaetana*, drame joué pour la première fois à l'Odéon le 2 janvier 1862 et qui n'y put tenir que quatre soirées tant furent vives les manifestations d'hostilité. Au cours des semaines suivantes, la pièce fut jouée en province, où elle rencontra le même accueil.

2. Les députés républicains Ernest Picard (et non Biard comme l'appelle Viel Castel) et Jules Favre prirent la parole dans la séance du 8 mars pour défendre leur amendement à l'adresse réclamant le rétablissement des grandes libertés. Le premier fut désavoué par ses collègues qu'il citait, fut rappelé à l'ordre par le président du Corps législatif pour avoir dit que le gouvernement se défiait de la magistrature et refusa de donner les explications qu'on lui demandait après avoir affirmé que la politique gouvernementale risquait de conduire le pays vers une révolution. Le second se fit reprendre par Morny pour avoir utilisé l'expression « rédaction officielle de l'adresse » au lieu de celle qui s'imposait : « rédaction de la commission sur la proposition d'adresse ». Il dut jurer sur l'honneur ne pas l'avoir fait de façon délibérée. Voir *Le Moniteur Universel* du 9.

3. Fondée par Frédéric Ozanam en 1833, la Société de Saint-Vincent-de-Paul est une société de laïcs qui se consacre à l'assistance aux pauvres et qui compte alors près de 100 000 membres répartis en 1 300 conférences environ et dirigés par un conseil général. Persigny accusait la Société d'être un foyer de cléricalisme. Dans une circulaire du 18 octobre 1861, il imposa aux conférences de demander une autorisation pour poursuivre leurs activités puis, le 14 novembre suivant, prononça la dissolution du conseil en place.

Pauvre niais qu'inspirent Paul de Richemont, filou taré à l'île de la Réunion, sénateur écouté place Bauveau, et l'intrigant Imhans, autre rebut de la Réunion, sans intelligence politique, sans éducation, sans moralité.

Persigny épuise les flèches de son carquois de ministre contre les partis frondeurs et chansonniers, mais qui ne conspireront jamais par impuissance d'action, et il cherche appui chez les partis dangereux.

Jamais peut-être depuis dix ans, la France ne s'est trouvée dans une situation plus inquiétante.

Le grand parti de l'ordre est désorganisé, l'inquiétude est partout, et une sorte d'agitation sourde parcourt le pays. La misère des centres industriels aggrave le mal, l'approche des élections est un danger et c'est en présence de tant de misère et d'une crise politique, car des élections générales sont toujours une crise, que Persigny a froissé et froisse chaque jour le parti conservateur.

Persigny, circonvenu par le prince Napoléon, ne rêve que l'unité italienne et la destruction de la puissance temporelle du Pape ; avec son étroit jugement il ne comprend pas qu'il fait doublement les affaires de l'Angleterre.

Le Pape hors de Rome, c'est nous qui sommes amoindris, c'est l'influence catholique qui s'efface dans tout l'Orient, c'est l'Angleterre qui règne sans partage par ses sociétés bibliques.

L'unité du royaume d'Italie avec Rome pour capitale, c'est le premier acte d'un refroidissement entre la France et Victor-Emmanuel, il n'aura plus rien à attendre de nous, l'Italie deviendra l'alliée de l'Angleterre.

Personne ne dit la vérité à l'Empereur sur la situation intérieure. J'ai eu une conversation à ce sujet avec La Guéronnière. L'Empereur et l'Impératrice l'avaient chaudement félicité, il y a huit jours, de son succès au Sénat et l'Empereur en l'invitant à dîner pour hier avait ajouté : « Je vous remercie d'avoir si bien expliqué et défendu ma politique. »

Hier, après dîner, l'Empereur a causé avec La Guéronnière qui ne lui a rien caché de la situation et qui a surtout appuyé sur le danger des alliances démagogiques et sur l'inquiétude qui règne en France.

L'Empereur a écouté avec calme et attention et il a engagé La Guéronnière à revenir cette semaine pour causer plus longuement avec lui.

La Guéronnière veut faire un journal parce que la presse a été livrée par Persigny au prince Napoléon et aux Italiens ; cette affaire sera présentée cette semaine à l'Empereur.

Le moment est critique, il n'est pas possible de se le dissimuler. Persigny, comme disait La Rochejaquelein est vraiment le Polignac de l'Empire ; il est de ces ours qui prennent un pavé pour tuer une mouche sur le front de leur maître. Il n'y a chez Persigny aucune étoffe, il ne

---

Dans la crainte d'une sanction plus lourde, la direction de la Société et les différentes conférences s'inclinèrent.

sait pas juger la portée des choses et il ne connaît pas les hommes. Il est le pire des ministres de l'Intérieur que nous ayons eu. Il s'est cru savant parce qu'il a imprimé que les pyramides d'Égypte avaient été construites pour opposer une digue aux envahissements des sables, et il ne s'est pas aperçu des sourires moqueurs des vrais savants.

Il s'est cru noble parce que du Hamel lui a dit qu'il descendait des Dauphins de Viennois et il n'a pas vu que tout le monde haussait les épaules.

Enfin il se croit un grand politique parce que pour affermir le principe d'autorité il sape l'Église et ses institutions, et qu'au moment où l'Europe traverse une crise dangereuse, il juge utile de rendre aux partis hostiles les armes avec lesquelles deux révolutions ont été faites.

Persigny s'est enivré au cabaret de la puissance, il est temps que l'Empereur l'envoie cuver son mauvais vin au violon de la retraite.

La Guéronnière me disait ce matin qu'il était convaincu que l'Empereur ruminait quelque acte important. Il faut l'espérer pour ne pas désespérer. Depuis un mois, il a fait deux ou trois fautes, c'est trop.

Sa lettre à propos de la dotation du comte de Palikao, première faute [1] ; sa lettre à Renan pour l'assurer de son estime au moment où le professeur venait de nier publiquement la divinité de Jésus-Christ, seconde faute ; le fils Palikao pris, dit-on, comme officier d'ordonnance, troisième faute.

Le jeune Palikao a été le pillard le plus effronté de l'armée de Chine ; il est revenu précédé de deux cents grandes caisses contenant les produits de sa razzia et il a déjà fait faire deux ventes.

Vendredi 4 avril

Morny me disait hier à propos de la publication des *Misérables* par Victor Hugo que cet écrivain lui inspirait un mépris profond [2].

1. Sous la direction du général Cousin-Montauban, le corps expéditionnaire franco-anglais envoyé en Chine mit en fuite la cavalerie tartare à Palikao le 21 septembre 1860 et prit Pékin. La Chine fut alors contrainte de signer le 25 octobre 1860 le second traité de Tien-Tsin, encore plus avantageux que le premier pour les Européens. L'empereur voulut alors offrir une dotation au général. Le Corps législatif manifesta son hostilité (Pékin avait été mis à sac et le palais d'Été incendié). Après avoir d'abord manifesté son mécontentement (« Les nations dégénérées marchandent seules la reconnaissance publique »), sans parvenir à fléchir la résolution des députés (dans son rapport qui concluait au rejet de la demande, Jouvenel notait le 28 février : « Nous avons pensé que l'indépendance de notre langage était la meilleure preuve de la sincérité de notre dévouement »), Napoléon III s'inclina. Il envoya au Corps législatif une lettre qui fut lue dans la séance du 5 mars 1861 et qui était un aveu de renoncement (« Je m'empresse d'adopter le moyen de rétablir la confiance mutuelle... »). La demande de dotation fut retirée le 7. Voir les *Mémoires* au 30 mai 1863.

2. Le 3, la première partie du roman, « Fantine », est sortie à Paris. Les derniers volumes paraîtront le 30 juin. Une folie extraordinaire s'emparera du public. Paul Meurice l'évoquera dans une lettre adressée à Hugo, le 6 juillet : « Paris depuis six jours, lit et dévore les *Misérables.* » Ce sera un triomphe pour l'éditeur Lacroix et pour Hugo, qui aura droit à des articles enthousiastes de Janin, de Clarétie et de Louis Ulbach. La presse bonapartiste sera naturellement très hostile. Voir Alain Decaux, *Victor Hugo*, Paris, Perrin, 1984, p. 893.

Vers les derniers temps de la Présidence, l'auteur de *Napoléon le Petit* vint trouver Morny et lui dit :

« Ceci ne peut pas durer, le pouvoir sera bientôt aux mains du prince Louis Napoléon, vous savez mon dévouement à cette famille si éminemment populaire ; dites, je vous prie, au président que je crois pouvoir lui être utile en acceptant le ministère de l'Instruction publique, et que je suis à ses ordres. J'ai malgré moi sous le dernier règne accepté la pairie, mais j'étais poussé au Luxembourg par toute la littérature qui trouvait utile d'y avoir un représentant, mon dévouement n'était pas aux d'Orléans. »

Morny savait tout ce qu'avait remué Hugo pour revêtir l'habit de Pair, en conséquence il dit au président : « Hugo fait un pas vers nous, ménagez-le, mais ne l'employez pas. »

Le président répondit : « Oh ! je le connais trop pour l'employer, c'est l'orgueil féroce. »

Le Ministère n'arrivant pas, Hugo prononça quelque temps après à l'Assemblée un abominable discours démagogique. Morny placé immédiatement derrière lui, criait à ses oreilles : « Le misérable ! Le drôle !... Mais on ne fera donc pas taire ce coquin ? »

Victor Hugo fit semblant de ne rien entendre.

Lundi 14 avril

La question romaine préoccupe toujours le public.

Le marquis de La Valette est venu à Paris avec l'espoir de faire rappeler le général de Goyon qu'il accuse de trop de condescendance envers le gouvernement pontifical et qu'il aurait voulu réduire à n'être qu'un commandant de l'armée française recevant ses instructions de l'ambassadeur et ne communiquant soit avec le Pape, soit avec son gouvernement que par l'intermédiaire du représentant de la France.

Je ne pense pas que La Valette ait réussi.

Je crois l'Empereur très décidé à ne pas abandonner Rome au roi Victor-Emmanuel et à la révolution italienne ; je le crois aussi très édifié sur la valeur de la reconnaissance des Italiens et sur la valeur dont serait leur alliance.

La Guéronnière se montre de plus en plus opposé à la cession de Rome et je sais que La Guéronnière est en communication journalière avec Mocquard.

Je sais aussi que l'Empereur a été vivement impressionné par la lecture d'un mémoire que lui a remis un personnage important et dans lequel se trouvait exposée la situation actuelle.

Le danger, disait-on dans ce mémoire, est faussement attribué aux manœuvres des partis royalistes et *cléricaux* (pour parler le langage du *Siècle*), les conspirateurs dangereux sont les démagogues.

Un ministre plus zélé qu'éclairé poursuit la société de Saint-Vincent de Paul, et il ne voit pas la *poutre* socialiste ou mazzinienne qui nous envahit.

Chez la Princesse Mathilde, grâce à Vimercati, on tourne à la démagogie. La Princesse disait samedi soir à Baroche : « *Si cela continue, je deviens rouge !* »

Pauvre Princesse qui ne comprend pas qu'elle n'est qu'une marionnette aux mains de Vimercati, doublé des Giraud. Cependant sa nature honnête se révolte parfois, et quelque environnée qu'elle soit des amis de V. Hugo, elle déclare que *Les Misérables* de ce grand vaniteux sont l'œuvre d'un misérable.

Nieuwerkerke a laissé circonvenir la Princesse par un tas de médiocrités démagogiques qui sont ses inspirateurs et qui après avoir fait leur chemin comme des taupes, marchent au grand jour et tête levée.

Giraud et sa famille occupent toutes les faveurs et les dispensent sur leurs coreligionnaires. Ils ont persuadé à la Princesse qu'elle avait besoin d'un professeur d'histoire et ils lui ont installé dans cette fonction un niais démagogique qu'ils ont fait faire en même temps secrétaire de Nieuwerkerke.

Vimercati a donné à la Princesse un secrétaire, et je ne sais qui a introduit près d'elle Violet le Duc, architecte archéologue, qui disait hier soir à Vimercati :

« *Coupez la tête aux ratichons* (lisez prêtres), *vous n'arriverez à rien sans cela.* »

Vimercati a répondu en souriant d'un air bonhomme : « *Je ne vais pas jusque-là !* »

Vimercati a enlacé la Princesse et Nieuwerkerke qui maintenant blâment l'Empereur de ne pas condescendre aux volontés de la politique italienne.

Vimercati est devenu arrogant et parle haut ; il se fâche si on lui dit que l'Italie doit quelque reconnaissance à la France et il déclare ineptes en politique tous ceux qui n'adoptent pas ses idées.

Selon lui, la France devrait tout sacrifier aux velléités de l'Italie. Il a beau se remuer, s'agiter, crier sur les toits et sous tous les toits qu'il est satisfait, je crois son moment passé ; l'Empereur le connaît et en fait peu de cas quoiqu'il l'ait nommé commandeur de la Légion d'honneur, et ce qui prouve qu'il se sent déclassé près de l'Empereur, c'est qu'il s'est rattaché au prince Napoléon.

Chez la Princesse Mathilde, on ne peut parler des affaires de l'Italie, on n'y peut être français sans être traité suivant l'élégant langage de Violet le Duc, de *ratichon*.

Il faut se donner de garde de dire quelques mots sur Walewski ou sur l'Impératrice qui ne soient pas presque injurieux, devant les domestiques même on ne se gêne pas pour raconter des anecdotes pareilles à celle que j'ai entendue hier à dîner que disait la Princesse elle-même, la voici :

« Ces jours derniers, l'Empereur et l'Impératrice ont eu devant le Prince Impérial en déjeunant une vive discussion. Après le déjeuner, l'Empereur a conduit son fils dans son cabinet et là cet enfant a dit à son père : *Je crois que maman vient de dire bien des bêtises !* »

Nieuwerkerke est en Italie depuis deux jours avec ce *pauvre* Giraud dont il paie le voyage.

Tout le monde chez la Princesse dit : « *Ce pauvre Giraud !* » et il possède à Paris une maison qui vaut deux cent mille francs et à St-Gratien une campagne qui vaut soixante-dix mille francs. Mais il crie toujours misère et chacun lui donne quelque chose. Il porte des habits rapés, va à pied quelque temps qu'il fasse et prend en chemin de fer des places de 3e classe.

La Princesse lui donne des appointements fixes comme professeur de peinture, elle lui fait faire des tableaux et Nieuwerkerke prélève tous les ans sur son budget quelques milliers de francs pour des commandes à la famille Giraud, car il y a Charles le peintre d'intérieurs, Eugène le peintre de la Princesse et Victor, fils d'Eugène, qui peint je ne sais trop quoi.

Toute cette famille mange sa part du budget des beaux-arts et du budget de la Princesse ; si quelque retard est apporté aux commandes, la famille Giraud devient morose, elle murmure, et alors après force excuses on la satisfait amplement.

Nieuwerkerke trouve très simple que Giraud, défrayé de tout, comblé de travaux, accablé de présents, soit pauvre avec une maison de campagne.

Peu à peu le salon de la Princesse n'aura plus comme intimité que ceux qui consentiront à n'être français qu'à la façon des Italiens, qui riront à gorge déployée lorsqu'ils entendront que les conspirateurs dangereux sont les petits messieurs du faubourg St-Germain et que les amis ou soutiens du gouvernement sont les populaces des faubourgs.

On s'attend vendredi à quelque tapage à propos de la pièce que donnera ce jour-là le théâtre de la Porte St-Martin. Le bruit s'est répandu que dans cette pièce qui a pour titre : *Les Volontaires de 1814*, les royalistes sont fort mal traités.

La jeunesse du faubourg St-Germain veut se rendre à la première représentation et siffler la pièce. Les faubourgs et les écoles s'y rendront aussi et des rixes, des batailles auront sans doute lieu dans le parterre.

Boitelle le préfet de police disait hier soir que si la bataille avait lieu dans la salle, non seulement il ne l'empêcherait pas, mais qu'il cernerait la salle et forcerait à rentrer dans la mêlée ceux qui en voudraient sortir.

J'avoue que jusqu'à ce jour je n'avais rien entendu d'aussi atrocement bête sortir de la bouche d'un préfet de police !

La Princesse applaudissait et témoignait le désir d'assister à cette représentation. « *Je jetterai*, disait-elle, *des banquettes sur la tête de tous ces petits messieurs*. »

L'Allemagne est agitée, toute l'Europe est agitée.

L'Amérique est dévorée par la guerre civile.

Nos soldats sont en Chine, en Cochinchine, au Mexique où nos alliés paraissent nous abandonner. Nos soldats sont à Rome d'où voudraient les éloigner l'Angleterre, Victor-Emmanuel, Garibaldi, Mazzini et la démagogie ; et nous entendons des Français faire chorus avec tous nos ennemis pour nous engager à livrer par la destruction de la Papauté ou sa sujétion au roi d'Italie, l'influence catholique à la maison de Savoie. Vimercati s'indigne en 1862 presqu'au lendemain de Solferino que La Guéronnière lui parle de la reconnaissance que l'Italie doit à la France. Livrez la Papauté aux hommes de Turin, ils nous mettront avant vingt ans et d'accord avec l'Angleterre, le couteau sur la gorge.

Le Ministère français est désuni sur la question romaine ; Walewski ne veut pas livrer la Papauté ; Roucher et Persigny se persuadent que la question religieuse n'est rien, et ils ne se doutent pas de la question politique. Thouvenel ne tient pas à la Papauté, il n'y a que l'Empereur qui y tienne, c'est pourquoi Walewski peut faire tête au reste du Ministère. Tous les moyens sont bons aux Vimercati pour chasser de chez la Princesse tous ceux qui ne sont pas italianissimes. Ils ont inventé que le sénateur de Heeckeren avait derrière le dos de la Princesse tiré la langue comme moquerie de ce qu'elle disait. La Princesse est furieuse et raconte le fait à tout le monde.

Quant à Nieuwerkerke, ses deux yeux se nomment en art Giraud et Reiset et son entendement politique se nomme Vimercati. Il était jadis légitimiste ardent, il ne sait plus aujourd'hui ce qu'il est.

Vendredi 9 mai

Nous arrivons, comme le disent les *italianissimes*, à une solution de la question romaine !...

Le général de Goyon revient, il sera nommé sénateur et le marquis de La Valette retourne à Rome.

La politique du prince Napoléon triomphe ; aussi part-il ce soir en mission pour Naples où il annoncera à son beau-père que la France déserte la cause de la Papauté !

Que nous sommes loin de la proclamation de l'Empereur au moment de la campagne d'Italie ! L'Empereur disait alors : « *Je ne vais pas ébranler le pouvoir temporel, mais le raffermir.* »

Aujourd'hui, il le livre pieds et poings liés à Victor-Emmanuel.

Il se trouve des troupeaux de niais qui vont bêlant à tout propos : « Que l'Église revienne à ses glorieux temps primitifs... »

La société humaine reviendra-t-elle, elle aussi à ses temps primitifs ?

La guerre du gouvernement contre l'Église est déclarée, la persécution est organisée ici contre la société Saint-Vincent de Paul, là, contre l'enseignement religieux et avant tout contre la Papauté ; et les organes sans porte-feuille du gouvernement viennent jeter du haut de leur place au Sénat les paroles suivantes :

« *Depuis quinze ans, il s'est fait dans le sens religieux un mouvement énorme que l'État a le devoir de surveiller.* »

Des républicains de 1848, brodés et dorés par l'Empire, sont chargés de cette surveillance. Des Baroche et des Billault encore incertains aux approches de 1852 entre la république et le prince Louis Napoléon, sont chargés de surveiller et de dénoncer le mouvement de cet esprit religieux qui guidait les populations lorsqu'elles se rendaient, leurs curés en tête, au scrutin de l'Empire.

Le Pape quittera Rome, il ira à Venise, il passera sous le protectorat de l'Autriche et voilà à quoi aboutira la politique suivie en ce moment.

L'Empereur est tout occupé de ses travaux sur les *commentaires de César* ; il fait fabriquer des trirèmes impossibles, des balistes qui lancent des pierres impuissantes à entamer un mur de vingt centimètres d'épaisseur, des armes gauloises ou romaines, et à transformer le château de St-Germain en musée gallo-romain ! Mais vous chercheriez vainement près de lui un Racine quelconque pour oser lui répéter ce que tout le monde murmure sur la perte du temps qu'il consacre à César et à tous ces enfantillages de trirèmes et de balistes, pour oser lui dire enfin : « *Ah ! ne voulez-vous pas les forcer à se taire*[1] *?* »

Plus nous allons, plus je vois planer vers les horizons d'un avenir fort rapproché le nuage qui porte la foudre, autrement dit, la guerre générale.

Victor-Emmanuel a annoncé qu'après lui avoir livré Rome, nous l'aiderons à conquérir la Vénétie.

Ce jour venu, la guerre sera sur les bords du Rhin comme en Italie.

Un homme dévoué à l'Empereur, un des fonctionnaires intimes de sa maison me disait avant-hier : « *Les Bonaparte veulent donc retourner en exil ?* »

---

1. C'est en 1860 que Napoléon III décida d'écrire une vie de César. Dans ce but, il réunit une équipe de collaborateurs autour de l'historien Victor Duruy et de Léon Rénier, bibliothécaire à la Sorbonne, membre de l'Académie des inscriptions et belles-lettres et titulaire de la chaire d'épigraphie au Collège de France. Il fit entreprendre des recherches approfondies en bibliothèque et sur le terrain, et consacra lui-même beaucoup de son temps à la tâche. Le jugement de Viel Castel est partagé par une grande partie de l'entourage du souverain, y compris Persigny : « Au lieu de raconter un grand homme, il ferait mieux de faire un grand règne. » Le premier tome paraîtra en 1865, chez Plon, sous le titre *Histoire de Jules César*. Des spécialistes comme Claude Nicolet et Claude Goudineau soulignent son intérêt. La citation donnée par Viel Castel est extraite de *Britannicus*, IV, sc. 4, v. 1479. Sur l'équipe de recherche et les récompenses qui tombent sur ses membres, voir les *Mémoires* à la date du 20 juillet 1863.

L'Empereur voit la France comme il voit Naples en ce moment, d'après des rapports mensongers.

La comédie qui se joue à Naples tend à prouver que l'enthousiasme pour Victor-Emmanuel y est universel. Nos officiers de marine attestent dans des lettres, que je viens de lire, que cette assertion est fausse.

Il en est de même de l'assertion qui représente la France comme une nation heureuse et calme.

L'habitude du pouvoir enivre, on ne voit plus, on n'entend plus que ce qui est en soi, on ne vit que d'une existence de rêveries jusqu'au moment où la vue et l'ouïe vous sont rendues par les choses extérieures.

Enfin, le prince Napoléon et Pietri, ces deux champions bien accouplés triomphent.

La Princesse Mathilde illuminera sans doute pour célébrer la défaite des *ratichons*.

Au Mexique, nos bons alliés, les Anglais et les Espagnols nous abandonnent, ils nous laissent le soin de conquérir Mexico, ils retournent à Vera-Cruz[1] !

Il entre pour beaucoup dans l'abandon du pouvoir temporel de faire une gracieuseté à l'Angleterre protestante, nos hommes d'État en sont là.

Un chambellan de l'Empereur, le marquis de Chaumont Quitry, a un procès scandaleux contre Mirès. Encore de sales affaires d'argent, c'est honteux !

Le roi des Pays-Bas est ici avec sa femme, on les adule, on leur donne des fêtes, ce sont des têtes couronnées incomparables.

Le roi des Pays-Bas est au civil ce que Victor-Emmanuel est au militaire.

Le Néerlandais est un commis-voyageur, le Piémontais un sous-officier riboteur.

Mardi 13 mai

Le prince Napoléon est à Naples, le *Moniteur* prétend officiellement qu'il n'a reçu de l'Empereur aucune mission.

Cette allégation ne signifie rien.

1. Alors que les Espagnols et les Anglais n'envisageaient que le règlement par les Mexicains de leur dette, ce qu'indiquait la convention de La Soledad du 19 février 1862, les Français avaient des ambitions beaucoup plus grandes mais encore inavouables. Ils exigèrent le paiement immédiat de 12 millions de pesos par le gouvernement mexicain, tout en sachant que celui-ci était incapable de l'effectuer. C'était acculer Juarez à la guerre. Anglais et Espagnols refusèrent de cautionner une telle politique. Le 9 avril, une commission réunie à Orizaba décida de mettre fin à l'expédition tripartie. Voir Jean-François Lecaillon, *Napoléon III et le Mexique. Les illusions d'un grand dessein*, Paris, L'Harmattan, 1994, p. 51-52.

La question romaine préoccupe toujours beaucoup ; La Valette qui doit partir lundi prochain, porte, dit-on, un ultimatum et suivant les *italianissimes*, l'abandon de Rome serait arrêté en principe.

La Princesse Mathilde à qui l'on parlait de la grossesse de la princesse Clotilde, disait, il y a quelques jours, au comte Kisseleff lequel sait quel mauvais démon est caché dans la peau du prince Napoléon : « *L'enfant de Clotilde !... mais c'est un diable dans un bénitier !* »

Aujourd'hui, grande revue de 40 000 hommes au Champ-de-Mars en l'honneur du roi des Pays-Bas, qui déjeune en ce moment au-dessus de chez moi chez Nieuwerkerke.

L'Impératrice a inventé pour remplacer la société Saint-Vincent de Paul que Persigny a détruite parce que la charité chrétienne doit être gouvernementale et porter cocarde, *la société du Prince Impérial* qui sera régie par son impériale autocratie [1].

La princesse Clotilde et la Princesse Mathilde sont nécessairement vice-présidentes de l'œuvre.

Les dames patronnesses sont :

La comtesse Walewska, ex-favorite de l'Empereur.

Madame Baroche, oie sans capitole.

Madame Troplong, importante.

La comtesse de Morny.

La trésorière est Madame Haussmann qui n'a que le tort d'être un peu folle, tort amplement racheté par les qualités financières de l'honorable préfet de la Seine, son mari.

Je regrette l'absence de la comtesse Castiglione, de la comtesse de Labédoyère sur la liste des patronnesses. J'aurais voulu tout le harem impérial dans ce conseil des *prêts au travail*, j'aurais voulu Bacciochi pour aumônier !

Vendredi 16 mai

J'ai enfin décidé La Guéronnière à demander l'autorisation de publier un journal, je lui ai démontré l'urgente nécessité d'appuyer la politique de l'Empereur sur des idées conservatrices sages, et de ne pas laisser porter toutes les forces de la presse vers le libéralisme ou plutôt la démagogie révolutionnaire. Je lui ai mis sous les yeux le tableau de la France et de l'Europe lancées dans le courant des cataclysmes, la religion poursuivie, traquée, honnie, l'inquiétude partout, l'incertitude remplaçant le dévouement, les consciences ébranlées, et je lui ai dit : le moment est

1. Créée dans les premiers jours de mai, cette société entend prêter de l'argent aux travailleurs qui en font la demande pour acheter du matériel et aider les familles laborieuses qui, accidentellement et temporairement, se trouvent dans le besoin. Elle est placée sous le patronage de l'impératrice et a à sa tête un conseil supérieur national de 19 membres. Voir les différents numéros du *Moniteur* de mai 1862.

venu, l'Empire traverse une crise très grave, il n'a plus à lui un journal, faisons en un dévoué, mais indépendant.

La Guéronnière a approuvé tout ce que je lui ai dit ; il a vu Persigny qui s'est montré favorable à la création de ce journal et qui lui a promis d'en parler à l'Empereur, ce qu'il a fait hier.

La Guéronnière a reproché à Persigny de naviguer trop imprudemment dans les eaux du prince Napoléon, Persigny s'est récrié et a répondu : « Vous ignorez donc que je suis brouillé avec lui ! »

Mocquard a écrit ce matin à La Guéronnière qui lui avait fait connaître son intention de créer un journal dévoué à la défense de l'Empire et des idées gouvernementales et religieuses comprenant la défense de la Papauté comme pouvoir temporel.

Mocquard s'exprime ainsi :

« L'Empereur a fort approuvé votre idée, mon cher ami, et il s'est écrié : "*La Guéronnière veut se mettre en avant, tant mieux, j'en suis enchanté.*" »

Le journal va donc marcher, et la Rome catholique va avoir un défenseur qui ne sera pas un ennemi de l'Empire. Il y aura donc en France un organe de la publicité qui ne sera pas corrompu par les intrigues piémontaises, qui ne travaillera pas en faveur de Garibaldi et de Mazzini.

Je commence à espérer que l'abandon de Rome n'est pas résolu et le « *j'en suis enchanté* » de l'Empereur exprime peut-être la satisfaction qu'il éprouve de voir à la fin surgir un journal qui entre dans sa vraie politique et qui soit l'écho d'une opinion publique qui réponde à sa véritable opinion.

Il est grandement temps d'enrayer sur la pente démagogique où nous avons été conduits. Les imprudents conseillers de l'Empire ont tout ébranlé, ont tout inquiété pour complaire aux Havin, Guéroult, prince Napoléon !

Mercredi 21 mai

Pendant le séjour qu'a fait dernièrement ici la reine des Pays-Bas, un déjeuner fut arrangé par une Madame Molh qui a toute la confiance de Sa Majesté, pour réunir Messieurs Thiers, Cousin, Villemain et Prévost-Paradol.

Il fut grandement question pendant ce déjeuner des affaires de l'Europe, cela va sans dire.

La reine demanda enfin à M. Thiers son opinion sur la situation Romaine ; M. Thiers s'inclina sans répondre, la reine reprit avec insistance :

« Vous ne pouvez pas nier que dans l'état actuel de la civilisation, avec la diffusion des lumières, l'immense liberté d'examen et la tendance démocratique du siècle entier, la Papauté ne soit une très mauvaise chose. »

M. Thiers s'inclina de nouveau et répondit :

« La Papauté est une si mauvaise chose, que tous ceux qui en ont mangé en sont morts ! »

Les pauvres souverains ne voient pas qu'on démolit aujourd'hui la Papauté pour brûler demain les sceptres et les trônes !

L'Angleterre et l'Espagne se séparent de nous dans l'expédition du Mexique.

L'Espagne se replace dans l'alliance de l'Angleterre, elle commence à se défier de l'Empereur et de son *italianerie*.

Le mariage du roi de Portugal avec une fille de Victor-Emmanuel lui donne à penser qu'un jour la politique annexionniste pourrait bien convoiter l'annexion de l'Espagne au Portugal et réaliser ainsi l'expulsion des Bourbons de tous les trônes qu'ils ont occupés.

L'Italie nous aura coûté cher, lorsqu'un jour à venir on fera la carte.

La Guéronnière est allé ce matin chez le bailleur de fonds de notre nouveau journal pour prendre les derniers arrangements, nous paraîtrons sous peu.

Jeudi 29 mai

Le général de Montebello est nommé au commandement des troupes qui forment la garnison de Rome ; ce n'est pas une forte tête ni un chaud partisan du pouvoir temporel, mais il est le mari d'une jeune et jolie femme dont il est très amoureux et très jaloux, et qui le mène comme c'est justice un peu par le bout du nez.

Madame de Montebello exècre le roi *galant homme*, elle n'a pas voulu lui être présentée, lorsque dernièrement elle passait à Turin, et dernièrement aussi le prince Napoléon n'a pas invité Madame de Montebello au dîner qu'il donnait à la reine des Pays-Bas, quoique Madame de Montebello comme *dame* de l'Impératrice eût été attachée au service de la reine.

On m'affirme que La Valette et Montebello ne peuvent dès à présent s'entendre et qu'ils sont en froid.

Je commence à m'effrayer des perpétuelles fluctuations de l'Empereur et de la paresse politique dans laquelle il sommeille.

Personne ne lui dit que le prince Napoléon gagne du terrain que beaucoup de gens croient en lui, et que la majorité même du Ministère est du Palais-Royal.

L'Empereur est circonvenu, obsédé par la plupart des ministres qui le pressent d'en finir avec le pouvoir temporel. C'est vers le Palais-Royal que se tournent tous ces hommes que les tergiversations de l'Empereur effraient et qui veulent voir l'avenir aux mains de l'Altesse Impériale démocrate.

Cela est profondément triste, il voudrait mieux laisser dormir en paix César et les Gaulois et s'occuper un peu plus des affaires présentes.

Hier, je causais avec le général Mellinet du récit fait par Victor Hugo de la bataille de Waterloo dans son roman des *Misérables*, et il s'indignait que l'auteur ravalât ce magnifique deuil aux proportions d'une action héroïque individuelle résumée dans un mot que je suis forcé d'écrire puisque Victor Hugo déclare que c'est un mot *eschylien*. « *Colville selon les uns, Maitland selon les autres, cria aux grenadiers de la garde : "Braves Français, rendez-vous !" Cambronne répondit : "merde !"* »

Et Victor Hugo ajoute :

« *Le lecteur français voulant être respecté, le plus beau mot peut-être qu'un Français ait jamais dit ne peut lui être répété.*

« *Défense de déposer du sublime dans l'histoire.* »

Puis, Victor Hugo nomme Cambronne un titan pour avoir *déposé* ce mot *merde* dans l'histoire.

« *Dire ce mot et mourir ensuite, quoi de plus grand ! L'homme qui a gagné la bataille de Waterloo, ce n'est pas Napoléon en déroute, ce n'est pas Wellington pliant à quatre heures, désespéré à cinq, ce n'est point Blücher qui ne s'est point battu, l'homme qui a gagné la bataille de Waterloo, c'est Cambronne.*

« *Foudroyer d'un tel mot le tonnerre qui vous tue, c'est vaincre.* »

Enthousiasmé, grisé par l'introduction du mot *merde*, dans l'histoire, Victor Hugo se laisse aller à un lyrisme effréné, il divinise Cambronne parce que :

« *Il trouve à l'âme une expression, l'excrément. Nous le répétons, dire cela, faire cela, trouver cela, c'est être le vainqueur.* »

Victor Hugo est heureux de pouvoir imprimer que *Cambronne « offrit aux rois ces latrines »*.

« Ce faux enthousiasme me semble d'autant plus ridicule, me disait le général Mellinet, que ce fameux mot qui suivant Victor Hugo immortalise Cambronne, n'a pas été prononcé, je peux vous l'affirmer, car j'ai interrogé à ce sujet le brave général Cambronne. Sa famille et la mienne étaient très liées, elles habitaient Nantes toutes deux et mon père et Cambronne partirent ensemble pour l'armée.

« De retour dans ses foyers après Waterloo, Cambronne, en l'absence de mon père qui était exilé, se fit mon tuteur, il avait pour moi une grande affection, et ce fut lui qui a quinze ans me décida à prendre du service dans l'armée. Cambronne n'était nullement un grossier soldat, il avait fait de fortes études et passait pour un latiniste très distingué.

« Un jour, lui et moi, nous nous baignions dans la Loire et je dois dire que je n'ai jamais vu un corps humain plus couturé de blessures ; coups de mitraille, coups de feu, coups de lance, coups de sabre et coups de baïonnette.

« Je lui demandai tout en nageant près de lui :

« “Est-il vrai, mon général, que vous ayez répondu *merde !* au général anglais qui vous pressait de déposer les armes ?”

« Cambronne me répondit en me tutoyant comme il en avait l'habitude :

« “Tu me connais, ce mot-là me ressemble-t-il, peux-tu t'imaginer qu'il soit sorti de ma bouche dans un moment aussi solennel ?... Non, je ne l'ai point dit. Ce qui est vrai, c'est que chaque fois que la proposition de mettre bas les armes nous fut faite, je levai mon sabre en criant de ma voix la plus forte : *grenadiers en avant !* mais bientôt je fus blessé, je perdis connaissance et au bout d'une demi-heure, les grenadiers ne pouvaient plus se porter en avant : ils étaient morts !” »

Mercredi 18 juin

Je suis établi depuis quelques jours à St-Gratien pour tout l'été comme l'année dernière ; j'y vois souvent la Princesse Mathilde et je remarque avec tristesse que sa société devient par les intrigues de son entourage plus mauvaise chaque jour.

Charles Blanc, frère de Louis Blanc, y est admis depuis quelque temps, peu à peu l'élément républicain y dominera.

Le journal de La Guéronnière paraîtra très incessamment, j'ai eu hier une grande conversation à ce sujet avec lui, et je prends une part de rédaction.

L'Empereur approuve et encourage cette publication destinée cependant à défendre la cause du pouvoir temporel.

Nos troupes ont éprouvé un petit échec au Mexique. Le gouvernement y envoie des renforts.

Mercredi 2 juillet

Ce que je disais le 18 juin de la société de la Princesse est plus évident chaque jour.

Il y a peu de temps à un dîner où nous étions vingt personnes, la Princesse poussée par tout son entourage républicain a fini par oser dire qu'elle comprenait, qu'elle excusait la Terreur et qui si Nieuwerkerke qui avec moi s'indignait de tels propos la blâmait, c'est qu'il avait eu des parents guillotinés ; la Princesse a dit encore qu'elle devenait socialiste, etc. etc., son *gandin* la fait divaguer.

Dimanche dernier, le maire de St-Gratien, M. Percy, a conduit chez la Princesse M. Havin, directeur du journal *Le Siècle*.

Charles Blanc dîne souvent chez la Princesse, Gavarni y fait fureur.

Vimercati est le grand dominateur et il est parvenu à dégoûter la Princesse de sa résidence de St-Gratien ; elle partira le 15 août pour Belgirata.

Dans le salon de la Princesse, on blâme l'Empereur et on décrie l'Impératrice.

La Princesse veut connaître M. Renan, on le lui présente samedi.

Mercredi 20 août

Notre journal *La France* a paru et déjà son succès dépasse nos espérances, nous tirons à 12 000 et il y a dix jours que nous sommes nés [1].

L'exaspération contre nous est très grande chez la Princesse, j'ai été fraîchement reçu dimanche dernier et la Princesse m'a fort reproché d'avoir écrit contre les ultras de 1862. J'ai eu le tort, m'a-t-elle dit, de prendre mes modèles dans son salon. Quoi qu'il en soit, nous marchons, et notre drapeau franchement arboré porte pour légende : *Conservation du pouvoir temporel.*

En Italie, Garibaldi a levé le masque, il est en Sicile à la tête de trois à quatre mille volontaires ; il annonce la volonté de chasser les Français de Rome, malgré Victor-Emmanuel et ses ministres. Les troupes royales sont, prétend-on, à sa poursuite : ce qu'il y a de certain, c'est qu'elles ne mettent aucun obstacle à ses marches et contremarches et les journaux de Turin disent depuis quelques jours que s'il veut traverser le détroit et insurger les Calabres, il sera très difficile d'y mettre obstacle.

Je regarde l'insurrection de Garibaldi comme le pendant de sa fameuse expédition sur Naples ; il est désavoué par Turin, la marine et les troupes le surveillent, mais on est de connivence avec lui.

L'Italie espère produire par cette comédie usée une pression sur l'esprit de l'Empereur. Je crois jusqu'à présent qu'elle est dans l'erreur, l'Empereur ne semble pas décidé à lui abandonner Rome.

Au Mexique, la situation est la même ; le général Lorencez garde ses positions en attendant les renforts que le gouvernement lui envoie.

Juarez solde la presse qui en général est fort hostile à l'expédition, les vendus ou les niais disent que c'est la partie de l'avenir qui va se jouer dans le golfe du Mexique. La solution de la grande question américaine est là.

Le Sud américain a remporté de grands avantages ; on pense toujours que la reconnaissance du Sud, par la France, est imminente.

1. C'est le 9 août que commence à paraître *La France*, journal impérialiste libéral. Son principal rédacteur est Arthur de La Guéronnière. En plus de Viel Castel, il est entouré d'Henry de Pène, de Cohen, de Bonnin et du philosophe Caro. La presse anglaise prédit un grand succès à ce titre dont, fin 1867, les ressources seront estimées à 200 000 francs et le tirage à 37 000 exemplaires. Voir *Histoire générale de la presse française*, t. II : *De 1815 à 1871*, Paris, PUF, 1969, p. 321, 341 et 342.

La Princesse Mathilde est réconciliée avec son frère, il n'en pouvait être autrement, car peu à peu les amis du Palais-Royal sont devenus les intimes de la rue de Courcelles et de St-Gratien.

Chaix d'Est-Ange, procureur général, a été brusquement destitué ; Delangle a exigé son remplacement qu'il ne lui a fait connaître qu'en lui envoyant le décret qui *l'appelle* à d'autres fonctions.

Chaix est très blessé du manque d'égards dont on a usé envers lui et il le fera sentir tôt ou tard.

La fête de St-Napoléon a été, cette année, l'occasion d'un déluge de croix de la Légion d'honneur, qui a révolté le bon sens public. Chaque ministre a, sans retenue, inondé ses protégés.

Éd. Delessert qui n'a d'autre titre que d'avoir été nommé chevalier, il y a deux ans, comme ami de l'Empereur, est fait officier.

Jules Lecomte a été proposé par Imhans !... Il a été refusé.

Monsieur A. Demidoff, dégoûtant imbécile, usé par la débauche, interdit parce qu'il est en *enfance*, pourvu d'un conseil judiciaire pour empêcher le gaspillage de sa fortune par les escrocs et les fripons, est nommé commandeur, mais le *Moniteur* ne doit pas annoncer cette nomination dont l'Empereur est embarrassé et que l'empereur de Russie trouve si extraordinaire qu'il a refusé de la transmettre, comme il l'aurait dû, au comte Demidoff.

Malgré les manifestations antifrançaises qui éclatent en Italie, la Princesse Mathilde part le 2 septembre pour Belgirata ; elle peut s'y trouver compromise, mais Vimercati lui a persuadé qu'elle devait avant tout être italienne. Ce n'est pas chez elle affaire de principe, car si elle sacrifierait tout à l'indépendance de l'Italie, elle ne comprend pas que l'on puisse s'intéresser à l'indépendance de la Pologne.

La Princesse a toutes les inconséquences des femmes ; elle veut l'unité de l'Italie sous le sceptre de Victor-Emmanuel et la destruction de la Papauté parce que ses amis piémontais encore dans la période de la gourmandise s'annexeraient l'univers.

Mais elle est furieuse contre les Polonais qui veulent secouer le joug de la Russie parce que ses amis sont russes et que Ratomski lui a fait prendre les Polonais en dégoût.

L'Empereur ne se communique à personne sur la politique extérieure, pas même à des ministres qui sont divisés sur la question romaine. L'Empereur a encouragé notre journal et il veut laisser ignorer l'intérêt qu'il lui porte.

Il a passé cette année la revue de la garde nationale, et tout le monde était persuadé que cette revue serait précédée d'un manifeste impérial significatif, mais le manifeste impérial n'a pas paru.

Dans la diplomatie, Benedetti et La Valette encouragent le Piémont à forcer la main à la France et Thouvenel cède à l'ascendant de ces deux hommes.

Walewski est mal disposé pour Victor-Emmanuel ; l'Impératrice est pour la conservation du pouvoir temporel, l'Empereur ne se prononce pas.

Tout cela rend la situation difficile et inquiète le public.

Toute la coterie des intrigants a les yeux sur Madagascar où il y a bien de l'argent à gagner en trahissant un peu les intérêts de la France : Paul de Richemont, Bonjour, Barbaroux, Delisle, Imhans, etc., sont à la tête de cette coterie.

Samedi 27 septembre

La Princesse Mathilde est à Belgirata depuis le commencement de ce mois. Elle est partie furieuse contre moi à cause de ma participation à la rédaction du journal *La France*, principalement à cause d'un article sur les ultras de 1862. Elle prétend que j'ai voulu peindre son salon, et que j'ai surtout désigné Benedetti. Cependant la veille de son départ, elle paraissait revenue de ses exagérations piémontaises, car dans son salon elle a dit à Nigra :

« *Vous avez l'appétit trop grand, vous voulez avaler Rome, vous ne pourriez digérer cette ville. Rien ne peut vous contenter, vous avez Naples depuis plus d'un an, qu'y avez-vous fait ? Vous avez beaucoup fusillé, mais vous n'y avez rien conquis.* »

La Princesse avait vu l'Empereur l'avant-veille, commence-t-elle à comprendre que *ses amis* l'ont entraînée dans une politique antifrançaise et qu'elle est entourée de traîtres ou d'agents du Palais-Royal. Dieu le veuille, mais aussi longtemps que Nieuwerkerke n'y verra pas plus clair, que les Giraud, les Arago, les Penguilly et *tutti quanti* composeront la cour de la Princesse, il n'y a guère à espérer que la lumière se fasse dans son esprit.

Notre journal *La France*, malgré Persigny, Thouvenel, les Piémontais et les Piémontistes, marche à merveille. Imhans a été tué sous nous, il dirigeait mal la presse officieuse qui se laissait battre par nous. Persigny a remplacé Imhans par le comte Treillard, conseiller à la cour impériale de Paris qui n'a pas donné plus de force ni plus d'intelligence à ses journalistes officiels ou officieux. Persigny, usé dans sa lutte contre nous, passe la plume au trio Thouvenel, Benedetti, La Valette qui s'useront aussi, car il est avéré aujourd'hui que l'Empereur ne veut pas livrer Rome à Victor-Emmanuel et qu'il considère l'unité italienne comme contraire aux intérêts de la France.

La Guéronnière a publié dans *La France* une sorte de manifeste sur la solution de la question romaine qui a fait sensation et a fort coléré les Piémontistes. Lorsque ce manifeste est arrivé à Biarritz où se trouve en ce moment la cour, l'Impératrice est accourue chez l'Empereur et le lui a lu, puis elle lui a dit avec une vive animation :

« *Ce journal est le seul qui soutienne notre politique, nous avons là nos seuls vrais amis, les seuls sur lesquels mon fils puisse peut-être compter, et ce sont eux que vos ministres poursuivent et que Persigny avait résolu de déférer à la justice, parce qu'ils ne sont ni du Palais-Royal, ni de Turin.* »

L'Empereur qui avait écouté la lecture du manifeste avec attention, répondit à l'Impératrice : « *Persigny est plus qu'à moitié fou, vous le savez bien, ma chère amie.* »

La veille du départ de la cour pour Biarritz, les ministres vinrent le matin en petit conseil chez l'Empereur. Thouvenel le premier prit la parole et s'efforça de démontrer qu'il serait temps pour la France d'abandonner Rome, il fit beaucoup valoir le grand argument de Benedetti à savoir, qu'après avoir étouffé l'insurrection garibaldienne, le Piémont devait attendre de l'Empereur la cession de Rome. Qu'il avait été utile de combattre Garibaldi, mais à la condition de continuer son œuvre. Enfin le ministre français fit valoir la politique d'intimidation que le cabinet de Turin met en œuvre et que le cabinet anglais patronne.

Après lui, Monsieur Rouher, endoctriné par Vimercati, chanta la même gamme ; puis vint le tour de Persigny qui s'emporta comme un vrai fou qu'il est et fut d'une violence extrême.

L'Empereur écouta les discours des trois ministres d'un air très froid, et lorsque Persigny eut fini sa harangue, il se leva et leur dit : « *Moi aussi, Messieurs, je tâte deux fois par jour le pouls de la France, je connais son tempérament et je n'abandonnerai pas le Pape.* »

Les ministres sortirent, et l'Impératrice qui s'était contenue avec peine rejoignit Persigny et lui fit une scène d'une violence extrême sur la politique dangereuse qu'il suivait et sur ce qu'elle avait d'hostile aux intérêts de la France et de l'Empereur.

Avec Thouvenel, l'Impératrice se montra non moins irritée et elle lui dit des choses si poignantes que Thouvenel s'écria : « *Madame, si l'Empereur m'avait dit la moitié de ce que Votre Majesté m'a fait entendre, ma démission serait déjà envoyée.* »

A Biarritz, l'Empereur n'a pas permis à Fould d'aborder avec lui la question romaine ; il est dans un de ses moments de silence complet.

Persigny s'occupe de préparer les élections, c'est son dada, mais il s'y porte avec les mêmes idées insensées qu'il a sur toutes choses. Son candidat dans le département de Seine-et-Oise serait Ernest Baroche qui fut contraint, il y a un an, de donner sa démission de conseiller d'État et de directeur du commerce, parce qu'il se trouvait salement compromis dans des affaires d'argent avec Mirès.

A Limoges, il porte M. Callet Saint-Paul, beau-père du général Fleury, et qui, il y a un an, a été condamné pour défaut d'honnêteté.

Granguillot et Paulin Limayrac sont, dit-on, des candidats patronnés par Persigny.

Havin du *Siècle* et Guéroult de *L'Opinion* seraient également recommandés aux électeurs.

Persigny passe à l'état de fou dangereux.

Mercredi 1er octobre

Le gouvernement de Turin a renoncé à promettre *l'Église libre dans l'État libre* ; il fait déclarer par ses journaux que cela est impossible et qu'il n'y a pas à y compter.

Empressez-vous donc, nations catholiques, de confier la Papauté à ce gouvernement, vous savez du moins aujourd'hui que vous l'asserviriez ainsi avec toute l'Église à la royauté révolutionnaire de Victor-Emmanuel.

Les *meetings* se multiplient en Angleterre en faveur de Mazzini et ils se prononcent contre la France avec une grande animation.

Les *zélés protestants* demandent la retraite de l'armée Française qui occupe Rome, afin qu'il soit loisible aux Piémontais de s'emparer de cette ville. Ils ne cachent pas que le jour où ils obtiendraient ce triomphe, ils se croient certains de porter un coup mortel à tout le catholicisme.

Mazzini a lancé une proclamation contre la royauté de Victor-Emmanuel qu'il traite avec le plus souverain mépris ; il l'abandonne à son sort et il revient à cette république qu'il avait mariée un moment à la royauté italienne. C'est un divorce pour incompatibilité d'humeur.

La Valette est revenu de Rome hier, Benedetti doit revenir ces jours-ci de Turin où il n'était retourné que pour le mariage de la princesse Pie avec le roi de Portugal. La Valette et Benedetti sont deux ministres comme j'en ai rarement rencontré.

La Valette a avoué à un de ses amis que chaque fois qu'il avait été chargé de transmettre quelque communication au cardinal Antonelli, il l'avait fait de telle façon que le cardinal dût en demeurer plus aigri et moins disposé à écouter les conseils de la France.

Quant au signor Benedetti, je l'ai entendu chez la Princesse Mathilde conseillant à Vimercati de dire à Victor-Emmanuel que s'il voulait avoir Rome, il n'avait qu'à marcher sur cette ville à la tête de trois cent mille Italiens désarmés et que nos troupes se rembarqueraient devant cette manifestation.

L'Empereur et la France sont bien servis par deux faquins gagnés à leurs ennemis et qui font chorus avec le prince Napoléon.

Au mariage de la princesse Pie, la Princesse Mathilde qui n'a jamais aucune de ses dames pour l'accompagner en voyage traînait à sa suite Mme Vimercati que le roi Victor-Emmanuel avait désignée.

La Princesse Mathilde est entourée à Belgirata de Nieuwerkerke, Giraud, etc., mais elle n'a aucune femme de son service d'honneur.

Le Ministère est toujours divisé, il se décompose en Français et en Italiens : Thouvenel, Persigny, Fould, Rouher et, dit-on, Billault sont contre la Papauté.

Ces gens-là sont fous, Louis XIV aurait dit traîtres, car ils sont hostiles à l'intérêt français.

Si l'Empereur ne résiste pas à leur pression, nous en verrons de belles !

Thouvenel est un de ces bourgeois sans convictions, Persigny est un fou, Rouher est un avocat qui a fait fortune, gagné par Vimercati au Piémont, Fould est un failli non réhabilité prêt à passer du côté de la fortune quelconque qui montera un peu à l'horizon, Billault est un incertain qui a toujours un peu de penchant pour l'opposition.

Parmi toutes ces Excellences, ni l'Empereur, ni la France n'ont un ami.

Jeudi 16 octobre

Enfin nous l'emportons, le Ministère est en dissolution ; Thouvenel est déjà remplacé par Drouyn de Lhuis, La Valette et Benedetti quittent leurs postes, nous voilà, je l'espère, *désitalianisés* pour longtemps.

Persigny résiste encore, mais il partira avec les autres ; Rouher ira gémir dans les bras de Vimercati ; Rouland disparaîtra, Fould est plus incertain.

La France commence à recevoir des félicitations, tous les gens qui nous jetaient de la boue vont nous envoyer des bouquets, c'est dans l'ordre des choses humaines.

A St-Gratien, *on* est furieux contre l'Impératrice, car *on* ne voit que sa politique dans la question. *On* me disait ce matin : *Marie-Antoinette a succombé sous l'impopularité de son surnom d'*Autrichienne !... *que l'*Espagnole *prenne garde à elle !*

Pour quelques jours, cette malheureuse Impératrice est capable de tout !... *On* dit qu'elle désire la mort de son mari pour être régente !... Nous remontons plus haut que Marie-Antoinette, nous voici à Marie de Médicis !

Quoi qu'il en soit, la politique italienne disparaît et avec elle l'insolence et les roueries italiennes. Les Italiens cesseront d'occuper le monde et nous verrons que leur jactance était immodeste. Ces criards ingrats ne valent pas les soucis qu'ils ont causés.

Il se dit assez généralement que Nigra ne restera pas à Paris et que Ratazzi abandonne la direction des affaires à Turin.

Tous les journaux engagés envers l'Italie sont désappointés. La Valette et *Le Constitutionnel*, journal officieux sont atterrés, les autres sont bêtes aujourd'hui, ils seront traîtres et mauvais autant qu'ils l'oseront demain.

Les *Débats* sont très italiens parce que les d'Orléans voyant l'Empereur disposé à soutenir le Pape se font *unitaristes* !

C'est un grand bonheur pour l'Empire que Persigny ne fasse point les prochaines élections, si toutefois il part, et je ne pense pas qu'il puisse rester. Persigny est un de ces fous que vous étranglent en croyant vous embrasser. Pour faire l'Empire démocratique il le livrait à la démagogie !

Morny fait semblant de vouloir se retirer, il prétend qu'il ne peut abandonner ses amis. Les amis de Morny ! Rouher et Fould, voire même Persigny.

Vous me la baillez belle, Monsieur le duc, vous n'abandonnerez la partie que lorsque vous la croirez perdue.

Je connais de ces dévouements-là, le Sénat en est peuplé !

Ce bon Limerel de Roubaix[1] n'a-t-il pas fait insérer cette clause dans le bail de l'hôtel qu'il loue ; que lui Limerel, sénateur du titre de Roubaix serait libre de résilier son bail le jour où une révolution renversera le gouvernement impérial !

Magne ne se plaint-il pas qu'il n'y ait encore qu'un premier à compte d'un tiers qui soit payé sur le prix de l'hôtel que l'Empereur lui a donné ; l'Empereur devrait songer que s'il perdait sa couronne, Monsieur Magne serait dans l'embarras !

Il était question ces jours-ci d'une entente entre la France, la Russie et la Prusse. J'ignore ce que ce bruit a de fondé, mais Drouyn de Lhuis est en rapport avec le Premier ministre prussien, M. de Bismarck, et je sais que depuis quelque temps déjà des négociations se poursuivent entre la France et la Prusse.

Vimercati reviendra-t-il à Paris ? Cela me semble difficile, cependant rien ne m'étonnerait de ce Figaro diplomatique quoiqu'il se soit étrangement compromis par son outrecuidance archi-italienne. La veille de son départ, il y a trois mois, il me disait : « Vous avez tort de faire état de La Guéronnière, c'est un niais en politique, il ne sait même pas les éléments de cette science, *avant un mois nous serons à Rome.* »

Benedetti paraissait non moins affirmatif et se découvrait aussi étrangement lorsqu'il disait à la table de la Princesse Mathilde à Vimercati :

« *Que votre roi marche sur Rome à la tête d'une démonstration pacifique de trois cent mille Italiens, nos troupes se retiront.* »

Benedetti était alors ministre de France à Turin !

1. Il ne s'agit pas de Limerel mais de Mimerel, Auguste de son prénom. L'homme est une grande figure du régime : grand filateur roubaisien, président de l'Association pour la défense du travail national, sénateur et président du conseil général du Nord. Voir Jean Piat, *Quand Mimerel gouvernait la France*, Roubaix, Maison du Livre, 1992.

Dimanche 5 avril

Je reprends après une longue interruption mon livre noir et j'y viens inscrire ma disgrâce qui depuis un mois est le sujet de toutes les conversations.

Depuis la création du journal *La France*, le salon de la Princesse Mathilde m'avait dans une sorte de répulsion, et Nieuwerkerke circonvenu, s'était plus que refroidi à mon égard.

Chez la Princesse la société était changée, La Valette et Vimercat étaient devenus les grands oracles et les salons brillaient de la présence des ennemis de l'Empire. Tout ce monde me considérait comme un inconvénient, et la Princesse et Nieuwerkerke avec leur *fermeté accoutumée* s'étaient peu à peu rangés à l'avis de tout ce monde.

Il fallait une occasion pour agir contre moi, ils ont cru l'avoir trouvée et ils ont agi.

L'Exposition des œuvres des artistes vivants a lieu cette année. Nieuwerkerke conseillé par Chennevières a fait comme les autres années un règlement qui a froissé bon nombre d'artistes. Deux pétitions contre ce règlement furent signées d'un grand nombre d'artistes et remises à S. E. le ministre d'État qui répondit qu'il prendrait en considération les réclamations des artistes.

La presse s'occupa de ces pétitions et du règlement, et je fis dans le journal *La France*, le 11 mars dernier un article dans lequel j'apprécie les deux pétitions dans ce qu'elles pouvaient avoir de pratique et je dis que puisque le règlement était remis en question, c'était peut-être le moment de chercher les modifications qui pouvaient y être introduites, les améliorations dont il était susceptible et je me permis d'en indiquer quelques-unes, m'en rapportant toutefois à l'équité et à l'intelligence amie des arts, qui distinguent le ministre et le directeur général des Musées, pour apprécier ce qui peut être juste et utile.

Le lendemain, 12 mars, j'ai reçu à 5 heures du soir la lettre suivante de Nieuwerkerke :

Monsieur,

J'ai lu dans le journal *La France* du 11 mars un article intitulé « L'Exposition de 1863 ».

Vous comprendrez que je ne puisse tolérer qu'une personne faisant partie de mon administration se permette d'en critiquer les actes. Vous avez attaqué les points les plus importants du règlement que j'ai proposé et qui a été approuvé. Vous saviez parfaitement que l'initiative de toutes ces mesures m'appartenait et que je venais de faire à S. E. le ministre d'État un rapport tout à fait favorable à l'annualité des expositions.

Il eût été de bon goût, je crois de choisir entre l'indépendance de votre plume et les égards que vous deviez à votre chef.

J'aurais peut-être le droit d'invoquer d'autres motifs de m'étonner d'un tel procédé.

Je viens donc vous annoncer qu'après avoir pris les ordres de l'Empereur et ceux de S.E. le maréchal ministre de la maison de l'Empereur, vous ne faites plus partie du personnel de la direction générale des Musées Impériaux.

Je regrette que nos bons rapports se rompent si brusquement et je vous prie d'agréer l'assurance de ma considération.

Comte de Nieuwerkerke

A cette lettre stupide de gonflement, de vanité et de grossièreté je répondis sur-le-champ :

Mon cher Nieuwerkerke,

Je ne comprends ni votre lettre, ni la mesure que vous prenez contre moi : je souhaite que vous ne vous la reprochiez pas plus que je ne vous la reproche, mais ce que je comprends encore moins, c'est que la cessation de mes fonctions apporte aucun changement à nos relations.

Notre correspondance en est restée là ; la vanité de ce pauvre diable était blessée. Il a fini par se prouver qu'il est grand seigneur et le meilleur côté de sa famille est celui qui le fait mon cousin par alliance. Ses bons amis lui ont persuadé que je voulais l'accaparer, il l'a dit à La Guéronnière et il a été fier dans sa petite intelligence de se priver d'un ami qui souvent lui a été utile pour n'avoir plus que des flatteurs.

Il n'a point remarqué que je ne fais pas partie de l'administration des expositions qui ressortent du Ministère d'État, que je n'ai pas attaqué (d'abord parce que je n'ai attaqué personne) l'administration dont je fais partie, et que Martinet inspecteur du Ministère d'État, qui est encore en place l'a attaquée dans un journal dont il est le propriétaire avec une grande vigueur.

Le pauvre Nieuwerkerke veut absolument se persuader que je suis ingrat envers lui et qu'il est mon bienfaiteur ! vraiment les honneurs lui tournent la tête, il oublie que dans l'affaire des *petites voitures* où j'avais eu 4 000 actions, sur sa phrase, *il n'y a rien pour moi !...* je lui ai remis 2 000 actions autrement dit 55 000 francs que j'ai placés un matin en or sur son lit car je fus obligé de me charger de lui négocier ces actions, cela lui aurait donné trop de peine.

J'ai donc payé 55 000 francs le droit d'avoir un bienfaiteur !... qui finit par vous destituer, c'est cher.

Le comte Léon de Laborde, directeur général des archives de l'Empire, aujourd'hui réintégré chez la Princesse et chez Nieuwerkerke, a été déclaré un voleur et un faussaire par le ministre Fortoul ; la Princesse a cette déclaration de la main de ce ministre, elle me l'a remise et je l'ai copiée dans ces *livres noirs*.

Le comte Léon de Laborde étant conservateur des Musées attaqua et même protesta dans une revue contre une mesure prise par Nieuwerkerke comme directeur des Musées, il ne fut pas destitué.

Nieuwerkerke et la Princesse, depuis la publication du journal *La France* cherchaient un prétexte. Nieuwerkerke a dit lui-même : l'article sur l'Exposition n'est qu'un prétexte.

Près de l'Empereur j'ai été accusé de ne vouloir rien faire au Louvre et cette allégation est si stupide qu'elle ne mériterait même pas d'être réfutée.

Je dois dire cependant que depuis douze ans je n'ai pas pris un mois de congé ; que j'étais le seul fonctionnaire du Musée que les artistes fussent toujours certains de trouver au Louvre ; que j'ai pris part à tous les travaux et que secrétaire de notre conservatoire j'en ai rédigé les procès-verbaux aussi longtemps qu'il a plu à Nieuwerkerke de laisser subsister le conservatoire.

Il est vrai que depuis trois ou quatre ans ce conservatoire n'a pas été assemblé parce que Nieuwerkerke n'a plus voulu être éclairé.

Mais il est curieux de savoir ce que fait le directeur qui me reproche de ne rien faire.

Tous les jours à dix heures du matin il quitte le Louvre et les trois quarts du temps il n'y revient que pour se coucher.

Il part pour la campagne au mois de juin, pour l'Italie au mois de septembre et ne revient qu'à la fin d'octobre.

Je ne fais rien et mon catalogue imprimé allait paraître, mais il est mis au pilon !

Je sais plus d'un de mes anciens collègues dont le catalogue n'est pas encore chez l'imprimeur.

Mais toutes ces récriminations ne signifient rien, on voulait noyer le rédacteur du journal *La France*, on a pris un prétexte.

La Princesse Mathilde m'a écrit deux lettres, voici la première :

Vendredi 13 mars 1863

Mon cher Viel Castel,

Je suis désolée de la mesure qui vous frappe, mais je vous avoue qu'en lisant votre article sur l'Exposition, je croyais que vous aviez pris un prétexte pour quitter l'administration des Musées.

Vous faites vos critiques dans des termes personnels qui ne laissent rien à désirer, mais vous blâmez toutes les mesures prises par le ministre et par le directeur général.

Je déplore tout cela, croyez-le bien, dans l'intérêt de tous, d'autant plus que je vous croyais tout à fait des nôtres.

Quoi qu'il en soit, je serai toujours charmée de vous être utile et de vous renouveler l'expression de tous mes sentiments.

Mathilde

Je répondis à cette lettre que la Princesse ne s'était point trompée en me croyant des siens ; que je n'avais point attaqué les mesures prises par l'administration, mais que j'avais présenté des observations sur un règlement qui allait être révisé et que j'avais critiqué les pétitions des artistes. Que j'ignorais d'ailleurs le changement d'opinions de Nieuwerkerke favorable aujourd'hui à l'annualité des Expositions, car il ne m'avait nullement annoncé qu'il eût fait dans ce sens un rapport au ministre.

La Princesse me répondit sous la date du 14 mars :

Mon cher Viel Castel,

Ou je ne sais pas lire, ou vous vous abusez étrangement sur la non-valeur de vos paroles.

En commençant votre article, vous dites que le règlement de l'Exposition de 1863 est arrêté. Il a en effet paru au *Moniteur* ce qui lui donne une authenticité complète, pour celui-là au moins il n'y avait plus à le discuter.

Que faites-vous ? Vous le blâmez pour le nombre trois, pour les exemptions qu'il accorde, et vous proposez que les récompenses accordées jusqu'ici par l'Empereur sur la proposition du ministre soient désignées par le jury.

Vous ne pouviez alléguer l'ignorance où vous étiez de l'opinion de l'administration, puisqu'elle était publique.

Dans ce cas-ci, cela s'appelle faire de l'opposition et non de la discussion.

Quant au nouveau projet, ne pensez-vous pas qu'avant de le discuter vous eussiez dû dans votre position de conservateur et sans aliéner votre indépendance, en causer avec votre directeur et ami. Cela eût été de la plus simple application des convenances ; il vous eût éclairé et peut-être arrêté en si beau chemin.

Quant à ce que vous me dites des appréciations des deux ministres que vous nommez dans votre lettre ; je crains que vous ne soyez dans une erreur grave sur leur opinion. Vous avez sans doute pris pour argent comptant ce qui n'est qu'une délicatesse de leur part.

Croyez-moi, ne cherchez pas de motif d'aigreur dans la mesure qui vous a frappé ; mais une nécessité que vous avez provoquée vous-même et ne rendez pas impossible à ceux qui vous portent de l'intérêt de vous ménager une compensation utile.

Mais laissons là toutes ces récriminations, elles me sont aussi pénibles qu'à vous ; mais plus que les autres, j'ai le courage de vous dire que vous avez tort et grandement tort, tandis que j'aurais pu me taire.

Cela ne m'empêche pas de vous renouveler encore l'expression de tous mes sentiments.

Mathilde

La Princesse évidemment placée sous l'influence de Nieuwerkerke s'abuse plus que je n'ai pu le faire sur la non-valeur de ses paroles, elle n'en calcule pas la portée.

Encore une fois, je n'ai point attaqué le règlement inséré au *Moniteur* et qui suivant elle par cette publication officielle aurait dû être mis hors de toute discussion.

C'est ce règlement contre lequel pétitionnaient les artistes ; c'est ce règlement que le ministre avait déclaré qu'il l'examinerait attentivement. C'est ce règlement que Nieuwerkerke a démoli en présentant depuis les pétitions des artistes un rapport favorable à l'annualité des expositions.

Je l'ai déjà dit, j'ignorais ce revirement dans l'opinion de Nieuwerkerke, j'ignorais même qu'il eût fait un rapport à propos des pétitions.

Nieuwerkerke a établi que chaque artiste ne pourrait exposer que trois de ses œuvres ; ai-je combattu cette mesure ? Non, j'ai demandé seulement qu'il fut permis à chaque artiste d'envoyer un plus grand nombre de ses œuvres au jury d'admission, afin que le choix pût être utile à l'artiste en lui donnant plus souvent la possibilité d'atteindre le nombre trois pour ses œuvres exposées.

J'ai dit :

« Puisque tout le monde pétitionne par le temps qui court, je veux moi aussi présenter un amendement au règlement dont la révision est sollicitée de S. E. le ministre d'État. »

Et j'ai demandé que les exempts de la juridiction du jury d'admission fussent désormais les artistes décorés seulement.

J'ai demandé qu'un artiste ne pût être décoré à la suite d'une exposition qu'après avoir été présenté au choix de l'Empereur par le jury des récompenses, puisque la croix est la plus haute récompense et qu'un jury composé de l'Académie des beaux-arts est chargé de prononcer sur le mérite des concurrents.

J'ai demandé qu'un artiste décoré pour services militaires ou administratifs ne fût pas admis à faire valoir sa décoration pour échapper à la juridiction du jury.

Enfin je me suis vivement prononcé contre l'annualité des expositions, comme une mesure également funeste à l'art et aux artistes et je terminais mes observations et mes réflexions par ces deux paragraphes qui feront mieux que toute apologie connaître l'esprit qui avait présidé à la rédaction de mon article du 11 mars.

Je me permets ces réflexions parce que l'attention de S. E. le ministre d'État et celle de Monsieur le comte de Nieuwerkerke a été appelée sur la nécessité de réviser le règlement des expositions et que leur esprit d'équité appréciera, j'en suis convaincu, les raisons qui militent en faveur de ma proposition...

Et plus loin :

Je soumets ces observations à la haute sagacité de S. E. le ministre d'État ainsi qu'à l'intelligente expérience de M. le directeur général des Musées Impériaux.

Je les recommande aux sentiments d'impartiale équité qui ont été le mobile de tous leurs actes dans la direction de l'administration des Beaux-Arts, objet constant de leur sollicitude éclairée.

J'avoue qu'il n'y a pas mal d'enflure dans les éloges que j'accordais à ces deux messieurs, mais un long exercice du pouvoir change tellement les hommes, qu'il ne peut leur être présenté d'observations qu'au préalable l'encensoir n'ait abondamment fumé devant eux.

Nieuwerkerke est devenu Pacha absolu, et il se croit une volonté parce que les Eunuques de son sérail cachent les ficelles avec lesquelles ils le font mouvoir.

Un article de son règlement inséré au *Moniteur* dit :

Les artistes décorés pour leurs travaux sont exempts de la juridiction du jury.

Cela est clair !... Cependant le Pacha Nieuwerkerke a établi deux catégories ; la première composée de ses familiers : Penguilly l'Haridon décoré comme officier ; Charles Giraud décoré pour fait de guerre à Taïti et quelques autres décorés, soit militairement, soit administrativement, sont exemptés du jury de par sa volonté souveraine et malgré les prescriptions du règlement.

La deuxième catégorie comprend une certaine quantité d'artistes, décorés administrativement ou militairement, mais qui n'ayant pas l'insigne honneur d'être familiers du Pacha, restent soumis au jury.

Or donc, j'ai demandé que l'article du règlement fût observé, j'ai donc attaqué le règlement.

Voilà la logique du Pacha.

Quant à la compensation dont la Princesse me parle dans sa seconde lettre, je n'en ai pas de nouvelles, quoique les journaux prétendent que je suis nommé inspecteur général des Beaux-Arts.

Cet événement m'a fait connaître une fois de plus, l'ingratitude et la platitude de certains hommes ; on apprend à tout âge.

Nieuwerkerke déteste l'Académie des beaux-arts et il la craint parce qu'elle a blâmé et dénoncé à l'Empereur la funeste restauration des tableaux du Louvre et parce qu'elle a demandé l'exposition dans le Musée de la collection Campana tout entière.

J'ai dit en leur temps dans mes volumes les efforts que j'avais faits auprès de Nieuwerkerke pour arrêter la fureur restauratrice du conservateur des tableaux et pour lui prédire que l'opinion publique se soulèverait contre cette restauration ; je l'ai dit aussi à la Princesse ; Nieuwerkerke a été furieux et après trois jours de bouderie, il est venu un matin dans mon cabinet et il m'a reproché d'avoir blâmé une mesure d'utile conservation faite dans d'excellentes conditions et dont il revendiquait l'initiative ; il a fait plus, il a conduit la Princesse dans les galeries du Louvre, il y a conduit un grand nombre de personnes et il leur a fait l'éloge le plus complet des restaurations.

Cependant, quelques mois après, il remplaçait Villot, conservateur de la peinture, par le myope Reiset, conservateur des dessins et il faisait approuver par le ministre le règlement par lequel l'Académie des beaux-arts serait désormais appelée à se prononcer sur la nécessité des restaurations.

Les membres de l'Académie des beaux-arts sont actuellement ses ennemis, surtout M. Ingres qui a écrit contre la dislocation du Musée Campana.

Tout dernièrement, pour jouer un tour de Pacha à cet artiste, Nieuwerkerke et le fameux Chennevières ont retiré de la galerie du Luxembourg tous les tableaux du *maestro* et les ont placés dans un salon peu éclairé.

M. Ingres a porté plainte à l'Empereur, j'ignore où en est cette affaire.

Nieuwerkerke a beaucoup d'ennemis, non seulement parmi les artistes, mais au Ministère d'État qui voudrait lui retirer les expositions, et à la cour où sa vanité et son ingérence en toutes choses le font détester.

L'année dernière, il vint un jour à St-Cloud et il demanda à voir l'Impératrice qui fit répondre qu'il lui était impossible de le recevoir. Nieuwerkerke insista ; l'Impératrice persista dans son refus, en s'écriant : « *Notre cousin devient trop insupportable !* »

Je l'ai encore averti vingt fois, mais il ne peut pas se persuader qu'il ne soit pas très agréable à l'Empereur et à l'Impératrice, que LL. MM. ne le voient pas avec infiniment de satisfaction !... Son erreur est grande ! !

Cette année, il a demandé à l'Empereur une place de sénateur, l'Empereur s'est excusé sur des promesses antérieures de ne pouvoir la lui donner.

Comme intendant des Beaux-Arts de la maison de l'Empereur, il dispose annuellement d'une somme de 200 000 francs, pris sur la cassette ; s'il lui était demandé compte de l'emploi de cette somme, depuis cinq ans, c'est-à-dire du million qu'il a dépensé, il ne pourrait représenter que quelques gravures exécutées pour la galerie du Louvre et deux ou trois médiocres tableaux achetés à M. Ch. Giraud, l'un représentant le cabinet de M. le directeur général des Musées Impériaux, l'autre sa chambre à coucher ornée de sa personne, et les statuettes coloriées des militaires des divers régiments de l'armée, par le sculpteur Frémiet !

Nieuwerkerke a 15 000 francs de rente, 20 000 francs de traitement, ses jetons de présence à l'Académie et dans les diverses commissions dont il fait partie ; il est logé, chauffé, éclairé, le linge de maison, la porcelaine, les cristaux lui sont fournis ; il dîne et déjeune chez la Princesse, il y est à demeure tout l'été, ses domestiques sont les gardiens du Louvre et à la mort de son père il héritera de 25 000 francs de rente.

Chaque jour un gardien du Louvre porte ses habits du soir chez la Princesse où il a un cabinet de toilette et où il s'habille, tout Paris connaît ce porteur à livrée impériale qui promène la toilette du Pacha et tout Paris en fait des gorges chaudes.

Mardi 21 avril

Je n'ai revu ni Nieuwerkerke, ni la Princesse Mathilde, et je n'ai point entendu parler d'eux, il n'est plus question de la *compensation* utile dont voulait me leurrer la Princesse. Nieuwerkerke, depuis un mois, n'est pas venu au Cercle impérial dans la crainte de me rencontrer.

L'abbé Coquereau disait avant-hier à La Guéronnière, chez le ministre de la marine :

« Le salon de la Princesse Mathilde est devenu impossible, je commence à y être mal vu ; la société qui s'y rassemble est des plus étranges ; c'est une société de petits socialistes, bas flatteurs et d'athées plus bas et plus flatteurs, Sainte-Beuve, Littré, Renan, qu'environnent les Penguilly, les Violet le Duc et tant d'autres sans compter Havin du *Siècle* et quelques histrions républicains protégés par les Giraud !... »

On devient prétrophobe dans ce salon, on y fait de la fausse grandeur, au milieu de gens qui en rient, qui se moquent des puissants qui se galvaudent et qui les pendraient au besoin.

La Princesse est russe et italienne, elle marmotte le matin des prières dans sa chapelle, et le soir, elle sourit aux calomnies que débite Penguilly, contre les *ratichons* et elle trouve magnifiques les impiétés socialistes de Littré, ou les haines sacerdotales de l'ex-séminariste Renan. Sainte-Beuve, ce gros et rond feuilletoniste, qui ressemble à un ortolan plumé, est l'enfant de cœur porte-encensoir de ce salon, il brûle devant la Princesse tous les parfums alambiqués de sa boutique, dans l'espoir d'arriver au Sénat en donnant le bras à Nieuwerkerke, dont les pas se sont déjà tournés bien souvent et bien inutilement vers le Luxembourg.

L'Empereur n'a aucune sympathie pour Nieuwerkerke et l'Impératrice le supporte à peine ; Mocquard et Lepic m'ont édifié de ce côté.

La pauvre Princesse Mathilde croit avoir un salon, elle n'a qu'un bazar *où tout flatteur vit aux dépens de celui qui l'écoute* !

La fréquentation de gens aux manières vulgaires, la vulgarise ; elle en est arrivée à prendre pour de *l'aisance majestueuse*, la familiarité la plus commune, elle grossit sa voix, elle tape sur l'épaule de Giraud et elle le nomme devant tout le monde :

« Ma vieille Gisaille !

« C'est mon homme à moi, ajoute-t-elle, c'est mon vieux, je ne le prête à personne, » etc. etc.

Tout cela est trouvé charmant par les mascarilles qu'elle reçoit, mais les gens honnêtes, les gens polis s'éloignent, l'urbanité et la grâce disparaissent des salons de la rue de Courcelles qui n'ont plus qu'un *progrès* à accomplir pour ressembler à des antichambres.

La rue de Courcelles n'est que ridicule et vulgaire, mais que dire des Tuileries, non pas comme salon, mais comme caverne politique.

Les hommes sensés commencent à s'effrayer de ce régime de surprises et d'incertitudes, sous lequel nous vivons. Depuis quelques jours, il devient de plus en plus certain que l'Empereur pousse la Suède contre la Russie ; Napoléon III veut restaurer la Pologne !... Le chauvinisme polonais est encouragé, l'hymne national est chanté avec enthousiasme dans les cafés ; le Charivari a carte blanche pour caricaturer la Russie.

Trois notes de la France, de l'Angleterre et de l'Autriche ont été remises, il y a deux jours, au prince Gortschakoff, toutes trois demandent, avec des nuances différentes, la constitution d'une sorte d'indépendance pour la Pologne.

La Russie a répondu, il y a quelques jours, à une note à peu près identique de l'Espagne :

que la reine devrait savoir mieux que personne que le premier devoir d'un souverain est de comprimer les séditions, d'écraser les révolutions et de garantir la sécurité de ses peuples.

D'autre part, les journaux russes réimpriment avec affectation la réponse faite, en 1831, à une députation polonaise par l'empereur Nicolas :

> Je ne crois pas à vos protestations et je sais par cœur vos éternelles condoléances si je vous accordais ce que vous demandez, vous vous en serviriez contre moi, mais faites-y attention, si vous recommencez vos révoltes, je n'ai pas bâti pour rien la citadelle Alexandre qui domine Varsovie, ses canons écraseront cette ville, je la raserai et elle ne sera point réédifiée !

Tout cela ne présage point une réponse conciliante de l'empereur Alexandre ; les Russes qui sont à Paris et les Prussiens disent qu'ils sont prêts, qu'ils nous attendent et qu'ils voient bien que la guerre est résolue.

Beaucoup de sous-officiers retraités prennent chaque jour le chemin de fer de Strasbourg, ils reçoivent avant de partir une petite somme d'argent, leur voyage est payé ; ils trouvent des armes en Allemagne et trouvent le moyen de pénétrer en Pologne.

Lundi 10 mai

Tout est encore apaisé pour le moment, la Russie a répondu aux trois notes sur un ton conciliant, et l'Impératrice, m'assure-t-on, abandonne l'idée de venir en aide à la Pologne. Il lui a été démontré que c'est la révolution européenne qui s'agite dans ce coin de l'Europe, qu'entreprendre une guerre contre la Russie pour la cause polonaise, c'est jouer le jeu des révolutionnaires, et que l'Empereur Napoléon jouerait une partie dangereuse.

La Russie ne demande pas mieux à ce qu'on affirme que de se réunir en conférence avec les autres puissances, mais elle veut que ce soit à Pétersbourg. Nous sommes d'ailleurs toujours très mal informés de ce qui se passe sur le théâtre de l'insurrection, car les correspondances et les journaux sont acquis aux Czartoriski.

J'ai eu ce matin une longue conversation avec M. de Budberg, l'ambassadeur russe, et il m'a fourni la preuve que les insurgés qui font reprocher aux soldats russes des actes inouis de cruauté, commettent les plus horribles assassinats sur les blessés russes, on a trouvé de ces malheureux pendus après avoir eu les pieds brûlés.

Boitelle, le préfet de police, m'a confirmé ce soir ce fait.

Le baron de Budberg m'a dit encore qu'une dame polonaise qui habite Paris et qu'il m'a nommée, venait de recevoir la nouvelle de l'assassinat commis par les insurgés sur son frère riche propriétaire vivant en Pologne dans son château. Le comité insurrectionnel l'avait taxé à une forte contribution qu'une bande armée était venue se faire livrer, il y a moins de deux mois ; une seconde bande est arrivée, il y a peu de jours, et elle a réclamé une nouvelle contribution ; le gentilhomme polonais s'y est refusé et comme cette bande menaçait d'employer la violence, il s'est armé et s'est défendu. Accablé par le nombre il a bientôt été désarmé, puis on l'a pendu et son château a été pillé et brûlé.

L'Empereur est moins porté pour la guerre, il a réfléchi, dit-on, et ne voyant pas à la France d'alliés sûrs, il diffère l'exécution des vastes projets qu'il roule dans sa pensée.

L'Italie se pose en capitan Fracasse ; elle dit par l'organe de ses journaux que si la France veut son appui, elle le lui donnera, qu'elle enverra trois cent mille hommes à notre aide, mais qu'il faut lui livrer Rome que sans cela elle ne bougera pas !...

Le baron de Budberg est d'avis que l'Italie doit être divisée en deux grands États et qu'alors la France pourra abandonner Rome qui sera garantie par l'intérêt qu'auront ces deux États à conserver entre eux l'intégralité de l'État Pontifical.

Il me disait que dans une toute récente conversation, il avait amené Nigra le ministre d'Italie à convenir que la possession de Venise serait un malheur pour l'Italie, que les gens sensés le comprenaient à Turin, et que d'ailleurs pour l'unité italienne ce serait le *commencement de la fin.*

Puis a ajouté le baron de Budberg, l'Autriche ne saurait céder Venise, demain on lui demanderait l'Illyrie, la Dalmatie, Trieste et le Tyrol italien.

Quant à la guerre dont on nous menace, nous ne la désirons pas, mais nous sommes prêts à la soutenir.

La Suède n'est pas autant notre ennemie qu'on veut nous le persuader, elle ne comprend pas l'intérêt qu'elle aurait à la guerre, elle a perdu, il est vrai, la Finlande en 1815, mais elle a acquis la Norvège.

Nous approchons des élections et Persigny ne se fait faute de circulaires, d'avertissements et de menaces pour avoir un Corps législatif à sa dévotion. Les députés catholiques sont tous répudiés par lui, et il a interdit aux candidats non patronnés par le Ministère de prendre la qualification d'*indépendants*[1].

Le gouvernement triomphera trop, je le crains, le prochain Corps législatif n'aura plus que des *satisfaits*.

Les comités de l'opposition sont divisés, la démagogie y triomphe, elle présentera aux scrutins les hommes de 1848 !

Les candidats pour Paris sont tous journalistes ou avocats, pas un négociant, pas un industriel, pas un banquier, pas un magistrat, pas un propriétaire, pas un militaire ; jamais ni sous la Restauration, ni sous Louis-Philippe, l'opposition n'a tenu en tel mépris le vrai Paris[2].

L'Empereur ne laisse rien deviner de ses pensées, il laisse faire à ses lieutenants ; il se prétend fort occupé de César.

Vendredi 22 mai

Notre journal *La France* a reçu un avertissement pour un article qui ne le motivait nullement, mais Persigny voulait à toute force nous en faire recevoir un ; en conséquence ne pouvant le motiver sur l'article, il l'a motivé sur notre tendance générale à vouloir nous faire passer dans le public pour les représentants de la politique réelle du *gouvernement* !

Nous avons répondu vertement à cet avertissement, nous avons dit : « *Non, il n'est pas vrai* », etc. etc.... ce qui aurait dû nous faire tomber sous le coup d'un second avertissement.

La Guéronnière a écrit à l'Empereur et s'est plaint de l'acharnement et des mauvais procédés de Persigny contre un journal qui sert mieux l'Empereur que les journaux officieux et qui lui est plus dévoué.

L'Empereur a interdit à Persigny d'aller plus loin et il a fait dire à La Guéronnière que le premier avertissement avait été donné sans qu'il en fut informé.

Madame de Lamartine est morte hier, c'était une très bonne personne, d'un esprit juste et distingué fort utile à son mari, elle avait 76 ans.

E. Baroche, après avoir été le candidat de l'administration pour les élections prochaines, s'est vu abandonné par elle, et le général Mellinet lui a été préféré.

---

1. Très mécontent de l'amendement clérical à l'adresse de 1861, Persigny menaça, au sortir de la séance, de retirer l'investiture gouvernementale aux 91 députés qui l'avaient voté. Cependant, à l'approche des élections, il se révéla impossible de remplacer tous les « coupables ». La circulaire que le ministre adressa à ses préfets début mai 1863, et qui fut reproduite dans *Le Moniteur* du 8, affirmait que le gouvernement n'avait pas tenu compte de ce vote dans ses choix, mais elle ajoutait que le pouvoir ne pouvait « appuyer auprès des électeurs que des hommes dévoués, sans réserve et sans arrière-pensée, à la Dynastie impériale et à nos institutions ». Finalement seuls 25 cléricaux ne recevront pas le patronage officiel, dont 8 ne seront d'ailleurs pas même combattus par l'administration.

2. Sur 9 candidats, 4 sont journalistes (Léonor Havin, Adolphe Guéroult, Alfred Darimon et Eugène Pelletan), 3 avocats (Émile Ollivier, Ernest Picard et Jules Favre) et 2 écrivains (Adolphe Thiers et Jules Simon).

E. Baroche, malgré cet abandon, a maintenu sa candidature, alors Persigny furieux a fait afficher dans le département de Seine et Oise des lettres bientôt reproduites par les journaux et dans lesquelles il explique les motifs qui ont forcé le gouvernement à cesser d'appuyer la candidature de M. Baroche.

Il lui reproche étant fonctionnaire, son immixtion dans les affaires de Mirès et de n'avoir pas expliqué ainsi qu'il en était convenu, ce que cette situation avait de louche, etc. etc.

Baroche fils a répondu qu'il avait expliqué sa situation à ses électeurs et que d'ailleurs il n'était pas vrai qu'on lui eût fait une condition de donner de nouvelles explications, et il a maintenu de nouveau sa candidature.

Le père Baroche est très malade d'un érésypèle à la face.

Persigny, si chatouilleux à l'endroit de l'honorabilité de ses candidats appuie dans la Dordogne M. Callet Saint-Paul, beau-père du général Fleury, banquier condamné pour affaires peu honorables vis-à-vis des actionnaires d'un crédit quelconque qu'il avait établi ; il appuie Calvet Rogniat, impliqué dans les tripotages Mirès, etc. etc.

Madame Persigny se galvaude avec Gramont Caderousse, elle est allée, il y a quatre jours, le chercher au *Château des fleurs* ; elle est entrée seule dans ce bastringue et elle a fait une scène à son amant. Elle se montre publiquement avec lui, enfin le scandale ne saurait être plus grand. Persigny et son auguste moitié sont fous.

L'Empereur laisse faire ce fou, il laisse peser sur lui la compression qui irrite le corps électoral, les iniquités employées pour obtenir des députés dévoués ; il lui donne plein pouvoir. Gagner le but, voilà ce qu'il faut, qu'importent les moyens. Mais cette compression a réveillé en France des idées libérales, jamais depuis dix ans les élections n'ont autant agité le pays, les chefs des anciens partis se remettent sur les rangs et je ne serais nullement étonné que Thiers, Berryer et Odillon Barrot fussent nommés.

L'obéissance presque passive du dernier Corps législatif ne paraissait point assez servile, que veut-on donc ?

Que prépare-t-on en éliminant surtout les catholiques qui ont voté le paragraphe de l'adresse en faveur de la Papauté ?

L'Empereur incline parfois vers la démocratie révolutionnaire, alors son cousin et Persigny sont ses âmes damnées. L'Empereur voudrait de nouvelles expéditions, de grands remaniements en Europe et s'il lui faut, pour arriver à cette fin, remuer la boue révolutionnaire, il la remuera !... L'Europe entière est inquiète et la France est tenue en défiance parce que personne ne croit plus aux assurances de son souverain dont la finesse met en juste défiance.

Dimanche 24 mai

Il n'y a pas à en douter, l'Empereur veut que les élections soient faites comme Persigny les conduit ; il est fort mécontent de voir les candidatures opposantes appuyées par la presse, et très irrité contre M. Thiers de son attitude.

C'est l'Empereur qui au dernier moment n'a plus voulu du jeune Baroche et c'est Messieurs Fould et Rouher qui ont été chargés d'aller en prévenir le père Baroche qui s'est d'abord montré récalcitrant et a dit qu'il ne pouvait pas conseiller à son fils de se retirer devant l'intrigue ourdie par la candidature Delâge (lieutenant de vénerie), alors on lui a répondu qu'il ne s'agissait point de M. Delâge, mais du général Mellinet, que devant cette nouvelle candidature M. Delâge s'était retiré honorablement.

Le père Baroche a d'abord paru comprendre ces raisons, mais le lendemain son fils est revenu d'une tournée électorale et il lui a respectueusement dit qu'il n'était qu'une « vieille bête, sans énergie, qu'on s'était moqué de lui et qu'il fallait qu'il fît connaître qu'il continuerait la lutte parce que lui, E. Baroche, ne comptait pas la déserter ».

Le père toujours très faible envers cet intéressant Ernest a obéi, et alors sont survenues les lettres de Persigny, etc. Il n'est pas vrai comme on l'avait dit que le père Baroche ait donné sa démission.

Thiers est très irrité d'une lettre de M. de Persigny rendue publique et dans laquelle le grand historien est fort maltraité ; il va répondre, m'assure-t-on, la lutte entre Thiers et le gouvernement sera curieuse[1].

Dans l'affaire Baroche, le tort de l'administration est de ne s'être prononcée qu'après la clôture de la session. Aussi longtemps qu'on a eu besoin de Baroche on a laissé son fils travailler son élection et se présenter aux électeurs comme candidat gouvernemental, puis tout à coup on le renie, et Persigny vient afficher que c'est parce qu'il ne peut expliquer sa participation aux affaires Mirès !

E. Baroche sera peut-être malgré tout élu, le général Mellinet n'est pas connu dans le département de Seine et Oise et puis le gouvernement a pour candidats dans d'autres départements Callet St-Paul et Calvet Rogniat.

Quelle comédie que tout cela !

L'Impératrice disait dernièrement à Nigra, chargé d'affaires du royaume d'Italie :

« Je ne vois qu'un moyen d'arranger la question italienne de façon à

1. Cette lettre faisait de Thiers le représentant d'un régime (la monarchie de Juillet et à travers elle l'orléanisme et le parlementarisme) « qui remplace le mouvement fécond de l'action par l'agitation stérile de la parole, qui pendant dix-huit ans n'a produit que l'impuissance et la faiblesse au dehors et qui, commencé dans l'émeute, continué au bruit de l'émeute, a fini par l'émeute ».

me faire aimer votre souverain, c'est qu'il devienne Pape, ce jour-là, je baiserai sa mule, non sans dégoût, mais enfin je la baiserai. »

L'Exposition des tableaux des artistes vivants est ouverte depuis le 1er de ce mois.

Je suis en lutte contre Nieuwerkerke pour les sottes mesures que lui font prendre ses conseillers.

J'attaque carrément dans le journal *La France* ; voilà déjà deux fois que l'Empereur a donné tort à Nieuwerkerke, en ordonnant l'Exposition des œuvres d'art refusées et secondement en autorisant la vente dans le palais de l'Exposition, du catalogue des *refusés* que Nieuwerkerke avait sévèrement interdite[1]. Le Pacha Nieuwerkerke est vivement froissé, cependant il continue ses manœuvres d'équité ; le jeune Giraud qui expose pour la première fois a son tableau acheté 2 500 francs ; le père Giraud a un tableau acheté, l'oncle Giraud a aussi un tableau acheté, il est malheureux que la mère ne peigne pas.

J'ai voulu vingt fois ne pas penser du mal de Nieuwerkerke, mon journal en fait foi, mais je suis forcé, indépendamment de ce qu'il m'a fait de me rendre à l'évidence. Il est infatué de son autorité et il croit plus encore que le Pape, à son infaillibilité, il commet chaque jour des actes arbitraires et le sens moral est tellement oblitéré chez lui qu'il ne s'aperçoit pas qu'il est de mauvaise foi.

Il ne sait, ne voit, n'entend rien, il ignore qu'il passe dans le peuple pour être entretenu par la Princesse Mathilde et que dans les cérémonies publiques lorsque la Princesse se montre, le peuple murmure contre elle et contre lui les plus sales propos. Nieuwerkerke jette à ses créatures, aux petites peinturlureuses qui ont les honneurs de sa couche, une partie des fonds d'encouragement, dont il dispose ; il a même fait donner des secours à la petite Poisson par la Princesse, et tout le monde sait que la mère Poisson lui avait vendu sa fille.

Tout ce qu'il se fait payer sur le budget du Louvre n'est pas croyable et moins croyable encore combien peu il dépense en représentation. Ses soirées dont il diminue le nombre chaque année, ne lui coûtent que trois bouteilles de sirop, une brioche, deux livres de petits gâteaux et du thé.

Il donne à ses amis ou amies particuliers trois ou quatre dîners par an, que vient faire le cuisinier de la Princesse, car il n'a pas de maison, ni

---

1. Après avoir assisté aux préparatifs du Salon, Napoléon III décida que les œuvres d'art qui avaient été refusées pourraient être malgré tout exposées dans une autre partie du palais de l'Industrie. Il reprenait là une idée avancée par le peintre Théodore Véron, qui lui-même avait eu une de ses toiles refusée en 1861, mais il allait aussi à l'encontre de la décision du jury de sélection et de Nieuwerkerke. Le « Salon des refusés » s'ouvrit le 15 mai, deux semaines après l'autre. Y exposèrent Fantin-Latour, Jongkind, Laurens et Manet avec la toile qui allait lui valoir la célébrité, *Le Bain*, plus connue sous le titre de *Déjeuner sur l'herbe*. Voir Fernande Goldschmidt, *Nieuwerkerke, le bel Émilien, prestigieux directeur du Louvre sous Napoléon III*, Paris, Art International Publishers, 1997.

cuisinier, ni domestiques, ce sont les gardiens du Louvre qui sont ses domestiques, un d'entre eux remplit l'office de valet de chambre.

Nieuwerkerke dîne et déjeune chaque jour chez la Princesse et depuis le mois de juin, jusqu'au mois d'octobre, il y loge à la campagne. Il me disait cette année au mois de janvier : « Les gens de la Princesse me coûtent 700 francs d'étrennes, c'est cher ! »

C'est donc 700 francs que coûte à Nieuwerkerke sa nourriture et sa villégiature. Il a 20 000 francs de sa place, 12 000 francs de revenus à lui, et quoique sans maison, sans train, Nieuwerkerke dépense plus de 50 000 francs par an, beaucoup plus.

Concluez !...

Il prétend que je suis son obligé, mais il oublie que le jour où pour ma part j'ai eu 4 000 actions des *petites voitures*, il m'a demandé, lui qui me savait sans fortune et sans espoir d'en avoir « *s'il n'y avait rien pour lui* ».

Il oublie que je lui ai *donné*, oui donné et qu'il a accepté 2 000 actions, que j'ai vendues avec bénéfice pour lui, sans bourse délier, de 55 000 francs !... Voilà ce qu'il me doit.

Cette année, il a fait rompre la quasi-promesse d'acheter ses tableaux, faite à Protais, il a indignement abandonné le cousin de sa femme, qu'il a endetté en lui faisant exécuter le mobilier de la galerie d'Apollon, il est entre les mains des Giraud, Arago, l'Haridon, il n'y a plus qu'eux et les leurs.

Mardi 26 mai

L'Empereur approuve la façon dont Persigny conduit les élections, cependant quelques personnes parlent d'un manifeste libéral sous forme de lettre à Persigny, qu'il publierait avant le 31. Je crois peu à ce libéralisme.

L'Empereur veut un Corps législatif, plus que dévoué, parce que dans ses prévisions ou plutôt dans son intention, est ancrée l'idée d'une guerre dont la Pologne serait le prétexte et les bords du Rhin le but.

Le réveil du sentiment libéral mécontente, et Persigny *est décidé à tout*, pour avoir de *bonnes élections*. Nous savons comment il est facile de les obtenir, et nous nous souvenons de petites communes ayant 30 électeurs qui ont fourni 56 voix à des candidats officiels.

Persigny a de l'empire par la brutalité sur Napoléon III, nature obstinée, mais douce. Dans une discussion, comme l'Empereur affirmait une chose que Persigny n'admettait pas, l'Empereur dit : « *Je vous donne ma parole...* » Persigny haussa les épaules en l'interrompant et dit : « *Est-ce que vous avez une parole ?* »

Jeudi 28 mai

Le prince Gortschakoff a dit à une des personnes politiques les plus hautes de Pétersbourg que la guerre entre la France et la Russie devenait de plus en plus imminente, dans un avenir très rapproché.

Il y a quelques jours, Morny et Persigny ont eu chez l'Empereur une altercation fort vive, à propos des élections ; Morny reprochait à Persigny la maladresse avec laquelle il a conduit les élections et surtout contre M. Thiers ; il était d'avis que la candidature de cet homme éminent n'aurait pas dû être combattue par le gouvernement.

Persigny s'est mis en colère, comme c'est assez son habitude et il a terminé la discussion par ces mots : « Vous connaissez mal ce pays-ci, il a besoin d'être régi par la force !... »

Chacun s'est regardé et tout a été dit, mais tout le monde aussi pense que Persigny devient de plus en plus impossible.

Le mouvement libéral réveillé par les élections est vif à Paris et dans les provinces, les populations reprennent part aux agitations de la vie politique. Les ouvriers produisent leurs candidatures ouvrières, dans beaucoup d'endroits, assure-t-on, la lutte sera vive.

Le commerce commence à s'inquiéter des incertitudes de la politique extérieure, depuis six mois, les affaires se restreignent, il y a un malaise encore muet, mais il faudrait peu de choses pour qu'il se manifeste. L'expédition du Mexique qui nous coûte énormément d'argent et un grand nombre de soldats est impopulaire ; celle de la Cochinchine ne l'est guère moins, parce que les résultats n'en sont nettement perçus par personne.

Puis, dans toute la France, on est fort en garde contre l'Angleterre, on lui suppose l'intention de nous engager dans quelque périlleuse entreprise pour profiter à nos dépens de l'occasion.

Le parti religieux a de nouveau des inquiétudes à propos de Rome, il lui semble, soit par la manifestation des candidats patronnés, soit par le langage de Victor-Emmanuel et par les articles du *Moniteur*, que l'Empereur incline vers la politique italienne et que l'abandon de Rome pourrait bien encore une fois être un acte prévu dans l'avenir de sa politique.

Samedi 30 mai

Dans les provinces, le mouvement politique se dessine, les partis se réveillent et mettent une animation extrême à la lutte électorale.

Nous recevons des lettres de Toulouse qui nous apprennent que Rémusat a de grandes chances d'y être élu.

Jouvenel, combattu par le gouvernement parce qu'il a été rapporteur à la commission qui a conclu contre la dotation de Palikao, préoccupe beaucoup les électeurs : « *Que veut le gouvernement*, disent-ils, *puisqu'un député dévoué d'ailleurs est disgrâcié pour n'avoir pas tout approuvé.* »

Les gens sensés commencent à regretter de n'avoir pas représenté aux électeurs la dernière chambre tout entière.

Le parti libéral, le libéralisme, la liberté, on n'entend plus parler que de cela, Persigny avec ses stupidités nous a ramenés aux jours parlementaires où tout le monde prétendait se mêler du gouvernement. On *conspirait fort constitutionnellement* contre la dynastie et les institutions.

Les députés que nous allons avoir seront poussés malgré eux par cet esprit de faux libéralisme, ils ne croiront pas pouvoir rester trop au-dessous de l'esprit général des populations et ne voudront pas être considérés comme des arriérés ou des ennemis des lumières et de la civilisation. Le gouvernement ne retrouvera plus le Corps législatif dévoué et obéissant qui a terminé sa mission cette année.

On peut juger aujourd'hui si la question polonaise intéresse la France. Il n'en a pas été question d'un bout de la France à l'autre bout dans ce déluge de publications et de discours auxquels les élections ont donné naissance.

Ce que veut le pays, c'est la paix, il réprouverait une guerre contre la Russie.

Les affaires semblent se pacifier de ce côté, il y aura des conférences et la voie diplomatique sera seule employée pour régler le sort de la Pologne.

L'Empereur aura, je crois, plus à compter avec son nouveau Corps législatif à propos de la politique étrangère qu'il ne le pense.

La France résumé sa volonté en peu de mots : *pas de guerre... économie* ; cela est net, elle trouve que la gloire lui coûte trop cher et elle ne voit pas trop le profit qu'elle tire de sa tutelle des nations, ni des protectorats qui lui rapportent peu en lui coûtant beaucoup.

Une seule guerre serait populaire, ce serait une guerre contre l'Angleterre qui en 1815 nous a dépouillés de nos plus belles colonies, qui nous a réduits dans l'Inde à un rôle humiliant, et qui est notre ennemie partout.

Dimanche 31 mai

Les élections commencent aujourd'hui, mais demain seulement la foule se portera au scrutin, car en France, pour toutes choses, nous attendons au dernier moment.

M. Baroche fils s'est enfin désisté de sa candidature assez platement ; il y a dû y avoir quelque promesse faite par le gouvernement, mais je n'ai rien pu savoir quoique Treilhard et moi ayons dîné hier ensemble au Cercle impérial. Après dîner, le général Mellinet est venu fumer un cigare avec nous.

On parle de quelques changements dans le Ministère. Chasseloup Laubat quitterait la Marine pour l'Intérieur et serait remplacé par Jurieu-Lagravière ; Baroche deviendrait ministre sans portefeuille ; ces changements ne fortifieraient pas le Ministère et l'Intérieur serait assez mal traité si on le confiait à un homme aussi peu administrateur que politique.

Le maréchal Randon perdrait aussi le Ministère de la Guerre, l'armée est fort mécontente de lui et lui reproche avec raison sa lésinerie et son imprévoyance dans la campagne du Mexique.

Notre armée manque de munitions à Puebla, nous n'avons plus que 93 coups à tirer par pièce de canon, nous n'avons pas de mortiers, les boulets sont presque épuisés.

Pendant les derniers jours du siège de Sébastopol, chaque pièce des batteries de brèche tirait 200 coups par jour. Qu'on juge donc qu'elle dût être la situation de notre armée qui même après la prise de Puebla aura à s'occuper de celle de Mexico.

Les demandes du général Forey parvenues par le dernier paquebot sont :

Un approvisionnement de 50 000 coups à tirer pour l'artillerie.

Une batterie de 16 mortiers.

Cinq mille hommes de renfort.

Le jeune marquis de Gallifet, ordonnance de l'Empereur, a été blessé au ventre et au bras dans les dernières affaires par des éclats d'obus.

Aujourd'hui, tout Paris se rendra au champ de course du bois de Boulogne pour assister à la course du grand prix continental de cent mille francs qui est une nouvelle création. Des chevaux anglais et italiens sont arrivés pour entrer en lice [1].

Les élections auront à souffrir de la concurrence de cette course, aussi ne sera-ce que demain qu'aura lieu la véritable bataille.

Il paraît qu'un accord se serait enfin établi entre l'Angleterre, la France et l'Autriche sur la marche à suivre vis-à-vis de la Russie dans la question polonaise ; la diplomatie va donc de nouveau tailler ses plumes ce qui ne veut pas dire que l'affaire polonaise approche de sa solution.

Les agences de correspondance et les journaux s'entendent pour enfler l'insurrection polonaise, les nouvelles qu'ils donnent sont fausses la plupart du temps. C'est une tactique de l'hôtel Lambert pour entretenir le monde de l'insurrection.

---

1. Le Second Empire donne une impulsion décisive aux courses de chevaux, en grande partie sous l'influence de Morny, propriétaire d'une célèbre écurie à la casaque rose et à la toque rose. Après avoir développé l'hippodrome de Chantilly, le président du Corps législatif obtient la création de l'hippodrome du bois de Boulogne (Longchamp), qui est inauguré le 27 avril 1857. Il y fait courir pour la première fois le Grand Prix de Paris en cette année 1863, au cours de laquelle le champ de courses de Vincennes est également inauguré. Il donnera encore naissance, l'année suivante, à l'hippodrome de Deauville.

Les journaux enregistrent avec soin les cruautés commises par les Russes sur des Polonais, mais ils ont grand soin aussi de se taire sur celles commises par les Polonais.

Or j'ai vu des rapports incontestables qui établissent que les Polonais coupent le nez, pendent et brûlent les pieds des soldats russes qu'ils surprennent.

Il est bon qu'on sache que c'est toute l'Europe révolutionnaire qui a pris la Pologne pour champ de bataille. L'Empereur voudrait bien aller guerroyer par là, les guerres révolutionnaires lui plaisent, mais la France est lasse de guerre elle veut le repos, la diminution des dépenses et elle est fort peu enthousiaste de la Pologne.

Lundi 1er juin

Les candidats des oppositions coalisées l'emportent dans les élections à une grande majorité sur les candidats du gouvernement. Thiers, Picard, Darimon, Émile Ollivier, Pelletan, Havin, etc., enfin toute la liste des journaux opposants a passé. C'est un échec pour le gouvernement, mais c'en est un plus vif encore pour le comte de Persigny qui s'est abusé et a abusé l'Empereur jusqu'au dernier moment. Hier trompé par les rapports de Boitelle il répondait de tout.

Berryer est nommé à Marseille, je ne sais jusqu'à présent aucune autre nomination.

Il y avait ce soir de l'animation dans tous les quartiers et dans les clubs on discutait avec vivacité. La seconde édition des journaux du soir qui a paru à 8 h et demie était arrachée des mains des porteurs.

Monsieur de Morny a eu ce soir une entrevue d'une heure et demie avec M. Drouyn de Lhuis et demain matin il y aura conseil des ministres.

M. Drouyn de Lhuis, comme du reste tous les ministres, est exaspéré contre le comte de Persigny. M. Drouyn de Lhuis faisait la plus vive opposition dans Seine et Marne à la candidature de M. de Jaucourt, et il ne cachait pas que c'était en haine du comte de Persigny.

On me raconte qu'à la soirée qui a eu lieu chez la Princesse Mathilde le dimanche de la Pentecôte, le comte de Persigny ayant dit assez haut dans un groupe que si le Corps législatif montrait quelques velléités d'opposition, l'Empereur le casserait, et se passerait de lui comme son oncle s'était passé du tribunal, l'Impératrice s'était approchée et d'une voix animée lui avait répondu :

« *Non, Monsieur, on peut la lui conseiller, mais l'Empereur ne fera pas une sottise pareille.* »

Le gendre de Mocquard m'a confirmé ce soir la scène violente qui avait eu lieu chez l'Empereur entre son beau-père et Persigny. Comme l'Empereur avait affecté de ne pas dire un mot, Mocquard voulait donner sa démission, mais l'Empereur n'a pas voulu la recevoir et il a dit à Mocquard :

« *Ne faites pas attention aux boutades de Persigny, vous savez bien comme il est peu raisonnable quand il est en colère.* »

On s'attend à une dislocation du Ministère, le maréchal Randon a donné sa démission ; il tombe devant la réprobation universelle de l'armée et précipité par les lettres des généraux du Mexique qui lui reprochent son imprévoyance et le dénuement où il les a laissés, de munition et de matériel de guerre.

Le comte de Persigny, c'est l'opinion générale, ne peut conserver son poste.

Jeudi 4 juin

« Monsieur Émile, » disait avant-hier à son frère, le conseiller d'État, le *grand* Villemain, l'ancien ministre académicien peu partisan de l'Empire et de l'Empereur. « Une chose singulière me frappe, les courtisans sont ressuscités, et ne croyez pas que les courtisans soient chose commune, non, Monsieur Émile, je n'ai connu de courtisans, ni à Louis-Philippe, ni à Charles X, ni à Louis XVIII.

« L'homme a une propension naturelle à se faire courtisan, mais il ne consent à le devenir que d'une supériorité incontestable ; c'est lorsque les souverains sont forts et puissants, c'est lorsqu'ils dominent hommes et choses par la supériorité de leur intelligence que les courtisans s'empressent à leur cour et leur font cortège.

« Louis XIV et Napoléon Ier ont eu des courtisans, dans deux ans vous verrez Thiers et Rémusat dans le cabinet de l'Empereur. »

En attendant, la cour est à Fontainebleau et l'Empereur paraît assez mécontent de sa bonne ville de Paris. Il y aura, je crois, un remaniement du Ministère, mais pas avant un mois. L'Empereur ne veut pas avoir l'air contraint par les événements.

Mon fils Édouard rentrant, il y a quatre jours, le soir assez tard avec un de ses amis, acheva d'enlever par un coup de sa canne une affiche dont un lambeau flottait au vent. Il se trouva que cette affiche était un manifeste de M. Devinck[1]. Deux agents de police en blouse apostés près de là s'élancèrent sur Édouard, le saisirent au collet et l'entraînèrent à un poste voisin où procès-verbal fut dressé après quoi on le relâcha. Persigny, instruit du fait, exigea sa destitution et le lendemain Édouard fut prévenu qu'il ne faisait plus partie des attachés au cabinet du ministre des Affaires étrangères. Les directeurs voulurent vainement s'interposer,

1. Le chocolatier François Devinck, député sortant de la Seine, était candidat aux élections législatives des 31 mai et 1er juin. Il fut battu par Thiers. Arracher l'affiche blanche d'un candidat officiel était passible de poursuites judiciaires.

Drouyn de Lhuis répondit que l'Empereur pouvait seul réformer la décision prise contre mon fils. L'affaire en est là, les amis qu'Édouard a à la cour s'emploient pour lui.

Persigny est un méchant fou ; c'était, il y a vingt-cinq ans, un mauvais drôle très fort soupçonné d'être grec au jeu.

Vendredi 5 juin

Le journal *La France* a porté plainte en diffamation contre le *Constitutionnel* et le *Pays*, journaux dirigés par M. A. Chevalier sous la suprême inspiration de M. de Persigny, pour deux articles où ces *domestiques* du ministre de l'Intérieur nous accusent d'avoir trahi la cause du gouvernement comme M. de Bourmont a trahi l'Empereur la veille de la bataille de Waterloo.

Persigny avait préparé un rapport à l'Empereur pour lui demander la suppression par décret de notre journal par motif de sûreté publique. Ils sont très désappointés au Ministère de notre résolution.

Persigny m'en veut à mort, et son stupide Boitelle m'a en exécration ; ils prétendent que je suis le grand conseil et l'inspirateur de La Guéronnière et que je dissimule ma personnalité politique sous l'hypocrisie d'un rédacteur des Beaux-Arts.

On dit dans Paris que Persigny mourra sur la paille parce qu'il a déjà sali Thiers (sa litière).

Jeudi 11 juin

Le *Moniteur* annonce ce matin la prise de Puebla, Ortéga s'est rendu sans conditions avec 18 000 hommes ; c'est un fait important et glorieux, mais tout est-il terminé [1] ?

Reste Mexico que les Américains ont eu de la peine à réduire. La saison des pluies commence en juin au Mexique, de sorte qu'il est possible que nous soyons forcés de rester à Puebla jusqu'en septembre.

Traitera-t-on avec Juarez sans aller à Mexico, j'ai de la peine à le croire. L'Empereur avait de grandes vues sur ce continent mexicain, je ne pense pas qu'il y ait renoncé.

Il est toujours fort question des changements ministériels. On dit que Persigny serait remplacé à l'Intérieur par Baroche et que Haussmann prendrait les Travaux publics.

1. Une première offensive lancée contre Puebla en mai 1862 s'était soldée par un échec alors que la presse française annonçait la prise imminente de la ville. Il ne s'agit pas cette fois d'une fausse nouvelle, même si le siège a duré trois mois et si les combats ont été rudes. La ville est tombée le 17 mai. Forey y gagne son bâton de maréchal. Au moment où Viel Castel donne cette information, Mexico a capitulé quatre jours plus tôt, sans résister.

Persigny se sépare de sa femme ; tel est le racontar de ce matin ; il est vrai que sa femme en a fait assez pour motiver dix séparations.

L'Empereur espérait recevoir la nouvelle de la prise de Puebla avant les élections du 31 mai, il a été fort désappointé qu'elle ne lui arrivât pas ; jamais il ne s'était montré de si méchante humeur. Cette reddition de Puebla n'a eu lieu que le 7 mai.

On doit être en joie à Fontainebleau, mais je doute qu'elle produise un grand effet sur les ballotages de dimanche prochain.

Comme la Bourse était en baisse depuis deux jours les frondeurs prétendent que le gouvernement a voulu faire remonter les cours en faisant arriver cette nouvelle ; mais sa date de New York du 1er juin dément ce mauvais bruit.

Vendredi 12 juin

Ce qui peut jeter quelque lumière sur l'esprit qui préside à la rédaction de quelques journaux est bon à noter.

Mme Sand écrit aujourd'hui dans la *Presse* à propos d'un livre plus que médiocre de M. Vacquerie les lignes suivantes :

> Le sang de l'humanité est une source de renouvellement ; les hommes forts renaissent de leurs cendres et guérissent de leurs plaies. Et cette loi est si absolue et si fatale que les faibles eux-mêmes trouvent une force et une vertu dans le martyre. Tout comme Robespierre et Danton, Louis XVI, sa femme et son fils sont des victimes qui en passant sous le niveau fatal de l'échafaud ont acquis le droit de revivre dans les partis avec lesquels l'histoire aura peut-être encore à compter.

La liste des invités au château de Fontainebleau est ainsi composée :

La princesse Anna Murat et sa dame de compagnie (j'ignore quelle peut être cette dame qui n'est inscrite sur aucun almanach), le prince et la princesse de Metternich, le prince de Reuss, le duc et la duchesse de Valençay, le prince et la princesse Poniatowski (Mlle Lehon), le marquis et la marquise de Dalmas, le comte et la comtesse Walewska, le comte de Païva, le ministre des Pays-Bas, le comte et la comtesse de Pourtalès, le baron et la baronne de Beyens, le duc de Mouchy, le comte de Périgord, le comte de Komar, Messieurs Thomas y Caro, Alvarez de Toledo, le comte de La Rochefoucauld, le comte de Mosbourg, le vicomte et la vicomtesse Aguado, M. et Mme Arcos, le baron et la baronne de Rothschild, le baron Heeckeren (on lui devait cela après la triste campagne qu'on lui a fait faire par deux fois en Alsace contre M. Keller !), le docteur Conneau, le lieutenant-colonel Merle.

C'est toujours à peu près le même personnel, l'Impératrice veut en majorité une cour jeune, car il faut s'amuser et surtout danser. Les diplomates étrangers qui ont passé l'âge de la danse ne sont pas en grande faveur dans les résidences impériales ; ainsi l'ambassadeur prussien n'a pas été invité, mais le secrétaire de l'ambassade, le prince de Reuss qui se trouvait en congé à Berlin, a été appelé par dépêche, et après avoir remis à son ambassadeur les instructions que lui envoyait M. de Bismarck il est immédiatement parti pour Fontainebleau !

Samedi 13 juin

Le comte de Persigny disait avant-hier à Charles de La Guéronnière (le préfet) : « *On croit que j'ai fini, je commence...* » Quoi qu'il ait dit, les hommes politiques pensent qu'il ne restera pas ministre plus de deux mois.

Mardi 16 juin

La Guéronnière est parti ce matin pour Fontainebleau, pressé par Mocquard d'aller trouver l'Empereur pour conjurer l'orage qui gronde sur le journal *La France*.

Persigny veut absolument supprimer ce journal et il paraît que tout était prêt pour nous ranger parmi les morts.

La Guéronnière ne sera de retour que ce soir et je ne saurai que demain si nous avons l'espoir de vivre encore.

Mon fils a été réintégré aux Affaires étrangères sur une lettre de l'Impératrice. Drouyn de Lhuis l'a reçu avec ses plus gracieux sourires et lui a dit : « *Il fallait vous adresser à moi, je suis le père de mes jeunes attachés...* »

C'était touchant, mais il ne faut pas s'y fier.

Les scrutins de ballottage ont eu lieu hier ; l'opposition y gagne 4 ou 5 membres avec de belles majorités.

Guéroult a eu à Paris 6 000 voix de plus que son concurrent. M. Curé, le candidat appuyé par l'administration, n'a eu que 40 voix de plus à Bordeaux que son concurrent Lavertujeon.

Ancel a eu au Havre une grande majorité, etc. etc.

Persigny en devient de plus en plus irrité. Il vient d'envoyer une circulaire à tous les préfets pour avoir de nouveaux renseignements sur le personnel de la presse politique dans les départements.

Dans le combat livré au Mexique par le général Bazaine au général mexicain Comonfort 200 zouaves ont été entourés par 5 000 Mexicains dans un défilé, ces 200 zouaves ont été tués, puis les Mexicains ont défilé devant leurs cadavres en poussant des exclamations de victoire et d'insulte.

Le général Mellinet que le gouvernement avait substitué au jeune Baroche dans Seine et Oise a échoué. Le pauvre général avait accepté la candidature par dévouement pour l'Empereur qui l'en avait prié ; on parlait de le mettre au Sénat où une place est vacante par la mort du général Marey-Monge, mais on dit d'autre part que cette place est réservée pour le général Bazaine.

Mirès a eu hier une scène violente au *Constitutionnel* avec Chevalier, le commissaire est intervenu avec les sergents de ville et il a fallu emporter Mirès dont les vêtements étaient en lambeaux par suite de la lutte.

Vendredi 19 juin

Après le conseil des ministres qui a été tenu hier aux Tuileries par l'Empereur et dans lequel au grand ébahissement de la plupart des ministres il n'a point été question de la crise ministérielle, l'Empereur s'est entretenu avec le comte Walewski et ne lui a point dissimulé qu'il entendait prochainement remplacer le comte de Persigny dans le conseil.

Ainsi la crise est commencée.

Le journal *La Patrie* avait avant-hier un article fort belliqueux à propos de la Pologne. Cet article avait été inspiré par le château.

On affirme que la guerre contre la Russie est dans la pensée de l'Empereur plus que jamais ; les gens sensés ou qui se croient tels, s'en affligent et s'en effrayent. C'est la question des bords du Rhin remise sur le tapis ; c'est une guerre générale dont la France supportera presque à elle seule le fardeau.

M. Thiers est parti pour Vienne, il disait la veille de son départ :

« *Avant les inconcevables manœuvres de M. de Persigny contre moi, j'étais décidé à me faire faire un uniforme de membre du Corps législatif pour le porter comme mes collègues chez l'Empereur, lorsque j'y serais invité, mais depuis les diffamations du ministre j'ai changé d'avis, je ne me suis pas fait faire d'uniforme et je n'irai point chez l'Empereur.* »

M. Thiers a choisi sa place au Corps législatif près de M. Jules Favre.

La Guéronnière que le gouvernement cherche à séparer du journal *La France*, opère une conversion, il devient très polonais ; il est tout près de se laisser gagner si les offres en valent la peine, si on lui donne un portefeuille quelconque.

Vendredi 3 juillet

Le Ministère a été bouleversé, il y a déjà plusieurs jours, Persigny, Walewski et Delangle sont démissionnaires.

Les ministres sans portefeuille sont supprimés.

Baroche est au Ministère de la Justice.

Billault ministre d'État. Les divisions qui composaient le Ministère d'État sont réparties entre les autres Ministères.

Bacciochi est intendant général des Théâtres (ministère maison de l'Empereur).

Nieuwerkerke sera, dit-on, intendant général des Beaux-Arts.

Boudet, chef de section au Conseil d'État, est ministre de l'Intérieur.

Duruy, ancien professeur d'histoire, auteur de quelques médiocres histoires grecque, romaine et française, introduit près de l'Empereur pour l'histoire de César, est ministre de l'Instruction publique, c'est un élève de Michelet.

Rouher devient ministre-président du Conseil d'État.

Ce matin, le *Moniteur* annonce que Thuillier, ex-secrétaire général de Persigny, est nommé chef de section au Conseil d'État ! et Gricourt chambellan est nommé sénateur !

Ces deux nominations stupéfient. Thuillier est un rouge de 1848 qui a fait faire à Persigny la néfaste campagne électorale de 1863.

Gricourt est un sauteur, et pour faire ce monsieur sénateur, l'Empereur manque de parole aux généraux Mellinet et Bazaine.

Vraiment c'est trop fort, ou l'Empereur ne se doute pas de la nonvaleur de ces deux messieurs, ou l'Empereur méprise bien le Sénat et la France !

L'Angleterre a fait étrangler par le vieux parti des Howas, Radamah, roi de Madagascar, ainsi que ses officiers et ses ministres. La reine a pris le gouvernement et elle a mis à néant les traités faits par le malheureux défunt. Le traité avec la France est rompu, il n'est pas à présumer que la France supporte tranquillement cet échec. De graves intérêts sont engagés dans la question de Madagascar ; c'est peut-être une plus grosse question que celle du Mexique et certes il serait plus important pour nous de nous en occuper que de nous lancer dans l'affaire de Pologne.

On cherche vainement à nous surexciter contre la Russie, nous ne voulons pas compromettre un milliard et trois ou quatre cent mille hommes dans cette équipée.

Tous les journaux sont enrégimentés par les comités polonais ou sont retenus comme le journal *La France* par la crainte de contrarier la politique de l'Empereur.

Ils se refusent à insérer les documents favorables aux Russes, tant authentiques soient-ils, et ils impriment sans examen tout ce que les comités leur transmettent.

Ainsi on ignore que les Polonais commettent les plus abominables cruautés, hommes pendus, torturés, femmes violées, enfants ensevelis dans des puits, villages incendiés, et que les Polonais pendus par ordre de l'autorité russe sont les instigateurs ou les exécuteurs de ces crimes.

Les journaux catholiques se laissent persuader que le parti démagogique polonais qui conduit l'insurrection, travaille au rétablissement du culte catholique !...

Je vois un grand danger à la résurrection de la Pologne comme royaume ; je ne suis pas polonais, je l'avoue, et comme je ne me fie pas à l'alliance anglaise, je veux que nous nous ménagions la Russie.

Les affaires marchent singulièrement.

Jeudi 16 juillet

L'Empereur est à Vichy, l'Impératrice est à St-Cloud.

La réponse de la Russie n'est pas encore arrivée, elle est cependant partie de Pétersbourg et parviendra à Paris samedi. On affirmait avant-hier que l'empereur Alexandre n'accédait pas à l'armistice que demandent les trois puissances ; je le crois sans peine, car la Russie ne peut donner à l'insurrection polonaise la sanction d'un traité qui la reconnaîtrait comme une puissance ; elle ne peut non plus vouloir lui donner le temps de se constituer dans un repos garanti, de recevoir des armes, de se compter, de réunir ses forces et d'acquérir l'influence que lui prêterait ce premier traité fait pour ainsi dire avec elle.

L'Empereur se dissimule toujours derrière ses deux politiques, l'une belliqueuse, l'autre aux apparences pacifiques, mais en réalité personne ne sait ce qu'il pense et ce qu'il veut définitivement.

On est inquiet de l'incertitude dans laquelle on vit, des protestations démocratiques qui se lisent dans les journaux officieux, des airs de triomphe du *Siècle* et de *L'Opinion nationale* des lâchetés du *Journal des débats* et de la politique embarrassée et flottante de notre journal *La France*.

Les choses à l'intérieur ne vont pas mieux, l'Empereur ne sait pas la vérité qui lui est murée par une petite coterie au milieu de laquelle il vit.

La confiance en lui s'ébranle. L'administration confiée à des hommes inconnus ou trop connus est sans valeur. L'armée est affaiblie par la loi de recrutement et par la loi sur la réserve. Le corps des officiers est froissé par le favoritisme, seule règle qui soit pour ainsi dire observée dans l'avancement.

Il est aussi question de recommencer une campagne contre ce que l'on nomme le parti clérical, autrement dit l'Église. Il y a cinq évêques déférés au Conseil d'État pour avoir adhéré à une lettre de Monseigneur de Tours au ministre des Cultes. Les livres anticatholiques se multiplient, M. Duruy fait renaître l'espérance au cœur des incrédules. *L'Opinion nationale* l'appuie et demandait ces jours-ci que Renan et Littré fussent chargés de professer la philosophie à la jeunesse.

Pas de culte, pas de prêtres, pas de catholicisme, et les niais trouvent cela superbe ; ils s'attendrissent et ils écoutent les mêmes écrivains qui parlent des misères de l'Église catholique de Pologne.

En Pologne un évêque a pour épithète *vertueux*.

En France *clérical hypocrite*.

En Italie *scélérat*.

La démagogie attaque le catholicisme qui enseigne l'autorité, et elle tonne contre les paysans qui partout en France soutiennent l'Empereur, pour exalter les ouvriers qui rêvent la république sociale.

C'est un thème développé en ce moment par *L'Opinion nationale*.

Samedi 18 juillet

Nous sommes très noirs aujourd'hui ; j'ai vu ce matin pendant une heure l'ambassadeur de Russie. Il n'a pu me montrer la réponse aux notes des trois puissances parce qu'elle n'était pas encore officiellement revenue de Vichy, mais il m'a assuré qu'elle était conciliante ; cependant, a-t-il ajouté, la Russie refuse d'accéder à l'armistice.

Le comte de Budberg était assez vif, et une certaine irritation perçait dans toutes ses paroles. Il s'est plaint de l'hostilité de la presse française excitée par le gouvernement et il m'a dit qu'il avait reproché à M. Drouyn de Lhuis ces encouragements :

« Votre Empereur est absolument comme notre empereur Nicolas était au moment de la guerre de Crimée, il n'entend et il n'écoute favorablement que les partisans de la guerre. On vous trompe ici non seulement sur l'état de la Pologne, mais encore sur celui de la Russie. On vous persuade que les provinces de la Baltique sont impatientes du joug de la Russie, eh bien, les grands propriétaires viennent de verser au trésor le montant des contributions en retard, ils ont fait cette avance patriotique non seulement dans le but de venir en aide aux petits propriétaires et aux paysans, mais encore comme témoignage d'affection au gouvernement de leur pays. »

Au Ministère ils se disent très mécontents de la réponse de la Russie peu satisfaisante quoique conçue en termes conciliateurs ; ils pensent qu'elle sera considérée comme non avenue, et quant au refus d'accéder à l'armistice, les trois cours le regarderont comme un *casus belli*.

Le républicain Duruy, ministre de l'Instruction publique qui déjà a su se rendre ridicule par ses circulaires, a donné pour sujet de composition aux élèves de la classe historique du grand concours des lycées : « *Le partage de la Pologne* » !

M. Billault commence à se plaindre de l'insignifiance de son Ministère qui est sans attributions et il prépare un grand rapport à l'Empereur, pour demander que les travaux de ses collègues lui soient en quelque sorte soumis.

L'Empereur fait toujours répandre dans le public qu'il est très occupé de la vie de Jules César.

L'Empereur Napoléon Ier signait à Moscou un décret réglant l'organisation du Théâtre-Français.

Ceci fait partie des idées napoléoniennes.

On a su aujourd'hui que les Polonais ont surpris un petit village russe dont ils ont enterré vivants tous les habitants, hommes, femmes et enfants.

Les journaux ne parlent pas de ce fait.

Le gouvernement français exige une réparation du gouvernement italien pour l'arrestation illégale opérée dans le port de Gênes à bord d'un paquebot poste français de quatre chefs de bandes napolitaines expulsés de Rome à l'instigation de la France et qui, munis de passeports en règle légalisés par l'ambassade française, se dirigeaient sur l'Espagne en passant par Marseille.

La restitution de ces quatre chefs est exigée et devra précéder toute réparation.

La Russie a essayé de détacher l'Autriche de l'alliance anglo-française, mais elle n'a pas réussi et le gouvernement français lui fait un grief de cette tentative.

Enfin tout est à la guerre, la Bourse inquiète baisse chaque jour, et dans le public on commence à avoir des craintes. Je voyais hier le maire de Strasbourg qui est député et riche propriétaire en Alsace ; il me disait que dans toute sa province le sentiment public se montrait peu favorable à la guerre, que les Polonais étaient trop connus et trop peu appréciés des Alsaciens, et que d'ailleurs les chances de guerre soulevaient une réprobation générale.

La populace des villes, criarde et révolutionnaire voudrait un conflit général parce qu'elle en espérerait un bouleversement d'où sortirait une nouvelle république ! Les malheureux ne se souviennent ni des misères qu'ont essuyées leurs pères en 1793, ni des ateliers nationaux par lesquels eux-mêmes ont passé en 1848, mais le paysan ne veut pas la guerre, aussi depuis quinze jours, le paysan est-il très cavalièrement traité par le *Siècle* et *L'Opinion nationale*.

L'Empereur veut la guerre, je le crains, par cette raison que son oncle après sa campagne d'Italie a fait la guerre du Nord.

Le moment de crise est très grave ; si la guerre éclate elle se réveillera en Italie, en Hongrie, en Bohème, enfin partout.

Quel siècle troublé traversons-nous ? Les hommes de ma génération n'ont jamais connu le repos, nos sommeils mêmes sont inquiets et agités et depuis soixante et dix ans pas un seul jour un Français ne s'est confié au lendemain.

C'est très bien d'étudier la vie de César, mais pour Dieu, Sire, étudiez-la dans les loisirs que vous ferait une paix profonde et assurée.

Le traité de commerce avec l'Angleterre a produit des souffrances pour notre industrie. Les guerres de l'Amérique ont amené la misère de nos cités ouvrières. Une guerre dans le Nord causerait la misère de tous, réveillerait les passions révolutionnaires et compromettrait la dynastie.

Lundi 20 juillet

Non seulement le sujet donné à traiter aux élèves du grand concours pour le prix d'histoire est : *le partage de la Polôgne*, mais le sujet de vers latins est : *la Pologne en 1863*. C'est M. Drouyn de Lhuis qui a demandé cela !

Nous sommes décidément à la guerre, l'Empereur le veut et la Russie l'accepte parce qu'elle comprend que la Pologne est un prétexte, mais que l'Empereur, poussé par l'Angleterre veut la guerre du Nord.

Pas d'armistice ; le congrès différé après que les puissances copartageantes de la Pologne se seront entendues.

La Prusse sait que la guerre aura surtout pour but de la dépouiller des provinces du Rhin, elle se prépare.

La vraie France ne veut pas la guerre, elle veut le repos, elle veut la réalisation des paroles de l'Empereur : « *L'Empire c'est la paix !* »

Le besoin de repos est général ; je crois que le Corps législatif prendra difficilement son parti de la guerre.

M. Thiers peut rentrer dans la politique avec un grand éclat et rallier bien des gens à son opinion.

Autour de l'Empereur on se frotte les mains ; au Ministère des Affaires étrangères on aiguise les sabres des soldats.

Hier, le préfet de police a eu une grande conférence avec M. de Budberg à propos de quoi ? Je l'ignore.

M. Fould, arrivé hier matin de Vichy, s'est immédiatement rendu à St-Cloud.

Je crains fort que nous ne soyons au début d'une crise qui se produit volontiers en France tous les quinze ans, et quinze ans sont écoulés depuis 1848 !

L'Empereur jette de gaieté de cœur et pour faire de la popularité démagogique le sort de la France, son repos, sa fortune, aux chances d'une guerre européenne ; il ne sait pas que les partis reformés en France, l'armée affaiblie, les populations désillusionnées sont près d'être lassés.

La fortune commerciale, industrielle et particulière est tellement engagée dans les grandes affaires, qu'elle ne saurait supporter comme sous le premier Empire les perturbations de la guerre. Le paysan calcule ce que la guerre lui enlèverait de bras, tout le monde s'effraye de ce qu'elle coûterait d'argent.

Si la guerre éclate, nous aurons avant la fin de l'année un emprunt d'un milliard et je ne pense pas qu'il s'obtienne dans de bonnes conditions.

Nous avons la guerre au Mexique, en Cochinchine et nous pourrions bien l'avoir avant peu à Madagascar où il faudrait envoyer 30 000 hommes.

Au Mexique, la fièvre décime nos régiments, à Madagascar elle ferait encore pis.

En Pologne, nous irions enterrer 150 000 hommes au moins pour fabriquer un royaume de Pologne qui serait bientôt un grave embarras.

L'Angleterre ne souhaite que cette guerre pour nous occuper entièrement, alors elle aurait le champ libre par le reste du monde.

L'Autriche, avant trois mois, aurait assez à faire avec la révolution qui se réveillerait en Hongrie, en Bohème, en Italie, et elle se retirerait pour veiller à ses intérêts.

Quant aux Italiens, leur *reconnaissance* les engagerait à profiter de nos premiers embarras pour nous quitter et pour chercher à voler Rome.

Les républicains et les Orléanistes poussent à la guerre, les légitimistes font chorus, et l'Empereur tout préoccupé de César dans les Gaules rêve de laisser aux historiens futurs de raconter les campagnes d'un César du XIXe siècle en Allemagne.

César joue un grand rôle, c'est un personnage bien puissant ; Julius César a une énorme influence. Il a fait Duruy ministre, il a fait cinq ou six sénateurs, entre autres Saulcy, savant un peu gascon, à l'imagination duquel il ne faut pas toujours se fier.

Les peuples ne demandent point aux rois d'être savants et d'écrire des livres, ils leur demandent de savoir gouverner et d'écouter la voix de leurs intérêts, de leurs craintes ou de leur misère. Je n'approuve pas plus un souverain d'être serrurier comme Louis XVI, éleveur d'oiseaux comme Louis XIII, que d'être historien archéologue... Régnez, cela doit être là votre seul métier, souverains !

Dimanche 9 août

Les notes s'échangent entre la Russie et les trois puissances, et plus les notes s'accumulent moins l'entente se fait. Le prince Gortschakoff, dans sa dernière communication, maintient qu'il n'y a pas un état de guerre en Pologne, mais une insurrection et que la Russie ne saurait reconnaître le titre de belligérants à des révoltés. Il nie que la concession des six points indiqués par les puissances puisse ramener l'ordre en Pologne, puisque c'est à la faveur des libertés accordées par la Russie, que la Pologne a trouvé plus de facilités pour une révolte. Il accuse de nouveau et avec plus de force les comités révolutionnaires de l'Europe de tout le mal qui s'accomplit, et il prie le gouvernement français de considérer que le gouvernement russe est moralement responsable devant l'opinion publique de son pays et qu'il doit ménager l'amour-propre national des Russes.

Cette note est très bien faite, conciliante dans la forme, ferme dans le fond.

La guerre me semble de plus en plus impossible, malgré les velléités de l'Empereur. La France n'en veut pas, l'Autriche cherche à l'éviter et quant à l'Angleterre, le *Times* déclarait avant-hier *que la France et l'Autriche pourraient y être entraînées, mais que l'Angleterre garderait une neutralité sympathique.*

J'arrive de l'Anjou, personne n'y veut la guerre, personne ne s'y soucie des Polonais si ce n'est la tourbe révolutionnaire.

Le journal *La France* suit une polémique incertaine et déplorable, il n'ose se prononcer comme la *Presse*.

La Guéronnière est toujours retenu par la crainte de déplaire à l'Empereur qui laisse miroiter à ses yeux un futur Ministère, et d'un autre côté on m'affirmait à l'ambassade de Prusse que depuis quelques jours il touche un fort subside de la Russie.

Le Mexique, par la voix de ses notables, a proclamé empereur l'archiduc Maximilien. Les députés qui lui apportent la couronne sont attendus à Marseille et dans le cas où cet archiduc n'accepterait pas la couronne, les Mexicains s'en remettent à l'Empereur Napoléon du soin de leur nommer un souverain.

Je ne crois pas à la guerre, mais la finance, l'industrie et le commerce sont inquiets. On attend le 15 août avec impatience, parce que, dit-on, l'Empereur répondra par un discours aux félicitations du corps diplomatique.

L'Italie de Victor-Emmanuel se livre à des jactances risibles à propos de la question polonaise. Ce capitaine Fracasse *se retient* avec peine, il n'agit pas, que par considération pour la France !... S'il agissait, la Pologne et la Hongrie seraient bientôt libres ; Rome serait débarrassée des Français et Venise des Autrichiens ! Ces gens-là sont de plus en plus bouffons.

L'Empereur s'enveloppe toujours de silence, mais il use cette force d'inertie et le peuple français commence à se fatiguer des incertitudes politiques qui ne lui laissent pas un moment de repos.

L'Empereur est parti hier pour assister aux courses du *Pin*, il sera de retour demain lundi.

Samedi 15 août

Les illuminations de la ville pour la fête de l'Empereur s'éteignent lentement, la foule qui encombrait les rues s'écoule peu à peu ; quelques fusées éclairent encore par moments les masses noirâtres des maisons, le silence gagne de quartier en quartier, dans une heure il sera profond. Il n'y a eu ni revue de l'armée, ni revue de la garde nationale, ni réception du corps diplomatique, ni discours. Nous sommes ce soir aussi incertains de notre situation politique que nous l'étions hier, ignorant si nous marchons vers la guerre ou si nous conservons la paix.

Eugène Delacroix est mort avant-hier à 64 ans, nous perdons en lui un grand peintre, il laisse une lacune dans notre école. Jamais artiste ne s'est montré plus original, ni plus puissant que lui ; jamais avec autant d'incorrections, de rudesse et de mépris des traditions aucun peintre n'a déployé tant de génie ; moi je perds en lui un bon et affectueux ami, un compagnon de ma jeunesse et je ne saurais exprimer la tristesse que sa mort me cause.

Jeudi 17 septembre

Je suis allé en Belgique, mais la maladie qui me mine depuis cinq mois ne m'y a pas laissé un seul jour en repos. J'y ai plus fréquenté les médecins que les hommes politiques et les artistes. Cependant j'ai pu me rendre à Malines où se tenait le congrès catholique[1].

Cette manifestation était vraiment imposante, quatre mille prêtres, cardinaux, archevêques, évêques et simples prêtres y assistaient ; plusieurs étaient venus de l'Orient, d'autres de l'Espagne, de la France, de l'Allemagne et de l'Angleterre. Les intérêts de la cause catholique y ont été discutés avec un certain éclat.

M. de Montalembert et le prince de Broglie étaient au nombre des assistants.

La ville de Malines où se tenait le congrès est une ville éminemment catholique : la population sympathisait avec ses visiteurs. Il a été beaucoup question de la fondation d'un grand journal des intérêts catholiques dans le format de *L'Indépendance belge*. Chaque curé voulait d'abord faire adopter le journal de sa localité, mais la majorité de l'assemblée a compris qu'il fallait comme défenseur aux intérêts de la catholicité autre chose qu'un journal de province. Le comité permanent est chargé d'aviser.

L'association catholique est pourvue d'une forte organisation, d'une sorte de gouvernement dont le Ministère belge ne cherche point à entraver l'action par des mesures administratives, la liberté est grande en Belgique et la tolérance y est extrême. Les Belges n'ont aucune envie de devenir français ; ils tiennent à leurs libertés et à leur existence à bon marché ; d'ailleurs leur neutralité leur semble préférable à l'honneur de former trois départements d'un grand empire.

La politique offre peu de nouvelles, on en attend toujours et il n'en vient jamais de décisives de nulle part. L'affaire de Pologne est comme enterrée, la France, l'Angleterre et l'Autriche s'en tiendront à leurs notes et à l'assurance qui leur est donnée par la Russie que l'insurrection Polo-

1. Ce congrès de Malines avait pour objectif de relancer « la sainte alliance des fils de Dieu ». S'il réunit des catholiques de toutes tendances, les organisateurs souhaitaient faire triompher les thèses du catholicisme libéral. Les 20 et 21 août, Montalembert prononça deux grands discours sur les libertés, remplis d'allusion sur la situation de la France.

naise sera définitivement écrasée au mois de janvier et qu'alors l'empereur Alexandre donnera un armistice et une constitution [1].

On ignore encore si l'archiduc acceptera la couronne du Mexique ; l'Angleterre l'y engage beaucoup, tant elle craint de voir le Mexique demeurer entre les mains de la France.

La situation de la Prusse est des plus tendues, de nouvelles élections vont avoir lieu et l'opposition compte y recruter une majorité compacte. M. de Bismarck est, dit-on, décidé le cas échéant à gouverner sans chambres.

Le fameux congrès de Francfort sur les décisions duquel l'empereur d'Autriche comptait pour rétablir sa puissance impériale n'a produit qu'une scission plus marquée entre la Prusse et l'Autriche.

Ici en France rien de bien saillant ; les ambassadeurs de l'empire annamite sont arrivés [2].

Cinq passagers que la presse italienne nomme des *brigands* avaient été embarqués à Civita Vecchia munis de passeports délivrés par l'ambassadeur de France et par celui d'Espagne. Ces cinq brigands étaient cinq chefs de bandes napolitaines des plus redoutés ; ils se rendaient en Espagne en touchant à Marseille où un bâtiment espagnol devait les prendre. Malheureusement pour eux le bâtiment français s'arrêta à Gênes quelques heures ; la police italienne, prévenue de leur présence sur un brick des Messageries impériales commandé par un lieutenant de vaisseau de la marine impériale les fit enlever de vive force.

Le gouvernement français les réclama et ils lui furent rendus, mais le gouvernement français les fit emprisonner et sur la demande d'extradition à lui expédiée de Turin il vient de les livrer à l'autorité italienne.

Ces cinq hommes ont, dit-on, commis des crimes non politiques, je n'en sais rien, mais je veux bien l'accorder. Ce n'est pas le crime civil

1. Les Polonais avaient commencé à s'agiter en février 1861. Le 8 avril, une manifestation fit près de 200 morts à Varsovie. Lorsqu'en janvier 1863 les Russes décidèrent de déporter tous les hommes en âge de porter les armes, une insurrection générale éclata. Elle opposait 35 000 combattants, pour la plupart improvisés, à une armée aguerrie, bien équipée et dix fois plus nombreuse. Le sort de la Pologne catholique émut de nombreux Français. Des comités de soutien se créèrent et des pétitions favorables aux insurgés arrivèrent par milliers au Sénat. L'empereur était convaincu qu'il fallait faire quelque chose pour ce pays, mais la France risquait de se retrouver isolée. La Prusse soutenait la Russie. L'Angleterre et l'Autriche se défilèrent devant les propositions de la France et les trois puissances se contentèrent d'envoyer au tsar des notes séparées qui précisaient les six points de la réforme à entreprendre en Pologne. Les Russes refusèrent d'y souscrire, comme ils repousseront ensuite l'idée d'un congrès international sur cette question avancée par Napoléon III. La répression de l'insurrection par les Russes sera terrible et la russification de la Pologne s'accentuera.

2. L'empereur d'Annam, Tu Duc, envoya cette ambassade à Paris pour y conclure l'annulation du traité de Saigon signé le 15 juin 1862. L'indemnité de 40 millions de dollars offerte par Tu Duc en compensation fut refusée et un nouveau traité franco-annamite conclu le 15 juillet 1864.

que le gouvernement de Victor-Emmanuel poursuit, il veut tenir en ses geôles, traduire devant ses tribunaux des ennemis politiques.

Les journaux italiens ne le cachent pas et ils félicitent l'Empereur dé cette preuve de cordiale entente d'où ils voient sortir dans un temps très rapproché l'abandon de Rome par la France.

Cette extradition me semble odieuse et je ne veux pas croire que l'Empereur l'ait ordonnée contre l'avis de ses ministres.

Lorsque notre ambassadeur à Rome délivra des passeports à ces malheureux, il n'ignorait pas qui ils étaient et cependant il invitait les agents de son gouvernement à leur donner aide et protection.

Il y a plus, sur les instances du gouvernement de Turin, le gouvernement français sollicitait depuis longtemps de la cour de Rome l'éloignement des chefs de *brigands* ; il l'obtient, les cinq *brigands* ont ordre du Pape de quitter les États romains, ils s'embarquent pour l'Espagne sur un vapeur français avec des passeports français et ils sont livrés à leurs ennemis.

Ceci ressemble à un guet-apens !

Un détail de la vie de S. E. Monsieur Duruy, ministre de l'Instruction publique.

Ce détail m'a été donné par un de mes voisins, Jourdain marchand de curiosités, rue Basse du Rempart.

Jourdain a été comme ouvrier de la manufacture des Gobelins, le camarade et l'ami du père de S. E. Duruy ; ce brave homme de père tenait rue de l'Oursine, au coin de la rue Censier, un petit café borgne, où le futur ministre, très jeune encore, servait, le tablier blanc sur le ventre, des tasses de café et des petits verres aux consommateurs.

Le frère aîné de S. E. Duruy succéda comme cafetier à son père, mais il n'exerça que deux ans et se brûla la cervelle. Duruy n'a plus rien du garçon de café, mais il est coulé dans le moule des cuistres.

Je suis nommé par les délégués de l'Industrie parisienne, membre du comité des récompenses de l'exposition des Beaux-Arts appliqués à l'industrie.

Vendredi 18 septembre

J'ai appris que M. Sapia, l'un des directeurs du Ministère des Finances, s'occupe d'un grand travail, fort secret et qui ne doit pas être rendu public, sur les finances de l'Empire.

Les conclusions de ce travail sont fort peu rassurantes, car elles abordent la question de la mort de l'Empereur et elles établissent ceci : que l'Empire alors serait renversé au milieu d'une crise effroyable par la question financière.

Les nombreuses compagnies qui se sont formées depuis 1848 pèseraient énormément sur le gouvernement, en cas de crise ; cette énorme dette flottante écraserait le crédit, mènerait à la banqueroute et emporterait l'Empire et ses institutions.

Nous reviendrions probablement aux rêveries socialistes qui achèveraient l'œuvre de dissolution, tout s'abîmerait dans ce cataclysme et la France descendrait avec rapidité les échelons de sa décadence.

Nous nous endormons sur le volcan des finances et nous sommes toujours disposés à nous lancer dans des guerres ou des entreprises qui augmenteraient nos découverts.

J'ai, je crois, oublié de mentionner que Persigny vient d'être créé duc, pour son dévouement et les services qu'il a rendus, dit le décret impérial.

Il n'est vraiment pas possible de se moquer plus ouvertement de l'opinion publique, d'afficher plus scandaleusement le mépris dans lequel on la tient.

Persigny, par son administration, par sa tyrannique oppression de la presse, par le scandale des dernières élections a fait beaucoup d'ennemis à l'Empereur ; c'est un fou colère, un enfant gâté ridicule et sans instruction.

Un de mes amis me disait hier : « *Persigny a été créé duc pour le soustraire au Parquet qui voulait le poursuivre comme portant indûment le titre de comte.* »

Il est comblé des grâces de la fortune, traitements énormes, dons manuels, payement de dettes, rien ne lui manque. Aux hommes du régime impérial l'argent a été plus que prodigué, on espérait en faire des grands seigneurs, on n'en a fait que des gros seigneurs.

A la sortie de M. Fialin, dit de Persigny, du Ministère de l'Intérieur, la caisse a été mise au pillage pour gonfler les poches de ses favoris ; M. Lhuillier, directeur du Personnel, qui s'était arrangé un petit traitement de 80 000 francs, a pris 20 000 francs, les chefs de division 12 000 francs, des chefs de bureau 6 000 francs, sous le prétexte de gratifications.

Persigny a fait du mal et il a laissé faire du mal. Il faut à l'Empereur des janissaires, M. Persigny n'est que cela. Je rougis de penser que la France a été administrée par un gaillard pareil.

L'Empereur a appris depuis la nomination de ce bon M. Duruy à l'Instruction publique que ce savant et moral personnage avait jadis été condamné à trois mois de prison pour adultère commis avec Madame Duruy actuelle qui avant de s'unir au grand homme était *l'épouse* de je ne sais qui.

L'Assemblée nationale n'a-t-elle pas promulgué une loi qui déclare incapable des fonctions de député tout adultère, reconnu tel par jugement ?

La loi se tait sur les fonctions de ministre.

Le chef de l'Université, le ministre chargé de l'éducation de la jeunesse a subi comme adultère condamné, trois mois de prison, cela ne manque pas de piquant.

M. Ducos avait à la dernière sommation épousé une femme entretenue, fille d'un gendarme.

Persigny laisse sa femme se galvauder dans la débauche.

L'Empereur est heureux en femme de ministre, il couche avec les plus agréables et en vérité il ne saurait trouver mauvais que les autres aient couché ou couchent avec le tiers ou le quart.

Mercredi 30 septembre

J'ai longtemps différé de porter un jugement définitif sur le vicomte de La Guéronnière ; je l'ai beaucoup aimé, je lui ai été sincèrement et fidèlement dévoué, j'ai cru en lui, malgré tous les avertissements et lorsque les premiers doutes sur lui sont venus m'assaillir, je me les suis presque reprochés comme un crime.

J'ai peut-être contribué à le faire parvenir à la situation qu'il occupe, je me suis effacé dans son rayonnement, pour le servir en toute occasion, avec abnégation et de tout cœur ; je l'ai défendu contre tous avec témérité ; lorsqu'il a fondé le journal *La France*, je me suis compromis pour soutenir son œuvre et si j'ai été destitué c'est parce que je suis rédacteur du journal *La France*.

A partir de ma destitution, La Guéronnière qui a vu mon crédit ébranlé, ne m'a plus trouvé bon à servir ses intérêts, il a commencé une campagne de froideur et d'hypocrisie qui a abouti à me vendre pieds et poings liés aux deux juifs auxquels moyennant grosse finance, il a livré le journal.

Je devais être soutenu par ce journal qui était la cause de ma disgrâce, je devais être indemnisé par une meilleure position de rédacteur de la perte de mes fonctions de conservateur des Musées, il n'en a rien été ; MM. Polonnois et Cohen, les deux juifs de la *France* m'en ont déjà évincé à moitié et ils cherchent à m'évincer tout à fait.

La Guéronnière n'y met aucun obstacle, il me proteste de son amitié, mais je sais aujourd'hui qu'il ment effrontément. Je le connais parce que je l'ai suivi avec attention, que j'ai fouillé sa vie, que je le suis pas à pas depuis trois mois, comme son ombre, et désillusionné, le cœur froissé, je me retire de cet homme, non parce qu'il a trahi mon amitié, mais parce que j'ai acquis la conviction qu'il est capable de toutes les turpitudes et de toutes les lâchetés.

Le vicomte de La Guéronnière est tombé, il y a quelques années, entre les mains d'une fieffée coquine, une sorte de p... qu'un imbécile, le comte de La Châtre, avait épousé. Ce La Châtre, fort bon gentilhomme, n'était qu'un sot stupide, elle en a fait un coquin emprisonné aujourd'hui pour escroquerie. Le vicomte de La Guéronnière s'est chargé de la femme coquine sans fortune, elle s'est liée à lui et a su lui persuader qu'elle est une vertu, quoiqu'il ait trouvé le petit Rouville caché derrière ses rideaux. La Guéronnière ne croit que ce qu'elle veut qu'il croie et elle ne se gêne pas pour lui donner des aides. Cette femme mange La Guéronnière, elle lui prend tout son argent, le jette dans les plus sales affaires pour participer aux bénéfices, elle le fait contracter des dettes, puis elle le fait se vendre à Pereire pour payer ces dettes.

Il y a quelques mois, elles ont été acquittées jusqu'au dernier sou par le célèbre banquier par l'intermédiaire de Rouville le père.

Polonnois et Cohen lui ont à prix d'argent enlevé l'autorité dans le journal *La France* et ont seuls maintenant le droit de disposer de la rédaction. La Guéronnière dissimule à sa femme ce qu'il retire de la *France* pour le porter à Mme de La Châtre.

Les rédacteurs amenés par La Guéronnière ou ont été remerciés, ou ont été contraints de se retirer, La Ponterie, Esparbié et trois ou quatre rédacteurs de second ordre.

Cohen, l'homme du juif Millaud, banquier banqueroutier, filou, remplit le journal d'articles financiers qui lui sont grassement payés. Polonnois et Jourdier, cuistres de l'association, ont part au gâteau. La Guéronnière a pour maquereau Rouville qui le vend politiquement et financièrement lorsque l'occasion s'en présente. Aujourd'hui, le pauvre Arthur est à qui le paie, capable de toutes les trahisons, de toutes les infamies, de toutes les saletés. Il vient encore de trahir Jouvenel pour Pereire, Jouvenel qui lui a mis le pied dans l'étrier de la presse en le faisant accueillir par Girardin.

Il trahit tout le monde, il dissipe sa fortune sans remords en présence de sa femme et de ses enfants pour une gaupe comme Mme de La Châtre à laquelle il a donné une petite terre en Limousin et il lui fait bâtir un hôtel à Paris !

Rouville est son intendant.

Il ne s'aperçoit pas qu'enfin connu, démasqué, méprisé, il est tombé si bas qu'il n'a plus de valeur morale. Il y a un an, son prestige lui restait encore, son journal était une force, il n'a plus en ce moment ni prestige, ni force. Cocufié et dépouillé par Mme de La Châtre, mis en vente par Rouville à la solde de deux juifs qui l'ont fait leur mercenaire de maître qu'il était, sans conviction, sans pudeur changeant à tout vent, russe, il y a trois mois, polonais actuellement, rampant parce qu'il ne se sait plus honorable ni honoré, tel est le vicomte de La Guéronnière sénateur. Il tombera si bas que personne ne voudra plus l'acheter.

Aussi longtemps qu'il a espéré coucher avec la petite princesse Troubetskoï, nul n'a été plus russe que lui, il recevait par elle les inspirations du prince Gortschakoff, depuis qu'il a perdu cet espoir, il est polonais comme Delamare, si on lui offre 200 000 francs pour demander la tête du Pape, il la demandera. Si Mme de La Châtre voulait qu'il soit protestant, il le serait, il marcherait sur le Christ comme les Hollandais marchaient jadis au Japon pour trafiquer de ce qui lui reste de semblant d'honorabilité. Son parasite Delâge le connaît bien et le méprise, il sait toutes les infamies qui se passent dans la maison La Châtre et il en fait des gorges chaudes ; il nomme tous les amants de La Châtre et conte toutes les géronteries du sénateur, c'est hideux.

L'Empereur le connaît et en fait le cas qu'il doit en faire, ses collègues le toisent et malgré sa grande taille ils le trouvent bien petit. Ses anciens admirateurs, irrités d'avoir été trompés par lui, traîneront sous peu ses photographies dans la boue.

Mme de La Châtre dit : « *Arthur est si bête qu'il me croit une femme supérieure.* »

Toutes les jeunes femmes auxquelles il fait la cour bernent pendant six mois ce filandreux *cocodès* dont pour rien au monde elles ne voudraient faire un amant. Son ami La Rochejaquelein le méprise, son ami Jouvenel le regarde en pitié et tous ses anciens amis s'en détournent pour n'avoir pas à rougir de lui.

Tel est mon ancien ami le vicomte de La Guéronnière. Je n'ai point chargé ce portrait, je ne l'ai tracé qu'après avoir étudié mon modèle avec tristesse. Il en coûte de briser les statues devant lesquelles on brûlait l'huile des lampes sacrées, il en coûte de changer son dévouement en mépris, l'affection profonde dont on avait le cœur rempli en *désaffection*.

J'ai souffert et je souffre de tous les liens qui se sont rompus, mais je le dis encore : La Guéronnière a commis tous les crimes flétrissants que le code ne punit pas, il a glissé dans la fange en voulant s'élever, le sale jupon d'une sale femme sert de linceul à son honneur.

Jeudi 1er octobre

Mon successeur à la conservation des objets d'art du Moyen Age et de la Renaissance, M. Barbet de Jouy a exposé dans une vitrine de la céramique un prétendu plat de Bernard de Palissy qui est tout simplement une maladroite imitation des fayences de ce maître fabriquée par quelque Barbiset de notre époque au moyen d'un mélange de plâtre et d'argile. Ce plat est décoré d'une langouste ; l'émail qui le recouvre n'est qu'une espèce de vernis, car le mélange de plâtre et d'argile ne peut supporter le grand feu.

La malheureuse imitation est facile à reconnaître, et il est extraordinaire que M. Barbet de Jouy qui collectionne pour son compte personnel la céramique chinoise, ait accepté pour authentique une pièce d'une fausseté aussi évidente.

Les pattes de la langouste sont détachées du fond du plat, jamais Bernard de Palissy n'a tenté de tels tours de force. Mon successeur n'est pas fort quoiqu'il ait écrit sur les fayences des *della Robbia*, le pauvre garçon n'a jamais songé qu'il fût utile de connaître les procédés des céramistes pour juger leurs œuvres.

Pauvre Louvre ! Un myope nommé Reiset est conservateur des tableaux, il prend son lorgnon et frotte son nez sur les toiles pour apprécier les maîtres, mais il a fait décider par deux ou trois amateurs de ses amis et il proclame avec audace qu'il est le seul grand connaisseur. Nieuwerkerke qui ne se connaît pas plus en tableaux qu'en céramiques croit en Reiset comme en Barbet. Longpérier est un charlatan savant ; celui-là sait beaucoup, cependant il se trompe aussi et il vient d'acquérir une fausse pièce d'armure antique. Le vrai savant du Musée c'est de Rouget, mais il n'est plus que conservateur honoraire, il s'est retiré d'une boutique où l'intrigue seule est puissante et il est conseiller d'État.

Nieuwerkerke, pour se reposer de ses travaux, voyage en ce moment en Italie avec E. Giraud.

Nous avons au Palais de l'Industrie une belle exposition des Beaux-Arts appliqués à l'industrie. Cette exposition due à l'initiative individuelle est très appréciée. Le ministre du Commerce est venu la visiter hier et il en a été si satisfait qu'il a promis de donner quelques médailles pour augmenter la valeur des prix.

Les écoles de dessin ont exposé et l'Impératrice a fait remettre pour être accordées aux meilleures élèves six médailles en or au nom du Prince Impérial.

Les Chambres de Commerce ont voté une médaille de 1 500 francs, d'autres médailles de 300 et de 200 francs, ainsi que des médailles d'argent et de bronze sont mises avec un certain nombre de livrets de la caisse d'épargne à la disposition du jury des récompenses.

La commission d'organisation de ces expositions m'a fait l'honneur de me choisir comme membre du jury des récompenses ; ceci ne satisfait point ces messieurs du Louvre qui voudraient faire croire aujourd'hui que je ne connais rien aux objets d'art.

La commission d'organisation est composée d'architectes, de grands industriels ; le suffrage de ces messieurs me dédommage de la mauvaise opinion du myope Reiset et du *jeune de céramique* Barbet de Jouy.

Samedi 3 octobre

J'ai longtemps causé ce matin avec un Français qui commandait un corps français dans les Amériques espagnoles, alors que le fameux Garibaldi s'y trouvait à la tête d'un corps d'aventuriers italiens.

« Garibaldi, m'a-t-il dit, n'est ni un héros, ni un honnête homme ; en fait d'exploits guerriers, je n'en connais aucun de lui, il ne brillait pas à la bataille, mais il lui est arrivé plus de vingt fois d'embarquer ses hommes sur des barques dont les rames étaient garnies de drap pour ne produire aucun bruit en nageant, d'aller surprendre de malheureux bâtiments qu'il pillait et qu'il coulait après avoir enchaîné l'équipage sur le pont. Garibaldi n'est qu'un bandit. Je n'ai pas caché mon opinion sur cet homme et les faits que je cite puisque je les ai fait insérer dans un journal. Garibaldi n'a pas réclamé, il sait que j'ai les preuves de ce que j'avance. »

L'homme qui m'a dit ce que je viens de rapporter est Gustave Aimard.

Ce n'est pas Pereire qui a donné 200 000 francs pour payer les dettes de La Guéronnière, c'est Fould. Depuis cette époque, La Guéronnière ne s'avance en politique que sous le bon plaisir des ministres. Il va prendre lui-même le mot d'ordre aux Affaires étrangères et il correspond avec Fould ; ils se sont écrit quatre lettres depuis trois semaines.

Lundi 5 octobre

Aurons-nous la guerre avec la Russie à propos de la Pologne ? Telle est la question qui met fort en émoi en ce moment le monde des affaires.

Il n'y a que deux jours, tout le public croyait la guerre probable ; le vent a tourné, on affirme qu'elle est impossible parce que l'Angleterre et l'Autriche voudraient que la France en prît à elle seule toute la charge ou du moins de la part de l'Autriche, il y aurait prétention de faire prendre parti à la France dans ses intérêts allemands et de faire ainsi pencher la balance en sa faveur.

L'Angleterre de son côté ne serait nullement fâchée de nous voir engagés dans une querelle avec la Russie, mais elle ne voudrait point s'en mêler ; elle nous laisserait comme elle a fait pour l'Italie toute la grosse besogne, et lorsque tout serait terminé, elle arriverait avec la prétention de peser sur les résultats.

L'Angleterre parle beaucoup, elle met volontiers le feu aux étoupes, mais une fois l'incendie allumé, elle se croise les bras et elle attend le moment où elle pourra retirer des cendres quelque bonne épave.

Puis, l'Angleterre voudrait nous occuper de telle sorte, nous accabler vers le Nord de si grosses affaires que nous prissions un peu moins de souci des affaires de l'extrême Orient et de l'Amérique.

L'Empereur me semble avoir ouvert les yeux sur toutes ces menées anglaises et il a déclaré, dit-on, qu'il refuserait de passer outre dans l'affaire polonaise jusqu'à ce que l'Angleterre et l'Autriche se soient déclarées d'une manière si nette, se soient portées en avant d'une façon si décisive qu'il n'y ait plus moyen pour elles de rétrograder.

C'est une mauvaise affaire et très mal conduite que cette affaire polonaise ; le terrain sur lequel on l'a placée est détestable.

La Russie n'occupe plus la Pologne de par les traités de 1815, mais depuis la révolte de 1830, de par le droit de la conquête.

En 1830, la Pologne a rompu les traités de 1815 ; elle a fait la guerre, elle a été vaincue ; elle ne peut invoquer des stipulations qu'elle-même a mises à néant.

Les traités de 1815 !... ont été violés par tout le monde.

La séparation de la Hollande et de la Belgique est un attentat aux traités de 1815. La prise de possession de la principauté de Neuchâtel par la Confédération suisse est un attentat aux traités de 1815. La position prise par l'Autriche à Cracovie est un attentat aux traités de 1815. La dépossession des princes italiens, l'annexion du royaume de Naples, l'envahissement d'une partie des États du Pape et la menace de confisquer Rome sont des attentats aux traités de 1815.

Qu'on ne vienne donc plus exciper de ces malheureux traités. La Russie a parfaitement le droit de ne plus se croire engagée par eux ; et elle est dans le vrai lorsqu'elle prétend que la question qui se débat en Pologne est la question révolutionnaire. Les gouvernements d'Europe semblent aveugles, ils ne songent pas à ce qu'il font en reconnaissant en quelque sorte la solidarité des peuples ; ils travaillent pour la république universelle.

La France a besoin de paix et de repos, il lui serait fatal de se lancer dans de nouvelles guerres ; ce qui lui importe d'assurer c'est sa sécurité intérieure, son avenir, c'est de dégager sa situation financière qui est telle en ce moment, que si l'Empereur venait à mourir, tout ce qu'il a institué mourrait avec lui.

L'Opinion nationale imprimait avant-hier que si la France ne fait pas la guerre, *elle se couchera dans la boue* !

Mierosawski le démagogue est nommé général en chef des Polonais. Et le prétendu gouvernement national avoue publiquement et fait insérer dans les journaux que la tentative d'assassinat commise sur le général russe de Berg à Varsovie, l'a été par ses ordres et pour pousser ce général aux mesures de rigueur. J'espère encore qu'il ne sera point passé outre à nos velléités polonaises.

Barbet de Jouy a consulté Pull le céramiste imitateur des fayences de Palissy sur l'authenticité du plat *à la langouste*. Pull lui a dit que ce plat n'était qu'une contrefaçon de Barbiset, une mauvaise terre mal cuite ou peu cuite parce qu'elle est mélangée de plâtre et que l'émail qui la recouvre n'est qu'un vernis.

Barbet de Jouy, assez décontenancé, s'est excusé de l'avoir exposé en prétendant que cette exhibition est du fait de Nieuwerkerke.

Duruy, nommé ministre de l'Instruction publique, vient d'autoriser dans l'enseignement l'étude de l'histoire contemporaine jusqu'à l'heure présente ; il trace le programme de cet enseignement dans lequel il ne ménage ni la Restauration, ni le gouvernement de Louis-Philippe ; mais il a élagué de l'histoire de Napoléon Ier, la catastrophe du duc d'Enghien, et les longs démêlés du Pape Pie VII avec l'Empereur.

La politique va envahir les collèges, *L'Opinion nationale* applaudit et

Duruy, l'adultère condamné, placé à la tête de la jeunesse, se croit un grand homme.

Au congrès des sciences sociales qui s'est tenu à Gand et où M. Pelletan a dit de bien *belles choses* contre la religion et contre les royautés, une jeune fille, Mlle Clémence Royer, a pris la parole pour poser la question suivante :

« *Y a-t-il des lois morales sur lesquelles tout le monde soit d'accord ?* »

Que les parents de cette jeune fille doivent être heureux et recommandables ! Quel bonheur est réservé à son futur époux !

M. Darimon se plaint dans le journal *La Presse* de la timidité des discussions du congrès.

« *Le rôle du congrès*, dit-il, *était de dépasser les questions pendantes, de s'emparer des idées neuves à peine écloses et de les féconder par la discussion.* »

Le *grand* Robespierre a été fort loué dans ce congrès de Gand, on l'a réhabilité au nom des sciences sociales.

Mardi 6 octobre

Quelques personnes prétendent que l'idée d'une guerre pour la Pologne est toujours ancrée dans le cerveau de l'Empereur ; alors les inquiétudes sont loin de s'apaiser. Jamais la nation française ne s'est laissé tenir dans l'incertitude des résolutions qui peuvent le plus l'engager, aussi longtemps qu'elle le permet aujourd'hui et avec une si grande apparence de mépris pour l'opinion.

Le gouvernement sera, dit-on, à propos de la discussion de l'adresse mis en demeure de s'expliquer, de dessiner nettement sa politique. M. Thiers prendrait la parole et presserait le *ministre orateur* de dire au pays quelle politique il compte suivre en Pologne et quelle en Italie.

A Naples, la pacification loin de s'opérer, s'éloigne ; les bandes insurgées augmentent, leur audace devient extrême. Victor-Emmanuel fait emprisonner, fusiller, déporter ; ses généraux ont droit de vie et de mort sur les populations ; une loi des suspects a été proclamée, et pour être placé sur cette liste, il n'est pas nécessaire d'être désigné judiciairement, c'est par cent, deux cents ou trois cents que les suspects désignés dans chaque localité sont enlevés, emprisonnés ou déportés. Le soldat est vraiment le maître de la vie des citoyens dans les campagnes. La guerre civile est au royaume de Naples ou plutôt la guerre napolitaine contre l'étranger. Les cruautés que l'on reproche à Mourawieff en Pologne sont dépassées par les généraux italiens de Victor-Emmanuel, mais la *presse libérale* ne réclame pas comme pour ses chers Polonais. Les bandes napolitaines se sont levées pour soutenir leur nationalité sous un roi qu'elles n'ont pas chassé, mais qui a été vendu par ses généraux. Les bandes polonaises sont conduites et armées par l'esprit révolutionnaire.

Le clergé se laisse abuser, la démagogie se sert de lui, elle l'a amené à tonner du haut de la chaire contre le Moscovite. Pauvre clergé, le jour où la révolution serait triomphante en Pologne, ce serait contre lui que les premiers coups seraient portés.

Notre époque est bien triste, tout se dissout, tout se décompose, tout est attaqué et je ne vois rien poindre, je ne vois rien renaître.

La révolution n'en veut tant à l'Église que parce qu'elle est le soutien, la base du principe d'autorité. L'entourage de soldats galonnés qu'a l'Empereur ne voit point cela ; ses ministres, la plupart anciens révolutionnaires, s'en soucient peu pourvu qu'ils montent aux honneurs et à la fortune.

L'argent est le Dieu fort aujourd'hui : Rothschild et Pereire !... tel est le dernier mot de la situation.

Mercredi 7 octobre

Je viens de causer avec le consul de Prusse qui m'a donné des renseignements curieux sur les projets de notre Empereur.

Il est toujours dans l'intention de se mêler aux embarras de la question polonaise et de jeter la France dans les dangers d'une guerre contre la Russie. Il sait maintenant qu'il aurait tort de compter sur l'Angleterre et sur l'Autriche ; il secoue donc cette alliance et pendant son séjour à Biarritz il a songé à une fédération toute différente.

La nouvelle alliance serait formée entre la France, l'Italie, la Turquie et les Provinces danubiennes, l'attaque contre la Russie aurait lieu par la Bessarabie.

Notre ambassadeur à Constantinople a déjà reçu des instructions pour préparer la Turquie et les Provinces danubiennes à ce grave événement.

Il a été réellement question de Walewski comme ambassadeur à Londres. L'Empereur lui avait fait des ouvertures, il avait même vu Drouyn de Lhuis, mais Walewski exigeait que ses instructions fussent conformes à la politique qu'il a toujours soutenue dans la question polonaise ; alors tout a été rompu, et puis il faut ajouter que l'Empereur a été froissé du retentissement que Walewski donnait aux ouvertures qui lui ont été faites.

J'apprends de source certaine un fait très grave.

L'Empereur a eu à Biarritz une nouvelle maîtresse ; c'est une femme jeune, élégante et très excellente écuyère qui vit maritalement, m'a-t-on dit, avec un Belge qui prête les mains à ce commerce.

Or en revenant de chez M. Fould, l'Empereur a couché avec ladite dame et il y a pris tant de plaisir que le lendemain à déjeuner, soit fatigue, soit tout autre cause, il s'est trouvé mal et qu'il a eu même quelques heures plus tard une seconde faiblesse.

Aujourd'hui, il est entièrement remis, mais cela est inquiétant.

Vendredi 9 octobre

Hier, l'Empereur est venu à l'exposition des Beaux-Arts appliqués à l'industrie ; il a exprimé toute sa satisfaction de l'ensemble et de cette première action de l'initiative individuelle. Guichard le président du conseil d'administration a fort insisté pour que ces expositions de l'industrie demeurent en dehors de la régie administrative, et il a fait valoir auprès de l'Empereur qu'elles ne s'étaient instituées que pour répondre à l'appel qu'il avait fait à *l'initiative individuelle*.

L'Empereur a dit qu'une seule visite ne lui suffisait pas, et qu'il reviendrait. Il est en fort bonne santé et il a, je crois, un peu engraissé.

Les hommes qui pratiquent le plus l'Empereur sont persuadés que la guerre en faveur de la Pologne ou à laquelle la Pologne servirait de prétexte est toujours une idée fixe de l'Empereur, il éprouve le besoin de remuer le Nord comme il a remué le midi et ce qu'il a une fois chaussé dans sa cervelle ne s'en retire pas facilement.

On a fort remarqué un article du *Moniteur* qui fait un assez triste tableau du royaume de Naples si traîtreusement cousu au Piémont contre le gré de l'Empereur. On veut en inférer qu'il se produira quelque changement dans cette partie de l'Italie qui ne veut décidément pas de la domination piémontaise et de ses *bienfaits*.

Il serait alors question de refaire le royaume de Naples au profit du second fils de Victor-Emmanuel ; cette combinaison ne ramènerait pas la tranquillité dans ce malheureux pays ; jamais les Napolitains ne pardonneront aux bourreaux de Turin d'avoir fait fusiller plus de 10 000 insurgés, d'avoir brûlé des villages, d'avoir exilé, déporté, incarcéré tant de gens dont les maisons sont vides aujourd'hui ; d'avoir pillé les caisses publiques et les palais royaux, chassé ou emprisonné les évêques, fermé les couvents, etc. etc.

Le royaume de Naples est si heureux d'être sous la domination turinoise qu'il faut cent mille hommes de troupes pour maintenir le gouvernement de Victor-Emmanuel.

Les journaux piémontais en Italie sont furieux de voir le prince Czartoryski suivre à Rome la procession papale, et la Pologne envoyer des adresses de remerciement au Saint-Père pour l'intérêt qu'il témoigne officiellement à cette nation. *La Stampa* écrit ceci :

> Lorsque le Pape que l'Italie maudit, fait à Rome des processions auxquelles le prince Czartoryski et quelques autres Polonais considèrent comme un insigne honneur d'assister ; il est évident que les peuples chez lesquels agissent le plus

les idées modernes, doivent sentir se glacer leur affection pour le peuple polonais quelque généreux et opprimé qu'il soit.

L'Indépendance belge croit savoir que l'article auquel j'emprunte ce paragraphe a été écrit par le ministre des Affaires étrangères de Turin qui le termine ainsi :

Il ne faut pas croire que cette couleur catholique et conservatrice donnée au mouvement polonais, ne lui fasse pas du tort dans l'esprit des Anglais eux-mêmes.

Ceci est fort instructif et peut servir de réponse à ceux qui prétendent que la garde du souverain Pontife ne saurait être remise en de meilleures mains qu'entre celles des Piémontais. Il ne m'étonnerait nullement que Renan fût de cet avis, mais qu'un catholique ou simplement un homme politique français puisse penser ainsi, je dirai qu'il est fou.

Rome enlevée à la Papauté, ce serait, je le répète, l'amoindrissement de la France. L'Empereur, s'il abandonnait Rome, s'aliénerait une grande partie de la population française.

Lundi 19 octobre

M. Billault, ministre d'État, et le maréchal d'Ornano, gouverneur des Invalides, sont morts ces jours derniers [1]. La mort de Billault à la veille de l'ouverture de la session est un grave événement ; il s'agit de le remplacer, d'improviser un orateur du gouvernement en trois semaines, et cela n'est pas chose facile. L'Empereur a été fort mécontent de l'article de La Guéronnière qui parlait de la perte irréparable que venaient de faire l'Empereur et la France. L'Empereur ne veut pas que la perte d'un rouage de sa politique soit considérée comme irréparable ; il s'est montré froissé de ce concert de lamentations parti de la presse officieuse, de ces cris d'alarme qui semblaient remettre en question les destinées de l'Empire. Il avait pleuré en apprenant la mort de M. Billault, il a séché ses larmes dont il a voulu soigneusement cacher la trace, et le jour de l'enterrement de ce ministre il est allé chasser à St-Germain avec le roi des Hellènes.

L'Empereur ne veut pas paraître affecté ; il ne veut pas qu'aux yeux de ses peuples sa sérénité subisse aucun orage. L'Empereur marche sur les flots mieux que saint Pierre, il ne doute pas.

On parle de M. Rouher pour remplacer M. Billault. Je ne crois pas que le talent de M. Rouher et son intelligence politique soient à la

1. Les deux hommes sont morts le 13 octobre. Billault avait été nommé, par un décret du 23 juin précédent, à la tête d'un ministère d'État aux attributions considérablement élargies. Il devait être le coordonnateur de la politique gouvernementale et son défenseur devant les Chambres. Le 18 octobre, l'empereur désigne Rouher pour lui succéder.

hauteur d'une telle mission. M. Rouher peut parler finances ou travaux publics devant le Sénat ou le Corps législatif, il ne sera ni emprunté, ni trop mal accueilli, mais son importance bouffie, sa pâteuse jactance auvergnate, et la portée très bornée de son intelligence politique le rendent peu propre aux fonctions de ministre d'État. C'est un parleur, mais ce n'est pas un orateur. Il y a en lui de l'avoué et de l'avoué de province. M. Rouher est italianissime et peu bien disposé pour l'Église.

Il faut dire que M. Billault était loin d'être *catholique*, ni même religieux ; lorsque son père mourut, il ne voulut jamais consentir à le laisser inhumer en terre sainte, à permettre que les prières de l'Église fussent récitées sur sa tombe.

Un mouvement a eu lieu dans notre corps diplomatique, le prince de La Tour d'Auvergne remplace à Londres le baron Gros et Sartiges remplace le prince de La Tour d'Auvergne à Rome.

Notre nouvel ambassadeur à Londres n'a pas une signification très belliqueuse ; le parti polonais ne le trouvera pas de son goût.

Quant à l'envoi de Sartiges à Rome, précédé d'un *congé* accordé au général de Montebello, je le crois favorable aux intérêts du Saint-Siège ; Sartiges est peu disposé à favoriser les empiétements, les ambitions et les gourmandises italiennes ; il a peu de sympathie pour ce royaume et surtout pour la révolution européenne qui s'y est cantonnée. Avant son départ pour Turin, nous avons très longuement causé des vanteries, des roueries, des ingratitudes et des turpitudes piémontaises et il pense de Victor-Emmanuel et de son gouvernement tout juste ce que j'en pense.

L'opinion publique est malade, le commerce est malade, le gouvernement est malade et la société tout entière aurait besoin d'être mise à un régime sévère. Nous commençons à être effrayés de cette politique de conspirateur qu'affectionne l'Empereur, il remue tout à l'extérieur, il inquiète s'il n'indispose les nations étrangères, il leur apprend à ne se fier ni à ses traités, ni à ses semblants d'amitié, et il ne fait rien pour affermir l'état de la France, ou du moins pour assurer le repos de l'avenir ; si l'Empereur mourait demain, nous nous trouverions plongés de nouveau dans l'abîme des révolutions.

Si forte et si puissante que soit une individualité, elle ne peut rien à elle seule et lorsqu'elle demeure isolée, elle devient un danger. L'Empereur n'a personne autour de lui, personne dans sa famille, que le prince Napoléon qui ne lui veut pas d'héritier direct. Il comble de ses faveurs des niais ou des voleurs, il ne croit ni à la moralité des hommes, ni à celle des événements, il se persuade qu'il est possible d'en imposer à la postérité en faussant l'histoire vivante. Un coquin qui ose tout est pour lui préférable à un honnête homme qui a des scrupules.

Il a trompé l'Autriche à Villafranca, l'Église en partant pour la campagne d'Italie, la Russie depuis la guerre de Crimée, et il cherche à *amuser* la révolution. Il a trompé la France en faisant luire à ses yeux la fantasmagorie de libertés qu'il n'a jamais eu l'intention de lui accorder, et il a même si peu de respect pour les institutions de son régime impérial qu'il les soumet dans les moments de crise à l'action follement despotique d'un homme comme Persigny.

Les dernières élections qui pourraient être imputées de crime politique à ce favori sans valeur, sans talent et sans bon sens, les dernières élections qui ont soulevé contre cet homme une réprobation universelle, ont motivé de la part de l'Empereur un décret qui élève à la dignité de duc celui qui n'avait été jusque-là qu'un comte de mauvais aloi ; et ce décret se base sur le dévouement et les importants services rendus par Fialin, *dit de Persigny* à la chose publique.

Nieuwerkerke, l'amant scandaleusement avoué de la Princesse Mathilde, et l'incapacité la plus notoire, est promu à la surintendance des Beaux-Arts, et ce pauvre diable de Bacciochi pour avoir longtemps alimenté le lit de son maître de toutes les femmes ou filles que convoitait la luxure impériale, est nommé surintendant des théâtres.

Deux places de sénateur sont vacantes, à qui seront-elles octroyées ? Nieuwerkerke se mettra-t-il encore sur les rangs ? Madame de Nieuwerkerke est fort mal d'une troisième attaque de paralysie qui lui a laissé la bouche contournée ; le docteur de Helloco, son médecin, me disait avant-hier qu'elle était perdue [1].

Nieuwerkerke se rend de temps en temps près de Compiègne à la campagne de son cousin de Gouy où se trouve Mme de Nieuwerkerke, pour savoir si la mort la mûrit convenablement, si décidément, elle est disposée à en finir avec la vie ; le jour où elle quittera ce monde, il n'y aura plus, entre Nieuwerkerke et le titre d'époux de la Princesse Mathilde, que cet apoplectique de Demidoff déjà tombé en enfance et interdit.

Nieuwerkerke est persuadé que moyennant la mort de Mme de Nieuwerkerke et celle de Demidoff, l'Empereur consentirait à l'admettre dans sa famille ; il me le disait, il y a quelques années ; si cela arrivait, il ne lui resterait plus qu'à se faire titrer d'*Altesse*, puis sa mission en ce *bas* monde étant accomplie, la *chétive pécore* étant si bien enflée, nous la verrions éclater.

Le maréchal Malakoff prendra, dit-on, le gouvernement des Invalides ; Randon s'en irait en Algérie et Niel deviendrait ministre de la Guerre.

Le président Troplong est sérieusement malade par suite de l'opération de la pierre.

Mon pauvre ami, le maréchal Canrobert, que j'avais connu jusqu'à présent fort bon garçon, très brave officier, mais très piètre général, et n'ayant lui qui est laid et commun de tournure, que la vanité de sa

1. En fait, elle se remettra et ne décédera qu'une vingtaine d'années plus tard. En 1870, Nieuwerkerke tentera même de se rapprocher d'elle après avoir perdu ses fonctions.

beauté, à ce point qu'il croyait facilement toutes les femmes amoureuses de lui, est devenu, m'assure-t-on, fou de vanité, timbré de hauteur, idiot de sottise, fanatique de sa propre importance.

Il n'y a plus en France que l'Empereur et les maréchaux ; le reste ne vaut pas l'honneur d'un regard.

Il ne veut toujours au sénateur préfet de Lyon qui a eu l'insolence d'offrir son bras à Madame la maréchale ; et il exige dans toutes les fêtes à orchestre que son entrée et celle de son illustre moitié soient accompagnées de l'air de la reine Hortense *partant pour la Syrie*.

Canrobert est encore une de ces grenouilles qui présument trop de l'élasticité de leur peau.

Lundi 9 novembre

Le discours que l'Empereur a prononcé à l'ouverture du Corps législatif préoccupe toute l'Europe, et chacun le commente à sa façon. Le prince Napoléon est satisfait pour le quart d'heure, l'Empereur n'a pas parlé de Rome ! Les socialistes peuvent donc espérer que Rome sera livrée dans un temps rapproché. Il y a déploré les barbaries qui se commettent des deux côtés dans la guerre de Pologne, il a peint l'Europe, nécessitant la réunion d'un congrès et enfin il a déclaré les traités de 1815 annulés ! Les pacifiques croient ce discours pacifique, les belliqueux prétendent qu'il mène à la guerre.

Les lettres pour la convocation des souverains à se réunir à Paris, sont déjà parties. Le roi d'Italie a déjà accepté le congrès et la Prusse l'acceptera ; mais la Russie, l'Autriche et l'Angleterre ne peuvent en vouloir et n'en voudront pas. Ces puissances ne reconnaissent pas comme abolis les traités de 1815 ; l'Empereur sait que son idée du congrès ne sera pas acceptée ; il y comptait et j'ai tout lieu de penser que dans son idée, il prend le meilleur chemin d'arriver à une guerre.

Il disait un jour : « Il n'y a plus de grandes puissances ! » Il sous-entendait qu'il n'y en aurait plus le jour où il les combattrait, ayant pour allié l'élément révolutionnaire et l'Empereur en est arrivé à ceci qu'il a placé dans le camp révolutionnaire ses idées napoléoniennes. Nous en verrons de belles et nous en arriverons, je le prédis, aux Duruy politiques.

Rouland disait avant-hier à un homme de mes amis, écrivain politique distingué : « Le gouvernement est fou ! depuis douze ans, il n'a pas créé un homme, il n'a pas fait éclore un talent et il arrive désarmé de défenseurs devant le Corps législatif ; il s'adresse à des vétérans pour les placer en barricades ; je sais bien que pour ma part, je n'ai pas envie de me faire casser le cou et j'ai dit à Rouher : mon cher ami, j'ai bien assez du Conseil d'État, tâchez de vous en tirer avec le Corps législatif. »

L'Empereur a été froissé que la reine d'Espagne n'ait point parlé du voyage de l'Impératrice dans son discours du trône aux Cortès ; aussi a-t-il retranché de son discours un mot qu'il y avait placé pour l'Espagne et sa souveraine.

L'Empereur est furieux contre l'Autriche et Victor-Emmanuel en profite pour faire dire : « Sire, l'Italie vous est toute dévouée, elle vous suivra où vous voudrez la conduire, mais payez d'avance... Rome et Venise, s'il vous plaît ! »

L'appui de l'Italie qui ne peut se pacifier elle-même, que voilà un bel appui. Victor-Emmanuel ne peut se persuader qu'il ne soit jamais entré dans la pensée de l'Empereur de lui laisser Naples !

Jeudi 26 novembre

Je laisse de côté toute cette misérable politique apparente ; tout le bruit qui se fait autour des élections contestées et je viens droit à ce que j'apprends sur la politique secrète de l'Empereur. Je viens d'avoir communication d'une note secrète remise par lui à un des grands et importants personnages de son intimité diplomatique.

> Je n'ai jamais pensé que le congrès pût aboutir, je crois qu'il peut me servir à renouer des alliances, avec la Russie et par contre avec la Prusse et à me tirer de l'impasse polonaise. La France alliée à la Russie et à la Prusse est maîtresse de la situation. Quoi qu'il arrive, nous aurons la guerre au printemps de 1865 si nous ne l'avons pas en 1864, car la situation de l'Europe est bien plus critique que je n'ai osé la dire. Personne n'est prêt et je le suis.

Le rapport de M. Fould, dont je viens d'avoir connaissance, dit que l'emprunt mexicain ne peut pas se réaliser en ce moment et que par conséquent la France ne peut compter sur une prompte rentrée de l'indemnité de guerre et il demande un emprunt de trois cents millions. Or, je sais que la conclusion de l'emprunt mexicain est en bonne voie et que la rentrée de l'indemnité de guerre n'est pas éloignée.

Or, 240 millions du Mexique et 300 millions de l'emprunt français font 540 millions, qui aideront l'Empereur à être prêt.

A Compiègne, le jour de la Ste-Eugénie, l'Empereur a dit, pendant le dîner, au prince Napoléon : « Napoléon ! porte la santé de l'Impératrice. »

Le prince s'y est refusé en répondant : « Je n'ai pas l'habitude de parler en public [1] ! »

Le lendemain, l'Empereur s'est promené seul avec le prince pendant

1. A la demande de Napoléon III, son cousin aurait répondu par une grimace avant d'ajouter de mauvaise humeur : « Je ne sais pas parler en public » ou « Je n'ai pas l'habitude de parler en public », comme le rapporte Viel Castel. Après une nouvelle demande de l'empereur et un nouveau refus, le jeune prince Murat se leva et d'une voix émue porta le toast à la place du prince. Voir la lettre de Mérimée à la comtesse Montijo du 18 novembre 1863 dans Prosper Mérimée, *Correspondance générale, op. cit.*, 2e série, t. V.

une heure et le prince, à la suite de cette promenade, a fait des excuses à l'Impératrice.

Elle est édifiée sur ce que son *bon* cousin lui réserve, si elle survit à l'Empereur.

Samedi 5 décembre

M. de Budberg, la dernière fois qu'il a vu l'Empereur, a dit en le quittant à un de ses amis : « L'Empereur est aujourd'hui plus révolutionnaire que son cousin ! » et en effet l'Empereur ne trouvant pas les alliances qu'il espérait pour la réalisation de ses projets, voyant repousser le congrès qu'il a proposé, rêve je ne sais quel appel aux nationalités.

Il est fort question d'Émile de Girardin pour préfet de police ; je sais qu'il accepterait.

Il a été fait pendant ces derniers temps quelques efforts pour un rapprochement entre la France, la Russie et la Prusse ; l'Empereur s'en était ouvert à Compiègne à M. de Goltz et il en avait écrit à l'Empereur Alexandre, mais ses avances ont été poliment repoussées : il mettait toujours sur le tapis sa toquade des bords du Rhin !

Au Mexique, les affaires vont mal ; le général Bazaine s'est laissé amuser par Comonfort et Rublado, Juarez a réorganisé son armée avec les hommes et l'argent que l'Amérique du Nord lui a envoyés, malgré les assurances du contraire qu'elle a publiquement données. Nous sommes forcés de faire une nouvelle campagne contre Juarez et à mesure que nous dégarnissons de troupes un canton pour marcher en avant, ce canton retourne à Juarez, les impôts ne rentrent plus, le commerce est suspendu, etc.

L'Empereur avait promis à l'évêque de Mexico qui n'a quitté Paris que sur cette promesse que les biens seraient rendus au clergé au moyen de l'annulation des ventes qui avaient été faites par Juarez ; mais lorsqu'il donnait cette assurance à l'évêque de Mexico, l'Empereur donnait des instructions contraires au général Bazaine. L'évêque s'est vu joué, il a protesté dans un journal de Mexico et il est au plus mal avec notre commandant en chef.

Toujours des roueries ! Personne ne veut plus croire en nous.

Je voyais hier M. Couleau, maire de Strasbourg, député très dévoué à l'Empereur, mais toutefois avec intelligence et honnêteté et que révolte profondément le système de compression politique, de corruption électorale suivi par le gouvernement avec tant d'audace.

Nous recommençons l'élection de M. de Bulach, chambellan de l'Empereur dont l'arrondissement ne veut pas ; les destitutions de fonctionnaires pleuvent, l'intimidation est à l'ordre du jour et malgré tout ce qui s'est dit au Corps législatif, le préfet ne reculera devant aucune irrégularité ; jugez s'il doit faire feu des quatre pieds, un chambellan de l'Empereur !... Ce n'est pas de la petite bière comme disent les bons bourgeois !...

En attendant, la cour s'amuse à Compiègne, Mme la duchesse de la Pagerie y représente comme tous les ans des tableaux vivants, le fretin joue des charades et ce remuant petit monstre de princesse de Metternich y danse des ballets.

Le commerce va mal à Paris et se plaint ; la vie y est fort chère et menace de le devenir encore davantage. On nous avait promis de couronner l'édifice de l'œuvre politique impériale par l'octroi de grandes libertés. Les boulangers et les bouchers ont obtenu la liberté de nous taxer à leur gré ; nos domestiques nous volent ; notre situation n'est pas brillante.

Vendredi 11 décembre

La cour est toujours à Compiègne où elle s'amuse à jouer des charades et autres balivernes, et les affaires vont leur mauvais train ; les élections contestées ont fait au gouvernement un mal énorme, et parmi ces élections celle de Boitelle, le frère du préfet de police, a produit les révélations les plus honteuses. Le préfet a usé de son influence pour faire nommer son frère, il a inondé le département de ses agents ; le sous-préfet a été remplacé pendant les opérations ; dons, promesses, intimidations, rien n'a été épargné ; toutefois et malgré Morny qui tripote un tas d'affaires avec le préfet de police, l'élection de M. Boitelle a été cassée par la Chambre. Le gouvernement cependant conserve ledit Boitelle comme candidat officiel [1]. Il sait que la Chambre est hostile à cette élection, peu lui importe, Morny avait corrigé dans le procès-verbal des séances ce qui pouvait être désagréable à M. Boitelle, cela lui a fait une mauvaise affaire.

Qu'est-ce que les Boitelle ?... Le préfet était un officier de cavalerie assez mal vu qui un peu malgré la famille a épousé une jeune personne de la famille Haussmann dont toute la dot s'élevait à 80 000 francs, Boitelle était sans un sou. Il a quitté la carrière militaire et il est devenu préfet. Partout il avait des dettes et le jour où il est entré à la préfecture de police, son avoir se composait de zéro ! Aujourd'hui, Boitelle se fait construire un hôtel à Paris, il a maison de campagne ; avec Morny il édifie à Trouville tout un nouveau quartier et il vient, m'assure-t-on, d'acquérir une terre considérable.

Boitelle a deux frères : l'un a été condamné pour faux, l'autre est un banquier dont l'élection vient d'être annulée. Or, ce banquier aussi gueux naguère que son frère, possède aujourd'hui quatre millions.

1. Lors de l'élection législative partielle organisée dans le Nord, en mars 1864, à la suite de cette invalidation, Boitelle sera battu par son concurrent Stiévenart-Béthune. Il y aura cette fois des émeutes.

Boitelle est allié à Haussmann, les deux hommes et les deux familles se valent. Paris doit être fière de ses administrateurs !

Cambrai a fait dire au ministre : désignez-nous un candidat, nous le nommerons, mais pas Boitelle qui est ici généralement méprisé.

Le gouvernement maintient Boitelle !... Je tiens tous ces faits de députés gouvernementaux tels que le baron de Reinach qui commencent à se révolter contre la tyrannie qui pèse sur toutes choses.

L'Angleterre a donc définitivement refusé le congrès, et elle l'a refusé d'une façon blessante. Ces jours derniers, Lord Cowley a dit à Drouyn de Lhuis :

« *Notre réponse était délibérée depuis que nous avons eu connaissance du discours de l'Empereur. Toute l'Angleterre est avec Lord Russel et sa popularité a encore grandi depuis le refus qu'il a fait d'accéder au congrès. En Angleterre, Monsieur le ministre, nous avions toujours considéré l'Empereur comme un monarque puissant et aventureux, mais nous ne pensions pas qu'il concevrait la folle idée de déclarer abrogés les traités de 1815 Maintenant nous nous tenons sur nos gardes.* »

Lord Cowley a vu le chevalier Nigra et il lui a dit :

« Votre gouvernement approuve les idées de congrès de l'Empereur Napoléon. Vous vous joignez à sa politique, prenez garde et dites au roi de prendre garde. Il n'est pas encore si complètement reconnu par les grandes puissances qu'il ait la certitude si congrès il y avait eu d'être admis parmi les souverains qui y auraient siégé. Qu'il prenne garde, son royaume n'est pas encore assez bien cousu pour lui permettre de se lancer dans de telles aventures. »

Le Nigra a été très abasourdi du compliment.

Le rapprochement tenté avec la Russie et la Prusse a tout à fait échoué.

Les troupes de la Confédération sont au moment d'entrer dans le Holstein. Un conflit d'une grande gravité commence. C'est peut-être le préliminaire d'une guerre générale[1].

Nous cherchons à nous tirer honorablement du Mexique où nous avons dépensé deux cent dix millions et perdu bon nombre d'hommes, et pourquoi ?

Nous vivons sous un régime de tripoteurs, de tripotailleurs et de coulissiers politiques, c'est plus que triste !

---

1. Après la mort du roi de Danemark, Frédéric VII, en novembre 1863, la question des duchés s'ouvre de nouveau. Ces duchés vont-ils rester rattachés à la couronne danoise dont l'héritier est Christian de Glücksbourg ou formeront-ils un État séparé sous Frédéric d'Augustembourg ? Comme la plupart des États de la Confédération germanique, la Prusse prendra officiellement parti en faveur de la séparation qui répond au patriotisme allemand. L'Autriche s'associera au mouvement en janvier pour ne pas laisser la Prusse agir seule. La défaite des Danois en avril 1864 entraînera la gestion des deux duchés par l'Autriche et la Prusse et débouchera, à terme, sur la guerre entre les deux alliés en 1866.

Janvier

Ce qui me frappe le plus depuis deux ans, c'est la question romaine rejetée sur le second plan, puis certaines questions révolutionnaires qui ont été mises en avant.

Il y a eu la question hongroise arrêtée par la mort mystérieuse du comte Téléki. Tout le monde a vu clairement sans pouvoir le préciser les tentatives de l'Empereur pour arriver à des alliances d'ambition, caressant tantôt la Prusse, tantôt la Russie et ces tentatives ont avorté, mais ce qui en est résulté d'incontestable c'est qu'après la guerre d'Italie, après la question de Rome, la politique d'annexion n'était pas finie aux yeux de l'Empereur.

La question italienne au lieu d'apparaître comme une œuvre isolée, n'a plus été qu'un des points d'un programme que l'Empereur a fait rédiger deux fois et qui comprenait tous les éléments révolutionnaires de l'Europe.

Tel est le point de départ pour juger la situation actuelle, les intentions secrètes de l'Empereur. Il y a quelque chose de plus grave encore, tous les esprits prévenus ou impatients déclaraient, il y a un an, que la guerre allait éclater ; on ne savait ni à quelle occasion, ni sur quel point, mais on sentait une situation qui ne pouvait se dénouer que par la force.

A ne pas remonter plus haut, quelles ont été depuis cette époque les directions de la politique française ? Cette politique a-t-elle été rassurante, pacifique ?

Pour bien comprendre l'appel au congrès, il faut voir ce qui l'a précédé, les efforts de la France l'entraîner dans un autre sens, la guerre devient le dérivatif de la liberté.

Dans cette situation d'expectative qui est celle de la France, pour essayer de calculer les chances d'avenir il faut faire le calcul des forces révolutionnaires et des forces conservatrices : d'un côté l'Italie, la Pologne, la Hongrie, les provinces chrétiennes de la Turquie en y joignant les Principautés danubiennes ; de l'autre : l'Angleterre, la Prusse et la Russie.

Au-dessus de ces conditions générales de l'Europe, se place la question des Duchés évidemment très peu de chose en elle-même, mais qui est venue ajouter à la politique allemande de redoutables complications et qui peut être l'occasion du conflit européen.

En Italie d'abord, la situation est éminemment révolutionnaire ; le mécontentement qui se produit à Naples, dans les Abruzzes, dans les Calabres, n'est rien à côté de l'agitation qui règne en Sicile et qui menace chaque jour le gouvernement de Victor-Emmanuel. Où ce gouvernement peut-il avoir une force ? Ce n'est pas évidemment dans le parti conservateur ; lorsqu'un pays a été bouleversé comme celui-là, le parti conservateur se rejette dans la réaction. L'établissement actuel n'a pas assez duré, il s'est développé dans des conditions trop anormales pour rallier autour de lui ces convictions modérées vraiment politiques qui sont le point d'appui des pouvoirs durables. Entre l'irritation des catholiques et les impatiences du parti de l'action, le gouvernement ne se maintient que par les engagements qu'il prend, par les espérances qu'il autorise, engagements dont il peut ajourner les espérances, mais qu'il sera un jour ou l'autre forcé de remplir.

Il n'est pas douteux qu'aujourd'hui le parti de l'action se prépare à de nouveaux événements. Garibaldi et ses lieutenants se sont retirés de la Chambre ; or Garibaldi n'est pas le soldat intraitable dont on nous parle ; il invoque l'annexion de Nice et de la Savoie, mais cette annexion ne l'a pas empêché de siéger à la Chambre en face de Monsieur de Cavour qui y avait consenti, et il est difficile de croire qu'elle l'en éloigne actuellement ; il est bien plutôt présumable que l'Italie, ne voulant pas avoir devant l'Europe diplomatique la responsabilité de certains préparatifs ou même de certaines aventures n'a pas été fâchée de se dégager du parti de l'action et a laissé Garibaldi reprendre une liberté dont on connaissait parfaitement l'usage.

Voilà pour les choses apparentes ; si l'on y ajoute l'empressement de l'Italie d'adhérer au congrès, les démarches réitérées du comte Paolini, les injonctions que l'Angleterre a cru prudent d'adresser à Turin, et par-dessus tout l'impossibilité pour Victor-Emmanuel de rien refuser à un allié qui lui offrirait l'occasion de conquérir Venise, on voit qu'une entreprise qui est le but avoué du parti de l'action, qui est en définitif une des promesses du gouvernement, peut entrer dans les calculs de la politique italienne ou devenir pour elle dans de certaines circonstances une nécessité.

Je passe à la Pologne :

Tout a été dit et aucun esprit clairvoyant ne pouvait se tromper sur les intentions secrètes qui ont dirigé la diplomatie française dans sa fameuse campagne des *six points*.

Erreur ou calcul, il devient évident lorsqu'on rapproche des propositions faites à l'Autriche par la dépêche du 20 juin la mauvaise humeur visible du gouvernement français à l'issue des négociations, que la France cherchait là un prétexte pour nouer des alliances actives et pour réaliser certaines combinaisons territoriales.

Ce qui est le plus grave à mes yeux, c'est que l'insurrection polonaise est purement factice ; il n'y a pas là cet élan national qui réunirait les débris d'un peuple pour en former la dernière armée de la Pologne. Tout est calculé, prémédité, depuis les prières dans les églises jusqu'aux efforts successifs de l'insurrection. On entretient la pitié de l'Europe et le gouvernement français qui est l'agent direct de cette popularité, malgré la réaction visible du sentiment général, le gouvernement qui ne peut pas se faire d'illusion sur l'efficacité d'une intervention pacifique commettrait à son propre point de vue en agissant ainsi, une erreur inadmissible s'il ne comptait pas trouver là un levier puissant pour soulever l'opinion publique. Je le répète, après l'échec des négociations des trois cours, si la Pologne n'avait pas été soutenue par une main cachée, elle aurait cessé la lutte ou elle se serait abandonnée à un acte suprême de désespoir, de façon ou d'autre tout eût été fini ; on a vu au contraire les choses se soutenir sans exagération et sans défaillance et c'est là suivant moi la preuve incontestable de l'appui secret dont je parle.

En Hongrie pourquoi Kossuth est-il intervenu ? Pourquoi après son manifeste est-il rentré dans sa retraite ? sinon parce qu'il fallait à la fois ne pas trop alarmer l'Autriche, ne pas la jeter trop tôt dans les bras de la Russie et cependant ne pas laisser prescrire les prétentions révolutionnaires en Hongrie, empêcher le rapprochement des deux races au sein d'institutions libérales et préparer les esprits sans rien compromettre à un appel soudain. Ce qui est remarquable c'est que malgré la persévérance de l'Empereur François-Joseph et son incontestable loyauté comme souverain constitutionnel, rien n'a été gagné pour la réconciliation de la Hongrie et de l'Autriche et que l'abstention des Magyars en face du diplôme de février est aussi obstinée qu'autrefois[1].

Enfin il est impossible de ne pas voir la sourde irritation qui règne dans toutes les provinces chrétiennes de la Turquie.

Le prince Couza paraît abandonné de la France ; il est évident que l'on voulait constituer là une monarchie militaire relativement forte. Le projet est ajourné et jusqu'à ce qu'il soit repris, le prince doit paraître abandonné de la France. Mais l'état de ces pays s'aggrave chaque jour, la lutte qui vient d'éclater entre le gouvernement de Bucharest et la Porte ottomane à propos des couvents n'est évidemment qu'un prétexte, elle

1. En fait, la patente impériale du 26 février 1861 revenait à une forme de centralisation par rapport au diplôme du mois d'octobre précédent qui favorisait davantage les Hongrois. Ces derniers refusaient de siéger dans le *Reichsrat*, le nouveau parlement fédéral, pour manifester leur désapprobation.

n'en est que plus grave parce qu'elle se complique de sentiments que l'on retrouve en Serbie, au Monténégro, en Albanie, partout où peut se développer le vieil antagonisme des chrétiens et des Turcs. Il y a là des éléments tous prêts pour une politique d'action et que la France surtout aurait dans sa main si d'accord avec la Russie, elle était résolue dans un jour prochain à aborder la question d'Orient.

Ainsi l'Italie impatiente ou débordée, la Pologne soulevée, la Hongrie tenue en éveil, les provinces chrétiennes sourdement agitées et prêtes à la révolte, voilà le bilan des forces révolutionnaires. Ces forces même mises en mouvement par la puissante impulsion de la France auraient été insuffisantes pour créer à l'Europe une situation vraiment dangereuse si elles avaient trouvé devant elles pour leur résister la coalition des forces conservatrices représentée par les grands gouvernements.

Que l'on se rappelle en effet la situation qui a existé un moment entre les négociations interrompues des trois cours et le renouvellement de la question des Duchés. On voyait bien alors que certains desseins venaient de subir une déception, mais devant les résolutions éminemment pacifiques de la Russie, de l'Autriche, de l'Angleterre et de la Prusse on était rassuré parce qu'on ne voyait pas par où la révolution passerait.

Ces intentions sont évidemment les mêmes aujourd'hui, seulement la question des Duchés est venue modifier la situation ; les fautes, les irritations, les aveuglements se sont accumulés de telle sorte que certains gouvernements ne sont peut-être plus maîtres de leurs résolutions et que cette entente pacifique des grandes cours s'est brisée ou est devenue peut-être impuissante.

Je ne crois pas qu'il soit possible de déterminer dès aujourd'hui quelle pourrait être dans certaines circonstances l'attitude des divers États, mais ce qu'il est facile de démontrer c'est que les chances de paix se sont diminuées à mesure que les forces révolutionnaires s'accroissaient, et qu'il existe aujourd'hui un état de choses violent, tendu, dont une politique audacieuse et habile peut facilement profiter.

L'Angleterre avait, il y a trois mois, une situation parfaitement caractérisée et c'était sur ses déterminations incontestables que reposait la plus solide espérance de la paix du monde. Cette attitude s'est profondément modifiée sur deux points, vis-à-vis de la France d'abord, vis-à-vis de l'Allemagne ensuite.

A l'égard de la France, il y a eu depuis douze ans en Angleterre deux courants politiques tout à fait distincts ; l'un de défiance absolue qui a emporté en 1859 le cabinet de Lord Derby, l'autre de réserve sans doute, mais cependant d'une bienveillance presque sympathique et en apparence sincère.

Depuis le mois de mai 1859 jusqu'au mois d'août 1863, c'est la politique de l'alliance anglo-française qui a prévalu ; alors a éclaté la lutte entre Lord Palmerston et Lord John Russel, et il n'est pas douteux que dans cette querelle ce soient les défiances de Lord John Russel qui l'aient emporté.

Une froideur marquée a succédé à la cordialité dans les rapports des deux gouvernements qu'il s'agisse de la Pologne ou du congrès, la politique anglaise s'est écartée à ce point de celle de la France qu'elle ne peut plus exercer d'influence sur elle et que n'étant plus liée à ses efforts, elle ne peut plus ni les contenir ni les régler.

C'était évidemment l'occasion pour l'Angleterre de resserrer ses liens avec le continent et si elle était parvenue à faire partager au reste de l'Europe l'impression que lui avait causée le discours du 5 novembre une coalition pouvait sortir de la combinaison de toutes ces craintes. Tel a été sans aucun doute à un point de vue au moins défensif le projet de l'Angleterre. De là son irritation lorsque l'affaire des Duchés est venue déplacer les situations en Europe et opérer dans la politique une diversion puissante. L'Angleterre alors cédant à un sentiment trop vif n'a su ni ménager ses alliés, ni se ménager elle-même. Il y avait une telle folie à compromettre la paix du monde pour l'autonomie du Holstein qu'emportée par la raison et obéissant d'ailleurs à des mobiles plus intimes, elle s'est posée avec une hauteur de langage que l'Autriche et la Prusse ne pouvaient pas accepter parce que le sentiment national allemand surexcité ne pouvait pas la subir ; et la France gardant une apparence calculée de neutralité, les États secondaires s'engageant à la suite du *Nationalverein*, l'Autriche et la Prusse étant débordées, il en résulte que la fermeté de l'Angleterre compromet la paix au lieu de l'assurer parce qu'elle inspire et justifie la confiance et l'audace du Danemark.

L'immobilité de la France pousse en avant l'Allemagne, les déclarations de l'Angleterre fortifient les résistances des Danois. Il en est tellement ainsi que c'est une prévision commune que le premier coup de feu tiré sur l'Eïder déterminera l'Angleterre à une intervention effective qui sera suivie le lendemain par un mouvement en avant de la France.

Sans doute la Prusse et l'Autriche n'ont que des intérêts pacifiques ; la Prusse prévoit avec inquiétude le jour où elle aura à se mesurer avec le voisin redoutable que lui ont légué les traités de Vienne. La lutte de son roi et de son Parlement la désarme non seulement vis-à-vis de l'étranger, mais encore vis-à-vis de l'opinion publique dont elle ne peut plus modérer les entraînements. Elle est condamnée à suivre ce mouvement germanique dont elle a ambitionné si longtemps la direction et dont sa situation topographique l'oblige à se faire aujourd'hui le premier soldat. Les sentiments pacifiques de l'Autriche sont à mes yeux encore plus incontestables que ceux de la Prusse. L'Empereur qui a eu le courage de proclamer dans ses États la liberté politique, ne peut pas voir sans douleur compromettre ou ajourner son œuvre. Les hommes d'État autrichiens savent bien aussi qu'avec la Vénétie, la Hongrie, la Galicie, une guerre est pour l'Empire une extrémité pleine de périls, mais cependant l'Empereur cherchant à profiter des embarras intérieurs de la Prusse a voulu ressaisir le sceptre de l'Allemagne ; il s'est placé à la tête du parti de la réforme, et lorsqu'une question allemande par les intérêts qu'elle engage et les préjugés qu'elle soulève vient se poser pour la première fois après la réunion de Francfort, il hésiterait, il reculerait, il laisserait au grand-duché de Baden, à la Saxe, à la Bavière, au Wurtemberg la conduite de l'Allemagne dans la campagne qui va s'ouvrir ? Cela n'est pas possible, c'est la grandeur et la fatalité de sa situation qu'il soit condamné à se poser comme le chef de la race germanique, à la guider même dans les aventures, et à s'exposer malgré les périls prévus à toutes les éventualités d'un avenir dont la témérité dispose.

Il est donc possible que toutes ces belles résolutions pacifiques de l'Angleterre, de la Prusse et de l'Autriche échouent devant un concours de circonstances déplorables, et j'ajoute qu'il semble être dans les intérêts et les intentions du Danemark confiant dans l'appui de l'Angleterre, de faire éclater le conflit.

Il resterait alors à savoir quelle serait l'attitude de la Russie ; cette cour s'est repliée sur elle-même depuis six mois poursuivant ses préparatifs de guerre avec une activité sans relâche et cherchant à résoudre des embarras financiers qui pèsent sur son commerce et sur son crédit.

Ce que l'on sait de la politique de la France permet de croire que l'Empereur ne sera ni avec l'Angleterre contre laquelle il provoque même en Espagne des manifestations, ni avec l'Autriche dont le sépare la politique des nationalités, ni avec la Prusse à laquelle il veut arracher le Rhin, ses points d'appui sont ailleurs à Turin, à Pesth, à Varsovie, à Bucharest, partout où il y a un ferment révolutionnaire. Dans de pareilles circonstances on comprend que l'alliance russe serait décisive et il n'est pas étonnant qu'elle ait été recherchée au milieu des dernières complications. A quelles conditions peut se réaliser cette alliance ? Quel prix le Czar exigerait-il ? Quel prix l'Empereur y attacherait-il ?

Ce sont là des questions incertaines qui vont peut-être au-delà même des secrets de la diplomatie. Ce qui paraît incontestable et c'est par là que je résume ce travail déjà trop long, c'est que les éléments révolutionnaires ont été tenus en haleine depuis un an ; c'est que le comité d'action entre en scène après le comité national.

Février

La lutte est aujourd'hui définitivement engagée : les drapeaux unis de la Prusse et de l'Autriche ont subi le feu des Danois à Missunde ; l'alliance des deux grandes puissances germaniques paraît donc cimentée.

Il peut être utile de se demander quel est le caractère de cette alliance, quelle peut en être la durée ? Quelle conséquence peut avoir le conflit actuel lorsqu'on le rapproche de la situation générale de l'Europe, c'est-à-dire en un mot, quelles sont les complications qui peuvent sortir de la lutte engagée entre le Danemark et l'Allemagne ?

Pour moi, la guerre des Duchés n'est que le premier acte d'un drame immense qui doit avoir pour acteurs tous les États européens et dans lequel se développeront les plans de reconstitution territoriale de l'Europe que j'ai essayé d'exposer dans une note précédente.

L'Allemagne représentée par l'armée austro-prussienne du Schleswig-Holstein se trouve donc en présence du Danemark.

Ici deux hypothèses se présentent :

Ou l'Angleterre entrera dès le premier jour résolument dans le conflit et alors les choses doivent prendre le cours que j'ai indiqué plus haut ; ou elle se tiendra à l'écart et laissera passer les événements.

J'accepte la seconde de ces suppositions que je discuterai tout à l'heure, mais qui est sans aucun doute plus favorable aux intérêts de la paix. Qu'arrivera-t-il alors ?

L'armée austro-prussienne victorieuse après des combats plus ou moins sanglants occupera le Schleswig comme l'armée fédérale occupe le Holstein. Il est vrai qu'en se présentant devant l'Eïder, elle déclare qu'elle veut seulement contraindre le Danemark à exécuter le traité de 1852. En principe elle n'engage pas la question de succession dans les Duchés, en fait, elle la pose et la résout.

Dès les premiers pas de l'armée destinée en apparence à faire rentrer l'entreprise dans les limites du droit international, après la paix d'Eckenfœrde, le duc d'Augustembourg a été proclamé souverain en face du maréchal Wrangel comme il le sera à Schleswig après le triomphe des armées allemandes et j'ajoute qu'il ne peut en être autrement. La Prusse et l'Autriche s'engageant dans les mêmes voies apportent en effet dans cette entreprise des dispositions tout à fait différentes et qu'il faut étudier séparément.

Au milieu d'autres préoccupations, l'Autriche a cherché avec persévérance depuis quatre ans à solidariser l'Allemagne avec ses propres destinées. Elle a voulu obtenir la garantie de la Confédération pour des possessions extra-germaniques, et c'était là un des objets principaux de la convention des souverains à Francfort.

Lorsque le conflit dano-allemand a éclaté, je ne serais pas étonné qu'il y ait eu là une surprise pénible pour les hommes d'État de Vienne, mais était-il possible de laisser la Prusse relever seule les intérêts ou les prétentions de l'Allemagne et se porter seule le champion d'une cause éminemment nationale ?

Laisser à la Prusse la direction du grand mouvement qui entraînait les esprits au-delà du Rhin, c'était perdre le fruit de quatre années d'efforts ; c'était s'isoler et renoncer à l'appui tant cherché de l'Allemagne en face des éventualités que présentent toutes les questions révolutionnaires.

L'Autriche a donc fait alliance avec la Prusse. Qu'elle apporte dans cette alliance des sentiments pacifiques, qu'elle entre dans le mouvement pour l'enrayer et non pour le précipiter, que ses assurances soient sincères lorsqu'elle déclare qu'elle veut exiger seulement l'exécution du traité de 1852, c'est ce dont je ne doute pas. Mais il s'agit de savoir quelle est la force de résistance qu'elle apporte, quels sont les secrets desseins qu'elle aura à déjouer et c'est ce que démontrera clairement peut-être un examen rapide de la situation de la Prusse.

Si la politique portée au pouvoir par Monsieur de Bismarck pouvait être douteuse pour quelqu'un, je comprendrais qu'il pût y avoir des hésitations sur le rôle du cabinet de Berlin au milieu des difficultés actuelles. Il n'en est pas ainsi. Monsieur de Bismarck est le représentant d'un système très net qui a pour but la constitution d'une union allemande restreinte, et pour moyen l'appui des alliances étrangères. Il n'appartient ni au parti de la croix qui le défend, ni au parti libéral dont il est l'adversaire opiniâtre, ni au parti du *Nationalverein* qui voudrait porter à Francfort la souveraineté de l'Allemagne. C'est un révolutionnaire monarchique et prussien, il ne croit plus à la Confédération et il ne rêve pas l'unité ; cette position est parfaitement connue de ceux qui s'occupent des affaires allemandes.

Où en est son œuvre aujourd'hui ? Il y a eu dans sa conduite plus d'une maladresse et l'une des plus fortes à mes yeux, est de n'avoir pas su créer autour de lui, de ces courants d'opinion qui permettent suivant les circonstances soit d'ajourner, soit d'accomplir des projets. Monsieur de Bismarck en est à ce point qu'il ne peut plus recommencer la comédie parlementaire de ces dernières années. Il proroge la Chambre et ne la dissout pas. A quoi serviraient en effet de nouvelles élections ? Il est au bout des atermoiements possibles, il faut qu'il laisse la politique dévoyée, le roi dépopularisé, la dynastie presque compromise, ou qu'il s'engage dans la politique d'action qui est le véritable mobile de ses réformes militaires et de sa lutte avec le Parlement ; ce qui prouve que ce dernier parti est le sien, c'est que le roi vient encore de refuser la démission de son Ministère et que la politique intérieure semble maintenant sans issue.

J'insiste sur ces ambitions secrètes du cabinet de Berlin, sur leur caractère particulier, à la fois militaire à l'égard de la Confédération, et diplomatique vis-à-vis des puissances étrangères, parce que c'est le nœud de toutes les questions européennes.

Dans ces conditions, l'armée prussienne victorieuse, le Schleswig occupé, à qui fera-t-on croire que M. de Bismarck se retirera pour laisser retomber tout ce mouvement dont il a voulu prendre la tête, dans les combinaisons usées de la diplomatie, et que l'Allemagne encore plus exaltée par son triomphe qu'elle ne l'est aujourd'hui par les approches de la lutte, consentira à remettre les Duchés sous le sceptre du roi Christian pour voir se renouveler les mêmes griefs et se retrouver après quelques années au milieu des mêmes embarras et en présence des mêmes périls. Cela est impossible, c'est une supposition qu'aucun esprit politique n'acceptera.

La lutte soutenue par le roi et par Monsieur de Bismarck devient insensée, l'effort de l'Allemagne est ridicule, et il n'est pas sérieux d'assigner un pareil but à la politique d'un grand pays.

A quoi semble-t-il donc que l'on doive s'attendre ? Monsieur de Bismarck se retournera vers l'Europe et lui dira :

« Nous sommes entrés dans le Schleswig avec l'intention loyale de maintenir le traité de Londres ; aujourd'hui l'opinion publique de l'Allemagne nous pousse en avant, exaltée par la guerre, son impulsion est irrésistible ; les populations elles-mêmes repoussent le joug danois, c'est un terrain deux fois allemand que le sang de nos soldats vient de payer et qu'il ne nous appartient plus de séparer de l'Allemagne. »

Alors que fera l'Autriche ? que fera l'Europe ?

C'est là que s'ouvre la seconde phase de la question. Si l'Europe laisse s'accomplir ces événements, l'affaire est résolue, les Duchés sont séparés de la monarchie danoise, la Baltique est ouverte à la longue attente de l'Allemagne, la puissance du Danemark est frappée au cœur. Le roi Christian vaincu ne rentre dans sa capitale que pour en être chassé par le désespoir indigné de ses propres sujets ; la révolution lui enlève ce que la guerre lui a laissé, et les lambeaux misérables de cette royauté tombent fatalement dans une union scandinave que la dynastie suédoise s'est donné la mission de réaliser. Les mouvements populaires qui se sont produits depuis trois mois à Copenhague justifient toutes ces prévisions. L'Europe et en particulier l'Angleterre en supposant même qu'elle s'abstienne jusque-là, peuvent-elles rester spectatrices impassibles de ces grands changements ?

Vendredi 19 février

Des renseignements positifs permettent d'affirmer que l'alliance anglo-française est un fait accompli.

Cette alliance se combine avec le concours de l'Italie et elle a pour formule la défense de l'intégrité du Danemark.

Il semble inutile de s'arrêter ici sur des points secondaires, de rechercher par exemple quelle peut être la pensée des deux puissances occidentales sur le traité de 1852. Il vaut mieux étudier la situation actuelle dans ses origines, dans son caractère et dans ses conséquences probables.

Depuis que la question danoise est ouverte, deux politiques sont naturellement en présence : l'une qui conclut à la séparation des Duchés et à leur constitution en souveraineté indépendante, l'autre qui se renferme dans les limites du droit international et voudrait rétablir après la guerre un état légal semblable à celui qui précédait les hostilités.

Cette dernière politique était celle de l'Angleterre, la première a été incontestablement dans les vœux et dans les efforts de la France.

Comment ces volontés divergentes se sont-elles réunies ? Comment a pu s'opérer le rapprochement après les épreuves que vient de subir l'alliance des deux peuples ? Quelles concessions réciproques ont dû se faire les deux cabinets ? C'est là ce qu'il convient d'examiner en premier lieu. Dans ma conviction on s'expose à toujours mal comprendre la politique de la France, lorsqu'on ne veut l'expliquer que par des principes, au lieu de l'interpréter par des intérêts. Sans doute une reconstitution territoriale de l'Europe est toujours entrée dans les desseins de l'Empereur ; mais elle est la conséquence de ses projets beaucoup plus qu'elle n'en est le mobile, la pensée de l'Empereur est à mes yeux beaucoup plus étroite, plus nationale et plus française ; elle recule, on l'a bien vu à Villafranca, devant ces vastes perspectives qui séduiraient les véritables conquérants, ou tenterait les grands révolutionnaires, elle se précise dans des points fixes que les audaces si naturelles au succès ne lui feraient pas dépasser. Après la frontière des Alpes enlevée, il s'agit de reconquérir la frontière du Rhin. C'est là, personne ne saurait aujourd'hui en douter la seconde étape de sa politique qui a pour troisième et dernier terme l'annexion de la Belgique.

L'Empereur est un survivant de Waterloo, c'est à ce point de vue et pas à un autre qu'il faut se placer pour juger le rôle qu'il remplit dans le monde. C'est à la fois son excuse, sa faiblesse et sa grandeur.

Ainsi le but est bien défini, c'est la frontière du Rhin à reconquérir. Pour l'atteindre quels sont les moyens ? Il y en avait un qui répondrait mieux que tout autre aux tendances de la politique française, il consistait à agir comme en Italie, à trouver dans une ambition dynastique et populaire un point d'appui solide et à soulever par là une certaine force nationale, capable de dissimuler les sacrifices qu'elle s'imposerait derrière les triomphes qu'elle remporterait.

Monsieur de Bismarck, dans les prévisions de la France, dans ses propres intentions, n'avait pas une autre mission ; lors de son avènement au pouvoir, il était le Cavour de ce nouveau Piémont. Il est inutile de dire ici comment il a trompé cette attente et comment après de longs et stériles conflits il a entraîné son pays et son roi dans une alliance autrichienne diamétralement opposée à son but primitif. La France ne désespérait pas cependant de faire remonter ce courant à la politique prussienne et elle s'est tenue à l'écart des événements pour permettre aux attitudes de se rectifier sans rien compromettre de ses propres aspirations.

Au milieu de cette réserve de l'Empereur et de cette sorte de silence obstiné, que se passait-il en Danemark, en Allemagne et en Angleterre ?

En Danemark d'abord, une certaine résignation héroïque succédait au découragement et aux agitations de la première heure ; le roi Christian a eu cette fortune de ne pas recevoir l'appui du seul souverain de qui il dût attendre le secours, mais qui ne serait venu à lui que pour le trahir. L'abstention de la Suède, abstention mêlée de ruse et de crainte, a probablement sauvé la dynastie de Glücksbourg, intimidée sans doute par la Russie qui ne pouvant pas accepter l'union scandinave, comptait sur un mouvement populaire qui jetterait en ses mains un lambeau de cette monarchie aux abois. La Suède a reculé devant la responsabilité des événements et devant cet abandon le sentiment public du Danemark s'est replié sur lui-même, tout son patriotisme s'est concentré dans l'armée qui défend l'île d'Alsen et les fortifications de Duppel. La politique de rénovation territoriale perdait ainsi un de ses éléments nécessaires.

En Allemagne, des choses plus graves encore se passaient ; l'alliance austro-prussienne était cimentée sur les champs de bataille, sans être peut-être ratifiée par l'opinion, elle laissait en dehors d'elle des forces importantes, redoutables qui joueront un rôle dans un avenir peut-être prochain, mais qui n'offraient à l'heure présente ni la cohésion, ni la consistance indispensables à une entente diplomatique et militaire avec l'étranger.

S'il manquait à la Suède un Gustave Adolphe, il manquait donc à la Prusse et au parti monarchique révolutionnaire de l'Allemagne un Frédéric II.

Malheureusement pour la paix de l'Europe peut-être, l'élan national qui n'était pas assez fort pour se diriger, était irrésistible pour tout compromettre ; il créait au centre de l'Europe un état violent, transitoire, ouvert à toutes les éventualités qui faisait entrer la guerre dans la solution des questions pendantes. Il n'y avait pas une puissance organisée capable de réaliser les alliances possibles en dehors du terrain des traités et en même temps il résultait des divergences mêmes de langage entre Vienne et Berlin que ce mouvement s'emporterait forcément au-delà du droit diplomatique.

Pour bien résumer cette impression, l'Allemagne devait se trouver dans la situation suivante : elle allait être livrée à des dissensions intestines qui aggraveraient toutes les fautes en s'en rejetant mutuellement la responsabilité, et en même temps elle n'aurait ni l'appui extérieur qui lui permettrait de sortir des traités, ni la force de résistance à l'intérieur qui lui permettrait de s'y maintenir ; c'est-à-dire qu'au milieu de déchirements déjà visibles elle devait être à la fois chassée du terrain diplomatique par une impulsion nationale irrésistible, et refoulée sur ce terrain par une pression étrangère également redoutable.

Pendant que ces complications se produisaient et que les points d'appui manquaient à la politique française à Berlin comme à Stockholm, que se passait-il en Angleterre ?

Je n'ai pas l'intention d'insister sur ces détails intimes qui exercent une action puissante même dans les gouvernements constitutionnels les mieux réglés. Ce qui a dû paraître certain, c'est que le jour où le prince de Galles a osé dans le palais de Windsor, boire à la défaite des Allemands, la décision de l'Angleterre était prise ; l'intégrité du Danemark était nettement placée sous la protection de la Grande-Bretagne. Or c'est la destinée de l'Angleterre qu'elle ne peut pas avoir de politique continentale isolée, elle a besoin d'un allié, d'un agent.

Les conseils dédaignés à Berlin étaient désormais sans autorité à Vienne. L'Autriche et la Prusse adossées s'étaient écartées en effet, l'une de la France, l'autre de l'Angleterre.

Il ne restait donc à Lord John Russel qu'une seule alliance possible, une alliance qu'il devait rechercher sans doute, mais dont tout lui rendait l'accès facile, celle de la France jetée par les événements hors de ces combinaisons primitives.

C'est ainsi que s'est conclue l'entente des deux pays par un rapprochement d'intérêts et d'ambition, auquel devait souscrire avec empressement le roi Victor-Emmanuel. Que le caractère de cette alliance soit essentiellement belliqueux, c'est là un point tellement évident pour moi que j'essayerai à peine de le démontrer.

Une intervention étrangère pouvait avoir un résultat pacifique avant les hostilités, lorsque les choses se tenaient encore dans les régions plus calmes de diplomatie.

Mais aujourd'hui, après les combats, après la conquête, après les sacrifices d'hommes et d'argent, au milieu de ces surexcitations du patriotisme que de dernières et formidables résistances ont encore exalté, comment serait-il possible aux deux grandes puissances de reculer en deçà des événements et d'enlever à leurs actes la portée que leur donnent leurs propres victoires ?

La situation reste à cet égard ce qu'elle a toujours été, la reconnaissance par la Prusse et par l'Autriche du traité de 1852. C'est la guerre civile au-delà du Rhin.

Un fait surtout me frappe : le concours de l'Italie dans une alliance anglo-française ne peut avoir qu'un sens ; l'affranchissement ou la conquête de Venise, c'est-à-dire une triple flotte dans la mer Adriatique reprenant l'œuvre interrompue de Villafranca.

Si ce point pouvait être douteux, je crois qu'il serait facile de le mettre en pleine lumière en étudiant l'attitude de l'Angleterre et de la France depuis trois mois ; il en résulterait cette preuve manifeste que les deux cours n'ont pu se rapprocher que pour agir.

Si l'on me permet de ne pas tenir compte des formalités diplomatiques qui vont s'accomplir et dont la France abrégera les lenteurs habituelles, je me demande quelles seront les conséquences de la guerre.

Je suppose une victoire de la triple alliance sur le Mincio et sur le

Rhin, Venise redevenue italienne, notre frontière reportée à Cologne, la Sicile même livrée à l'Angleterre ; il y aura un fait plus considérable encore, ce sera la dissolution fatale de la Confédération.

Les choses ainsi engagées, le parti de la guerre s'appuiera sur Vienne et le parti de la paix sur Berlin et sur Dresde ; après la première union du patriotisme contre l'étranger, les dissidences actuelles se reproduiront avec plus de force. On s'apercevra bien vite à Vienne que l'on doit tout risquer parce que l'on a tout à perdre ; à Berlin, que l'on doit tout réserver parce que l'on a tout à gagner, l'édifice germanique s'écroulera au premier choc du premier coup de canon, l'unité militaire détruira la fédération politique.

Les divisions territoriales consacrées en 1815 s'effaceront et il y aura un peuple parce qu'il y aura eu une armée. Seulement ce peuple se dégagera de certains éléments trop pesants ou trop vastes ; il laissera retomber l'Autriche dans l'indépendance et la faiblesse d'une situation isolée.

Je n'hésite pas à affirmer qu'après le premier choc, le parti national trouvant une occasion de réaliser ses espérances politiques, consentira aisément à traiter avec l'étranger et que si Monsieur de Bismarck et le roi Guillaume lui-même sont entraînés dans la défaite de leur politique ce qui sortira des événements qui se préparent, ce sera une Prusse agrandie, formant sur les frontières de la France agrandie, une monarchie militaire de premier ordre.

Jeudi 3 mars

La situation actuelle de l'Europe, paraissant surtout vous intéresser, j'ai cherché particulièrement à me renseigner sur les éventualités qu'un avenir de plus en plus prochain nous réserve et je crois être en mesure de vous faire entrevoir mieux qu'hier encore les événements qui vont avoir lieu.

Le ministre des Affaires étrangères disait ceci hier à deux heures :

« Nous sommes à la veille de graves, de très graves éventualités qu'il faut avoir le courage de regarder en face... puis nous aurons cinquante ans de repos... »

Quelles sont ces éventualités que le ministre veut que l'on regarde courageusement en face ? Quelle est leur gravité ? Comment nous assureront-elles cinquante ans de repos ?

Il n'est plus possible de se le dissimuler, nous sommes à la veille de la guerre.

Cette guerre ne pourra être que révolutionnaire, car à l'exception de l'Angleterre que le cabinet français semble certain d'entraîner dans son alliance, tous les gouvernements du Nord nous sont hostiles et l'armée du roi Victor-Emmanuel ne peut être employée utilement hors de sa sphère restreinte d'agitation révolutionnaire italienne.

L'Angleterre entrera dans notre alliance après la chute du ministère Palmerston qu'au ministère des Affaires étrangères on regarde comme imminente et lorsqu'un cabinet formé par Lord Derby et ses amis sera arrivé au pouvoir.

Monsieur Drouyn de Lhuis laisse même entendre assez clairement que Lord Derby pressenti sur la politique qu'il adoptera, aurait donné les garanties les plus rassurantes d'une entente très cordiale entre la France et l'Angleterre pour l'accomplissement du programme d'un remaniement de la carte de l'Europe qui est le but que veut atteindre l'Empereur Napoléon.

Ainsi, en adoptant ces espérances comme des certitudes, voici quelle serait la situation de l'Europe au commencement de la guerre :

D'un côté : la France, l'Angleterre, l'Italie et le Danemark.

De l'autre : la Russie, l'Autriche, la Prusse et toute l'Allemagne.

Dans ces conditions, la guerre ne serait encore qu'une guerre européenne, comment revêtira-t-elle un caractère révolutionnaire ?

C'est pour l'expliquer qu'il convient de développer le plan français depuis longtemps arrêté dans la pensée de l'Empereur, patiemment mûri et dont l'état actuel de la Galicie démontre que l'exécution est commencée.

La cause des nationalités est comme on ne l'a que trop vu depuis quelques années, le manteau sous lequel s'abrite la grande conspiration démagogique européenne. Cette cause partout protégée par la France, plus largement même protégée depuis un an, surexcitée depuis trois mois, est le grand auxiliaire sur lequel compte l'Empereur, pour conduire à bonne fin sa dangereuse entreprise.

A la Russie, à la Prusse, à l'Autriche, à l'Allemagne, il opposera les forces combinées de la France, de l'Angleterre et du Danemark appuyées sur les insurrections de la Pologne, de la Galicie, de la Hongrie, de la Serbie, de la Valachie et de la Moldavie.

L'Autriche sera en même temps tenue en échec en Italie par une attaque de toutes les forces italiennes contre la Vénétie et par les mouvements révolutionnaires de l'Albanie, de la Dalmatie et de la Bosnie qui reliés aux agitations de la Grèce soulèveront à propos la question ottomane et placeront l'Empire autrichien dans la nécessité d'éparpiller ses forces et de n'être réellement puissant nulle part.

Telles sont les graves éventualités que suivant Monsieur Drouyn de Lhuis, il faut avoir le courage de regarder en face, et qui toujours suivant lui, auront pour résultat de nous assurer cinquante ans de repos.

Vous verrez se développer peu à peu les événements indiqués dans ce programme. Tout est préparé pour son exécution en Hongrie comme dans les Principautés danubiennes et comme en Italie. Le jour où l'ordre en sera donné, tous les peuples préparés à la révolution s'ébranleront à la fois. Dieu veuille que ce jour-là ne commence pas pour l'Europe une ère de cinquante ans de déchirements au lieu des cinquante ans de repos et de quiétude qu'envisage dans l'avenir le ministre des Affaires étrangères.

Les *étrangers* rassurés par l'alliance austro-prusso-russe et croyant impossible l'alliance anglo-française, se montrent comme vous me le disiez parfaitement calmes et tout leur apparaît sous des couleurs riantes.

Les hommes qui approchent l'Empereur, qui sont tant soit peu initiés à ses projets, ne peuvent dissimuler leurs inquiétudes parce qu'ils connaissent le programme que je viens d'exposer.

P. S. Une lettre que je reçois de Londres d'un homme politique, m'apprend que l'arrivée des torys au pouvoir est chose certaine et que la distribution des situations politiques et de cour est déjà arrêtée.

Le correspondant du journal anglais *The Press*, journal de M. Disraeli, fort hostile jusqu'à ce jour à la France, a reçu de ses directeurs l'invitation de se montrer plus conciliant et d'adoucir considérablement le ton de sa polémique, parce que M. Disraëli désire que rien ne fasse obstacle aux arrangements que le parti tory négocie en ce moment avec le gouvernement français. La lettre m'a été communiquée.

Lundi 14 mars

Les notes diplomatiques communiquées par le gouvernement anglais et reproduites par *La France* sont-elles venues modifier la situation telle que la caractérisent les notes précédentes, et révèlent-elles dans les directions de la politique impériale des tendances nouvelles ? Je ne le pense pas ; ce sont des documents rétrospectifs qui s'appliquent à certains points de la question pour l'éclairer, mais qui ne contiennent aucune indication pour l'avenir. Leur attribuer une autre pensée, c'est en fausser le sens et en dénaturer le caractère.

Quelle est en effet la date de ces communications ; elles remontent au 19 et au 30 janvier dernier, c'est-à-dire qu'elles sont antérieures à des événements militaires considérables, à l'investissement de Duppel et à l'entrée des troupes austro-prussiennes dans le Jutland. Or ces événements ont sans aucun doute donné lieu entre les cabinets de Londres et de Paris à des échanges de vues, d'idées que nous ne connaissons pas et qui tirent de leur date plus récente une importance extrême autrement décisive.

Mais il y a plus, il est incontestable que depuis cette époque des ouvertures ont été faites par M. Drouyn de Lhuis à M. de Goltz et que ces ouvertures impliquaient un remaniement territorial de l'Europe, au double profit de la Prusse et de la France. Si les déclarations de M. Drouyn de Lhuis avaient eu le caractère pacifique qu'on veut leur attribuer, ces offres que je vous ai fait connaître en leur temps auraient été sans application, elles n'auraient pas eu de but. La politique de la France se serait arrêtée au lieu d'aller à la recherche de nouvelles combinaisons diplomatiques et militaires.

Lorsqu'on lit au contraire les dépêches communiquées au Parlement, on y trouve la pensée de la France très nettement exposée, et cette pensée loin d'être la paix, c'est la guerre, et en effet deux points s'en détachent avec précision :

1° La France regarde le maintien du traité de 1852 comme nécessaire à l'équilibre européen, mais elle n'est pas disposée à recourir aux armes pour imposer à l'Autriche et à la Prusse le respect de leurs engagements.

2° La France réserve expressément sa liberté d'action dans le cas où l'équilibre de l'Europe se trouverait rompu par l'abrogation violente de ce traité.

Qu'est-ce à dire ? sinon que la France ne veut pas s'opposer à la violation du traité, pour faire de cette violation même la base de ses prétentions futures. Le traité de 1852 maintenu même par l'intimidation, c'est la paix, et cependant c'est ce que la France repousse. Ce traité violé, même sans provoquer de protestations de la part des puissances étrangères, ce sont les combinaisons territoriales ouvertes, c'est la guerre, et tel est cependant l'état de choses que la diplomatie française veut laisser se développer librement.

J'ai lu avec une scrupuleuse attention les documents publiés et il me paraît impossible de ne pas y reconnaître un désir prémédité de vastes complications européennes.

Il faut donc examiner en dehors de ces dépêches la situation actuelle, et voilà comment elle se caractérise suivant moi.

La situation politique reste en suspens depuis quelques jours, et le monde des affaires semble disposé à se rassurer. Je voudrais rechercher si quelque chose dans les événements peut justifier cette tendance optimiste et si les éventualités que nous réserve l'avenir présentent un caractère aussi favorable.

Depuis ma dernière note, il me semble que l'état de choses s'est accusé dans un double sens, d'abord du côté de la France, ensuite du côté de l'Europe continentale.

En Europe, l'élément conservateur ou si l'on veut, la force de résistance tend à se dégager plus nettement chaque jour de l'élément révolutionnaire. L'entente et on peut le dire, l'alliance des trois cours du Nord n'a pas une autre signification.

On a beau répéter que la coalition n'est plus possible, il n'en est pas moins vrai que les cours de Vienne, de Berlin et de St-Pétersbourg se réunissent autour de certains principes généraux et que si elles ne veulent plus combattre la révolution dans son acception libérale, elles veulent l'étouffer dans ses prétentions de droit national. Lorsqu'on prend les choses à ce point de vue, on s'aperçoit que l'Europe n'est pas vis-à-vis de la France dans une situation bien différente de celle qui existait il y a soixante-dix ans, car si la Convention était alors le foyer des insurrections de *sujets*, l'Empereur est maintenant le chef avoué des révoltes de peuples.

Ce second mouvement n'est pas moins redoutable que le premier aux yeux de certaines cours.

Voilà donc un des faits acquis à la politique depuis quinze jours : l'entente de l'empereur Alexandre avec l'empereur François-Joseph et le roi Guillaume ; et ce fait a des conséquences considérables ; il ouvre en partie du moins la question d'Orient, car il autorise les agitations préparées à Bucharest, à Belgrade et dans le Monténégro. Il encourage l'Autriche en lui donnant une armée pour contenir ou dompter la Hongrie. Il rassure l'Allemagne tout entière qui sans cette alliance aurait craint d'être étouffée entre la France et la Russie.

Pour ma part, je ne crois pas que malgré toutes les considérations stratégiques, la politique austro-prussienne se fût aventurée dans le Jutland en poussant en avant son armée, si elle ne s'était pas cru en état de dénouer avec ce secours toutes les complications.

Il est difficile sans doute de se rendre un compte exact des dispositions de l'Allemagne, il y a là des sentiments trop complexes et des intérêts trop divers pour qu'on puisse les analyser sûrement. Je persiste à croire que la Prusse et l'Autriche apportent dans leurs résolutions communes des vues tout à fait divergentes.

La Prusse poussée par un instinct d'aventures et l'Autriche obéissant surtout à des nécessités de défense. Je crois encore que cet antagonisme éclatera tôt ou tard, non pas avant la guerre, mais pendant la guerre elle-même et peut-être à une de ses phases décisives. C'est-à-dire que dans mon opinion l'alliance austro-prussienne qui pourra réunir les deux armées sur un même champ de bataille, ne pourra pas résister à un premier échec et que la Prusse se retirera sans hésiter d'une alliance où elle ne trouverait que des défaites.

Mais les choses sont loin d'en être encore à ce point, et on peut considérer aujourd'hui l'entente des deux cours comme relativement solide. Elle me paraît destinée à subir l'épreuve de certains événements militaires.

Si l'on regarde maintenant du côté de la France que trouve-t-on ? Une attitude aussi réservée qu'auparavant, et suivant moi tout aussi menaçante. Des détails dont on ne peut pas mettre en doute l'exactitude générale prouvent que l'Empereur ne veut pas s'engager sur un point particulier, mais qu'il pose à Londres, comme il posait, il y a deux mois, à Berlin la question européenne. Or la question européenne ouverte, je n'hésite pas à l'affirmer, c'est la guerre inévitable.

Que contient en effet la question européenne ?

D'abord la Pologne et les Principautés danubiennes, c'est-à-dire l'hostilité de la Russie ; ensuite la Hongrie et l'Italie, c'est-à-dire l'hostilité de l'Autriche ; enfin l'anéantissement de la Confédération germanique et la reconstitution territoriale de l'Allemagne, c'est-à-dire encore l'hostilité de la Prusse puisqu'elle n'est pas entrée dans notre alliance.

Eh bien ! Il n'y a pas une de ces difficultés dont la solution même modérée soit acceptable par les gouvernements européens. Poser ainsi la question avec cette étendue, cette inflexibilité, c'est la faire aboutir fatalement à la guerre.

Si ces considérations présentaient quelque intérêt, je démontrerais que les motifs si déterminants qui ont empêché la réunion du congrès, sont autant de raisons qui établissent la fatalité de la guerre. L'Empereur lui-même avait prévu que la médaille qu'il a frappée à la pacification générale portait sur son autre côté la révolution générale.

Que fait la France en ce moment ?

Pourquoi les journaux du gouvernement, après avoir cherché à entraîner l'opinion, cherchent-ils à la retenir ?

Comment la presse anglaise notoirement inspirée de Paris est-elle si belliqueuse ? tandis que celles de nos feuilles qui reçoivent les mêmes inspirations se font jusqu'à un certain point modératrices ?

L'explication de ce fait me semble facile.

Les embarras de la situation européenne sont trop graves, le but poursuivi est trop considérable ; certaines défiances de l'opinion parmi nous sont trop éveillées pour que l'Empereur veuille assumer sur lui la responsabilité des événements. Voici, je crois, le point auquel il veut conduire ou voir arriver les choses.

L'Allemagne s'engage chaque jour davantage. Plus elle sort par la guerre des traités de 1852, plus il lui sera difficile d'y rentrer par la diplomatie. Le jour où des explications catégoriques lui seront demandées, elle se trouvera elle-même en face de faits accomplis dont elle ne pourra récuser ni les bénéfices, ni les périls.

La Prusse et l'Autriche qui ont accepté deux fois des conférences, adhéreraient-elles une troisième fois à ces propositions ? Serait-il seulement possible de les leur renouveler ?

Quant au Danemark, plus il persistera dans sa résistance, plus il s'obstinera dans sa défaite et plus il sera vaincu, plus il semblera près de sa ruine, plus il sera près d'être secouru ; et puisqu'il a refusé les premières concessions, il n'a pas de plus grand intérêt que d'être écrasé jusqu'au point où ses destinées intéressent d'une manière incontestable l'équilibre européen.

Cet état de choses finira par dominer la politique de l'Angleterre, c'est la confiance de notre gouvernement, et sous ce rapport je la crois justifiée.

En ouvrant la question européenne, l'Empereur a rendu insoluble par les voies de la paix la question des Duchés, et chacun des échecs que la politique anglaise subit à Francfort et à Copenhague la ramène vers nous.

Dans ces circonstances, comment est-il possible de se livrer aux illusions que le monde des affaires semble disposé à partager ?

Peut-être aucun effort décisif ne sera-t-il tenté jusqu'au départ de l'archiduc Maximilien, mais j'ai la conviction qu'aucune des directions générales de la politique ne s'est modifiée, et toutes ces directions aboutissent à une guerre prochaine [1].

Samedi 19 mars

J'ai exposé dans plusieurs notes les périls que présente à mes yeux la situation européenne. Ces périls étaient de deux sortes : ils résultaient des passions révolutionnaires surexcitées en Pologne, en Italie, en Hongrie, partout où le principe des nationalités pouvait provoquer un ébranlement politique, et ils étaient aggravés par une sorte de conspiration permanente, méditant d'employer les forces régulières d'un grand pays, sa diplomatie, son armée, au service de quelqu'une de ces aventures qui tentent de bouleverser l'ordre public européen.

La situation se dessinait ainsi, il y avait, il y a encore des foyers d'insurrection à Pesth, à Turin, à Varsovie et il y avait une main qui les alimentait.

Cette politique avait pour prétexte l'affranchissement des peuples, pour but, la conquête du Rhin pour la France.

Il fallait que l'état territorial de l'Europe fût modifié ailleurs pour justifier un changement sur nos frontières de l'Est, comme il avait fallu la conquête de la Lombardie pour l'annexion de la Savoie.

Je suis convaincu que ces projets ont été à la veille de se manifester par la force, et je pense qu'aujourd'hui personne ne conteste les tentatives qui ont été faites dans ce sens. Où en est maintenant cette politique ? Quelle phase traverse-t-elle ? Quels obstacles rencontre-t-elle ? Quelles chances de succès conserve-t-elle encore ?

Toute la question est là, car cette politique n'a pas abdiqué et elle ne le peut pas.

L'affaire des Duchés a semblé s'ouvrir à point pour les ambitions de la France.

Il était également possible en effet, ou de soutenir l'Allemagne dans ses revendications qui venaient consacrer le principe invoqué au début

1. Viel Castel fait ici allusion au départ de Maximilien pour le Mexique. Si la couronne impériale lui a été proposée par une junte mexicaine dès juillet 1863, l'archiduc hésite encore à l'accepter à la mi-mars car il ne veut pas perdre ses droits sur le trône autrichien. Trois semaines plus tard, il renonce enfin à ces derniers et se décide à embarquer avec son épouse Charlotte à destination de Veracruz.

de la guerre d'Italie, ou de s'appuyer sur les sympathies traditionnelles de la France en faveur du Danemark.

Il fallait pour cela que les faits vinssent réaliser l'une ou l'autre de ces deux hypothèses, ou que la Confédération conduite par la Prusse adhérât à des transactions internationales et consentît sur le Rhin à des sacrifices dont elle aurait trouvé la compensation sur l'Eïder, ou que l'Allemagne, ayant l'audace de sortir seule des traités de 1852, mît en question l'équilibre même de l'Europe et provoquât ainsi une alliance de la France et de l'Angleterre.

Des renseignements incontestables prouvent que la politique de la France s'est longtemps réservée pour l'une ou pour l'autre de ces combinaisons.

Après avoir cherché à éveiller les ambitions de la Prusse, elle a encouragé les résistances des États secondaires, pensant que le sentiment national débordant la politique des cabinets de Vienne et de Berlin la dominerait et l'entraînerait. Et en même temps elle s'est rapprochée de l'Angleterre, elle lui a offert son concours actif pour rétablir dans le Nord un état de choses au maintien duquel les ministres de la reine semblaient attacher une importance de premier ordre.

On a donc pu croire un moment, et la cour de France a été suivant moi la première à partager cette conviction, que les difficultés actuelles n'avaient d'autre issue que la guerre.

Je n'hésite pas à attribuer à l'influence de l'Autriche, à sa modération et à sa hardiesse l'échec au moins momentané de ces combinaisons.

Je disais, il y a trois mois, qu'en entrant dans l'alliance de la Prusse, l'Autriche avait pour but d'arrêter le mouvement de l'Allemagne et non de le précipiter.

Sous ce rapport elle est parvenue à un résultat qui a égalé sans aucun doute ses meilleures espérances.

Elle a empêché deux choses :

Elle n'a pas laissé la Prusse s'engager dans les transactions internationales et développer par une entente avec notre pays ses propres desseins d'agrandissement, et elle a paralysé ainsi une des conceptions de notre politique.

Ensuite elle a retenu la Prusse dans les limites du droit des traités ; elle ne lui a pas permis de se mettre à la tête de l'Allemagne révolutionnaire, et dès lors elle n'a pas fourni un prétexte suffisant à un rapprochement de la France et de l'Angleterre.

A elle seule, en présence des excitations de l'esprit public en Allemagne et des indécisions de la Prusse, l'Autriche n'aurait pas suffi à dominer cette situation.

C'est alors que s'est révélée l'entente de la Russie avec les deux cours de Vienne et de Berlin, qui par ses intérêts faisait nécessairement prévaloir dans cette alliance la politique conservatrice de l'Autriche et dont l'influence devait à la fois éloigner la Prusse de notre pays et retenir du droit international les résolutions de son gouvernement.

L'attitude de la Russie a donc eu cette conséquence essentielle de rendre définitive l'union de la Prusse et de l'Autriche et d'assigner à leurs efforts communs un but qui ne s'éloignait pas sensiblement des stipulations convenues dans les traités de 1852.

Et ce n'est pas seulement en Allemagne que cet événement a joué un rôle considérable, il a encore influé sur la politique de l'Angleterre.

Lorsque la Prusse semblait à la tête du mouvement, qu'elle entraînait les armées alliées du Holstein dans le Schleswig et de là dans le Jutland, et que l'on pouvait croire à la réalisation prochaine de certains projets ambitieux, la politique anglaise a été prompte à s'alarmer ; à ce moment sont intervenues les conversations de Lord Cowley et de Monsieur Drouyn de Lhuis, et tout faisait pressentir une alliance des deux puissances occidentales.

Les Torys sûrs d'une victoire parlementaire montèrent à l'assaut du pouvoir ; c'en était fait du cabinet de Palmerston-Russel, et la guerre semblait inévitable.

Mais si l'influence de l'Autriche venait au contraire à prévaloir, si l'autorité de la Russie apportait un gage nouveau au maintien de la paix, que devenait l'alliance anglo-française, elle était au point de vue des intérêts de l'Angleterre un acte d'inconséquence et la politique de Lord John Russel si vivement attaquée, il y a trois semaines, regagnait tout le terrain que reprenaient elles-mêmes les espérances de paix.

C'est là ce qui est arrivé ; c'est à cette phase de la question que se rattache le voyage du roi Léopold à Londres, c'est elle que caractérisent les nouvelles propositions de conférence. Enfin c'est dans ces liens que se trouve prise aujourd'hui la politique française.

Au milieu de ces déplacements d'influence que fait notre pays ? Rien !... Rien de net, rien de décisif, rien de sincère.

Il a à Turin un appui certain, à Pesth un appui douteux. Il est à Copenhague avec le parti de l'union scandinave et il essaie par là de forcer Christian IX à une résistance désespérée, mais il sait que s'il osait s'avancer sur l'Europe avec un drapeau quelconque, toutes les questions secondaires s'effaceraient devant cette entreprise et que la triple entente se changerait le lendemain en une quadruple alliance.

L'Angleterre est aujourd'hui convaincue que la paix est possible en Europe ; elle se croit sûre d'amener la Prusse et l'Autriche dans les conférences à des propositions acceptables pour le Danemark ; elle ne redoute plus la conquête des ports de la Baltique par l'Allemagne ; c'est là ce qui fait que la politique antifrançaise de Lord John Russel finit par avoir raison dans le pays et que la France retombe dans un isolement où elle est en butte à tous les soupçons de l'Europe.

Jamais la situation de l'Empire et de l'Empereur ne m'a paru plus grave, plus enveloppée de périls, jamais elle n'a été plus fatalement placée entre des aventures qui peuvent tout compromettre et des faiblesses qui ruineraient son crédit en Europe et son autorité en France.

On l'a dit depuis longtemps et avec juste raison, il n'y a que deux politiques possibles : la politique de la guerre ou la politique de la liberté.

Or lorsqu'on examine les dispositions des puissances au-dehors et l'état des esprits à l'intérieur, on en vient à se demander quelle est celle de ces deux politiques qui est désormais la plus impossible.

La politique de la liberté si elle était radicale, sincère, si elle nous ramenait aux pratiques du gouvernement représentatif serait encore réalisable.

Mais est-ce que l'Empereur l'acceptera, est-ce qu'il n'y a pas dans son gouvernement et dans son propre esprit des préjugés, des résistances, qui l'en détourneront toujours ?

Et la politique de transition, celle qui procède par des réformes progressives et qui a été inaugurée en théorie le 24 novembre 1860. Cette politique-là n'inspire plus de confiance à personne, elle n'a plus de gages à donner, le gouvernement l'a détruite lui-même par l'étrange application qu'il en fait depuis trois ans.

Toutes les avenues de la liberté sont gardées par les ennemis de l'Empire.

Quant aux avenues de la guerre, elles sont occupées par l'Angleterre, par l'Autriche, par la Prusse, par la Russie, par toutes les grandes puissances européennes.

L'Empire me semble bloqué dans ses résistances à l'intérieur et dans ses desseins au-dehors ; il est contraint d'agir dans un sens ou dans l'autre, et il rencontre partout de telles entraves, qu'il est difficile de dire où sont pour lui les plus grands périls.

C'est là ce qui me paraît le plus redoutable, car ce serait méconnaître la nature même de l'Empereur que de ne pas le croire plus disposé à tenter les aventures qu'à chercher une force nouvelle dans le développement d'un régime légal.

Samedi 26 mars

Vous pensez que je vois trop en noir les éventualités de l'avenir, et que les événements loin de confirmer mes prévisions donneront raison aux optimistes qui ne veulent jamais que la sérénité de leur ciel soit troublée par un nuage. Je souhaite que vous ayez raison, mais j'ai peur de n'avoir pas tort.

Depuis quelques jours surtout, les faits qui arrivent à ma connaissance ne font que me raffermir dans mes tristes prévisions. Pas un de ces faits n'a une signification pacifique et si vous vous souvenez du contenu de mes notes précédentes, les événements semblent prendre la direction que j'avais cru devoir vous indiquer.

L'Autriche est plus menacée que jamais sur tous les points que je signalais à votre attention ; l'Italie surtout est plus entraînée par le parti de l'action qu'elle ne l'était au commencement de ce mois, et quoique la France adhère aux conférences sans bases et sans armistice qui lui ont été proposées par l'Angleterre d'accord avec l'Autriche et la Prusse, l'affaire danoise passant par des conférences rend peut-être la guerre plus inévitable.

Lord Palmerston veut à tout prix ces conférences pour donner à sa diplomatie aux yeux du Parlement britannique l'apparence d'un succès, et pour s'assurer quelques mois d'existence, car d'ailleurs il ne s'aveugle pas sur leur résultat.

M. Drouyn de Lhuis répondant à Lord Palmerston lui a dit ceci :

L'Empereur accepte la proposition qui lui est faite de prendre part aux conférences relatives au conflit dano-allemand, parce qu'il tient à ce que le gouvernement britannique, ainsi que tous les gouvernements européens demeurent persuadés de son profond désir d'éviter une guerre générale, et que quelle que soit suivant lui l'inutilité des tentatives faites en ce moment, il ne veut pas par son abstention donner lieu à l'accusation de les avoir fait échouer.

Toutefois, Mylord, je ne crois pas devoir vous dissimuler que l'Empereur ne fonde aucun espoir sur ces conférences et qu'elles lui semblent plus propres à amener la guerre qu'à concilier les intérêts si divers et si fatalement froissés des parties belligérantes.

Ainsi la France accepte les conférences sans bases, sans armistice, mais elle les croit dangereuses pour la paix de l'Europe.

L'Autriche et la Prusse ne tiennent plus compte des traités de 1851-1852.

La Diète germanique ne s'est pas encore prononcée.

Le Danemark poussé à la résistance par les conseils de la France ne me paraît pas disposé à se prêter à un égorgement diplomatique, à subir le rôle de victime.

La situation devient donc plus grave et les conférences, soit qu'elles aient lieu, soit qu'elles échouent, n'exerceront aucune influence pour le maintien de la paix.

L'arrivée de Garibaldi en Angleterre ressemble à une tentative in extremis du ministère Palmerston pour détourner l'attention du peuple anglais des débats qui se renouvelleront à propos de Mazzini et de l'honorable membre du Parlement qui l'avoue pour ami.

Ici au ministère des Affaires étrangères on est persuadé que Garibaldi n'a quitté Caprera que pour se mettre très prochainement en Italie à la tête du parti de l'action et qu'il n'est venu en Angleterre que pour surexciter l'opinion publique en sa faveur, obtenir des armes, recueillir des souscriptions à un emprunt révolutionnaire.

M. Drouyn de Lhuis croit être certain d'une prochaine levée en masse des enrôlés de la jeune Italie.

L'attaque des Autrichiens dans la Vénétie est résolue, Garibaldi entraînera l'armée elle-même à la suite de ses bandes, et le roi Victor-Emmanuel pour conserver quelque popularité sera contraint de se joindre à cette folle entreprise, de suivre Garibaldi et de n'occuper dans son armée que le second rang.

Telles sont les craintes ou les espérances qui préoccupent en ce moment le gouvernement français. Je voudrais bien croire au maintien de la paix, mais il faut convenir que jusqu'à présent nous paraissons faire les premières étapes du chemin de la guerre.

Samedi 27 août

Depuis dix-huit mois, je suis fort malade et mes travaux littéraires, ainsi que mes correspondances politiques me laissent peu de moments libres pour causer avec mes chers livres de notes.

Sans doute j'ai su bien des choses concernant le conflit dano-allemand ; j'ai eu la confidence de bien des roueries ; j'ai vu de près la sale cuisine de la politique, mais je ne reviendrai pas sur les événements des derniers mois.

La France, je dois seulement l'avouer, est un peu déchue de sa suprématie, depuis qu'à force de vouloir ruser elle a mis en défiance les autres nations et qu'elle a vu se conclure la triple alliance des cours du Nord. Suspecte à la Russie, à la Prusse, à l'Autriche, elle l'est encore à l'Angleterre qui hésite à s'engager avec elle dans les liens d'une alliance intime.

Aujourd'hui la France est suspecte et isolée, elle a laissé périr le Danemark, elle a encouragé les ambitions de la Prusse dans l'espoir d'obtenir la ligne du Rhin, vain espoir ! Elle a été jouée par Monsieur de Bismarck et la France, pour cacher sa déconvenue, se déclare aujourd'hui sans intérêt dans tout ce qui se passe en Allemagne.

L'Empereur a toujours sa même politique de conspirateur, il ne connaît que celle-là, son gouvernement est un atelier de conspirations contre tous les autres gouvernements.

Il est arrivé à ce point que sa parole et ses traités ne sont plus considérés comme des engagements.

Nous sommes déchus, et ce qui était jeune autour de l'Empereur se fait vieux, et ce qui n'était pas encore corrompu, il y a quatre ans, l'est tout à fait actuellement.

BIOGRAPHIES DES TRENTE PERSONNALITÉS LES PLUS FRÉQUEMMENT CITÉES PAR VIEL CASTEL

par Éric Anceau

BAROCHE Pierre *Jules* (1802-1870). Issu de la petite bourgeoisie, Baroche devient avocat et accède à la notoriété à l'occasion du procès des Messageries françaises. A la fin de la monarchie de Juillet, il est élu député et s'associe à la lutte contre le gouvernement Guizot. Il se rallie à la Deuxième République et fait partie des assemblées parlementaires. Il y défend l'ordre, en particulier en tant que procureur général près la cour d'appel de Paris, puis près la Haute Cour de Bourges. C'est à ce titre qu'il requiert contre les accusés des journées du 15 mai 1848 et du 13 juin 1849. Ministre de l'Intérieur (15 mars 1850-24 janvier 1851), il défend la loi du 31 mai 1851 restrictive du suffrage universel, puis passe au ministère des Affaires étrangères (10 avril-14 octobre 1850). Il se montre hésitant au moment du coup d'État du 2-Décembre, mais finit par s'y rallier. Dès lors, il soutient indéfectiblement le Président, puis l'empereur. Les responsabilités et les honneurs s'accumulent. Vice-président de la Commission consultative, Baroche participe à la rédaction de la Constitution du 14 janvier 1852. Il est successivement nommé vice-président du Conseil d'État, ministre présidant cette assemblée, puis ministre sans portefeuille en décembre 1860. Principal orateur du gouvernement devant les Chambres (d'abord seul, puis avec Billault et Magne), il remporte de beaux succès par sa clarté d'exposition, la rigueur de ses démonstrations, sa maîtrise de soi ainsi que sa capacité à allier fermeté sur le fond et concessions de détail, ce qui lui vaut la grand-croix de la Légion d'honneur en 1855. Le 23 juin 1863, il est nommé ministre de la Justice et des Cultes et entre au Sénat le 20 octobre suivant. Après lui avoir reconnu quelques mérites, Viel Castel voit rapidement en lui « une canaille » (*Mémoires*, 9 août 1854), un bourgeois à la fois vaniteux, âpre au gain et couard. Il l'accuse également de vouloir placer à toute force ses fils, Ernest et Alphonse. Baroche quitte le gouvernement après les élections législatives de 1869, tout en restant sénateur et membre du Conseil privé. Il ne survit que quelques semaines à la chute du régime.

BIBL. : Mme Jules Baroche, *Le Second Empire, Notes et souvenirs (1855-1871)*, Paris, G. Grès, 1921 ; Jean Maurain, *Un bourgeois français au XIXe siècle : Baroche, ministre de Napoléon III, d'après ses papiers inédits*, Paris, F. Alcan, 1936.

BILLAULT *Adolphe* Augustin Marie (1805-1863). D'une famille d'armateurs bretons ruinés par les effets des guerres napoléoniennes, il fait un beau mariage dans le milieu du négoce nantais et se distingue au barreau. Entré à la Chambre des députés en 1837, il y reste jusqu'à la chute de la monarchie de Juillet. Après avoir été sous-secrétaire d'État à l'Agriculture et au Commerce en 1840, il siège dans l'opposition dynastique. Il se rallie à la République et fait partie de l'Assemblée constituante, mais n'est pas élu à la Législative. Il épouse alors la cause du Président, ce qui lui permet de siéger dans la Commission consultative au lendemain du coup d'État du 2 décembre 1851. Élu au Corps législatif en mars 1852, il devient aussitôt le premier président de cette assemblée dont il se satisfait publiquement de la réduction des prérogatives alors qu'il avait jadis été l'un des chantres du parlementarisme. En 1854, il quitte le Corps législatif pour prendre le ministère de l'Intérieur et est nommé sénateur. Grand-croix de la Légion d'honneur au lendemain des élections législatives de 1857 dont il a fait un succès pour le pouvoir, il perd néanmoins son ministère pour ne pas avoir su prévenir l'attentat d'Orsini du 14 janvier 1858. Il écrit alors des lettres pathétiques à l'empereur pour tenter de rentrer en grâce. De fait, il retrouve le ministère de l'Intérieur en novembre 1859 avant de devenir l'un des trois orateurs du gouvernement devant les Chambres, en novembre 1860, en tant que ministre sans portefeuille. Il se montre plus talentueux que ses collègues Baroche et Magne, au point que Napoléon III remplace en juin 1863 les trois ministères par un ministère d'État aux attributions élargies qu'il confie à Billault. Cependant, ce dernier meurt le 13 octobre suivant, sans avoir pu exercer cette fonction. Le régime lui fait des obsèques nationales. Si Morny assure qu'avec lui « l'Empire perd son bras gauche », Viel Castel est plus critique. Tout en lui reconnaissant une grande éloquence, il voit à la fois en lui un incertain qui manque de fermeté et un opportuniste qui cède fréquemment à la démagogie.

BIBL. : Noël Blayau, *Billault, ministre de Napoléon III, d'après ses papiers personnels (1805-1863)*, Paris, C. Klincksieck, 1969.

BONAPARTE Napoléon, empereur des Français sous le nom de Napoléon Ier (1769-1821). Deuxième fils de Charles Bonaparte et de Letizia Ramolino, d'une famille corse de petite noblesse et de fortune médiocre, il entre comme boursier à l'école de Brienne, puis est admis à l'École militaire de Paris et devient officier d'artillerie. Après s'être distingué au siège de Toulon face aux Anglais, il est nommé général en 1793. Protégé de Barras, il écrase l'insurrection royaliste du 13-Vendémiaire, épouse Joséphine de Beauharnais, puis reçoit le commandement en chef de l'armée d'Italie. En 1796-1797, la campagne d'Italie révèle son génie de stratège et d'entraîneur d'hommes. Celle d'Égypte de 1798-1799, qu'accompagne une propagande habile, lui permet de devenir le général incontournable dont les ennemis du Directoire entendent se servir pour renverser le régime. Cependant, le coup d'État des 18 et 19 Brumaire (9 et 10 novembre 1799) lui profite essentiellement. Il devient Premier consul et commence son œuvre de pacification de la France, de consolidation des acquis de la révolution bourgeoise et de développement de la centralisation et de l'administration. Nommé Premier consul à vie en août 1802, il devient empereur des Français en mai 1804. A la suite de ses conquêtes, il place ses frères et sœurs sur les trônes d'Europe, mais s'aliène une grande partie des populations. Une vaste coalition finit par le vaincre en mai 1814. Exilé à l'île d'Elbe, il tente un retour (les Cent-Jours) qui s'achève le 18 juin 1815 par la défaite de Waterloo. Il est alors déporté sur l'île de Sainte-Hélène où il meurt le 5 mai 1821. Le *Mémorial de Sainte-Hélène*, que Las Cases rédige à partir de ses entretiens avec l'empereur, obtient un succès considérable et fait du prisonnier un héros et martyr. Si Viel Castel n'a jamais rencontré Napoléon — il a en revanche connu Joséphine —, il n'est pas étonnant que le nom de l'empereur revienne si souvent sous sa plume. Bien que mort depuis trente ans, ce dernier marque le siècle — « Toujours lui ! Lui partout ! » écrit Hugo — et son neveu entretient la flamme.

BIBL. : Éric Anceau, *Napoléon, l'homme qui a changé le monde*, Paris, J'ai lu, « Librio », 2004 ; Thierry Lentz, *Napoléon, « Mon ambition était grande »*, Paris, Gallimard, 1997 ; Thierry Lentz, *Napoléon*, Paris, PUF, 2003 ; Jean Tulard, *Napoléon ou le Mythe du sauveur*, Paris, Fayard, 1977.

BONAPARTE Jérôme (1784-1860). Benjamin des enfants de Charles Bonaparte et de Letizia Ramolino, il reçoit une éducation négligée du fait des difficultés de tous ordres rencontrées par la famille, mais bénéficie par la suite de l'ascension de son frère Napoléon. Pour satisfaire ce dernier, il accepte d'ailleurs de répudier son épouse l'Américaine Elizabeth Patterson pour se marier en 1807 avec Catherine de Wurtemberg. Roi de Westphalie de 1807 à 1813, il mène une vie fastueuse à Cassel. Après la bataille de Waterloo, où il se comporte héroïquement, et la seconde abdication de son frère aîné, il prend le chemin d'un long exil italien qui ne prend fin qu'en 1847. Entre-temps il a perdu son épouse et contracté une union secrète avec la marquise Bartolini-Baldelli. Seul survivant des frères et sœurs du premier empereur au moment de l'élection de Louis Napoléon Bonaparte à la présidence de la République, il est couvert d'honneurs et de faveurs. Nommé gouverneur des Invalides dès décembre 1848 et, à ce titre, gardien du tombeau de l'Empereur, il est élevé à la dignité de maréchal de France en janvier 1850. Grâce à son confortable traitement, il donne des fêtes somptueuses. Après le rétablissement de l'Empire, il obtient la présidence du Sénat, mais s'en démet lorsque cette assemblée s'oppose à son fils, le prince Napoléon. Le décret organique du 18 décembre 1852, qui règle l'ordre de succession au trône, déclare sa descendance dynaste, après celle de Napoléon III. Si son fils et son petit-fils Patterson en sont exclus, ils obtiennent de l'empereur, en 1854, le droit de porter le nom de Bonaparte, ce qui mécontente fortement les deux autres enfants du roi Jérôme. Soucieux de sa tranquillité, ce dernier les éloigne et ne les couchera pas sur son testament. Tout en faisant partie du conseil de famille et du Conseil de régence à sa formation en 1859, il se partage entre sa résidence parisienne du Palais-Royal et son château de Villegenis où il s'éteint le 24 juin 1860, après y avoir poursuivi sa vie de plaisirs. Pour Viel Castel qui ne l'aimait pas, il n'était plus, depuis longtemps, qu'un « vieux drôle » (*Mémoires*, 23 avril 1851), « un bourreau d'argent entouré d'ignobles cotillons » (*Mémoires*, 11 mars 1852). L'empereur fait des obsèques solennelles à son oncle et le fait inhumer aux Invalides près de Napoléon.

BIBL. : Jules Bertaut, *Le Roi Jérôme*, Paris, Flammarion, 1953 ; Bernardine Melchior-Bonnet, *Jérôme Bonaparte ou l'Envers de l'épopée*, Paris, Perrin, 1978.

BONAPARTE princesse Mathilde (1820-1904). Fille du roi Jérôme, elle est la cousine de Louis Napoléon Bonaparte, avec lequel elle doit se marier en 1836, mais l'affaire de Strasbourg provoque la colère de son père et la rupture des fiançailles. Quatre ans plus tard, elle épouse le richissime prince russe Anatole Demidoff, gentilhomme de la chambre du tsar. Comme il est brutal et la trompe, elle obtient la séparation en 1846. Le tsar oblige même le mari volage à verser une pension annuelle de 200 000 francs à la princesse. Cette dernière s'installe à Paris en 1847. D'esprit libéral, elle reçoit l'élite de la pensée, du talent et du pouvoir, dont Thiers, le général de Castellane ou encore le comte de Nieuwerkerke avec lequel elle a commencé une liaison quelques mois plus tôt. Si elle n'est pas une beauté, elle a du charme et de l'esprit et séduit ses hôtes. Elle participe au financement de la campagne présidentielle de son cousin, puis, après l'élection de celui-ci et jusqu'à son mariage, tient sa maison à l'Élysée et l'assiste pour les questions protocolaires. Sous l'Empire, elle est princesse française et bénéficie d'une liste civile s'élevant annuellement à 200 000 francs, puis à 500 000 francs à partir de 1860. Elle accueille le Tout-Paris des arts et des lettres dans son salon de la rue de Courcelles et dans son château de Saint-Gratien, près d'Enghien, que ses proches appellent « l'auberge de l'amitié » : Sainte-Beuve, Arsène Houssaye, Alexandre Dumas père et fils, Dubuffe, les Giraud, les Reiset et bien sûr Viel Castel. Notre mémorialiste pense le plus grand bien de celle que ses amis surnomment « Notre-Dame des arts » : « J'aime son caractère et sa personne, elle ne peut rien dissimuler ; la franchise chez elle est une vertu poussée dans ses dernières limites. Il ne faut pas la connaître pour être son ennemi » (*Mémoires*, 3 mars 1851). Il a sa place dans le salon de la rue de Courcelles, sa chambre à Saint-Gratien et reçoit d'elle des étrennes. Cependant, au fil des années, il lui reproche de mal savoir s'entourer ou de se laisser abuser par Nieuwerkerke. Il est très affecté qu'elle ne le soutienne pas lorsqu'il est révoqué en mars 1863, puis qu'elle ne l'invite plus. Après 1870, la princesse se réfugie en Belgique, puis obtient de rentrer en France grâce à la bienveillance de Thiers. Elle rouvre alors son salon, qui accueille de nouveaux talents comme Maupassant ou Proust.

BIBL. : Jean des Cars, *La Princesse Mathilde*, Paris, Perrin, 1988 ; Marguerite Castillon du Perron, *La Princesse Mathilde, un règne féminin sous le Second Empire*, Paris, Amiot-Dumont, 1953 ; Joachim Kühn, *La Princesse Mathilde*, Paris, Plon, 1933 ; Jacques de La Faye, *La Princesse Mathilde. Une nièce de Napoléon*, Paris, É. Paul frères, 1928 ; *La Princesse Mathilde et son temps*, Florence, Exposition Palazzo Strozzi, 1959.

BONAPARTE *Jérôme* Joseph Charles Paul *Napoléon*, dit le prince Napoléon ou Plon Plon (1822-1891). Ce fils de Jérôme, ancien roi de Westphalie, d'une vive intelligence, mais d'un caractère difficile et mobile, reçoit une solide éducation à laquelle participe Louis Napoléon et qui s'achève à l'école militaire de Ludwigsburg. De cette proximité des deux cousins germains naît une affection profonde et durable. Les dissentiments entre les deux hommes sont pourtant nombreux. Dans les assemblées de la Deuxième République dont il est l'un des benjamins, le prince siège à l'extrême gauche républicaine, ce qui lui vaut le surnom de « prince de la Montagne ». Ses prises de position enflammées et son talent oratoire gênent Louis Napoléon devenu président de la République, qui l'éloigne en le nommant ambassadeur à Madrid. De retour dans la capitale, le prince s'oppose au coup d'État. Par la suite, il montre également son mécontentement à l'occasion du mariage impérial puis de la naissance du prince impérial qui lui font perdre sa place d'héritier présomptif. Ses relations avec l'impératrice ne cesseront jamais d'être tendues. Lors de la guerre de Crimée à laquelle il participe, il paie de sa personne avant de rentrer à Paris sans y avoir été autorisé. Il reçoit néanmoins la présidence de l'Exposition universelle de 1855, puis le ministère de l'Algérie et des Colonies, créé pour lui, en juin 1858. Il en démissionne pourtant dès mars 1859, à la suite de différends avec ses collègues sur les affaires italiennes. Italophile — il vient d'ailleurs d'épouser Marie-Clotilde, fille du roi de Piémont, de vingt ans sa cadette —, il pousse alors à la guerre contre l'Autriche. Par la suite, il manifeste à plusieurs reprises son opposition à la politique de son cousin dans ses discours au Sénat, ce qui l'isole au sein de la Chambre haute et l'empêche d'occuper des fonctions importantes. L'empereur se contente de lui confier la publication de la correspondance de Napoléon Ier. A la chute du régime, il se retire dans son domaine de Prangins, sur les bords du lac Léman. Après la mort de Napoléon III puis du prince impérial, il ne parviendra pas à s'imposer comme le chef du bonapartisme. Bête noire de Viel Castel qui lui reproche tour à tour sa violence, son avidité, son inconstance et sa couardise, il a surtout le tort d'incarner à ses yeux le bonapartisme de gauche qu'il déteste et qui l'effraie. « Quelle ressemblance, demande-t-on entre lui et un chapon ? un chapon est un *coq impuissant*, le prince est un *coquin puissant* » (*Mémoires*, 8 mars 1859).

BIBL. : Ferdinand Bac, *Le Prince Napoléon*, Paris, E. Ramlot et Cie, 1932, 7e éd. ; François Berthet-Leleux, *Le Vrai Prince Napoléon*, Paris, Grasset, 1932 ; Jules Flammarion, *Un neveu de Napoléon Ier, le Prince Napoléon (Jérôme)*, Paris, Tallandier, 1939.

BONAPARTE Charles *Louis Napoléon*, empereur des Français sous le nom de Napoléon III (1808-1873). Fils de Louis Bonaparte, roi de Hollande, et d'Hortense de Beauharnais et neveu de Napoléon Ier, il est contraint de passer sa jeunesse en Suisse du fait de l'abdication de son oncle. Après la mort du duc de Reichstadt en 1832, il se pose en prétendant bonapartiste et fait deux tentatives pour renverser Louis-Philippe à Strasbourg en 1836 et à Boulogne en 1840. Emprisonné au fort de Ham, il y rédige *L'Extinction du paupérisme.* Il s'évade en 1846 et se réfugie à Londres. Sous la Deuxième République, il est élu représentant du peuple puis président de la République, le 10 décembre 1848. Il ne tarde pas à entrer en conflit avec l'Assemblée législative qui refuse de réviser la Constitution pour lui permettre d'exercer un second mandat. Il la dissout lors d'un coup d'État, le 2 décembre 1851, puis restaure l'Empire à son profit, un an plus tard. Son régime revêt un caractère autoritaire encore accentué au lendemain de l'attentat d'Orsini qui manque de lui coûter la vie, le 14 janvier 1858. Le décret du 24 novembre 1860 amorce au contraire un processus de libéralisation qui connaît de nouveaux jalons en 1867, 1869 et 1870 avant que le régime ne soit emporté en septembre 1870 par la défaite de Sedan. D'abord prisonnier en Allemagne, l'empereur déchu termine sa vie en Angleterre. Viel Castel, qui a été son camarade de jeu à la Malmaison quand Louis Napoléon venait visiter sa grand-mère Joséphine et lui-même son père, chambellan de l'impératrice et sa mère, dame du palais, voue une grande admiration au prince, personnage de très loin le plus cité dans les *Mémoires*. Il vante son intelligence, lui sait gré d'avoir sauvé la société au 2 décembre 1851 et loue sa politique qui restaure la grandeur de la France. S'il lui reproche son entourage, son mépris pour les hommes ou encore sa politique italienne, il trouve encore que les qualités du souverain l'emportent sur ses défauts au moment où il est contraint d'arrêter son récit. Lui qui est si dur pour les mœurs de ses contemporains se montre d'ailleurs d'une grande indulgence pour les « petits plaisirs » impériaux.

BIBL. : pour les principaux ouvrages sur Napoléon III, voir la Bibliographie générale.

CANROBERT François Certain (1809-1895). Appartenant à la bonne bourgeoisie de souche bretonne et quercynoise, le jeune homme passe par l'École spéciale militaire de Saint-Cyr avant d'accomplir deux longs séjours en Algérie sous la monarchie de Juillet et la Deuxième République qui lui permettent d'atteindre le grade de colonel et de prendre une part décisive à l'assaut de Zaatcha. De retour en France en janvier 1850, il est nommé aide de camp du Président et général de brigade et reçoit un commandement dans l'armée de Paris. C'est à ce titre qu'il participe au coup d'État du 2 décembre 1851. Sa brigade est engagée dans la répression sur les Boulevards. Envoyé quelques semaines plus tard en province avec Espinasse et Quentin Bauchart pour assouplir les peines qui viennent d'être prononcées et préparer les mesures de grâce, Canrobert manifeste peu de zèle. Aide de camp de l'empereur, il est nommé général de division en janvier 1853. Au début de 1854, il part pour la Crimée à la tête de la première division d'infanterie. Après avoir reçu une blessure le 20 septembre à la bataille de l'Alma, il obtient le 26 le commandement en chef de l'armée d'Orient en remplacement de Saint-Arnaud atteint par le choléra. Il remporte le 5 novembre la bataille d'Inkermann où il est de nouveau blessé. Il ne parvient cependant pas à prendre Sébastopol en raison de ses dissentiments avec son homologue britannique, lord Raglan, et supporte de moins en moins les pressions de Paris. En mai 1855, il cède sur sa demande le commandement à Pélissier pour prendre la tête d'une simple division. Napoléon III le rappelle en France, le fait entrer au Sénat en août suivant, lui attribue la grand-croix de la Légion d'honneur en septembre et le nomme même maréchal de France en mars 1856. Lors de la guerre d'Italie, il participe aux batailles de Magenta et de Solferino, puis devient successivement commandant supérieur du 3e corps d'armée à Nancy, du camp de Châlons, puis du 4e corps d'armée à Lyon. Il passe ensuite au commandement militaire de Paris, refuse celui de l'armée du Rhin pendant la guerre de 1870, mais se distingue aux batailles de Gravelotte et de Saint-Privat, est compris dans la capitulation de Metz, puis siège dans le groupe bonapartiste de l'Appel au peuple au Sénat de la Troisième République. Il laisse l'image de l'un des entraîneurs d'hommes les plus courageux et les plus populaires de la période, mais aussi celle d'un officier supérieur incapable d'assumer de lourdes responsabilités. Pour Viel Castel, il est un « fort bon garçon, très brave officier, mais très piètre général... Canrobert est encore une de ces grenouilles qui présument trop de l'élasticité de leur peau » (*Mémoires*, 19 octobre 1863).

BIBL. : Germain Bapst, *Le Maréchal Canrobert. Souvenirs d'un siècle, 1898-1913*, Paris, E. Plon, Nourrit et Cie, 6 vol.

CAVOUR Camillo Benso, comte de (1810-1861). Fils d'un noble piémontais ayant administré son pays sous la domination napoléonienne et lié par sa mère à l'élite genevoise, le jeune Cavour est de culture et de langue françaises. Après être passé par l'Académie militaire, il se consacre au domaine familial de Leri sur lequel il emploie les techniques agricoles les plus modernes, puis voyage à travers l'Europe. En 1847, il participe à la fondation du journal *Il Risorgimento*, dans lequel il se montre partisan d'une monarchie constitutionnelle et d'une lutte contre la domination étrangère sur la péninsule italienne, en ne concédant cependant rien aux « passions démagogiques » et aux « doctrines subversives » de Mazzini. Député à partir de 1848, il est nommé ministre de l'Agriculture, du Commerce et de la Marine en octobre 1850, puis des Finances en avril 1851. Il succède à d'Azeglio à la présidence du Conseil en novembre 1852 et devient le véritable maître de la politique piémontaise pendant près de huit ans. Il modernise l'infrastructure économique et financière du pays. Il met aussi à profit la leçon de l'échec militaire de 1848-1849 pour développer l'armée et rechercher des alliances en vue d'un nouvel affrontement avec l'Autriche. Il fait ainsi entrer son pays dans la guerre de Crimée aux côtés de la France et de l'Angleterre, ce qui lui permet de poser la question italienne au Congrès de Paris, en mars 1856. Viel Castel, qui le déteste, lui reproche alors d'être « plus révolutionnaire qu'homme d'État, ambitieux de bruit et de renommée » et de vouloir « attacher son nom à cette utopie qu'on nomme la fusion italienne » (*Mémoires*, 31 mai 1856). Lors de l'entrevue secrète de Plombières de juillet 1858, Cavour s'entend avec Napoléon III, ce que concrétise bientôt une convention militaire franco-piémontaise. La guerre de 1859 ne comble cependant pas ses espérances car l'empereur des Français se hâte de conclure l'armistice de Villafranca en juillet. Cavour donne aussitôt sa démission, mais revient au pouvoir dès janvier 1860. Contre la cession à la France de Nice et de la Savoie, il permet au Piémont d'annexer les pays insurgés d'Italie centrale, soutient à la demande de son roi l'expédition des Mille de Garibaldi en Sicile, fait occuper puis annexer les Marches et l'Ombrie pontificale ainsi que le royaume de Naples et obtient la proclamation du royaume d'Italie par un parlement convoqué à cet effet, le 14 mars 1861. Il meurt épuisé, quelques semaines seulement après ce triomphe.

BIBL. : Paul Matter, *Cavour et l'unité italienne*, Paris, F. Alcan, 1922-1927, 3 vol. ; Rosario Romeo, *Cavour e il suo tempo*, Bari, Laterza, 1984, 4e éd., 3 vol.

CHANGARNIER *Nicolas* Anne *Théodule* (1793-1877). Issu d'une famille d'hommes de loi bourguignons de tradition monarchiste, le jeune homme, dont le père a été député au Conseil des Cinq Cents sous le Directoire, devient garde du corps du roi Louis XVIII, entre à l'École de Saint-Cyr, puis participe à la campagne d'Espagne de 1823. La conquête de l'Algérie lui offre un avancement rapide comme à beaucoup d'autres officiers de sa génération que l'on appelle bientôt les « Africains » : lieutenant-colonel en 1836, colonel en 1837, général de brigade en 1840, général de division en 1843. Orléaniste, il propose de ramener à Paris le prince de Joinville et le duc d'Aumale lorsque éclate la révolution de février 1848, mais ces derniers refusent l'affrontement. De retour en France dès mars, Changarnier décline l'ambassade de Berlin que lui propose Lamartine, réprime la manifestation populaire du 16 avril, puis exerce l'intérim du gouvernement général en

Algérie. Le 4 juin, il se fait élire représentant du peuple à la faveur d'une élection partielle. Dans cette Assemblée constituante comme dans l'Assemblée législative qui la suit, il siège dans les rangs conservateurs. Commandant des gardes nationales de la Seine et de la première division militaire de Paris, il réprime la manifestation du 13 juin 1849 organisée pour protester contre l'expédition de Rome. Lors du conflit entre le président de la République et la majorité de la Législative, il propose d'abord ses services au premier en vue d'un coup de force, puis, après s'être fait éconduire et s'être vu retirer son double commandement en janvier 1851, il essaie de devenir le bras armé de la seconde, lançant même à la tribune parlementaire : « Mandataires de la France, délibérez en paix ! » Viel Castel, qui revient en détail sur ces faits, note que « Changarnier veut être le Monk de son époque, en prévision d'un titre de connétable » (*Mémoires*, 4 novembre 1851). Cependant, l'épreuve de force est remportée par le Président. Il fait arrêter le général lors du coup d'État du 2-Décembre, puis l'exile. Réfugié en Belgique, Changarnier ne rentre en France qu'à l'amnistie de 1859 et se retire sur ses terres de Saône-et-Loire. Il attend la guerre contre la Prusse pour sortir de sa retraite et pour proposer vainement ses services à Napoléon III, puis pour siéger dans les assemblées parlementaires des débuts de la Troisième République. Il est curieux que Viel Castel, grand amateur d'anecdotes, n'évoque à aucun moment les travers multiples de ce célibataire endurci, poudré et parfumé au point qu'on le surnomme « Bergamote ».

BIBL. : Adhémar comte d'Antioche, *Changarnier*, Paris, Plon Nourrit et Cie, 1891 ; *Campagnes d'Afrique (1830-1848). Mémoires du général Changarnier publiés sous les auspices de M. Théodule de Fontenay-Changarnier*, Paris, Berger-Levrault, 1930.

DROUYN DE LHUYS Édouard (1805-1881). Élève particulièrement doué, ce fils de receveur général choisit la carrière diplomatique après avoir été lauréat du concours général de rhétorique et licencié en droit. Attaché d'ambassade en Espagne, puis premier secrétaire de cette même ambassade, il est nommé en 1840 directeur des affaires commerciales au ministère des Affaires étrangères, mais la carrière parlementaire qu'il mène parallèlement à partir de 1842 provoque sa destitution, Guizot ne supportant pas qu'il siège dans l'opposition dynastique et se prononce contre l'indemnité Pritchard. Drouyn de Lhuys redouble d'activité contre le ministère tant à la Chambre que lors de la campagne des banquets. Élu représentant du peuple à l'Assemblée constituante, il y siège au sein de la droite modérée et reçoit le portefeuille des Affaires étrangères dans le gouvernement constitué par Odilon Barrot le 20 décembre 1848. Il oriente l'expédition de Rome dans un sens favorable aux intérêts pontificaux. S'il est élu à la Législative en mai 1849, il quitte le gouvernement en juin suivant pour le retrouver quinze jours en janvier 1851, étant passé entre-temps par l'ambassade de Londres. Après avoir approuvé le coup d'État du 2-Décembre, il siège au sein de la Commission consultative, fait partie de la première promotion sénatoriale du nouveau régime en janvier 1852, puis retrouve le ministère des Affaires étrangères en juillet suivant et devient grand-croix de la Légion d'honneur en août 1853. Il obtient la reconnaissance par les souverains européens du rétablissement de l'Empire, mais ne parvient pas à empêcher Napoléon III d'épouser Eugénie de Montijo, qui présente l'inconvénient, selon lui, de ne pas apporter d'alliance à la France, et prône vainement une paix de compromis avec la Russie afin d'écourter la guerre d'Orient. Il démissionne alors, le 7 mai 1855, malgré l'insistance de l'empereur à le faire revenir sur sa décision. Il quitte aussi le Sénat en janvier 1856. Cependant, lorsque la question romaine semble bloquée en octobre 1862, il est rappelé au ministère. Sa nomination fait sensation. Elle est un geste d'apaisement à l'égard du Saint-Siège et des catholiques français et semble annoncer un infléchissement notable de la politique italienne de la France. Tel n'est pourtant pas le cas, car la marge de manœuvre du ministre, redevenu sénateur en mai 1863, est réduite. Après l'avoir trouvé spirituel (*Mémoires*, 29 juillet 1851), Viel Castel le juge outrecuidant et bouffon et lui reproche de se prendre pour Metternich ou Talleyrand (*Mémoires*, 17 août et 8 novembre 1853). Les affaires italiennes et le service que rend Drouyn de Lhuys au fils du mémorialiste radoucissent cependant celui-ci (*Mémoires*, 4 juin 1863). Partisan de l'alliance autrichienne, le ministre tente par la suite de s'opposer à la montée en puissance de la Prusse, puis d'obtenir de cette dernière des compensations à ses agrandissements. Désavoué par l'empereur, il démissionne le 1er septembre 1866 pour se contenter de siéger au sein du Conseil privé jusqu'à la chute du régime.

BIBL. : Bernard Hippolyte Marie comte d'Harcourt, *Diplomatie et diplomates. Les quatre ministères de M. Drouyn de Lhuys*, Paris, Plon, 1882.

FLEURY Émile Félix, comte (1815-1884). Émancipé à dix-huit ans, il lui suffit de quelques mois pour dissiper la fortune familiale et se faire des dettes. Il se réfugie en Angleterre où Persigny lui présente Louis Napoléon Bonaparte. Rentré en France, il décide de prendre du service en Algérie en s'engageant dans les spahis. Il s'y comporte brillamment au point de recevoir trois blessures, de mériter trois citations à l'ordre du jour, d'être nommé chevalier de la Légion d'honneur en 1842, capitaine en 1844 et chef d'escadron en juillet 1848. Alors que la Deuxième République a succédé à la monarchie de Juillet depuis six mois, il revient en France et, après quelques hésitations, est ramené par Persigny auprès de Louis Napoléon. Dès lors, il décide de lier son sort à celui du prince. Muni d'un pistolet et d'une canne à épée, il exerce sa protection rapprochée en même temps que son secrétariat militaire pendant la campagne présidentielle puis, après l'élection, devient son officier d'ordonnance. A l'Élysée, il est un véritable maître de maison qui veille au moindre détail et est promu officier de la Légion d'honneur en 1849. En 1851, il fait une tournée en Algérie pour assurer des fidélités au Président en vue de l'épreuve de force qui s'annonce avec l'Assemblée. C'est lui qui pousse Saint-Arnaud. Il est l'un des organisateurs du coup d'État du 2-Décembre au cours duquel il reçoit une blessure à la tête. Colonel du régiment des guides en novembre 1852, aide de camp et premier écuyer de l'empereur en décembre suivant, général de brigade en 1856, grand officier de la Légion d'honneur en 1859, directeur général des haras en 1860 et général de division en 1863, Fleury est le conseiller le plus écouté du souverain en matière militaire au point qu'il est une sorte de ministre de la Guerre occulte. Le général, qui ne dédaigne pas les plaisirs, a fait de sa table l'une des meilleures de l'Empire et donne des fêtes somptueuses. Si Viel Castel lui reproche d'être un peu voleur pour pouvoir mener grand train, il entretient de bons rapports avec lui et il est plutôt bienveillant à son égard dans ses *Mémoires*. Il le reconnaît loyal et intelligent (16 août 1856) et ne voit même que lui de sincèrement dévoué à l'empereur (2 septembre 1859). Fleury sera nommé sénateur en 1865, grand écuyer en 1866, ambassadeur en Russie en 1869, puis deviendra l'un des chefs du parti bonapartiste au début de la Troisième République, envisageant même un coup d'État qui permettrait de rétablir l'Empire.

BIBL. : Charles Adrien Gustave duc de Conegliano, *Le Second Empire. La Maison de l'Empereur...*, Paris, Calmann Lévy, 1897.

FOULD *Achille* Marcus (1800-1867). Appartenant à une famille juive d'origine messine, il est le fils de Berr Lion Fould qui s'est établi dans la banque parisienne et y a fait fortune. Alors que son frère aîné, Benedict, assure la succession paternelle, Achille mène une vie plus mondaine sans se désintéresser pour autant de la banque. Sous la monarchie de Juillet, il devient l'intime des Orléans, participe à la fondation du Jockey Club et représente à la Chambre des députés les Hautes-Pyrénées où il possède de vastes propriétés. Il prend son parti de la révolution de février 1848. Élu représentant du peuple en septembre suivant, il siège dans les rangs conservateurs et se rapproche rapidement du Président dont il est le ministre des Finances d'octobre 1849 à janvier 1852, à deux courts intermèdes près. Il restaure alors la confiance en réduisant la dette flottante et en rétablissant l'équilibre budgétaire. Après avoir participé à la préparation du coup d'État, il démissionne du gouvernement lorsque les biens des Orléans sont confisqués, mais il entre aussitôt au Sénat. En juillet 1852, il devient même le second personnage du régime en prenant le ministère d'État. Sous son influence, le conseil général des Hautes-Pyrénées, qu'il préside, est le premier à émettre le vœu d'un retour à l'Empire. Devenu ministre d'État et de la Maison de l'empereur, il accroît encore ses prérogatives. C'est lui qui dirige les travaux de l'Exposition universelle de 1855 ainsi que ceux du nouveau Louvre et qui préside à la réorganisation administrative de l'Opéra. Il reçoit la grand-croix de la Légion d'honneur en 1856 et entre à l'Académie des beaux-arts l'année suivante. L'apogée de sa carrière se situe en 1859. En effet, lors de la guerre d'Italie à laquelle participe Napoléon III, il dirige le gouvernement. Peu après, le couple impérial vient passer quelques jours dans sa villa de Tarbes. Cependant, Fould, qui désapprouve la nouvelle orientation économique prise par le régime et les dépenses qu'elle va occasionner, quitte le gouvernement en novembre 1860. Retiré à Tarbes, il n'en reste pas moins très actif, et ses nombreux partisans le présentent comme le « nouveau Necker », seul capable de ramener la confiance en rétablissant les grands équilibres. Signe du retour en grâce, le 13 novembre 1861, Napoléon III approuve et fait reproduire le mémoire sur l'état des finances qu'il lui a adressé quelques semaines plus tôt. Redevenu ministre des Finances, Fould s'efforce de maintenir l'équilibre budgétaire pendant les six ans qui suivent, mais finit par chuter en janvier 1867 lorsque l'empereur décide d'accroître les dépenses publiques pour renforcer son armée. Viel Castel le déteste et considère que « ce renard juif » qui « cherche à mettre le pied sur toutes les têtes » (*Mémoires*, 10 janvier 1853) est avec Persigny le mauvais génie du chef de l'État.

BIBL. : Frédéric Barbier, *Finance et politique : la dynastie des Fould (XVIII*e*-XX*e *siècle)*, Paris, Armand Colin, 1991.

GARIBALDI Giuseppe (1807-1882). Originaire de Nice, le jeune Garibaldi est le fils d'un marin génois. Il s'engage dans la marine sarde. Patriote italien et républicain convaincu, il adhère à la Jeune-Italie de Mazzini, participe à l'insurrection militaire de Gênes en 1834 et est condamné à mort par contumace par les autorités piémontaises. Réfugié en Amérique du Sud, il participe à l'insurrection du Rio Grande do Sul, puis commande les troupes de l'Uruguay contre le dictateur argentin Rosas. Rentré en Italie lors du printemps des peuples de 1848, il forme un corps de volontaires et combat les Autrichiens. Après son échec et un court exil en Suisse, il se fait élire député de la jeune République romaine, puis organise une légion pour la défendre contre le corps expéditionnaire du général Oudinot, mais ses efforts sont vains. En septembre 1849, il reprend le chemin du Nouveau Monde. De retour en 1854, il renonce provisoirement à faire triompher son idéal républicain pour apporter son soutien à la politique de Victor-Emmanuel et de Cavour. Il participe à la guerre de 1859 contre l'Autriche, puis se désole de voir sa patrie niçoise annexée par la France. Avec la complicité du Piémont, il entreprend en mai 1860 son expédition des Mille qui lui permet de prendre la Sicile, puis de s'emparer de Naples. Contre l'avis de certains de ses partisans, il accepte d'y accueillir les Piémontais et de s'effacer devant Victor-Emmanuel. Il refuse alors la « quincaillerie » de décorations que lui offre le roi. Au Parlement italien, il représente Naples et y dénonce la politique de Cavour qui risque de déclencher une guerre fratricide entre patriotes. Malgré la mort de ce dernier, il sait qu'il ne pourra faire triompher ses idéaux dans l'immédiat et, moderne Cincinnatus, retourne à sa charrue dans son île de Caprera, au large de la Sardaigne. Homme d'action avant tout, il reprend cependant du service moins d'un an plus tard. Devenu président de la Société émancipatrice en mars 1862, il donne à ses partisans un nouvel objectif de conquête : Rome. Pour l'atteindre, il débarque en Calabre, mais Victor-Emmanuel s'est engagé à défendre le pape. Les troupes royales écrasent les garibaldiens sur les hauteurs de l'Aspromonte (29 août 1862). Le général est blessé et fait prisonnier, mais en raison de sa popularité, il est rapidement amnistié par le roi. En avril 1864, il accomplit un voyage triomphal en Angleterre. Révolutionnaire, républicain, anticlérical, il incarne tout ce que Viel Castel abhorre. Après avoir de nouveau échoué à prendre Rome en 1867, le général en chemise rouge voit son rêve s'accomplir en 1870, puis reprend du service aux côtés des Français dans la guerre contre l'Allemagne avant d'entrer dans la légende à sa mort.

BIBL. : Hubert Heyriès, *Garibaldi, le mythe de la révolution romantique*, Toulouse, Privat, 2002.

GIRARDIN Émile de (1806-1881). Fils adultérin d'Alexandre de Girardin, officier général, lui-même descendant d'un bâtard de Louis XV, il est profondément marqué par ses années de jeunesse au cours desquelles il exerce de petits emplois sans voir ses parents et sans avoir le droit de porter le nom de son père. En 1827, il se revendique enfin Émile de Girardin et publie un roman autobiographique sous le titre *Émile*. Dès l'année suivante, il se lance dans le journalisme en publiant *Le Voleur*, recueil de textes et d'informations puisés chez ses confrères, puis lance *La Mode* en 1829 sous le patronage de la duchesse de Berry. Très en vue au début de la monarchie de Juillet, il épouse la poétesse Delphine Gay en 1831, édite de multiples journaux, se vantant d'avoir une idée par jour, puis synthétise le tout dans *La Presse*, qu'il crée en 1836 : prix modique, grande place faite aux annonces et à la publicité, romans-feuilletons, adaptation constante au goût du jour. La rançon du succès est qu'il se fait de nombreux ennemis et le duel au cours duquel il tue son collègue Armand Carrel les multiplie encore. Député depuis 1834, il siège longtemps dans la majorité avant de s'en séparer lors du gouvernement Guizot. Après s'être rallié à la République dans un article célèbre (« Confiance ! confiance ! »), il est emprisonné quelques jours pour avoir présenté l'insurrection de juin 1848 comme un coup monté par les républicains modérés au pouvoir et par le général Cavaignac. Il devient de ce fait un adversaire irréconciliable de ce dernier et soutient la candidature de Louis Napoléon Bonaparte lors de l'élection présidentielle. Élu représentant du peuple à l'Assemblée législative en 1850, il siège cependant à gauche. Selon Viel Castel, il « est impossible à suivre dans ses évolutions si brusques ; il n'a ni consistance, ni valeur politique » (*Mémoires*, 6 novembre 1851). Il ne doit pas moins s'exiler au lendemain du coup d'État du 2 décembre 1851, mais obtient rapidement le droit de regagner la France, grâce à l'intervention du prince Napoléon dont il est l'un des proches. Dès lors, Viel Castel voit très souvent le journaliste derrière les initiatives malheureuses du cousin du chef de l'État. En outre, l'existence dissolue de Girardin fait dire à notre mémorialiste que sa « vie est un long scandale » (*Mémoires*, 6 mars 1856). Il entretient ainsi des liaisons avec Theresia Cabarrus qui lui donne un fils, mais aussi avec la demi-mondaine Esther Guimont et avec l'actrice Rachel. Par la suite, il crée *La Liberté* et se fait le défenseur de l'Empire libéral. Il ne peut cependant devenir ministre, le rêve de sa vie — comme le souligne déjà Viel Castel en 1851 —, car Napoléon III le tient pour un « esprit faux ». Rallié à la Troisième République, il soutient Thiers avant de combattre les gouvernements de l'Ordre moral.

BIBL. : Maurice Reclus, *Émile de Girardin, le créateur de la presse moderne*, Paris, Hachette, 1934.

GIRAUD Pierre François *Eugène* (1806-1881). Appartenant à une famille d'artistes, il entre à l'École des beaux-arts en 1821 et y reçoit l'enseignement d'Hersent et de Richomme. Il se consacre d'abord à la gravure et obtient, cinq ans plus tard, le grand prix de Rome dans cette spécialité. Il s'adonne ensuite à la peinture et expose régulièrement au Salon à partir de 1831 des tableaux d'histoire et des portraits. Dès 1833, il reçoit une troisième médaille qui est suivie par une deuxième en 1836. Sa *Permission de dix heures*, exposée en 1839, est louée. Peintre à succès, il obtient la Légion d'honneur en 1851 ainsi que de nombreuses commandes de portraits et vend au roi du Portugal son *Zapateado*, réalisé en 1854. Avec son frère Charles, de treize ans son cadet, qui a été son élève avant de devenir, selon Edmond About, « le peintre le plus mondain et le plus parisien de Paris », il fréquente assidûment le salon de la princesse Mathilde et les soirées organisées au Louvre par Nieuwerkerke. Il y réalise le portrait de ses hôtes, peint les lieux, comme le salon ou le jardin d'hiver de la rue de Courcelles, et, lors des arrière-soirées qui se déroulent chez Viel Castel, à l'étage supérieur du palais du Louvre, caricature les invités dans des portraits charges aquarellés. Il excelle dans cet art difficile qui consiste à rendre en quelques minutes les traits saillants du modèle. Pour mieux cerner la personnalité de celui-ci, Giraud le laisse converser pendant qu'il travaille. Non sans humour, il ajoute souvent des détails emblématiques à ces portraits comme une minuscule Notre-Dame pour Viollet-le-Duc ou une momie pour l'égyptologue Rougé. La princesse Mathilde à laquelle il donne des leçons de peinture apprécie son talent, son esprit et son sens de la répartie, au point qu'elle le surnomme « ma vieille Giraille », et Nieuwerkerke l'emmène fréquemment avec lui dans ses voyages. Après avoir porté un jugement positif sur Giraud : « cet excellent artiste et très excellent camarade et ami » (*Mémoires*, 7 février 1851), Viel Castel prend finalement ombrage de tant de faveurs : « Il demande toujours, on lui donne toujours et il n'est jamais satisfait » (*Mémoires*, 4 mai 1857). Dans la dernière partie de sa carrière, Giraud, qui est promu officier de la Légion d'honneur en 1866, s'inspire beaucoup de l'Égypte avec par exemple, en 1878, sa *Terrasse au bord du Nil*.

BIBL. : Maurice d'Ocagne, « La princesse Mathilde et le peintre Eugène Giraud », *Bulletin de la Société d'histoire de la révolution de 1848*, XXV, 1928-1929.

HUGO Marie *Victor*, vicomte (1802-1885). Fils d'un général d'Empire, il s'adonne très tôt aux lettres en se fixant pour objectif d'« être Chateaubriand ou rien ». Il connaît son premier grand succès dès 1822 avec la publication de ses *Odes et ballades*, ouvrage empreint d'un sentiment religieux et monarchique très prononcé. Il est alors proche des Bourbons et est invité au sacre de Charles X. Il devient le chef de file du romantisme français avec la préface de *Cromwell* (1827), puis avec *Hernani*, qui donne lieu à une véritable bataille théâtrale (1830). Dès lors, les succès s'enchaînent dans tous les genres : roman historique (*Notre-Dame de Paris* en 1831), théâtre (*Ruy Blas* en 1838), poésie (*Les Rayons et les Ombres* en 1840), etc. Rallié à la monarchie de Juillet dès la première heure, il devient officier de la Légion d'honneur en 1837, entre à l'Académie française en 1841, puis à la Chambre des pairs en 1845. Élu représentant du peuple en juin 1848, il vote avec la droite, approuve la répression de l'insurrection parisienne, puis se prononce dans son journal *L'Événement* pour la candidature de Louis Napoléon Bonaparte à la présidence de la République. A la Législative, il évolue vers la gauche et s'impose comme son meilleur orateur. Devenu un redoutable adversaire du Président, qui lui a refusé un ministère, il prononce le 17 juillet 1851 un violent discours contre « Napoléon le petit », puis tente d'organiser la résistance armée lors du coup d'État du 2-Décembre. Ayant échoué, il passe en Belgique, puis s'installe à Jersey en août 1852 et à Guernesey à partir d'octobre 1855. Il refuse l'amnistie en 1859. Depuis l'exil, il publie une série d'ouvrages très hostiles au régime (*Napoléon le Petit* en 1852, *Les Châtiments* en 1853), qui sont diffusés clandestinement en France, tout en continuant à donner régulièrement des chefs-d'œuvre : *Les Contemplations* (1856), *La Légende des siècles* (1859) ou encore *Les Misérables* (1862). Aveuglé par la haine, Viel Castel ne voit en lui qu'un « poète ampoulé, dont l'avenir fera justice » (*Mémoires*, 29 juillet 1851), un dépravé, un égocentrique ou un « fou furieux déchaîné contre la société » (*Mémoires*, 12 juin 1852). Hugo collabore ensuite au *Rappel*, journal d'opposition radicale fondé par ses fils à la fin de l'Empire. De retour en France dès la chute du régime, il siège à l'Assemblée nationale constituante puis au Sénat. La Troisième République fait de l'écrivain et du prophète de la République universelle une gloire nationale avant de lui réserver des obsèques grandioses et de placer sa dépouille au Panthéon.

BIBL. : Alain Decaux, *Victor Hugo*, Paris, Perrin, 1984 ; André Maurois, *Olympio ou la Vie de Victor Hugo*, Paris, Hachette, 1954.

LABORDE Simon Joseph *Léon* Emmanuel, marquis de (1807-1869). Fils d'un émigré passionné d'art devenu comte d'Empire, membre de l'Institut et député sous la Restauration et la monarchie de Juillet, le jeune Léon étudie à l'université de Göttingen, puis parcourt une partie de l'Orient avec son père et tire de l'oubli de nombreux monuments antiques grâce à son formidable talent de dessinateur. En 1828, il devient secrétaire d'ambassade à Rome puis à Londres et en Hesse-Cassel, après avoir été aide de camp de La Fayette peu après les Trois Glorieuses. Cependant, il n'a pas la vocation et renonce à la carrière diplomatique pour se consacrer à la rédaction d'ouvrages d'histoire de l'art. Il commence en 1839 une *Histoire de la gravure en manière noire*, puis fait paraître l'année suivante des *Recherches sur la découverte de l'imprimerie.* Dès lors il fait aussi régulièrement partie des jurys des expositions de l'industrie. En 1841, il succède à son père à la Chambre des députés où il soutient la politique de Guizot. Battu l'année suivante, il est réélu en 1846 et siège au Palais-Bourbon jusqu'à la révolution de février 1848. Membre de l'Académie des inscriptions et belles-lettres depuis 1842, également à la suite de son père, il s'est alors vu confier depuis quelques mois la conservation du Musée des antiques au Louvre, mais le nouveau régime le révoque. Après l'élection présidentielle, il retrouve néanmoins un poste de conservateur avec la charge du Moyen Age et de la Renaissance. Il publie en 1852 le *Catalogue raisonné des émaux* de son département qui fait suite à son *Essai de catalogue des artistes des Pays-Bas* (1849) et au premier tome d'une *Renaissance des arts à la cour de France* (1850). Son *De l'union des arts et de l'industrie*, paru en 1856, expose la nécessité de vulgariser les arts. Laborde est par ailleurs collaborateur de la *Revue des Deux Mondes*, de la *Revue française* et des *Annales archéologiques.* En mars 1857, il quitte les Musées impériaux pour prendre la direction des Archives impériales. Tout au long de ses *Mémoires*, Viel Castel ne cesse de l'éreinter. « De Laborde est de l'Institut pour avoir toute sa vie copié des catalogues, et comme il est assez ignorant en histoire des arts, comme en histoire politique, on l'a nommé conservateur des musées du Moyen Age et de la Renaissance du Louvre, dans l'espoir, sans doute qu'il y apprendrait quelque chose » (*Mémoires*, Introduction). Il est « ignorant en toutes choses mais très charlatan » (*Mémoires*, 11 avril 1851). C'« est un intrigant et c'est pour cela qu'il parvient » (*Mémoires*, 27 août 1851)... En mai 1868, Napoléon III nomme Léon de Laborde au Sénat, mais, déjà gravement malade, ce dernier ne pourra jamais siéger et décédera un an plus tard.

BIBL. : Philippe comte de Chennevières, *Souvenirs d'un directeur des Beaux-Arts*, Paris, L'Artiste, 1883-1889 ; rééd., Paris, Arthéna, 1979.

LA GUÉRONNIÈRE Louis Étienne *Arthur* Dubreuil-Hélion, vicomte de (1816-1875). D'une famille d'ancienne noblesse limousine fidèle aux Bourbons, il se lance jeune dans le journalisme comme son frère aîné, Alfred. Cependant, contrairement à ce dernier, il renonce vite au légitimisme pour des idées plus avancées. Entré en relation avec Lamartine, il suit son évolution politique. S'il refuse le poste de commissaire de la République en Corrèze que lui propose son ami au lendemain de la révolution de février 1848, il devient son chef de cabinet et soutient de ses deniers son journal,

Le Bien public. Très hostile à Louis Napoléon Bonaparte, il écrit des articles virulents contre lui dans *La Presse*. 1850 et 1851 sont les années tournantes de sa carrière. Il rompt avec Lamartine et se rapproche du Président. Si le coup d'État le fait d'abord réfléchir, il s'y rallie rapidement sous l'influence de Morny. Il soutient le nouveau régime dans *Le Pays*, puis dans *Le Constitutionnel*, et devient député gouvernemental. Dès septembre 1854, il est nommé conseiller d'État. Également directeur général de la librairie et de la presse au ministère de l'Intérieur, il a de fréquents entretiens avec Napoléon III. Il publie d'ailleurs trois brochures inspirées par les Tuileries sur les affaires d'Italie qui lui valent une grande célébrité. La première, *L'Empereur Napoléon III et l'Italie*, paraît en février 1859, quelques jours après le traité secret franco-sarde et le mariage du prince Napoléon et de la princesse Clotilde. Tout en réprouvant la révolution, elle évoque l'éventualité d'une guerre contre l'Autriche au nom du principe des nationalités et les avantages de la création d'une confédération italienne. L'effet est immense et prépare l'Europe à la guerre. La deuxième, *Le Pape et le Congrès*, sort après le conflit, en décembre 1859, et affirme que le pouvoir temporel du pape est nécessaire, mais doit être le plus réduit possible. Se sentant désavoué, le ministre des Affaires étrangères, Walewski, démissionne. Dans la troisième brochure, *La France, Rome et l'Italie* (février 1861), Pie IX est accusé d'être le principal obstacle au règlement de la question italienne par son entêtement. Malgré le tollé dans le monde catholique, La Guéronnière est nommé sénateur en juillet 1861. Tout au long de ces années, il est proche de Viel Castel. C'est celui-ci qui en 1851 lui a permis d'approcher Louis Napoléon. En retour il l'a fait entrer à la rédaction du *Constitutionnel* en 1853, puis à celle de *La France* en 1862. Cependant, le 30 septembre 1863, le mémorialiste confie à ses carnets le mépris que lui inspire désormais son ancien ami. Il l'aurait lâché après sa destitution et ne lui aurait pas fait la place qui lui revenait dans la presse. Grand officier de la Légion d'honneur en 1866, La Guéronnière obtient l'ambassade de Bruxelles en août 1868, puis celle de Constantinople en juin 1870, mais la chute du régime l'oblige à retourner au journalisme.

BIBL. : Vicomte H. de La Guéronnière, *La Guéronnière publiciste (1811-1884)*, Paris, R.-A. Corréa, 1937.

MAZZINI Giuseppe (1805-1872). Grande figure du *Risorgimento*, ce révolutionnaire idéaliste qui tente de concilier réflexion et action vit l'essentiel de son existence dans la misère et l'exil, traqué par les polices d'Europe. Jeune avocat génois, il s'engage dans la Charbonnerie en 1827. Impliqué dans le mouvement révolutionnaire de 1830, il doit quitter sa patrie. Il met alors en forme ses idées. Il souhaite une Italie unitaire et démocratique réalisée par l'insurrection de ses compatriotes contre l'occupant et contre les princes, et non par une intervention étrangère, ce que résume la formule : *L'Italia farà da sé*. Profondément croyant et optimiste, il rêve aussi un État moral et une confédération des nations qui permettraient de donner à l'humanité le bonheur et la paix éternelle. Pour inciter le peuple à réaliser ces grands desseins, il publie quantité de journaux, de brochures, de manifestes, fonde la Jeune-Italie, en 1831, à Marseille, puis la Jeune-Europe, en 1834, à Berne. Installé ensuite à Londres, il publie ses deux œuvres maîtresses : *Foi et Avenir* (1835) et *Devoirs de l'homme* (1837). Il fomente également une multitude de complots contre les princes qu'il accuse d'opprimer sa patrie. Rentré en Italie lors du printemps des peuples, il se rend à Naples, puis en Toscane, avant de faire partie du triumvirat qui dirige la nouvelle République romaine à partir de février 1849. L'aventure ne dépasse pas l'été. Il reprend le chemin de l'exil et des complots. Les années 1853 à 1857 sont celles des tentatives insurrectionnelles de Lombardie, de Toscane, de Parme, de la Sicile et de la Calabre préparées depuis Londres par son Comité national italien. En avril 1857, Mazzini est aussi derrière l'attentat de Tibaldi contre Napoléon III. Cependant, si Viel Castel en fait un personnage tout-puissant tirant les fils de la politique italienne, son audience se réduit. Ses méthodes n'ont en effet amené jusque-là que des échecs et ses partisans le quittent les uns après les autres pour se rallier à la maison de Savoie. Il reste pourtant fidèle à son idéal républicain. En 1868, il tente même de fonder une Alliance républicaine universelle. Revenu dans sa patrie en 1870 sous un nom d'emprunt pour y préparer l'avènement de la République, il est arrêté en Sicile, incarcéré à Gaète et meurt peu après avoir été amnistié.

BIBL. : Luigi Ambrosoli, *Giuseppe Mazzini. Una vita per l'unità d'Italia*, Manduria, Lacaita, 1993 ; Denis Mack Smith, *Mazzini*, New Haven, Yale University Press, 1994.

MONTIJO Eugenia Maria de Guzmán, comtesse de Teba, impératrice des Français sous le nom de Eugénie de (1826-1920). C'est par amour, comme il s'en vante devant les corps constitués, que Napoléon III épouse, le 29 janvier 1853, Eugénie de Montijo, simple comtesse espagnole, quoique parente d'un roi de Castille, d'un autre du Portugal et de Don Dominique de Guzmán, fondateur de l'ordre des Frères prêcheurs. Il n'a pas cédé aux instances des Bonaparte et de la majeure partie du gouvernement qui arguaient du fait que les intérêts supérieurs de la nation commandaient une union plus prestigieuse. C'est pendant sa présidence qu'il a fait la connaissance et est tombé sous le charme de la belle jeune femme, fille d'un *afrancesado* qui avait perdu l'usage d'un bras et d'un œil au service de la France durant le Premier Empire. Le 16 mars 1856, Eugénie lui donne un héritier, le prince impérial, Napoléon Eugène Louis Jean Joseph. Rapidement délaissée par son époux, qui retourne à ses « petites distractions », elle reporte toute son affection sur son fils et anime la Cour. Personnalité complexe et parfois contradictoire, elle est une fervente catholique, mais elle fait tourner les tables, a pour aumônier et confesseur l'abbé Bauer, un juif hongrois, ancien révolutionnaire de 1848, et pour plus fidèle ami, Mérimée, ouvertement athée et anticlérical. Elle est également imprégnée d'idées féministes. Elle tente ainsi de faire entrer George Sand à l'Académie française, décerne la Légion d'honneur au peintre Rosa Bonheur et soutient les cours pour jeunes filles organisés par Victor Duruy. D'abord populaire, Eugénie devient rapidement l'« Espagnole » comme Marie-Antoinette, à laquelle elle voue une admiration superstitieuse, avait été l'« Autrichienne ». Viel Castel, proche de la princesse Mathilde, elle-même hostile à l'impératrice, précède le mouvement. Si elle s'intéresse à la politique et si son influence en ce domaine augmente à la fin du règne avec la maladie de Napoléon III et la nécessité de préparer l'avènement de son fils, elle ne joue pas le rôle déterminant qu'on lui prête parfois. Son long exil est endeuillé par la perte de son époux en 1873, puis de son fils unique en 1879. Depuis 1920, Eugénie repose à leurs côtés dans l'abbaye qu'elle a fait construire sur sa propriété de Farnborough Hill, près de Londres. A une amie qui lui demande, trente ans après la chute de l'Empire, pourquoi elle n'a jamais pris la peine de répondre aux nombreuses calomnies dont elle a été victime, elle répond : « Ma légende est faite. Au début du règne, je fus la femme frivole, ne s'occupant que de chiffons ; et vers la fin de l'Empire, je suis devenue la femme fatale qu'on rend responsable de toutes les fautes et de tous les malheurs ! Et la légende l'emporte toujours sur l'histoire. »

BIBL. : Jean Autin, *L'Impératrice Eugénie ou l'Empire d'une femme*, Paris, Fayard, 1990 ; William H.C. Smith, *Eugénie, impératrice et femme*, Paris, O. Orban, 1989.

MORNY Charles *Auguste* Louis Joseph, comte puis duc de (1811-1865). Fils naturel de la reine Hortense et du colonel de Flahaut, lui-même issu de la liaison de Talleyrand avec la comtesse de Flahaut, il entre à Saint-Cyr puis à l'École d'état-major. Il se distingue lors de la conquête de l'Algérie qui lui permet d'être nommé capitaine et chevalier de la Légion d'honneur. Il démissionne cependant en mai 1838 pour entamer une carrière industrielle. Grâce aux capitaux fournis par sa maîtresse, Fanny Le Hon, épouse de l'ambassadeur de Belgique, il achète une sucrerie près de Clermont-Ferrand et obtient la présidence de l'Association des betteraviers. Député de 1842 à 1848, il siège dans les rangs de la majorité favorable à Guizot. Il devient le roi du Paris mondain, membre du Cercle de l'Union et du Jockey Club, cavalier distingué, arbitre des élégances. La révolution de 1848 le prive de son siège parlementaire et le ruine. En janvier 1849, il rencontre pour la première fois son demi-frère, Louis-Napoléon Bonaparte, et perçoit que la fortune de ce dernier peut amener la sienne. Il soutient ainsi la politique élyséenne à l'Assemblée législative, puis organise le coup d'État du 2 décembre 1851 après avoir pris possession du ministère de l'Intérieur. Démissionnaire le 23 janvier 1852, lorsque les biens des Orléans sont confisqués, il se fait élire au Corps législatif par le Puy-de-Dôme puis, rentré en grâce, est nommé par son demi-frère président de cette assemblée, en novembre 1854. Il en profite pour y promouvoir les nombreuses affaires auxquelles il participe (Crédit mobilier, compagnie de chemin de fer du Grand Central, immobilier, etc.). Envoyé à Saint-Pétersbourg lors du sacre du tsar Alexandre II, en 1856, il est alors à l'apogée de sa carrière, mais les nuages se profilent à l'horizon. Son mariage avec la princesse russe Sophie Troubetzkoï, en janvier 1857, provoque la colère de Fanny Le Hon qui réclame un dédommagement financier de 4,4 millions de francs à son ancien amant. L'arbitrage rendu par Napoléon III est plutôt défavorable à ce dernier. Le Grand Central fait faillite en juin 1857, entamant le crédit du président du Corps législatif. Quoique de tempérament libéral, Morny doit aussi défendre le projet de loi de sûreté générale au lendemain de l'attentat d'Orsini. Il reste en revanche l'homme le plus en vue de la société parisienne. Il donne une opérette et des vaudevilles, permet à Offenbach d'obtenir les Bouffes-Parisiens, transforme l'hôtel de la présidence du Corps législatif en galerie d'art, fonde l'hippodrome de Longchamp et lance la station de Deauville. Devenu duc en juillet 1862, il refuse le ministère d'État en juin 1863 pour continuer à présider un Corps législatif qui devient de plus en plus puissant et qui lui permet de promouvoir l'idée d'une libéralisation du régime. Impliqué dans plusieurs scandales (créance Jecker, ou encore liens avec l'affairiste Mirès), il tombe gravement malade à l'automne 1864 et décède le 10 mars 1865. Le régime lui fait de somptueuses funérailles. Après avoir noté que l'homme « est un très bon garçon », mais « pas une valeur politique » (*Mémoires*, 15 juillet 1851), Viel Castel révise son jugement et le qualifie de « véritable homme d'État » (*Mémoires*, 23 janvier 1853), tout en dénonçant ses tripotages.

BIBL. : Claude Dufresne, *Morny, le roi du Second Empire*, Paris, Jean Picollec, 1993 ; Gerda Grothe, *Le Duc de Morny*, Paris, Fayard, 1968 ; Maurice Parturier, *Morny et son temps*, Paris, Hachette, 1969 ; Jean-Marie Rouart, *Morny, un voluptueux au pouvoir*, Paris, Gallimard, 1995.

NICOLAS Ier, Nicolas Pavlovitch Romanov, empereur de Russie (1796-1855). Troisième fils de Paul Ier, le grand-duc Nicolas, qui épouse en 1817 Charlotte, la fille du roi de Prusse, Frédéric-Guillaume III, ne semble pas destiné à monter un jour sur le trône des tsars. Cependant, avant de mourir le 1er décembre 1825, son frère Alexandre Ier le désigne pour successeur plutôt que son autre frère Constantin, vice-roi de Pologne, qu'il juge trop libéral. Il en résulte le soulèvement d'une partie de l'armée. Si les décabristes sont finalement vaincus, le nouveau tsar inaugure son règne dans des conditions difficiles qui ne font que renforcer ses tendances autoritaires. Elles vont rapidement lui valoir d'être surnommé par ses détracteurs « Nicolas la Trique » et par ses partisans le « Tsar de fer ». Bureaucrate dans l'âme, il renforce la centralisation de l'administration, dont les symboles deviennent à Saint-Pétersbourg la grande chancellerie privée et en province les révizors, ces *missi dominici* qui donneront à Gogol le sujet de l'une de ses comédies les plus célèbres. Il crée une police politique, renforce la censure et maintient les universités sous une tutelle étroite. Parallèlement, il stimule la culture nationale, développe l'enseignement technique et encourage l'industrie. A l'extérieur, il poursuit la politique de la Sainte-Alliance, pensée par son frère aîné. Après la révolution parisienne de juillet 1830, il envisage de rétablir par la force Charles X, mais doit y renoncer devant les réticences de l'Autriche et de la Prusse. En septembre 1831, il réprime dans le sang l'insurrection de la Pologne et supprime la Constitution accordée au royaume par son frère. En 1849, il aide l'Autriche à écraser le mouvement national hongrois. Cependant, il cède à un certain messianisme russe bien analysé ici par Viel Castel. L'empereur tente de tirer profit de l'affaiblissement croissant de l'Empire ottoman, qualifié d'homme malade de l'Europe, pour prendre possession des détroits. Il est mis en échec en 1833 et en 1840. Il se pose aussi en protecteur des chrétiens orthodoxes, ce qui l'amène à favoriser l'indépendance de la Grèce. La conjonction de ces deux aspirations entraîne la querelle des Lieux saints, puis la guerre d'Orient contre l'Empire ottoman, la France, le Royaume-Uni et bientôt le Piémont. Au décès du tsar, le 2 mars 1855, les opérations qui se concentrent en Crimée sont mal engagées pour la Russie, même si les alliés n'ont pas encore réussi à l'emporter. Viel Castel de conclure : « L'empereur Nicolas aurait dû mourir deux ans plus tôt pour sa gloire et pour notre repos » (*Mémoires*, 3 mars 1855).

BIBL. : Paul Lacroix, *Nicolas Ier, empereur de Russie*, Paris, Plon, 1861 ; Henri Troyat, *Nicolas Ier*, Paris, Perrin, 2000.

NIEUWERKERKE Alfred *Émilien* O'Hara, comte de (1811-1892). Fils d'un officier légitimiste de nationalité hollandaise qui descendrait de Guillaume le Taciturne, il entre à l'École militaire de Saumur, mais renonce à la carrière militaire à la chute de la Restauration. Il épouse en 1832 un beau parti, Marie Técla de Monttessuy, puis s'adonne à sa passion pour la sculpture, expose pour la première fois au Salon de 1842 et devient célèbre en 1845 lorsque sa statue de Guillaume le Taciturne est inaugurée à La Haye. Cette année-là, il fait la rencontre décisive de sa vie. Au cours d'un voyage en Italie où il initie le comte de Chambord aux chefs-d'œuvre, il est présenté à la princesse Mathilde. Cette dernière devient bientôt sa maîtresse et favorise son ascension à partir de l'élection présidentielle de son cousin germain, Louis Napoléon. Nommé directeur des Musées nationaux dès décembre 1848, Nieuwerkerke, dont l'installation au Louvre est retardée d'un an en raison de l'opposition du ministre de l'Intérieur Léon Faucher, est naturalisé français en avril 1849. Après le coup d'État du 2-Décembre auquel il participe comme colonel d'état-major de la garde nationale, les honneurs s'accumulent. Il devient successivement directeur général des Musées impériaux (décembre 1852), intendant des Beaux-Arts de la Maison de l'empereur (juillet 1853), membre libre de l'Académie des beaux-arts (novembre 1853), vice-président de la Commission des monuments historiques (mars 1863), surintendant des Beaux-Arts (juin 1863), grand officier de la Légion d'honneur (août 1863). Si son activité très étendue est globalement bénéfique (développement de la muséologie, mise en ordre du Louvre, enrichissement des collections...), il est critiqué par ses contemporains tant pour l'étendue de ses pouvoirs que pour certaines de ses initiatives (conservatisme artistique, tout particulièrement à l'occasion du Salon, réorganisation de l'École des beaux-arts, façon de développer ses propres collections d'armes et d'objets d'art...). Son subordonné Viel Castel, qui est aussi son cousin par les Vassan, lui reproche de s'entourer de médiocres, à l'exception évidemment de lui-même, d'afficher sa liaison avec la princesse Mathilde tout en trompant cette dernière, car le « beau Batave » ne compte pas ses conquêtes, ou encore d'être un « pacha [...] infatué de son autorité... [qui] commet chaque jour des actes arbitraires et [dont] le sens moral est tellement oblitéré [...] qu'il ne s'aperçoit pas qu'il est de mauvaise foi » (*Mémoires*, 24 mai 1861). Son jugement devient naturellement plus négatif encore après sa révocation. A la mort de Viel Castel, Nieuwerkerke entre au Sénat et devient l'année suivante président de la Commission des monuments historiques. Cependant, le surintendant rompt avec Mathilde en 1869, l'Empire libéral réduit ses prérogatives et la chute du régime met un terme à sa carrière. Il doit vendre ses collections et meurt en exil en Italie.

BIBL. : *Le Comte de Nieuwerkerke. Art et pouvoir sous Napoléon III*, exposition, Musée national du château de Compiègne (6 octobre 2000-janvier 2001), Paris, Réunion des musées nationaux, 2000 ; Fernande Goldschmidt, *Nieuwerkerke, le bel Émilien, prestigieux directeur du Louvre sous Napoléon III*, Paris, Art International Publishers, 1997.

PERSIGNY Jean Gilbert Victor Fialin, duc de (1808-1872). Après une enfance pauvre en raison de la ruine de ses parents, il poursuit ses études comme boursier, intègre l'École de Saumur, mais est chassé de l'armée pour insubordination au bout de quatre ans. Converti au bonapartisme après avoir été témoin d'une scène de ferveur populaire et après avoir lu le *Mémorial de Sainte-Hélène*, il se voue corps et âme à la restauration de la dynastie impériale car il est convaincu qu'elle seule peut mettre un terme aux divisions de la France et assurer la grandeur nationale. En 1835, il ne parvient pas à persuader le roi Joseph, frère de Napoléon, de se placer à la tête du mouvement, mais reçoit un meilleur accueil du prince Louis Napoléon. Dès lors, les destins des deux hommes se mêlent étroitement. Persigny parcourt la France pour recruter des partisans au prince. Il organise les tentatives de Strasbourg (1836) et de Boulogne (1840), et après cette dernière est condamné à vingt ans de détention. Libéré à la révolution de février 1848, il redevient sous la Deuxième République l'infatigable propagandiste de la cause de son ami. Il joue un rôle important dans les campagnes qui permettent à celui-ci d'être élu représentant du peuple, puis président de la République. Devenu parlementaire, il constitue un parti de l'Élysée à l'Assemblée législative, puis participe activement au coup d'État du 2 décembre 1851. Nommé ministre de l'Intérieur en janvier 1852, il organise les premières élections législatives du nouveau régime, puis le voyage du prince président à travers la France, qui convainc ce dernier de restaurer l'Empire. Le 2 décembre 1852, sans doute le plus grand jour de sa vie, il proclame l'Empire sur la place de la Concorde. Il joue un rôle important dans le lancement des grands travaux de la capitale. Après avoir perdu la confiance du souverain, il quitte l'Intérieur en juin 1854 pour se contenter de siéger au Sénat, où il a été nommé le 31 décembre 1852, et d'occuper l'ambassade de Londres, à deux reprises, entre 1855 et 1860. En novembre 1860, il est rappelé à l'Intérieur, mais la poussée de l'opposition aux élections de mai-juin 1863 entraîne une nouvelle disgrâce, encouragée par l'impératrice qui ne l'aime pas. La déception est à peine compensée par un titre de duc. Persigny se partage alors entre sa terre de Chamarande, où il écrit ses *Mémoires*, et le palais du Luxembourg. Symbole de l'Empire autoritaire, il approuve pourtant l'évolution libérale du régime. Durement affecté par la chute du régime, il décède un an avant Napoléon III, sans le revoir. Viel Castel le déteste avec une belle constance tout au long de ses *Mémoires*. Après avoir vu en lui la « mauvaise étoile du Président », un « petit cadet sorti de je ne sais où », un « mauvais comédien de mélodrame » (21 janvier 1851), il devient « une erreur de la destinée », « une fausse couche de la fortune » (15 avril 1852), puis « un de ces fous qui vous étranglent en croyant vous embrasser » (16 octobre 1862).

Bibl. : Paul Chrétien, *Le Duc de Persigny (1808-1872)*, Toulouse, Impr. de F. Boisseau, 1943 ; Honoré Farat, *Persigny. Un ministre de Napoléon III*, Paris, Hachette, 1957 ; Duc de Persigny, *Mémoires du duc de Persigny publiés avec des documents inédits...*, Paris, Plon, Nourrit et Cie, 1896.

PIE IX Giovanni Maria, comte de Mastai Ferretti, pape (1792-1878). Né dans une famille de la petite noblesse de Sinigaglia, il est ordonné prêtre en 1819, puis connaît une ascension rapide. Archevêque de Spolète en 1827, archevêque d'Imola en 1831, cardinal en 1840, il est élu pape en juin 1846 comme candidat des libéraux face au cardinal Lambruschini, l'homme des intransigeants. De fait, il inaugure son pontificat par un programme de réformes et par l'amnistie des opposants. Cependant, après la révolution romaine de 1848-1849, qui assassine son ministre Pellegrino Rossi et qui l'oblige à fuir, il fait suivre son retour, rendu possible par le corps expéditionnaire d'Oudinot, de mesures réactionnaires. En réalité, il a toujours été conservateur sur le plan doctrinal, comme l'attestait dès 1846 sa première encyclique, *Qui Pluribus*, qui annonçait déjà *Quanta Cura* et le *Syllabus* du 8 décembre 1864, dénonciation en règle de toutes les erreurs du monde moderne. La réaction conservatrice que connaît toute l'Europe à partir de 1850 ne lui déplaît donc pas. Il entretient de bonnes relations avec les gouvernements autoritaires des pays catholiques : l'Empire d'Autriche avec lequel il signe un Concordat en 1855 ou l'Empire français des années 1852-1858 — il devient le parrain du prince impérial en 1856. Cependant, l'oreille complaisante que Napoléon III prête aux aspirations nationales des Italiens et la guerre de 1859 tendent les relations entre le Saint-Siège et la France. Après le conflit, la Romagne pontificale, travaillée par les agents piémontais, se soulève. Lorsque par une lettre du 31 décembre 1859, l'empereur des Français invite Pie IX à « faire le sacrifice de ses provinces révoltées », celui-ci répond que ces terres ne lui appartiennent pas à lui mais à l'Église et qu'il n'est donc pas de son pouvoir de les céder. Il va même jusqu'à déclarer publiquement que « l'empereur n'est qu'un menteur et un fourbe ». Il ne peut cependant empêcher le rattachement de la Romagne au Piémont. La mise en défense du reste de son pouvoir temporel avec le recours aux dons des fidèles, le denier de saint Pierre, et la constitution d'une armée de zouaves pontificaux ne suffit pas à empêcher la perte des Marches et de l'Ombrie, au lendemain de la défaite de Castelfidardo face aux Piémontais, le 18 septembre 1860. Si son pontificat voit donc disparaître les États de l'Église au profit du royaume d'Italie, ce dont s'émeut Viel Castel, il est aussi celui du renforcement de l'autorité spirituelle de la papauté sur le monde catholique : proclamation du dogme de l'Immaculée Conception de Marie, en 1854, et affirmation de l'Infaillibilité pontificale par le concile du Vatican, en 1870. Reclus au Vatican après la prise de Rome par les Italiens, le 20 septembre de cette même année, Pie IX devient l'objet d'une formidable dévotion des catholiques jusqu'à sa mort.

BIBL. : Abbé Roger Aubert, *Le Pontificat de Pie IX*, Paris, Bloud et Gay, 1962 ; Giacomo Martina, *Pio IX*, Rome, Pontificia università gregoriana, 1985, 2 vol.

THIERS Marie Joseph Louis *Adolphe* (1797-1877). Né d'un père qui a dilapidé la fortune familiale et a été emprisonné à plusieurs reprises, il fréquente le lycée de Marseille comme boursier, puis la faculté de droit d'Aix. Avocat sans vocation, il décide de monter à Paris en 1821, s'assure l'aisance matérielle en publiant une *Histoire de la Révolution* qui lui permet d'entrer à l'Académie française en 1834 et à l'Académie des sciences morales et politiques en 1840. Parallèlement, il se lance dans le journalisme. *Le National*, qu'il fonde en janvier 1830 avec Mignet et Carrel, joue un rôle capital dans la révolution de Juillet. La fortune politique de Thiers est faite. Sous-secrétaire d'État aux Finances dès novembre 1830, il est par la suite ministre de l'Intérieur, ministre de l'Agriculture et du Commerce, puis à nouveau ministre de l'Intérieur, président du Conseil et ministre des Affaires étrangères en 1836 puis en 1840. Il est contraint de démissionner les deux fois en raison des audaces de sa politique extérieure. Après avoir représenté l'opposition à Guizot à la Chambre des députés, il s'accommode de la Deuxième République, siège dans les assemblées parlementaires du nouveau régime à partir de juin 1848 et s'impose comme le chef du parti de l'Ordre. Après avoir soutenu Louis-Napoléon Bonaparte dans sa candidature à la présidence de la République, il se sépare vite de lui, est arrêté lors du coup d'État du 2 décembre 1851 et subit un bref exil. De retour à Paris, en août 1852, il reste à l'écart des affaires publiques pendant dix ans et se consacre à ses collections d'art et à ses travaux d'écriture, en particulier à son *Histoire du Consulat et de l'Empire* qui lui vaut d'être qualifié par Napoléon III d'« historien national ». Viel Castel apprécie peu ce « petit grand homme » qui n'est qu'un « bavard » qui a « démoralisé la France pendant trente-cinq ans » (*Mémoires*, 21 février 1855) et qui « s'étonne que la France ne se nomme pas la Thiéreïde » (*Mémoires*, 24 mai 1856). Thiers effectue sa rentrée politique à l'occasion des élections législatives de 1863. Élu député de la Seine, il prononce l'un de ses plus grands discours le 11 janvier 1864 en réclamant pour le pays les « libertés nécessaires ». Redevenu l'un des ténors parlementaires, il se montre très clairvoyant lors du conflit avec la Prusse en 1870. Après la chute de l'Empire, il est plébiscité à travers toute la France lors des élections à l'Assemblée nationale de février 1871 et devient le premier président de la Troisième République.

BIBL. : John P.T. Bury et Robert Tombs, *Thiers, a Political Life*, Londres, Boston, Sidney Allen et Unwin, 1986 ; Pierre Guiral, *Adolphe Thiers ou De la nécessité en politique*, Paris, Fayard, 1986 ; *Monsieur Thiers : d'une République à l'autre*, actes du colloque, Marseille, 14 novembre 1997, Paris, Publisud, 1998.

VÉRON *Louis* Désiré (1798-1867). Fils d'un papetier de la rue du Bac, il devient médecin, mais exerce peu son art. Enrichi grâce à l'exploitation de la pâte pectorale Regnauld, il préfère se lancer dans le journalisme. Sa chronique théâtrale du *Messager des Chambres* puis la *Revue de Paris* qu'il fonde en 1829 lui permettent de devenir l'ami de nombreux directeurs de théâtre, acteurs et compositeurs de renom. Grâce à Thiers, il prend la direction de l'Opéra de Paris en mars 1831, y donne deux énormes succès, *Robert le Diable* et *La Juive*, avant de se retirer en août 1835. Il conserve cependant une loge et passe presque toutes ses soirées au spectacle, quand il n'est pas dans un cercle pour y jouer une partie de sa fortune. Cette sortie précède le dîner que prépare sa célèbre cuisinière Sophie et auquel il invite douze convives, dont les plus réguliers sont Sainte-Beuve, Nestor Roqueplan, Arsène Houssaye, le compositeur Auber ou encore les médecins Velpeau et Trousseau. Devenu propriétaire du *Constitutionnel*, Véron relève ce journal en confiant la quatrième page à un fermier d'annonces. En 1852, il le revend à Mirès pour près de 2 millions de francs. Partisan de longue date de Louis-Napoléon Bonaparte, il adhère au coup d'État du 2-Décembre, reçoit l'investiture officielle aux élections législatives de 1852 et de 1857 et siège au Corps législatif jusqu'en 1863. Membre de la majorité, il intervient essentiellement sur les sujets en rapport avec les arts ou la presse. Il propose ainsi, en 1853, que le gouvernement subventionne des ouvrages qui ont des difficultés pour paraître. Il n'est pas confronté lui-même à ce problème. Homme de plume et membre de la Société des gens de lettres, il publie, entre 1853 et 1855, ses *Mémoires d'un bourgeois de Paris* qui reçoivent les éloges de Napoléon III et connaissent aussitôt un immense succès. Selon Viel Castel, qui évoque l'ouvrage dans ses propres *Mémoires*, Véron incarne « le bourgeois gentilhomme du XIXe siècle » (18 février 1851). Il « est le siècle présent : cynique, scrofuleux et sans vergogne, bouffi et important » (23 juin 1851). Au milieu d'un très long portrait qu'il nous propose de lui le 12 août

1851, il va même jusqu'à écrire qu'il est l'« un des monuments les plus extraordinaires qui puissent être élevés avec de la boue ».

BIBL. : Joseph d'Arçay, *La Salle à manger du docteur Véron*, Paris, Lemerre, 1868 ; Docteur M. E. Binet, *Un médecin pas ordinaire. Le docteur Véron*, Paris, Albin Michel, 1945 ; Louis Véron, *Mémoires d'un bourgeois de Paris...*, Paris, G. de Gonet, 1853-1855, 6 vol.

VICTOR-EMMANUEL II Victor-Emmanuel, roi de Sardaigne puis d'Italie (1820-1878). Fils du roi de Sardaigne Charles-Albert, il reçoit une excellente éducation et une formation militaire approfondie. C'est sur le champ de bataille de Novare, le 23 mars 1849, que son père, vaincu par les Autrichiens, abdique en sa faveur. Le nouveau roi qui a montré sa bravoure au feu fait également preuve d'un grand courage à l'égard des vainqueurs en refusant d'abroger le *Statuto*, la Constitution libérale accordée par son père à ses États de Piémont-Sardaigne en 1848. Dès lors, il devient le recours des patriotes italiens partisans de l'unité et des libertés et accueille tous les proscrits à Turin. Assez jaloux de ses prérogatives royales, il règne néanmoins en monarque constitutionnel et appelle des libéraux à la présidence du Conseil, Massimo d'Azeglio d'abord puis Cavour, à partir de novembre 1852. S'il est parfois en désaccord avec la politique intérieure de ce dernier, il soutient ses initiatives extérieures de l'intervention en Crimée à l'entrevue de Plombières. Moyennant le mariage de sa fille Marie-Clotilde avec le prince Napoléon, qu'il ne tient pas en haute estime, une guerre contre l'Autriche menée aux côtés de Napoléon III et au cours de laquelle il se distingue à la bataille de Palestro, puis le rattachement à la France de Nice et de la Savoie, berceau de sa dynastie, il annexe la Lombardie, les Romagnes, Parme, Modène, la Toscane, les Deux-Siciles, les Marches et l'Ombrie et est proclamé roi d'Italie « par la grâce de Dieu et la volonté de la nation » en mars 1861. S'il est plutôt religieux, et s'il a développé un sens aigu de la politique et fait preuve d'une grande bonhomie, ce roi soldat a des manières simples et une vie amoureuse agitée avant comme après le décès en 1855 de son épouse Adélaïde d'Autriche. Viel Castel prend un malin plaisir à rappeler le surnom de « roi galant homme » qui lui a été donné en 1849, en soulignant son machiavélisme et sa grossièreté, en particulier à l'égard des femmes : « un véritable sous-officier », « qui parle sans retenue de ses bonnes fortunes » (*Mémoires*, 4 décembre 1851). Le conflit austro-prussien de 1866 permet au roi d'annexer la Vénétie, malgré les échecs de Custoza et de Lissa, et la guerre franco-allemande de 1870 de prendre Rome. Il fait de la Ville éternelle sa nouvelle capitale en 1871. S'il ne parvient pas à trouver un accord avec Pie IX qui l'excommunie, il meurt réconcilié *in extremis* avec l'Église et au sommet de sa popularité.

BIBL. : Denis Mack Smith, *Vittorio Emanuele II*, Bari, Laterza, 1972.

WALEWSKI Florian *Alexandre* Joseph Colonña, comte (1810-1868). Né des amours extraconjugales de Napoléon Ier et de Marie Leczinska, l'enfant n'en reçoit pas moins de l'empereur un titre comtal et un majorat destiné à le mettre à l'abri du besoin. Le jeune homme fréquente les cercles et les salons mondains de la Restauration finissante, puis participe au soulèvement de sa patrie contre l'occupant russe. De retour à Paris, il obtient la nationalité française, se voit confirmer son grade de capitaine, avant de servir en Algérie. Revenu à la vie civile en 1837, il s'essaie au théâtre et au journalisme politique, tout en étant un membre très actif du Jockey Club. Sous l'influence de son ami Thiers, il s'oriente finalement vers la diplomatie. Après avoir été deux fois ministre de France à Florence, il se distingue dans son ambassade de Londres en obtenant la reconnaissance de l'Empire par le gouvernement britannique et en contribuant au rapprochement des deux monarchies. Le 26 avril 1855, il est nommé sénateur, et le 6 mai suivant, ministre des Affaires étrangères. A ce titre, il préside le Congrès de Paris qui met fin à la guerre de Crimée et reçoit la grand-croix de la Légion d'honneur le 31 mars 1856, au lendemain de la signature du traité de paix. Son épouse, la belle Florentine Marianne Ricci, devient la maîtresse du souverain et Viel Castel accuse le ministre, cet « ancien mauvais sujet assez nul » (*Mémoires*, 28 janvier 1853), de tirer profit de la situation. De fait, Napoléon III lui attribue le domaine d'Orx dans les Landes. Cependant Walewski se montre trop favorable aux intérêts catholiques et sa position devient intenable en raison de la politique italienne de l'empereur. Il doit démissionner le 28 décembre 1859, ce dont se réjouit notre mémorialiste : « Walewski tombe sans laisser de regrets, il est du nombre de ces favoris de la fortune, dont le fumier n'a jamais rien engraissé, qui bâtissent sur du sable et qui ne laissent après eux qu'un sable stérile » (*Mémoires*, 7 janvier 1860). Cependant, il entre au Conseil privé et occupe le ministère d'État de novembre 1860 à juin 1863. Son administration est marquée par le début de la construction du nouvel Opéra, la préparation de la loi sur la propriété artistique et littéraire ou encore l'acquisition de la collection Campana. En septembre 1865, Napoléon III le nomme à la présidence du Corps législatif. Walewski essaie de poursuivre la politique libérale de Morny, mais ne connaît pas le même succès que lui et doit démissionner dès le mois de mars 1867.

BIBL. : Françoise de Bernardy, *Alexandre Walewski (1810-1868), le fils polonais de Napoléon*, Paris, Perrin, 1976.

BIBLIOGRAPHIE
POUR SERVIR A L'INTELLIGENCE DES *MÉMOIRES* DU COMTE HORACE DE VIEL CASTEL

par Éric Anceau

Cette bibliographie ne reprend généralement pas les ouvrages et les articles indiqués dans les notes et dans les biographies. Elle ne mentionne que les titres français les plus accessibles et les plus utiles pour la compréhension des Mémoires.

Témoignages de contemporains

Baroche (Mme Jules), *Le Second Empire. Notes et souvenirs*, Paris, G. Crès, 1921.

Beaumont-Vassy (Édouard-Ferdinand de Bonninière, vicomte de), *Histoire de mon temps*, Paris, Perrotin, 1855-1858 et Paris, Amyot, 1864-1865, 6 vol.

—, *Les Salons de Paris et la société parisienne sous Napoléon III*, Paris, Sartorius, 1868.

—, *Histoire intime du Second Empire*, Paris, Sartorius, 1874.

Castellane (Esprit Boniface, comte de), *Journal (1804-1862)*, Paris, Plon, 1895-1897, 5 vol.

Chennevières (Philippe, marquis de), *Souvenirs d'un directeur des Beaux-Arts*, Paris, L'Artiste, 1883-1889 ; rééd. Paris, Arthéna, 1979.

Claudin (Gustave), *Mes Souvenirs. Les boulevards de 1840 à 1870*, Paris, Calmann-Lévy, 1884.

Conegliano (duc de), *Le Second Empire. La Maison de l'Empereur...*, Paris, Calmann-Lévy, 1897.

Delacroix (Eugène), *Journal (1822-1863)*, Paris, Plon, 1981.

Du Camp (Maxime), *Souvenirs littéraires*, Paris, Hachette, 1882-1883, 2 vol.

—, *Souvenirs d'un demi-siècle (1830-1882)*, Paris, Hachette, 1949, 2 vol.

Filon (Augustin), *Souvenirs de l'Impératrice Eugénie*, Paris, Calmann-Lévy, 1920.

Fleury (Émile Félix, comte), *Souvenirs du général comte Fleury (1837-1867)*, Paris, Plon, 1897, 2 vol.

Gautier (Théophile), « Les Soirées du Louvre », *L'Artiste*, t. III, 5e livraison, 31 janvier 1858.

Goncourt (Edmond et Jules de), *Journal, Mémoires de la vie littéraire*, Paris,

Fasquelle et Flammarion, 1956 ; rééd. Robert Laffont, « Bouquins », 1989.
Houssaye (Arsène) (1815-1896), *Les Confessions. Souvenirs d'un demi-siècle, 1830-1890*, Paris, E. Dentu, 1885-1891, 6 vol.
Hubner (Joseph Alexandre, comte de), *Neuf ans de souvenirs d'un ambassadeur d'Autriche à Paris sous le Second Empire, 1851-1859*, Paris, Plon, 1904, 2 vol.
Lettres familières de l'Impératrice Eugénie, publiées par le duc d'Albe, Paris, Le Divan, 1935, 2 vol.
Mérimée (Prosper), *Correspondance générale établie et annotée par Maurice Parturier*, Toulouse, Privat, 1941-..., multiples volumes.
Metternich (Pauline, princesse de), *Souvenirs (1859-1871)*, Paris, Plon, 1922.
Paléologue (Maurice), *Les Entretiens de l'Impératrice Eugénie*, Paris, Plon, 1928.
Reiset (Frédéric), *Mes souvenirs*, Paris, Plon-Nourrit, 1902.
Rocca Giovine (Julie Bonaparte, marquise de), *Mémoires inédits (1853-1870)*, Rome, Edizione di storia e lettre letteratura, 1975.
Tascher de la Pagerie (Stéphanie, comtesse de), *Mon séjour aux Tuileries, 1852-1871*, Paris, Paul Ollendorff, 1893-1895, 3 vol.
Véron (Louis Désiré), *Mémoires d'un bourgeois de Paris...*, Paris, Librairie nouvelle, 1856-1857, 5 vol.
—, *Nouveaux mémoires d'un bourgeois de Paris*, Paris, Librairie internationale, Verboeckhoven et Cie, 1866.

Ouvrages généraux sur la Deuxième République et le Second Empire

Agulhon (Maurice), *1848 ou l'Apprentissage de la République (1848-1852)*, Paris, Le Seuil, 1973.
—, *Les Quarante-huitards*, Paris, Gallimard-Julliard, « Archives », 1975.
Anceau (Éric), *La France de 1848 à 1870. Entre ordre et mouvement*, Paris, LGF, « Livre de Poche », 2002.
Dansette (Adrien), *Louis Napoléon à la conquête du pouvoir*, Paris, Hachette, 1961.
—, *Du 2 décembre au 4 septembre*, Paris, Hachette, 1972.
Girard (Louis), *Napoléon III*, Paris, Fayard, 1986.
La Gorce (Pierre de), *Histoire de la Seconde République française*, Paris, Plon, 1886, 2 vol.
—, *Histoire du Second Empire*, Paris, Plon, 1894-1904, 7 vol.
Milza (Pierre), *Napoléon III*, Paris, Perrin, 2004.
Plessis (Alain), *De la fête impériale au mur des fédérés (1852-1871)*, Paris, Le Seuil, 1973.
Smith (William), *Napoléon III*, Paris, Hachette, 1982.
Tulard (Jean), *Dictionnaire du Second Empire*, Paris, Fayard, 1995.

Sur les aspects politiques et diplomatiques

Anceau (Éric), *Dictionnaire des députés du Second Empire*, Rennes, Presses Universitaires de Rennes, 1999.

Aprile (Sylvie), Huard (Raymond), Lévêque (Pierre) et Mollier (Jean-Yves), *La Révolution de 1848 en France et en Europe*, Paris, Éditions sociales, 1998.

Bastid (Paul), *Doctrines et institutions politiques de la Seconde République*, Paris, Hachette, 1945, 2 vol.

Fejtö (François), *Le Printemps des peuples, 1848 dans le monde*, Paris, Éditions de Minuit, 1948, 2 vol.

Huard (Raymond), *Le Suffrage universel en France (1848-1946)*, Paris, Aubier, 1991.

Leclère (Bernard) et Wright (Vincent), *Les Préfets du Second Empire*, Paris, Armand Colin, 1993.

Ménager (Bernard), *Les Napoléon du peuple*, Paris, Aubier, 1988.

Ponteil (Félix), *Les Institutions de la France de 1814 à 1870*, Paris, PUF, 1966.

Renouvin (Pierre), *Histoire des relations internationales*, t. V : *Le XIX*[e] *Siècle de 1815 à 1871*, Paris, Hachette, 1959 ; rééd. 1970.

Robert (Adolphe) et Cougny (Gaston), *Dictionnaire des parlementaires français*, Paris, Bourloton, 1889-1892, 5 vol. ; réimpr. Genève, Slatkine, 2000.

Vigier (Philippe), *1848, les Français et la République*, 2e éd. de l'ouvrage paru sous le titre *La Vie quotidienne en province et à Paris pendant les journées de 1848*, Paris, Hachette, 1998.

Weill (Georges), *Histoire du parti républicain en France de 1814 à 1870*, Paris, F. Alcan, 1900 ; réimpr. Genève, Slatkine, 1980.

Wright (Vincent), *Le Conseil d'État sous le Second Empire*, Paris, Armand Colin et Presses de la FNSP, 1972.

Sur les aspects culturels et sociaux

Allem (Maurice), *La Vie quotidienne sous le Second Empire*, Paris, Hachette, 1948.

L'Art en France sous le Second Empire, catalogue de l'exposition présentée au Grand Palais, Paris, Réunion des musées nationaux, 1979.

Aulanier (Christiane), *Histoire du palais et du musée du Louvre*, 11 vol., vol. IV : *Le Nouveau Louvre de Napoléon III*, Paris, Éditions des musées nationaux, 1953.

Bac (Ferdinand), *La Cour des Tuileries sous le Second Empire*, Paris, Hachette, 1930.

Bellessort (André), *La Société française sous Napoléon III*, Paris, Perrin, 1932.

Bénézit (Emmanuel), *Dictionnaire et Documentaire des peintres, sculpteurs, dessinateurs et graveurs de tous temps et de tous pays*, Paris, Gründ, 1976 pour la nouvelle édition, 10 vol.

Boudon (Jacques-Olivier), *Paris, capitale religieuse sous le Second Empire*, Paris, Cerf, 2001.

Boulenger (Jacques), *Les Tuileries sous le Second Empire*, Paris, Calmann Lévy, 1932.

Chambrier (James de), *La Cour et la société du Second Empire*, Paris, Perrin, 1902-1904, 2 vol.

Le Comte de Nieuwerkerke. Art et pouvoir sous Napoléon III, exposition, Musée national du Château de Compiègne (6 octobre 2000-janvier 2001), Paris, Réunion des musées nationaux, 2000.

Fétis (François-Joseph), *Biographie universelle des musiciens et bibliographie générale de la musique*, Paris, Firmin-Didot, 1860-1865, 2e édition, 8 vol.

Fleury (comte) et Sonolet (Louis), *La Société du Second Empire*, Paris, Albin Michel, 1911-1913, 4 vol.

Girard (Louis), *Paris pendant la Deuxième République et le Second Empire*, Paris, Hachette, 1981.

Jollivet (Gaston), *Souvenirs de la vie de plaisir sous le Second Empire*, Paris, Tallandier, 1927.

Lalouette (Jacqueline), *La Libre Pensée en France, 1848-1940*, Paris, Albin Michel, 1997.

Lami (Stanislas), *Dictionnaire des sculpteurs de l'école française au XIXe siècle*, Paris, Honoré Champion, 1898-1921, 6 vol.

Le Goff (Jacques) et Rémond (René) dir., *Histoire de la France religieuse*, t. 3 : *Du roi très chrétien à la laïcité républicaine*, Paris, Le Seuil, 1991.

Lhomme (Jean), *La Grande Bourgeoisie au pouvoir (1830-1880)*, Paris, PUF, 1960.

Loliée (Frédéric), *Les Femmes du Second Empire. Papiers intimes*, Paris, Émile Paul, 1912.

—, *Les Femmes du Second Empire. La fête impériale*, Paris, Émile Paul, 1913.

Maurain (Jean), *La Politique ecclésiastique du Second Empire*, Paris, F. Alcan, 1930.

Simond (Charles) et Poinsot (Maffeo Charles), *La Vie galante aux Tuileries sous le Second Empire*, Paris, A. Méricant, 1913.

INDEX

Cet index ne retient que les actants. En outre, les personnages historiques antérieurs à la Révolution (Jésus, Louis XIV...) ne sont pas pris en compte. Toutefois, une même personne est indexée sous ses différents titres et appellations (exemple : Louis Napoléon Bonaparte, Napoléon III, le président de la République, le chef de l'État, l'empereur, le souverain), ce qui permet une recherche exhaustive des occurrences. L'index procède à des renvois : Napoléon III voir Bonaparte (Louis-Napoléon)... Les personnalités sont mentionnées avec leurs principales fonctions avant et au moment de la rédaction des Mémoires. *Certaines, trop peu connues, insuffisamment présentées par Viel Castel ou données sous une orthographe particulièrement fantaisiste n'ont pas pu être identifiées.*

A

B

C

D

E

F

G

H

I

J

K

L

M

N

O

P

Q

R

S

T

U

V

W

Y

Z

TABLE DES MATIÈRES

MÉMOIRES

DANS LA MÊME COLLECTION

LITTÉRATURE

ALLAIS, Alphonse

Œuvres anthumes : A se tordre — Vive la vie ! — Pas de bile ! — Le Parapluie de l'escouade — Rose et vert pomme — Deux et deux font cinq — On n'est pas des bœufs — Le Bec en l'air — Amours, délices et orgues — Pour cause de fin de bail — Ne nous frappons pas — Le Captain Cap *(1 volume)*

Œuvres posthumes, 1877-1905 : Le Tintamarre — L'Hydropathe — Le Chat-Noir — Gil Blas — Le Journal *(1 volume)*

ANTHOLOGIE ÉROTIQUE

LE XVIIIe SIECLE : Histoire de la vie et des mœurs de mademoiselle Cronel dite Frétillon — Les Galanteries de Thérèse — La Grivoise du temps ou la Charolaise — Mademoiselle Javotte — Les Lauriers ecclésiastiques — Les Cannevas de la Pâris — Correspondance de Madame Gourdan — Correspondance d'Eulalie — Le Courrier extraordinaire des fouteurs ecclésiastiques — Les Sérails de Paris — Les Amours de Charlot et Toinette — Portefeuille d'un talon rouge — Le Godemiché royal — L'Autrichienne en goguettes — La Confession de Marie-Antoinette — Bordel royal — Bordel patriotique — Grande fête donnée par les maquerelles de Paris — Fureurs utérines de Marie-Antoinette — Les Adieux de La Fayette ou Cadet Capet à Antoinette — Les Adieux de la reine à ses mignons et mignonnes — Les nouvelles du ménage royal sens dessus dessous — La Journée amoureuse *(1 volume)*

BALZAC, Honoré de

Premiers romans : 1822-1825 *(2 volumes)* : *Tome 1* : L'Héritière de Birague — Jean Louis, ou la Fille trouvée — Clotilde de Lusignan, ou le Beau Juif — Le Centenaire, ou les Deux Beringheld — *Tome 2* : La Dernière Fée, ou la Nouvelle Lampe merveilleuse — Le Vicaire des Ardennes — Annette et le Criminel — Wann-Chlore

Lettres à Madame Hanska *(2 volumes sous coffret)* : *Tome 1* : 1832-1844 — *Tome 2* : 1844-1850

BARBEY D'AUREVILLY, Jules

Une vieille maîtresse — L'Ensorcelée — Un prêtre marié — Les Diaboliques — Une page d'histoire *(1 volume)*

BARRÈS, Maurice

Romans et voyages *(2 volumes)* : *Tome 1* : Le Culte du Moi : Sous l'œil des Barbares. Un homme libre. Le Jardin de Bérénice — L'Ennemi des lois — Du Sang, de la volupté et de la mort — Le Roman de l'énergie nationale — *Tome 2* : Amori et dolori sacrum — Les Amitiés françaises — Les Bastions de l'Est — Le Voyage de Sparte — Greco ou le Secret de Tolède — La Colline inspirée — Un jardin sur l'Oronte — Le Mystère en pleine lumière

BENOIT, Pierre

Romans : Kœnigsmark — L'Atlantide — Pour Don Carlos — Le Puits de Jacob — Le Roi lépreux — Le Désert de Gobi *(1 volume)*

BIBLIOTHEQUE BLEUE

Littérature de colportage *(1 volume)*

BIOY CASARES, Adolfo

Romans : L'Invention de Morel — Plan d'évasion — Le Songe des héros — Journal de la guerre au cochon — Dormir au soleil — Un photographe à La Plata — Un champion fragile — Un autre monde *(1 volume)*

BLONDIN, Antoine

L'Europe buissonnière — Les Enfants du bon Dieu — L'Humeur vagabonde — Un singe en hiver — Monsieur Jadis — Quat' saisons — Certificats d'études — Ma vie entre les lignes — L'Ironie du sport *(1 volume)*

BLOY, Léon

Journal *(2 volumes)* : *Tome 1* : 1892-1907 : Le Mendiant Ingrat — Mon Journal — Quatre Ans de captivité à Cochons-sur-Marne — L'Invendable — *Tome 2* : 1907-1917 : Le Vieux de la Montagne — Le Pèlerin de l'Absolu — Au seuil de l'Apocalypse — La Porte des Humbles

BOULGAKOV, Mikhaïl

La Garde blanche — La Vie de monsieur de Molière — Le Roman théâtral — Le Maître et Marguerite *(1 volume)*

BRONTË, Anne, Charlotte, Emily et Patrick Branwell

Œuvres *(3 volumes)* : *Tome 1* : E. Brontë : Wuthering Heights — A. Brontë : Agnès Grey — C. Brontë : Villette — *Tome 2* : C. Brontë : Jane Eyre — A. Brontë : La Châtelaine de Wildfell Hall — C. Brontë : Le Professeur — *Tome 3* : C. Brontë : Shirley ; Caractères des hommes célèbres du temps présent ; Albion et Marina ; Le Grand Monde à Verdopolis ; Le Sortilège ; Quatre Ans plus tôt — P. B.Brontë : Magazine (juin) (juillet) ; L'Histoire des jeunes hommes ; Le Pirate ; The Monthly Intelligencer ; La Mort de Mary Percy ; « Et ceux qui sont las se reposent »

BUZZATI, Dino

Œuvres : Bàrnabo des Montagnes — Le Secret du Bosco Vecchio — Le Désert des Tartares — Petite Promenade — Les Sept Messagers — La Fameuse Invasion de la Sicile par les ours — Panique à la Scala — Un cas intéressant *(1 volume)*

CAMÕES, Luís de

Les Lusiades *(1 volume)*

CARCO, Francis

Romans: Jésus-la-Caille — Les Innocents — L'Équioe — Rien qu'une femme — L'Homme traqué — Verotchka l'étrangère ou le Goût du malheur — Perversité — Rue Pigalle — La Rue — L'Ombre — Lumière noire — Brumes *(1 volume)*

CARROLL, Lewis

Œuvres *(2 volumes sous coffret)* : *Tome 1* : Les Aventures d'Alice sous terre — Les Aventures d'Alice au pays des merveilles — De l'autre côté du miroir et ce qu'Alice y trouva — Le Frelon à perruque — Alice racontée aux petits enfants — Autour du pays des merveilles — Lettres à ses amies-enfants — Petites Filles en visite — Jeux, casse-tête, inventions — Les Feux de la rampe — Fantasmagorie et poésies diverses — Journaux — *Tome 2* : La Chasse au Snark — Sylvie et Bruno — Tous les contes et nouvelles — Une histoire embrouillée — Le Magazine du presbytère — Le Parapluie du presbytère — Méli-Mélo — Logique sans peine — La Vie à Oxford — Essais et Opinions

CASANOVA

Histoire de ma vie *(3 volumes sous coffret) : Tome 1 :* Volumes 1 à 4 — Annexes : A la recherche de trois femmes — Théologie et religion — Philosophie et morale — Amour du beau — Le pédagogue — *Tome 2 :* Volumes 5 à 8 — Annexes : L'évasion des Plombs — L'Icosameron — A propos des œuvres de

Bernardin de Saint-Pierre — Sur la loterie — La Kabbale — Casanova économiste — *Tome 3 :* Volumes 9 à 12 : Annexes : Casanova après les Mémoires — Derniers textes de Casanova

COLETTE

Romans, récits, souvenirs *(3 volumes)* : *Tome 1* : (1900-1919), Claudine à l'école — Claudine à Paris — Claudine en ménage — Claudine s'en va — La Retraite sentimentale — Les Vrilles de la vigne — L'Ingénue libertine — La Vagabonde — L'Envers du music-hall — L'Entrave — La Paix chez les bêtes — Les Heures longues — Dans la foule — Mitsou — *Tome 2* : (1920-1940) : Chéri — La Chambre éclairée — Le Voyage égoïste — La Maison de Claudine — Le Blé en herbe — La Femme cachée — Aventures quotidiennes — La Fin de Chéri — La Naissance du jour — La Seconde — Sido — Douze Dialogues de bêtes — Le Pur et l'Impur — Prisons et Paradis — La Chatte — Duo — Mes apprentissages — Bella-Vista — Le Toutounier — Chambre d'hôtel — *Tome 3* : (1941-1949), *suivi de* Critique dramatique (1934-1938) : Journal à rebours — Julie de Carneilhan — De ma fenêtre — Le Képi — Trois… six… neuf… — Gigi — Belles Saisons — L'Étoile Vesper — Pour un herbier — Le Fanal bleu — Autres bêtes — En pays connu — La Jumelle noire

COURTELINE, Georges

Théâtre, contes, romans et nouvelles, philosophie, écrits divers et fragments retrouvés : Théâtre : Boubouroche — La Peur des coups — Un client sérieux — Hortense couche-toi ! — Monsieur Badin — Théodore cherche des allumettes — La Voiture versée — Les Boulingrin — Le gendarme est sans pitié — Le commissaire est bon enfant — L'Article 330 — Les Balances — La Paix chez soi — Mentons bleus — Contes : Le Miroir concave — Lieds de Montmartre — Dindes et grues — Les Miettes de la table — Scènes de la vie de bureau — Les Fourneaux — L'Ami des lois — Romans et nouvelles : Messieurs les ronds de cuir — Les Linottes — Le Train de 8 h 47 — Les Gaîtés de l'escadron — Philosophie — Écrits et fragments retrouvés : Pochades et chroniques — L'Affaire Champignon — Rimes — X…, roman impromptu *(1 volume)*

CROISADES ET PÈLERINAGES

Récits, chroniques et voyages en Terre sainte, XIIe-XVIe siècle : Chansons de croisades — La Chanson d'Antioche — La Conquête de Jérusalem — Le Bâtard de Bouillon — Saladin — Chronique de la croisade — La Conquête de Constantinople — La Fleur des histoires de la Terre d'Orient — Traité sur le passage en Terre sainte — Récits de pèlerinages — Récits de voyages hébraïques — Le Livre de Messire Jean de Mandeville *(1 volume)*

DAUDET, Léon

Souvenirs et Polémiques : Souvenirs — Député de Paris — Paris vécu — Le Stupide XIXe Siècle *(1 volume)*

DICKENS, Charles

Les Grandes Espérances — Le Mystère d'Edwin Drood — Récits pour Noël *(1 volume)*

DIDEROT, Denis

Œuvres *(5 volumes)* : *Tome 1 :* Philosophie : Pensées philosophiques — Addition aux Pensées philosophiques — De la suffisance de la religion naturelle — La Promenade du sceptique — Lettre sur les aveugles — Additions à la Lettre sur les aveugles — Encyclopédie — Suite de l'apologie de M. l'abbé de Prades — Pensées sur l'interprétation de la nature — Le Rêve de d'Alembert — Principes philosophiques sur la matière et le mouvement — Observations sur Hemsterhuis — Réfutations d'Hélvétius — Entretien d'un philosophe avec la maréchale de *** — Sur les femmes — Essai sur les règnes de Claude et de Néron — Éléments de physiologie — *Tome 2 :* Contes : Les Bijoux indiscrets — L'Oiseau blanc, conte bleu — La Religieuse — Mystification — La Vision de M. de Bignicours — Les Deux Amis de Bourbonne — Entretien d'un père avec ses enfants — Ceci n'est pas un conte — Madame de La Carlière — Supplément au Voyage de Bougainville — Satyre première — Lui et moi — Le Neveu de Rameau — Jacques le Fataliste — *Tome 3 :* Politique : Articles de politique tirés de l'*Encyclopédie* — Lettre sur le commerce de la librairie — Apologie de l'abbé Galiani — L'Anti-Frédéric — Mélanges philosophiques, historiques, etc. pour Catherine II — Plan d'une université — Observations sur le Nakaz — Contributions à l'histoire des deux Indes — Lettre apologétique de l'abbé Raynal à Monsieur Grimm — *Tome 4 :* Esthétique-Théâtre : Esthétique : Lettre sur les sourds et muets — Additions à la Lettre sur les sourds et muets — Traité du beau — Articles d'esthétique tirés de l'*Encyclopédie* — Au petit prophète de Boehmischbroda — Les Trois Chapitres — Éloge de Richardson — Les Salons de 1759, 1761, 1763, 1765, 1767, 1769, 1771, 1775 et 1781 — Pensées détachées sur la peinture, la sculpture et la poésie — Théâtre : Le Fils naturel — Entretiens sur Le Fils naturel — Le Père de famille — De la poésie dramatique — Sur Térence — Paradoxe sur le comédien — Est-il bon ? Est-il Méchant ? — *Tome 5* : Correspondance

DUMAS, Alexandre

Mes mémoires *(2 volumes sous coffret)* : *Tome 1* : (1802-1830) — *Tome 2* : (1830-1833) *suivi d'un* Quid d'Alexandre Dumas

Mémoires d'un médecin *(3 volumes) : Tome 1* : Joseph Balsamo, *suivi d'un* Dictionnaire des personnages — *Tome 2* : (1830-1833) Le Collier de la reine, Ange Pitou — *Tome 3* : La Comtesse de Charny — Le Chevalier de Maison-Rouge

Les Mousquetaires *(3 volumes)* : *Tome 1* : Les Trois Mousquetaires — Vingt ans après, *précédé d'un* Dictionnaire des personnages — *Tomes 2 et 3* : Le Vicomte de Bragelonne

Les Valois *(2 volumes) : Tome 1* : La Reine Margot — La Dame de Monsoreau, *précédé d'un* Dictionnaire des personnages — *Tome 2* : Les Quarante-Cinq, *suivi des* Adaptations théâtrales.
Le Comte de Monte-Cristo *(1 volume)*

DU MAURIER, Daphné

Rebecca — Ma cousine Rachel — L'aventure vient de la mer — L'Auberge de la Jamaïque *(1 volume)*

ÉRASME

Éloge de la folie — Adages — Colloques — Réflexions sur l'art, l'éducation, la religion, la guerre, la philosophie — Correspondance, *précédé d'un* Dictionnaire d'Érasme et de l'humanisme

FONTANE, Theodor

Errements et Tourments — Jours disparus — Frau Jenny Treibel — Effi Briest *(1 volume)*

GALSWORTHY, John

Histoire des Forsyte *(2 volumes)* : *Tome 1* : La Saga des Forsyte — *Tome 2* : Comédie moderne — Fin de chapitre

GAUTIER, Théophile

La Cafetière — Omphale — Les Jeunes-France — Mademoiselle de Maupin — La Morte amoureuse — La Chaîne d'or — Fortunio — La Pipe d'opium — Une nuit de Cléopâtre — La Toison d'or — Le Pied de momie — La Mille et Deuxième Nuit — Le Roi Candaule — Le Club des hachichins — Arria Marcella — Avatar — Jettatura — Le Roman de la momie — Le Capitaine Fracasse — Spirite *(1 volume)*

GONCOURT, Edmond et Jules de

Journal. Mémoires de la vie littéraire, 1851-1896 *(3 volumes sous coffret)*

Les Maîtresses de Louis XV. Et autres portraits de femmes *(1 volume)*

GRAND-GUIGNOL (LE)

Le théâtre des peurs de la Belle Époque *(1 volume)*

HARRISON, Jim

Wolf, Mémoires fictifs — Un bon jour pour mourir — Nord-Michigan — Légendes d'automne — Sorcier *(1 volume)*

HOMÈRE

L'Iliade et l'Odyssée *(1 volume)*

HUGO, Victor

Roman *(3 volumes)* : *Tome 1* : Han d'Islande — Bug-Jargal — Le Dernier Jour d'un condamné — Notre-Dame de Paris — Claude Gueux — *Tome 2* : Les Misérables — *Tome 3* : L'Archipel de la Manche — Les Travailleurs de la mer — L'homme qui rit — Quatrevingt-treize

Poésie *(4 volumes)* : *Tome 1* : Premières publications — Odes et Ballades — Les Orientales — Les Feuilles d'Automne — Les Chants du Crépuscule — Les Voix intérieures — Les Rayons et les Ombres — *Tome 2* : Châtiments — Les Contemplations — La Légende des Siècles, première série — Les Chansons des rues et des bois — La Voix de Guernesey — *Tome 3* : L'Année terrible — La Légende des siècles, nouvelle série — La Légende des siècles dernière série — L'Art d'être grand-père — Le Pape — La Pitié suprême —

Religions et Religion — L'Âne — Les Quatre Vents de l'esprit — *Tome 4* : La Fin de Satan — Toute la lyre — Dieu — Les Années funestes — Dernière Gerbe — Océan vers

Théâtre *(2 volumes)* : *Tome 1* : Cromwell — Amy Robsartl — Hernani — Marion de Lorme — Le roi s'amuse — Lucrèce Borgia — Marie Tudor — Angelo, tyran de Padoue — La Esmeralda — *Tome 2* : Ruy Blas — Les Burgraves — Torquemada — Théâtre en liberté — Les Jumeaux — Mille francs de récompense — L'Intervention

Politique : Paris — Mes fils — Actes et paroles I — Actes et paroles II — Actes et paroles III — Actes et paroles IV — Testament littéraire — Préface à l'édition *ne varietur (1 volume)*

Critique : Préface de *Cromwell* — Littérature et philosophie mêlées — William Shakespeare — Proses philosophiques des années 60-65 *(1 volume)*

Histoire : Napoléon le Petit — Histoire d'un crime — Choses vues *(1 volume)*

Voyages : Le Rhin — Fragment d'un voyage aux Alpes — France et Belgique — Alpes et Pyrénées — Voyages et excursions — Carnets 1870-1871 *(1 volume)*

Chantiers : Notre-Dame de Paris — Châtiments — La Fin de Satan (fragment) — Dieu (fragment) — Le Dossier des Misérables — Autour des Chansons des rues et des bois — Fragments critiques — Fragments dramatiques *(1 volume)*

Océan : Océan prose — Philosophie prose — Faits et croyances — Moi, l'amour, la femme — Philosophie vers — Plans et projets *(1 volume)*

Correspondance familiale et écrits intimes, 1802-1839 *(2 volumes)*

JAMES, Henry

Daisy Miller — Les Ailes de la colombe — Les Ambassadeurs *(1 volume)*

JARRY, Alfred

Œuvres : Les Minutes de sable mémorial — César Antechrist — Poèmes de jeunesse — Écrits sur l'art — L'Ymagier — Perhinderion — Ubu roi — Ubu enchaîné — Ubu cocu — Ubu sur la butte — Almanach du père Ubu — Gestes et opinions du Dr Faustroll, pataphysicien — Les jours et les Nuits — L'Amour en visites — L'Amour absolu — L'autre Alceste — Messaline — Le Surmâle — Poèmes — La Chandelle verte — La Dragonne *(1 volume)*

KIERKEGAARD, Søren

Œuvres : L'Alternative (Ou bien… Ou bien…) — La Répétition (La Reprise) — Stades sur le chemin de la vie — La Maladie à la mort *(1 volume)*

LABICHE, Eugène

Théâtre *(2 volumes) : Tome 1 :* Rue de l'Homme-Armé n° 8 bis — Embrassons-nous, Folleville ! — Un garçon de chez Véry — La Fille bien gardée — Un chapeau de paille d'Italie — Un monsieur qui prend la mouche — Le Misanthrope et l'Auvergnat — Edgard et sa bonne — Le Chevalier des dames — Mon Isménie — Si jamais je te pince… ! — L'Affaire de la rue de Lourcine — L'Avocat d'un grec — Voyage autour de ma marmite — La Sensitive — Les Deux Timides — Le Voyage de monsieur Perrichon — Les Vivacités du capitaine Tic — Le Mystère de la rue Rousselet — La Poudre aux yeux — *Tome 2 :* La Station Champbaudet — Les 37 sous de M. Montaudoin — La Dame au petit chien — Permettez, madame !… — Célimare le bien-aimé — La Cagnotte — Moi — Premier Prix de piano — Un pied dans le crime — La Grammaire — Les Chemins de fer — Le Papa du prix d'honneur — Le Dossier de Rosafol — Le Plus Heureux des trois — Doit-on le dire ? — 29 degrés à l'ombre — Garanti dix ans — Madame est trop belle — Les trente millions de Gladiator — Un mouton à l'entresol — Le Prix Martin — La Cigale chez les fourmis

LAWRENCE, T. E.

Œuvres *(2 volumes) : Tome* 1 : Dépêches secrètes d'Arabie — Correspondance et autres textes — *Tome 2* : Les Sept Piliers de la sagesse

LE BRAZ, Anatole

Magies de la Bretagne *(2 volumes)* : *Tome 1* : La Bretagne à travers l'Histoire — La Légende de la mort chez les Bretons armoricains — Récits de passants — Vieilles Histoires du pays breton — Pâques d'Islande — Contes du soleil et de la brume — Les Saints bretons — Au pays des pardons — *Tome 2* : Le Gardien du feu — Le Sang de la Sirène — Âmes d'Occident — Chansons populaires de la Basse-Bretagne — Le Théâtre celtique — Cognomerus et sainte Tréfine — Croquis de Bretagne et d'ailleurs — Vieilles Chapelles de Bretagne — Îles bretonnes — La Terre du passé

LÉGENDE ARTHURIENNE (LA)

Le Graal et la Table Ronde : Perceval le Gallois, par Chrétien de Troyes — Perlesvaus — Merlin et Arthur, attribué à Robert de Boron — Le Livre de Caradoc — Le Chevalier à l'épée — Hunbaut — La Demoiselle à la mule, attribué à Païen de Maisières — L'Âtre périlleux — Gliglois — Méraugis de Portlesguez, par Raoul de Houdenc — Le Roman de Jaufré — Blandin de Cornouaille — Les Merveilles de Rigomer — Méliador, par Jean Froissart — Le Chevalier au Papegau *(1 volume)*

LOTI, Pierre

Voyages (1872-1913) : L'Ile de Pâques — Une relâche de trois heures — Mahé des Indes — Obock (en passant) — Japoneries d'automne — Au Maroc — Constantinople en 1890 — Le Désert — Jérusalem — La Galilée — L'Inde (sans les Anglais) — Les Pagodes d'or — En passant à Mascate — Vers Ispahan — Les Derniers Jours de Pékin — Un pèlerin d'Angkor — La Mort de Philae — Suprêmes visions d'Orient *(1 volume)*

MAUPASSANT, Guy de

Contes et nouvelles. Romans *(2 volumes)* : *Tome 1* : Quid de Guy de Maupassant — Contes divers (1875-1880) — La Maison Tellier — Contes divers (1881) — Mademoiselle Fifi — Contes divers (1882) — Contes de la Bécasse — Clair de lune — Contes divers (1883) — Une vie — Miss Harriet — Les Sœurs Rondoli — *Tome 2* : Yvette — Contes divers (1884) — Contes du jour et de la nuit — Bel-Ami — Contes divers (1885) — Toine — Monsieur Parent — La Petite Roque — Contes divers (1886) — Le Horla — Contes divers (1887) — Le Rosier de Mme Husson — La Main gauche — Contes divers (1889) — L'Inutile Beauté

MAUROIS, André

Prométhée ou la Vie de Balzac — Olympio ou la Vie de Victor Hugo — Les Trois Dumas *(1 volume)*

MERCIER, Louis Sébastien et RESTIF DE LA BRETONNE

Paris le jour, Paris la nuit : Tableau de Paris — Les Nuits de Paris *(1 volume)*

MILLE ET UNE NUITS (LES)

Dans la traduction du Dr J.-C. Mardrus *(2 volumes)*

MONTESQUIEU

Pensées — Le Spicilège *(1 volume)*

MORALISTES DU XVIIe SIÈCLE (LES)

La Rochefoucauld : Maximes et réflexions diverses — Mme de Sablé : Maximes — Abbé d'Ailly : Pensées diverses — Étienne de Vernage : Nouvelles Réflexions — Pascal : Pensées — Jean Domat : Pensées; Discours sur les passions de l'amour — La Bruyère : Les Caractères — Dufresny : Amusements sérieux et comiques *(1 volume)*

MORAND, Paul

Voyages : Paris-Tombouctou — Hiver caraïbe — Le Rhône en hydroglisseur ou un Mississippi sans crocodiles — New York — Londres — Le Nouveau Londres — Bucarest — Méditerranée, mer des surprises — L'Europe russe annoncée par Dostoïevski — Le Voyage *(1 volume)*

NIETZSCHE, Friedrich

Œuvres *(2 volumes)* : *Tome 1* : La Naissance de la tragédie — Considérations inactuelles — Humain, trop humain — Aurore — *Tome 2* : Le Gai Savoir — Ainsi parlait Zarathoustra — Par-delà le bien et le mal — La Généalogie de la morale — Le Cas Wagner — Le Crépuscule des idoles — L'Antéchrist — Ecce homo — Nietzsche contre Wagner — Dithyrambes de Dionysos

PEPYS, Samuel

Journal (1660-1669) *(2 volumes sous coffret)*

POE, Edgar Allan

Contes, essais, poèmes *(1 volume)*

PROUST, Marcel

À la recherche du temps perdu *(3 volumes)* : *Tome 1* : Du côté de chez Swann — A l'ombre des jeunes filles en fleurs, *précédé d'un* Quid de Marcel Proust — *Tome 2* : Le Côté de Guermantes — Sodome et Gomorrhe — *Tome 3* : La Prisonnière — La Fugitive — Le Temps retrouvé

RÉCITS D'AMOUR ET DE CHEVALERIE (XIIe-XVe siècle)

Pirame et Tisbé — Narcisse — Ipomédon — Protheselaüs — Floris et Lyriopé — Joufroi de Poitiers — Le Roman de Silence — Durmart le Gallois — Le Roman du comte d'Anjou — Ponthus et Sidoine — Histoire d'Olivier de Castille et Artus d'Algarbe — Histoire de Jason *(1 volume)*

RENAN, Ernest

Histoire et Parole. *Morceaux choisis* de : Correspondance — Lettres intimes — Cahiers de jeunesse — Fragments intimes — L'Avenir de la science — Essais de morale et de critique — Vie de Jésus — Les Apôtres — Saint Paul — L'Antéchrist — L'Église chrétienne — Marc-Aurèle — La Réforme intellectuelle et morale — Dialogues philosophiques — Drames philosophiques — Examen de conscience philosophique — Souvenirs d'enfance et de jeunesse — Feuilles détachées — Histoire du peuple d'Israël — Conférences d'Angleterre *(1 volume)*

Histoires des origines du christianisme *(2 volumes sous coffret)* : *Tome 1* : Vie de Jésus — Les Apôtres — Saint Paul, *précédé d'un* Dictionnaire de Renan — *Tome 2* : L'Antéchrist — Les Évangiles — L'Église chrétienne — Marc-Aurèle

RENARD, Jules

Journal (1887-1910) *(1 volume)*

RESTIF DE LA BRETONNE

Romans *(2 volumes)* : *Tome 1* : Le Pied de Fanchette — Le Paysan perverti — La Jolie Polisseuse. La Jolie Fourbisseuse. La Jolie Boursière. La Belle Imagère. La Petite Coureuse (*extraites de* Les Contemporaines du commun) — *Tome 2* : La Vie de mon père — La Femme de laboureur — La Femme infidèle — Ingénue Saxancour — L'Épouse d'homme veuf — La Dernière Aventure d'un homme de quarante-cinq ans — La Fille de mon hôtesse

ROMAINS, Jules

Les Hommes de bonne volonté *(4 volumes)* : *Tome 1*: Le 6 octobre — Crime de Quinette — Les Amours enfantines — Éros de Paris — Les Superbes — Les Humbles — Recherche d'une Église — *Tome 2* : Province — Montée des périls — Les Pouvoirs — Recours à l'abîme — Les Créateurs — Mission à Rome — Le Drapeau noir — *Tome 3*: Prélude à Verdun — Verdun — Vorge contre Quinette — La Douceur de la vie — Cette grande lueur à l'Est — Le monde est ton aventure — Journées dans la montagne — *Tome 4* : Les Travaux et les Joies — Naissance de la bande — Comparutions — Le Tapis magique — Françoise — Le 7 octobre

ROMANS DE CIRQUE

Jules Claretie : Le Train 17, *suivi de* Boum-Boum — Edmond de Goncourt : Les Frères Zemganno — Rodolphe Darzens : Ukko'Till — Gustave Kahn : Le Cirque solaire — Félicien Champsaur : Lulu — Gustave Coquiot : Histoire de deux clowns et d'une petite écuyère *(1 volume)*

ROMANS DE FEMMES DU XVIIIe SIÈCLE

Mme de Tencin : Mémoires du comte de Comminge — Mme de Graffigny : Lettres d'une Péruvienne — Mme Riccoboni : Lettres de mistriss Fanni Butlerd — Mme de Charrière : Lettres de mistriss Henley; Lettres neuchâteloises; Lettres écrites de Lausanne — Olympe de Gouges : Mémoire de Mme de Valmont — Mme de Souza : Adèle de Sénanges — Mme Cottin : Claire d'Albe — Mme de Genlis : Mademoiselle de Clermont — Mme de Krüdener : Valérie — Mme de Duras : Ourika ; Édouard *(1 volume)*

ROMANS FIN-DE-SIÈCLE (1890-1900)

Jean Bertheroy : Le Mime Bathylle — Jean Lorrain : Monsieur de Bougrelon — Louis Dumur : Albert — Catulle Mendès : Le Chercheur de tares — Georges Eekhoud : Escal-Vigor — Rachilde : Les Hors Nature — Camille Mauclair : Le Soleil des morts *(1 volume)*

ROMANS LIBERTINS DU XVIIIe SIÈCLE

Crébillon fils : Les Égarements du cœur et de l'esprit — Charles Pinot Duclos : Les Confessions du comte de *** — Godard d'Aucour : Thémidore ou Mon histoire et celle de ma maîtresse — La Morlière : Angola, histoire indienne — Voisenon : Le Sultan Misapouf - Histoire de la félicité — Boyer d'Argens : Thérèse philosophe ou Mémoires pour servir à l'histoire du père Dirrag et de mademoiselle Éradice — Fougeret de Monbron : Margot la ravaudeuse — François-Antoine Chevrier : Le Colporteur — Claude-Joseph Dorat : Les Malheurs de l'inconstance — Andréa de Nerciat : Félici ou Mes fredaines — Vivant Denon : Point de lendemain *(1 volume)*

SAGAN, Françoise

Bonjour tristesse — Un certain sourire — Dans un mois, dans un an — Château en Suède — Aimez-vous Brahms… — Les Merveilleux Nuages — La Chamade — Le Garde du cœur — Un peu de soleil dans l'eau froide — Des bleus à l'âme — Le Lit défait — Le Chien couchant — La Femme fardée — La Laisse — Les Faux-fuyants *(1 volume)*

SAINTE-BEUVE

Portraits littéraires *(1 volume)*
Port-Royal *(2 volumes sous coffret)*

SAND, George

Consuelo — La Comtesse de Rudolstadt *(1 volume)*

SEGALEN, Victor

Œuvres complètes *(2 volumes)* : *Tome 1* : *Cycle des apprentissages :* Les Cliniciens ès lettres — Les Synesthésies et l'école symboliste — Essai sur soi-même — Journal de voyage — *Cycle Polynésien :* Les Immémoriaux — Gauguin dans son dernier décor — Le Maître-du-Jouir — Hommage à Gauguin — La Marche du feu — Pensers païens — Journal des îles — Le Double Rimbaud — Vers les sinistrés — Hommage à Saint-Pol-Roux — *Cycle musical et orphique :* Voix mortes : Musiques maori — Dans un monde sonore — Siddhârtha — Entretiens avec Debussy — Orphée-Roi — Gustave Moreau, maître imagier de l'orphisme — Queques musées par le monde — *Cycle des ailleurs et du bord du chemin :* Essai sur l'exotisme — Essai sur le mystérieux — Imaginaires — Un grand fleuve — Briques et Tuiles — Feuilles de routes — *Tome 2* : *Cycle chinois :* Stèle — Peintures — Équipée — le Fils du Ciel — René Leys — Odes — Thibet — Le Combat pour le sol — Lettre X — Sites — *Cycle archéologique et sinologique :* Chine. La Grande Statuaire — Les Origines de la statuaire de Chine — Chez le président de la République chinoise — Une conversation avec Yuan-Che-K'ai — Rapport de M. Victor Segalen sur les résultats archéologiques de la mission Voisins, Lartigue et Segalen — Premier exposé des résultats archéologiques obtenus dans la Chine occidentale par la mission Voisins, Lartigue et Segalen — Sépultures des dynasties chinoises du Sud — Le Tombeau du fils du roi de Wou — La Queste à la Licorne

SÉGUR, comtesse de

Œuvres *(3 volumes sous coffret)* : *Tome 1* : Lettres à son éditeur — Nouveaux Contes de fées — Les Petites Filles modèles — Les Malheurs de Sophie — Les Vacances — Mémoires d'un âne — Pauvre Blaise, *suivi d'un* dictionnaire de la Comtesse de Ségur — *Tome 2* : La Sœur de Gribouille — Les Bons Enfants — Les Deux Nigauds — L'Auberge de l'Ange Gardien — Le Général Dourakine — François le Bossu — Comédies et Proverbes — Un bon petit diable — *Tome 3* : Jean qui grogne et Jean qui rit — La Fortune de Gaspard — Quel amour d'enfant ! — Le Mauvais Génie — Diloy le chemineau — Après la pluie le beau temps — La Santé des enfants

SÉNÈQUE

Entretiens et Lettres à Lucilius *(1 volume)*

SHAKESPEARE

Œuvres complètes *(8 volumes)*

Tragédies *(2 volumes sous coffret)* : *Tome 1 :* Titus Andronicus — Roméo et Juliette — Jules César — Hamlet — *Tome 2* : Othello — Timon d'Athènes — Roi Lear — Macbeth — Antoine et Cléopâtre — Coriolan

Histoires *(2 volumes sous coffret)* : *Tome 1 :* Le Roi Jean — Richard II — 1 Henri IV — 2 Henri IV — Henri V — *Tome 2* : 1 Henri VI — 2 Henri VI — 3 Henri VI — Richard III — Henri VIII — Sir Thomas More

Comédies *(2 volumes sous coffret)* : *Tome 1* : Les Deux Gentilhommes de Vérone — La Mégère apprivoisée — La Comédie des erreurs — Peines d'amour perdues — Songe d'une nuit d'été — *Tome 2* : Le Marchand de Venise — Les Joyeuses commères de Windsor — Beaucoup de bruit pour rien — Comme il vous plaira — La Nuit des Rois

Tragicomédies et Poésies *(2 volumes sous coffret)* : *Tome 1* : Troïlus et Cresside — Mesure pour Mesure — Tout est bien qui finit bien — Cymbelin — Les Deux Nobles Cousins — *Tome 2* : Périclès — Le Conte d'hiver — La Tempête — Vénus et Adonis — Le Viol de Lucrèce — Sonnets — Complainte d'une amante — Poèmes divers — Musique des chansons de Shakespeare

SPLENDEURS DE LA COUR DE BOURGOGNE

Récits et chroniques : Baudouin de Flandre — La Belle Hélène de Constantinople — Gillion de Trazegnies — Le Cycle de la fille du comte de Ponthieu — Histoire du bon roi Alexandre — Faits du Grand Alexandre — Les Actions et paroles mémorables d'Alphonse, roi d'Aragon et de Naples — La Mort du Téméraire — Banquets, entremets et cuisine à la cour de Bourgogne — Les Vœux du faisan — Le Pas du Perron fée — Le Livre des faits du bon chevalier messire Jacques de Lalaing *(1 volume)*

SUARÈS, André

Idées et Visions et autres écrits polémiques, philosophiques et critiques, 1897-1923 *(1 volume)*
Valeurs et autres écrits historiques, politiques et critiques, 1923-1948 *(1 volume)*

TCHÉKHOV, Anton

Œuvres *(3 volumes) : Tome 1 :* Théâtre complet : Platonov — Ivanov — Le Génie des bois — La Mouette — L'Oncle Vania — Les Trois sœurs — La Cerisaie — Sur la grand-route — Les Méfaits du tabac — Le Chant du cygne — L'Ours — La Demande en mariage — Tatiana Répina — Le Tragique malgré lui — Une noce — Le Jubilé, *précédé d'un* Dictionnaire de Tchékhov — *Tomes 2 et 3 à paraître*

TOULET, Paul-Jean

Œuvres complètes *(1 volume)*

TRAGIQUES GRECS (LES)

(2 volumes) : *Tome 1* : Eschyle : Les Perses; Prométhée enchaîné; Les Sept contre Thèbes; Les Suppliantes; L'Orestie : L'Agamemnon; Les Choéphores; Les Euménides — Sophocle : Ajax; Les Trachiniennes; Antigone; Œdipe roi; Électre; Philoctète; Œdipe à Colone — *Tome 2* : Euripide : Le Cyclope; Alceste; Médée; Les Héraclides; Hippolyte; Andromaque; Hécube; Les Suppliantes; Électre; Héraclès; Les Troyennes; Iphigénie en Tauride; Ion; Hélène; Les Phéniciennes; Oreste; Les Bacchantes; Iphigénie à Aulis; Rhésos

VIALATTE, Alexandre

Chroniques de La Montagne *(2 volumes)* : *Tome 1* : 1952-1961 — *Tome 2* : 1962-1971

ZINOVIEV, Alexandre

Les Hauteurs béantes — L'Avenir radieux — Notes d'un veilleur de nuit *(1 volume)*

ZOLA, Émile

Les Rougon-Macquart *(5 volumes)* : *Tome 1* : La Fortune des Rougon — La Curée — Le Ventre de Paris — La Conquête de Plassans — *Tome 2* : La Faute de l'abbé Mouret — Son Excellence Eugène Rougon — L'Assommoir — Une page d'amour — *Tome 3* : Nana — Pot-Bouille — Au Bonheur des dames — La Joie de vivre — *Tome 4* : Germinal — L'Œuvre — La Terre — Le Rêve — *Tome 5 :* La Bête Humaine — L'Argent — La Débâcle — le Docteur Pascal

Dictionnaire d'Émile Zola : Sa vie, son œuvre, son époque *(1 volume)*

HISTOIRE ET ESSAIS

AMOUROUX, Henri

La Grande Histoire des Français sous l'Occupation *(4 volumes)* : *Tome 1* : Le Peuple du désastre — Quarante millions de pétainistes — *Tome 2* : Les Beaux Jours des collabos — Le Peuple réveillé — *Tome 3* : Les Passions et les Haines — L'Impitoyable Guerre civile — *Tome 4* : Un printemps de mort et d'espoir — Joies et douleurs du peuple libéré

La Grande Histoire des Français après l'Occupation : Les Règlements de comptes — La page n'est pas encore tournée *(1 volume)*

ANTHOLOGIE MONDIALE DE LA STRATÉGIE
Des origines au nucléaire, édition établie par Gérard Chaliand *(1 volume)*

BARK, Dennis L. — GRESS David R.
Histoire de l'Allemagne (1945-1991) *(1 volume)*

BENNASSAR, Bartolomé
Histoire des Espagnols (VIe-XXe siècle) *(1 volume)*

BENOIST-MÉCHIN, Jacques
Soixante jours qui ébranlèrent l'Occident (10 mai-10 juillet 1940) *(1 volume)*
Histoire de l'armée allemande *(2 volumes)* : *Tome 1* : 1918-1937 — *Tome 2* : 1937-1939

BETTELHEIM, Bruno
Parents et enfants : Freud et l'âme humaine — Psychanalyse des contes de fées — L'amour ne suffit pas — Pour être des parents acceptables — Dialogue avec les mères *(1 volume)*

BOORSTIN, Daniel
Les Découvreurs *(1 volume)*
Histoire des Américains *(1 volume)*

CONQUEST, Robert
La Grande Terreur, *précédé de* Sanglantes Moissons *(1 volume)*

COURTOIS, Stéphane - WERTH, Nicolas - PANNÉ, Jean-Louis - PACZKOWSKI Andrzej - BARTOSEK, Karel - MARGOLIN Jean-Louis
Le Livre noir du communisme : Crimes, terreur, répression *(1 volume)*

DARU, Pierre
Histoire de la République de Venise *(2 volumes sous coffret)*

DROYSEN, Johann Gustav
Histoire de l'Hellénisme *(1 volume)*

ELLIOTT, John H.
Olivares (1587-1645) : L'Espagne de Philippe IV *(1 volume)*

EUROPES
De l'Antiquité au XXe siècle. Anthologie critique et commentée, par Yves Hersant et Fabienne Durand-Bogaert *(1 volume)*

EXPLORATEURS (LES)
Des pharaons à Paul-Émile Victor, publié sous la direction de L.*H. Parias, mise à jour de Guy Stavridès, préface de Lucien Febvre *(1 volume)*

FRANÇAIS VUS PAR EUX-MÊMES (LES)
Le Siècle de Louis XIV : Textes choisis et présentés par Alain Niderst *(1 volume)*
Le XVIIIe siècle : Textes choisis et présentés par Arnaud de Maurepas et Florent Brayard *(1 volume)*
Le Consulat et l'Empire : Textes choisis et présentés par Alfred Fierro *(1 volume)*

FRAZER, James George
Le Rameau d'Or *(4 volumes)* : *Tome 1* : Le Roi magicien dans la société primitive — Tabou ou les Périls de l'âme — *Tome 2* : Le Dieu qui meurt — Adonis — Atys et Osiris — *Tome 3* : Esprits des blés et des bois — Le Bouc émissaire — *Tome 4* : Balder le Magnifique — Bibliographie générale

GABORY, Émile
Les Guerres de Vendée : La Révolution et la Vendée — Napoléon et la Vendée — Les Bourbons et la Vendée — L'Angleterre et la Vendée *(1 volume)*

GIBBON, Edward

Histoire du déclin et de la chute de l'Empire romain *(2 volumes)* : *Tome 1* : Rome de 96 à 582 — *Tome 2* : Byzance de 455 à 1500

GREEN, Peter

D'Alexandre à Actium : Du partage de l'Empire au triomphe de Rome *(1 volume)*

GRIMAL, Pierre

Voyage à Rome *(1 volume)*

GUICCIARDINI, Francesco

Histoire d'Italie (1492-1534) *(2 volumes sous coffret)* : *Tome 1* : 1492-1513 — *Tome 2* : 1513-1534

GUILLEMINAULT, Gilbert

Le Roman vrai de la IIIe et de la IVe République (1870-1958) *(2 volumes)* : *Tome 1* : 1870-1918 — *Tome 2* : 1919-1958

GUIZOT, François

Histoire de la révolution d'Angleterre *(1 volume)*

HÉRITAGE DE LA GRÈCE ET DE ROME (L')

Textes réunis par Moses I. Finley et Cyril Bailey *(1 volume)*

HISTOIRE AUGUSTE, édition bilingue latin-français établie par André Chastagnol

Les empereurs romains des IIe et IIIe siècles *(1 volume)* : Vie d'Hadrien — Vie d'Aelius — Vie d'Antonin le Pieux — Vie de Marc Aurèle — Vie de Vérus — Vie d'Avidius Cassius — Vie de Commode — Vie de Pertinax — Vie de Didius Julianus — Vie de Septime Sévère — Vie de Pescennius Niger — Vie de Clodius Albinus — Vie de Caracalla — Vie de Géta — Vie de Macrin — Vie de Diaduménien — Vie d'Élagabal — Vie d'Alexandre Sévère — Vie des deux Maximins — Vie des trois Gordiens — Vie de Maxime et Balbin — Vie des deux Valériens — Vie des deux Galliens — Vie des trente tyrans — Vie de Claude — Vie d'Aurélien — Vie de Tacite — Vie de Probus — Le quadrige des tyrans — Vie de Carus, Carin et Numérien

HISTOIRE ET DICTIONNAIRE

Alexandre le Grand, sous la direction d'Olivier Battistini et de Pascal Charvet *(1 volume)*
Les Celtes, par Venceslas Kruta *(1 volume)*
Les Capétiens (927-1328), par François Menant, Hervé Martin, Bernard Merdrignac et Monique Chauvin *(1 volume)*
La France de la Renaissance (1470-1559), par Arlette Jouanna, Dominique Biloghi, Philippe Hamon et Guy Le Thiec *(1 volume)*
Les Guerres de Religion (1559-1598), par Arlette Jouanna, Jacqueline Boucher, Dominique Biloghi, et Guy Le Thiec *(1 volume)*
France baroque, France classique (1589-1715), par René et Suzanne Pillorget *(1 volume)*
Le Temps des Lumières (1715-1789), par Jean de Viguerie *(1 volume)*
La Révolution française (1789-1799), par Jean Tulard, Jean-François Fayard et Alfred Fierro *(1 volume)*
Le Consulat et l'Empire (1799-1815), par Jean Tulard, Alfred Fierro et André Palluel-Guillard *(1 volume)*
Paris, par Alfred Fierro *(1 volume)*
La Préhistoire, sous la direction de Denis Vialou, assisté de Roger Joussaume et de Jean-Pierre Pautreau pour le Mésolithique et le Néolithique *(1 volume)*

KOESTLER, Arthur

Œuvres autobiographiques : La Corde raide — Hiéroglyphes — Dialogue avec la mort [Un testament espagnol] — La Lie de la terre — L'Étranger du square *(1 volume)*

LAVISSE, Ernest

Louis XIV. Histoire d'un grand règne (1643-1715) *(1 volume)*

LEROY-BEAULIEU, Anatole

L'Empire des tsars et les Russes *(1 volume)*

LÉVI, Éliphas

Secrets de la magie : Dogme et Rituel de la haute magie — Histoire de la magie — La Clef des grands mystères *(1 volume)*

LEYS, Simon

Essais sur la Chine *(1 volume)*

MACAULAY, Thomas Babington

Histoire d'Angleterre *(2 volumes sous coffret)*. Depuis l'avènement de Jacques II (1685) jusqu'à la mort de Guillaume III (1702)

MCEVEDY, Colin

Atlas historiques *(4 volumes sous rétractable)* : Atlas de l'histoire ancienne (50000 av. J.-C.-362 apr. J.-C.) — Atlas de l'histoire du Moyen Âge (362-1478) — Atlas de l'histoire moderne (1483-1815) — Atlas de l'histoire des XIXe et XXe siècles (l'Europe depuis 1815)

MACHIAVEL

Premiers écrits politiques — Le Prince — Discours sur la première décade de Tite-Live — L'Art de la guerre — Vie de Castruccio Castracani — Histoire de Florence — Écrits littéraires — Lettres familières, *précédé d'un* Dictionnaire de Machiavel *(1 volume)*

MCPHERSON, James M.

La Guerre de Sécession (1861-1865) *(1 volume)*

MADELIN, Louis

Histoire du Consulat et de l'Empire *(4 volumes sous coffret)*

MICHELET, Jules

Histoire de la Révolution française *(2 volumes)* : *Tome 1* : Livres I à VII — *Tome 2* : Livres VIII à XXI
Le Moyen Âge : Livres I à XVII de l'Histoire de France *(1 volume)*
Renaissance et Réforme : Histoire de France au XVIe siècle *(1 volume)*

MOMMSEN, Theodor

Histoire romaine *(2 volumes)* : *Tome 1* : Des commencements de Rome jusqu'aux guerres civiles — *Tome 2* : La Monarchie militaire — Les Provinces sous l'Empire

MONDE ET SON HISTOIRE (LE), édition dirigée par Maurice Meuleau *(4 volumes)*

Tome 1 : Le Monde antique et les débuts du Moyen Âge, par Maurice Meuleau et Luce Pietri — *Tome 2* : La Fin du Moyen Âge et les débuts du monde moderne, par Luce Pietri et Marc Venard — *Tome* 3 : Les Révolutions européennes et le partage du monde, par Louis Bergeron ; Le Monde contemporain de 1914 à 1938, par Marcel Roncayolo — *Tome 4* : Le Monde contemporain de la Seconde Guerre mondiale à nos jours, par Marcel Roncayolo

MOUSNIER, Roland

L'Homme rouge ou la Vie du cardinal de Richelieu (1585-1642) *(1 volume)*

MÜLLER, Max

Mythologie comparée *(1 volume)*

NAPOLÉON À SAINTE-HÉLÈNE

Par les « quatre Évangélistes » : Las Cases, Gourgaud, Montholon, Bertrand. Textes préfacés, choisis et commentés par Jean Tulard *(1 volume)*

PLUTARQUE

Vies parallèles *(2 volumes)* : *Tome 1* : Thésée et Romulus — Lycurgue et Numa — Solon et Publicola — Thémistocle et Camille — Périclès et Fabius Maximus — Alcibiade et Coriolan — Timoléon et Paul-Émile — Pélopidas et Marcellus — Aristide et Caton l'Ancien — Philopœmen et Flamininus — Pyrrhos et Marius — Lysandre et Sylla — Cimon et Lucullus — Nicias et Crassus — Sertorius et Eumène — *Tome 2* : Agésilas et Pompée — Alexandre et César — Phocion et Caton le Jeune — Agis et Cléomène. Les Gracques — Démosthène et Cicéron — Démétrios et Antoine — Dion et Brutus — Artaxerxès et Aratos — Galba et Othon

RANKE, Leopold

Histoire de la papauté pendant les XVIe et XVIIe siècles *(1 volume)*

RÉAU, Louis

Histoire du vandalisme : les monuments détruits de l'art français *(1 volume)*

REINACH, Salomon

Cultes, mythes et religions *(1 volume)*

RENAN, Ernest

Histoire et Parole : Œuvres diverses *(1 volume)*

Histoire des origines du christianisme *(2 volumes sous coffret)* : *Tome 1* : Vie de Jésus — Les Apôtres — Saint Paul — *Tome 2* : L'Antéchrist — Les Évangiles — L'Église chrétienne — Marc-Aurèle

RETOUR DES EXILÉS (LE)

La lutte pour la Palestine de 1869 à 1997, édition établie par Henry Laurens *(1 volume)*

REVEL, Jean-François

Ni Marx ni Jésus — La tentation totalitaire — La grâce de l'État — Comment les démocraties finissent *(1 volume)*

Pourquoi des philosophes — Pour l'Italie — Sur Proust — La cabale des dévots — Contrecensures — Descartes inutile et incertain *(1 volume)*

RIASANOVSKY, Nicholas V.

Histoire de la Russie (des origines à 1996) *(1 volume)*

ROSTOVTSEFF, Michel

Histoire économique et sociale de l'Empire romain *(1 volume)*

Histoire économique et sociale du monde hellénistique *(1 volume)*

SAINTYVES, Pierre

Les Contes de Perrault et les récits parallèles — En marge de la *Légende dorée* — Les Reliques et les Images légendaires *(1 volume)*

SERGE, Victor

Mémoires d'un révolutionnaire, et autres écrits politiques *(1 volume)*

TAINE, Hippolyte

Les Origines de la France contemporaine *(2 volumes)* : *Tome 1* : L'Ancien Régime — La Révolution — *Tome 2* : La Révolution — Le Régime moderne

THOMAS, Hugh

La Guerre d'Espagne (juillet 1936-mars 1939) *(1 volume)*

THUCYDIDE

Histoire de la guerre du Péloponnèse, *précédée de* En campagne avec Thucydide, par Albert Thibaudet — Dictionnaire de Thucydide, sous la direction de Jacqueline de Romilly, de l'Académie Française *(1 volume)*

TOCQUEVILLE, Alexis de

De la démocratie en Amérique — Souvenirs — L'Ancien Régime et la Révolution *(1 volume)*

TREVELYAN, George Macaulay

Histoire sociale de l'Angleterre : six siècles d'histoire de Chaucer à la reine Victoria *(1 volume)*

VAN GENNEP, Arnold

Le Folklore français *(4 volumes sous coffret)* : *Tome 1* : Cérémonies familiales : Du berceau à la tombe — Cérémonies périodiques : Carnaval-Carême, Pâques — *Tome 2* : Cérémonies périodiques (suite) : Cycle de mai, Cycle de la Saint-Jean, Cérémonies agricoles de l'été, Cérémonies agricoles de l'automne — : *Tome 3* : Cérémonies périodiques (fin) : Cycle des Douze Jours : Noël, de Noël aux Rois *(rédigé par Bernadette Guichard)* — Textes inédits sur le folklore français contemporain — Essais divers de folklore — : *Tome 4* : Bibliographies : Questionnaires, provinces et pays — Bibliographie méthodique — Index des auteurs cités, Index des provinces — Bibliographie personnelle de Van Gennep

VENISE ET LA RÉVOLUTION FRANÇAISE
Les 470 dépêches des ambassadeurs de Venise au doge (1786-1795) *(1 volume)*

WALLON, Henri
Histoire de l'esclavage dans l'Antiquité *(1 volume)*

WILSON, Arthur M.
Diderot — Sa vie et son œuvre *(1 volume)*

ACHEVÉ D'IMPRIMER POUR
LES ÉDITIONS ROBERT LAFFONT
SUR BOOKOMATIC
PAR MAURY EUROLIVRES
45300 MANCHECOURT

Imprimé en France